U0840524

天津区县年鉴

TIANJIN QU XIAN NIAN JIAN

2010

天津市人民政府 主办

注：截至2009年底，天津经济技术开发区（西区）、空港物流区、空港加工区、临港工业区（二期）属在建开发中，天津港东疆港区属在建中。京津城际铁路天津站至塘沽于家堡段属建筑中。

注：截至2009年底，本图中外环线淮河道立交桥（暂名）为规划桥梁，辰泰桥、南仓桥、天平桥、天河桥、青云桥、芥云桥、云河桥、雅安桥、仓联庄立交桥等为在建桥梁；复康路立交桥开始改建；京津城际铁路天津站至塘沽于家堡段在建筑中。

注：截至2009年底，京津城际铁路天津站至塘沽于家堡段属建设中；津港高速、国道112线高速、塘承高速、津宁高速公路在建筑中。

天津市滨海新区

天津港

滨海新区旗帜广场

天津市滨海新区位于天津东部沿海，环渤海经济圈的中心地带，是亚欧大陆桥最近的东部起点，也是中国邻近内陆国家的重要出海口，规划面积2270平方公里，海岸线153公里，常住人口240万。

1994年3月，天津市决定开发建设滨海新区，成立了滨海新区领导小组，决定“用十年左右的时间，基本建成滨海新区”。2000年，设立了滨海新区工委和滨海新区管理委员会。

2005年10月，党的十六届五中全会和十届全国人大四次会议把加快推进滨海新区开发开放写入全国“十一五”规划建议和纲要，标志着滨海新区由地方发展战略正式上升为国家发展战略。

2006年5月，国务院发布了《关于推进天津滨海新区开发开放有关问题的意见》（国发[2006]20号）。2008年3月，天津滨海新区综合配套改革方案获得国务院批复。2009年11月，国务院下发了《关于同意天津市调整部分行政区划的批复》，同意撤销天津市塘沽区、汉沽区、大港区，设立天津市滨海新区。

2009年12月27日，滨海新区第一次党代会召开；2010年1月5日，滨海新区第一届政协会召开；2010年1月8日，滨海新区第一届人代会召开。“三个大会”选举产生了第一届区委、区人大、区政府和区政协领导班子，区委、区人大、区政府、区政协、区纪检委机关在1月11日之前全部挂牌成立。

海河外滩公园

东疆港保税区

天津积极打造中国民航科技产业化基地

党中央、国务院把滨海新区设为行政区，这是推动滨海新区管理体制改革的重大部署，标志着滨海新区开发开放进入了新阶段。其意义充分体现在以下四个方面：一是破除了体制机制障碍；二是进一步提高了行政管理效能；三是充分调动了各方面积极因素；四是为科学发展提供了体制保证。

回首滨海新区走过的十五年风雨历程，在党中央和国务院的殷切关怀下，在天津市委、市政府的直接领导和全体天津市民的大力支持下，滨海新区开发开放取得了令人瞩目的成就。

1.综合实力显著增强。国民经济长期保持平稳较快增长。2009年实现生产总值3810亿元，增幅23.5%；工业总产值8224亿元；全社会固定资产投资2503亿元；地方财政收入456亿元；节能减排等各项指标保持全国领先。

2.全方位开放格局初步形成。新区聚集了国家级开发区、保税区、保税港区、综合保税区等多种对外开放形态，九个产业功能区已经成为吸引国内外资金和技术的重要载体。累计实际利用外资351亿美元，120家世界500强企业在新区投资建厂。

3.科技创新能力不断提升。组建了20亿元的滨海创业风险投资引导基金，创业投资规模达到77亿元。引进和建设50多家国家级、省部级工程中心、研究中心，90家企业技术研发中心。高新技术企业达到748家。研发经费支出占GDP的比重达

天津经济技术开发区

到2.3%。高新技术产品产值占新区工业总产值的比重达到47%。

4.综合配套改革深入推进。制定并实施了滨海新区综合配套改革方案和三年改革计划。出台了《加快北方国际航运中心建设意见》，开展了离岸金融业务试点，融资租赁在数量和规模上处在全国前列。设立了渤海产业投资基金、船舶产业基金，聚集了200多家各类股权投资基金，形成门类较为齐全的金融服务体系。积极探索土地管理制度改革，创新举措在全国居于领先地位。

5.城市载体功能逐步完善。进一步加快了基础设施建设，初步构筑了立体化的道路交通网络。生态城市建设扎实推进，城镇污水集中处理率达到70%，城市绿化覆盖率36%，人均公共绿地面积19平方米。

6.各项社会事业全面发展。教育、卫生资源布局逐步完善，群众文化体育生活更加丰富。

新阶段滨海新区将按照胡锦涛总书记“四个着力”的重要要求，全面落实市委市政府构筑“三个高地”、打好“五个攻坚战”的重大部署，以打好滨海新区开发开放攻坚战为“纲”，以全面推进“十大战役”为“目”，进一步夯实科技、资金、人才等生产要素基础，加快发展高端制造业，大力发展现代服务业，调高调优第一产业，加快推进经济发展方式转变，显著提升综合实力、创新能力、服务能力和国际竞争力，努力成为科学发展的排头兵。

国际会展中心

外滩新貌

滨海新区塘沽管理委员会

塘沽区位于天津市东部，是天津滨海新区的核心区。处中国北方黄金海岸中部，京津城市带和环渤海城市带要冲。区境东濒渤海，西临东丽、津南二区，南接大港区，北抵汉沽区和宁河县。天津港、天津经济技术开发区、天津港保税区坐落其中。区境南北长50公里，东西宽25公里，拥有92.16公里海岸线。潮白河、永定新河、蓟运河、独流减河及海河，均在境内注入渤海。区域面积790.24平方公里。辖11个街道和1个镇。常住人口70.73万，户籍人口48.89万，含31个民族，汉族占总人口97.37%。

2009年，塘沽管委会深入学习贯彻科学发展观，认真落实胡锦涛总书记提出的“两个走在全国前列”、“一个排头兵”的重要要求，按照市委确定的“一二三四五六”、“构筑三个高地、打好五个攻坚战”奋斗目标和工作思路，积极落实滨海新区提出的“十大战役”总体部署安排，“保增长，渡难关，上水平”，团结一心，顽强拼搏，经济保持快速增长，城市面貌显著改善，社会事业全面进步，人民生活明显提高。

一、经济又好又快增长。2009年,落实市委“保增长、渡难关、上水平”的总体部署，积极应对国际金融危机不利影响。全面推进经济建设、政治建设、文化建设、社会建设以及生态文明建设，实现经济社会平稳较快发展。完成区属生产总值290.64亿元，比上年增长19.89%。三级财政收入130.5亿元，增长74.5%。区级财政收入56.71亿元，增长41.45%。固定资产投资863.3亿元，增长40.2%。社会消费品零售额150.34亿元，增长18.98%。城市居民人均可支配收入26823元，增长13%；农民人均纯收入11930元，增长12%。

二、农村城市化建设全面展开。以实现“有农业无农民，有农地无农村”为改革发展目标，研究制定了土地征收、房屋拆迁、补偿安置、撤村建居、农民转户等相关配套政策。陈圈和善门口两个试点村工作进展顺利，集体土地征收、项目区内建设用地转换、农民房屋拆迁补偿安置、农民身份转变、社会养老和医疗保险等工作有序展开。西部新城建设加快，腾飞道、海兴路等14.7万平方米道路和19万平方米水系景观工程竣工，社区服务中心建成并投入使用，首期83万平方米农民还迁住宅开工建设。拓展扩面工作积极推进，胡家园街道22个行政村和新城镇6个行政村组成“新塘组团”，纳入全市第三批示范小城镇建设试点。

三、城市面貌日新月异。以“三迎”和新一轮市容环境综合整治工作为契机，大力实施美化、亮化、绿化、净化、序化工程，市容面貌得到有效改善。高标准完成了津滨高速延长线、京津塘高速延长线等22条道路沿线的环境整治工程。建成了5个重点组团和津滨高速延长线等2条迎宾线夜景灯光“亮化工程”。整修改造民泰里等44个旧小区，2.6万户居民受益。完成了迎春

海洋科技商务园

农村城市化示范区

海洋高新区

森林公园全景

世纪广场

里等建筑节能改造工程。绿化总量快速提升，全区植树80.7万株，新建绿地723万平方米，森林公园已开发建设4.6平方公里。建成区绿化覆盖率达到36.3%，人均公共绿地面积达到15.2平方米。全年空气质量二级以上良好天数平均达到90.7%，中心城区噪声控制达到功能区标准。

四、民计民生不断改善。以和谐社会建设为宗旨，切实促进社会事业发展，切实提高社会保障水平和社会管理能力，努力做到发展为了人民，发展依靠人民，发展成果由人民共享。教育事业蓬勃发展，新建、扩建学校19所，新增校舍6万平方米，学校食堂和饮水设施全面改造，全区80%的学校铺设了标准化塑胶操场，100%的中小学教室具备了多媒体教学功能，100%的学校实现了网络进校园。医疗卫生水平不断提升，启动市第五中心医院改扩建工程，实现病房楼主体封顶。完成中医医院改扩建工程和安定医院建设，新建、购置、改造社区卫生服务站18个。文体事业更加繁荣，建成塘沽博物馆和塘沽文化信息资源共享工程网络，启动大沽口炮台遗址博物馆、塘沽图书馆新馆建设。加强公共体育设施建设，建成网球馆、网球学校，启动建设排球学校、击剑学校等项目。社会保障功能不断完善，基本解决了“4050”人员、城镇低保家庭、单亲母亲家庭等10类就业困难群体的就业安置问题，实现零就业家庭动态为零，城镇登记失业率控制在3.4%以内。全面完善了基本养老、失业、医疗、工伤、生育等保险制度，参保人数不断扩大，其中城镇职工医疗保险、农村医疗保险参保率分别达到93%和98.5%。社会管理水平不断提高，创建精品社区18个，宜居生态小区20个，被评为首批“全国和谐社区建设示范城区”，实现了“全国双拥模范城”六连冠。

2008年龙舟赛场景

社区活动

塘沽夜景

新塘湖公园

滨海新区汉沽管理委员会

汉沽新貌

汉沽位于天津市东部，渤海西北岸，滨海新区北端，是天津通往东北的门户，是京津冀经济圈的连接点。境域面积441.5平方公里，约占滨海新区总面积的五分之一，其中城区面积20平方公里，海岸线28公里，占天津市的五分之一。蓟运河由北向南流经区内，境内长度28公里。区域内设寨上、汉沽、河西3个街道办事处和营城、茶淀、大田、杨家泊4个镇政府。海滨休闲旅游度假区和中新天津生态城坐落区内。全区人口18.6万人。以汉族为主体，另有蒙古族、回族、布依族、朝鲜族、满族、侗族、瑶族、土家族、黎族、仡佬族、锡伯族、京族、赫哲族等15个少数民族。

汉沽交通便捷，京哈铁路、津秦高速铁路、唐津高速路、津汉路、津汉快速路、海滨大道穿越境内，对外公路联系实现高速化。紧邻空港国际物流区，距天津港21公里，与天津滨海国际机场相距50公里，距唐山市50公里，与河北省曹妃甸经济区和南堡油田相隔35公里。汉沽，古为盐灶之地，得盐渔之利，享负海之饶，被誉为“盐化基地”和“鱼米之乡”、“玫瑰香葡萄之乡”、“版画刻字艺术之乡”。

汉沽地理位置优越，气候宜人，属暖温带亚湿润气候区。资源丰富，是中国海盐业发祥地和重要的海盐生产基地。湿地、滩涂、地热等资源丰富，开发利用前景可观。农〔渔〕业特色鲜明，兼有内陆型和沿海型双重资源优势，种植、养殖和

天津滨海茶淀葡萄科技园

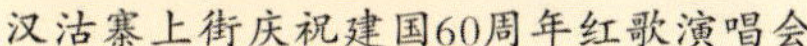
汉沽寨上街庆祝建国60周年红歌演唱会

亲海节

捕捞“三业并存”，水果、水产“两水兼收”，是国家级东方对虾养殖示范区和全国玫瑰香葡萄种植基地。工业基础雄厚，形成以制盐、海洋化工为基础的石油化工、精细化工、轻工纺织、机械加工、工程塑料、食品加工等多门类综合性工业体系。北疆电厂一期两台机组投产发电，氧化球团、润滑油脂、海龙管业、东汽风电叶片增资等项目竣工投产，中心渔港建设初现雏形，滨海汉沽客运站交付使用。外向型经济发展迅速，“芦花牌”原盐、精制盐，“天工牌”水银固体烧碱、聚氯乙烯、氯化钡，“渤龙牌”BJ212型水泵，“津脂牌”3号钙基润滑脂，“飞鱼牌”绳、网、线，“海螺牌”工业硅，“天津牌”三聚磷酸钠，“荣光牌”磷酸等名牌产品和服装、钢木家具、杠铃等工业产品，天鹰椒、水貂皮等农畜产品以及对虾、海螺肉、养殖虾等水产品，跻身国际市场。滨海旅游和文化产业发展潜力巨大。妈祖经贸文化园、喜盈盈大酒店等一批旅游项目兴建，形成航母游览、葡萄采摘、海鲜垂钓等景点旅游线路，打造了国际版画藏书票收藏馆等特色文化景点、汉沽飞镲人入选国家非物质文化遗产名录。

2009年，地区总产值突破100亿元，比上年增长39%；其中区属完成69亿元，增长45%。三级财政收入20.23亿元，其中区级收入15.06亿元，分别增长34.5%和48%。固定资产投资188亿元，增长70%。社会消费品零售额完成30.8亿元，增长25%。实际利用区外资金177亿元，实际利用外资8000万美元。城市居民人均可支配收入17227元，增长11.5%；农村居民人均纯收入11148元，增长10.2%。

2009年，5个单位分别被评为全国文明单位、精神文明创建先进单位、先进村镇。

花团锦簇

国庆之夜（滨河广场）

天津·滨海汉沽葡萄文化旅游节开幕式

在建中的中心渔港

茶淀示范镇

河西新建住宅区

滨海新区大港管理委员会

大港区地处天津市东南部。东临渤海，北靠塘沽、津南和西青区，西连静海县，南接河北省黄骅市。区域面积1113.83平方公里，耕地面积1.34万公顷。海岸线34公里。辖3个镇和5个街道，有74个行政村、81个居委会。人口51.91万，民族24个。

2009年，面对国际金融危机严重冲击，采取一系列有针对性的促进经济发展措施，整体经济突破困境企稳回升，社会事业持续进步，人民生活继续改善，经济社会呈现和谐共进的发展局面。区属生产总值完成148.2亿元，比上年增长26.1%；三级财政收入27.18亿元，增长32.2%；固定资产投资242.9亿元，增长10.5%；实际到位外资2.12亿美元，增长21.8%；内资到位资金88.81亿元，增长40.9%。农村居民人均纯收入11161元，增长10.2%；城市居民人均可支配收入22633元，增长10.1%。

2009年，荣获全国社区红十字服务示范区、全国村务公开民主管理示范区称号。连续3年获得全国社会治安综合治理优秀地市称号并捧得“长安杯”。

一、坚持推进各项改革，激发经济社会发展活力。本着精简、统一、效能的原则，扎扎实实地做好管理体制改革工作，全力搞好机构整合工作。按照“强街强镇”的部署，积极抓好

大港区湿地公园风景如画

工作的落实。研究制定关于加快街镇经济发展的有关意见，在深入调研的基础上，选择基础条件好的街镇，集中开展扩权强街强镇改革试点工作。按照“依法放权、减放并举、权责统一、提高效率”的原则，制定推进试点工作办法，明确下放事权、扩大财权、改革人事权三个方面的试点内容。

二、坚持转变经济发展方式，推进产业优化升级。以农业“双百千万”工程为重点，加快设施农业示范基地建设。力争尽快形成百亩花卉示范基地、百亩食用菌示范基地，千亩水产

大港中心广场群众文化活动

望海山、临潮湖

农民的冬枣丰收了

建设中的中华民营经济园

大港货运码头

大港油田夜色

养殖示范基地、千亩蔬菜节能温室示范基地，万亩畜牧养殖示范基地、万亩精品冬枣示范基地。以实施工业“二三五”工程为核心，培育壮大工业规模。力争年内培育5亿元以上规模企业20家，高新技术企业30家，50家以上民营企业实现规模经营。以服务业“三个一”工程为抓手，深入实施服务业跨越战略。重点谋划好“一湖、一城、一市场”开发建设。依托区域石油和石化主体产业，瞄准打造中国石油化工第一城的目标，搞好“国家级石化商品交易市场”的筹划建设。

三、坚持加快功能区开发，完善项目落地平台。统筹推进中华民营经济园开发与太平镇示范小城镇建设。积极推进与海泰公司的开发合作，妥善搞好征地和拆迁补偿，积极抓好还迁房建设。加快穿港路、港中路等周边道路建设和16.3平方公里起步区基础设施建设，尽快实现“九通一平”；加快落实签约项目，着力引进和培育一批以清洁能源和创意产业为主体的现代制造业和服务业项目。加快推进太平、中塘示范工业区建设。积极推进中塘示范工业区与天津港保税区的联合与合作，

临潮湖景色

100万吨乙烯施工现场

大港区农村文体广场—郭庄子村兴和公园

搭建有效合作平台。坚持示范工业区与太平示范镇统筹推进，加快基础配套设施建设。搞好官港生态游乐园区开发。加快水电气等配套设施建设，抓好盐生植物园二期工程建设，积极推进签约项目开工，加快在谈项目的落实。

四、坚持加大招商引资力度，推进项目尽快落地。创新招商引资方式，千方百计引进大项目，留住好项目。加强与新区各功能区的联合与合作，积极承接各功能区的配套产业和转移项目。全力抓好项目落地。本着竣工项目抓投产，开工项目抓进度，签约项目抓落实的工作思路，逐个建立项目台账和联系卡，排定时间表，逐个落实工期，在土地、供电、供水等方面给予优先保障，确保项目尽快开工。

五、坚持突出重点工程建设，强化市容环境综合整治。加快道路基础设施建设。大力推进示范镇建设，加快失地农民基本养老保障等其他各项配套政策制定，深化市容环境综合整治。在此基础上，全力抓好湿地公园四期续建、旧楼区综合整修、水环境治理、空气异味专项治理重点工程，使城市品位有一个新的提升。

六、坚持以人为本，不断提高群众生活质量。把保障和改善民生作为应尽的职责，真心实意解决一批群众关心的难题，尽心竭力办理一批普惠百姓的好事。突出抓好9大民生工程。完善城乡统筹的社会保障体系，逐步实现社会保障制度从城镇到农村,从职工到居民的全覆盖。在此基础上，要全力抓好教育、科技、文化、体育、卫生等各项工作，推进各项社会事业协调发展。

绿色世纪大道

中新天津生态城

中新双方共商生态城建设大计

中新天津生态城是中新两国政府间重大合作项目，也是世界上第一个国家间合作开发的生态城市。生态城是我国改革开放进入新时期新阶段，以加强节能减排、发展低碳经济和建设生态城市为主题，积极探索可持续发展道路的最新尝试。2007年11月18日，中新两国政府签署协议，生态城正式落户天津。2008年9月28日，温家宝总理和新加坡吴作栋资政为生态城开工奠基，正式启动生态城的开发建设。

生态城位于天津滨海新区，距天津中心城区45公里，距北京150公里。规划面积约30平方公里，人口规模35万，10年内基本建成，起步区3—5年建成。按照发展定位，生态城将建设成为综合性的生态环保、节能减排、绿色建筑、循环经济等技术创新和应用推广的平台，国家级生态环保培训推广中心，现代高科技生态型产业基地，参与国际生态环境建设的交流展示窗口，“资源节约型、环境友好型”的宜居示范新城，努力实现“三和三能”，即人与人、人与经济活动、人与环境的和谐共存，能实行、能复制、能推广，为其他城市的可持续发展提供样板。

中新两国领导人对生态城的建设高度重视。胡锦涛主席指出，中新天津生态城是中新合作的旗舰项目，无论是合作理念还是合作模式都是首创，为两国人民带来了实实在在的利益，要把环境保护和生态建设作为中新合作的重要领域，同新方加强天津生态城项目合作，搞好科学论证和可行性研究，突出重点，加大投入，总结经验，逐步推广。温家宝总理强调，生态城建设起点要高，设计要高瞻远瞩，符合人民节约资源能源和保护环境的愿望，成为留给后人的一笔财富。温家宝、李长春、李克强和王岐山、刘云山等领导人亲临生态城视察，并就生态城建设作出重要指示，进一步指明了生态城发展的目标和方向。

经过两年的开发建设，生态城起步区基础设施建设已完工，

可再生能源设施开始建设

市领导出席国家动漫产业综合示范园开工仪式

国家动漫产业综合示范园部分建筑封顶

生态城公屋项目开工

为建设工人专门修建的公寓

生态城服务中心

污水库、污水处理厂、蓟运河故道等环境治理工程全面启动，国家动漫园、产业园区、生态住宅、办公楼宇等已开工建设；引进了国家动漫产业综合示范园、国家3D影视创意产业园等项目，累计注册企业160家，总协议投资额200亿元。生态城将按照市委、市政府“解难题、促转变、上水平”的部署，抓住滨海新区“十大战役”整体推进的时机，全面加快起步区的开发建设，全年完成总投资170亿元，总开工面积达到400万平方米，尽快使起步区初具雏形，产业发展初具规模，城市建设管理初成体系，城市功能初步显现，成为滨海新区新的经济增长点和生态示范新城。

低碳展示中心

荣获中法合评“生态建筑奖”的城管中心

生态城湿地

天津临港经济区

2009年8月13日，铁路和谐型大功率机车天津检修基地开工。

2009年6月29日,海油工程临港基地项目落户。

天津临港工业区是滨海新区重要功能区之一，是国家循环经济示范区，是港口与工业一体化、以重型装备制造产业为主导的生态型临港工业区。总规划面积213平方公里，其中一期规划面积80平方公里，位于天津海河入海口南侧，与天津港隔航道相望，距天津市区50公里、距北京160公里。毗临天津经济技术开发区、天津港保税区、中新天津生态城和天津滨海新区中心商务区。

“十一五”以来，天津临港工业区在市委、市政府高度重视和区委、区政府的正确领导下，在方方面面的大力支持下，坚持以邓小平理论和“三个代表”重要思想为指导，全面贯彻落实科学发展观，紧紧抓住滨海新区开发开放的历史机遇，全力加快围海造地步伐，全面推进开发建设进程，各项工作均取得了非凡成就和重大突破性进展。截止2009年底，天津临港工业区累计完成固定资产投资497亿元，围海造陆60平方公里，进行土地固化处理40平方公里，实现工业产值137亿元。

2006年至2009年底，全国人大常委会委员长吴邦国，国务院总理温家宝，全国政协主席贾庆林，国家副主席习近平，国务院副总理李克强，中央纪律检查委员会书记贺国强等党和国家领导同志分别先后视察临港工业区，均对临港工业区开发建设给予了充分肯定和高度评价。2008年12月，吴邦国同志为临港工业区题词：“高起点高质量建设临港工业区，带动环渤海经济的腾飞，实现天津的新跨越”。

一、围海造陆形成规模

临港工业区每天投入船舶300余艘、施工机械设备2000台（辆），其中吹泥船36艘，日吹填、回填达到60万立方米。截止2009年底，累计建设防坡堤、围堤、隔堤122.6公里，围合海域63平方公里，形成岸线22.5公里；累计完成吹填、陆填3.3亿立方米，造陆60平方公里，采用低位抽真空、深层真空预压等国内最先进的技术进行土地固化达到40平方公里。

二、航道码头形成灵魂

临港工业港区码头和航道建设取得成效，为项目建设和产品大进大出提供了有力保障。天津第二条深水航道--大沽沙航道已得到国家批复，并获得航道建设补贴2.817亿元。建成5万吨级的滚装码头1个、液体化工码头2个、建杂货码头3个，累计已建成10个码头泊位，形成了独立口岸，全年货物吞吐量突破1000万

2006年,天津乐金渤海化工公司建成投产

临港工业区道路管廊设施

天津第二条5万吨级航道—大沽沙航道及港区码头

2009年6月,临港工业区铁路建成通车。

吨。10万吨航道疏浚工程已经全面启动，1个10万吨粮油码头得到国家批复。建成东防波堤3公里。

三、招商引资取得新成效

截止2009年底，临港工业区累计招商引资项目102个，招商引资额1700亿元。其中已投产项目24个，在建项目22个，已签约项目21个，达成意项准备签约项目35个。2009年签约项目19个，合同总额430亿元。

四、项目建设紧锣密鼓

截至2009年底，天碱搬迁改造项目已累计完成投资104亿元，煤气化项目第1套装置完成54台设备安装并点火试炉。大沽化工临港项目已累计完成投资32.2亿元，其中苯乙烯项目主装置区完成试车前蒸汽吹扫，变配电室、现场机柜间投入使用，项目中间罐区10台储罐制作安装完毕并投料试车，已生产出首批产品。中船重工新港船厂项目已累计完成投资5.2亿元，造船区舾装码头及材料码头骨架形成，船坞打桩完成80%以上，7个生产车间正在建设，码头建设工程完成70%以上。中粮佳悦项目已完成投资3.5亿元，仓储项目已完成所有桩基施工，10万吨级码头得到交通部批复。铁道部大机车项目地块正在加紧进行地基处理。太原重工项目2009年11月15日正式进场施工，已完成投资0.5亿元，厂房及附属用房的勘察工作已基本结束，试桩工作已经完成。配套码头工程的可行性研究报告、通航安全评估已编制完成。华能绿色煤电天津IGCC电厂一期工程完成投资10亿元。

五、配套设施保障施工生产

临港工业区基础设施和市政建设稳步推进，为项目提供完善配套。区内供水能力已达25万吨/日，建成了一期处理能力1万吨/日的污水处理厂。建成220KV、110KV、35KV变电站各一座，启动了3#220KV、500KV变电站建设。黄河道于2009年11月13日已纵贯整个工业区，渤海10路、渤海12路、渤海26路、长江道、珠江道等主干道路正在续建，区内主次干路网基本形成。7.8公里铁路建成通车，有力地提升了临港竞争力。

六、生态安全保障社会和谐

围绕建设国家循环经济示范区的目标，狠抓安全、生态和环保建设，获得了亚洲开发银行贷款1亿美元，专项用于临港生态湿地建设；建成特勤消防站1个，并于2009年4月份正式投入执勤；与清华大学合作，组织编制了安全生产事故应急预案，建立了应急响应中心视频监控系统；结合“863”计划，大力推进应急管理软件平台、气象观测站和大气预警三个子系统建设，获得国家1178万元资金支持。

七、人才队伍建设不断加强

按照中央和市区委的统一安排部署，深入开展学习实践科学发展观活动，党员干部队伍的素质进一步加强。搞好高素质人才引进，着力提高人才队伍素质。“十一五”以来，临港工业区开发机构先后引进硕士以上人才20余人，并组织开展团拜会、企业开工、合作签字仪式、节日联欢会等大型活动，大力抓好人才学习、培养和培训，形成了人才高地。

集生态和景观于一体的临港绿化长廊

天津经济技术开发区

2009年12月8日，在庆祝建区25周年纪念大会上，发布区域新版标识。

天津南港工业区前线指挥部落成仪式

天津经济技术开发区于1984年12月6日经国务院批准建立，为中国首批国家级开发区之一。位于天津市东60公里，紧邻塘沽区。总规划面积33平方公里。1993年后，分别在武清县、西青区和汉沽区辟建逸仙科学工业园、微电子工业区和天津开发区汉沽现代产业区3个区外小区；2004年，在开发区西部扩建天津开发区西区；2009年，市委、市政府正式批准天津开发区履行南港工业区开发建设管理职能，开发区管委会正式履行南港工业区总体规划和分区规划的编制和报批。完成基础设施投资32.49亿元，已围海30平方公里，建设围埝、防波堤31公里，完成土地整理面积25平方公里，有4个产业项目开工建设。2009年末，常住人口16.87万人，户籍人口4.57万人。

2009年，落实国家级开发区“三为主、二致力、一促进”的发展方针，按照构建中国新经济平台和实施“二二二三四”的发展目标，克服国际金融危机不利影响，实现区域经济社会又好又快发展，全区综合实力在国家级开发区中继续保持领先，连续12年获国家级开发区综合环境评价之首。实现地区生产总值1273.98亿元，比上年可比增长22.6%，其中第二产业增加值977.88亿元，可比增长21.9%，第三产业增加值 296.10亿元，可比增长 26.8%，二、三产业比例为 76.76□23.24。完成财政收入280.10亿元,增长12.4%，完成税收收入224.12 亿元，下降5.7%。实现地方财政收入129.11亿元，增长 53.4%，其中地方一般预算收入 98.35亿元，增长28.6%。

天津一汽丰田汽车有限公司举行主题为“容·大成”新皇冠下线仪式

庆祝建区25周年联欢晚会

天津港保税区

空港经济区投资服务中心

空港经济区总部基地

天津港保税区1991年5月12日经国务院批准，首期批准面积1.2平方公里，1992年10月国务院再次批准，总面积扩至5平方公里，其中海关保税监管面积3.8平方公里，另有1平方公里的非保税区域，是我国华北、西北唯一的，北方规模最大的保税区。2000年10月，天津空港国际物流区经市政府和民航华北管理局批准设立，位于天津滨海国际机场货运区，核准面积1平方公里，由天津港保税区管委会和天津滨海国际机场共同规划、开发、建设和管理。2002年10月15日，市委、市政府批准设立空港物流加工区作为保税区的扩展区，位于滨海国际机场东北侧，规划面积42.5平方公里。2004年8月，天津保税物流园区经国务院批准设立，规划面积1.5平方公里，一期0.6平方公里。2005年5月，把海港保税区1平方公里区域置换到空港加工区，设立空港保税区。2006年，保税区在高速公路以南征地1333.33公顷，建设空客项目和配套设施，其中3万平方米第二跑道已移交天津机场。2008年3月，为空客项目配套，滨海新区综合保税区经国务院批准设立，为全国第二家综合保税区，规划面积195.63公顷，将形成以保税功能为特色、以航空产业为依托、具有国际先进水平的民航产业聚集区。

2009年，实现生产总值515.2亿元，比上年增长24.3%。其中，第二产业增加值126.5亿元，增长32.2%；第三产业增加值388.7亿元，增长21.8%。工业总产值601.7亿元，增长28.8%。固定资产投资230.2亿元，增长52.9%。完成财政收入92.8亿元，增长11.5%,其中区级财政收入49.4亿元，增长94.1%。实际利用外资18.2亿美元，增长20%；内资企业注册资本320.3亿元，增长87.8%。

空港经济区中心大道

天津滨海高新技术产业开发区

自动化控制设备生产线

高新区绿色能源产业储能锂离子电池生产线

天津新技术产业园区（现天津滨海高新技术产业开发区）于1988年3月筹建。1992年6月，成立天津新技术产业园区管委会。1993年9月，建立中共天津新技术产业园区管理委员会党组。2004年7月，建立天津市委新技术产业园区工作委员会。2009年3月5日，经国务院正式批复同意天津新技术产业园区更名为天津滨海高新技术产业开发区。

2009年，实现总收入2354亿元，比上年增长37%；地区生产总值500亿元，增长30%。拥有国家级企业技术中心、工程（技术）中心、市级以上研发机构、企业年专利申请量、市级以上科技立项、天津市自主创新产业化重大项目、高新技术企业数、技术市场年交易额、在孵科技型中小企业以及市级以上科技奖励10项科技指标排名位列全市各区县第一。经多年发展形成“一区六园”格局。

华苑科技园坐落市区西南部，规划面积11.58平方公里，1994年开始开发建设。滨海科技园位于滨海新区内，规划面积30.5平方公里，2006年开始开发建设。2009年，华苑科技园和滨海科技园实现总收入1014亿元，比上年增长 37%；地区生产总值 200 亿元，增长 37%；财政收入52亿元，增长22%；固定资产投资140.2亿元，增长75%；万元地区生产总值能耗下降4.4%。南开科技园位于南开区西南部，占地面积12.22平方公里。2009年，实现总收入315.2亿元，比上年增长21.3%。武清科技园控制规划面积32平方公里。2009年，实现总收入349.7亿元，比上年增长40.3%。北辰科技园控制规划面积18.66平方公里。2009年实现总收入715亿元，增长22%。塘沽海洋科技园控制规划面积24.48平方公里，2009年实现总收入236亿元，增长40%。

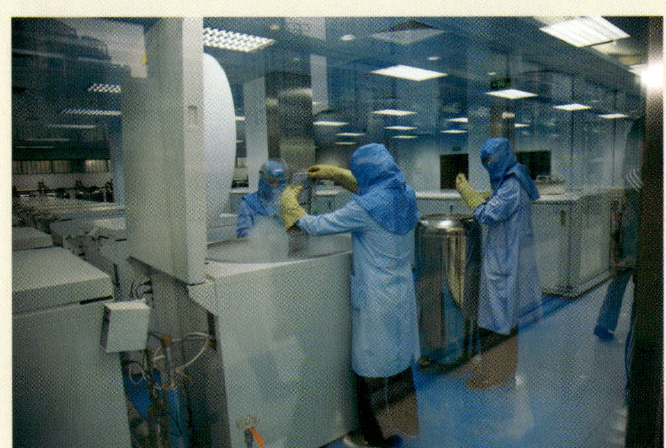

亚洲最大的脐血干细胞库

子午线轮胎设备生产线

天津市和平区

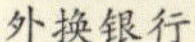
外换银行

提升改造后的滨江道

和平区位于天津市区中部，海河干流西岸。东西最宽处3.72公里，南北最长处4.2公里。北、东濒临海河，南以津河、马场道与河西区相邻，西以南门外大街和卫津路与南开区接壤。区域面积9.98平方公里，辖6个街道。区内总人口39.05万，有回、满、蒙古、朝鲜等30个少数民族。

2009年，按照市委“保增长，渡难关，上水平”的要求，围绕“三保一改善”的重点任务，解放思想，攻坚克难，全区经济社会发展迈上新台阶。完成地区生产总值455亿元，考核口径增加值120亿元，比上年分别增长15%和18.5%；区级财政收入24.3亿元，增长21.5%；在地口径服务业增加值380.4亿元，占经济总量83.6%；固定资产投资95亿元，增长57%,创近年新高；社会消费品零售额200亿元，增长17.9%。内外资到位额分别为61亿元和3亿美元，增长51.6%和65.8%。

继2008年通过全国爱卫办暗访调研后，顺利通过技术评估、考核鉴定和社会公示，被命名为国家卫生区，城市管理迈入全国先进行列。建成国家和市级绿色单位27个、市级安静居住小区1个。被民政部确认为全国社区志愿者组织发祥地。被评为全国社区服务先进区和全国和谐社区建设示范城区。被评为全国基层低保规范化建设典型单位；在天津市民生贡献调查推选活动中，被评为政府奖第一名。顺利通过“全国双拥模范城”中期考评。被评为全国家庭教育先进区。

整修改造后的睦南公园

和平区文化中心

天津市河西区

2009年7月16日，出席市委理论学习中心组读书会暨保增长渡难关上水平活动现场交流推动会的市领导，以及18个区县、市职能部门主要领导考察河西区人民公园改造工程。

副市长张俊芳陪同卫生部党组书记张茅到河西区考察社区卫生工作

河西区是天津市中心区之一，位于市区东南部，因地处海河西岸而得名。区境东临海河与河东区相望，西迄卫津南路、卫津河与南开区、西青区交界，南沿双林农场引水河与津南区毗邻，北抵徐州道、马场道、津河与和平区接壤。区域面积41.24平方公里，辖13个街道办事处。全区户籍人口77.97万人，常住人口87.25万人。

2009年，落实市委“保增长、渡难关、上水平”要求，积极应对国际金融危机严峻挑战，发挥优势，创新实干，实现区域经济持续稳步增长。实现生产总值（区属口径）133.47亿元（不含金融业），比上年增长17.5%，可比增长19.5%。区级财政收入25.7亿元，增长12%。第二产业实现增加值9.89亿元，增长2.26%，可比增长7.56%。第三产业增加值123.58亿元，增长18.94%，可比增长20.52%。二、三产业结构为7.4:92.6。完成固定资产投资32亿元。社会消费品零售额205.86亿元，增长18.56%。国内招商引资实际到位额77.7亿元,增长25.3%。外资实际利用额3.52亿美元,增长348.48%。

2009年，作为市内六区唯一代表被评为全国推进义务教育均衡发展工作先进区。

数字河西系统日臻完善

中国·天津河西2009商务商贸节达成签约项目15个，合同金额70.5亿元人民币和1.2亿美元。

2009年4月15日至18日，举办中国·天津河西2009商务商贸节，图为中心城区产业园发展论坛。

天津市河东区

新开路商务商贸区

荐福观音寺

河东区是天津市中心城区，是中心城区连接滨海新区的起始点，毗邻空港、海港，天津站交通枢纽坐落区内。隔海河与和平区、河西区相邻，向东与东丽区为伴，西、北与河北区相交。区域面积39.63平方公里，辖12个街道办事处。常住人口85.32万人。以汉族为主体，另有回、满等39个少数民族。

2009年,围绕“金贸河东”功能定位，做好保增长、保民生、保稳定各项工作。开展“保增长、渡难关、上水平”活动，经济回升向好趋势巩固，主要经济指标增幅好于上年水平。区属增加值完成108.9亿元，比上年增长18%；区级财政收入17.02亿元，增长20.28%；固定资产投资完成104亿元，增长21.9%；吸引内外资到位额90.8亿元和9000万美元，分别增长12.35%和28%。万元地区生产总值能耗降低4%。

桥园在西班牙巴塞罗那世界建筑节代表中国公园首次荣获全球最佳景观奖。桥园创业园被认定为国家创业促进就业实验区创业园，爱心手工编织中心被命名为全国文化产业示范基地。通过天津市区县科技进步考核并荣获全国科技进步考核先进区称号。9家科技企业被认定为国家级高新技术企业，32个科技项目获国家科技部和天津市立项资助。深化“婚育新风进万家”活动，荣获中国人口早期教育暨独生子女培养示范区称号。2个街道被评为全国社区教育示范街道。区体育局被评为全国体育系统先进集体和全国群众体育先进单位。

河东公园

桥园公园

天津市南开区

南开区是天津市辖区之一，位于市区西南部。东起海河与河北区相望，沿荣吉大街、兴安路、南马路至南门外大街、卫津路和卫津南路，分别与和平区、河西区接壤；西、南至密云路、芥园西道、陈塘庄铁路支线与西青区相连；北抵通北路、北马路，沿西马路至西关大街、津河、南运河与红桥区毗邻。南北长9.2公里，东西宽5.6公里。区域面积40.636平方公里（含华苑街道），户籍人口84.41万，辖12个街道办事处。其中华苑街道和向阳路街道的西横堤系非属地管理。

2009年，围绕“应对新挑战，抢抓新机遇，建设新南开”，积极化解金融危机不利影响，全力保发展、保民生、保稳定，区域综合实力明显增强，文明程度显著提升，经济社会实现平稳较快发展。实现地区生产总值311亿元，其中服务行业260亿元，占全区生产总产值83.5%；三级财政收入49.3亿元，其中区级财政收入24.3亿元，增长10.48%；完成固定资产投资86亿元。选商引资协议额117亿元，到位资金107亿元，分别完成计划195%和268%。

2009年，南开区荣获天津市依法行政先进单位、民族团结进步先进集体和全国和谐社区建设示范区称号，并再度被评为全国科技进步先进区。

海河亲水平台

保增长渡难关上水平活动取得显著成效。千名干部下基层，服务企业渡难关，企业反映的134个问题全部办复。落实保增长促发展10项措施，成立中小企业服务中心，搭建小额贷款、中小企业担保、自主创新三个资金服务平台。实行告知承诺审批新机制，受理行政审批事项5.2万件，按时办结率达100%。

古建筑文庙

长虹风情街

南翠屏公园

经济布局调整逐步延伸。完善区总体城市设计，编制红旗路以西地区经济社会发展布局规划和街域规划。科技园技工贸总收入同比增长21.3 %。金融业发展势头迅猛，新引进金融企业总部和分支机构45家，金融业留区税收同比增长30%。

重点项目建设成效突出。实施经济发展70个重点项目。其中，10个城建项目总规模182万平方米，总投资112亿元；20个服务业项目总规模231万平方米，总投资85.5亿元；40个科技发展项目实现产值10亿元，成为推动区域经济增长的重要支撑。

选商引资保持良好态势。以引进大项目、好项目为重点，坚持“走出去，请进来”，赴深圳、成都、福州等地招商，利用津洽会、五金节等节庆活动，大力吸引项目投资开发。在香港举行招商推介会，与马来西亚融侨集团等5家企业签订合作协议。新聘美国、韩国等外籍知名人士担任招商顾问。新注册企业4600户，选商引资协议额 117亿元，到位资金107亿元。

城区基础设施建设全面推进。完成地铁二号线、快速路南开段拆迁任务，兴业里、卧福西里等片8万平方米拆迁告捷。新建改造市政道路55万平方米、排水管网16公里。建设临渭家园等还迁安置房13万平方米，5411户中低收入家庭享受住房保障。全区建设规模达450万平方米，其中竣工150万平方米。

城区市容环境实现较大改观。新一轮环境综合整治再塑靓丽景观，筹资2.4亿元，整治道路34条，完成文庙地区和29个脏乱点位治理，整修建筑596栋，楼房平改坡84栋，新建提升绿地48万平方米，安装“城市家具”1304处，文庙地区绿化、大板楼改造、“城中村”整治成为民心工程、精品工程

社会保障工作深入扎实。实施扶贫助困十大重点项目，实行无病种限制医疗救助，推出大病社区康复医疗救助，全区3.3万户次困难家庭得到长期实物救助。探索创业促就业新途径,成立自主创业服务中心和残疾人就业服务中心，提供政策扶

时代奥城

八里台立交桥

持、就业培训等服务。安置新生劳动力4826人，建成36家见习基地，选聘近千名高校毕业生从事社区公益事业。为困难群众基本医疗保险给予托底资助，受益群众1.6万人。

和谐社区建设取得新突破。完成居划调整和居委会换届选举，建成社会事务工作站，实现社区“一居一站”。社区教育网络不断健全，涌现一批科技型、文化型、健身型等特色社区。社区卫生服务中心全部建成，实现一街一中心，建成一批中医药特色诊疗社区。发展社区商业，调整改建社区便民商业网点，继续实施放心早点工程，社区服务功能进一步增强。

各项事业发展取得新成绩。科技事业保持领先位势，融资8500万元扶持32项技术创新项目，认定高新技术企业59家，专利申请4000余项，占全市总量的近三分之一。开展第二十三届科技周活动。启动义务教育学校现代化标准建设，首批26所学校通过检查评估。群众体育活动蓬勃开展，竞技体育再创佳绩，获国家和市级金牌161枚，在市第六届残运会上取得历史最好成绩。新医药卫生体制改革深入推进，人口和计划生育、侨务外事、民族宗教、双拥共建、国防教育、人民防空、流动人口管理等工作取得好成绩。

奥体中心体育场

天津市河北区

街头小景

中山路劝业会场（中山美食街）

河北区是天津市中心区之一，位于市区东北部，因地处海河和原金钟河以北而得名。东与东丽区接壤；西以海河、北运河为界，与和平、南开、红桥三区隔水相望；南与河东区毗连；北与北辰区为邻。2009年，区域面积29.62平方公里。辖10个街道办事处，101个社区居委会，户籍人口23.73万户63.40万人。除汉族外，还有回、满、蒙古等26个少数民族。

2009年，落实市委"保增长、渡难关、上水平"的工作部署，克服金融危机不利影响，攻坚克难，真抓实干，经济社会协调发展，人民生活显著改善，圆满完成区十五届人大四次会议确定的各项任务。

区域经济实现快速增长。全年实现地区生产总值92.75亿元，比上年增长22.4%；三级财政收入25.02亿元，增长19.88%，其中区级财政收入13.43亿元，增长25.81%。完成固定资产投资87.2亿元，增长26.9%。实现社会消费品零售额105.2亿元，增长33.4%。国内招商引资到位额74.92亿元，增长24.45%；直接利用外资到位额1.08亿美元，增长24.32%。

产业结构得到明显优化。"十一五"期间，把结构调整作为主线，逐步形成以商贸服务业、创意产业、文化旅游业、金

海河堤岸改造

道路环境综合整治

海河夜景

特色商业街区——意式风情区

改造后的旧楼区景观

融业、新型都市工业等为主要支撑的产业体系，不断朝高端高质高新方向发展。明确了“创意河北”的定位，形成了“四园三区三基地”的创意产业发展布局。海河大道等三个层级金融业聚集区初步建成。渤海商品交易所等重大项目落户，吸附聚集效应显现，“一团一线”高端服务业聚集区建设步伐加快。意式风情区、大悲院地区特色街区形成品牌效应。建成8个都市工业园，初步形成南口路等3个都市工业聚集区。

城区面貌发生显著变化。加强规划引导，完成“一带两轴四区”总体城市设计。用项目推进城市建设、完善空间布局，先后推出五批重点建设项目，总建筑面积1494.04万平方米，总投资额1076.73亿元。大力推进海河经济带、景观带、文化带建设，沿线总建筑面积260.71万平方米的31个重点建设项目大部分已建成。加大保障性住房建设力度，一大批居民居住环境得到改善。开展两个大干150天环境综合整治，城区环境面貌进一

大悲院文化商贸旅游区

2009年河北区招商引资大会

河北区拆迁居民满怀喜悦

2009年，中央电视台大型竞技游戏节目《挑战小勇士》在河北区开拍。

中共河北区委宣传部在天津大礼堂主办“千与千寻——久石让　宫崎骏动漫视听大型交响音乐会”

步优化美化，生态环境和空气质量明显改善，城区品位显著提升。

和谐社会建设成果喜人。把更多的财力向民生倾斜，加大对社区建设的投入。2009年10月，河北区被评为全国和谐社区建设示范区，江都路街被评为全国和谐社区建设示范街，如皋里社区被评为全国和谐社区建设示范社区。“一居一特色，一居一品牌”的特色社区建设形成品牌效应。就业工作保持市区领先位置。社会救助体系逐步完善，基本实现困难群体救助全覆盖。社会事业全面健康发展，教育教学质量稳中有升，十四中学示范校二期等一批重点项目建成。卫生体制改革不断深入，资源布局更加优化，完成第一医院和鸿顺里等社区卫生服务中心建设。文化基础设施建设进一步加强，群众文化生活不断丰富，全民健身活动开展广泛。基层社会管理体系不断健全，建成建昌道街等4个“街道综治信访服务中心”，社会和谐稳定的局面得到进一步巩固。

三岔河口风光

天津市红桥区

红桥区是天津市六个中心区之一，位于天津市区西北部。东与河北区为邻，南与南开区相连，西与北辰区、西青区接壤，北与北辰区交界。区内跨河桥梁较多，有金刚桥、北洋桥、大红桥、新红桥等，区名即是根据境内古老的红桥而来。全区面积21.3平方公里。辖10个街道、127个居委会，人口50.32万，有33个少数民族，其中回族4.4万人。

2009年，深入开展学习实践科学发展观和“保增长、渡难关、上水平”活动，抓住开发建设西站城市副中心的历史机遇，实施“城建带动，强三优二”发展战略，提高经济运行质量，加快城市建设步伐，改善民计民生，维护社会稳定，完成区十五届人大五次会议确定的各项工作任务。

一、抢抓机遇，加快发展，区域经济实力大幅提升

全年实现地区生产总值80亿元，比上年增长18.9%；区级财政收入8.03亿元，增长18%，区实有财力14.15亿元；全社会固定资产投资60.36亿元，增长72.1%,增幅位居市内六区首位。实现内联引资协议额62.4亿元，到位额62.9亿元，分别增长31.4%和31.8%。新引进企业483家，注册资金30亿元，其中注册资金1000万元以上企业29家。

商旅服务业快速提升。特色商业街初具规模，百年老街估衣街经过提升改造重新开街，并被确定为国家3A级旅游景区；南运河美食街部分载体实现开业；天津创意街实现开街运营。新启用和盘活商业载体11.3万平方米。天津都行创建为国家A级市场。精心组织了“两节”旅游购物等10大商贸旅游活动。

产业结构进一步优化。深化意库创意产业园建设，引进杨议影视公司、明斯特提琴工作室等一批知名企业，园区累计入驻创意型企业105户。光荣道科技产业园一期建设全面启动，中国中小企业总部基地——天津宝能创业中心已开工建设。创新民营经济服务举措，建立中小企业融资担保平台，筹集资金5000万元，促进民营经济健康发展。

二、加大投资，加快建设，城建带动作用显著增强

拆迁安置工作成效显著。实施13个项目、100万平方米拆迁，累计拆除各类房屋60万平方米，安置居民及公建单位1.14万户，拆迁量超过市内六区拆迁总量的50%。加快安置房

语堂酒吧广场

谦祥益茶楼

西沽公园

红星职专

天津创意街

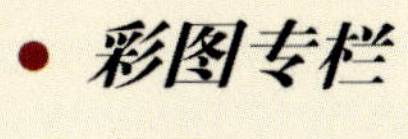

光荣道科技产业园

陆家嘴国际学校

水游城

陆家嘴金融大厦

建设和储备，全力实施和苑居住区等13个项目、160万平方米定向安置经济适用房建设，河怡花园、河通花园、车铃厂等项目共计30万平方米实现入住，为妥善安置拆迁群众提供了房源支撑。

重点项目建设加快实施。在全力推进71个重点项目建设的基础上，新开工建设瞰海尚府、天津惠灵顿国际学校等14个项目。全区在施工程建筑面积401万平方米，竣工面积80.5万平方米。

三、集中治理，强化管理，城区环境面貌明显改观

对丁字沽一号路、芥园道等10条、78万平方米主干道路进行拓宽改造，完成子牙里、植物园东里等13片、13万平方米的里巷改造，改造20片积水点，高标准完成17条重点道路的综合整修任务，实施105栋建筑平改坡工程和5.2万平方米的建筑节能改造，整修建筑物484栋、立面100万平方米。对31片、60万平方米旧楼区实施综合整修，改善居民的生活环境。丰富植物品种，提升绿化品质，完成绿化工程建设116万平方米。规范整治了增产大街等19个脏乱点位和洪湖南路等10处非法聚集点。

四、统筹兼顾，协调发展，各项社会事业全面进步

教育事业再上新水平。总投资1.4亿元、建筑面积6万平方米的红星职专国家级示范校改扩建工程竣工并投入使用。北洋社区学院与红星职专合并成立红桥区职业教育中心，并成功承办了全国职业教育技能大赛相关赛事。

卫生事业发展步伐加快。被命名为全国中医药特色社区卫生服务示范区，成为我市唯一的国家级双示范城区。完成10个社区卫生服务站的标准化建设。被评为国家级计划生育优质服务先进单位。

文化体育事业日益繁荣。承办市第四届老年文化艺术节，完成全国第三次文物普查和红桥区第三次非物质文化遗产普查工作，“耳朵眼炸糕制作技艺”等五个项目成功申报为我市非物质文化遗产。福聚兴机器厂旧址落架大修工程主体完工。

靓丽的市容环境

天津市红桥区重点项目招商推介会暨光荣道科技产业园项目签约仪式

中国中小企业天津宝能创业中心奠基仪式

新西站CBD

天津估衣街提升改造工程竣工盛世开街大典

五、关注民计，保障民生，和谐红桥建设加快推进

千方百计改善民生，精心筹划民心工程，不断强化社会保障。在新华社和今晚传媒集团组织的"辉煌60年——天津民生贡献奖60大调查推选活动"中，红桥区荣获"十大政府民生贡献奖"。

社会保障工作不断加强。开发就业岗位3.8万个，新增就业2.8万人。举办就业技能培训班120个，培训6570人。投入220万元支持创业带动就业工作，建立8家青年就业见习基地，为305名大学生提供公益岗位。建成11个居家养老服务中心和全市首家穆斯林养老院。在全市率先启动"低保——特困——低收入——临时"阶梯型救助保障链条模式。发放低保、残疾人等救助金1.09亿元。

街政工作成果突出。新建6个居委会并投入使用。积极调动社区工作者和群众参与社区自治管理的积极性，组织登记注册志愿者8600名。创建特色楼门院2437个，和谐社区建设示范街6个，示范社区78个。

民族宗教工作扎实有效。芥园清真寺竣工并投入使用。精心组织了第十六届民族团结月系列活动。第五次被评为全国民族团结进步事业先进集体，受到党中央、国务院表彰。

改造一新的道路

天津市东丽区

天津市第17届“文化杯全国梁斌小说奖颁奖会暨东丽湖全国群众文化创作论坛”在东丽湖举行

东丽广场文化活动

空客A320总装车间

天津富士达生产车间

东丽区地处津滨发展主轴，西连中心城区，东接滨海新区核心区，是天津市中心城区和滨海新区的重要功能区。区境东西长30公里，南北宽25公里。区域面积477.34平方公里，其中39平方公里位于中心城区，225平方公里属于滨海新区。辖8个街道和1个乡。有114个村委会，58个居委会。总人口34.19万，其中农业人口20.22万、非农业人口13.97万。区内居住汉、回、朝鲜、满、蒙古、壮等16个民族。

2009年，克服国际金融危机带来的严重影响和困难，逆势而上，攻坚克难，真抓实干，圆满完成区十五届人大四次会议确定的各项任务。实现地区生产总值250.24亿元，比上年增长21.5%；三级财政收入100.2亿元，增长40.9%；全社会固定资产投资231.5亿元，增长37.5%；实际利用外资4.6亿美元，增长21.9%；引进内资189.5亿元，增长45.3%；农民人均纯收入12834元，增长10.7%。全面完成节能减排目标任务。

华明示范镇一景

天津市西青区

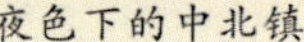

夜色下的中北镇

李七庄街育水佳苑小区

西青区位于天津市西南部。东与红桥区、南开区、河西区接壤，东南与津南区毗邻，西与武清区、河北省霸州市为邻，西南隔独流减河与静海县相望，南与大港区相连，北以子牙河与北辰区为界。全区土地面积566.31平方公里，耕地面积1.45万公顷。辖2个街道、7个镇，设村委会149个、居委会48个（其中6个为企业所属）。总人口12.65万户35.35万人。少数民族38个，人口4077人。

2009年，实现地区生产总值300.76亿元，比上年增长28.2%；财政收入87.6亿元，增长20%，其中区级财政收入45.6亿元，增长52%；固定资产投资366亿元，增长43.3%；举办投资项目洽谈签约会，实现外资到位额5.2亿美元，增长27.8%，内资到位额151.6亿元。农民人均纯收入13216元，增长12.5%。

2009年，申报并获批中北、杨柳青和张家窝汽车，王稳庄高端金属制品，精武学府3个市级示范工业园区。职业成人教育工作，荣获国家社区教育实验区和全国农村成人教育先进单位称号。甲型H1N1流感、手足口病等传染病防控，获得全国医药卫生系统先进集体称号。杨柳青剪纸等3个项目入选市级第二批非物质文化遗产名录，荣膺全国非物质文化遗产保护先进区称号。

天津热带植物观光园

曹庄花卉市场

天津市津南区

津南区位于天津市东南部，海河下游右岸。东与塘沽区毗邻，西与河西区、西青区接壤，南与大港区相连。全区面积387.84平方公里，耕地面积13743.6公顷。辖8个镇和1个办事处，有173个村委会、28个居委会。辖区居住汉、回、朝鲜、蒙古、满等27个民族，居民14.63万户41.17万人，其中农业人口28.99万人。

2009年，开展“保增长、渡难关、上水平”活动，加大企业帮扶力度，狠抓大项目、好项目建设，实现二、三产业固定资产投资双百亿目标。地区生产总值完成230.7亿元，比上年增长20.97%。三级财政收入65.8亿元，增长29.8%，其中区级财政收入35.7亿元，增长52.9%。全社会固定资产投资265.5亿元，增长83.24%。社会消费品零售总额93.7亿元，增长27.82%。实现工业总产值581.8亿元，增长7.1%。新批三资企业43家，实际利用外资额2.7亿美元。引进内资项目774项，吸引内资到位额165亿元。农村居民人均纯收入1.17万元，城镇职工工资性收入增长62.90%。

经济发展迈上新台阶。坚持“精一强二兴三”的工作思路，加快产业结构调整，提高经济运行质量，促进三次产业协调发展。到2009年，三次产业结构为1.72：60.04：38.24。相继建成松江生态现代设施农业示范基地、滨海观赏鱼科技园区等一批精品设施农业项目，带动农业向都市型方向发展。现代冶金及金属制品、电子信息、节能环保、机械设备制造等支柱行业带动作用明显，荣钢集团跻身中国企业500强；经济开发区各项指标平稳增长，4个示范工业区全部启动建设，民营经济成长示范基地建设进展良好，形成工业经济竞争的新优势。商贸、餐饮等传统服务业逐步提升，天颐津城、碧桂园等星级酒店加快建设；金融服务业悄然兴起，兴业银行、中信银行、北京银行、天津银行等商业银行纷纷设立营业机构；旅游业发展步伐加快，小站练兵园纳入“近代中国看天津”十二个文化旅游板块，星耀五洲旅游度假区列入天津市九大文化旅游板块，宝成博物苑、小站练兵园入选“滨海八景”，北方石林园、天山米立方、中滨城、生物谷等一批重点项目有序推进；积极培育现代物流、楼宇经济等新型业态，服务业的规模、档次和水平不断提高。

改造后的海河故道公园

对外开放实现新突破。按照“三个一批”要求，高水平做好重点项目建设和储备工作，成功引进了世界拳击组织亚洲比赛中心、西部矿业天津制造业基地、蓝天立白等一批大型项目，星耀、中信、碧桂园、京基、海尔、富力、永泰红磡、金地等一批知名地产商纷至沓来。圆满完成了海河教育园区一期整合拆迁任务，一期7所职业院校主体建筑全部封顶，将于2010年底建成。

积极践行“三区”联动的八里台示范镇

星耀五洲旅游度假区——实现"中国要造一个世界"的梦想

投资6000万元兴建的津南颐养院

全市唯一一家国家级农业科技园区

中国企业500强之一的荣程钢铁集团

荣钢高速线材、立林高性能复合钻具等3个市级重大工业项目按计划推进。51个区县重大项目开工48项，奥亚机电、顺鑫成食品等24个项目竣工投产。润通、塑料研究所等8个自主创新产业化项目累计申请专利50项，实现销售收入11亿元。对外交往与合作更加密切，积极参加津台投资合作洽谈会、津洽会等活动，顺利完成支援陕西略阳恢复重建任务。

城镇建设取得新成绩。与天津城投集团组建海河金岸公司，为示范镇和城镇基础设施建设提供资金支持。基本建成小站示范镇，形成"津徽文化名镇、绿色产业高地、秀水宜居小城"的雏形；以生态旅游为特色的八里台示范镇和以现代制造业为支撑的葛沽示范镇初具规模；辛庄、双桥河等4个第三批示范镇按计划推进；借助柳林城市副中心、新家园等市重点工程，双港镇融入中心城区的发展。截至2009年，完成28个村土地整合工作；农民还迁房累计开工512.6万平方米、竣工324.2万平方米，近1万户居民喜迁新居；累计开发商品房443.6万平方米。津南区被评为"中国绿色名区"、"人民满意城市"和"推动中国城镇化健康发展的公共服务政策研究项目试点区"。基础设施日趋完善，完成外环辅道改造任务，建成

海河故道——龙马腾飞

八里台示范镇建设

海河故道一角

葛沽庙会"正月十五闹元宵"

天嘉湖路、津歧路延长线等一批市政道路，构建15分钟交通圈。天津大道、津港高速、蓟港铁路复线均完成工程量80%以上。新建、改扩建变电站16座，新增主变压器容量358万千伏安。新增集中供热面积530万平方米以上，铺设供水干线101公里，新增天然气用户1.32万户。生态环境不断优化，实施了津沽路、幸福河等一批道路和河道的综合改造工程，全面完成大沽排污河和海河故道环境整治，新增绿化造林面积3万余亩。实施污水处理厂建设，加强燃煤锅炉脱硫改造，环境质量不断提高。探索城市社区管理模式，城市管理水平明显提升。

民计民生得到新改善。截至2009年，用于科技、教育、卫生、文化等方面的支出22.4亿元，占全区地方一般预算支出的27.8%。义务教育入学率、巩固率均达到100%，高中阶段普及率96.5%；累计新建、扩建13 所学校，完成 12 所学校校舍加固任务，6 所通过现代化标准硬件验收。全面推进18项公共卫生服务，实施三级卫生服务网络建设，新型农村合作医疗参合率99.6%。津南文化艺术中心、葛沽体育馆等一批文体设施投入使用，建成区、镇两级文化信息资源共享中心；群众性体育健身活动广泛开展，举重、射击等4个项目在全市继续保持领先位置。电视连续剧《小站风云》开机拍摄。实施全民素质提升工程，群众文明素质不断提高。推进"创业富区"战略，做好就业再就业工作，不断增加群众收入。到2009年，城镇单位从业人员人均劳动报酬4.04万元，年均增长25.3%；农民人均纯收入1.17万元，年均增长10.3%。实行城乡居民基本医疗保险和基本养老保障制度，努力扩大社会保障覆盖面。投资6000万元建成津南颐养院。加强平安津南建设，加大信访工作和安全监管力度，维护社会和谐稳定。

小站练兵园一角

天津市北辰区

北辰区举行庆祝建国60周年庆典晚会暨十大杰出人物颁奖仪式

天津风电产业园项目建设签字仪式

北辰区位于天津市区北部，北运河畔。东与宁河县相邻，东南隔金钟河、新开河与东丽区相望，南与河北区、红桥区相连，西南与西青区以子牙河为界，西、北均与武清区接壤。区域面积478.5平方公里，耕地面积1.84万公顷。辖9个镇和4个街道。有126个行政村和84个社区居委会。常住人口36.37万，除汉族外，有回、满、蒙古、朝鲜、壮、土家等37个少数民族。

2009年，围绕扭住一个龙头、打造五大载体、突出五个重点、抓住三个提升的工作思路，深化改革开放，优化产业结构，转变发展方式，着力改善民生，实现保增长、渡难关、上水平。全区生产总值300.6亿元，比上年增长 25.5%；财政收入76.0亿元，其中区级收入36.2亿元，分别增长20.3%和41.4%；固定资产投资218.6亿元，增长49%；内资到位119.7亿元，增长38.5%；外资到位4.9亿美元，增长31.3%；农村居民人均纯收入12908元，增长10.2%。

2009年被评为全国农村流动儿童工作示范区。区红十字会被授予全国红十字会系统先进集体称号。5个单位被授予全国文明单位或村镇称号，7人次当选“感动中国、感动天津”人物。普东街获全国和谐社区建设示范街称号。3个村被评为全国民主法治示范村，63个村、17个社区被评为市级民主法治示范村（社区）。

改造后的丰产河

柴楼新庄园

天津市武清区

栖仙居民住宅小区

武清新城一角

武清区位于天津市西北部，海河水系中下游。东与宝坻区、宁河县毗邻，南界北辰区、西青区，西与河北省廊坊市、霸州市接壤，北与北京市通州区搭界、与河北省香河县隔青龙湾河相望。境域东西宽41.78公里，南北长65.22公里。区域面积1574平方公里，耕地面积8.82万公顷。辖5个街道、19个镇、5个乡，有731个村委会，31个社区居委会。全区人口84.41万，其中农业人口69.18万、非农业人口15.23万。除汉族外，有回、满、壮、苗、藏、瑶等24个少数民族16431人，其中回族9565人。

2009年，落实“积极应对挑战、扩大开发开放、推进率先发展”的总体要求，经受住金融危机严峻考验，全区呈现出经济发展逆势而上、开发开放蓬勃推进、社会事业协调进步、人民生活安定祥和的良好局面。实现地区生产总值250.6亿元，比上年增长27.6%；三级财政收入71.1亿元，增长26.7%；全社会固定资产投资218.8亿元，增长45.6%；农民人均纯收入10505元，增长10.3%。

2009年，中华自行车王国产业园、地毯产业园、汽车零部件产业园和京滨工业园被批准为市级示范工业园。雍阳减水剂“巨龙”商标被认定为全国驰名商标。获得国家级科技进步奖1项，市科技进步奖3项；取得市级科技成果10项。

全区“九横九纵”路网

京津城际铁路武清经停站

天津市宝坻区

宝坻区位于天津市北部,地处京、津、唐三角地带的中心区。东及东南与河北省玉田县、天津市宁河县相邻，南及西南与天津市武清区、宁河县接壤，西及西北与河北省香河县、三河市相连，北及东北与天津市蓟县、河北省玉田县隔河相望。区境南北通长53.7公里，东西横距47.9公里，幅员面积1509平方公里。辖3个街道、18个镇和3个乡，有765个村委会和26个居委会。人口67.26万。

2009年，全区经济持续快速发展，社会事业全面进步，人民生活水平明显提高。实现地区生产总值182.75亿元，比上年增长28.09%。第一产业增加值18.39亿元，增长5.5%；第二产业增加值77.31亿元，增长41.25%；第三产业增加值87.1亿元，增长22.87%。三级财政收入27.51亿元，其中区级财政收入16.71亿元，分别增长30.58%和29.03%。完成工农业总产值368.33亿元，增长35.52%。其中，工业产值325.21亿元，农业产值43.12亿元，分别增长38.86%和14.71%。全社会固定资产投资145.21亿元，增长60.9%。社会消费品零售额75.56亿元，增长23.58%。吸引内资协议额134.1亿元，实际到位额109.06亿元，分别增长27.36%和44.74%；外资到位额1亿美元，增长21.62%。农民人均纯收入9966元，增长10.45%；城镇从业人员人均工资4.48万元，增长20.77%。

产业结构优化升级，经济发展跃上新台阶。坚持“一产调优提效、二产做大做强、三产调活提速”，全面提升经济发展的质量和效益。在农业上，全年新增设施农业面积2.09万亩，新建改造各类养殖小区21个，林下经济增加到5000亩；依托国家级基本农田保护示范区项目，加快黄庄洼稻区湿地开发，发展综合种养3000亩。中粮健康生猪产业化基地、滨海现代农业综合发展试验区、和泰丰食用菌、宝迪食品工业园等龙头项目进展顺利；培育农民专业合作社31家，全区75%的农户进入产业化经营体系。狠抓基本农田保护，被评为全国基本农田保护先进单位。在工业上，2009年完成工业固定资产投入65亿元，同比增长54.8%。其中，新开发投资5000万元以上的工业项目33个，霍曼门业等一批优质项目建成投产，比克电池、实德塑钢型材、天拖农机产业园、邓禄普纺织等一批重大项目正在积极建设，新能源、新材料等新兴产业实现战略性突破，服装、家具等传统产业转型升级，工业经济总体实力明显增强。在服务业上，全年完成服务业增加值68.56亿元，比上年增长36%。以珠江温泉城、京津新城商贸物流区、青南生态林区以及晶宝温泉农庄等项目为依托的文化休闲旅游、商贸物流、生态农

宝坻新城璀璨夜景

京津新城远景

京津新城居住区

蓟运河景色

业观光等现代服务业实现较快发展，“温泉名城、生态水乡、文化宝地”的旅游品牌正在形成。全年接待游客24.4万人次，实现直接旅游收入1.2亿元。

基础设施建设强力推进，城乡面貌发生新变化。按照“一河双城、相向拓展，两翼联动、城乡一体”的空间发展格局，全面加快城乡一体化建设步伐。2009年，完成重点基础设施建设投资27.9亿元。宝坻新城市政基础设施建设、市容环境整治、景观水系打造等取得新进展；京津新城顺利完成4个村的拆迁任务，实施了污水处理厂、第五大街改造等基础配套工程，新城的整体功能和形象得到提升。以“1258”工程为重点的城乡路网建设全面实施推进，“八横十纵一环六联”的公路交通网络更加顺畅，一批供电、供水、供热、供气、通讯等公用配套工程相继完工。以“六大绿色工程”为重点的生态系统和生态景观建设取得阶段性成果，全年植树198万株，新增绿地面积125万平方米。继续实施“蓝天、碧水、安静”工程，开展“环保专项行动”，城乡生态环境持续改善。周良庄、马家店等小城镇建设有序推进，新建还迁楼16.7万平方米，城乡一体化水平稳步提高。

民计民生持续改善，社会事业实现新进步。圆满完成2009年“10项民心工程”，广大群众得到更多实惠。新增就业1.2万人，转移农村劳动力1.5万人。继续扩大社会保险覆盖范围，积极推行城乡居民基本养老和基本医疗保险制度，社会保障体系日益完善。继续实施农村饮水安全工程，改善11.2万人的饮水条件。新建宝坻中专实训楼、宝坻四中体育场，加固改造部分中小学教学楼和其它校舍设施；宝坻一中获得中国教育改革创新示范学校称号。建成区人民医院北楼和方家庄医院住院楼，新建改造100所农村社区卫生服务站，免费为城乡居民提供18项公共卫生服务，医疗卫生服务体系更加健全。深入实施“文化兴区”战

宝坻新城

北京科技大学天津学院

广济寺

环渤海评剧大赛

生猪产业化项目基地

宝坻"三辣"之一——天鹰椒

日本日立电梯生产车间

略，编制了《宝坻区文化产业发展规划》，成功举办"全国京东大鼓艺术节"，央视"名段欣赏"栏目走进评剧之乡宝坻，打造了全国第一个电视评剧周，宝坻被命名为全国文化工作先进区和全国文物工作先进区。

积极推进管理创新，行政能力得到新提高。积极创新基层社会管理和公共服务模式，在乡镇街和村（居）设立"一站三中心"，构建"镇村一体、上下联动"的服务管理体系。制定实施了《优化发展环境监督管理办法》，深入开展以"创优环境兴宝坻，改进作风促发展"为主题的系列活动，对全区42个行政部门审批事项逐一核定清理，全年压缩审批事项51项，项目审批时限平均缩短至5个工作日以内。各职能部门的服务意识和服务水平进一步增强，社会满意度明显提升。

努力增强保障作用，党的建设呈现新活力。扎实开展深入学习实践科学发展观活动，深入学习贯彻党的十七届四中全会和市委九届六次全会精神，制定并实施了《加强和改进新形势下党的建设的实施意见》。健全并完善决策目标、执行责任、考核监督体系，加强了对处级领导班子和领导干部目标管理的绩效考核。大力加强党风廉政建设，扎实推进惩治和预防腐败体系建设，严肃查办违反党纪政纪案件，建立健全廉政风险预警防范机制，风清气正的良好氛围更加浓厚。

京津新城鸟瞰

天津市宁河县

宁河体育馆

桥北新区立体规划

宁河县位于天津市东北部，地处京津唐腹地。境域北起还乡河、小新河汇流地带，邻河北省唐山市丰润区、玉田县；南至永定新河、潮白新河汇流地带，与天津市东丽区、塘沽区相邻，西南傍永定新河，东南倚京山铁路；东接河北省唐山市丰南区、丰润区和天津市汉沽区；西连天津市北辰区、宝坻区、武清区。南北宽49公里，东西长52公里。县域面积1031平方公里，耕地面积3.87万公顷。辖11个镇、3个乡，有283个行政村，28个街道居委会。总人口12.46万户37.96万人，其中农业人口8.26万户28.09万人。以汉族为主，还有回、满、壮、蒙古、朝鲜、侗、瑶、仫佬等23个少数民族。

2009年，完成地区生产总值130.77亿元，比上年增长20.2%；全社会固定资产投资160亿元，增长31.1%；财政收入20.04亿元，增长41.6%；实际利用外资1.35亿美元，增长27%；农民人均纯收入10312元，增长10.2%。实现农业增加值19.5亿元，增长8.0%；固定资产投入8.9亿元，增长187.1%。实现工业增加值61.6亿元，增长22%；固定资产投入120.8亿元，增长6.5%。流通服务业实现增加值49.41亿元，增长23.9%；社会消费品零售额47.53亿元，增长26.8%；固定资产投入30.3亿元，增长450.9%。

农业现代化水平明显提高。致力于打造我国北方种业基地，形成小站稻、无公害蔬菜、棉花、生猪、奶牛、水产养殖、肉鸡、长毛兔8大优势产品基地，在已经建成的宁河原种猪场繁育和换新、天祥水产良种繁育等种业基地的基础上，正在建设七里海河蟹种苗基地、以天津温氏公司和腾龙公司为依托的肉鸡孵化生产基地、以金湖种兔场为依托的长毛兔种业基地、以天津百利种苗公司为依托的无公害蔬菜种苗基地。全县累计建成农产品深加工企业385家，组建农民专业合作社385家。扎实推进14个乡镇3个1000亩种植业设施园区的“三个一”和10个乡镇分别实施万亩综合农业园区的“十个一”工程，涌现出小闫村等一批设施农业园区，齐心现代农业（食用菌）示范园区成为全市典型，运河湾设施园区被确定为市级设施农业示范园区，全县新建种植业设施园区46个，新增种植业设施面积1.5万亩，累计达到3万亩。新

芦台镇光明路夜景

运河湾设施农业示范园区

取得国家地理标志产品认证的七里海河蟹种苗基地

建改建规模化养殖小区17个，累计达到181个，畜牧主导产品养殖入区率达到85%。创建实际水产养殖园区1个，累计达到9个。

工业规模化发展明显加快。按照“一带七区”发展布局，启动总面积68.12平方公里的西南部工业园区集中连片开发，县经济开发区7平方公里扩域工程全面推进，宁河现代产业区首期16.57平方公里土里整理“三路一桥”、管网基建等工程顺利实施，乡镇工业园区规划建设步伐加快，宁河现代产业区和潘庄工业园区纳入全市示范工业园区。按照“三个一批”要求，围绕主导产业招商引资，全年新上工业项目175个，其中超亿元项目33个。玖龙纸业一期年产80万吨两条生产线投产、二期工程顺利启动，天钢联合钢铁公司升级改造项目、海航集团航空综合配套服务基地项目开工建设，荣亨工业园、新华昌集装箱等项目进展顺利。深入开展节能减排降耗，达亿钢铁转炉煤气回收综合利用等环保项目投入使用，单位地区生产总值能耗同比下降10.4%，主要污染物排放总量减少2.1%。

服务业拉动功能明显增强。县城商业道两侧重点商贸设施高标准改造加快实施，世纪新都购物广场、宁河宾馆时代广场、幸福小区商务楼竣工营业，茂川大厦完成地下基础工程，启动金鑫商厦、芦台商业中心规划建设。农村“三进”工程扎实推进。家乐超市丰台店和农副产品物流配送中心开张纳客。旅游业亮点初显。七里海保护开发和综合利用步伐加快，七里海生态园对外开放，启动津唐运河8公里沿岸景观带规划建设，大坨湿地公园项目达成意向。完成天尊阁修缮工程，建成新海林业生态园、天祥水产观光园、运河湾设施农业观光园3个特色旅游点，全县基本形成以七里海为龙头，贵达假日、天尊阁为支撑的旅游业发展格局，全年接待游客60多万人次。桥北新区还迁项目农业还迁工作基本完成，南小区平改还迁楼主体封顶，赵家园城中村改造还迁楼工程顺利实施，全年房地产开工面积31.3万平方米。

城乡建设取得新进展。国道112线路基土方工程完工，津宁、唐承高速公路建设全面推进，津芦公路拓宽改造土方工程完工，北疆电厂铁路疏解线建设进展顺利，潮白新河左堤路改造和卫星公路东延线路基工程完工，芦玉公路闫庄大桥建成通车，大修改造乡村公路96.6公里，城乡路网结构进一步优化。县城污水处理厂一期工程试运行，城区雨污分流管网完成年度工程，桥北新区污水处理厂及中水利用一期工程、芦台第四水厂一期工程加紧建设。农村饮水安全工程扎实推进，累计铺设供水管道1504公里。县经济开发区、高景110KV和廉庄35KV变电站建成投入使用，韩庄220KV、大贾110KV、桥北新区35KV变电站开工建设。浩宇供热站完成主体工程，燃气补建面积5400平方米。以迎接建

启动了总面积68.12平方公里的西南部工业园集中连片开发，宁河现代产业区和潘庄工业园区纳入全市示范工业园区

大剧院

七里海文化旅游节以文化搭台、经济唱戏，七里海品牌影响不断扩大。

国60周年为契机，按照全市环境建设“大干150天”的要求，实施以“四路两河”为重点的城乡环境综合治理。完成老城区5条主干道路改造提升。芦汉路城区段拆迁改造工程启动实施。启动数字城管工程、新一轮农村户厕高标准改造工程。

社会事业得到进一步发展。高标准完成9所农村校加固改造和功能提升工程，实施4所中小学现代化学校创建，县艺术幼儿园投入使用。启动“未来教育家奠基工程”和“265农村骨干教师培养工程”。县医院外科大楼住院楼建成启用，创建为“百姓放心示范医院”；大辛、俵口卫生院改造完成；新建改造社区卫生服务站10个，基本形成城乡一体化的医疗卫生服务体系。成功举办第二届七里海文化旅游节、第三届社区文化艺术节，承办“红星杯”中德国际女子排球对抗赛等高水平体育赛事，启动部分乡镇问题中心建设，建成全民健身路径100处，建成全国文化信息资源共享工程宁河县分中心和14个乡镇服务点、283个农村基层服务点。城区公交开通运营。全年新增就业岗位6280个，安置下岗失业职工1150人，转移农村劳动力4100人。启动滨海职业技能培训鉴定基地建设，全年完成培训鉴定4200人，成立天津市青年创业中心宁河分中心。全县“五险”参保人数达到16万人，城乡医疗保险完成市下达指标的106.7%。全年发放最低生活保障金、医疗等社会救助资金2464万元。县养老服务中心投入使用，筹建老年日间照料服务中心、服务站4处。芦台清真寺迁址新建工程完工。

著名建筑——天尊阁

国际化环保型造纸企业——玖龙纸业

桥北新区远眺

天津市静海县

政府办公大楼

文化休闲广场

静海县位于天津市西南部。南与大港区为邻，东北隔独流减河与西青区相望，其他方向为河北省市、县，西北与霸州市相连，西与文安县接壤，西南与大城县毗邻，南与青县、黄骅市交界。东西宽47.25公里，南北长54.4公里。县域面积1414.9平方公里，耕地面积6.92万公顷；辖16个镇、2个乡，384个行政村、17个街道居委会。人口55.48万，其中农业人口44.70万。人口中汉族占主体，另有蒙古、回、藏、苗、彝、布依、朝鲜等18个少数民族。

2009年，静海县委、县政府认真贯彻落实中央和市委、市政府一系列决策部署，积极应对国际金融危机带来的严峻挑战，坚定信心，迎难而上，推动经济社会又好又快发展。

发展思路得到新提升。按照科学发展观要求，集中全县人民智慧，确立了“一三四三五”的总体发展思路，即：围绕建设国家级循环经济区这一总的目标，大力实施“工业强县、生态立县、文化兴县”三大战略，深入推进“东进西联、打造中心，园区带动、三业并举，新城引领、一体推进，民生为本、强县富民”四项部署，加快构建“两城三区六园”三层布局，突出“修路、种树、建大棚、上项目、增收入”五件大事，制定了“苦战三年，打造崭新静海”的倍增计划，规划了静海整体发展战略和空间布局，为今后发展拓宽了空间，描绘了宏伟

美丽的静海新城

静海第一中学

团泊示范小城镇

发达的交通体系

蓝图。

经济实力跃上新台阶。2009年,完成生产总值184.57亿元，可比增长25.3%。第一产业增加值13.66亿元，可比增长6.93%；第二产业增加值127.8亿元，可比增长31.24%，其中工业增加值121.96亿元，增长31.97%，占生产总值66%；第三产业增加值43.11亿元，可比增长15.32%。财政收入28.3亿元，增长31.6%。实现农业增加值13.66亿元，可比增长6.9%；农业总产值28.34亿元，增长7.7%。完成工业总产值931.8亿元，工业增加值113.4亿元，分别增长21.8%和24%。完成固定资产投资158.8亿元，增长42.9，其中一产完成5.4亿元，增长38.6%；二产完成84.7亿元，增长30.3%；三产完成68.7亿元，增长62.7%。社会消费品零售总额44.1亿元，增长20.0%。外资实际到位6387万美元，下降47.7%。县属单位职工人均工资40308元，比上年纯增4872元，增长13.7%。农民人均纯收入9968元，纯增945元，增长10.5%。

民计民生得到新改善。全年用于改善民生的财政投入达到3.8亿元。全面推进城乡居民基本养老和基本医疗保险，城乡低保标准和覆盖面得到新提高，覆盖城乡的社会保障体系基本建

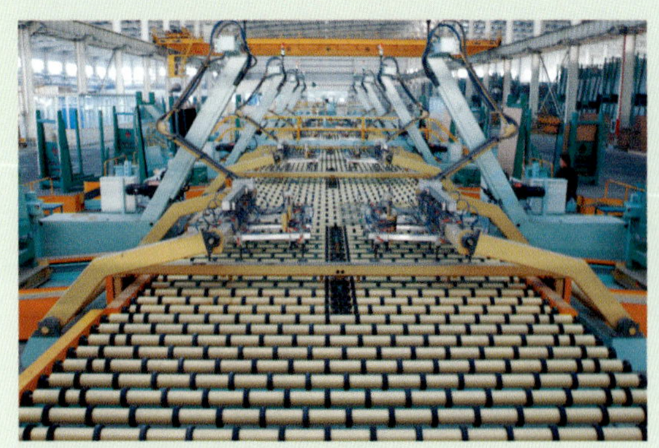

企业生产车间一角（台玻集团）

子牙循环经济区

大邱庄十八凤阁

林海循环经济示范区

立。新增城镇就业6071人，安置下岗失业人员1610人，全县累计非农从业人员24.7万人。发展各类农民专业合作社累计156家。完成造林绿化14.2万亩、1176.2万株，森林覆盖率提高6.7个百分点。下大力解决农村饮水安全问题，全县325个村、39.8万人喝上安全水。新建扩建5所中小学，加固维修34所学校，完成35所学校现代化达标建设。18项公共卫生服务项目稳步推进，45所村街卫生院实现达标。工业污染治理得到加强。市容环境综合整治取得明显成绩，大邱庄、双塘镇获得市级卫生镇称号。

党的建设再上新水平。各级领导班子思想政治建设进一步加强，坚持德才兼备、以德为先的用人标准，营造了风清气正的选人用人环境。党的基层组织建设得到进一步加强，党员“双带”作用进一步发挥。深入推进党风廉政建设和反腐败工作，全县形成了风正心齐气顺、想干会干干好的良好局面。

新农村建设（大邱庄尧舜街）

天津市蓟县

第十五届渔阳金秋旅游节开幕式

环城路夜景

蓟县位于天津市最北部,是天津市唯一的山区县，被誉为“天津市后花园”。县域面积1590.2平方公里，耕地面积5.394万公顷，辖20个镇、6个乡、1个街道办事处，共949个行政村。户籍人口83.55万，有汉、满、蒙古、回、壮等民族。

2009年，实现生产总值176.3亿元，比上年增长26%；三级财政收入23.3亿元，增长21.5%，其中县级收入13.6亿元，增长41.3%；全社会固定资产投资150.5亿元，增长49.8%；社会消费品零售额57.6亿元，增长20%。利用内资70亿元、外资8000万美元，分别增长66.7%和32.7%。城镇居民人均可支配收入16406元，增长17%；农村居民人均纯收入9965元，增长10.4%。单位生产总值能耗下降5.2%。接待游客731万人次，综合收入29.5亿元，分别增长15.4%和26.1%。

2009年，创建市级文明生态村22个。科技工作首次通过全国科技进步考核；纳入科技特派员工作全国试点县，出头岭、罗庄子成为国家级示范镇；知识产权培训工作受到国家科技部表彰。

汽车产业园

农民喜摘葡萄

保增长渡难关上水平 确保经济社会又好又快发展

天津市发展和改革委员会

市发改委主任张志强接受天津政务网采访

进入2009年，国际金融危机进一步加剧，经济下行压力进一步加大。面对严峻形势，市委、市政府果断决策，从2月1日起，广泛深入开展为期三个月的保增长渡难关上水平活动。市发展改革委作为活动领导小组办公室，承担了活动的牵头组织工作。5月6日，市委、市政府审时度势，决定将活动延长到7月底。经过全市上下拼搏努力，活动达到预期目的。

活动呈现6大特点：一是各级领导深入一线、带头帮扶。市四套班子38位市级领导，每人确定3个联系点，带头开展调研帮扶。三级党政机关选派4657名干部，组成611个服务工作组，深入7143家企业和项目单位开展帮扶。二是组织推动工作有序有力有效。成立市保增长活动领导小组及办公室，多次组织召开领导小组会、现场办公会、汇报交流会进行推动，不断提出阶段性指导意见，为活动增添动力、指引方向。建立了信息沟通、协调服务和督查督办等一整套机制，指导各区县、各部门、各级服务工作组把活动向纵深推进。三是制定并实施含金量很高的帮扶政策。出台了《关于当前促进经济发展的30条措施》，各区县、各部门配套制定了85个政策文件和23个实施细则，全部落实到位。26个融资担保机构为261家企业提供了22.7亿元的贷款担保；各家银行落实贷款投放3219.7亿元；为302家困难企业发放稳定就业各种补贴1.4亿元，惠及职工7.42万人；运用政策资金重点扶持70家生产企业、208家潜力企业、610家科技型中小企业加快发展；组织召开8次大规模产需对接会，落实订单近150亿元，1382家企业受益。四是推动实施政府服务大提速。推出8项行政审批提速措施，全部在2月底落实完毕，审批效率提高30%。实行政府部门24小时开门服务，三级政府部门共设立845部开门服务电话，全天候在线值班，受理企业诉求。五是下力量解决企业急难问题。各级服务工作组集中精力推动解决企业反映的问题，各级保增长活动办公室协调解决服务工作组难以解决的复杂问题，市领导小组研究解决重大或带有全局性的问题。截至7月底，全市共解决企业问题5885个，解决率93.1%；开门服务电话受理并解决企业问题12776个，解决率98.5%。各区县、各部门还把活动中创造的好经验、好做法固定下来，形成很多好的长效帮扶机制。六是社会各界广泛参与，全市形成强大合力。除党政机关外，工青妇、民主党派、科技教育、文艺团体等社会各界都参与进来。各大新闻媒体全面、深入、持续报道保增长活动进展情况，两报两台一网累计编发新闻3500多条。

渤海商品交易所办公大楼

四通八达的交通网络

活动达到六大效果：一是经济实现平稳较快发展。主要指标均达到或好于上年水平。2009年，全市生产总值增长16.5%，固定资产投资增长47.1%，财政收入增长21.1%，城乡居民收入分别增长11.4%和10.4%，单位GDP能耗下降6%。二是企业生产经营普遍好转。经问卷调查，接受帮扶的企业，生产经营状况得到改善的占97%；1144个项目全部加快了建设进度。帮扶对象认为保增长活动成效显著或成效明显的达到96.6%。三是发展水平全面提升。各级服务工作组既重视解决企业急难问题，又重视推动结构调整和升级，在实现保增长目标的同时，提升了经济发展水平。四是发展环境明显改善。97.4%的帮扶对象对行政审批大提速表示满意，认为与政府部门打交道，方便多了，效率高了。五是在保增长中实现了保民生。全市各方面都把保民生、稳就业、增收入、促和谐作为帮扶工作重要内容。制定实施了18项增收措施，出台了增加群众收入解决困难群众生活的10条政策。市总工会推动12263家企业承诺稳定职工收入和岗位，覆盖职工人数111.7万人。六是干部队伍经受了锻炼和考验。广大干部职工为解决企业问题加班加点，无私奉献，在社会实践中得到了锻炼，增长了才干，受到了好评。各级保增办累计收到锦旗469面、感谢信573封、电话表扬和登门致谢239次。帮扶对象对服务工作组帮扶质量和工作作风表示满意的分别达到97.7%、98.4%。

天津海河教育园区效果图

天津市财政局

天津市财政局（地方税务局）党组书记、局长　杨福刚

2009年各级财税部门深入贯彻科学发展观，认真落实胡锦涛总书记“一个排头兵”、“两个走在全国前列”和“五个下功夫、见成效”的重要要求，按照市委、市政府统一部署，充分发挥财税职能作用，积极应对国际金融危机的严重冲击，积极制定落实促进经济增长的财税政策，大力培养财源税源，努力增收节支，全面促进天津经济社会又好又快发展，财政各项工作取得新的进展。全年全市财政收入1805亿元，增长21.1%。其中地方一般预算收入821.4亿元，增长21.6%，高于全国平均增幅7.9个百分点。全市财政支出1438.3亿元，增长27.2%。

一、积极财政政策促进经济增长的效能得到有效发挥

认真贯彻落实增值税转型、企业所得税两法合一、储蓄存款利息所得税和房地产交易税费减免，以及取消养路费、贷道费等结构性减税政策措施，全年减税减费120亿元，大幅度减轻了企业和居民负担。积极筹措新增中央投资地方配套资金，顺利发行26亿元地方政府债券，落实125个重点投资项目配套资金，重点支持水利、交通、医疗卫生、农村基础设施等民生工程和自主创新项目。建立健全融资担保体系，市区两级财政新增中小企业贷款担保资金10亿元，为中小企业提供贷款担保38.9亿元。对成功上市企业给予财政奖励，对备选上市企业由财政垫付有关中介费用等，帮助企业拓宽融资渠道。实行社会保险“四降一缓”政策，为346户困难企业提供财政贴息补助，给困难企业专项减负17亿元。积极推进审批服务大提速，取消合并涉及财税业务的审批事项21项，减少申请要件43件，审批提速45%。

二、财政促进结构调整的作用明显

积极争取中央财政支持，将新区开发建设补助政策延期5年，并给予空客A320项目专项补助。进一步完善贷款贴息、财政补助、专利奖励等财税政策，支持搭建科技基础条件平台和自主创新项目建设，为624家科技型企业提供打包贷款担保，累计有753家高新技术企业及时享受到了税收优惠政策。巩固完善支农惠农政策，大力支持现代农业、设施农业和示范工业园区建设。积极支持金融改革创新，制定完善财政投资、贷款贴息、税收优惠、收费减免等扶持政策，各类股权投资基金和创业风险投资基金达到355家，融资租赁业务规模占全国20%以上，逐步形成了金融机构、金融业务、金融平台多元化发展的金融服务体系，金融集聚效应逐步显现。加强政府投融资平台管理，全市政府投融资平台由155家整合为86家，制定实施政

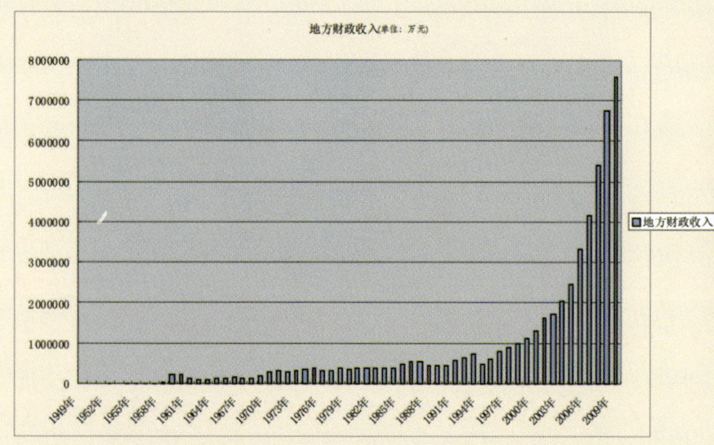

建国60年来天津地方财政收入持续增长

天津市财政系统思想政治工作会议

张高丽书记会见财政部部长谢旭人，关心财政工作。

黄兴国等市领导同志来市财政局调研

府投资公司财务管理办法，健全“借用管还”良性循环机制，防范和控制风险的水平进一步提高。

三、财政保障和改善民生的能力显著增强

实施更加积极的就业政策，加快三类困难企业退出工作，一次性偿还拖欠职工债务2亿元，妥善分流安置职工4.2万人。制定实施增加城乡居民收入的18项政策措施，率先出台了统筹城乡居民的基本养老和基本医疗保险制度，建立覆盖城乡的老年人生活费补助制度。加大财政资金投入力度，向5万户低收入家庭发放租房补贴，支持770万平方米保障性住房建设，为16万户低收入家庭提供住房保障。全面落实义务教育经费保障机制和“两免一补”政策，大力发展高等教育和职业教育，进一步完善高职困难学生资助体系。积极推进医药卫生体制改革，实施药品集中采购和社区卫生服务药品“零差率”销售，将城乡公共卫生服务经费标准提高1倍。制定实施推进文化体制改革和文化产业发展的财税政策，妥善解决文化机构转制过程中的问题，全面推进一批公共文体服务设施建设。充分发挥财政资金引导作用，完善政府投融资平台功能，多渠道筹集建设资金，大力支持重大基础设施建设和新一轮市容环境综合整治，城市路网、交通枢纽、高铁地铁等建设工程进展顺利，市容市貌和群众生产生活环境明显改善。

四、财税科学化精细化管理水平进一步提升

加强跟踪分析和全程服务，坚持依法征税，创新管理模式，建立重点税源专人负责机制和重大项目税收监控体系，进一步完善了税收征管与税务稽查协调互动机制，加强纳税评估分析，进一步完善国地税部门与工商、房管、土地等部门信息联网和数据交换机制，通过强化对关联行业、重点企业和相关税种的税收经济信息对比，及时堵塞税收漏洞，税收征管效率得到有效提升。

全面推进财政科学化精细化管理，着力健全预算编制、预算执行、预算监督相互协调、相互制衡的预算管理模式，加强财政项目支出管理，逐步形成了管理科学、运转高效、监督有力的财政运行体系。2009年，全市国库集中支付总额达到473亿元，同比增长51.6%；实施政府采购100亿元，资金节约率14.4%；将74项收费共101亿元资金纳入预算管理；对12个重点支出项目进行绩效评价，初步建立了与部门预算相结合的评价结果应用机制，使预算安排与绩效考核紧密挂钩。

我市通过财税综合手段支持北疆电厂等建设

略阳天津高级中学在市财政的支持下如期建成

财税政策促进金融服务体系进一步完善(图为渤海商品交易所)

坚持每年4月份开展税收宣传月活动，不断优化纳税服务。

天津市人民政府国有资产监督管理委员会

市国资委主任 李福明

天津市人民政府国有资产监督管理委员会（以下简称市国资委），是2004年6月经市委、市政府批准成立的市政府特设机构。主要职责：根据市政府授权，代表市政府履行出资人职责，监管市政府出资的经营性国有资产和部分非经营性国有资产，承担国有资产保值增值责任。目前，市国资委监管的市属国有及国有控股集团共有68家，其中工业企业18家，商贸物流企业10家，建筑施工企业2家，交通运输企业2家，投资服务类企业9家，房地产开发企业4家，城市公用基础设施企业4家，地方金融企业8家，其他监管企业11家。

市国资委成立以来，按照市委、市政府的部署，深入贯彻落实科学发展观，按照“站在高起点，抢占制高点，达到高水平”要求，深化国有企业改革，加快布局结构调整，加强国有资产监管，国有企业和国有经济不断发展壮大，总量规模显著扩大，盈利能力日益增强。截至2009年底，全市国有企业由国资委成立时的4417户减少到3465户，减少了21.6%；资产总额从4174亿元增长到1.6万亿元，增长了2.9倍，年均增长25.4%；所有者权益从1445.8亿元增长到5369亿元，增长了2.7倍，年均增长24.4%；实现主营业务收入从1655亿元增长到5536亿元，增长了2.3倍，年均增长22.3%；实现利润从44.7亿元增长到136.4亿元，增长了2倍，年均增长20.4%。物资集团成为我市第一个经营规模超千亿的企业。17家国有企业进入中国500强。

加快推进调整重组，国有资本布局结构进一步优化。国资委成立以来，按照国有经济“有进有退，有所为有所不为”的原则，推动资本调整和企业重组，国有资本在重要行业和关键领域的比重由2004年的69%提高到79%。加大集团战略重组力度，2009年在内部整合的基础上，引入战略投资者，完成5个重组项目，引入资金150多亿元，拉动投资500亿元。国资委成立以来，累计完成了32个重组项目，其中引进战略投资者实施了15个较大规模的重组，协议引入资金258亿元。推进国企战略东移，2009年启动东移项目12个，天药股份、美术印刷厂等23户企业完成搬迁改造，累计启动东移搬迁项目342户，总投资965亿元，预计实现总产值2200亿元，有力地促进了产业和产品结构的优化升级。加快二、三次产业布局调整，推进生产性服务业剥离工作，累计完成剥离生产性服务业27户，新增生产性服务业经营规模552亿元。为了推动国有资本布局结构调整，搭建国有资本运营平台，组建了天津渤海国有资产经营公司。14家金融单位为国资公司授信2160亿元，2009年为企业项目建设、战略东移、企业改革提供资金100亿元，充分发挥出资人职能，有力支持企业保增长、渡难关、上水平。

大力推进公司制股份制改革，国有企业焕发出新的活力。2009年通过股权转让、增资扩股等形式，53户企业完成改制，实现企业投资主体多元化。截至2009年，市属企业改制面由国资委成立前的42%增至93.9%，累计改制3532户，累计吸引社会资金500多亿元。通过改革改制，促进了企业机制的转变，增强了企业活力和竞争力。积极推动国有企业上市，国资委成立以来，先后有6户企业上市，8户企业实现增发，实现首发和再

活跃的国资工作研讨氛围

渤海国资公司与金融机构举行银企合作签约仪式

市委书记张高丽为南环铁路有限公司揭牌

市委常委、常务副市长杨栋梁与天钢职工亲切交谈

副市长王治平视察交通集团运输一场天环客运站

融资总额近150亿元。加快劣势困难企业退出步伐，2009年批复破产、注销企业101户，完成整体分流安置职工关闭社会保险账户310户，累计有1330户劣势企业退出市场，涉及职工77.8万人，职工全部得到妥善安置，90%以上的市属集团公司完成了劣势企业退出任务。劣势企业有序退出，使职工利益得到了保障，并实现了市国有企业发展战略的重大转折。

实施一批高水平的重点项目，主业竞争力进一步增强。2009年围绕优化产业结构和增强城市载体功能，重点实施了190个技术含量高、市场前景好、带动作用大、总投资达1456亿元的主业项目。国资委成立以来，累计实施主业大项目900项，投资4800亿元。实施了钢管节能环保技术改造、天铁高档汽车板、天钢循环经济、利达粮食现代物流中心等一批标志性项目，进一步增强了优势产业的发展后劲和城市的载体功能。

加快自主创新步伐，培育出一批有影响力的知名品牌。创新体系不断健全，科技投入力度加大，关键核心技术取得突破，品牌建设进展明显。2009年，天钢集团、海鸥表业、天锻压力机、天发水电4家企业被认定为国家级企业技术中心。国有企业国家级企业技术中心累计达到14家，市级企业技术中心98家，企业级技术中心106家。搭建了管材加工、成套装备、电子信息、现代医药等10大产业技术研发平台。“35KV超导限流器”、“TDJ-G3镍基合金油管”、“陀飞轮和万年历组合机械表”、“全自动液压机柔性制造系统”等一批关键技术和产品的研发，填补了国内空白，达到国际先进水平。2009年，红三晶、天工、天力、寿比山、力神、双燕、春合获得中国驰名商标。全市国有企业获得中国驰名商标由国资委成立前的7件增至23件，增长2.3倍，占全市总数的约三分之二。19家老字号企业获得商务部认定的“中华老字号”称号，占全市的63.3%。

完善国资监管体系，出资人履职水平进一步提高。国资监管体制改革稳步推进。2008年9月，市委、市政府通过了《关于进一步完善国资监管体制工作方案》，决定采取一次批复整体方案、分步实施的办法，将委托监管企业整建制转由市国资委直接监管，实现国资委对市属经营性国有资产和部分非经营性国有资产的统一监管。同年10月，平稳有序地完成了首批32家集团的划转交接工作。

监管政策法规制度体系进一步完善。2009年，研究制定了规范国企改制、加强委托监管企业重大事项管理、加强资产损失和不良资产的认定核销等20个规范性文件，累计制定监管制度67项，使国资工作有法可依、有章可循。

业绩考核的导向作用明显增强。针对扩大监管范围的新情况，进一步完善了监管企业业绩考核和薪酬管理制度，制定下发了国有企业负责人特别奖励办法，开展了经济增加值考核试点，发挥了业绩考核对促进企业做强主业、增强实力、加强管理的引导作用。

财务监督工作不断强化。加强经济运行监测分析，不断提高经济效益。开展了新会计准则试点，企业会计信息质量明显提高。推动企业完善内控制度，强化了对融资担保和发债等事项的风险管理。

产权交易管理更加规范。贯彻落实《企业国有产权交易操作规则》，统一交易制度、操作细则和交易系统，促进国有产权交易行为依法合规。2009年，国有产权在产权市场挂牌交易342宗，单项成交额155.9亿元，增值率8%，国有资产在流动中实现了保值增值。

市国资委领导班子深入东丽区华明镇集体调研

职工生活工作会议

航空航天 空客A320总装线

天津市经济和信息化委员会

2009年是新世纪以来面临困难最大、挑战最为严峻的一年。金融危机对实体经济产生了前所未有的冲击，外需严重不足，订单锐减，价格下降，利润下滑，工业增长面临着巨大的压力。面对严峻挑战，全市工业认真落实市委、市政府"保增长、渡难关、上水平"活动的部署要求，坚持把保增长作为首要任务，把抓大项目好项目作为重要抓手，把节能减排作为转变发展方式的重要举措，全力打好保增长、干项目、优结构、上水平四个攻坚战，打了一场硬仗，取得了明显成效。全市规模以上工业增加值增长22.8%，位居全国第二；工业固定资产投资增长50.3%，再创历史新高；工业万元增加值能耗下降15%，提前两年完成"十一五"目标。

一是保增长，全国前列。按照市委"一季好于一季，一年好于一年"的要求，年初制定了保16%、增21%的目标，这远远高于全国工业保11%的目标，任务相当艰巨。全市工业上下坚定信心保增长，千方百计抢市场，全力以赴抓增量。一季度工业增加值增长20.3%，实现了高起步，上半年增长21.1%，保持了好势头，全年增长22.8%，形成了新优势，在全国31个省市中增速位居第二，是全国平均增速的两倍。滨海新区龙头带动作用显著，主要集团支撑作用明显，区县工业快速增长，全市工业形成了竞相加快发展的良好态势。工业的快速发展对全市保增长发挥了重要支撑作用，拉动全市GDP增长9.2个百分点，贡献率达到55.6%。

二是干项目，再创新高。2009年是全市工业上下抢抓机遇干项目的一年。市经信委紧紧抓住国家扩大内需的有利时机，全面加快大项目好项目建设，关死后门抓开工，倒排工期抓建设，创造条件抓投产，干出了天津速度、天津特色、天津精神。大项目建设全面推进。新推出第五批20项重大工业项目，累计达到100项，总投资5029亿元，这个规模超过了1950年到2006年57年的投资总和。大项目竣工捷报频传。有20个项目竣工，累计竣工40项，完成投资2265亿元，占全部投资的45%。特别是大乙烯、大飞机等一批标志性大项目的投产，不仅创造了天津工业的新历史，而且也抢占了产业发展的制高点。在大项目带动下，2009年全市工业完成固定资产投资2211.6亿元，比2008年净增756亿元。

三是调结构，迈向高端。始终按照高端高质高新化的产业发展方向，充分利用市场倒逼机制，加快产业、布局和组织结构调整。产业结构进一步优化，高新技术产业比重达到30%，航空航天、石

石油化工
海上钻井平台夜景 乙烯全景

装备制造

钢管公司石油套管成品 皇冠

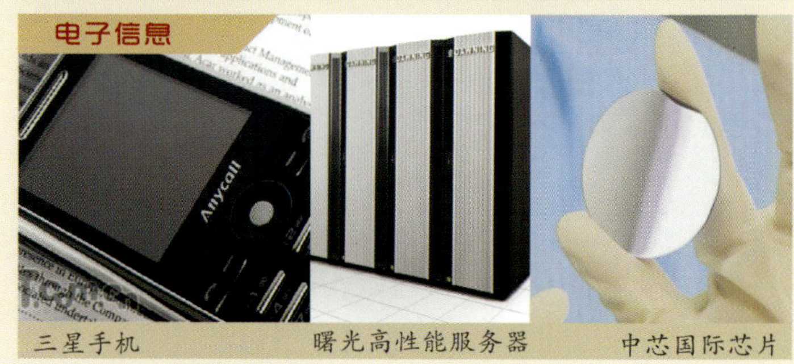
电子信息

三星手机 曙光高性能服务器 中芯国际芯片

油化工、装备制造等八大优势产业比重达到93%，对全市工业增长的贡献率达到76%。航空航天形成了“三机一箭一星”的产业格局，石油化工产业规模和竞争力进一步提高，装备制造业的轨道交通、工程机械、风力发电、石油钻采四大装备已经形成比较优势，新能源和新材料产业发展势头强劲。产业布局结构更加合理。产业聚集区建设全面推进，航空航天、重装、重化、汽车、电子信息等千亿级产业聚集区初具规模，31个区县示范工业园建设全面启动，一批龙头项目相继落户。企业重组迈出新步伐。中海油、北车、中国有色等一批央企与地方企业的重组取得明显成效，盘活了存量、激活了增量，扩大了总量。

四是上水平，跃上台阶。始终坚持走创新驱动、内生增长的路子，既要保增长，更要上水平。自主创新取得新突破。全年新增5家国家级技术中心，创历史最好水平，累计达到24家。一批创新成果实现产业化，曙光超百万亿次计算机已经形成规模，第二代薄膜太阳能电池、第三代聚光太阳能电池、5兆瓦以上大功率风电设备、巨型子午线轮胎装备的产业化正在加速推进，手表、自行车等传统产业通过创新形成了新的竞争优势。自主创新能力进一步增强。企业专利申请首次突破1万件，占全市比重53.6%，企业专利主体作用日趋明显；驰名商标总数达到33件，中国名牌产品达到24件。发展方式进一步转变。新型工业化水平继续保持全国前列，工业万元增加值能耗降低到0.948吨标准煤，首次下降到1吨标准煤以下；工业万元增加值用水量12立方米，仅为全国平均水平的9.4%，继续位居全国第一。

五是促融合，加快转型。全面贯彻“信息化带动工业化，工业化促进信息化”的战略，加快实施两化融合，逐步呈现出设计数字化、装备智能化、流程自动化、管理现代化的良好发展态势。设计环节信息化应用普遍，广泛推广应用CAD/CAE/CAM，普及率达到90%。装备行业的二维CAD出图率达到90.3%，三维CAD基础应用面达到25.5%。制造环节信息化普及程度提高，机械和电子行业70%采用了数字化加工，冶金、纺织、轻工等行业普遍采用了自动化流程，电力、石化行业普遍采用了智能化控制。管理环节信息化应用效益明显，以ERP为代表的先进管理技术的应用，使库存资金占用率逐年下降，资金运转效率和企业财务决算速度明显提高。流通环节信息化应用势头良好，供应链信息化率达到50%以上，行业电子商务平台建设加快，40%的企业开展了B2B、B2C电子商务。此外，电子政务、智能交通、智能社区、数字城区、医疗信息化、农村信息化的建设也迈出了新的步伐。

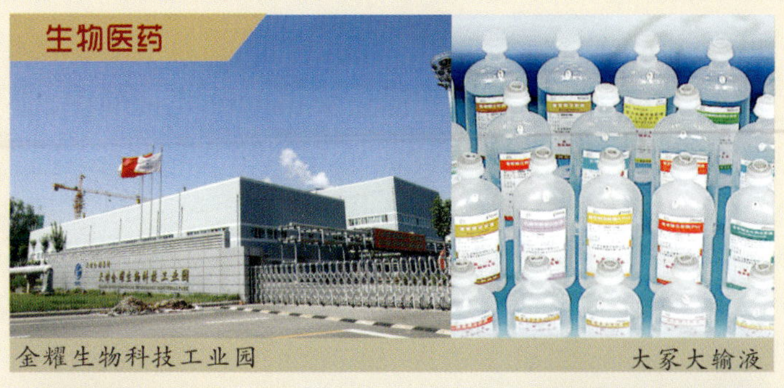
生物医药

金耀生物科技工业园　大冢大输液

新能源新材料

力神电池

轻工纺织

双飞返陀飞轮玫瑰金表　高新纺织工业园

太重厂区鸟瞰图

天津市教育委员会

2009年，天津市有研究生培养单位18个，在校研究生37650人，其中地方院校研究生培养单位15个，在校研究生16923人。普通高等学校55所（本科29所），在校本专科学生405968人（本科生255643人），其中地方院校52所，在校本专科学生362048人（本科生216592）。

在第六届高等教育国家级教学成果奖评审中，有8项成果获国家级教学成果一等奖，25项成果获国家级二等奖。在教育部"高等学校本科教学质量与教学改革工程"项目评审中，有5名教师获国家级教学名师奖，10个团队被批准为立项建设的国家级教学团队，20门本科课程被评为国家级精品课程，3门课程被批准为双语教学示范课程，17个本科专业被批准为第四批高等学校特色专业建设点，3个本科专业被批准为第五批高等学校特色专业建设点，7个实验教学中心被确定为国家级实验教学示范中心建设单位，4个实验区被批准为人才培养模式创新实验区，1个项目被批准为2009年度本科专业认证（评估）项目。

高校"十一五"综合投资学科建设项目稳步推进，并在此基础上启动了新一轮"重中之重"学科建设和研究生教育创新计划；完成新增博士学位授予单位立项规划，参与完成国务院学位委员会学科评议组换届；开展硕士学位论文抽查和研究生指导教师工作检查，以及优秀博士学位论文评选；新增一批专业学位培养单位和种类；各项考务工作和有关研究生规范管理工作有序进行。

海河教育园区建设工程正式开工。承办的第二届全国职业院校技能大赛，取得圆满成功。天津职业大学通过首批国家级示范性高等职业院校验收工作；天津城市职业技术学院等5所院校被批准为中央财政支持的职业院校实训基地建设单位，获得中央财政支持730万元，通过率100%。全市高职教育获国家级优秀教学成果一等奖1项、二等奖7项；10门课程被评为2009年度国家级精品课程；1个团队被批准为2009年立项建设的国家级教学团队，1名教师获国家级教学名师奖。批准高职高专新增专业41个。

市委常委、市委教育工委书记苟利军一行到天津科技大学调研

基础教育有普通中学571所，在校生474585人。其中高中校218所，在校生187554人；初中校353所，在校生287031人。小学983所，在校生507385人。幼儿园1621人，在园幼儿

第三届全国新课程中小学器乐教学研讨会在天津塘沽区举行

副市长张俊芳（前排左五）到天津聋人学校调研

微软嵌入式技术联合实验室在天津理工大学揭牌

206447人。特殊教育学校20所，在校生2520人。

义务教育阶段入学率保持100%，高中阶段教育入学率92%，3～6岁幼儿入园率94 %。

全面完成被市政府列入20项民心工程的示范幼儿园建设和农村乡镇中心幼儿园达标工程。落实外来务工人员子女在津接受义务教育与本市居民子女同等政策，外来务工人员子女就读人数达13.38万人，占在校生总数的17.03%，其中小学10.44万人，初中2.94万人，分别为小学和初中在校生总数的20.58%和10.55%。实施义务教育学校现代化标准建设，对首批申报的295所学校进行评估验收，通过率100%；继续实施义务教育学校新增教学仪器和图书配送工程，为全市中小学配送图书184万册，义务教育学校办学条件得到明显提升。

全市有普通中等专业学校41所，在校生81070人；职业中学34所，在校生35949人。15所首批示范性中职学校建设项目和12个中职学校实训基地建设项目完成第一阶段的建设任务，第二阶段的建设工作全面启动。本市2所中等职业学校的实训基地项目被教育部财政部批准为中央财政支持的建设项目，获中央财政专项经费支持300万元。4所中职学校基础能力建设项目被列入中央扩大内需促进经济增长重点建设项目，获国家发改委和市发改委专项资金支持1900万元。

全市成人学校教育中普通高等学校函授、业大、脱产在校生64754人，其中本科35833人。成人高等院校15所，在校生12779人。成人中等专业学校23所，在校生13459人。成人中学4所，在校生210人。成人技术培训学校3042所，在校生945388人。

为使成人学校更好地适应本市的经济社会发展，特别是滨海新区的开发开放，2009年，新增15个专科专业和8个本科专业；城市职业学院及其5所分院完成6个特色专业的建设，专业建设专项资金已到位并实施。市广播电视大学、南开社区学院（即南开职工大学）、市工程师范学院成人教育学院的3项成果被评为市级教学成果一等奖，新华职工大学等6所成人院校的6项成果被评为市级教学成果二等奖。经市教委审核，新增远程教育学习中心4个。

河西区天津华夏未来艺术小学艺术团应邀赴马来西亚演出

天津市城乡建设和交通委员会

梅江生态居住区

2009年是天津城市建设大发展的一年。城建系统以科学发展观为指导，认真落实市委、市政府“保增长、渡难关、上水平”和“高起点规划、高水平建设、高效能管理”的工作要求，以推进20项重大交通和20项重大市政建设项目为重点，全面完成各项建设任务，基础设施承载能力显著提升，人居环境明显改善，城市面貌发生更大变化。

1. 建设投资保持较快增长。全年完成市政建设投资901亿元，完成交通（含铁路）建设投资315.7亿元，完成房地产投资735.2亿元，三项合计达到1952亿元，占全市固定资产投资比重39%。全年新开工面积4600万平方米，累计在建规模突破8000万平方米，新开工量、建设规模创历史最好水平，实现了保增长的工作目标。

2. 重点工程建设进度加快。以打造大通道、建设大枢纽、构建综合交通体系为重点，2009年安排20项重大交通和20项重大市政项目，合计256个子项，总投资规模2487亿元，当年完成投资534亿元。津汕高速天津段、天津港北港池集装箱码头（B段）、杂货码头二个4万吨级泊位、滨海国际机场第二跑道、蓟港铁路等一批工程投入使用。京沪高铁天津段、京津城际延长线、津秦客运专线和津港、津宁、国道112等高速公路进展顺利。地铁2、3、9号线和天津站、西站、文化中心、于家堡4座大型地下交通枢纽工程正在加紧建设。

3. 生态工程建设成效显著。全面推进生态市建设三年行动计划和水环境治理、小锅炉并网、城市路网建设计划。建成污水处理厂31座，新增污水处理能力45.6万吨/日，铺设排水管网634公里，完成了大沽排污河等28条河道治理，消灭了一批排水盲区，提升了中心城区排沥能力。拆除并网供热燃煤小锅炉112座，减少烟尘排放1882吨。新建、改造城市道路1200万平方米，新增城市绿化面积2800万平方米。供水、供气保障能力进一步增强，全市集中供热率达到94.5%，城镇污水处理率达到80%，生活垃圾无害化处理率达到90%。用100天时间完成海河上游绿化和夜景灯光提升改造，形成城市景观新亮点。

4. 房地产业保持平稳发展。认真贯彻国家房地产宏观调控政策，出台《支持居民购房八项政策措施》和《关于促进我市房地产市场健康发展若干意见》，取得明显成效。加大住房供应结构调整，中小户型普通商品房供应比重占70%以上。全年房地产新开工2555万平方米，累计在施面积达到6069万平方米，竣工

津湾广场

三步节能住宅

梅江会展中心

小白楼音乐厅

华明镇

轻轨

蓟县公路

1902万平方米，销售商品房1590万平方米。房地产开工量、竣工量、销售量呈增长趋势。全年各类保障性住房开工788万平方米，占住宅新开工量的40%。外环线周边地区和区县新城建成了一大批节能环保型居住区。2009年全市人均住房建筑面积达到29.5平方米，群众居住条件不断改善。

5.建设市场秩序不断规范。加强国有投资工程招投标管理，查处了一批规避招标、围标串标和工程转包违法行为。在全市施工企业中实行农民工实名制管理，建立了工资储备金制度，维护了农民工权益。多层次举办技术培训，培养了一大批技术能手。鼓励优秀企业资质升级，全市一级施工总承包和专业承包企业分别增加26家和19家。华北院、铁三院等4家单位获得国家勘察设计综合甲级资质。建筑业保持较快发展势头，全年完成建筑业总产值1900亿元，同比增长27%，完成建筑业增加值360亿元，占全市GDP的5%。

6.建筑节能和科技创新快步发展。颁布实施了中新生态城绿色建筑设计标准和评价标准。大跨度下弦不连续钢屋架吊装施工工法、水下不分散混凝土施工工法等13项被评为国家级工法,建（构）筑物顶升与平移技术、开启桥系统成套修复技术等40项新技术得到推广应用。中心城区、滨海新区、区县新城新建住宅全部实行三步节能设计、公共建筑实行二步节能设计。完成既有建筑节能改造600万平方米，对156栋大型公共建筑实行能耗分项计量。供热计量累计达到1800万平方米。住宅集团被住房和城乡建设部批准为国家住宅产业化基地。节能型墙体材料生产占市场需求的70%。我市建筑节能工作处于全国领先水平。

7.国有监管企业集团效益提升。城投集团创新融资方式，全年融资1200亿元，保证了重大项目建设。天房集团扩大投资规模，开发面积达到303万平方米，比上年增长13%。住宅集团实施多元发展战略，全年营业产值达到63亿元，新型建材研发取得新进展。自来水、燃气、公交和房信集团继续保持良好发展势头。市政建设集团投资兴建了团泊快速路等基础设施。建工、城建、建材集团等地方大型骨干企业和中建六局、中铁十八局、中国石化第四建设公司等中央驻津企业在城市建设中发挥了重要作用。

8.质量安全管理得到加强。10月19日组建了市质量安全管理总队，出台了建设施工21条禁令，使我市质量安全形势进一步好转，全年百亿产值伤亡率低于全国平均水平。建工集团承建的空客A320总装线工程等9项工程获国家级优质工程奖。天津建院、华汇等8家设计单位获17项国家级优秀勘察设计奖。全市141项工程获海河杯优质工程奖，136项工程获海河杯优秀勘察设计奖，208个工地被评为市级文明工地。

梅江风景区

天津市市容和园林管理委员会

海河夜色

“十一五”期间，在全市范围内开展了“同在一方热土，共建美好家园”活动，市容环卫、园林绿化、爱国卫生、综合执法等各项工作得到全面提升，取得了明显的环境效益和社会效益，城市整体形象得到了巨大改善，市民群众的满意度、美誉度达到了最佳水平。市政府出台了《天津市城市管理规定》，成立了天津市城市管理委员会，逐步理顺了城市管理体制和机制。城市管理围绕构建生态宜居高地和天津城市的定位，创新城市管理工作机制，落实城市管理责任，实行了城市属地管理和数字化管理，完善了“两级政府、三级管理”网络，实现了城市管理的无缝隙、全覆盖、全方位管理的新格局。通过加强城市管理和组织市容环境综合整治，使得天津的市容市貌、环境秩序大大改观。

【城市管理法制建设】本市不断推进城市管理立法，完善城市管理规范体系，相继出台了《天津市爱国卫生工作条例》、《天津市城市管理规定》、《天津市公共厕所管理办法》、《天津市户外广告设施设置管理规定》、《天津市城市管理相对集中行政处罚权规定》、《天津市生活废弃物管理规定》，正在起草制定《天津市公园条例》、《天津市道路照明设施管理规定》两件立法草案。编制完成了《城市管理五年立法规划》和《城市管理法律规范体系框架》，对涉及市容环境、园林绿化、爱国卫生方面的行政许可事项进行了全面清理和规范，按照天津市政府“取消调整和下放审批事项，实现审批大提速”工作部署，将涉及市容园林的原来18个行政许可事项，缩减为11个。组织全市城管综合执法系统开展了“法制城管”、“和谐城管”创建活动，在执法队伍中开展了“访千家企业、共同谋发展、携手渡难关”和“进千厂、入万家执法服务”活动，增强了规范化、人性化执法的自觉性，改善了执法队伍形象，提高了执法能力和水平。

【城市管理考核】健全了城市管理考评体系，修订完善了《天津市城市管理考核实施意见》、《天津市城市管理工作综合考核标准》和城市管理考核办法，建立健全了天津城市管理“以奖代补”制度，依据城市管理考核10项内容1274项标准,对18个区（县）、3个功能区和4个城市管理专业部门（市政、交管、路灯、城投）的城市管理工作采取每日巡查、每周抽查、每月联查和每季民意调查等方式进行考核，重点考核组织管理、市容市貌管理、环境卫生管理、环境秩序管理、园林绿化管理、市政设施管理、道路交通管理、路灯照明管理、综合执法管理、城市数字化管理和信访投诉办理情况，考核结果每月在《天津日报》显著位置面向社会公布。

【数字化城市管理】建成数字化管理系统，构建“一个平台，两个中心”，形成市、区两级平台同步建设的数字化城管体系；结合天津市特点建成数字化管理、考核、执法“三位一体”的系统架构，在全国尚属首例，通过住房和城乡建设部数字城管新模式建设专家组的验收，并授予天津市“数字化管理试点城市”称号。目前10个区县平台投入正式运行，其余区县平台投入试运行，初步形成运转高效的城市管理机制。

【市容环境综合整治】2009年奋战150天新一轮市容环境综合整治，综合整治201条368公里道路，累计完成762公里道路整修，全面改造8个公园和49个街心公园以及25个重点地区，完成71公里城际铁路沿线环境综合整治。整修旧楼区楼房3400万平方米，实施里巷道路改造126片，实施管线入地150公里，道路罩面188万平方米，油饰更新路灯2359基、配置马路家具4597处。对天津市中心城区136个脏乱点位和城中村市容环境实施专项治理，拆除中心城区违法建筑1052间，拆除外环线内违法设置的户外广告、牌匾、刀牌、占地指示牌、幔帐、布标、出租车候车亭等，清理积存垃圾杂物7.75万余吨，整治规范露天占路市场60余个，清理安置占路摊贩2.1万余人，更新旧报亭293个，规范自动售货机144个。2010年，在迎奥运“315”环境整治工程和2009年奋战150天新一轮市容环境综合整治成效的基础上，按照市委、市政府的战略部署，继续奋战300天，全面开展了新一轮市容环境综合整治，以实施“八个一”工程为重点，各区县和有关部门全力以赴，各级指挥部整体联

南翠屏公园

河东公园

动，万名干部和20万大军共同作战，综合整治取得了整体环境面貌焕然一新、重点整治项目特色明显、人民群众得到更多实惠，群众生活环境更加舒适，专项治理取得初步成效的重大阶段性成果。

【环境卫生管理】“十一五”期间新增、更新各类环卫车辆700余部，新增大型垃圾转运站2座；2009年改造了市区52座吊装式小型垃圾转运站，生活垃圾清运能力增加13 %。近几年城镇生活垃圾日产日清，收集率达到 90%。内六区市道路清扫总面积增加11.2%，机械化扫道率提高24.6%,目前市内六区机械化清扫率达到52.5%以上。2007、2008年天津市中心城区新建环卫公厕136座，改造204座，基本达到二类以上标准。

【废弃物管理】积极推进生活垃圾减量化、资源化、无害化处理，基本完成天津市餐饮废弃物处理厂、粪便无害化处理厂建设。建设了日处理300吨津南区餐厨垃圾处理厂，新增生活垃圾处理厂4座，处理能力增加 1400吨/日，城市部分餐厨垃圾逐步得到无害化处理，城镇生活垃圾无害化处理率达到90%以上。建成了规模400吨/日的潘楼粪便处理厂和100吨/日的汉沽粪便处理厂，填补了天津市粪便处理厂的空白。截至2009年末，全市拥有垃圾处理厂（场）10座，其中垃圾焚烧厂2座、卫生填埋场6座、综合处理场2座；大型垃圾中转站4座。全市拥有小型生活垃圾收集站232座；全市环卫部门675部密闭压缩车或集装箱式垃圾运输车,日平均收集运输城市生活垃圾约5822吨，生活垃圾处理设施处理能力基本满足当前垃圾处理需求。

【园林绿化建设】截止2009年底，全市绿化覆盖面积20835.10公顷，其中建成区为20089.30公顷；绿地面积17969.71公顷，其中建成区为17369.34公顷。建成区绿化覆盖率为30.33%、建成区绿地率为26.23%、人均公园绿地面积8.59平方米。蓟县洲河公园、大港湿地公园、津南海河故道公园等300亩以上区级综合性公园建设初具规模并相继开放；全市建设5000平方米以上大绿地99处；塘沽区、蓟县被住房和城乡建设部评为国家园林城区和园林县城。2009年，新建和提升改造绿地2856万平方米，其中公园绿地面积1205万平方米。新建提升的49个街心公园，成为功能齐全、方便舒适的休闲、游乐、健身场所；建成京津塘等6条高速公路507公里沿线5285万平方米绿化带、京津城际铁路等209公里铁路沿线绿化601万平方米，形成了乔灌结合、自然流畅的绿色通道；改造提升72公里外环线两侧绿化494万平方米,完成市区256条道路两侧绿化1560万平方米，创新断面绿化形式，合理配置乔灌花草，形成了天津城市道路绿化特色；改造提升二级河道104公里沿岸绿化213万平方米。

【爱国卫生工作】全市爱国卫生工作得到进一步加强，开展的创卫活动不断引向深入，18个区县中塘沽区、大港区、河西区、和平区4个区获得国家卫生区称号；宝坻区宝平街，西青区杨柳青镇、辛口镇、中北镇、张家窝镇、大寺镇、李七庄街7个街镇获得国家卫生镇称号。市爱国卫生运动委员会命名市级卫生区10个、市级卫生镇15个、市级卫生村536个。组织全市进行统一灭鼠投药、全市性灭蟑螂专项活动和爱国卫生月对蚊蝇孳生地进行整治，对公共部位定时进行药物消杀，使鼠传疾病和虫媒传播疾病得到有效控制。组织开展农村户厕改造，2009年新增无害化卫生厕所185万户，全市农村无害化户卫生厕普及率达91.2%，跃居全国前列。

【城市管理科技教育发展】完成了《天津市餐厨垃圾处理工艺及设备的研究》等科研项目45项，推广项目40项。其中24项科研成果达到国内领先水平。建立了优质种苗繁育中心和名优花卉生产技术体系，容器育苗技术和生产水平接近先进国家水平，现代化智能温室面积达到8万平方米。反季节绿化栽植技术得到完善；喷灌、中水浇灌等节水技术得到应用。开发了天津市园林地理信息系统；完成了天津市中心市区的热岛效应测定。开发了周氏啮小蜂等害虫天敌的繁育技术；推广了无毒、低毒农药和害虫天敌，实现园林病虫害无公害防治。研制的餐厨垃圾减量化、资源化、无害化关键技术达到国内领先水平。编制完成了《天津市居住区绿地设计规范》、《天津市生活垃圾填埋厂运用技术规程》等5项标准，成为天津市市容园林工程勘察、规划、设计、施工、监理、验收和养护的技术依据和准则。珍稀动物繁殖成果可喜，2006—2009年共繁殖珍稀动物48种518只（累计）。加强专业教育培训，对全市市容园林系统干部职工开展任职能力和专业技术培训，以天津园林学校中专、大学函授教育为依托，培养社会急需的园林建设和养管人才。

【夜景灯光建设】“十一五”期间，天津市夜景照明建设取得长足的发展。先后组织了“一三五工程”、海河沿线提升改造工程、新一轮市容环境综合整治工程和2010年夜景照明网络建设工程等。累计新建和提升夜景照明设施1213栋（处），新增多功能基站8座，夜景照明重大活动保障累计1276天。

开发区

天津市公安局

2009年1月25日，中共中央政治局委员、天津市委书记张高丽（右二）等市领导在市公安局党委书记、局长武长顺的陪同下，慰问节日期间坚守岗位的公安民警。

2009年6月16日，国务委员、公安部部长孟建柱（右二），天津市委副书记、市长黄兴国（左二）等领导同志在市公安局党委书记、局长武长顺（左一）的陪同下，到市公安局指挥中心110报警服务台视察工作。

天津市公安局党委书记、局长 武长顺

2009年，在市委、市政府和公安部的领导下，全市公安机关和全体公安民警以“三个代表”重要思想为指导，深入贯彻落实科学发展观，充分发挥职能作用，全面落实各项公安保卫工作，有力维护了天津市政治稳定和治安秩序。全力推进队伍建设和党风廉政建设，天津公安工作继续取得新进步。一是采取强有力措施，确保国庆万无一失。期间，全市公安机关全力防范和打击境内外敌对势力、敌对分子针对国庆60周年的各种渗透破坏活动；成功开展“滨海七号”反恐怖演习；完成365场大型活动安保任务；重点加强国庆受阅空中梯队飞行训练活动安全保卫工作，严密“低慢小”飞行物禁飞措施；强化危险物品安全监管，加大查缴非法枪支弹药和爆炸物品力度，及时收缴一大批各类枪支、子弹；开展“迎国庆、保安全、促和谐”交通安全专项行动，深化火灾隐患排查整治，交通、火灾事故死亡人数同比分别下降27.3%和35%；深入开展网上专项整治，实行24小时网上巡控，维护网上稳定和网络安全；扎实开展“护城河”工程，启动进京公安检查站，实施24小时查控，抓获一批违法犯罪嫌疑人；加强输电、输气、输油管线安检守护，保证向北京地区供电供气供油的安全。对国庆安全保卫工作，市领导张高丽、黄兴国、散襄军均作出批示，对公安机关为建国60周年全市大局稳定和首都安全做出的重要贡献给予充分肯定。二是坚持打防管控并举，提升驾驭治安能力。2009年，全市公安机关连续组织开展打黑除恶、治爆缉枪、打击拐卖儿童妇女犯罪、打击电信诈骗犯罪、打击防范涉枪涉爆犯罪等专项行动，取得明显成效；大力解决突出治安问题，组织开展打击“两抢两盗”等专项行动，有效遏制侵财类案件的高发势头；本着“全域覆盖、重点控制、从严从紧”的原则，积极推进指挥巡控一体化，极大增强社会面动态控制和快速反应能力；继续深化“技防网”建设，并利用“技防网”破获一批刑事、治安案件，抓获一批违法犯罪人员；围绕流浪乞讨、乱喷乱涂、制贩假证、违规养犬等群众反映强烈的治安复杂问题，不间断开展清理整治，大力查禁取缔“黄赌毒”等社会丑恶现象。三是充分发挥公安机关职能作用，精心研究制定出台服务经济社会和企业发展的新举措、新办法，为天津市经济社会又好又快发展提供了有力保障。年内，公安机关在空客A320、百万吨大乙烯等重点建设项目施工现场建立警务室，全力做好服务和安保工作；实施关口前移，打防金融、商贸、财税、制假售假和涉众型经济犯罪，挽回经济损失4.7亿元；深化公安行政审批改革，公民因私出国（境）证照办理手续时限缩短至5个工作日；增设办理天津市居民因私普通护照和赴港澳申请业务；建立“天津网上车管所”，开通机动车网上预约号牌号码；将90%的工程项目审批权限下放到区县公安消防部门，审批时限缩短一半；按地区放宽蓝印户口准入条件，累计办理购买商品房蓝印户口5813户，同比增长264%；成立治安服务小分队，对全市24家四星级以上酒店建设项目开展专门走访，主动上门提供治安安全服务。四是坚持打牢基层基础，立足公安工作性质特点和职责任务，进一步创新机制、完善制度，全面深化“三项建设”。五是坚持以和谐警营建设为主线，大力实施“育警、励警、强警、律警、惠警”五项工程，努力建设“学习型、亲民型、创新型、服务型”公安队伍，逐步在全局形成心齐、气顺、风正、劲足的良好氛围。六是加强反腐倡廉教育，推进党风廉政建设。年内，市公安局制定出台了建立健全惩治和预防腐败体系2008-2012工作规划及实施办法，形成“建立标准流程、完善制度规范、强化执行保障”的具有天津公安特色的惩治和预防腐败体系；制定出台《天津市公安局关于进一步落实党风廉政建设责任制的实施意见》，明确责任考核和责任追究具体内容，强调对落实党风廉政建设责任的问责制度，层层组织签订《党风廉政建设责任书》；建立涉及法制、刑侦、交管等10大警种、部门、28项重点执法工作的《天津市公安局执法权力监督工作规范（试行）》，制定出台《执法监察工作规范》、《效能监察工作规范》，建立完善执纪监督工作机制，形成决策权、执行权、监督权相互制约、相互协调的运行机制。

天津市民政局

中共中央政治局委员、市委书记张高丽到河西区汉江里视察

民政部副部长窦玉佩在天津视察社区工作

2009年，在各级党委、政府的坚强领导下，全市各级民政部门坚持“以民为本、为民解困、为民服务”的宗旨，坚持争创一流业绩，认真履行工作职责，在保增长、渡难关、上水平大局中发挥了积极作用，各项民政工作都取得了显著进步。

一、社会组织登记管理。非政府组织已经成为天津市社会主义现代化建设的一支重要力量。各级民政部门坚持培育发展与监督管理并重的方针，积极完善扶持政策，重点发展行业协会、商会、公益慈善类非政府组织。目前,全市注册登记的省级非政府组织共计4122个，其中社团2060个，民办非企业单位2023个，基金会39个。

配合滨海新区承担国家级综合配套改革实验任务的要求，放宽了滨海新区社会组织登记管理权限。一是简化行业协会审批程序，取消筹备审批环节，实行直接登记。二是鼓励成立跨区域行业组织或行业协会吸纳跨地区企业会员单位。三是建立滨海新区异地商会登记管理模式。

根据天津改革开放和产业机构调整的需要，重点培育发展经济类行业协会商会，努力推进了全市行业协会的改组改造，鼓励行业协会与政府主管部门“脱钩”，按照章程独立自主地开展活动。

积极适应城乡社区居民的需求，培育发展社区民间组织。充分发挥社区民间组织协助社区进行自我管理、承担政府委托事务、促进和谐社会建设的积极作用。全市共备案各类社区社会组织8000多个。

2010年5月1日，市民政局等单位主办的集体婚礼在塘沽举行。

二、优抚安置。

2009年出台多项惠及优抚对象的政策措施。确保优抚对象的合法权益得到充分的保障。

优抚对象医疗全部纳入城乡居民医疗保险，实行市区两级财政统筹，统一按市民最高档年560元缴纳保费，在保险报销的基础上按优抚对象类别再给予不同比例的医疗补助，实行医疗保险、医疗补助、医疗优惠一站式结算。按照市城镇居民人均可支配收入增长18.7%比例，提高了优抚对象抚恤补助标准，落实了优抚对象抚恤补助标准自然增长机制。提高了义务兵家属优待金标准，从去年的年每户6000元提高到7500元。继续深

驻津某部战士抢运发往灾区的救灾物资

灾害面前有真情

化退役士兵安置改革。2008 年冬季退役士兵自谋职业率超过50%，需政府指令性安排就业的全部安置。形成经济补偿、扶持就业、重点安置的退役士兵安置格局。

三、社会救助。1998年1月，市政府发布了《天津市城乡居民最低生活保障办法》，经过十余年的探索、发展，以城乡居民最低生活保障、自然灾害救助、医疗救助为基础，以临时救助为补充，与政府廉租住房、司法援助、学费减免等专项救助制度衔接配套、覆盖城乡的社会救助体系基本形成，有效保障了城乡绝大多数困难群众的基本生活。天津市享受城乡最低生活保障待遇的11万户，23.4万人。享受城乡特困救助待遇的1万户，2.3万人。

四、基层民主自治。近二十年来，中国的城乡基层民主自治不断加强，成为国家的一项基本政治制度。主要包括农村的村民自治和城市社区自治。在农村以村民自治为着力点，在城市以社区建设为载体，全面推进城乡基层民主政治建设。农村村民会议、村民代表会议制度普遍建立，民主议事规则和决策程序得到完善。2009年全市村委会换届参选率达91.3%。推行了“不设候选人”的海选方式，首次尝试为妇女预留职位。2009 年天津市1400余个社区居委会进行换届选举，直接选举率达到72.1%。城市和谐社区建设取得了新突破。各区县继续整合资源，多渠道筹集8000多万元资金（其中包括市福利彩票公益金1050 万元），用于街道、社区两级社区服务设施建设。和平区等6个区、小白楼街道等8个街道、汉沽区寨上街道铁坨里社区等10个社区，分别获得全国和谐社区示范城区、示范街道、示范社区称号。以志愿服务组织建设和推行志愿者注册为重点，大力推进了志愿服务活动。2008年成立的市志愿服务联合会成为全国率先建立的省级志愿服务联合组织。建立了市、区县、街道、社区四级志愿服务组织网络，全市志愿者组织已达1800支。全市志愿者有73万人，其中已注册者达40多万人。

五、养老服务。天津市在20世纪90年代即已进入老龄社会，截止2009年底，全市60岁以上户籍老年人171.15万，占户籍总人口17.47%。预计2015年，老年人口200.07万，占总人口19.5%。天津市民政局按照政府领导、政策扶持、社会参与、市场运作的发展思路，建设投资主体多元化、服务内容多样化、适宜老年人需求的社会化养老服务体系。截至2009年底，全市有各类养老机构306所，床位26423张。其中，社会办养老机构179所、床位18436张，机构数量和床位分别占全市59%和70%。2009年底全市享受政府购买服务的老年人14000人。

六、殡葬改革。2009年市政府召开了市第七次殡葬改革工作会议，拉开新一轮殡葬改革序幕。继续广泛动员各方面力量积极推行丧俗改革和社区文明祭奠活动，沿街焚烧纸钱的现象大为减少，呈现一年比一年好的趋势。

深入发展“摒弃丧葬陋俗共建美好家园”活动

天津市交通运输和港口管理局

2009年，在市委、市政府的正确领导下，天津交通坚持以科学发展观为统领，全面贯彻落实市委九届五次、六次全会精神，各项工作取得显著成效。经济发展取得新成果、综合交通发展迈上新台阶、行业管理再上新水平、平安交通建设保持好走势、交通保障能力有新提升，天津交通实现了“安全、优质、便民、有序、高效、和谐”运行，为天津经济社会又好又快发展做出了应有的贡献。

经济发展取得新成果。按照市委、市政府的决策部署，积极应对国际金融危机影响，迎接挑战，变危为机，全面组织开展“千方百计保增长、齐心协力渡难关、科学发展上水平”活动，实施20项保增长措施，推进20项重大交通项目建设，组建20个服务推动组，抽调200名干部深入企业开展支帮促，交通经济实现既好又快发展。

主要经济指标快速增长。2009年交通系统考核单位预计完成增加值248亿元，同比增长15%。固定资产投资356亿元，同比增长66%。设计施工单位新签合同额407亿元，同比增长49%；完成施工产值366亿元，同比增长24%。完成邮电业务总量386亿元，同比增长10%。节能降耗较“十五”末降低17%。

综合交通发展迈上新台阶。港口生产持续增长，完成货物吞吐量3.8亿吨，同比增长6.7%；完成集装箱吞吐量870万标准箱，同比增长2.4%。邮轮母港等9个重大项目进展顺利，东疆港区开发建设取得阶段性成果。天津机场完成旅客吞吐量570万人次，同比增长22%；货邮吞吐量16.7万吨。天津机场二跑道4月底竣工并投入使用，使天津机场成为全国第四个具有双跑道运行的大型机场。铁路客运量完成2100万人次，同比增长16%；货运量1.1亿吨。京沪高铁、津秦客专、京津城际延伸线、于家堡交通枢纽、地下直径线等重点项目建设加快，蓟港铁路工程竣工，集装箱海铁换装中心和进港三线、机场引入线、津保铁路、西南环线等重点项目前期工作全面推进。全年公路客运量2.3亿人次，同比增长11%，完成旅客周转量135.5亿人公里，同比增长12%；完成公路货物运输量2亿吨，同比增长12%,完成货物周转量206亿吨公里，同比增长16%。公路客运主枢纽重点项目，大港、汉沽长途客运枢纽站竣工并投入使用。全市公交客运量完成11.85亿人次，同比增长10%。天津市公共交通调度服务中心建成并投入使用，实现全市域统一监控、统一调度、统一指挥，集行业、企业两级平台为一体的公共交通智能管理系统。全市地铁客运量完成3560万人次,同比增长12%。全年完成水路货运量1.15亿吨，同比增长207%，货物周转量9534.13亿吨公里，同比增长366%。

交通保障能力实现新提升。加强运输组织协调，确保煤、电、油运和重点企业、重点物资运输。全力做好春运、暑运、

远洋大厦

天津港

"五一"、"十一"等重点时段运输组织和服务保障工作，确保人民群众安全、有序、便捷出行。支持港口发展，增加铁路疏港比例，提高港铁运输效率。港口引航服务保障能力进一步提升，全年共引领船舶20956艘次，引航保班率和满意率均实现100%。以新开航线航班补助政策为依托，为航空企业在天津增开航线航班创造条件，大力促进机场发展。抓好路企组织协调，为全市电煤运输、人民生活和重点企业提供了强有力的交通保障。

行业管理再上新水平。在全市颁布实施《天津市公共汽车服务管理标准》、《出租车驾驶员服务标准》、《出租车驾驶员职业装着装规定》、《客运出租汽车空调器使用管理规定》、《出租车车厢禁烟规定》、《长途客运服务标准》、《道路旅客运输"三优三化"服务标准》。在全行业广泛开展"奋战百日迎国庆，树立行业新形象"活动，集中力量对公交、出租、长途客运行业进行专项治理，公共交通服务质量和水平全面提高，服务标准进一步规范，运营秩序和运营环境明显改善，充分展示交通行业的新面貌、新形象。全面落实《天津市治理车辆非法超限超载规定》，加大监管力度，开展专项整治，有效遏制了超限超载，源头治超工作取得明显成效。全面开展以治理非法客运，切实维护人民群众切身利益和合法权益为重点的专项治理非法客运工作，公共交通环境显著改善、运营秩序明显好转、人民群众出行环境和公交服务水平得到有效提升。

和谐交通建设保持好走势。把安全运行放在交通工作的首位，坚持安全生产重于泰山，全面落实"一岗双责"安全生产责任制，全行业安全生产工作始终处于可控状态。强化"两节"、"两会"、春运、暑运、"十一"黄金周安全生产的监管，确保重点时期的安全运行。认真汲取天津碱厂烟套坠落和成都公交车爆燃教训，在全行业深入开展了不间断、拉网式"查隐患、抓整治、防事故"的安全生产大检查，为全市交通行业安全运行提供了有力保证。组织开展迎国庆"百日安全生产竞赛"，全力抓好国庆期间的安保反恐和安全生产工作，创建安全有序的交通环境。全年实现工伤死亡、铁路行车、港口安全生产、飞行等级、机损海损、通信阻断、火灾事故七个零的好成绩。采取有效措施，积极开展对不稳定因素的排查和信访接访的处置，保持了全行业的和谐稳定。

天津机场

天津市市政公路管理局

2009年，天津市实施机构改革，市委、市政府明确了市市政公路管理局为主管全市市政道桥、公路（含高速公路）管理工作的具有行政职能的市政府直属事业单位。

市市政公路管理局的主要职责包括：1、贯彻执行有关市政道桥、公路管理的法律、法规、规章和方针政策，起草相关地方性法规、规章草案和规范性文件并组织实施。2、拟订市政道桥、公路专项规划和近期建设计划；制定市政道桥、公路基础设施养护、维修计划；会同市财政局制定并下达市政道桥、公路养护维修资金计划，负责资金的安排和管理；负责已接收管理的道桥、公路范围内地下管网施工的协调管理。3、组织实施市政道桥、公路的养护及大中维修项目；负责对全市市政道桥、公路设施状况进行检测评定，并对运行服务进行监督考核；负责市政道桥、公路设施的综合统计工作。参与市政道桥、公路建设市场的管理；4、承担道路、公路运行设施执法监督的相关工作；负责有关行政复议工作；负责市政道桥、公路设施命名申报工作。5、负责市政道桥、公路养护维修工程的质量和安全监督。6、拟订市政道桥、公路设施有关收费标准；负责高速公路联网收费的管理；编制修订养护工程定额。7、组织推动市政道桥、公路养护维修技术发展。拟订行业技术标准及规范，组织科技攻关，推广科技成果；组织实施信息化建设工作。8、负责市政道桥、公路基础设施管理。9、负责市政道桥、公路养护管理；指导推动市政道桥、公路养护专业技能培训工作；配合有关部门负责专业人员技术资格评审工作；指导有关行业协会、学会工作。10、承办市委、市政府交办的其他事项。

办公大楼

市市政公路管理局将围绕新定位、新职责，进一步规划好、管理好、养护好市政道桥和公路基础设施，使全市路网更加畅通、安全、和谐、高效，更好地为公众服务，为天津经济社会发展服务。

快速路卫昆立交桥

唐津高速滨海大桥

蓟县马平公路

整治后的红旗南路

蓝天绿海外环线

天津市体育局

天津市人大常委会副主任孙海麟（右二）会见国际足联主席布拉特（左二）

在市委市政府的关心、支持下，在全市人民的关注中，天津体育依托经济的快速增长，适应经济发展社会进步的要求，实现了前所未有的大发展、大突破、大跨越。

一、群众体育蓬勃开展

“十一五”期间，在社区、乡村修建“健身园”3362个；修建体育公园30个；修建较大规模的健身公园、健身广场35个；建设国家级全民健身中心3个；资助了150个职工文体健身基地、115个国家级社区体育俱乐部的设施建设。

群众体育活动丰富多彩，不断创新。在坚持抓好传统群体活动的同时，相继创建了元旦步步高登天塔、健身大拜年、全民健身日活动、五一、十一群众体育黄金周活动等一批群众体育活动新品牌。广场足球、汽车集结赛、青少年户外运动营、山野健身游等新颖时尚的健身活动蓬勃兴起，受到普遍欢迎。

群众体育组织建设稳步推进。为促进社团建设，开展了先进社团活动，每年投入30多万元对先进社团进行奖励。大力加强社会体育指导员培训，目前，全市共有社会体育指导员23300人，其中国家级108人，一级1563人。社会体育指导员队伍的发展和壮大，为开展全民健身运动，构建社会主义和谐社会发挥着积极的作用。全市健身站点已达3500多个。

首届全民健身大会和首届海河龙舟节圆满举办。首届全民健身大会突出群众性、趣味性、娱乐性、健康性，设普通组、老年组、少年组、大学生组、残疾人组和领导干部组6个组别，竞赛项目达46个大项，2121个小项，组别之多、项目之多、参与人数之多，皆创市运动会历史纪录。首届全民健身大会龙舟赛有60支龙舟队参赛，在组织正式比赛的同时，还结合全民健身，开创了群众龙舟体验活动，让群众实际体验龙舟运动的快乐。

非奥项目比赛成绩斐然，为天津人民争得了荣誉。在第四届全国体育大会上，天津代表团以12个一等奖、31个二等奖、50个三等奖的优异成绩，实现了天津市在该赛事中的历史性突

欢庆奥运祝福祖国

天津奥林匹克中心体育场

群众爱国体育活动——奥林匹克日长跑比赛

天津女排群像

网球名将彭帅

破。组织参加了全国第四届妇女健身展示大赛，获得3个一等奖、4个二等奖和3个三等奖，奖牌数位居全国第二。参加全国首届智力运动会取得1金、1银、2铜，全国总分列第12名的好成绩。

第三次国民体质监测工作顺利完成。各区县及部分行业根据统一安排，充分利用监测工作过程向群众广泛宣传科学健身的理念和方法，建立科学健身指导体系，搭建科学健身指导、服务、保障平台，积极开展监测区域的监测工作。

二、竞技体育跃上新台阶

“十一五”期间，天津体育各项工作都取得了新的跨越和新的突破。特别是竞技体育成绩逐年提高，跃上新的台阶。“十一五”期间天津运动员共获得世界冠军19个，有1人2次打破世界纪录。在第15届多哈亚运会上，天津获得16枚金牌、5枚银牌、3枚铜牌的好成绩。在举世瞩目的第29届北京奥运会上，天津全力服务于国家奥运战略，获得4枚金牌、2枚银牌、4枚铜牌，实现了竞技体育全面超越的目标，为中国体育代表团在北京奥运会上创造新的辉煌做出了应有的贡献。国家体育总局、中国奥委会授予天津市体育局“2008年北京奥运会重大贡献奖”和“2008年奥运会成绩突破奖”。在北京残奥会上，天津残疾健儿夺得16枚奖牌，打破5项世界纪录，金牌和奖牌总数均超过上届雅典残奥会。2009年第十一届全国运动会，天津体育代表团顽强拼搏，以23枚金牌、14枚银牌、15.5枚铜牌的优异成绩闯进金牌榜前8名。天津网球女运动员彭帅一人夺得四枚金牌，成为金牌王。天津女排以顽强拼搏、永不言败的团队精神书写了中国体坛新的传奇，八届全国女排联赛七次加冕，第十二届全运会又禅联冠军。天津女排不仅创造了辉煌的成绩，而且产生了宝贵的精神财富，形成了锐意进取、迎难而上、顽强拼搏、争创第一的女排精神，为正在干事创业的天津人民注入了新的精神动力。此外，天津的网球、击剑、体操、游泳、跳水、水球、乒乓球、柔道、武术、自行车等优势项目继续在全国名列前位。

三、体育产业实现新跨越

主动加强与经济、文化、教育、旅游等部门联手合作、优势互补，使体育市场由单一结构向多元结构转化，开发和拓展发展的空间。在激烈的市场竞争中，天津体彩销售继续保持市场占有份额的优势地位，是全国4个体彩销售占优势省市之一。“十一五”期间完成销售额36.13亿元，按地区人均购买量和单机销量继续名列全国前列。

四、体育场地、设施达到新水平

2007年，总投资达到18亿元、可容纳6万人的天津奥林匹克中心体育场全面竣工并投入使用。它独具的构思、优美的造型、先进的功能成为天津标志性建筑。同时，一座现代化的游泳跳水馆也将于2010年底建成，填补了我市没有标准的大型游泳跳水比赛场馆的空白。

天津市中小企业发展促进局

局长尉永久陪同黄兴国市长等市领导考察示范工业园区

局长尉永久陪同市委常委苟利军在示范工业园区调研

2009年，天津市委、市政府将原市经委、市农委、市工商局分别承担的中小企业、乡镇企业、民营经济的管理职能整合在一起，组建了中小企业发展促进局。作为市政府派出机构，主要负责全市中小企业、民营经济的统筹规划、综合协调、组织推动和指导服务。

市中小企业发展促进局在市委、市政府的正确领导下，以科学发展观为指导，按照胡锦涛总书记“五个下功夫、见成效”的重要要求和市委构筑“三个高地”、打好“五个攻坚战”的部署，积极应对国际金融危机影响，充分发挥自身职能，以创业为抓手、以园区为载体、以项目为支撑、以创新为动力，以服务为保障，引导全市民营经济、中小企业调整产业结构，转变发展方式，提升科技水平，促进全市民营经济、中小企业走上创新驱动、内生增长的良性发展轨道，为全市经济持续、健康、平稳发展做出了重要贡献。

局长尉永久陪同市委常委苟利军、副市长李文喜视察区县重大项目

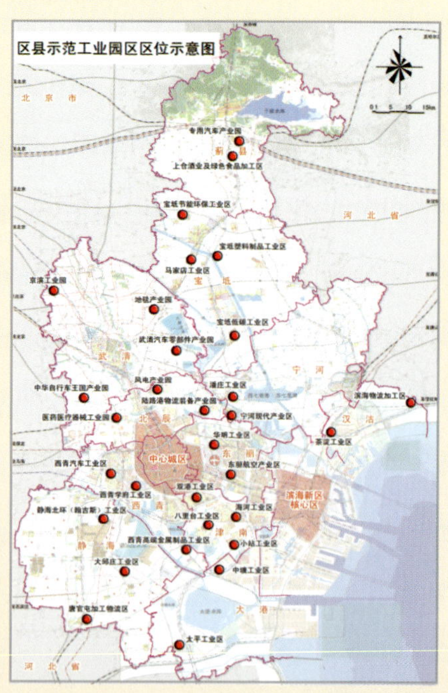

31个示范工业园区分布图

副市长李文喜到局调研工作

一、以创业为抓手，在中小企业总量上实现新突破。

积极推动全民创业工程，通过培育创业主体，营造创业氛围，使全市中小企业在规模和质量上显著提升，形成“铺天盖地”之势，把中小企业发展的基础做大做强。截至2009年底，全市工商年检的中小企业达14.44万户，同比增长3.03%。

二、以园区为载体，在中小企业发展空间上实现新突破。

经市委、市政府批准，出台《关于整合提升发展区县示范工业园区的若干意见》，审核批准31家区县示范工业园区。截止2009年底，示范工业园区累计完成基础设施投入53.7亿元，“七通一平”面积达到48.78平方公里，占起步区面积的39%；道路建设面积358.8万平方米，绿化面积178万平方米。已签约项目502项，计划总投资1190多亿元，158个项目开工建设，累计完成投资额107亿元。

三、以项目为支撑，在中小企业发展活力上实现新突破。

截至2009年底，共推出四批495个区县重大项目，并已全部开工建设。计划总投资3841亿元，累计完成投资1216.3亿元，超额完成全年计划16.3亿元；竣工投产项目193个，超计划23个。

四、以创新为动力，在中小企业发展质量上实现新突破。

2009年区县工业共实施技改项目1684项，当年完成投资404.6亿元，同比增长38.4%。项目设计年增销售收入1067亿元,新增利润115亿元。

五、以服务为保障，在中小企业发展环境上实现新突破。

重点搭建信息、金融、信用、科技创新、市场开拓、人力资源培训、全民创业和法律八大服务平台，为全市中小企业发展提供良好环境。

区县示范工业园区现场

天津市人民政府外事办公室

天津市人民政府外事办公室党组书记 主任 田贵明

2009年，天津市外事工作贯彻落实科学发展观，按照中央对外开放总体战略的部署，紧紧围绕市委、市政府的工作目标，确立了“找资源、引项目、促出口、重宣传”的工作思路，落实了外事工作服务“保增长、渡难关、上水平”活动的20条措施，解决了上百个难题，实现了外事服务于本市经济社会发展方式的新突破，国际交流更加活跃，天津市已初步形成了全方位、多层次、宽领域的国际交流与合作新格局。主要有以下四个特点：

一、找资源，开拓对外交流的新局面

2009年，天津市与外交部、中联部、国务院港澳办、外国驻华使馆、国际组织驻华办事机构、驻外使领馆建立了更加通畅有效的联系沟通机制，挖掘和拓展了外事资源，积聚了外事工作的新优势。主动邀请并精心接待了来津访问的国家元首、政府首脑、商业巨头等外宾506批，5175人次；海外游客141万人次，来访外宾在数量、层次、影响力方面都大大超过以往，在严峻复杂的国际环境下实现了国际交流新的突破，为天津在困难时期营造了人气，带来了财气，提振了市气。同时市外办还主动出击，先后安排二十多个市级重要团组出访，加强了天津市与出访国家和地区的合作，开辟了天津市国际交流的新渠道。

二、引项目，推动了实质性的交流合作

全市各级外事部门以外事资源为纽带，以项目合作为载体，积极为经贸合作牵线搭桥，先后促成联合国低碳经济发展研究中心落户天津，争取到联合国驻华系统和联合国基金会支持中新生态城的发展和建设；深化与伦敦金融城的合作，第二批金融人才赴英国伦敦金融城培训；天津市与蒙古国在滨海新区深化经贸合作、日资在子牙循环经济区建立废弃物资源再生企业、香港新世界集团投资60亿元在滨海新区兴建431米标志性建筑、俄石油公司与本市开展能源战略合作项目落地。这些大项目为提升天津市的开放层次与质量，实现全市经济社会更好更快地发展发挥了积极的促进作用。

三、促出口，营造了良好的涉外环境

针对天津市外贸出口的不利环境，广大外事干部进一步转变服务理念，大力营造宽松、和谐的涉外环境。率先在国内申请设立了“海外风险专项费用”；为推进滨海新区的开发开放积极申请外事审批权等政策；积极、稳妥、低调、迅速成功地处理了具有国际影响的“天裕8号渔船案”等涉外事件；通过开辟绿色通道，全力为天津市重点企业、重点项目和重要招商团组做好因公出国（境）服务，申请按时办结率和群众服务满意率均达到100%；积极推介APEC商务旅行卡，为天津市企业“走出去”创造条件。

四、重宣传，树立了良好的国际形象

充分利用媒体、国际活动和会议的平台，向世界展示天津市克服经济危机的不利影响，保持经济社会持续健康发展的良好局面和取得的成就。与外交部新闻司两度合作，组织海外媒体记者来津采访；牵头组织了“绿色中国与和谐世界”国际研讨会、中国发展高层论坛“天津之夜”等35项大型国际会议和活动。在开展各种活动的同时，还积极探索建立了“层次高、规模小、影响广、经费少、绩效大”的国际会议和活动举办新模式。

2009年11月，外交部在天津市举办外国记者管理工作座谈会，高度评价了天津市对外宣传和外国记者管理的经验。2009年底，外交部授予市外办“服务经济社会发展奖”，在全国范围内推广了天津市外事系统服务天津经济社会发展的做法。高丽书记在出访亚洲四国的工作报告中批示：“天津外办工作细致、作风扎实，是过得硬的，是有水平的，市委是高度信任的”。这既是对市外办的鼓励和鞭策，更是全市外事系统广大干部的集体荣誉，凝聚着大家的智慧和辛勤的汗水。特别是区县和各部门的外事干部顾全大局，主动配合，无私奉献，为高水平地完成全市外事工作提供了强有力地支撑和保障。

国际投资协定与我国产业竞争力分析

伴随着国际直接投资（FDI）的扩张，各个层面上的规制--国际投资协定（IIA）不断增长。国际投资协定在某种程度上缩小了国内自主选择政策的空间，使一国企业越来越多地直接受到全球的竞争压力。我国企业能否承受一个高度自由化的国际投资协定，以及哪些产业能够承受，与我国产业的国际竞争力直接相关。20年来，世界FDI的流量有了显著增长。80年代初，全球FDI流量仅为每年500~600亿美元；2006年达到1.2万亿美元。

美国前总统乔治·H·布什（左二）访津

意大利总统钱皮（右一）在总统府会见天津代表团

近10年来，各国政府意识到国际投资在日益全球化的世界经济中所发挥的重要作用，并且逐渐承认在外国直接投资问题上，政府之间需要加强合作。因此，在双边、区域和多边层次上，有关国际投资的谈判活动明显增加。

自1959年第一个双边投资协定诞生，双边投资协定的数目稳定增长。据UNCTAD统计，双边投资协定（BITs）数量在20世纪90年代增加了5倍。截至2005年，达到了2459个，涉及176个国家。与此同时，避免双重征税协定也在不断增加，2005年底达到2758个 。

在区域层面上，特别是自由贸易和投资协定中有关投资措施的数量持续增长。在区域内和区域间的谈判中，包括亚太经合组织（APEC）、东盟（ASEAN）、NAFTA、MERCOSUR和 FTAA等，都涉及投资条款。至2005年底，区域性协定已达232项。

目前，与中国有关的国际投资协定包括：约120个双边投资保护协定、一个具有非强制约束力的区域性APEC协定、多边的服务业贸易总协定(GATS)、与贸易相关的投资措施 (TRIMs)、与贸易相关的知识产权 (TRIPs)、多边投资保证代理 (MIGA)，其中影响最为显著的是TRIMs和GATs。以上各个层面上达成的与投资相关的国际协定，对我国规制外国直接投资的政策带来了范围广泛的约束。

加入WTO后，我国遵照《与贸易有关的投资措施协定》，取消了贸易平衡要求、外汇平衡要求、当地含量要求、出口实绩要求等与贸易有关的非关税措施。根据大多数WTO成员国的通行做法，承诺在法律、法规和部门规章中不强烈规定出口实绩要求和技术转让要求，由投资的企业双方通过谈判议定。

据数据显示，世界总FDI流量的50%以上来自于服务业，而服务业的对外直接投资已经受到GATS的约束。也就是说，涉及一半以上的世界直接投资已经有了现成的各国必须遵守的多边规则，而未来的多边投资框架与服务贸易总协定的关系是替代还是互补或者融合，是另外一个问题。近年来，中国服务业吸引的FDI约占30%，未来我国服务业吸引的FDI应当有所增长，这是由一国经济发展水平和我国不断扩大服务业对外开放领域所决定的。就目前来讲，多边投资框架对我国的影响，将会涉及50-60%的制造业。

根据贸易统计数据，我国的食品、饮料、烟草制品，纺织原料及纺织制品，天然或养殖珍珠、宝石或半宝石、贵金属、包贵金属及其制品一直具有比较优势，而且这种优势在逐渐增大；矿产品，化学工业及其相关工业的产品，钢铁及其制品一直具有比较劣势，而且这种劣势在增大；塑料，橡胶，纸的比较劣势，在中期略有起伏，总体来讲，变化不大；陶瓷，玻璃的比较优势在下降；机电产品，车辆及其零附件的比较劣势在减少，其中值得一提的是车辆及其零附件产品从1995年的比较劣势转变为了1998年和2001年的比较优势；而光学、精密仪器的产品则从1995年和1998年的比较优势转变为2001年的比较劣势。

综上所述，我国可以在食品、饮料、烟草制品，纺织原料及纺织制品，天然或养殖珍珠、宝石或半宝石、贵金属、包贵金属及其制品等行业不设进入的限制条件，将市场全面放开；在矿产品，化学工业及其相关工业的产品，钢铁及其制品，塑料，橡胶，纸制品，光学、精密仪器的产品等行业，需要加以保护；机电产品，车辆及其零附件，车辆及其零附件等行业可以在一定的限制条件下放开市场。

我国不同产业国际竞争力的状况表明，有些产业具有国际竞争能力，能够在国内市场上与跨国公司展开公平竞争。即使取消各种对外资的限制性措施，也不至于对这些产业发展带来严重损害。

总之，国际投资协定将要作用的范围已经受到严格限制，如果适当运用GATS模式中正向列表和例外措施等协定中的发展条款，中国具备承受高水平的FDI自由化能力，特别是降低市场准入限制、给予外资企业完全国民待遇的能力。

（本文作者：天津市人民政府外事办公室主任 田贵明）

天津市人民政府人民防空（民防）办公室

2009年，人民防空工作坚持以科学发展为指导，按照国家人防确定的总体工作部署，结合天津人防建设实际，确立了抓基础，固本强基；抓质量，提高标准；抓改革，开拓创新；抓发展，奋发有为的工作思路，积极主动克服困难、创造条件，开拓性地开展工作，圆满完成了年度各项工作任务，实现了天津人防的快速发展。一是人防指挥所建设全面推进。到目前，先后投入近7亿元开展新指挥所建设，同时，以红桥、汉沽指挥所规范化管理为试点，建立了一套完整的规章制度，逐步达到规范化要求，并组织开展应急指挥演练。二是开展区级移动应急指挥车的研制。与国家工信部第38研究所联合开发研制了区级机动指挥车，现已完成9台车建设并配发到9个区县，2010年底前，总计20台车将全部配发到各区县。三是加强人防专业队伍规范化建设。采取典型引路的办法，组织南开、塘沽、大港、津南和汉沽区进行以整组、授旗、点验、携装拉动为主要内容的试点工作，并于2009年10月在汉沽召开了天津市人防指挥所暨人防专业队规范化建设现场会，有力促进了本市人防专业队伍整组训练工作。四是防护工程建设稳步增长。紧紧抓住天津城市建设日新月异大发展的难得机遇，以城市建设快速发展为依托，乘势而上，在谋划城市建设项目的同时考虑人防工程建设，设计城市综合建设布局时也同时落实人防工程布局要求，年批建50多万平方米，人均占有率由2005年的0.23平方米提高到0.7平方米以上，提前并超额实现“十一五”期间国家要求。五是人防信息系统建设快速发展。采用新技术、新设备，完成了区级移动指挥平台系统建设，全市形成了有线无线、卫星通信一体化网络系统。全市警报音响覆盖率在95%以上，统控率达到100%，并圆满完成年度警报试鸣。全市基本形成了公网转网、地下与地上、固定与机动、有线与无线通信手段有效互补、互联互通，综合集成、高效传输、智能处理、安全稳定的一体化人防综合信息系统。六是加强平战结合重点项目建设。完成河北区战备物资库的开发利用，建成以人人乐超市为主体的平战结合项目，解决了周边15万居民长期存在购物难问题，并解决了一大批就业人员，较好地发挥了战备、社会和经济效益。同时，加快了在建项目的建设，突出抓了北辰御龙湾小区地下掩蔽部工程、大港文化艺术中心等一批新建人防平战

市领导在人防调研工作

人防正规化建设现场会

人大代表视察人防地下工程

人防专业队授旗点验

结合工程建设。七是加强人防法制建设。狠抓了配套法规建设，起草并报请市政府下发了《天津市群众防空组织管理规定》，完成天津市结建管理、警报管理和人防工程使用备案、维护管理、质量监督、造价管理、工程设计指南等行政管理性规定修订工作。同时，加强了执法，组织巡查200余次，追缴易地建设费2000多万元。八是人防宣传教育成效明显。人防法律法规宣讲团到各区县给四大领导班子作报告10余场；在全市街头、社区设置了1600多个人防视频宣传点，日浏览人次达300万人次以上；建立19个人防教育基地，每年培训学生80多万人，社会效果十分明显；人防教育示范社区建设成效显著，全市三分之一以上的社区，达到“十有”、“十化”标准；人防宣传报道成绩斐然，全年在中央和市级主要媒体刊发人防消息400篇以上，为人防快速发展创造了良好氛围。

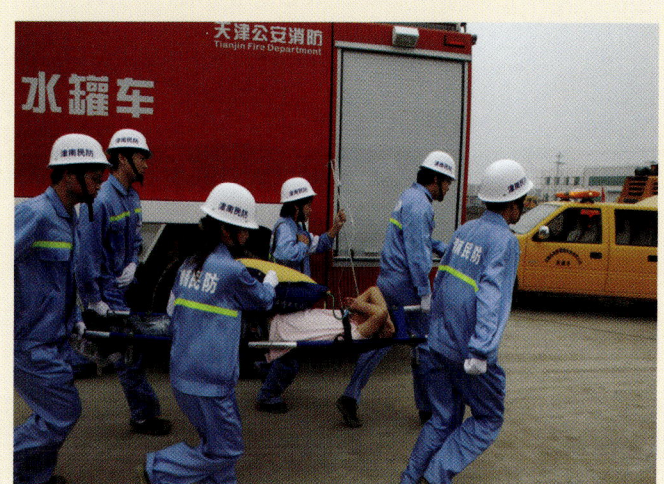

人防专业队实施救援

人防机动指挥平台

天津市人民政府金融服务办公室

主任 杜强

自2006年5月国务院发布《关于推进滨海新区开发开放有关问题的意见》，批准天津滨海新区为全国综合配套改革试验区，鼓励天津金融改革创新和先行先试以来，天津金融业围绕建设与北方经济中心相适应的现代金融服务体系和全国金融改革创新试验基地的目标定位，求真务实，开拓创新，在重点领域和关键环节取得了明显突破。主要表现为：

一是充分发挥政策引领作用，科学指导天津金融改革创新。2009年10月，经国务院同意，国家发展改革委员会批复《天津滨海新区综合配套改革试验金融创新专项方案》，进一步明确天津金融改革创新的努力方向。天津注重加强制度建设，先后制定实施近60份文件促进金融改革创新；相继制定出台两批40项近100子项重点工作，推动金融业在重点突破中实现整体推进。天津金融已经形成以滨海新区综合配套改革试验总体方案为指导，以金融创新专项方案、金融创新重点工作、各类政策为补充的规划体系，为金融业发展营造良好的政策环境。

二是做大做强传统金融行业，提高企业竞争能力。相继引进韩国企业银行、韩国外换银行、日本爱和谊财产保险公司中国法人总部，实现了天津外资金融法人机构零的突破；推动大华银行、友利银行等近百家国内外金融机构在天津设立分支机构；渤海银行、渤海财险等地方法人机构实现增资扩股和加快设立分支机构；先后批准成立3家村镇银行，批准成立50家小额贷款公司，为农村金融发展提供了有力支持；加快滨海新区保险改革试验区建设，保险业发展势头良好；积极创新发展商标权质押、专利权质押、股权质押、海域使用权质押等新型财产权担保方式，拓宽了企业的融资渠道。

天津滨海新区于家堡金融区

三是大力发展现代金融行业，形成天津金融发展特色。结合滨海新区功能定位和天津城市发展定位，大力发展产业投资基金、私募股权投资基金、创业风险投资基金、融资租赁和国际保理等现代金融服务门类，形成了天津金融业发展特色，为国内金融改革创新提供借鉴示范。如连续成功举办四届中国企业国际融资洽谈会，相继成立渤海产业投资基金和船舶产业投资基金等两支总规模各为200亿元的产业投资基金，成立引进

天津市委副书记、市长黄兴国出席推动金融企业服务天津经济发展座谈会

第三届中国企业国际融资洽谈会开幕式

529家私募股权投资基金，引进设立20家融资租赁公司和8家国际保理公司，推出规模近2亿元的集合信托产品支持中小企业融资，建立泰达国际集团探索金融业综合经营试点。

四是发挥金融服务功能，支持经济社会发展。大力发展科技金融、农业金融、消费金融、航运金融和中小企业融资的各类金融产品，促进金融资本与产业资本结合，为经济社会发展提供了有效支撑。加快建设各类创新型交易平台，相继建立股权交易所、铁合金交易所、金融资产交易所、大宗商品交易所、排放权交易所等资本和要素交易平台，涉及“两高两非”股权类产品、阿曼原油、中国焦炭、西部螺纹钢等产品类型，形成资源汇集效应。

五是优化金融生态环境，形成资源集聚态势。渤海银行获批成为全国第一家实行结售汇综合头寸正负区间管理模式的银行，中新天津生态城获准进行外商投资企业外汇资本金意愿结汇管理改革试点，国家外汇监管部门批准在天津开展个人本外币兑换特许业务试点、进口付汇核销制度改革试点和跨境贸易人民币结算试点，金融开放环境不断优化。于家堡金融区等金融集聚区建设提速，社会信用体系建设加快推进，设立天津国际经济金融仲裁中心，建立健全金融风险防控机制，加强对政府性投融资平台依法治理，营造健康有序的金融环境。

四年多来的金融改革创新，有力推动了天津金融业的全面健康快速发展。2005年至2009年，全市金融机构本外币各项存款余额由6090亿元增加到13887亿元，各项贷款余额由4722亿元增加到11152亿元，存贷款余额于2009年年内双双突破万亿元大关，2009年全年的存贷款增速位居国内前列；银行业金融机构资产总额由7534亿元增加到1.82万亿元，保险公司保费收入由91亿元增加到151亿元，保险公司总资产由252亿元增加到463亿元；金融业增加值由161亿元增加到421亿元，在全市国内生产总值中所占比重由4.3%上升到5.6%。

第三届中国企业国际融资洽谈会现场

天津市行政许可服务中心

“十一五”期间，特别是市第九次党代会以来，适应滨海新区开发开放和天津经济社会又好又快发展新形势的要求，市委市政府以行政许可服务中心为运行载体，创新行政审批运行机制，不断提升审批效率和服务水平，在深化行政审批制度改革，推进政府职能转变上走出了一条具有天津特色的改革创新路子，得到了企业群众和社会的认可。

一、构建四个平台，行政审批服务功能不断增强

天津市行政许可服务中心（以下简称“中心”），是市委市政府决策构建的以行政审批为主线、聚集相关行政服务功能、面向社会提供“一站式”审批和“一条龙”服务的统一载体。“中心”自2004年11月1日投入运行5年多来，累计接待企业群众280多万人次，办理行政审批服务事项95.2万件。原中央纪委书记吴官正、中央纪委副书记张惠新、原国家监察部副部长陈昌智等领导亲临视察，都给予了充分肯定；中央先进性教育活动督导组、巡视组两次莅临检查指导，评价这一举措是很实在的群众满意工程；中央办公厅、中纪委监察部、国务院法制办、中宣部，国家发改委、商务部、农业部、工商总局、质监总局以及国家预防腐败局、全国政务公开办公室等部门领导先后来“中心”检查指导工作。北京、上海、重庆、广东、浙江、福建、海南、云南等30几个兄弟省市前来考察的团组800多批次，大家对“中心”的建设运行都给予了较高评价，认为天津的做法在全国具有普遍借鉴意义。

“中心”构建了四个平台，即：行政审批平台、要素配置平台、社会服务平台、效能监察平台。行政审批平台面对法人服务，要素配置平台面对市场服务，社会服务平台面对百姓服务，效能监察平台对公务人员实施监督，形成了“四位一体”的运行模式，有力地推进了勤政廉政和服务型政府建设。

（一）行政审批平台，主要是组织各进驻部门，为公民、法人和其他组织提供“一站式”审批服务。该平台设有4个办事大厅、160个窗口、66个审批室，市级66个审批主体部门全部进驻“中心”，应进必进率100%；有402项市级审批事项进入“中心”集中办理，集中审批率95.3%。同时，6个中央驻津部门的32个审批事项、13个配套服务单位的68个服务事项也进入“中心”，实行“一站式”服务。

（二）要素配置平台，主要是实行公共资源交易统一监督。建立统一的公共资源交易平台和电子网络监督系统，将建设工程招投标、政府采购、药品采购三个市场整建制纳入“中心”，对产权交易、土地交易市场实行联网监督，推动了公共资源公开、公平、公正交易，有效防止了对公共资源配置的违规干预和幕后交易。

市委副书记、市长黄兴国到“中心”视察工作

（三）社会服务平台，主要是构建“天津8890家庭服务网络中心”，简称8890。设有50个热线服务座席，服务内容达26个门类、350个子项，涵盖了市民家庭日常生活的方方面面。加盟企业单位近3万家。开通以来，累计为群众办理求助事项700多万件，将政府的公共服务融入到群众日常生活之中。广大市民从细微之处感受到党和政府的温暖，受到了老百姓的真心好评。

（四）效能监察平台，主要是对进驻部门工作人员的行政效能和廉政情况进行监督检查。市纪委监察局派驻“中心”的监察室，与“天津市行政效能投诉中心”合署办公，会同市审批管理部门建立了“电子评议系统”和“电话回访中心”，对审批事项进行“一事一评议”、“一件一回访”。纪检监察部门通过电子网络系统授权，对审批全过程进行实时监控和预警纠错，实现了对行政审批权力运行的有效监督。

二、健全六项机制，行政审批服务水平全面提升

经过“中心”多年实践与积累，行政审批运行逐步创立健全了“六项机制”，形成了靠制度管事、用制度管人的长效机制。

（一）建立政务公开机制，实现行政审批公开透明。全市所有审批事项的全部信息，都在天津市行政审批服务网上统一公开。两级“中心”分别设立了政府信息公开查阅中心。申请人可以通过天津市行政审批服务网、大厅公示屏幕、纸质办事指南等多种方式，随时了解审批事项如何办理，以及办理进度和结果。市“中心”被评为“全国政务公开先进单位”。

（二）建立现场审批机制，实现审批程序科学规范。市委市政府下发文件明确要求，在“中心”全面推行“一审一核、现场审批”的办理方式，进驻部门主要负责人向派驻“中心”的首席代表，签发现场审批授权委托书，并在“中心”现场和网站上向社会公示。市“中心”现场审批率达到95%以上，做到进驻人员在“中心”真正能够办事，有效避免了“传达室”和“收发室”现象。

（三）建立限期办理机制，实现审批服务效率提速。2009年以来，市“中心”在过去审批服务提速的基础上，审批效率整体再提速35%，平均办结时限由10.6天缩减到4.6天。同时，推出了155项“立等可取”的审批事项，做到当场受理、当场审批、当场办结，占审批事项总数的38.6%。

（四）建立网上办理机制，实现行政审批方便快捷。市“中心”在天津市行政审批服务网站上，开发了电子信息交换平台，利用互联网实现了网上申报、网上一次性告知、网上补正、网上审核、网上通知办理结果等功能。网上申报办理事项已达231项，占进入“中心”审批事项总数的57.5%，年均办件量达4.6万件。

（五）建立联合审批机制，实现审批部门协调联动。2008年以来，天津创新实施了投资项目、企业设立和行业管理三类联合审批机制。投资项目联合审批，对8个必经审批部门的15项审批及手续，实行“一窗统一接件、同步效能登记、审批时间自然时间双限时和全程帮办领办服务”，使项目审批从立项到取得开工证，累计审批工作日缩减到31天以内，全程办理自然时间缩减到140天以内，既大幅提高了项目审批效率，又保证了项目审批手续依法合规。企业设立联合审批，实行“一窗统一接件、一表统一登记，部门并行办理，同时办结发证”，使新设立一个企业，从名称预核准开始，到同时领取营业执照、机构代码证、公章和税务登记证，由3个月缩减到5个工作日以内。行业管理联合审批，采取“一门受理、并行审批、联合踏勘、限时办结”的方式办理，提高了企业在建设或生产经营过程中，办理一个事项需经过两个以上部门审批的办事效率。

（六）建立行政问责机制，实现对行政审批的有效监督。行政监察部门会同审批管理部门，通过电子网络、视频监控、现场巡查等多种方式，对行政审批的实施进行动态监督。还建立了现场投诉、网上投诉、电话投诉、信访投诉等多种渠道，加强社会的监督。对于发现的问题，采取口头警告、下达问责书和通报批评等惩戒手段，促进整改，保障了行政监督的经常性、有效性和权威性。

三、坚持改革创新，运行实践效果得到社会公认

本市行政审批制度改革创新和“中心”建设运行的实践效果，得到了办事企业、群众和社会各界的公认，集中体现在以下三个方面：

（一）实行集中审批服务，确实方便了办事企业和群众。过去，申请人到一个部门办理审批事项要跑若干次，涉及多部门的还得到处跑，而且不同程度地存在着“门难进、脸难看、话难听、事难办”的现象，企业和群众对此意见较大。现在，进“中心”一个门就可以办理各种审批和配套服务事项，杜绝了“四难”问题，企业群众办事不再“托门子、找路子”，办事更加方便快捷。

（二）健全监督制约机制，确实从行政审批源头上加强了反腐败工作。“中心”的建设运行，为监督制约行政审批权运行提供了有效的平台和载体。进入“中心”办理的审批事项全面实行了政务公开，事项的办理模式和程序都在计算机系统上预先设置，所有事项只有通过网络系统才能办理，大大减少了人为因素和“自由裁量权”。“中心”实行行政审批管理与效能监察一体化运行，对行政审批的全过程进行实时监控。同时，引入社会监督机制，将接受群众监督细化到具体行政审批行为中，增强监督的科学性和准确性，切实保障了行政审批权力干净运行。

（三）审批服务大提速，确实在改善投资环境方面发挥了积极作用。“中心”建设运行和一系列改革创新措施的实施，实现了行政审批服务大提速。本市市级行政审批事项由1033项减少到495项，减少52.1%；申请材料总量由8325件减少到3945件，减少52.6%；向区县下放了71项审批事项及权限。这些措施为企业发展带来了便利，为经济增长注入了活力，企业群众和社会各界切实体会到审批服务的“天津速度”，感受到天津投资发展环境的显著变化。

“中心”进驻部门为企业提供审批服务

“中心”审批办事大厅

天津市烟草专卖局
中国烟草总公司天津市公司

局长、总经理 高林

天津市烟草专卖局（中国烟草总公司天津市公司）成立于1986年1月1日，属中央驻津企业，行业实行统一领导、垂直管理、专卖专营的管理体制，是天津地区烟草专卖行政主管部门，同时负责辖区内卷烟经营工作。现辖15个区（县）烟草专卖局、10个烟草分公司、5个烟草有限公司和天津市卷烟销售分公司、天津市烟草公司物流分公司、天津市恒大实业公司。

2009年，天津烟草专卖局（公司）在天津市委、市政府和国家烟草专卖局的领导和支持下，以党的十七大和中央经济工作会议精神为指导，认真贯彻全国烟草工作会议精神，深入学习实践科学发展观，把保增长作为首要任务，深入推进改革创新，深挖内部和市场潜力，积极构建“严格规范，富有效率，充满活力”的天津烟草，努力实现平稳健康发展。卷烟访销、网络建设、专卖打假都实现了新的突破，内部监管进一步规范，改革创新工作进一步深化，基础管理水平进一步提升，队伍建设进一步提高，安全稳定局面进一步巩固，保持了行业持续稳定健康发展的良好势头。全年实现税利17.69亿元，同比增长12.63%；全年共查处制售假烟案件1420起，捣毁制假窝点50个，查获制假烟机19台，查扣涉案卷烟10568万支，涉案总值3869万元，被国家烟草专卖局、公安部授予“全国卷烟打假特殊贡献奖”。

办公大楼外景

天津市食品药品监督管理局

2009年，市食品药品监督管理局稳步推进机构改革，坚持科学监管、执政为民、依法行政，确保了全市食品药品安全；坚持为保增长服务、为渡难关出力、为上水平护航，为实现本市科学发展和谐发展率先发展做出了新贡献。

一是机构改革工作进一步推进。按照国务院和市委、市政府关于食品药品监管机构改革的部署和要求，市委组织部等七个部门联合下发《关于调整我市卫生行政和食品药品监管部门食品安全监管职责的意见》，形成具有天津特色的食品药品监管体制。

二是食品安全监管进一步加强。积极做好市食品安全委员会办公室工作，自2009年10月1日起承担全市餐饮服务许可工作。一是宣传贯彻《食品安全法》。二是食品安全专项整治工作成效显著。全国打非办考核组给予天津开展打击违法添加非食用物质和滥用食品添加剂的专项整治工作96分的好成绩。三是成功处置绵白糖突发事件，消除公众的恐慌情绪。四是指导各区县政府加强对食品安全工作的组织领导，提升了静海县创建国家级食品安全示范县水平。

三是药品医疗器械质量安全进一步可控。开展药品再注册工作和中药注射剂品种再评价工作，颁布实施《天津市医疗机构制剂规范（2008年版）》。开展对药品、医疗器械生产企业的日常检查、驻厂监督和GMP认证现场检查、跟踪检查，核发药品GMP证书17家，完成对医疗器械生产企业的质量管理体系考核89件，建立市中药注射剂生产企业生产、流通电子监管信息平台，研发完成全国药物临床试验机构资格认定复核检查系统。开展《药品经营许可证》换证工作，加强农村药品供应网和监督网建设，完成药品监督抽验4977批次，共检出不合格药品255批次。规范药品、医疗器械药械市场秩序，打击制售假劣药械违法行为，全年共查处各类违法案件493件，罚没金额325.5万元。移送违法广告2274条次，暂停销售43种严重违法广告药品，同时对143家广告发布企业建立信用档案。

局长王生田接待行政相对人业务咨询

四是药品安全专项整治进一步深入。开展集中整治非药品冒充药品专项行动，开展打击利用互联网等媒体发布虚假广告及通过寄递等渠道销售假药的专项整治工作，对药品经营企业药品购销活动的票据严格核查，严厉打击“挂靠经营”、“走票”等违法行为。

五是有效开展甲型H1N1流感防控工作。对全市甲型H1N1流感防控药械的生产、经营、储备、使用环节开展全面监督检查，对定点药品生产企业实施驻厂监督，确保防控药械的质量安全。

六是基础建设和技术支撑体系建设进一步加快。作为全市2009年20件民心工程的市药品检验中心、市医疗器械检验检测综合楼2个基建项目完成主体建设；北辰分局、宝坻分局、市药品审评中心、市医疗器械技术审评中心、市药品不良反应监测中心、局人才服务中心、局认证中心迁入新办公用房。市药品检验所检验项目扩展到八大类511项，成为8个“全国药品微生物检验重点实验室”之一；市医疗器械质量监督检验中心承检范围已达到509项，成为欧盟认证机构的目击试验室，具备了在认可范围内出具出口欧盟医疗器械检验报告的资格。

七是开展科普宣传。参加全国扬子江药业杯“安全用药、家庭健康”知识竞赛，取得全国第二名的好成绩，被国家食品药品监督管理局评为“最佳科普宣传奖”、被中央电视台科技部评为“优秀组织奖”。

局长王生田陪同副市长张俊芳视察药品生态企业

天津市档案局

近年来，全市档案工作深入贯彻落实科学发展观，围绕中心，服务大局，坚持档案创新服务，坚持依法治档，大力推进档案馆库建设、档案资源建设、档案信息化建设、档案人才队伍建设，努力建设覆盖人民群众的档案资源体系和档案利用服务体系，档案现代化管理水平和公共服务能力显著增强，为天津经济社会快速发展做出了应有贡献。

2010年全市重大建设项目档案咨询服务活动

档案—密集架

档案服务社会发展成效显著。全市重大建设项目档案登记率达到100%，120项重大建设项目档案通过验收标准；1125家规模以上民营企业在全市建立档案工作，100家国有企业档案达到评估标准，1058家服务型企业实现档案管理规范化。全市农村档案资源共享工程和档案工作示范乡（镇）、村创建活动纳入天津市惠民工程。为14万失业人员建立下岗再就业档案、为10万特困人员建立低保档案，为20万农民建立健康体检档案。家庭建档“百千万”工程成绩突出，全市有家庭建档示范社区107个、家庭建档示范户1212个，建档家庭累计10496户。市档案馆先后编撰出版12部档案文化精品，举办各类档案文化展览100多个，档案文化宣传和爱国主义教育功能得到显著发挥。

档案馆库基础设施不断加强。市档案馆配备了现代化安全监控消防系统，建成档案特藏库、爱国主义教育基地展厅、政府信息公开服务场所、学术报告厅、教育培训基地，北辰区、河西区、武清区相继建成新馆。到2010年，区县级国家综合档案馆馆舍建设共投入资金9949.5万元，馆舍总面积达到4.68万平方米，比“十五”末增加了2.41万平方米，基本形成了档案保管、档案信息服务、爱国主义教育和政府信息公开服务即四位一体的档案馆功能体系。

档案资源建设实现重大发展。市档案馆先后开展了杰出人才档案、知青档案、迎奥运体育运动档案、改革开放30年档案资料、名企名店档案、劳动模范档案、大使档案等征集活动，征集实物、照片、文字等各类档案资料7.2万卷件。截至目前，市区县档案馆藏总量达到352万卷，馆藏资源进一步丰富，馆藏结构合理。档案信息化建设跃上新台阶。全市各级各类档案馆已经基本实现目录电子化和计算机检索利用，市区县档案馆共装备服务器38台，微机540余台。市档案馆建成了三网一库，市和区县档案馆共完成案卷级、文件级电子目录达1500多万条，部分区县档案馆的纸质档案数字化扫描工作已经有序开展，市档案馆完成800万页，档案资源的开发与利用已经向全文信息的深度扩展，社会公众可以坐在家里查阅档案。18项档案科研成果获国家档案局优秀科技成果奖。

人才队伍建设全面推进。全市各级档案部门注重档案人才队伍的建设工作，把人才培养放在档案事业建设优先发展的战略地位，学历教育在全国同行业树立了品牌，研究生班、继续教育、岗位培训，全市已有近6000人经过培训取得上岗证书，全市档案系统工作人员具有大专以上学历的人员已从过去的65%提升到现在的98%。“185”人才培养工程取得成效，现在全市“185”人才库实有人员549人。其中第一层次11人，第二层次83人，第三层次455人。建立了档案人才库，实行档案专家授衔制度，加强对高素质人才和学科带头人的培养，提高了高级专业人员的高端研究能力。连续八年举办“一把手”培训班，切实提高了领导干部的宏观决策、战略思维和执政能力。

档案馆主楼

以“让党放心 让老干部满意”为核心理念 全心全意为老干部服务

中共天津市委老干部局

局领导班子成员在每周局长办公例会上研究工作

市委老干部局机关召开“抓落实求实效上水平”工作会议

市委组织部副部长、市委老干部局局长张云鹏同志与正在活动的老同志亲切交谈

2009年，市委老干部局认真贯彻市委“保增长、渡难关、上水平”的工作要求，围绕中心、服务大局，全面落实老干部政治、生活待遇，组织老同志积极发挥作用，以“让党放心、让老干部满意”为核心理念，狠抓各项任务的落实，取得了显著成绩。

——广泛开展“颂祖国60年巨变 赞幸福晚年生活”主题教育活动，开办“天津市老干部理论学习大课堂”，进一步加大了政策宣讲力度。全市3个离退休干部党支部和6名离退休干部荣获全国离退休干部“双先”的荣誉称号，共有439个党支部被评为“五好”离退休干部党支部。以市委、市政府名义向全市离休干部颁发“庆祝中华人民共和国成立60周年”纪念章，努力营造尊重关心老同志的社会氛围。广泛开展“让党旗在社区飘扬”活动，近万名老干部发挥特殊优势，为天津又好又快发展献计出力。

——认真开展“抓落实、解难题、保稳定”落实离休干部生活待遇活动，确定6项重点工作和19项具体考核指标，狠抓任务落实。坚持落实“双月清”要求，积极协调财政等有关部门，全力抓好离休干部医疗保障工作。提高了部分离休干部的医疗待遇。会同有关部门制定印发了《关于做好帮扶有特殊困难离休干部工作的意见》，为特困老干部构筑了一条生活保障线。一些国有改制和兼并企业离休干部的难点问题得到妥善解决，部分企业离休干部撤并划归国资委管理后的工作稳步推进，离休干部住房补贴发放取得了重要进展。提高了部分离休干部的护理费标准，增加了离休干部无固定收入遗孀生活困难补助，并减免了采暖费。全年共办理各类信访640件次，办结率100%。

——成功举办全市老干部庆祝新中国成立60周年文艺汇演，市委常委、市委组织部部长史莲喜同志出席并致辞。举办“天津市老干部庆祝中华人民共和国成立60周年书画展”。在平津战役纪念馆等6个历史纪念地开展了“解放天津红色遗址巡礼”系列活动。全系统共举办各项活动406项，5万多人次的老同志积极参与。天津市老干部大学在全国老年教育“双先”评选中被评为全国老年教育先进集体。

——积极做好社区离退休干部服务工作，会同市委组织部启动全市社区离退休干部“四就近”服务先进单位创建活动。各区县制定创建规划，落实创建措施，将“四就近”工作纳入基层党建总体规划，列入社区党委年度工作目标考核范围。2009年底，对17个区县申报的19个社区逐一进行了实地验收，并举行了授牌仪式。

——深入开展“讲党性、重品行、作表率”活动，围绕党员干部受教育、科学发展上水平、广大老干部得实惠的目标，使老干部工作人员的素质和能力得到新的提高。切实抓好经常性教育培训，培训老干部工作人员近千人。进一步落实、完善老干部工作“三项制度”，积极推进老干部工作科学化、规范化建设。涌现出一批优秀调研成果，受到中央、市委的表彰。开通天津老干部工作网，建立了市老干部工作电教中心。与各新闻媒体联合推出老干部工作的专题栏目和报道，《天津老干部》刊物质量进一步提高。

市委老干部局举办“天津市老干部庆祝中华人民共和国成立六十周年文艺演出”

天津港（集团）有限公司

天津港是中国北方重要的对外贸易口岸，是天津市建设北方国际航运中心和国际物流中心的核心载体。港区水陆域面积260平方公里，拥有北疆、南疆、海河和东疆四大港区及临港产业区。拥有集装箱、矿石、石油化工品、杂货等各类专业化、现代化码头，是我国沿海设施最先进、功能最齐全的港口之一，是北方最大的综合性港口。

天津港（集团）有限公司是天津港的主体。截至2009年末，集团公司拥有总资产652亿元，各类员工近4万人，在上海和香港各有一家上市公司，控股和参股企业共计70家。在2009年全国500强企业评选中，天津港位居第366位，港口企业第二位。

天津港（集团）有限公司办公大楼

天津港国际邮轮母港

天津港全景

蓝领专家孔祥瑞

天津港湾旅游文化节开幕

港口工人群像

2009年，天津港积极应对国际金融危机影响，取得港口发展的新成绩。完成货物吞吐总量3.8亿吨，集装箱吞吐量870万标准箱。货物吞吐量居全国第三位，世界第五位；集装箱吞吐量居全国第六位，世界第十一位。完成基本建设投资128亿元，再创历史新高。九项工程被列为天津市政府二十项重大交通设施项目，北港池集装箱码头B段、北港池杂货码头、国际邮轮码头等一批重点工程顺利完工。积极拓展腹地物流网络，新建六个无水港，使无水港总数达到16个。设立招商投资服务中心，完成合同签约额76.4亿元、合同利用内外资额13.9亿元。完成天津港A股和香港红筹股的整合，打造海内外双重融资平台。

在新的形势下，天津港集团公司正在大力发展港口装卸业、国际物流业、港口地产业和综合服务业等“四大产业”。2010年，天津港将完成货物吞吐量4亿吨，集装箱吞吐量1000万标准箱，为滨海新区的开发开放和天津市的经济发展贡献力量。

天津港集装箱码头群

天津港欧亚国际集装箱码头

天津港30万吨级原油码头

天津港汇盛码头

天津港东疆人工沙滩

中国石化股份有限公司天津分公司

中共中央政治局委员、天津市委书记张高丽视察天津百万吨乙烯中控室

中共天津市委副书记、市长黄兴国视察天津百万吨乙烯现场

中国石化股份有限公司天津分公司和中国石化集团公司天津石化分公司合称为天津石化，隶属于中国石化的国家特大型炼油、乙烯、化工、化纤联合企业，成立于1983年12月28日，位于天津市滨海新区，占地面积14平方公里，与天津市区和塘沽新港有铁路、公路相通，和天津港南疆石化码头有输油管线相连，地理位置优越，海陆运输方便。

天津石化100万吨／年乙烯及配套项目是国家和中国石化“十一五”重点建设工程，天津滨海新区开发开放的标志性工程和天津建设国家级石化产业基地的龙头项目。项目包括乙烯工程、炼油工程、热电工程和区外工程四大部分，共205个工程主项，总占地面积297公顷，项目主体建设投资268亿元，加上配套工程，达到340亿元。2006年6月26日，项目开工奠基；2010年1月16日，项目全面建成投产，创出国内同类装置建设速度最快、开车时间最短、极端寒冷天气下开车成功、国产化率最高等多项新纪录，得到了天津市委、市政府，中国石化集团及石化同行的高度评价。

作为天津市最大的合资公司--中沙（天津）石化有限公司于2009年11月3日成立，为中国石化股份公司与沙特基础工业公司各投资50%组建，总投资183亿元人民币，经营范围主要包括天津100万吨/年乙烯及下游衍生产品的生产、销售、研发；为客户提供石化产品相关技术服务等内容。合资期限为30年，中国石化授权委托天津石化管理该合资公司。天津百万吨乙烯的合资合作将在为有效保障国家能源安全、造福地方等方面发挥显著作用。

随着项目的投产，天津石化炼油一次加工能力达到1550万吨/年，乙烯生产能力120万吨/年，每年可为社会提供高质量成

天津百万吨乙烯装置夜景

品油587万吨、乙烯等化工基础原料320万吨、高端合成树脂和化纤150万吨、液化气等其他产品75万吨，固定资产超过400亿元（含合资公司），销售收入超过800亿元，成为国内最大的乙烯生产基地和华北地区最大的炼油基地，企业核心竞争力、盈利能力和抗风险能力得到了极大的增强。

截至2009年底，天津石化正式职工总数10739人，资产总额343.57亿元。拥有的主要生产装置：炼油23套，化工24套，化纤3套；原油综合配套加工能力1250万吨/年；生产能力为：乙烯120万吨/年（含合资公司）、对二甲苯 38万吨/年、PTA 34.4万吨/年、聚酯20万吨/年、聚醚8万吨/年；原油储存能力27万立方米，拥有与主要生产装置相配套的装机容量40万千瓦、供水10万吨/日等公用工程系统。主要产品有车用清洁汽油、煤油、轻柴油、液化气、石油焦、对二甲苯、精对苯二甲酸、石油苯、聚酯、涤纶短纤、乙烯、丙烯、聚乙烯、聚丙烯、环氧乙烷、乙二醇、苯酚、丙酮、丁二烯、丁烯-1和聚醚等石油炼制、石油化工、石油化纤三大类产品，产品具有较好的市场知名度，其中涤纶短纤维、3号航空煤油为国优产品，“津港”牌车用无铅汽油、3号航空煤油、轻柴油、“天仙”牌涤纶短纤维等产品被评为“天津市名牌产品”。

天津石化办公大楼

地 址：天津市滨海新区（大港）北围堤路（西）160号
邮 编：300271
电 话：022－63806666
传 真：022－25991000
网 址： www.tpcc.com.cn

企业愿景： 主业突出、结构优良、管理科学、文化先进、环境良好、企业和谐，成为具有较强竞争力的现代化石油化工企业

企业使命： 好企业、好员工、好产品

企业核心价值观： 员工与企业共成长，企业为社会做贡献

企业精神： 和谐、严细、创新、发展

天津千万吨炼油装置夜景

中国石化股份有限公司天津石油分公司

总经理 于忠国

天津石油赞助第十一届全运会

中国石油化工股份有限公司天津石油分公司位于天津市南开区南京路338号，是中国石油化工股份有限公司直属销售企业，主要经营成品油、润滑油、燃料油的零售、直销、批发业务及其他非油品业务，是目前天津地区最大的成品油经营企业。公司前身为天津石油集团有限公司，始建于1950年10月，1998年6月上划中国石油化工集团公司，2000年4月改制为中国石油化工股份有限公司天津石油分公司。截至2009年末，资产总额35.6亿元，拥有加油站493座，油库4座。

中石化天津石油分公司始终坚持服务天津经济发展的经营宗旨，致力于为消费者提供质优量足的清洁能源。2009年，按照“拓市场、扩销量、增效益”的方针，通过抢抓机遇，加快发展，经受住了市场的严峻考验，全年向市场投放各种油品380余万吨，实现利税4.89亿元，市场占有率达到70%以上，担负起了天津成品油供应主渠道的作用，为天津经济发展做出了积极贡献。

随着党中央、国务院加快滨海新区的开发开放，天津石油迎来了新的机遇和挑战。新的一年，天津石油分公司将全面贯彻落实科学发展观，力争实现“1234”战略目标，切实担负起保障供应、奉献社会的责任，打造优质服务窗口，倾力服务地方经济，大力回报社会和广大消费者，彰显中石化品牌形象，为天津市经济发展做出更大的贡献，实现公司的又好又快发展。

中石化天津石油分公司

天津石油全力保证本市“三农”“三夏”用油，得到社会好评。

加油站全景

中石化加油卡的七大优势：

- 1、加油积分有回报，加1升油积1分，不同积分兑换不同档次奖品；同时，凭加油卡卡号可享受我公司组织的一系列抽奖活动；
- 2、针对加油卡用户开发、推广自助加油，自助加油享受优惠价格；
- 3、加油卡用户在油品资源紧张阶段享有“优先”保供特权；
- 4、使用加油卡可以设定丰富的限制信息，能够增强车队管理控制能力；
- 5、便于携带，为用户提供方便、快捷、安全的加油服务；
- 6、避免了现金找零的繁琐，提高了加油效率；
- 7、能为用户提供方便的充值、挂失、查询服务；

油品输送

中石化易捷便利店

公司地址：天津市南开区南京路338号　邮政编码：300100
电话：022－27201588　传真：022－27201555

中国石油集团渤海钻探工程有限公司

天津市委副书记、滨海新区区委书记何立峰一行到渤海钻探公司调研

中国石油天然气集团公司总经理、党组书记蒋洁敏一行，检查渤海钻探公司在冀东3号人工岛的钻井施工情况。

中国石油天然气集团公司在北京举行德玛LWD随钻测井仪鉴定暨发布会

中国石油集团渤海钻探工程有限公司（简称渤海钻探公司）于2008年2月27日正式成立，并落户于天津市经济技术开发区，是在国内外从事石油、天然气勘探开发工程技术服务的专业化国有独资公司。市场遍及国内各油田以及印尼、委内瑞拉、缅甸、伊朗、伊拉克、蒙古等国家。拥有资产180多亿元，各类施工队伍800多支，用工总量3万多人，有各类技术专家154人、技能专家43人。

渤海钻探公司坚持“以特色求发展”的理念，持续强化技术创新能力，着力巩固和培育“人无我有、人有我优”的特色技术，全面提升核心竞争力。2009年，经过国家相关部门审核，渤海钻探公司一次性成功通过国家级高新技术企业认定，成为中国石油天然气集团公司规模最大的国家级高新技术企业。

渤海钻探公司以建设优势突出的国际化石油工程技术服务公司为发展目标，坚持国际化、集约化、差异化、人性化，大力实施技术领先、市场优化、管理创新、人才强企、质量品牌、低成本战略，凭借装备精良、技术精湛、人才精专、管理精细、服务精优的专业化优势，在石油行业树立起了良好的企业形象。

2008-2010年，渤海钻探公司荣获国家技能人才培育突出贡献奖，全国“安康杯”竞赛优胜企业称号，天津市百强企业称号，天津市“五一”劳动奖状，天津市AAA级劳动关系和谐企业称号，天津市文明单位称号等一系列荣誉。

渤海钻探公司办公楼

高新技术企业
证书

企业名称：中国石油集团渤海钻探工程有限公司　证书编号：GR200912000124
发证时间：2009年9月9日　有效期：三年
批准机关：

渤海钻探公司一次性成功通过国家级高新技术企业认定，成为中国石油天然气集团公司规模最大的国家级高新技术企业。

渤海钻探公司被天津市国资委授予天津市文明单位称号

证书

中国石油集团渤海钻探工程有限公司：

2008年企业销售（营业）收入为1120732万元，在2009天津企业100强排序列第41位。

特颁此证

二〇〇九年六月

渤海钻探公司荣获天津市百强企业称号

在天津市举办的“歌唱祖国”庆祝中华人民共和国成立60周年天津市职工合唱大赛中，渤海钻探公司以团体总分第二名的成绩荣获金奖。

科技人员开展地质研究

德玛LWD随钻测井仪

在海外施工作业。

与德国公司合作开发的垂直钻井技术

在冀东油田南堡人工岛施工

中远散货运输有限公司
COSCO BULK CARRIER CO.,LTD.

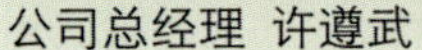
公司总经理 许遵武

公司党委书记 魏卿

中远散货运输有限公司是从事国际干散货远洋运输的国有大型航运企业，现有员工8000余人。公司本部设在天津，在欧洲、美洲、澳洲、新加坡和印尼建立了经营公司，在日本、韩国设有服务机构。公司自有好望角型、巴拿马型和灵便型等各类大型散装船舶80余艘、500多万载重吨，年平均控制船舶200余艘，运力规模超过1600万载重吨。

中远散运以“创造卓越、服务全球”为经营宗旨，为海内外客户提供粮食、矿砂、煤炭、化肥、钢材、木材、农产品、水泥等货物的海上运输服务，航线遍及100多个国家和地区的1000多个港口，在国际干散货航运市场上居于领先地位。

中远散运拥有全资、合资合营企业20余家，为客户提供与海运业务相关的服务，是公司服务范围的延伸和补充，并形成了独特、周全的服务体系。

COSCO BULK优秀品牌赢得客户信赖

中远散运目前已与宝钢、鞍钢、武钢、神华、中煤、中农资、粤电、华菱等国内大型企业集团建立了战略合作关系；与cargill（美国粮商兼船舶经营人）、oldendorff（德国灵便型船东）、BHPB（澳大利亚铁矿石公司）、LouisDreyfus（法国粮商兼船舶经营人）、SSY（英国航运经纪人）、NYK（日本邮船）等国际知名企业有着良好的业务合作；与世界各地主要船旗国政府机构、船级社、船舶代理商、物资供应商、设备制造商等均建立了长期稳定的合作关系。不仅为船舶与货物的安全提供了保障，也为货主的租船定舱及代办其它有关国际贸易的相关服务提供了极大的方便。

中远散货运输有限公司本部 天津远洋大厦

心系祖国

CO CO BULK

始终致力于安全、质量、环境的和谐发展

中远散运建立了严格的安全与环境综合管理体系，致力于安全、质量、环境的和谐发展。中远散运建立、实施、并保持符合ISM规则和ISO9001：2000质量管理标准、ISO14001：2004环境管理标准的综合管理体系（integrated management system），所有船舶都遵循《国际船舶和港口设施安全（ISPS）规则》。中远散运采取一切必要安全措施，在经营过程中保持最高安全标准，为客户和员工提供最高级别安全保障。

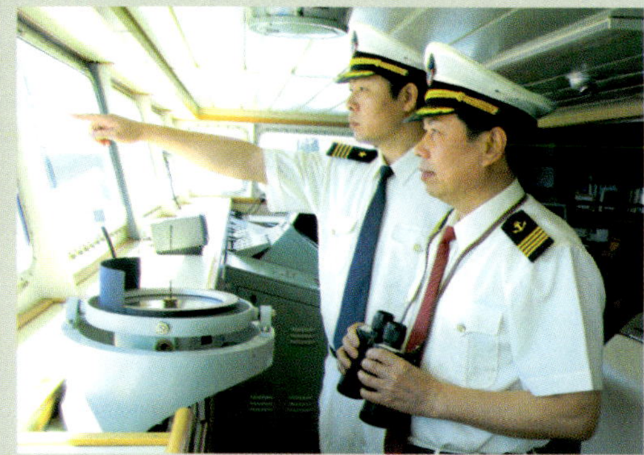

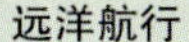

远洋航行

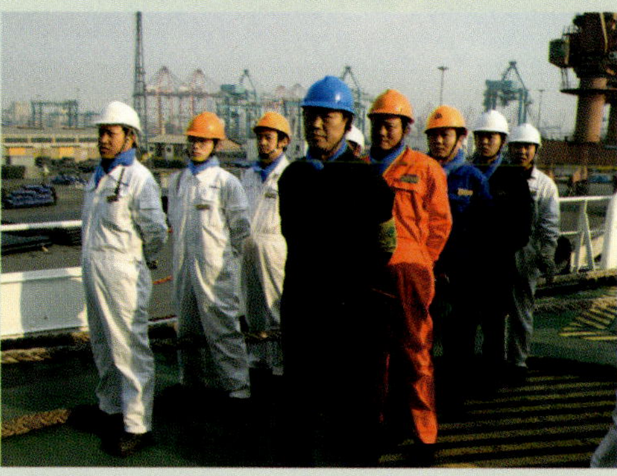

专业化的船员队伍

具有超强实力的高效团队

中远散运拥有一支实力雄厚的主业经营团队，具有出色的业务综合能力、国际化能力、分析预测能力和执行能力。同时公司还拥有专业化的船员基地，近8000名持有国际认可专业证书的船员队伍，能服务于远洋、沿海的各类型船舶。

好望角型散货船

巴拿马型散货船

灵便型散货船

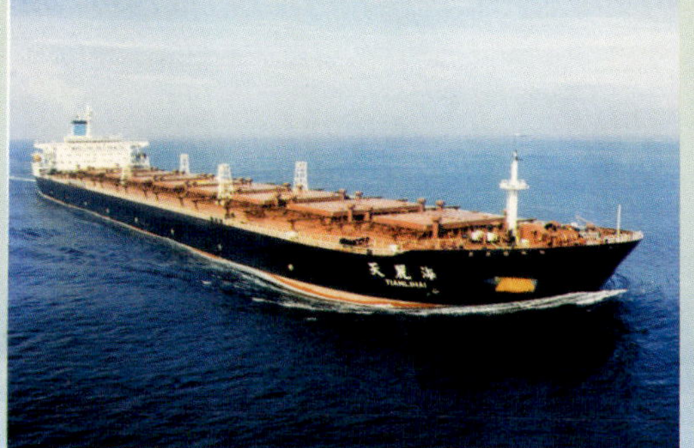

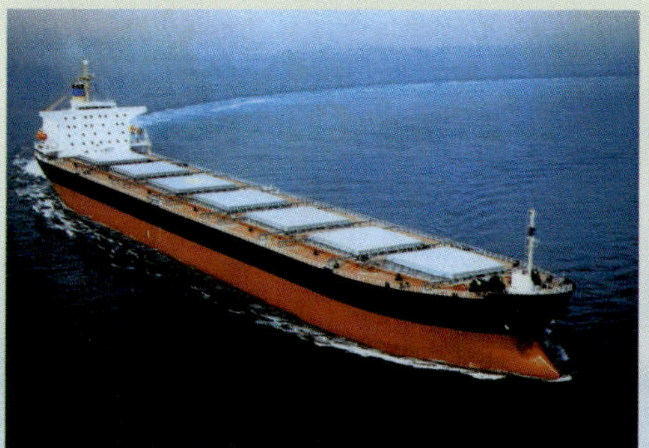

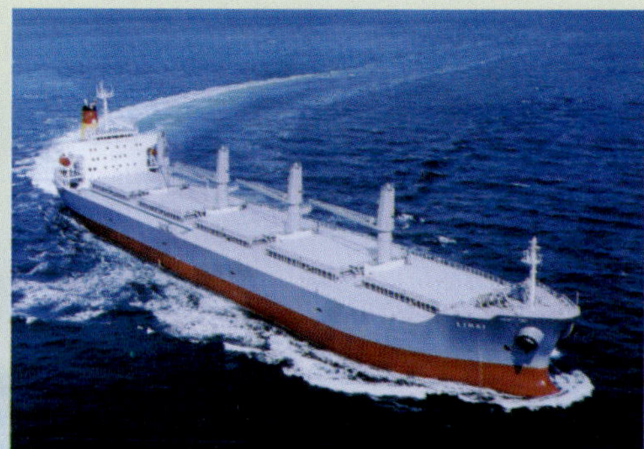

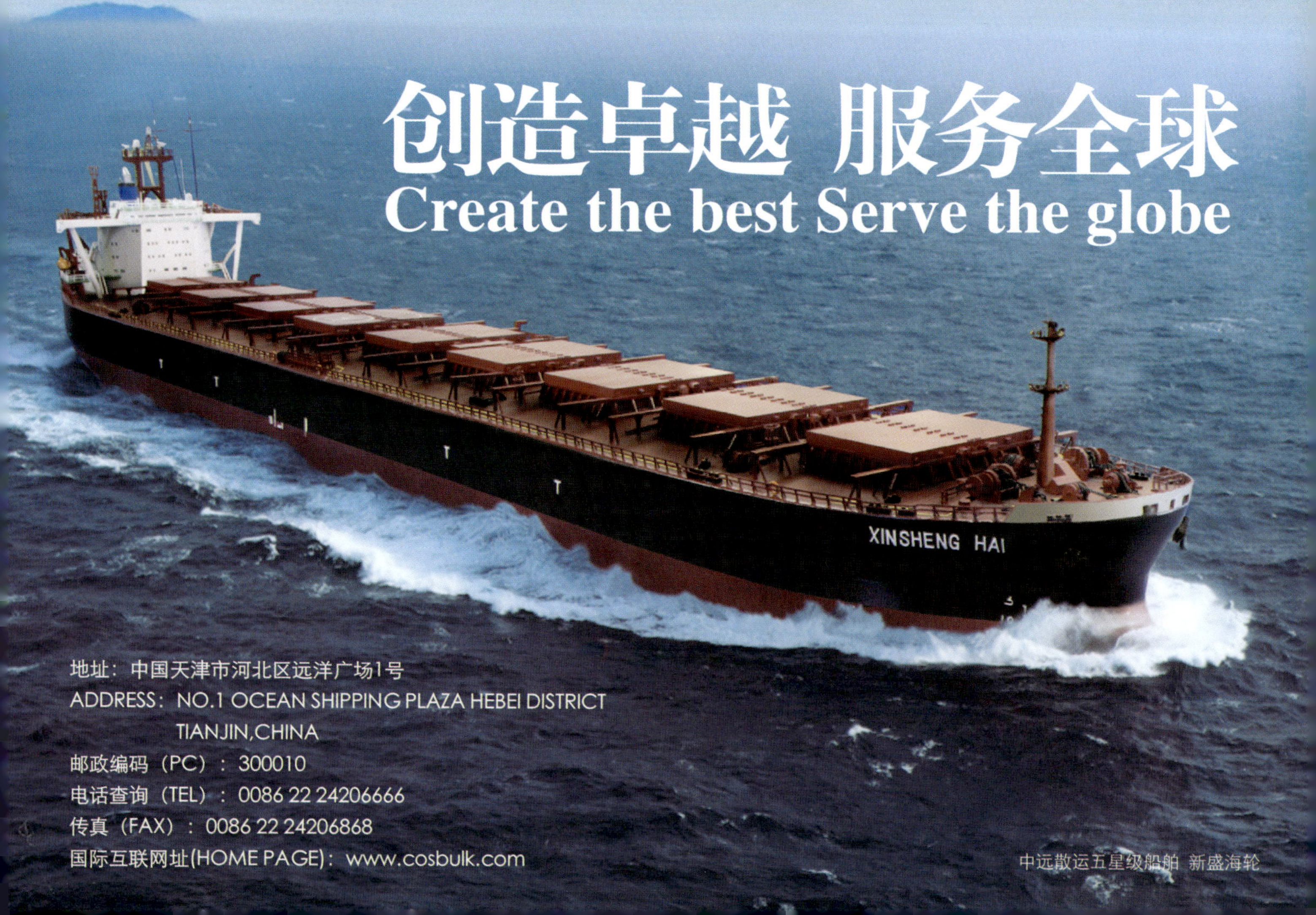

地址：中国天津市河北区远洋广场1号
ADDRESS：NO.1 OCEAN SHIPPING PLAZA HEBEI DISTRICT TIANJIN,CHINA
邮政编码（PC）：300010
电话查询（TEL）：0086 22 24206666
传真（FAX）：0086 22 24206868
国际互联网址(HOME PAGE)：www.cosbulk.com

中远散运五星级船舶 新盛海轮

中国天辰工程有限公司

公司董事长、总经理 王志远

公司党委书记 贾金东

中国天辰工程有限公司（以下简称天辰公司）前身为化工部第一设计院，始建于1953年，是集工程咨询、设计、采购、施工管理和开车指导等多种功能为一体的具有工程总承包能力、工程技术研发能力和项目投融资能力的工程公司，是智力密集、技术密集的国家高新技术企业，现隶属于国务院国资委直接监管的中央企业——中国化学工程集团公司。

天辰公司现有职工1200余人，各类工程技术人员占职工总数的85%，其中全国工程勘察设计大师2名，享受政府特殊津贴技术专家22名，教授级高级工程师72人，高级工程师350余名，各类注册工程师400余人，各学科博士、硕士等200余人。

天辰公司始终致力于质量、安全、环保的和谐发展，建立了严格的质量、安全与环境综合管理体系。公司于1994年在全国勘察设计行业中首家通过ISO9001质量体系认证，2000年再次率先通过2000版ISO9001质量体系认证，2002年又通过了ISO14001、GB/T28001职业健康安全与环境管理体系认证。

天辰公司遵循“使工程用户真正满意是天辰服务的唯一标准”的质量方针，通过有效的管理、控制和保证措施，确保向工程用户提供符合所在国家和地区法规、满足用户要求以及安全和环境准则的各类工程服务。成立50多年来，共完成境内外各类工程项目千余项，业绩遍布全国和世界各地。同包括埃克森美孚、巴斯夫、拜耳、杜邦、陶氏化学、中石油、中石化、神华集团等50余家世界500强企业建立了良好的合作关系，有近200项设计项目、总承包工程和专业技术获国家及省部级奖励。连续被建设部评为国家勘察设计综合实力百强单位，2000年开始入选美国《工

荣获新中国成立60周年百项经典暨精品工程的兖矿国泰项目

土耳其镍矿股权投资与战略合作协议签字仪式

公司第二届科学技术大会

程新闻》杂志（ENR）公布的225家全球最大国际承包商，2006年开始入选美国《工程新闻》杂志（ENR）公布的200家全球最大设计企业，多次获得天津市“五一”劳动奖状，连续获得全国实施卓越绩效先进企业称号，2008年首批获得建设部颁发的《工程设计综合资质甲级》证书，2009年荣获全国“五一”劳动奖状。2010年因卓越的发展业绩，公司董事长、总经理王志远同志被授予全国劳动模范光荣称号。

“提供工程精品，追求客户受益，打造国际品牌，实现员工价值。”天辰公司将始终向着这一愿景奋勇进发，用智慧和力量不断将工程科技转化为社会财富，实现公司、员工、客户、合作方和社会的共同受益、共同发展。

神华包头煤制烯烃气化装置

建设中的中国天辰科技园

新疆天利高新乙二酸项目夜景

中国建筑第八工程局天津分公司

中国建筑第八工程局有限公司天津分公司（简称中建八局天津分公司）是局直营区域公司。前身为中国人民解放军基建工程兵部队，1983年9月集体转业，落户天津市塘沽区。1998年3月局实施资产重组，成立中建八局天津公司，2008年随中建总公司上市改称中国建筑第八工程局有限公司天津分公司。公司资质为特级，信用等级为AAA级，并通过了质量、安全和环境管理体系认证。目前，公司有专业技术人员458名，其中高级职称25名，中级职称150名；国家一级建造师35人，国家二级建造师50名。公司下设多个项目经理部及安装、装饰、桩基、大型机具、防水施工、自动砼搅拌等专业单位。

中建八局天津分公司具有独立承担各类大型工业与民用建筑设计、施工、科研、材料设备采供一体化的总承包能力，并具有雄厚的技术装备和科技管理优势，拥有深基坑降水、支护，大体积砼施工、滑模、爬模施工，钢筋机械连接，泵送砼及无粘结预应力砼施工，在30多年的施工管理实践中，积累了在各种地理、气候和场地条件下，进行工业、商业、民用、综合型建筑群、智能建筑等各类工程的丰富经验，形成了建筑规模大、技术难度高的群体工程和超深、超高工程及特殊结构工程为特点的先进管理技术和施工工艺方面的优势。

塘沽政通大厦荣获鲁班奖

海河外滩公园

中建八局天津分公司始终牢固树立“百年大计、质量第一”的宗旨，坚持“外抓市场，内抓现场，以质量求生存，靠管理求发展”的经营方针；坚持“追求质量卓越，信守合同承诺，保持过程受控，交付满意工程”的质量方针；坚持走质量效益型发展道路，依靠严格的管理，过硬的质量赢得良好的社会信誉，创建一大批质量名牌工程。公司先后荣获省部级优质工程40多项，鲁班奖工程2项，国家优质工程银奖2项，全国用户满意工程2项，全国优质住宅样板工程2项，中建总公司金、银质奖10多项，多次被天津市政府授予“守合同重信用”单位、“质量信得过单位”，工程质量水平受到了建设部、总公司等各级领导的高度赞扬。尤其是在公司承建了东港海关H986工程、天信金融大厦、塘沽海河外滩广场、塘沽政通大厦、泰达国际会展中心、天津大道、于家堡交通枢纽、西站交通枢纽等较有影响的重点工程之后，中央有关领导和天津市领导都亲临施工现场视察，并对工程的施工质量及各项管理工作给予了好评。

中建八局天津分公司始终坚信“今天的质量是明天的市场”、“企业的信誉是无形的市场”、“用户满意是永恒的市场”，加强“以人为本”的人才战略建设，逐步提升企业核心竞争力。在多年的施工管理实践中，公司不断总结和完善了以“项目法施工”为龙头，以成本管理为核心，推行项目“两制”建设，做好“三次经营”和“三公开一透明”等工作，进一步促进企业内部严细管理创新创效的良好氛围，较好地推动了公司发展质量的提高。

中建八局天津分公司将一如继往的坚持“质量第一、用户第一、信誉至上”的经营宗旨，守合同，重信用，讲诚信，与时俱进，开拓创新、依托“中建”品牌，充分发挥公司在管理、技术、人才、信息化建设等方面的优势，面向市场，迎接挑战，自我完善、不断发展、再创辉煌！

奥的斯电梯（中国）投资有限公司

公司接待大厅

奥的斯电梯公司作为世界上最大的电梯、扶梯、自动人行走道的制造商和服务商，始终把安全、商业道德、质量以及人才作为公司的四大基石，致力于成为业界最令人推崇的品牌及其合作伙伴。

经过150多年来的发展历程，奥的斯产品已遍布全球七大洲的200多个国家和地区，每天220万部奥的斯电梯和扶梯处于运转中，其产品总量每五天运载全球人口一次。与此同时，奥的斯在全球还肩负着超过160万部电梯和扶梯的维修及保养工作。在过去悠久历史中，奥的斯不断推陈出新，使得“奥的斯”这一品牌长久不衰，形成了奥的斯独有的核心竞争优势。

今天，奥的斯已成为中国最大的电梯、扶梯生产商和维修保养服务商，其遍布全国40个城市部署了165个业务网点，有效服务范围覆盖100多个城市和地区。在中国的控股公司——奥的斯电梯（中国）投资有限公司总部设在天津经济技术开发区，并分别在北京、天津、上海、广州、杭州、苏州、西安和重庆等地设有十二家合资企业，六大制造基地及三大研发中心，拥有世界上最先进的研发、制造以及检测技术，为客户提供电梯、扶梯及自动人行道的生产、销售、安装、维修保养以及现代化更新的一体化服务。

奥的斯作为一家值得社会信赖的企业，得到了政府及社会各界的认可。除了向社会提供优质、安全、绿色、创新的产品和服务之外，奥的斯也在积极履行企业的社会责任，投身公益事业、扶助弱势群体、传播安全知识，资助环境保护，并多次获得国家相关机构颁发的绿色科技产品、绿色建筑、最佳雇主、最具影响力企业等荣誉。

GeN2无机房产品

ReGen+电梯能源再生科技

同成长 共分享 天津农商银行

2010年6月30日正式挂牌营业的天津农商银行是天津市最大的地方性总部商业银行，其前身是有着近60年发展历史的农村信用社。1952年，天津市第一家农村信用社在天津市南郊区白塘口村成立，标志着天津农村合作金融机构的诞生。历经60年风雨，天津农村合作金融系统形成了遍布天津城乡的金融服务网络。2005年6月30日成立的天津农村合作银行，是全国第一家省级农村合作银行，本市农村合作金融系统实现了由三级法人向两级法人治理体制的过渡；2007年，改组塘沽区、汉沽区、大港区农村信用行社，成立了滨海农村商业银行；2009年11月15日，国务院正式批准天津农村合作银行和东丽农村合作银行等九家区县行社重组设立天津农商银行，为天津农村合作金融系统的改革指明了方向，天津市委、市政府也将该项工作列入第二批金融改革创新20项重点工作之一。2010年6月，统一法人的天津农商银行正式成立，标志着本市深化农村合作金融机构改革工作取得重大进展。

经全国博士后管委会批准，我行准许设立博士后科研工作站，市委常委、副市长崔津渡亲自为我行授牌。

天津农商银行坚持服务“三农”和中小企业的市场定位，充分利用自身网点覆盖范围广的优势，大力拓展各项业务，为促进天津市农民增收、农业发展、农村社会稳定和城乡经济建设做出了重要贡献。目前，全行存款余额已经突破千亿元，贷款余额600多亿元；“三农”和中小企业贷款占到全部贷款余额的五分之四，“三农”和中小企业的核心业务主体地位得到了进一步加强。

天津农商银行按照现代银行经营理念，制定和完善各项内控制度，构建符合现代商业银行标准的制度体系，扎实开展现场稽核检查，加大责任追究力度，增强了干部员工遵纪守法、合规操作的意识，有效提升了内部管理水平和综合风险防控能力；积极引进高素质的金融专业与管理人才和大批应届大学毕

团结务实的经营团队

天津农商银行中、高级管理层向董事会宣誓，董事长李宗唐监誓。

业生、加强员工培训力度，开设了博士后流动工作站，全面提升人员素质、优化人员结构，目前全行现有的5000多名员工中具有本科及以上学历的人员占总数一半左右。不断的积淀和发展，使全行经营管理各方面工作均有了历史性的飞跃。

在未来的发展中，天津农商银行将以“成为持续发展的、区域领先的、专注于三农和中小企业的社区型零售银行”作为战略发展愿景，将转型农户和小型企业作为核心客户群，立足于农村市场和县域市场，针对转型农户、传统农户、中小企业等客户的需求特点，提供优质金融服务，着力巩固已具有优势的市场。同时，“抓小不放大”，兼顾城市市场和大客户，利用城市市场的收益反哺农村市场，利用大客户的收益反哺三农和中小企业客户，利用两个市场、两种客户的互补，促进服务“三农”和中小企业业务的成长，坚定不移的支持“三农”和中小企业的发展，在加强业务拓展的同时，积极践行社会责任。

天津农商银行将充分发挥自身机构网点优势，抓住深化改革和滨海新区开发开放的历史机遇，通过实现两个3-5年的阶段性战略目标，逐步达到良好商业银行的标准。第一个3-5年，天津农商银行将完成专业化转型，形成竞争优势，初步建立起现代商业银行的运营管理机制，达到一般商业银行标准；第二个3-5年，天津农商银行将通过成熟的专业化银行模式运作，达到良好商业银行标准，在成长性、盈利能力、资产质量和风险管理方面均成为区域或全国农信系统中领先的专业型银行,争取在合适的时机上市，最终实现对客户、股东、员工和社会负责的目标。

天津农商银行充分利用自身网点分布优势，独家承办天津地区“家电下乡”补贴款兑付。

天津农商银行积极推动天津市农村地区电费收取方式转变，将金融服务送到农民家门口。

天津市勘察院

TIANJIN INSTITUTE OF GEOTECHNICAL INVESTIGATION & SURVEYING

天津市勘察院创立于1979年，隶属于天津市规划局，拥有6个专业，14个生产公司，是以岩土工程勘察、工程测量、建筑与岩土工程设计和桩基施工、工程测试为主的专业化综合性生产科研单位，是全国大型综合勘察单位之一。

拥有工程勘察国家级综合甲级资质、岩土工程国家一级承包资质、桩基测试国家甲级资质、工程测量国家甲级资质、建筑设计国家甲级资质、工程监理国家乙级资质和深基坑支护设计专项资质。2009年顺利通过质量、环境和职业健康安全管理三体系认证。目前，有职工800人，专业技术人员占76.8%。其中，国家勘察大师1人，国务院特贴专家3人，高级工程师以上98人，各类注册资质83人。

近年来，天津市勘察院坚持用科学发展观统领全院发展，以科技创新助推企业持续发展，先后荣获国家级科技进步奖1项、部级科技进步奖5项、市级科技进步奖18项。先后荣获国家级优秀工程奖14项、部市级优秀工程奖68项。还先后荣获“全国工程勘察先进单位”、“全国城市勘测先进单位”、建设系统“综合实力百强”单位、“全国勘察设计行业诚信单位”、“全国建设系统企业文化建设先进单位”、“全国建设系统思想政治工作先进单位”等国家级荣誉称号；天津市“重合同，守信誉”单位、天津市“八五”、“九五”、“十五”立功先进单位、“天津市五一劳动奖状”先进单位等市级荣誉称号。

2009年，荣获“全国住房城乡建设系统创建文明行业示范点”、全国工程勘察与岩土行业“十佳岩土工程企业”、“十佳企业文化建设先进单位”荣誉称号，承接的《天铁冷轧薄板工程主厂房岩土工程勘察》项目，荣获工程勘察设计国家级银质奖。《天津市建设用地规划动态管理系统》荣获天津市工程咨询成果奖一等奖，《天津市区标准土层的建立及特性研究》、《天津市饱和粉（砂）土液化地质灾害调查报告》荣获天津市工程咨询成果奖三等奖。

2009年荣获了“全国住房城乡建设系统创建文明行业示范点”，全国工程勘察与岩土行业“十佳岩土工程企业”“十佳企业文化建设先进单位”荣誉称号。

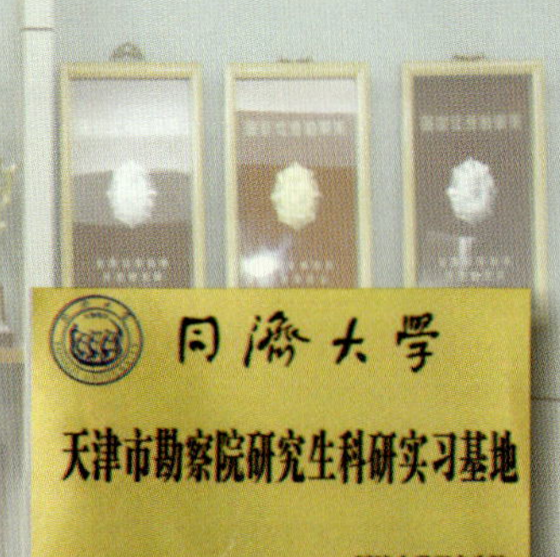

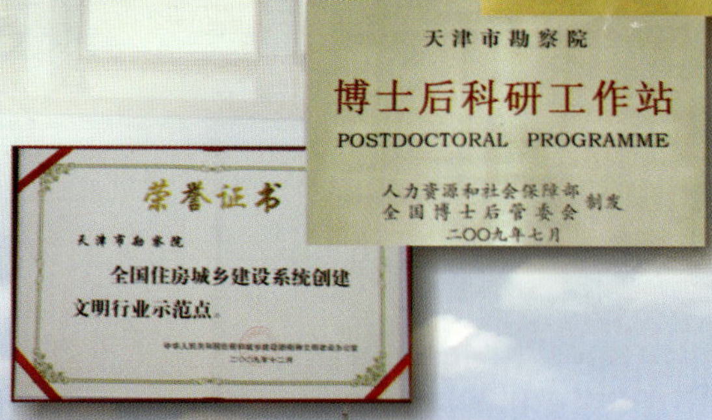

奥林匹克中心体育场项目桩基工程荣获国家优质工程“鲁班奖”

华信商厦岩土工程详细勘察荣获国家铜质奖

陈塘庄热电厂三期岩土工程勘察荣获国家铜质奖

金皇大厦工程勘察项目荣获国家铜质奖

国际大厦工程勘察荣获国家银质奖

百货大楼扩建工程勘察荣获国家铜质奖

天铁冷轧薄板工程主厂房岩土工程详细勘察荣获国家银质奖

天津市广播电视塔工程勘察荣获国家金质奖

天津市建筑设计院

TADI

天津市建筑设计院院长 刘军

天津市建筑设计院党委书记 刘勇胜

天津市建筑设计院以学习实践科学发展观为契机，实施“经营拓展、人才强院、科技兴院、文化建院”的发展战略，推进体制机制创新，促进了健康持续发展。天津市建筑设计院创立于1952年，现已发展成为技术实力雄厚、人才济济的国内最大的综合性甲级建筑设计单位之一，具有国家建设部颁发的甲级工程设计、城市规划等七个专项设计资质。具有国家商务部批准、在世界各地的对外经营权。是国际建筑工程师咨询协会（菲迪克FIDIC）会员单位，是中国勘察设计综合实力百强企业，亚洲BCIA中国十大建筑设计公司。获得“全国CAD应用工程示范企业”、全国和天津市“守合同、重信用”单位、“天津市质量效益型先进企业”、“高新技术企业证书”、“天津市开展质量管理小组活动先进企业”、“天津市用户满意企业”，“天津市突出贡献设计院”、“天津市‘五一’劳动奖章先进单位”。

天津市建筑设计院现有员工逾千人，其中全国工程设计大师3人，国务院批准享受政府特殊津贴专家12人，国家人事部批准有突出贡献的中青年专家2人。天津市中青年授衔专家4人，正高级建筑、高级建筑（工程）师380人，并有国家一级、二级注册建筑师、结构工程师179人，国家级注册监理工程师25人，造价工程师13人，注册城市规划师11人，注册岩土工程师3人，注册咨询（投资）工程师18人。设有建筑、规划、结构、给排水、暖通空调、电气照明、自动控制、广播通讯、经济技术分析、岩土工程、城镇规划及居住区、景观与环境设计和室内装修设计等专业。承接国内外各类工程的咨询、设计和监理等业务。已相继在海南、上海、广州、厦门、重庆等地设立分院。

天津市建筑设计院实施整合社会资源、提升原创设计水平、打造设计航母的发展战略，相继成立了绿色建筑机电技术研发中

梅江会展中心

天津市建筑设计院科技档案楼

滨江道、和平路、南京路中心商业区建筑提升改造

地址：天津市河西区气象台路95号
电话：022-23543016、022-23543000
网址：www.tadi.net.cn

意式风情

心和7家联合设计公司，充分发挥国有企业品牌大院的骨干作用和技术实力，为城市规划建设做贡献，先后完成了天宾商务中心、万丽天津宾馆、津湾广场、梅江会展中心、文化中心、滨江道改造、海河两岸设计、和平路改造、于家堡总体区域供暖、供冷专项规划等重点建设项目的设计规划。天津市建筑设计院在低碳，绿色建筑，生态建筑，超高层钢结构等专项领域中做出特色，创出了品牌。如：天津市建筑设计院自己设计建造的绿色建筑--科技档案楼，得到了国家绿色建筑设计标识认证，于2009年底竣工完成并交付使用，成为天津市第一座国家绿色建筑。天津市建筑设计院设计完成的天津对口援建陕西工程，得到了胡锦涛总书记“天津援建陕西灾区工作做的富有成效，尤其是学校、医院建设是一流的”的高度评价，也赢得了各级领导和社会各界广泛赞誉。

近年来，天津市建筑设计院先后获部级优秀勘查设计奖11项；获全国优秀规划设计奖1项；获建筑学会颁发的“新中国成立60周年建筑创作大奖”6项；获中国勘察设计协会颁发的“新中国成立60周年建筑设计大奖”1项；获全国人居经典建筑规划设计方案竞赛奖3项；获天津市“海河杯”优秀工程设计奖19项。3项规划设计成果获得天津市城市优秀规划设计一等奖。天津市建筑设计院于1996年获得ISO9001国际质量体系认证，并于2002年4月4日率先实现GB/T19001-2000-ISO9001：2000标准转换。

质量方针：为顾客设计好每一平方米的建筑，提供优质的设计全过程服务，科技领先，锐意创新，实现质量管理体系的持续改进，达到顾客满意。

企业愿景：创建国内一流强院到2010年实现一流的技术实力 一流的设计质量 一流的经济效益 一流的人才队伍 一流的服务水平

企业精神：创新 敬业 诚信 和谐

古文化街

天津市规划展览馆

天津站交通枢纽前、后广场景观工程

解放北路夜景照明设计

津湾广场

援陕工程——略阳县天津高级中学

援陕工程——宁强县天津医院

三岔口

天津钢管集团股份有限公司
TIANJIN PIPE (GROUP) CORPORATION

集团公司董事长、党委书记 刘云生

集团公司总经理 、党委副书记 李强

天津钢管集团股份有限公司是我国目前最大的石油套管生产基地，拥有世界先进的生产技术和装备。公司已通过美国API石油学会认证、ISO9001质量体系标准认证、ISO14001环境管理体系认证、OSHMS18001职业安全健康管理体系认证。同时还先后通过国家石油公司、全球著名工程公司、其它行业及工厂认证80余家，产品出口近百个国家和地区。

公司建有国家级技术中心和先进的钢管实验生产线，研制生产抗腐蚀、热采井、高抗挤毁、特殊扣等一批高技术含量、高附加值产品，形成具有自主知识产权的TP产品系列，其中80余项科研成果填补国内空白。石油套管成为“中国名牌产品”，无缝钢管成为“中国名牌出口商品”。2009年公司无缝钢管产量达到249万吨，居世界第一。公司除生产无缝钢管以外，还生产石油钻杆、彩涂钢板、不锈钢薄板、铜线材、以及高压气瓶等产品。公司还拥有华北地区最大的大型冶金机电设备制造企业，可以设计、制造各种大型工业炉、各类水电、风电、发电和港口机械等设备。

公司先后荣获“国家质量管理卓越企业”称号；第九届、第十三和第十六届国家级企业管理现代化创新一等奖。轧管二期工程获中国建设工程“鲁班奖”；无缝钢管工程获新中国成立60周年百项经典暨精品工程。公司首次跨入中国企业百强行列，居第92位，居中国制造业第37位。公司荣获全国“五一”劳动奖状；公司党委两次荣获“全国先进基层党组织”称号。

150吨超高功率电弧炉

世界最大口径460PQF连轧管机组

套管生产线

公司研发的石油套管产品

地　址：天津市东丽区津塘公路396号　邮　编：300301
电　话：（022）24802625（集团办公室）　（022）24802488（销售公司）
（022）24801000（集团查号台）　（022）66280988转683（国贸公司）
传　真：（022）24360649　网　址：www.tpco.com.cn

天津市燃气集团

天津市燃气集团与天津临港产业区燃气合作协议书签约仪式

天津滨海燃气有限公司揭牌

2009年，天津市燃气集团在市委、市政府和市规划建设交通工委、市建交委的正确领导下，认真学习实践科学发展观，贯彻落实市第九次党代会精神，按照市委、市政府“保增长、渡难关、上水平”的总体要求，用加快发展克服全球金融危机的影响，进一步解放思想、开拓创新、抢抓机遇，奋力拼搏，全力助推滨海新区的开发开放，在自身建设发展和服务社会经济发展等方面都取得了新的成绩。

2009年，燃气集团全年供气12.52亿立方米，比上年增加5%；实现营业收入39.78亿元，增长21.39%；利润总额9042万元，同比增长10.7%；供气户数达200多万户；燃气管网8000多公里；实现了较大安全责任事故为零的佳绩。2009年燃气集团总资产已超过94亿元，实现了企业资产的保值、增值。燃气集团连续七年荣获2009年天津企业100强，连续六年荣获全国服务行业500强，荣获全国精神文明建设先进单位和2007年至2008年度天津市文明单位标兵光荣称号，被评为天津市人口和计划生育工作达标单位，连续六年被评为全国“安康杯”先进企业，由此，燃气集团被市总工会命名为天津市“五一劳动奖状”先进企业。

安全控制力明显增强。2009年燃气集团圆满完成了“建国六十周年庆典”期间安全、稳定供气的政治任务；成立了燃气高压管网维抢中心，配备了先进的抢修机具，进一步提高了高压抢修能力；强化了户内安全管理，按照户内安检三个100%的要求，全年入户安检169万户，安检率94.18%，对发生漏气的安全隐患做到100%整改；以“燃气宝宝在我家”活动为载体，创新安全宣传形式，丰富安全宣传内容，扩大安全宣传受众面，使社会群众维护燃气安全的意识进一步增强。

重点工程建设成果显著。2009年燃气集团启动了黄港高压、北环高压、宝静大天然气输气管线等18项重点工程，全年投资总额超过10亿元，新建燃气管网384公里。全面完成天津市20项民心工程之一的旧管网改造工程，更新改造燃气旧管网200公里，改造5万户居民户内燃气旧管网，使19万户居民受益。新发展工商户393项，民用户12.2万户，累计增加销气量1.7亿立方米。

服务滨海新区开发开放、支持社会主义新农村建设取得新进

滨海高新区基础设施配套工程暨入区项目签字仪式

燃气集团服务滨海新区开发开放

燃气集团服务滨海新区开发开放

天津燃气煤气工程设计院滨海规划设计所揭牌仪式

展。2009年燃气集团强力助推滨海新区开发开放，全面提速燃气管网建设。与临港工业区等17个区域签署了特许经营协议,先后完成了临港工业区大沽化、天碱和天津港保税区航运服务中心等工商户的通气点火工作，在塘沽海洋经济开发区发展民用户4476户，通气620户。同时转换发展机制,坚持走合作共同发展的道路，与天保控股有限公司、滨海投资有限公司签署共同开发空港二、三期燃气项目的合作协议，尝试了新的经营办法，打破了传统发展模式，深化了投资主体多元化、互利共赢的发展理念。

燃气集团全力支持新农村建设，2009实施了静海高压复线和北塘至胡家园天然气工程，新增燃气管网57公里，使30万群众受益，推进了天然气管网向区县乡镇的延伸。同时，广泛了解新农村对天然气需求，努力增加区县燃气建设项目。在市政府批准的31个区县示范工业园中，完成105项工商项目和126项民用项目储备，保证了天然气在区县的持续发展。2009年出资50万元帮助武清区大良镇后营村完成了主干道路及环村道路的建设，改善了农民的生活环境。

企业改革取得显著成效。2009年燃气集团按照有所为有所不为的原则，实施了集团从液化气零售市场的有序退出，启动了富余人员的安置分流，对178名干部职工进行定向转岗安置，并对转岗人员进行培训，使他们尽快掌握应有的技能，在新的岗位上安心工作。推行了通气点火程序的改革，理顺了内部管理，简化了办事程序，消除了重复施工的浪费，提高了工作效率，实现了民用户“即住即通”，使通气点火更加人性化，实现了企业和用户的互利双赢。推行了新的收费办法，将每月收费改为双月收费，实行新的收费办法，促进了经济效益增长和人力资源的优化。

资本运作取得新突破。2009年燃气集团大幅度增加了信贷规模，调整了信贷结构，充分利用上市平台，在项目建设的直接和间接融资上取得了突出成效。2009年燃气集团获得国家开发银行48亿元信贷支持，全年融资规模超过60亿元，创历史最好水平。完成港南和北环高压天然气代建工程，实现从天联公司直接融资近2亿元，标志着集团公司顺利通过国际资本市场直接融资并实现成功对接。

燃气品牌建设深入人心。2009年燃气集团进一步创新服务举措，充分利用企街共建平台，针对独居老人对燃气设施自查自管能力不足等问题，开展了“关爱独居老人、服务和谐社会”主题服务活动，推出了独居老人特殊服务新举措。结合迎接建国60周年和冬季供气服务工作，开展了“迎国庆，讲文明，树新风”、“办实事，送温暖，解急难”等多种形式的优质服务活动。客服中心进一步优化工作流程，全年共处理各类问题10万多件，办结率100%，被评为2008年度市为民服务网络专线电话先进集体。燃气集团圆满完成了建设部文明行业示范点复查迎检工作；连续四年在全市供气服务管理标准检查中取得全行业第一名的优异成绩；在“辉煌60年—天津民生贡献调查推选活动”中，获得“窗口单位民生贡献奖”。

然气集团调度指挥中心

滨海天然气集输有限公司球罐

Hitech海泰 天津海泰控股集团有限公司

与国家羽毛球队签约

海泰控股集团与凤凰城集团万企公司合作签约

天津海泰控股集团有限公司成立于2000年6月，是天津市委、市政府管理的大型国有集团，为滨海高新区国有资产的授权经营单位，对所属高新区国有资产行使所有者职能。海泰控股集团主要依托滨海高新区的自身优势，对华苑产业区12平方公里的土地进行统一的开发建设和招商引资，承担滨海高新区开发建设任务；对高新技术的研发和产业化进行风险投资和全程孵化服务；培育具有自主知识产权和国际竞争力的高新技术企业及产品；为高新区创建优越的投资环境和服务体系。

目前，海泰控股集团有员工800人，平均年龄34岁，本科及以上学历员工占85%，拥有博士后工作站1个。集团目前的总资产超过500亿元，所属控股、参股企业60余家，其中一级控股公司13家，分别为天津海泰房地产开发有限公司、天津海泰科技发展股份有限公司、天津华苑置业有限公司、天津海泰市政绿化有限公司、天津海泰建设开发有限公司、天津海泰投资担保有限责任公司、天津海泰科技投资管理有限公司、天津海泰公共保税仓库有限公司、海泰超导通讯科技（天津）有限公司、天津新技术产业园区海泰数码科技有限公司、天津华苑软件园建设发展有限公司、滨海高新区开发建设有限公司和天津海泰人才基地有限公司

海泰控股集团按照专业化经营、多元化投资的原则，坚持以经济效益为中心，努力发展四大核心产业，即房地产、高新区基础设施开发建设、高科技业和服务业（包括投融资担保、市政绿化、物业等），全力推进滨海高新区的开发建设工作，努力成为一个资本实力雄厚、具有核心竞争力和创新能力的国内知名大型国有企业集团。

天津海泰青年友好艺术团出访西班牙

海泰杯非职业钢琴大赛

海泰控股集团联欢会

海泰绿色产业基地

金领国际公寓

华苑产业区

华苑报税物流中心

北塘TBD

BPO基地

海泰控股集团

专业化经营、多元化投资

房地产业

高新区基础设施开发建设业

高科技业

服务业

渤龙天地商业街

临港居住区

临港工业区综合配套服务区

渤龙湖总部经济区

天津农垦集团总公司

天津农垦集团总公司是具有企业法人资格的国有独资性质的经济实体，市政府授权集团总公司对所属企业的国有资产实施经营、管理，同时承担保值增值责任。

集团总公司注册资本2.35亿元人民币。资金来源与构成为集团总公司直接占用的国有资产和市政府授权范围内的全部国有资产。截至2009年末，集团有土地12.3万亩，其中耕地4.71万亩，直属单位30个，生产经营单位102家，职工5772人。集团年末资产总值132.08亿元（不包含土地）。

2009年销售收入81亿元，完成国内生产总值11.2亿元，实现利润总额5.32亿元，固定资产投资完成8.15亿元（不含商品住宅开发），在册职工人均收入3.53万元。

党委书记、董事长 白智生

集团发展的主导板块为：奶业：包括奶牛育种、奶牛饲养及原料奶供应、海河牌及帕玛拉特牌乳制品生产；葡萄酒业：包括王朝、夏宫、天宫三个厂家及相应品牌的葡萄酒生产；精品农业：包括设施农业、观光农业、精品畜牧、地热养殖、草坪草卷生产及施工；工业：包括包装、印刷、渔具、电线电缆、尼龙搭扣等；房地产业：有津垦房地产开发公司及相应的施工队伍；商贸服务业：涉及物流、出租车、机动车加油、商城及公寓出租、工业园区建管等诸多方面。

王朝公司梅鹿辄红酒

2000年5月，以天津农垦集团总公司为母公司的天津农垦集团被批准列入市政府重点支持的大型企业集团，享受市政府规定的投资审批权、股票上市、兼并重组、所得税返还、土地出让、技术改造、生产要素指标、进出口配额等扶持政策。2004年天津市国资委成立后，集团由天津市人民政府农村工作委员会实施委托监管。

天津壳牌机动车加油服务公司加油站

天津晶宝温泉农庄观光园

直属单位

直属单位：	天津嘉立荷牧业有限公司
天津市海燕实业公司	天津海河乳业有限公司
天津市东郊农牧场	红港绿茵花草有限公司
天津市杨柳青农场	滨海中储物流有限公司
天津市红旗农场	天津奶业有限公司
天津市曙光农场	天津市农工商供销公司
天津市农垦集团房地产开发建设有限公司	天津市王朝大酒店
天津市农工商津港公司	天津夏宫酒业有限公司
天津市农工商宏达总公司	天津市伸和有限公司
天津市农工商红光总公司	天津市欧娜有限公司
天津市农工商天宁公司	天津壳牌石油有限公司
天津市里自沽农工商实业总公司	天津农垦出租汽车公司
天津市燕南农工商公司	天津市乳品食品监测中心
天津市大钟农工商总公司	天津市奶牛发展中心
天津农垦东方实业有限公司	天津市绿色食品办公室
中法合营王朝葡萄酿酒有限公司	天津市农垦集团干部学校

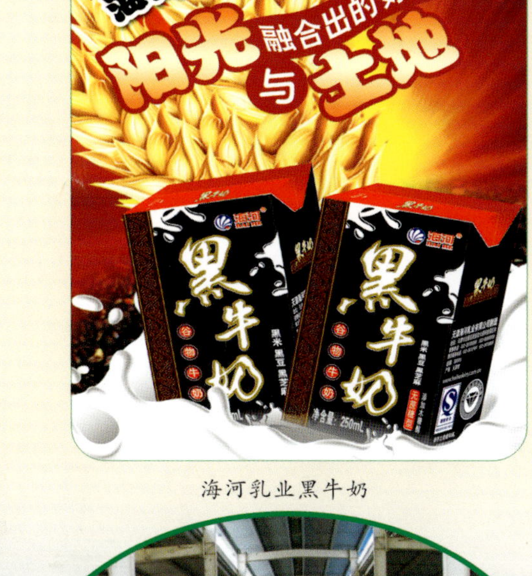

海河乳业黑牛奶

嘉立荷牧业有限公司示范养殖场

天津红港绿茵花草有限公司

企业地址：天津市河西区气象台路96号　邮编：300074
电 话：022—23330408　传 真：022—23331636
网 址：http://www.tjnkjt.com　邮 箱：tjnkjt@163.com

天津贻成集团
TIANJIN YESHINE GROUP

贻成集团组建于2001年，其前身是1993年成立的贻成房地产公司。目前，贻成集团已发展成为以房地产业为主，集船舶制造、港口航运物流、优质物业投资与经营等多领域为一体的大型民营企业集团。

贻成大厅

至2010年，贻成集团已连续六年上榜“中国服务业企业500强”，连续四年荣获“中国房地产企业100强”，连续五年进入“天津企业100强”，连续四年入围“天津私营企业前10强”。为“天津市信贷诚信企业”。2009年，“贻成”商标被认定为天津市著名商标。

贻成集团的房地产开发主业具有国家一级资质，累计房地产开发面积超过500万平方米，产品涉及住宅、公寓、商业、酒店、写字楼等多种类型。在天津滨海新区开发建设的十大战役中，贻成参与滨海新区核心城区、临港工业区、北塘片区、东疆保税港区、中心商务区的开发建设，为滨海新区发展做出了积极的贡献。水木清华园和现代农业生态园项目被列为地方政府重大科技创新项目。

通过参与天津新河重工有限公司和秦皇岛中港船舶重工有限公司的改制，贻成投资的船舶制造业具备了建造世界上先进的工程船舶的实力。

贻成投资位于临港工业区的天津临港滨海港务公司，五个万吨以上级别的散杂货码头已开始运营。

贻成通过收购香港达通国际航运有限公司下属企业，进入了高端的国际航运物流领域，承运量位居中韩航线前三名。

为实现实业投资与金融领域的有效结合，贻成成立了专业化的投资公司——天津佳丰投资股份有限公司、天津融金投资担保有限公司、滨海基金管理有限公司，目前正在资本运作领域寻求新的突破点。

贻成集团经营和持有一批优良物业，其中沧州第一家五星级酒店——金狮国际酒店有限责任公司和具有27洞国际锦标赛级高尔夫球场的天津滨海森林高尔夫俱乐部，成为贻成持有的优良物业中的高端品牌。

贻成集团积极推进现代企业制度的建立，“专业化、职业化、年轻化”已成为贻成的核心人才理念；“诚信、严格、求精、进取”构成了贻成的企业精神和工作准则。

贻成集团秉承社会、企业、员工共同发展、共同进步、相互负责的核心价值观，热心公益事业，精心营建自己的企业文化，为成就百年企业积淀优秀的企业文化底蕴。

贻成管理

贻成团队

贻成文化

贻成公益

水木清华鸟瞰图

住宅小区贻成尚北

贻成豪庭

天津保税区航运中心

天津新河船舶重工有限公司

多功能耙式吸挖泥船

秦皇岛中港船舶重工有限公司

国内领先的反铲式挖泥船

沧州第一个五星级酒店——金狮国际酒店有限责任公司

27洞国际锦标赛级高尔夫球场——天津滨海森林高尔夫俱乐部

临港工业区码头

LEADAR

天津立达集团有限公司

Company Profile

党委书记、总经理任津明

天津立达集团有限公司成立于 1981 年，是经天津市人民政府和国家外经贸部（现商务部）批准成立的大型综合性企业集团。1992 年被天津市人民政府批准为综合商社试点单位，1994 年被国务院确定为全国百家现代企业制度试点单位之一。2007 年 3 月，立达集团新一届领导班子在市委、市政府和市国资委领导下，以科学发展观为指导，转变经济发展方式，依靠科技进步，按照质量效益型相统一的发展模式，构建和形成了以房地产、海水养殖、食品工业为三大支柱，外经贸、新能源等现代服务业和新兴产业企业竞相发展的良好格局。

具有国家一级资质的天津立达房地产有限公司作为立达集团的龙头企业，在激烈的市场竞争中已成为“天津市建设开发企业二十强”和“天津市信誉和实力二十强”企业，是国家建设部主办的“百家房地产开发企业、百家房地产中介机构承诺销售放心房、提供放心房联合宣言”的加盟企业，荣获天津市开发企业信誉度 AAA 级企业荣誉称号。2008 年被国家商务部评为全国商务系统先进集体。

天津立达海水资源开发有限公司致力于高科技海水养殖，2007 年 8 月被市政府确定为本市“海水养殖科技创新与成果转化基地”。2008 年被确定为“农业部水产健康养殖示范场”、“天津市农业产业化经营重点龙头企业”和“天津市水产良种种业基地”。2009 年 9 月 16 日“天津立达海水资源开发有限公司院士工作站”正式揭牌，成为天津市第一家院士工作站。该公司正逐步建成具有高科技含量、布局集中的海珍品开发引进繁育中心，集海、淡水，名、优、特品种孵化、培育、养殖、推广为一体的养殖行业龙头企业。

天津立达食品有限公司秉承“永远生产消费者可信赖的产品”的经营理念，以“绿色、健康、便民”为宗旨，大力发展绿色、健康食品，不断丰富市民“菜篮子”。其投资的天津山海关豆制品有限公司生产的豆制品，曾获得首届中国食品工业博览会银奖、天津市名牌产品称号，并连续十年荣获消费者信得过产品称号。正在建设的立达食品工业园，将充分利用全国豆制品协会提供的社会资源，生产食品饮料系列产品和天然食品添加剂，研发生产食品机械和环保型食品包装系列产品，开发农产品深加工项目，努力成为大型综合性食品加工集团企业。

华韵欧风·博雅苑 奉献精品、诚信服务

立达食品公司

天津海河国际劳务工程公司具有国家商务部批准的国际劳务派遣和国际工程承包经营权，积极落实"走出去"的发展战略，大力开拓韩国、日本、新加坡、澳大利亚等国家及欧洲、中东地区劳务市场，迄今已有一万多名劳务人员被派往世界各地。适应国际市场的新变化，努力发展工程与劳务相结合、外经与外贸相结合的业务，2007 年新开发了受国家政策支持的原煤进口业务。

此外，立达集团还拥有创业投资咨询、新能源、人才服务、拍卖等领域的多家现代服务业和新兴产业企业。立达集团及所属企业将继续弘扬"诚信天地间，立己而达人"的企业文化，突出品牌特色，用心为百姓和社会服务。

十二五期间将是立达集团加速发展、实现新的振兴的关键时期，预计到 2015 年末，集团资产总额将达到 35 亿元，主营业务收入将达到 15 亿元，利润总额将达到 2.5 亿元，为天津又好又快发展做出更大贡献。

海水资源公司
选苗、分苗

劳务工程公司

赴日劳务人员技能实习场景

天士力集团
TASLY GROUP

天士力集团自1994年成立以来,坚持打造现代中药第一品牌,不断推进大健康产业的发展。在做专做精现代中药的基础上，向生物药、化学药、特色专科医疗行业扩展，形成以医药为主要领域的生命安全产业板块；并逐步进入保健品、健康食品、化妆品、安全饮用水、生物普洱茶等生命健康产业领域。

天士力集团董事长
闫希军 博士

天士力积极推动中药现代化和国际化，以高新技术改造传统中药业，形成了一条集药物研发、药材种植、有效中药组分离、制剂生产和市场营销各环节于一体的现代中药产业链，建设国内领先的现代中药先进制造平台。建设国内领先的现代中药数字化制造平台、数字化提取中心以及中国最大的中药冻干粉针剂生产基地。

按照“大病种、大品种、系列化”的研发思路，天士力逐步形成由心脑血管系统用药、抗肿瘤与免疫系统用药、胃肠肝胆系统用药、抗病毒与感冒用药构成的产品体系。天士力复方丹参滴丸目前已经连续8年销售额超过10亿元，2009年销售额近15亿元，其每年预计服用患者人次数在1000万以上。目前已成为预防与治疗冠心病心绞痛、糖尿病血管病变等临床一线药物，受到临床医生和患者的高度评价，已然成为国内心血管中成药第一品牌。复方丹参滴丸、养血清脑颗粒，化学药蒂清、水林佳等已成为国内知名产品。复方丹参滴丸是中国首例通过美国FDA IND临床用药申请的复方中药制剂，并于2010年初，成功完成FDA II期临床试验，成为我国第一例圆满完成美国FDA II期临床试验确证其安全、有效的中成药。同时，天士力正积极为全球规模的FDA川期临床试验启动做好全面准备，力争在不久的将来使复方丹参滴丸成为第一个在欧美主流医药市场以药品身份上市的中成药。

面向未来，天士力将坚持“追求天人合一，提高生命质量”的企业理念，以“创造健康，人人共享”为目标，致力于大健康社会工程建设，倡导大健康理念体系，普及大健康教育体系，创新大健康技术体系，发展大健康产业体系，完善大健康服务体系，努力使人生达到“生得优，活得长，病得晚，走得安”。为实现“创造健康，人人共享”的目标而努力奋斗。

天士力现代中药产业园

具有自主知识产权的
全自动数字化滴丸生产线

中华医药图

天士力国际交流展示中心

企业理念
Essence of the Enterprise

追求天人合一
Pursue the Harmonzation of Man and Nature

提高生命质量
Improving People's Life Quality

企业使命
Mission of Enterprise

创造健康 人人共享
To share the joy of health with all

大健康
dajiankang.com
天士力集团大健康网站

天士力健康星
一起健康 一起欢乐
www.5ljk.net
800-818-9818（免 费）
400-618-9818（免长途）

地址:天津市北辰区普济河东道2号天士力现代中药城　邮编:300410
电话:(022)26736688　传真:(022)26736898　网址:www.tasly.com

天津宝成机械集团有限公司

中共中央政治局委员、天津市委书记张高丽来宝成集团视察

中共天津市委副书记、市长黄兴国来宝成集团视察

天津宝成机械集团有限公司始创于1984年，是天津市高新技术企业和十大民营企业之一。现有锅炉压力容器制造、机电设备安装、热泵空调、滨海环保、滨环化工、智能控制、采暖设备、宾馆、博物苑景区、典当行和小额贷款等十几个子公司，是一个集科研、设计、制造、安装、旅游、服务、金融于一体的企业。现有职工2200人，占地面积800亩，建筑面积18万平方米，固定资产30亿元。主要产品有：锅炉、压力容器、中央空调、大型海水淡化装备和各种环保设备。集团公司先后被授予“全国精神文明建设先进单位”、“中国优秀民营科技企业”、“中国优秀诚信企业”、“天津市百强私营企业”、天津市优秀私营企业”、“天津市科技创新优秀企业”等荣誉称号。

经过26年的不断创新和发展，今天的宝成集团，形成三个显著特点：

一是科技创新，制造业在国内异军突起。公司具有国家A级锅炉制造、1级锅炉安装资格、国家A2级压力容器设计和制造资格，同时具有美国机械工程师协会（ASME）锅炉（S）、压力容器（U、U2）制造资格。拥有省（市）级企业技术开发中心。公司的大型燃煤热水锅炉产品，遍布我国三北地区，市场占有率连续6年保持国内第一；热法海水淡化装备制造，填补了国内空白。

二是文化创新，企业文化的载体在国内独树一帜。以古石、古树、古建筑“三古合一”的奇石园、博物苑、博物馆、华宝寺作为企业文化的载体，在国内独树一帜。博物苑景区被评为国家4A级旅游景区，是全国科普教育基地、天津市爱国主义教育基地，获取6项大世界吉尼斯之最，不仅传承和发展了中华民族文化，同时，对企业知名度的提高、对企业无形资产的积累、对企业相关产业的推动作用、特别是对当地社会效益的提升作用越来越突出。

三是管理创新，打破家族式的管理，步入现代企业制度。2001年，公司实现企业所有权与经营权的分离，建立起现代企业制度。企业股东会、董事会、监事会、经理团队各司其职。在天津市民营企业中第一个建立党委、工会、团委、妇委会、科协等党群团体。

宝成博物苑景区全景

董事长柴宝成与一线员工探讨节能减排新工艺

董事长柴宝成和党委书记贾淑琴深入车间搞调研

目前，宝成集团正以不断创新的精神，实施企业发展新战略，乘滨海新区开发开放的东风，着力打造三个产业：

一是把锅炉压力容器制造业做大做强。继续加大科技创新、市场开拓力度，借助新一轮产业结构调整，建设新的产业基地，添置国际先进水平的工装设备，提高生产能力和产品质量水平，扩大经营规模。同时拉动安装工程、智能控制等相关产业共同发展，争创锅炉压力容器制造业新的辉煌。

二是加强海水淡化装备的研发、制造和浓海水综合利用。公司的“大型海水淡化装备制造产业化基地建设”项目，坐落于“中国新的经济增长级”——天津滨海新区，是天津市“十一五”规划中的12个重大科技专项和天津市20项自主创新产业化重大项目之一。以循环经济的理念为指导，培育海水淡化及海水综合利用产业链，利用“博士后创新实践基地”和创建“国家级院士工作站”，构建技术支撑平台，打造立足滨海新区，面向国际市场的海水淡化产业巨龙。

三是发展旅游文化产业，打造世界名园。以宝成博物苑景区为基础扩建的中国北石林，地处天津市海河文化产业示范区的核心地带，总占地面积3243亩。中国文化经济总部、中国观赏石协会、国内外文物、宝玉石、观赏石鉴评中心及拍卖中心均入住景区，打造宝玉石、观赏石两大集散中心。建成后的新景区将以石文化和佛文化为主题，是融合旅游娱乐、文化博览、休闲购物的城市综合体。

天津宝成集团董事长柴宝成先生是第九、十、十一届全国政协委员、全国工商联常委、中华职业教育社常务理事、中国个体私营劳动者协会副会长、中国光彩事业促进会理事、天津市商会副会长、津南区政协副主席。曾荣获全国劳动模范、中国优秀民营企业家、全国优秀退伍军人、全国光彩之星、天津市劳动模范、天津市十大杰出青年、感动天津人物—海河骄子等荣誉称号。还先后受到胡锦涛、江泽民等党和国家领导人的亲切接见。

SZS燃气锅炉

天津市旅游集团

天津市旅游集团是天津目前唯一集“食、住、行、游、娱、购”为一体的综合性大型国有企业，全国旅游集团20强之一，全国旅游行业先进单位。主要业务为旅游资源和产品的开发及服务、商业地产、酒店经营管理等，旗下有天津利顺德大饭店、天津君隆威斯汀酒店、天津喜来登大酒店、天津水晶宫饭店、天津友谊宾馆、天津利顺德大厦、天津瑞金花园、天津友谊之家商务连锁酒店、天津中国国际旅行社、天津津食集团、天津津旅海河游船有限公司、天津市旅游汽车公司、天津津旅时代汽车装饰有限公司、天津津旅物业管理有限公司、天津津旅洗洁有限公司等20余家骨干企业。

天津旅游集团办公大楼

集团抱定“不信国企搞不好”的坚定信念，秉承“营造高品位享受”的企业使命和“诚信为本，追求完美”的企业精神，以促进天津市商贸旅游业发展为己任，提出了“一一三五七”的工作思路和发展目标，围绕建设旅游目的地城市的目标，全力推进旅游主体建设和载体建设。2009年，集团投资开发建设了一批精品项目：海河旅游精品观光线成为天津的城市名片，海内外贵宾来津游览的必选；利顺德大饭店升星改造，再现百年历史辉煌，成为“近代中国看天津”的重要节点和景点，是天津、中国乃至亚洲最老、最特酒店之一；君隆广场项目完美收官，成为天津中心商务区的“硬核”，受到市领导的关注和首肯。君隆威斯汀酒店成功开业，引领我市高端市场；水晶宫饭店升星改造，跃居五星级行列，成为我市重要商务、公务接待酒店，也为培育集团自主品牌奠定了良好基础；食品街环境综合整治工程告竣，客流量显著增加；建成了本市目前规模最大、设备最先进的专业化洗洁工厂，将现有经营服务向上下游延伸，形成完整的产业链；集团还积极参与泰安道五大院开发建设，成功引进国际顶级奢华酒店品牌——丽思卡尔顿，为提升城市载体功能和接待服务水平做出了贡献。

集团坚持在“项目开发”和“经营管理”双线作战、双路突破，形成了多业支撑、多点支撑的格局，较好地完成了国资委下达的各项指标，实现了发展目标和工作思路的历史性定位；实现了发展模式的战略性转变，由内涵式推动增长转变为内涵式与外延式共同推动增长，打造投资与经营兼容型企业；实现了总量规模的初步增长，集团总量规模增加14.3亿元，增幅47.67%。通过发展模式的转变，实现了企业升级，为旅游业成为城市经济发展的战略性支柱产业打下基础。

目前，集团正在积极推进“十一个二”重点项目和课题，努力打造与天津城市地位和旅游业发展相匹配的大型产业集团。

君隆广场

喜来登大酒店

利顺德大饭店

水晶宫饭店

南市食品街

天津市河北城市建设投资有限公司

2009年，河北城投公司面对困难形势，以学习实践科学发展观活动为动力，在区委、区政府领导和市、区有关部门的支持帮助下，创新思路招法，合力攻坚克难，各项工作取得明显成绩。契税收入和内联招商引资计划指标超额完成；成功出让日纬路东、制线厂、三德元等地块，土地出让工作取得突破性进展；土地整理成效显著，争取30亿资金启动了小王庄堤头片、国印新村片项目拆迁，加快了城市建设和群众居住条件改善步伐；加大土地推介力度，采取多种形式举办和参加市区土地推介会；推介土地资源，与多家银行进行接洽，争取支持；按照市、区领导要求，积极参与配合设计单位，出色完成了金钟河大街、八马路地区等城市规划设计工作。

公司董事长兼总经理 杜娜丽

公司领导班子到泰达调研

公司董事长兼总经理杜娜丽（左）参加区招商大会土地签约仪式

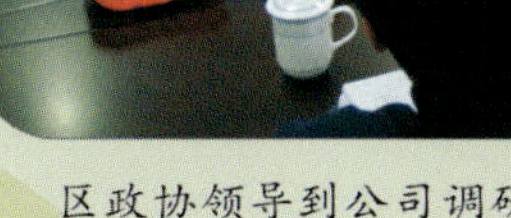

区政协领导到公司调研

公司组织业务培训

公司地址：河北区民主道米兰公寓11号
联系电话：022-24450010

大港石化产业园区

滨海新区大港工委书记张志方对有山化工项目开工表示祝贺

园区管委会和高校合作为园区企业提供定向培养、定向分配的订单式教育培训模式，为园区企业发展提供人才支持

滨海新区大港石化产业园区始建于2003年7月22日，规划面积7.5平方公里。园区地处国家级石化基地、滨海新区大港城区以南，距天津市区30公里，据天津港35公里。园区毗邻中石化天津石化公司、中石油大港油田公司、国家电网大港电厂等国家特大型企业。优越的地域位置，雄厚的能源和高技术密集型现代化工业优势、完善的园区配套设施，便利、快捷的交通网络，为园区实现快速可持续发展，创造了得天独厚的条件。

大港石化产业园区自建立以来，依托大企业原料资源优势，深度开发中下游产品，在发挥原料就近供应，实现石化产品集聚发展，做长产业链上下功夫。渤大硫酸工业有限公司，利用石化下游副产品硫磺做原料，采用国际先进两转两吸工艺制造硫酸，天津市陆港石油橡胶有限公司使用丁二烯原料加工丁苯橡胶，天津金伟辉石油化工有限公司生产多种石油及石化助剂等。特别是具有现代化节能环保技术的新加坡凯发集团（天津）新泉海水淡化项目，利用大港电厂循环海水生产淡化水，为天津百万吨乙烯项目提供工业用水，每年可节约淡水近4000万吨。经过几年发展，园区已经形成以石油化工、精细化工、现代医药为主要特色的新型专业化产业园区。

坚持科学发展观与时俱进，是大港石化产业园区能够实现快速发展的不竭动力。园区为减少燃煤对环境污染及减少温室气体排放，有效利用大港电厂低饱和工业蒸汽作为园区工业蒸汽热源，形成循环经济。同时，园区还针对企业专业、技能人才匮乏的状况，利用石油、化工院校相对集中的优势，与高校签订“定向培养、定向输送”订单式的人才培养合作协议，为企业发展壮大，提供人才支持。

截止2010年6月底，大港石化产业园区共引进排名世界500强的美国亚仕兰，国内民营企业500强的兴达泡塑、新加坡凯发新泉海水淡化、金伟辉高等级溶剂油、天津一轻精细化工园等高技术密集型项目76个，项目总投资240亿元，已完成固定资产投资105.3亿元，累计实现增加值9.6亿元，累计缴纳税收4.2亿元，主要经济指标保持了年均40%以上的增幅。

随着滨海新区开发开放步伐的进一步加快，大港石化产业园区决心以科学发展观为统领，坚持“发展为要、环保为先”的科学发展理念，坚定的按照滨海新区区委、政府和大港工委、管委会的要求，乘势而上跨越有为，努力打造精品园区，为滨海新区经济腾飞做出新的贡献。

正在加紧建设的天津金伟晖生物化工有限公司生产装置

天津新港船舶重工有限责任公司

出口美国的66t-141m集装箱吊车

海上采油平台

列为我国十大名船的全电力推进的烟台至大连火车渡轮

天津新港船舶重工有限责任公司前身为天津新港船厂，建立于1940年，隶属于中国船舶重工集团公司。在70年的发展过程中积累了丰富的造船、修船、重机制造技术和管理经验，公司已发展成为拥有军工、造船、修船、重机制造和海洋工程五大业务及相应设计研发能力的现代化大型企业。

公司拥有新港和临港两个厂区，新港厂区占地56万平方米，有造船船台两座、修船干坞两座、浮船坞一座及相应的厂房设备，能够按照国际规范和标准建造、修理、改装4万载重吨级以下的各类船舶。临港造修船基地陆域面积350万平方米，岸线长度4公里，拥有50万吨级和30万吨级船坞各一座，10万吨级浮船坞一座，3000吨级、8000吨级海洋工程滑道各一座及军品船生产线、重机生产线，配备有600吨大型龙门吊、260镗床等大型机加工设备以及大型厂房和自动化生产线。能够建造、修理和改装30万吨及各类船舶，具有大型港口机械、工程机械、矿山设备、冶金焦化设备等技术和生产经验，能够建造各类海洋工程船舶和石油钻井、采油平台。公司以国防建设为己任，努力争取并积极完成我军船舶建造任务和军贸船舶建造任务。

新港船舶重工秉承"打造精品，做强主业"的经营理念，积极参与国际市场竞争，建造的船舶出口到欧洲、亚洲、美洲、非洲等十几个国家和地区；修理过的船舶遍布全世界；港口机械、冶金焦化设备制造享誉国内及东南亚和美洲等地区。公司以"设施先进、管理科学、技术一流、特色突出、节能环保、和谐发展"为理念，按照科学发展观的要求，调整结构、创新发展，努力打造国际国内一流的总装造修船基地。

新港船舶重工临港新基地效果图

天津鹏翎胶管股份有限公司

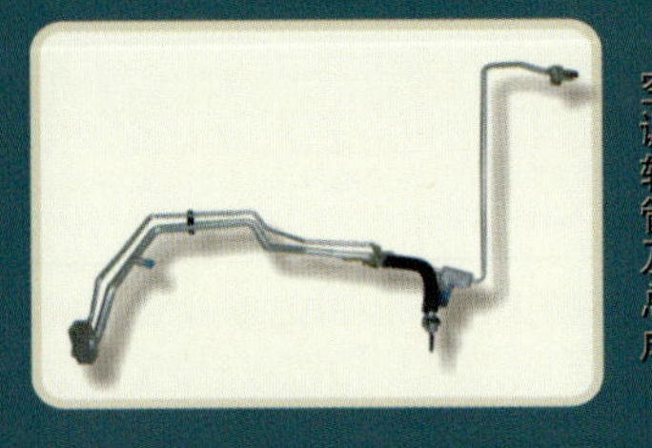

空调软管及总成

涡轮增压胶管

硅胶管

冷却水管总成

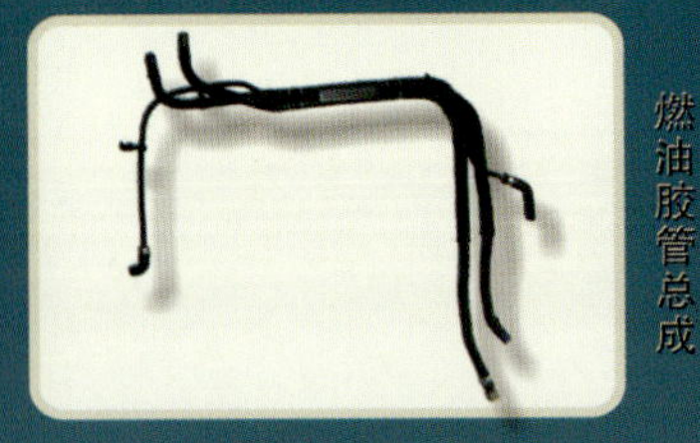

燃油胶管总成

天津鹏翎胶管股份有限公司成立于1989年，是中国北方集设计、研发、生产、销售于一体的汽车胶管制造企业之一。公司位于天津市滨海新区葛万公路1703号，主厂区占地面积14.7万平方米，建筑面积7.6万平方米；华苑厂区占地面积2万平方米、建筑面积8500平方米，合肥分公司占地面积2万平方米，建筑面积1万平方米；成都分公司占地面积2万平方米，建筑面积1万平方米。现有总资产4.05亿元，员工1050人。2009年销售量实现2338万标米，实现销售收入4.1亿元，目前已形成冷却水管、燃油胶管、R134a空调胶管、助力转向胶管及总成四大产品系列，综合市场占有率30%。

质量是产品的生命，产品是鹏翎的生命。2001年3月，公司通过德国莱茵公司的QS9000和VDA6.1双重质量体系认证，2004年4月，公司又通过ISO/TS16949质量管理体系认证和ISO14001环境管理体系认证，2008年通过GB/T28001职业健康安全管理体系认证，2006年3月，公司再一次通过美国福特汽车公司的“Q1”质量认证。完善的质量保证体系，确保了产品质量的稳定。公司产品主要包括：冷却管路系统、燃油管路系统、空调管路系统、动力转向管路系统、THV燃油胶管、涡轮增压胶管、氟橡胶胶管、AEM空气管、硅胶管等共18个种类3000多种规格，产品各项性能指标达到德国大众、美国福特、戴姆勒·克莱斯勒、法国雪铁龙、日本丰田等国外汽车厂的标准。公司主要客户包括：美国福特、通用、德国大众、一汽大众、上海大众、一汽轿车、天津一汽丰田、广州本田、东风商用车、神龙汽车、沈阳华晨、北京奔驰、戴姆勒·克莱斯勒、上汽通用五菱汽车、江铃汽车、庆铃汽车等四十多家主机厂。公司2001年获得自营进出口资格，目前产品出口美国、法国、英国、德国、澳大利亚、俄罗斯、南非等国家。

公司科研实力雄厚，自行研制成功三元乙丙橡胶胶管、新型分岔胶管、锁针异型编织胶管、快速接头胶管以及硅胶软管等新产品，现申请国家专利57件。公司自行研制的THV氟树脂燃油胶管达到欧洲Ⅳ号排放标准，填补了国内该领域产品的空白，获得国家发明专利。

公司在未来将继续加大对技术研发、生产设备、质量管理以及市场开拓的投入，秉承“诚信、合作、创新”的企业精神，牢记对社会所承担的责任，以行业领先者为奋斗目标，通过一流的技术、卓越的质量、完善的服务为员工、客户和社会持续创造价值。

联系方式：
地址：天津市滨海新区（大港）
葛万公路1703号
邮编：300270
联系电话：022-6326 9287
传真：022-6326 9741
网址：www.pengling.cn
E-mail:office@pengling.cn

天津市天立独流老醋股份有限公司

董事长 张殿英

天津市天立独流老醋股份有限公司是中华老字号企业，占地150亩，现有员工500人，净资产8000万元，年生产天立独流老醋6万吨，天立酱油1万吨，销售收入1.6亿元，利税2000万元，是全国最大的调味品酿造企业之一。

天立独流老醋始创于明代嘉靖年间，闻名于康熙盛世，距今已有近500年历史。曾名扬海内外，得到了康熙、乾隆皇帝的赏识，曾为贡品。

1984年，从挖掘恢复当地土特产出发，由中国食协和天津食协共同进行了大量考证后，投资125万元在独流重新恢复独流老醋的生产。1986年9月年产量1000吨的醋厂正式建成，第一批传统风味的天立独流老醋重新面世。

随着市场不断的发展，企业规模也逐步扩大，先后进行十一次扩建。目前，天立公司年生产能力达到9万吨。全国有10000余个销售网点，产品销往全国二十几个省市、区，并出口东南亚、新西兰、日本、俄罗斯、南北韩等国家。

二十多年来，天立公司始终不断地加强科技投入，提高生产技术水平。2001年投资2500万元建成的采用微机控制现代生物技术改造独流老醋传统生产工艺项目，实现了现代科学技术与民族传统生产工艺的成功对接，彻底改变了传统的“眼看嘴尝鼻子闻，苇席笆斗加大缸”的生产方式。2005年和2007年共投资500余万元引进德国全自动液体食醋发酵设备使生产控制水平与国际接轨。

为进一步加强企业管理，在生产经营活动中严格执行ISO9001质量管理体系HACCP食品安全保证体系、GMP保健食品管理体系以及企业标准化管理体系，工艺操作规程等制度，使企业步入科学管理的轨道。

天立公司制定了自我发展的“人无我有，人有我新，人新我优，人优我精”及“产品如人品，做醋如做人”的经营战略，走出了一条产、学、研相结合之路。聘请了营养学、微生物学专家、教授为该公司的技术顾问，并与天津医科大学、天津市食品研究所建立了长期的协作关系，保证了新品开发的连续性和产品质量的稳步提高。目前，天立独流老醋已形成普通醋、精品醋、保健醋、专用醋、礼品醋、饮料、酱油、旅游醋等八大系列不同规格的近百个品种。其中，天立保健醋、益肝保健醋、益肠保健醋被国家卫生部批准为保健食品。从包装、瓶型容量、品味、价格、档次上适合不同层次消费者需求，天立的新产品开发走在了业界的前列。

多年来，凭着领先的科技，卓越的品质，天立独流老醋系列产品合格率100%，并荣获中国名牌产品、中国驰名商标、全国食品行业名牌产品、全国调味品行业名牌产品、全国商业名牌产品、全国供销社名牌产品、天津市名牌产品、国际金奖等称号。企业荣获天津市级先进企业、国内贸易部先进企业、中国食品行业优秀企业、全国商业优秀企业、全国重合同守信誉单位、全国商业信用企业、中国调味品行业20强企业、食醋十强品牌企业、全国诚信守法企业等称号。

滨海新区环境保护和市容管理局

滨海新区环境保护和市容管理局成立于2010年1月，担负着滨海新区环境保护、市容市貌、环境卫生、城市管理和城市园林绿化等职能。2010年是实施“十一五”规划的最后一年，也是滨海新区行政管理体制改革的关键一年。在滨海新区区委、区政府的领导下，环保市容局求真务实、创新奋进，以提升新区市容环境和城市管理水平为目标，不断完善廉洁、高效的职能体系建设，在环境建设上为新区经济腾飞保驾护航。

一、筹划滨海新区生态体系建设

以打造宜居生态高地为目标，以创建国家园林城区为准则，合理规划生态建设体系和城市绿地系统，达到国家园林城区的各项标准。规划滨海新区“十二五”环境保护和生态建设框架体系，逐步完善新区环境保护执法监察体制，确保新区生态建设依法有序进行。

一是强化生态功能区划。区划形成优化开发区域，重点开发区域，限制开发区域和禁止开发区域。

二是强化产业发展布局。在产业定位上，要全力突出区域环境资源特色，将有可能成为区域内主导的产业做大做强，因势利导，突出环境在经济发展中的作用，优化利用资源，推动经济发展。

三是强化地方政府跟进经济的环保策略。首先要加大环保基础能力和环境公益事业的建设力度，以更加全面、更加科学地实现经济与环境的协调发展；其次要把节能减排作为契机和主线，在环境规划中进一步采取结构调整、行业控制、技术更新等措施，加快推进循环经济、绿色经济、低碳经济发展；最后还要利用政府在价格、税收、信贷等方面的宏观调控，充分发挥经济杠杆的作用，在环境规划中完善环境补偿机制、排污权交易，积极推行绿色信贷、绿色保险、绿色证券等环境经济政策，逐步建立健全环保工作长效机制，促进以环境保护优化经济发展体系的建立。

滨海立交桥

二、高标准进行市容环境综合整治

根据市委、市政府构筑生态宜居高地和奋战300天继续开展市容环境综合整治的总体部署，紧紧围绕构建生态宜居高地总体目标，以增强城市载体功能为重点，以改善民计民生为目的，坚持高起点规划，高水平建设，高效能管理，全力奋战300天，精心打造更加大气优雅、繁华、现代的开放型特色新区，努力使新区成为展示现代都市生态宜居的示范区。

目前，环保市容局正在组织2010年至2012年市容环境综合整治三年规划，基本原则就是三年内对迎宾路网、重点区域以及

天津港全貌

开发区泰丰公园

核心区主要道路全面实施综合整治，通过高标准实施道路平面、建筑立面、社区环境、公园绿地、公共设施、夜景灯光等综合整治，使滨海新区市容环境面貌实现根本性变化。

三、加大城市管理力度，提升城市管理水平

城市管理水平的高低是一个地区对外展示形象的重要窗口，也是衡量一个地区文明程度高低的重要尺度。环保市容局以贯彻落实《天津市城市管理规定》和创建全国文明城区为契机，开展建立健全滨海新区城市管理体制的研究工作，尽快建立一个统一领导、分工明确、运转协调、执行顺畅、监督有力的城市管理体制；进一步落实城市管理相对集中行政处罚权工作职能，探索区级大城管体制，发挥城市综合管理优势；健全“区域联动、网格管理”工作机制，进一步整合资源，逐步将城市管理工作重心向街（镇）下移，向社区延伸，实现城市管理在新区的全覆盖。一方面，打造一支适应文明新区的敢于抓难碰硬，敢于管理，善于管理的执法队伍；另一方面，要严格岗位责任制，完善属地管理制，进一步细化量化管理标准，制定操作规程，不断完善考核制度，提高管理效能。同时，进一步更新管理和执法理念，创新管理模式，积极推进数字化城市管理建设，促进城市管理工作的制度化、信息化、全民化，提高城市管理效能，为促进新区经济社会快速协调发展提供强有力的保障。

新区的建设突飞猛进，环境保护和城市市容管理工作也在综合治理和升级改造中得到较大提升，我们将加倍努力，完成好历史赋予我们的重任。

开发区鸟瞰

塘沽市容环境管理委员会

塘沽美景

塘沽市容市貌

塘沽市容委现有职工（包括临时工）2157名，内设14个科室，下属12个基层单位。作为滨海新区及塘沽市容环境综合整治工作的牵头单位，总体负责塘沽地区市容环境管理工作，组织协调推动工作任务的落实。

2009年，按照市、区委“保增长、渡难关、上水平”的要求，以迎接祖国60华诞新一轮市容环境整治为主线，以创建全国文明城区为契机，坚持高起点规划，高水平建设，高效能管理的原则，全面整治市容环境，完成绿化面积93.5万平方米、土方工程62.5万立方米，植栽乔灌木8.9万多株，种植花卉地被120万盆；完成河北路、新港路等主要迎宾线路的道路维修及景观改造工程；完成福建北路、山东路等15条道路的施工工程，道路维修面积15.9万平方米；完成社区改造40个小区的整治工程、42栋楼体平改坡工程，清洗粉刷楼体48万平方米；完成港医路、抚顺道等12条道路33项管线切改工程；完成上海道、东江路等6条道路的路灯灯杆更换；改造完成公共卫生间40座；完成吉林路、抚顺道25栋居民楼和3栋公建楼以及周边社区的外沿整治、楼顶平改坡改造和平面整修工作，完成居民楼立面整修7.6万平方米，拆除违章建筑125间，整修小区路面7.7万平方米等等，使塘沽的居民生活环境得到明显改善，城市面貌发生了显著变化；设立执法岗亭，治理火车站和洋货市场周边及东海路环境秩序，实行占领式管理，解决乱停乱放、道路拥堵等问题，使环境秩序得到有效治理，打造出靓丽、整洁的窗口地区良好形象。加大市容环境卫生管理力度，实行领导检查、业务科室检查、基层单位检查、社会监督员检查的四级检查制度，30个居民小区实现了垃圾袋装化以及区街作业一体化；建成清雪监督指挥调度中心，对106台机扫和清雪车辆全部安装GPS导航定位仪设备，融市容环卫作业车辆管理、调度、监控、导航和通信为一体，实现了市容环境管理工作的科学化；发挥环卫作业机械化优势，调整机扫作业时间和范围，采取机

整修一新的塘沽京津塘高速延长线

优雅整洁的塘沽居民小区

塘沽区清雪监督指挥调度中心

塘沽夜景

新港地区市容整治清新靓丽

塘沽外滩公园夜景灯光

扫、水洗及人工保洁相结合的作业方式，主次道路清扫保洁时间分别为20小时和16小时，道路机扫率80%以上；公厕保洁坚持全天作业，公厕达标率98%以上；优化垃圾收集运输调度方案，全面挖掘整合垃圾收集对接工程，加强对街道社区市容环境卫生监督考核，达到社区管理科学化、规范化、精细化、长效化。采用LED新光源技术，完成2条迎宾线5个组团131处点位的新建夜景灯光工程，扮靓了塘沽街景，营造了建国60周年节日氛围，赢得市民和游客的好评。扎实开展爱国卫生活动，开展了全区统一灭鼠、夏季消杀行动，保证了鼠密度持续达标，降低了居民区蝇密度，有效控制了全区蟑螂密度，顺利通过市级灭鼠、灭蝇、灭蟑达标区的复查。为全力打造宜居生态滨海新城创造了良好的市容环境。

2010年，以奋战300天继续开展市容环境综合整治为主线，完成新港地区市容环境整治“34521”工程，确保市容综合整治工程出精品、上水平，努力打造塘沽以至滨海新区整洁、靓丽的现代化的城市形象。

如今一个整洁靓丽，未来发展前景无限的新塘沽正展现在世人面前。全区居民生活垃圾实现了不落地转运，集中填埋，无害化处理，环卫作业机械化水平越来越高。目前，塘沽共有一类公厕16座、二类公厕39座、环保公厕26座，环卫作业车辆375部，专业车辆达到了品种齐全、功能完备，对全面提升市容环境整体质量发挥了积极作用。

整修一新的塘沽上海道

提高城市建设水平 加速宜居城区建设

河西区建设管理委员会

金阜桥

儿童公园

2009年，面对国际金融危机的严峻考验，在区委、区政府的领导下，在区人大、区政协的关怀支持下，区建委深入贯彻落实科学发展观，围绕商务河西新定位，大力推进经济强区、文化大区、生态宜居城区建设，扎实苦干、开拓创新、奋力拼搏，较好地完成了各项重点工作，实现了全年预期目标。

一、努力为经济增长做贡献

按照市委、市政府“保增长、渡难关、上水平”的工作要求，委领导班子深入重点企业调研，及时掌握企业发展中遇到的问题，采取切实有力的措施，确保房地产经济平稳较快发展。全区房地产业实现开工面积418万平方米，为年计划的101%；竣工面积117万平方米，为年计划的146.3 %；完成固定资产投资32亿元，为年计划的114.3%。

二、关注民计民生改善社区环境

为实现生态宜居城区建设目标，继续推进旧楼区综合整修工程。按照年初市整修办下达的计划，共整修旧楼区5片，整修总面积14万平方米，涉及41座居民楼，使2551户居民、6451人受益，进一步改善了居民的居住环境，巩固了创卫成果。

三、全力推进基础设施建设中的拆迁工作

按照市政基础设施建设拆迁工作的要求，2009年共完成地铁3号线德才里、泗水道、微山路、国泰桥、彩印道、珠江道等9片房屋拆迁任务，拆迁总建筑面积33624平方米，为加快本市重点工程建设奠定了坚实的基础。为彻底解决民航楼历史遗留问题，区建委领导高度重视，从年初就把此项工作列入重要工作日程。2009年12月24日晚18时，民航楼剩余34户未搬迁住户全部实现协议搬迁，当日，民航楼2座楼房顺利动工拆除，历时6年的民航楼拆迁历史遗留问题得以彻底解决。

四、区域配套功能日趋完善

区建委充分发挥城建系统的职能作用，积极协调河西区少年宫、41中、42中及社区居委会的建设。同时，完成了小围堤道菜市场、泗水道国际学校、格瑞会馆及卫津河公建等区重点配套工程建设。这些工程的竣工为完善区域功能配套起到了积极的作用。

五、安全工作重于泰山

2009年6月，区建委开展建设工程质量安全大检查工作，配合市建委安全监督部门对区49个建筑工地进行拉网式检查，共下达隐患整改通知书45份，停工整改通知书7份，提出整改意见167条，推动了建筑安全生产管理各项制度的落实，提升了施工安全生产水平。

中石油立交桥

立足本岗 提升素质 积极推进房管工作再上新水平

天津市津南区房地产管理局

党组书记、局长 张玉兰

2009年，津南区房地产管理局坚持在实践中突出效果、在实践中寻求发展，按照年初制定的"围绕六个重点，做好六项工作"的工作目标，不断强化效率意识、深化服务水平、转化作风建设，在圆满完成各项任务目标的同时推动房管事业再上新台阶。

全年共完成各类权属登记836.69万平方米，归集维修基金1.95亿元，完成各项税费收入2.61亿元。为保证二手房买卖双方的合法权益，不断深入推行二手房交易资金监管政策，资金监管比例达到95%以上。

直管公房维修建筑面积2.3万平方米，投入维修资金167.73万元，完成修缮费计划的119%，实现维修及时率100%、工程合格率100%。

全年新增物业管理面积129.3万平方米，其中住宅新增114.67万平方米，非住宅14.65万平方米。办理三级物业服务企业资质核准8件，资质等级核定3件，物业服务合同备案9件，协议选聘物业服务企业1件。

认真落实惠民政策，超额完成市国土房管局下达的150户廉租住房租房补贴工作责任目标，为640户享受租房补贴家庭发放存折。

2009年实现经济效益与社会效益比翼齐飞。被国家住房和城乡建设部评为全国房地产交易与权属登记规范化管理先进单位。在津南区政风行风建设民主测评中，取得第一名，被评为2009年度"政风行风建设先进单位"，局长张玉兰被评为2009度天津市"五一"劳动奖章获得者和天津市廉政勤政优秀党员干部。

市国土资源和房屋管理局局长吴延龙（右三）、津南区委书记李国文（右一）莅临津南区春季房交会指导工作。

津南区政协委员视察房管局工作

津南区秋季住房交易会

2009年津南区房管工作会议

被国家住房和城乡建设部评为全国房地产交易与权属登记规范化管理先进单位

津南区建设管理委员会

南北洋桥夜景

月牙河畔一景

津南区建设管理委员会是津南区城镇建设与管理的职能部门，共有干部、职工350余人，下设9个基层单位。在区委、区政府的正确领导下，建委坚持以科学发展观为指导，紧密围绕津南区 “东进西联南生态北提升”发展战略和新的“一三五”工程，在城镇建设中坚持以加快建设步伐、提升建设水平、打造良好环境为重点，将“为政府做劲，为津南争光，为百姓造福”贯穿于城建事业发展的每一项工作中，使城镇基础设施日臻完善，城镇环境质量稳步提升，投资凝聚力大大增强，居民生活质量明显提高，城市化建设步入良性发展快车道。

津南区作为津滨城市发展主轴的重要节点，承接相向拓展和双重辐射带动，人流物流带来的交通压力大、设施要求高。为此，建委按照高速路、快速路、轨道交通与区内主干路衔接通畅的总体思路，规划并打造以天津大道和津港高速为主干的环形放射状镇际快速交通体系，逐步形成“五横六纵”的路网架构。建委积极协调配合天津大道、津港高速、蓟港铁路复线津南段的建设任务，同时投资36亿元，利用三年投资完成八二路拓宽改造、外环辅道津南区段、津沽公路、津歧公路、津港公路、梨双路、汉港路、盛塘路道路综合整治工程，并新建津歧路延长线、天嘉湖路、天嘉湖立交桥、天颐津城路，逐步形成津南镇域内15分钟交通圈，实现与中心城区和滨海新区无缝对接的大交通格局，进一步凸显津南的区位和交通优势。

近几年，建委加大市政公用设施建设力度，重点投资道路交通、园林绿化、污水处理、供热改造等基础设施建设项目。全面实施城镇绿化、亮化、净化、美化工程，城镇功能逐步增强。近三年累计修建道路38条，共计52.2公里；新建排水管线30.2公里；新建天然气管道84.6公里；安装路灯3807盏，亮化

整治后的津歧路

整治后的津沽路

整治后的月牙河

道路67公里；新建自来水干线管网82公里。新增公共绿地面积245万平方米，人均拥有公共绿地12.28平方米，绿化覆盖率40.55%。投入3.5亿元，新建双林、双桥、咸水沽等三座污水处理厂，提升日处理污水能力8.5万吨。投资6743万元，用于改造供热减排净化设备，累计增加供热面积76万平方米，用户7018户。通过对道路、供水、绿化、污水处理等设施的逐步整治、修建和完善，城镇投资环境与人居环境得到显著改善。

随着近几年，建筑业和房地产业的迅猛发展，建委秉承“深化管理、高效服务、打造环境”的工作理念，通过精简行政审批事项、加大政策引导、提供“一站式”服务等有效措施大力扶持建筑企业，营造公平竞争、和谐共进的建设市场环境。三年来，城镇建设规模大幅增长，由2005年各类在施建筑面积200万平方米增至2010年的2400万平方米。同时，严格抓好建筑市场各方主体的依法管理，招投标管理更加规范。把工程质量、安全作为建设工作的核心，工程建设法定建设程序和强制性标准得到有力执行，安全生产形势始终保持较好状态，竣工工程质量合格率、安全合格率均为100%。2009年，全区建筑行业共完成税收12.3亿元，同比增长83%。其中，建筑业税收5.7亿元，同比增长59.8%；房地产业税收6.6亿元，同比增长103%。

建委注重内涵建设，不断规范内部管理，打造出一个纪律严明、监管有力、人心凝聚，为民、务实、清廉、高效的服务型系统，建立一支政治素质高、业务水平精、工作作风好的城建干部队伍。先后获得全国文明单位、天津市文明单位、天津市“五一”劳动奖状先进集体、天津市妇联系统优秀集体等荣誉称号。

整治后的天嘉湖路、幸福河

天嘉湖立交桥

大港水务局

局长 左凤炜

2009年，大港水务局按照“以服务滨海新区经济和社会发展用水需求为中心，提高防洪抗旱减灾能力，提高安全供水能力，提高城乡节水控沉能力，提高农村水务工作能力，实现民生水务和谐发展工作目标”的总体思路，全力推进水务工作的落实。

规划先行，预中求立。立足实际，编制河道除险加固、农田水利基本建设、城乡供水排水等规划。本着“科学实施，分布推进”的原则，充分发挥规划的作用，使水务事业保持了强劲的发展势头，取得良好的效果。

立足于防，确保人民群众度汛安全。针对大港区处于大清河、子牙河两大水系最末梢的特殊地理位置，立足防大汛抗大洪，投资1亿多元，实施海挡设施建设、荒地排河除险加固等防洪工程建设，不断提高防洪减灾能力。同时，认真抓好各级防汛组织机构建设和《大港区城市防洪应急预案》等15项防汛预案的落实，确保人民群众生命财产安全。

合理配置，不断增强供排水功能。紧紧围绕服务经济和社会发展用水需求，加快供排水工程建设，投资1亿多元，实施南港工业区输水工程、港东供水管线铺设工程、陆港橡胶公司供水、城区雨排泵站改造、南港工业区排水等供排水工程项目，有效地保证了经济社会的可持续发展。

创新理念，节水控沉工作成绩显著。以实现民生水务和谐发展为目标，以创建节水企业（单位）为载体，创造性的开展节水工作。实施大港电厂废水处理、中水利用、南开大学滨海管理学院雨水回收等节水工程，推进计划用水工作，落实《大港区开采地下水的禁限采规定》，完成市下达压采指标，有效控制地面沉降。

扎实苦干，农村水务工作成效斐然。以加快农田水利基本设施建设为核心，大力实施农田水利工程和移民工程建设，完成港西街万亩农田基本建设示范工程、农田节水工程等一批农田水利工程建设项目，使大港的农村耕地泵站、机井得到更新改造，农田的排灌标准进一步提高。

严格执法，加大水政执法力度。为保持良好的水事秩序，组建水政监察直属大队，依法查处河堤取土、在河道滩地修筑阻水坝埝、擅自凿井等15起水事案件，并组织开展“水法科普讲座”“送水法知识下乡”等系列水法宣传活动，进一步增强全民的水法制意识。

团结奋进的局领导班子

治理后的景观河道

稳定和谐的大港劳动保障工作

大港区劳动和社会保障局

劳动保障工作会议

服务企业座谈会

2009年，大港劳动保障工作坚持以科学发展观为统领，按照市委“保增长、渡难关、上水平”的具体要求，以做大就业总量、做强社会保障、做和劳动关系、做优服务水平为目标，紧紧围绕全区中心工作，进一步解放思想、转变作风、提高效率、奋力开拓，不断加大促进就业工作力度，积极推进社会保障体系建设，努力营造规范有序的劳动力市场秩序，各项工作均取得显著成绩。

稳定和扩大就业成效明显。全区新增就业20433人，完成全年任务的114%，城镇登记失业人员2490人，城镇登记失业率1.93%。全年共举办公益性免费招聘专场48场，进场单位3836家，提供就业岗位15420个次，成功推荐就业6363人。为16家受金融危机影响的困难企业，申请岗位补贴和保险补贴共计700余万元，稳定就业岗位5000余人。

社会保障体系建设日臻完善。城镇职工参保缴费人数不断增加，五大保险参保人数均超过13.5万人，城乡居民基本养老保障和基本医疗保险稳步推进。为25485名城乡居民老年人，发放生活费补助1600余万元。

和谐稳定劳动关系基本建立。全年共受理劳动争议案件301件，法定时效内结案率100%。为劳动者追讨拖欠工资4157.2万元，补签劳动合同2472人，补缴社会保险43.86万元,查处非法使用童工案件5件，取缔非法职介机构16家。

2010年，大港劳动保障工作将继续坚持以科学发展观为指导，深入贯彻市人力资源和社会保障工作会议精神，紧紧围绕滨海新区改革发展大局，以保障和改善民生为目标，以全面推行统筹城乡劳动保障为主线，以构建和谐劳动关系为基础，以加强镇（街）平台建设为重点，强化队伍建设，着力完善工作制度体系，切实改进工作作风，努力实现大港劳动保障工作新跨越。

发放存折

“三下乡”招聘会

宁河县水务局

供水综合服务厅

芦台一小师生节水签名活动

农村管网入户改造工程管道安装

2009年，宁河县水务局以实现民生水务又好又快发展为己任，立足于服务社会主义新农村建设，加快建设工程水利，倾力打造民生水利，积极推进资源水利，同步完善生态水利，水务事业实现和谐、快速、健康发展。

扎实推进农村水利基本建设，构筑水利保障体系。以农业节水为中心，大力实施农田水利工程建设，年内完成岳龙节水灌溉增效示范项目和29项小型农田水利工程建设，农业综合抗旱能力显著增强。实施苗庄、赵庄扬水站更新改造工程，年内完成主体工程建设。完成年度农村饮水安全及管网入户改造工程，80个行政村，10.98万人从中受益。

多措并举，努力构筑防洪排涝保障体系。汛前按照行政首长负责制要求，进一步落实县、乡、村三级责任制；深入开展防汛大检查，举办抢险技术培训班，储备一定数量的抢险物资；修订完善了《行洪河道抢险预案》等6项预案，建立防汛Ⅳ级应急响应机制；完成蓟运河刘庄段、曹庄段堤防维修加固、东白闸应急度汛等工程，为安全度汛打下坚实基础，全年实现安全度汛的目标。

加强水政、水资源管理，构筑节水型社会管理体系。加大水法宣传力度，开展“送法下乡”等系列活动，进一步增强全民的水法制意识；加大水政监察力度，依法查处43起水事违法案件。加强地下水资源管理，通过限采地下水、加大地下水资源费征收力度、封停自备井等方式，有效的控制地面沉降。坚持计划用水和节约用水管理，稳步推进节水型社会建设进程，积极开展节水宣传和节水单位创建工作，芦台五中、幸福小区两个单位通过市级节水典型验收。

提高供水能力和服务水平，努力构筑城区供水保障体系。紧紧围绕服务全县经济社会发展用水需求，加快供水工程建设，县第三水厂一期工程及运河家园应急供水工程完工，新增日供水能力1.4万立方米；宁河县第四水厂一期工程完成各项审批工作，工程于2009年10月25日开工，城区供水范围不断扩大，一站式服务水平不断提升。

加强水生态环境治理，构筑和谐生态环境保护体系。日处理能力3万立方米的县污水处理厂一期工程全部完工并投入试运行，城区85%污水得到有效处理。桥北污水处理厂一期工程和再生水回用一期工程已经完成各项审批工作，工程于2009年12月10日开工。实施河道综合治理工程，启动潮白新河蓄水工程，汛前完成潮白新河乐善橡胶坝更新改造主体工程；完成青排渠治理一期工程；开展河道堤防美化、净化、绿化工程，河道环境明显改善。

污水处理厂生物池

污水处理生物曝气池

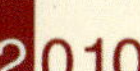

快速发展的大邱庄镇

尧舜度假村全景

生产车间

仓库

大邱庄于1993年11月18日撤村建镇，当时划分了尧舜、万全、津美、津海四个街。自2003年至2010年，经过三次行政区划调整，先后将周边的22个村划入大邱庄镇。目前，全镇共26个村街，总面积123.4平方公里，总人口11万人,其中户籍人口3.7万人,外来人口7.3万人。

2009年，全镇实现生产总值41.5亿元，比上年增长21%；工业销售收入456亿元，增长20%；社会固定资产总投入15亿元，税收完成4.23亿元，全年实现钢材产量1208万吨，农民人均纯收入11580元。

2009年实际钢材产量占天津市的三分之一。部分钢材产品在市场中占据较大份额，其中：焊接钢管占全国焊管产量五分之一强。2009年，大邱庄镇在人民网“新中国60周年·‘三农’盛典”评选活动中荣登“中国十大特色名镇”榜首，在中国社会科学联合研究中心主办的“第一届中国百佳产业集群名镇”中，被授予“中国大邱庄钢管产业集群名镇”称号。在2010年上海世博会上，大邱庄作为中国小城镇工业发展代表在中国馆小城镇展示区展出。

居民别墅

滨海新区中塘镇

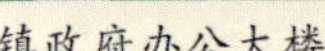
镇政府办公大楼

“中塘杯”天津市第二届中老年演唱比赛

天津市滨海新区中塘镇位于大港城区西北方，东与津南区小站镇接壤，南与天津石化公司相临，北靠津南区八里台镇，西临静海县团泊镇和西青区王稳庄镇。205国道、葛万公路、津港公路、唐津高速、塑黄铁路等穿镇而过。中塘镇现辖24个行政村，区域面积89平方公里，耕地面积5.2万亩，户籍人口4.5万人。中塘镇相继被授予国家星火技术密集区、全国乡镇企业示范区、全国首批小城镇建设示范镇、全国首批小城镇建设综合改革试点镇、全国文明村镇、国家环境优美镇等荣誉称号。

镇街一角

滨海新区太平镇

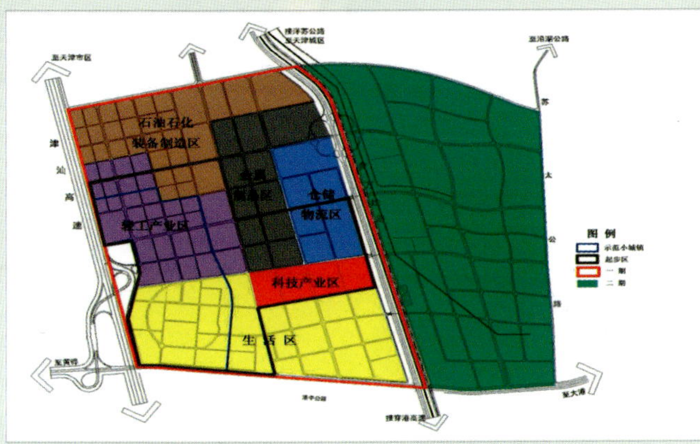

中华民营经济园区功能布局

皇家枣园驿站

太平镇位于天津市滨海新区最南端，总面积174.9平方公里，下辖19个行政村，总人口34000人，其中农业人口31635人，享有“全国体育之乡”、“中国民间文化艺术之乡”和“全国冬枣之乡”的美誉。近年来，太平镇党委、政府以科学发展观为统领，紧紧围绕市委“三区联动”的决策部署和新区“强街强镇”的战略目标，创新思路招法，加大工作力度，着力推动示范小城镇、示范工业园区和冬枣科技示范园区建设，努力打造城乡统筹发展示范镇。

坚持以小城镇为带动，打造优美居住社区。作为天津市第三批示范小城镇建设试点镇，紧紧依托中华民营经济园区、太平示范工业区和南港工业区建设，本着土地集约利用、设施集成建设、农民集中居住的原则，科学规划了两个中心居住区，全力打造滨海新区南大门。

坚持以工业化为主导，打造现代工业园区。牢牢把握新区开发开放的历史机遇，充分发挥自身优势，科学规划建设中华民营经济园区和太平示范工业园区，努力将园区打造成为天津城乡统筹发展的示范区、滨海新区吸引华人项目的承接地、对外开放的南大门和桥头堡。

坚持以冬枣产业为依托，打造特色农业园区。围绕沿海都市型农业发展方向，依托崔庄村600年历史的古冬枣珍品资源，深入挖掘文化内涵和品牌价值。以崔庄“皇家枣园”为主题，着力打造集冬枣文化、特色旅游为一体的天津第一、北方独特、全国知名的旅游区。

太平示范镇规划效果图

天津科技大学

首届海南民族特招班毕业典礼

天津科技大学与北京军区签约培养国防生五周年纪念大会

天津科技大学是中央与地方共建，天津市重点建设的以工为主，工、理、文、经、管、法等学科协调发展的多科性大学。学校创建于1958年，前身为天津轻工业学院，2002年更名为天津科技大学，具有学士、硕士和博士学位授予权，具有培养博士后、接收外国留学生的资格，是为军队培养后备军官的签约高校。

学校在校生19301人，占地面积108.8万平方米，建筑面积606322万平方米，教学仪器设备总值20399.55万元，藏书量173.68余万册，中外期刊2000余种。学校拥有“轻工技术与工程”一级学科博士学位授权点，有博士学位授权专业11个，建有2个博士后科研流动站、1个博士后科研工作站；一级学科硕士学位授权点6个；二级硕士学位授权学科、专业39个；硕士专业学位授权点4个，其中工程硕士授权点拥有13个授权领域；高校教师在职攻读硕士学位学科4个；39个学科可招收以同等学力申请硕士学位研究生；有本科专业49个。现有国家级重点学科1个，省部级重点学科6个；有省部级重点实验室、工程中心及行业技术中心10个，其中，教育部重点实验室2个、教育部工程研究中心1个、国家工程实验室2个。

学校师资力量雄厚，现有教职工1772人，博士生、硕士生导师288名。有双聘院士、全国优秀教师、新世纪百千万人才工程国家级人选、长江学者、享受国务院政府特殊津贴专家等75名。学校先后主持或参加多项“十一五”国家科技支撑计划和国家“973”、“863”计划的重大项目和重点项目。

面对新的机遇和挑战，学校深入贯彻落实科学发展观，扎实推进“特色战略求发展，滨海新区做尖兵”战略思想，向着建立有特色高水平科技大学的目标奋力迈进。

天津科技大学河西校区教学主楼

注重教育优质均衡发展 办人民满意的教育

和平区教育局

2009年，和平区教育系统共有50个单位，在职教职员工5800余人，学生和幼儿近6万人。

和平区注重教育优质均衡发展，办人民满意的教育。近年来，完成了一批示范性高中和历史名校建设，并伴随着义务教育学校现代化达标工作，提升了一批国办学校的办学水平，学校硬件建设不断加强，学校环境更加优化。为了均衡优质的教师资源，普遍提高广大教师实施素质教育的能力，让每一个孩子都能接受公平、高质量的教育，和平区不仅加强日常教师培训，加速骨干尖子人才和青年学科带头人的培养，实施了名校长、名教师培养工程，而且加大师资流动力度，积极组织中小学优秀教师进行校际之间互派交流，建立优秀教师团队，通过集体备课、教学观摩、学术研究等活动，带动区内教师队伍整体上水平，从而达到优质教育资源均衡发展的目的。

不断提高教育教学质量是学校生存、发展的前提，也是办人民满意教育的根本。和平区始终以提高教育质量为核心，以课堂教学改革为突破口，以专题研究为重点，以课程实施和教学质量评估为手段，以提高学生学习能力，减轻学生课业负担为目的，实施高效教学，促进课堂教学内容、教学方式、学生学习方式的转变，从而不断提高教育教学质量。近年来，和平区逐步完善各学段学生综合素质评价方案，关注学生全面发展，不让一个学生掉队，真正实现教育的优质性与普惠性，使本区各项反映素质教育的指标持续保持全市领先地位。

通过学校、家庭、社会三结合，加强青少年思想道德建设是和平教育的一大亮点。和平区积极研究和创新新形势下青少年教育特点和模式，在加强学校德育工作，注重提高班主任工作能力的同时，实施了百名教师进社区工程，2009年又总结、推广了万全道小学班级博客的成功经验。目前，和平区国办校全部开齐“班级博客”，利用网络优势，拓展德育空间。和平区青少年思想道德建设工作得到中央领导的高度评价。

和平区坚持不懈地开展以“敬业、爱生、奉献，做人民满意的教师”为主题的师德教育活动，每年树立一批师德标兵，建设一批精神文明先进年级组、学科组，推出一批师德风范学校。

创造性的教育结出了丰硕的成果，和平区先后荣获了全国教育系统先进集体、全国两基教育先进区、全国儿童少年工作先进区、全国特殊教育先进区、全国幼儿教育先进区、全国学校德育工作先进实验区、天津市综合治理先进单位、全国社区教育示范区、全国计划生育协会先进单位等多项全国先进荣誉称号。2009年和平区教育系统单位及个人共获得全国青少年校外科技教育先进集体、全国模范教师等39项国家级荣誉，荣获市优秀家长学校、市未成年人思想道德先进个人等180项市级荣誉。

天津九十中学 教师节命名学科首席教师 社区快乐中队

坚定宗旨 抓实重点 传承发展 开拓创新 加快向教育现代化迈进的步伐

河西区教育局

2009年，河西区教育系统全面贯彻落实科学发展观，以办人民满意的教育为根本宗旨，抓实重点，传承发展，开拓创新，教育事业长足发展，教育质量全面提升，多项工作取得新突破。学前三年入园率95.2%；小学毕业生合格率100%；义务教育完成率和巩固率保持100%，毕业生合格率100%；高中阶段教育普及率100%，接受优质高中阶段教育学生比例89.38%；接受高等教育人数比例38.15%；新增劳动力平均受教育年限超过15年。首批21所中小学全部达到《天津市义务教育学校现代化建设标准》，全区达标率46.67%。河西区被评为全国推进义务教育均衡发展工作先进区和全国未成年人思想道德建设工作先进区。河西区启智学校被评为全国特殊教育工作先进单位。

坚持统筹兼顾，各类教育协调发展。学前教育格局更加优化，实施“名园带新园”策略，4所幼儿园成立分园；32个早教资源中心和2个特殊教育早教机构形成网络，实现0—6岁儿童早期教育全覆盖。义务教育发展更加均衡，小学深化教育发展联合学区管理模式改革，实施“名校带新校”策略，建立师大二附小分校，提高校际合作实效性和优质校的辐射带动作用；中学调整结构布局，撤并1所公办中学，完善三维联动校本教研模式，办学水平整体提升。高中阶段坚持内涵发展，丰富选修课程，开设微型课程超市，开展通用技术教育，办学特色鲜明；加快示范性职专和实训基地建设，完善专业规划和课程设置，举办区职业教育展示周活动。规范民办校办学行为，形成多层次、多门类的办学体系，年培训量超30万人次。完善特殊教育管理模式，推进随班就读和送教入户、入站服务，启动特教中心网，成立青少年听力及言语训练康复中心，保障残疾人康复及受教育的权利。启动5个建设学习型城区创新实验项目，建成14个终身学习服务中心，开发16大类课程，开展3000余次活动，初步形成终身教育体系。

坚持全面育人，素质教育成效显著。加强政治思想、道德、法制和心理健康教育，创新载体，强化学科渗透，增强德育实效。举办“学子节”，发挥品牌效能。举办国学论坛和中华美德论坛，深化美德教育。举办班主任技能大赛，促进队伍专业化。3名学生被评为市十佳中学生，7所学校入选市心理健康教育先进学校。实施高效教学，开展专题论坛与课题研究，加强示范引领，举办“中学教学节”，提升课堂教学质量与效益。推广综合素质评价，形成目标多维、主体多元的评价模式。高考取得历史性突破，中考及高中学业水平考试成绩均居全市前列，初中市级学科竞赛一等奖数量居全市首位，130项成果获市中小学教研教改成果奖。深入开展“阳光体育运动”，着力促进学生身心健康发展，体质健康达标率88%，被评为天津市阳光体育活动先进单位。以文艺展演等活动为载体，发展学生艺术爱好与特长，57个节目获奖。高标准建成河西区青少年宫，成为青少年校外艺术教育的龙头。建立100个“社区青少年快乐营地”，17个被评为市级未成年人快乐营地。

坚持人才战略，队伍建设形成优势。11名教师入选“天津市未来教育家奠基工程”，84名骨干教师参与区内柔性流动，教师平均受高等教育年限3.99年，其中已取得和在读硕士学位教师441名、博士学位教师4名。干部队伍的年龄、知识和专业结构不断优化，其中45岁以下的校级党政领导干部占65.4%，市特级教师14人，硕士学位及研究生水平25人。坚持科研兴教，立足微观课题，强化科教融合，“发展性评价”主导课题研究进展明显，科研成果不断转化。

培养学生文化品位

学生升旗仪式

强健学生体魄

促进教师专业发展

培养学生动手实践能力

依法办学 以法治教 尊重规律 务实求进 全力办好人民满意的教育

——津南区教育局——

津南区教育系统全面贯彻落实科学发展观，狠抓发展，解放思想，更新观念，克服困难，奋勇争先，以“依法办学，以法治教，尊重规律，务实求进”为工作方针，全力办好人民满意的津南教育。

2010年，津南区高考一本、二本上线率均超过全市平均水平，位居中上游，咸一中各项指标均超过2009年，文科平均分接近全市文科重点最低控制线；全区中考总平均分374.5分，居新四区第二，各项指标明显好于往年；体育德育进一步加强，全区中体考合格率91.31%；组织志愿服务队万余人次深入社区、农村开展各类志愿活动；成功承办了全国职业院校技能大赛和天津市中职院校电工电子技术项目比赛；成人教育紧密配合城乡一体化建设，完成农村劳动力转移培训780人，各类成人文化技术培训12000人次；落实“农民大专学历证书教育工程”，在学学员693人，109人取证。大力推进区域教育均衡发展，结合城乡一体化和示范镇建设，合理配置教育资源，完成二期校舍加固工程和8所学校临时过渡校舍工程，全力推进19所学校新、扩建工程，按照小学占地40亩、中学占地60亩的硬件要求组织实施学校建设，全区教育用地显著提升，同时，在建设中切实做到“一校一品”，使每个新建校都有自身特色，更好地体现了学校文化，提升了全区教育形象。

切实筑牢校园安全防线，全区校园人防、物防、技防建设基本完成，配备专业保安192人，配套专用工具，各校安全技术防控系统全部竣工并通过初步验收，校园安全工作走在全市前列。

全力做好义务教育学校现代化标准达标验收工作，共申报义务教育学校51所，2009年首批申报的6所学校已全部通过达标验收，2010年申报5所学校参加下半年达标验收；以教育教学质量为核心导向，出台《津南区幼儿园管理规定汇编》，切实加强幼儿园管理工作水平；实施中小学校办学水平年度考评、

督导机制，依据《天津市实施义务教育学校现代化建设标准》，制定了《津南区中小学实施素质教育基础性评价指标》和《津南区中小学实施素质教育发展性评价指标》，将现代化建设纳入津南区中小学办学水平评估体系，既突出现代化建设阶段要求，又保持本区办学特色，同时，建立中小学教育教学质量评估、分析制度，引导学校在规范办学的基础上发展特色，全面提升现代化水平；加强干部和教师队伍建设，利用假期举办了35期学校领导干部学习班，积极开展干部理论中心组学习和读书活动；组织开展教师教材教法考试，积极推进“未来教育家奠基工程”和“265农村骨干教师培养工程”；加强师德建设，严禁家教行为，建立干部教师自律公约；在创先争优活动中设计了“优秀共产党员?师德标兵”党员双星奖章评选活动，鼓励党员教师成为师德建设标兵。

津南区教育系统将继续以提高教育教学质量为生命线，以全国教育工作会议精神和胡锦涛总书记、温家宝总理重要讲话为指导，全面贯彻《国家中长期教育改革和发展规划纲要（2010-2020年）》，尽全力满足人民群众“上好学”的需求，办好人民满意的津南教育。

天津市南洋工业学校承办2010年全国职业院校技能大赛中职组比赛　　天津市小站第三小学　　献爱心——为灾区捐款

走内涵发展之路 以文化提升学校品牌

天津市实验中学

校长 张红

天津市实验中学创建于1923年，是天津市教育委员会直属重点中学之一。在80余载的教育追求中，实验中学以“求真求实，思学思新”为核心内涵的“求思文化”为引领，在“为学生的终身发展奠基”的办学理念指导下，坚持示素质教育之范，创全面发展之优，着力于用文化打造学校品牌，用精神凝聚学校核心竞争力，突出办学特色，不断实现创新与突破。

办学特色鲜明

1. **高擎改革旗帜**。实验中学以“新理念，新课程，新探索”为主题，先后举办了五届面向全市乃至全国的教育教学改革展示活动。从教师成长与发展共同体的建设到同课异构高效课堂的探索；从提升学校课程领导力构建有特色的课程框架到180余门校本课程的开设为每一位学生的成长提供个性化的课程，为广大教育界同仁提供了可借鉴的成功样板。在全市第一个申报举办“求是——科技创新人才实验班”，成为实验中学在高中办学体制与人才培养模式上具有里程碑意义的新举措。

2. **实施国际化战略**。培养国际型人才，打造国际化育人模式。从五届国际教育论坛成功举办，IB国际文凭项目落户津门，到全球首家孔子课堂在泰国曼谷落成，以及李肇星外长莅临学校参加中学生模拟联合国活动，IB首届毕业生成功考入世界名校，这一系列举措有力彰显出实验中学国际化的实力与特色。

办学绩效显著

1. **科研兴校显优势**。顺利完成20余项“十一五”国家、市级课题，连续两次荣获市“教育科研成果”一等奖，获得历届“基础教育成果”一等奖，保持在全市基础教育科研领域的排头兵位置。

2. **质量立校显成果**。在学科组建设、毕业班管理、竞赛培训、年级教育特色打造、落实教学常规等方面抓得细，抓的实，确保了育人质量、教学质量、社会声誉的稳步提高。高、中考成绩始终保持全区领先地位；艺术、体育、科技活动丰富多彩，有声有色，形成“五育”并举，各具特色、各有强项的素质教育新局面。

3. **名师强校显实力**。创新教师校本培训形式，发挥名师工作室、教学督导室的传帮带作用，为每一位教师制定不同级别的个性化发展目标，创建了“行知学堂——教师发展学校”，大胆选拔和培养中青年教师承担教育、教学、科研、管理重担，有力地促进了教师专业化发展，打造了实力雄厚的名师队伍。

4. **管理治校增效益**。紧紧依靠学校教职工代表大会制度，严格规范学校制度建设与管理，有力调动和促进了广大教职工工作的积极性，使学校增强了发展的后劲与实力。

荣誉长廊 记载辉煌

丰富的课程为学生个性成长搭建平台

文化底蕴深厚

“求思文化”不仅影响着一代又一代实验人的价值追求，而且孕育着实验园独具匠心的校园文化建设。实验中学校园十大人文景观的设计与建设突出的是以学生为本的文化特征和和谐的人文环境。“求思文化”是以“实验”命名的天津市实验中学在科学正确教育理念引领下，结合本校实际，不断学习，创造性工作，且不断超越自我开创学校各方面工作新局面的兴校之魂。在未来的发展中，实验中学会继续用实验精神凝聚共识，将“实验”品牌做大做强，加快发展步伐，为天津教育领跑，为全国教育示范，勇立世界先进教育之林。

校园景色

天津市咸水沽第一中学

咸一中学校全景

校长 许浩然

天津市咸水沽第一中学1956年建校，是天津市重点中学和首批示范高中校，学校占地面积220亩，现有学生2600余名，61个教学班，在编教职工253名，专任教师186名。半个多世纪的办学实践积淀形成了“文化立校，坚持为学生一生幸福奠基”的办学理念，坚持“依法办学，以法治校、尊重规律、务实求进”的工作思路，积极推进学校各项工作。

在学校发展规划中，根据“文化立校”理念，学校积极探索尝试将文化立校与科研兴校有机结合，以国家级科研课题《“敦品励学”学校文化的建构》的研究和整合为统领和突破口，切实将学校全部工作统一到学校文化建设的主线上来，积极构建具有咸一中特色的、高品位的学校文化，凸显新时期办学特色，在教师文化、学生文化、课程文化、环境文化四个维度上进行系统构建和突破，以提升教师专业化水平、提高学生综合素质、推进课堂改革和落实高效课堂有效教学、优化校园育人环境，从而多维度促进“敦品励学”学校文化的发展。理念的实现需要载体，为此，学校创设了咸一中文化品牌《文化·走进》主题系列活动，让师生走进文化，让文化走进教师、学生和家长，走进课堂，以文化的力量提升咸一中师生的人文素养，形成正确的价值观。这一文化品牌彰显了学校以文化建设为主线的更高层次的办学特色。

在文化立校理念统领下我校形成了“双主导学”教学模式、“成功教育”德育模式、教师培训载体“育才学校”、体育运动项目传统校四大传统办学特色。学校紧紧围绕教育教学质量这一永恒的核心，落实常规工作精细化，创新工作显效化的工作要求，不断提升教育教学水平：一要提升管理能力和水平，向管理要质量；二要提升队伍的专业化程度和人文素养，向队伍要质量；三要提升教科研能力，要出成果，向教科研要质量；四要提升课堂教学的实效性和有效性，向课堂要质量；五要提升教师发展和专业化提升的自觉性、紧迫性，向机制要质量；六要提升学校文化对教师、学生的影响力，向文化要质量。

在抓好常规管理的同时，学校结合新课程改革，强化教研组和备课组的管理，开展以高效课堂、有效教学为重点的研究，使教师的专业水平的提升建立在坚实的科学基础上。学校还不断深化课题研究，结合课堂教学进行微型课题的研究，促进科研成果的转化，实现书本知识由静到动的活化，深化反思性教学研究，促进学生主动探求。

学校注重教师专业化发展，建立教师培养和发展档案，为教师搭建各种发展平台，走出校门、走出国门，开展校际、市际及国际间的交流，使我校教师开阔了视野、增长了知识。近几年，咸一中的教育教学成绩稳步提升，高考成绩年年创新高。成绩是前进的基石，追求是不竭的动力，咸一中将继续在新起点上努力，积极推进素质教育，乘着创新的翅膀腾飞，为打造名校而努力！

学校乐团参加市级文艺展演

素质教育成果展示大会

学校运动会

天津市第二十五中学

校长 滕春瑛

天津市第二十五中学建于1952年。2008年被市教委确定为天津市首批历史名校。

历经半个多世纪的风雨沧桑，历代二十五中人一路跋涉、励精图治，以其前瞻的教育理念、优异的教学质量、鲜明的办学特色，始终走在中国教育改革和发展的前列。

近年来，新一届领导班子率领全校师生，秉承“为学生成功人生铺路，为教师专业成长建桥，师生互动，共建和谐校园”的办学理念，不断拓展思路，不断攀登高峰。学校先后被评为全国中小学德育工作先进集体、全国“改革开放三十年中国基础教育十大杰出机构”、“改革开放三十年中国特色教育十大杰出机构”、“全国学生满意家长放心办学单位”、全国新课程改革优秀学校、天津市文明学校、天津市中小学德育工作特色学校、天津市实施《中学生日常行为规范》示范学校、天津市优质教育示范学校等荣誉称号。教育教学质量逐年攀升，连续五年高中会考成绩全区第一。近几年，高考成绩连创佳绩，大批学生考入北大、北师大、上海交大、复旦大学、南开大学、天津大学等国内一流名牌学校，本科上线率始终保持95%以上。

这里是一方以和谐为主旋律，使学生茁壮成长的沃土；这里是一片浸透中华文化精髓、桃李遍地、栋梁柱天的历史名校。奋进前行的天津市第二十五中学，好似一轮初升之朝阳，在全面实施素质教育、全面推进新课程改革进程中、正以厚积薄发的势态、科学发展的践行、意气风发的斗志、朝气蓬勃的活力，向人们诠释着新的教育理念和内涵，照亮着万千学子鼓起理想与激情的风帆，驶向远方。

中层以上领导干部

校园景色

天津市急救中心外景

天津市急救中心120调度大厅

天津市急救中心

天津市急救中心成立于1994年1月，为天津市卫生局直属单位，是天津市唯一的院前医疗急救单位和急救绿色生命通道主干线，完整的通讯网络系统覆盖全市，其服务功能集院前医疗急救与快速转运为一体，向社会承诺的服务宗旨是“以病人为中心，文明、优质、快捷、满意”。2005年9月中心增名为天津市紧急医疗救援中心。

天津市急救中心党委书记、主任 **李金年**

中心现有职工472人，救护车辆103部，救护车上安装有GPS卫星定位系统及无线电台，实现了120指挥中心、急救分站、站点、救护车四方通话。救护车上装备有除颤、起搏、监护等先进的医疗急救设备，为急救医护人员抢救病人生命提供了良好的硬件保障。

中心坚持科学发展观，走以改革求发展、以创新谋进步的道路，提出了“院前百姓利益至高无上”的急救工作指导思想，医疗急救工作的出发点和落脚点以“两个百姓利益”为标准，努力加强全面质量管理工作，中心把 “以病人为中心，文明、优质、快捷、满意”确定为服务宗旨，实行跨越式发展战略，不断细化医疗质量监控内容，深化内部机制改革完善全面质量管理工作，大力开展“共筑诚信、共创星级服务”活动，制定并推行星级服务标准努力提高医疗服务质量，为院前百姓营造了和谐的就医环境，满足人民群众院前急救需求。

中心针对院前医疗急救重大灾害、事故、突发公共卫生事件等情况制定了医疗应急救援预案，不断完善紧急医疗救援指挥系统，努力提高突发公共卫生事件应急处理管理水平。在2008年四川汶川地震、2008年奥运协办城市医疗保障、防控甲型H1N1流感、2009年青海玉树地震中发挥了重要作用，受到各级领导的肯定。

经过多年来中心领导及全体职工的不懈努力，天津急救中心的医疗服务质量和服务水平不断提高，院前急救工作量连年以两位数增长，2009年全年完成院前急救工作量近12万人次。中心固定资产大幅增值，经济实力不断增强，整体实力居全国同行前列。天津急救中心的“院前急救三级网络模式”、“质量控制管理体系”、“全程信息化管理系统”各项管理工作水平处于全国同行业领先地位。天津急救中心的院前急救工作得到了天津市委、 市政府和市卫生局领导的肯定和社会各界的普遍认可，中心取得了令人瞩目的成绩。先后被国家人事部、卫生部、中医药管理局联合授予“卫生系统先进集体”，被全国总工会授予“工人先锋号”，被天津市总工会授予“十五立功先进集体”，被天津市委、市政府评为抗击非典“先进党组织”、“先进集体”，被市文明办授予职工精神文明和职业道德建设“双十佳”单位等荣誉。

抬病人上车

急救车祸伤员

天津市急救中心大型灾害事故急救现场

天津医科大学总医院

医院门诊楼

天津医科大学总医院始建于1946年，为当时全国五大中央医院之一。1950年改名为天津市立总医院。1956年更名为天津医学院附属医院。1994年8月改为现名。1993年被评为三级甲等医院，1998年被评选为全国“百佳”医院，2003年被确定为天津市西医医学中心。

医院占地面积8万平方米，建筑面积25万平方米，是天津市最大的集医疗、教学、科研、预防为一体的综合性大学医院。医院现有职工2733人，其中工程院院士1人、博士生导师43人、硕士生导师169人、政府授衔专家10人、享受国务院政府特贴专家40人。现全院设有33个临床科室、12个医技科室、7个研究所（天津市神经病学研究所、天津市影像医学研究所、天津市内分泌研究所临床部、天津性传播疾病研究所、天津普通外科研究所、天津市呼吸疾病研究所、天津市肺癌研究所）和天津市胸部肿瘤中心。设有2个博士后流动站、30个博士学位授权点、31个硕士学位授权点。有3个国家级重点学科（中西医结合临床外科、神经病学、内分泌科学）、4个国家“211工程”重点建设学科（中西医结合临床外科、神经病学学科、影像医学学科、内分泌学科临床部）、1个市级重点学科、6个天津医科大学重点学科。作为天津医科大学临床医学院，共为全国培养出245名博士生、962名硕士生。“九五”以来，医院承担了各级科研课题330项，其中88项成果通过鉴定，64项成果获67次奖项，在国际、国家级、省市级医学刊物上发表论文1794篇，主编医学专著50部，参与编写近百部。210人次分别担任各种医学专业杂志主编、副主编、编委，33人次担任各种专业学会副理事长以上职务。

全院开放床位1603张，年门诊量150余万人次，出院病人3万余人次。拥有各种先进的检测设备及检测方法，其中包括PET-CT(正电子发射计算机断层扫描)、SPECT(单光子发射型计算机断层扫描)等价值超过人民币5亿元的先进设备。

随着天津市卫生资源调整方案的实施，市委、市政府充分利用总医院临床与科研在全市的领先地位，将医院确定为天津市西医医学中心，以提升天津医学科学研究与医疗水平在全国的领先地位。医学中心扩建一期工程——外科大楼6万平方米已建成投入使用，建筑面积11万平方米的二期工程——神经病学大楼即将投入使用，三期建设正在规划中，届时将建成辐射北方多省、市，集医疗、教学、科研为一体，国内领先、国际先进的全国最大的医学中心之一。

天津医科大学总医院医学中心规划图

天津中医药大学第一附属医院

著名中医医史专家、天津中医药大学第一附属医院党委书记于铁成教授

天津中医药大学第一附属医院始建于1954年，是天津开设最早建设规模最大的中医医疗机构。是全国省级示范中医院、全国百佳医院、全国百姓放心示范医院、天津市三级甲等医院、天津市十佳医院,是国家中医药管理局确定的全国针灸临床研究中心，天津市政府确定的天津市中医医学中心、天津市中医药研究中心、天津市针灸研究所。2008年，被国家中医药管理局确定为全国中医文化建设示范单位，被国家发改委和国家中医药管理局确定为重点研究中风病、冠心病的临床研究基地建设单位，名列全国16所国家中医临床研究基地建设单位榜首。

该院现有职工1700余人，其中卫生技术人员1435人，高级技术职称748人，拥有中国工程院院士2名，国家有突出贡献专家2人，天津市政府授衔专家4人，天津市名中医6人，享受政府特殊贡献津贴专家13人，天津市特聘教授1人，天津市十佳医务工作者3人，其中正高102人，副高171人，博士生导师21人，硕士生导师104人。该院设有35个临床、技术科室，设有103个专病门诊，设ICU病房、外宾病房和24个住院病区，拥有核磁共振、螺旋CT、人工肾、全自动生化仪、彩超、脑超、电子内窥镜和中心监护系统现代医疗仪器设备千余台(架)。医院总资产4.3亿元，仪器设备总值达1.55亿元。

著名儿科专家、天津中医药大学第一附属医院院长马融教授

该院建筑面积15万余平方米，定编病床1300张，开放病床1700张，日均门诊量7000余人次，年出院人数1.6万人次，年门诊量连续21年超100万人次，年病床使用率连续16年超100%，是天津市门诊量最多的医院。该院以发挥针灸优势、突出中医特色并拥有现代医学优势学科为办院宗旨，突出五专优势。石学敏院士创立的“醒脑开窍”针刺法和“石氏中风单元”疗法，为针灸治疗中风病开辟了新途径。张伯礼院士以事心脑血管病和中医药现代化基础研究，临床疗效突出。临床各科对治疗心血管病、脑血管病、神经系统疾病、肾病、血液病、各种良性恶性肿瘤、风湿病、小儿病毒性心肌炎、小儿癫痫、糖尿病足坏疽、肛肠疮疡疾病、颈椎病、腰椎间盘脱出症、子宫肌瘤、子宫内膜异位症等疾病疗效突出，体现了中医独到专长和中西医结合互补优势。

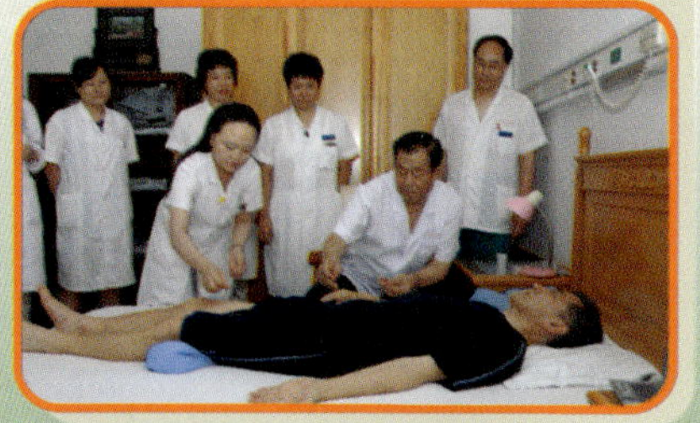
著名针灸学专家、中国工程院院士石学敏教授

该院拥有针灸推拿学、中医内科学2个教育部重点学科，5个国家中医药管理局重点学科，7个国家中医药管理局重点专科，1个国家中医药管理局中医急症临床基地和14个国家食品药品监督管理局中药新药临床基地。设立3个国家中医药管理局三级实验室，2个天津市重点实验室和1个科技部与意大利共建中医药实验室，生产院内制剂122种，承担国家973、863等国家级科研课题270项，承担国家级科研项目74项，省部级科研项目131项，总经费达7790余万元。近5年来，获省部级科技进步二等奖以上奖励23项，其中，国家级科技进步二等奖3项，省部级一、二等奖20项，获发明专利16项。近5年，在核心期刊发表论文796篇，SCI收录论文15篇，影响因子合计达15.5。

著名中医内科学专家、中国工程院院士张伯礼教授

医院先后与日本、韩国、德国、法国、俄罗斯、瑞士等40余个国家建立有医疗合作关系，同美、日医疗机构结成友好医院。先后举办17期高级针灸进修班，有医护技600余人赴美、日、德、英、韩等20余国家讲学和学术交流。先后接收了来自59个国家的本科生、硕士生、博士生和高级进修生，连续成功举办了9届国际针灸暨中医临床学术会议，先后接收了来自40余个国家和地区的研修、访问学者5556人次。本院以突出的中医特色，良好的医疗技术和优雅的诊疗环境为海内外患者提供优质的医疗服务。

发展中的天津市人民医院

“南开大学人民医院”揭牌仪式

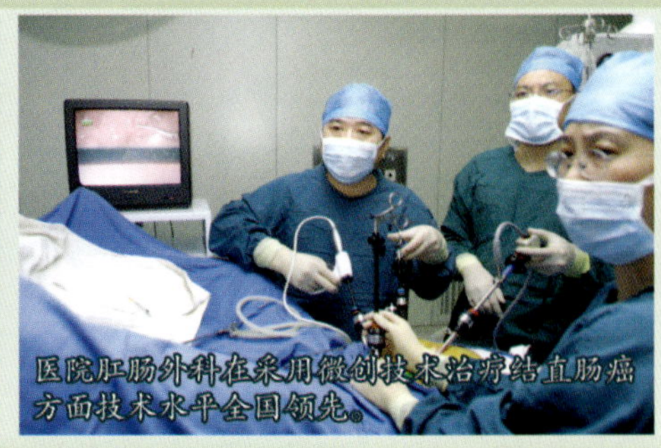
医院肛肠外科在采用微创技术治疗结直肠癌方面技术水平全国领先。

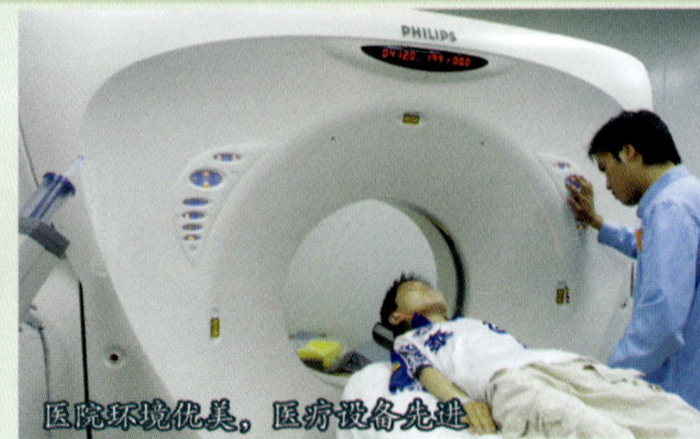

医院环境优美，医疗设备先进

天津市人民医院是一所环境优美，临床科室齐全，技术力量雄厚，集医疗、科研、教学以及预防保健为一体的现代化大型三级甲等综合医院，是全国百姓放心示范医院，是天津市卫生资源调整的标志性单位。作为西部区域医疗中心，占地面积180亩，建设面积15万平方米，固定资产超过9亿元，床位数即达1600张，特色突出，学科齐全。

医院借“十一五”东风乘势而上，积极探索卫生资源调整之路，努力创新为百姓提供便捷实惠的医疗服务。多年来，人民医院苦练内功，找管理要效益，凭质量得美名，靠服务获信任，发展特色，济困惠民。作为全国百姓放心示范医院，强化医疗质量，肛肠外科、脊柱外科、中西医结合肿瘤科、消化外科、耳鼻喉科、血管科等学科，依托医院综合实力、整体优势，技术水平迅速提高，在华北地区甚至全国有了很高的知名度。骨关节科、疝外科等专科诊疗水平全市领先。医院医疗设备齐全先进，ICU重症监护室颇具规模。急救中心开通24小时绿色通道，接诊的危重症病人数量居于全市前列。

2009年是医院跨越式发展之年。被列为市政府2010年20项民心工程之一的人民医院二期改扩建工程于5月1日奠基，新大楼门诊3层，主楼15层，整体于2010年底前投入使用。年底，“南开大学人民医院”揭牌仪式在天津市迎宾馆隆重举行。2009年，天津市人民医院检验学部还以优异成绩通过中国实验室国家认可委员会的现场评审，完成了获得ISO15189医学实验室认可最为关键的一步。自此，人民医院实验室给患者出具的检验报告将能得到世界56个国家的医疗机构的认可。

“十一五”期间，天津市人民医院取得了跨越式的发展。业务经济指标增长势头强劲。截至2009年底，医院年门急诊人次、出院人次和2004年建院开诊初期相比均翻一番；手术例数由5959例增加到14886例；平均住院日由15.5天减到14.5天；医院总收入由3亿元增加到8亿元。作为天津市西部区域医疗中心和危重症病人抢救基地，医院朝着发展成为国内领先的大型医学中心的宏伟目标不断迈进。

医院全景图

《天津区县年鉴》编辑委员会组成人员

主任委员　黄兴国

副主任委员　肖怀远　段春华　李亚力　只升华　李泉山

委　　员　（按姓氏笔画为序）

王津生　王福山　孙玉瑄　刘国胜　刘恒志

李宝锟　李树起　杨茂荣　肖　松　张志方

张泉芬　张盛如　尚德来　贾凤山　唐广强

陶润立　韩宏范　韩胜军　薛新立

秘 书 长　苏长伟

《天津区县年鉴》特邀编委名单

（按姓氏笔画为序）

《天津区县年鉴》编辑人员

编 辑 说 明

一、《天津区县年鉴》(以下简称《年鉴》),是由天津市人民政府主办、天津市地方志编修委员会办公室组织编辑的综合性年刊。2000 年创刊,逐年出版,公开发行,本卷为第 11 部。

二、《年鉴》以马列主义、毛泽东思想、邓小平理论和“三个代表”重要思想为指导,深入贯彻落实科学发展观,坚持实事求是原则,坚持辩证唯物主义和历史唯物主义观点,忠实记载天津市各区县经济社会年度发展状况。

三、《年鉴》记述的时限,以 2009 年的事物为主,考虑到事物的完整性和年鉴的时效性,对一些事物的记述,适当做了上溯或下延,特别是文献,收录了 2010 年本卷出版前发表的文章。

四、《年鉴》的篇目调整为“特载”、“重要文献”、“天津概况”、“滨海新区”、“中心城区”、“环城四区”、“远郊区县”、“统计资料”、“附录”、“索引”。不再设立“领导访谈”篇目。“服务指南”改为“附录”篇目。“区县纪要”和“街道乡镇”两个篇目名称取消,其内容合并。各区县分篇中的下设栏目依次为概述、区级领导名录、大事记、百科部分和街道乡镇。

五、《年鉴》中的统计资料,由天津市统计局提供。“滨海新区”、“中心城区”、“环城四区”、“远郊区县”篇目中各区县经济社会发展数据,因统计口径、统计方法和统计时间不同,尚存在差异。

六、《年鉴》编纂工作得到各区县地方志办公室和有关单位、部门的大力支持,在此一并深表谢忱。由于编纂者水平有限,书中难免存在疏漏和失误,敬请广大读者批评指正。

编　者

2010 年 10 月

目 录

特 载

重要文献

天津概况

滨海新区

塘沽区

汉沽区

大港区

天津经济技术开发区

天津港保税区

天津滨海高新技术产业开发区

中 心 城 区

和平区

河西区

河东区

南开区

河北区

红桥区

环 城 四 区

东丽区

西青区

津南区

北辰区

远郊区县

武清区

宝坻区

宁河县

静海县

中心城区

环城四区

远郊区县

索 引

特　　载

温家宝在天津考察经济运行情况

2月15日至16日，中共中央政治局常委、国务院总理温家宝在中共中央政治局委员、市委书记张高丽，市长黄兴国等陪同下在天津就经济运行情况进行调查研究。

二月的津城，仍然春寒料峭。温家宝先后来到8家企业，深入车间和管理人员、一线工人亲切交谈，了解国家出台一揽子保经济增长政策后企业生产经营情况，给大家鼓劲加油。

产业调整振兴规划增强了企业的信心

15日一大早，温家宝乘京津城际列车前往天津。他来到4号车厢的乘客中间，一路上和大家拉家常、问冷暖，了解工作生活情况。

一下火车，温家宝就来到天津市规划展览馆。展览馆展示了天津城乡规划建设的成就和城市未来发展的蓝图。在中心城区规划模型、海河上游规划模型前，温家宝停下脚步，认真听取工作人员的介绍。看到天津发展态势良好，城市规划井井有条，温家宝十分高兴。他叮嘱地方干部说，没有规划就没有方向，一个城市要有一个好的规划，才可能创造美好的未来。

近一个多月来，国务院连续出台了纺织、钢铁、汽车、装备制造等一系列产业调整和振兴规划。这些规划对企业发展产生的影响如何，温家宝十分关心。

上午近10时，温家宝驱车来到天津高新纺织工业园，走进天纺投资控股有限公司的纺纱车间。温家宝开门见山地问："今年销售情况怎么样？"公司董事长刘宝根回答："1月份的销售收入同比增长了0.3%，定单已接到3月份。"刘宝根告诉总理，虽然整个纺织行业还没有出现回暖迹象，但是国家出台纺织业调整振兴规划，增强了企业战胜困难、渡过危机的信心。

温家宝语重心长地说，纺织工业是我国的传统支柱产业和重要民生产业，关系经济发展的大局。在当前的困难面前，除了国家给予政策支持外，更需要大家迎难而上，共同努力。他对企业提出三点希望：一要根据国际国内市场变化及时调整产品结构；二要努力提高产品质量，降低成本，提高企业竞争力；三要内销和外销并举，积极开拓多元化市场。

天津鞍钢天铁冷轧薄板有限公司面对金融危机带来的冲击，不退缩，不裁员，在危机中寻找机遇，在困难中寻求崛起，积极开拓市场，一月份销售收入创造了投产以来最高月份的新纪录，实现了新年销售的"开门红"。

企业良好的经营情况使温家宝十分高兴。他说，钢铁业的向好迹象和国家推行家电下乡、汽车下乡等政策有关，家电、汽车等行业的发展促进了钢铁企业的发展。当前，进一步认真贯彻落实钢铁产业调整振兴规划，必须紧紧抓住三个重要方面：一是开拓市场，扩大内需，稳定外需；二是推进技术改造和节能减排；三是加强内部管理，提高企业经营素质和员工素质。

温家宝问企业负责人龙平："还有什么困难？外销情况怎么样？"

龙平语气坚定地回答："国际市场仍然低迷，但是我们立足国内市场，信心很足。"

离开时温家宝叮嘱："企业经营者一定要学会走一步看三步，不断创新产品，适应市场需求的变化。"

"我送你们6个字，做大、做强、做活"

天津海鸥手表集团公司是获得"中华老字号"称号的著名企业，80%的机芯出口世界各地。温家宝走进企业展览室，认真倾听企业负责人对陀飞轮表、三问表、万年历表等具有自主知识产权手表的介绍，到车间和工人交谈，还兴致勃勃地坐在显微镜前，仔细观看镜片下的精密机芯。

当总理走出车间时，外面早已挤满了闻讯赶来的工人们。温家宝对大家说，你们的辛勤劳动不仅创造了价值，更体现了中国人的智慧和创新精神。咱们中国人心灵手巧，我相信你们一定能取得更大的成绩。企业负责人王德明满怀信心地表示："我们一定要让'海鸥'飞翔在世界手表行业的前列。"

天津赛象科技有限公司是一家以研发、生产子午线轮胎成套装备为主的民营企业。温家宝走进车间，同生产线上的工人师傅们一一握手，关切地询问："有活干吗？"工人们齐声回答："有。"温家宝高兴地说："有活干就好，就怕没活。大家有活干，我就高兴。"

在企业自主研发的直径3.5米的工程子午线轮胎前，企业负责人张建浩告诉总理，创新增强竞争力，企业目前正抓紧研制直径达5米的特巨型轮胎。温家宝听后脸上露出微笑，赞扬他们有长远眼光。总理说，金融危机的"严冬"终将过去，我们不能坐等，要通过坚持不懈的奋斗战胜困难，其中重要一条就是增强自主创新能力。创新象征着未来，必须通过技术创新占领市场，应对危机。民营企业是我国经济的重要组成部分，政府要创造公平竞争的环境，在应对金融危机中进一步发挥民营企业和民营资本的作用。

温家宝来到天津汽车模具股份有限公司。当了解到企业的海外合同不断增加，汽车模具行业的重心正从欧美向中国转移时，他兴奋地说："我送你们6个字，做大、做强、做活。做大，就是要靠实力把规模做大；做强，就是要靠技术改造争创一流；做活，就是要靠灵活经营开拓市场。"

建设一流的工程，确保一流的质量

位于天津滨海新区的天津石化100万吨乙烯/1000万吨炼油项目建设现场，钢架和设备林立，工人们正在抓紧施工，一片热火朝天的景象。

温家宝顶着寒风来到这里。企业负责人告诉总理，作为国家"十一五"重点建设工程，项目目前进展顺利，今年全面建成投产后，预计年增销售收入400多亿元，并带动下游产业及配套工程投资约1000亿元。温家宝欣慰地说，工程进展顺利是你们迎难而上、克服困难的结果。这个工程不仅是我国石化工业的重要组成部分，也将给天津的工业发展增添后劲。他强调，建设世界一流的石化工程，关键要有顽强拼搏的奋斗精神，希望大家努力建设一流的工程，确保一流的质量，坚持一流的管理，生产一流的产品。

15日下午，温家宝来到天津豪峰动画科技有限公司，饶有兴致地观看了国产健康电脑游戏的演示和企业自主研发的动画片。他鼓励企业加大研发和推广力度，生产出更多拥有自主产权的动画片和电脑游戏，促进动漫产业的发展，使文化产业成为应对金融危机的一个新增长点。

下午6时，温家宝来到南开大学亲切看望大学生，向大家介绍党和政府出台的一揽子应对危机的政策以及促进大学生就业的措施。温家宝说，党和政府始终高度重视大学生就业问题，各地区、各部门要认真贯彻落实国务院加强高校毕业生就业工作的七项措施。他勉励同学们要心系国家，将个人的命运和国家的命运紧密联系在一起，努力学习，甘于奉献，树立正确的择业观念，在磨难中坚强成长。温家宝还在学生食堂和同学们一起就餐。

15日晚，温家宝主持召开座谈会，听取企业负责人关于企业经营状况的汇报和对当前经济工作的建议。在听取大家的发言后，他强调，应对金融危机要支持企业发展，主要是以下几个方面：一要坚持扩大内需，这是一个长期的方针；二要实行结构性的减税，减轻企业负担；三要调整产业和产品结构，适应市场变化；四要提高产品质量和企业效益，增强企业竞争能力；五要千方百计稳定国外市场。

16日上午，温家宝和天津、河北、辽宁、浙江、广东、云南、陕西等7省市政府主要负责人座谈，听取他们对当前经济形势的分析和意见。

张高丽说，温家宝总理来天津考察，深入企业调查研究，主持召开座谈会，就做好当前经济工作作了重要讲话，充分体现了对天津工作的高度重视，对我们战胜经济困难具有重要的指导和促进作用。我们一定要认真学习领会，深入贯彻落实科学发展观，坚决落实党中央、国务院的决策部署，始终保持清醒头脑，切实增强忧患意识，进一步坚定必胜信心，加大重大项目建设和投资力度，加快产业和产品结构调整，增强自主创新能力，稳定和扩大国内外市场，搞好节能减排，落实支持帮扶企业的各项措施，切实改善民生，全力维护社会稳定，努力实现“保增长、渡难关、上水平”的目标要求，推动天津经济社会又好又快发展。

国家发展改革委副主任朱之鑫，工业和信息化部部长李毅中，财政部部长谢旭人，人力资源和社会保障部部长尹蔚民，人民银行行长周小川，国研室主任谢伏瞻，银监会主席刘明康，国务院副秘书长丘小雄、项兆伦，商务部副部长姜增伟，统计局局长马建堂，国研室副主任田学斌等随同考察。

市人大常委会主任刘胜玉，市委副书记、市政协主席邢元敏和市领导同志王小京、肖怀远、臧献甫、杨栋梁、散襄军、史莲喜、崔津渡、陈超英、苟利军、段春华、孙海麟、只升华、张俊芳、熊建平、李文喜、王治平、任学锋、王文华和李泉山陪同考察或参加座谈会。

（转自2009年2月17日《天津日报》）

习近平在天津调研

中共中央政治局常委、中央书记处书记、国家副主席习近平近日在天津调研时强调，任务越艰巨，局面越复杂，困难越大，越能锻炼和提高干部。各级党委要紧密结合深入学习实践科学发展观活动，紧密结合贯彻落实中央决策部署、保持经济平稳较快发展的实践，大力抓好领导班子思想政治建设，促使领导干部始终坚持中国特色社会主义道路和理论体系，增强政治责任感，严格遵守党的政治纪律和从政道德，把讲党性、重品行、作表率的要求真正体现到工作中，落实到行动上。

中共中央政治局委员、中央书记处书记、中央组织部部长李源潮，中央组织部常务副部长沈跃跃，中央政策研究室副主任何毅亭，中央财经领导小组办公室副主任刘鹤，国家发改委副主任彭森随同调研。

中共中央政治局委员、市委书记张高丽，市委副书记、市长黄兴国，市人大常委会主任刘胜玉，市委副书记、市政协主席邢元敏等陪同调研。

新春佳节将至，渤海之滨处处生机勃勃。1月18日至19日，习近平冒严寒、顶朔风，深入企业、港口、农村、学校、社区和农贸市场，看望慰问基层干部群众，实地调研经济社会发展和党的建设情况。在滨海新区东疆保税港区、临港工业区，他详细询问滨海新区的规划和建设情况。看到滨海新区一栋栋高楼拔地而起，天津港码头十分繁忙，响螺湾中心商务区活力渐显，习近平对滨海新区开发开放取得的成绩感到由衷的高兴。他指出，推进滨海新区开发开放是党中央、国务院从我国改革开放和社会主义现代化建设全局出发作出的重要战略部署，是天津发展的后劲所在。滨海新区要进一步明确功能定位，以深化改革增强发展动力，以扩大开放增强发展活力，以自主创新增强发展实力，以交通体系建设增强服务辐射能力，更好发挥在改革开放和自主创新中的重要作用。

习近平深入空客天津总装公司、天津钢管股份有限公司等企业，向企业职工、管理人员和科研人员仔细了解企业生产经营情况，探讨在国际金融危机形势下企业科学应对之策。他强调，各级党委、政府要认真落实中央关于扩内需、保增长的一系列政策措施，进一步增强服务企业的意识，帮助企业解决实际困难，优化企业发展环境，促进企业又好又快发展。广大企业要变压力为动力，化危机为机遇，大力推动企业科技创新，不断提高综合实力，努力开拓企业发展新天地。

习近平十分关心群众的生产生活情况。他深入群众和党员家中，同他们拉家常，详细询问生活情况和子女就业情况。习近平强调，经济发展的最终目的是惠及百姓、改善民生。越是困难的时候，越要关注民生，越要帮助群众解决困难，努力实现好、维护好、发展好人民群众的根本利益。各级党委、政府在春节期间要广泛开展送温暖活动，帮助困难群众解决实际问题，认真做好节日供水、供电、供气、供暖等工作，把党和政府的温暖送到千家万户，让广大群众过一个欢乐、祥和的春节。习近平还来到天津大学看望学生，慰问来自汶川地震灾区学生代表，勉励同学们珍惜宝贵的大学生涯，克服暂时困难，努力学习知识、增强本领、提升品格，为将来报效祖国和人民打下坚实基础。

调研期间，习近平召开天津市党政领导干部座谈会，听取市委、市政府的工作汇报。他对天津近年来经济社会发展取得的新进步给予充分肯定。他强调，各级领导干部要认真学习贯彻胡锦涛同志在中央纪委三次全会上的重要讲话精神，大力弘扬密切联系群众的作风，始终牢记党的根本宗旨，坚持以人民利益为重、以人民期盼为念，努力为群众多办好事、多办实事；要大力弘扬调查研究的作风，倾听民意、关注民生、沟通民心，坚持到基层和群众中发现存在的问题、寻找解决的办法；要大力弘扬艰苦奋斗的作风，牢记“两个务必”，坚持吃苦在前、享受在后，坚持勤俭办一切事业，坚决反对铺张浪费和大手大脚；要大力弘扬清正廉洁的作风，始终坚持为民、务实、清廉，保持共产党人的蓬勃朝气、昂扬锐气、浩然正气，不断提高拒腐防变能力。

张高丽代表市委、市政府汇报了天津工作情况。他说，习近平同志充分肯定了天津工作，对我们是激励和鞭策。我们一定要认真贯彻落实，把中央的精神与天津的实际紧密结合起来，增强忧患意识，坚定发展信心，保增长、渡难关、上水平，更好发挥滨海新区在改革开放和自主创新中的重要作用，全力推进天津科学发展和谐发展率先发展，决不辜负中央的期望和人民的期待。

市领导同志王小京、肖怀远、臧献甫、杨栋梁、散襄军、史莲喜、崔津渡、陈超英、苟利军、段春华、孙海麟、只升华、张俊芳、李文喜、王治平、任学锋、王文华，以及市有关方面负责同志参加座谈或陪同调研。

（转自 2009 年 1 月 21 日《天津日报》）

·天津区县年鉴·

重 要 文 献

在市委九届七次全会上的讲话(摘要)

张高丽

(2009年12月22日)

市委九届七次全会的主要任务是,全面贯彻党的十七大和十七届三中、四中全会精神,高举中国特色社会主义伟大旗帜,以邓小平理论和"三个代表"重要思想为指导,深入贯彻落实科学发展观,认真落实中央经济工作会议部署,按照胡锦涛总书记对天津工作"一个排头兵"、"两个走在全国前列"和"五个下功夫、见成效"的重要要求,加快实施市委"一二三四五六"的奋斗目标和工作思路,总结今年工作,部署明年任务,团结动员全市广大党员干部群众,解放思想,开拓创新,真抓实干,推进天津科学发展和谐发展率先发展。

一、关于今年工作和主要体会

今年是新世纪以来面临困难最大、挑战最为严峻的一年。全市广大党员干部群众坚决贯彻中央的决策部署,顽强拼搏,攻坚克难,转变经济发展方式,调整优化经济结构,积极应对国际金融危机冲击卓有成效,经济建设、政治建设、文化建设、社会建设以及生态文明建设和党的建设取得重要进展,圆满完成了全年目标任务,主要经济指标增幅继续位居全国前列。预计全市生产总值增长16.5%,财政收入增长20%,全社会固定资产投资增长47%,社会消费品零售总额增长21%,实际直接利用外资增长20%,实际利用内资增长35%。万元生产总值能耗下降6%,化学需氧量和二氧化硫排放量分别下降1%,可提前一年全面完成"十一五"节能减排目标,年初提出的主要经济指标增幅相当于或好于去年的奋斗目标全面实现。

1.学习实践活动进一步深化。按照中央的部署和要求,突出实践特色,坚持重在武装思想、重在解决问题、重在取得实效,深入学习实践科学发展观活动完成了第一、二批任务,第三批正在扎实推进。市委常委在三批活动单位中都建立了联系点,带头学习宣讲、带头深入调研、带头整改落实。各级领导和广大党员干部增强了贯彻落实科学发展观的自觉性和坚定性,解决了一批影响科学发展、群众反映强烈的突出问题。群众对市委常委会学习实践活动满意度达到100%,其中满意的占99.65%。中央学习实践活动领导小组办公室、中央主要新闻媒体多次介绍和报道天津的经验做法,中央巡回检查组给予了充分肯定。

2.经济发展方式进一步转变。广泛深入开展了"保增长、渡难关、上水平"活动,出台了促进经济发展的30条措施,市级领导干部带头,组织4000多名干部、600多个服务工作组,深入企业、重点工程和基层单位开展帮扶。滨海新区龙头带动、中心城区全面提升、各区县加快发展三个层面联动协调发展的格局进一步形成,三次产业结构调整步伐进一步加快。新推出大项目好项目368个,累计770个,总投资1.6万亿元以上,已经开工建设764个,占99.2%;竣工投产239个,占31%。全社会固定资产投资5000亿元,相当于"九五"期间的两倍和"十五"期间的总和。新建设施农业10万亩,15个农业示范园区和33个养殖示范园区加快建设,文明生态村创建有了新的提高,示范小城镇试点进一步扩大,14万农民迁入新居。花大力气调整工业结构,发展高端高质高新产业,工业增加值增长21%,八大优势支柱产业初步形成,占工业比重超过90%,新投产项目对工业增长的贡献率超过60%。服务业发展提速,增长15%,为近年来最好水平,津湾广场、意式风情区、海河两岸等一批特色街区、旅游景点改造建成开业，创意产业、楼宇经济、总部经济等新兴业态竞相发展，津洽会、首届中国旅游产业节等重大活动成功举办。12个国家级科技创新平台基本建成，开发出一批具有自主知识产权、技术领先水平的新产品。国家发改委公布的2008年节能减排评价考核结果，我市排名全国第二。

3.滨海新区建设进一步加快。滨海新区管理体制改革取得重大突破，对滨海新区发展将产生重大而深远的影响。组织开展了"十大战役"，各功能区开发建设加快推进，中新生态城起步区、国家动漫产业综合示范园、于家堡金融商务区、响螺湾商务区等加紧建设。综合配套改革三年实施计划全面启动，完成了第一批金融改革创新20项重点工作，金融改革创新专项方案批复实施，设立船舶产业基金和飞机租赁基金，各类股权投资基金和创业风险投资基金达到355家，融资租赁业务规模占全国20%以上，股权交易所、铁合金交易所、渤海商品交易所开业。基础设施建设不断加快，新建续建项目93个，完成投资1150亿元，是去年的2.5倍。新设立内陆"无水港"6个。预计全年生产总值增长23.5%，占全市比重超过50%，地方财政收入增长40%，实际直接利用外资增长20%。

4.城乡环境面貌进一步变化。确定了"双城双港、相向拓展、一轴两带、南北生态"的总体发展战略和滨海新区、中心城区、外围区县的发展策略，制定了一批重大规划，并公开向全市人民征求意见，引起了广泛而热烈反响。天津规划展览馆向群众开放。西站综合交通枢纽、京沪高铁天津段、京津城际延长线、津秦客运专线加快建设。112国道等4条高速公路，地铁2、3、9号线，梅江会展中心等工程进展顺利。奋战150天，开展了新一轮市容环境综合整治，改造提升8大公园并全部免费开放，整修楼房4127栋、道路201条368公里、重点地区5片，管线入地150公里，道路罩面188万平方米，更新交通设施2022处，中心城区整治基本实现全覆盖。完成大沽排污河等21条河道治理，新增绿化面积2800万平方米，植树造林26万亩，空气质量好于二级天数达到320天。

5.群众生活水平进一步提高。全面完成20项民心工程，群众得到更多实惠。建设保障性住房770万平方米，为16万户中低收入家庭提供住房保障。出台了一系列扩大就业的政策措施，全年新增就业40万人，高校毕业生就业率超过90%，城镇登记失业率控制在3.6%。制定了增加群众收入的18项措施和解决困难群众生活的10条政策，预计城市居民人均可支配收入实际增长12.5%，农村居民人均纯收入增长10%以上。建立了统筹城乡居民的基本养老和基本医疗保障制度，在全国率先实现城乡居民社会保险一体化，社会保障范围进一步扩大。

6.深化改革开放进一步推进。完成了市委机构调整和市政府机构改革，进一步理顺了关系、转变了职能。积极推进国有企业改革，完成力神电池公司、铁路集团公司重组整合。坚持金融改革创新与金融风险防范并重，推进公司整合、资源整合和项目整合，全市政府投融资平台由155家整合为86家。行政审批制度改革取得突破，市级审批事项从1033项减少到666项，审批效率提高30%，企业设立的审批时限由3个月缩短到5个工作日以内。改革城乡规划建设管理体制，形成了市控区统、条块互动的管理机制。成功举办了首届全球绿色经济峰会、第三届中国企业国际融资洽谈会、2009国际生物经济大会、2009中国国际矿业大会、第八届中欧工商论坛、第二届津台投资合作洽谈会，进一步扩大了天津在国内外的影响。

7.民主政治建设进一步加强。坚持党的领导、人民当家作主、依法治国有机统一，市委总揽全局、协调各方，充分发挥人大、政府、政协的作用，重大事项集体研究决定。支持市人大及其常委会依法履行职责，加强地方立法，增强监督实效，保护人民群众的合法权益。支持人民政协积极履行政治协商、民主监督、参政议政职能，充分发挥协调关系、汇聚力量、建言献策、服务大局的作用。加强同各民主党派、工商联和无党派人士的合作共事，支持工会、共青团、妇联等人民团体依照法律和章程独立开展工作。重视宗教、侨务和对台工作，推进民族团结进步事业。深化厂务公开、政务公开、村务公开和公共企事业单位办事公开，探索实行党务公开，推进基层民主政治建设，完成村委会、社区居委会换届选举。

搞好双拥共建活动，巩固军政军民团结。

8.*各项社会事业进一步发展*。加强社会主义核心价值体系建设，精心组织庆祝新中国成立60周年活动，深入开展爱国主义教育和“同在一方热土，共建美好家园”活动，为实现经济社会又好又快发展营造了良好氛围。市文化中心等一批重大文化项目加紧建设，创作了电视剧《解放》等影视精品，完成了首批1000家农家书屋建设，完成了天津杂技团、电视剧制作中心和出版发行业等经营性文化事业单位的转企改制，组建了出版传媒集团和北方电影集团。推进义务教育学校现代化标准建设，完成了118所农村中小学校舍安全加固工程，成功举办了全国职业院校技能大赛，开工建设海河教育园区，综合教育实力和综合科技进步水平位居全国前列。深化医药卫生体制改革，全市药品价格平均下降10%，扎实做好甲型H1N1流感防控工作。我市参加第十一届全运会获历史最好成绩，群众体育蓬勃开展。人口与计划生育工作、老龄和残疾人事业等取得新进步。对口支援和服务参与西部开发工作成绩显著。

9.*和谐稳定局面进一步巩固*。健全社会稳定预警和风险评估、矛盾纠纷排查化解工作机制，深入开展领导干部接访、走访、下访和“信访积案化解年”活动，妥善解决了一批历史遗留问题和信访突出问题，进京非正常访由去年初全国前3位下降到第31位，涉法涉诉进京非正常访控制在全国第31位。深化社会治安综合治理，充分发挥首都“护城河”作用，大力加强平安天津建设，社会治安继续保持全国最好地区之一。全市安全生产形势稳定。

10.*科学执政能力进一步增强*。认真贯彻党的十七届四中全会精神，制定了《关于贯彻落实〈中共中央关于加强和改进新形势下党的建设若干重大问题的决定〉的意见》。坚持举办市委理论学习中心组集体学习和读书会，认真学习马克思主义中国化最新成果，组织领导干部到河北、云南等地学习考察，继续开展18个区县互看互比互学。坚持德才兼备、以德为先的用人标准，坚持在干中锻炼、考察、选拔干部，坚持推进干部人事制度改革创新，坚持注重品行、科学发展、崇尚实干、重视基层、鼓励创新、群众公认的用人导向，扩大干部选拔任用工作中的民主，加大干部交流力度，强化竞争择优机制，努力造就奋发有为、干事创业的高素质干部队伍。今年充实调整市管领导班子179个，任免局级领导干部655人，交流市管领导干部301人，17个区县实现了书记或区县长的交流任职。大力精简会议文件，减少活动报道，改进文风会风。深入推进反腐倡廉建设，认真治理损害群众利益的突出问题，查办了一批违反党纪政纪案件。

在世界经济深度衰退的情况下，我们取得这样的成绩，是极为不易的。这是以胡锦涛同志为总书记的党中央科学决策、正确领导的结果，是我们坚信危中有机、事在人为的结果，是全市上下齐心协力、共克时艰的结果。一年里，大家付出了巨大的智慧、心血和汗水，经受住了重大考验，积累了驾驭复杂局面的宝贵经验，深化了对做好天津工作规律性的认识，天津发展在关键时刻迈出了关键性的一步。实践证明，市委确定的发展思路、采取的重大举措是符合科学发展观要求、符合天津实际、符合人民群众愿望的。只要我们坚定不移地这样奋斗下去，发展空间就会越来越大，发展质量就会越来越好，发展道路就会越走越宽广。

一是必须深入贯彻落实科学发展观。牢固树立科学发展的新理念，在真学、真信、真用上下功夫，并自觉贯穿于经济社会发展的各个方面。始终坚持好字当头、好中求快、又好又快，把解决当前困难与实现长远发展紧密结合起来，注重发展的质量和发展的可持续性，使增长速度与经济总量建立在高水平、高效益的基础之上。

二是必须善于创造性地开展工作。把中央的精神与天津的实际紧密结合起来，推动各项工作站在高起点，抢占制高点，达到高水平。注重加强对形势的分析判断，精心谋划发展大局，科学制定重大决策，不断增强前瞻性预见性。面对百年不遇的国际金融危机，年初我们就提出了今年主要经济指标增幅相当于或好于去年水平的目标要求，激发了广大党员干部群众迎难而上的信心和勇气，牢牢把握了发展的主动权。

三是必须着力调整优化经济结构。把转变经济发展方式、调整优化经济结构作为经济工作的重中之重，坚持以项目建设为抓手，持续不断地开工建

设、竣工投产、储备报批了一批又一批高水平大项目好项目，不断培育发展关系国家命脉、关系天津核心竞争力的优势支柱产业，改造升级传统产业取得重大突破，有力地促进了经济转型，经济结构正在发生质的变化，形成了一大批新的经济增长点。这既有力地支撑了当前增长，也极大地增强了抵御风险能力和发展后劲，是我们从容应对国际金融危机冲击的制胜一招。

四是必须始终坚持以人为本的思想。毫不动摇地以人民利益为重，把维护群众利益作为应尽的天职和最大的责任，越是困难的时候，越是关注和保障民计民生，千方百计提高人民群众的生活水平。在制定和实施决策时，广泛征求群众意见，充分依靠群众力量，努力做到各项政策措施紧贴群众需求、符合群众愿望、代表群众利益。实践充分证明，民心民气最为宝贵。有了人民群众的拥护和支持，我们就会无往而不胜。

五是必须积极推进体制机制创新。紧紧抓住制约天津发展的突出问题和深层次矛盾，用心把握推进各项改革，敢于碰改革的关键点，在一些重点领域取得了突破，办成了一些难事大事，进一步理顺了利益关系，充分调动了各方面的积极性，激发了全社会的创造活力。各级领导干部学会了用市场经济的办法发展经济、建设城市，推动天津发展逐步走上良性轨道。

六是必须大力弘扬求真务实的作风。大力营造风正气顺心齐的氛围，市级领导班子团结一心，分工负责，恪尽职守，形成了干事创业的强大合力。各级领导干部出实招、求实效，埋头苦干，无怨无悔，创造了天津精神、天津速度和天津效益。事实充分说明，差距并不可怕，只要有了正确的思路和过硬的作风，就一定能够迎头赶上，实现跨越式发展。

在充分肯定成绩的同时，也要清楚地看到存在的差距和不足。主要表现在：思想观念有待于进一步更新，工作作风有待于进一步改进，解放思想、创新体制的任务仍然繁重；发展方式、综合实力与天津的地位作用还不适应，服务业不强不大，自主创新能力不强不大，区县经济不强不大；群众的生活水平还不够高，部分群众生活比较困难；有些社会矛盾还比较突出，各项管理工作存在薄弱环节；执政能力和领导水平需要进一步提高，形式主义、官僚主义仍然存在，腐败现象时有发生。对此，我们要高度重视，采取有力措施，切实加以解决。

二、关于明年形势和主要任务

综合分析国内外发展大势，我们可以作出一个基本判断：明年的经济发展环境总体上将好于今年，但形势仍然十分严峻复杂。从国际看，世界经济有望恢复性增长，但全面复苏的基础并不稳固，深层次问题没有得到实质性解决，金融领域风险仍然存在。从国内看，我国经济呈现向好的趋势，中央继续实施积极的财政政策和适度宽松的货币政策。但经济回升的基础还不牢固，内在动力明显不足，进一步扩大内需难度加大，国际贸易保护主义加剧，外需不振的状况短期内不会改变，部分行业产能过剩等结构性矛盾仍很突出，就业形势依然严峻。总之，有利和不利因素、新的和老的矛盾、可以预料和难以预料的风险相互交织、相互作用，明年的困难并不会减少，面临的挑战并不会缩小，工作的难度并不会降低。我们必须居安思危，进一步增强忧患意识和风险意识，对世界经济全面复苏的缓慢过程有足够的估计，对我国经济保持平稳较快发展的难度有足够的估计，决不能盲目乐观，决不能小视轻视存在的问题，决不能把经济回升向好等同于经济运行根本好转，切实做到头脑更加清醒、谋划更加周密、准备更加充分，努力在新的起点上实现更好的发展。

1、深入贯彻落实科学发展观，实现发展水平更大提高

2010年，对天津发展来说是至关重要的一年。各项工作能不能全面实现新突破，经济实力能不能迈上新台阶，城乡面貌能不能发生新变化，人民生活水平能不能有新提高，对于巩固和发展天津的大好形势，促进更长时间、更高水平、更好质量的发展，具有十分重要的意义。做好明年的工作，必须着力构筑高端产业、自主创新、生态宜居三个高地，全力打好滨海新区开发开放、结构调整优化升级、体制机制改革创新、文化大发展大繁荣、保持社会和谐稳定五个攻坚战。这是贯彻落实胡锦涛总书记对天津工作“一个排头兵”、“两个走在全国前列”和

“五个下功夫、见成效”重要要求的重大举措，是对市委“一二三四五六”奋斗目标和工作思路的丰富和发展，是转变经济发展方式、调整优化经济结构、提高经济质量效益的有效途径，是实现天津科学发展和谐发展率先发展的必然选择。“三个高地”、“五个攻坚战”，涵盖经济、文化、社会各个领域，涉及改革、发展、稳定各个方面，关系到天津现代化建设的进程，关系到城市的地位作用，关系到全市人民的根本利益。我们必须深刻认识到，天津承担着实施国家重大发展战略的光荣使命，肩负着在贯彻落实科学发展观中成为排头兵、走在全国前列的历史重任。面对日益激烈的国内外竞争，天津的发展必须起点更高、步子更大、节奏更快、水平更好。构筑“三个高地”、打好“五个攻坚战”，既是尽快缩小差距的当务之急，也是促进长远发展的治本之策。全市上下必须做到认识统一、行动自觉、措施有力，务必取得重大进展，务必取得显著成效。

明年全市工作总的要求是：全面贯彻党的十七大和十七届三中、四中全会精神，高举中国特色社会主义伟大旗帜，以邓小平理论和“三个代表”重要思想为指导，深入贯彻落实科学发展观，认真落实中央经济工作会议部署和宏观调控政策措施，按照胡锦涛总书记对天津工作“一个排头兵”、“两个走在全国前列”和“五个下功夫、见成效”的重要要求，加快实施市委“一二三四五六”的奋斗目标和工作思路，着力构筑“三个高地”，全力打好“五个攻坚战”，全面推进社会主义经济建设、政治建设、文化建设、社会建设以及生态文明建设和党的建设，进一步增强经济实力、创新能力和综合竞争力，努力开创各项工作的新局面。

明年全市经济社会发展的主要预期目标是：生产总值增长13%，万元生产总值能耗下降4%，二氧化硫和化学需氧量消化当年新增排放量，财政收入增长12%，城市居民人均可支配收入实际增长10%，农村居民人均纯收入增长10%以上，居民消费价格总水平涨幅控制在3%左右，城镇登记失业率控制在3.8%以内。经过全市上下团结一心、艰苦努力，力争实际工作、效果和水平好于今年。

落实明年工作的总要求，完成经济社会发展的目标任务，必须把调结构、促转变、增实力、上水平作为着力点。**调结构**，就是要把结构调整作为经济工作的主线，贯穿于发展的全过程，促进经济布局科学合理、三次产业优化升级、多种所有制经济共同发展，形成与国际港口城市、北方经济中心、生态城市相适应的现代经济结构。**促转变**，就是要把加快经济发展方式转变作为深入贯彻落实科学发展观的重要目标和战略举措，坚持走中国特色新型工业化道路，在发展中促转变，在转变中谋发展，推动经济增长向依靠消费、投资、出口协调拉动转变，向依靠第一、第二、第三产业协同带动转变，向依靠科技进步、劳动者素质提高、管理创新转变。**增实力**，就是要聚精会神搞建设，一心一意谋发展，打造新滨海，建设新天津，实现新跨越，全面增强天津的经济实力、科技实力、文化实力和国际竞争力，在促进环渤海区域发展中发挥更大的作用。**上水平**，就是要坚定不移地走科学发展之路，着力提高经济增长的质量和效益，着力增强发展的协调性和可持续性，着力推动经济发展走上创新驱动、内生增长的轨道，全面提高经济发展水平、城市规划建设管理水平、人民群众生活水平、社会和谐稳定水平，不断向着更高的目标迈进。

2.加快滨海新区开发开放，实现三个层面更大发展

滨海新区在全市发展中具有举足轻重的作用，担负着服务区域经济振兴的艰巨任务。要按照党中央、国务院的定位要求，牢固树立当好科学发展排头兵的意识，大力实施“一核双港、九区支撑、龙头带动”的发展策略，在充分发挥带动作用上下功夫、见成效，全力打好滨海新区开发开放攻坚战，全面构筑领先优势，显著增强综合实力、创新能力、服务能力和国际竞争力。要全力推进高水平现代制造业基地建设，坚持项目集中园区、产业集群发展、资源集约利用、功能集成建设的发展思路，抓好新一代运载火箭、直升机总成基地、造修船基地、大功率机车维修制造、大型石化等一大批高水平重大项目建设，上规模、上档次、上水平，形成若干项目链、产业链、产业群，打造要素聚集、特色突出、布局合理的高端产业聚集区。要全力推进高水平研发转化基地建设，加强国家生物医药国际创新园、国家民航科技产业化基地等国家级产业化基地建设，实施千万亿次高性能计算机、新型动力电池等自主创新产业化项目，建成中科院天津工业生物研究所、国家信息安全工程技术中心、天津大学滨海工业研究院一期工程，广泛聚集国内外科技创新资源，建设世界一流的科技创新体系，成为高新技术的原创地和产业化基地。要全力推进北方国际航运中心建设，完成天津港主航道拓宽等工程，新建一批集疏港铁路、公路，继续推进无水港、国际贸易与航运服务区建设，全面提升航运功能。要全力推进北方国际物流中心建设，加大基础设施建设力度，完善国际物流网络，加快电子口岸建设，发展大宗商品交易市场，加强跨区域口岸直通与合作，加快滨海国际机场二期、于家堡铁路中心站、海滨大道、天津大道、津港高速公路等项目建设进度，密切与周边地区和腹地的交通联系，健全通畅便捷、现代高效的大通关体系，全面提升服务功能。要全力推进宜居生态型新城区建设，大力推进水资源、能源、环境整治等工程，加大环境保护力度，建设循环经济示范区，努力成为节能环保、舒适优美、可持续发展的新城区。

中心城区拥有良好的发展条件。要按照“一主两副、沿河拓展、功能提升”的发展策略，进一步完善功能定位和产业规划，更加注重内涵式发展，充分发挥地域、人文优势，努力挖掘和整合各种资源，建设改造提升一批繁华街区、都市工业园区和特色经济街区，加快万达商业广场、仁恒海河广场等商业载体建设，打造一批纳税额超亿元的商务楼宇，构建现代服务业聚集区，逐步形成以服务经济为主的产业结构，走服务型、创新型、都市型的发展路子，成为充满生机活力、繁荣繁华的中心城区。

区县发展空间广阔。要按照“新城集聚、多点布局、特色发展”的发展策略，发展优质高效现代农业，加快495项区县重大项目建设，集中力量搞好示范工业园区建设，加大招商引资力度，聚集一批技术水平高、带动作用强的主导产业，推进农村居住社区、示范工业园区、农业产业园区协调发展，促进农民增收、农业增效、农村增实力，培育更多的强区强县强镇。要加快城镇化进程，大力推进以宅基地换房建设示范小城镇试点，扩大建设规模，完善管理制度，继续实施农村电气化改造工程，推进基础设施和公共服务设施向农村延伸，全面提高城镇化水平。要进一步探索建立区域经济优势互补、利益共享的协作机制，充分发挥政策效应，加强规划、产业、基础设施、社会保障和社会事业的统筹，形成三个层面竞相发展、多点支撑、协同带动的新格局。

3.加快经济结构调整优化，实现经济发展方式更大转变

实现全面协调可持续发展，根本出路在于调整优化经济结构。抢占竞争的制高点，关键在于实现经济发展方式的根本转变。我们必须把调整经济结构作为重大而紧迫的战略任务，在创新发展模式、提高产业竞争力上下功夫、见成效，坚决打好结构调整优化升级攻坚战，发展壮大优势产业，培育战略性新兴产业，大力改造传统产业，主动淘汰落后产业，全面推动一、二、三产业向着高端化高质化高新化发展，打造具有科技创新能力、市场竞争力、区域带动力和产业聚集力的高端产业集群。第一产业要在调高调优上下功夫，高水平大规模推进设施农业建设，加快发展绿色生态、观光休闲农业，搞好现代农业示范园区建设，发展种子、种苗产业和农产品保鲜、深加工产业，搞好农田水利建设和高标准农田建设，完善农业科技支撑体系和社会化服务体系，推进农业标准化生产和产业化经营，进一步提高土地产出率、资源利用率和劳动生产率，增强综合生产能力。第二产业要在做大做强上下功夫，全面落实国家重点产业调整和振兴规划，科学制定航空航天、石油化工、装备制造、电子信息、生物制药、新能源新材料、国防科技和轻工纺织等八大优势支柱产业发展规划，明确发展目标，确定发展重点，强化政策支持，优化增量，盘活存量，扩大产业规模，促进产业集聚，延长产业链条，提高产业能级，打造若干个具有国际竞争力的现代制造业基地。第三产业要在加快发展上下功夫，抓紧实施服务业发展布局规划，大力发展面向民生、面向生产、面向农村的服务业，重点发展商贸旅游、金融保险、现代物流、信息咨询、服务外包、文化创意、工业设计、总部经济、会展经济、楼宇经济等产业，继续办好夏季达沃斯论坛、中国旅游产业节、津洽会、津台投资合作洽谈会等重大活动，集中力量打造金融城、于家堡等金融业聚集区，打造津湾广场高端商业商务标志区，打造海河商贸带、中心商业区等商贸聚集区，打

造“近代中国看天津”文化旅游核心品牌,努力提高服务业的层次、规模和水平。要进一步扩大合理投资,增加投资强度,投入更大力量,创造更优环境,切实抓好高水平大项目好项目建设,做到投产达标的项目源源不断、开工建设的项目源源不断、储备报批的项目源源不断,进一步增强经济发展的质量、效益和后劲。

4. 加快自主创新步伐,实现核心竞争力更大增强

科技竞争力是最核心的竞争力。我们要把握竞争的主动权,就必须加快实施科教兴市战略和人才强市战略,在增强自主创新能力、发展高新技术产业上下功夫、见成效,大力提高原始创新、集成创新、引进消化吸收再创新能力,构筑具有集聚、示范、影响和辐射作用的自主创新高地,更好地带动产业转型和技术升级,支撑重点产业振兴和经济持续发展。要着力壮大创新主体,充分发挥企业、科研机构和高等院校的作用,加强产学研结合,瞄准科技发展前沿,紧贴经济社会发展需要,集中力量攻破太阳能电池超精密制造技术、混合动力汽车控制技术等一大批重大关键技术和新产品,推动绿色制造、节能环保等领域关键技术的开发应用,拥有更多的知识产权,在高新技术领域占有一席之地。要着力丰富创新载体,深化部市合作,加强各类工程研究中心、企业技术中心、重点实验室、工程试验室的建设,发展科技中介机构,加快滨海高新区发展,完善科技企业孵化基地,搭建公共技术服务平台,组建天津市应用技术研究院、创新发展研究院,为高端产业发展提供强大技术支撑。要着力完善创新机制,启动科技与金融结合试点,搞好科技小额贷款融资,扶持科技型中小企业在创业板上市,更好地促进技术转移和成果转化。要着力聚集创新人才,依托重大科研项目、重点学科和重要科研基地,坚持用产业凝聚人才,用项目吸引人才,用事业、感情、待遇留住人才,加快实施海外高层次人才引进“千人计划”,千方百计引进更多创新创业领军人才和团队,努力营造人才辈出、人尽其才、才尽其用的良好氛围。要着力优化创新环境,倡导创新理念,弘扬创新精神,培育创新文化,加大科技投入,完善科技政策法规,全面实施商标战略,加强知识产权保护,形成有利于科技创新的政策环境、市场环境和法制环境。

5. 加快推进改革开放,实现体制机制创新更大突破

经济社会发展的活力与动力,很大程度上取决于体制机制。面对亟待解决的深层次矛盾和问题,我们必须以更新的观念、更大的魄力、更实的举措,加快推进重点领域和关键环节的改革,打好体制机制改革创新攻坚战,尽快形成充满活力、富有效率、更加开放、有利于科学发展的体制机制。滨海新区管理体制改革是当前滨海新区最大最繁重的任务,牵动全局,影响深远。要按照“统一、协调、精简、高效、廉洁”的原则,积极稳妥推进,尽快正常运转,做到机构优化设置、人员优化组合、运转高效有序,确保改革圆满成功。要深化滨海新区综合配套改革,实施金融改革创新专项方案,抓好第二批金融改革创新20项重点工作,加快东疆保税港区涉外体制改革,推进城乡建设用地增减挂钩试点,在先行先试中积累新经验、探索新路子,不断破除制约科学发展的体制性障碍。要加快推进国有企业战略性重组,打破地区、行业、所有制界限,不求所有,只求所在,完善国有资产监管体制,推动资源向高端产业、优势集团、高水平项目集中,培育壮大一批具有国际竞争力的大型企业集团,培育壮大一批名牌拳头产品。要大力发展民营经济,进一步落实和完善促进中小企业发展的政策措施,营造创业氛围,培育创业主体,激活民间资本,加快企业组织结构、产品结构转型升级,提高生存和竞争能力,形成一批“专精特新强”的企业集群,打造经济增长的新亮点。要加大招商引资力度,策划组织专题招商、产业链招商、园区集聚招商、重大题材招商等多种形式的招商活动,主动加强与国家部委、兄弟省区市、国内外知名企业的联系合作,引进更多的资金项目、大企业总部和研发机构。要加快实施“走出去”战略,鼓励有条件的企业对外投资,开展国际资源合作和工程承包,搞好埃及苏伊士经贸合作区建设,进一步拓展发展空间。要千方百计扩大外贸出口,优化出口商品结构,增加高附加值产品的出口,支持企业培育出口品牌,巩固传统市场,开拓新兴市场,增强应对国际贸易摩擦的能力。

6. 加快建设生态宜居城市，实现城乡面貌更大变化

生态宜居是经济社会发展水平的综合体现。经过多次研究和充分准备，市委、市政府决定，明年奋战300天，全面提升城市规划建设管理水平，着力构筑生态宜居高地，形成大气洋气、清新靓丽、中西合璧、古今交融的城市风格，充分展现天津深厚的历史文化底蕴、独特的自然风貌和大都市现代化气息。要集中力量搞好重点地区开发建设，建成梅江会展中心，改造滨江道、和平路繁华街区，提升海河两岸景观水平，优质高效建设西站综合交通枢纽工程、津保铁路等重点项目，带动区域发展，增强城市整体功能。要继续开展市容环境综合整治，由市中心向各区县延伸，由重点道路向次支道路拓展，由重点地区向里巷社区推进，实现全面覆盖、整体提升，使净化绿化美化达到更高水平。要大力实施城市空间发展战略，修改完善城市发展规划，做好泰安道、中心公园、五大道等重点地区和重大专项规划编制工作，充分发挥规划对城市发展的引领作用。要学习借鉴新加坡的管理经验，出台并落实《天津城市管理规定》，进一步理顺城市管理体制，探索长效管理机制，大力提高市民素质，加强对执法人员的培训，实行依法管理、文明管理、精细管理，实现城市管理的常态化、科学化和现代化。要以全新的理念、高端的产业建设好中新天津生态城，推进“南北生态”保护区建设，推进国家园林城市、卫生城市建设，大力发展绿色经济、低碳经济、循环经济，保持节能减排领先水平，使天津成为国内外公认的生态宜居城市。

7. 加快文化发展繁荣，实现文化实力更大提升

文化竞争力是综合实力的重要组成部分。天津要实现更大发展，既要有强大的经济实力，也要有强大的文化实力。要以建设文化强市为目标，把提高文化实力作为重要的发展战略，进一步解放和发展文化生产力，全力打好文化大发展大繁荣攻坚战，抢占文化的制高点，不断满足人民群众日益增长的精神文化需求，促进经济社会协调发展，使天津成为充满文化创新活力、具有重要文化影响力的城市。要推进社会主义核心价值体系建设，做好意识形态工作，加强互联网等新兴媒体的建设和管理，提高舆论引导能力。要增强文化服务功能，加快建设覆盖城乡的公共文化服务体系，继续推进农家书屋等重大文化惠民工程，高水平建设市文化中心、国家海洋博物馆等公共文化设施，更好保障人民群众基本文化权益。要深化文化体制改革，积极推进经营性文化事业单位转企改制，加快发展文化产业，继续实施重大文化产业项目，培育文化产业基地和区域特色文化产业群，打造一批文化领域骨干企业和战略投资者，壮大文化产业的整体实力。要广泛开展群众性精神文明创建活动，深化“同在一方热土、共建美好家园”活动，显著提升市民素质和城市文明程度。要坚持优先发展教育，推进义务教育高水平均衡发展、高中教育特色发展，办好明年全国职业院校技能大赛，加快海河教育园区建设，建成大学软件学院，全面推进高校和谐校园建设，提高教育现代化水平。要深化医药卫生体制改革，全面实施国家基本药物制度，完善公共卫生服务体系，加强医德医风建设，创造良好医疗环境，提高应对突发公共卫生事件的能力，进一步做好甲型H1N1流感防控治疗工作。要增强体育整体实力，广泛开展全民健身活动，不断提升竞技体育水平，促进群众体育、竞技体育和体育产业共同发展。

8. 加快和谐天津建设，实现民计民生更大改善

处在社会矛盾的凸显期，各种矛盾易发多发、相互交织，维护社会和谐稳定的任务十分繁重。民计民生是和谐之本、稳定之基。不论在任何时候、任何情况下，都要高度关注民计民生，利民安民富民，最大限度地增加和谐因素，最大限度地减少不和谐因素，全力打好保持社会和谐稳定攻坚战，使群众的幸福程度进一步提高，社会稳定保持全国最好水平。要围绕住房、就业、医疗、分配、交通、社会保障等重大民生领域，健全科学完整、相互配套的保障机制，确保人民群众安居乐业。要精心策划和实施新的20项民心工程，更好地解决群众生活中的难事急事，让群众从多方面得到更多实惠。要加大保障性住房建设力度，扩大住房保障政策覆盖面，明年为16万户中低收入家庭提供住房保障。要培育就业增长点，多渠道增加就业岗位，鼓励多种就业方式，全方位加强就业服务，特别要做好高校毕业生和困难群众就业工作，明年新增就业42万人。要

进一步采取措施，合理调整收入分配格局，落实城乡居民增收规划，着力增加中低收入群众的收入，使群众的收入水平随着经济发展不断提高。要加快完善统筹城乡的社会保障体系，全面推进城乡职工和从业人员社会保险制度、城乡居民基本养老和医疗保险制度，搞好各类社会保险制度衔接，实施城乡一体的医疗救助制度，进一步扩大保障覆盖面，提高保障水平。要高度重视和正确处理新形势下的人民内部矛盾，继续开展领导干部定期接访、下访、走访活动，进一步畅通群众诉求渠道，集中力量解决影响社会和谐稳定的源头性、根本性、基础性问题。作决策、上项目要进行风险评估，充分考虑群众的利益，及时排查化解各种矛盾，努力化解老矛盾，有效预防新矛盾，更加注重机制建设，把问题解决在萌芽状态。要深化社会治安综合治理，完善社会治安防控体系，依法严厉打击各种刑事犯罪活动，加强安全生产，搞好食品安全，坚决防止重特大安全事故和重大群体性事件，提高人民群众的安全感和满意度，确保社会稳定，努力争取社会和谐走在全国前列。

发展社会主义民主政治，是推动科学发展、促进社会和谐的必然要求。要坚持和完善人民代表大会制度，坚持和完善中国共产党领导的多党合作和政治协商制度。要加强和改进党的群众工作，充分发挥工会、共青团、妇联等人民团体联系和服务群众的作用。要完善同民主党派合作共事机制，加强对统一战线的领导，促进政党关系、民族关系、宗教关系、阶层关系、海内外同胞关系的和谐，努力形成干事创业的强大合力。

明年，我们要高标准完成“十一五”规划，抓紧做好“十二五”规划编制工作，更好地指导和促进天津经济社会全面协调可持续发展。

三、关于加强领导班子和干部队伍建设

完成明年目标任务，实现天津更好发展，迫切需要不断加强和改进党的建设，提高各级领导班子和领导干部的执政能力和领导水平。要深入贯彻落实党的十七届四中全会精神，按照市委九届六次全会部署，坚持以科学理论指导党的建设、以科学制度保障党的建设、以科学方法推进党的建设，全面加强党的思想、组织、作风、制度建设和反腐倡廉建设，把各级领导班子建设成为贯彻落实科学发展观的坚强集体，把干部队伍建设成为贯彻落实科学发展观的骨干力量，努力提高党的建设科学化水平。

1. 充分发挥表率作用，领导干部自觉做勤政廉政的模范。从一定意义上说，一个地区、一个单位发展水平的高低、面貌变化的大小，取决于领导干部的能力和水平。我们的担子重、责任大，一定要对党的事业负责，为人民的幸福尽力，创造无愧于历史、无愧于天津这方热土的业绩。各级领导干部要自觉作善于学习的表率，把学习作为提高素质、增长本领、做好工作的根本途径，勤奋学习，善于学习，系统学习马克思主义中国化最新成果，广泛学习现代化建设所需的各方面知识，弘扬理论联系实际的优良学风，切实增强贯彻党的基本理论、基本路线、基本纲领、基本经验的自觉性和坚定性，切实增强战略思维、创新思维和辩证思维能力，切实增强工作的原则性、系统性、预见性和创造性。要自觉作解放思想的表率，视野开阔，胸襟博大，紧跟时代前进的步伐，立足于科学发展的新起点，不断破除束缚科学发展的陈旧观念、思维定式和行为习惯，以与时俱进的精神和敢为人先的勇气破解发展难题，不断提升发展的新境界。要自觉作求真务实的表率，树立正确的政绩观，既要干好当前更要谋划长远，既要报喜更要报忧，主动听真话，鼓励说实话，恪尽职守，真抓实干，敢抓敢管，善抓善管，抓关键部位、难点问题和薄弱环节，坚决反对搞形式主义、作表面文章，各项工作都要符合群众愿望、有利于长远发展，经得起实践的检验。要自觉作亲民爱民的表率，牢记党的宗旨，坚持立党为公、执政为民，把服务群众、造福百姓作为最大的责任，经常到群众中去，增进与群众的感情，切实关心群众疾苦，处处为群众着想，多办顺民意、解民忧、惠民生的实事好事，真正做到权为民所用、情为民所系、利为民所谋。要自觉作艰苦奋斗的表率，牢记“两个务必”，树立过紧日子的思想，厉行节约，勤俭办一切事业，反对大手大脚、铺张浪费，减少不必要的开支，真正把有限的资金和资源用在发展经济和改善民生上。要自觉作廉洁自律的表率，加强党性修养，增强纪律观念，牢固树立马克思主义的世界观、人生观、价

值观和正确的权力观、地位观、利益观，筑牢拒腐防变的思想防线，自觉规范从政行为，自觉接受党内外监督，自觉抵制拜金主义、享乐主义、极端个人主义思想的侵蚀，严格遵守廉洁自律各项规定，管好配偶、子女和身边工作人员，经受住来自各方面的严峻考验，始终保持共产党人的高风亮节。要实行严格的责任制，围绕明年全市的重点任务，制定具体的实施方案，按照市委常委、副市长的分工，责任到人，一抓到底，重在落实，见到好的效果，确保完成目标任务。

2. 完善选人用人机制，造就高素质的干部队伍。选准用好干部，关系到事业兴衰。要深化干部人事制度改革，认真贯彻中央《2010-2020年深化干部人事制度改革规划纲要》，坚持民主、公开、竞争、择优，健全选人用人机制，提高透明度和公信度，选准干部，配强班子，聚集人才，建设队伍，为经济社会发展提供强有力的组织保证。要坚持正确的用人导向，德才兼备，以德为先，注重从履行岗位职责、完成急难险重任务、关键时刻表现、对待个人名利等方面考察识别干部，真正把那些政治上靠得住、工作上有本事、作风上过得硬、人民群众信得过的干部选拔上来。在干部问题上，市委始终强调并坚持做到，严格程序、反复酝酿、集体决定，公平公正对待每一位同志。对那些品德优秀、勇于创新、政绩突出的干部要提拔重用，对那些不思进取、无所作为、难以胜任的干部要及时调整，对那些拉拉扯扯、弄虚作假、以权谋私的干部决不使用。要特别关注各条战线、各个领域的基层和生产一线，特别关注环境艰苦、工作困难、矛盾复杂、长期默默奉献的岗位，特别关注那些心系群众、埋头苦干、不拉关系、不走门子的老实人、正派人，使选出来的干部组织放心、群众满意。要坚持在干中考察、培养、选拔和使用干部，建立健全主体清晰、程序科学、责任明确的干部选拔任用提名制度，扩大民主，拓宽视野，广开渠道，多途径、宽领域选拔干部，加大竞争性选拔干部力度，促使优秀人才脱颖而出。要加快培养优秀年轻干部，加强干部交流，使干部在不同岗位、不同层次、不同领域经受锻炼，提高干部的整体素质和综合能力。要加强对干部选拔任用的监督，建立和完善用人失察失误责任追究制度，坚决杜绝跑官要官现象，坚决整治选人用人上的不正之风。

3. 加强教育管理监督，保持党的先进性和纯洁性。党要管党，从严治党，关键是从严抓好班子、带好队伍、管好干部。各级党组织要认真执行中央办公厅下发的《关于进一步从严管理干部的意见》，对广大党员干部严格要求、严格教育、严格管理、严格监督，并贯穿到干部工作的全过程。这是对干部最大的关心爱护，否则就是最大的不负责任。要扎实开展深入学习实践科学发展观活动，切实解决党性党风方面存在的突出问题，进一步提高党性修养。要加强和改进干部教育培训，组织实施好新一轮大规模培训干部工作，着力增强做好群众工作、公共服务、社会管理和维护稳定的本领，提高谋划发展、统筹发展、优化发展、推动发展的能力。要加强党的基层组织建设，扩大覆盖面，选好带头人，推动工作创新，不断增强创造力、凝聚力和战斗力。要加强作风建设，大兴求真务实之风，密切联系群众，以实实在在的政绩取信于民。要坚持和健全民主集中制，加强党内民主建设，保障党员主体地位和民主权利，完善党内民主决策机制，严格遵守党的纪律特别是政治纪律，切实维护党的团结统一，始终同以胡锦涛同志为总书记的党中央保持高度一致。要进一步健全决策目标、执行责任、考核监督三个体系，完善考核内容，提高考核质量，强化考核结果运用，增强考核的科学性、针对性和准确性，充分发挥考核的导向和监督作用。要加强党风廉政建设，坚持标本兼治、综合治理、惩防并举、注重预防的方针，严格落实党风廉政建设责任制，积极推进反腐倡廉制度创新，认真落实各项报告制度，建立健全强化预防、及时发现、严肃纠正的工作机制，坚持用制度管权、管事、管人，加强巡视工作，强化权力制约和监督，加大查办案件和专项治理工作力度，坚决惩治一切腐败行为，保证权力干净运行。

（摘自2009年12月25日《天津日报》）

中共天津市委2010年工作要点

（2009年12月23日中国共产党天津市第九届委员会第七次全体会议通过）

中共天津市第九届委员会第七次全体会议，认真学习贯彻党的十七大和十七届三中、四中全会精神及中央经济工作会议部署，深入贯彻落实科学发展观，全面分析面临形势，紧密结合天津实际，提出2010年工作要点。

一、深入贯彻落实科学发展观，实现天津经济社会的新发展

2010年是实施“十一五”规划的最后一年，是推动天津在高起点上实现新发展、再上新水平的关键一年。全市工作总的要求是：全面贯彻党的十七大和十七届三中、四中全会精神，高举中国特色社会主义伟大旗帜，以邓小平理论和“三个代表”重要思想为指导，深入贯彻落实科学发展观，认真落实中央经济工作会议部署和宏观调控政策措施，按照胡锦涛总书记对天津工作“一个排头兵”、“两个走在全国前列”和“五个下功夫、见成效”的重要要求，加快实施市委“一二三四五六”的奋斗目标和工作思路，着力构筑“三个高地”，全力打好“五个攻坚战”，全面推进社会主义经济建设、政治建设、文化建设、社会建设以及生态文明建设和党的建设，进一步增强经济实力、创新能力和综合竞争力，努力开创各项工作的新局面。

全市经济社会发展的主要预期目标是：生产总值增长13%；万元生产总值能耗下降4%，二氧化硫和化学需氧量消化当年新增排放量；财政收入增长12%；城市居民人均可支配收入实际增长10%，农村居民人均纯收入增长10%以上；居民消费价格总水平涨幅控制在3%左右；城镇登记失业率控制在3.8%以内。经过全市上下团结一心、艰苦努力，力争实际工作、效果和水平好于上年。

做好2010年的工作，必须把思想认识行动高度统一到中央对国内外形势的分析判断和部署要求上来，居安思危，切实增强忧患意识和风险意识，创造性地做好各项工作。必须把调结构、促转变、增实力、上水平作为着力点，坚定不移地走科学发展道路，毫不动摇地加快经济发展方式转变，实现经济社会又好又快发展。必须大力加强领导班子和干部队伍建设，提高推动科学发展、促进社会和谐的能力和水平，恪尽职守，扎实工作，在推动科学发展和谐发展率先发展上取得更大成效。

二、大力推进滨海新区开发开放，实现改革发展的新跨越

努力当好科学发展排头兵。把握功能定位，突出发展特色，统筹兼顾，创新发展，全力打好开发开放攻坚战，用新思路、新体制、新机制推动新区不断提高综合实力、创新能力、服务能力和国际竞争力，更好发挥在改革开放和自主创新中的重要作用，更好发挥在引领全市经济社会发展中的重要作用。

全力推进高水平的现代制造业和研发转化基地建设。把握世界产业发展趋势，推进重大项目建设。加快大功率机车维修制造、造修船基地、一重滨海制造基地等项目建设，建成新一代运载火箭、直升机总成基地等项目，确保中石化炼化一体化、中兴通讯北方研发制造等项目投产，推进北疆电厂二期、中俄东方石化等重大项目开工建设。加快国家生物医药国际创新园、国家民航科技产业化基地等10个国家级产业化基地建设，实施千万亿次高性能计算机、新型动力电池等100项自主创新产业化

项目。建成中科院天津工业生物研究所等一批重大公共技术平台，建设国家信息安全工程技术中心等一批创新平台。完成天津大学滨海工业研究院一期工程。加快实施科技巨人工程。

全力推进北方国际航运中心和国际物流中心建设。完成东疆保税港区二期基础设施工程。建成天津港主航道拓宽和国际邮轮码头、北港池杂货码头等工程。新建一批集疏港铁路、公路。继续推进无水港建设。启动滨海国际机场二期扩建工程。健全航运物流网络，加快服务区建设，发展大宗商品交易市场，完善综合服务体系，引进更多航运物流企业总部。积极发展保税物流和保税加工。健全大通关体系，加强电子口岸建设，全面提升口岸服务水平。

全力推进宜居生态型新城区建设。加快中新天津生态城起步区建设。抓好经济技术开发区等循环经济示范区和循环经济产业链建设。搞好滨海排放权交易所建设。加快生态功能区、生态廊道和生态组团建设。推进水资源、能源、环境整治等工程。加快京津城际铁路延长线、于家堡铁路中心站、海滨大道、中央大道等工程建设，进一步完善交通网络。

全力推进功能区开发建设。推进核心城区道路和公用设施建设，加强环境综合整治，完善主要区域夜景灯光。加快中心商务区楼宇和配套设施建设，推进临港工业区、南港工业区、南港轻纺工业园及生活配套区基础设施建设和引资项目落地，全面推进北塘片区、西部片区、滨海旅游区、中心渔港等区域的开发建设。加快建设现代服务业集聚区，推进渤龙湖总部经济区、软件与服务外包基地等高端项目建设，提升综合服务功能。

三、大力发展高端产业，实现经济发展方式的新转变

努力构筑高端产业高地。坚持不懈地抓好高水平大项目好项目建设，发展壮大优势支柱产业，积极培育战略性新兴产业，促进三次产业协调发展，构筑高端化高质化高新化产业体系，全力打好结构调整优化攻坚战，在经济发展方式转变和经济结构调整上取得扎实进展，显著提高经济发展的质量和效益，增强可持续发展能力。

做大做强先进制造业。推动100项重大工业项目建设，继续推出新一批重大工业项目，切实抓好项目的引进落地、开工建设和投产达产。落实国家重点产业调整和振兴规划。制定航空航天、石油化工、装备制造、电子信息、生物制药、新能源新材料、国防科技和轻工纺织等八大优势支柱产业发展规划，优化增量，盘活存量，加速产业集聚和产业链延伸。高度重视发展战略性新兴产业，发挥自身优势，明确发展重点，科学制定规划，强化政策支持，加快发展新能源、节能环保、新材料、新医药、生物育种、新能源汽车等产业。大力发展高新技术产业，改造提升传统产业。加快建设综合性国家高技术产业基地。壮大一批销售收入超百亿元、千亿元的企业集团。培育一批知名品牌和拳头产品。引导企业提高科学管理水平，搞好节约挖潜，强化营销创新，提高产品质量和经济效益。

着力提高服务业比重和水平。完善和落实鼓励服务业发展的政策措施，大力促进服务业发展。加快40项重大服务业项目和商贸、旅游等重点项目建设，策划实施一批新的项目。积极发展金融机构，加快创新金融业务，推进股权类交易市场和创新型交易市场建设，优化金融环境，防范金融风险。发起设立天津农村商业银行，争取更多金融企业在津设立法人机构。加快金融城、于家堡等金融业聚集区建设。继续整合规范投融资平台，建立“借用管还”良性机制。支持有条件的企业上市融资和发行企业债券。打造津湾广场高端商业商务标志区，提升海河商贸带、滨江道和平路中心商业区等商贸聚集区。建成梅江会展中心。办好夏季达沃斯论坛、国际矿业大会、津洽会、融洽会、津台投资合作洽谈会等展会和购物节、啤酒节等商贸节庆活动。改造提升一批大型批发交易市场，推进农村市场体系建设，健全便民服务网络。做大做强一批物流园区，培育大型综合物流集团。打造“近代中国看天津”文化旅游核心品牌，推出一批精品旅游项目，新建改造一批高星级酒店。办好中国旅游产业节、妈祖文化旅游节。做好上海世博会参展工作。加强和完善对房地产市场的调控，促进房地产业健康发展。提高物业管理水平。积极发展中介服务、信息服务和社区、家政、养老等服务业。

扎实做好农业和农村工作。完善和落实强农惠农政策。大规模发展优质高效设施农业,积极发展绿色生态、观光休闲农业,推进现代农业示范园区建设,提高农业产业化经营水平。发展种子种苗种畜禽产业和农产品保鲜、深加工产业。发展农民专业合作组织。加快农业科技创新,加强农业标准化建设。搞好农田水利建设和高标准农田建设。提高农业机械化装备水平。深入推进农民素质提高工程。继续实施农村电气化改造工程。加强农村基础设施建设,改善农村生产生活条件。完善新农村建设对口帮扶机制。

进一步推动三个层面联动协调发展。发挥滨海新区龙头带动作用,加强产业传导、技术扩散和功能服务,推动产业链、配套链向区县延伸。完善中心城区功能定位和产业规划,大力发展总部经济、楼宇经济、文化创意等服务业,建设提升一批繁华街区、都市工业园区和特色经济街区,加快万达商业广场、仁恒海河广场等商业载体建设,打造一批纳税额超亿元的商务楼宇。全面实施区县经济三年发展计划。促进农民居住社区、示范工业园区、农业产业园区协调发展,培育更多强区强县,壮大各区县综合实力。推进扩权强镇试点工作。加快495项区县重大项目建设,策划推出一批新的项目。搞好31个示范工业园区建设。加快推进以宅基地换房建设示范小城镇试点,增强城镇综合承载能力和聚集效应,全面提高城镇化发展水平。

四、大力提高自主创新能力,实现创新型城市建设的新进展

努力构筑自主创新高地。加快实施科教兴市战略,以增强自主创新能力为核心,聚集国内外科技资源,培育自主创新主体,吸引高端科技人才,优化创新创业环境,抢占科技制高点,促进高新技术产业化和新兴产业集群化,建设创新型城市。

大力推动科技进步和创新。抓好55项自主创新产业化重大项目建设,启动新一批20项重大项目。组织实施一批重大科技专项。加快开发太阳能电池超精密制造技术、混合动力汽车控制技术等200项重大关键技术和新产品。推动绿色制造、节能环保等领域关键技术的开发应用。加强面向应用的基础研究和战略高技术研究。发展高新技术企业,扶持科技型中小企业。推进滨海高新区国家创新型科技园区建设。扶持一批区县示范工业园区升级为市级高新技术产业园区。完善科技创新体系,加强公共技术服务平台建设,建立产学研联盟,加快科技成果向现实生产力转化。组建天津市应用技术研究院、创新发展研究院。深化部市合作,充分发挥企业、科研院所和高等院校的作用。加大科技投入,完善和落实鼓励企业增加研发投入的政策措施,提高研发投入占全市生产总值的比重。启动科技与金融结合试点。加强科协工作。发展科普事业。实施知识产权战略,建设知识产权产业化示范城市。

加快经济和社会信息化步伐。坚持以信息化带动工业化、推进现代化。发展信息产业,加快电信、计算机、电视三网融合,推进物联网和互联网结合,推动传感网的广泛应用。积极发展电子政务、电子商务,推动社区、农村信息化。加强信息基础设施建设和信息技术开发,促进信息资源共享,保障信息安全。

五、大力推进生态宜居城市建设,实现城乡面貌的新变化

努力构筑生态宜居高地。奋战300天,进一步加强城市规划建设管理工作,深入推进市容环境综合整治,切实加强能源资源节约和生态环境保护,全面推进生态文明建设,充分展现天津深厚的历史文化底蕴、独特的自然风貌和大都市现代化气息。

全面提升城市规划建设管理水平。落实城市空间发展战略规划,修改完善城市总体规划,推进土地利用总体规划修编,做好泰安道、中心公园、五大道等重点地区和重大专项规划编制工作。加快现代综合交通体系建设,继续实施20项重大交通项目和20项重大市政设施项目。推进西站综合交通枢纽、京沪高速铁路天津段、津秦客运专线、津保铁路等铁路工程建设。建设津港、塘承、津宁等高速公路。加快推进地铁2、3、9号线工程,启动建设地铁5、6号线。建成天津大道等快速路和一批城市道路。推进天津站轨道换乘中心建设。优先发展城市公交,加快车辆更新,搞好场站建设,治理非法客

运，提高服务水平。加强交通管理。搞好供电、供排水、供热、供气、通信等设施建设。推进南水北调天津干线及配套工程建设。加强施工管理，确保工程质量。提升海河两岸景观水平，推进繁华商业中心和历史风貌区建设。继续开展市容环境综合整治，由市中心向各区县延伸，由重点道路向次支道路拓展，由重点地区向里巷社区推进，实现全面覆盖、整体提升，进一步提高净化绿化美化水平。学习借鉴先进经验，出台并落实城市管理规定，创新城市管理体制，推进长效化、精细化管理，努力提高科学化、规范化、法制化水平。

加强环境保护和生态建设。全面落实生态城市建设三年行动计划。巩固创建环保模范城市成果。推进国家园林城市、卫生城市建设。加强企业污染防治。推进水环境治理工程，加强水源地保护，搞好环外河道治理，新建改造一批污水处理厂。做好大气污染、固体废物污染等防治工作。大力发展绿色经济、低碳经济和循环经济，推行清洁生产，淘汰落后产能。推进循环经济试点城市建设，抓好子牙循环经济产业区等建设，做好国家生态工业示范园区创建工作。加强文明生态村和环境优美乡镇建设，推进生态区县建设。做好造林绿化工作。重视生态环境修复。保护森林、湿地、河流、海洋等资源。

切实抓好能源资源节约。加强节能、节水、节地、节材和资源综合利用。加快实施绿色照明、电机改造等重点节能工程，推进工业、交通、建筑等重点领域和能源、原材料等重点行业节能，加快高效节能技术和产品推广。搞好水资源有效利用和循环使用，启动中心城区、滨海新区再生水利用行动计划，推进节水型城市建设。严格落实耕地保护和节约用地制度。开发利用风能、太阳能、地热能、生物质能等可再生能源。

六、大力推进体制机制创新，实现改革开放的新突破

进一步深化改革开放。坚持社会主义市场经济的改革方向，更新观念，创新思路，全面推进滨海新区综合配套改革试验，打好体制机制创新攻坚战，着力解决经济社会发展中的深层次矛盾和问题，努力构建充满活力、富有效率、更加开放、有利于科学发展的体制机制。

深化重点领域和关键环节改革。全面落实综合配套改革三年实施计划。实施金融改革创新专项方案。推进金融改革创新第二批20项重点工作。积极发展股权投资基金、融资租赁以及航运、科技、消费、低碳金融，开展跨境贸易人民币结算和人民币境外贷款试点，深化外汇管理改革试点工作，探索开展离岸金融业务。推进保险改革试验区建设。加快涉外经济体制改革，深化建立自由贸易港区的探索。优化国有经济布局，推进冶金、医药等行业的企业调整重组和资源整合，完成劣势困难企业退出工作。推进国有大中型企业股份制改革，规范法人治理结构，深化做实企业集团工作，发挥国有资产经营公司作用。完善国有资产监管体制，提高监管效能。落实促进中小企业发展的政策措施，加强和改善政府服务，落实财政支持政策，切实解决小企业融资难问题，支持中小企业加快技术进步。完善政策措施，放宽准入领域，创造公平竞争环境，鼓励和引导民间投资，保护民间投资合法权益，促进民营经济健康发展。进一步深化农村改革。继续推进土地管理、科技体制和社会领域改革。认真研究、逐步解决城市规划建设管理中的深层次问题。稳步推进资源性产品价格、环保收费和公用事业改革。深化滨海新区管理体制改革，理顺关系，完善机制，增强发展活力和动力。赋予新区更大自主发展权、自主改革权、自主创新权，做到新区的事新区办。完成区县政府机构改革。开展和深化街道、乡镇机构改革。

拓展对外开放广度和深度。完善和落实促进外贸发展的政策措施，加快外贸发展方式转变，促进出口稳定增长。巩固传统出口市场，积极开拓新兴市场。优化出口商品结构，增加自有品牌产品和自主技术及标准出口，发展服务贸易和服务外包。培育出口基地和示范区。创新利用外资方式，加大招商引资力度，吸引更多外商企业来津投资，引导外资投向高新技术产业、现代服务业、新能源和节能环保等产业。支持有条件的企业对外投资、开展国际能源资源合作和工程承包。推动埃及苏伊士经贸合作区等境外合作区建设。深化与中央各部门、兄弟省区市的交流合作。做好对口支援工作。

七、大力发展社会主义民主政治，实现社会公平正义的新进步

进一步扩大人民民主。支持人民代表大会依法履行职能，提高立法质量，加强和改进监督工作，发挥人大代表的作用。支持人民政协围绕团结和民主两大主题履行职能，丰富政治协商形式，完善民主监督机制，提高参政议政实效。巩固和壮大爱国统一战线。支持各民主党派加强自身建设和更好履行职能。全面贯彻党的民族政策和宗教政策。积极推动同港澳的交流合作。密切与海外华侨华人的联系。加强对台工作。发展基层民主，推进政务公开、厂务公开、村务公开和社区事务公开。充分发挥工会、共青团、妇联等人民团体的作用。

扎实推进依法治市。继续做好现行地方性法规清理工作，推进法律法规有效实施。加强执法规范化建设，健全完善警务、检务、审判、狱（所）务公开和督察工作机制，建立健全执法业绩考核评价机制，推进公正廉洁执法。继续深化司法体制和工作机制改革，优化司法职权配置，落实宽严相济刑事政策，加强政法队伍建设，完善司法保障机制。搞好法律服务，推进法律援助和司法救助。做好“五五”普法工作。加强国防教育，推进双拥工作，增进军政军民团结。

加快建设服务型政府。理顺职责关系，优化组织结构，提高行政效能。全面推进依法行政。健全政府绩效评估和行政问责制度。加快推进政企分开、政资分开、政事分开、政府与市场中介组织分开。进一步减少、规范和整合行政审批，下放审批权限，缩短审批时限，简化审批环节，强化现场审批和联合审批。巩固保增长渡难关上水平活动成果，深入开展重点项目帮扶活动。认真做好“十二五”规划编制工作。

八、大力促进文化大发展大繁荣，实现文化软实力的新提升

切实增强文化发展活力。积极推进文化创新，全力打好文化大发展大繁荣攻坚战，出精品，出人才，出效益，显著提升市民素质和城市文明程度，显著增强文化实力和竞争力，努力建设富有独特魅力和创造活力的文化强市。

加强社会主义核心价值体系建设。深入开展中国特色社会主义理论体系宣传普及活动，加强意识形态工作和思想政治工作，深化理想信念和形势政策教育。推动中国特色社会主义理论体系进教材、进课堂、进头脑。加强未成年人思想道德建设和大学生思想政治教育。举办读书节，办好社科普及周，推进学习型城市建设。扎实推进群众性精神文明创建活动。深化“同在一方热土、共建美好家园”活动，启动实施市民素质提升行动计划。广泛开展志愿服务活动。深入开展“扫黄打非”。

巩固发展积极健康向上的主流舆论。精心谋划组织重大主题、重要活动的宣传报道，加大对民生问题和热点问题引导力度，健全突发公共事件新闻报道应急和快速反应机制。加强传播能力建设，做大做强主流媒体和重点新闻网站，开播天津卫视高清频道，推进有线电视网双向改造。加强新兴媒体建设管理，开展整治互联网和手机媒体低俗之风专项行动。加强对外宣传工作。

加强公共文化服务体系建设。继续实施乡镇综合文体中心、农家书屋等文化惠民工程。繁荣文艺创作，推出一批优秀舞台剧目、影视作品和津版图书。大力发展群众文化。推进天津文化中心、国家海洋博物馆等公共文化设施建设。积极开展对外文化交流。广泛开展群众体育活动，提高竞技体育整体实力，促进体育产业发展。加强公共体育设施建设，充分用好现有体育场馆。办好市第十二届运动会暨首届全民健身运动会、海河龙舟节，做好第九届全国大学生运动会、第六届东亚运动会筹办工作。

加快文化体制改革和文化产业发展。全面完成经营性文化单位转企改制任务，组建北方演艺集团、文化产业总公司，推动新闻媒体宣传与经营业务两分开、电台电视台制播分离改革和非时政类报刊转企改制，全面完成区县文化行政管理和文化市场综合执法改革。深化公益性文化事业单位内部机制改革。制定并落实文化产业振兴规划，启动实施第一批重点工作计划。继续推出一批文化与商贸、旅游结合的精品项目。加快国家动漫产业综合示范园建设，打造一批文化创意产业集聚区。培育和发展新兴文化业态。

九、大力推进和谐天津建设，实现民计民生的新改善

着力保障和改善民计民生。坚持以人为本，加快实施富民强市战略，更加注重围绕保障和改善民计民生来谋划发展，继续实施20项民心工程，把惠民生的事情办好办实，切实解决群众最关心、最直接、最现实的利益问题。

实施更加积极的就业政策。发挥项目建设带动就业作用，发展劳动密集型产业、服务业和民营经济，开发公益性就业岗位，努力扩大就业。鼓励高校毕业生到城乡基层、中小企业就业，重视解决家庭贫困的高校毕业生就业问题。加强对就业困难人员和零就业家庭的就业援助。继续实施帮扶困难企业稳定就业岗位政策。鼓励自谋职业、自主创业和灵活就业。做好军队复转人员就业安置工作。加大就业培训力度，促进人力资源合理配置，提高就业质量。启动百万职工技能培训计划。完善劳动合同制度，促进劳动关系和谐。

千方百计增加城乡居民收入。合理调整收入分配格局，落实城乡居民增收规划，着力提高中低收入群众收入水平。促进企业效益与职工收入同步增长。调整企业最低工资标准。依法扩大工资集体协商范围。完善国有及国有控股企业经营者薪酬管理办法，促进职工工资同步增长。做好企业退休人员养老金调整工作。推进事业单位收入分配制度改革。落实公共卫生与基层医疗卫生事业单位绩效工资政策。拓展增收空间和渠道，促进农民收入较快增长。落实和完善促进消费的各项政策，有效扩大居民消费。

完善城乡社会保障体系。统筹推进城乡居民养老和医疗保险，完善覆盖城乡职工和从业人员的社会保险制度，搞好社会保险制度衔接。调整和完善城镇职工大病统筹医疗保险制度，提高医疗保险待遇水平。实施城乡一体的医疗救助制度。加强对社会保险基金的管理和监督。加大对低收入群众的帮扶救助力度，提高城乡最低生活保障和特困救助标准。提高部分优抚对象待遇水平。发展慈善事业。保护妇女和未成年人权益。支持残疾人事业发展。继续做好老龄工作。

切实做好住房保障工作。落实保障性住房资金、土地供应和优惠政策，加大限价商品住房、经济适用住房等保障性住房建设力度，提高公共设施配套水平。扩大住房保障政策覆盖面，扩大廉租住房实物配租范围，启动面向非拆迁家庭提供经济适用住房试点工作，增加发放租房补贴户数，着力解决中低收入家庭住房困难。建立保障性住房长效管理机制。加强住房公积金管理和监督。增加普通商品住房供给，支持居民自住和改善性购房需求。加大农村危房改造支持力度。做好市区危陋房屋和城中村拆迁安置工作。

优先发展教育事业。全面推进素质教育，扎实推进义务教育学校现代化标准建设工程，加快实施中小学校舍安全工程，促进义务教育均衡发展。深入推进国家职业教育改革试验区建设。基本建成海河教育园区一期工程。办好全国职业院校技能大赛。着力提高高等教育质量。全面推进高等学校和谐校园建设。建成大学软件学院。加强学前教育、特殊教育和继续教育。着力提升校园环境水平。

全面推进医药卫生体制改革。建立基本药物制度，推行基本药物零差率销售。提升区县级综合医院服务能力，加快推进基层医疗卫生服务和公共卫生双重网底建设。继续实施重大公共卫生服务项目。深化公立医院改革。做好甲型H1N1流感等重大传染病防控治疗工作。加强医德医风建设。深入开展爱国卫生运动。稳定低生育水平，统筹解决人口问题。做好人口普查工作。

精心维护社会和谐稳定。落实稳定是硬任务、是第一责任的要求，着力解决源头性、根本性、基础性问题，打好保持社会和谐稳定攻坚战。推进社会管理创新，提高社会服务和管理水平。建立健全重大社会决策、重大工程社会稳定风险评估机制。做好矛盾纠纷排查化解工作，依法按政策及时妥善处理群众反映的问题。加强和改进信访工作，落实领导干部定期接访、下访制度。积极预防和妥善处置群体性事件和突发公共事件。加强社会治安综合治理，深化平安创建活动，严厉打击各类违法犯罪活动。加强国家安全工作。做好保密、档案工作。加强食品、药品安全管理和整治。强化安全监管责任，严防发生重特大安全事故。健全灾害监测预警及应急

救援机制，增强防灾减灾救灾能力。

十、大力加强和改进党的建设，实现党的建设科学化水平的新提高

坚持用中国特色社会主义理论体系武装头脑、指导实践、推动工作。按照建设马克思主义学习型政党的要求，深入开展学习型领导班子和学习型党组织创建活动。巩固和发展深入学习实践科学发展观活动成果，探索和建立学习研究和贯彻落实科学发展观的长效机制。坚持市委理论学习中心组读书会暨现场交流推动会制度。落实党委(党组)中心组学习等制度。提高干部教育培训的质量和效益。

培养造就高素质干部队伍。加强领导班子思想政治建设，教育各级领导干部做善于学习、解放思想、求真务实、亲民爱民、艰苦奋斗、廉洁自律的表率。坚持正确的考核导向和用人导向，注重提拔重用那些符合干部使用条件特别是贯彻落实科学发展观态度坚决又有能力的同志。深化干部人事制度改革，完善干部选拔任用机制，优化领导班子配置。大力培养选拔优秀年轻干部，加强女干部、少数民族干部和党外干部培养选拔工作，实施后备干部“1321”工程。加大干部交流力度。从严管理和重点管理关键岗位的干部。健全干部退出机制。做好老干部工作。

统筹抓好各类人才队伍建设。大力实施人才强市战略。完善和落实人才培养、吸引、使用、评价、激励办法，增强人才资源配置机制活力。实施海外高层次人才引进“千人计划”，着力引进创新创业领军人才和团队。加快滨海新区人才高地建设。健全人才市场体系和人才公共服务体系。

着力推进基层党组织建设。开展创先争优活动，推进强基创先工程。扩大基层党组织覆盖面。推进基层党组织工作创新。建立健全城乡党建资源均衡配置、城乡一体党员动态管理、城乡基层党组织互帮互助等机制。健全国有企业党组织发挥政治核心作用的体制机制。加强非公有制经济组织和新社会组织党建工作。改进发展党员工作。建立健全教育、管理、服务党员长效机制。推进党务公开，发展党内民主，保障党员主体地位和民主权利。

切实加强作风建设。大力弘扬理论联系实际、密切联系群众、批评和自我批评的作风，加强党性修养和作风养成。完善服务群众、联系群众制度，真心实意为群众办实事、解难事、做好事。坚持真抓实干、埋头苦干，鼓励敢抓敢管、善抓善管，力戒形式主义、官僚主义。进一步健全决策目标、执行责任、考核监督三个体系，责任到人，一抓到底，重在落实，务求实效。加强对重大问题的调查研究。改进文风会风，提高机关服务水平。坚持勤俭节约，反对铺张浪费。

深入推进反腐倡廉建设。认真执行党的纪律特别是政治纪律。加强对中央和市委重大决策部署执行情况的定期检查和专项督查。扎实推进惩治和预防腐败体系建设。强化教育和监督，促进领导干部廉洁从政。着力解决群众反映强烈的突出问题，坚决纠正损害群众利益的不正之风。坚决查处违纪违法案件，依纪依法严惩腐败分子。深入开展工程建设领域突出问题和“小金库”等专项治理工作。加强和改进巡视工作。完善纪检监察机关派驻机构统一管理。推进廉政风险防范机制建设。搞好基层党风廉政建设。拓宽群众参与反腐倡廉工作渠道。加强廉政文化建设。做好治本抓源头工作。严格落实党风廉政建设责任制。

全市各级党组织和广大党员干部群众，要更加紧密地团结在以胡锦涛同志为总书记的党中央周围，全面贯彻党的十七大和十七届三中、四中全会精神，高举中国特色社会主义伟大旗帜，以邓小平理论和“三个代表”重要思想为指导，深入贯彻落实科学发展观，按照胡锦涛总书记对天津工作的一系列重要要求，解放思想，锐意进取，顽强拼搏，干事创业，扎扎实实做好改革发展稳定各项工作，为进一步加快滨海新区开发开放、实现天津科学发展和谐发展率先发展而努力奋斗！

(摘自2009年12月26日《天津日报》)

政府工作报告

——2010年1月16日在天津市第十五届人民代表大会第三次会议上

天津市市长 黄兴国

各位代表：

现在，我代表天津市人民政府，向大会作政府工作报告，请予审议，并请市政协委员和其他列席人员提出意见。

一、过去一年工作回顾

2009年，是天津发展进程中非同寻常的一年，是积极应对国际金融危机严峻挑战，攻坚克难，奋力拼搏，取得显著成绩的一年。在党中央、国务院和中共天津市委的领导下，我们全面贯彻党的十七大和十七届三中、四中全会精神，高举中国特色社会主义伟大旗帜，以邓小平理论和“三个代表”重要思想为指导，深入贯彻落实科学发展观，按照胡锦涛总书记对天津工作“当好一个排头兵”、“两个走在全国前列”和“五个下功夫、见成效”的重要要求，加快实施市委“一二三四五六”的奋斗目标和工作思路，在危机中抢抓机遇，在困境中寻求突破，在竞争中赢得主动，圆满完成了市十五届人大二次会议确定的目标任务。

过去的一年，面对异常复杂和困难的发展环境，我们坚定危中有机、事在人为的信念，敢于逆势而上，奋力拼搏闯关，坚决贯彻国家宏观调控政策措施，努力转变经济发展方式，不断加大经济结构调整力度，做出了一系列决策部署，赢得了时间，争取了主动，全市经济社会发展在克服困难中又向前迈进一大步，全面实现了主要经济指标增幅相当于或好于上年的奋斗目标。预计全市生产总值7500.8亿元，增长16.5%；财政收入1805亿元，增长21.1%；全社会固定资产投资5006亿元，增长47.1%；社会消费品零售总额2431亿元，增长21.5%；实际直接利用外资增长21.6%；实际利用内资增长35%；城镇登记失业率控制在3.6%；城市居民人均可支配收入实际增长11.4%；农村居民人均纯收入增长10.4%。万元生产总值能耗下降6%，化学需氧量、二氧化硫排放量分别下降1%，节能降耗保持全国领先水平。生产总值、财政收入、固定资产投资、综合能耗等主要经济指标，提前一年实现“十一五”规划目标。

2009年，我们主要做了以下工作。

（一）积极应对国际金融危机，全市经济持续快速增长

我们坚决贯彻中央应对国际金融危机的一揽子计划，积极扩大内需保增长，调整优化经济结构，提高发展水平，经济增长一季好于一季，全年主要经济指标增幅继续位居全国前列。

我市应对国际金融危机有三个突出特点。第一，在全市广泛深入开展“保增长、渡难关、上水平”活动，为经济发展营造了良好环境。在突如其来的困难面前，政府与企业心连心，同舟共济，共渡难关，组织4000多名干部，深入企业开展服务，帮助解决实际困难。制定了促进经济发展的30条措施，实施政府服务大提速，行政审批效率明显提高，受到企业普遍欢迎，提振了发展信心。第二，始终坚持抓大项目好项目不放手，为经济增长提供了有力支撑。在前几年不断推出重大项目的基础上，又推出368项，累计达到770项，总投资超过1.6万亿元。全市固定资产投资突破5000亿元，相当于“九五”时期的两倍、“十五”时期的总和。大项目好项目建设，带动了投资总量的快速增长，优化了产业结构，增强了抵御风险能力，积蓄了发展后劲。第三，积极

推进重点领域、关键环节改革,激发了经济社会发展活力。投融资体制改革迈出较大步伐,组建了一批投融资平台,融资总额超过3000亿元,为基础设施和重大项目建设提供了资金支持。坚持金融改革创新与金融风险防范并重,全市投融资平台由155家整合为86家,"借用管还"良性机制逐步建立。国有企业改革取得新突破,力神电池公司、铁路集团公司重组整合顺利完成。完善了区县中小企业贷款担保体系。民营经济占全市经济比重达到40%。土地、科技、行政等管理体制改革取得新进展。

大力调整工业结构,发展高端高质高新产业,工业增加值增长22%,拉动全市经济增长10个百分点。航空航天、石油化工、装备制造、电子信息、生物医药、新能源新材料、国防科技、轻工纺织等八大优势支柱产业初步形成,占工业比重超过90%。空客A320系列飞机交付11架,百万吨乙烯、新皇冠轿车、北疆电厂一期等项目竣工投产。重大项目建设,促进了产业结构的优化升级。

自主创新能力进一步提高,55项重大产业化项目全面启动,开发出一批具有自主知识产权、国际国内领先水平的新产品,促进了生物医药、新能源等新兴产业集群发展。国际生物医药联合研究院等12个国家级科技创新平台基本建成,国家级企业技术中心达到24个。人才引进和人才队伍建设取得新成绩。专利申请量和授权量分别达到1.9万件、7200件。全社会研发经费支出占生产总值的比重达到2.4%。综合科技进步水平继续位居全国前列。

服务业加快发展,增加值增长15%,为近年来最好水平。金融业增势强劲,新增贷款相当于前三年的总和。农村金融为支持"三农"发展发挥重要作用。消费市场活跃,家电下乡、以旧换新等措施受到群众欢迎。旅游业快速发展,津湾广场、意式风情街等特色街区投入运营,海河风光游等特色精品旅游线路持续火爆。成功举办了PECC博览会、"津洽会"、首届中国旅游产业节。现代物流、服务外包、中介咨询等发展迅速。中心城区的总部经济、楼宇经济、创意产业等现代服务业取得新进展。

(二)加快实施国家发展战略,滨海新区进入全面开发建设新阶段

我们全力推进滨海新区开发开放,加快实施综合配套改革,新区各项工作取得重要进展。生产总值增长23%以上,占全市的比重超过50%,龙头带动作用更加突出。

综合配套改革取得实质性进展。经国务院批准,撤销塘沽、汉沽、大港三个行政区,组建了滨海新区行政区。管理体制改革的重大突破,为新区发展注入了新的活力。金融改革创新20项重点工作全面完成。第三届"融洽会"成功举办。船舶产业投资基金、飞机租赁基金设立,各类股权投资基金和创业风险投资基金达到355家,天津成为私募股权基金相对集中的城市。外汇改革试点逐步展开。融资租赁业务规模占全国20%以上。金融创新专项方案获国家批复。天津股权交易所、渤海商品交易所揭牌运营。船舶特别登记等创新政策开始试行。天津港口岸扩大对外开放范围获得国家批复。电子口岸建设取得新进展,新建内陆"无水港"6个。其他专项改革扎实推进。

功能区建设全面推进。中新天津生态城起步区建设进展顺利,国家动漫产业综合示范园、科技园、生态居住区等项目开工。东疆保税港区一期4平方公里基础设施全部建成。于家堡金融商务区加快建设,响螺湾商务区在建商务楼宇达到39座。滨海高新区渤龙湖总部园区启动。南港工业区建港造陆10平方公里,中石化原油储备库等一批重大项目落地建设。开发区连续12年在国家综合投资环境评价中名列第一。滨海旅游区、临港工业区、临空产业区加快开发。

基础设施建设取得重大进展。93个重点工程加快建设,载体功能进一步增强。天津港货物吞吐量达到3.8亿吨,集装箱吞吐量870万标准箱。天津航空公司挂牌运营,滨海国际机场第二跑道投入使用,旅客吞吐量达到578万人次,跨入国内大型机场行列。津滨高速公路拓宽改造、中央大道、天津大道、于家堡铁路中心站等项目加快实施。生态环境和市容面貌明显改观。

对外交流合作广泛开展。成功举办了首届全球绿色经济峰会、国际生物经济大会、中国国际矿业大会、第八届中欧工商论坛、第二届津台投资合作洽谈会等重要展会。与兄弟省市的经济合作进一步扩大,与东北亚地区的交流合作更加密切。我市承

担建设的埃及苏伊士经贸合作区获得国家授牌。国际交流与区域合作达到新水平。

（三）大力推进城乡统筹发展，区县经济迈上新台阶

我们积极实施城乡一体化发展战略，落实各项强农惠农政策，不断完善以工促农、以城带乡的长效机制，各区县经济发展势头强劲，综合实力进一步增强。

农业现代化水平不断提升。建成设施农业10万亩，新建一批现代养殖示范园区，经济效益成倍增加。粮食生产为近十年最好水平，肉蛋菜奶等主要农副产品产量稳定增长。农业标准化体系逐步完善，新增无公害种植面积60万亩。推广了一批科技成果，农业科技进步贡献率达到60%。进入产业化体系的农户比重达到82%。农村工业、服务业加速发展。优化资源配置，推进集约发展，整合设立了31个区县示范工业园区，基础设施建设全面启动，一批大项目签约落地。区县重大项目全部开工，成为支撑区县经济发展新的增长点。

农村城市化进程进一步加快。以宅基地换房建设示范小城镇试点范围扩大，已开工建设农民还迁住宅1400万平方米，累计完成投资300亿元，14万农民迁入新居。全市农村城市化率达到58%。基础设施不断完善，新建改造了一批农村公路、污水和垃圾处理设施，农村环境得到改善。

（四）不断加强规划建设管理，城乡面貌发生显著变化

我们确定了“双城双港、相向拓展、一轴两带、南北生态”的总体发展战略，进一步明确了天津发展的空间布局，并将规划成果向社会公示，大大激发了全市人民热爱家乡、发展天津的热情。编制了区县总体规划、一批专项规划和重点地区城市设计。市规划馆成为展示天津形象和广大群众参与决策的重要平台。

城市基础设施建设全面推进。津汕高速公路天津段建成通车，京沪高速铁路天津段、京津城际铁路延长线、津秦客运专线加快建设，112国道等4条高速公路、天津站地下交通枢纽、地铁2、3、9号线等工程进展顺利，西站综合交通枢纽工程启动实施。永定新河治理一期工程竣工，顺利实施引黄济津，南水北调干线和配套工程抓紧建设。在全国率先建立了工程质量安全监督管理总队，施工监管全面加强，一批工程荣获国家级奖项。

生态城市建设取得重大进展。三年行动计划确定的重点工程全面开工。实施了水环境专项治理工程，完成大沽排污河等21条河道治理，新建改造一批污水处理厂。新增绿化面积2800万平方米，植树造林26万亩，农村林木覆盖率达到20%。一批垃圾处理设施投入使用，城市生活垃圾无害化处理率达到90%。完成中心城区112座小锅炉拆除并网，环境空气质量继续改善。

新一轮市容环境综合整治成效显著。奋战150天，综合整修市区建筑、道路和铁路沿线，改造提升公园和重点地区，开展违法广告、城乡结合部等专项治理，中心城区基本实现管理全覆盖。建成了城市数字化管理平台，加大了考评力度，市民生活环境明显改善。

（五）着力改善民计民生，各项社会事业取得新进步

我们始终把保障和改善民生作为构建和谐社会的重要任务，作为政府工作的重中之重，不断加大工作力度。20项民心工程全面完成。制定出台了保企业稳就业、创业带动就业、促进高校毕业生就业等一系列政策，妥善安置困难群体，全年新增就业40万人。继续实施18项增加居民收入的政策措施，连续5年提高企业退休人员养老金。建立了覆盖城乡的老年人生活补助制度，65万老年人按月领取生活补贴。

社会保障范围不断扩大。建立了统筹城乡居民的基本养老和基本医疗保险制度，在全国率先做到城乡居民社会保险一体化，实现了社会保险制度从城镇到农村、从职工到居民的全覆盖。城镇职工参保人数明显增加。全市900万人享有医疗保障，覆盖率居全国前列。实施了困难家庭帮扶和重症患者救助制度。提高了优抚对象抚恤、城乡低保、特困救助标准，29万人受益。

群众生活质量明显改善。扩大了廉租房、限价商品房保障范围，建设保障性住房770万平方米，向5万户低收入家庭发放租房补贴。加快对旧楼区的综合整修，12.3万居民受益。完成10万平方米老

住宅供热补建，为11万户居民更换户内自来水和燃气旧管道。继续实施农村居民饮水安全工程，100万农民受益。建成一批菜市场、社区服务中心、停车场、人行天桥，更新公交客车1000辆。注重源头治理，开展了安全生产隐患、车辆超载、商品房质量、装修材料安全、夏季食品卫生等专项整治行动。深入推进平安天津建设，社会治安保持全国最好地区之一。重点整治后的8个公园免费向市民开放，群众休闲健身的场所更多了，条件更好了，环境更美了。

教育水平不断提高。集中力量为教育办了四件实事。一是完成了118所农村中小学校舍安全加固工程；二是义务教育学校教师绩效工资落实到位；三是海河教育园区开工建设，成功举办了全国职业院校技能大赛；四是采取多项措施，减轻市属高等院校债务负担，使高校集中精力抓教学、抓人才、抓发展，高等教育综合实力和社会服务能力进一步增强。

卫生改革不断深入。实行全市药品集中采购，在9个城区推行社区卫生服务机构药品零差率改革，药品价格平均下降25%。实施了大医院和社区卫生机构医疗服务双向互动。为全市妇女儿童免费提供12项疾病筛查服务，110万人受益。建立了医患矛盾调处机制，医疗纠纷大幅度下降。中心妇产科医院、总医院、南开医院等工程进展顺利。突发公共卫生事件应急处置能力进一步提高，甲型H1N1流感防控工作扎实开展。人口与计划生育工作取得新成绩。

文化体育事业蓬勃发展。全市人民瞩目的天津文化中心开始建设。组织了一系列庆祝新中国成立60周年群众文化活动，创作出电视剧《解放》等一批影视精品。成功举办了中国(天津)演艺交易博览会、天津国际少儿艺术节。文化惠民工程顺利推进，建成32个乡镇文体中心、1000个农家书屋。文化体制改革迈出新步伐，文化产业加快发展，成立了出版传媒集团和北方电影集团。新闻出版、广播影视、社会科学、图书、档案、文物等事业长足发展。竞技体育实现新跨越，天津体育代表团在第十一届全国运动会上，创造历史最好成绩。成功举办了第25届亚洲男子篮球锦标赛等国际体育赛事。全民健身蓬勃开展。社区建设得到加强，提高了居委会工作经费和工作人员生活补助标准，一批社区获得全国示范荣誉称号。精神文明创建活动深入开展，市民文明素质进一步提高。

(六)努力提高行政效能，民主法制建设不断加强

我们认真执行市人大及其常委会决议，自觉接受法律监督、民主监督和工作监督，及时听取人大代表、政协委员的意见和建议，各类建议和提案全部办复。提请市人大常委会审议的地方性法规草案6项，制定政府规章10项。全面完成市级政府机构改革，优化了组织结构，理顺了职责关系。行政审批制度改革取得新突破，通过下放权限、减少事项、联合审批，效率提高30%。顺利完成第二次经济普查工作。强化了应急管理体制，应对突发公共安全事件的能力进一步提高。积极推行政务公开，坚持重大事项公示和听证制度，健全了政府新闻发言人制度。加强了政府督查工作，有力推动了重大决策和重点工作的落实。发挥信访接待和行政复议中心的作用，妥善解决了一批信访突出问题和行政争议案件。廉政建设、行政监察工作扎实有效。法律服务、法律援助工作得到加强，“五五”普法顺利推进。支持工会、共青团和妇联等群众组织更好地开展工作。民族、宗教、侨务和对台工作取得新成效。对口支援陕西省震后重建重点项目全部建成，服务参与西部开发工作进展顺利。双拥共建活动深入开展，国防教育、国防后备力量建设不断加强，天津军政军民团结的局面更加巩固。

各位代表，在报告工作成绩的同时，我们也清醒地看到存在的矛盾和问题。主要是：发展方式、综合实力与天津的地位作用还不适应，服务业比重偏低，区县经济实力不强，民营经济发展不快；自主创新能力不强不大，创新创业环境不够完善，高素质人才聚集能力弱，自主品牌不够多；企业经济效益下滑，外贸出口下降幅度较大；经济和社会发展活力不够，重点领域和关键环节的改革需要进一步加快；群众生活水平还不够高，部分群众生活比较困难，就业形势依然严峻，改善民生和发展社会事业的任务仍然繁重；有些社会矛盾还比较突出，各项管理工作存在薄弱环节；政府自身建设仍有差距，形式主义、官僚主义、一些领域的腐败现象依然存

在。对于这些问题,我们一定高度重视,采取有力措施,在今后工作中切实加以解决。

各位代表,过去的一年,我们面对国际金融危机的严重冲击,实现了经济社会又好又快发展,是非常不容易的。这是在市委领导下,万众一心,拼搏奋斗的结果,凝结了全市人民的智慧、汗水和力量,体现了天津精神、天津速度、天津效益。在这里,我代表天津市人民政府,向全市各族人民,向人大代表、政协委员,向各民主党派、工商联、人民团体和社会各界人士,向中央各部门、兄弟省市以及人民解放军和武警驻津部队,向所有关心支持天津发展的港澳同胞、台湾同胞、海外侨胞和国际友人,表示衷心感谢和崇高敬意!

二、2010年工作目标和主要任务

2010年,是实施"十一五"规划的最后一年,是推动天津在高起点上实现新发展、再上新水平的关键一年。总体上看,今年的经济发展环境将好于去年,但面临的形势仍然十分严峻复杂。世界经济出现了复苏迹象,但还存在许多不稳定不确定因素。国内经济呈现向好趋势,但回升的基础还不牢固,发展的内在动力明显不足,外需不振状况短期内难以改变,结构性矛盾突出,就业形势严峻。当前,天津发展正处在一个非常关键的时期,今年的发展至关重要。我们必须居安思危,进一步增强忧患意识、机遇意识和责任意识,始终保持进取精神和拼搏勇气,一刻也不懈怠,一天也不耽误,牢牢把握滨海新区开发开放的难得机遇,全力推进三个层面联动协调发展,坚持把调结构、促转变、增实力、上水平作为着力点,坚定不移地加快经济发展方式转变,大力调整优化经济结构,站在高起点,抢占制高点,达到高水平,努力使天津的综合实力再上一个新台阶,城乡面貌发生新的更大变化,各项社会事业更加繁荣进步,广大群众共享改革发展成果,决不辜负全市人民对我们的重托和期望!

2010年政府工作总的要求是:全面贯彻党的十七大和十七届三中、四中全会精神,高举中国特色社会主义伟大旗帜,以邓小平理论和"三个代表"重要思想为指导,深入贯彻落实科学发展观,认真落实中央经济工作会议部署和宏观调控政策措施,按照胡锦涛总书记对天津工作"当好一个排头兵"、"两个走在全国前列"和"五个下功夫、见成效"的重要要求,加快实施市委"一二三四五六"的奋斗目标、工作思路和市委九届七次全会提出的各项任务,着力构筑"三个高地",全力打好"五个攻坚战",全面推进社会主义经济建设、政治建设、文化建设、社会建设以及生态文明建设,进一步增强经济实力、创新能力和综合竞争力,努力开创各项工作的新局面。

2010年全市经济和社会发展的主要预期目标是:生产总值增长13%,财政收入增长12%,全社会固定资产投资增长20%,社会消费品零售总额增长16%,实际直接利用外资增长15%,利用内资增长25%,外贸出口增长8%,城镇登记失业率控制在3.8%以内,农村居民人均纯收入增长10%,城市居民人均可支配收入实际增长10%以上,居民消费价格总水平涨幅控制在3%左右。万元生产总值能耗下降4%,二氧化硫和化学需氧量消化当年新增排放量,节能降耗继续保持全国领先水平。

2010年,重点抓好十个方面工作。

(一)进一步加快滨海新区开发开放

围绕实现国家战略定位,实施"一核双港、九区支撑、龙头带动"发展布局,全力打好滨海新区开发开放攻坚战,集中力量推进开发建设,显著增强综合实力、创新能力、服务能力、国际竞争力,发挥引领作用,当好科学发展的排头兵。

着力推进管理体制创新。按照统一、协调、精简、高效、廉洁的原则,健全政府职能,创新管理方式,提高行政效率。充分发挥新体制新机制的优势,做到新区的事新区办,进一步统筹规划布局,整合区域资源,增强发展活力。

着力推进功能区开发建设。加快中新天津生态城起步区建设进度,完成东疆保税港区二期基础设施工程,滨海高新区渤龙湖总部园区首期具备入驻条件,响螺湾商务区、于家堡金融商务区17栋商务楼宇完成主体工程。加快南港工业区建港造陆和基础设施建设,积极推动项目落地开工,尽快形成开发建设热潮。继续推进临港工业区、空港物流加工区、开发区西区、滨海旅游区开发建设。

着力推进重大项目建设。组织实施320个重大产业项目,完成投资1500亿元。建成新一代运载火箭、直升机总成基地、西飞机翼组装等项目,推进造修船基地、太原重工等项目建设。加快千万亿次高性能计算机、高端通用芯片、新型动力电池等自主创新重大项目进度,推动官港生态游乐园、117大厦等现代服务业项目建设。促进中俄大炼油、机车维修制造等项目开工。

着力推进基础设施建设。完成天津港主航道拓宽工程,港口货物吞吐量突破4亿吨。建设滨海国际机场二期工程,旅客吞吐量达到700万人次,货邮吞吐量达到20万吨。推进京津城际铁路延长线、津秦客运专线、于家堡铁路中心站、海滨大道等工程建设,建成天津大道、港城大道、津港高速公路等项目。搞好生态城区建设,提高宜居水平。

着力推进服务功能提升。加快服务业与制造业的融合发展,优化产业结构。推进国际贸易与航运服务区建设,完善大通关体系,提高"无水港"运营效益,推动亚欧大陆桥口岸功能建设,加强跨区域口岸直通与合作。落实与兄弟省市、中央大企业的合作协议,扩大与东北亚国家的经济交往,以更加积极的姿态融入区域发展、服务区域发展。

(二)进一步加快壮大区县经济实力

全面实施区县经济三年发展计划,促进农业和农村经济结构战略性调整,以示范小城镇建设为龙头,大力推进农民居住社区、示范工业园区、农业产业园区联动发展,培育更多的强区强县强镇,实现跨越发展。

加快现代农业发展。建成设施农业10万亩,建设15个现代农业示范园区,培育一批现代畜牧业和水产品养殖示范园区,大力发展林下经济,促进农业增效、农民增收。积极吸引国内外大企业参与设施农业开发,延长产业链。完善农业科技服务体系,组织实施一批科技成果转化项目。继续实施农民素质提高工程。加强农田水利基础设施建设,新增节水灌溉面积15万亩。强化农产品质量管理,完善农产品质量检测、安全追溯和预警体系。大力发展农民专业合作组织,壮大龙头企业,进入产业化体系的农户比重达到86%以上。

加快农村工业发展。积极引导各区县发挥各自优势,培育主导产业,实现错位发展。大力推进区县示范工业园区开发建设,上半年完成起步区基础设施工程,加大招商引资力度,提高投资强度和产业聚集度。加快区县大项目建设进度,继续推出新项目。

加快农村城市化进程。扎实推进以宅基地换房建设示范小城镇试点工作,扩大建设规模,丰富发展内涵。新建农民还迁住宅700万平方米,竣工500万平方米。已建成的示范小城镇,积极推进管理制度创新,实现可持续发展。年内向城镇转移农村人口25万人,农村城市化率达到60%。做好文明生态村提升、创建工作。继续实施农村电气化改造工程,推进基础设施和公共服务设施向农村延伸。

(三)进一步加快发展高端制造业

积极转变经济发展方式,走新型工业化道路,推进信息化与工业化融合发展,调整结构,优化布局,加快构筑高端产业高地,努力形成以高新技术产业为先导,战略性新兴产业为引领,装备制造业为核心,优势支柱产业为支撑的现代产业体系,继续发挥工业对经济的支撑作用。

以产业结构调整为重点,实现高端发展。全面落实国家重点产业调整振兴规划,加快壮大航空航天、石油化工、装备制造、电子信息等八大优势支柱产业,逐个编制发展规划,依靠自主创新,拉长产业链条,形成产业集群。加快用新技术改造提升传统产业,提高科技含量和附加值。坚持有所为有所不为,积极培育战略性新兴产业。高新技术产业占全市工业的比重达到30%以上。按照"三个一批"的要求,加快推进重大工业项目建设。

以产业集聚为重点,实现集约发展。重点打造临港"重装"、南港"重化"等产业聚集区,形成高端产业发展的重要载体。推动冶金、医药等行业强强联合。实施大企业、大集团带动战略,以骨干企业和重大项目为龙头,培育壮大一批具有国际竞争力的大型企业集团,销售收入超百亿元的集团达到27家。提高产品质量,整合品牌资源,打造驰名商标,形成一批在国内外有影响的自主品牌和拳头产品。落实促进中小企业发展的政策措施,加强和改善服务,创造宽松环境,扶持中小企业加快发展。

以节能降耗减排为重点,实现生态发展。继续实施绿色照明、电机改造等10项重点节能工程。严格目标考核,加强监督检查,在冶金、石化、电力等行业开展能源管理和清洁生产审核，突出抓好20户重点企业的节能降耗。制定出台落后产能退出机制和补偿政策，加速淘汰落后产能，改造高耗能设备。发展风能、太阳能、地热能等新型清洁能源。广泛开展资源综合利用，推进循环经济国际合作，搞好子牙循环经济产业园、北疆电厂等国家循环经济试点建设，加快发展再生资源利用、海水淡化等新型产业。大力发展绿色经济、低碳经济，增强可持续发展能力。

（四）进一步加快实现服务业发展新突破

加快发展服务业，是转变经济发展方式、调整经济结构的重要着力点，也是提升城市竞争力的重大战略举措。要拓宽发展思路，加大推进力度，使服务业占全市经济的比重有新的提高。

全面提升服务业能级。加快金融业发展，集聚金融机构，壮大投融资平台，扩大融资规模，建设与北方经济中心相适应的现代金融服务体系。大力发展物流业，加快建设国际物流中心。完善商贸流通体系，提升商务服务水平，积极培育消费热点，扩大农村消费，继续实施家电下乡、汽车下乡等政策，完善补贴办法，进一步繁荣市场。努力把旅游业培育成战略性支柱产业。做大做强“近代中国看天津”核心旅游品牌，整合旅游资源，搞好历史风貌建筑和风景名胜区的保护开发，促进文商旅融合互动发展，打造一批旅游精品。加快国有旅游企业改组改制，培育壮大旅游重点企业。规范房地产市场秩序，推进房地产业健康发展。积极发展信息咨询、研发设计、服务外包、文化创意、会展经济、总部经济、楼宇经济等新兴服务业。中心城区进一步落实功能定位，更加注重内涵式发展，整合优势资源，突出各自特色，拓宽发展领域，形成以高端服务业为主的产业结构，走服务型、创新型、都市型的发展路子。

集中力量打造服务业发展新亮点。完成和平路滨江道中心商业街、泰达时尚广场、河东万达商业广场、华北工业原料城、水游城等10个大型商业设施的建设改造工程，增强载体功能，提高业态档次，促进繁荣发展。新建改造提升万丽天津宾馆、利顺德、水晶宫等星级酒店，全市5星级或按5星级标准管理的酒店达到20家，明显提升接待能力和服务水平。建成邮轮母港、极地海洋世界、梅江会展中心、意式风情街二期、玉佛宫、马球会等10个特色旅游会展项目，进一步聚集人气，增强城市吸引力。精心办好2010夏季达沃斯论坛、中国旅游产业节、妈祖文化旅游节等大型活动，做好上海世博会参展工作，进一步扩大天津的影响力。实现一年见亮点，两年大变化，尽快使天津服务业火起来、旺起来。

（五）进一步增强自主创新能力

大力实施科教兴市战略和人才强市战略，坚持把自主创新作为转变经济发展方式、调整经济结构的中心环节，不断提高原始创新、集成创新、引进消化吸收再创新能力，加快培养和引进高素质人才，着力构筑自主创新高地，进一步增强核心竞争力。

推进自主创新产业化。加快自主创新产业化重大项目建设，推出航空材料、大功率风力发电机组等一批新的重大项目。组织太阳能电池超精密制造、治疗糖尿病新药等200项关键技术和产品的开发，力争一批科技项目进入国家重大专项和科技发展计划。积极推进基础研究、前沿技术开发，推动科技成果转化，建设国内一流的科技企业孵化与服务体系。着力培育高新技术企业群体，扶持科技型中小企业上市。

完善科技创新体系。整合科技创新资源，推进产学研结合，建设一批高水平研发机构。深化部市、院市合作，完善工业生物技术研究所等重大创新平台，加快建设国家生物医药国际创新园。加强国际科技合作，与意大利、瑞典科研机构共建中医药联合实验室、分子医学中心，推动国际生物医药孵化器尽快发挥作用。新建3个国家级重点实验室、3个国家级企业技术中心，为高端产业发展提供强大技术支撑。

营造自主创新良好环境。完善技术创新和科技成果转化的政策法规体系。发挥财政性资金引导作用，形成多渠道、多元化的科技投融资体系。全社会研发经费支出占生产总值的比重达到2.5%。加强知识产权保护、管理，培育更多自主知识产权。发挥科协组织作用。实施更加开放的人才政策，启动引进高层次紧缺人才“千人工程”，推进留学生创业园建设，千方百计引进海内外高端人才和领军人才，建设高素质职工队伍，进一步优化人才环境，使天津成为优秀人才聚集高地。

（六）进一步深化重点领域改革

改革是解决深层次矛盾和问题的根本途径，也是促进经济社会发展的内在动力。要全力以赴打好体制机制改革创新攻坚战，全面推进滨海新区综合配套改革，加快重点领域和关键环节的改革，努力扩大对外开放，不断增强发展活力。

大力推进金融改革创新。认真落实金融创新专项方案，加快推进第二批金融改革创新20项重点工作。发起设立天津农村商业银行，争取更多金融企业在津设立法人机构。推进保险改革试验区建设。发展各类投资基金、融资租赁以及航运、科技、消费、碳金融等新金融，开展跨境贸易人民币结算和人民币境外贷款试点。推进股权类交易市场和创新型交易市场建设，延伸“融洽会”价值链。加快推进社会信用体系、商事争议仲裁体系建设。加强政府性投融资平台等重点领域的风险防范，搞好公司、资源和项目整合，完善“借用管还”方案，确保金融稳定运行和安全发展。

深化其他重点领域改革。全面完成滨海新区管理体制改革和区县政府机构改革。完善国有资产监管体制，在国有企业调整重组方面取得实质性进展，用存量吸引增量，放大总量。整合国有钢铁企业，组建渤海钢铁集团。完善两级政府三级管理体制，健全城市管理长效机制。认真落实医药卫生体制改革方案，完善覆盖城乡居民的基本医疗卫生制度。启动科技体制改革综合试验区建设。积极推进农村土地承包经营权和集体林权流转，探索农民资产资本化的新途径，推进城乡建设用地增减挂钩试点。开展“扩权强镇”改革试点，释放区县发展潜力。深化东疆保税港区涉外体制改革，加快北方国际航运中心核心功能区建设。鼓励全民创业，推进民营企业园区建设，激活民间投资，营造创业氛围，做大做强民营经济。

努力提高对外开放水平。优化外贸主体和产品结构，巩固传统市场，拓展多元化市场。扶持民营和中小企业扩大出口，加快发展服务贸易，增加自主知识产权产品和文化创意产品出口，发展代理出口，实现对外贸易恢复性增长。加大招商引资力度，建设招商载体，创新招商方式，力争实际直接利用外资超过100亿美元，引进内资超过1500亿元。继续鼓励企业“走出去”，拓展海外市场。促进埃及苏伊士经贸合作区建设，发挥示范作用。

（七）进一步提升城乡规划建设管理水平

始终坚持高起点规划、高水平建设、高效能管理，把规划、建设、管理与彰显城市文化特色结合起来，与保障和改善民生结合起来，与体制机制创新结合起来，奋战300天，继续实施综合整治，进一步提升城市载体功能，努力构筑生态宜居高地。

增强规划对城市发展的引领作用。按照城市总体发展战略，修改完善城市总体规划。深化完善滨海新区、海河中下游规划。制定生态、绿地系统、河流水系等专项规划。完善规划设计导则，做好中心城区重点区域的规划设计。全面推进土地利用总体规划修编工作，提高土地利用效率。加强规划管理，切实增强统一性、权威性、严肃性。

加快城市基础设施建设。完成天津站轨道换乘中心、团泊快速路等工程，地铁2、3、9号线铺轨贯通。加快西站综合交通枢纽、京沪高速铁路天津段、天津站地下直径线等项目建设，启动地铁5、6号线工程。新建改造梅江西路、真理道等一批城市道路。推进南水北调干线及配套工程，启动独流减河治理工程。继续搞好水、电、气、热等设施建设。扎实开展建设工程质量年活动，鼓励创建优质工程，提高工程质量和安全管理水平。

下力量搞好新一轮市容环境综合整治。整治工作由市中心向各区县延伸，由重点道路向次支道路拓展，由重点地区向里巷社区推进，完善重点区域城市天际线，显著改善中心城区、滨海新区和各区县的市容环境。学习借鉴世界先进城市管理经验，出台城市管理规定，实施科学化、精细化、长效化管理，开展工程渣土运输洒漏、违规占路停车等专项治理，严格综合执法，使城乡净化绿化美化达到更高水平。

加快推进生态城市建设。高标准完成三年行动计划。强化减排目标责任考核，环境空气质量二级及以上良好天数保持在83%以上。加强饮用水源地保护，确保水质安全达标。加大海洋环境保护力度。加快绿色天津建设，实施造林21万亩。今年要全面完成60座污水处理厂、800公里配套管网、40条河道的建设改造治理任务，城镇污水集中处理率达到85%，处理后水质全部达到国家一级排放标准。通过源头治理，遏止水污染，保护水生态，美化水景观，使水变清、岸变绿、环境更美。

(八)进一步推进各项社会事业发展

加快社会事业发展,是构建社会主义和谐社会的必然要求,也是当前扩大内需的重要增长点。必须坚持以人为本,加大投入,深化改革,推动经济社会协调发展。

优先发展教育。基本完成全市中小学校舍安全加固工程。继续实施义务教育学校现代化标准建设,推进义务教育高水平均衡发展。促进高中教育多元化、有特色发展。基本建成海河教育园区一期工程,继续办好全国职业院校技能大赛。推进高等院校和谐校园建设,改善校园环境,提升办学水平,促进科研成果产业化,增强服务经济社会发展能力。建成大学软件学院。加强教师队伍建设,下力量培养名师名校长和农村骨干教师。提高学生创新和实践能力,促进全面发展。

提高医疗卫生服务水平。全面实施国家基本药物制度。基本药物全部纳入医疗保险报销范围。在全市城乡基层医疗卫生机构实行基本药物零差率销售,农村医疗机构平均药价实际降低25%,为群众提供更加安全、价廉的基本医疗卫生服务。建成总医院二期、人民医院二期等工程,加强区县医院和疾病预防控制中心等基础设施建设,推进村卫生室达标工作,为群众构建更加完善、便捷的卫生服务体系。免费为全市260万适龄妇女进行专科普查,为所有儿童筛查先天性疾病,搞好残疾人康复服务,继续做好甲型H1N1流感防控和救治工作,加强医德医风建设,创造良好医疗环境,让群众享受更高质量的公共卫生服务。稳定低生育水平,加强流动人口服务管理,提高人口素质。

打好文化大发展大繁荣攻坚战。实施文化产业振兴规划。高水平建设天津文化中心,加快建设文化产业示范区,开工建设国家海洋博物馆,建成电影艺术中心、非物质文化遗产馆等项目。继续推进乡镇文体中心、农家书屋、村文化室等工程建设。加快发展文化产业,全面完成经营性文化单位转企改制任务,组建北方演艺集团,做大做强各类文化企业和文化品牌。大力繁荣文艺创作,推出一批优秀作品。进一步做好新闻出版、广播影视、社会科学、图书、档案、文物等工作。广泛开展群众性体育活动,举办首届全民健身运动会。增强竞技体育整体实力,扎实做好第九届全国大学生运动会、第六届东亚运动会筹备工作。进一步加强思想道德和精神文明建设,继续深入开展“同在一方热土、共建美好家园”活动,建设和谐稳定、干净整洁新社区,加强互联网等新兴媒体的建设管理,不断提升城市文明水平。

(九)进一步提高群众生活水平

把加快经济社会发展与提高群众生活水平紧密结合起来,以安居乐业有保障为目标,始终把改善民生工作放在心上、抓在手里,继续高标准实施20项民心工程,把惠及民生的事情办好办实,让老百姓得到更多实惠。

全力促进就业增长。把扩大就业作为改善和保障民生的头等大事,实施更加积极的就业政策。以项目带动就业,加强技能人才培养,扩大就业总量。加快推进创业带动就业实验区建设,搭建创业服务平台。建立城乡一体的就业援助机制,保持零就业家庭动态为零。继续实施对困难企业的稳岗帮扶政策。高度重视和做好高校毕业生就业工作,统筹推进失业人员、新生劳动力和农村富余劳动力就业,全年新增就业42万人。

千方百计增加群众收入。加大企业职工工资增长调控力度,颁布企业工资指导线,调整最低工资标准,完善国有及国有控股企业经营者薪酬管理办法,促进职工收入同步增长,企业单位从业人员劳动报酬总额增长15%。继续提高企业退休人员养老金。实施低收入农户增收工程。稳妥推进公共卫生、基层医疗卫生等事业单位实施绩效工资。完成三类困难企业依法退出市场。

建立全民社会保险体系。继续完善覆盖城乡职工和从业人员的社会保险制度,健全覆盖城乡居民的养老和医疗社会保险制度。落实老年人生活补助制度。积极发展养老事业。实行困难企业退休人员医疗保险与单位缴费脱钩,所有参保人员享受门急诊大额医疗补助,提高医保最高支付限额和大额医疗费救助标准。实施城乡一体的医疗救助制度。提高城乡最低生活保障和特困救助标准,提高部分优抚对象待遇水平,做好低收入困难群体的帮扶救助工作。

不断提高群众生活质量。扩大廉租住房实物

配租范围，向7.5万户低收入家庭发放租房补贴，建设保障性住房650万平方米，启动面向非拆迁家庭提供经济适用住房试点工作。拆迁危陋房屋200万平方米。完成老住宅供热补建10万平方米，对6万户城市居民户内自来水旧管道进行改造。搞好便民服务体系建设，发挥“8890”服务平台作用，推进“农超对接”，实施放心肉、放心菜工程，新建一批菜市场、城乡社区服务中心。规范和完善物业管理。加快停车设施建设，理顺停车收费机制。优先发展城市公交，加快车辆更新，优化公交线网，治理非法客运，加强交通管理，为广大群众出行提供更加方便快捷的服务。全市65岁以上老年人免费乘坐公交车。

（十）进一步加快向服务型政府转变

战胜各种困难和挑战，实现发展目标任务，政府肩负着重要责任。我们一定以改革创新的精神，全面履行职能，全面落实责任，不断提高行政能力和行政水平，尽心竭力，恪尽职守，为老百姓服务，为经济社会发展服务，努力建设人民满意的政府。

加快职能转变。综合运用规划、产业政策和财税、价格等手段，不断提高经济调节和市场监管能力。强化社会管理和公共服务职能。继续推进政企、政资、政事分开，政府与市场中介组织分开，坚决放开应由企业自主决定、市场机制有效调节、行业协会和中介机构自我管理的事务。完善公共应急管理体制，增强防灾减灾救灾能力。强化安全生产责任，加强食品、药品安全管理。做好信访、仲裁、法律援助、人民调解和行政复议等工作，妥善化解社会矛盾，加强社会治安综合治理，依法严厉打击各种犯罪活动，维护社会和谐稳定。

提高服务水平。巩固政府服务大提速成果，建立长效机制。今年，继续组织机关干部深入基层，为重点项目建设搞好服务。发挥行政许可服务中心作用，推动审批服务再提速。完善公共财政体系，调整财政收支结构，扩大公共服务覆盖范围，把更多财政资金投向公共服务领域。

坚持依法行政。积极配合市人大及其常委会做好地方立法工作，切实提高政府立法质量和实施效果。深入开展相对集中行政处罚权工作，严格行政执法程序，规范行政执法行为。健全行政监督机制，特别要加强对公权力大、与群众利益密切相关部门的监督。坚持科学民主决策，完善公众参与、专家论证机制。推进政务公开，保障市民的知情权、参与权、表达权和监督权。完善决策目标、执行责任、考核监督三个体系，强化政府督查工作，落实行政问责制。认真做好“十二五”规划编制工作。

大力加强作风建设和廉政建设。政府工作人员要始终保持良好精神状态，对群众有感情，对工作有热情，对事业有激情，把实现好、发展好、维护好最广大人民群众的根本利益，作为一切工作的出发点和落脚点。大兴密切联系群众之风，认真调查研究，推动工作落实。大兴求真务实之风，反对虚假浮夸，力戒形式主义、官僚主义，切实提高工作效率。大兴艰苦奋斗之风，厉行勤俭节约，反对铺张浪费，严格控制一般性费用支出。切实抓好廉政建设，严格执行中央和市委反腐倡廉的各项规定，落实廉政建设责任制，坚决查处违纪违法案件，严惩腐败分子。加大行政监察工作力度，加强对重点领域、重点部门、重点项目的审计，使权力规范运行和公开透明，防止“工程上马，干部下马”，做到既要干事，又要干净。

自觉接受市人大及其常委会的监督，主动加强与人民政协的联系，虚心听取各民主党派、工商联、无党派人士和人民团体的意见。坚持与人大代表、政协委员的联系制度，及时办理各类建议和提案。加强基层民主政治建设。把支持工会、共青团、妇联等群众组织开展工作放在重要位置。继续做好对口支援和服务西部开发工作。认真贯彻落实党的民族、宗教和侨务政策，加强海外联谊工作。做好新时期对台工作。开展双拥共建活动，积极支持军队建设，进一步增强全民国防意识。

各位代表，今年全市经济社会发展面临的形势依然严峻，发展的任务十分繁重，责任重大，使命光荣。让我们更加紧密地团结在以胡锦涛同志为总书记的党中央周围，在中共天津市委的领导下，以奋发有为的精神状态，开拓创新，扎实工作，努力完成今年经济社会发展和“十一五”规划的各项目标，为实现天津科学发展和谐发展率先发展而努力奋斗！

（摘自2010年1月24日《天津日报》）

关于天津市2009年国民经济和社会发展计划执行情况与2010年国民经济和社会发展计划草案的报告(摘要)

——2010年1月16日在天津市第十五届人民代表大会第三次会议上

天津市发展和改革委员会主任 张志强

一、2009年国民经济和社会发展计划执行情况

2009年,面对异常严峻复杂的国内外环境,全市各方面认真落实胡锦涛总书记对天津工作的重要要求,坚决贯彻中央应对国际金融危机的一揽子计划,坚信危中有机、事在人为,坚持不懈抓大项目好项目,深入开展保增长、渡难关、上水平活动,经济运行一季好于一季,经济社会保持又好又快发展势头,圆满完成十五届人大二次会议确定的目标任务。主要特点是:

(一)经济平稳较快增长,主要指标增幅相当于或好于上年

预计全年,全市生产总值按可比价格计算,比上年增长16.5%。全市财政收入1805亿元,增长21.1%。万元生产总值能耗下降6%,二氧化硫和化学需氧量排放量分别下降1%。全社会固定资产投资5006亿元,增长47.1%。社会消费品零售总额2420亿元,增长21%。实际直接利用外资90.2亿美元,增长21.6%。实际利用内资1242亿元,增长35%。新增就业40万人,城镇登记失业率3.6%;城市居民人均可支配收入21430元,增长10.3%;农村居民人均纯收入10675元,增长10.4%。城市居民消费价格下降1%。主要指标大多提前一年实现"十一五"规划目标。

(二)滨海新区开发开放全面加快,龙头带动作用更加突出

预计全年,滨海新区生产总值3700亿元,增长23%以上,占全市比重超过50%。综合配套改革取得新突破。滨海新区行政管理体制改革启动。金融改革创新专项方案获国家批复,船舶产业基金设立,渤海商品交易所揭牌运营,排放权交易所成为央行碳金融试点平台,国际融资洽谈会永久落户天津。中小股权投资基金和创业风险投资基金累计注册355家,融资租赁公司承载业务总量占全国20%以上。功能区开发全面提速。中新生态城起步区建设加快推进,国家动漫产业综合示范园启动。东疆保税港区一期基础设施全部建成。中心商务商业区建设进展顺利,响螺湾商务区在建楼宇达到39座。造修船基地加紧建设,南港工业区吹填工程和项目招商步伐加快,渤龙湖总部经济区启动。空客A320系列飞机交付11架,百万吨乙烯项目正式投产,北疆电厂一、二号机组并网发电,新一代运载火箭产业化基地一期基本成型。基础设施建设进展顺利。中央大道、天津大道、于家堡铁路中心站等项目加快实施,津汕高速公路(天津段)建成通车。蓟港铁路全线开通,天津港主航道拓宽二期、北港池集装箱码头B段等工程竣工,集疏港功能进一步完善。

(三)二、三产业支撑加强,结构调整取得新成效

工业保持较快增长。预计全年,规模以上工业

增加值增长22%以上,新投产项目对工业增长贡献超过60%。产业集聚区逐步形成,航空航天、石油化工、装备制造等八大优势支柱产业占工业比重超过90%;其中,航空航天产值增长14.1倍,新能源新材料产值增长32.1%。节能降耗保持先进水平,工业万元增加值能耗下降15%,工业万元增加值用水量仅相当于全国的十分之一。新关停小发电机组15万千瓦。

服务业发展提速。预计全年,增加值增长15%以上,增幅创1997年以来新高。商贸旅游持续活跃,津湾广场一期、小白楼欧陆风情等一批不夜城、特色商业街相继建成。成功举办了津洽会、PECC博览会、首届中国旅游产业节等重大活动。"十一"黄金周旅游观光总收入增长19.5%。金融业增势强劲,存贷款余额增速位居全国前列,新增贷款超过前三年总和。港口货物吞吐量3.8亿吨,集装箱吞吐量870万标准箱,机场旅客吞吐量578万人次,增长24.6%。

自主创新能力增强。滨海高新区成为国家产学研合作创新示范基地,国际生物医药联合研究院等12个国家级科技创新平台基本建成。全年新增国家级企业技术中心5家。55项自主创新产业化重大项目累计开发出具有完全自主知识产权、居国际领先或国内领先水平的新产品232项,比上年增加84项。全市专利申请量达到1.9万件,全社会研发经费支出占生产总值比重达到2.4%。电子政务建设取得新突破,在全国率先实现了与国家电子政务网络中央级传输骨干网对接。

(四)投资消费持续扩大,内需拉动显著增强

大项目建设全面加快。市第九次党代会以来,全市共推出重大项目770项,总规模1.6万亿元,累计完成投资5600亿元,其中当年完成2860亿元,整体开工面达到95%以上,已竣工239项。其中,工业100项重大项目,开工面达到95%,竣工40项;服务业40项重大项目中62个子项竣工;区县495项重大项目全部开工,竣工164项。全市新开工项目达到3364个,增长50.2%;竣工项目2729个,增长47.4%。争取中央投资取得明显成效,落实中央预算内资金创历史新高;严格项目质量、安全和进度管理,得到中央督察组充分肯定。城乡消费持续旺盛。社会消费品零售总额扣除价格因素实际增幅创1993年以来新高。在国家鼓励政策带动下,消费结构加快升级。家电下乡产品销售11.8万台(件),汽车下乡销售1.8万辆,以旧换新回收家电17万台(件)、销售家电14.2万台(件);城市家庭每百户拥有汽车11.7辆,比上年末增加4辆;商品房销售面积增长27%。

(五)城乡一体化扎实推进,区县发展进入快车道

积极落实国家强农惠农政策,全市财政支农支出增长20.3%。全年粮食总产量156.3万吨,增长4.9%,为近10年最好水平。发展现代农业取得新成效,新增设施农业10万亩,进入产业化体系农户占82%,比上年末提高2个百分点。31个区县示范工业园区启动实施,配套设施加快建设,474个项目签约落地。示范小城镇建设有序推进,第一批试点全部建成,第二批试点陆续展开,第三批试点工作全面启动,累计开工面积达到1400万平方米,完成投资额超过300亿元。中心城区功能定位与发展目标进一步明确,创意产业、楼宇经济、总部经济等新兴业态成为发展亮点。

预计全年,区县增加值增长25%,财政收入增长32.4%,好于全市水平。

(六)规划建设管理水平提高,城市面貌发生新变化

编制了天津市空间发展战略规划和土地利用总体规划,提出了"双港双城、相向拓展、一轴两带、南北生态"的总体发展战略。新一轮市容环境综合整治全面完成,累计整修道路762公里,改造提升8个公园、49个街心公园和25个重点地区,开展了里巷道路改造等8项专项整治。城市载体功能有新提高。天津站地下交通枢纽、地铁二、三、九号线工程进度加快,西站综合交通枢纽工程启动实施,南水北调天津干线项目进展顺利。生态城市建设取得新进展,三年行动计划149项重点工程全面实施。完成大沽排污河等21条河道治理,新建改造一批污水处理厂。新增绿化面积2800万平方米。完成中心城区112座小锅炉拆除并网。全年环境空气质量二级及以上良好天数达到84%。

(七)改革开放不断深化,发展活力明显增强

行政管理体制改革稳步推进。市、区两级行政机构改革全面实施,大部门体制得到完善。投融资体制改革有新进展,全市投融资平台由155家整合为86家,企业债券发行规模创历史最好水平。国有资产监管体制改革扎实推进,国有企业改革取得新突破,钢铁企业重组工作启动,中海油与力神股份公司股权重组、天津铁路集团与铁道部北京铁路局重组等工作顺利完成。全年完成8家企业集团做实工作,国有企业改制面达到93.6%。出版、电影体制改革全面完成。民营经济实力继续提高,全年税收超过200亿元,增长20%以上。

对外开放势头良好。与国家部委、大院大所、中央大企业及兄弟省市的合作更加紧密。实际直接利用外资增幅始终保持全国前列,外企增资活跃、服务业利用外资加速增长。全年组织各类大型展会130场,比上年增加49%。内陆无水港累计达到16家,外地经由天津口岸进出口的货物总额占60%左右。国际交流与合作取得新进展,埃及苏伊士经贸合作区正式挂牌。

(八)社会事业全面进步,经济社会协调发展

城乡教育加快发展。首批300所达标学校顺利验收,完成了118所农村中小学校舍安全加固及功能提升。职业教育改革试验区加快建设。海河教育园区一期基础设施建设完成,部分院校主体建筑施工,成功举办了2009年全国职业院校技能大赛。高中阶段教育普及率达到94%,高等教育毛入学率55%。公共卫生服务均等化取得新成效。医药卫生体制改革深入推进,城乡公共卫生服务经费标准提高1倍,社区卫生服务机构基本用药价格平均下降25%,免费为全体市民提供18项公共卫生服务项目。医大总医院二期工程进展顺利,中心妇产科医院基本建成。公共卫生安全继续加强,甲型H1N1流感得到有效防控。人口出生率8.3‰,圆满完成国家下达的人口计划。文化体育事业蓬勃发展。天津文化中心等项目开工建设,文庙博物馆、小白楼音乐厅建成使用。围绕国庆60周年,创作推出《解放》等一批优秀电视剧、话剧作品,第十一届精神文明建设"五个一工程"获奖数量位居全国前列。天津代表团在第十一届全国运动会上创历史最好成绩,成功举办了第25届亚洲男篮锦标赛等一批国内外重大赛事。妇女、未成年人、老年人、残疾人、社会福利和慈善事业取得新成绩。民族、宗教、侨务和对台工作有新进展,新闻出版、广播电视、社会科学、文物保护、档案等事业都有较大发展。

(九)民计民生继续改善,群众生活水平稳步提高

高标准完成20项民心工程。实施了更加积极的就业政策,零就业家庭动态为零,其他困难群体就业安置率在80%以上;高校毕业生就业率90%,相当于上年水平。制定实施了18项增收措施,出台了增加群众收入解决困难群众生活的10条政策,城市居民人均可支配收入扣除价格因素实际增长11.4%。统筹城乡居民养老和医疗保险取得实质进展,城镇五险参保人数都有不同程度增加。保障性住房全面覆盖低收入家庭,全年建设保障性住房770万平方米,为5万户低收入家庭发放租房补贴。对口援建陕西地震灾区项目进展顺利,略阳天津高级中学、宁强天津医院、光彩大桥等重点工程如期完工。

经过全市各方面的奋力拼搏,"保增长、渡难关、上水平"活动取得明显成效。市、区县、乡镇三级党政机关选派4657名干部、组成611个服务工作组、深入7143家企业和项目单位开展帮扶,共协调解决帮扶对象反映的各类问题5885个。实施政府服务大提速,8项行政审批制度改革措施全部落实到位,市级行政审批事项缩减至666项,现场审批率达到96.5%,审批效率总体提高30%,企业设立的审批时限缩短到5个工作日以内;政府部门24小时开门服务受理企业诉求,解决问题12776个。出台了促进经济发展的30条措施,有关部门配套制定了85个政策文件和23个实施细则,受到企业普遍欢迎,增强了发展信心。

在世界经济深度衰退的局面下,我市经济保持强劲发展态势,确实来之不易。得益于全市上下坚持科学发展,创造性地贯彻执行中央宏观调控政策措施,取得了积极成效;得益于坚定不移地实施市委确定的大项目好项目战略,坚持不懈狠抓高水平大项目好项目,增强了发展后劲;得益于各地区、各部门优化发展环境,切实推动职能转变提高服务效能,提振了企业信心;得益于各级人大全面监督支

持、政协和各民主党派积极建言献策，充分发挥了围绕中心、服务大局的作用。同时，我们也清醒地看到存在的矛盾和问题。主要是：发展方式、综合实力与天津的地位作用还不适应，服务业比重偏低；区县经济实力不强，民营经济发展不快；自主创新能力不强不大，自主品牌不够多；企业经济效益下滑，外贸出口下降幅度较大；经济和社会发展活力不够，重点领域和关键环节的改革需要进一步加快；群众生活水平还不够高，就业形势依然严峻。对于这些问题，我们一定高度重视，切实加以解决。

二、2010年国民经济和社会发展的主要目标任务

2010年是实施“十一五”规划的最后一年，是推动天津在高起点上实现新发展、再上新水平的关键一年。总体上看，经济发展环境将好于去年，但形势仍然十分严峻复杂。2010年国民经济和社会发展计划，要全面贯彻党的十七大和十七届三中、四中全会精神，高举中国特色社会主义伟大旗帜，以邓小平理论和“三个代表”重要思想为指导，深入贯彻落实科学发展观，认真落实中央经济工作会议部署和宏观调控政策措施，按照胡锦涛总书记对天津工作“当好一个排头兵”、“两个走在全国前列”和“五个下功夫、见成效”的重要要求，加快实施市委“一二三四五六”的奋斗目标、工作思路和市委九届七次全会提出的各项任务，着力构筑“三个高地”，全力打好“五个攻坚战”，全面推进社会主义经济建设、政治建设、文化建设、社会建设以及生态文明建设，进一步增强经济实力、创新能力和综合竞争力，努力开创各项工作的新局面。

2010年经济和社会发展的主要预期目标是：生产总值增长13%；财政收入增长12%；全社会固定资产投资增长20%；社会消费品零售总额增长16%；外贸出口增长8%；实际直接利用外资增长15%；利用内资增长25%；新增就业42万人，城镇登记失业率控制在3.8%以内；城市居民人均可支配收入实际增长10%以上，农村居民人均纯收入增长10%；居民消费价格总水平涨幅控制在3%左右；万元生产总值能耗下降4%，二氧化硫和化学需氧量分别消化当年新增排放量。力争全面超额完成“十一五”规划各项目标任务。

落实上述总体要求和预期目标，实际工作中，必须紧紧围绕转变发展方式、调整优化结构这个主线，把调结构、促转变、增实力、上水平作为着力点。坚持好中求快、又好又快。以构筑高端化高质化高新化产业体系为发展方向，更加注重发展的质量、效益和可持续性，推动经济增长向依靠第一、第二、第三产业协同带动转变。坚持项目支撑、协调拉动。以建设高水平大项目好项目为重要抓手，把扩大内需和稳定外需结合起来，推动经济增长向依靠消费、投资、出口协调拉动转变。坚持深化改革、创新驱动。以滨海新区综合配套改革为突破口，不断消除体制机制障碍、提升发展内在动力，推动经济增长向依靠科技进步、劳动者素质提高、管理创新转变。坚持多元发展、统筹联动。以优化空间布局结构为引领，加快资源聚集整合、培育更多经济增长点，推动三个层面联动协调发展呈现新局面。坚持以人为本、和谐互动。把改善民生作为调整与发展的根本落脚点，最大限度地增加和谐因素，让群众从多方面得到更多实惠。

2010年国民经济和社会发展的主要任务是：

（一）全面加快滨海新区开发建设，进一步发挥龙头带动作用

落实“一核双港、九区支撑、龙头带动”发展策略，推动综合配套改革实现新突破，全力打好开发开放攻坚战，更好地发挥综合优势和示范引领作用，努力当好科学发展排头兵。滨海新区生产总值增长24.5%。

加速推进综合配套改革三年实施计划。扎实搞好滨海新区行政管理体制改革，建立起统一、协调、精简、高效、廉洁的管理体制。抓紧落实第二批金融改革创新20项重点工作，加快推进保险改革实验区建设，积极发展融资租赁、离岸金融、航运金融等业务，开展跨境贸易人民币结算和人民币境外投资试点。全面实施24项自由贸易港区改革创新，先行先试国际船舶和航运税收政策。探索土地承包经营权流转和农民资产资本化新途径。

集中力量抓好功能区开发。全面完成中新生态城起步区基础设施，确保国家动漫产业综合示范园竣工投入使用。基本完成东疆保税港区二期基础设

施，年内争取全面封关。南港工业区一期公用设施和轻纺工业园配套设施全面建成。于家堡金融区7个楼宇主体封顶，响螺湾商务区10栋以上楼宇主体完工。中心渔港完成围海8平方公里。北塘片区年内完成48条道路和配套设施建设。进一步完善开发区西区、空港加工区、临港工业区、滨海旅游区基础设施。

全力加快重大项目建设。组织实施好滨海新区410项重大项目，确保新一代运载火箭、直升机总成基地、中海油海上油气开采等项目建成投产。加快推进太原重工、中核设备制造、渤龙湖总部经济区、117大厦、软件与服务外包基地二期等高端产业项目。力争中俄东方石化炼油一体化、北疆电厂二期开工建设。

搞好综合交通体系建设。加快天津港第二个30万吨级原油码头、南疆神华煤炭码头二期等重点工程建设，确保天津港主航道拓宽工程年内完工，建设滨海国际机场二期工程。全年港口货物和集装箱吞吐量力争达到4亿吨和1000万标准箱，机场旅客吞吐量达到700万人次。加快实施海滨大道、于家堡铁路中心站等项目，建成津港高速、天津大道、中央大道，尽快形成畅达便捷的集疏港输运体系。

（二）大力发展高端产业，进一步推动结构优化升级

坚持不懈地抓好高水平大项目好项目，发展壮大优势支柱产业，积极培育战略性新兴产业，着力构建高端化高质化高新化产业体系，全力打好结构调整攻坚战，在经济发展方式转变上取得扎实进展。

狠抓大项目好项目建设。逐个梳理770项重大项目，明确进度，落实建设条件和责任，集中力量加快实施，力争年内三分之二以上项目建成投产、交付使用；全市5000万元以上投达产项目达到700个，其中工业项目300个。加强组织和服务，尽快推进新投产项目形成满负荷生产能力。下大力量做好重大项目储备和前期工作。围绕发展规划、功能定位和优势产业，筹划一批有质量、有深度的项目。按照可实施、可操作的硬标准，做深做实项目前期工作，适时推出新一批工业、自主创新、区县、服务业等大项目。全年5000万元以上新开工项目总规模超过5000亿元，新增储备项目总规模1万亿元左右。多渠道筹措建设资金。落实好已签贷款协议和授信资金，积极争取国债和中央预算内资金，扩大直接融资规模。整合政府投融资平台，统筹“借用管还”，发挥财政基本建设资金放大效应。

做大做强优势支柱产业。全面落实重点产业调整和振兴规划，重点通过加快产业、产品、布局和组织结构调整，初步建成一批关系国家命脉、体现先进水平的产业基地，八大优势支柱产业占全市比重继续提高。航空航天产业，依托重大项目，加快配套项目引进，重点发展“三机一箭一星”，打造国家级航空航天产业基地。新能源产业，着力实施100兆瓦聚光太阳能电池、风电设备制造等重大项目，强化我市在太阳能和风能领域产业优势。新材料产业，以复合材料、膜材料为主，建设全国最大的新材料研发生产基地。装备制造业，突出发展造修船、轨道交通等十大成套装备，打造国家级重型装备制造基地。电子信息产业，加速产品升级换代，大力发展集成电路、高性能计算机服务器等九大领域，增强国际竞争力。石油化工产业，加快建设南港石化产业聚集区，实施好31个重点项目，尽快形成国家级石化产业基地。生物医药产业，巩固化学制药优势，推进中药现代化和国际化进程，加速生物医药产业化。下力量改造提升轻纺、建材等传统产业。

着力提高服务业比重和水平。大力发展现代金融业。支持扩大创业风险投资和股权投资基金业务。加快解放北路金融城和于家堡金融区等金融集聚区建设，争取更多的中外资银行在津设立机构。大力发展商贸会展业。确保第一批“短平快”项目开业运营，适时推出第二批“短平快”项目。加快嘉里商务中心、仁恒海河广场等项目建设，改造提升滨江道和平路中心商业街、泰达时尚广场等大型商业设施。提升商务服务水平。高水平办好夏季达沃斯论坛、中国旅游产业节、津洽会等重大活动。大力发展文化旅游。强力推进“近代中国看天津”文化旅游板块建设，搞好妈祖文化旅游节等节庆活动。加紧建设盘龙谷文化城，建成极地海洋世界、邮轮母港码头等项目。大力发展现代物流。积极发展第三方物流等多种物流形式，加快推进大宗商品大型物流

基础设施建设，尽快开工建设南港石化物流等一批园区，确保华北城物资交易中心等项目建成。大力发展创意产业、服务外包、中介服务等新兴服务业。出台专项支持政策，尽快做大河西陈塘科技园、华苑动漫等6家创意产业园；吸引跨国公司共享运营中心和配套服务企业来津落户，拓展金融、电信服务等国际接包业务。组织实施《天津市文化产业振兴规划》，做大做强各类文化企业和文化品牌，加快文化产业发展。

狠抓节能降耗和循环经济。严格目标考核，加强监督检查，继续实施十大重点节能工程，突出抓好20户“千家企业”的节能降耗。制定出台落后产能退出机制和补偿政策，关停小火电机组12.5万千瓦、淘汰炼铁能力89万吨。推进循环经济国际合作，搞好子牙循环经济产业园建设。全面实现北疆电厂国家级循环经济试点一期工程淡化海水向用户供水、浓海水制盐等建设目标。抓好工业固体废弃物资源综合利用，综合利用率保持在98%以上。积极发展低碳经济和清洁能源，搞好碳金融试点，倡导绿色生产和消费模式。

（三）加快实施科教兴市战略，进一步推进创新型城市建设

加强政府引导，创新体制机制，推动自主创新产业化和新兴产业集群化，充分发挥科技对经济发展的支撑引领作用，努力构筑自主创新高地。

实施科技原创地工程。抓紧实施55项自主创新产业化重大项目，重点开发混合动力汽车控制、治疗糖尿病新药等200项重大关键技术和新产品，力争一批项目进入“十二五”国家重大专项和各类科技计划。全年开发应用技术成果2000项以上，其中国内领先水平以上达到1400项。

实施产业化领航区工程。加大高新技术企业和科技型中小企业扶植力度，加快培育高端电子、生物医药等10个新兴战略性产业集群。新增10项重大高新技术产业化项目，组织实施好100项科技支撑计划重点项目。深化部市合作，加强国际生物医药联合研究院、中科院天津工业生物技术研究所等重大创新平台和国家生物医药国际创新园等产业化基地建设。

实施创新平台聚集区工程。整合优化科技资源，进一步加强与国内外科研机构的合作，力争新增3家国家级企业技术中心，建成3-5个具有国际影响的国际联合研究中心或研发转化基地。

实施高端人才聚集地工程。加快落实人才强市战略，尽快研究制定高端人才发展规划，进一步完善政策措施，加大两院院士候选人、国家首席科学家、学科带头人的培养力度，重点扶持200个中青年研发团队，吸引50-100名海内外高端人才和领军人才。

实施体制机制创新示范区工程。启动科技与金融结合试点，推行专利权和股权质押贷款等多种科技融资方式。引导大学、科研院所与企业建立产学研创新联盟，建立合理高效的技术转移和成果转化激励机制与分配制度。研究制定科技资源共享、科技投入的地方法规和政策。

（四）促进三个层面联动协调发展，进一步壮大区县实力

加大统筹力度，全面实施区县经济三年发展计划，推进农村居住社区、示范工业园区、农业产业园区联动发展，加快落实中心城区功能定位，形成优势互补、多点支撑、竞相发展格局。

加快发展现代农业。进一步加大支农惠农政策力度，新建种植业设施10万亩，建设15个现代农业示范园区，继续建设一批养殖示范园区。提高农业产业化水平，全市龙头企业稳定在420个，一村一品特色专业村（镇）发展到400个，进入农业产业化体系农户比重达到86%以上。

切实抓好示范工业园区建设。集中精力加快建设31个示范工业园区，上半年基本完成起步区基础设施。坚持规划引领，整合产业资源，优化配套条件，加大招商力度，力争一批大项目好项目落户。

扎实推进示范小城镇建设。基本建成第二批试点村镇；推进第三批试点全部开工，新建农民还迁住宅700万平方米，竣工500万平方米；启动第四批试点。年内向城镇转移农村人口25万人，农村城市化率达到60%。

加快中心城区全面提升。大力发展楼宇经济、总部经济等新兴业态，新建成商务楼宇10座以上，新增年纳税额超亿元楼宇4座。盯住世界500强、国内500强和行业领先的大企业总部，力争引进各

类总部型企业20家。

（五）全面推进生态宜居城市建设，进一步改善城乡面貌

坚持高起点规划、高水平建设、高效能管理，着力构筑生态宜居高地，深入挖掘人文自然资源，突出天津特色，加大设施投入，深化细化管理，尽快建成国内外公认的有风格、有品位、有特色的生态宜居城市。

增强规划引领作用。按照总体发展战略，修改完善城市总体规划。启动海河中下游规划研究工作。围绕中心城区特色提升，做好泰安道、中心公园、五大道等特色地区和文化中心周边地区整体规划设计。编制地下空间总体规划和空间管制区规划、生态环境保护等专项规划。加强土地市场建设，提高土地利用效率，完成土地利用总体规划修编工作。

加快城市基础设施建设。基本完成天津站轨道换乘中心、团泊快速路等工程，地铁二、三、九号线铺轨贯通。加快西站综合交通枢纽、京沪高速铁路天津段、津秦客运专线天津段、津保铁路、天津站地下直径线、津宁高速公路等工程建设，启动地铁五、六号线工程和海河上游后5公里基础设施建设，新建改造梅江西路、真理道等一批城市道路。积极推进南水北调干线及配套工程建设。建设60个城市社区服务站，150个农村社区综合服务中心。扎实开展建设工程质量年活动，创建优质工程，提高工程质量和安全管理水平。

高标准实施新一轮市容环境综合整治。奋战300天，实现中心城区市容环境根本变化，滨海新区整治水平高于中心城区，其他区县面貌发生巨大变化。新建绿地2100万平方米，改造提升绿地1700万平方米。综合整治238条城市道路、452万平方米里巷道路，改善640个社区环境，打造10个大型夜景灯光组团。开展工程渣土撒漏、车辆乱停、违章占路经营等专项治理。学习借鉴先进城市管理经验，创新城市管理机制，努力提高科学化、精细化、长效化管理水平。

加快推进生态市建设。全面完成三年行动计划。强化污染减排目标责任考核，环境空气质量二级及以上良好天数保持在83%以上。高水平完成水环境专项治理工程，城市污水集中处理率达到85%，再生水利用率达到20%以上。开展农村生活垃圾处理试点，新建改造一批垃圾转运站。实施造林21万亩，加快建设绿色天津。实施“提升市民素质行动计划”，继续深入开展“同在一方热土、共建美好家园”活动。

（六）深化改革扩大开放，进一步增强发展活力和动力

全力打好体制机制改革创新攻坚战，推动重点领域和关键环节改革取得突破性进展，加快转变外贸发展方式，提高利用外资的质量和水平。

切实加大改革创新力度。落实好区县政府机构改革方案，进一步完善两级政府三级管理体制，积极开展扩权强镇改革试点。建立健全优化政府服务长效机制。巩固保增长活动成果，深入开展项目帮扶工作；继续深化行政审批制度改革，进一步减少、规范和整合行政审批，下放权限、缩短时限、简化环节，强化现场审批和联合审批，推动审批服务再提速；推行政府部分部门24小时开门服务制度化、常态化。推进国有经济战略性调整，加快冶金、医药等行业企业的重组步伐。完成6-8户集团做实工作。推进艺术院团企业化改革和国有旅游企业改组改制。完善国资监管体制，探索建立统一的监管企业负责人业绩考核和薪酬管理体系。全面落实加快民营经济发展20条意见，积极推动天津滨海民营经济成长示范基地、中华民营经济基地建设，引进和培育民营经济龙头企业。扩大专项资金和融资担保规模，放宽市场准入，形成一批“专精特新强”的中小企业群。

拓展对外开放的深度和广度。大力实施市场多元化战略，巩固传统出口市场，培育扩大新兴市场，促进出口稳定增长。搭建市场对接平台，组织多种形式的洽谈对接，发挥行业协会作用，推动企业互通信息、强化营销，积极“走出去”争取订单。继续加大对出口企业帮扶，大力吸引大型国际贸易企业来津发展。发挥特殊监管区域政策优势，打造进出口商品集散中心、高新技术产业出口基地，继续做大做强国家级汽车出口基地。扩大出口信保规模和承保企业覆盖面，及时兑现扶持政策，完善贸易摩擦应对方案，优化出口环境。深化与中央各部门、兄弟

省区市的交流合作。围绕世界500强、中央大企业、国内有实力的民营企业、国家大院大所、在津投资企业增资扩能等五个方面，主动沟通对接，引进一批规模大、带动性强、技术水平高、影响长远的关键项目。力争全年引进内资超过1500亿元、外资到位额超过100亿美元。

（七）大力发展社会事业，进一步促进社会和谐稳定

坚决维护群众切身利益，最大限度地减少不和谐因素，加大投入力度，不断提升市民素质，增强文化软实力，促进经济社会均衡协调发展。

积极发展教育事业。扎实推进义务教育学校现代化标准建设，加快实施中小学校舍安全工程。深入推进国家职业教育改革试验区建设，基本建成海河教育园区一期工程，办好2010年全国职业院校技能大赛。全面推进高等学校和谐校园建设。继续深化高等学校管理体制改革。提高高等教育质量，加强优秀教学团队、实验教学示范中心和三级精品课程体系建设。着力增强大学生创新实践能力和就业创业能力，建成大学软件学院。

深入推进医药卫生体制改革。全面实施城乡居民医疗保险制度，在全市推行基层医疗卫生服务机构基本药物零差率销售，调整完善大病统筹医疗保险、失业人员医疗保障等八项制度，切实减轻群众就医负担。医大总医院二期建成投入使用，启动天津医院、胸科医院、环湖医院等新改扩建工程。扎实做好甲型H1N1流感防控救治工作。继续做好稳定低生育水平、统筹解决人口问题的各项工作。深入开展爱国卫生运动。

促进文化大发展大繁荣。进一步完善公共文化服务体系，开工建设国家海洋博物馆，加快推进天津文化中心，建成数字电视大厦、电影艺术中心、非物质文化遗产馆；继续建设乡镇文化体育活动中心、100个文化艺术村、1200个农家书屋及村文化室。大力繁荣文艺创作，推出一批优秀舞台剧目、影视作品和津版图书。提高竞技体育水平，开展群众体育活动。办好全民健身运动会、海河龙舟节，促进体育产业发展，积极做好第六届东亚运动会、第九届全国大学生运动会的筹办工作。继续做好文物、档案等工作。

精心维护社会和谐稳定。着力解决源头性、根本性、基础性问题，打好保持社会和谐稳定攻坚战。加强和改进信访工作，积极预防和妥善处理群体性事件和突发公共事件。搞好国防动员工作。深化平安创建活动。强化安全监管责任，严防发生重特大安全事故。加强食品、药品安全管理和整治。做好民族、宗教、侨务、对台工作，密切与港澳同胞的联系。

（八）着力改善民计民生，进一步提高群众生活水平

坚持以人为本，更加注重围绕保障和改善民计民生来谋划发展，高标准实施好20项民心工程，使广大群众安居乐业有保障。

千方百计增加就业岗位。继续实施更加积极的就业政策，重点做好就业困难群体、高校毕业生就业工作。延长对困难企业的帮扶期限，稳定就业岗位。推动创业带动就业试验区建设，发展1000家创业实训基地。开展项目招标培训，大力开展职业技能竞赛，提高就业质量。建立城乡一体化的就业援助机制。

努力提高群众收入。积极落实新18项增收措施，调整最低工资标准，推动国有企业职工收入与企业效益及经营者业绩考核双挂钩，力争城镇单位企业劳动报酬总额增长15%以上；企业退休人员养老金增长12%以上；落实低收入困难群体解困措施，提高低保、失业保险标准和优抚待遇；实施公共卫生、基层医疗卫生事业单位及其他事业单位绩效工资。

完善城乡社会保障体系。继续扩大社会保险覆盖面，积极推进农民工参加医疗工伤综合保险和商贸、餐饮等服务行业“定员定额”的工伤保险。不断提高保障水平，逐步做实养老保险个人账户。加快发展社会福利和慈善事业。保护妇女和未成年人权益。支持残疾人事业发展。继续做好老龄工作，新增养老机构床位3100张。

营造良好的市场价格环境。积极稳妥地深化环境、资源价格改革，适当疏导突出的价格矛盾。完善联动机制，切实保障低收入群众生活。进一步改善价格和收费监管，加强市场价格引导规范，维护公平竞争的价格秩序，稳定市场物价。

继续改善中低收入群众住房条件。全面落实住

房保障五年规划，新建限价商品住房150万平方米、2万套，经济适用住房500万平方米、6.5万套。适当扩大廉租住房实物配租范围，为7.5万户困难群体发放租房补贴3.3亿元。启动面向非拆迁家庭购买经济适用住房试点工作。确保地震灾区援建任务提前一年基本完成，继续做好对口支援和服务西部开发工作。

2010年是编制“十二五”规划的关键一年。主要任务是提出全市“十二五”规划纲要（草案），组织各区县和有关部门编制完成本地区规划和专项规划。按照科学发展观的要求，创新规划编制理念，深化重大问题调研，加强衔接协调，提高社会参与度，切实增强规划的科学性、指导性和可操作性。

（摘自2010年2月10日《天津日报》）

关于天津市2009年预算执行情况及2010年预算草案的报告(摘要)

——2010年1月16日在天津市第十五届人民代表大会第三次会议上

天津市财政局局长 杨福刚

一、2009年预算执行情况

2009年,全市各区县、各部门认真贯彻落实市委九届五次、六次全会精神,积极应对国际金融危机的严重冲击,坚决贯彻国家宏观调控政策措施,认真落实积极的财政政策和适度宽松的货币政策,深入开展“保增长、渡难关、上水平”和“增收节支”活动,大力推进滨海新区开发开放,全面实施大项目好项目建设,积极促进各项社会事业发展,着力提高城乡居民收入水平,全市经济社会实现了又好又快发展,财政收支圆满完成了市十五届人大二次会议确定的预算任务,提前一年实现“十一五”规划目标。

全市财政收入1805亿元,比上年增长21.1%,完成预算108.2%。扣除上划中央收入595亿元,地方留用收入1210亿元,其中地方一般预算收入821.4亿元,政府性基金388.6亿元。加上中央税收返还和转移支付补助等资金234.7亿元,当年全市财政可支配收入1444.7亿元。加上上年结余170.9亿元,全市财政总财力1615.6亿元。

全市财政支出1438.3亿元,比上年增长27.2%,完成预算110%。其中一般支出1098.3亿元,增长21.3%;政府性基金支出340亿元,增长50.9%。财力与支出相抵后,预算结余177.3亿元,其中结转项目资金168.6亿元,主要是地方建设类项目资金和中央专项补助资金;预算纯结余8.7亿元,待市和区县人大常委会批准决算后,结转到今年使用。

市级财政收入756.5亿元,比上年增长10.1%,完成预算100.1%。扣除上划中央收入260.5亿元,地方留用收入496亿元,其中地方一般预算收入325.6亿元,政府性基金170.4亿元。加上中央税收返还和转移支付补助等资金197.8亿元,减除对区县财政转移支付47.7亿元,当年市级财政可支配收入646.1亿元。加上上年结余99.8亿元,市级财政总财力745.9亿元。

市级财政支出671.3亿元,比上年增长10.2%,完成预算104.9%。其中一般支出522.3亿元,增长13.5%;政府性基金支出149亿元,增长0.1%。财力与支出相抵后,预算结余74.6亿元,其中结转项目资金74.5亿元,主要是地方建设类项目资金和中央专项补助资金;预算纯结余0.1亿元,待市人大常委会批准决算后,结转到今年使用。

市级地方留用收入比年初预算超收29.7亿元,全部为国有土地使用权出让金、海域使用金、新增建设用地土地有偿使用费等专项资金,按照有关规定安排用于城乡基础设施建设维护、市容环境综合整治、农业基础设施建设等项目。

天津经济技术开发区、天津港保税区和天津滨海高新技术产业开发区(以下简称三区)财政收入348亿元,比上年增长27%。财政支出205.8亿元,比上年增长72.2%。三区财政预算结余4.3亿元,其中结转项目资金2.8亿元,预算纯结余1.5亿元。

根据《国务院关于发行2009年地方政府债券有关问题的通知》,财政部代理发行了2009年地方政府债券，主要用于中央投资地方配套和其他难以吸引社会投资的公益性建设项目，债券期限3年，由省级人民政府偿还，并全部纳入政府预算管理。国务院批准我市发行地方政府债券规模26亿元。根据《天津市人民代表大会常务委员会预算审查监督条例》规定，2009年3月26日，经市十五届人大常委会第九次会议审查批准，市级财政收入预算由755.5亿元调整为781.5亿元，增加债务收入26亿元；市级支出预算由640亿元调整为666亿元，增加债务支出26亿元，已按计划用于新增中央投资京沪高铁项目地方配套10亿元、南水北调市内配套工程7.24亿元、新增中央投资水利项目地方配套4.76亿元和西站综合开发改造4亿元。据此，加上地方政府债券收入和支出，市级财政收入782.5亿元，完成调整预算100.1%；市级财政支出697.3亿元，完成调整预算104.7%。

过去的一年，受国际金融危机影响，财政工作面临前所未有的严峻挑战。我市财税部门全面贯彻市委、市政府各项部署，充分发挥职能作用，积极研究制定促进经济增长的财税措施，大力开展增收节支，全面推进财政科学化精细化管理，各项工作取得新的进展。

（一）积极应对国际金融危机，财政收入实现较快增长

全面实施积极的财政政策。认真贯彻落实中央出台的结构性减税政策，大力实施增值税转型、企业所得税汇算清缴税率下调、暂免征收储蓄存款利息所得税、降低房地产交易税费以及取消养路费、公路客货运附加等政策措施，全年减税减费120亿元，大幅度减轻了企业和居民负担。积极筹措新增中央投资地方配套资金，顺利发行地方政府债券，重点支持水利、交通、医疗卫生、农村基础设施等民生工程和自主创新项目，确保发挥投资带动效应。积极组织实施家电、汽车摩托车下乡和以旧换新活动，销售11.8万台家电和1.8万辆汽车，财政给予减税和资金补贴，努力繁荣消费市场，拉动内需增长。

积极帮扶企业渡难关。建立健全融资担保体系，市和区县两级财政新增中小企业担保资金10亿元，使财政担保资金总规模达到24亿元，为中小企业提供贷款担保38.9亿元，同时降低担保收费标准30%至50%，切实缓解企业融资困难。支持企业直接融资，对上市企业给予财政奖励，实事求是处理拟上市企业的历史遗留问题，努力拓宽企业融资渠道。扩大外贸外经发展资金规模，积极帮助企业调整出口产品结构，大力支持企业开拓国际市场，努力扩大外贸出口。深入基层解决企业财务、资金难点问题，对346户困难企业给予解困补助1.6亿元，实行社会保险“四降一缓”政策为困难企业减负17亿元。完善政府采购政策，鼓励优先采购自主品牌和节能环保产品，帮助企业拓展市场空间。

努力健全财政增收机制。全面制定落实财税优惠政策，不断完善财税综合服务手段，积极支持大项目好项目加快建设，吸引了一批大型企业、集团总部和金融机构到我市注册登记、就地纳税，初步形成了多点支撑的财政增收格局。各级财税部门强化目标责任管理，严格依法治税，加强税收征管，完善现代化征管手段，健全源泉控缴机制，深入开展税收稽查，努力做到应收尽收，各级财政收入实现较快增长。

（二）促进经济又好又快发展，财政职能作用明显增强

支持滨海新区开发开放。积极争取中央财政支持，将新区开发建设补助政策延期5年，并给予空客A320总装线项目为期6年的专项补助。进一步加大财税政策和资金支持力度，创新投融资模式，加快推进东疆保税港、中新天津生态城、于家堡金融商务区等功能区建设。全面实施以港养港、以路养路、航线培养、机场建设补助等财政扶持政策，大力支持港口机场、铁路公路等交通基础设施建设，新区综合交通体系不断完善。

支持金融改革创新。安排财政专项资金，完善优惠政策体系，积极支持金融改革创新20项重点工作，天津股权交易所、渤海商品交易所、滨海国际股权交易所开业运营，船舶产业投资基金、飞机租赁基金、金融租赁公司、IBM保理公司、韩国企业银行等一批总部机构落户我市，金融集聚效应逐步显现。加强政府投融资平台管理，整合项目、整合资源、整合公司，将155家公司整合重组为86家公

司,基础设施建设、投资融资和风险防范能力显著提高。积极支持设立一批村镇银行、农业贷款公司和小额贷款公司,面向"三农"和中小企业的金融服务进一步加强。

支持科技创新和优势产业发展。科技和企业发展支出119.8亿元,增长20.2%。优化财政科技投入结构,积极支持科技基础条件平台建设,国际生物医药联合研究院等12个国家级科技创新平台基本建成。完善贷款贴息、财政补助、专利奖励等财税政策,支持自主创新项目建设,促进节能减排,太阳能电池、锂离子动力电池等关键核心技术实现突破,专利申请量和授权量分别达到1.9万件和0.7万件,232项具有完全自主知识产权的新产品实现规模化生产。支持重大工业项目加快建设,百万吨乙烯、北疆电厂一期等项目竣工投产。加快认定高新技术企业,及时兑现税收优惠政策,支持科技创新服务体系建设,为企业提供打包贷款担保,帮扶624家科技型企业创新发展。

支持服务业加快发展。完善财税优惠政策,发挥财政资金的引导作用,积极推进商贸旅游等传统服务业发展,海河开发商贸区建设进展顺利,一批特色街区和大型零售、批发市场投入运营,商贸集聚效应不断增强。完善政府资助、财政贴息、税收减免等政策手段,重点支持航空、海运、大宗商品市场等现代物流业和软件开发、创意设计等服务外包业发展,吸引海航集团、软通动力等一批高端服务企业落户我市。完善促进工业企业加快剥离内部服务功能的财税政策,支持企业集团实施生产性服务业剥离工作,不断扩大服务业规模。

支持农业加快发展。支农支出51.2亿元,增长20.3%。大力支持现代农业和产业化经营,新增设施农业10万亩,改造中低产田29万亩,加快建设15个现代农业示范园区和33个养殖示范园区,全市进入产业化体系的农户比重达到82%。加大农业科技投入,全面推进科技惠农工程,建立农业科技示范基地760个,推广新技术274项。巩固完善粮食直补等支农惠农政策,继续实施农民素质提高和低收入农户增收工程,农村居民人均纯收入增长10.4%。加大农村基础设施建设投入,继续实施饮水安全和管网入户改造工程,新建和改造农村公路1000公里,新建污水处理设施30座,创建101个文明生态村,农村生产生活条件明显改善。

(三)加大改善民生投入力度,财政保障水平不断提高

社会保障和就业支出115.6亿元,增长13%。实施更加积极的就业政策,加大财政补助力度,对困难企业给予培训、社保、稳岗和求职补贴,稳定12万个就业岗位,积极开发公益性岗位,对"4050"人员、零就业家庭等十类就业困难人员实行托底安置,加强高校毕业生就业指导工作,就业率保持上年水平。加快三类困难企业退出工作,一次性偿还拖欠职工债务2亿元,妥善分流安置职工4.2万人。制定实施增加城乡居民收入的18项政策措施,继续提高企业退休人员养老金待遇,率先出台统筹城乡居民的基本养老和基本医疗保险制度,有473万居民参加医疗保险,建立覆盖城乡的老年人生活补助制度,对65万没有养老保险的老年人按月发放生活补贴。进一步提高城乡居民最低生活保障和优抚救济补助标准,扩大特困救助范围,实施困难家庭帮扶和重症患者救助制度。向5万户低收入家庭发放租房补贴,支持770万平方米保障性住房建设,为16万户低收入家庭提供住房保障。

教育支出173亿元,增长22.1%。全面落实义务教育经费保障机制,提高公用经费保障标准,巩固完善城乡义务教育"两免一补"政策,实施义务教育学校绩效工资制度改革,增加中小学教师和退休职工收入,全面化解农村"普九"债务,完成118所农村中小学校舍安全加固及功能提升工程。大力发展职业教育,多渠道筹措资金支持海河教育园区加快建设,成功举办全国职业院校技能大赛。全面落实高校"十一五"综合投资规划,启动新一轮20个重点学科建设,进一步完善普通高校和职业院校家庭困难学生资助体系,及时拨付助学金使15万名学生受益。

文体传媒支出19.8亿元,增长20%。加大公共文化服务设施建设投入,天津文化中心工程开工建设,小白楼音乐厅建成投入使用,文庙博物馆、广东会馆整修工程完工,建成1000个农家书屋、农村文化室和一批乡镇文体中心,农村无线广播电视实现

全覆盖。积极制定实施促进文化体制改革和文化产业发展的财税政策，支持出版传媒和电影行业转企改制，创作出电视剧《解放》等一批文艺精品，成功举办中国（天津）演艺交易博览会和天津国际少儿艺术节等活动。全面保障第十一届全运会参赛奖励经费，竞技体育取得新突破。实施农村体育“五个一”工程，为近千个行政村配套健身体育设施。

医疗卫生支出53.8亿元，增长28.5%。支持医药卫生体制改革，加大财政补贴投入，积极推行医疗机构药品集中采购，在9个城区的社区医疗卫生机构率先实行药品零差率销售，基本用药价格平均下降25%。支持基本公共卫生服务均等化，将城乡公共卫生服务经费标准提高1倍，为全市妇女儿童免费提供12项疾病筛查服务。加快推进医疗设施建设，安定医院建成投入使用，南开医院和中心妇产科医院建设进展顺利，涉农区县医院改扩建项目全面启动。及时拨付甲型H1N1流感防控资金，启动区县疾病预防控制体系建设，突发公共卫生事件应急处置能力进一步提高。

城市基础设施建设和维护支出601.3亿元，增长37.1%。充分发挥财政资金引导作用，加快推进政府投融资平台建设，多元化、多渠道筹集资金，大力支持重大基础设施建设，天津站地下交通枢纽主体工程竣工，京沪高速铁路天津段、地铁2、3、9号线加快建设，西站综合交通枢纽工程启动实施，南水北调天津干线工程全面推进，引黄济津调水任务顺利完成。进一步加大财政投入力度，大力支持新一轮市容环境综合整治，累计整修道路762公里，改造提升8个公园、49个街心公园和25个重点地区，建成污水处理厂7座，植树造林26万亩，实施老住宅供热补建10万平方米，为11万户居民更换自来水和燃气旧管网，城市载体功能明显提升，市容市貌显著改观。

（四）实施科学化精细化管理，财政改革创新取得新成效

深化财政管理制度改革。着力健全预算编制、预算执行、预算监督相互协调、相互制衡的预算管理模式，基本支出定员定额标准体系进一步规范，人员支出按照编制据实核定，公用支出按照实物费用定额核算。出台财政项目支出预算管理办法，项目预算编制进一步细化，论证评审工作有所加强，项目库管理不断健全，预算编制的科学化、规范化水平明显提高。积极推进国库管理制度改革，扩大国库集中收付的实施范围，市级预算单位全面实行零余额账户管理，国库单一账户改革任务全面完成，全市国库集中支付总额达到473亿元，同比增长51.6%。加强“收支两条线”管理，将74项收费共101亿元资金纳入预算，严格执行“收支脱钩”政策，统一由财政部门根据单位职能和事业发展需要核定支出。完善政府采购制度，规范采购目录和程序，扩大政府采购范围和规模，全年实施政府采购100亿元，资金节约率14.4%。完善绩效评价体系，对12个重点支出项目进行绩效评价，建立与部门预算相结合的评价结果应用机制，实现预算安排与绩效紧密挂钩。深入开展“小金库”专项治理工作，查出“小金库”244个，涉及资金2.9亿元，进一步严肃了财经纪律，确保财政资金安全有效运行。

总的来看，2009年我市财政预算执行情况较好，收支规模进一步扩大，为经济社会实现又好又快发展提供了有力保障。同时，预算执行和财政工作中还存在一些不容忽视的问题，主要表现在：财政收入存在结构性矛盾，税收比重下降，可支配财力增长缓慢；财政支出结构不尽合理，资金分配的科学性、有效性有待进一步增强；税收征管存在薄弱环节，偷税漏税现象仍有发生；区县财政发展不均衡，部分区县财政比较困难。我们一定要高度重视这些问题，在今后工作中积极采取切实可行措施，努力加以解决。

二、2010年预算草案

2010年，是实施“十一五”规划的最后一年，是推动天津在高起点上实现新发展、再上新水平的关键一年。总体上看，今年的经济发展环境将好于去年，但面临的形势仍然十分严峻复杂。世界主要经济体经济普遍恢复增长，但全球经济复苏将是一个缓慢曲折的过程。国家继续实施积极的财政政策和适度宽松的货币政策，将有利于进一步提振市场信心、巩固经济回升向好的势头，但经济增长的内在动力不足，结构性矛盾仍很突出。我市加快实施大项目好项目建设，并陆续进入投产达产高峰期，新

的经济增长点明显增多,经济增长的质量和效益不断提高,将为财政增收创造有利条件。我们要正确分析把握经济财政形势,进一步增强忧患意识、机遇意识、责任意识,坚定信心、迎难而上、扎实苦干,认真做好各项财政工作。

(一)预算安排和财政工作的总体要求

全面贯彻党的十七大和十七届三中、四中全会及中央经济工作会议精神,以邓小平理论和“三个代表”重要思想为指导,深入贯彻落实科学发展观,按照胡锦涛总书记对天津工作“当好一个排头兵”、“两个走在全国前列”和“五个下功夫、见成效”的重要要求,加快实施市委“一二三四五六”的奋斗目标和工作思路,认真落实市委九届七次全会决策部署,把调结构、促转变、增实力、上水平作为着力点,着力构筑“三个高地”,全力打好“五个攻坚战”,贯彻实施积极的财政政策和适度宽松的货币政策,充分发挥财政职能作用,大力支持滨海新区开发开放,推进经济发展方式转变和经济结构调整,推动改革开放和自主创新,切实保障和改善民生。进一步深化财政改革,全面推进财政科学化精细化管理,加快建立健全有利于科学发展的财政体制机制,努力促进天津科学发展和谐发展率先发展。

(二)全市财政收入和财政支出预算安排

根据财政工作总体要求和经济社会发展主要预期目标,2010年全市财政收入预算安排2022亿元,比上年增长12%,其中上划中央收入690.5亿元,地方一般收入919.9亿元,政府性基金411.6亿元。财政支出总预算1753.3亿元,比上年实际支出增长21.9%,其中一般支出预算1281.6亿元,政府性基金支出预算471.7亿元。

全市地方一般收入预算919.9亿元,增长12%。加上预计中央税收返还和转移支付补助等资金245亿元,上年结余116.7亿元,一般性财力总计1281.6亿元。

全市财政一般支出预算1281.6亿元,比上年实际支出增长16.7%。按照政府收支分类科目划分,主要包括:教育203.1亿元,增长17.4%;科学技术40.1亿元,增长17.8%;文化体育与传媒22.3亿元,增长12.7%;社会保障和就业129.7亿元,增长12.3%;医疗卫生65亿元,增长20.7%;农林水利61.8亿元,增长20.8%;环境保护16.7亿元,增长26%;城乡社区事务370.2亿元,增长29.2%;交通运输36亿元,增长2%;工商金融国土气象等事务111.4亿元,增长10.2%;一般公共服务93.1亿元,增长5.6%。

全市政府性基金收入预算411.6亿元,增长5.9%。加上上年结余60.6亿元,减除调入一般预算资金等0.5亿元,政府性基金财力总计471.7亿元。

全市政府性基金支出预算471.7亿元,比上年实际支出增长38.7%。按照基金项目划分,主要包括:国有土地使用权出让金支出383.7亿元,增长40.7%;农业土地开发资金支出14.9亿元,增长152.2%;新增建设用地有偿使用费支出28.3亿元,增长5%;彩票公益金支出9.2亿元,增长160.1%。

(三)市级财政收入和财政支出预算安排

2010年市级财政收入预算832亿元,比上年增长10%,其中上划中央收入302.1亿元,地方一般收入358亿元,政府性基金171.9亿元。市级财政支出预算766.1亿元,比上年实际支出增长14.1%,其中一般支出预算574.8亿元,政府性基金支出预算191.3亿元。

市级地方一般收入预算358亿元,增长10%。加上预计中央税收返还和转移支付补助等资金213.7亿元,上年结余53.1亿元,减除对区县转移支付补助50亿元,市级一般性财力总计574.8亿元。

市级财政一般支出预算574.8亿元,比上年实际支出增长10%。按照政府收支分类科目划分,主要包括:教育60.8亿元,增长14.5%;科学技术26.4亿元,增长12.1%;文化体育与传媒14.6亿元,增长16.2%;社会保障和就业98.4亿元,增长13.6%;医疗卫生27.2亿元,增长18.5%;农林水利41.6亿元,增长18.2%;环境保护11.4亿元,增长11.8%;城乡社区事务104.7亿元,增长18%;交通运输34.8亿元,增长0.8%;工商金融国土气象等事务36.7亿元,增长13.4%;一般公共服务38.9亿元,增长9%。

市级政府性基金收入预算171.9亿元,增长0.8%。加上上年结余21.5亿元,减除对区县转移支付补助1.5亿元、调入一般预算资金等0.6亿元,市级政府性基金财力总计191.3亿元。

市级政府性基金支出预算191.3亿元，比上年实际支出增长28.4%。按照基金项目划分，主要包括：国有土地使用权出让金支出129.7亿元，增长24.8%；农业土地开发资金支出6.2亿元，增长52.1%；新增建设用地有偿使用费支出28.3亿元，增长5%；彩票公益金支出9.1亿元，增长161.3%。

滨海新区政府成立以后，三区管委会由市政府派出机构调整为滨海新区政府所属机构，根据有关法律规定，从2010年开始，市级财政不再编报三区财政预算和执行情况。

总的来看，今年的财政收入预算综合考虑了经济性、政策性和管理性因素变化情况，符合实事求是、积极稳妥、留有余地的原则；财政支出预算综合考虑了促进经济社会发展、改善民计民生和严格控制一般性支出的需要，体现了统筹兼顾、突出重点、有保有压的原则。在预算执行中，我们要大力组织财政收入，全面加强支出管理，确保实现全年预算平衡。

三、锐意进取，扎实苦干，努力促进经济社会又好又快发展

各级财税部门要按照市委九届七次全会要求，进一步增强紧迫感和使命感，认真分析把握经济财政形势，积极制定切实有效措施，进一步深化财政改革，创新发展思路，努力为经济社会发展提供财力保障和政策支持。

（一）大力支持滨海新区开发开放

积极推进财政体制制度改革。按照新区行政管理体制改革的要求，调整完善市与滨海新区财政分配关系，实行全市统一的分税制财政体制和税收征管体制，努力营造公平竞争、协调发展的政策体制环境。规范新区内部各城区、功能区财力分配关系，合理确定财权事权，形成既有利于促进经济发展、又有利于实现公共服务均等化的财政运行机制，充分调动新区各城区、功能区发展经济、增强财政实力的积极性，进一步激发新区发展的内在动力和活力。根据新区的功能定位和发展要求，制定实施财税优惠政策，积极支持新区综合配套改革，吸引资金、技术、人才等生产要素聚集新区，不断增强新区整体发展能力。

积极支持金融改革创新。重点支持航运金融、科技金融、农业金融、产业金融、消费金融等新金融产业发展，支持中新天津生态城外商投资企业资本金意愿结汇，支持房地产投资信托基金、跨境贸易人民币结算和人民币境外贷款试点，不断完善多层次、多元化、开放型的金融服务体系。支持改制重组设立天津农村商业银行，支持商业银行和保险公司增加资本金、增设法人机构和分支机构。整合金融机构国有股权，提高金融法人机构控制力和竞争力。进一步整合政府投融资平台，界定特定目的公司，实现持续发展和风险防范目标，完成基础设施建设和投资体制改革任务。积极支持新区土地管理、科技体制和社会领域等改革。

加快推进功能区和重大项目建设。用足用好滨海新区开发建设专项资金，充分发挥专项资金的引领带动作用，进一步完善政府投融资体制，多元化、多渠道筹集资金，全面推进功能区开发，吸引更多的优势产业向功能区集聚。进一步完善财政扶持政策，通过政府资助、贷款贴息、税收优惠等方式，加快建设一批重大公共技术平台和创新平台，着力推进一批高水平重大产业化项目建设，尽快形成高端产业集聚区，不断提升新区产业竞争力和自主创新能力。积极支持新区基础设施建设，加快实施滨海国际机场二期、津港高速公路等重点工程，不断增强新区的服务辐射功能。

（二）着力推进发展方式转变和结构调整

积极支持大项目好项目建设。充分发挥财税职能作用，及时研究制定政策措施，重点支持重大产业化项目加快建设，大力促进优势支柱产业加快发展，推进产业集聚和产业链延伸，支持扩大外贸出口，不断培育新的经济增长点，努力促进经济结构优化升级。加强重大项目的跟踪服务和政策协调，及时解决生产经营中涉及的财税问题，促进项目早达产、早见效。

积极支持科技创新和节能减排。完善财税扶持政策，加大财政资金投入，健全科技创新条件平台和服务体系，推进国家生物医药国际创新园、信息安全工程技术研究中心建设，新建一批国家级重点实验室和企业技术中心，为高端产业发展提供强大技术支撑。充分发挥财政资金引导作用，进一步完

善激励自主创新的财税政策,加快推进研发转化基地和科技产业化基地建设,重点支持55项自主创新产业化重大项目,启动新一批25项重大项目,推动混合动力汽车控制等关键技术创新和新产品开发。增加节能减排和发展循环经济资金投入,支持节能环保等领域关键技术的开发应用,继续推进绿色照明、电机改造等10项重点节能工程,推动绿色经济、低碳经济发展,努力增强可持续发展能力。

积极支持服务业加快发展。完善和落实鼓励服务业加快发展的财税政策措施,通过专项补助、财政贴息、税收减免等方式,重点扶持金融保险、高端物流、中介会展、服务外包等现代服务业加快发展,进一步提高服务业的层次和水平。加快推进重大服务业项目和商贸旅游等重点项目建设,支持打造津湾广场高端商业商务标志区,提升海河商贸带、和平路滨江道中心商业街区等商贸聚集区,支持办好2010年夏季达沃斯论坛、中国旅游产业节、妈祖文化旅游节等大型活动,积极发展信息咨询、研发设计、文化创意、总部经济、楼宇经济等新兴服务业,不断拓宽中心城区发展空间。制定实施财税优惠政策,支持为先进制造业提供服务的生产性服务业和面向民生的消费性服务业加快发展,大力推进工业企业内部服务功能和机关事业单位后勤服务功能的剥离,进一步提高服务业比重。

积极支持现代农业发展。进一步巩固完善强农惠农政策,健全农业投入保障机制,加快推进设施农业“4412”工程,支持现代养殖示范园区和现代农业示范园区建设,新建设施农业10万亩、节水灌溉面积15万亩。完善农业科技服务体系,健全农业新品种、新装备、新技术的研发转化推广机制,组织实施一批科技成果转化项目。积极制定实施财税优惠政策,大力发展种子种苗产业和农产品保鲜、深加工产业,吸引农业产业化龙头企业参与设施农业建设,提高农业产业化经营水平。推进农村工业加快发展,完善财政贴息政策,继续开展银企合作,搭建更多的项目融资平台,大力推进区县示范工业园区建设,加快实施区县495个重大建设项目,努力培育更多的强区强县。

(三)切实保障和改善民生

实施更加积极的就业政策。加快推进以创业带动就业战略,综合运用政府补助、税费减免、贷款担保和创业培训补贴等财税政策手段,积极推动创业带动就业实验区建设,加大就业培训力度,培养更多的创业主体和就业岗位,促进就业再就业、大学生就业和创业带动就业。延长对困难企业的帮扶政策期限,继续实施财政补贴、阶段性降低社会保险费率、暂缓缴纳社会保险费等政策措施,鼓励企业发展生产、扩大就业、提高职工收入,进一步稳定就业局势。建立城乡一体的就业援助机制,及时解决零就业家庭就业安置问题,确保全年新增就业42万人。

进一步完善统筹城乡的社会保障体系。全面实施覆盖城乡从业人员的养老、医疗、工伤、失业和生育保险制度,健全覆盖城乡居民的养老和医疗保险制度。实施困难企业退休人员医疗保险待遇与单位缴费脱钩政策,提高医保最高支付限额和大额医疗费救助标准,完善城乡居民医疗救助和优抚对象医疗补助制度。落实保障性住房资金、土地供应和优惠政策,加大限价商品房、经济适用房等保障性住房建设力度,开工建设保障性住房650万平方米,向7.5万户低收入家庭发放租房补贴,着力解决中低收入家庭住房困难。调整完善增加城乡居民收入的政策措施,继续提高企业退休人员养老金,落实全市65岁以上老年人免费乘坐公交车政策,提高最低工资、城乡最低生活保障、特困救助、抚恤救济和义务兵家属优待金等标准,健全企业职工工资正常增长机制,推进行政事业单位工资制度改革,千方百计增加群众收入。

坚持教育优先发展战略。进一步完善城乡免费义务教育制度,继续实施义务教育学校现代化标准建设,巩固义务教育学校教师绩效工资改革成果。加快实施中小学校舍安全加固及功能提升工程,对存在安全隐患的校舍进行抗震加固、迁移避险,提高综合防灾能力。加快职业教育改革试验区和实训基地建设,基本建成海河教育园区一期工程,落实中等职业学校涉农专业和农村家庭经济困难学生免交学费政策,支持办好全国职业院校技能大赛。积极支持高等院校重点学科、重点实验室和重点人才建设,继续实施重点高校“211”工程,进一步完善普通高校和职业院校学生资助体系,加大财政补助力度,尽快化解高校债务风险,努力促进各级各类教育均衡协调发展。

加快推进医药卫生体制改革。全面实施国家基本药物制度，将基本药物全部纳入医疗保险报销范围，在各区县推行基本药物零差率销售。支持基本医疗卫生服务体系建设，提升区县级综合医院服务能力，完善基层卫生服务机构经费补偿机制。继续推进卫生资源布局调整，加大财政投入力度，加快人民医院、总医院、天津医院和肿瘤医院改扩建工程。支持公共卫生服务体系建设，及时足额安排甲型H1N1流感等传染病防控资金，免费开展妇女儿童专科疾病检查，继续实施计划生育奖励等扶助政策，保障群众享受更高质量的公共卫生服务。

加大公益性文化建设投入。重点支持天津文化中心建设，加快博物馆、美术馆、图书馆和大剧院等大型文化设施建设进度，启动国家海洋博物馆工程，建成电影艺术中心、非物质文化遗产馆等项目，继续实施农村公共文化服务工作，建成100个文化特色村、1200个农家书屋和农村文化室。制定完善财税扶持政策，加快推进文化体制改革，重点支持出版传媒、广播电影等行业的企业化改制，扶持各类文化企业做大做强。加快改造完善重点体育场馆设施，做好第九届大运会、第六届东亚运动会筹备工作。加大公共安全投入，增加装备建设经费，充实各类物资储备，完善防灾救灾和灾害应急体系，全面推进平安天津建设。

加快基础设施建设和市容环境综合整治。充分发挥财政政策和财政资金的引导作用，完善政府投融资平台，多渠道、多形式筹集建设资金，加快推进现代综合交通体系建设，重点支持京沪高速铁路天津段、津秦客运专线、西站综合交通枢纽等工程，启动地铁5、6号线建设，基本建成地铁2、3、9号线，建成一批高速公路、快速路和城市道路。支持南水北调工程建设，启动独流减河治理项目。推进水环境专项治理工程，全面完成60座污水处理厂，城镇污水集中处理率达到85%。进一步改善公共交通条件，加快推进公交车、出租车更新，完成塘沽、双林等公路客运枢纽主体工程建设。继续支持市容环境综合整治工程，完善城区“以奖代补”制度，不断提升市容环境管理水平。加强农村基础设施和生态环境建设，加快推进示范小城镇和文明生态村建设工程，重点支持农村电网改造、饮水安全和乡村公路改扩建项目，造林21万亩，推进基础设施和公共服务设施向农村延伸，努力提高农村城市化水平。

（四）进一步提高财政科学化精细化管理水平

大力组织财政收入。完善收入目标责任制，合理确定各征管部门年度收入任务，层层分解指标，强化执行考核监督。完善税收现代化征管手段，切实强化税基管理、源头管理、户籍管理，不断健全源泉控缴机制，加强税收经济关联分析，有针对性地开展税收稽查，取消各区县擅自制定的税收优惠政策，切实堵塞税收漏洞，努力实现应收尽收。

全面加强支出管理。大力压缩公务购车、会议论坛、公务接待、出国出境等经费支出，严格控制楼堂馆所建设，切实减少一般性、消耗性支出，努力降低行政运行成本。严格审查建设项目投资预算，严格控制超支，节约建设投资。加强支出过程控制，严格新增支出项目审批管理，各有关部门在预算之外新增支出项目原则上从部门现有专项资金中统筹解决，财政一般不再追加预算。及时清理项目结余资金，对跨年度结转和年终结余较多的专项资金，原则上由财政收回统筹用于平衡预算。

深化预算管理制度改革。健全政府预算体系，科学编制公共财政预算，规范政府性基金预算，积极推进国有资本经营预算，加快建立社会保障预算，尽快形成有机衔接的政府预算体系。深化部门预算改革，进一步完善基本支出定员定额标准体系，全面实施项目预算管理办法，加强项目前期论证和可行性研究，健全项目库管理，切实增强预算安排的科学性和预算执行的约束力。全面实行国库集中收付、政府采购、投资评审等预算管理制度，完善绩效评价体系，健全绩效评价跟踪问效机制，强化财政监督，确保财政资金安全有效运行。

努力防范财政风险。进一步加强政府投融资平台管理，严格执行特定目的公司财务管理办法，不断健全“借用管还”良性循环机制。切实加强政府债务管理，认真执行政府债务管理规定，严格债务举借和担保程序，健全债务风险预警机制，合理控制债务规模，切实落实偿债责任和偿债资金，努力防范和化解财政风险。

（摘自2010年2月12日《天津日报》）

天 津 概 况

基本情况

一、自然环境

地理位置 天津市地处华北平原东北部，海河流域下游。北起蓟县黄崖关附近，南至大港区翟庄子沧浪渠，南北长 189 公里；东起汉沽区洒金坨以东陡河西干渠，西至静海县子牙河王进庄以西滩德干渠，东西宽 117 公里。天津东临渤海，与山东、辽东二半岛相望；北依燕山，与河北省、北京市相邻。介于北纬 38°34′~40°15′，东经 116°43′~118°04′之间。处于国际时区的东八区。是海河五大支流南运河、子牙河、大清河、永定河、北运河的汇合处和入海口，素有“九河下梢”、“河海要冲”之称。

天津市疆域周长约 1290.8 公里，其中海岸线长 153.669 公里，陆界长 1137.48 公里。市域总面积 11919.7 平方公里，海域面积 3000 余平方公里。

天津区位优势明显，地处中国北方黄金海岸的中部，不仅毗邻首都，还是华北、西北广大地区的出海口，是亚欧大陆桥中国境内距离最短的东部起点。天津港是中国北方最大的综合性贸易港口，拥有全国最大的集装箱码头，与世界上 170 多个国家和地区的 300 多个港口保持着贸易往来。天津滨海国际机场有多条国际国内航线，是华北地区最大货运中心。天津铁路枢纽是京山、京沪两大铁路干线的交汇处。天津公路四通八达，交通基础设施建设有了长足发展。目前，天津已形成以港口为中心的海陆空综合性现代化交通网络。

地形 天津绝大部分为平原，少部分是山地和丘陵。地貌特征：其一北高南低，西北高东南低。从蓟县北部山区到塘沽、汉沽、大港的滨海，呈簸箕形向海河干流和渤海方向倾斜。最高点为蓟县和兴隆县交界处的九山顶，海拔 1085.5 米。最低处是塘沽大沽口，海拔为零。其二山区面积小，平原辽阔。山地、丘陵海拔高度小，相对高度大。平原既低且平。其三河流纵横，坑、塘、洼、淀星罗棋布。其四古海岸遗迹（俗称贝壳堤）明显存在，成为滨海平原的奇观，为我国其他滨海地区所罕见。

天津的地貌类型有山地、丘陵、平原、洼地、海岸带、滩涂等。丘陵分布在燕山南侧，介于山地与洪积、冲积倾斜平原之间，面积 228.7 平方公里；平原分布在燕山至渤海之间，面积约占全市土地面积的 95.5%，绝大部分在海拔 20 米以下，其中 2/3 地区为低于 4 米的洼地；冲积平原分布在燕山山前洪积冲积平原以南，滨海平原以西的广大地区。地势低平，海拔均在 10 米以下，地面坡度为 1/5000~1/10000，受河流交叉沉积影响，地面有小规模缓岗和碟形洼地交错起伏，河流泛区分布有沙丘、沙地；海积冲积平原分布在宁河、潘庄、北仓、杨柳青一线以南，南运河以东，汉沽、塘沽、甜水井一线以西，是全新世以来海洋和河流交互作用地区，地貌低平，多湿地，海拔高度 3~5 米，地面坡度 1/5000 左右，有贝壳堤和古泻湖、洼淀；海积平原位于海积、冲积平原以东和海啸所达上界（蔡家堡至驴驹河一线）之间的狭长地带，海拔 1~3 米。地面坡度小于 1/10000，现仍受海水影响，多盐滩、沼泽和低湿地，表面组成物质以盐质黏土为主。海岸带和滩涂位于特大高潮线以下地区。海岸物质粒径小于 0.05 毫米的占 50%以上，属于泥质海带。有龟裂带（也称湿地）、潮间浅滩及水下岸坡等。

水文 天津地处海河流域下游，河网密布，洼淀众多。历史上天津的水量比较丰富。海河上游支流众多，长度在10公里以上的河流达300多条。这些大小河流汇集成中游的永定河、北运河、大清河、子牙河和南运河五大河流。这五大河流的尾闾即是海河，统称海河水系，为天津市工农业生产和人民生活的水源河道。此外，天津还有自成水系的蓟运河。

气候 属暖温带半湿润大陆性季风气候，季风显著，四季分明。春季多风沙，干旱少雨；夏季炎热，雨水集中；秋季寒暖适中，气爽宜人；冬季寒冷，干燥少雪。全年平均气温在11.4~12.9℃。1月份平均气温在-3~-5℃，极低温值在-20℃以下，多出现于2月份。7月份平均气温在26~27℃。一年中，1月份与7月份温差一般在30℃以上。天津年平均降水量约为520~660毫米。一年四季雨量分布不均，夏季多雨，占全年总降水量的75%以上，冬季降水仅占2%。由于降水量年内分配不均和年际变化大，造成历史上经常出现春旱秋涝现象。

天津的风向有明显的季节变化。冬季多西北风、偏北风；夏季多东南风、南风；春秋两季多西南风。年平均风速为每秒2~4米。天津市的水分蒸发，年平均为163~1912毫米，最大蒸发量2673.3毫米，全年以5月份蒸发最为强烈。

二、自然资源

（一）矿产资源：天津市已探明的矿产资源主要有金属矿、非金属矿和燃料矿20多种。金属矿和非金属矿主要分布在蓟县北部山区，燃料矿主要埋藏在天津平原地下的渤海大陆架。金属矿主要有锰硼石、锰、金、钨、钼、铜、铝、锌、铁等，其中锰、硼不仅为国内首次发现，也为世界所罕见；非金属矿主要有水泥石灰岩、重晶石、迭层石、大理石、天然油石、紫砂陶土、麦饭石等。燃料矿产主要有石油、天然气和煤成气等。其中优势矿种为石油、天然气、地热、水泥灰岩、紫砂陶土。

石油、天然气。天津平原及渤海海域蕴藏着丰富的石油和天然气资源。已探明石油地质储量40亿吨，油田面积百余平方公里，天然气（含伴生气）地质储量1500多亿立方米，煤田面积80多平方公里。在陆地，大港油田勘探范围包括黄骅坳陷的北部和南部均超出天津市辖范围，仅中部的大部分在天津市大港、津南、塘沽和汉沽区内。

地热。天津地区地热资源属于非火山沉积盆地中、低温热水型地热。天津市地热资源丰富，主要分布在宝坻断层以南约9638平方公里的范围内。根据地质构造和地势场分析，分为新生界热储层和基岩热储层两大类。依据在温梯度3.5℃/100米的等值线为底界在天津地区划分出10个地热异常区，探明面积2434平方公里，水温在30~90℃。

水泥灰岩。水泥灰岩是天津市非金属矿产中的优势矿种，已探明工业储量的矿产地有5个，矿体赋存于中元古界蓟县系铁岭组石灰岩层中，含氧化钙48%~50.7%。已探明工业储量的5个矿产地是东营房、转山、铁岭、老虎顶和渔山，探明储量1.8亿吨。水泥灰岩矿产已成为天津市水泥工业生产的重要资源。

紫砂陶土。天津市蓟县紫砂陶土矿赋存于中上元古界二个层位，即串岭沟组和洪水庄组的伊利石页岩。其中串岭沟组伊利页岩分布在下营镇至小港乡一线，全长12公里，宽2公里，出露面积24平方公里，露天储量可达7亿吨。二个层位的伊利石岩是一个大型黏土矿床，是紫砂陶器的优质矿物原料。

（二）土地资源：全市土地总面积为119.197万公顷，其中耕地面积48.56万公顷，占全市土地面积的40.74%；园林面积3.73万公顷，占3.13%；林地3.42万公顷，占2.87%；牧草地594公顷，占0.05%；居民点及工矿用地21.83万公顷，占18.33%；交通用地3.29万公顷，占2.76%；水域31.51万公顷，占26.43%；未利用土地6.78万公顷，占5.69%。全市的土地，除北部蓟县的山地、丘陵外，其余地区都是在深厚沉积物上发育的土壤，其中褐色土是耕性良好的肥沃土壤，在海河下游的滨海地区，有待开发的荒地、滩涂1214平方公里，是发展石油化工和海洋化工的理想场地。

（三）海洋资源：天津海岸线位于渤海西部海域，南起歧口，北至涧河口，长达153.669公里。所辖海域面积约3000平方公里。天津海洋资源可分为海洋自然资源和海洋空间资源两大类。海洋自然资源包括滩涂、海洋生物、海水、海洋油气及海洋能等;海洋空间资源包括海洋水运资源、海港、海岸带及滨海旅游资源等。其中比较突出的是滩涂资源、海洋生物资源、海水资源、海洋油气资源。

滩涂资源。天津滩涂十分发育，宽度在3000~7300米之间，海拔高度0~3.5米,坡降0.4%~1.4%。滩涂面积约370多平方公里,大部分尚未充分开发利用。

海洋生物资源。在渤海湾西部海域水中、海底及潮间浅滩生活着较为丰富的海洋生物。按其生活方式和生活区域可分为浮游生物、游泳生物(鱼类)、底栖生物和潮间带生物四大类。据调查，渤海湾西部浮游生物有162种,其中浮游植物98种,主要种类是硅藻、甲藻和绿藻,多分布在近岸;浮游动物64种,包括浮游幼虫类、蛲虫类、箭虫类和其他浮游动物。渤海湾西部水域有鱼类56种，分别隶属13目,主要种类有鳓鱼、黄鲫、山黄鱼、白姑鱼、银鱼等。底栖动物多达181种,隶属11个门类。最重要的优势种为角板虫、绒毛细足、日本棘刺蛇尾等,作为经济种的有对虾和三疣梭子蟹。另外天津沿海潮间带生物有96种，其中软体动物27种、多毛类25种、甲壳类23种、鱼类13种、腔肠动物3种、棘皮动物2种、腕足动物和纽虫动物各1种。

海水资源。天津海域海水成盐质量高，氯化钠含量达95%~96%。天津自古以来就是著名盐产地。长芦盐场目前是我国最大的盐场。天津原盐85%是工业用盐,是天津、上海等地盐化工的主要原料。充分利用海水资源发展制盐业之外,还可以直接用作工业冷却水及海水淡化等,是解决淡水资源不足的有效措施。

海洋油气资源。渤海油气区油气资源非常丰富,是我国海上石油勘探与开发最早的海域。目前,已发现45个含油构造。油气资源的储量前景非常广阔。

三、自然景观

狭小的山地，广袤的平原，辽阔的海域,构成天津自然环境的基本面貌,也构成天津极具特色的自然景观。天津既有盘山清幽的自然景色,又有八仙山山高林密、保留着山林野趣的自然特色,还有记载古老地质历史的巨厚的中上元古界地层,以及海退后在滨海平原留下的贝壳堤和湿地景观。这些都集中体现了天津的自然景观特色。

盘山。“五峰、八石、三盘之胜”是对盘山风光的凝练和概括。五峰系指挂月峰、紫盖峰、自来峰、九华峰(亦称莲花峰)、舞剑峰。挂月峰海拔864米,为群山之首。八石是指盘山的悬空石、摇动石、晾甲石、将军石、夹木石、蛤蟆石、蟒石、天井石。它们不仅令人称奇,还流传着美丽的传说。盘山景色贵在自然天成,有山、水、林、泉、石,山林耸翠,谷壑幽邃,溪水峥琮。上盘松胜,蟠曲翳天;中盘石胜,千奇百态;下盘水胜,涓流不息。盘山曾建有七十二佛寺、十三座玲珑宝塔、一座静寄山庄。它们大多毁于兵燹。建国后恢复建成了天成寺、盘古寺、云罩寺等著名景点。盘山以其秀美的风光,每年吸引数十万游客。1984年市政府批准建立市级风景名胜古迹自然保护区。1994年1月国务院批准盘山为国家级风景名胜区。

八仙山。八仙山位于蓟县、兴隆、遵化三市县交界处。面积1049公顷,森林覆盖率高达80%以上,最高海拔1052米。八仙山自然保护区以林深佳秀而闻名,又以山奇水胜而著称,只因过去人迹罕至,“藏在深闺人未识”,使其保留下来山林野趣的自然特色。八仙山森林茂密,有着丰富的动植物资源,保存完整的生态系统。被称为“华北地区的植物宝库”、“天津的天然植物园”。八仙山自然保护区现已成为天津市独具特色的旅游胜地。有八仙品绿、翠锦丹花、洋楼烟雨、银滩流碧、幽谷闻莺、画眉秋色等景观。1995年被国务院批准为国家级自然保护区。

中上元古界地质剖面。位于蓟县北部山区，津围公路以东。面积9平方公里。蓟县中上元古界地质剖面从古长城脚下的常州村至蓟县城北的府君山,自北而南,地层由老至新展布。剖面出露连续,顶底清楚,层序齐全,构造简单,叠层石和微体化石丰富,厚达万米,不仅是我国中上元古界层型之一,在国际上亦久负盛名。它形成于距今8亿至19亿年间，下伏地层为太古界迁西群,上覆地层为下寒武统府君山组。整套地层由下而上可划分为长城系、蓟县系、青白口系三个系十一个组，这套地层为世界所罕见，成为世界中上元古界地层划分对比的标准剖面。它对于了解8亿至19亿年前地球演变历程及重大地质事件的发生，探讨生命起源与进化，以及对层矿产生的预测，都具有十分重要的理论和实际意义。联合国地质科学联合会确认其为世界标准地层剖面。1984年10月，国务院将其确定为国家级自然保护区。

古海岸与湿地。天津古海岸与湿地自然保护区跨津南、汉沽、大港、宁河、塘沽、东丽等区县，总面积200多平方公里。保护对象是天津市东部、渤海湾西岸的古海岸遗迹贝壳堤、牡蛎滩以及七里海湿地生态系统。在渤海湾西岸的天津市东部和河北省黄骅等地区，分布着三道贝壳堤。贝壳堤是一种由贝壳残骸所堆积成的沿海沙堤，是一种发育在海滩上与海岸线平行排列的自然垅岗。渤海湾西岸的贝壳堤作为古海岸的遗迹，保存完整，为国内外罕见。三道贝壳堤向渤海推移的过程展示了天津平原的成陆历史。它为研究天津及其附近第四纪岩相古地理、古气候和新构造运动提供了有力的证据，也为人们提供了地貌、土壤、考古和历史等方面的生动材料。贝壳堤不但有科学研究价值，而且有教学和观赏价值。宁河县的七里海是典型的泻湖湿地生态系统，这里水域辽阔，芦苇繁茂，生物物种繁多。据调查，七里海有水生、湿生植物群落12种，哺乳类动物5种；鸟类近百种，鱼类13种；既是重要的饵料基地，又是许多珍稀和濒危野生动物迁徙、繁殖和栖息的基地，对调节天津地区小气候和保持生物物种多样性，均具有重要作用。

一些中外海洋学专家考察认为，这里的贝壳堤、牡蛎滩及滨海湿地规模巨大，在西太平洋各滨海平原所罕见，是国际间淤泥质海岸珍贵的海洋地质现象，对多学科的研究有重要的科学价值，是宝贵的海洋天然博物馆。保护区在1984年2月由市政府批准的“贝壳堤市级自然保护区”基础上扩展，1992年10月被国务院批准为国家级海洋类型自然保护区。

四、人文景观

天津是一座历史文化名城，具有丰富多彩的、独具特色的人文景观。首先是洋溢着异国情调的风物建筑。1860年天津开埠后，英、法、美、德、日、俄、意、比、奥九国在天津设立租界，随之一些官僚、军阀、买办资产阶级在租界内设公馆、别墅，陆续建成各种结构和形式的大楼建筑和花园洋房。天津共计有小洋楼800多幢，30余种风格，主要分布在和平区的解放路、花园路、“五大道”（重庆道、常德道、大理道、睦南道、马场道）、赤峰道、滨江道，以及河北区民族路一带，构成天津城市独特的人文景观。其次是众多的历史事件遗迹，名人旧居。在中国近现代史上有许多重大的历史事件与天津有着密切的关系，如大沽口炮战、火烧望海楼、《天津条约》等。许多中国近现代史上的名人，在天津留下历史的足迹。一些近现代的革命人物也在天津留有革命业绩。第三是独特的地方民俗文化景观。滨海枕河的天津，早年因漕运兴旺而发祥，各方商贾云集，逐渐形成天津独特的地方民俗文化景观，如古文化街、娘娘宫、石家大院等。

目前，天津有全国重点文物保护单位4处（蓟县独乐寺、塘沽大沽口炮台、河北区望海楼教堂、红桥区义和团吕祖堂坛口遗址），市级文物保护单位62处，区县级67处。这些文物荟萃了天津丰富多彩的人文景观资源。

大沽口炮台。位于市区东南60公里海河与渤海的交汇处，现存炮台3座，以“威”、“镇”、“海”三字命名。大沽海口是“津门之屏”，明代开始设防，清代修炮台逐渐形成较为完整的防御体系。大沽口炮台是中华民族抗击侵略、不畏强暴的历史见证。

大沽口炮台遗址位于海河入海口南、北两岸。初以砖石砌就，后以三合土夯筑。第二次鸦片战争时期，炮台建制不断发展，防御体系逐具规模。鼎盛时期形成以“威、镇、海、门、高”以及石头缝六座炮台为主，配置千、万斤级铜、铁大炮及附属设施强大的海防防御体系。

1840年至1900年60年间，外国列强为夺取在华的经济利益和政治特权，先后对大沽口炮台发动了四次入侵。他们依仗“船坚炮利”，把大沽口地区置于铁蹄蹂躏之下，进逼京畿，烧杀抢掠,无恶不作。在侵略者枪炮的威逼下,清政府签订了一个个丧权辱国的不平等条约。《辛丑条约》的签订,被迫拆毁了大沽口炮台。

1988年,大沽口炮台遗址被国务院确定为全国重点文物保护单位。1990年又以“津门古塞”之誉被评为“津门十景”之一,并确定为天津市爱国主义教育基地。1997年7月1日,天津市人民政府在原“威”字炮台遗址建大沽口炮台遗址纪念馆,为帝国主义侵略中国的铁证,也是进行爱国图强教育的课堂。

望海楼教堂。位于河北区海河东岸狮子林桥。清同治八年(1869)法国天主教会建造,次年6月在“天津教案”中被天津人民烧毁。清光绪二十三年(1897)帝国主义分子用清政府赔款,在废墟原址重建,增建角楼。1900年在义和团运动中再次被焚毁。现存望海楼为光绪二十九年(1903)用“庚子赔款”按原形制重建。建筑坐北面南,青砖木结构,长47米,宽15米,高22米,正面有3个塔楼,呈笔架形。教堂内部并列两排立柱,为三通廊式,无隔间与隔层。内窗券作尖顶拱形。窗面由五彩玻璃组成几何图案,地面砌瓷质花砖,装饰华丽。1976年因地震严重损坏。1983年天津市人民政府拨款修缮。1988年由国务院公布为全国重点文物保护单位。

义和团吕祖堂坛口遗址。在红桥区如意庵大街何家胡同18号,是目前保存比较完整的一处义和团遗址。吕祖堂原为供奉纯阳吕祖(吕洞宾)的道观。始建于明代,后多次修葺。主要建筑有山门、前殿、后殿、东西厢房及五仙堂。1900年4月,义和团乾字团首领曹福田统率静海、沧州、盐山、南皮、庆云等地团民数千人沿南运河抵津,设总坛口于吕祖堂。重要首领张德成、刘十九、林黑儿等曾多次在此“拜坛”共商大计,指挥义和团抗击八国联军的斗争。中华人民共和国建立前该庙已破败。1982年由国务院公布为全国重点文物保护单位。1985年大修,重建山门,并在此建立义和团纪念馆。

黄崖关长城。位于蓟县县城北28公里处的崇山峻岭之中,是国家首批4A级旅游景区。其始建于北齐天保七年(557),明代又包砖大修。全段长城建在陡峭的山脊上,关隘东有悬崖为屏,西以峭壁为依。这里战台敌楼、边城掩体、水关烟墩、古寨营盘等各项防御设施完备,并有独特的凤凰楼、北极阁、长城碑林、名联堂、博物馆和布局精巧的八卦关城。

黄崖关长城四季风光各异,春看花:梨花白、杏花红,万花争奇斗艳;夏避暑:清风爽、峰峦翠,山泉流水叮咚;秋观叶:松柏绿、红叶赤,漫山层林尽染;冬赏雪:古城青、群峰皑,边塞银装素裹。近年来又兴建了山庄宾馆、八仙公寓、水上游乐场、八仙迷宫游乐园、长寿园等设施,开辟了王荊顶旅游小区。这里每年还举办一次国际马拉松旅游活动。黄崖关长城自然景观雄、险、秀、古,人文景观新、奇、幽、雅,配套设施齐全周到,已成为高品位的自然风景区和避暑度假胜地。

天后宫。天后宫俗称“娘娘宫”,坐落在旧城东门外,三岔河口西岸的古文化街上。占地5280平方米,建筑面积1341平方米。自元代始,海河为漕船南粮北运沿运河直达北京的必经之地。元泰定三年(1326),于海河西岸小直沽兴建天妃庙,供祀天妃以求神灵护佑漕运安全。明永乐元年(1403)重建,清康熙二十三年(1684)封天妃为天后,改称天后宫。

天后宫是天津市区现存最古老的建筑群,也是中国北方妈祖文化最具代表性的历史遗迹。天后宫坐西朝东,面对海河,现存山门、牌楼、钟鼓楼、前殿、正殿、藏经阁、启圣殿等。正殿内“娘娘”塑像高2.7米,身披霞帔,头戴凤冠,四侍女捧印、抱瓶、打扇恭立两旁,殿内两侧还陈列銮驾一套。山门前有两棵幡杆矗立,分别高25米、26米。天后宫最初为船工祭祀海神天妃,举行酬神演出及聚会娱乐的场所,宫前有广场和戏楼,两侧街道形成商业集市和年货市场。旧时每月初一、十五,逢年过节,这里香火旺盛。每逢天妃诞辰(农历三月二十三日),举行“皇会”,表演龙灯、高跷、旱船等民俗艺术,百戏云集,万人空巷。

1986年天津民俗博物馆在天后宫内建立。宫内配殿辟为民俗展品陈列室。“先有天后宫,后有天津城”——天后宫是天津城市发展的历史见证,也是天津民俗文化的发祥地与摇篮。

大悲院。大悲院是天津著名的佛教古刹,坐落在河北区天纬路。全寺分为东西两院,占地10600平方米。寺的东院为寺的主体,青砖绿瓦,雄伟壮观,由天王殿、大雄宝殿、大悲殿、地藏殿、玄奘法师纪念堂、弘一法师纪念堂和讲经堂组成;西院是附属部分,由文物殿、方丈室和中国佛教协会天津分会用房组成。大悲院始建于清顺治十五年(1658),由高僧世昌倡议,天津卫守备曹斌捐资修建,因寺内供奉一尊高3.6米的"大慈大悲救苦救难观世音菩萨",故称为大悲院。初建时规模很小,康熙八年(1669)重修并扩建为占地56亩。大悲殿所供观音,为千手千眼法像,用柏木雕成,表层布纯金,经年色泽不减,光耀如新。清朝后期,大悲院几经战火和破坏。1900年八国联军侵略天津,寺院遭到抢劫,僧侣四散,破坏严重。1940年社会名流组织捐款、腾地,先后用7年时间始修复东院。前殿是天王殿,供奉原望海寺弥勒佛;两厢为四大天王,殿高10米,门上悬"古刹大悲禅院"匾额,为津门宿儒王襄篆书。中殿是大雄宝殿,供奉明代新铸高7米的铜质鎏金释迦牟尼像,两侧有阿难、迦叶、文殊、普贤和十八罗汉。

天津平津战役纪念馆。平津战役纪念馆坐落在红桥区平津道8号,占地总面积4.7万平方米,建筑面积1.4万平方米,是全面展现平津战役伟大胜利的专题性纪念馆。1997年7月23日落成开馆,聂荣臻元帅生前为纪念馆题写馆名。平津战役纪念馆由胜利广场、主展馆和多维演示馆三部分组成。主体建筑分三层,共六个展馆。展馆中陈列2500多件珍贵的历史文物、文献和大量的图表、景观、雕塑、绘画,运用电动沙盘、多媒体投影等现代科技手段,全面真实地再现平津战役的全过程。多维演示馆在建筑上采用球体结构,运用现代声、光、电技术与多元化视听艺术技术手段,把全景式超大景观结合起来,再现平津战役气势恢宏的历史画面。此外,该馆胜利广场陈列火炮、坦克和装甲车等多种重型兵器,供观众参观。

周恩来邓颖超纪念馆。位于风景秀丽的水上公园北侧,占地面积6万平方米,建筑面积7150平方米,是一座园林式的伟人纪念馆。建筑高21.3米,主体为三层,布局呈"工"字形。屋顶采取传统重檐形式并结合现代工艺,石材屋面。外檐镶嵌花岗石,色彩朴素淡雅。馆外纪念广场、巨型花岗岩雕像《高山仰止》、不染亭、纪念林、草坪花卉与主建筑相互衬托,环境幽雅,气氛庄重。

周恩来、邓颖超始终把天津作为第二故乡。他们在天津度过青少年时代,在天津相识、相知、相爱并共同走上革命道路。为世世代代缅怀铭记周恩来、邓颖超的丰功伟绩和高尚品德,中共天津市委、天津市人民政府经报请中共中央批准,在天津建立周恩来邓颖超纪念馆。1998年2月28日,正值周恩来百年华诞之际隆重开馆。

周邓纪念馆内藏品丰富,文物价值甚为珍贵。现已征集到文物、文献、照片及其他资料8000余件,珍品达百余件,很多珍贵文物都是第一次与公众见面。周邓纪念馆展厅包括瞻仰厅、生平厅、情怀厅以及竹刻楹联厅和书画艺术厅。

天津博物馆。天津博物馆坐落于河西区友谊路与平江道交口的银河广场,占地面积5万平方米,总建筑面积3.5万平方米,拥有1.1万平方米的现代化展厅和功能齐全的文化休闲设施。其建筑外形为自湖面展翅飞翔的天鹅,线条流畅简洁,极富时代感与艺术性,颇具特色。

天津博物馆是一座大型历史艺术类综合性博物馆,历史类文物与艺术类文物并重是其收藏的一大特色。馆藏各类文物近20万件,包括书法、绘画、青铜器、陶瓷器、玉器、玺印、砚台、甲骨、钱币、历史文献、近现代文物、地方民间工艺等多个门类,其中国家一级文物近千件。藏品数量之丰富、质量之精湛,在国内外享有盛誉。

作为天津的标志性文化设施,天津博物馆集收藏、保护、研究、陈列为一体,竭诚为国内外观众奉献各种精美展览。天津博物馆不仅肩负着保护本地区地上、地下物质文化遗产的重要职责,更是集中展示华夏文明的一座艺术殿堂和承续天津地方历史文化的主要场所。

天津广播电视塔。天津广播电视塔,简称天塔,建于1991年,总高度为415.2米。此高度在世界钢筋混凝土电视塔中列加拿大的多伦多塔、俄罗斯的莫斯科塔、中国上海的“东方之珠”塔之后，为世界第四、亚洲第二高塔。

该塔坐落于河西区八里台立交桥以南、紫金山路与津盐公路汇合处的三角地带，西靠风景秀丽的水上公园，北邻壮观的八里台立交桥，周围是旅游区。广播电视塔占地300亩，坐落在波光粼粼的天塔湖中央，犹如一剑穿天，直插云霄。塔区70%是水域。这里地势开阔，环境优美，四周是绿化带。鲜花簇拥，草木葳蕤，湖光塔影，相映生辉，是这一带景观的特色。围塔的湖面上，三层跌水相接，水帘喷珠，势如流瀑。湖内有音乐喷泉，喷涌的泉水与美妙的音乐相映成趣。

天塔塔身呈抛物线状，塔楼为飞碟形，从整体上看线条极为简洁、流畅、挺拔。在塔身248~278米处，设有望厅和旋转餐厅，旋转餐厅可同时容纳200余人就餐。

五、历史沿革

天津地区在商周时期即有人类居住，但作为城市则形成较晚。隋朝大运河的开通，使位于运河北部、兼有河海运输之便的天津地位日渐重要，运河与“五河尾闾”（今海河）在今市区三岔河口交汇，天津便以“三会海口”名于史册。金贞祐二年（1214）设直沽寨，直沽是天津城市发展中有史料记载的最早名称。元延祐三年（1316）“改直沽为海津镇”。明建文二年（1400）镇守北方的燕王朱棣率兵经海津镇渡河南下夺取政权，称帝后即将海津镇改名“天津”，意为天子经过的渡口。永乐初年（1404~1406）先后设天津卫、天津左卫、天津右卫，并建筑城池。清顺治九年（1652）合并“三卫”为天津卫。雍正三年（1725）改卫为州。雍正九年（1731）升州为府，辖6县1州，成为畿辅首邑。光绪二十八年（1902）直隶总督衙门迁津。1912年中华民国成立，改为天津县，属直隶省。1913年直隶省省会设于天津。1928年6月，天津改为特别市，是为设市之始。同年7月，直隶改称河北，省会仍设天津，10月省会迁北平。1930年6月天津改为直辖市。同年10月河北省会再迁天津，遂改为省辖市。1935年6月河北省会迁保定，天津又改为直辖市。1945年8月日本投降后，天津仍为直辖市。1949年1月15日，天津解放，划为华北人民政府直辖市。同年10月1日中华人民共和国成立，天津被定为中央直辖市。1958年2月11日，天津改为河北省省辖市，河北省会由保定迁天津。1966年5月河北省省会迁保定，天津1967年1月1日复改为中央直辖市至今。

六、行政区划、人口

（一）行政区划：天津市辖18个区、县，其中市辖区15个：市中心区有和平区、河东区、河西区、南开区、河北区、红桥区；滨海区有塘沽区、汉沽区、大港区；环城区有西青区、东丽区、津南区、北辰区、武清区、宝坻区。市辖县3个：静海县、宁河县、蓟县。

（二）人口及民族：2009年底，全市常住人口1228.16万人，户籍人口979.84万人，其中，农业人口381.31万人，非农业人口598.53万人。2009年全市人口出生率为8.3‰，人口死亡率为5.7‰，人口自然增长率为2.6‰，人口进入低速增长期。从人口增长的长期趋势看，上个世纪80年代平均年增长1.56%，90年代平均年增长1.27%，进入新世纪以来年均增长大幅下降，仅为0.56%。同时，上世纪90年代以来，全市经济增长、城市建设和社会发展都取得可喜成就，由此带动了人口的迁移流动。据统计，来津的外来人口从1990年的22万人增至1995年的45万人，2000年增至87万人，2004年更增至95.95万人，约占近年新增人口的58.80%。

2005年末，天津市共有51个少数民族，少数民族总人口26.38万人。其中，回族17.23万人、满族5.65万人、蒙古族1.13万人、朝鲜族1.10万人、壮族0.40万人、土家族0.36万人、苗族0.15万人，其他少数民族人口均在千人以下。

七、改革开放

三十年以来，特别是近几年来，天津改革开放和现代化建设取得显著成就，各方面都发生了重大变化。以下为2009年天津在改革开放几个主要方面的统计数据。

（一）对外贸易：受国际金融危机冲击，外贸出口降幅较大。全市外贸进出口总额639.44亿美元，比上年下降20.6%。其中，出口299.85亿美元，下降29.0%；进口339.59亿美元，下降11.4%。对美国、欧盟、东盟、韩国和日本等五大主销市场出口199.27亿美元，占全市出口的66.5%。在出口产品中，机电产品出口204.6亿美元，高新技术产品出口119.3亿美元，分别占全市出口的68.2%和39.8%。

（二）招商引资：全市新批外商投资企业596家，直接利用外资合同金额138.38亿美元，比上年增长4.4%；实际到位90.20亿美元，增长21.6%。服务业依然是利用外资的主要领域，合同外资额99.69亿美元，实际到位48.90亿美元，分别增长7.0%和8.3%，占全市的比重分别为72.0%和54.2%。新批合同外资额5000万美元以上项目98个。截至年末，在津投资的国家和地区达43个，世界500强企业累计达到136家。全市实际利用内资1242.87亿元，比上年增长35.1%。大力引进大项目好项目，全年引进超亿元项目185个，到位资金974.37亿元，占全市内资到位额的78.4%。引进国内500强优势企业累计达119家。

（三）经济合作与交流：服务外包产业迅速发展，全年签订服务外包合同91个；协议金额5.02亿元，执行金额2.12亿元，分别增长1.5倍和2.3倍。全市当年对外承包工程和劳务合作项目307个，合同额17.22亿美元，实现营业额21.47亿美元，增长95.6%。截至年末，对外承包工程和劳务合作涉及国家24个，在境外劳务人员1.28万人。积极引进国外先进技术，全年签订技术引进合同490项，合同金额8.68亿美元，年末全市拥有外资研发中心25个。对口支援工作高质高效推进。对口援建陕西省宁强县、略阳县的295个项目基本完成。继续实施对甘肃省、西藏昌都地区、重庆万州区和新疆喀什的对口支援和帮扶工作，全年共组织实施援建项目51项。

（四）国有企业改革：国有资产保值增值取得积极成果。天津产权交易中心公开挂牌转让完成交易的国有产权项目342宗，成交金额155.89亿元，增值率达8.0%。国有企业改制面进一步扩大。通过股权转让、增资扩股、合资合作等多种形式实施国有企业改制53户，累计完成市属国有企业改制3532户，改制面达到93.9%，比上年提高1.4个百分点。

八、滨海新区开发开放

天津滨海新区位于天津东部临海地带，包括天津港、天津经济技术开发区、天津港保税区3个功能区和塘沽区、汉沽区、大港区3个行政区以及东丽区、津南区的部分区域，面积2270平方公里，海岸线153公里，常住人口140万。天津市为全面落实《国务院关于推进天津滨海新区开发开放有关问题的意见》，编制了综合配套改革试验总体方案，实施了滨海新区“十一五”规划、城市总体规划、土地利用规划。加快了8个产业功能区规划建设。无缝钢管扩建等60多个项目建成投产。100万吨乙烯炼化一体化、空客A320系列飞机总装线、新一代运载火箭产业化基地等一批重大项目开工建设。东疆保税港区实现首期4平方公里封关运作。滨海高新区、空港物流加工区、临港工业区、开发区西区等建设步伐加快。启动了国家生物医药国际创新园、民航科技产业化基地等56个科技合作项目建设。设立了滨海创业风险投资引导基金。我国和新加坡具有重大影响的合作项目——中新天津生态城落户滨海新区。全面推进口岸建设，建成国际贸易与航运服务中心，开通了电子口岸与物流信息平台，在石家庄、包头等地设立了4个“无水港”。加快了生态城区建设，环境整治初见成效。海滨大道、集疏港公路一期工程等基础设施项目开工建设。同环渤海省市和东北亚地区交流与合作更加紧密，服务带动作用显著增强。

滨海新区战略地位重要，综合优势突出，发展潜力巨大。一是地理区位优越。新区地处环渤海经济带和京津冀城市群的交汇点，背靠“三北”，腹地辽阔，是连接国内外、联系南北方、沟通东西部的重要枢纽，是欧亚大陆桥最近的东部起点，是邻近内陆国家的重要出海口。二是服务功能完善。新区具有集大型港口、国家级开发区、保税区、高新技术产业园区、出口加工区、保税物流园区于一体的综合功能优势。三是产业和科技优势明显。新区已经形成电子信息、石油和海洋化工、汽车及装备制造、石油钢管和优质钢材、生物技术和现代医药、新型能源和新型材料及环保等主导产业,形成高新技术和技术密集型产业群。四是土地和资源优势突出。新区可供开发的盐碱荒地有1214平方公里,油气和地热资源也很丰富。五是生态环境良好。新区的湿地和水面占总面积的29%。

滨海新区的功能定位是:立足天津、依托京冀、服务环渤海、辐射“三北”、面向东北亚,努力建设成为我国现代制造业和研发转化基地、北方的国际航运中心和现代国际物流中心,逐步成为经济繁荣、社会和谐、环境优美的宜居生态型新城区。

滨海新区的空间和产业布局是:“一轴”、“一带”、“三个城区”、“八个功能区”。就是沿京津塘高速公路和海河下游建设高新技术产业发展轴,沿海岸线和滨海大道建设海洋经济发展带。在轴和带的T形结构中建设塘沽、汉沽、大港三个生态城区和八个产业功能区。八个产业功能区是:规划面积97平方公里的先进制造业产业区,面积36平方公里的滨海高新技术产业园区,面积80平方公里的滨海化工区,面积10多平方公里的滨海中心商务商业区,面积100平方公里的海港物流区,面积102平方公里的临空产业区,面积75平方公里的海滨休闲旅游区。同时,结合港口建设,规划建设临港产业区。

2009年,滨海新区生产总值完成3810.67亿元,按可比价格计算,比上年增长23.5%,占全市的比重达到50.8%。新区主要经济指标实现较快增长。工业总产值完成8223.99亿元,增长11.6%。固定资产投资完成2502.66亿元,增长49.2%。社会消费品零售总额451.24亿元,增长31.8%。直接利用外资合同金额104.94亿美元,实际到位57.64亿美元,分别增长5.7%和22.1%。天津经济技术开发区连续12年在国家级开发区综合投资环境评价中名列第一。天津港保税区依托海、空两港的区位、政策和功能优势,新引进世界500强项目11个,2000万美元以上大项目45个,区域发展总量和能级进一步提升。滨海新区、滨海高新区成为国家创新型试点科技园区。滨海高新区开展国家知识产权示范园区创建工作,滨海科技园20平方公里基础设施建设取得明显进展,高新区进入新的发展阶段。滨海高新区实现技工贸总收入1014.7亿元,比上年增长37.1%;技工贸总产值366.8亿元,增长27.0%;利润总额24.2亿元,增长32.1%;税金总额19.2亿元,增长31.7%。

2009年11月,国务院批复了天津市报送的《关于调整天津市部分行政区划的请示》,同意撤销天津市塘沽区、汉沽区、大港区,设立天津市滨海新区,以原塘沽区、汉沽区、大港区的行政区域为滨海新区的行政区域。遵照国务院批复精神,天津市组建了滨海新区行政区,管理体制改革取得重大突破。确定了“一城双港、九区支撑、龙头带动”的空间布局和战略。中新天津生态城起步区建设进展顺利。东疆保税港区一期4平方公里基础设施全面建成。于家堡金融商务区加快建设,响螺湾商务区在建商务楼宇达到39座。滨海高新区渤龙湖总部园区启动。南港工业区建港造陆10平方公里。滨海旅游区、临港工业区、临空产业区加快开发。

九、2009年天津主要经济数据

(一)经济总量:据初步核算,并经国家统计局评估审定,全市实现地区生产总值(GDP)7500.80亿元,按可比价格计算,比上年增长16.5%,全市经济连续第7年在高增长平台上稳定运行。其中,第一产业实现增加值131.01亿元,增长3.4%;第二产业增加值4110.54亿元,增长18.2%;第三产业增加值3259.25亿元,增长15.1%。三次产业结构为1.7:54.8:43.5。按常住人口计算,全市人均生产总值62403元,折合9136美元,增长11.1%。

(二)财政收入:全市财政收入完成1805亿元,比上年增加315亿元,增长21.1%,连续7年增速超过20%。其中地方一般预算财政收入821.38亿元,增长21.6%。实施积极的财政政策，贯彻落实中央出台的结构性减税政策，全年减税减费120亿元，大幅度减轻了企业和居民负担，全年税收收入1208.68亿元，增长6.6%。

全年财政支出1438.3亿元，增长27.2%。其中，科技和企业发展支出增长20.2%，支农支出增长20.3%，社会保障和就业、教育、医疗卫生、文化传媒、城市基础设施建设和维护等改善民生支出分别增长13%、22.1%、28.5%、20%和37.1%。

（三）劳动与就业：全年新增就业40.2万人，增长5.8%，年末城镇登记失业率控制在3.6%，年末全市社会从业人员总量达到677.13万人，增长4.6%，其中从事第一产业73.13万人，从事第二产业283.72万人，从事第三产业320.28万人。

（四）人民生活：城乡居民收入再上新台阶。继续实施18项增加居民收入的政策措施。规范中小学义务教育阶段教师的绩效工资。连续第五年提高企业退休人员养老金。建立了覆盖城乡的老年人生活补助制度，65万老年人按月领取生活补贴。全市城镇单位从业人员劳动报酬总额860.78亿元，比上年增长8.2%；人均劳动报酬42983元，增长7.5%。城市居民人均可支配收入21430元，增长10.3%，扣除价格因素增长11.4%。农村居民人均纯收入10675元，增长10.4%。

城乡居民消费支出平稳较快增长。城市居民人均消费支出14801元，比上年增长10.3%；其中商品性消费10915元，增长11.7%，增速高于服务性消费5.1个百分点。城市居民恩格尔系数为36.5%，比上年下降0.8个百分点。农村居民人均生活消费支出4926元，增长7.3%。农村居民恩格尔系数为39.5%。

城市居民家庭耐用消费品拥有量再上新水平。年末每百户城市居民家庭拥有家用汽车11.7辆，比上年末增加4辆；电脑80.33台，增加7.93台；移动电话190.40部，增加11.33部。年末每百户农村居民家庭拥有生活用汽车11辆，比上年末增加2辆；电脑23台，增加4台；移动电话162部，增加16部。

居民居住条件继续改善。扩大了廉租房、限价商品房保障范围，建设保障性住房770万平方米，为16万户中低收入家庭提供住房保障，向5万户低收入家庭发放租房补贴。加快对旧楼区的综合整修，12.3万居民受益。年末城市居民人均住房建筑面积28.89平方米，农村居民人均住房面积28.48平方米，分别比上年末增加1.36平方米和1.19平方米。

（五）社会保障：统筹城乡的社会保障体系基本建立，社会保障范围不断扩大。城乡职工参加基本养老、医疗、失业、工伤、生育五项保险人数不断增加。建立了城乡居民基本养老和基本医疗保险制度，实现社会保障制度从城镇到农村、从职工到居民的全覆盖，在全国省级单位中率先实现城乡居民社会保险一体化。年末享有各类医疗保障的人员达929.2万人，增长10.3%；其中城镇职工基本医疗保险参保人员401.5万人，增长11.3%。养老保险参保人员401.5万人，增长6.6%，其中离退休人员136.5万人。失业保险参保职工239.2万人，增长6.3%。生育保险参保人员204.6万人，增长4.1%。

2009年天津市
国民经济和社会发展统计公报

天津市统计局
国家统计局天津调查总队

2010年3月1日

2009年，全市人民在市委、市政府的正确领导下，积极应对国际金融危机带来的冲击，全面落实中央各项决策部署和政策措施，深入贯彻落实科学发展观，按照胡锦涛总书记对天津工作“当好一个排头兵”、“两个走在全国前列”和“五个下功夫、见成效”的重要要求，加快实施市委“一二三四五六”的奋斗目标和工作思路，坚定信心，攻坚克难，全力以赴保增长、渡难关、上水平，全市综合实力迈上新台阶，城乡面貌发生了新变化，各项社会事业更加繁荣，民生得到进一步改善。

一、经济发展

经济总量

全市生产总值超过7500亿元。据初步核算，并经国家统计局评估审定，全市生产总值(GDP)完成7500.80亿元，按可比价格计算，比上年增长16.5%。分三次产业看，第一产业实现增加值131.01亿元，增长3.4%；第二产业增加值4110.54亿元，增长18.2%；第三产业增加值3259.25亿元，增长15.1%。三次产业结构为1.7∶54.8∶43.5。按常住人口计算，全市人均生产总值达到62403元，折合9136美元，增长11.1%。

财政收入

财政收入保持较快增长。全市财政收入1805亿元，比上年增加315亿元，增长21.1%，连续7年增速超过20%。其中地方一般预算财政收入821.38亿元，增长21.6%。实施积极的财政政策，贯彻落实中央出台的结构性减税政策，全年减税减费120亿元，大幅度减轻了企业和居民负担，全年税收收入1208.68亿元，增长6.6%。

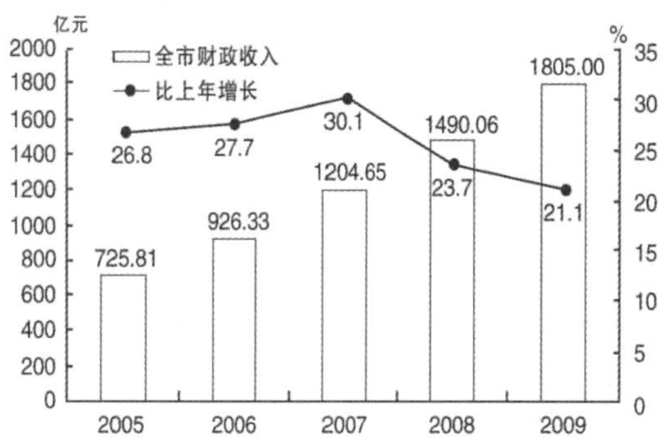

图1 2005-2009年全市财政收入及其增长速度

全年财政支出1438.3亿元，增长27.2%。其中，科技和企业发展支出增长20.2%，支农支出增长20.3%，社会保障和就业、教育、医疗卫生、文化传媒、城市基础设施建设和维护等改善民生支出分别增长13%、22.1%、28.5%、20%和37.1%。

劳动与就业

就业形势总体稳定。坚持以项目扩大就业、创业带动就业、培训促进就业、政策扶持就业、服务保障就业，实施更加积极的就业政策，实现了经济增长与扩大就业的良性互动。全年新增就业40.2万人，增长5.8%，年末城镇登记失业率控制在3.6%。年末全市社会从业人员总量达到677.13万人，增长4.6%；其中从事第一产业73.13万人，从事第二产业 283.72 万人，从事第三产业 320.28 万人。

价格

消费价格和生产价格双双回落。全年城市居民消费价格总水平下降 1.0%，总体呈现平稳回落态势。从各月情况看，呈现上半年逐月回落、下半年逐月回升的态势，12 月止跌回升，同比上涨 1.8%。八大类分类价格指数形成“五降三升”格局(见表 1)。工业品出厂价格比上年下降 7.5%，原材料燃料及动力购进价格下降 9.8%。房屋销售价格比上年上涨 3.2%，其中新建房价格上涨 3.5%，二手房价格上涨 2.3%；房屋租赁价格上涨 2.4%。

表 1 居民消费价格指数(CPI)

指标	指数(上年=100)
城市居民消费价格指数	99.0
食品类	101.2
烟酒及用品类	104.7
衣着类	97.3
家庭设备用品及维修服务类	99.7
医疗保健和个人用品类	102.6
交通和通信类	96.3
娱乐教育文化用品及服务类	96.1
居住类	94.9

固定资产投资

固定资产投资增势强劲。全年全社会固定资产投资突破 5000 亿元，达到 5006.32 亿元，增长 47.1%，为近 18 年来最快增速。其中城镇投资 4700.28 亿元，增长 47.4%；农村投资 306.04 亿元，增长 42.6%。

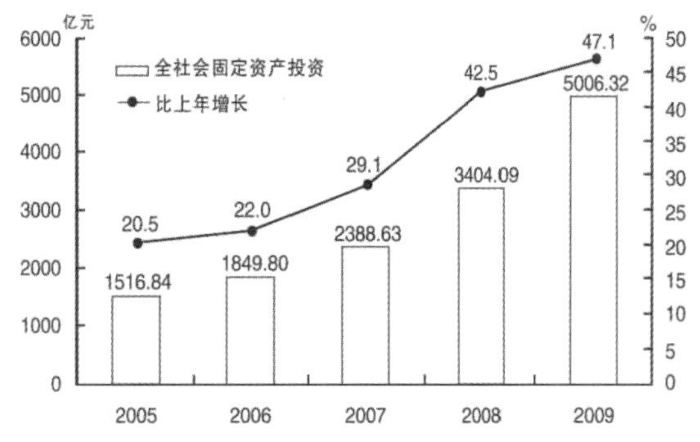

图 2 2005-2009 年全社会固定资产投资及其增长速度

二、三产业投资均衡增长。在城镇固定资产投资中，第一产业投资 46.99 亿元，比上年增长 1.2 倍，主要投向设施农业和养殖示范园区建设。第二产业投资 2035.79 亿元，增长 47.4%；其中工业投资 2011.58 亿元，增长 50.3%，百万吨乙烯、北疆电厂一期等项目竣工投产。第三产业投资 2617.50 亿元，增长 46.5%，占全市城镇投资的比重为 55.7%，一批商贸、旅游集聚区加快建设。

农业和新农村建设

农业生产稳步增长。全市农业总产值完成 281.65 亿元，比上年增长 3.7%。其中，种植业产值 139.69 亿元，增长 4.8%；林业产值 2.22 亿元，增长 1.3%；畜牧业产值 83.57 亿元，增长 3.0%；渔业产值 47.53 亿元，增长 2.2%；农林牧渔服务业产值 8.64 亿元，增长 2.1%。养殖业(畜牧业和渔业)占农业总产值的比重为 46.5%。

粮食连续六年丰收。全年粮食种植面积 459.96 万亩，增长 4.5%；粮食总产量 156.29 万吨，增长 4.9%，为近 10 年最好水平，连续 6 年增产丰收。高标准建设设施农业生产基地，新建种植业设施 12.8 万亩，新建 20 个畜牧示范园区和 15 个优势水产品养殖示范园区。主要农副产品产量如下(见表 2)。

表 2 主要农副产品产量

产品名称	单位	产量	比上年增长(%)
粮食	万吨	156.29	4.9
肉类	万吨	39.50	6.4
牛奶	万吨	66.38	-4.8
水产品	万吨	34.17	1.5
禽蛋	万吨	19.60	-0.5
水果	万吨	67.05	7.6
蔬菜	万吨	373.85	19.0

新农村建设成效显著。农业产业化程度明显提高，农民专业合作社达到 1370 个，市级和市级以上重点龙头企业达到 118 个，其中国家级 4 个，一村一品特色专业村发展到 320 个，进入产业化体系的农户比重达到 82%，比上年提高 2 个百分点。节水灌溉面积 24.8 万公顷，比上年增长 8.5%。以宅基地换房建设示范小城镇试点范围扩大，累计开工建设农民还迁住宅 1400 万平方米，14 万农民迁入新居。全市人口城镇化率达到 78.01%，比上年提高

0.78个百分点。农村基础设施建设进一步加强，新建和改造农村公路1000公里，新建污水处理设施30座。

工业

工业继续发挥对经济的主拉动作用。全年实现工业增加值3749.81亿元，增长18.5%，拉动全市经济增长9.2个百分点，贡献率达到55.6%。规模以上工业总产值完成13056.56亿元，增长8.8%。其中，轻工业总产值2236.43亿元，增长5.9%；重工业总产值10820.13亿元，增长9.4%。

八大优势产业初步形成。航空航天、石油化工、装备制造、电子信息、生物医药、新能源新材料、国防科技、轻工纺织等八大优势产业完成工业总产值12119.03亿元，占全市规模以上工业总产值的92.8%。高新技术产业产值完成3920.63亿元，占规模以上工业的比重为30.0%，比上年提高1.6个百分点。新产品产值完成3949.76亿元，增长12.9%。

产销衔接保持稳定。全市规模以上工业企业产销率为97.26%，较上年回落0.84个百分点；其中轻工业产销率97.90%，重工业产销率97.13%。主要工业产品产量如下(见表3)。

表3 主要工业产品产量

产品名称	单位	产量	比上年增长(%)
天然原油	万吨	2296.96	15.0
汽油	万吨	136.41	14.0
乙烯	万吨	18.91	11.1
聚酯	万吨	22.65	19.4
水泥	万吨	690.87	23.9
生铁	万吨	1763.40	19.9
粗钢	万吨	2124.20	24.5
成品钢材	万吨	4080.49	30.5
#无缝钢管	万吨	324.55	-2.2
汽车	万辆	60.24	11.3
两轮脚踏自行车	万辆	1906.18	6.2
移动电话	万部	8558.68	-5.5
电子元件	亿只	3126.49	34.2
纱	万吨	4.32	23.1
布	亿米	2.58	28.5
家具	万件	516.36	13.1
精制食用植物油	万吨	216.69	58.6

工业企业利润有所回落。全年规模以上独立核算工业企业主营业务收入12913.99亿元，增长6.6%。实现利税总额1078.76亿元，比上年下降1.9%。其中实现利润689.03亿元，下降6.9%；实现税金389.73亿元，增长8.3%。

建筑业

建筑业加快发展。全年建筑业增加值完成360.73亿元，增长13.6%；总产值完成1808.46亿元，增长28.6%。房屋施工面积10192.58万平方米，增长11.3%；房屋竣工面积2837.52万平方米，增长10.7%。年末全市有总承包和专业承包资质的建筑企业1296家，实现利润48.50亿元，增长55.5%；实现税金55.22亿元，增长30.4%。

交通、邮电

全市交通运输、仓储和邮政业增加值完成464.37亿元，比上年增长8.0%。

公路运输引领交通业务量上升。全年完成客运量25298.95万人，增长9.8%。其中，公路22566万人，增长8.2%；铁路2384.14万人，增长25.0%。全年实现货运量43553.72万吨。其中，公路19800万吨，增长9.4%；铁路11284.19万吨，下降7.2%；水路11656万吨。公路、铁路、水路三种主要运输方式占货运量比重分别为45.5%、25.9%和26.8%。全年完成旅客周转量297.66亿人公里，增长14.5%。其中，公路131.22亿人公里，增长9.0%；铁路124.82亿人公里，增长19.7%。全年实现货物周转量10102.32亿吨公里。其中，公路205.92亿吨公里，增长15.5%；铁路296.73亿吨公里，下降13.5%；水路9595.44亿吨公里。

北方国际航运中心和物流中心建设扎实推进。全年港口货物吞吐量完成38111.30万吨，增长7.1%。其中，进港21519.80万吨，增长42.2%；出港16591.50万吨，下降18.9%。在港口货物吞吐量中，集装箱吞吐量完成870.40万标准箱，增长2.4%。全年滨海国际机场起降航班7.52万架次，增长6.9%。机场货邮吞吐量16.81万吨，增长0.9%；旅客吞吐量578.03万人次，增长24.6%，跨入国内大型机场行列。服务辐射功能向腹地进一步延伸。全年天津口岸进出口总额1242.24亿美元，下降23.8%，其中外地经由天津口岸货物总额占到

58.0%。新建内陆无水港6个，总数达到16个。

全年城市公交客运量12.05亿人次，增长2.9%。更新公交车1000辆、出租汽车3951辆，全部达到国Ⅲ排放标准。私人汽车进入快速普及阶段。年末全市民用汽车拥有量130.55万辆，比上年末增长19.5%；其中轿车80.60万辆，增长24.3%。民用私人汽车达到100.54万辆，增长24.7%；其中轿车66.67万辆，增长28.6%。

邮政电信规模进一步扩大。全年邮电业务总量完成386.67亿元，增长9.3%。其中电信业务总量359.76亿元，增长9.0%；邮政业务总量26.91亿元，增长14.8%。年末长途光缆线路总长度达到3111.01公里，局用电话交换机总容量612.99万户，公网固定电话用户达到385.13万户。全年公网电话本地通话量58.77亿次，长途电话通话量11.46亿次，其中国际及港澳台长途电话0.19亿次。年末移动电话用户966.81万户，增长10.2%；全年短信业务总量129.06亿条，增长22.9%。全年发送邮政函件1.44亿件，增长54.6%；其中快递3180.3万件，增长86.1%。

国内商业和旅游

全市批发和零售业实现增加值840.24亿元，比上年增长18.5%。住宿和餐饮业实现增加值124.94亿元，增长11.0%。

商品市场持续活跃。全年批发零售贸易业实现商品销售总额10678.91亿元，增长13.1%；其中，批发销售额8649.44亿元，增长11.2%。社会消费品零售总额完成2430.83亿元，增长21.5%。其中，批发和零售业零售额2049.84亿元，增长21.3%；住宿和餐饮业零售额376.26亿元，增长23.2%。汽车和石油类商品销售是促进消费快速增长的重要因素，零售额分别增长37.8%和26.5%，合力拉动社会消费品零售总额增长4.8个百分点。一系列扩大内需政策使城乡居民消费潜力加速释放。汽车家电下乡及以旧换新活动共销售汽车1.8万辆、家电11.8万台，实现销售额12.3亿元。

商贸载体建设步伐不断加快。年末全市亿元批发市场达到75家，比上年末增加5家；其中成交额超10亿元的批发市场40家，增加6家。加快推动标准化菜市场建设与改造提升，新建标准化菜市场

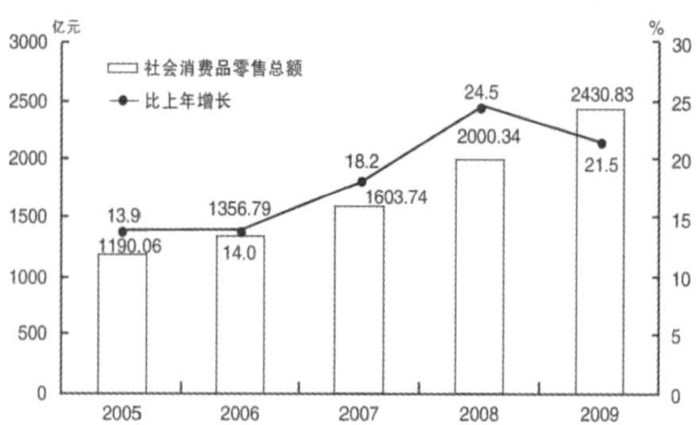

图3 2005-2009年社会消费品零售总额及其增长速度

20个，累计达到330个。完善了具备早点快餐、便利店、家庭服务、美容美发、洗染、维修等多种商业业态的社区商业网点布局，年末累计新建、完善和提升社区商业中心209个。

旅游消费市场快速发展。成功举办了首届"中国旅游产业节"，实施了京津冀旅游"一卡通"，进一步提升改造"近代中国看天津"9个主题板块，加快推进40个重点旅游项目建设取得新进展，津湾广场、"天津之眼"摩天轮、北塘海鲜街、新改造提升的海河游览线及八大公园等新景点，成为津门旅游的新亮点。年末全市拥有星级宾馆、饭店111家；旅行社307家，其中国际旅行社21家，国内旅行社286家。全市A级景区47个，工农业旅游示范点14个。全年接待国际旅游者141.02万人次，其中外国人130.58万人次，均比上年增长15.6%；旅游外汇收入11.83亿美元，增长18.1%。全年接待外省游客人数比上年增长10.2%，国内旅游收入增长17.2%。全年全市22.7万人次出国出境旅游，增长12.9%；旅游支出31.76亿元，增长16.0%。

金融业

全市金融业实现增加值421.18亿元，比上年增长16.5%。

金融改革创新取得积极进展。设立改造重组了一批资本规模大、投融资能力强、市场化程度高的全市性投融资平台，投融资和防控金融风险能力进一步增强。积极拓宽直接融资渠道，船舶产业投资基金、飞机租赁基金设立，累计注册股权投资基金(管理)企业和创业风险投资企业413家，天津成为我国股权投资基金相对集中的城市。成功举办了第三届中国企业国际融资洽谈会，积极搭建基金与项

目对接平台。成立了铁合金交易所、渤海商品交易所等新型交易平台。日本爱和谊财产保险公司、韩国企业银行落户天津。

存贷款规模迅速扩张。年末全市金融机构本外币各项贷款余额11152.19亿元，比上年末增长47.2%，比年初增加3463.71亿元，超过前3年新增贷款的总和。其中，中长期贷款余额7256.78亿元，增长66.6%，比年初增加2879.56亿元，占到全市新增贷款的83.1%。年末全市金融机构本外币各项存款余额13887.11亿元，比上年末增长42.1%，比年初增加3931.79亿元，同比多增2215.51亿元。其中，企事业单位存款余额6240.66亿元，增长58.6%，比年初增加2294.57亿元，占到全市新增存款的58.4%；储蓄存款余额4973.05亿元，增长25.4%，比年初增加910.69亿元。

金融市场交易活跃。年末全市共有30家上市公司的31只股票在沪深两市挂牌交易。红日药业成功登陆创业板。各类证券交易额15340.16亿元，比上年增长91.9%；其中股票交易额14044.81亿元，债券交易额29.78亿元，基金交易额144.03亿元。年末证券账户开户数263.02万户，比上年末增长12.0%。期货市场发展迅速，期货交割库数量与品种处于国内领先地位，全年期货市场成交量2672.57万手，增长79.9%；成交额16648.68亿元，增长1.6倍。调剂外汇总额35.33亿美元，比上年下降45.6%。其中调入外汇17.81亿美元，下降37.0%；调出外汇17.51亿美元，下降52.2%。

保险业继续发展。海康人寿保险天津分公司、金盛人寿保险天津分公司、长城人寿保险天津分公司、中航三星人寿保险天津分公司先后开业。年末全市共有保险总公司4家；分公司38家，其中产险19家，寿险19家；专业中介机构83家；各级各类兼业代理机构2786家。全年保费收入151.29亿元，下降13.9%；其中，财产险收入45.8亿元，寿险收入92.5亿元，健康险和意外险收入13亿元。全年赔付总额59.92亿元，增长17.4%；其中，财产险和短期人身险赔付32.84亿元，寿险赔付26.21亿元。

房地产业

房地产业发展较快。全市房地产业实现增加值276.32亿元，比上年增长19.8%。市场信心的恢复、需求的增加及“房产新政”效应促使房地产市场迅速回暖。全年房地产开发投资735.18亿元，增长12.5%。商品房销售面积1590.02万平方米，增长27.0%；实现销售收入1094.85亿元，增长45.4%。全年存量房交易面积1020.8万平方米，交易金额586.9亿元，分别增长1.7倍和2倍。

二、改革开放

对外贸易

受国际金融危机冲击，外贸出口降幅较大。全市外贸进出口总额639.44亿美元，比上年下降20.6%。其中，出口299.85亿美元，下降29.0%；进口339.59亿美元，下降11.4%。对美国、欧盟、东盟、韩国和日本等五大主销市场出口199.27亿美元，占全市出口的66.5%。在出口产品中，机电产品出口204.6亿美元，高新技术产品出口119.3亿美元，分别占全市出口的68.2%和39.8%，同比分别提高6.1个和4.5个百分点。

招商引资

利用外资水平不断提高。新批外商投资企业596家，直接利用外资合同金额138.38亿美元，比上年增长4.4%；实际到位90.20亿美元，增长21.6%。服务业依然是利用外资的主要领域，合同外资额99.69亿美元，实际到位48.90亿美元，分别增长7.0%和8.3%，占全市的比重分别为72.0%和54.2%。新批合同外资额5000万美元以上项目98个。全年有381家企业增资，外商增资额49.67亿美元，占全市合同外资额的35.9%。实际到位增幅较大的国家和地区为美国、韩国和香港，分别增长1.7倍、1.1倍和47.4%。其中香港在津投资项目个数、合同外资额和实际到位额均名列首位。截至年末，在津投资的国家和地区达43个，世界500强企业累计达到136家。

吸引内资增势不减。全市实际利用内资1242.87亿元，比上年增长35.1%。大力引进大项目好项目，全年引进超亿元项目185个，到位资金974.37亿元，占全市内资到位额的78.4%。引进国内500强优势企业累计达119家。

经济合作与交流

国际交流与区域合作达到新水平。服务外包产业迅速发展,全年签订服务外包合同91个;协议金额5.02亿元,执行金额2.12亿元,分别增长1.5倍和2.3倍。全市当年对外承包工程和劳务合作项目307个,合同额17.22亿美元,实现营业额21.47亿美元,增长95.6%。截至年末,对外承包工程和劳务合作涉及国家24个,在境外劳务人员1.28万人。积极引进国外先进技术,全年签订技术引进合同490项,合同金额8.68亿美元,年末全市拥有外资研发中心25个。成功举办了首届全球绿色经济峰会等重要展会。我市承担建设的埃及苏伊士经贸合作区获得国家授牌。

对口支援工作高质高效推进。对口援建陕西省宁强县、略阳县的295个项目基本完成。继续实施对甘肃省、西藏昌都地区、重庆万州区和新疆喀什的对口支援和帮扶工作,全年共组织实施援建项目51项。

国有企业改革

国有企业改制面进一步扩大。通过股权转让、增资扩股、合资合作等多种形式实施国有企业改制53户,累计完成市属国有企业改制3532户,改制面达到93.9%,比上年提高1.4个百分点。

国有资产保值增值取得积极成果。天津产权交易中心公开挂牌转让完成交易的国有产权项目342宗,成交金额155.89亿元,增值率达8.0%。

三、滨海新区

滨海新区龙头带动作用更加突出。滨海新区生产总值完成3810.67亿元,按可比价格计算,比上年增长23.5%,占全市的比重达到50.8%。新区主要经济指标实现较快增长。工业总产值完成8223.99亿元,增长11.6%。固定资产投资完成2502.66亿元,增长49.2%。社会消费品零售总额451.24亿元,增长31.8%。直接利用外资合同金额104.94亿美元,实际到位57.64亿美元,分别增长5.7%和22.1%。

组建了滨海新区行政区,管理体制改革取得重大突破。确定了"一城双港、九区支撑、龙头带动"的空间布局和战略。中新天津生态城起步区建设进展顺利。东疆保税港区一期4平方公里基础设施全部建成。于家堡金融商务区加快建设,响螺湾商务区在建商务楼宇达到39座。滨海高新区渤龙湖总部园区启动。南港工业区建港造陆10平方公里。滨海旅游区、临港工业区、临空产业区加快开发。

天津经济技术开发区连续12年在国家级开发区综合投资环境评价中名列第一。天津保税区依托海、空两港的区位、政策和功能优势,新引进世界500强项目11个,2000万美元以上大项目45个,区域发展总量和能级进一步提升。滨海新区、滨海高新区成为国家创新型试点城区和创新型试点科技园区。滨海高新区开展国家知识产权示范园区创建工作,滨海科技园20平方公里基础设施建设取得明显进展,高新区进入新的发展阶段。滨海高新区实现技工贸总收入1014.7亿元,比上年增长37.1%;技工贸总产值366.8亿元,增长27.0%;利润总额24.2亿元,增长32.1%;税金总额19.2亿元,增长31.7%。

四、城市建设和管理

城市规划与建设

规划建设管理不断加强。确定了"双城双港、相向拓展、一轴两带、南北生态"的总体发展战略。编制了区县总体规划、一批专项规划和重点地区城市设计。市规划馆成为展示天津形象和广大群众参与决策的重要平台。

城市基础设施建设全面提速。城市基础设施投资完成1606.97亿元,比上年增长55.9%。现代综合交通体系建设取得重大进展。机场第二跑道工程竣工投入使用,津汕高速公路(天津段)建成通车,天津港主航道二期拓宽、津滨高速公路拓宽工程试验段已完工。京津城际高速铁路向于家堡延伸、天津站地下交通枢纽、天津西站铁路站房、津秦铁路客运专线、快速路西北半环、中央大道、海滨大道南段、地铁2、3、9号线、南水北调干线和配套工程等项目抓紧建设。

公用事业服务能力增强。全市自来水综合生产能力为325.50万立方米/日,全年自来水供水总量6.20亿立方米。全社会用电量550.16亿千瓦时,比上年增长6.6%;其中城乡居民生活用电64.61亿千瓦时,增长20.7%。完成10万平方米老住宅供热补建,为11万户居民更换户内自来水和燃气旧管道。继续实施农村居民饮水安全工程，100万农民受益。建成一批社区服务中心、停车场和人行天桥。

资源、环境和安全生产

土地管理体制改革稳步推进。统筹调剂全市用地，有效提高了土地使用效率。农用地转用和土地征收审批制度改革继续推进。全年土地供应总量7711.27公顷，增长35.7%，其中土地出让6843.40公顷，土地划拨867.87公顷。

生态市建设迈出坚实步伐。生态市建设三年行动计划确定的重点工程全面开工，一批重点项目已经竣工，年度污染减排计划任务全部完成，“创模”成果进一步巩固。新增绿化面积2800万平方米，植树造林26万亩。以河道治理和污水处理厂建设为重点，河道水质明显改善。以煤烟型污染、建筑工地扬尘和汽车尾气治理为重点，全市开展了烟煤电厂、非电企业高效脱硫改造工作。建立了覆盖城乡的垃圾清运回收处置体系，城市生活垃圾无害化处理率达到90%。有3个区、7个镇获得国家卫生区（镇）称号，8个镇获得国家环境优美乡镇称号，建成文明生态村810个。中新生态城建设全面展开。循环经济规模越做越大，形成了北疆电厂、子牙环保产业园、开发区生态工业示范园区等5个循环经济产业示范园区。化学需氧量、二氧化硫排放量均比上年下降1%。

环境质量保持较高水平。全年空气质量二级及以上良好天数达307天，占总监测天数的84.1%。饮用水源水质达标率连续8年保持100%。中心城区道路交通噪声和区域环境噪声总体评价保持在“好”和“较好”等级，新创建“安静居住小区”28个，全市总数达到211个。年末全市有环境监测站21个，生态示范区7个，自然保护区8个，自然保护区面积9.11万公顷。

开展了新一轮市容环境综合整治。打造大气洋气、清新靓丽的城市风貌，入市环境焕然一新，城区道路规范了报刊亭、垃圾箱、城市坐椅等设置，小白楼、奥体中心等重点地区亮点凸显，公园改造形成各自特色并免费向社会开放，城市绿化特色鲜明，生活环境明显改善。市容市貌、环境卫生、市政道路、交通设施、路灯照明、爱国卫生、综合执法等各项城市管理工作得到了新的加强。

安全生产形势好于上年。各类安全事故共死亡1072人，比上年减少299人，下降21.8%。亿元生产总值生产安全事故死亡人数为0.15人，比上年下降32.9%。工矿商贸就业人员10万人生产安全事故死亡人数为1.47人，下降1.3%。

信息化建设

全面贯彻“信息化带动工业化，工业化促进信息化”战略，逐步呈现出设计数字化、装备智能化、流程自动化、管理现代化的良好发展态势。行业电子商务平台建设加快，40%的企业开展了B2B、B2C电子商务。电子政务、智能交通、智能社区、数字城区、医疗信息化、农村信息化等方面建设迈出新的步伐。年末全市互联网用户554.43万户，增长17.0%；其中宽带接入用户154.55万户，增长11.4%。

质量检验和监督

积极实施名牌产品战略，天津碱厂“红三角”牌纯碱等107种产品被市政府认定为2009年天津名牌产品，年末“天津名牌产品”累计达到264个，其中“中国名牌产品”24个；“中国驰名商标”达到33个。开展了“质量和安全年”活动，特种设备事故应急处理中心正式启动运行，深入开展食品药品安全专项整治，全年共对2769家生产企业的3169批次产品进行定期检验，综合合格率为92.4%，同比提高3个百分点。年末全市有产品质量检验机构19个，国家检测中心5个，产品质量认证机构5个，共发放产品认证证书5698张；计量检定技术机构21个，全年强制检定计量器具49.41万台（件）。进出口商品检验检疫力度加大，天津口岸全年截获植物检疫性有害生物33种、共122批次，检出动物疫病疫情10种、共8批次。

五、科教文卫事业

科技

科技进步取得新成果。全年完成市级科技成果2020项，其中基础理论成果206项，应用技术成果1726项，软科学成果88项。在科技成果中，属于国际领先水平94项，达到国际先进水平451项，分别比上年增加13项和26项。全市11项科技成果获得2009年度国家科技进步二等奖，涉及新材料、干细胞技术、商品检验技术、农业机械等多个领域。新认定高新技术企业753家、高技术产品156项，获得国家级新产品认定5项。组建科技服务队21个，选派农业科技特派员1023人。受理专利申请19187件，专利授权7216件，分别增长10.1%和9.0%；年末全市有效专利达20515件，增长18.5%。全年签订技术合同9843项，成交额106.15亿元，分别增长5.6%和21.3%。

自主创新能力进一步增强。12个国家级科技创新平台基本建成，55项重大产业化项目全面启动。曙光超百万亿次计算机已经形成生产规模，第二代薄膜太阳能电池、第三代聚光太阳能电池、巨型子午线轮胎装备等创新成果的产业化正在加速推进。新增45家市级企业技术开发中心，累计达到292家；新增5家国家级企业技术开发中心，累计达到24家。

人才引进和培养机制不断完善。全年引进各类人才5841人，新建博士后工作站9个，博士后流动站、工作站达到184个，在站博士后近800人。全市高级以上技术工人达到26.8万人，比上年增长10.3%，占技术工人队伍的比重达25.9%。

教育

年末全市拥有各级各类学校1728所，其中普通高校55所，中等职业学校75所，技工学校44所，普通中学571所，小学983所；在校学生总数达到154.45万人，平均每万人口拥有学生1285人。

教育综合实力保持全国前列。全市普通高校当年共招收本专科学生12.52万人，毕业10.14万人，年末共有在校学生40.60万人，专任教师2.71万人。招收研究生1.49万人，毕业1.10万人，年末在学研究生3.77万人，指导教师0.60万人。高等教育毛入学率为55%。全年发放各类奖助学金1.74亿元，惠及6.8万名学生；发放国家助学贷款1.21亿元，7048名贫困学生受益。职业教育改革继续推进，海河教育园区开工建设，成功举办了全国职业院校技能大赛，年末中等职业学校在校学生11.70万人，技工学校在校学生3.95万人。其他教育不断完善。成人高校15所，成人中专23所，年末在校学生分别达到7.75万人和1.35万人。特殊教育学校20所，年末在校生0.25万人。幼儿园在园幼儿20.64万人。

基础教育实现优质均衡发展。大力推进“义务教育学校现代化建设标准”项目实施，对首批282所学校进行了评估验收。完成了118所农村中小学校舍的安全加固。图书配送工程、新增基础性教学仪器设备达标工程、265农村骨干教师培养工程等扎实推进。全市普通中学当年招生14.79万人，毕业16.75万人，年末在校学生47.46万人，专任教师4.15万人。初中毕业生升学率为95%。小学招生8.13万人，年末在校学生50.74万人，专任教师3.79万人。学龄儿童入学率保持100%。

文化

公共文化服务水平不断提升。年末全市共有艺术表演团体14个，文化馆18个，博物馆18个，公共图书馆32个，电影放映单位185个，街乡镇综合文化站217个。档案服务社会化程度提高，全年35个档案馆向社会开放档案101.83万卷，比上年增长5.1%。全市共有广播节目22套，市级电视节目13套，广播和电视综合人口覆盖率均达到100%。全市有线电视用户达到243.30万户，其中数字电视用户195.69万户。全年摄制电影故事片4部。组织了一系列庆祝新中国成立60周年群众文化活动，成功举办了中国(天津)演艺交易博览会、天津国际少儿艺术节等文化活动。

实施精品战略取得新突破。创作出电视剧《解放》等一批影视精品。评剧《寄印传奇》、歌曲《天蓝蓝》、广播剧《中国钟》等6部文艺作品荣获第十一届“五个一工程”优秀作品奖，获奖数量位居全国前列。电影《我的左手》获得华表奖，天津电影制片厂成为全国唯一连续15次获得华表奖的电影厂。

文化惠民工程顺利推进。天津市文化中心开工建设。小白楼音乐厅投入使用，广东会馆、文庙博物馆完成整修，数字电视大厦、天津电影艺术中心、天津艺术职业学院、杨柳青年画艺术中心等项目建设进展顺利。建成32个乡镇文体中心、1000个村文化室。有线电视村村通工程基本完成，铺设光缆3300公里，覆盖1400多个自然村，实现有线电视信号到村。文化信息资源共享工程、农村电影放映“2131工程”扎实推进。新建“农村书屋”1000个，累计达到1300个。

文化体制改革和文化产业发展迈出新步伐。出版电影体制改革全面完成,出版传媒集团和北方电影集团挂牌成立,以天津市杂技团为试点的文艺院团改革、以天津电视台为代表的制播分离改革等经营性文化事业单位的转企改制工作顺利完成。津产漫画版《四大名著》、全国首部京剧三维动画《定军山》等创意产品相继问世。天堂电影沙龙及意式风情区情景表演、津味相声风景线等11个文化产业项目相继推出,丰富了广大市民的文化生活。

卫生

卫生资源优化进展顺利。海河医院改扩建项目、安定医院迁址新建项目投入使用,中心妇产科医院迁址新建项目基本完工,总医院、南开医院和人民医院二期等工程抓紧施工。完成114所乡镇卫生院标准化建设。年末全市共有各类卫生机构2617个,其中医院、卫生院437个,社区卫生服务中心73个,卫生防疫防治机构40个,妇幼保健机构23个。卫生机构拥有床位4.6万张,其中医院、卫生院4.2万张,社区卫生服务中心0.3万张。全市拥有卫生技术人员6.8万人,其中执业医师及执业助理医师2.73万人,注册护士2.31万人,平均每千人拥有卫生技术人员5.66人。全年无偿献血14万人次,增长7.1%。

医疗卫生改革不断深入。实行全市药品网上集中采购,在9个城区推行社区卫生服务机构药品零差率改革,基本用药价格平均下降25%以上。建立了大型医疗机构和社区卫生机构医疗服务双向互动机制。为全市妇女儿童免费提供12项疾病筛查服务,110万人受益。突发公共卫生事件应急处置能力进一步提高,采取措施,严密防控甲型H1N1流感。

体育

竞技体育实现新跨越。在第十一届全国运动会上,天津体育代表团共获得23枚金牌、14枚银牌和15.5枚铜牌,名列金牌榜第8位,创造历史最好成绩。天津女排成为第一支在职业联赛中六次折桂的球队。成功举办了第25届亚洲篮球锦标赛、国际剑联女子佩剑世界杯大奖赛、国际乒联职业巡回赛、世界汽车飘移系列赛、别克中国高尔夫球俱乐部联赛总决赛等国内外大型赛事。全民健身蓬勃开展。

六、人口、人民生活和社会保障

人口

继续保持低生育水平,在外来人口作用下,人口规模稳步扩大。年末全市常住人口1228.16万人,比上年末增加52.16万人。其中外来人口265.99万人,增加41.99万人;占全市常住人口的比重为21.7%,提高2.7个百分点。全市户籍人口979.84万人,其中农业人口381.31万人,非农业人口598.53万人。全年人口出生率为8.3‰,人口死亡率为5.7‰,人口自然增长率为2.6‰。

人民生活

城乡居民收入再上新台阶。继续实施18项增加居民收入的政策措施。规范中小学义务教育阶段教师的绩效工资。连续第五年提高企业退休人员养老金。建立了覆盖城乡的老年人生活补助制度,65万老年人按月领取生活补贴。全市城镇单位从业人员劳动报酬总额860.78亿元,比上年增长8.2%;人均劳动报酬42983元,增长7.5%。城市居民人均可支配收入21430元,增长10.3%,扣除价格因素增长11.4%。农村居民人均纯收入10675元,增长10.4%。

城乡居民消费支出平稳较快增长。城市居民人均消费支出14801元,比上年增长10.3%;其中商品性消费10915元,增长11.7%,增速高于服务性消费5.1个百分点。城市居民恩格尔系数为36.5%,比上年下降0.8个百分点。年末每百户城市居民家庭拥有家用汽车11.7辆,比上年末增加4辆;电脑80.33台,增加7.93台;移动电话190.40部,增加11.33部。农村居民人均生活消费支出4926元,增长7.3%;其中家庭设备用品及服务支出增长15.3%,交通和通讯支出增长13.4%。农村居民恩格尔系数为39.5%,下降0.4个百分点。年末每百户农村居民家庭拥有生活用汽车11辆,比上年末增加2辆;电脑23台,增加4台;移动电话162部,增加16部。

居民居住条件继续改善。扩大了廉租房、限价商品房保障范围,建设保障性住房770万平方米,为16万户中低收入家庭提供住房保障,向5万户低收入家庭发放租房补贴。加快对旧楼区的综合整修，12.3万居民受益。年末城市居民人均住房建筑面积29.89平方米，农村居民人均住房面积28.48平方米，分别比上年末增加1.36平方米和1.19平方米。

社会保障

统筹城乡的社会保障体系基本建立，社会保障范围不断扩大。城乡职工参加基本养老、医疗、失业、工伤、生育五项保险人数不断增加。建立了城乡居民基本养老和基本医疗保险制度，实现社会保障制度从城镇到农村、从职工到居民的全覆盖，在全国省级单位中率先实现城乡居民社会保险一体化。年末享有各类医疗保障的人员达929.2万人，增长10.3%；其中城镇职工基本医疗保险参保人员444.1万人，增长11.3%。养老保险参保人员401.5万人，增长6.6%，其中离退休人员136.5万人。失业保险参保职工239.2万人，增长2.9%。工伤保险参保职工292.2万人，增长6.3%。生育保险参保人员204.6万人，增长4.1%。

社会福利与救助

社会救助力度进一步加大。提高了优抚对象抚恤、城乡低保、特困救助标准，29万人受益。实施了困难家庭帮扶和重症患者救助制度。为农村老年人和城镇无保障老年人按月发放生活费补贴，62万人受益。政府抚恤、补助各类优抚对象3.17万人，城乡低保对象25.2万人，其中城镇低保对象17.9万人。年末全市有救助站11个，全年救助1.74万人次。截至年末，全市各类福利院拥有床位2.49万张，在院收养1.73万人。新（改、扩）建一批老年日间照料服务中心和老年日间照料服务站，年末老年日间照料服务站拥有床位1487张。社区服务设施达1827个。全年销售社会福利彩票8.3亿元，筹集彩票公益金2.56亿元。接受社会捐赠1.06亿元。

注：

1.2009年各项统计数据为快报数。

2.全市生产总值、各产业增加值绝对数按当年价格计算，增长速度按可比价格计算。

3.规模以上工业企业包括全部国有（含国有联营、国有独资）工业企业和年主营业务收入在500万元及以上的非国有工业企业。

4.各级各类学校数、在校学生数及每万人口拥有学生数统计口径为普通高校、中等职业学校、技工学校、普通中学和小学合计。

5. 城镇职工基本医疗保险参保人员包括参保职工和参保退休人员。

大 事 记

（2009 年 1 月-12 月）

1 月

3 日《天津日报》载，由南开大学生命科学学院教授陈瑞阳等编著的《中国主要经济植物基因组染色体图谱》编撰完成。该书收录 1978-2008 年我国各地近 4000 种经济植物的基因染色体资料，为世界首部植物基因组染色体图谱，填补该研究领域国际空白，为栽培植物的杂交育种和起源进化提供基础资料。

4 日 市委召开常委扩大会议，听取中央农村工作会议、全国组织部长会议、全国统战部长会议、第 17 次全国高校党建工作会议、全国人才工作座谈会和引进海外高层次人才工作会议精神的汇报，研究天津市贯彻落实意见。讨论《中共天津市委常委会贯彻落实科学发展观情况分析检查报告（讨论稿）》。市委书记张高丽主持并讲话。

5 日 中国报刊广告 30 年纪念大会暨中国报刊广告投放价值排行榜发布会在津召开。天津日报报业集团旗下《天津日报》、《每日新报》荣获中国报刊广告 30 年改革创新卓越贡献媒体奖，《天津日报》荣膺全国日报十强，《每日新报》荣膺全国都市报 30 强；原天津日报社广告科科长王巨臣获历史贡献奖，天津日报报业集团广告中心主任邓效锋获杰出贡献奖。

6 日 市长黄兴国主持召开市十五届人民政府第一次全体会议，原则通过提请市十五届人大二次会议审议的《政府工作报告》（讨论稿）和《关于天津市 2008 年国民经济和社会发展计划执行情况与 2009 年国民经济和社会发展计划草案的报告》（讨论稿）、《关于天津市 2008 年预算执行情况及 2009 年预算草案的报告》（讨论稿）。

7 日 市十五届人大常委会第七次会议表决通过《天津市促进就业条例》。

8 日 天津市与中国航空工业集团在北京人民大会堂签署协议。天津港保税区与中国航空工业集团共同投资 80 亿元组建中航工业直升机有限责任公司，总部设在滨海新区。

9 日 中共中央、国务院在北京隆重举行国家科学技术奖励大会。天津市 14 项科技成果获 2008 年度国家科学技术奖，其中技术发明奖 3 项，是历年来获奖最多的一年，11 项科技进步奖项目中，科技进步特等奖 1 项，科技进步一等奖 1 项。

10 日 市委深入学习实践科学发展观活动领导小组召开第六次会议，通报市委常委会分析检查报告群众评议情况，总结分析检查阶段工作，对整改落实阶段的工作研究部署。市委书记张高丽主持并讲话。

10-14 日 政协天津市十二届二次会议在天津大礼堂召开。通过市十二届政协常委会工作报告决议、市十二届政协常委会提案工作报告决议、市政协十二届二次会议政治决议。

11-15 日 天津市十五届人大二次会议在天津大礼堂召开。市长黄兴国作政府工作报告。会议通过关于政府工作报告的决议、关于天津市 2008 年国民经济和社会发展计划执行情况与 2009 年国民经济和社会发展计划的决议、关于天津市 2008 年预算执行情况及 2009 年预算的决议、关于天津市人大常委会工作报告的决议、关于天津市高级人民法院工作报告的决议、关于天津市人民检察院工作报告的决议。

15 日 纪念天津解放 60 周年祭悼革命烈士仪式在天津市烈士陵园举行。市委书记张高丽出席祭悼仪式。黄兴国主持。

16 日 天津市科学技术奖励和优秀留学人员表彰大会在天津礼堂召开。市委书记张高丽出席并讲话。市长黄兴国主持会议。2008 年度，全市有 14 项科技成果获得国家科学技术奖，220 项科技成果获得天津市科学技术奖，11 家单位获得天津市首批海外高层次人才创新创业基地称号，100 名优秀留学人员和 10 家留学回国人员工作先进单位受到表彰。

18-19 日 中共中央政治局常委、中央书记处书记、国家副主席习近平在天津调研。考察滨海新区东疆保税港区、临港工业区，询问滨海新区规划和建设情况。深入空客天津总装公司、天津钢管股份有限公司等企业，了解生产经营情况，探讨在国际金融危机形势下企业科学应对之策。深入群众和党员家中，询问生活和子女就业情况。还到天津大学看望学生，慰问来自汶川地震灾区学生代表。调研期间，召开天津市党政领导干部座谈会，听取市委、市政府工作汇报。中共中央政治局委员、中央书记处书记、中央组织部部长李源潮，中央组织部常务副部长沈跃跃，中央政策研究室副主任何毅亭，中央财经领导小组办公室副主任刘鹤，国家发改委副主任彭森随同调研。中共中央政治局委员、市委书记张高丽，市委副书记、市长黄兴国，市人大常委会主任刘胜玉，市委副书记、市政协主席邢元敏陪同调研。张高丽代表市委、市政府汇报天津工作情况。

20 日 市委召开常委扩大会议，传达学习习近平在天津考察工作时的重要讲话，讨论市委常委会《关于深入学习实践科学发展观整改落实方案（讨论稿）》、《关于深入学习实践科学发展观集中解决突出问题的 10 项整改措施(讨论稿)》。市委书记张高丽主持并讲话。

21 日 中共天津市第九届纪律检查委员会召开第六次全体会议，总结部署全市反腐倡廉工作。市委书记张高丽出席并讲话。市委副书记、市长黄兴国主持会议。市委常委、市纪委书记臧献甫传达中央纪委三次全会精神。

23 日 天津市规划展览馆(过渡性)开馆并向社会开放。市长黄兴国宣布开馆。规划展览馆有效布展面积约 1 万平方米，分为 16 个展区。

27 日 天津市委原书记、原 66 军军长、天津警备区离休干部刘政，因病医治无效在天津逝世，享年 87 岁。

2 月

1 日 市委召开常委会议，研究讨论天津市 2009 年 20 项民心工程和市领导参加“保增长、渡难关、上水平”活动的安排意见。市委书记张高丽主持并讲话。

同日 市委、市政府在天津礼堂召开保增长、渡难关、上水平动员大会。市委书记张高丽讲话。市委副书记、市长黄兴国作部署。天津市出台 30 条措施促经济发展。

3 日 天津市在津南区松江生态现代设施农业示范基地召开第三批区县重大项目建设现场推动会。全市确定重大项目 118 个，总投资 903.2 亿元。市委副书记、市长黄兴国讲话。市人大常委会主任刘胜玉出席。市委副书记、市政协主席邢元敏作部署。

同日 中共天津市委原第二书记、天津市政协原主席黄志刚在北京逝世，享年 93 岁。

4 日 天津市在红桥区召开 20 项重大交通项目建设推动会。京沪高速铁路天津西站和怡和新城定向安置经济适用房项目同日开工。市委书记张高丽宣布京沪高速铁路天津西站工程开工。铁道部部长刘志军、市长黄兴国分别致辞。常务副市长杨栋梁主持，副市长熊建平作部署。市人大常委会主任刘胜玉，市委副书记、市政协主席邢元敏出席相关活动。天津市确定的 20 项重大交通项目投资 1100 多亿元，年内投资约 360 亿元。京沪高速铁路天津西站工程占地总面积约 68 万平方米，建筑总面积 18 万平方米，由铁道部与天津市共同出资建设，工期为 3 年半，建成后将成为天津市最大的交通枢纽。怡和新城定向安置经济适用房项目规划总建筑面积 101.6 万平方米，可安置居民 1.5 万户，计划 3 年建成。仪式上，黄兴国宣布项目开工。副市长熊建平、中冶科工集团党委书记沈鹤庭讲话。

5 日 市委、市政府在新技术产业园区管委会召开第二批服务业重大项目建设推动会。市委书记张高丽就加快服务业重大项目建设提出要求。市委副书记、市长黄兴国讲话。市委常委、常务副市长杨栋梁作部署。

6日 天津市加快滨海新区开发开放领导小组召开第七次会议，研究部署滨海新区2009年基础设施建设工作。市委书记张高丽主持并讲话。市长黄兴国讲话。

同日 长城汽车零部件及物流项目在滨海新区开工建设。项目位于开发区西区，总投资30亿元，占地130万平方米，主要包括15万台(套)KD组装项目、15万套汽车零部件项目和出口物流项目。

7日 中共中央政治局委员、北京市委书记刘淇，共青团中央第一书记陆昊，北京市委副书记、市长郭金龙，市政协主席阳安江，市政协原主席陈文广到津考察。中共中央政治局委员、市委书记张高丽，市委副书记、市长黄兴国，市人大常委会主任刘胜玉，市委副书记、市政协主席邢元敏陪同考察。

10日 市委召开常委扩大会议，传达学习《向中央政治局通报中央政治局常委参加深入学习实践科学发展观活动专题民主生活会情况的报告》。市委书记张高丽主持并讲话，市委副书记、市长黄兴国传达报告。

11日 市委书记张高丽、市长黄兴国在迎宾馆会见国务院三峡办主任汪啸风、副主任宋原生一行。

14日 "企业转产中国行——落后产能企业排查行动"在北京正式启动。天津排放权交易所作为中国首家利用市场化手段和金融创新方式促进节能减排的国际化交易平台成为该行动的战略合作方。天津同时成为该行动第一个合作排查城市，率先为推动中国节能减排提供基础数据信息。

15-16日 中共中央政治局常委、国务院总理温家宝在中共中央政治局委员、市委书记张高丽，市委副书记、市长黄兴国陪同下，在天津就经济运行情况进行调查研究。考察市规划展览馆、高新纺织工业园、鞍钢天铁冷轧薄板有限公司、海鸥手表集团、赛象科技有限公司、汽车模具股份有限公司、石化100万吨乙烯/1000万吨炼油项目建设现场、豪峰动画科技有限公司，到南开大学看望大学生，介绍党和政府出台的一揽子应对危机的政策以及促进大学生就业的措施。主持召开座谈会，听取企业负责人关于经营状况的汇报和对当前经济工作的建议。与天津、河北、辽宁、浙江、广东、云南、陕西7省市政府主要负责人座谈。国家发展改革委副主任朱之鑫、工业和信息化部部长李毅中、财政部部长谢旭人、人力资源和社会保障部部长尹蔚民、中国人民银行行长周小川、国务院研究室主任谢伏瞻、中国银监会主席刘明康随同考察。

16日 中共中央政治局常委、国务院总理温家宝结束对天津考察返京，在天津站遇到河北省一名患白血病的幼儿，当即安排到北京儿童医院治疗。市主要领导张高丽、黄兴国、刘胜玉、邢元敏，市委、市人大常委会、市政府、市政协领导和机关干部踊跃为这名白血病患儿捐款，共捐助13.6万元。

同日 云南省省长秦光荣一行到津考察调研。市委常委、副市长崔津渡，副市长李文喜陪同考察。

16日、17日 浙江省委副书记、省长吕祖善一行在津考察。市委副书记、市长黄兴国陪同。

17日 中国最大的金融科技产业园恒银金融科技园在天津滨海新区空港物流加工区开工。该科技园被列入天津市80项重大工业项目和35项重大自主创新产业化项目，预计投资9.5亿元。市长黄兴国在迎宾馆会见恒银金融科技有限公司名誉董事长李慧芬一行。

18日 天津津能明阳风电产业基地在滨海新区开工建设。该基地占地33.33公顷，由津能集团和明阳风电产业集团共同出资建设。

同日 第13届"中国十大杰出青年农民"评选在北京揭晓。创建天津金世神农种业有限公司，带领农民种植高产棉花共同增收致富的宁河县青年农民张全榜上有名。

19日 市委深入学习实践科学发展观活动领导小组召开第七次会议，听取全市第一批学习实践活动整改落实阶段工作进展情况和第二批学习实践活动准备工作情况汇报，研究部署下一步工作。市委书记张高丽主持并讲话。

23日 国家职业教育改革试验区工作领导小组第三次会议在津召开。天津市10所职业院校被授予滨海新区技能型紧缺人才培养基地，试验区官方网站正式开通。市委副书记、市长黄兴国会见教育部党组书记、部长周济一行，共同出席会议，签署会议纪要。

同日 市长黄兴国主持召开市政府第24次常务会议，研究增加城乡居民收入，审议并原则通过《天津市城乡居民基本养老保障规定》、《天津市城乡居民基本医疗保险规定》、《天津市促进高校毕业生就业的意见》和《关于妥善解决企业关停有关问题的意见》。

24日 市委、市政府召开会议，研究新一轮市容环境综合整治方案。市委书记张高丽主持并讲话。市委副书记、市长黄兴国讲话。市市容委负责人汇报新一轮市容环境综合整治方案。26日全市新一轮市容环境综合整治动员大会在天津礼堂召开，张高丽讲话，黄兴国作部署。

同日 由国内著名互联网企业腾讯公司投资的大型研发与数据中心在开发区滨海服务外包园开工建设。项目总投资5亿美元，建筑面积16万平方米。

26日 由中国航空工业集团和天津港保税区共同组建的中航工业直升机公司在滨海新区空港加工区成立，标志着直升机研发制造基地项目即将全面开工建设。

同日 柳工集团北方工程机械研发制造基地项目在保税区空港物流加工区竣工投产，推土机和装载机产品实现批量下线。该基地纳入天津市新20项重大工业项目，2008年6月底开工，总投资约20亿元，分两期建设。

27日 京津城际铁路延伸线——于家堡站开工动员大会在滨海新区召开。市委书记张高丽宣布开工。铁道部部长刘志军、市长黄兴国讲话。于家堡站地处滨海新区于家堡中心商务区北端，站房主体结构为地上1层、地下3层，车场总规模为6台6线，与城市轨道交通及公共交通有机衔接，乘客可实现地铁、公交和铁路等交通工具的“零距离”换乘。京津城际延伸线自天津站城际车场引出，沿途经河东区、东丽区，至塘沽区于家堡，全长44.68公里，与京津城际铁路贯通，与津秦客运专线相连。

同日 市委书记张高丽、市人大常委会主任刘胜玉在迎宾馆会见出席中国化学工程集团公司天辰科技园工程奠基仪式的全国人大常委会原副委员长顾秀莲一行。天辰科技园由天津市与中国化学工程集团合作建设，被列入天津市2009年20项重点服务投资项目。

本月 天津市开展“保增长渡难关上水平”活动，组织3000名各级党政机关干部深入一线，深入基层、深入企业，办实事、解难题。市领导张高丽、黄兴国、刘胜玉、邢元敏分别深入帮扶联系点调查研究，了解企业、基层单位生产经营和重点工程建设情况，协调解决存在的困难和问题，推动活动深入扎实开展。

3月

1日 天津市制定出台《促进高校毕业生就业的意见》。

3月1日–7月2日 天津市开展新一轮市容环境综合整治。综合整治158条314公里道路，推动各区自筹资金整治43条54公里道路，加上重点地区和迎奥运道路提升，累计完成762公里道路整修，占干支道路74%；基本完成71公里城际铁路沿线环境综合整治；全面改造8个公园、49个街心公园和25个重点地区，分别完成总量的92%以上；开展里巷道路和土路改造等8项专项治理，基本实现全覆盖要求。7月2日，市领导张高丽、黄兴国、刘胜玉、邢元敏、何立峰察看重点道路综合整修和重点地区改造提升情况。在市容环境综合整治指挥部，张高丽主持召开座谈会，听取整治情况汇报。

3日 市长黄兴国在北京会见国家发改委主任张平，就推进滨海新区开发开放、发展循环经济等深入交换意见。

4日 市委书记张高丽、市长黄兴国在迎宾馆会见香港特别行政区行政长官曾荫权一行。

同日 天津市与国家文化部在京签署文化发展战略合作框架协议，双方在建设滨海新区国家动漫产业综合示范区、举办高水平文化产品交易、建立古籍修复中心等方面开展全方位合作。市委副书记、市长黄兴国和文化部党组书记、部长蔡武代表双方签署协议。

5日 国务院正式批复同意将“天津新技术产业园区”更名为“天津滨海高新技术产业开发区”。

7日 中共中央政治局常委、中央政法委书记周永康参加在人民大会堂天津厅举行的十一届全国人大二次会议天津代表团全体会议，与代表们一起审议政府工作报告，审查计划报告和预算报告。市委书记张高丽主持会议，市委副书记、市长黄兴国汇报天津经济社会发展情况。国土资源部部长徐绍史到会听取意见建议。

同日 天津市与国家商务部在北京签署建立部市合作机制协议，全面加强在商务发展战略研究、滨海新区开发开放、直接利用外资、外贸进出口、对外经济技术合作、商贸流通、开发区建设、人才培养和干部交流等领域的合作。市长黄兴国和商务部部长陈德铭在协议书上签字。

8日 青海省委副书记、省长宋秀岩，副省长骆玉林一行到津考察。市委常委、常务副市长杨栋梁陪同考察。

同日 天津女排勇夺2008-2009全国女排联赛冠军，成为第一支两次“三连冠”的队伍，成就中国排坛第一支联赛“六冠王”。天津队主教练王宝泉第六次获得联赛最佳教练员奖。

9日 天津市与中粮集团在北京签署协议，中粮集团生猪健康生态养殖产业化项目落户天津。市长黄兴国，中粮集团董事长宁高宁出席签字仪式。副市长李文喜、中粮集团总裁于旭波在协议书上签字。仪式上，宝坻区政府与中粮肉食投资有限公司签署发展健康生猪产业化项目合作协议。

11日 中国科学院和天津市政府共建工业生物技术研究所协议签字仪式在北京中国科学院举行。中科院与天津在滨海新区共建工业生物技术研究所。中共中央政治局委员、市委书记张高丽，全国人大常委会副委员长、中国科学院院长路甬祥出席。市长黄兴国、中科院常务副院长白春礼致辞。

同日 天津市与中国工商银行在北京签署全面战略合作协议。双方在加快交通体系建设、完善城市基础设施、推进能源开发利用、发展优势产业、扶持民营经济等方面开展全方位金融合作，中国工商银行将向天津提供融资支持。市长黄兴国、中国工商银行董事长姜建清出席签字仪式。

12日 由中航工业集团西飞公司投资的A320机翼总装项目在空港物流加工区开工建设，此为中航工业集团与空客公司在飞机零部件转包方面的重大合作项目，也是天津市航空产业聚集发展的标志性项目。在天津生产的A320机翼将直接交付空客天津总装公司。

16日 市委召开常委扩大会议，传达学习十一届全国人大二次会议和全国政协十一届二次会议精神，就抓好贯彻落实提出要求。听取全市第一批学习实践活动情况和第二批学习实践活动准备工作情况的汇报，传达《中共中央办公厅、国务院办公厅关于印发〈天津市人民政府机构改革方案〉的通知》。市委书记张高丽主持并讲话。

同日 天津港(集团)有限公司与天津港发展控股有限公司及显创投资有限公司签署《天津港发展控股有限公司及显创投资有限公司与天津港（集团)有限公司关于天津港股份有限公司上市公司国有股份转让协议》。天津港集团将其持有的天津港股份有限公司有限售条件流通股份951512511股转让给天津港发展，占天津港股份总股本的56.81%，整个交易涉及金额大约110亿港币。交易完成后，天津港集团将通过其境外全资子公司持有天津港发展股权比例不低于51%，成为天津港发展的控股股东，同时通过天津港发展继续保持其对天津港股份的实际控制人地位。

17日 天津市深入学习实践科学发展观活动第一批总结暨第二批动员大会在天津礼堂召开。市委书记张高丽和中央巡回检查组组长虞云耀分别讲话。市委副书记、市长黄兴国主持。

同日 建设银行天津分行、招商银行天津分行、农村合作银行、天津银行分别与天津市四家投资单位签订贷款框架协议，贷款意向总计34.5亿元。

18日 中国企业联合会、中国企业家协会会长，全国政协原副主席王忠禹，美国《商业周刊》亚洲区董事总经理李陈敏枝一行到津，商谈在滨海新区举办全球绿色经济峰会事宜。市委书记张高丽在迎宾馆会见王忠禹一行。

同日 《天津市普通高等学校招生考试制度综合改革方案》经教育部和市人民政府批准正式颁布出台，并于2009年开始实施。

18-19日 越共中央政治局委员、河内市委书记范光毅率越南共产党代表团在津访问。中共中央政治局委员、市委书记张高丽18日在迎宾馆会见范光毅一行。

19日 市领导看望天津女排全体运动员和教练员并座谈。市委书记张高丽出席并讲话。市委副书记、市长黄兴国，市人大常委会主任刘胜玉，市委副书记、市政协主席邢元敏参加。市体育局负责人汇报有关情况。

同日 韩国仁川市市长安相洙率市政府代表团到津访问，与天津市签署关于参加2009仁川世界城市庆典活动框架协议书。市长黄兴国在迎宾馆会见安相洙一行，出席协议书签字仪式。签字仪式上，南开大学与仁川大学签署学术交流与友好合作协议书。在津期间，安相洙参观访问南开大学，并受聘为该校名誉教授。

20日 市委书记张高丽、市长黄兴国在迎宾馆会见中央军委委员、海军司令员吴胜利上将一行。

22日 国务院发展研究中心和天津市人民政府在北京人民大会堂举办中国发展高层论坛2009"天津之夜"活动。市长黄兴国发表《国际金融危机下天津滨海新区发展机遇与挑战》的演讲，介绍天津经济社会发展和滨海新区开发开放情况。会见汇丰集团主席葛霖等20多位国外知名企业负责人。国务院发展研究中心主任张玉台等中外嘉宾出席活动。

同日 天津市率先在全国启动京杭大运河保护性开发工程。京杭大运河西青段(也称南运河)改造项目正式动工，总投资300亿元。其中投资20亿元的河道清淤整治工程已开工。此次开发的南运河段位于西青区中北镇，总长6公里，项目区规划建筑面积500万平方米。

23日 天津市10名高技能人才经国务院批准享受政府特殊津贴。孔祥瑞等10名"高级蓝领"成为全市首批获批享受政府特殊津贴的高技能人才。

24日 全国"三八"妇女维权周暨女大学生创业导师行动推进仪式在南开大学省身楼举行。市委书记张高丽在迎宾馆会见全国人大常委会副委员长、全国妇联主席陈至立一行。

同日 中国民航天津安全监督管理局正式成立，揭牌仪式在滨海国际机场举行。原民航天津安全监督管理办公室正式更名为民航天津安全监督管理局，成为全国首家更名成立的监管局。市委书记张高丽、市长黄兴国会见交通部副部长、中国民航局局长李家祥一行。黄兴国出席揭牌仪式并致辞。

25日 市委书记张高丽、市长黄兴国在迎宾馆会见美国前国防部长、科恩集团董事长兼首席执行官威廉·科恩一行，就应对国际金融危机、扩大双方合作深入交谈。在津期间，科恩一行访问南开大学并被聘为客座教授。

26日 纪念天津市科学技术协会成立50周年大会在天津礼堂召开。市委书记张高丽出席并讲话。中国科协党组书记、常务副主席、书记处第一书记邓楠出席会议并讲话。市委副书记、市长黄兴国，市委副书记、市政协主席邢元敏出席。

同日 国家科技部正式批复同意《天津高新区创新型科技园区建设方案》，同意天津高新区启动并开展创新型园区建设工作。天津高新区正式进入首批国家创新型科技园区试点名单，全国仅4家。

同日 中新天津生态城管委会与皇明太阳能集团有限公司在迎宾馆签署合作框架协议。市委书记张高丽会见世界太阳能学会副主席、皇明集团董事长黄鸣一行。市长黄兴国参加会见并出席签约仪式。

27日 第九届中国北方国际自行车展览会正式开幕。展会分天津国展中心和体育中心两大展区，展位超过2300个，参展单位500多家。市长黄兴国参观展会。

同日 天津市召开对外开放工作会议。表彰2008年对外开放工作先进单位。市长黄兴国出席并讲话。副市长任学锋总结2008年全市对外开放工作，安排部署2009年任务。

30日 天津市召开工会工作会议。市委书记张高丽出席并讲话。全国总工会副主席、书记处第一书记孙春兰出席并讲话。市长黄兴国、市人大常委会主任刘胜玉出席。市政协主席邢元敏主持。市人大常委会副主任、市总工会主席邢明军作工作报告。

同日 市长黄兴国主持召开市政府第25次常务会议。研究2009年市政府立法计划；通报对有关地区和部门城市管理的考评情况；确定第三批示范小城镇试点。

31日 市长黄兴国在迎宾馆会见斯里兰卡驻华大使阿穆努加马一行。

4月

1日 由欧洲空客公司调用的一架空客A320飞机，在中外双方组成的试飞机组和军、民航等有关部门配合下，由天津滨海国际机场起飞，在4个试飞空域模拟完成各个试飞科目、空中交通指挥演练及相关地空设施测试，标志着天津滨海国际机场各项用于试飞的条件及环境已完全具备。

同日 市长黄兴国在迎宾馆会见澳门特别行政区行政法务司司长陈丽敏一行，就密切两地在各个领域的交流与合作深入交谈。

2日 市国资委、渤海国资公司银企合作暨土地收购协议签约仪式在迎宾馆举行，市长黄兴国出席并会见金融机构负责人。市国资委与14家银行签署合作协议，总授信额度2160亿元，优先支持天津市优势产业和重大工业项目建设。渤海国资公司与6家银行签署《综合授信合同》，提供第一批60亿元贷款。渤海国资公司与冶金、机电、物资、方德4家集团公司签订第一批土地收购协议，收购集团所属企业313.33公顷土地，加快东移企业搬迁改造，推进劣势困难企业退出。

同日 天津港保税区与欧洲最大航空专业喷漆服务外包商法国STTS公司签署协议，共同出资组建合资公司，利用空客天津总装项目第二喷漆车间，为在滨海新区总装生产的空客A320系列飞机喷漆，同时开展航空公司飞机的重喷漆业务。

3日 天津开发区管委会与中国工商银行天津市分行举行天津南港工业区开发建设全面合作框架协议签字仪式，工商银行向天津南港工业区开发有限公司注资15亿元，提速南港工业区开发建设。南港工业区位于大港区独流减河入海口南侧滩涂浅海区，总规划面积220平方公里。

5日 中国亚太经合组织（APEC）研究院新址建设启动仪式在南开大学举行。市委副书记、市长黄兴国在迎宾馆会见外交部党委书记、副部长王光亚，教育部副部长章新胜，新闻出版总署副署长孙寿山等嘉宾。中国APEC研究院是经南开大学与教育部、外交部、商务部等国家有关部委，以及APEC中国企业联席会议部分主要成员共同协商，采取政府、企业和高校相结合的运作方式，于2002年4月正式成立的。研究院设在南开大学，并由该校负责管理。

7日 市长黄兴国主持召开市政府第26次常务会议。分析经济运行情况，安排部署重点工作；听取政府机构改革方案汇报；研究南港工业区总体规划和港区建设方案。

同日 瑞典延雪平省省长拉斯·伊格维萨率代表团到津访问。市长黄兴国在迎宾馆会见代表团一行，双方签署建立交流与合作关系协议书。

8日 市委召开常委扩大会议，听取一季度经济工作汇报，对做好下一步工作作出部署。听取全国培养选拔年轻干部工作座谈会和省部级后备干部集中调整部署会精神及贯彻落实意见的汇报、关于建立市委常委第二批学习实践活动联系点安排意见的汇报。市委书记张高丽主持并讲话。市委副书记、市长黄兴国讲话。

同日 市委书记张高丽、市长黄兴国在迎宾馆会见由国防大学政委童世平中将率领的外国高级军官见学团一行。

9日 市委书记张高丽、市长黄兴国在迎宾馆会见中国化工集团总经理任建新一行，就中化工蓝星新材料基地项目规划调整有关问题深入商讨。

同日 15时，总长330米的30万吨级超大型油船"长江之光"轮顺利满载靠泊天津港。此为天津港首次接卸30万吨级满载原油船舶，也是天津港所接卸载货量最大原油船舶，标志着天津港码头等级跨上30万吨级台阶。天津港成为世界上等级最高的人工深水港。

10日 滨海新区海滨大道北段一期工程全线完工。该工程全长27.4公里，设计行车速度为120公里/小时，全线设置2座互通立交、3座分离式立交、2座大桥及涵洞。海滨大道北起河北涧河、南接河北黄骅，在天津界内全长91公里，是滨海新区联络外界的重要南北干线交通通道。海滨大道工程分南、北、中三段，为双向6至14车道高速公路及高等级城市快速路设置。

同日 列入天津市自主创新重大产业化重大项目之一的35千伏/90毫瓦安饱和铁心型超导限流器在云南昆明220千伏普吉变电站挂网运行成功，并通过严陆光、余贻鑫院士等7位国内电力知名专家组成的专家委员会的技术鉴定。该限流器是世界上挂网运行电压等级最高、容量最大的超导限流器，处于同类限流器的国际先进水平。

12日 韩国首尔市市长吴世勋率政府代表团到津访问。市长黄兴国在迎宾馆会见代表团一行，双方签署建立友好交流与合作关系协议书。

同日 天津旅游目的地建设高峰会召开。国内外40余家知名旅行社负责人，集中组团对天津市各旅游景点进行踩线考察，与市旅游部门分别签订合作协议。

13日 市委书记张高丽、市长黄兴国在迎宾馆会见新加坡吉宝企业有限公司董事会主席林子安一行。林子安出席中新天津生态城投资开发有限公司与中锐控股集团有限公司、伊顿国际教育集团签署建设第一所国际学校谅解备忘录签字仪式。

同日 天津市与铁道部召开铁路西站建设推动会。市长黄兴国和铁道部副部长卢春房讲话。副市长熊建平主持。市交委、红桥区政府、铁道部北京路局等负责人作情况汇报。

14日 中央党校副校长孙庆聚率省部级干部进修班"金融危机与应对"、"国际战略"研究专题学员35名副省级以上领导干部到津考察。市委书记张高丽、市长黄兴国、市人大常委会主任刘胜玉在迎宾馆会见孙庆聚一行。

15日 蒙古国总理桑·巴雅尔到津访问。中共中央政治局委员、市委书记张高丽，市委副书记、市长黄兴国在迎宾馆会见蒙古国代表团一行，就深化经贸合作深入交谈。双方领导出席市政府与蒙古国交通运输建设城市建设部关于在天津滨海新区深化经贸合作签署备忘录签字仪式。黄兴国与蒙古国家大呼拉尔委员、交通建筑城建部长哈·巴特图勒嘎签署备忘录。

同日 天津市在宁河县召开示范小城镇建设现场推动会，交流示范小城镇建设经验，推进全市小城镇试点工作。市长黄兴国出席并讲话。

16日 天津市与中国建筑材料集团公司在迎宾馆签署全面战略合作框架协议。市委书记张高丽、市长黄兴国会见中国建材集团公司董事长宋志平一行，就深化双方合作深入交谈。

同日 天津开发区管委会与中聚联合控股有限公司高清数字电视项目、锂离子动力电池及产业化项目合作签字仪式在迎宾馆举行。市委书记张高丽、市长黄兴国会见中聚联合控股有限公司董事长李志强一行。黄兴国和李志强出席项目合作签字仪式。

17日 市委深入学习实践科学发展观活动领导小组召开第八次会议，学习贯彻习近平在中央深入学习实践科学发展观领导小组第六次会议上的重要讲话精神，听取全市第二批学习实践活动进展情况和第一批整改落实后续工作汇报，研究部署下一步工作。市委书记张高丽主持并讲话。

18–22日 中国·天津第16届投资贸易洽谈会在天津国际展览中心举行。市委书记张高丽、市长黄兴国、市人大常委会主任刘胜玉出席开幕式并会见与会嘉宾。中华全国归国华侨联合会主席林军、中国外商投资企业协会会长石广生、中国商业联合会会长何济海、中国对外经济贸易合作企业协会会长周可仁以及国家有关部门、有关省市的领导，部分国内500强企业负责人和各地代表团团长出席。天津市推出内外资招商项目840个，签约项目实现118个。外省市推出4000余个项目，部分项目达成投资意向或签约。

19日 中共中央政治局委员、市委书记张高丽在迎宾馆会见以党主席贾拉纳特·卡耐尔为团长的尼泊尔共产党(联合马列)代表团。

21–23日 2009中国·天津国际航空航天贸易展洽会在滨海新区国际会展中心举行。中共中央政治局委员、市委书记张高丽，法国国民议会议长贝尔纳·阿夸耶出席开幕式并揭幕。贝尔纳·阿夸耶与市长黄兴国、欧洲空中客车工业公司中国总裁劳伦斯·拜伦致辞。参展企业间商务洽谈1200多个，达成商务采购意向323个，组织中国航空航天市场论坛和各类技术交流会12场。举办天津开发区、保税区、滨海高新区等5场大型投资说明会，举行305个一对一洽谈，达成中兵光电等30多个意向投资项目。

22日 市加快滨海新区开发开放领导小组召开第八次会议，听取有关部门关于滨海新区总体规划、临港工业区规划调整、滨海旅游区规划、北塘渔村规划和于家堡金融商务区起步区规划设计方案的汇报，就提升滨海新区规划水平、加快开发开放步伐，增强辐射服务功能进行研究部署。市委书记张高丽主持并讲话。市长黄兴国讲话。

同日 滨海新区与法国BCI国际商务集团签署协议，确定国际航空航天贸易洽谈会永久落户天津滨海新区。法国BCI国际商务集团是世界知名的展会公司，其组织的国际航空航天贸易洽谈会在法国成功举办13届，成长为享有盛誉的国际专业展会品牌。

24日 第六届东亚运动会组委会成立大会在天津大礼堂举行。市委书记张高丽、市长黄兴国会见国家体育总局局长、中国奥委会主席刘鹏一行。刘鹏与黄兴国为第六届东亚运动会组委会揭牌。国家体育总局副局长、中国奥委会副主席杨树安和副市长张俊芳讲话。第六届东亚运动会将于2013年4月30日至5月10日在天津举行。刘鹏担任运动会组委会主席，黄兴国为执行主席。

25日 滨海盐土快速高效改良及植被构建技术成果通过由市科委主持召开的鉴定会，标志天津市攻克了滨海盐土"绿化禁区"。副市长李文喜会见出席会议的中国农业大学原校长石元春等专家。

26日 市长黄兴国主持召开市政府第27次常务会议，听取市有关部门对重大项目建设进行检查和协调推动情况的汇报，听取市卫生局关于蓟县妇幼保健院院内感染事件有关情况的报告。

26-28日 甘肃省委书记、省人大常委会主任陆浩，省委副书记、省长徐守盛率党政代表团在津考察。市委书记张高丽，市委副书记、市长黄兴国，市人大常委会主任刘胜玉，市委副书记、市政协主席邢元敏会见代表团并分别陪同考察，两省市领导就加强经济协作和对口帮扶工作深入交流。

27日 中共中央政治局委员、市委书记张高丽在天津迎宾馆分别会见德国前总理施罗德和法国前总理法比尤斯，就加强天津与德法两国的交流与合作交换意见。全国人大外事委员会主任委员李肇星、市长黄兴国、市人大常委会主任刘胜玉、市政协主席邢元敏参加会见。

28日 中粮集团天津粮油综合基地项目在临港工业区正式开工。天津粮油综合基地主要包括蛋白饲料加工项目、前沿码头项目、仓储项目及相关配套设施等，总投资额超过40亿元。市长黄兴国在迎宾馆会见中粮集团董事长宁高宁、总裁于旭波一行。

28-29日 第八届中欧工商论坛在天津滨海新区万丽泰达酒店举行。中共中央政治局委员、市委书记张高丽出席开幕式。全国政协副主席董建华、法国前总统希拉克致信祝贺。德国前总理施罗德、法国前总理法比尤斯，市人大常委会主任刘胜玉，市政协主席邢元敏，中欧国际工商学院名誉院长刘吉出席。全国人大外事委员会主任委员、中国人民外交学会名誉会长李肇星，市长黄兴国，南开大学党委书记薛进文，中欧论坛创办人高大伟致辞。会议期间，施罗德、法比尤斯发表主旨演讲，刘吉、李肇星发表演说。300多名中欧工商界代表和专家学者，展开深入对话与交流。还举行"天津滨海之夜"推介会。

29日 天津市召开庆祝"五一"国际劳动节暨表彰劳动模范、模范集体大会。市委书记张高丽讲话。市委副书记、市长黄兴国主持。市人大常委会主任刘胜玉出席。市委副书记、市政协主席邢元敏宣读《中共天津市委、天津市人民政府关于表彰2008年度市级劳动模范和模范集体的决定》。34名个人荣获全国"五一"劳动奖章，10个单位荣获全国"五一"劳动奖状，39个集体荣获全国"工人先锋号"。995名个人和194个集体获市级劳动模范、模范集体称号。1490名个人获得市"五一"劳动奖章，435个集体、149个单位获得市"五一"劳动奖状。

同日 "2008中国大学生十大年度人物"评选颁奖典礼在北京人民大会堂举行。天津大学团委青年志愿部部长、建筑学院博士生、英国剑桥大学特约访问学者王荃，是天津市唯一此奖项获得者。

30日 天津市政府与中国电子科技集团公司签署合作协议，双方在滨海高新区组建新公司，分两期投资10亿元建设100兆瓦多结高效聚光太阳能电池产业化基地，中长期规划生产能力500兆瓦；投资建设薄膜太阳能电池产业化基地，着手制定生产能力达500兆瓦的中长期发展规划；在空港物流加工区预计投资20亿元建设光电技术研发和产业化基地。市委书记张高丽、市长黄兴国会见中国电子科技集团总经理王志刚一行，就深化双方合作交换意见。

5月

4日 天津市纪念五四运动90周年大会在天津大礼堂召开。市委书记张高丽出席并讲话。市领导接见受表彰的天津青年五四奖章获得者和新长征突击手、突击队代表。

同日 天津市召开机构改革工作会议，部署市委、市政府机构改革工作。市委书记张高丽主持并讲话。市委副书记、市长黄兴国作部署。

6日 天津市在天津礼堂召开保增长、渡难关、上水平活动经验交流暨工作推动会，总结保增长活动开展3个月的经验做法，部署推动下一阶段工作。市委书记张高丽就继续开展活动提出要求。市长黄兴国讲话。

同日 市长黄兴国主持召开市政府第28次常务会议。审议并原则通过《天津市空间战略规划研究》和《静海县城乡总体规划》、《天津子牙循环经济产业区总体规划》。

7日 中央宣传部副部长、文化部党组书记、部长蔡武率中央文化体制改革工作督导组，到津检查天津市文化体制改革工作。市委书记张高丽，市委副书记、市长黄兴国在迎宾馆会见蔡武一行。

同日 天津开发区与香港新世界环渤海房地产开发有限公司在迎宾馆签订建设超高层项目土地合同协议。市长黄兴国会见周大福集团副董事长郑家纯一行，共同出席签字仪式。

7-8日 中共中央政治局委员、国务院副总理张德江在天津就工业经济运行进行调研，考察机械、轻工、电子、石化、冶金、航空、纺织、制药、汽车等行业的13家企业，考察临港工业区和集装箱码头。中共中央政治局委员、市委书记张高丽，市委副书记、市长黄兴国，市人大常委会主任刘胜玉介绍天津经济社会发展情况。

7-8日 根据天津市政府机构改革方案，市经济和信息化委员会、市人力资源和社会保障局、市文化广播影视局、市水务局、市城乡建设和交通委员会、市交通运输和港口管理局、市市容和园林管理委员会、市人民政府合作交流办公室、市政府口岸服务办公室和市中小企业发展促进局等部门正式挂牌成立。从5月8日起，上述部门启用新的印章，正式履行职能。

7-11日 2009年春季天津房地产交易会在天津体育中心举行。推出各类房屋621.43万建筑平方米。超过14万群众参观，累计成交各类房屋1351套113576平方米70093万元。

8日 中航直升机有限责任公司天津总成基地在滨海新区开工。市委书记张高丽在迎宾馆会见中国航空工业集团总经理林左鸣一行。中航工业直升机公司由中航工业集团与天津市政府共同组建。天津总成基地总建筑面积27.3万平方米，计划分两期建设。

同日 由中铁隧道集团承建的天津市第一条穿越海河“共同沟”隧道实现贯通。“共同沟”位于刘庄桥南侧，全长226.5米，其中穿越海河长度113.5米，自西向东分别穿越台儿庄路、海河河床底、河坝路。

8-10日 2009中国·天津城市土地交易会在天津体育中心体育馆B厅举行。集中发布中心城区37宗招商地块，规划建设总用地面积约873公顷，建筑总规模约2601万平方米；推出8个推介地块，均位于天津未来发展区域的节点地区，土地面积1097公顷。

10-11日 第二届京津冀晋蒙政协区域经济发展论坛在北京会议中心举行。中共中央政治局常委、全国政协主席贾庆林接见出席论坛的全体代表。中共中央政治局委员、北京市委书记刘淇，北京市市长郭金龙看望与会代表。五省区市政协围绕“产业转型升级中的区域经济合作”主题作发言。签署《京津冀晋蒙政协区域经济发展论坛共识》。通过《第二届京津冀晋蒙政协区域经济发展论坛纪要》。

11日 经中共中央批准：何立峰同志任天津市委委员、常委、副书记，免去其福建省委常委、委员和福建省厦门市委书记职务。邢元敏同志不再担任天津市委副书记、常委职务。陈超英同志调任辽宁省副省长，免去其天津市委常委、委员职务。

同日 由大连万达集团投资建设的河东万达广场项目开工建设。项目坐落津滨大道物流商贸区内，投资约50亿元，建筑面积约51万平方米。市长黄兴国在迎宾馆会见大连万达集团董事长王健林一行。

12日 市加快滨海新区开发开放领导小组第九次会议在滨海新区举行。市委书记、市加快滨海新区开发开放领导小组组长张高丽主持并讲话。市加快滨海新区开发开放领导小组第一副组长黄兴国，副组长何立峰出席。市委常委、市委组织部部长史莲喜宣读市委关于调整市加快滨海新区领导小组组成人员及有关人事任免的决定。滨海新区管委会有关负责人汇报滨海新区重点产业项目和基础设施建设情况。

同日 市委书记张高丽就做好甲型H1N1流感防控工作提出明确要求。市长黄兴国到天津滨海国际机场，察看甲型流感防控工作情况，并主持召开座谈会。

13日 市委书记张高丽、市人大常委会主任刘胜玉在迎宾馆会见出席天津市预防化解涉台纠纷和台商诉讼权益保护工作推动会议的中共中央台办常务副主任郑立中和最高人民法院副院长万鄂湘一行。

14日 市委书记张高丽到北疆电厂项目建设现场调研。与国家开发投资公司总裁、党组书记王会生就加大二期扩建工作力度进行研究。同时决定，在滨海新区建设我国最大的海水淡化研发和制造基地。

15日 受市委书记张高丽委托，市委常委、市委政法委书记散襄军带领市公安局负责人看望和慰问一等功臣、因公牺牲的公安北辰分局副局长顾俊明家属。顾俊明生前任公安北辰分局副局长，在市公安局开展的“0901”专项行动中，他不顾疲劳、连续奋战，突发疾病累倒在工作岗位上，经抢救无效于4月17日晚不幸因公牺牲。5月25日，中共天津市委作出《关于追授顾俊明同志市级优秀共产党员称号的决定》。国务委员、公安部部长孟建柱签署命令，追授顾俊明全国公安系统二级英雄模范称号。

16日 天津北疆电厂二期电水盐材一体化循环经济发展示范项目报告评审会在京举行。国家有关委部局、科研院所及天津市发改委和天津市汉沽区政府等单位的专家听取课题组成果汇报，通过该论证报告的评审。

17日 第五届“袁宝华企业管理金奖”在云南昆明举行的“2009年全国企业家活动日”上颁奖，天津港(集团)有限公司董事长于汝民获得袁宝华企业管理金奖。

18日 20时15分，天津市临港工业区渤化永利热电有限公司在进行烟囱内筒安装作业时，发生烟囱内筒坠落，导致现场施工人员12人死亡、11人受伤。19日，天津市召开安全生产工作会议，通报渤化永利热电有限公司重大安全事故情况，部署在全市进一步加强安全生产工作。传达市委书记张高丽对事故处理工作提出的明确要求。市长黄兴国讲话。

同日 首架由空中客车(天津)总装有限公司完成总装的空客A320飞机在天津滨海国际机场第二跑道起飞，经过大约4个小时的测试飞行后返回天津滨海国际机场，平稳降落在第二跑道，成功完成首次测试飞行。市委副书记、滨海新区工委书记何立峰出席首飞活动。

同日 第二届中国戏剧奖·梅花表演奖（第24届中国戏剧梅花奖)在浙江杭州揭晓。天津评剧院曾昭娟，天津市青年京剧团孟广禄、刘桂娟，天津河北梆子剧院赵靖荣获“梅花表演奖”，其中曾昭娟、孟广禄成为“二度梅”获得者。

18-19日 中国经济社会理事会与欧盟经济社会委员会圆桌会议第五次会议在市政协俱乐部举行。中共中央政治局委员、全国政协副主席、中国经济社会理事会主席王刚出席开幕式并致辞。全国政协外事委员会主任、中国经济社会理事会副主席赵启正，全国政协副秘书长、中国经济社会理事会副主席王胜洪出席。中国经济社会理事会副主席、市政协主席邢元敏主持开幕式。赵启正与欧盟经济社会委员会主席塞彼先生代表中欧双方签署《中国经济社会理事会与欧盟经济社会委员会圆桌会议第五次会议联合声明》。

19日 中共中央中政治局委员、市委书记张高丽在迎宾馆会见欧盟经济社会委员会主席马里奥·塞彼和代表团成员，就深化天津与欧洲工商界交流合作进行交谈。

20日 天津市东丽湖华侨城项目签约仪式在迎宾馆举行。市委书记张高丽、市长黄兴国会见华侨城集团公司首席执行官、总裁任克雷一行。东丽华侨城项目总投资规模50亿元。

21日 中央宣传部公布第四批全国爱国主义教育示范基地(87个)，天津博物馆、天津市烈士陵园入选。

22日 市长黄兴国在北洋职教园区工程建设指挥部主持召开现场会。察看北洋园规划方案，听取工程建设指挥部情况汇报。

同日 国务院批准天津市华能绿色煤电示范项目、海河河口地区污染控制和生态恢复项目纳入国家利用亚行贷款2009-2011年备选项目规划，两项目共获得2.5亿美元贷款。

23日 2009年海河流域防汛抗旱总指挥部工作会议在津召开。市委书记张高丽、市长黄兴国在迎宾馆会见海河防总总指挥、河北省省长胡春华等与会人员。

同日 天津市与铁道部召开铁路建设部市联合推动会。市长黄兴国和铁道部副部长卢春房讲话。铁道部北京路局、市城投集团、市建委等负责人就铁路重点工程建设情况作汇报。

同日 13时30分，天津市地铁3号线从华苑站至工业大学站(新校区)隧道双线贯通(单线全长785米)，该隧道是天津市地铁首条双线穿越外环线、外环河的隧道。

25日 市长黄兴国主持召开市政府第29次常务会议。审议并原则通过《天津市现代服务业布局规划》、《天津市轨道交通线网专项规划》和《天津市矿产资源总体规划》。

同日 日本北九州市市长北桥健治率政府代表团到津访问。市长黄兴国在迎宾馆会见代表团一行，双方签署推进循环经济及环保领域合作备忘录。黄兴国与北桥健治出席签字仪式。

26-27日 市十五届人大常委会第十次会议表决通过《天津市畜牧条例》。

27日 市委深入学习实践科学发展观活动领导小组召开第九次会议，学习贯彻习近平同志在中央深入学习实践科学发展观活动领导小组第七次会议上的重要讲话精神，听取全市第二批学习实践活动进展情况汇报，研究部署下一步工作。市委书记张高丽主持并讲话。

28日 美国国会众议院议长南希·佩洛西率美国国会众议院代表团到津访问。全国人大外事委员会主任委员李肇星、中国驻美大使周文重陪同。市人大常委会主任刘胜玉在迎宾馆会见佩洛西一行。

29日 《天津日报》载，由天津市建设的第一座数字化变电站，也是国内首座拥有完全自主知识产权的全数字化220千伏变电站陈甫220千伏变电站建成投产。

31日 天津开发区与中兴能源有限公司签订投资框架协议，在南港工业区投资1.94亿美元，共建中兴能源天津食用油及生物能源产业基地。市委书记张高丽、市长黄兴国、市委副书记何立峰在迎宾馆会见中兴能源有限公司董事长侯为贵一行。

同日 市长黄兴国主持召开市政府第30次常务会议。审议并原则通过《天津市消防条例(修订草案)》、《天津市城乡规划条例(草案)》，提请市人大常委会审议；审议并原则通过《天津市以宅基地换房建设示范小城镇管理办法》。

6月

2日 天津市召开社会治安综合治理表彰会。市委书记张高丽，市委副书记、市长黄兴国，市政协主席邢元敏，市委副书记何立峰会见受到中央和天津市表彰的先进地区、先进单位、先进集体和先进工作者代表。市委常委、市委政法委书记、市综治委主任散襄军出席会议并讲话。

3日 中新天津生态城联合工作委员会第四次会议在中新生态城服务中心举行。中新天津生态城与新加坡有关企业签署合作备忘录。生态城科技园举行开工奠基仪式。市委书记张高丽会见与会嘉宾。新加坡国家发展部部长马宝山、中国国家住房和城乡建设部副部长仇宝兴主持会议。市长黄兴国致辞。市委副书记何立峰作报告。新加坡国家发展部兼教育部高级政务部长傅海燕，市领导段春华、熊建平、任学锋参加会见或出席会议。

4日 市委书记张高丽在红桥区主持召开座谈会，研究做好民计民生工作特别是着力改善中低收入群众生活问题。市委常委、副市长崔津渡，市委常委、市委秘书长段春华出席。

同日 新加坡·天津经济贸易理事会第二次会议在津召开。市长黄兴国，新加坡国家发展部部长马宝山讲话。市委副书记何立峰、副市长任学锋，新加坡国家发展部兼教育部高级政务部长傅海燕出席。

5日 市委书记张高丽，市委副书记、市长黄兴国在迎宾馆与铁道部党组书记、部长刘志军进行会谈，共同出席会议纪要签字仪式。铁道部和天津市在滨海新区临港工业区合作建设综合维修基地，同时在滨海站站房及军粮城站建设、京津城际天津段线位、铁路职工住房、北宁公园环境整治等问题上达成共识。

8日 首届全球绿色经济峰会在天津滨海新区万丽泰达酒店举行。市委书记张高丽出席开幕式并会见与会中外嘉宾。中国企业联合会会长、全国政协原副主席王忠禹，市长黄兴国，市政协主席邢元敏，美国《商业周刊》亚洲董事、总经理陈敏枝致辞。英国前首相布莱尔致贺信。市人大常委会主任刘胜玉出席。15个国家和地区的240多家企业、300多名国内外经济界人士，开展交流研讨，形成高度共识。通过《全球绿色经济峰会天津宣言》。

同日 天津航空有限责任公司揭牌成立，填补天津市没有本土航空企业的空白。市委副书记、滨海新区工委书记何立峰出席揭牌仪式并会见海南省人大常委会副主任、民盟中央常委康耀红，海航集团董事长陈峰等来宾。该公司前身为大新华快运，由海航集团、天津港保税区、海南航空股份有限公司三方共同出资建立，注册资本13亿元，总部设在天津滨海国际机场。

同日 全市80项重大工业项目之一的西部矿业天津制造业基地在津南区开工建设。该项目由西部矿业集团与天津有色金属集团共同出资25亿元，以废杂铜为原料，年产阴极铜20万吨。

6月8日–8月6日 天津市开展“感动天津人物——海河骄子”评选活动。当选感动天津人物——海河骄子的是(按姓氏笔画排序)：于淑珍、马三立、孔祥瑞、牛星壮、王京、王莘、王书臣、王佑臣和杨秀峰、王宝泉、王静康、冯骥才、申泮文、白芳礼、关牧村、刘春海、刘炳森、孙犁、孙丽华、年景林、朱兆林、朱宪彝、邢燕子、闫希军、何炳林、张士珍、张志新、张祥青、李锁、李金元、杨石先、杨连弟、陈省身、单书、武秀芬、范霞、范玉恕、侯锋、侯德榜、姚建铨、赵永良、骆玉笙、徐伟、柴宝成、桑雪、郭宝印、顾月海、常宝堃、曹禺、曹火星、梁斌、梁思礼、章臣桂、黄其兴、董来扶、韩贵义、裴鸿烈、潘长友、穆祥雄、戴成江、戴景明。

9日 天津东疆保税港区管委会与意大利对外投资促进公司签署合作协议，双方在东疆保税港区建立中国·意大利工业及物流区，发展中意双边经贸往来。市长黄兴国会见意大利经济发展部副部长阿道夫·乌尔索和驻华大使谢飒一行。

同日 滨海新区与国防科技大学签署合作协议，确定在开发区共建国家超级计算天津中心，研制千万亿次超级计算机，建设大规模集成电路设计中心和基础软件工程中心及产业化基地。市委副书记、滨海新区工委书记何立峰出席签约仪式，并会见国防科技大学校长张育林一行。超级计算天津中心选址开发区服务外包产业园，由国家科技部、滨海新区、开发区、国防科技大学共同投资6亿元建设。

同日 第四届民营经济发展·天津论坛在津召开。全国政协副主席、全国工商联主席黄孟复出席并作主旨演讲。市委副书记、市长黄兴国出席并讲话。全国工商联副主席、市人大常委会副主任、市工商联主席张元龙主持。近500人出席论坛。

6月9日–11月30日 天津市第七届滨海艺术节在滨海新区举行。市委副书记、滨海新区工委书记何立峰出席开、闭幕式。天津市滨海艺术节创办于1997年，经过多年精心组织和培育，成为知名群众文化品牌。

10日 第三届中国企业国际融资洽谈会在天津国展中心开幕。市委书记张高丽会见与会中外嘉宾，并与全国政协副主席、全国工商联主席黄孟复，美国企业成长协会主席哈里斯·史密斯共同为融洽会启幕。全国社保基金理事会理事长戴相龙出席。

市长黄兴国，全国工商联副主席孙安民，美国企业成长协会总裁兼执行长兰博诚分别致辞。近30个国家和地区560家基金、1700家企业和340家中介机构6900人与会。

同日 中星微电子公司和天津开发区共同出资5亿元启建的“星光中国芯工程”研发中心在开发区服务外包产业园正式开工。市委副书记、滨海新区工委书记何立峰，副市长王治平出席开工仪式，会见中星微电子公司董事长邓中翰博士一行。

10-12日 以市委书记张高丽为团长，市委副书记、市长黄兴国，市人大常委会主任刘胜玉为副团长的天津市党政代表团到河北省学习考察。河北省委书记、省人大常委会主任张云川，省委副书记、省长胡春华，省委副书记、石家庄市委书记车俊，省政协主席刘德旺陪同考察。

11日 全球第一家BAB模式运营平台——“中国商务港”落户天津滨海新区于家堡金融区签约仪式在天津大礼堂举行。

同日 滨海国际股权交易所与天津股权投资基金服务中心举行揭牌仪式。股交所是国内首家专业从事股权投融资信息的交易场所。天津股权投资基金服务中心是面向国内外股权投资企业建立的国内首家专业从事股权投资基金企业服务的平台。

15-18日 中央深入学习实践科学发展观活动第一巡回检查组到津，对天津市第二批学习实践活动进行指导检查。市委书记张高丽在迎宾馆会见检查组组长虞云耀一行。

16日 天津市公安英模先进事迹报告会在天津礼堂举行。中共中央政治局委员、市委书记张高丽，国务委员、公安部部长孟建柱，国务院副秘书长汪永清，市委副书记、市长黄兴国会见天津公安英模代表和报告团成员并出席报告会。

同日 天津市政府与中国移动通信集团公司在迎宾馆签署战略合作框架协议。市委书记张高丽、市长黄兴国会见中国移动通信集团公司总裁王建宙一行。

17日 市委召开常委会议，研究讨论深化全市医药卫生体制改革，规划建设北洋职业教育园区和加快区县经济发展、提高工业园区发展水平等问题。市委书记张高丽主持并讲话。

17-20日 市委副书记、市长黄兴国，市委副书记何立峰率天津市党政代表团在云南学习考察。云南省委书记、省人大常委会主任白恩培，省委副书记、省长秦光荣与代表团进行会谈。

22日 空中客车公司与中国工商银行股份有限公司在津签署关于航空租赁金融合作协议。市委书记张高丽、市长黄兴国在迎宾馆分别会见空中客车公司总裁兼首席执行官托马斯·恩德斯和中国工商银行股份有限公司董事长姜建清。中国工商银行旗下的工银金融租赁有限公司与保税区签署合作协议，双方将通过航空金融租赁等合作方式，推动天津航空租赁产业发展。

23日 空客A320系列飞机天津总装线项目首架飞机继5月18日完成首次测试飞行后，正式交付奇龙航空租赁公司，由四川航空公司投入运营。市委书记张高丽出席交付仪式，并会见中外嘉宾。市长黄兴国讲话。

同日 市招生委员会划定2009年天津市普通高校招生录取控制分数线。理工类本科一批院校502分，本科二批（含A、B阶段）院校435分；文史类本科一批院校511分，本科二批（含A、B阶段）院校462分。本科二批以上普通高校2009年在津安排招生计划为33163个，其中文史类7089个、理工类26074个。全市76500余名考生参加普通高校招生全国统一考试。

24日 天津市与中国航天科工集团公司在迎宾馆签署战略合作框架协议。中国航天科工集团第二研究院同时与天津滨海高新技术产业开发区签署框架协议。双方商定，合作建设航天科工智能科技产业园，总投资超过80亿元。市委书记张高丽会见中国航天科工集团公司总经理许达哲一行，共同出席签字仪式。

25日 中共中央党校教学基地在滨海新区建立。中央党校副校长孙庆聚率省部级领导干部进修班60多名副省级以上领导干部到津考察。市委书记张高丽、市长黄兴国、市人大常委会主任刘胜玉在迎宾馆会见孙庆聚一行。市委副书记、滨海新区管委会主任何立峰出席教学基地挂牌仪式并致辞。

同日 泰国总理阿披实·威差奇瓦率团到津访问。中共中央政治局委员、市委书记张高丽，市委副书记、市长黄兴国在泰达万丽酒店会见泰国代表团一行,就深化双方合作深入交谈。

同日 作为国家生物医药国际创新园的研发核心区,天津国际生物医药联合研究院一期7万平方米主体工程竣工,正式挂牌成立。

26日 2009国际生物经济大会暨展览会在天津滨海国际会展中心开幕。中共中央政治局委员、国务委员刘延东出席并讲话。中共中央政治局委员、市委书记张高丽宣布开幕。全国人大常委会副委员长桑国卫出席。市长黄兴国,联合国系统驻华协调代表和联合国开发计划署驻华代表南迪致辞。会上,64家单位达成108项产学研技术合作项目,协议合同金额20.5亿元。参会企业1200余家。

27–30日 2009年全国职业院校技能大赛在津举行。31个省市自治区、新疆生产建设兵团、6个计划单列市的近3000名选手,分成中职和高职两个组别,分别在12个专业类别35个竞赛项目中展开角逐,观摩人员超过万人。大赛决出一等奖220名,二等奖426名,三等奖640名,优秀奖668名。大赛组委会评审出优秀指导教师奖278个、中职组团体奖9个、优秀组织奖37个、企业贡献奖13个。

28日 由天津滨海农村商业银行作为主发起人的天津市北辰村镇银行在北辰区挂牌成立。该银行注册资本金1亿元,天津滨海农村商业银行出资5100万元,占全部出资额51%。

29日 天津市首家外资法人银行韩国企业银行(中国)有限公司正式开业。市长黄兴国在迎宾馆会见韩国企业银行行长尹庸老一行。企业银行(中国)有限公司是企业银行独资设立的法人银行,2009年6月22日正式成立,总部设在天津。

同日 市科委、市发改委、市财政局、市知识产权局联合召开发布会,向社会推出首批天津市自主创新产品目录,首批57家企业156个产品获得天津市自主创新产品认定。

30日 市委深入学习实践科学发展观活动领导小组召开第十次会议,学习贯彻习近平同志在中央深入学习实践科学发展观活动领导小组第八次会议上的重要讲话精神,听取全市第二批学习实践活动进展情况汇报,研究部署下一阶段工作。市委书记张高丽主持并讲话。

同日 中国天津海河教育园区工程在津南区正式开工。市委书记张高丽宣布工程开工。全国政协副主席张榕明,全国人大常委、教科文卫委员会副主任李树文,市人大常委会主任刘胜玉,市政协主席邢元敏,全国人大常委、教育部原副部长吴启迪出席。教育部部长周济、市长黄兴国致辞。张高丽、张榕明等为工程奠基。海河教育园区位于海河中游南岸地区,规划总占地37平方公里,办学规模20万人。

6月30日–7月1日 新中国成立以来的第一次全国中等职业学校德育工作会议在津召开。中共中央政治局委员、国务委员刘延东向大会致信。市委书记张高丽会见出席会议的有关领导。市长黄兴国参加会见。教育部部长周济作报告。共青团中央书记处第一书记陆昊讲话。

7月

1日 全国最大的动漫产业基地国家动漫产业综合示范园在天津滨海新区正式开工。市委书记张高丽宣布开工。文化部部长蔡武、市长黄兴国致辞。张高丽、蔡武等为动漫产业园奠基。国家动漫产业综合示范园坐落中新天津生态城,总建筑面积约62万平方米。

2日 天津市政府和中国联通集团在迎宾馆签署战略合作框架协议。市长黄兴国会见中国联通集团总经理陆益民一行,共同出席协议签字仪式。

同日 由市文化广播影视局和滨海高新技术产业开发区共同主办的天津市动漫产业基地揭牌仪式暨天津滨海高新区原创动漫项目扶持资金颁发活动举行。天津滨海高新技术产业开发区动漫产业聚集园被市政府批准为"天津市动漫产业基地",同时向高新区10个原创动漫作品项目颁发扶持资金,累计发放扶持资金约1000万元。

5日 北方报业印务股份有限公司正式成立。公司由天津日报报业集团、天津农垦集团总公司、天津报业印务中心、天津第三建筑工程公司、今晚传媒集团等7家国有企业共同注资,股改组建,公司总资产5亿多元。

同日 30万吨级超大型满载油轮"海外罗沙

林”号在天津港实华原油码头接卸完毕。此为30万吨级油轮首次在天津港满载满卸。

5-6日 以中央统战部副部长楼志豪为组长的中央督查组到津，就贯彻落实《中共中央关于进一步加强中国共产党领导的多党合作和政治协商制度建设的意见》情况进行督促检查。市委书记张高丽会见楼志豪一行。

6日 华能绿色煤电天津IGCC示范电站在临港工业区开工。市委书记张高丽，市委副书记、滨海新区管委会主任何立峰分别会见中国华能集团公司总经理曹培玺、国家电监会副主席王野平、华能集团副总经理黄永达一行。该工程是国家“十一五”863计划重大项目。

7日 市长黄兴国主持召开市政府第31次常务会议，分析全市安全生产形势，研究部署在全市开展安全生产隐患排查集中整治工作。

8日 全球最大的从事航空、工业发动机、发电控制器研发制造商伍德沃德公司与北辰科技园区举行该公司中国区总部项目签约仪式暨风电项目落成揭牌仪式。

8-21日 市委举办理论学习中心组读书会暨保增长渡难关上水平活动现场交流推动会。市领导张高丽、黄兴国、刘胜玉、邢元敏、何立峰参加。从7月8日开始，用8天时间，现场察看18个区县和滨海新区开展“保增长、渡难关、上水平”活动情况。用4天时间，学习党的十七大精神和胡锦涛总书记、温家宝总理等中央领导的重要讲话和市委、市政府有关文件。20日至21日，召开总结交流会。张高丽讲话。黄兴国总结上半年经济运行情况，安排部署下半年经济工作。

10日 内蒙古伊利集团与天津港保税区签署投资协议，在空港物流加工区投资2.89亿元，建设华北地区规模最大的奶粉分装项目。市委副书记、滨海新区管委会主任何立峰出席签约仪式，并会见伊利集团董事长潘刚一行。

14日 市委书记张高丽在迎宾馆会见到津调研的全国人大常委会副委员长、中国科学院院长路甬祥一行。

15日 市长黄兴国在迎宾馆会见日本住友商事株式会社董事长冈素之和全国政协委员、归国华侨潘庆林，并向他们颁发“人民友谊贡献奖”。

同日 凌晨1时33分，津晋高速公路港塘收费站800米外匝道桥坍塌，5辆载货车坠落，造成6人死亡，4人受伤。

17日 市长黄兴国在迎宾馆会见法国爱德蒙罗斯柴尔德银行执行委员会主席米歇尔·斯克尔一行，以及西部发展控股公司董事长陈远东。该银行金融公司与西部发展控股公司在天津空港加工区合资设立投资基金。

19日 首届中国城市规划展览馆高峰论坛在天津市举行。天津、北京、上海、南京、杭州、重庆等10多个城市规划馆负责人及业内专家参加。市规划局作《天津市城市规划展览馆筹建与运营介绍》专题演讲。论坛签署《中国城市规划展览馆天津宣言》。

22日 天津市突降大暴雨。19时至22时30分3个半小时中心城区平均降雨量达96.4毫米，红桥区达133.5毫米。

同日 滨海文化产业示范区重点项目之一的北方石林园项目开工建设。示范区坐落津南区，规划建设面积约30平方公里。北方石林园规划建设面积2平方公里，分为两个部分。

同日 由国家文化部主办，市文化广播影视局和滨海高新区承办的中国原创动漫推广计划暨2009天津原创动漫展在天津博物馆开幕。

23日 空中客车A320系列飞机天津总装线总装的首架A319飞机正式交付海航集团旗下的金鹿航空公司。这架飞机是空客天津总装厂完成总装的第二架A320系列飞机。该机采用全经济舱客舱布局，设144个座席，主要用于旅游包机业务。

23日8时-24日8时 海河流域部分地区普降中到大雨，局部暴雨。滦河潘家口水库以上、于桥水库以上普降中到大雨，平均雨量20毫米左右，最大雨量63毫米，天津市城市重要水源地潘家口水库和于桥水库相机蓄水760万立方米。其中，潘家口水库入库水量300万立方米，于桥水库入库水量460万立方米。

25-30日 2009天津国际少年儿童文化艺术节在天津礼堂举行。市委书记张高丽，市人大常委会主任刘胜玉，市政协主席邢元敏，市委副书记何立峰出席开幕式。市长黄兴国,中国人民对外友好协会副会长井顿泉致辞。近40个国家和地区的代表团,以及23个省市自治区和港澳台的2000余名少年儿童参加艺术节活动。

27日 市加快滨海新区开发开放领导小组召开第十次会议,研究南港轻纺工业园和生活区、北塘片区、新区行政文化中心等重大规划建设项目。市委书记张高丽主持并讲话。

同日 市长黄兴国主持召开市政府第32次常务会议,研究部署防汛工作,听取关于津晋高速天津段匝道桥事故情况的汇报,审议并原则通过《天津市治理车辆非法超限超载管理规定》,研究义务教育学校绩效工资改革工作等。

28日 天津市20项重大交通项目天津港南疆专业化矿石码头工程和神华天津港煤炭码头项目配套工程同步开工。市委副书记、滨海新区工委书记何立峰宣布开工。南疆专业化矿石码头工程位于天津港南疆港区东部规划的南疆26号泊位,设计船型为30万吨级散货船,年设计通过能力2300万吨。神华天津港煤炭码头项目配套工程位于天津港南疆港区规划的16号至18号泊位后方陆域。该项目主要为年通过能力3500万吨的3个5至10万吨级煤炭专用泊位提供铁路、铁路车场及道路用地。

29日 中共中央政治局委员、市委书记张高丽在迎宾馆会见中国国民党荣誉主席连战和夫人连方瑀一行。中共中央台湾工作办公室主任、国务院台湾事务办公室主任王毅,市委副书记、市长黄兴国,市人大常委会主任刘胜玉,市政协主席邢元敏,海峡两岸关系协会副会长李炳才,市委副书记何立峰参加会见。

29-31日 第二届津台投资合作洽谈会在津举行。中共中央政治局委员、市委书记张高丽,中国企业联合会会长、全国政协原副主席王忠禹,中华文化交流协会会长、全国政协原副主席张克辉出席开幕酒会。中国国民党荣誉主席连战,中共中央台湾工作办公室主任、国务院台湾事务办公室主任王毅,市委副书记、市长黄兴国致辞。全国政协常委、全国政协港澳台侨委员会副主任林兆枢,市政协主席邢元敏,海峡两岸关系协会副会长李炳才、王在希,市委副书记何立峰出席。台湾36个行业协会、232家大中型企业的近500位企业界人士出席会议。签约投资项目19项,投资总额逾110亿元,签署交流合作协议13个。

29-31日 中央巡回检查组第一组副组长高俊良一行到津,对天津市深入学习实践科学发展观活动进行检查指导。市委书记张高丽在迎宾馆会见高俊良一行。

30日 天津市召开新一批重大项目建设推动会。市委书记张高丽出席并讲话。市长黄兴国就新一批重大项目开工建设作部署。新一批集中推出的重大项目190个,总投资1400多亿元。

同日 中国海洋石油总公司与天津津能投资公司在迎宾馆签署协议,中海油总公司在天津滨海新区投资注册新能源公司,向力神电池有限公司投资50亿元,建设20条动力电池生产线。市长黄兴国会见中海油总公司总经理傅成玉一行,共同出席仪式。

31日 市委深入学习实践科学发展观活动领导小组召开第十一次会议,学习贯彻习近平同志在中央深入学习实践科学发展观活动领导小组第九次会议上的重要讲话精神,听取全市第二批学习实践活动前一段情况汇报,研究部署下一步工作。市委书记、市委学习实践活动领导小组组长张高丽主持并讲话。

8月

1日 水上公园、人民公园等八大公园全部免费向市民开放。

5日 以全国政协副秘书长孙怀山为组长的全国政协专题调研组到津,就“人民政协与加强和改进党的建设的关系”问题进行调研。市政协主席邢元敏会见专题调研组一行。

5-16日 第25届亚洲男篮锦标赛在天津举行。亚洲16个国家和地区的300多名运动员、教练员参加比赛。伊朗获得冠军,中国获得亚军,约旦获得季军,三队获得2010年男篮世锦赛参赛资格。

6日 市委召开常委扩大会议,传达学习胡锦涛总书记对天津工作的重要指示精神,对全市学习贯彻作出安排部署。市委书记张高丽主持并讲话。

8日 人民日报社天津分社揭牌成立。市委书记张高丽出席揭牌仪式并会见嘉宾。张高丽与人民日报社社长张研农为人民日报社天津分社揭牌。

同日 全国“扫黄打非”工作小组在津召开会议，表彰天津破获查处“6·03”批销盗版音像制品团伙网络案有功集体和有功个人。

9日 市长黄兴国主持召开市政府第33次常务会议，确定全市第一批15个区县示范工业园区。这15个园区分布在北辰、武清、大港、汉沽、津南五区，规划面积145.5平方公里，起步区开发面积56.8平方公里。

10日 列入全市区县重大服务业项目之一的天津红旗农贸批发市场全面竣工。“新红旗”坐落西青区外环线西侧、津沪高速路东侧，2008年上半年开工建设，总投资5.5亿元，占地33.33公顷，拥有23栋交易商铺楼、单体建筑面积1.5万平方米的6个交易大厅，总建筑面积27万平方米。

11-14日 由香港《大公报》董事长兼社长姜在忠、总编辑贾西平率领的采访团到津进行“百年大公故里行”主题采访。市委书记张高丽、市长黄兴国在迎宾馆会见姜在忠一行。市委副书记、滨海新区管委会主任何立峰就滨海新区开发开放等问题，接受采访团采访。

12日 中新天津生态城投资开发有限公司成立。市委书记张高丽、市长黄兴国在迎宾馆会见新加坡吉宝企业有限公司董事会前任主席林子安、现任主席李文献一行。原商业部部长、国务院特区办主任胡平，市委副书记、滨海新区管委会主任何立峰参加会见并出席揭牌仪式。该公司注册资本40亿元人民币，负责生态城基础设施建设、招商引资、对外推广。

12-16日 2009国际乒联职业巡回赛中国乒乓球公开赛在津举行。23个国家和地区的200余名运动员、教练员参赛。中国乒乓球队包揽6个项目的所有金牌。

13日 铁路和谐型大功率机车天津检修基地在临港工业区开工。市委书记张高丽出席基地开工动员大会并宣布开工。铁道部部长刘志军、市长黄兴国讲话。天津市及铁道部领导为基地奠基。

14日 中国北方首家国际工程机械交易市场天津东疆国际工程机械交易市场在东疆保税港区海天物流园举行挂牌仪式。该交易市场由深圳亦禾集团投资设立，注册资本3000万元。

15日 百家国家级科研院所天津恳谈会在万丽泰达酒店会议中心召开。市委书记张高丽会见与会嘉宾。市长黄兴国、科技部副部长杜占元出席并讲话。市委副书记、滨海新区管委会主任何立峰和副市长王治平分别介绍滨海新区开发建设情况和天津市产业发展与自主创新情况。

17日 第11届全国运动会中国石化杯火炬传递活动天津市火炬传递起跑仪式在市人民体育馆举行。市委书记张高丽出席。全市近1000人参加火炬传递起跑仪式。

18日 天津市与中国兵器工业集团签署战略合作框架协议。中国兵器工业集团在津建设装备制造基地，总投资约40亿元。中国兵器一机集团与东丽区，中国北方发动机研究所与北辰区分别签署投资合作协议。市委书记张高丽、市长黄兴国在迎宾馆会见中国兵器集团公司总经理张国清一行。黄兴国、张国清出席签约仪式。

同日 市长黄兴国主持召开市政府第34次常务会议，确定全市第二批16个区县示范工业园区；审议并原则通过《天津市城市基础设施投资建设开发企业发展和风险防控规定》，审议并原则通过《天津市肥料管理条例(草案)》。

20日 第11届全国运动会天津代表团成立誓师大会在天津礼堂举行。市委书记张高丽作出批示并向代表团授旗。市长黄兴国作动员讲话。市体育局负责人汇报天津市备战全运会情况。

20日 第二届留学回国人员论坛在津开幕。全国政协副主席、中国致公党中央主席、科技部部长万钢致开幕词，市委常委、市委宣传部部长肖怀远出席并讲话。全国人大科教文卫委员会副主任、致公党中央副主席程津培作主旨发言。市政协副主席、致公党中央副主席曹小红主持。

21日 市委书记张高丽在河北区主持召开座谈会，深入了解第二批学习实践科学发展观活动开展情况和第三批学习实践活动准备工作情况。

同日《天津市2009年深化医药卫生体制改革

工作要点》出台。

24日 中新天津生态城联合协调理事会第二次会议在新加坡召开。中共中央政治局委员、国务院副总理、理事会中方主席王岐山和新加坡副总理、理事会新方主席黄根成共同主持会议并讲话。市委副书记、市长黄兴国率天津代表团出席会议并发言。会议审议通过由市委副书记、滨海新区管委会主任何立峰作的生态城工作报告。会议期间,黄兴国、何立峰随中国政府代表团参加与新加坡总统纳丹、总理李显龙、国务资政吴作栋、内阁资政李光耀的会见。黄兴国、何立峰还与新加坡国家发展部部长马宝山、政务部长傅海燕举行工作会谈,就天津生态城建设中的有关具体事宜达成广泛共识。

25日 市委副书记、市长黄兴国,市委副书记、滨海新区管委会主任何立峰,在新加坡总统府拜会新加坡国务资政吴作栋,就天津生态城建设等问题深入交换意见。

26日 全国妇联系统首家小额贷款公司天津渤海女子小额贷款股份有限公司成立开业。市委书记张高丽25日在迎宾馆会见全国妇联党组书记、副主席黄晴宜一行。该公司注册资金6600万元。经营范围主要是扶助性的小额贷款和经营性的小额贷款。

28日 北塘地区综合开发建设"战役"全面打响,并同时举行滨海新区"五比一创"劳动竞赛启动仪式和"十大战役"青年突击队授旗仪式。市委副书记、滨海新区工委书记、管委会主任何立峰宣布项目正式开工。北塘片区总占地面积13.1平方公里,规划建设五大功能区。起步区5.5平方公里,建筑面积约300万平方米,将建设会议中心、酒店公寓、企业总部区、配套公寓、特色旅游区、北塘小镇、还迁住宅等工程。

同日 新一代运载火箭基地第一个民品项目天津航天液压装备有限公司高精度冷拔—珩磨管生产线在天津开发区投产运行。项目坐落开发区西区新一代运载火箭产业化基地,占地13.73公顷,一期厂房面积3万平方米,一期冷拔生产线投资2亿元。天津航天液压装备有限公司引进技术领先的冷拔、珩磨等80余台设备。

29日 天津市深入学习实践科学发展观活动第二批总结暨第三批动员大会在天津礼堂召开。市委书记、市委深入学习实践科学发展观活动领导小组组长张高丽出席并讲话。中央巡回检查组组长张维庆出席并讲话。市委副书记、市长黄兴国主持。

同日 注册资本2000万元的天津港保税区大宗商品交易市场开业运营。市场经营范围包括农产品、建材、金属、化工和各类生产物资共5大类50多个品种,可为客户提供在线资金结算、网络加密技术、网络交易平台、仓储配送等服务。

同日 第13届中国广播电影大奖电影华表奖在京揭晓,天津电影制片厂拍摄、出品的故事片《我的左手》荣膺优秀故事片奖,该片女主角徐筠获优秀新人女演员奖。天津电影制片厂成为全国唯一一个连续15次捧得华表奖的电影拍摄机构。

30日 在北京召开的第二届中国管理科学大会上,开益国际咨询研究中心获得中国管理咨询杰出贡献奖。

8月30日–9月10日 应尼泊尔政府、斯里兰卡自由党、马尔代夫民主党和菲律宾参议院邀请,中共中央政治局委员、天津市委书记张高丽率中共代表团前往四国进行友好访问。中联部副部长刘洪才,天津市委常委、市委秘书长段春华,副市长只升华陪同出访。8月31日下午抵达加德满都。9月1日上午,尼泊尔政府总理尼帕尔会见张高丽。张高丽和尼帕尔出席天津市政府和尼泊尔教育部《关于天津市扩大接收尼泊尔留学生合作意向书》签字仪式。尼泊尔总统亚达夫在总统府会见张高丽,就深化中尼友好合作关系、加强双边务实合作进行友好交谈。9月3日晚,阿尼哥协会、世界文化网络、尼中青年友好协会、尼中协会、尼中友协等尼泊尔友好团体,联合举行招待会。张高丽作《巩固中尼友好、深化互信合作》的演讲。9月4日,代表团抵达科伦坡。斯里兰卡总统马欣达·拉贾帕克萨会见张高丽,双方就两国关系、各自国内形势等问题坦诚交换意见。9月5日,代表团抵达马累。马尔代夫总统默罕默德·纳希德9月6日会见张高丽,双方就深化两国关系、推进政党间交流与务实合作交换意见。马尔代夫副总统瓦希德等参加会见。9月8日至10日,中共代表团对菲律宾进行友好访问。菲律宾总统阿罗约9日在马尼拉会见张高丽,双方就深化中菲战略性合作等问题进行亲切友好交谈。10日,张高丽会见菲律宾参议长恩里莱、众议长诺格拉雷斯,就深化中菲友好关系深入交换意见。出席天津市与菲律宾有关合作协议签字仪式。签署旅游、体育、商贸、经济4个合作协议,以及物流、医药、化工、机电等领域5个项目,协议投资额2600万美元。访问期间,看望中国驻四国使馆工作人员和中资企业员工代表。

31日 天津港保税区管委会与上海同济同捷科技股份有限公司在迎宾馆签署协议,同济同捷公司在保税区建设年产50万套AO级汽车超级平台项目。市长黄兴国会见同济同捷公司总裁雷雨成、中国光华科技基金会理事长任晋阳一行,共同出席签字仪式。

9月

1日 市长黄兴国主持召开市政府第35次常务会议，听取上半年重点工作和20项民心工程进展情况汇报。

2-5日 受市委书记张高丽、市长黄兴国委托,市委常委、市委组织部部长史莲喜,副市长李文喜率领天津市代表团,赴天津市对口支援陕西地震灾区,考察、指导、推动对口援建工作,慰问天津援陕干部和参建人员,出席略阳天津高级中学、略阳天津职教中心、宁强天津高级中学的竣工仪式和开学典礼。陕西省委常委、省纪委书记郭永平,省委常委、省委组织部部长李锦斌,副省长朱静芝、姚引良陪同考察或出席座谈会。

3日 滨海新区南港片区开发建设指挥部正式揭牌。市委副书记、滨海新区工委书记、管委会主任何立峰为指挥部揭牌。南港片区包括南港工业区、轻纺工业园和生活区。

4日 天津市援建宁强县天津高级中学竣工交付使用。建成后的宁强县天津高级中学覆盖宁强33.6万人口的高中教育。校园占地13.2公顷,建筑面积5.7万平方米。天津援建资金2.2亿元。

4-6日 2009中国汽车产业发展国际论坛在滨海新区举行。全国政协副主席、科技部部长万钢出席并讲话。市委副书记、滨海新区工委书记、管委会主任何立峰在万丽泰达酒店会见万钢一行。

5日 财政部副部长张少春、国土资源部副部长鹿心社率领中央党校“推进土地管理制度改革”省部级干部专题研讨班一行到津考察。市委副书记、市长黄兴国在迎宾馆会见研讨班成员。市委副书记、滨海新区管委会主任何立峰陪同考察。

7日 天津市与国家林业局在迎宾馆签署共建绿色天津合作备忘录。市长黄兴国会见国家林业局局长贾治邦一行,共同出席仪式。

8日 市委、市政府在天津礼堂召开保增长渡难关上水平活动总结大会。市委副书记、市长黄兴国讲话。市委常委、常务副市长杨栋梁作总结。市委常委、市委组织部部长史莲喜主持会议。

同日 市委副书记、市长黄兴国在天津礼堂主持召开加强社区建设座谈会，听取部分社区居委会主任的意见和建议，总结交流社区建设的经验和做法。

同日 市长黄兴国在迎宾馆会见世界经济论坛主席克劳斯·施瓦布一行。施瓦布在南开大学发表演讲,并接受南开大学授予的名誉博士学位。

8-12日 2009年秋季天津房地产交易会在津举办。超过14万群众到会,累计成交各类房屋1807套149242平方米，比春季房交会上升33.8%和31.4%;商品房累计成交874套、比春季房交会增长30.4%,平均单套面积93.9平方米,比春季房交会减小5.7平方米。

9日 天津市庆祝教师节暨优秀教师表彰大会在天津礼堂召开。表彰全国模范教师、优秀教师、先进集体和天津市优秀教师、先进集体。市委书记张高丽作出批示。市长黄兴国出席会议并讲话。

10日 2009夏季达沃斯论坛在大连开幕。市长黄兴国率天津代表团部分成员出席在大连世博广场举办的论坛开幕式,聆听温家宝总理的演讲。当晚,天津代表团在香格里拉饭店举办“天津之夜”主题酒会活动。黄兴国与世界经济论坛主席施瓦布、国家发改委副主任张晓强分别致辞。在大连期间,黄兴国会见辽宁省委书记张文岳、省长陈政高,大连市委书记夏德仁、代市长李万才,就加强交流合作交换意见。还分别会见埃及、瑞士、德国、英国政府部门及香港地区和国内商界负责人,就深化合作达成广泛共识。

同日 第六届高等教育国家级教学成果奖公布，天津市16所高等院校捧回33项大奖，其中一等奖8项，位居全国第二。

11日 老挝人民革命党中央总书记、国家主席朱马利·赛雅贡抵津访问。中共中央政治局委员、市委书记张高丽在迎宾馆会见代表团一行。中联部部长王家瑞，市委副书记、市长黄兴国，市委副书记何立峰参加会见。

12日 《天津日报》载，由中央宣传部等11部门联合组织开展的全国"双百"评选揭晓。天津市报送人选中有13人入选候选人名单，当选9人。李大钊、张太雷、陈潭秋、吉鸿昌、张自忠、郑律成6人当选"100位为新中国成立作出突出贡献的英雄模范人物"，孔祥瑞、白芳礼、邢燕子3人当选"100位新中国成立以来感动中国人物"。

同日 天津市首家国有参股投资的小额贷款公司天津嘉和信小额贷款有限公司在河西区成立并开业。该公司注册资金6000万元，协作银行融资3000万元，总信贷资金9000万元。

13日 《天津日报》载，100项"新中国60年重大经典工程"正式揭晓，中冶天工渤海分公司承建的天津无缝钢管建设工程项目与天安门广场建筑群、鸟巢、长江三峡水利枢纽工程、宝钢工程等代表不同时期的经典建筑入选。此为天津钢管建设工程项目继工程一期、二期获得鲁班奖后获得的又一个重量级奖项。

14日 市委召开常委会议，研究制定增加群众收入、帮扶困难群众的政策措施。听取全市庆祝新中国成立60周年活动安排和筹备工作汇报，讨论通过《天津市区县政府机构改革指导意见》。市委书记张高丽主持并讲话。

16日 市委书记张高丽、市长黄兴国到中国石油天然气集团公司总部，听取有关情况介绍。与中国石油集团党组书记、总经理蒋洁敏就加快在建合作项目建设、拓展合作领域进行会谈。市委副书记何立峰参加会谈。

17日 天津排放权交易所两家主要股东中油资产管理有限公司、美国芝加哥气候交易所与中国人民银行金融研究所签署三方共同协议，成立中美低碳金融研究中心，共同研究如何试点大规模基于市场机制的碳交易，应对中国环境挑战，提高能源使用效率。协议约定天津排放权交易所作为人民银行碳金融试点单位。

19日 市委召开常委扩大会议，传达学习贯彻党的十七届四中全会、胡锦涛总书记重要讲话精神，结合天津实际，研究贯彻落实措施。市委书记张高丽主持并讲话。

同日 天津理工大学举行建校30周年庆典大会。全国政协原主席李瑞环为天津理工大学题词："重德重能，求实求新"。

同日 国内唯一亚洲最大路径立转式开启桥滨海新区中心商务区海河开启桥试开启成功。该桥全长868.8米，由东西引桥和主桥三部分组成。

19-27日 天津市第六届残疾人运动会在市残疾人体育训练指导中心举行。全市18个区县代表团的700余名残疾人运动员参加田径、游泳、举重等9个大项364个小项比赛，决出339枚金牌、180枚银牌、121枚铜牌，并在铅球、铁饼、标枪比赛中打破三项世界纪录。

20日 2009中国旅游产业节在天津国展中心举行开幕式。市委书记张高丽宣布开幕。市长黄兴国，国家旅游局局长邵琪伟分别致辞。市人大常委会主任刘胜玉、市委副书记何立峰、世界旅游组织秘书长贾法利出席。黄兴国、邵琪伟签署《关于加快天津旅游业发展的合作协议》。60多个国家和地区以及26个省市自治区参展。签署《旅游产业发展与区域合作天津宣言》。

同日 中央宣传部、中央文明办、解放军总政治部、全国总工会、共青团中央、全国妇联举行仪式，表彰第二届全国道德模范及提名奖获得者。天津港（集团）有限公司总工程师、东疆港区建设指挥部总指挥张丽丽被评为第二届全国道德模范，天津市第三中心医院党委副书记、院长杜智等8人获第二届全国道德模范提名奖。

21日 市长黄兴国主持召开市政府第36次常务会议，研究部署秋冬季甲型H1N1流感防控和工程质量管理工作，审议并原则通过《天津市农家书屋、村文化室工程建设实施意见》、《天津市农民教育培训条例（草案）》。

同日 第11届精神文明建设“五个一工程”奖揭晓，中央宣传部在京召开表彰座谈会。天津电影制片厂拍摄制作的电影《我的左手》，天津电视台电视剧制作中心拍摄制作的电视剧《父辈的旗帜》、天津津源影视有限责任公司拍摄制作的《大国医》(合作)，天津评剧院创作演出的评剧《寄印传奇》，天津市文联、市音协制作的歌曲《天蓝蓝》，天津人民广播电台制作的广播剧《中国钟》6部作品获优秀作品奖。

23日 天津市高校形势报告会在南开大学举行。市委书记张高丽作题为“为实现中华民族伟大复兴奉献青春”的形势报告。市有关方面、各高校主要负责人和师生代表4600多人参加报告会。

同日 市委副书记、市长黄兴国率天津市代表团赴西藏学习考察途中，在四川成都作短暂停留，考察该省城乡统筹综合配套改革试点工作情况。深入锦江区三圣乡，察看农民还迁新居、“农家乐”小院、农业文化旅游特色观光区，全面了解城乡统筹综合配套改革工作。还参观世纪城新会展中心及其配套设施。与四川省委副书记、省长蒋巨峰会谈。四川省委书记、省人大常委会主任刘奇葆看望代表团一行。

24日 海外天津人联谊大会在天津礼堂举行，18个国家和地区的31个天津社团、近200位海外天津人与会。市委书记张高丽、市政协主席邢元敏、市委副书记何立峰接见全体代表。参会的海外天津社团发表天津宣言。

同日 3时48分，国投天津北疆发电厂一期工程1号超超临界燃煤发电机组，圆满完成168小时满负荷试运行，各项参数、指标达到设计规范要求，比计划工期目标提前63天实现投产发电。

24-27日 市委副书记、市长黄兴国率天津市代表团在西藏自治区学习考察。24日，代表团乘车赶到昌都地区所在地昌都镇。途中考察察雅县吉塘镇。抵达昌都镇后，考察党政会议中心、敬老院、天津广场等援建项目，看望慰问天津援藏干部。在与昌都地委、行署负责人座谈时，黄兴国宣布，为解决昌都地区农牧民实际生活困难，天津将一次性资助昌都县幼儿园、丁青县沙贡乡防洪堤、江达县人民医院住院楼二期工程3个项目建设。双方举行项目资助仪式。26日下午，自治区党委书记张庆黎，党委副书记、自治区主席向巴平措，党委副书记张裔炯与代表团座谈。两区市领导出席天津市向西藏自治区赠送物资仪式。

26日 天津泰达蓝盾集团南港80万立方米油库项目、天凯时代(天津)化工有限公司液体烧碱精致基地项目在南港工业区举行奠基仪式，南港工业区标准厂房正式开工。市委副书记、滨海新区工委书记、管委会主任何立峰出席开工仪式，听取项目规划建设情况汇报。南港工业区官方网站同步开通。

27日 天津渔阳金秋金融高层论坛在蓟县亿豪山水郡国际度假村举行，国内主要金融机构和有关方面60多位代表，围绕“区域经济发展与金融服务”主题广泛研讨。市委书记张高丽会见来宾。全国政协原副主席李贵鲜、全国社会保障基金理事长戴相龙出席。市委常委、常务副市长杨栋梁致辞。市委常委、副市长崔津渡主持。

28日 滨海高新区综合服务中心投入使用，渤龙湖总部经济区项目正式开工建设。市委副书记、滨海新区工委书记、管委会主任何立峰宣布项目开工。滨海高新区综合服务中心总投资3亿多元，总建筑面积7.5万平方米。渤龙湖总部经济区项目坐落滨海科技园内，总占地面积2.62平方公里，总建筑面积近200万平方米，项目总投资近100亿元。

同日 滨海新区港城大道与东金路工程正式开工。市委副书记、滨海新区工委书记、管委会主任何立峰宣布项目开工。港城大道位于滨海新区西部临空高新片区，全长19.05公里，双向10车道。东金路改造工程和港城大道垂直相交，全长8.7公里，设计为双向8车道。

同日 渤海商品交易所揭牌暨合作签约仪式在迎宾馆举行。渤海商品交易所是天津市人民政府批准设立的国内第一家股份制商品交易所。

29日 天津市庆祝中华人民共和国成立60周年大会在天津体育馆举行。市委书记张高丽讲话，市委副书记、市长黄兴国主持。

同日 2009年度天津市外国专家海河友谊奖颁奖仪式举行。市委书记张高丽、市长黄兴国为天津港保税区管委会高级顾问戴丹利等10位获奖人员颁发获奖证书。

同日 市领导张高丽、黄兴国、刘胜玉、邢元敏、何立峰会见天津市“100位为新中国成立作出突出贡献的英雄模范人物和100位新中国成立以来感动中国人物”及亲属代表、第二届全国道德模范及提名奖获奖人物和感动天津人物代表。

9月30日-10月6日 2009第八届天津国际汽车贸易展览会在滨海国际会展中心举行。市委副书记、滨海新区工委书记、管委会主任何立峰为展会揭幕。国内外50余家汽车厂商和营销企业推出50余款知名品牌车型，500余辆新车登场，展会现场12万平方米。

10月

1-8日 “十一”黄金周(含中秋节)期间，全市接待海内外游客482.93万人次，同比增长18.1%。其中，天津市居民游津城313万人次，增长19.3%；接待外地来津游客169.93万人次，增长15.8%。全市旅游观光购物综合总收入34.27亿元，增长19.5%。

7日 2009年天津市20项民心工程之一的河西区小海地小二楼危陋房屋拆迁改造工程全面启动，包括金江里、云江里、富江里、兰江里和安江里5个居民区，居民近9000户3万多人。

7-8日 在英国伦敦举行的2009年世界高科技论坛上，南开大学校长饶子和院士获得英国教育机构颁发的“杰出学术领袖奖”，作为该奖项唯一获得者，在论坛上作题为“加强国际联系”的主旨发言。

9日 全国人大常委会原委员长万里在津考察。市委书记张高丽、市长黄兴国、市人大常委会主任刘胜玉、市政协主席邢元敏陪同。

同日 由国家广电总局主办，市委宣传部、市文化产业协会等单位共同组织的“向祖国汇报”重点国产影片展映、展播活动启动仪式在东丽区华明示范镇广场举行。市长黄兴国会见国家广电总局副局长张丕民一行，共同开启活动启动球。

10日 市委深入学习实践科学发展观活动领导小组召开第十二次会议，学习贯彻习近平同志在中央深入学习实践科学发展观活动领导小组第十一次会议上的重要讲话精神，听取全市第三批学习实践活动进展情况汇报，对在学习实践活动中贯彻落实党的十七届四中全会精神进行研究部署。市委书记、市委学习实践活动领导小组组长张高丽主持并讲话。

11日 武警指挥学院新校区落成暨开学典礼举行。市委书记张高丽在迎宾馆会见武警部队司令员吴双战上将一行。武警部队政治委员喻林祥上将，市委副书记、市长黄兴国出席典礼仪式并致辞。

12日 市委书记张高丽，市委副书记、市长黄兴国，市委副书记、滨海新区工委书记、管委会主任何立峰在迎宾馆会见俄罗斯石油公司总裁谢尔盖·波格丹奇科夫一行，就加快中国石油天然气集团公司和俄罗斯石油公司合资在天津建设大炼油项目深入交谈。

同日 宝坻区与大连实德集团在天津迎宾馆签署合作协议，大连实德集团将在宝坻经济开发区投资建设16万吨塑钢异型材生产线，首期投资5亿元人民币，计划2010年底竣工投产。市长黄兴国会见香港天安中国有限公司董事局副主席宋增彬，大连市经济顾问、原华晨集团董事长杨宝善，大连实德集团副董事长阮鑫光、总裁陈春国一行，共同出席签字仪式。

13日 天津市见义勇为表彰大会在天津礼堂召开。6名见义勇为模范、45名先进个人、11个先进群体受到表彰。还表彰见义勇为工作先进单位、先进工作者和优秀公共安全信息员。

13-14日 浙江省委书记、省人大常委会主任赵洪祝，省政协主席周国富率党政代表团在津考察。市委书记张高丽，市委副书记、市长黄兴国，市人大常委会主任刘胜玉，市委副书记何立峰13日在迎宾馆会见代表团一行。

14日 中共中央政治局委员、市委书记张高丽在迎宾馆会见以党主席普拉昌达为团长的尼泊尔联合尼共(毛)代表团一行。

同日 中新天津生态城首批公屋正式开工。市委副书记、滨海新区工委书记、管委会主任何立峰在生态城投资服务中心会见新加坡国家发展部兼教育部高级政务部长傅海燕一行，共同出席开工仪式。

15-16 日 中共天津市委九届六次全会召开。审议通过《中共天津市委关于贯彻落实〈中共中央关于加强和改进新形势下党的建设若干重大问题的决定〉的意见》和《中国共产党天津市第九届委员会第六次全体会议决议》。市委书记张高丽主持并讲话。

16-28 日 中华人民共和国第 11 届运动会在山东济南举行。天津代表团 394 名运动员参加 21 个大项、29 个分项、144 个小项比赛。以 23 枚金牌、14 枚银牌、15.5 枚铜牌,位列金牌榜第 8 名。

17 日 中共中央政治局委员、市委书记张高丽在迎宾馆会见以中央政治局委员、国会主席通辛·塔马冯为团长的老挝人民革命党代表团。

同日 南开大学 90 华诞庆祝大会在南开大学体育馆举行。中共中央政治局委员、国务委员刘延东给大会发来贺信。中共中央政治局委员、市委书记张高丽会见嘉宾并出席大会。市委副书记、市长黄兴国,教育部副部长袁贵仁讲话。国家监察部部长马馼,国土资源部部长徐绍史,市人大常委会主任刘胜玉,市政协主席邢元敏,海南省委副书记、省长罗保铭,解放军总后勤部副部长孙思敬,市委副书记何立峰出席。大会由南开大学党委书记薛进文主持。南开大学校长饶子和、清华大学校长顾秉林、北京大学校长周其凤致辞或发言。南开大学由近代著名爱国教育家张伯苓和严修于 1919 年创办。1995 年成为国家“211 工程”首批建设的大学,2000 年跻身国家“985 工程”首批重点建设的大学行列。

19 日 国内第一个专门从事建设工程质量安全监管的专业机构天津市建设工程质量安全监督管理总队挂牌成立。市长黄兴国出席成立大会并讲话。

同日《天津日报》载,国家发改委会同国务院有关部门对全国 31 个省、自治区、直辖市 2008 年节能目标完成情况和节能目标落实情况进行评价考核,公布考核结果,天津与北京、河北等 7 个省(市)考核结果为超额完成等级,天津同时成为“十一五”节能目标完成进度超过 60%的 11 个省(区、市)之一。

20 日 京津沪渝直辖市政协主席工作研讨会第一次会议在天津市举行。市委书记张高丽在迎宾馆会见出席会议的全体人员。市政协主席邢元敏主持会议。北京市政协主席阳安江、上海市政协主席冯国勤、重庆市政协主席邢元敏出席。

21 日 由国土资源部和天津市人民政府共同主办的 2009 中国矿业大会在滨海新区开幕。中共中央政治局常委、国务院副总理李克强致信大会。国土资源部部长徐绍史、市长黄兴国在开幕式上致辞。市委副书记、滨海新区管委会主任何立峰出席。开幕式由国土资源部副部长汪民主持。徐绍史、黄兴国等参观大会展区。约 3500 名代表参会。

同日 2009 中国国际矿业大会组委会在滨海国际会展中心举行“中国矿业国际合作奖”颁奖晚会。2009 中国矿业国际合作奖共颁出 5 个奖项:天津华北地质勘查局获最佳勘探奖,西藏华泰龙矿业开发有限公司获最佳开发奖,大同煤矿集团有限责任公司获最佳环保奖,通标标准技术服务(天津)有限公司获最佳技术创新奖,湖南省国土资源厅获最佳服务奖。国土资源部部长徐绍史,市委副书记何立峰为获奖企业和单位颁奖。

21-23 日 市委常委苟利军、副市长李文喜率天津市区县代表团赴深圳招商考察,举办投资环境说明会,考察部分企业,与港澳台和珠三角地区部分企业负责人深入洽谈,签署一批重大项目。22 日,天津市区县投资环境说明会和项目签约仪式在深圳市举行,28 个项目现场签约,协议投资额 450 亿元。

22 日 市长黄兴国主持召开市政府第 37 次常务会议,听取关于 2009 年全市经济社会发展情况和 2010 年工作安排的汇报,部署主要工作。审议并原则通过《天津市依法行政考核办法》和《天津市文化市场相对集中行政处罚权规定》。

同日 新加坡大华银行(中国)有限公司天津分行正式开业。市长黄兴国会见新加坡大华银行主席黄祖耀一行。天津分行是大华银行(中国)有限公司在中国法人化之后开设的第一家分行。

22-25 日 全国城投公司协作联络会暨中国城市建设投融资研究会 2009 年年会在津召开。近 450 人参会。

23 日 首届津蒙企业经贸洽谈对接会在东疆

保税港区举行。蒙古轻工业部等部门、乌兰巴托市及有关行业协会和蒙古的30多家企业，与滨海新区40余家企业和相关部门进行现场交流和对接，双方初步达成一批合作项目。市委副书记、滨海新区工委书记、管委会主任何立峰会见以乌兰巴托市副市长蒙赫巴特尔为团长的蒙方经贸代表团一行。2009年4月15日，天津市与蒙古国签署深化津蒙经贸合作备忘录。10月14日，蒙古驻津商务代表处正式成立。

同日 滨海新区中心渔港建设指挥部揭牌暨“滨海鲤鱼门”海鲜美食街项目开工仪式举行。市委副书记、滨海新区工委书记、管委会主任何立峰为指挥部揭牌。中心渔港项目规划面积18平方公里，规划为“一港一城”。“滨海鲤鱼门”海鲜美食街项目总占地面积9.7万平方米，总建筑面积47930平方米。

26日 “绿色中国与和谐世界”国际研讨会在津开幕。联合国秘书长潘基文发来贺信。中国工程院院长、全国政协原副主席徐匡迪，市委副书记、市长黄兴国，联合国驻华协调代表马和励，联合国基金会主席蒂莫西·沃思和联合国前副秘书长陈健在开幕式上致辞。全国人大外事委员会主任委员、中国人民外交学会名誉会长李肇星，联合国前秘书长、联合国基金会主要成员安南，联合国基金会创始人特德·特纳出席。中国人民外交学会会长杨文昌主持。

26-28日 第六届PECC国际贸易投资暨国际生态城市建设博览会，在天津国际展览中心举行。中共中央政治局委员、市委书记张高丽会见出席博览会及绿色中国与和谐世界国际研讨会的来宾并宣布开幕。联合国基金会主要成员、联合国前秘书长安南，联合国基金创始人特德·特纳，联合国基金会主席蒂莫西·沃思，联合国驻华协调代表马和励出席。市委副书记、市长黄兴国，PECC轮值主席莫里森致辞，全国人大外事委员会主任委员、中国人民外交学会名誉会长李肇星，市委副书记何立峰出席，中国人民外交学会会长杨文昌参加会见。开幕式前，天津市与联合国驻华系统和联合国基金会签署合作伙伴关系谅解备忘录。海外22个国家和地区、国内20个省市自治区近300家政府机构、行业协会和专业企业参会。

26-28日 中国工程院化工、冶金与材料工程学部第七届学术年会在津举行。市委书记张高丽，市委副书记、市长黄兴国，市人大常委会主任刘胜玉，市政协主席邢元敏，市委副书记何立峰25日在滨海圣光皇冠假日酒店会见出席会议的嘉宾。中国工程院院长、全国政协原副主席徐匡迪，科技部副部长曹建林，国家自然科学基金委员会副主任何鸣鸿，基金委特邀顾问师昌绪，中国工程院化工、冶金与材料工程学部主任干勇以及中国工程院、中国科学院的70余位院士出席会议。

27日 天津市召开2009-2010年度造林绿化动员会。市长黄兴国出席并讲话。副市长李文喜作工作总结和部署。

同日 中新天津生态城投资开发有限公司与马来西亚双威城有限公司在吉隆坡签署合作谅解备忘录，计划联手在生态城打造大型综合生态地产项目。以生态城第三个轻轨站为核心，开发40万平方米土地，其中88%为住宅用地，12%为商业用地。计划开发集特色住宅与商业设施为一体的综合项目。

同日 金光集团临港粮油食品加工项目签约仪式在滨海新区举行。市委副书记、滨海新区工委书记、管委会主任何立峰出席仪式并会见金光集团中国食品部总裁李东一行。该项目一期投资1.5亿美元。

28日 市长黄兴国主持召开市长办公会，研究部署甲型H1N1流感防控工作。听取市卫生局负责人关于全市甲型H1N1流感防控工作和市教委负责人关于学校防控工作情况的汇报。

同日 中国服务外包天津培训中心揭牌暨启动仪式在天津开发区举行。市委副书记、滨海新区工委书记、管委会主任何立峰会见中国国际投资促进会常务副会长周铭一行，共同出席仪式并为培训中心揭牌。

同日 天津工程师范学院举行建校30周年庆祝大会。全国政协原主席李瑞环为学院题词：“重视职业教育，培养高素质师资”。

29日 市委书记张高丽深入第三批学习实践活动联系点西青区中北镇，了解学习实践活动进展情况。察看西青区汽车工业园项目建设情况，并主持召开座谈会。

同日 保税区管委会与欧洲空客公司在迎宾馆签署协议，空客中国物流中心项目正式落户天津市。市委副书记、市长黄兴国，市委副书记、滨海新区管委会主任何立峰会见欧洲宇航防务集团首席执行官路易·加洛瓦一行。何立峰与路易·加洛瓦出席签字仪式。

同日 国防科技大学与天津滨海新区密切合作，研制成功中国首台千万亿次超级计算机系统“天河一号”。标志着滨海新区与国防科技大学共同建设的国家超级计算天津中心成为中国首个具有千万亿次计算能力的超算中心，跻身世界少数几个具有千万亿次计算能力的超算中心行列。

30日 市委、市政府在天津礼堂召开天津市第二批金融改革创新20项重点工作推动会。市委书记张高丽讲话。市长黄兴国就做好第二批金融改革创新20项重点工作作部署。

同日 2009中国（天津）演艺交易博览会在天津国际展览中心开幕。市委书记张高丽在迎宾馆会见与会嘉宾。市长黄兴国鸣锣开幕，文化部副部长欧阳坚，市委常委、市委宣传部部长肖怀远致辞。20多个省区市代表团3000余人参会。31日，在津利华大酒店举行项目签约仪式。现场签约项目31项，其中国家级9项、省市级10项、天津市级12项，总计签约金额1.6077亿元。

11月

1日 天津市普降中雪，市区平均降水量2.1毫米，蓟县9.7毫米。此前最早的一场降雪，发生在1987年10月31日。

2日《天津日报》载，2009年度国家自然科学基金评审揭晓，天津市市属高等学校有155个项目获得资助，较上一年度增长36%，资助经费4281.3万元，增长26.2%。

3日 市发改委、金融办、商务委、工商局、财政局、地方税务局联合制定出台《天津股权投资基金和股权投资基金管理公司（企业）登记备案管理试行办法》。

3-5日 全国档案事业发展综合评估组到津，对天津市档案事业发展情况进行综合评估。天津市荣获“全国档案事业发展综合评估先进单位”称号。

4日 中共中央政治局委员、市委书记张高丽，市委副书记、市长黄兴国，中石化集团公司总裁王天普，在迎宾馆会见由沙特亲王、基础工业公司董事长萨乌德率领的沙特基础工业公司高级代表团。中国石化沙特基础（天津）石化有限公司揭牌仪式3日在京举行。该项目总投资183亿元人民币。

5日 被国际上公认为世界性难题的滨海盐碱滩原土回填绿化技术在天津市被攻克。这一技术可使滨海盐碱滩地土壤含盐量快速降至0.3%以下，苗木成活率达95%以上。天津海林园艺环保科技工程有限公司，从2002年起先后与北京林业大学、天津市农业资源与环境研究所、中国农业大学、天津农学院等组建产学研联盟的“研发中心”，对滨海盐土改良与绿化进行研究和应用，探索研究出节水型盐碱滩地物理—化学—生态综合改良与植被构建技术，被国家科技部列为重点支持的农业科技成果转化资金项目，并于2007年获得国家发明专利。2009年4月25日天津市科委组织石元春等国内著名土壤和绿化专家、院士对这一成果进行鉴定，认为这项技术已达国际先进水平。

6日 中纺油脂有限公司投资建设的油脂加工项目在天津港保税区启动运营。市委副书记、滨海新区管委会主任何立峰，国务院国资委监事会主席李东序出席。国家粮食局副局长郄建伟、中纺集团公司总裁赵博雅在启动仪式上致辞。何立峰会见李东序一行，就搞好项目运营、扩大新的合作进行交谈。中纺油脂天津项目总投资3.16亿元。

7日 在埃及总理府，中国国务院总理温家宝和埃及总理纳齐夫共同为中国埃及苏伊士经贸合作区授牌。天津市副市长任学锋以及市政府代表团部分成员出席授牌仪式。在埃及期间，市政府代表团举行中国进出口银行北京分行、中非泰达投资公司战略合作备忘录签约仪式，中国进出口银行北京分行安排60亿元信贷支持苏伊士合作区建设。

同日 第三届中国产学研合作（滨海）高峰论坛暨2009中国产学研合作促进会年会，在滨海新区举行。中共中央政治局委员、国务院副总理张德江，全国人大常委会副委员长、中国科学院院长、中国产学研合作促进会名誉会长路甬祥分别发来贺信。市委书记张高丽，市政协主席邢元敏，市委副书记何立峰在迎宾馆会见来宾。全国政协副主席张梅颖，科技部副部长李学勇，中国科学院副院长施尔畏，中国工程院副院长邬贺铨出席开幕式并讲话。开幕式上公布第二批全国产学研合作创新示范基地试点单位名单，天津滨海新区产学研合作创新示范基地同时揭牌。

8日 《天津日报》载，第106届中国进出口商品交易会落幕。天津交易团参展企业261家，展位738个，新参展企业48家。逾2000人到会参展、考察。累计成交5.2亿美元，比上届增长12.7%。天津展团75%的参展企业拥有自主品牌，进入商务部品牌展区的展位数量144个，比上届增加24个。天津交易团特装展位占全部展位近一半。

9日 市委、市政府召开滨海新区管理体制改革动员大会。市委书记张高丽出席并讲话。市委副书记、市长黄兴国传达《国务院关于同意天津市调整部分行政区划的批复》，对滨海新区管理体制改革工作作部署。市政协主席邢元敏出席。市委副书记、滨海新区工委书记、管委会主任何立峰主持会议。塘沽区、汉沽区、大港区主要负责人作发言。国务院日前正式批复同意天津市滨海新区行政区划。批复同意撤销天津市塘沽区、汉沽区、大港区，设立天津市滨海新区，以原塘沽区、汉沽区、大港区的行政区域为滨海新区的行政区域。新的滨海新区人民政府坐落新港街道新港二号路。

同日 市委深入学习实践科学发展观活动领导小组召开第十三次会议，学习贯彻习近平同志在部分省区市学习实践活动座谈会上的重要讲话精神，听取全市第三批学习实践活动学习调研阶段情况汇报，研究部署下一阶段工作。市委书记、市委学习实践活动领导小组组长张高丽主持会议并讲话。

10日 由四川省委常委、成都市委书记李春城率领的成都市党政代表团到津考察。市委书记张高丽、市委副书记何立峰在迎宾馆会见代表团一行。

11日 市长黄兴国会见美国著名学者、未来学家约翰·奈斯比特。约翰·奈斯比特与南开大学、天津财经大学师生进行座谈交流。约翰·奈斯比特是埃森哲评选的全球50位管理大师之一。其代表作《大趋势》在全球销售1400多万册。

12日 天津力神电池股份有限公司锂离子动力电池扩建工程竣工典礼在滨海新区举行。市委书记张高丽、市长黄兴国在迎宾馆会见中海油总公司总经理傅成玉一行。该工程是天津市首批20项重点工程之一。项目总投资16亿元，设备投资9亿元，引进国际一流的锂离子电池生产线，年产能2万辆纯电动汽车配套电池和2亿只电动工具及笔记本电脑电池。

13日 日本札幌市市长上田文雄率政府代表团到津访问。市长黄兴国在迎宾馆会见代表团一行，就加强各个领域的友好交往深入交换意见。

同日 《天津日报》载，国家发改委批准同意船舶产业投资基金在津设立。船舶产业投资基金是国务院2008年7月批准设立的第三批产业投资基金之一。基金总规模200亿元，首期规模23.5亿元。中船产业投资基金管理企业（特殊普通合伙）担任基金普通合伙人和基金管理人，上海浦东发展银行担任基金托管银行。船舶产业投资基金是继渤海产业投资基金之后，天津市获得国家批准设立的第二只产业投资基金。

14日 由天津电视台与凤凰卫视联合主办的“中国因你而美丽”——《泊客中国》2009盛典颁奖典礼在北京举行，并通过天津电视台卫视频道、国际频道，凤凰卫视中文台、欧洲台、美洲台全球同步直播，北方网、凤凰网与搜狐网进行网络直播。全国政协副主席孙家正，全国人大常委会原副委员长许嘉璐，天津市委常委、市委宣传部部长肖怀远及联合国驻华代表马和励、法国驻华大使苏和、凤凰卫视董事局主席刘长乐出席盛典并颁奖。

14-15日 第二届中国天津创业项目展示推介会在国展中心举行。全国十几个省市近4万人入场参观、洽谈、咨询，达成项目实施、加盟意向6580多件。

15日 由广东恒大集团投资建设的东丽湖·恒大国际温泉会议中心项目正式开工。市长黄兴国在迎宾馆会见出席项目开工仪式的恒大集团董事局主席许家印、中铁建设集团公司董事长汪文忠一行。东丽湖·恒大国际温泉会议中心位于天津市东丽湖温泉度假旅游区内，总投资约100亿元，主要包括国际会议中心、五星级酒店、温泉中心、运动中心、饮食中心、商业中心、娱乐中心以及配套休闲度假居住区。

16日 市长黄兴国主持召开市政府第38次常务会议,研究区县经济三年发展计划和全市固定资产投资等工作。审议并原则通过《关于实施商标战略促进经济发展的意见》、《天津市商标发展三年规划》和《天津市推进商标战略实施工作委局际联席会议制度》。

16-19日 中共中央政治局委员、中央书记处书记、中宣部部长刘云山在天津调研。先后深入津湾广场、空客A320天津总装公司、华明示范镇、维斯塔斯风力技术(中国)有限公司、天津市国际生物医药联合研究院、中新天津生态城、东疆保税港区、于家堡金融商务区、天津北方报业印务股份有限公司、市规划展览馆、海河意式风情区等地调研考察。市委书记张高丽,市委副书记、市长黄兴国,市人大常委会主任刘胜玉,市政协主席邢元敏,市委副书记何立峰陪同。中宣部副部长、中央外宣办主任王晨,人民日报社社长张研农,中国文联党组书记胡振民一同在津考察。

16-21日 中央巡回检查组到津,对天津市第三批学习实践科学发展观活动进行检查指导。市委书记张高丽、市委副书记何立峰分别会见检查组组长张维庆、副组长毛林坤一行。

17日 我国首笔标准化碳中和交易在天津排放权交易所成交。上海济丰纸业包装股份有限公司成功购买厦门赫仕环境工程有限公司的6266吨碳减排指标,用于抵消自2008年1月1日至2009年6月30日在上海济丰运营过程中产生的碳排放量,成为第一家基于碳足迹盘查实现碳中和交易的中国企业。

同日 聘请滨海新区驻日本国招商总代表仪式在滨海新区市内办事处举行,全国政协委员潘庆林成为滨海新区第一名驻外招商总代表。潘庆林长期致力于推动天津与日本在各个领域的友好交流与合作,2009年7月被授予"人民友谊贡献奖"。

17-18日 由吉林省委常委、长春市委书记高广滨,市委副书记、市长崔杰率领的长春市党政经贸代表团在津考察交流。双方举办长春—天津经济合作交流会暨签约仪式,两市政府签署《天津市—长春市关于加强两地区域经济合作的框架协议》。在经贸合作项目签约仪式上,双方签订42个合作项目,总投资230.19亿元。市委书记张高丽17日在迎宾馆会见代表团一行。

18日 天津市参加第11届全国运动会总结表彰大会在天津礼堂召开。市委书记张高丽出席并讲话。市委副书记、市长黄兴国宣读市委、市政府《关于表彰在第十一届全国运动会上作出突出贡献的单位、集体和个人的决定》。市委、市政府决定,授予天津女子排球队等4个运动队、彭帅等16名运动员、王宝泉等11名教练员"天津市体育运动突出贡献奖",授予天津市体育局等27个单位"天津市参加第十一届全国运动会突出贡献单位"称号。市领导为受表彰的先进单位、先进集体和先进个人代表颁奖。

同日 2009中国直升机发展论坛暨直升机应急救援演练,在滨海新区空港物流加工区举行。市委书记张高丽、市长黄兴国在迎宾馆会见来宾。中航工业集团公司总经理林左鸣、市委副书记何立峰致辞。

18-19日 市十五届人大常委会举行第十三次会议,听取审议常务副市长杨栋梁所作的关于推进天津市滨海新区管理体制改革有关情况的报告,审议通过《关于设立天津市滨海新区人民代表大会及有关问题的决定》,表决通过《天津市城乡规划条例》、《天津市消防条例》、《天津市审计监督条例》和《天津市肥料管理条例》。市人大常委会主任刘胜玉出席。

19日 由议长金炯昨率领的韩国国会代表团抵津访问。金炯昨接受天津大学名誉博士学位并发表演说。中共中央政治局委员、市委书记张高丽,市人大常委会主任刘胜玉在迎宾馆会见金炯昨和夫人一行。

20日 周大福滨海中心正式开工建设。市委副书记、滨海新区管委会主任何立峰致辞。该中心由香港周大福集团投资建设,位于开发区第一大街与新城西路交口,预计投资约80亿元,建设集酒店、公寓、写字楼和商场于一体的综合性现代化商业设施。市委书记张高丽、市长黄兴国19日、20日分别会见周大福集团主席、周大福珠宝金行有限公司董事长郑裕彤一行。

同日 天津泰达创业商业地产开发有限公司、天津滨海新都市投资有限公司、天津悦海酒店投资有限公司成立，三家企业均由天津泰达集团有限公司全资所有。天津泰达集团有限公司是经天津市委、市政府批准组建的综合性国有大型企业集团，隶属天津泰达投资控股有限公司，总资产200亿元。

22日 滨海新区响螺湾海河开启桥实现主桥合龙并成功开启。市委副书记、滨海新区工委书记、管委会主任何立峰出席主桥合龙仪式并宣布大桥开启。该桥位于响螺湾与于家堡地区之间，西起坨场南道跨过海河东至永泰路，桥梁全长868.8米，预计总投资2.49亿元。由东、西引桥和主桥三部分组成，主桥结构设计为立转式钢结构悬臂梁，净跨度68米，转动半径为35米，梁端转动角度为85度。

同日《天津日报》载，天津市中心妇产科医院新院迁址扩建项目全面竣工。新院位于南开三马路156号，总体建筑面积71510平方米，门急诊住院综合楼地上建筑19层，病床数增至600张，门急诊可满足每天3000人次就诊需求。

23日 市委书记张高丽，市委副书记、市长黄兴国，市委副书记何立峰会见由国防大学政委童世平中将率领的第35期国防研究班学员。

同日 天津市人民政府与海航集团有限公司《新阶段全面战略合作框架协议》暨《空客厂房融资租赁创新项目》签约仪式，在迎宾馆举行。市委书记张高丽会见来宾。市长黄兴国、海南省副省长林方略、光大集团董事长唐双宁、海航集团有限公司董事长陈峰出席签约仪式。

同日 天津市保税区管委会、天津渤海租赁有限公司、光大银行天津分行三方代表签署总额为30亿元人民币的天津空客厂房融资租赁创新项目合作协议。

26日 天津市召开第六次民族团结进步表彰大会。市委书记张高丽出席并讲话。市长黄兴国主持会议并宣读市政府《关于表彰天津市民族团结进步模范集体和模范个人的决定》。11人荣获全国民族团结进步模范个人荣誉称号，10个单位荣获全国民族团结进步模范集体荣誉称号。125个集体、70人获天津市民族团结进步模范集体、模范个人荣誉称号。

同日 西青区政府与中国有色矿业集团在迎宾馆签署合作协议，中国有色矿业集团天津新材料产业园正式落户西青区。市长黄兴国会见中国有色矿业集团总经理罗涛一行，并出席签约仪式。

27日 中国风电集团与滨海高新区签署合作协议，中国风电集团投资总部和物流贸易公司正式落户滨海高新区。市委副书记、滨海新区工委书记、管委会主任何立峰会见中国风电集团董事局主席兼行政总裁刘顺兴一行，并出席签约仪式。中国风电集团是香港证券市场上唯一一家主营业务为风力发电的上市公司，企业净资产30多亿港币。

同日 新加坡吉宝集团在中新天津生态城起步区投资兴建的商用住宅项目启动建设。项目总建筑面积约50万平方米，一期建筑面积17万平方米，预计2010年底竣工。该项目为吉宝集团在生态城的第一个开发项目，位于生态谷周边地带，着力打造成生态友好型社区。市委副书记、滨海新区工委书记、管委会主任何立峰出席奠基仪式，并会见新加坡吉宝集团董事长李文献、新加坡驻华大使陈燮荣一行。

28日 天津市召开财政和部门预算管理暨投融资平台公司治理工作会。市委副书记、市长黄兴国出席并讲话。市委常委、常务副市长杨栋梁主持会议。市委常委、副市长崔津渡作工作部署。市级投融资平台公司、各区县政府、各功能区管委会向市政府递交投融资平台公司风险防范责任书。

同日 中新天津生态城世茂项目开工，项目总投资额100亿元。酒店项目位于生态城国家动漫产业综合示范园内，总建筑面积7.5万平方米。住宅项目位于生态城起步区内，分三期开发，总建筑面积106万平方米，同时规划4000平方米的生态展示中心。市委副书记、滨海新区工委书记、管委会主任何立峰会见世茂集团董事局主席许荣茂一行，共同出席开工仪式。

29日 天津市关心下一代工作表彰大会在天津礼堂召开。市委书记张高丽接见受到表彰的先进集体和先进工作者代表并讲话。中国关心下一代工作委员会主任顾秀莲出席大会并讲话。103个关心下一代工作先进集体、240名先进工作者、10名突出贡献奖获得者受到表彰。

30日 市委书记张高丽深入医疗单位和学校察看天津市甲型H1N1流感防控工作情况。主持召开座谈会,听取有关情况汇报,就做好防控工作进行研究部署。

同日 市长黄兴国主持召开市政府第40次常务会议。审议并原则通过《天津市安全生产责任制规定》和《关于进一步明确和规范各级人民政府和政府有关部门安全生产责任的意见》,审议并原则通过《天津市海洋功能区划》修改方案。

同日 15时36分,北疆发电厂2号超超临界燃煤发电机组完成168小时满负荷试运行,投产发电,各项参数、指标达到设计规范要求。提前半年完成2009年投产一台机组,2010年一期工程竣工投产的建设目标。竣工投产后,发电海水淡化建材直接年产值约50亿元。

12月

1日 市委书记张高丽深入北辰区天穆村,就加强农村基层党组织建设,做好民族工作进行调研。

同日 中国银行与滨海新区管委会在北京中国银行总部签署金融服务全面合作协议。市委副书记、滨海新区工委书记、管委会主任何立峰,中国银行董事长肖钢出席签约仪式。

同日 天津国梁商贸发展有限公司总经理于国良、天津银座集团有限公司董事长王贵武、天津宝成集团董事长柴宝成、天津腾达集团董事长于海介、蓟县穿芳峪乡毛家峪村党支部书记李锁被国家民政部授予“全国优秀复员退伍军人”荣誉称号。

2日 市国家安全领导小组召开扩大会议。市委书记、市国家安全领导小组组长张高丽主持并讲话。国家安全部部长耿惠昌出席并讲话。市委副书记、市长黄兴国出席。

同日 滨海新区管委会与中国工商银行在滨海新区签署金融服务全面合作协议。市委副书记、滨海新区工委书记、管委会主任何立峰会见中国工商银行总行行长杨凯生一行,共同出席签约仪式。

同日 第六届东亚运动会组委会公布东亚运动会会徽和吉祥物,由郭津生、蒋松儒设计的会徽和由郭振山设计的吉祥物“津津”、“东东”在众多作品中脱颖而出,成为最终方案。

3日 市委书记张高丽、市长黄兴国在迎宾馆会见以民政部部长李学举为组长、副部长姜力为副组长的新社会组织学习实践科学发展观活动指导小组成员。

同日 “2009中国广告精确投放奖”报刊评选颁奖典礼在北京举行。天津日报报业集团作为天津唯一获奖媒体,旗下三张报纸分获三大奖项。天津日报荣获“2009最受广告主广告商青睐的日报”,每日新报和假日100天分别荣膺“2009最受广告主广告商青睐的都市报”和“2009最受广告主广告商青睐的生活报”。

4-6日 中国传媒大会2009年会在北京举行。天津日报报业集团与南方报业传媒集团、解放日报报业集团、辽宁日报传媒集团、重庆日报报业集团、广州日报报业集团等主流媒体共同荣膺“金长城传媒奖·2009中国十大传媒集团”称号,每日新报与燕赵都市报等同时获得“金长城传媒奖·2009中国十大创新都市报”殊荣。

5日 由台湾东元集团投资的天津东元创新科技有限公司在滨海高新区揭牌成立。市委副书记、滨海新区工委书记、管委会主任何立峰出席揭牌仪式,并会见台湾工商协进会理事长、东元集团会长黄茂雄和台湾工业银行董事长骆锦明一行。

8日 天津经济技术开发区建区25周年纪念大会在滨海国际会展中心举行。市委书记张高丽,市委副书记、市长黄兴国发来贺信。国家商务部副部长马秀红,市委副书记、滨海新区工委书记、管委会主任何立峰在大会上致辞,并共同启动天津开发区新版标识。来自成都、大连、杭州、福州、广州、昆山、哈尔滨、宁波、秦皇岛、上海、沈阳、苏州、武汉、西安、烟台、湛江等开发区的代表参加纪念大会。开发区管委会向甘肃省张掖市肃南县裕固族牧民捐赠100万元,为1000户裕固族牧民修建水窖,解决牧区缺水问题。

同日 国务院副秘书长尤权深入学习实践活动联系点东丽区华明示范镇调研。市委书记张高丽在迎宾馆会见尤权一行。市长黄兴国陪同调研。

同日 德意志银行(中国)有限公司宣布,德银中国天津分行正式成立。该行2009年7月获中国银监会批准筹建天津分行。

9日 第六届中国青少年科技创新奖颁奖大会在北京人民大会堂举行。天津市第四中学初二年级学生张德奕、耀华中学实验五年级学生侯懿芳、天津大学机械工程学院2009级硕士研究生田文杰榜上有名。

同日 市公安局出入境管理局口岸签证处在天津滨海国际机场揭牌投入运行。市公安局对应邀来华参加投标或者正式签订经贸合同、应中方临时决定邀请来华参加交易会等11种情况来津的外国人实行口岸签证。

10日 新兴重工天津工业园项目在开发区西区开工建设。市委副书记、滨海新区工委书记、管委会主任何立峰宣布项目开工。副市长王治平致辞。何立峰、王治平会见新兴铸管集团有限公司董事长刘明忠一行。新兴重工天津工业园占地66万平方米,总投资33亿元。

10-12日 唐山市党政代表团到津考察。市委书记张高丽、市委副书记何立峰10日在迎宾馆会见河北省委常委、唐山市委书记赵勇,市委副书记、市长陈国鹰一行。

11日 滨海新区和台湾工商建设研究会签署合作备忘录,合力构建产业服务平台,共同促进津台经济合作。市委副书记、滨海新区工委书记、管委会主任何立峰出席签约仪式。

12日 天津银行上海分行对外运营。天津银行上海分行与上海城建集团、黄浦区国有资产总公司、银兴担保公司签署22亿元的综合授信协议。

12-15日 以市长黄兴国为团长的天津市政府代表团访问香港。在13日晚举行的第五届东亚运动会闭幕式上,作为第六届东亚运动会主办城市的天津正式接过会旗。14日,代表团在香港会展中心举办金融商贸、城市建设、科技教育合作推介会。在津港合作项目签字仪式上,签订40多个合作项目,合同金额50多亿美元。下午,黄兴国拜会香港特别行政区行政长官曾荫权,就加强各个领域的交流与合作深入交换意见。代表团在香港会展中心与媒体见面,黄兴国从天津筹备第六届东亚运动会、实施金融改革创新、建设大项目好项目、津港合作等方面,回答记者的提问。15日中午,黄兴国拜会全国政协副主席董建华。下午,代表团离开香港。

15-16日 市长黄兴国率市政府代表团在深圳市学习考察。15日下午,黄兴国与深圳市代市长王荣会谈,就加强各领域的交流与合作深入交换意见。16日中午,会见华润(集团)有限公司董事长宋林、总经理乔世波一行,出席天津市政府与华润(集团)有限公司战略合作框架协议签字仪式。

17日 滨海新区临港工业区管委会与印尼春金集团签署合作协议,春金集团棕榈油加工项目正式落户临港工业区。该项目是临港工业区内粮油食品加工产业板块所引进的第四家大型企业。项目总投资12亿元人民币,其中一期项目投资5亿元人民币,主要从事棕榈油加工、精炼、分提。市委副书记、滨海新区工委书记、管委会主任何立峰出席签约仪式并会见春金集团董事长林益建一行。

18日 纪念王襄发现甲骨文110周年暨马家店遗址保护座谈会举行。与会专家学者确认今红桥区故物场大街1号院,就是中国首次发现确认甲骨文的地点天津西关外马家店,同时建议有关方面对遗址妥善加以保护并建立纪念馆。

21日 市长黄兴国主持召开市政府第41次常务会议,研究文化产业振兴工作,讨论《政府工作报告》和《计划报告》、《预算报告》,审议并原则通过滨海旅游区分区规划。

同日 华锐风电天津临港装运基地项目签约。项目选址临港工业区,分两期进行。市委副书记、市长黄兴国,市委副书记、滨海新区管委会主任何立峰在迎宾馆会见华锐风电科技有限公司董事长、总裁韩俊良一行,共同出席合作项目协议书签字仪式。

21-27日 中央宣传部组织人民日报、新华社、光明日报、中央人民广播电台、中央电视台、中国国际广播电台、中国新闻社、人民网、新华网、央视网等14家中央新闻媒体,对天津在深入贯彻落实科学发展观中取得的重要进展深入采访。市委书记张高丽，市委副书记、市长黄兴国，市委副书记何立峰，24日在迎宾馆会见采访团。26日黄兴国接受采访团专访，介绍天津经济社会发展情况和滨海新区开发开放最新进展。

22-23日 市委九届七次全会在天津礼堂召开。审议通过《中共天津市委2010年工作要点》和《中国共产党天津市第九届委员会第七次全体会议决议》。市委书记张高丽主持会议并讲话。

23日 天津市委宣传部与国家开发银行天津市分行签署《支持天津市文化产业发展合作备忘录》。

25日 根据《国务院关于天津市调整部分行政区划的批复》和《天津市滨海新区管理体制改革工作实施意见》，中共天津市委宣布，组建中共天津市滨海新区委员会；组建中共天津市滨海新区塘沽工作委员会、汉沽工作委员会、大港工作委员会，撤销中共天津市塘沽区委员会、汉沽区委员会、大港区委员会。

同日 滨海新区最大污水处理项目滨海建设集团所属滨海环保产业公司北塘污水处理厂项目开工建设。一期建设规模15万立方米/日（终期30万立方米/日），服务面积86.14平方公里。项目总投资约4亿元。

同日 天津陆家嘴广场举行开工仪式。项目位于红桥区小伙巷地块，总建设规模超过120万平方米，包括天津陆家嘴广场和陆家嘴河滨花苑，总投资近150亿元。此次开工的天津陆家嘴广场项目总用地面积5.27万平方米，总建筑面积45万平方米（包括地下部分），由红桥大都会、陆家嘴金融大厦和陆家嘴商务大酒店3个子项目组成。

26日 渤海银行总部项目奠基。项目位于南站中央商务区，投资17亿元，建设规模16万平方米，将建设高度约200米的总部大楼。此为河东区引进的第一家总部银行，也是第一家总部设在天津市的全国股份制商业银行。

同日 滨海新区于家堡金融区起步区一期工程"9+3"项目开工建设，并签署9个新的投资项目。市委副书记、滨海新区管委会主任何立峰宣布项目开工。

27日 滨海新区海斯比游艇城项目签约仪式在迎宾馆举行。项目选址滨海新区。市委书记张高丽会见来宾。市长黄兴国、深圳海斯比船艇科技发展有限公司董事长施军出席签约仪式。

同日 天津市廉政文化建设示范单位命名暨成果展演在天津电视台大演播厅举行，60个单位被命名为廉政文化建设示范单位。市委书记张高丽，市委副书记、市长黄兴国，市委常委、市纪委书记臧献甫在迎宾馆会见到津出席活动和调研的中央纪委副书记李玉赋一行。

27-29日 中国共产党天津市滨海新区第一次代表大会召开。市委书记张高丽讲话。市委副书记、市长黄兴国，市人大常委会主任刘胜玉，市政协主席邢元敏出席。市委副书记、滨海新区区委书记何立峰作《打好滨海新区开发开放攻坚战 努力成为科学发展的排头兵》的报告。大会选举产生中共天津市滨海新区第一届委员会和第一届纪律检查委员会，通过关于中共天津市滨海新区第一次代表大会报告的决议。29日举行中共天津市滨海新区一届一次全会，选举产生中共天津市滨海新区第一届委员会领导机构，何立峰当选中共天津市滨海新区第一届委员会书记，宗国英、张继和、吕福春当选副书记。

30日 西北有色金属研究院、中国日用化学工业研究院、上海电缆研究所、中船重工集团第709研究所与天津市有关企业在迎宾馆签署合作协议。市长黄兴国在迎宾馆会见出席签约仪式的西北有色金属研究院院长奚正平一行，并出席签约仪式。

同日 中新天津生态城远雄"U-City"项目和生态产业园开工建设。远雄企业团投资建设的"U-City"项目为100多公顷的住宅及商业用地，开发总建筑面积140万平方米，包括可容纳13000户家庭的综合生态社区和活力休闲中心。生态产业园位于生态城最北端，占地130公顷，总投资40亿元。产业园是完全按照生态城绿色建筑标准建设的清洁产业集中示范区，为我国北方地区提供一站式生态城市解决方案。市委副书记、滨海新区区委书记、管委会主任何立峰出席奠基仪式，并会见台湾远雄企业团董事长赵藤雄一行。

2009年底，全市常住人口1228.16万人，比上年末增加52.16万人；全市户籍人口979.84万人，比上年末增加10.97万人。

2009年，全市生产总值7500.80亿元，比上年增长16.5%。人均生产总值9136美元，增长11.1%。全市财政收入1805亿元，增长21.1%，其中地方一般预算财政收入821.38亿元，增长21.6%。全社会固定资产投资5006.32亿元，增长47.1%。社会消费品零售总额2430.83亿元，增长21.5%。外贸出口299.85亿美元，下降29.0%。实际到位外资90.20亿美元，增长21.6%。实际利用内资1242.87亿元，增长35.1%。城镇登记失业率控制在3.6%。城市居民人均可支配收入21430元，增长10.3%。农村居民人均纯收入10675元，增长10.4%。

（唐　旗）

2009年天津市十大新闻

一、“保增长渡难关上水平”活动助推又好又快发展

二、高水平大项目好项目支撑天津经济增长

三、天津市制定城市空间发展战略规划

四、天津市体制机制改革创新迈出重要步伐

五、大干第二个150天城乡面貌发生更大变化

六、滨海新区开发开放全面加快推进

七、20项民心工程全面完成

八、天津市文化中心开工建设

九、电视剧《解放》献礼新中国60年华诞

十、天津竞技体育实现新跨越

·天津区县年鉴·

滨海新区

塘　沽　区

概　述

塘沽区位于天津市东部，是天津滨海新区的核心区。地理坐标为北纬 38°44′~39°13′，东经 117°30′~117°46′，处中国北方黄金海岸中部，京津城市带和环渤海城市带要冲，极具区位优势。区境东濒渤海，西临东丽、津南二区，南接大港区，北抵汉沽区和宁河县。天津港、天津经济技术开发区、天津港保税区坐落其中。区境南北长 50 公里，东西宽 25 公里，拥有 92.16 公里海岸线。潮白河、永定新河、蓟运河、独流减河及海河，均在境内注入渤海。地域属暖温带半湿润大陆季风型气候，四季变化明显，年平均气温 13.4 摄氏度，无霜期平均 234 天，降水量平均 590.6 毫米。2009 年，区域面积 790.24 平方公里。辖新村、解放路、三槐路、新港、杭州道、新河、向阳、大沽、北塘、胡家园、渤海石油 11 个街道和新城镇。常住人口 70.73 万人，户籍人口 48.89 万人，含 31 个民族，汉族占总人口 97.37%。

2009 年，塘沽区落实市委“保增长、渡难关、上水平”的总体部署，积极应对国际金融危机不利影响，在困境中寻求突破，在竞争中赢得主动。全面推进经济建设、政治建设、文化建设、社会建设以及生态文明建设，实现经济社会平稳较快发展。完成区属生产总值 290.64 亿元，比上年增长 19.89%。三级财政收入 130.5 亿元，增长 74.5%。区级财政收入 56.71 亿元，增长 41.45%。固定资产投资 863.3 亿元，增长 40.2%。社会消费品零售额 150.34 亿元，增长 18.98%。城市居民人均可支配收入 26823 元，增长 13%；农民人均纯收入 11930 元，增长 12%。

全面推进重点区域开发建设。天津临港工业区完成固定资产投资 220 亿元，累计围合海域 63 平方公里，新增造陆 20 平方公里，新形成 15 平方公里可用土地。建成 5 万吨级航道，完成吞吐量 708 万吨。天津碱厂、大沽化工集团部分项目具备试车条件，中船重工、中粮油、京粮油、太原重工、华能绿色煤电、中海油、渤油工程和铁道部机车项目进展顺利。中心商务区完成固定资产投资 104 亿元。响螺湾商务区有 39 个项目开工。于家堡金融区作为金融综合配套改革试验区，起步区 12 个地块开工建设。2 万余户居民住宅拆迁和百余户企业搬迁顺利完成，首期 86 栋 151 万平方米还迁房全部封顶。塘沽海洋高新技术开发区完成固定资产投资 26 亿元。实施“西扩东调”（向西向北扩展土地、调整东部建成区产业结构）战略，提升发展环境，加快发展总部经济和高新技术产业。滨海科技总部区一期 28 座楼宇主体封顶，天津宝湾国际物流园投入运营。中海油服海上油田开采装备制造基地、波音二期等重大项目加紧推进，北方珠宝基地等项目开工建设。滨海创新创业园和创业服务中心发挥科技创新平台作用，入园企业 146 家。农村城市化建设指挥部完成西部新城起步区总体规划、控制性详规、水系景观和农民住宅建筑等规划设计工作。29 个行政村通过农村城市化撤村建居征地补偿等“四项表决”,启动农村城市化试点扩面工作。83万平方米还迁房开工建设,近40万平方米还迁房桩基部分完工。北塘片区建设开发指挥部8月成立,负责北塘地区开发建设工作。总体规划和城市设计方案深化提升。8023户居民拆迁任务基本完成,建成300套拆迁安置周转房。

加快落实重大项目建设。全区150个5000万元以上项目,开工131个,完成投资449.7亿元。9个全市重大工业项目和3个重大服务业项目进展顺利,完成投资187.8亿元。四批32个区县重大建设项目开工31个,开工率96.88%,完成投资26.5亿元。深入开展“保增长、渡难关、上水平”活动。制定22项促进经济发展措施,集中3.6亿元财政资金,有针对性地实施帮扶计划。组建专项领导小组和6个帮扶小组。由区级领导带队,深入企业帮助解决突出问题。采取24小时开门服务及现场审批、联合审批、减半收取经营服务性收费等措施支持企业发展。减少77项审批事项。

大力发展街镇经济。深化街镇经济体制改革,实施《关于进一步加快街镇经济发展的若干意见》。鼓励各街镇在培育和管理辖区税源基础上,发展新型街镇经济,鼓励街镇在临港工业区、中心商务区、海洋高新区等重点区域发展“飞地经济”。各街镇加强招商力量,深入发掘招商资源,不断优化投资环境,城区8个街道全年引企366家,招商引资额17亿元。街道系统税收返还5300万元。

不断深化改革开放。深化行政审批制度改革,强化行政效能监督,着力提高职能部门工作效率和服务质量,投资服务环境明显改善。推进公交管理体制和运营机制改革,公交企业整合改制工作全面展开。加强与中央大企业、外省市及各区县交流,加大资金和项目引进力度,优化利用外资结构,提高利用外资质量和水平,引进科技含量高、投资密度大、创税能力强的项目,实施一系列促进招商引资的政策措施。

加快生态宜居建设。完成城市总体规划修编。强化土地资源和海域使用管理。积极参与海河大桥复线桥、中央大道海河隧道以及海防路、塘汉路等路桥拓宽改造。取消海河大桥、海门大桥通行收费,进一步改善投资环境。按照构筑生态宜居高地要求,实施新一轮市容环境综合整治,完成新洋市场和新港街道社区服务中心周边整体环境整治。园林绿化、夜景灯光、交通设施等提升水平。建设数字化城市管理平台,推行城市网格化管理。

着力改善民计民生。组织实施20项民心工程,一批涉及就业安置、救助保障、生态环境、社会和谐的问题得到有效解决。新增就业1.96万人。发放生活保障金3840万元。实施科教兴区战略,全面提升自主创新能力,塘沽区再次荣获全国科技进步考核先进县(市)称号。坚持教育优先、均衡发展,职业教育取得新突破,中、高考继续保持全市领先水平。深化医疗卫生体制改革,与北大医学部合作共建第五中心医院工作稳步推进,加强甲型H1N1流感防控工作。医保制度与全市平稳衔接。群众性体育工作蓬勃开展,竞技体育取得突出成绩,塘沽区运动员在第11届全运会上获得4.5枚金牌。改善提升居民“菜蓝子工程”,新建改造14个菜市场。新港街道社区综合服务中心主体完工,改造旧小区18个,建成10个精品社区。荣获全国和谐示范社区示范区荣誉称号。

加强宣传文化建设。组织开展纪念党的十一届三中全会召开30周年、塘沽解放60周年和新中国成立60周年系列庆祝活动。实施文化强区战略,加快推进文化基础设施建设,精心组织第14届海门艺术节和系列文化艺术交流活动,丰富活跃群众文化生活。塘沽电视台与天津科技大学联合制作的动漫连续剧《塘沽三娃》,成为全市首个大型本土原创动画作品。深化精神文明创建活动,推动“同在一方热土、共建美好家园”等系列创建活动深入开展。适应滨海新区开发开放的新形势、新要求,提出争创全国文明城区目标,制定工作意见和实施方案,建立领导机构和工作机构,明确各阶段具体任务,细化目标责任,全区创建工作全面有序展开。

加强民主政治建设。加强同各民主党派、工商联和无党派人士合作共事,发挥统一战线作用,加强人民武装工作。做好民族、宗教、对台和侨务工作。加强对工会、共青团、妇联等人民团体的领导，支持他们依法独立开展活动。依法治区和创建法制塘沽工作取得新成效，法制宣传教育深入开展。加强基层民主建设，完善职工代表大会制度和居民、村民自治制度，推进决策科学化、民主化。完成第七届社区居委会和有关村委会换届选举。

加强和改进党的建设。深入开展学习实践科学发展观活动。加强领导班子和干部队伍建设。举办处级干部政治理论进修班和党政"一把手"培训班，提高干部队伍思想政治水平。加大干部交流力度，充实重点区域和街镇领导班子，选派处、科级干部赴经济发达地区和滨海新区功能区挂职锻炼。在国有企业、街道社区、农村、机关、事业单位和"两新"组织（新经济组织、新社会组织）中，开展"党建示范点"创建工作。推进党风廉政建设和反腐败工作。制定关于进一步落实党风廉政建设责任制的意见。推动民主评议政风行风工作向基层延伸，制定国有资金建设工程项目重大事项报告制度。加大查办违纪违法案件力度，抓好源头防腐治腐工作。

（王 芳）

塘沽区区级领导名录

中共塘沽区委领导名录

职 务	姓 名	性别	出生年月	民族	文化程度	籍 贯
书 记	苟利军	男	1953-05	汉	大学＊硕士	陕西商州
书 记	何立峰	男	1955-02	汉	研究生 博士	广东兴宁
副书记	张家星	男	1953-02	汉	研究生	天津市
副书记	冯宗英	男	1952-07	汉	研究生	河北东光
常委、区纪委书记、政法委书记	王玉燕	女	1952-01	回	研究生	河北沧州
常 委	刘玉友	男	1956-10	汉	研究生	天津市
常 委	王政山	男	1954-09	汉	研究生	河北黄骅
常委、组织部部长、统战部部长	刘明森	男	1957-12	汉	研究生	天津市
常 委	孙玉瑄	男	1958-06	汉	研究生	天津市
常委、区人武部部长	顾玉建	男	1958-03	汉	大 学	天津市
常委，公安塘沽分局党委书记、局长	吕长贵	男	1954-12	汉	研究生	天津市
常委、宣传部部长	杨培骥	男	1960-06	汉	大学＊研究生	江西丰城
常委、办公室主任	李伟成	男	1968-11	汉	研究生 双学士	湖南桃源

注：2009年5月，苟利军不再兼任塘沽区委书记，何立峰兼任塘沽区委书记。

塘沽区人大常委会领导名录

职　务	姓 名	性别	出生年月	民族	文化程度	政治面目	籍　贯
主　任	王　玮	女	1955-01	汉	研究生	中共党员	湖北孝感
副主任	张志龙	男	1952-01	汉	研究生	中共党员	河北黄骅
副主任	王殿起	男	1952-06	汉	大　学	民建会员	河北黄骅
副主任	张建军	男	1953-01	汉	大　学	中共党员	天津市
副主任	孙世明	男	1950-01	汉	研究生	中共党员	河北海兴
副主任	倪祥玉	男	1958-08	汉	研究生 硕士	中共党员	天津市

塘沽区政府领导名录

职　务	姓 名	性别	出生年月	民族	文化程度	政治面目	籍　贯
区　长	张家星	男	1953-02	汉	研究生	中共党员	天津市
常务副区长	刘玉友	男	1956-10	汉	研究生	中共党员	天津市
副区长	王政山	男	1954-09	汉	研究生	中共党员	河北黄骅
副区长	孙玉瑄	男	1958-06	汉	研究生	中共党员	天津市
副区长	吴庆云	女	1963-11	汉	研究生	中共党员	天津市
副区长	阳世昊	男	1967-07	汉	研究生 MBA	中共党员	湖南醴陵
副区长	罗家均	男	1964-01	汉	研究生	九三学社社员	湖北江陵
副区长(挂职)	路卓铭	男	1974-04	汉	研究生 博士	中共党员	山东无棣
区长助理(副区长级)	裴连祥	男	1954-03	汉	研究生	中共党员	河北丰润
区长助理(副区长级)	周云明	男	1963-09	汉	大　学	中共党员	天津市

政协塘沽区委员会领导名录

职　务	姓名	性别	出生年月	民族	文化程度	政治面目	籍　贯
主　席	谷正义	男	1950-07	汉	研究生	中共党员	河北丰南
副主席	赖德斌	男	1952-07	汉	研究生	中共党员	河北青县
副主席	张心德	男	1951-04	汉	大学＊硕士	中共党员	四川中江
副主席	张玉刚	男	1950-06	汉	大　学	中共党员	天津市
副主席	王学锋	男	1951-04	汉	大　学	中共党员	河北海兴
副主席	郭维丽	女	1962-03	汉	大学＊硕士	民盟盟员	安徽全椒
副主席	刘福林	男	1950-10	汉	大学 学士	民进会员	天津市
副主席	付玉成	男	1959-08	汉	大　学	民革成员	山东无棣
副主席	杨志刚	男	1958-10	汉	大　学	民革成员	河北丰润
副主席	董维忠	男	1961-11	汉	研究生 硕士	民建会员	天津市

注：名录中文化程度栏标有"＊"者，系指参加过研究生课程进修班学习。

（区委组织部提供）

大　事　记

1月

5日 塘沽社区学院揭牌成立。此为塘沽区第一所社区学院。

5-7日 政协塘沽区十二届三次会议召开。听取审议常委会工作报告和提案工作报告；政协委员列席区十五届人大四次会议；通过会议决议。市委常委、滨海新区工委书记、塘沽区委书记苟利军，市政协副主席曹小红出席并讲话。

6-8日 塘沽区十五届人大四次会议召开。听取审议区政府工作报告、区人大常委会工作报告、区人民法院工作报告、区人民检察院工作报告，审查批准区2008年财政预算执行情况和2009年财政预算草案的报告，通过相关决议。

17日 塘沽解放60周年纪念日，区委宣传部编辑出版《沽口丰碑》一书。

18日 中共中央政治局常委、国家副主席习近平视察临港工业区和响螺湾商务区规划展。市委书记张高丽，市委副书记、市长黄兴国，市委常委、滨海新区工委书记、塘沽区委书记苟利军陪同。

20日 新村街道办事处、临港工业区、滨海供电分公司被中央文明委确定为全国精神文明建设先进单位。

21日 塘沽区召开见义勇为表彰大会，为25名见义勇为人员颁发证书、奖章和奖金。

2月

4日 塘沽区人民政府第五次全体（扩大）会议召开。会议主题为"强信心、保增长、渡难关、上水平，努力实现经济社会又好又快发展"。区长张家星讲话。

5日 塘沽区委组织部与清

华大学党委组织部签署关于加强干部交流、人才引进工作协议。区委副书记、区长张家星,清华大学党委副书记史宗恺出席签约仪式并致辞。

13日 塘沽沿海出现风暴潮天气,最高潮位5.28米,为历史同期罕见。

17日 省委副书记、省长吕祖善率领浙江省代表团参观考察中心商务区和临港工业区规划建设情况。副市长熊建平,区委副书记、区长张家星陪同。

19日 中共塘沽区纪委十届七次全体(扩大)会议召开。区委常委、区纪委书记王玉燕作工作报告,区委副书记、区长张家星出席并讲话。

27日 京津城际铁路延长线于家堡中心站开工动员大会召开。市委书记张高丽出席并宣布开工,铁道部部长刘志军,市委副书记、市长黄兴国讲话。

3月

4日 塘沽区精神文明建设总结表彰大会召开。区委副书记冯宗英作工作报告,区委副书记、区长张家星出席并讲话。会上宣布荣获全国和天津市精神文明创建工作先进称号的集体和个人名单并颁奖。

7日 天津市第五中心医院北大专家门诊日启动,北大医学部派出11个学科的15名全国知名专家应诊。

12日 公安塘沽分局警方快速反应巡逻队成立。

18日 越南共产党代表团一行参观考察临港工业区和响螺湾商务区。副市长王治平陪同。

26日 塘沽区组织各街道、企事业单位开展社会治安综合治理宣传日活动。

28日 塘沽区组织干部群众开展"同在一方热土、共建美好家园"义务植树和环境万人清整活动。3000多名干部群众参加义务植树劳动。

4月

1日 公安塘沽分局出入境接待大厅启用并揭牌。

8日 国防大学政委童世平一行到塘沽区考察。市委常委、天津警备区司令员王小京,政委谢建华,区委副书记、区长张家星陪同。

10日 塘沽区与中国冶金科工集团就西部新城起步区还迁房建设项目签署合作协议。

14日 中央党校副校长孙庆聚、李书磊一行到临港工业区考察。副市长张俊芳陪同。

18日 天津滨海网球学校建成投入使用。是塘沽区第一所按照国际标准建造的专业网球学校。

19日 交通运输部部长李盛霖到塘沽区考察。市委常委、滨海新区工委书记、塘沽区委书记苟利军,副市长只升华,区委副书记、区长张家星陪同。

22日 中国地质大学滨海研究院落户临港工业区框架协议签字仪式举行。

27日 北京军区副政委黄建国率领军区师以上领导干部理论集训班成员到塘沽区参观考察。

同日 省委书记、省人大常委会主任陆浩,省委副书记、省长徐守盛率甘肃省党政代表团到塘沽区参观考察。市委常委、塘沽区委书记苟利军,副市长李文喜,区委副书记、区长张家星陪同。

28日 中粮·天津粮油综合基地项目在天津临港工业区奠基。主要包括蛋白饲料加工项目、前沿码头项目、仓储项目及相关配套设施等,总投资额超过40亿元。

4月28日–11月23日 塘沽区举办第14届海门艺术节活动。包含"红色的旋律"、"开放的塘沽"、"青春的交响"、"激情的社区"、"七彩的生活"、"希望的田野"和"美丽的夕阳"七大主题,直接或间接参与近50万人。

本月 塘沽区北塘海鲜产业协会成立。

5月

1日 塘沽区举办青年集体婚礼,50对新人及亲友团参加活动。

同日 "北塘开发杯"中美划水对抗赛在海河外滩水域举行。

8日 中共中央政治局委员、国务院副总理张德江到塘沽区考察。市委副书记、市长黄兴国,副市长王治平陪同。

12日 塘沽区党政领导干部会议召开。市委常委、组织部部长史莲喜宣布市委关于塘沽区主要领导职务调整的决定。市委副书记何立峰兼任市委滨海新区工委书记、塘沽区委书记，苟利军不再兼任市委滨海新区工委书记、塘沽区委书记。

16-22日 塘沽区举办主题为“科学发展在我身边”的第23届科技活动周活动，在全区范围内组织开展三大系列、九项区级重点活动和百余项系列活动。

18日 天津临港工业区渤化永利热电有限公司进行烟囱内筒安装作业时发生坠落，导致12人死亡、11人受伤。

22日 天津滨海生态农业科技园区项目开工。副市长李文喜，市农委主任张国庆，区长张家星出席开工仪式。项目总投资6.7亿元，占地3.89平方公里。

6月

6日 塘沽区西部新城起步区一期还迁住宅工程奠基。西部新城起步区社区服务中心工程竣工。

7-8日 塘沽区3651名考生参加2009年全国普通高校招生统一考试。文史类1199人，理工类2452人，考场122个。

10日 于家堡金融区举行首期进驻企业合作签约仪式，澳洲宝泽集团、海协信托、船舶基金、文化艺术品交易所等企业、金融机构签署入驻协议。市委常委、副市长崔津渡出席签约仪式。

15日 京津城际高铁于家堡中心站二期房屋拆迁启动，涉及向阳楼等10个小区105栋楼5602户居民。

29日 占地1.5平方公里、总投资近100亿元的海油工程临港工业区基地项目落户。

7月

6日 全国首座自主开发、设计、制造并建设的整体煤气化联合循环发电系统(IGCC)示范工程华能天津IGCC示范电站在临港工业区举行开工奠基仪式。

15日 津晋高速公路天津段港塘互通立交桥A匝道桥倒塌，5辆货车坠落，造成6人死亡、7人受伤。

17日 塘沽区举办形势政策报告会，邀请著名军事专家、国防大学教授乔松楼少将作周边环境与国家安全专题报告。

23日 中共塘沽区委十届十一次全体(扩大)会议召开。市委副书记、塘沽区委书记何立峰主持并讲话，区委副书记、区长张家星传达有关会议精神并作上半年工作报告。

26日 作为“中国俄罗斯语言年”系列活动的一部分，俄罗斯国立尤克斯歌舞团到塘沽区巡演。

30日 塘沽区人民政府第六次全体(扩大)会议召开。常务副区长刘玉友通报上半年工作情况，区长张家星讲话。

8月

7日 中共塘沽区委召开常委扩大会议，传达学习胡锦涛总书记关于天津工作和滨海新区开发开放的指示精神和“五个下功夫、见成效”的具体要求。区委副书记、区长张家星主持会议并讲话。

8日 塘沽区全民健身展示活动在塘沽体育场举行，以纪念全国首个“全民健身日”及北京奥运会开幕一周年。

13日 铁路和谐型大功率机车天津检修基地落户临港工业区并举行开工动员大会。市委书记张高丽出席并宣布开工，铁道部部长刘志军，市委副书记、市长黄兴国讲话。

14日 在全国第七届“人民满意的公务员”和“人民满意的公务员集体”表彰大会上，塘沽区行政许可服务中心被授予人民满意的公务员集体荣誉称号。

22-23日 全国医药卫生行业EMBA高级论坛在塘沽区召开，主题为“医药卫生体制改革与医院管理”。

28日 北塘地区综合开发建设启动。市委副书记、滨海新区工委书记、塘沽区委书记何立峰，副市长熊建平为北塘开发建设指挥部揭牌。

31日 响螺湾商务区新兴重工大厦项目签约仪式举行。项目建筑面积1.17万平方米，总投资额近8亿元。

9月

5日 国土资源部党组副书记、副部长鹿心社率“推进土地管理制度改革”省部级干部专题研讨班学员到塘沽区参观考察。市委副书记、滨海新区工委书记、塘沽区委书记何立峰，副市长熊建平，区委副书记、区长张家星陪同。

17日 塘沽区庆祝中华人民共和国成立60周年“歌唱祖国、唱响红歌”群众歌咏大赛决赛在塘沽大剧院举行，同时选送节目《共和国选择了你》参加天津市群众歌咏大会。

19-25日 由塘沽区档案局主办、新村街等8个街道协办的庆祝新中国成立60周年家庭档案展览活动举行，集中展示2009年塘沽区家庭建档工作成果。

26日 首都机场滨海新区城市航站楼在天津滨海客运总站落成投入使用。为北方地区唯一一家异地航站楼。

10月

5日 天津海河旅游节开幕，“塘沽杯”海峡两岸香港高校赛艇挑战赛暨北大清华赛艇邀请赛在海河外滩公园举行。

14日 省委书记、省人大常委会主任赵洪祝率浙江省党政代表团到塘沽区参观考察。市委副书记、市长黄兴国陪同。

21日 塘沽西部新城起步区基础设施BT项目签约。该项目占地26.27万平方米，总投资2.77亿元。

22日 中共塘沽区委十届十二次全会召开。区委书记何立峰主持并讲话。审议通过《中共塘沽区委关于加强和改进新形势下党的建设的实施意见》和《中国共产党塘沽区第十届委员会第十二次全体会议决议》。

27日 金光集团临港粮油食品加工项目签约仪式举行，区委书记何立峰会见金光集团中国食品部总裁李东一行。该项目一期投资1.5亿美元。

11月

7日 塘沽区举办首届师生读书节活动，师生“读书工程”同时启动。

10日 四川省委常委、成都市委书记李春城率成都市党政代表团到塘沽区考察。副市长李文喜，区委副书记、区长张家星陪同。

15日 太重集团重型装备制造基地项目在临港工业区开工建设。天津市副市长王治平、山西省副省长陈川平出席开工仪式。该项目先期投资20亿元，建设周期为3年。

20日 塘沽区总工会在新港街道新开里社区举行困难职工帮扶站成立暨揭牌仪式。

22日 横跨海河下游、连接于家堡金融区和响螺湾商务区的海河开启桥主体完工。海河开启桥合龙暨开启仪式举行。市委副书记、滨海新区工委书记、管委会主任、塘沽区委书记何立峰宣布海河开启桥开启。

27日 塘沽区举行第六届专业技术拔尖人才和优秀知识分子表彰大会，对18名专业技术拔尖人才和86名优秀知识分子进行表彰。

12月

3日 中共天津市塘沽区代表会议召开，选举产生塘沽区出席中共天津市滨海新区第一次代表大会代表170人。区委副书记、区长张家星讲话。

同日 新村街道办事处、滨海之声爱心车队、大明科贸发展有限公司在全国志愿者服务年会上分获全国志愿服务工作先进集体、全国志愿服务品牌项目、全国志愿服务贡献奖荣誉称号。

4日 塘沽区开展“12·4”法制宣传日大型法制宣传咨询活动。

14日 占地5.8万平方米、总建筑面积3.1万平方米的潮音寺保护开发建设工程开工。

16日 塘沽招标采购融资合作协议签字暨中国农业银行小企业金融服务中心揭牌仪式举行。

17日 总投资12亿元的印尼春金集团棕榈油加工项目落户临港工业区。市委副书记、滨海新区工委书记、管委会主任、塘沽区委书记何立峰，春金集团董事长林益建出席签约仪式。

21日 华锐风电天津临港装运基地项目签约。市委副书记、市长黄兴国，市委副书记、滨海新区工委书记、管委会主任、塘沽区委书记何立峰，华锐风电科技有限公司董事长、总裁韩俊良出席签字仪式。

26日 滨海新区于家堡金融区起步区一期工程“9+3”项目开工建设，9个新的投资项目同时签约。市委副书记、滨海新区区委书记何立峰，市委常委、副市长崔津渡，塘沽区区长、党组书记张家星出席开工仪式。

27日 中国共产党天津市滨海新区第一次代表大会召开。市委书记张高丽出席并讲话，市委副书记、市长黄兴国，市人大常委会主任刘胜玉，市政协主席邢元敏出席。市委副书记、滨海新区区委书记何立峰作报告。

28日 塘沽区被科技部确定为第三批国家科技进步示范县（市），是天津市首个获此荣誉的区县。

31日 由中钢集团天津地质研究院有限公司和深圳市4家珠宝专营公司共同出资建立的天津北方黄金珠宝园项目，在海洋高新区举行奠基仪式并开工建设。

（蔡　玮）

党　务

组织工作 2009年，塘沽区委组织部加强领导班子和干部队伍建设。制定下发《塘沽区2009-2012年新一轮大规模培训干部工作的实施意见》和《塘沽区2009年干部教育培训计划》。举办5次“一把手”专题讲座，培训干部1500余人。举办4期处级干部政治理论进修班，抽调200余名干部到区委党校进行为期1个月的学习培训。会同区妇联举办1期女干部培训班，300余人参加培训。抓好第17期青年干部培训班实践锻炼。选派57名处级干部、60名科级干部和60名处级后备干部，组成6个“保增长、渡难关、上水平”服务工作组。配合滨海新区工委组织部，为滨海新区市容环境综合整治总指挥部抽调9名干部。加强街镇工作力量，为每个街镇选派11名挂职干部。为北塘开发建设指挥部选派11名干部。

（张继文）

宣传工作 2009年，塘沽区委宣传部做好宣传报道工作，把握新闻舆论导向。组织召开12次新闻要点通报会，起草下发12个新闻宣传意见，强化新闻单位组织管理。深化“三项学习教育”（“三个代表”重要思想、马克思主义新闻观、职业精神职业道德学习教育）活动成果，举办全区新闻记者培训班，提高编辑、记者队伍政治素质和业务技能。累计邀请20余家国家级和市级新闻媒体记者到区举办座谈会，加强与国家级和市级新闻媒体沟通合作，密切与滨海新区各单位的新闻交流与合作，拓展完善对外宣传工作网络。强化出版物市场日常监管，组织开展集中检查行动，严厉打击侵权盗版行为，确保全区出版物市场繁荣稳定和健康有序。

（蔡　玮）

反腐倡廉宣传教育 2009年，塘沽区纪检委落实市纪委关于开展“作风建设年”以及“做党的忠诚卫士，当群众的贴心人”主题实践活动部署，以处级领导干部为重点教育对象，将教育领域和教育重点延伸到全区科级领导干部，组织重点领域、重点部门、重点岗位掌握实权的300余名科级领导干部，集中开展“加强作风建设，筑牢拒腐防线”教育活动。会同区委组织部举办塘沽区党政正职领导干部培训班，邀请清华大学教授作《廉政与勤政建设》专题辅导讲座，结合典型案例，从战略管理和运营管理两个层面，对加强廉政勤政建设重要性以及如何加强廉政勤政建设深入讲解，260余人参加培训。

（张继文）

统战工作 2009年，塘沽区委统战部围绕应对国际金融危机，认真调研，积极谏言献计出力。组织召开民主党派服务民营经济座谈会、经济形势报告会等。各民主党派组织开展深入重点区域和民营企业调研、咨询和义诊服务活动。深入企业调查研究，掌握第一手资料，针对存在的问题，提出解决问题的建议和办法。提高民营企业人才素质，在中央社会主义学院举办塘沽民营企业厂长和经理培训班。成立塘沽区民营企业女企业家委员会，针对女企业家特点，开展培训和企业互访活动，为企业之间优势互补、互惠双赢、共同发展创造条件。

（张继文）

政　务

第二次土地调查 2009年，按照天津市国土资源和房屋管理局统一部署和要求，塘沽区完成284.47平方公里土地调查工作，其中集体土地117.09平方公里，国有土地167.38平方公里。集体土地涉及33个自然村274宗，其中249宗土地经调查、核实、协调，达到权属明确，界址清楚。核发集体土地所有权证，发证率91%。国有土地518宗，其中，公路用地55宗，权属界址全部确认；河流占地94宗，确认权属界址86宗；其他国有土地369宗，已登记298宗。组织开展城镇地籍调查，核定工作范围，划分街坊界线，1:500工作底图修测完毕，各类土地面积类别的数据汇总成果如期上报，合格率100%。按照全国第二次土地调查成果，全区土地总面积790.24平方公里（含天津经济技术开发区和天津港保税区，不含围海造陆面积），土地分类及面积按地类划分：农用地164.51平方公里，建设用地486.84平方公里（含盐田），未利用地138.89平方公里；按权属性质划分：国有土地673.29平方公里，集体土地116.95平方公里。

（王 芳）

法制工作 2009年，区政府法制办制定《塘沽区全面推进依法行政工作实施方案》，明确工作目标和工作责任，提高依法行政能力。制定《塘沽区依法行政考核办法》及《依法行政考核目录》，强化对行政执法部门、综合管理部门和各街道乡镇的考核。加强行政复议工作，做好行政诉讼和应诉工作，实现行政复议结案率100%。

（蔡 玮）

信访工作 2009年，区委、区政府信访办公室研究制定《塘沽区领导干部定期接待群众来访实施办法》，推动党政领导干部接访、下访工作制度化、规范化。制定《塘沽区矛盾纠纷排查化解工作实施办法》，推动矛盾纠纷排查化解工作向深层次、宽领域发展。配合成立公安塘沽分局驻行政许可服务中心治安办公室，制定《处置到区机关门前上访专项工作的实施办法》和《工作规程》，减少上访群众围堵区机关的情况。开展“信访积案化解年”活动，确定17件突出问题，启动第五轮区级领导包案处理工作并在区信访稳定工作会议上现场交办。启动第六轮领导包案处理工作，交办问题19件。

（蔡 玮）

人事人才工作 2009年，塘沽区人事局搞好人事人才服务。赴清华大学开展以“激情塘沽三十年、再续滨海谱新篇”为主题的人才智力引进与科技项目合作交流活动，35家企业提供招聘挂职岗位117个，项目需求8个。接受学生咨询1228人次，接收简历近900份；27名毕业生签订工作协议，5家企业的5个科技项目分别与清华大学达成合作协议。4月14日，组织17家企业赴天津大学开展校园专场招聘活动，提供招聘岗位120个，接受学生咨询924人次，接收简历751份，与18名毕业生签订工作协议。公务员招考录用博士研究生1人、硕士研究生17人，事业单位招聘录用硕士研究生7人。全年引进高层次人才64人。

（张继文）

政 法

平安创建工作 2009年，区委政法委完成49个委、局、街镇向区委、区政府递交年度社会治安综合治理目标责任书工作。对区直、区属121个部门和单位党政主要领导和分管领导建立抓综合治理和维护稳定考核工作档案。组织开展大走访活动，深入450家企业、2730户居民家庭座谈，

清华大学塘沽区专场人才招聘会现场

了解企业和社区存在的主要治安问题，了解企业职工和居民群众关注的治安热点、难点问题，指导企业和社区有效加强治安和维护社会安全稳定工作。率先推出《安全防范招法100例》宣传挂历，春节前夕组织开展平安春联大赛，征集天津、安徽、河北等地作品291件。利用《致广大人民群众一封信》、张贴社区居民安全防范警示语宣传画、发放“创建平安塘沽，有我一份责任”宣传环保购物袋和宣传单等方式，不断扩大宣传覆盖面。

（张继文）

刑事案件侦破 2009年，公安塘沽分局将侦破“八类案件”（杀人、纵火、投毒、抢劫、强奸、绑架、爆炸、故意伤害）尤其是命案侦破、打黑除恶、打击“两抢两盗”、打击盗窃自行车违法犯罪作为主攻方向，坚持领导下沉，靠前指挥，全警联动，打防结合，相继破获“1·25”故意杀人案等一批恶性案件和一大批抢劫、抢夺、入室盗窃、盗窃自行车等侵财类案件，打掉杨小东黑社会性质犯罪团伙和宋百龙等6个恶势力犯罪团伙。全年破获各类刑事案件192起，查获各类治安案件1787起，抓获各类违法犯罪嫌疑人348人，抓获网上逃犯70人。“八类案件”破案率80%，命案侦破率100%。

（张继文）

打击刑事犯罪 2009年，塘沽区检察院批准逮捕各类刑事犯罪嫌疑人799人，提起公诉853人，法院判决695人。批捕案件准确率100%，起诉案件准确率99%以上。依法严厉打击黑恶势力犯罪、严重暴力犯罪和毒品犯罪。批捕一起结伙特大贩卖毒品案件，案件涉及冰毒数量之大在塘沽区属首例。坚持重大、疑难案件引导侦查制度，适时介入命案及其他重特大刑事案件侦查活动40次，参与杀人等重大刑事案件现场勘察20次。正确适用宽严相济的刑事司法政策，对社会危害不大的未成年人犯罪、初犯、偶犯、过失犯罪，实行教育、感化政策，予以挽救。

（张继文）

案件审理 2009年，塘沽区法院紧扣“人民法官为人民”主题实践活动，履行宪法和法律赋予的职责。受理各类案件12046件，审（执）结10775件，比上年分别提高7.8%和5.5%；结案率89.4%。其中，受理刑事案件722件，结案636件1166人。受理民商事案件7826件，结案7181件，结案率91.8%；调解撤诉4568件，调撤率63.6%。受理非诉行政执行案件174件，审查结案173件，结案率99.4%。受理行政诉讼案件71件，结案40件，结案率56.3%。受理执行案件3021件，结案2548件，结案率84.3%，执行完毕率49.6%，执结标的2.3亿元。区法院荣立市法院系统集体二等功，中心人民法庭荣立市法院系统集体一等功。

（张继文）

“法官进社区”活动

法律援助 2009年，塘沽区司法局加大《法律援助条例》及相关法规宣传力度，不断提高法律援助质量和办案水平。法律援助中心接待法律咨询3000人次，代书211件，承办或委派各类法律援助案件120件，当事人满意率100%，扩大法律援助范围，增加对农民工工资拖欠、交通事故案件、劳动模范、低保边缘户等提供法律援助的内容。发挥法律援助协会作用，提高社会各界参与法律援助的积极性。

（张继文）

人民团体

工会扶贫助困 2009年，塘

沽区总工会加强困难职工帮扶中心建设，成立法律援助工作站，为6家困难职工帮扶分中心挂牌。加大重要节日帮扶慰问力度，对24户困难职工、单亲困难女职工、困难劳模、困难教师家庭入户慰问，向150多名困难职工发放慰问金和物品。全年，区工会系统发放款物210余万元，慰问困难企业23家，慰问职工4159户，为512人提供就业培训，为5140人提供医疗救助。开展“金秋助学”活动，为248人提供助学帮扶，与困难职工结对子149对。

（张继文）

团委志愿服务 2009年，共青团塘沽区委及各级团组织积极参与社会管理和公共服务。3月3日，与新村街道办事处、区青年协会共同主办“志愿塘沽1+1”全民志愿行动周，开展为期3天的志愿服务行动，广大志愿者走进社区、学校、车站、公益场所，开展助老、助学、助幼帮扶及社区美化、公益宣传、志愿者招募等活动。12月5日，与区青协在解放路步行街举办“春暖2009”塘沽青年公益主题行动暨“文明有我”志愿服务集中行动日活动，并陆续扩展到街道、社区、农村、建设工地。组织部分学校开展卫生死角大清扫、环境美化等城市清洁志愿服务；组织卫生、环保、工商、税务、消防、交通等单位开展宣传普法活动；组织街道志愿者深入社区、农村，开展送医送药、手语普及、合法权益维护等服务；组织社会志愿者进敬老院、阳光家园，开展爱心陪护、房间整理、健康体检等志愿服务。

（张继文）

妇联“半边天家园” 2009年，塘沽区妇联“半边天家园”指导站项目被列入20项民计民生工程，区委、区政府拨付专项资金100万元。区妇联为每个指导站配置启动资金3万元，各街镇配比建设资金1万元，用于指导站硬件设施配置和家园装修装饰。全区建立“半边天家园”指导站11个，包括1个区级指导站和10个街级指导站。8月4日，塘沽区第一个家园指导站大沽街“半边天家园”指导站成立。解放路街、三槐路街、胡家园街、新河街、杭州道街相继成立。其中，11月26日启用的杭州道街道“半边天家园”指导中心使用面积1050平方米，为全区街级“半边天家园”中使用面积最大、功能最全、服务项目最多的综合性指导中心，负责13个社区“半边天家园”建设指导工作。12月31日，“半边天家园”区级指导中心在新村街滨海龙都社区启动。“半边天家园”建设中，区妇联打破利用妇联或社会上极少量资金开展工作的旧模式，搭建新的工作载体，成立区、街、居三级“半边天家园”工作领导小组，形成三级管理网络。

（张继文）

塘沽区半边天家园区级指导中心

渔农业

概况 2009年，塘沽区渔农业总产值2.71亿元，增加值1.05亿元。乡镇企业总产值30.6亿元，增加值8.85亿元；规模企业32家，总产值13.7亿元。水产品总产量1.48万吨；肉类产量4837吨。落实区委《关于进一步深化农村改革，加快农村城市化建设的实施意见》，主要领导亲自抓农村城市化建设，实现工作重心向农村城市化转移，农村城市化建设取得新突破。

（张继文）

种养林业兼顾发展 2009年，塘沽区完成播种面积2718.9公顷。其中，粮食作物种植

714.33公顷,产量3045吨;棉花等经济作物种植1305.33公顷,总产1606吨;蔬菜播种699.24公顷,产量35571吨;农村植树10.6万株,绿化面积88.27公顷,完成任务的132%;其中防护林57.67公顷,经济林30.6公顷。参加义务植树0.3万人,植树3.2万株。完成美国白蛾和豹蠹蛾等蛀干害虫防治工作,重复防治面积2526.67公顷;全区畜牧业产值1.14亿元。

(张继文)

农业项目建设 2009年,天津滨海生态农业科技园区10万平方米智能温室开工建设。天津滨海生态农业科技园区是有效节约利用土地、发展现代化都市化农业、实行工厂化管理、为农村城市化农用地征为国有后生产经营管理的创新模式,是为农村城市化人员创造就业岗位,为城市服务的新载体。年内,该项目启动核心区建设,完成投资9956万元。

(张继文)

水产品养殖 2009年,塘沽区水产品产量1.48万吨,产值1.77亿元,其中,海洋捕捞产量8725吨,产值5309万元;海水养殖产量2540吨,产值8803万元;淡水养殖产量3535吨,产值3388万元。水产育苗145.5万尾,产值203万元。推动诺恩公司建设的国家级花鲈原种场和金豚公司建设的国家级红鳍东方鲀良种场建设。

(张继文)

工　业

海晶集团经济指标创新高 2009年,天津长芦海晶集团有限公司完成工业总产值(不变价)7.53亿元,比上年增长12.9%;工业总产值(现价)8.50亿元,增长6.5%;主营业务收入(大口径)12.31亿元,增长20.67%;主营业务收入(工业)7.95亿元,增长13.52%;实现增加值6.60亿元,与上年基本持平;进出口贸易总额2328万元,增长35.3%;规模以上企业、国有及国有控股企业分别实现利润1880万元和2002万元,增长18.21%和19.08%;固定资产投资2.81亿元,增长27.5%;从业人员人均劳动报酬增长15.06%。

(张继文)

天津碱厂发展取得新突破 2009年,天津碱厂克服生产经营与基本建设交叉双重困难,实现新区建设与生产经营任务目标。工业总产值24.28亿元,增长10.54%;主营业务收入32.6亿元,增长7.92%;增加值6.78亿元,增长17.28%;进出口贸易额6.759亿元。主要产品纯碱完成82.97万吨,新区二期项目陆续启动,年产5万吨食用二氧化碳项目、年产2万吨药用小苏打和氯化铵项目进入工程设计阶段。老厂区发挥保证体系作用,累计签订自主知识产权技术开发合同额1.18亿元。完成具有自主知识产权技术的高压炉烟气脱硫改造项目。按照企业发展战略需要,运行95年的盐钙厂和运行30年的联碱装置停车,搬迁改造工程进入全面冲刺阶段。

(张继文)

大沽化工建设速度加快 2009年,大沽化工集团把优质稳健持续发展作为企业工作主线,完成工业总产值124.3亿元,比上年增长14.3%;主营业务收入141亿元,增长9.98%;增加值23.4亿元,增长16.98%;实现利润2.46亿元、利税4.81亿元。国有及国有控股口径实现利润1.058亿元、利税2.76亿元。加快新区建设,年产50万吨的苯乙烯项目建成试运行并打通工艺流程。年产40万吨的ABS项目进入土建施工阶段。配套工程项目重点子项目的土地处理、35公里长输管线、乙烯储罐、烧碱储运系统、公用工程等完成建设投入运营。完成公司未分配利润转增股本,股本总额由6.56亿元增至9.76亿元。公司被评为塘沽区十佳科技创新示范企业,

天津碱厂新区建设全景

"红三晶牌"商标被评为中国驰名商标。

（张继文）

新港船厂经营状况良好 2009年，天津新港船舶重工有限责任公司面对恶劣船市，经营人员密切跟踪船东订船信息，主动出击争订单。承接合同金额8.37亿元，特种船和高附加值船经营取得进展。12月下旬，凭借企业优良的技术、良好的市场信誉和滚装船建造的成功经验在竞标中胜出，与粤海铁路有限责任公司签订两条"粤海铁路渡轮"建造合同。军品开发取得进展，与河北、江苏武警边防总队签订5条"618B"建造合同，为开拓军工产品积累经验。

（张继文）

商贸旅游服务业

概况 2009年，塘沽区利用外资到位额3.92亿美元，比上年增长29.5%。内联引资到位额260亿美元，增长30%。新增民营经济注册资金68.13亿元，增长31.3%。批发零售业增加值22.9亿元，增长25%。社会消费品零售额150.34亿元，增长18.98%。完成商业固定资产投资3.03亿元。受国际金融危机影响，外贸出口完成17.4亿美元，降低47.43%。推进旅游资源开发，抓好旅游项目建设，举办旅游节庆活动，旅游经济实现快速发展。接待到塘游客860万人次，增长14.67%，旅游综合收入36亿元，增长20%，餐饮服务业增加值19.2亿元，增长25%。固定资产投资11284万元，增长74%。

（张继文 王 芳）

民营经济 2009年，塘沽区民营经济发展到21513户，从业人员69627人，累计注册资本金257.33亿元，比上年分别增长14.4%、10.8%和36%。其中，民营企业7168户，从业人员47170人，注册资金251.22亿元，分别增长5.2%、5.7%和47.8%；个体工商户14345户，从业人员22457人，自有资金6.11亿元，分别增长19.7%、23%和45%。全区新增民营经济注册资本金68.13亿元，增长31%。民营企业集团发展到17户；注册资金超亿元企业发展到39户，比上年增加14户；1000万元至1亿元企业发展到430户，增加52户。民营经济上缴税金28.6亿元，增长33%。区属63家无主管工业企业完成工业产值29.71亿元，增长8.5%。民营经济步入良性发展轨道。

（王 芳）

招商引资 2009年，塘沽区引进外资项目20个、外资增资项目8个。新批20个外资项目中，投资总额500万美元以上项目13个，占项目总数65%。8家增资企业中，投资额500万美元以上项目2个，占增资项目总数25%。内联引资项目108个，投资总额1亿元以上项目35个，占项目总数32.41%。实现到位额237.86亿元，占引资总额91.48%。

（张继文）

重点活动和重点项目 2009年，塘沽区按照市委、市政府统一部署和要求，筹备第16届"津洽会"布展、签约项目、重点项目推介等事宜，并获得最佳组织奖、最佳签约项目推动奖。通过与项目方配合，协调相关部门，为企业办理注册和备案等相关手续提供服务，督促项目落实，促成金天源和嘉富利酒店等项目顺利注册，协助壳牌石油、液化空气永利等项目办理增资手续，协助南瑞地产项目办结备案手续。为天碱苏威、澳大利亚宝泽、路博润等重点项目前期注册提供支持。接待台湾大润发集团、美国CIIT投资考察团、日本青森县八户市代表团、韩国地域发展委员会、福建南安市台胞台属投资考察团和以大岛利德先生为团长的日本经贸代表团。接待市经协办副主任王小平带队的天津市政府驻外地办事处考察团等多个考察团，陪同考察塘沽区重点招商区域，宣传招商载体及优惠政策。

（张继文）

假日经济 2009年，塘沽区经贸委抓好元旦、春节、"五一"黄金周、中秋国庆等节日市场部署和工作安排，了解掌握市场供应情况。10月1日至8日，全区商场、批发市场、超市实现销售额1.52亿元，比上年同期增长32.94%。其中金元宝商厦集团有限公司销售额6190万元，增长6.85%；中原新百滨海店销售额1267.7万元，增长53.50%；乐购塘沽店销售额888万元，增长31.5%；乐购福州道店销售额401万元，增长8.7%；华润万家超市销售额409.88万元，增长31.62%；人人乐超市销售额208.28万元，增长16.65%；易买得店销售额422万元，下降2.99%；金元宝批发市场交易额5440万元，增长89%。

（王 芳）

推进旅游业发展 2009年，塘沽区旅游局利用节庆假日，组织举办各种旅游活动。元旦期间，举办全国优秀健美选手展示表演活动。春节期间，推出“品海鲜 吃大餐”美食活动、“游民俗 赏文化”体验活动、“迎新春 逛美景”观光活动、“享优惠 淘欢乐”购物活动等系列旅游活动。5月至6月，举办塘沽开海旅游节系列活动，包括“北塘开发杯”中美滑水明星对抗赛、“塘沽邀您来看海”——乘高铁游滨海踏青活动、首届天津滨海新区商务交流及旅游大使评选活动、“北塘出海当渔民”体验活动、“百年海河”巡游活动、“虾肥蟹美品海鲜”美食活动、“体验滨海”购物酬宾活动、“天津保税区车展”观赏活动、“赶海拾贝”休闲活动以及“美丽塘沽”旅游摄影大赛等。“十一”黄金周，推出“塘沽杯”海峡两岸香港高校赛艇挑战赛暨北大清华赛艇邀请赛、“北塘风情游”、“渔家秋趣游”、“港口观光游”、“海河新貌游”、“大沽烟云游”、“新区购物游”、“滨海休闲游”八大系列旅游活动。推进重大旅游项目建设。天津极地海洋世界项目开工建设至主体三层。大沽口炮台遗址保护区建设项目遗址区考古勘探工作完毕，布展大纲通过专家论证，完成大沽口炮台遗址博物馆施工设计。北塘海鲜街建设项目以突出“北塘海鲜”为特点，是集海鲜批发展售、海鲜品尝为一体的综合性海鲜城，8月建成开张纳客。

（蔡 玮 王 芳）

功能区建设

临港工业区 天津临港工业区位于海河入海口南侧滩涂浅海区，一期规划面积约80平方公里，始建于2004年。2009年，中共中央政治局常委、国家副主席习近平，中共中央政治局委员、国务院副总理张德江等党和国家领导人先后视察临港工业区，对临港工业区开发建设给予充分肯定和高度评价。120余名国家有关部委、市委、市政府、外省市的部级领导先后到临港工业区视察或参观考察。全年固定资产投资220亿元，比上年增长22.2%。围海造陆60平方公里，土地固化处理40平方公里，实现工业产值60亿元，港区吞吐量1000万吨。港区码头和航道建设取得成效。5万吨航道得到国家批复。建成3个5万吨级散杂货码头和1个5万吨级液体化工码头，累计建成10个码头泊位，全年货物吞吐量突破1000万吨。10万吨航道疏浚工程启动，10万吨粮油码头得到国家批复。基础设施和市政建设稳步推进，配套设施保障施工生产。围海造陆形成规模。至年底，外围护岸基本形成，累计建设防波堤、围堤、隔堤122.6公里，围合海域63平方公里，形成岸线22.5公里。按照保生产、保签约、保建设、保试车、保达产的总体思路，全面推进项目建设。至年底，投产企业完成产值60亿元，产生综合税收6亿元。渤化集团天津碱厂等项目进展顺利。招商引资项目102个，累计招商引资额1700亿元。

（王 芳）

中心商务区 滨海新区中心商务区位于塘沽区中部，面积

于家堡金融区起步区开工奠基仪式

23.46平方公里，始建于2007年。2009年，中心商务区开发建设进度加快，规划设计、拆迁和土地整理、响螺湾商务楼宇建设、于家堡金融区起步区建设、基础设施建设、还迁房建设、招商引资等工作顺利展开并取得良好进展，完成固定资产投资104亿元。39个项目48栋楼宇全部施工建设，总投资420亿元，完成投资65亿元。于家堡金融区起步区1平方公里建设全面启动，12个项目开工建设。路桥等基础设施建设全面展开，海河开启桥工程完成试开启，京津城际高铁于家堡商务中心站开工建设。中心商务区第一阶段居民拆迁工作全面完成，收购收回126家企事业单位土地，完成天津港港埠三公司、于家堡海关等单位搬迁，拆除各类建筑105万平方米，整理土地560万平方米。

（王　芳）

海洋高新区　塘沽国家海洋高新技术产业开发区位于塘沽区中部偏北，规划面积44.5平方公里，始建于1992年。2009年，海洋高新区重视规划和土地工作，加强基础设施建设与环境综合整治力度，扶持科技创新，保障安全生产。实现增加值125亿元，比上年增长25%；实现税收20.6亿元，增长25%；固定资产投资26.3亿元，增长60%。新注册内资企业22家，外资企业4家。完成内联引资额52.7亿元，实际利用外资额7894万美元。新开工项目8项。完成控制性详细规划编制。聘请美国世邦魏理仕公司(CBRE)和RTKL国际建筑设计事务所完成城市设计和功能定位研究，确立“两轴、一带、一核心、六园”的功能布局，建成规划沙盘和展厅。委托中国城市规划设计研究院和渤海规划设计院进行交通系统规划。完成6.8平方公里土地征转手续。开展规划区域国有土地权属调查，建立翔实完善的国有土地房产管理数据库。24家企业被认定为高新技术企业，5家企业成为市级企业技术中心。受理专利162项，其中发明专利62项。创业服务中心完成技工贸总收入1.9亿元，增长34%。滨海创新创业园引进投资项目25个，总体出租面积12.6万平方米，企业入驻率62%。

（蔡　玮）

北塘开发建设　2009年8月，北塘片区建设开发指挥部成立。北塘片区开发建设，围绕构筑高端产业、自主创新、生态宜居3个高地目标，不断调整完善整体规划设计方案，控制性详细规划通过审批，总体城市导则、景观环境规划、修建性详细规划基本完成。8023户居民拆迁、122处公建单位和843间违章建筑拆除工作进入尾声，完成土地收储512万平方米。黄海路、洞庭路、北塘大街等道路工程进展顺利，京津高速公路北侧、永定新河南侧、迎宾岛等绿化工程开始施工。集装箱北塘海鲜街一期项目建成开业，特色旅游区、北塘小镇和还迁居住区等项目全面启动。

（王　芳）

城市建设与管理

概况　2009年，塘沽区加快生态宜居建设，提升城市载体功能。更新规划设计理念，完善规划编制体系，提高规划的科学性和可操作性。完成城市总体规划修编。强化土地资源和海域使用管理。参与海河大桥复线桥、中央大道海河隧道以及海防路、塘汉路等路桥拓宽改造。改善投资环境，取消海河大桥、海门大桥通行收费。实施新一轮市容环境综合整治，完成新洋市场和新港街道社区服务中心周边整体环境整治。园林绿化、夜景灯光、交通设施水平全面提升。建设数字化城市管理平台，推行城市网格化管理。

（王　芳）

基础设施建设　2009年，塘沽区参与海河开启桥、海河大桥复线桥、中央大道海河隧道、京津城际高铁延长线于家堡站建设和海防路、塘汉路、新北路等道路拓宽改造。组织建设京山南道、塘汉路与京津塘二线连接线、体育休闲生态园道路。新建天山道、泰山南道、丹江路等武警五支队周边地区道路和排水设施。优化西部新城起步区基础设施规划，采取BT模式加快路网、管网建设，完成还迁房区域海兴路、振飞路等4条主干路施工，新增道路14.7万平方米，敷设水、电、气等综合管线72公里，完成水系、道路绿化19万平方米。委托桥梁专业检测机构，对运营中的桥梁进行结构安全检测，加固维修北塘大桥、汉北桥主体和桥面。采取BOT方式，启动建设南排河污水处理厂。完成北塘污水处理厂项目可研报告和环评报告书。

（王 芳）

实施重点生态工程 2009年，塘沽区组织大沽排污河（塘沽段13.3公里）综合整治，清淤230万立方米。按照疏林草地和盆景艺术有机融合的绿化模式，强调绿化的层次感、厚度感，高标准完成津滨、京津塘高速延长线绿化景观改造提升工程，补栽乔木1.48万株、灌木2.14万株，改造绿地3686平方米。深化森林公园总体规划设计，加快建设门区特色景观，栽植特色乔木和花灌木2万余株，挖湖3万平方米。建设园内桥梁28座、道路19公里，游船、码头等公共服务设施陆续添置。滨海湖建设进度加快，补植树木4.36万株，改造苇台2400米。铺设牡蛎岛亲水栈道，新建景观亭台和荷花池2000平方米。完成水、电、气等基础设施和北部环境改造工程。

（王 芳）

推进民生工程建设 2009年，塘沽区推进民生工程建设。实施天然气储气装置搬迁工程，完成75个新型高压地下储气装置主体施工，工艺管道施工进入收尾阶段。建成附属厂房、综合办公楼、裙房室等附属设施。推动住宅建设，在建面积533万平方米，开工150万平方米、竣工220万平方米。本着远近结合、规划衔接的要求，扩建新港锅炉房，改造一批供热设施，完成供热节能改造40万平方米，补装西小庄、治国里等20个住宅小区1000余户暖气，改造三星里等小区室内供暖系统，受益群众2.58万户。组织实施悦海园、和平里、仕嘉花园自来水抄表到户，惠及1659户居民。改造、补建临开里、宏达园等住宅小区路灯548套。完成六道沟6557户居民液化气转换天然气工作，实现网管切换和入户点火。深化公交管理体制和运营机制改革，成立改制领导小组，制定实施方案，资产合并进入实施阶段。车辆采购工作依照有关程序进行，以调整线路布局，裁弯取直、压缩非直线系数，完善智能化服务设施建设为重点的公交规划完成。

（王 芳）

城市拆迁还迁 2009年，京津城际高铁于家堡商务中心站一期拆迁工程涉及的1200余户居民1月底全部搬迁完毕。涉及5600余户的高铁二期拆迁工作6月启动，年底前基本完成。北塘地区房屋拆迁工作4月启动，一期2700户搬迁率99.5%。加大于家堡还迁房建设工程管理力度，严格工程管理，采取多项措施，加强安全生产工作。于家堡还迁房项目主体全部封顶，确保按时建成56万平方米还迁房，让拆迁户早日住上放心房。4月开始进行于家堡一期还迁张榜公示工作，利用报纸、广播、电视等形式广泛宣传。10月12日至12月11日，进行还迁群众选房工作，被拆迁人基本选定还迁安置房。

（王 芳）

城市绿化建设 2009年，塘沽区新建绿地面积28.76万平方米，改造绿地面积70万平方米，全区绿地建设200.36万平方米。植树24.26万株。加大大树栽植力度，引进高大乔木，栽植银杏、构树、桑树等1500余株，迁移区内大树1300余株。对新港路等10余条道路绿化改造，对街头小游园、花池、边角空地立体绿化，完成中央大道等5条道路3公里绿化建设。引进新型花盆900余个，组合成花球、花柱等新颖花卉景点，分别摆放在世纪广场等处。全年栽植、摆放花卉220万盆，更换花球、地球300余个，悬挂灯杆花球85个。

（王 芳）

环境保护

概况 2009年，塘沽区环境保护局采取有效措施，提高工作效率和服务水平。生态城区创建取得长足进步，污染减排取得显著效果。严格执行建设项目环境准入制度。审批建设项目168

个，投资 170.87 亿元，其中环境保护投资 3.66 亿元。通过验收项目 68 个，投资 16.78 亿元，环保投资 8706.8 万元。全区环境质量明显改善，经市环保局监测中心核定，塘沽区有效监测天数365天，环境空气质量二级和优于二级天数 330 天，比上年增加 1 天，环境空气质量达标率90.4%，其中一级天数 93 天，占有效监测天数 25.5%，为 2000 年以来最好水平。区环保局荣获中国环境报宣传工作先进单位、天津市中小学幼儿园环保系列比赛活动优秀组织单位等荣誉称号。

（王　芳）

生态区创建　2009 年，区政府下发《塘沽区创建生态区实施方案》，制定《生态区建设目标责任考核办法》，要求各相关责任部门尽快落实实施方案。按照《实施方案》和《考核办法》要求，区环保局开展对项目的定期、不定期检查，采取召开项目单位生态会等多种形式进行督办，编发创建简报 15 期。全年 24 个小项指标达标，达标率 80%，重点支撑项目 90%完工。

（王　芳）

环保整治　2009 年，塘沽区环保局落实蓝天工程、碧水工程和污染防治工程，开展环保专项行动，整治违法排污行为。帮助天津碱厂、大沽化工股份有限公司以及房产供热公司、滨海供热公司锅炉脱硫治理项目立项，解决占全区燃煤总量 85%的煤烟污染问题，并通过验收，超额完成二氧化硫减排任务。

（王　芳）

环境监测　2009 年，为了给环保重点工作提供及时准确技术支持，塘沽区环保局做好执法监测、信访监测和应急监测工作。提供各种监测数据 4.4 万个，提供各类监测报告 588 份，编写《2008 年度塘沽区环境质量报告书》。对辖区企业进行ISO14000 环境管理体系认证。为进京车辆办理环保相关手续，5 月 30 日至年底，免费发放环保标志 6230 个。

（王　芳）

经济管理

概况　2009 年，塘沽区经济管理工作发挥宏观调控职能，采取多项有效措施，应对金融危机不利影响，助推区域经济发展，主要经济指标保持平稳较快增长。区属生产总值 290.64 亿元，比上年增长 19.89%。区级财政收入 56.71 亿元，增长 41.45%。财税收入 33.3 亿元，增长 25%。工业总产值 881.6 亿元，下降 9.7%。区属工业总产值 155.2 亿元，下降 7.3%。固定资产投资 863.3 亿元，增长 40.2%。区属固定资产投资 259.2 亿元，增长 48%。社会消费品零售额 150.34 亿元，增长 18.98%。外资到位额 3.9 亿美元，增长 30%，内资到位额 260.1 亿元，增长 30%。

（王　芳）

财政收入与支出　2009 年，塘沽区财政收入 56.71 亿元，比上年增长 41.45%。一般预算支出 39.06 亿元，为预算的 69%。坚持教育优先发展战略，教育拨款 11.3 亿元，增长 16%。安排“两免一补”资金 765 万元，安排设备购置资金 1.2 亿元。加快医疗卫生资源整合和医院设施改造，支持第五中心医院与北大联合办医。加大文体设施建设投入，健全公共文体服务体系，保障文体宣传经费。加大支农资金投入，落实支农惠农政策。重点支持农田水利设施、节水灌溉工程建设，加大农业科技创新投入，安排专项资金 30 万元，推进新品种引进，大力发展都市型渔农业。

（王　芳）

税收工作　2009 年，塘沽区国税局落实保增长、扩内需、调结构的税收举措，深入企业搞好帮扶，挖掘潜力促进增收。实现税收收入 16.83 亿元，比上年增收 3004 万元，增幅达 1.8%。区级收入 4.04 亿元，增收 600 万元，增幅 1.5%。举办税收分析预测培训，建立天津市国家税务局监控企业档案和两级项目联系人、预测准确率通报制度。开展普通发票专项检查和反向核查，完善 A 级信用等级企业后续管理，完成 4196 户小规模企业迁移外三所（连塘庄税务所、杭州道税务所、东沽税务所）的划转、交接工作。全年检查 305 户，查实率 91.12%，入库率 84.1%，查补税款、滞纳金、罚款 5097.9 万元。区地税局提高税收征管质量效益，受理年所得12万元以上个人所得税自行申报2699人，比上年增加991人；绑定重大项目118个，累计入库税收5.6亿元，比上年增收3.4亿元。加大稽查检查力度，检查各类企业89户，查结有问题企业78户，受理并查结涉税举报9件；开展自查补税工作，收取自查报告6230户，补税5195万元。全年查补入库税款6040万元，完成稽查计划100.7%。

（王 芳 蔡 玮）

工商管理 2009年，塘沽区企业登记开业1356户，比上年增长8.74%。注册资本143.38亿元，增长138.34%。变更登记2368户次，注销登记294户。个体工商户登记3007户，变更1396户，注销755户。至年底，全区企业9321户，注册资本945.15亿元，个体工商户1.19万户。工商塘沽分局抽调50名科所长组建5个帮扶服务工作组，确定50个企业和项目，下基层定点帮扶企业，帮助企业用足用好政策，确保各项具体措施落实到位。加强家具家装市场检查与规范，开展“家电下乡”、“汽车摩托车下乡”市场专项整治，严厉打击欺诈和售假行为，监督定点企业落实进货查验制度，加强售后服务。加强食品安全监管。全面推行食品索证索票和进货台账制度监督管理办法，确立“抓源头、查流转、全程无缝监管”的食品追溯机制。强化食品风险点巡查和食品质量检测，开展食品安全执法检查行动。

（王 芳）

物价管理 2009年，塘沽区物价局完成4项价格调整，包括煤气公司其他用户天然气价格，居民以外用户自来水价格，养老院床位费、护理费价格，幼儿园保育费价格等标准。年初，编制《塘沽区居民相关收费200条》，涉及17个单位235个收费项目，1月15日通过物价局互联网站对外公布，此为物价局年度价格公共服务重要举措之一。组织召开调整城镇居民用自来水价格听证会，政策顺利出台。完成限价商品房价格方案制定工作。开展节日市场价格检查巡查，召开规范节日市场价格政策提醒会和机动车停车收费政策提醒会，开展建设、涉农、涉企、教育、“3·15”专项、机动车存车收费价格检查与医疗行业及药品专项检查。全年受理价格举报48件，全部办结。检查327家企业、商户，出动检查人员355人次。

（王 芳）

质量监督管理 2009年1月1日起，塘沽区经营性收费全部减免50%，企业负担减轻。开通行政许可审批事项绿色通道，减少审批时限。对34家企业进行生产许可证巡查，组织16家企业参加天津市质量技术监督局举办的许可证实施细则宣传贯彻会。对12家企业开展3C认证巡查。开展管理体系认证专项执法检查，深入临港工业区现场办公，对企业督导帮扶。开展家具及室内装饰装修材料质量安全专项治理。对辖区防控甲型H1N1流感物资进行质量监督。定期检验化工、橡胶制品、建材、包装制品、眼镜、散热器等产品。定期抽样检验车用润滑油、防冻液、阀门、预拌混凝土等产品。联合天津市产品质量监督检测技术研究院培训中心，对80余家企业128名质检员进行培训考核并颁证。全年出动310人次，巡查、检查各类企业197家次，立案查处6起。对102家生产企业生产的10类122批次产品定期检验。全区有家具和室内装饰装修材料生产企业11家，全部建立质量档案，实施动态管理。

（王 芳）

药品专项整治 2009年，天津市食品药品监督管理局塘沽分局抓好甲型H1N1流感防控工作，建立应急药品医疗器械保障体系和疫情报告制度，修订完善应急预案，确保流感防控工作扎实有效进行。组织检查非药品冒充药品专项行动，对226家药品经营企业经营的数百种非药品冒充药品的基本情况摸底调查。与区相关职能部门联合对90家经营计生药械企业检查，对问题企业当场提出整改意见。组织药品经营企业购进票据情况专项检查，对46家问题企业责令限期整改，对9家企业进行处罚。配合区公安部门集中查处通过网络销售假药“易瑞沙”案件，查获假药货值66万余元。依法取缔“黑诊所”6个，并没收货值万余元的非法使用药品。全年查处药品违法违规案件34件，罚没款16.17万元，全部在法定期限内办结。

（王　芳）

“5·18”重大安全生产事故　2009年5月18日20时15分，位于塘沽区临港工业区的渤化永利热电公司项目发生一起重大安全生产事故，造成现场作业人员12人死亡，11人受伤。事故发生后，市委书记张高丽，市委副书记、市长黄兴国，市委副书记、滨海新区工委书记何立峰当晚赶到现场指挥抢险救援，对抢救伤员、事故善后及事故调查处理工作做出具体部署。5月20日成立“5·18”事故调查组。该项目由中冶集团华冶资源开发公司承建，江苏建工集团分包负责烟囱的整体制作安装。该烟囱高200米，事故发生时烟囱内部有32人作业，经专家多次现场勘查分析，确定事故直接原因是，烟囱内筒在顶升过程中，空气顶升装置失压，造成烟囱内筒坠落，由于气浪冲击和高处坠落造成事故。

（王　芳）

审计工作　2009年，塘沽区审计局对2008年区财政预算执行情况和其他财政收支情况进行审计。主要审计区财政局预算执行情况、区建委部门预算执行情况，对全区最低生活保障资金、教学设备采购资金、城市维护建设资金、住宅配套费征收、科技资金等管理使用情况进行专项审计调查。审计和调查涉及单位126个，资金总额109.3亿元。

（王　芳）

概况　2009年，塘沽区组织实施科技创新项目，广泛开展产学研合作，推进科普设施建设，全面提升科技进步和自主创新能力。组织实施20项自主创新重点项目，组织完成区级科技计划项目申报评审工作，安排3800万元专项资金，对68项区级重点项目予以重点支持。组织指导国有、民营科技企业申报实施国家级、市级重点科技项目37项，获得国家、市科技资金支持1475万元。塘沽区通过天津市科技进步考核，考核总分第四次蝉联全市18个区县第一名，荣获2007-2008年度全国县（市）科技进步考核先进县（市）、全国科技进步示范区称号和第四届中国技术市场协会金桥奖，科技进步和创新引领支撑区域经济社会又好又快发展取得新成效。

（王　芳）

科技创新政策咨询　2009年，塘沽区贯彻落实国家和天津市鼓励科技创新优惠政策，结合区域实际，做好创新政策咨询服务工作，为企业减免税金2亿多元，促进民营科技企业迅速成长。按照新出台的《高新技术企业认定办法》，认定高新技术企业10家，石英晶体全自动装片机等5个项目申报2010年度国家重点新产品计划，高效节能型可移动式造桥机等2个项目申报天津市国际科技合作计划。全区高新技术企业36家，技术合同交易额4.63亿元。

（王　芳）

科技奖励　2009年，塘沽区组织完成科学技术奖励项目、科技创新示范企业、科技创新标兵和优秀民营科技企业家申报评审表彰工作。组织召开塘沽区科学技术奖励大会，对26项科学技术项目给予100万元科技奖励资金，对10家科技创新示范企业、10名科技创新标兵和10名优秀民营科技企业家进行表彰，调动和激发广大企业和科技人员推动科技进步和自主创新

塘沽区科学技术奖励大会

的热情。

（王 芳）

知识产权工作 2009年，塘沽区知识产权战略研究工作领导小组成立，召开由16家区属相关部门组成的知识产权办公会议，审议通过《塘沽区组织开展知识产权强区战略研究工作方案》。完成《塘沽区知识产权战略》课题研究编写工作。举办塘沽区知识产权项目实施推动会，组织9家企业申报市、区级专利创造、实施试点项目。“4·26”知识产权宣传日期间，面向全区手机用户发送宣传短信30万条。全年塘沽区申请专利1135件。

（王 芳）

帮扶企业自主创新 2009年，塘沽区成立帮扶企业“保增长、渡难关、上水平”工作小组，深入民营科技企业开展调研80余次，研究制定加快科技创新发展、帮扶企业提升自主创新能力、抵御风险和市场竞争能力7项帮扶措施。区政府与市科委联合捆绑共同支持26家企业实施26个科技创新项目，为企业提供1430万元政府创新资金。通过政策引导、资金扶持和项目带动，促进企业自主创新能力和市场竞争力提升，使科技型中小企业平稳渡过金融危机难关，走上正常发展轨道。

（王 芳）

产学研科技合作 2009年，塘沽区组织8家企业与清华大学有关专家在电子技术、现代物流、装备制造、节能环保、新材料、新能源开发等多个领域举行科技项目洽谈会，21个技术项目达成合作意向。启动与天津大学联合建立滨海新区技术推广中心前期工作。在天津市高校为企业选聘20名科技特派员，帮助企业开展技术咨询、技术诊断、新技术引进、新产品研发和成果转化，解决企业人才和技术急需。以产学研合作方式，组织实施一批创新项目，加快创新体系建设，提升企业自主创新能力。

（王 芳）

教 育

概况 2009年，塘沽区有各级各类国办学校76所，其中幼儿园9所、小学37所、初中13所、高中3所、完中5所、九年一贯制学校4所、特殊教育学校1所、中职学校2所、高职学院1所、社区学院（老年大学）1所；民办教育机构79个。全区在校学生82415人，其中幼儿园10663人，小学34268人（外来人口占44.39%），初中14006人（外来人口占20.96%），高中14951人，高职5711人，成人教育1392人、电大1424人。全区国办教职工7163人。特级教师22名，省部级学科带头人28名，具有研究生学历教师比例15%，高级以上职称教师比例56%。基础教育各项指标继续保持全市先进。残疾儿童入学率98%以上，九年义务教育完成率99%以上，高中阶段普及率99%以上，中、高考成绩保持全市先进，应届学生高等教育入学率92%以上，新增劳动力受教育年限达15年。塘沽区被评为全国推进义务教育均衡发展先进区，区教育局被评为全国全民阅读活动先进单位、天津市督导工作先进单位和阳光体育活动先进单位。

（王 芳）

学校重点建设项目 2009年，塘沽区完成十五中、岷江里小学、大庆道小学、兴华里学校扩建任务，总投资3147万元，总建筑面积15346平方米。十一中、十三中、新港中学、上海道小学、向阳三小和九幼分园完成施工设计。新建新城幼儿园工程，

塘沽区实验小学课改辩论现场

完成前期勘察、设计和监理招标。重建塘沽四中项目,完成勘察、设计和监理招标。重建工农村中、小学完成主体工程。新建水景花都小学完成勘察、设计和监理招标。扩建中学劳动基地、新建碱渣山小学、新建西部新城九年一贯制学校完成规划设计。新建击剑、排球学校主体完工。与远洋地产联合,新建实验小学远洋城分校。

(王 芳)

义务教育学校现代化达标 2009年,塘沽区全面实施天津市义务教育学校现代化达标任务,制定《塘沽区义务教育学校现代化建设实施细则》和《塘沽区义务教育学校现代化建设工作指南》,将100条现代化建设标准逐条细化。重点实施学校操场改造、图书配送、设备升级、厕所改造、食堂建设、饮水系统改造、校园绿化、美化和校园文化建设八大工程,全方位改善学校硬环境。投资5500万元,为30多所学校进行新一轮设备更新升级。接受达标验收的52所中小学中,24所顺利通过,达标率46.15%。

(王 芳)

基础教育课程改革 2009年,塘沽区小学围绕“教师发展”、“校本教研”、“读书活动”等特色专题,开展联盟合作、交流活动,形成校际联合、师际共享、生际交流、共同发展的局面。开展区级活动15次、校级活动50余次,43所小学的500余名教师和2000余名学生参加,相关经验在《中国教育报》发表。各小学通过汇报经验、制作视频和编辑课改成果集,展示学校课改特色成果,开展区级学访交流4次,召开现场会6次。各中学按照国家、地方、学校三级课程管理模式,开设学校特色课程。通过校本课程开发现场会、新课程成果展示会、全区校本课程评比等形式推进校本课程开发。经塘沽新课程研究室鉴定,确立33门区本和校本课程,近百门校本课程在各个学校开设。全年,塘沽区承办市级课改现场会和论坛活动3次,先后举办全国外语教学特色年会、全国外语教学研究理事会、全国音乐器乐教学研讨会、全国学校管理和校园文化建设研讨会等大型交流活动。

(王 芳)

改革招生考试制度 2009年,塘沽区继续缩减小学附设幼儿部招生规模,做好改革学前教育机构和幼儿园招生工作。小学附设幼儿部招生2670人,比上年减少265人。国办幼儿园首次采用电脑随机等额录取的招生办法。出台《塘沽区小学招生工作指导意见》,小学招生5317人,其中外来务工人员子女2498人,占招生人数47%。出台《初中招生工作安排意见》、《普通高中招生方案》,实施《普通高中科技特长生招生办法》和《示范高中部分招生计划定向分配录取办法》。

(王 芳)

安置拆迁学生 2009年,塘沽区大沽中学、十二中、北塘学校、驴驹河学校拆迁。为了安排好学生入学,保证每个学生完成九年义务教育,将原先对口十二中的小升初学生改为对口新港中学,对口大沽中学的学生改为对口海洋一中,安排盐场中学和工农村中学接收外来人口无“四证”(户籍证、暂住证、房证、务工证)子女入学,其他边远校可就近接收,保障学生都能在国办校有一个位置。年内安排5202名小学毕业生入学,1700余名拆迁中小学生得到安置。

(王 芳)

文 化

概况 2009年,塘沽区按照“保增长、渡难关、上水平”和庆祝建国60周年活动统一部署,推进公共文化惠民、艺术精品创作、文化设施建设、深化体制改革、人才队伍培养、文化遗产保护、市场有序繁荣等各项工作。精心组织第14届海门艺术节和系列文化艺术交流等大型文化活动50项次,丰富活跃群众文化生活。塘沽大剧院经济收入1045.6万元,比上年增长38%;更换2K电影放映机,增设3D放映设备,投资13万元进行改造和装修。区图书馆、少儿图书馆完成图书采购任务,采购新书9000种3万册,接待读者12.5万人次,借阅读书10.5万册;为流通站、分馆送书4500余册；组织科技周和图书宣传周活动。发挥博物馆功能，丰富展览陈列内容。先后举办第三次全国文物普查工作图片展、塘沽区群众文化活动回顾展等各类流动性展览17场；完成《童趣大观》布展陈列工作，选用泥塑形式表现早年经典儿童游戏；塘沽博物馆和大沽口炮台管理所接待参观15万人次。区新华书店投入资金维护设施设备，更新视频监控及背景音乐系统，购置电子看包柜，更新消防器具；与区教育局、教育中心合作开办课本发行中心，推进教辅图书发行量增长。鼓励文艺创作，提升创作水平，全面展示塘沽版画发展历程的《塘沽版画50年》大型画册出版发行；完成《塘沽文物》编写方案。塘沽画院3件作品入选全国美展，20件国、油、版画作品入选天津市美展。

（王　芳）

庆祝建国60周年系列文化活动　2009年，塘沽区以“歌颂祖国、赞美家乡”为主题，广泛开展庆祝建国60周年系列文化活动。先后组织“祖国颂——国画、油画、书法优秀作品展、摄影大赛”等活动，400余件作品参展。举办庆祝建国60周年“歌唱祖国”歌咏比赛活动，广泛开展“红色歌曲大家唱”群众性歌咏活动，22支代表队参加全区决赛。组织200人队伍、合排800人队伍参加天津市歌咏比赛。

（王　芳）

大型文化活动　2009年，塘沽区办好大型导向性文化活动和重大主题活动。先后组织第14届海门艺术节专场宣传文艺演出等活动，参与群众6万余人。举办文化艺术交流活动，组织“塘沽杯”国际标准舞邀请赛，全国1200名选手参赛。举办费翔经典歌曲演唱会等系列商业、企业文化活动，举办“翰墨四家书法作品联展”、“塘沽杯”天津市第四届青年新歌手电视大赛等活动。

（王　芳）

整顿规范文化市场　2009年，塘沽区以网吧、音像、出版物市场为重点，整顿和规范文化市场秩序。组织网吧检查85次，出动执法人员500人次，检查网吧场所1300家、音像市场1100家，参加联合执法行动28次，出动执法人员400人次，检查娱乐场所100家，收缴非法音像制品1.5万张，取缔无证场所3家，协助工商部门清理“黑网吧”30家。严厉打击和查缴政治性非法出版物，加强重点地区日常监管，完成行政审批17家。组织市场检查113次，检查出版物零售企业620家次、复印打印单位260家次、印刷厂180家次，出动稽查人员903人次，收缴非法电子出版物70张，非法书报刊697册，配合工商部门取缔“三无”（无经营场所、无营业执照、无许可证）摊点66家。

（王　芳）

塘沽区第14届海门艺术节开幕式现场

文物普查　2009年，塘沽区文化局完成第三次全国文物普查录入图纸整改、三普数据录入与审核工作。补照45处不可移动文物点照片。实地确认区重要工业遗产天津碱厂永利制碱公司白灰窑旧址群落。

（王　芳）

文化设施建设　2009年，塘沽区推进大沽口炮台遗址保护开发工程，完成炮台遗址现场整治、考古勘探工程。撰写博物馆布展大纲并通过专家论证。做好塘沽图书馆新馆建设。制定完成大沽船坞保护规划，加强基层文化设施规划。6月，塘沽博物馆的塘沽版画陈列馆向市民免费开放。

（王　芳）

卫　生

概况　2009年，塘沽区有医疗卫生机构163家。有医院16家，其中三级医院1家、二级医院6家、一级医院9家。有疾病预防控制中心(防病站)3家，妇幼保健院(所)2家，结核病防治所1家，卫生监督机构1家，采供血机构1家，医疗教育机构1家，保育院1家，计划生育服务站1家，社区卫生服务中心10家，卫生院4家，门诊部16家，诊所、医务室55家，急救中心1家，社区卫生服务站50家。区卫生局抓好甲型H1N1流感、手足口病防治工作，加快卫生基础设施建设，优化卫生资源配置。加强卫生人才队伍建设，引进和培养业务骨干、学科带头人。社区卫生服务改革保持全国先进水平，公立医院改革稳步推进。全区未发生重大传染病暴发疫情、重大医疗事故、重大食物中毒事件。全年门诊量308.09万人次，出院4.36万人次，住院手术1.57万例，出院病人治愈、好转率95%，急诊病人抢救成功率95.9%，平均病床周转次数21次，平均病床使用率68.1%，平均住院日11.2天。

(王　芳)

社区卫生　2009年，塘沽区制定《社区公共卫生服务项目补助办法》和《社区公共卫生服务专项经费拨款流程》，加强项目经费管理。解放路街、新港街、向阳街、三槐路街社区卫生服务中心，加强糖尿病、高血压、脑卒中和恶性肿瘤社区防治指导，强化糖尿病、高血压、脑卒中和恶性肿瘤病人社区管理。做好国家重性精神疾病管理治疗项目试点工作。新村街、三槐路街、北塘街社区卫生服务中心实施人事与分配制度改革。修订社区卫生服务机构考核办法，完善社区卫生服务项目考核标准，建立社区卫生服务绩效考核终末指标体系。设立80万元专项资金，聘请7名高级职称临床医生，定期到社区卫生服务机构进行应诊、会诊、查房和业务指导，提高社区医疗服务水平。推广应用高血压病例社区管理等11项社区适宜技术，开展技术规范培训和中远期效果评估。解放路街、向阳街等6个社区卫生服务中心开展知己健康管理。新港街社区卫生服务中心被评为全国卫生工作先进集体。年内，4次在全国经验交流会上介绍塘沽区社区卫生服务改革情况。

(王　芳)

疾病预防控制　2009年，塘沽区制定防控甲型H1N1流感应急预案，建立联防联控机制，严格按照各阶段防控策略，不断调整防治工作重点。市第五中心医院、响锣湾医院等单位开设发热门诊，在全区建立28家流感专门诊室，做好发热病人诊疗和疫情监测报告工作。开设21个疫苗接种点，接种甲流疫苗4万余人份。区传染病医院紧急腾出行政办公和业务用房，建立专门收治甲型H1N1流感病人病区。市第五中心医院腾出呼吸科病房，妥善分流呼吸科住院病人，集中救治29名重症和危重症病人。设立应急物资储备点，储备治疗药品、消毒药械等相关物资。通过新闻媒体等多种途径，强化甲型H1N1流感防治知识宣传，引导居民群众参与甲流防控工作。

(王　芳)

卫生监督执法　2009年，塘沽区卫生局开展餐饮业百日万店食品安全专项整治活动，打击违法添加非食用物质和滥用食品添加剂行为，取缔47户无证经营单位，全区未发生群体性食物中毒事件。推行公共场所卫生监督公示制度和量化分级管理，对156家住宿场所实行量化分级管理，对371家其他公共场所实行量化分级管理、量化分级率56.9%。开展化妆品、二次供水、传染病防治、医疗废物处置、生物实验室安全等专项监督检查，做好职业卫生、放射卫生监督工作。加强医疗市场监督管理，重点监督检查社会办医机构和个体医疗机构，加大城乡接合部、农村等重点地区非法行医查处力度，取缔50个非法行医诊所，规范医疗市场秩序。

(王　芳)

医疗业务　2009年，塘沽区推进与北大医学部合作共建第五中心医院进程，选派6名专家担任骨科、妇产科和儿科3个首批共建重点学科科主任或常务副主任，开展2项国内领先、天津市空白的大中型手术。北大医学部选派专家到第五中心医院进行出诊、查房、授课和手术，至年底接诊患者7800余人次。第五中心医院组建重症医学科、新生儿重症监护病房，开展以“您满意、我快乐”为主题的优质文明服务活动。开展“医疗质量万里行”活动，对19家一级医疗机构和8家二级以上医疗机构进行全面质量检查，组织387名医护技人员参加“三基”(卫生基础理论、基本知识、基本技能)训练考核，开展医疗机构护理质量评审活动，邀请市病案质控中心专家，对二级以上医院及专科医院进行病历质量评审，甲级病历率89.1%，比上年提高9.1%。推进120急救体系建设，强化第五中心医院急诊ICU功能，加强学科间协作，规范急诊服务流程，提高急、危重症抢救成功率。

(王　芳)

体　育

概况　2009年，塘沽区体育局实施《全民健身计划纲要》和《奥运争光计划》。广泛开展群众体育活动。先后组织和举办春节健身大拜年活动、“三八”妇女节趣味运动会、篮球、足球、乒乓球、桥牌、象棋等50余项体育赛事，4万余人次参与。加大社会体育指导员培训力度，鼓励国家级、一级社会体育指导员参加市级培训活动。抓好青少年体育工作，提高业余训练水平。坚持体教结合，保持和完善区体育学校、青少年业余体育学校训练机制，巩固和壮大青少年业余训练队伍。加快基础设施建设，搞好体育经营。塘沽区被国家体育总局命名为2009－2012年国家高水平体育后备人才基地，旭日俱乐部被命名为国家青少年体育俱乐部，新村街道办事处、塘沽一中被评为全国群众体育先进单位，付守发、张兴华、邢志柏被评为全国群众体育先进个人。

(王　芳)

群众体育　2009年，在全国首个“全民健身日”活动中，塘沽区举行健身气功展示、第二套市民广播体操表演、“太极扇”表演、老年骑行队表演等系列全民健身活动。先行推广健身气功“八段锦”，掀起全民健身运动新高潮。9月，区老年门球队代表天津市参加首届老年人健身大会门球项目比赛。区体育局与区老年人体育协会、区老年门球队配合，组织队员体检、训练、参赛，经过努力，最终获得门球项目银牌。对149名二、三级社会体育指导员统一培训，普及科学文明健身方法，提高社会体育指导员队伍整体素质。按照全市要求，在一定范围内先期进行天津市第二套市民广播体操培训，为普遍推广打下基础。围绕20项民心工程要求，为居民区新建40套健身路径，满足社区群众经常性健身需求。

(王　芳)

青少年体育　2009年，塘沽区抓好青少年体育工作，不断提高业余训练水平。举办乒乓球等20余项次区级青少年体育竞赛，中小学生积极参与，各项目比赛成绩和运动水平均较往年有所提高。举办有部分少数民族青少年参加的塘沽区青少年趣味运动会。5月，组织4个青少年体育俱乐部、20个市区级体育项目传统学校以及10个体育项目重点校参加活动。组队参加排球、击剑、田径、跆拳道和游泳5个项目市级竞赛，在天津市排球锦标赛上获得3个第一名、1个第二名、1个第三名，在天津市击剑锦标赛上获得4个第一名、7个第二名、9个第三名，在天津市中小学田径运动会上获

全民健身日塘沽区健身气功展示赛

得团体总分第一名；在天津市跆拳道锦标赛上获得2个第一名、1个第二名、2个第三名；在天津市游泳冠军赛上获得3个第三名。全年向上级体校输送20名优秀体育后备人才，88名学生达到国家二级运动员标准。

（王 芳）

竞技体育 2009年，在第11届全国运动会上，塘沽区培养输送的19名优秀运动员，代表天津分别参加击剑、田径、足球、排球、跆拳道、棒球、垒球7个项目比赛。谭雪获得女子佩剑个人冠军，王敬之获得男子佩剑个人冠军和团体第三名，李娟、霍晶、王莉、于静获得女子排球冠军，王臣获得男子跳高第二名，蒋琪、张媛媛、慕鑫、张雨璐获得女子足球U18第三名。在天津市参加第11届全运会夺取的23块金牌中，塘沽区运动员占有4.5块，为天津竞技体育实现历史性跨越做出突出贡献。

（王 芳）

人口和计划生育

概况 2009年，塘沽区人口和计划生育工作努力提高出生人口素质，稳定低生育水平，深化计划生育优质服务。以促进人的全面发展为中心，做好统筹解决人口问题各项工作，较好完成了市、区下达的人口计划指标和工作指标。全区常住人口70.73万人，出生人口4169人，其中一孩3763人，政策内二孩383人，政策外二孩23人，计划生育率99.4%，出生人口性别比107.5。

（王 芳）

规范二孩审批 2009年，塘沽区人口计生委定期召开统计分析工作例会，采取计生委牵头、街镇沟通交流、村居自查对比等方法，对上报数据分析核对，有效提高基层统计管理质量。严格执行会审制度，把好资料关、社会调查关和审批关，按照行政审批时限及时批复。增加网上公示和户籍地电话核实两个环节，扩大公示范围、加强与申请人户籍地信息沟通。把稳定低生育水平，控制性别比问题放到突出位置，对已批二胎户做好全程跟踪检查服务。加大网上流动人口信息交换平台利用率，实现全区性别比网络管理。

（王 芳）

计划生育优质服务 2009年，塘沽区继续开展“百日下乡”生殖健康查体活动，进行生殖道感染检查和治疗，实行查、讲、治（包括转诊）一条龙服务，规范生殖健康档案。提供技术服务6.23万人次，实施计划生育手术2529例。完善药具供应运行机制，实行免费药具配送机制，160个避孕药具免费发放点挂牌服务，为村居配备116个药具展示柜。组织各街镇和部分企业开展征文活动和药具工作专项调查，完成市药具站下达的发放任务。为流动人口提供市民化服务。免费计划生育“三术”（上环、取环、人流）服务112例，免费查环、查孕、生殖健康查体服务1236人，孕情、环情检查2.21万人次，向流动人口户籍地发出联系函2155封。

（王 芳）

计划生育执法工作 2009年，塘沽区完善计划生育利益导向机制。做好社会抚养费征收立案工作，立案率90%以上。落实计划生育奖励扶助政策。对符合塘沽区农村主动放弃或退二孩指标家庭300人进行奖励，发放奖励金30万元。对符合塘沽区独生子女家庭救助条件的88人实行救助，发放救助款132万元，对符合天津市农村部分计划生育家庭奖扶条件的104名奖扶对象发放奖扶金6.24万元，对符合天津市特别扶助制度条件的730名特别扶助对象发放特别救助款154万元。年初确定的免费技术服务任务全面落实，药具管理经费、宣传经费、流动人口经费及时到位，发放农村独生子女奖扶和社会伤残人员扶助金及独生子女意外死亡一次性救助金，完成退二胎奖励、长效奖励和独生子女育龄妇女困难家庭患有妇科疾病一次性治疗任务。

（王 芳）

人民生活

概况 2009年，塘沽区着

力改善民计民生。将保增长和保民生紧密结合，坚持把更多的精力、财力、物力投入到解决群众最关心、最直接、最现实的利益问题上，让广大群众充分享受滨海新区开发开放的成果。组织实施20项民心工程，一批涉及就业安置、救助保障、生态环境、社会和谐的问题得到有效解决。

（王 芳）

社会救助 2009年，塘沽区有低保户5639户11236人，发放低保金3839.6万元。其中城市低保对象4932户9666人，农村低保对象707户1570人。救助特困对象122户292人，发放救助金13.4万元。组织开展以“助医、助学、助老、助困”为主题的慈善捐赠活动，283个单位43142人参加，接收捐赠款1043.93万元。

（王 芳）

劳动就业 2009年，塘沽区新增就业19659人，发放生活保障金3840万元，组织招聘会42场，进场单位2100家，提供就业岗位2.5万个，进场求职5万人。坚持每周六市场招聘活动，组织6场农村城市化就业岗位对接大型招聘活动，130个用人单位提供就业岗位1400个，进场求职1300人，315人与用人单位达成就业意向。建立29家企业青年就业见习基地，安排103名高校毕业生见习。成立塘沽区受金融危机影响困难企业认定工作领导小组，召开两次受金融危机影响困难企业审核认定和扶持政策推动会，为176家企业进行政策宣讲和帮扶政策解读。开展为民营企业“送政策，解难题”活动，兑现稳定就业岗位补贴11.8万元，安置职工57名。7月在12个劳动保障服务中心和83个工作站建立社区职业介绍服务站，开展免费职业介绍服务工作，安置各类人员1000余人。全年举办培训班260期，组织培训和鉴定10274人。其中组织农村富余劳动力转移培训105期4090人，再就业培训27期1275人。

（王 芳）

社区工作 2009年，塘沽区注重解决群众关心的热点难点问题。完善最低生活保障制度，发放低保金3840万元、二次救助款575.37万元、残疾人救助金300万元，4932户困难家庭、3万余户残疾人家庭得到救助，帮扶率100%。发放低收入住房困难家庭租房补贴890万元。解决2万余户拆迁家庭生活难题2330件。残疾人综合服务中心工程主体封顶，开办4个街级残疾人阳光家园。改善提升居民“菜蓝子工程”，新建改造14个菜市场。加强志愿者队伍建设，社区志愿者达4万人。安置就业8000人次。投资4018万元，完成新港街道、新河街道2个街级综合服务中心改造项目，9个社区居委会办公及活动用房改造项目。投资1500万元，创建10个精品示范社区、8个生态文明小区。投资1000万元，整修小区6个，维修小区40个，新建文化广场2个，整修花坛绿地230块，社区居民生活环境明显改善。

（张继文）

医疗保险制度与全市统一 自2008年10月起，社保塘沽分中心与塘沽区医疗保险管理局、天津市人力资源和社会保障局信息中心及其他处室召开5次领导小组会议，数次工作协调会，完成人员数据信息转换，顺利实现塘沽区医疗保险制度与全市统一。截至2009年底，全区27.37万名职工参加天津市城镇职工基本医疗保险，其中在职人员18.77万人、退休职工8.60万人。区机关、企事业单位职工基本纳入医疗保障范围。全区医保定点联网医院31家，定点药店15家，社区卫生服务中心37个。

（王 芳）

新村街道

新村街道位于塘沽区中部，地处区政治、文化中心。东起河北路，西至新胡路，南临新城镇，北抵京山铁路。2009年，街域面积8.68平方公里，辖10个社区。人口2.49万户6.65万人。

2009年，引进企业85家，完成引资额2.18亿元，比上年增长17%。在全国第二次经济普查中，有法人产业单位1369个、个体3886个。

提升政务信息网站管理水平，创建包含政务版与公共服务版在内的“一站两版式”新村街网站和社区居委会网站群。开通视频会议系统，方便社区集中开会和培训。

建立信访维稳工作联席会议制度。将坐落辖区的所有单位纳为会员。联席会议每半年召开1次，并适时组织其他会议或采取其他方式，处理信访维稳问题。全年接访120件，解决120件，办结率100%。

投资80万元对惠安里等居委会综合改造；完成惠安里、建新里2个精品社区和正康里小区生态型家园创建工作，建成100个和谐楼门；对南地等5个小区实施节能改造工程；对崇安里等5个小区实行社区自治管理；在碧海鸿庭住宅小区启动特色楼门文化工程建设。对接天津大沽化工有限公司，将原职工俱乐部改造为退休职工活动中心，解决近2000名退休职工文化娱乐问题。调拨资金在社区安装健身器材，整修健身路径，修建活动站、门球场、晨练场等。

扩大低保边缘户救助范围，新增低保户85户154人，边缘户5户15人。发放救济款275.12万元，救济659人，二次救助617人。启动慈善资金6.17万元，救助219人。安置下岗失业人员就业903人，免费提供岗位就业技能培训4种；举办招聘会11场，进场招工单位491个，提供岗位5780个。

投入94万元改善康馨老人院基础设施。办理老年证799个，免费镶牙109人，缴纳老年人意外保险10049人。累计发放老年人关爱金、健康补贴、副食补贴148.35万元。首批为12位老人开展送餐服务活动。开设老年人烹饪及保健课程，600余人受益。举办老年摄影展，制作展板188块，50名老年摄影爱好者的215幅摄影作品参展。

免费为流动人口育龄妇女孕检711人次，技术服务19例；免费查体114人次。为享受低保、社会救助、流动人口男性查体并减免部分费用。出台《新村街落实长效节育措施奖励扶助规定（试行办法）》，避孕措施及时率100%。在碧海龙都等9个社区成立“半边天家园”，并启用塘沽半边天家园指导中心暨新村街道半边天家园指导中心。

创办新村街道第一届家庭文化艺术节。推动廉政文化、科学发展观活动进社区。举行“志愿创和谐，奉献有快乐”纪念国际志愿者日同乐会，并为10支志愿服务队授旗。

2009年，街道被评为全国和谐社区建设示范街道、全国社区共建共享先进街道、全国社区服务先进单位、全国群众体育先进单位、全国第二次经济普查市级先进集体、天津市巾帼宣讲团和半边天宣讲团、天津市巾帼文明健身队、天津市关心下一代工作先进集体；碧海龙都社区被评为全国巾帼文明示范岗。

（蔡　玮）

解放路街道

解放路街道位于塘沽区中部，东起港滨路，西至河北路，南临海河，北靠京山铁路与新港四号路，地理位置优越，交通便利，是塘沽区商业、文化中心。2009年，街域面积12.7平方公里，辖8个社区居委会。人口1.78万户5.24万人，其中外来人口6876人。

2009年，成立塘沽区首家街道经济管理服务中心。招商认定企业64家，协议引资额2亿元。

完成第七届社区居委会换届选举及居委会书记、主任培训工作。与辖区689家企事业单位及个体商户签订安全生产责任书。建成街道半边天家园指导中心。落实十项惠民实事。组织卫生清整活动5次；对民泰里、民安里、永安里、久安里、永久里5个旧小区近4万平方米实施硬化铺装、下水管道疏通；更换新华里、民泰里、福星里3个小区路灯。

投资100万元建设福星里精品社区，建设“一厅五中心”的社区服务大厅，建成社区网络中心与社区文化活动中心，补种草坪1000平方米，种植爬山藤1万株。创建国家级绿色社区紫云园社区，总占地面积30万平方米，绿地面积12万平方米，绿化率40%以上，地面硬化率、排水设施完好率与使用率均为100%，居民满意度96%。安装自行车停车架100组，方便居民停放自行车。

累计发放低保金220余万元。投资改建老年公寓，维护、更换护栏和围墙100多米，地面铺砖硬化500平方米；加强老年公寓与居家养老服务站管理；办理老年证367人，免费镶牙86人、查体2000余人；组织老年人观看塘沽市容市貌，游览海河外滩；举办老年人歌咏比赛。为百余位残疾人免费查体；在天津市第六届残疾人运动会上获得6金1银1铜的成绩。举办大型招聘会及政策咨询活动4场，提供工作岗位730个，达成就业意向320人。建立塘沽区首家街道医疗保险工作站；组织贫困残疾人、贫困白内障患者200多人次查体活动；为育龄妇女、困难家庭、残疾人流动人口免费查体456人；社区卫生服务免费查体372人，免费治疗妇科疾病20人。

为辖区居委会购置图书5000册，并实施动态交流；成立福星里社区科普大学，筹备海河园社区科普大学；建设科普走廊，购置科普教育设备和科普读物。合唱团、民乐队、古筝队、太极拳队、舞蹈队、模特队、社区葫芦丝队等20支文体队伍积极活动。举办2009金秋文艺晚会等。

2009年，街道被评为全国第二次经济普查市级先进集体；联合村居委会被评为全国计生协工作先进社区，紫云社区申报国家级绿色社区材料上报待批。

（蔡　玮）

三槐路街道

三槐路街道位于塘沽区中部，东临新港街道，西至新华路立交桥，南抵海河，北连紫云社区。2009年，街域面积7.2平方公里，辖5个社区居委会。人口1.64万户3.51万人。中国外运天津集团塘沽公司、中交天津航道局、天津港轮驳公司等坐落界内。

2009年，街道统计办对5个居委会、11个样本小区、370户1067人次进行劳动力普查，对284个法人、22个产业、1564个个体进行经济普查，建立健全行业数据库19套、资料统计库8个、辖区调查库26个。全年引进企业17家，注册资金1.03亿元，完成窗口税120万元。

配合京津城际高铁延长线项目建设，街道办事处整体搬迁至鑫茂大厦（原天伟大厦）办公。累计投入110万元，对朝阳楼社区服务中心整体装修改造。选拔社区党组织负责人5名，居委会主任38名，完成换届工作。建立选举机构，成立选举工作领导组，划分两个选区，选举滨海新区第一届人大代表5名。

狠抓作风建设，提高党建水平，评选红旗党组织1个、先进党组织4个、优秀共产党员79名、优秀党务工作者8名。加强廉政建设，选拔考核科级干部3名。受理民事纠纷38件，调解率100%，成功率100%。管理和安置帮教刑释解教人员，矫正43人，帮教55人。

完成于家堡中心站一期拆迁工作，涉及居委会1个，小区3个，居民1265户，动迁率100%，动迁户满意率100%。启动并推进于家堡中心站二期拆迁工作，涉及居委会4个，小区13个，居民5561户，截至11月签订动迁协议5433户，动迁率99.5%。开展还迁房选房工作，截至11月完成选房1548户。

整治市容环境，组织街机关、居委会人员及社区志愿者、保洁员1100多人进行集中大清整11次，清除乱贴乱画小广告5万余张、卫生死角116处，维修护栏170米，依法清理违章占道和乱摆乱卖摊贩600余人次。种植各种果树木15000余株，补种草皮200多平方米。改善社区居住环境，解决居民热点、焦点问题630余件次。

发放低保金200.9万元，发放二次救助金28.9万元，发放副食补贴12万余元，救助大病、

三槐路街馨苑居委会换届选举

重病、劳教释放、医保人员等累计15.2万元。安置就业462人，其中困难群体下岗失业人员293人。举办80多个单位参加的招聘会，提供就业岗位430个，签订就业意向270人；发放失业金47万余元。办理城镇医保参保800余人，报销医药费90余万元。为老年人办理免费镶牙证67张，查体981人，发放节日补贴、健康补贴、关爱金148.61万元。开展计划生育宣传活动17次，知识讲座及培训8次，组织已婚育龄妇女422人免费查体；严格计划生育，符合政策生育率100%。

组织召开座谈会，举办摄影、书画展等，纪念建党88周年。开展各类文体活动，纪念建国60周年。开展邻居节、社区文化体育节、社区消夏晚会、“迎国庆红歌大家唱”等活动近20场次。利用社区半边天家园平台，开展“妈咪厨艺大比拼”活动。

2009年，在全国第二次经济普查工作中，街道被评为市级先进集体。馨苑社区通过天津市对创建国家绿色社区的验收工作。

（蔡　玮）

新港街道

新港街道位于塘沽区东部，濒临天津港和保税区，与天津经济技术开发区接壤。东起新港二号路卡子门，西至春阳路，南到海河入海口中心线，北抵新港四号路。2009年，街域面积6.38平方公里，辖8个社区。人口2.06万户6.54万人，其中常住居民4.40万人，流动人口2.14万人。天津港集团、交通部中港一航局一公司、四公司、交通部水运工程科学研究院、中国储运天津分公司、新港船舶重工、新港客运码头、中国外轮代理分公司等坐落界内。

2009年，完成增加值1.42亿元，比上年增长8%；招商引企74家，引资额2.32亿元，完成指标的351%。

天津市首家社区党员俱乐部在新开里社区成立，下设党员服务、党员活动、党员关爱3个工作站，后推广到其他社区。召开突发公共事件应急专题工作会，制定《新港街道突发公共事件应急预案》，组建400人的应急抢险队伍并建立协调联动制度。重视安置帮教工作，帮教率100%，安置率98%。培养人民调解联络员22人，截至10月底，调解民事纠纷31起，调解率100%，成功率100%。全年受理上访事件60余件，协调解决50余件。

筹资对濒开里市场升级改造，改造面积5202.46平方米，调整扩大经营面积817平方米。市容环境综合治理，组织大规模卫生清整18次，新植树木400余株，修剪绿植2万余平方米，接待和解决有关市容环境问题的群众来信来访62件。完成街道社区服务中心建设，建筑面积6500平方米，占地面积4590平方米。扩建北仑里社区办公活动用房，增加面积250平方米。修建近开里休闲广场、北仑里文化活动广场和西侧广场，总面积3900平方米。

慰问困难群众501户，发放慰问金38万元；一次性救助困难家庭34户，发放救助金4.52万元；救助低保户和低保边缘户384户，发放低保救助金238.8万元；救济10名劳改释放人员，发放救济金1万元。在新开里社区成立困难职工帮扶站。扶植就业困难群体208人，新增就业安置912人，举办招聘会18场；办理就失业证198本，就业援助申请认定191人次；办理天津市城乡老年人补助费2445人次，办理社保卡5850人次，发放失业金3.5万元，完成120家用工单位劳务用工监察，完成新失业人员信息二期网登录工作。举办“敬老服务月”活动。为育龄妇女免费查体612人次。

组织“邻居节”系列活动，参与群众6000余人；开展社区艺术节系列活动；举办歌咏活动及多场文艺演出。开展科学文明家庭、科普示范社区、科普示范街道创建活动，举办科技周系列活动。在港航社区开展文明小区“五个一”(一个市民学校、一个社区服务站、一个文体活动室、一个宣传长廊、一个楼间花园)创建活动，在新开里社区建立塘沽区首家流动人口图书室。

2009年，街道办事处被评为国家级社区服务先进单位，北仑里社区被评为全国和谐示范社区，新开里社区被评为市级党建工作示范点，港航社区党委被评为市级先进党组织，濒开里市场被评为市级先进市场，被天津市商务委、塘沽区经贸委推荐为国家商务部示范菜市场。

（蔡 玮）

杭州道街道

杭州道街道位于塘沽区中部，东起吉林路，西至车站北路，南倚京山铁路，北靠新北公路。津滨轻轨、津塘公路、京津塘高速公路延长线贯穿全境。2009年，街域面积5.41平方公里，辖13个社区居委会，人口4.38万户11.71万人。

2009年，建立社区护税站，引进企业50余家，完成招商引资额4.1亿元，为目标任务的580%；实现自有经济收入140万元。

完成13个社区党组织和居委会换届选举，7个直选社区居民投票参选率92.14%。改版升级街、居两级网站；举行区情通报会、民情恳谈会各近百次；为社区百姓解决实际问题126件。加大防控体系建设和管理，建立塘沽区首家综治中心。天津市首家人防工作站在福州道社区成立。

维修改造8个社区居委会办公及活动用房；完成华蓉里等5个小区改造工程；解决胜利公寓物业难点问题；为苏州里等5个小区安装路灯60余盏。完成吉林路、抚顺道综合整治涉及的4栋楼360户居民入户宣传、协议签订工作。开展环卫清整活动6次，5100余人次参加。解决跑冒滴漏等问题62件、物业纠纷10余起。

举办"劳动保障百日万家"活动，为50余家企业及近万个家庭送政策、送服务。举办大中型招聘洽谈会8场，提供就业岗位2100余个。向812户慰问对象发放慰问款和慰问品76万元。改造街道养老服务中心，规范盛达康公司为老服务工作，惠及800余名老年人。举办首届计生文化节，成立塘沽区首家社区生育文化中心、首家网上人口学校；为育龄妇女免费体检826人。与开发区志愿者协会举办残疾人卡拉OK比赛。

启动杭州道街第二届"学习节"活动，举办各类读书、讲座、培训活动110余场，参加1万余人次。以"祖国赞歌"为主题，开展"红歌金曲闹元宵"等文艺专场演出以及各种棋类、手工比赛、征文、演讲等社区艺术节活动。组织2000余名社区群众"喜看家乡变化"。86支文体队伍在社区开展文体活动36场。组织"真情暖万家、邻里筑和谐"邻居节活动，开展以健身活动、颂扬亲情、家庭文艺表演、个人才艺比赛、家庭厨艺展示为主要内容的6个主题28场特色活动，评选好邻居100名。组织《改革前后三十年》、《新时代的延安精神》大型主题教育报告会2场。

在全国文明城区创建活动中，组织各类宣传活动30余次，4000余人次参加。

2009年，街道获得国家级和市、区级奖项33项。其中，街团委被评为全国共青团基层组织建设和基层工作试点单位，"家庭学堂"项目获评全国优秀志愿服务项目，联合国教科文组织儿童基金"中国青年农民工项目"落户。街属企业盛达康公司成为全国居家养老工作首个通过ISO9001质量认证企业，被评为天津市劳动关系和谐企业。

（蔡 玮）

新河街道

新河街道位于塘沽区中部偏北，东起车站北路，西临胡家园街道，南抵京山铁路，北靠杨北公路。2009年，街域面积47.65平方公里，辖10个居委会，有居民2.08万户5.96万人，其中常住人口4.93万人、流动人口1.03万人。

2009年，引进企业34家，认定招商引资注册资金1.4亿元，签订待认定项目投资额1.6亿元，在谈签订投资意向2.1亿元。在全国第二次经济普查工作中，调查法人及产业活动单位511家，调查登记个体户3911户。

开展安全生产"三项活动"和百日安全大检查活动。召开安全会议6次，检查单位站521家（次），发现整改安全隐患18处，签订企业安全生产责任书200余份。

完成社区居委会选举工作，投票率80%，选出居委会主任85名。召开区情通报会10次、民心恳谈会30余次，接待群众来信、来访、来电300余次，办结率100%。调处各类矛盾纠纷51

件，调解成功率100%。加强社区矫正和安置帮教工作，刑释人员接收率100%，安置率90%。

制定《社区环境管理考核实施细则》，强化社区环境卫生检查评比和日常管理。开展“大干150天市容环境综合整治”活动，清除社区涂鸦广告5万余张（处），清运垃圾渣土90余车180余吨。解决赵家地地段拆迁、违章建筑、违章施工等问题。

筹资500余万元，完成街道社区服务中心、湘江里社区服务中心、新新家园居委会、融盛居委会和柳江里市场等项目新建和改造工程，改造、翻建社区用房1220平方米，改造市民广场1700平方米，升级改造市场1800平方米，维修自行车棚13个7000平方米。完成街道老年日间料理中心和残疾人日托所康复训练中心建设。完成新建里、珠江里、柳江里、仕嘉花园小区改造工程；完成桂江里、西江里、新建里小区节能减排改造工程；集中修剪高大树木420余株，栽种海棠、碧桃等树木750余株，栽种冬青等树苗40000余株。

截至11月，审核发放低保金304.04万元，应急救助25户8.5万元，申报办理廉租住房租房补贴65户，发放低保家庭大学、高中在学学生助学金99户7.9万元。筹措资金60.5万元，救助千户困难家庭。举办招聘会10场，进场单位206个，达成就业意向540人，新增就业643人；办理失业金和灵活就业资金申领手续816人次743.09万元。累计发放老年人关爱金、健康补贴、副食补贴、节日慰问金11544人次126.72万元，缴纳老人意外伤害保险5611人次。组织残疾人特奥活动，在天津市残疾人运动会上获得6金2银的成绩。免费为育龄妇女查体600余人，孕检900人。

利用街道艺术节、邻居节等载体，开展不同主题的文化娱乐活动。举办庆“三八”红歌演唱会、庆“五一”联欢会、庆祖国60华诞红歌大会、消夏晚会、军民乒乓球友谊赛、科普周、敬老月、“电影进社区”等系列活动119场，参加近8万人次。

2009年，街道被评为全民健身活动先进集体，全国流动人口计划生育工作先进集体，全国第二次经济普查市级先进集体，天津市社区红十字服务示范街；新建里社区被评为全国特奥示范社区。

（蔡 玮）

向阳街道

向阳街道位于塘沽区中部偏北，东起天津经济技术开发区东海路，西至塘汉公路、河北路与吉林路一线，南倚京山铁路，北抵北环铁路和开发区第十三大街。2009年，街域面积73.5平方公里，辖13个社区居委会（不含天津经济技术开发区，下同）。人口10.39万人，其中常住人口1.54万户5.60万人、暂住人口3.53万人、流动人口1.26万人。

2009年，成立街道经济服务中心，招商引企65家，协议引资额3.38亿元，名列街道系统前三名。

开展平安社区创建工作，排查74名境外人员、4900名寄宿户、3.88万名外来人口和1235家住宿、娱乐场所，取缔“黑中介”18家，抓捕网上逃犯40人及一批犯罪嫌疑人，刑事案件比上年下降8%。化解矛盾纠纷121起，防止群体性上访事件12起，民事调解率100%，帮教率100%，安置率96%。深化信访“三无社区”（无集体上访、无越级上访、无非正常上访）创建活动，重点强化社区信访“五张网”（组织网络、接待网络、宣传网络、调处网络、信息网络）建设和重点人教育、稳控工作。

完成13个社区换届改选工作，直选率53.85%。组织社区成员专题培训12次。开展社区“双五好”（以设施环境好、工作态度好、服务质量好、亮点工作好、群众评价好为内容的“五好”社区居委会和以市容环境好、文娱活动好、科普教育好、邻里关系好、治安状况好为内容的“五好”居民区）创建活动，探索“五位一体”（社区党组织、社区居委会、社区警务、业主委员会、物业公司）的社区服务体系建设。协调街社区服务中心建设项目，完成530平方米康居园精品社区建设。

组织“安全生产月”系列活动，对911家企业摸底建档，并签订承诺书。

开展义务劳动8次，参与

1500余人次,清除小广告6万余张、垃圾114车、绿地浮物4000余件,清整绿地6000余平方米。改造东风里、和平里、芳园里、秀园里、吉庆里等旧小区,启动11个旧小区准物业管理。栽植树木470株、爬山虎3000株,修剪树木700多株,树木灭虫近3000株,维修路灯20盏,安装公益滚动电子屏16块,维修护栏1200米、小区大门40多个,投放鼠药430公斤。

发放低保金、二次救助款303.58万元,老龄关爱金、慰问金、健康补贴112.36万元,供热补贴10.6万元,其他救助、慰问款物46.63万元,合计473.17万元。开展“献爱心、送温暖”活动,募集慈善四日捐5.50万元。成立社区职介所13个,举办招聘会5场,入场单位300多个,达成就业意向800余人。组织参加免费技能培训91人,扶持失业人员灵活就业258人,自谋职业4人,自主创业7人。推荐安置就业850人,完成任务的154.55%。缴纳城镇医疗保险1252人,报销78人次65万余元。办理社会保障卡5025人,办理就失业证260人,办理城镇居民养老保险126人,发放养老补贴1150人。组织计划生育宣传咨询活动4次,投入经费8.66万元;为1091名育龄妇女免费查体,计划生育率100%。

开展文明市民、文明楼院、文明社区创建活动;召开好邻居表彰会暨邻居节启动仪式;开展“六进社区”(科教、文化、体育、卫生、环保、法律进社区)和创建文明社区“五个一活动”;成立文明礼仪宣讲团13个;举办“红歌”演唱会、文艺晚会、趣味运动会、书画展和爱国影片露天展演等近30场。

2009年,街道统计办被评为国家级先进单位、市级“双基”先进单位,金海花园社区、凯腾集团分别被评为市级先进社区党组织和“五个好”(领导班子好、党员队伍好、工作机制好、群众反映好、工作业绩好)企业党组织,女子健身操队荣获全国比赛两项第一名。

(蔡 玮)

大沽街道

大沽街道位于塘沽区东南部,东临天津临港工业区,西与新城镇接壤,北抵海河,南括塘沽盐场。2009年,街域面积138.2平方公里,辖5个社区居委会和1个社工站,人口4万余人。

2009年,完成注册资金1.64亿元,实现税收2600余万元。完成毛衣厂整体改制,清算海洋渔业公司余款账目,调解大东、碳素两单位场地问题;组织已改制企业复查答复工作。

完成科级干部竞争上岗工作,组织干部培训和挂职9人次。完善《大沽街道处置暴力恐怖事件工作预案》和《维稳工作实施细则》,组建500人的社区平安志愿者队伍。召开信访工作专题会议,调解拆迁历史遗留问题。

成立12人的社工站,方便拆迁居民办事。成立大沽街协助拆迁领导小组,设补偿服务、政策宣传、维稳信访、事务保障和就业培训5个职能小组,并向居委会派驻工作组。完成驴驹河整体搬迁前期准备和拆迁协议签订工作。

编制大沽街安全预案;与经营生产单位签订安全责任书;举办首届“平安大沽杯”安全知识竞赛;排查地下井、污水管道等安全隐患,检查防范硫化氢中毒工作;加强国防工事看管和防潮防汛工作。

核实东、西沽部分下乡年限未予认定的返乡知青信息,改善其劳动保险基数低等不平等待遇,20余家企业2490人提出乡龄认定申请。

清理卫生死角25处,参加1100余人次;清理乱贴小广告2000余张,清运垃圾45车。植树70株、各类花灌木1000余株。依法强拆违章建筑13处,制止违章新建7起。维修破损自来水管道5处,修整破损路面150平方米。解决安阳里、新桥里、河南里社区下水井盖丢失问题,垫资自制水泥井盖60余个。治理安阳里、新桥里、华建里等社区车辆乱停乱放问题。

为1182户低保户发放低保金,为1002户居民办理廉租住房租房补贴。换发二代残疾证816人,组织开展“三个一”系列助残活动,资助残疾学生10名。为4000余名老年人发放关爱金、健康金、慰问金160余万元。发放慈善救助款23.6万元,在慈善四日捐活动中募集7.73万元。截至11月，累计发放低保金、廉租房补贴、二次救助、大病救助、临时救助、刑满释放人员救助、助学金、老年人关爱金、优抚对象补助1200余万元，直接受益1万余人。为168名特困就业群体人员办理灵活就业社会保险补贴34.1万元，为1490名下岗失业人员发放失业金56.5万元。举办招聘会3场，安置下岗失业人员182人。办理城乡医保参保1082人，办理医药费支付手续76笔。发放计划生育家庭特别扶助款19.92万元，惠及58户96人。建立妇联半边天家园指导站，组织已婚育龄妇女免费健康查体300余人。

开展“五进、五送”(进工地、进学校、进家庭、进企业、进社区，送温暖、送服务、送法律、送政策、送科技)系列活动，开展以“情满社区、邻里和谐”为主题的邻居节庆祝活动，组织红歌联唱、“党在我心中”诗歌朗诵、爱家乡征文及“观滨海、看发展、爱祖国、我奉献”参观等多项文体活动。

(蔡 玮)

北塘街道

北塘街道位于塘沽区北部，东接天津经济技术开发区，西至黄港度假村，南临塘沽海洋高新区，北抵汉沽航母主题军事公园，京山铁路贯通南北，京津高速公路穿越东西。2009年，街域面积117平方公里，耕地面积350.4公顷，辖6个行政村和2个居委会。人口0.96万户2.54万人，其中农业人口0.30万户0.76万人。农作物播种面积350.4公顷，水产品养殖面积1424.5公顷(其中海水养殖1034.9公顷，淡水养殖389.6公顷)，有海上捕捞船308只。

2009年，北塘地区纳入滨海新区总体规划，列为“十大战役”之一。全年完成社会总产值2.01亿元，比上年下降11.3%；三次产业分别完成6167万元、5104万元、8835万元。完成增加值7209万元，下降6.6%；三次产业分别完成2433万元、930万元、3846万元。水产品产量7624吨，下降19.2%。农民人均纯收入9700元。

制定社区换届实施方案，完成社区换届选举工作。接待来访和拆迁咨询9000余件12200人次，来信或上级转来信件14件；信访结案率95%。举行农村城市化四项表决，南村、西村赞成率100%，北村99.8%，东村90.54%；各村抽调专人组成城市化工作领导小组，进行前期准备。滨海新区北塘片建设开发指挥部揭牌，北塘片区控制性规划完成审批。

北塘地区整体拆迁分两期启动并完成，拆迁总户数7440户(一期拆迁4740户，二期拆迁2700户)，房产总证书7500个，拆迁居民建筑面积26.9万平方米，兑现居民拆迁补偿款29.39亿元。投入资金200多万元，维修中心大街和杨北大街两条道路；疏通城区下水54处，修复路灯线路2000米。投入37万元购置防汛物资和修缮辖区危陋房屋。重点整治北塘彩虹桥南头地段。加强安全监督管理，辖区16家单位签订安全管理责任书。

启动“渔转非”1970–1979届人员乡龄认定工作。组织专门机构进行身份界定，重新建档，进行申报并张榜公示。至年底，确认补办乡龄人员2279人。

办理就失业证236人，办理下岗失业人员登记75人；办理大龄人员保险补贴230人114万余元。安置下岗失业人员378人，安置农村剩余劳动力422人。办理城镇居民基本医疗保险投保868人，报销19例19.95万元；办理农村医疗保险投保7800余人，报销219例约110万元；办理企业职工医疗保险18600余人。举办招聘会两场，进场单位84个，提供岗位425个，达成就业意向212人。累计为低保户、特困户发放保障金291万元，发放实物救助卡折合53.32万元，发放饺子款、春节困难补助、煤火补贴及供热补助70.24万元。接收辖区单位和个人慈善捐助，累计救济1046户，助困款121.15万元。办理老年人免费乘车证110个，免费镶牙30人，免费健康查体1031人；办理老年证95人，发放老年人关爱金、副食补贴、健康慰问金104.03万元。办理残疾人低保户和特困户生活补助金182人，重度残疾人边缘户申请生活补助金6人。免费孕检1000人，对4名计划外怀孕者采取补救措施。

2009年，街道被评为全国第二次经济普查市级先进集体。

(蔡 玮)

胡家园街道

胡家园街道位于塘沽区西部，东临新河街道，西与东丽区接壤，南枕海河，北抵塘黄公路，津滨轻轨、津塘公路贯穿全境。2002年1月由河头、中心桥两镇合并而成。2009年，街域面积75.2平方公里，耕地面积2128.4公顷。辖19个行政村、3个居委会筹备组和2个居委会。人口2.56万户6.78万人，其中农业人口3.52万人。

2009年，实现增加值1.23亿元，非农产业占96.7%；年收入500万元以上规模企业300家。农民人均纯收入12395元，比上年增长11.4%。农作物播种1886.6公顷，实现产值4196万元、增加值1678万元，其中粮食播种388.4公顷，产量1215.7吨；蔬菜播种308.4公顷，产量15430吨；棉花播种1041.7公顷，产量898吨；水果种植141.67公顷，产量559.1吨；花卉种植6.43公顷，上市122万盆。

坚持领导干部重大事项报告制度，组织召开民主生活会。强化信访工作，接待群众来信来访216批次2100人次，办结79件；到区接访28批次约760人次。

完成善门口、陈圈两个试点村按宅基地进行房屋认证的复核工作。完成签约1584宅2099户，分别占总宅数、总户数的92.8%、90.7%；农民签约4715人，签约率96%。对两村签约农民实行“农转非”并上医疗保险；累计发放养老补偿金、按月发放养老金、办理养老保险参保或退款手续5324人次。审批完成征收两村土地604公顷，征收村民住宅用地74公顷；基本完成629户村民82公顷承包地栽植林果树和其他农田地上物认证和经济补偿。完成村民住宅拆迁785户（含未实施城市化的头道沟村125户）。

完成农村城市化建设拓展村胡北村调查摸底工作，撤销村委会，成立居委会筹备组。依法对20个村履行撤村建居等四项工作民主表决，通过率98.88%。各村召开党员会和村民代表会，表决通过不参加2009年度村级组织换届选举工作，表决通过率均达98.5%。

开展卫生大清整，清理垃圾1500余吨。开展春季灭鼠、灭蟑螂行动，降低鼠密度和蚊蝇密度。改造公共户厕38座。加快西部新城区起步区建设，交付使用社区服务中心楼房等9项工程；42万平方米还迁房工程完成地上3层施工，8层楼房主体封顶。

举办大型招聘会2次，安置失业人员2458人。保存各类学生档案1698份，办理就失业证155人，优惠证12人，灵活就业保险补贴16人，社会退休2人。乡镇企业参保5409人，享受退休待遇1453人。参加农村医疗保险40105人，覆盖率100%。发放城镇低保费166.7万元，农村低保费175.37万元；发放城镇二次救助27.37万元，农村二次救助54.87万元。向特困户、优抚对象、在乡复员军人、义务兵家属发放慰问金、过冬费、药费、生活费、优待费累计244.93万元。办理老年优待证222人，发放生活补助及慰问金25.53万元，缴纳老年人意外伤害保险保费6.03万元。享受老年人生活补助5148人，补助款108万元。为1644名残疾人发放救助金9.51万元。

举办正月十五闹元宵花会表演、迎国庆长跑比赛、鑫航篮球邀请赛、迎重阳第二届太极拳比赛等文体活动，丰富群众业余文化生活。组织多种涉农行业技能培训考试，培训农村城市化人员1479人。

2009年，中心桥村被评为天津市村务公开和民主管理示范村，河头村被评为天津市农村党建“三级联创”先进单位。

（蔡　玮）

渤海石油街道

渤海石油街道位于塘沽区东部，海河南岸，东、西、北三面被海河环抱，东起新港船闸，西至振兴楼，南倚津沽复线，北靠闸北路及军粮城地区。1988年8月25日成立。2007年4月，街道办事处与渤海石油物业管理公司合并重组为渤海石油矿区管理中心，实行一套班子两块牌子，两块职能，即渤海石油街道办事处/渤海石油物业管理公司。2009年，街域面积14.85平方公里，辖6个社区居委会，管辖三大社区。常住人口3.5万人，流动人口1.5万人，居民以渤海油田职工家属为主。

2009年，建立健全“街道—社区—居民骨干”三级调处网络。加强矛盾纠纷排查调处力度，调解纠纷185宗，调解率100%，成功率98%。加强刑释解教工作，签订全覆盖的帮教、矫正协议，为生活困难家庭发放帮扶救助金5000元。

落实安全生产责任制，强化安全风险过程控制和安全监督检查，确保社区管理工作安全运行。开展安全培训及应急演练11次，受训305人次，消除安全隐患304个，保障居民生活安全。

加强日常综合治理，提升2个农贸市场综合服务水平和环境质量；协同有关单位，治理聚众赌博、无证宠物医院、私设摊位现象。

投资1481万元对矿区配套设施进行改造。完成石油新村一期34栋楼房“平改坡”为主的小区整体改造任务；完成港区中心广场和石油新村文化休闲广场绿化改造项目；改造小区停车泊位2105个，解决停车泊位紧张问题；实施小区住宅维修项目，维修外墙404户、屋面105户。

实施困难救助，累计发放救助金274万余元，救助2.04万人次。落实“三个关心，六个服务，两个支持，一个引导”的“3621”工程，建立“三位一体”稳定体系平台。建立社区老年人、残疾人、困难家庭、刑满释放人员等服务对象档案，加强服务工作。开展助残活动2次，组织近50名残疾人游览津城新貌。

优化社区服务队伍，完成社区低保主任换届工作。各居委会签订社区管理重点工作目标责任书，建立科学考核评议机制。完善社区居民代表会议制度，定期召开区情通报会、民心恳谈会。举办“邻居节”系列活动，专场演出7场，评选出“好邻居”100名。开展以“祖国赞歌”为主题的文艺演出活动，专场演出5场，数千人参与。

2009年，街道被评为全国第二次经济普查市级先进集体。

（蔡　玮）

新城镇

新城镇位于塘沽区西南部，海河南岸。东起河南路，西临津南区葛沽镇，北靠海河，南连塘沽盐场。1998年8月，由原新城镇和邓善沽乡合并为新城镇。2009年，镇域面积31.01平方公里，耕地面积237公顷，辖6个行政村。人口3.33万人，其中农业人口1.44万人、非农业人口0.45万人、流动人口1.44万人。

2009年，实现增加值3.53亿元，社会总产值14.1亿元，出口供货值2193万美元，固定资产投入2000万元，上缴国家税收7000万元。

落实农业生产工作。完成春播面积237公顷、早春菜41.5公顷、春夏菜182.5公顷，蔬菜产量5520吨，肉类产量574.7吨。春季植树造林1.8万株。完成农田基本建设土方10.7万立方米，沟渠清淤11条11.1公里。一次性防治美国白蛾面积111.3公顷。

就是否参加村级组织换届工作进行表决，未达到要求的梁子村进行村委会换届选举和村委会成员补选工作。对村委会主任、副主任提出辞职申请的邓善沽村进行补选。

协助东大化工有限公司完成苯甲酸钠技改项目。化解群众与企业关于土地出让问题矛盾两起，保证企业正常运转；协调解决企业地上建筑物未办证等历史遗留问题数宗，解除企业后顾之忧；开展经常性安全生产检查和宣传工作，保证企业生产安全。

加快农村城市化建设步伐，完成新城、黄圈、营房、南开、邓善沽5个村撤村建居四项表决。加强乡村公路养护工作，配合天津大道、蓟港铁路、港塘线拓宽改造等建设工程。推动天津滨海生态农业科技园区建设，完成生态园区10万平方米连栋温室征地拆迁工作。

为359户740人发放最低生活保障金181.62万元，二次救助卡折合43.01万元，非农业低保户生活补贴款1.76万元，合计226.39万元。对352户低保户进行公示、走访、调查，并进行复审和调标；注销低保4户，变更低保29户。春节期间慰问困难家庭、残疾人家庭及优抚对象687户，发放慰问款物折合70余万元。资助低保家庭在校大、中专学生63人，发放助学金5.56万元。因病救助25人次，发放救助金7.94万元。为残疾人配发轮椅23辆，组织40名肢残人员进行康复指导训练，为25名精神病人免费发放药品。参加农村医疗保险13683人，参保率96%；城镇居民登记入保342人。举办招聘会2场，到场应聘2000余人，提供就业岗位930个，达成就业意向315人；举办各类培训10期，培训1500人，700人获等级证书。办理就失业证158件，社会保障卡1000余张；办理退休手续47人次。

开展精神文明创建工作。组织离退休职工干部参加各项文体活动。举办庆“三八”趣味活动、环境保护宣传活动等。

（蔡　玮）

汉 沽 区

概 述

汉沽区位于天津市东部，渤海西北岸，滨海新区北端，是天津通往东北的门户，与京津冀经济圈的连接点。东临河北省丰南县，西南连接塘沽区，南濒渤海湾，西北与宁河县毗连。地理坐标为北纬 39°7′40″~39°19′56″，东经 117°7′40″~118°3′35″。2009年，境域面积 441.5 平方公里，约占滨海新区总面积的 1/5，其中城区面积 20 平方公里，海岸线 28 公里，占天津市海岸线的 1/5。蓟运河由北向南流经区内，境内长度 28 公里。区域内设汉沽、河西、寨上 3 个街道办事处和大田、营城、茶淀、杨家泊 4 个镇政府。海滨休闲旅游度假区和中新天津生态城坐落辖区。全区人口 18.6 万。以汉族为主体，另有蒙古、回、苗、壮、布依、朝鲜、满、侗、瑶、土家、黎、仡佬、锡伯、京、赫哲等 15 个少数民族。区政府驻汉沽城区新开中路东侧。

汉沽交通便捷，京哈铁路、津秦高速铁路、唐津高速路、津汉路、津汉快速路、海滨大道穿越境内，对外公路联系实现高速化。紧邻空港国际物流区，距天津港 21 公里，与天津滨海国际机场相距 50 公里，距唐山市 50 公里，与河北省曹妃甸经济区和南堡油田相隔 35 公里。汉沽，古为盐灶之地，得盐渔之利，享负海之饶，被誉为"盐化基地"和"鱼米之乡"、"葡萄之乡"、"版画刻字之乡"。

汉沽地理位置优越，气候宜人，属暖温带亚湿润气候区。资源丰富，是中国海盐业发祥地和重要的海盐生产基地。湿地、滩涂、地热等资源丰富，开发利用前景可观。农(渔)业特色鲜明，兼有内陆型和海洋型双重资源优势。种植、养殖和捕捞"三业并存"，水果、水产"两水兼收"，是国家级东方对虾养殖示范区和全国玫瑰香葡萄种植基地。工业基础雄厚，形成以制盐、海洋化工为基础的石油化工、精细化工、轻工纺织、机械加工、工程塑料、食品加工等多门类综合性工业体系。北疆电厂一期两台机组投产发电，氧化球团、润滑油脂、海龙管业、东汽风电叶片增资等项目竣工投产，中心渔港建设初现雏形，滨海汉沽客运站交付使用。第四方物流、蓝孚集团、中铁十三局华北总部等落户。外向型经济发展迅速，"芦花牌"原盐、精制盐，"天工牌"水银固体烧碱、聚氯乙烯、氯化钡，"渤龙牌"BJ212 型水泵，"津脂牌"3 号钙基润滑脂，"飞鱼牌"绳、网、线，"海螺牌"工业硅，"天津牌"三聚磷酸钠，"荣光牌"磷酸等名牌产品；服装、钢木家具、杠铃等工业产品，天鹰椒、水貂皮等农畜产品以及对虾、海螺肉、养殖虾等水产品，跻身国际市场。滨海旅游和文化产业发展潜力巨大。妈祖文化经贸园、喜盈盈大酒店等一批旅游项目兴建，形成航母游览、葡萄采摘、海鲜垂钓等经典旅游线路，打造刻字版画藏书票馆等特色文化景点。汉沽飞镲入选国家非物质文化遗产名录。

2009 年，全区经济社会保持协调健康快速发展势头。地区总产值突破 100 亿元，比上年增长 39%；其中区属完成 69 亿元，增长45%。三级财政收入20.23亿元，其中区级收入15.06亿元，分别增长34.5%和48%。固定资产投资188亿元，增长70%。城市居民人均可支配收入17227元，增长11.5%；农村居民人均纯收入11148元，增长10.2%。

产业结构不断优化。国家级循环经济试点项目北疆电厂一期发电工程全面竣工投产，初步形成循环经济产业链条。节能减排扎实推进，渤天化工电站脱硫治理项目完成，万元增加值能耗下降4.4%，削减二氧化硫3240吨。规模以上工业企业完成总产值161.11亿元，增长18.7%，工业增加值增长16%。工业开发技改项目74项。注册著名商标23件。服务业加快发展，社会消费品零售总额完成31.45亿元，增长28.4%。旅游经济快速增长，接待游客200万人次，实现旅游综合收入2.2亿元，分别增长42.9%和36.6%。

经济发展后劲明显增强。完善汉沽区《招商引资奖励办法》，健全招商引资指标责任考核、重点项目领导分工负责制，加强经济工作督查推动，启动协作招商组，相继签署一批合作协议。建设融资实现重大突破，采取建立中小企业贷款担保资金和小额贷款担保中心等措施，解决“融资难”问题，多渠道融资26.1亿元。列入全市区县4批34个重大项目全面开工，完成投资52亿元。5批42项区县重大项目加快建设。区考核固定资产投资项目121项，开工112项。亿元以上投资项目升至42个。营城工业园5个产业园区建设全面展开，一批企业相继入驻。海域6个5000吨级码头基本建成，3.5平方公里吹填造陆区软基处理完成，海陆域交通全面打通，重要配套设施之一“滨海鲤鱼门”项目开工建设。完成签约和达成意向千万元以上项目100个，总投资1201亿元。在谈和储备项目67个，总投资1849亿元。实际利用区外资金177亿元，实际利用外资8000万美元。

新农村建设加快推进。农业增加值完成4.6亿元，增长6.8%；农业总产值完成10.9亿元，增长7.3%。实施农业综合开发项目20个，完成投资突破9000万元。茶淀示范镇55栋住宅楼入住，营城还迁区建成20万平方米，大田小城镇建设前期工作展开。新创市级文明生态村5个。新建葡萄、蔬菜设施化生产面积124公顷；新建无公害水产品养殖基地5个，新增工厂化养殖12万立方水体，总量达40万立方水体。完成蓟运河除险加固、应急渡汛工程和河堤海挡险工险段治理工作。农村环境得到改善，基础设施建设加强，农村饮水管网改造步伐加快，改造乡村公路6公里。

城市综合承载能力显著提升。津宁高速联络线、津汉路改线拓宽、汉榆路、北部组团道路改造、营城大桥等路桥工程竣工通车，南环大桥复线完成桥梁主体建设；滨河路南段、东风南路、一经路滨河段、五纬路工程竣工，人民路、友谊路等4个铁道口维修改造完成；中央大道汉沽段、塘汉快速路、112国道抓紧建设；滨海汉沽客运站竣工投入使用，津秦铁路客运专线滨海北站选址建设；区内主要交通线路更新公交客车并恢复运营。安装路灯、景观灯850盏。房地产开发面积160.6万平方米，竣工面积61.24万平方米。茶淀雨水泵站竣工。东风南路、新汉南路、太平街电网入地工程全部竣工。燃气管网入户率占城区住户43%，旧楼区补建6800户。新增供热面积58万平方米，补建2.8万平方米。

市容面貌明显改善。实施环境整治工程，整修粉刷沿街旧楼21万平方米，清洗建筑外檐1.1万平方米，治理规范广告牌匾8000余平方米，新建景观围墙、广告围挡7600平方米，新建和提升绿化面积100.4万平方米，城区绿化覆盖率35%。清除垃圾渣土300余吨，清理乱堆杂物2900处。对玉坨里、坨北里、铁坨里、王园南里等旧楼区综合整修，对新开路、文化街、东风北路等城区主干道路及路政设施进行维修，道路沿线和街坊小区市容环境得到提升。城区环境空气质量二级以上天数占有效监测天数85%。市容环境管理综合考核在滨海新区名列前茅。

社会事业全面进步。开展群众性精神文明创建活动，5个单位分别被评为全国文明单位、精神文明创建先进单位、先进村镇。科技进步考核综合排名跃居全市第7位，完成区级科技项目立项43个。教育教学质量稳步提高，中考优秀率高于全市平均水平，高考总录取率88.6%；成功举办全国教育科学重点课题年会；9所学校校舍加固和功能提升工程如期竣工，全区所有学校的校舍安全鉴定工作按期完成。群众文化活动丰富多彩，举办天津市第七届滨海艺术节开幕式大型文艺演出、全国评剧十大名票展演等系列大型群众文化活动；举办电影农村巡映；新建农家书屋23家；滨海艺术团深入基层演出60场。医疗服务水平提高，整合医疗卫生资源，落实18项公共卫生服务项目；突发疾病控制应急能力增强，防控甲型H1N1流感取得阶段成果；社区基本药品实行零差率销售，城镇居民节省药费支出39万元。成功举办第十届全区运动会，承办多项体育赛事，竞技体育取得新成绩。

群众生活水平提高。把构建社会主义和谐社会摆在重要位置，20项民心工程全面完成。安置就业再就业8307人，实现零就业家庭安置动态为零。设立扶持创业带动就业小额贷款管理机构，为企业争取政策性补贴1815万元。城镇居民医疗保险和农村社会养老保险全面实施，新型农村合作医疗保险参保率99%，城镇职工养老保险参保5.27万人。城镇低保、五保、特困救助金发放5400万元，为符合条件的家庭发放廉租房补贴和租金核减373万元。城乡60岁以上老年居民按月领取生活费补贴。募集善款308万元。部分居(村)委会办公环境得到改善。加强社会治安综合治理，技防网络覆盖面扩大，社会治安防控体系逐步健全，全区社会安定，人民生活祥和。

(孙大鳌)

汉沽区区级领导名录

中共汉沽区委领导名录

职　务	姓 名	性别	出生年月	民族	文化程度	籍　贯
书　记	吕福春	男	1963-01	汉	研究生	天津武清
副书记	刘子利	男	1961-11	汉	研究生	河北盐山
副书记	唐广强	男	1960-02	汉	研究生	天津汉沽
常委、组织部部长	董建华	男	1953-12	汉	研究生	河北丰润
常委、区纪委书记	佟国元	男	1955-04	汉	研究生	河北枣强
常委、政法委书记	高俊才	男	1953-06	汉	研究生	天津汉沽
常　委	李　清	女	1965-03	汉	研究生	河北丰宁
常　委、公安汉沽分局局长	谭龙山	男	1955-11	汉	研究生	山东沂水
常委、宣传部部长	刘宝勇	男	1957-04	汉	研究生	天津汉沽
常委、区人武部部长	张　明	男	1957-09	汉	大　学	河北张北

汉沽区人大常委会领导名录

职　务	姓 名	性别	出生年月	民族	文化程度	政治面目	籍　贯
主　任	张耀武	男	1951-06	汉	研究生	中共党员	天津宁河
副主任	杨　凯	男	1949-02	汉	大　学	中共党员	山西太谷
副主任	高廷印	男	1950-06	汉	大　专	中共党员	天津汉沽
副主任	王金成	男	1949-02	汉	大　专	无党派人士	天津汉沽
副主任	丁巨波	男	1955-01	汉	大　学	中共党员	天津武清
副主任	李玉梅	女	1953-05	汉	大　学	中共党员	天津宁河

汉沽区政府领导名录

职　务	姓 名	性别	出生年月	民族	文化程度	政治面目	籍　贯
区　长	刘子利	男	1961-11	汉	研究生	中共党员	河北盐山
常务副区长	李　清	女	1965-03	汉	研究生	中共党员	河北丰宁
副区长	姜立超	男	1963-11	汉	大　学	九三学社社员	吉林农安
副区长	肖　松	男	1969-06	汉	大　学	中共党员	天津市
副区长	冯嘉强	男	1969-12	汉	研究生	中共党员	四川长寿
副区长	赵　忠	男	1961-11	汉	研究生	中共党员	天津蓟县
党组成员	郭志寅	男	1962-04	汉	研究生	中共党员	天津市
区长助理（副区长级）	单玉厚	男	1961-10	汉	大　学	中共党员	天津市

注：肖松任副区长至2009年5月。

政协汉沽区委员会领导名录

职　务	姓 名	性别	出生年月	民族	文化程度	政治面目	籍　贯
主　席	曹玉霞	女	1948-04	汉	大　学	中共党员	天津汉沽
副主席	李立根	男	1960-12	汉	研究生	中共党员	江苏仪征
副主席	陶广来	男	1951-03	汉	大　学	中共党员	天津汉沽
副主席	刘胜和	男	1954-12	汉	大　专	中共党员	天津汉沽
副主席	张永珍	女	1957-03	汉	大　学	中共党员	天津汉沽
副主席	杨建英	女	1958-08	汉	大　学	民建会员	天津汉沽
副主席	郭会德	男	1955-07	汉	大　专	农工党党员	河北霸州
副主席	邵芝祥	男	1956-08	汉	大　专	民进会员	天津汉沽
副主席	黄作文	男	1955-06	汉	大　学	民革成员	天津宁河

（区委组织部提供）

大　事　记

1月

1日 汉沽区红霞里菜市场建成投入使用。市场建设总投资300万元，建筑面积1500平方米，内设159个摊位，配有相应卫生管理设施，蔬菜、水产、肉、蛋、禽类分行划市，主食、副食、熟食等一应俱全，方便社区居民购物，为300多名下岗职工创造就业机会。

25-31日 春节黄金周期间，汉沽区接待游客3.087万人次，实现旅游综合收入361.87万元，比上年同期分别增长42.3%和55.34%。

29日 市委常委、滨海新区工委书记、管委会主任苟利军带领市有关部门负责人到汉沽区调研指导工作。区委书记吕福春，区委副书记、区长刘子利及区有关部门负责人陪同。

2月

2日 汉沽区举行滨海茶淀葡萄科技园、津宁高速联络线开工和津汉路改线竣工通车剪彩仪式。

4日 天津市妈祖文化促进会会长罗远鹏、副会长苟英华带领市有关部门负责人到汉沽区调研指导工作。区委书记吕福春、区长刘子利及区有关部门负责人陪同考察天津妈祖文化经贸园选址。

9日 天津市一轻集团有限公司总经济师张庆新带领相关处室负责人到汉沽区，就日化退出问题进行协商。

同日 市海洋局局长张海河带领有关处室负责人到汉沽区服务指导工作。

10日 市监察局副局长崔朝带领“保增长、渡难关、上水平”活动督察组到汉沽区检查指导工作。

11日 正大集团副董事长杨小平、泰国总部副总裁索蒙(Somong)、副总裁邢继宪到汉沽区考察工厂化养殖虾项目。

同日 汉沽区召开社区居委会换届选举工作动员会议。

13日 市人防办主任邓福顺到汉沽区调研指导工作。区委书记吕福春、区长刘子利会见邓福顺一行,陪同检查区应急指挥中心。

同日 市委组织部副部长、市人事局局长魏大鹏到汉沽区调研重点工程项目人才引进情况,区人事局做工作汇报,魏大鹏发表讲话。

15日 市教委副主任荆洪阳、天津大学副校长舒歌群到汉沽区调研考察。

16日 天津体育学院院长姚家新和市体育局有关处室负责人到汉沽区,就滨海马会项目调研考察。区委书记吕福春、区长刘子利陪同察看滨海马会项目选址现场,介绍项目实施计划和进展情况。

20日 市农科院院长陆文龙、市外国专家局局长袁鹰到汉沽区调研。

21日 汉沽区政府召开重大项目进展情况推动会,对列入全市区县三批重点的28个重大项目进展情况进行分析,就项目开发建设中遇到的具体问题提出协调解决意见。

23日 汉沽区防空防灾应急指挥中心正式启用。

26日 汉沽区与滨海建投集团举行天津中心渔港合作开发协议签字仪式。区委书记吕福春,区委副书记、区长刘子利,副区长冯嘉强,滨海建投集团党委书记、董事长王学旺,党委副书记、总经理李光照,副总经理孙涛、于立群出席签字仪式。刘子利主持仪式,冯嘉强、孙涛代表双方签署项目合作协议,王学旺、吕福春致辞。

3月

2日 工商银行天津分行行长华耀纲到汉沽区调研。

3日 市审批办主任钱长龙带领相关处室负责人到汉沽区调研指导新行政许可服务中心建设工作。

13日 中新天津生态城管委会副主任崔广志、张彦发、蔺雪峰,生态城投资开发有限公司总经理孟群带领相关部门负责人到汉沽区洽谈工作。

27日 市政协副主席何荣林、市物价局局长殷淑严、津能公司总经理李庚生到北疆电厂调研指导工作。

30日 汉沽区召开妇女儿童工作会议暨妇女儿童健康行动计划主题宣传活动启动仪式。

31日 市民政局局长张中华到汉沽区调研指导工作。

4月

3日 汉沽区与第四方物流集团公司举行项目合作协议签字暨总部大楼奠基仪式。市委常委、滨海新区工委书记、管委会主任苟利军,中国物流行业协会副会长王之泰,中国电子商务协会理事长宋玲,中国劳动保障科学研究院党委书记刘学民,第四方物流集团股东会主席侯龙、董事长徐守振、总经理戴晨,区委书记吕福春、区长刘子利、副区长冯嘉强出席签字仪式。刘子利主持仪式,冯嘉强、徐守振代表双方签署项目合作协议,侯龙、宋玲和吕福春致辞。

6-16日 由中国美术家协会藏书票研究会、天津藏书票研究会、汉沽区刻字版画艺术院和国际版画藏书票收藏馆联合主办的荷兰著名收藏家瓦特斯霍特夫妇藏书票收藏艺术展在汉沽区国际版画藏书票收藏馆举办。

9日 市市政公路管理局局长孟庆旺,副局长李惠杰、王树行到汉沽区调研指导工作。区委书记吕福春、区长刘子利陪同察看津汉路改线和汉榆路工程现场。

12日 台湾中华黄埔四海同心会兼中华台海工商文化交流协会常务执委、副执行长王雪蛾,美国盖格国际工程咨询公司总工程师廖士骏,吴泰供应链有限公司执行董事杨伯宁到汉沽区调研交流。区长刘子利、区政协副主席李立根陪同。

16日 市委副书记、市长黄兴国,副市长李文喜带领市有关部门负责人考察汉沽区重点项目建设进展情况。考察茶淀示范小城镇、中心渔港、北疆电厂和中新天津生态城等重点建设工地,详细了解工程进展情况,就加快推动重点项目建设提出明确要求。

18-22日 中国天津第16届投资贸易洽谈会举行。汉沽展团展出12块关于区重点项目、重点园区建设、产业结构特点、资源优势和基本简介情况的展牌,向客商详实介绍汉沽区情况，重点宣传生态宜居城市、滨海休闲旅游区概念、中心渔港津台港城项目等，在“津洽会”会中会上签约3个项目。

22日 市委组织部考察组到汉沽区推荐考察正局级领导干部。

24日 汉沽区举办2009年天津·汉沽创业项目展示推介会。市劳动和社会保障局局长孔长起，区长刘子利出席会议。区委常委、常务副区长李清宣读区政府关于《创业明星、优秀创业者的表彰决定》。出席会议的领导为创业明星、优秀创业者颁发奖杯和证书。区人大常委会副主任王金成、区政协副主席陶广来为创业园区揭牌。区委常委、政法委书记高俊才为汉沽区小额担保贷款服务中心揭牌。

27日 外滩风尚汉沽店正式开业。该店坐落新开中路7号金佰汇商厦，可容纳150人，以西餐、咖啡、铁板烧为主要餐饮业务。

28日 市公安局局长武长顺、副局长李新建、纪检委书记滕义兰带领相关处室负责人到汉沽区调研。

29日 汉沽区人民政府与渤海银行股份有限公司签订金融合作协议书，就下一步合作的重点项目、合作机制及保障措施达成共识。

本月 汉沽区老年人日间照料服务中心建成使用。服务中心包括1个示范中心和4个老年人日间照料服务站，近400名老人享受到服务。

5月

1日 市委常委、滨海新区工委书记、管委会主任苟利军带队到汉沽区考察北疆电厂项目，慰问节日期间坚守岗位的干部职工。

1-3日 “五一”小黄金周期间，全区旅游景区(点)接待游客9.52万人次，实现旅游综合收入1590.57万元，比上年同期分别增长23.26%和17.79%，其中滨海航母主题公园接待游客4万人次，综合收入442.36万元。

2日 市规划局党委书记黄立民、局长尹海林带领有关处室负责人到汉沽区，察看汉沽规划展览馆工程建设情况，听取相关情况汇报。

10日 汉沽区首次考录84名大学毕业生为社区工作者。

本月 汉沽区在20个村启动“四个一”工程，包括以行政村为单位成立科普活动站、建立科普宣传栏、设立科普宣传员和建设科普大篷车电视播放网。该工程是加强农村科普基础设施和科普阵地建设，提高广大农民科学文化素质，培养新型农民的重要途径和手段。

本月 汉沽区营城镇五七村整体搬迁完毕。

6月

5日 汉沽区政府与山东蓝孚电子加速器技术有限公司，举行天津蓝孚高能电子加速器研发中心及生产基地项目签约仪式。副区长冯嘉强主持仪式，区长刘子利和蓝孚集团董事长、总裁张庆有代表双方签署项目协议书。该项目选址茶淀高新技术产业园区，计划总投资2.4亿元，将建设3个辐照加工基地、1个加速器生产车间及总部研发大楼。

9日 天津市第七届滨海艺术节开幕。市委副书记、滨海新区工委书记、管委会主任何立峰，副市长张俊芳和汉沽区委书记吕福春、区长刘子利、区委副书记唐广强出席开幕式。市文化广播影视局党委书记杜彩霞主持开幕式，吕福春致辞，张俊芳讲话，何立峰宣布艺术节开幕。区领导董建华、佟国元、高俊才、李清、刘宝勇、张明以及塘沽、大港、东丽区的相关领导出席。开幕式后举行“蓝色交响”大型文艺晚会。

同日 广东省东莞市台商企业协会虎门分会会长林锦标到汉沽区考察，区委常委、区纪委书记佟国元，副区长冯嘉强陪同。双方就加强合作开发交换意见。

17日、18日 市滨海委副主任郝寿义到汉沽区调研指导工作。副区长赵忠陪同考察茶淀高新技术产业园区、茶淀示范小城镇和滨海茶淀葡萄科技园项目。双方就建设滨海茶淀葡萄科技园相关事宜深入研究。

18日 汉沽区召开旅游发展总体规划专家评审会。市旅游局副局长金铁林、副区长冯嘉强出席会议。汉沽区旅游发展总体规划经专家委员会评审通过，确立“活力滨海,生态汉沽”旅游主题和“京津新海岸,休闲到汉沽”形象定位,汉沽区成为全市首个完成区域旅游规划的区县。

24日 市人大常委会副主任孙海麟,市政协副主席何荣林,市水利局局长朱芳清、副局长张文波检查汉沽区防汛抗旱工作。副区长赵忠陪同察看蓟运河堤等防汛工程。

25日 汉沽区政府与天津凯威投资集团有限公司举行年产80万口沼气池及模块化污水处理成套设备装置项目签约仪式。副区长冯嘉强主持仪式,区长刘子利、天津凯威投资集团有限公司董事长吴玉凯代表双方签署项目协议书。

30日 市纪委常委、市监察局副局长王春珍带领市重大项目建设联合监督检查组到汉沽区,检查法院审判综合楼项目。区委书记吕福春,区委常委、区纪委书记佟国元,区委常委、常务副区长李清陪同视察法院审判综合楼建设工地、茶淀小城镇还迁区、规划展览馆和茶淀葡萄科技园。

7月

4日 市委常委、市委教育工委书记苟利军,副市长李文喜到汉沽区出席天津市滨海农业科技园区建设现场推动会,察看茶淀葡萄科技园区建设现场,听取滨海新区6个农业科技园区建设情况汇报,对汉沽区茶淀葡萄科技园区率先建成投入使用给予肯定。

同日 市地震局局长赵国敏一行7人到汉沽区,就防震减灾工作深入调研。

8日 天津市侨界医疗专家送温暖医疗队下乡义诊活动启动仪式在茶淀镇卫生院举行。

17日 由区委宣传部、区文化局、区政府街道办共同主办的汉沽区社区文化艺术节开幕式在汉沽大剧院举行。区委常委、宣传部部长刘宝勇,区人大常委会副主任李玉梅,副区长姜立超,区政协副主席张永珍出席开幕式。

21日 市水务局副局长王天生带领市创建生态村验收考核四组到汉沽区检查生态村创建工作。

27日 汉沽区2009年选聘高校毕业生到村任职合同签订仪式举行。区委常委、组织部部长董建华出席并讲话。区委组织部副部长白学军宣布汉沽区2009年选聘到村任职的高校毕业生名单、选聘生任职村及职务。

30日 汉沽区举行天津妈祖文化经贸园项目启动仪式。项目选址海滨休闲旅游区海域范围之内,总投资约40亿元,主要建设妈祖庙、妈祖阆苑、禅居会馆、妈祖圣像、民艺大街、节庆广场、台湾美食广场、津台文化中心、文化艺术表演厅等。市委副书记何立峰、副市长任学锋、市政协副主席田惠光出席,中华妈祖文化交流协会会长、全国政协原副主席张克辉,全国政协常委、全国政协港澳台侨委员会副主任林兆枢应邀出席,区委书记吕福春、区长刘子利出席启动仪式。

同日 汉沽区参加第二届津台投资合作洽谈会。分别与台资企业善岛建设(天津)有限公司就兴建永莲购物商城项目签订投资合作意向书,与康成投资(中国)有限公司就兴建大润发超市项目签订投资合作意向书;与台湾休闲旅游国际交流协会就建立沟通机制、通报信息、开展业务交流签订交流合作备忘录。

本月 投资260多万元、占地面积20公顷的陆强旅游休闲农家院一期工程完工投入试运营。月内接待游客200余人次。陆强旅游休闲农家院坐落杨家泊镇,总占地面积26.67公顷,

2009年7月4日,市委常委、市委教育工委书记苟利军,副市长李文喜到汉沽区出席天津市滨海农业科技园区建设现场推动会,察看茶淀葡萄科技园区建设现场。

是以湿地观光、划船垂钓、果蔬采摘、品农家饭、住农舍和水上别墅为主要特色的休闲旅游观光景点。

8月

6日 天津警备区政委谢建华带领师团领导干部在区领导陪同下参观北疆电厂“双建双为”示范点。

15-18日 天津汉沽首届啤酒文化美食节举办，成功展出5个国家、18个省市和地区60多个品种小吃。

20日 汉沽区举行天津蓝孚高能物理技术有限公司电子加速器项目奠基仪式。蓝孚集团董事长、总裁张庆有，中国科学院高能物理研究所副所长魏龙、姜晓明，区委书记吕福春、区长刘子利出席奠基仪式。

本月 在《今晚经济周报》主办的“寻找最佳短线游线路”活动中，汉沽区推出的“天津滨海航母主题公园—国际版画藏书票收藏馆—华梦酒文化博物馆”汉沽一日游线路荣获三等奖。

9月

2日 市农委副主任沈欣带领市创建文明生态村验收考核组到汉沽区，检查验收2008年文明生态村创建工作。察看茶淀镇宝田村、大田镇芦侯村、杨家伯镇冬装坨村建设情况，对汉沽区文明生态村创建工作给予肯定。

7日 天津警备区副政委韩宝恒，市双拥办副主任马杏田、史秀平，市民政局副巡视员程新元带领市双拥领导小组到汉沽区检查双拥工作。区委副书记唐广强，区委常委、区武装部部长张明，区长助理单玉厚陪同。

8日 大神堂风力发电项目正式开工建设。项目选址大神堂以东，计划总投资4亿元，项目建成后每年可向电网提供5213万千瓦时绿色电能，使汉沽沿海地区形成一道亮丽的景观带。

19日 9时30分至10时汉沽区成功完成警报试鸣任务，城区音响覆盖率达95%。

23日 汉沽区人民政府与第四方物流（天津）有限公司就渤海湾世界商品电子商务交易中心项目签订合作协议书。该项目总投资60亿元，用地200公顷。

23-24日 联合国开发计划署（UNDP）执行机构国际信息发展网总干事长丹尼尔·巴瑞奥博士一行到汉沽区考察。市委副书记何立峰，市委常委、常务副市长杨栋梁，副市长任学锋，市政协原副主席曹秀荣和区委书记吕福春、区长刘子利陪同考察并分别会见。考察团参观中新天津生态城、滨海航母主题公园、区规划展览馆，与区政府签订谅解备忘录。

25日 汉沽区文学艺术界联合会主办的汉沽文联网正式开通，成为天津市各区县首家文联网站。

28日 老凤祥汉沽分店正式开业。该店坐落新开南路100号，处于汉沽区商业中心区，以金银饰品为主要经营业务。

29日 由区委宣传部等部门联合组织开展的新中国成立以来“汉沽区十大发展成果和十位有影响人物”评选揭晓。

30日 汉沽区规划展览馆竣工开馆。该馆于2008年5月奠基，占地面积4.94公顷，总建筑面积2.4万平方米，设置规划展示中心、行政许可服务中心、招商服务中心、社会服务中心4个功能区。

10月

2日 天津滨海汉沽葡萄文

2009年9月23日，联合国开发计划署（UNDP）执行机构国际信息发展网总干事长丹尼尔·巴瑞奥博士一行到汉沽区考察，与区政府签订谅解备忘录。

化旅游节闭幕式暨第二届航母中秋海上焰火晚会在基辅号航母举行。旅游节期间，汉沽区接待游客32.3万人次，旅游综合收入2992万元，比上年同期分别增长38%和46.7%。

13日 天津市人防指挥所暨人防专业队规范化建设现场会在汉沽区人防应急指挥中心召开。国家人防办副主任李扬，北京军区作战部副部长、人防办副主任王庭俊到津观摩指导，市委常委、天津警备区司令员王小京，副市长熊建平出席。区委书记吕福春，区委副书记、区长刘子利，区委常委、常务副区长李清，区委常委、区武装部部长张明出席会议。全市18个区县主管人防工作的区(县)长及人防办主任到会观摩演练。

16-18日 汉沽区首届房交会在河西体育馆举办。房交会包括汉沽区前景规划展示、商品房推介、二手房交易、房地产法规政策咨询服务、金融咨询服务五大板块。15家房地产开发企业和5家金融单位进场参展，参展商品房6200余套、二手房100余套，建筑面积近70万平方米。咨询商品房3465套、二手房360套，成交商品房124套16963.99平方米，交易金额9734.62万元，成交二手房13套897.95平方米，成交金额334.3万元。

17日 汉沽区委书记吕福春、区长刘子利、区政协副主席李立根会见台湾大甲镇澜宫董事长郑铭坤，洽谈推进项目合作事宜。

21-23日 汉沽区副区长冯嘉强及区外经贸委、园区管委会负责人赴深圳参加天津市区县投资环境说明会。重点推介天津茶淀工业园、天津滨海物流加工区2个市级示范工业园，与深圳市10余家项目代表对接洽谈，现场签约丕希电气自动化和天利来电子工业园2个项目，吸引投资6.5亿元。

24日 全市小额担保贷款基金建立工作现场推动会在汉沽区召开。市人力资源和社会保障局副巡视员吴承明、区政府党组成员郭志寅出席会议并讲话。

28日 市食品药品监督管理局汉沽分局组织辖区4个镇卫生院负责人召开药械质量安全监管授权会议，分局与镇卫生院签署《药品监督授权责任书》。按照监管模式，镇卫生院可有的放矢地对其所属村级卫生所及乡医，行使一定的药品监督和管理权。

31日 市委常委、常务副市长杨栋梁深入第三批学习实践科学发展观活动联系点杨家泊镇和桃园村，对学习实践活动和经济社会发展状况进行调研。

同日 联合国秘书长顾问莫里斯·斯特朗、中国城乡小康发展促进中心主任李德胜到汉沽区调研。区委书记吕福春、区长刘子利、区政协主席曹玉霞陪同参观区规划展览馆、滨海茶淀葡萄科技园，就促进国际合作项目产业园区相关事宜进行座谈。

本月 汉沽区营城镇小神堂村整体拆迁完毕。

11月

6日 汉沽区人民政府与中铁十三局集团有限公司就建设中铁十三局集团天津总部基地及职工配套住宅设施项目签订合作协议书。该项目选址茶淀工业园，总投资约6亿元，天津总部基地建设用地1.33公顷，开发住宅建设用地5.33公顷，分期建设，一期工程将于年内启动。

24日 市委副书记、滨海新区工委书记、管委会主任何立峰到汉沽区调研基层党建工作。

27日 《春华秋实》系列丛书首发式暨天津市文联报刊评选颁奖大会在汉沽区举行。系列丛书分九卷，其中包括汉沽卷。

12月

7日 市委副书记、滨海新区工委书记、管委会主任何立峰到汉沽区调研指导街镇工作。

同日 天津市一轻集团（控股)有限公司常务副总经理马雪莹带领有关人员到汉沽区，就日化助剂厂退出问题进行协商。

10日 汉沽区政府与山东省建设集团有限公司签署项目投资合作协议。该项目选址营城工业园原炒油厂地块，占地面积5.13公顷，总建筑面积约5.2万平方米，总投资5.7亿元，建设期2年。

15日 天津警备区政委谢建华到汉沽区检查人民武装部工作。

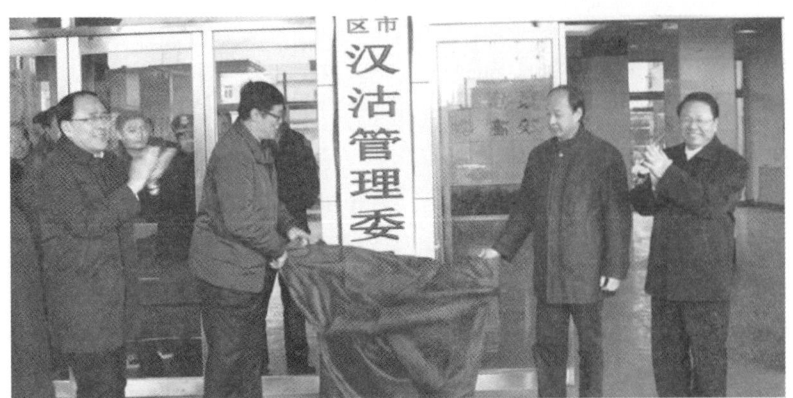

2009 年 12 月 30 日,市委组织部副部长张云鹏、汉沽工委书记马明基为汉沽管委会揭牌。

18 日 国家统计局汉沽调查队揭牌成立。

30 日 天津市公交集团与汉沽区合作发展区域公共交通新线开通暨新车投放仪式在区行政许可服务中心举行。

同日 汉沽客运站举行开业庆典仪式。市交通运输和港口管理局副局长杨洪峰,市国资委副主任刘会春,市公安公交分局政委王爱华,市交通集团董事长武岱、党委书记靳和连,区委常委、政法委书记高俊才,区委常委、常务副区长李清出席。

同日 中共汉沽区委召开领导干部会议,宣布天津市委关于建立滨海新区汉沽工委、汉沽管理委员会及其领导干部任免职务的决定。市委决定,马明基任滨海新区汉沽工委委员、常委、书记,唐广强、董建华任委员、常委、副书记;佟国元、高俊才、李清、谭龙山、刘宝勇、张明任委员、常委。建立中共天津市滨海新区汉沽纪律检查工作委员会,佟国元任书记。建立天津市滨海新区汉沽管理委员会,唐广强任主任,李清、姜立超、冯嘉强、赵忠、张永珍任副主任。

本月 汉沽区首批申报创建现代化学校的汉沽八中、中心小学、体育场小学、高庄小学、西孟小学、孟鄙小学软硬件标准达标,通过市政府创建义务教育现代化学校验收。

本月 天津滨海航母主题公园检票口被全国妇联授予“巾帼文明岗”荣誉称号,成为汉沽区旅游行业第一个获此殊荣的集体。

(曲仲媛)

党 务

概况 2009 年,中共汉沽区委按照市委九届五次、六次全会的部署,坚持以科学发展观为统领,以“保增长、渡难关、上水平”为主线,在应对危机中攻坚克难、在抢抓机遇中奋发进取,区域经济持续快速健康发展,城乡面貌大幅改观,人民生活不断改善,社会发展和谐稳定,党的建设不断加强,党风廉政建设成效显著。

(齐明杰)

学习实践科学发展观活动 2009 年,汉沽区学习实践科学发展观活动分两批进行。第一批 3 月启动,在区级机关和区直委办局开展,涉及处级单位 90 个,2430 名党员参加活动;第二批 9 月启动,主要是镇、街机关,村、社区,中小学校、医疗卫生单位、非公企业和区属企事业单位。涉及单位 283 个,其中党(工)委 7 个、党总支 49 个、党支部 227 个,党员 10430 名。活动分学习调研、分析检查、整改落实 3 个阶段 11 个环节。区委组建 6 个指导检查组,指导检查活动全过程。

(王永生)

2009 年 3 月 23 日,汉沽区深入学习实践科学发展观活动动员大会在区政府会议厅召开。

干部选拔任用 2009年,汉沽区委按照《干部任用条例》及相关规定,对干部队伍资源进行整合。采取竞争上岗、民主推荐等方式,对部分处级领导班子充实调整,累计调整领导班子57个,提拔调整处级干部128人次。其中,提拔正处级(含非领导职务)干部19人,提拔副处级(含非领导职务)干部33人;平职交流49人;转任非领导职务21人,免职2人,挂职4人。13个单位21名干部通过竞争走上处级岗位。

(王永生)

基层党员教育工作 2009年,汉沽区委进行党课教育、优秀党课讲稿评选、党员培训和党性实践活动。全区基层党组织举办学习培训班158期,培训党员7930人。组织知识竞赛98次,参加党员5791人。组织专题党课教育343次,其中处级以上党组织书记讲党课105次,受教育党员8482人次。全区形成党课讲稿297篇,评选优秀党课讲稿21篇。推动基层宣讲队伍建设,围绕社会主义核心价值体系对基层单位的书记、党办主任专题培训。组织"爱党、爱国、爱天津"知识竞赛活动,收到答卷3200余份。

(王永生)

汉沽区十大发展成果和十位有影响人物评选 2009年,汉沽区以迎庆新中国成立60周年为契机,开展评选新中国成立以来"汉沽区十大发展成果""汉沽区十位有影响人物"活动。经评选,汉沽区十大发展成果为:广电、邮电事业跨越发展,大项目招商工作突飞猛进,文化事业多姿多彩,引滦入汉造福人民,军民合力战胜海啸,农业欣欣向荣,社会治安综合治理成绩喜人,抗震救灾取得胜利,非典实现"零病例",城市建设成效显著;新中国成立以来"汉沽区十位有影响人物":王会凤、冯香岑、刘宝忠、牟彬善、李振宝、李瑛、张月萍、陈建侯、董绍林、董恩芬。

(邵媛媛)

重大决策部署监督检查 2009年,由区领导带队,深入4批34个区县重大工程项目和汉沽区政府重点投资建设项目单位进行帮扶和检查。围绕政府投资项目审批程序、项目招投标、物资采购、资金管理使用等方面进行专项监督检查,对项目审批过程开展自查自纠。围绕"保增长、渡难关、上水平"组成工作组,深入54家驻区企业,帮助解决困难44项。深入重大工程和项目现场,了解工程项目进展情况,督促协调相关部门召开现场办公会协调解决疑难问题。立足效能投诉中心和民营经济发展服务中心两个服务平台,开通效能投诉热线,24小时受理企业诉求,受理企业投诉60次,办结率100%。

(闫瑞彬)

政策区情研究 2009年,区委研究室搜集汉沽区经济社会发展情况,整理2008年区情;搜集整理先进地区有关发展数据资料,借鉴发展经验,为领导决策提供依据。对区民营经济进行调研,完成汉沽区经济运行情况汇报;对如何做好新时期村级组织换届选举工作分析调研;针对汉沽旅游业发展现状,深入分析发展优势和制约因素,搜集整理先进地区旅游业发展经验,完成《加快汉沽滨海休闲旅游业发展的思考》。区委研究室申报的调研课题《天津旅游资源开发与旅游产品创新研究》被列入全市重点调研课题并予以立项。

(李晓丹)

政　务

概况 2009年,汉沽区政府以科学发展观为统领,攻坚克难,真抓实干,抓住经济指标不放松,全力扩充区域经济总量;抓住重点项目不放松,全力构筑区域发展强势;抓住招商引资不放松,全力增强区域发展后劲;抓住城市建设不放松,全力推进区域发展再上新水平;抓住民生工作不放松,全力保障人民群众安居乐业;抓住优化发展环境不放松,全面加强政府自身建设,各项事业稳步发展。

(李　健)

引进重大项目 2009年,汉沽区考核固定资产投资项目121项,开工112项。亿元以上投资项目升至42个。5批42项区县级重大项目加快建设,前4批34个项目全面开工。营城工业

2009 年 12 月在建中的滨海鲤鱼门旅游景区工程

园、天津茶淀工业园区基础设施逐步完善，一批企业相继入驻。北疆电厂一期两台机组投产发电。中心渔港建设初现雏形，海域 6 个 5000 吨级码头基本建成，3.5 平方公里吹填造陆区软基础处理完成，海陆域交通全面打通，重要配套设施之一"滨海鲤鱼门"项目开建。第四方物流、蓝孚集团、中铁十三局华北总部等落户。与国际信息发展网、中国华电集团等签署协议。

（李 健）

引进人才工作 2009 年，汉沽区根据产业结构调整需要，提高对高端人才吸引力，急事急办、特事特办。为中心渔港引进研究生 1 名、为天津滨海环保产业有限公司引进高级专业技术人员 1 名、为天津滨海航母主题公园有限公司引进企业管理专业研究生 1 名，为民营企业引进本科毕业生 3 名。为汉沽医院引进脑外科高级医师 1 人、脑内科高级医师 2 名、网络工程师 1 名、内科高级医师 1 名。为汉沽中医医院引进副高级人员 1 名，为教育系统引进中学高级教师 1 名，为土地整理中心引进高级工程师 1 名。

（陈 楠）

处置各类突发事件 2009 年，汉沽区政府应急办参与茶淀镇液化气罐爆燃事故、公交客运站火灾事故、苏洪渔 00015 号渔船火灾事故救援行动、大丰路天然气管道泄露事故、汉沽化学工业区天津中维药业有限公司化学品爆燃事故等多次突发性事件处置，组织相关部门对私充液化气站点进行查处，会同区安监局和质监局开展安全隐患及预案制定落实情况检查等。

（黄同建）

城乡一体化建设稳步推进 2009 年，茶淀镇规划建成 1 个示范镇和 2 个中心村，其中示范镇 2007 年 6 月开工建设，至 2009 年底，55 栋住宅楼及学校、幼儿园、养老院、镇政府办公楼和景观绿化在内的 30 项综合公共服务项目及各项附属配套工程全部完工，还迁住宅建设面积 25 万平方米。示范镇社区管理机构成立。桥沽中心村项目 2009 年 4 月 13 日经市政府批准建设。大田镇规划建设 1 个中心镇。项目总建筑面积 41.1 万平方米，总投资 26 亿元，涉及拆迁安置 10 个村 9414 人。市政府 2009 年 4 月 13 日批准建设，区政府授权天津鑫利大通投资有限公司作为项目投融资主体。市发改委已批准立项，围绕项目建设的土地置换审批、修定性详细规划、可行性研究报告、环评已完成。营城镇列入泰达北扩、中新天津生态城和汉沽东扩范围。至 2009 年底拆迁村庄 8 个、居委会 4 个，整理土地 22.6 平方公里，建成还迁住宅 20 万平方米。

（董新生）

政 法

概况 2009 年，汉沽区政法系统以建设"平安汉沽"为主线，深入开展学习实践科学发展观活动，加强基层基础建设，组织政法各部门和各级综治组织开展维护稳定工作，全区社会政治稳定，治安形势良好，群众安全感明显增强，为区域经济社会又好又快发展创造了良好环境。

（陈 川）

国庆安保 2009 年，汉沽区政法各部门加强对国庆安保工作组织领导，党政"一把手"亲自抓、负总责。国庆期间，检查重点目标、单位和部位 539 个次，查找整改安全隐患 146 个；排查调处矛盾纠纷 78 件，调解成功 72

件，矛盾纠纷无一激化。出警1312人次、出动“平安天津志愿者”民防力量17000人次，对57个点位、路段、卡口开展昼夜24小时巡逻守控，抓获犯罪嫌疑人8名，破案3起。全区没有发生一起影响辖区稳定的重特大刑事、治安案件和治安灾害事故，圆满完成国庆安保维稳各项目标任务。

（陈　川）

2009年2月13日凌晨，消防官兵在汉沽填海施工工地解救被浪高1.5米的风暴潮围困的103名工人。

打黑除恶 2009年，公安汉沽分局深化“打黑除恶”专项斗争，打击黑恶势力犯罪工作取得成效。打掉团伙4个，破获涉黑涉恶刑事案件29起，抓获违法犯罪嫌疑人29人，依法起诉29人，缴获各类枪支2支，子弹25发，砍刀26把，球棍、镐柄20根，扣押涉恶汽车4辆。

（程卫兵）

刑事检察 2009年，汉沽区检察院严惩严重刑事犯罪，把群众关心的入室盗窃、公共场所抢劫等侵财、暴力犯罪案件，以及破坏市场经济秩序的犯罪案件作为突出打击重点。依法批准和决定逮捕各类犯罪嫌疑人98件161人，提起公诉155件260人，批捕起诉准确率100%，法定期限审结率100%。正确使用宽严相济刑事司法政策，对轻微刑事案件、不需要给予刑事处罚案件、双方当事人自行和解案件，凡同时符合“事实清楚，证据确实充分，犯罪嫌疑人认罪服法”的，坚决对嫌疑人给予从宽处理，把党的“教育、感化、挽救”工作方针落到实处。

（吴志国）

法律监督 2009年，汉沽区检察院加强刑事诉讼监督，向公安机关发出《要求说明不立案理由通知书》1份，公安机关予以立案侦查，犯罪嫌疑人被法院判处有期徒刑2年；依法追捕犯罪嫌疑人1名，后被法院判处有期徒刑6年；发出检察建议28份，均被发案单位、管理部门采纳，收到良好社会效果。

（吴志国）

公证工作 2009年，汉沽区公证处办理公证业务3138件，其中民事公证1711件、经济公证591件、涉外公证836件，为困难群众无偿提供公证法律援助30件。参与城市房屋拆迁改造，为三岔门、惠阳里、河西二连里房屋拆迁办理证据保全公证。为大中型企业提供公证服务，为长芦汉沽盐场有限责任公司200名内退职工办理《内部退休协议书》，为区物资局130名下岗人员办理《承诺书》，为区煤建公司140名下岗人员办理《经济补偿协议书》，为中建六局二公司150名当事人因解决拆迁遗留问题办理《经济补偿协议书》，依法维护企业职工合法权益。根据营城镇大神堂村申请，为该村村委会换届选举工作办理现场公证。组织开展办证质量自查活动，自查各类公证卷宗182件。

（赵　娟）

铸造消防铁军 2009年，消防汉沽支队练过硬本领，保一方平安。针对辖区190栋高层建筑、75家地下建筑、108家人员密集场所现状，累计演练362家次，修订预案21家，出动车辆426辆，人员3428人次，为提升支队灭火救援整体战斗力打下坚实基础。扎实开展重大危险源评估，完成114家消防重点单位数据采集、审查校对、录入，为灭火救援提供有力依据。成功处置“2·12”特大风暴潮围困工人救援行动、“7·1”中维药业有限公司爆炸事故、“9·22”蓟运河落水妇女救援行动。

（耿保卫）

14.68 万元。

（孙学颖）

外来务工子女 90 人次。

（唐丽丽）

人民团体

概况 2009 年，汉沽区新建基层工会 20 家，发展会员 1700 人。为 8 名劳动模范办理荣誉津贴申报手续。为 206 名劳动模范发放防暑药品和食品。为全区劳动模范进行体检和发放一次性慰问金 11 万余元。发放青年创业贷款 100 万元以下个人商务贷款 180 笔 800 万元。建立全市首个农村妇女创业就业培训基地，培训农村妇女 2000 人次。

（董一平）

劳动竞赛活动 2009 年，汉沽区总工会在全区开展"我为节能减排献计献策"、"企业有困难，我该怎么办"优秀合理化建议征集活动。各单位举办技能比武、技术练兵等活动 62 场（次），参与职工 19880 人，提出合理化建议 18226 件，组织实施 6074 件，创经济效益 1262 万元。

（董一平）

爱心助学活动 2009 年，汉沽区坚强孩子俱乐部以春节、中秋节等传统节日为契机，为坚强孩子送去米、面、油等慰问品和慰问金；与 44 名家庭困难学生结成"一助一"手拉手互助对子，先后为 147 名、100 名坚强孩子发放助学金，对 8 名品学兼优的坚强孩子进行表彰。全年资助坚强孩子 328 人，发放助学金

成立天津妇女创业中心汉沽分中心 2009 年，汉沽区妇联以创业带动就业，帮助更多妇女实现就业和创业，在区妇女儿童活动中心成立天津市区县首个妇女创业就业中心。中心占地近 2000 平方米，入驻企业 17 家，设有爱心坊手工编织有限公司、牵手巾帼家政服务公司、心理洽谈室、"半边天"家园指导室、女企业家活动室、多媒体培训室。通过举办创业咨询、项目推荐、融资贷款等活动，为女性实现创业提供全方位服务。

（唐丽丽）

妇女儿童健康行动 2009 年，汉沽区妇联成立由 100 名宣讲员组成的社区妇女儿童健康宣传队伍，建立联系点制度，定期或不定期深入社区宣讲。招募爱心记者，不断扩大妇女儿童健康宣传覆盖面。分阶段为育龄妇女免费体检。开展暑期青少年健康教育讲座 12 期。依托外来务工子女教育示范基地，举办 3 期心理健康知识讲座，参加讲座的

农渔经济

概况 2009 年，汉沽区坚持以科学发展观为统领，创新发展思路，推动农业增加值完成 4.6 亿元，完成计划的 109.5%，比上年增长 6.8%；农业总产值完成 10.9 亿元，增长 7.3%；一产固定资产投资完成 1.96 亿元，完成计划的 130.7%。农村居民人均纯收入 11148 元，增长 10.2%。

（李　成）

农业经济 2009 年，汉沽区农作物总耕地面积 0.39 万公顷，果品产量 6.2 万吨，葡萄种植面积 0.2 万公顷，总产量 6 万吨。蔬菜面积 237.8 公顷，总产量 2.7 万吨；肉类产量 6529 吨，比上年增长 13.5%；生猪饲养量 10 万头，增长 21.1%；禽蛋产量 785 吨，减少 12%；苗种收入 8300 万元，增长 7%。

（李　成）

2009 年 8 月 31 日汉沽首届亲海节开幕仪式

渔业经济 2009年,汉沽区投产渔船270艘、地撩网4排。水产养殖投产面积1290公顷。水产品总产量26665吨,完成计划的95%,比上年下降3.83%。海水养殖产量9276吨,减少3.4%;淡水养殖产量10761吨(其中淡水捕捞产量730吨),增长6.2%。实现水产品总产值60392万元,完成计划的106%,增长4.26%。新增工厂化养殖车间10万平方米,全区工厂化养殖面积40万平方米,增长33%;育苗产业规模15.94万平方米,增长30%;引进试养宝鹭罗非鱼、澳洲淡水小龙虾、泰国草虾3个新品种,工厂化海珍品养殖产量1598吨。

(陈 玺)

农业产业园区建设 2009年,汉沽区以体现发展特色农业为原则,加快现代农业和重大项目建设,重点建设农业园区2个。其中,茶淀葡萄科技园区项目,投资1.056亿元,完成计划的100.6%,实现当年投资当年见效,园区总面积5.3万平方米的葡萄智能玻璃温室和生产温室,成为集葡萄种植、文化创意、采摘体验、餐饮休憩于一体的高标准旅游休闲场所。在滨海汉沽葡萄文化旅游节中,6万多游客前来采摘葡萄,平均日采摘4000公斤,总收入1.5亿元。

(李 成)

设施农业建设 2009年,汉沽区新建设施农业项目30项,投入资金1.3亿元。茶淀葡萄设施大棚、孟鄱村钢架大棚葡萄、高庄村连片蔬菜种植基地、大田无公害蔬菜等一批设施农业项目陆续建成投入使用。新增设施农业134公顷,完成333.33公顷。新增工厂化养殖10万立方水体,总量40万立方水体。

(李 成)

工 业

概况 2009年,汉沽区工业生产平稳,效益回升。规模以上工业企业完成总产值161.11亿元,比上年增长18.7%,扭转了年初以来产销率持续低迷的局面;化工区工业产销较快增长,效益有所提高。支柱和优势行业支撑作用明显。以化工和石油加工为主导的支柱企业完成产值109.74亿元,增长9.9%,占全区规模以上工业总产值的68.1%。

(区地志办)

天津渤天化工有限责任公司 2009年,天津渤天化工有限责任公司完成工业总产值46.3亿元,比上年增长14.89%;现价产值45亿元,增长12.44%;工业增加值13亿元,增长12.65%;进出口贸易总额3.21亿元,增长83.85%。烧碱产量29.34万吨,增长4.1%。聚氯乙烯24.72万吨,增长7.17%。其中糊树脂10.16万吨,增长8.39%。一氯化苯3.07万吨,增长81.65%。

(董文珍)

天津长芦汉沽盐场有限责任公司 2009年,天津长芦汉沽盐场有限责任公司完成盐产品105万吨,为计划的100%;氯化钾1.15万吨,为计划的88.49%;溴素1576吨,为计划的63.07%;氯化镁9万吨,为计划的69.24%;一水硫酸镁2.52万吨,为计划的100.78%;四溴双酚A6165吨,为计划的77.06%;发电1722万千瓦时,为计划的114.78%。实现工业总产值(大口径,不变价)4.99亿元,增长16%;增加值3.2亿元,增长12%;大口径主营业务收入6.05亿元,增长16%。

(张士勇)

三资企业经营情况 2009

2009年9月8日,北京世界盐业大会中外友人到汉沽盐场参观考察。

年，汉沽区三资企业完成工业产值16亿元，与上年持平。实现营业收入17亿元，与上年持平。完成工业品出口交货值2.6亿元，占全区出口交货值的52%。实现利润1.5亿元。

（张　晶）

商贸服务业

概况　2009年，汉沽区拓展对外开放的广度和深度，完善招商体制机制，在创新招商引资方式、扩充大项目引进总量、加强外资企业服务、壮大招商队伍方面取得成效。限额以上批发零售贸易企业完成购进总额23.16亿元，比上年增长48.3%；完成销售总额24.72亿元。

（区地志办）

消费品市场繁荣活跃　2009年，汉沽区社会消费品零售额完成31.45亿元，比上年增长28.4%。其中批发零售贸易业完成23.99亿元，增长30.6%；实现增加值3.19亿元，增长23.6%；住宿餐饮业完成7.45亿元，增长21.5%；实现增加值4.65亿元，增长35.1%。个体私营经济在市场份额中占主导地位，实现消费品零售额20.66亿元，增长19.2%，占社会消费品零售总额的65.7%。

（王　兰）

招商宣传和项目推介　2009年，汉沽区参加中国·天津投资贸易洽谈会、津台投资洽谈会、中国国际贸易洽谈会（厦门）、仁川世界城市庆典滨海新区推介会，在深圳召开的天津市区县投资环境说明会上，向国内外客商推介汉沽。展会期间参观汉沽展厅40000多人次，接待投资咨询2500多人次，发放会议材料3000余套，签约8个项目。获津台投资洽谈会组委会颁发的最佳布展奖、最佳组织奖和最佳签约项目推动奖。利用“天津滨海汉沽招商网”、“商务部汉沽之窗”、“汉沽政务网外经贸委网站”和《凤凰周刊》等专业网站和媒体宣传汉沽，提高汉沽影响力。

（张　晶）

旅游重点工程建设　2009年，航母主题公园园区码头广场改造、景区主入口及停车场修建工程竣工。茶淀葡萄科技园、陆强农家院等农业旅游项目实现当年建设当年营业。妈祖经贸文化园项目启动。中心渔港海鲜美食街项目开始施工建设。

（杨瑞雪）

民营经济　2009年，汉沽区有个体工商户4936户，从业人员5736人，注册资金11.31亿元。民营企业1608家，从业人员33077人，注册资金36.81亿元，民营经济总注册资本金48.12亿元。民营经济注册资金在100万元至500万元的436户；500万元至1000万元的115户；1000万元至5000万元的41户；5000万元至1亿元的10户，亿元以上的4户。

（赵　楠）

城市建设与管理

概况　2009年，汉沽区区域基础设施建设进程加快，承载能力显著提升。房地产业获得长足发展，有力拉动了区域经济总量和财政收入增长。建筑业企业生产快速增长。资质以上建筑业企业完成建筑施工产值97.67亿元，区属建筑业施工产值完成96.6亿元。

（区地志办）

市政工程建设　2009年，营城大桥竣工通车，南环大桥完成

2009年7月30日，汉沽区举行天津妈祖文化经贸园项目启动仪式。

桥梁主体建设。茶淀雨水泵站竣工投入使用,王庄雨水泵站完成拆违工作。6条跨区域道路中的汉榆路竣工,海滨大道、塘汉快速路、中央大街、112国道加紧建设。7条城区道路中的滨河路南段、东风南路、一经路(党校段和茶淀小城镇段)、津汉路拓宽和津宁高速联络线、北部组团道路改造、五纬路(五经路至六经路段)工程竣工,5个单项工程中的五经路、三纬路、四纬路、北部组团、津汉路改线路灯、景观灯安装竣工,安装路灯、景观灯850余盏。王园街、友谊路、东滨路、牌坊街4个铁道口拓宽改造完成。

(张云云)

房地产开发建设 2009年,汉沽区房地产开发建设完成投资13.77亿元,其中商品房完成8.72亿元、经济适用房完成5.05亿元;施工面积160.6万平方米,其中商品房104.3万平方米、经济适用房56.3万平方米;竣工61.24万平方米,其中商品房18.33万平方米、经济适用房42.91万平方米。

(杨 琳)

地籍管理 2009年,汉沽区农村集体土地所有权登记发证工作基本结束,发证率90%以上。开展土地利用现状调查,复核面积1252.67公顷,城镇地籍调查核查面积288.09平方公里。土地使用权初始登记103件,其中出让土地发证21件,用地面积153.02公顷;划拨土地发证66件,用地面积272.67公顷;储备用地发证16件,用地面积1129.85公顷。各项土地登记业务办结率100%。完成一、二、三季度卫星遥感监测外业调查348块图斑。实现契税3.2亿元。

(谢 勇)

市容环境整治 2009年,汉沽区实施环境整治工程,整修粉刷沿街旧楼21万平方米,清洗建筑外檐1.1万平方米,治理规范广告牌匾8000余平方米,新建景观围墙、广告围挡7600平方米,完成绿化新建改造提升面积100.4万平方米,城区绿化覆盖率35%。清除垃圾渣土300余吨,清理乱堆杂物2900处。对玉坨里、坨北里、铁坨里、王园南里等旧楼区综合整修,对新开路、文化街、东风北路等城区主干道路及路政设施进行维修,道路沿线和街坊小区的市容环境得到提升。启动垃圾焚烧发电厂、粪便处理场和垃圾苫盖工程。城市管理数字化平台建成。环卫、环保考核"以奖代补"机制初见成效。市容环境管理综合考核在滨海新区名列前茅。

(杨林中)

恢复开通4条公交线路 2009年,汉沽区针对城区无公交现状,对已停运的401、404、455路39部公交车,采取收购形式,收归国有投入运营,净化客运市场。市公交集团投放8米长新公交车32部,调剂6米长车辆6部,12月30日恢复开通城区4条客运线路,全线涉及站点121个,每条线路全程票价为1元。

(姜德义)

环境保护

概况 2009年,汉沽区以生态区建设为主线,以巩固提高"创模"成果为基础,以污染物削减为目标,严格环境监管,落实环保各项工作,为全面发展提供优质环境基础和支撑。受理各类信访120余件、接待夜间上访60件,全部办结。承办人大议案和政协提案3件,办结率100%,满意率100%。

(区地志办)

环境质量 2009年,汉沽区实现二级和好于二级以上天数318天,占有效监测天数87.6%。二氧化氮、可吸入颗粒物、二氧化硫平均浓度分别为0.059、0.091、0.041毫克/立方米。区内集中式饮用水源地水质达标率100%。区域环境噪声平均值50.4分贝,道路交通噪声平均值63.8分贝,区域环境噪声质量和交通噪声声环境质量均为较好等级。

(邵杉杉)

污染减排 2009年,汉沽区启动中水回用项目;促进环境治理资金以奖代补、以奖促治工作,区环保局起草《汉沽区污染减排以奖代补暂行办法》,经区政府审批通过。天津渤天化工有限责任公司75吨电站锅炉3号、4号脱硫治理3月完成，年可实现二氧化硫削减3240吨。

（邵杉杉）

生态区建设 2009年，汉沽区生态区创建工作呈现良好发展局面，在国家考核的20项指标任务中，完成14项重点指标。启动茶淀镇和杨家泊镇环境优美镇创建工作。茶淀、杨家泊污水处理厂项目基本完工，进入设备调试阶段；发挥生态区建设领导小组办公室作用，做好推动协调工作，各项重点工作有序开展。建立联络员组织，组织召开推动会，确保创建工作的推动与落实。

（邵杉杉）

环境宣传教育 2009年，汉沽区环境保护局利用大众宣传媒介和信息载体，扩大环保宣传范围。录制各类环保工作新闻报道5次，刊发28条；借助"6·5"环境日、科技周，以展览、摄影书画比赛等形式开展宣传教育活动。组织20家单位对生态区建设工作进行宣传。参与活动100余人，展出展牌70块，发放宣传册、纪念品2000份。在社区举办"汉沽区生态区专题知识讲座"，为群众讲解生态区建设及生态保护有关知识。与有关单位联系，在有条件的街道和小区安装零费用电子显示屏，及时发布各类环境信息；实施以绿色学校、绿色家庭、绿色社区为代表的"绿色细胞"工程。组织有关单位参加绿色学校、绿色社区市级创建培训。市、区级绿色学校、绿色社区验收工作顺利通过考核。汉沽区河西一小、孟鄌小学、河西三幼获得区级绿色学校（幼儿园）称号。

（邵杉杉）

经济管理

概况 2009年，汉沽区经济管理工作以科学发展观为统领，发挥宏观调控和管理服务职能，攻坚克难，奋发进取，力促区域经济持续快速健康发展，城乡面貌大幅改观，人民生活不断改善，社会发展和谐稳定，地区总产值突破100亿元，经济发展后劲明显增强。

（区地志办）

财政收入稳步增长 2009年，汉沽区落实财政收入目标责任制，加强财源建设。发挥财政资金政策导向作用，稳定财源。区级财政收入完成15.06亿元，为年初预算的106.9%，比上年增长48%。三级收入完成20.23亿元，为年初预算的103.8%，增幅达34.5%，财政收入与经济发展保持同步增长。

（王雅瑄）

经济项目行政审批 2009年，汉沽区按照国家最新产业结构调整指导目录，严格审批核准备案项目，确保不违规操作。核准、备案各类固定资产投资项目111个，其中核准3个，总投资0.16亿元；备案108个，总投资67.25亿元。其中第一产业项目1个，投资0.08亿元；第二产业项目33个，投资11.18亿元；第三产业项目61个，投资23.69亿元；基建项目13个，投资32.30亿元。

（张璐璐）

注册登记年检工作 2009年，汉沽区内资企业1683户，其中国有及国有控股企业191户，民营企业1492户，内资企业分支机构349户。外资企业35户，外资企业分支机构22户。个体工商户3478户。农民专业合作社53户。办结5000万元以上规模企业13家，其中亿元大项目7家；发展各类企业241家，其中内资企业237户（含分支机构26户、专业合作社23户）、外资企业4户，个体户629家；全区应检企业1891家，已检1715家，完成90.69%，网检715家，占43.78%；外资企业应检43户，已检27户，网检27户；应验个体户3094户，已验2668户，完成86.23%。集中上门年检8次225户。

（崔丽梅）

标准化监督管理 2009年，汉沽区质量技术监督局办理执行标准登记15个，新登记产品31个；办理企业标准备案23个，修订企业标准7个，复审15个，废止33个。协调区农委办理茶淀玫瑰香葡萄地理标志产品使用申请，组织葡萄产品参加第16届中国杨凌农业高新科技成果博览会地理标志保护产品专题展。

（郝 强）

审计工作 2009年，汉沽区审计局开展审计服务和审计监督。计划审计项目52户，完成63户，超额11户，超计划21%。其中，区委组织部委托处级领导干部经济责任审计26户；年初确定审计项目本级预算执行审计26户，增加政府投资项目2户，增加其他财务收支审计项目1户，临时工作任务8项/户。审计查处违规金额1753万元，管理不规范金额7365万元，应缴财政1753万元。

（田宝娟）

科 技

概况 2009年，汉沽区安排实施各类科技计划项目43项，包括工业项目19项、农业项目17项、医药项目4项、电子信息项目3项。为8家企业申报市级帮扶项目，得到市支持资金250万元。区级匹配帮扶项目8项，区财政支持资金115万元。为天德减震器和谊诚包装制品2家民营科技企业办理各40万元的全额贴息贷款，全区民营科技企业得到迅速发展，由上年的37家发展到45家。15个项目获得市级“讲、比”立项。全区申请专利156件，资助企业专利36件，奖励7家企业。

（张 震）

组织实施科技项目 2009年，汉沽区征集受理科技项目74项，其中产学研合作项目11项。经过立项程序，43个科技项目获得区级立项。立项数占项目申报总数58.1%。其中工业19项、农业17项、医药4项、电子信息3项。成功申报市级帮扶项目8项。

（张 震）

年度科学技术奖 2009年，汉沽区有11项科技成果获区级科学技术奖：天津化工厂天泰化工公司的铝粉除钒精制四氯化钛中试试验研究获科学技术进步奖一等奖；天津盛亿养殖有限公司、中国水产科学院研究所黄海水产研究所的条斑星鲽繁育及养殖技术开发，天津迅达减震器有限公司研制的旅游房车减震器，汉沽区医院骨科的微创锁定加压钢板内固定治疗胫骨近端骨折应用研究获科学技术进步奖二等奖；天津大田包装容器有限公司的钢桶再生复新项目(200L)，汉沽区中医院的通心络胶囊防治糖尿病早期肾病的临床研究，区农业技术推广站、区林业工作站的天津滨海地区玫瑰香葡萄测土配方施肥技术推广获科学技术进步奖三等奖；天津渤海化工有限责任公司天津化工厂的具有核壳结构高抗冲聚氯乙烯树脂研究技术获发明奖二等奖；天津市圣天石工贸有限公司的电石灰烘干方法获技术发明奖三等奖；天津市林业果树研究所田淑芬获科学技术合作奖；天津长芦汉沽盐场有限责任公司李祯祥获科学技术突出成就奖。

（张 震）

知识产权管理 2009年，汉沽区申请专利156件，资助企业专利36件。区财政拨付300万元科技创新资金，支持24个区级专利创新项目；争取市科委保增长项目资金250万元，用于扶持8个市级科技型企业专利技术创新项目；32家科技型中小企业专利项目，涉及专利108件，得到金额不等的科技创新资金扶持，解决企业燃眉之急。

（张 震）

科技创业服务 2009年，区科委制定《汉沽区科技特派员创业服务行动实施方案》，推行科技特派员进驻农村、企业开展科技创业服务活动，多家企业得到实惠。全区选派科技特派员68名，其中市高校5名、市科研院所2名。在村镇建设农业科技示范基地25个，带动科技示范户3530户，示范推广面积1533.33公项，引进推广新品种42个，推广新技术26项，培训农民5709人次。

（张 震）

教 育

概况 2009年，汉沽区教育工作以“树教育良好形象，办人民满意教育”为宗旨，促进教育教学质量提高和教师队伍素质提高，推进基础教育课程改革，实施素质教育，推动义务教育、城乡教育、高中教育与职业教育均衡发展，优化资源配置，实现教育资源均衡化、优质化、多元化。汉沽区首批申报创建现代化学校的汉沽八中、中心小学、体育场小学、高庄小学、西孟小学、孟鄌小学软硬件标准全部达标，通过天津市教育发展与办学水平评估中心验收。

（刘 洋）

招生考试 2009年，汉沽区确保适龄儿童全部就近入学，小学一年级招收新生1394人，入学率100%。初中毕业生学业考试参考率99.8%，义务教育完成率100%，高中阶段普及率98.44%，中考优秀率高于全市水平。高考一本录取率21%，二本录取率19.5%，三本录取率14.3%，高职高专录取率33.8%，高考总录取率88.6%。完成5329名初中生和3592名高中生综合素质评价，3593名考生完成初中学业考查，1917名考生完成初中学生水平考试。

（刘 洋）

新课程改革 2009年，汉沽区教育局承办全国教育科学“十一五”规划重点课题“学生的不同学习需要和差异教学策略研究课题”第二届年会。完成33个区级规划课题、3个市级规划课题结题工作。天津市小学课程改革阶段总结汉沽区校本教研专题活动现场会在体育场小学举行，汉沽区展示校本教研专题片和小学数学学科平面图形研究成果，向与会人员赠送《汉沽区小学课程改革总结文集》和《小学校本教研经验文集》。汉沽一中教师张金生的论文《高中体育“学习型”校本研修团队的组织与提高》获第十届全国中学生运动会科研论文一等奖，后沽中学教师程树伟的论文《新课程理念下优化教学过程研究》获天津市基础教育课程改革研究专题初中英语组优秀成果奖；3人获天津市第二届学前教育市级教改积极分子称号；3人获天津市基础教育科研先进个人称号，体育场小学获天津市基础教育科研先进单位称号。

（刘 洋）

职业成人教育 2009年，汉沽中专推行“工学结合、校企合作、顶岗实习”人才培养模式，根据市场需求，新增机电技术应用专业，重点打造数控、精细化工等骨干专业。与天津开发区职业技术学院、天津职业大学、天津市交通职业学院达成合作协议，招生164人。上半年举行教师赛课活动，开放式献课16节，听课359人次。全年投入资金241.5万元，用于购置机加工、车床、汽车实训等设备，汉沽中专汽车实训基地主体工程完工。

（刘 洋）

农村学历证书教育 2009年，汉沽区农民学历教育在册学员1300人，各镇成人学校培训学员5期15个班1200人次，发放教学资料1000套，3次考试平均及格率67.4%。职业继续教育和岗位技能培训各类人员6300人次。各镇成人学校选派7人参加市级专业知识学习，5人通过专家组考核，入选天津市“农民大专学历证书教育工程”师资，4人获得园林专业本科学历。天津广播电视大学汉沽分校培训部被市教委评为天津市先进民办学校。

（刘 洋）

改善办学条件 2009年，汉沽区完成所有学校校舍安全鉴定工作。全面启动洒金坨小学、后沽中学、大神堂中学、李自沽小学、汉沽八中、桃园中学、大田中学、大田小学、茶淀中学9所中小学校舍加固和功能提升工程，投入资金1346万元（其中市补788万元）。开展义务教育学校标准化建设工作，投入资金300万元，完成申报校设备补充工作。配送图书6.5万册，投入资金100万元。完成盐场小学教学楼和汉沽八中实验楼设计工作，完成汉沽九中标准化操场建设任务，投入资金280万元。投入200万元更新教育教学设备、体育器械、图书馆、实验室等设施设备。

（刘 洋）

承办全国教育科学“十一五”规划重点课题第二次年会 2009年，由中央教科所研究员、中国差异教学创始人华国栋先生主持的全国教育科学“十一五”规划重点课题“学生的不同学习需要和差异教学策略研究”第二次年会在汉沽区召开。围绕“课堂上差异教学策略的研究”主题，13个省（市）69个教育单位的200余名代表，带着精选出的31节研究课，分小学、初中、高中3个学段，在7个授课点现场展示。展示课既有文化课教学，又有分组实验教学和社会实践课教学。与会代表开展观摩研讨、专家点评、提炼总结等系列活动，北京、江苏和天津市汉沽区的课题组成员代表进行大会发言，全国知名特级教师、全国教学艺术大赛评委徐长青到会作现场点评，华国栋先生作《课堂上差异教学策略的研究》、《课题研究的实验与总结》专题报告，总结差异教学研究课题开展两年来的成果及不足，部署下一阶段工作安排。2007年伊始，汉沽区承接学生的不同学习需要和差异教学策略研究子课题学科课程中差异教学策略的研究，经过两年多的学习、实践、探索，形成阶段性成果《个性飞扬 和谐成长——汉沽区差异教学策略研究案例集》，行政部门牵头，区域性整体推进的教科研模式得到中央教科所专家首肯。

（刘 洋）

首届教学艺术节 2009年，区教育局举办首届教学艺术节，展示汉沽区教师在现代教育理念下富有特色的教学风采，营造教学艺术氛围。开幕式当天，汉沽五中、九中、体育场小学、第三幼儿园开辟4场专题论坛，同时开展教学展评活动。展评结束后，每位教师献课内容做全程录像，作为教学资源数据库上传校园网络，搭建课堂教学永久交流平台。赛课教师按照教研组评选一、二、三等奖，各组评选出一、二等奖参加汉沽区“百节优质课”角逐。艺术节活动分专项培训、专题论坛、课堂展示3个部分。专项培训，聘请国家级、市级专家就教学艺术专题作报告，从理论上引导教师追求教学艺术高境界。专题论坛，要求教师对照课堂教学标准反思自己的教学实践，制定改进措施，提升教学水平。课堂展示，包括教研员引领课、教学管理人员观摩课、名师示范课及学科教师展示课。

（刘 洋）

文 化

概况 2009年，汉沽区文化工作坚持以科学发展观为统领，以建国60周年为契机，开展各种大型群众文化活动20场，参与活动10万人次，举办各类艺术展18场，新建农家书屋23家。加强非物质文化遗产普查和保护工作，公布汉沽区第一批非物质文化遗产名录12项，汉沽评剧列入市级非物质文化遗产名录。

（李月文）

群众文化活动 2009年春节期间，汉沽区举办迎新春全国评剧十大名票展演；元宵节举办焰火晚会及花会展演；邀请天津人艺话剧团《茂陵封侯》剧组到区做慰问演出；邀请加拿大精英芭蕾舞团到区演出；举办天津市第七届滨海艺术节开幕式大型文艺演出；举办首届汉沽区社区文化艺术节及以社区文艺展演为主的消夏纳凉晚会和全国（天津）新相声作品大赛实验演出；国庆期间，举办“祖国万岁”大型群众歌会、国庆花会一条街展演、国庆焰火晚会和国庆文化艺术展览等主题活动；相继组织举办张继萍评剧专场演出，国际版画藏书票艺术沙龙系列展，汉沽区美术、书法、摄影作品邀请展，全国化工摄影大赛优秀作品展，汉沽区金秋电影农村巡映等活动；在全区中小学生中开展“好书伴我成长”系列读书活动；滨海艺术团深入社区、农村、部队慰问演出60场。滨海艺术团被评为区级“五一”劳动奖章先进集体；《汉沽飞镲》在天津市第二届“南开杯”新广场舞大赛中荣获最佳表演奖。

（李月文）

文化市场管理 2009年，汉沽区有文化娱乐场所及各类文化经营场所124家。其中网吧经营场所17家、大型演艺场所2家、音像制品零售单位6家、歌舞娱乐场所21家、台球厅2家、图书（报刊）零售单位34家（其中书店4家、报刊亭30家）、复印打字13家、印刷厂29家。公共图书馆2家，藏书28.10万册；大剧院1家；文化活动站（馆）3家；刻字版画经营单位3家；国际版画藏书票馆1家。区文化局一手抓繁荣，一手抓管理，加强对网吧、图书音像市场、歌舞娱乐场所行政执法力度。组织“扫黄”“打非”集中行动5次，联合执法14次，派出检查人员42人次，检查场所75家次，依法收缴盗版光盘1246盘，收缴盗版图书709册。对网吧检查32次、派出检查人员96人次、检查场所178家次，配合有关部门取缔“黑网吧”9家，收缴电脑主机(含服务器)100台。对其他文化经营场所加强管理，依据相关法律法规严格执法，打击违规经营行为。对全区各类文化经营场所检查78次、派出执法人员410人次、检查场所1204家次。

(李月文)

庆祝建国60周年系列主题活动 2009年国庆期间，在全区各单位组织开展庆祝活动基础上，汉沽区文化局举办“祖国万岁”大型群众歌会、国庆花会一条街展演、国庆焰火晚会和国庆文化艺术展览等系列活动。配合国庆主题庆祝活动，相继组织举办国际版画藏书票艺术沙龙系列展、全国化工摄影大赛优秀作品展、汉沽区金秋电影农村巡映等活动，为全区人民奉献出丰富多彩的文化艺术盛宴，丰富群众精神文化生活，展示汉沽人民精神风貌。

(李月文)

汉沽区首届社区文化艺术节 2009年7月17日，由汉沽区委宣传部、区文化局、区政府街道办公室、汉沽街道办事处、寨上街道办事处和河西街道办事处联合举办的首届社区文化艺术节在汉沽大剧院拉开帷幕。艺术节为期1个月，先后组织开幕式暨首场演出、滨海艺术团深入社区巡回演出等10场演出以及3场社区艺术展览活动。在滨河广场举办3场由3个街道社区文艺骨干为主的社区文艺展演暨消夏纳凉晚会，作为艺术节闭幕式。

(李月文)

滨海汉沽刻字艺术发展研讨会 11月20日，在汉沽大剧院组织举办2009年滨海汉沽刻字艺术发展研讨会，天津市书法家协会主席、全国刻字研究会副会长唐云来，区委常委、宣传部部长刘宝勇，副区长姜立超出席。与会刻字艺术专家、学者就汉沽刻字艺术现状及刻字产业发展方向等问题进行深入研讨。

(李月文)

2009年9月30日，“礼赞祖国”庆祝建国60周年红歌演唱会在城区东扩标志广场举行。

卫 生

概况 2009年，汉沽区卫生工作以维护人民群众健康权益为出发点，满足城镇居民日益增长的医疗卫生服务需求。以创新体制机制、推进综合配套改革为切入点，落实市政府卫生改革重点措施，加强公共卫生体系建设，推进城乡卫生一体化进程。全力防控甲型流感疫情，推进卫生事业可持续发展。全区医疗机构87家，其中政府投资的11家，企业医院2家，社会医院1家，村卫生室32个，个体诊所40个，疗养院1家(更名为老年病医院)。财政投入卫生经费6903.21万元，其中社区专项资金570.8万元，农村社区卫生投入151.60万元。

(李朋华)

医疗卫生服务 2009年，汉沽区卫生局认真落实首诊责任制、危重症病人救护制度及会诊制度，完善重要病种抢救流程。以管理质量、护理质量、病例书写质量、合理用药质量为重点，加强基础质量、终末质量管理。全年有床医疗单位诊疗466992人次，比上年增加97071人次；

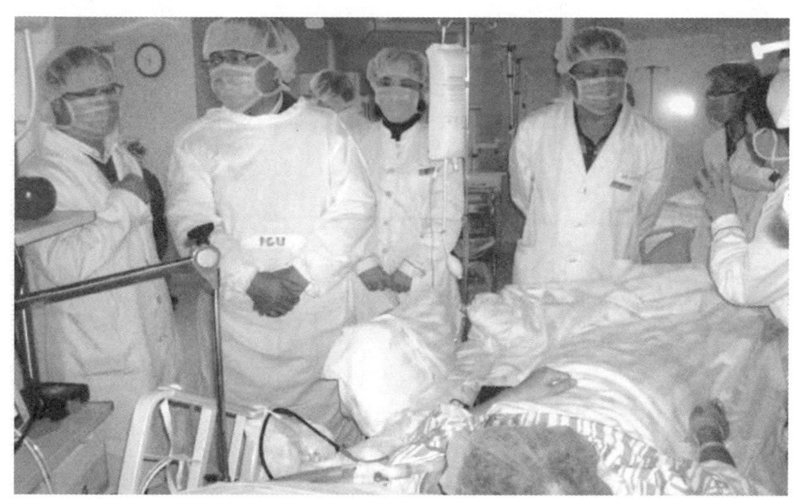

2009年10月，汉沽医院医护人员救治甲型H1N1流感病人。

出院12744人次，增加951人次；治愈好转率85.8%，降低1.5个百分点；病床使用率43.3%，提高3.9个百分点。社区医疗机构门诊52945人次；药品收入371.09万元，其中目录内药品销售收入230.68万元，目录外药品销售收入11.55万元，其他药品销售收入128.86万元；医疗收入134.38万元；门诊均次药品费用70.69元。

（李朋华）

预防保健 2009年，汉沽区完善社区站、社区中心、疾控中心、区卫生局四级疫情网络报告制度，防止迟报、漏报发生。全年无甲类传染病发生，乙类传染病报告250例，发病率132.52/10万，比上年下降19.87%；丙类传染病报告1180例，发病率625.48/10万，下降19.17%。11种免费疫苗（糖丸、百白破、卡介苗、乙肝、甲肝、麻疹、流脑、乙脑、麻风腮、白破二联、流脑A+C）接种率95%以上。完成脊髓灰质炎强化免疫工作，接种2267人。各接种单位开展麻疹疫苗强化免疫补种工作，对上年麻疹疫苗强化免疫因病推迟接种儿童、外出儿童、新来流动儿童补种136人次。

（李朋华）

甲型H1N1流感防控工作 2009年，为有效应对可能出现的人感染甲型H1N1流感病毒疫情，区卫生局制定《汉沽区甲型H1N1流感疫苗接种工作方案》，首批接种一线医护人员1465人，幼儿园教职工及学校师生1293人，维护稳定重点人群4个单位223人，孕妇51人，慢性病患者272人，部分集中用工单位4984人。制定防控预案，组建甲型H1N1流感医疗救治专家工作组和流行病学专家工作组。10月21日，区域发生甲型H1N1流感疫情后，及时启动《汉沽区甲型H1N1流感应急处置预案》。对学校轻症病例采取居家隔离治疗，病例隔离期为发病之日起7天或症状消失后24小时，以两者最长期为限。社区管理人员对确诊病例密切接触者进行医学随访和体温监测，每日早晚监测1次。加强对学校、托幼机构、养老院等重点单位和重点人群疫情监测。做好相关消杀药品、防护用具和耗材储备、发放工作，确保医院和医务人员感染为零。区内一名怀孕7个月孕妇，经专家会诊为甲型H1N1流感疑似病例，病情严重。为挽救病人生命，汉沽医院抽调医疗骨干，成立抢救小组，先后邀请多位专家进行5次会诊。根据专家意见，先后对患者采取达菲、多巴胺等药物治疗，采取无创机械通气，气管切开并有创呼吸机辅助呼吸，有创血流动力学监测，纤维支气管镜肺灌洗，剖宫产等先进技术和多种抢救治疗措施，使患者转危为安。

（李朋华）

体　育

概况 2009年，汉沽区体育工作围绕深入学习实践科学发展观、推进体育事业发展的中心任务，做好竞技体育可持续发展工作，以举办全区第十届运动会和加快体育场馆建设为工作重点，加快构建全民健身服务体系，发展体育产业，推进汉沽体育事业又好又快发展。

（张兴蕴）

群众体育 2009年，汉沽区体育局坚持实施《全民健身计划纲要》，拉动经常性群众体育活动广泛开展，把开展适合不同人群、不同年龄、形式多样、科学文明的体育竞赛、表演活动作为重点，坚持经常化、社会化、制度化和多样化，推进全民健身计划实施，满足群众多层次、多方面体育文化需求。举办春节“健身大拜年”群众体育活动展演，参与群众1000人。与区委宣传部、区文化局联合主办元宵节全民健身民间花会展演，20支民间花会队伍表演飞镲、腰鼓、高跷、舞狮等民间传统体育项目，演出场面隆重热烈，观众达5000余人。

（张兴蕴）

学校体育 2009年，汉沽区体育局贯彻实施中共中央、国务院《关于加强青少年体育增强青少年体质的意见》，组织开展青少年学生“阳光体育”运动和各种竞赛活动，促进学生体质健康水平提高。与区教育局联合举办中小学篮球赛、中小学趣味体育比赛、肯德基三人制篮球赛等比赛活动，丰富活跃青少年文体生活。加强青少年体育俱乐部建设，组织开展形式多样、有益于青少年身心健康的体育活动，通过参加俱乐部活动，让学生掌握健身知识和技巧，增强体质。组织汉沽一中青少年俱乐部参加天津市首届青少年阳光运动大会“我爱阳光，健康成长”青少年健身知识大赛，获一等奖。汉沽一中被国家体育总局、教育部授予国家级体育传统项目学校称号。

（张兴蕴）

竞技体育 2009年，汉沽区体育局加强竞技体育队伍建设，重视竞技体育人才培养和教练员队伍建设，发挥业余体校在培养竞技体育人才方面重要作用。全年为上级体育部门输送后备人才4名，汉沽区运动员在市级以上各类比赛中获得3个冠军、6个亚军、5个第三名、1个第四名、2个第七名的好成绩。其中，朱峰获第11届全运会女子柔道比赛第三名，金莎莎获第11届全运会女子花剑团体第三名，李军、李帅获第11届全运会男子手球第七名；邓凯获全国摔跤锦标赛第七名、天津市青少年摔跤锦标赛第二名；区运动员在天津市中小学篮球比赛中获女子组2个第二名（小学组、初中组），刘英杰获天津市中小学运动会男子110米栏第四名；区业余体校（区体校）10名运动员在天津市武术套路锦标赛中取得2个冠军、2个亚军、3个第三名，区体校运动员在天津市跆拳道锦标赛中取得1个冠军、1个亚军、2个第五名。

（张兴蕴）

汉沽飞镲

汉沽体育场维修改造 汉沽体育场维修改造工程，2008年5月开工建设，2009年12月竣工，占地面积31304平方米，工程总建筑面积4664平方米，由天津中建建筑设计研究院有限公司设计，天津功达集团施工建设，总投资2674万元。建有汉沽体育场、综合训练馆和便民体育设施。其中，体育场建有可容纳3200名观众的看台、8条400米标准塑胶跑道及辅助塑胶场地、标准人造草皮足球场；体育场看台建筑面积3060平方米，局部两层，建筑总高度9.10米，为钢筋混凝土框架结构；标准足球场占地7900平方米，田径场占地7382平方米，篮、排球场及便民活动区占地2722平方米；综合训练馆建筑面积1604平方米，局部两层，建筑总高度17.35米，主体为钢筋混凝土框架结构、局部为钢结构。建成后的汉沽体育场是集群众休闲健身和业余体校竞技训练于一体的综合性体育设施。

（张兴蕴）

人口和计划生育

概况 2009年,汉沽区出生人口1086人,人口出生率5.82‰,计划生育率97.24%,已婚育龄妇女33068人,出生人口性别比101.11,呈现出良好的人口环境。

(闻志飞)

稳定低生育水平 2009年,汉沽区人口计生委依托计划生育村民自治、示范社区创建活动,在城乡一体化发展和城区改造拆迁中强化计生管理和服务衔接,计划生育村民自治率达96.29%,示范社区居民自治率100%。计划生育二胎审批、奖扶政策、服务承诺、征收政策标准、办事秩序和结果全部张榜公布,无因计划生育执法不当引发的恶性案件。为169名育龄妇女办理再生育审批手续,准确率100%。制定下发《汉沽区开展"全员人口信息管理系统信息采集"工作实施方案》,各村(居)委会计划生育干部与管片民警深入到户,认真核对流动人口计划生育信息,基本完成"人在户在"育龄妇女基础信息采集核对工作。制定《PADIS系统流动人口信息交流上报、反馈工作流程》,拟定《流出育龄妇女情况概况调查表》、《流入育龄妇女情况信息反馈表》和《流入育龄妇女在汉信息登记表》,为做好PADIS系统流动人口子系统工作奠定基础。7月20日至8月31日,通过PADIS系统向流动人口户籍地发送信息116条。对房屋出租户拉网式调查,登记造册,房屋出租户1565户,其中出租给流动人口787户,落实流动人口"以房管人"工作机制。

(闻志飞)

计划生育奖励工作 2009年,汉沽区解决下岗职工独生子女父母计划生育奖励费问题,将街、镇完成当年人口计划生育任务奖励标准从3000元提高到5000元,成员部门从1000元提高到2000元,下拨流动人口计划生育专项经费。

(闻志飞)

计划生育扶贫救助 2009年,汉沽区生育关怀领导小组成员单位筹集资金8.938万元,资助2019户计划生育困难家庭。区计生委和计划生育协会向市争取资金,对考入重点大学的5名新生每人给予4000元救助。全面实施农村部分计划生育家庭奖励扶助制度和计划生育家庭特别扶助制度,奖扶92人(奖扶资金已纳入预算);特服275人,发放资助金5.856万元。

(闻志飞)

计划生育优质服务 2009年,汉沽区计生技术服务队以"计划生育优质服务万户行"活动为主题,自带饭菜,深入村、居,完成健康查体9933人次,查出患病者1569人,对患者采取治疗措施,对不能治疗的,及时提出转诊建议。深入企业、学校,为8个单位1382人健康检查,查体结果逐一详细反馈。完善《手术基本要求和程序》、《会诊制度》等27项制度。310名出生缺陷一级干预志愿者发挥作用,区计生委对每个街镇、村居专干和志愿者分7场进行专题培训,干预指导446人,出生缺陷一级预防高危孕妇覆盖率100%。经出生干预指导的147名新生儿全部健康。

(闻志飞)

计划生育协会工作 2009年,汉沽区计划生育协会组织计划生育困难家庭学习大棚蔬菜培育、葡萄种植、水产品养殖技术,让他们掌握脱贫致富本领。4个镇2000余户计划生育困难家庭摆脱贫困。为使计划生育家庭发生意外后有所补偿,区计生委逐街、逐镇宣传讲解,动员137户计划生育家庭参加意外伤害保险。

(闻志飞)

人民生活

创业带动就业 2009年,汉沽区在全市率先举办创业项目展示推介大会,推介投资少、有实用价值的项目260个,接待项目和政策咨询500人。118人参加SYB创业培训,取得小额贷款资格。365人领取个体营业执照。为64人办理小额贷款176万元。在全市率先建立小额担保贷款服务机构和担保基金。确立产业园区、五羊里农贸市场、兴达装饰城3家为汉沽区创业园区。

（张 鹏）

就业再就业工作 2009年，汉沽区安置就业再就业8307人，完成计划任务的103.8%，比上年增长5.1%。就业困难群体得到有效帮助，结合运用工资性补贴、社会保险补贴等政策，帮扶1038名（“4050”人员501人、零就业家庭526户537人）就业困难群体实现就业，零就业家庭保持动态为零。举办大型招聘会10次，提供岗位6310个，接待求职16600人次，达成意向6220人。开办各类专业技术培训66个班次，培训2688人，完成计划的107%，1711人取得职业资格证书，培训结业后70%以上人员实现就业再就业。

（张 鹏）

推动城乡养老和医疗保险工作 2009年，汉沽区加大养老保险扩面工作力度，推动城乡居民养老保障和医疗保险工作，做到应保尽保。城镇居民医疗保险参保2.36万人，完成率107.3%。“新农合”参合5.14万人，参合率99%。发放农村老年人基本生活补贴149.76万元，6000余人享受补贴。2620人参加城乡居民养老保险，其中1224人享受养老待遇。

（张 鹏）

最低生活保障 2009年，汉沽区抓好以最低生活保障为基础的社会救助工作，在动态管理下实现应保尽保和城乡社会救助全覆盖。4月1日起，按照全市统一部署，开展城乡居民最低生活保障调标扩面工作，新纳入城乡低保685户1289人；注销低保187户330人。城乡低保户3491户7398人，城乡特困户191户414人，农村五保户111人，受助群体占全区人口4.7%。发放保障金1900万元。

（崔 岫）

汉沽街道

汉沽街道位于汉沽城区东北部，东至大丰路，西至蓟运河，南邻府北街、友谊路，北连大田镇。2009年，街域面积6.06平方公里，辖15个社区居委会。居民1.89万户5.00万人。

2009年，引进招商项目30个，协议招商4亿元，注册资金4600万元，其中外资注册3500万元，为计划的116.7%；协税护税302.66万元，为计划的116.8%。

对玉坨里、王园南里、坨北里、金谷里小区进行改造，拆除各类违章建筑93间361.23平方米，绿化2880平方米、硬化35829平方米。组织大型义务劳动10余次，2000余人次参加，动用大型车辆45部，对辖区卫生死角全面清整，清除卫生死角45处，清除垃圾、渣土600余吨。在金谷里社区建成封闭式菜市场，实现退路进厅。

新办理低保90户189人，发放低保金330.12万元，特困金4.06万元；为46人申请医疗救助和一次性医疗救助16.25万元，为729户居民发放副食补贴6.64万元，发放退岗补贴64人16.36万元；为619户低保户发放防暑降温用品；为103户低保户发放冬令救助物品，为117名60岁以上老年人办理生活补助，为4人办理社会救济，发放补助资金2240元；受理廉租住房补贴111户。办理养老保险组团扩面40人，社会养老保险扩面续缴150人。

组织就业培训6期，248人参加免费技能培训；安置下岗失业人员582人，完成任务指标的116.4%。安排高校毕业生就业30余人。为29人申请小额担保贷款，实现自主创业，发放贷款9万余元。

组织3个社区参加元宵节全民健身民间花会展演，获最佳表演和才艺奖；开展以“科学发展在我身边”为主题的科技周科普宣传系列活动，举办健康讲座9场，展出橱窗、板报36块；组织纪念“5·12”全国防灾减灾应急避险演示。与区老干部局联合举办“为发展社区经济献计、为改善居民生活建言”老干部论坛；国庆期间，举办汉沽区庆祝建国60周年老年书画展、汉沽街喜阳评剧艺术团庆国庆专场演出、和谐楼院庆国庆欢乐中秋酒会等系列活动。

在15个社区进行居委会换届选举，选举产生居委会干部83人。考聘录取30名社区工作者。

2009年，街道办事处先后被评为第四届全国精神文明建设工作先进单位、天津市第二次经济普查市级先进集体、汉沽区2007-2008年度人口和计划生育工作先进集体。

（孟庆艳）

河西街道

河西街道位于汉沽城区西部，东邻蓟运河与汉沽街道、寨上街道相望，西与茶淀镇相连，北接京山铁路。2009年，街域面积5平方公里，辖12个社区居委会。有居民1.62万户4.04万人。

2009年，协税护税完成109.68万元，为任务的152.33%。招商引资实际到位额1400万元，协议额4亿元。新注册企业11家，注册资金500万元。

增强辖区居民保护环境意识，印发1万张《致居民的一封信》，呼吁大家从自己和身边事做起，爱护家园；与辖区4所中小学联合开展“小手拉大手”活动，印发倡议书3000份。开展卫生大清整活动8次，解决公交公司西侧环境脏乱、李庄路安装路灯等问题。封堵河西主干路旁楼房594个垃圾门。在三明里和八仙里社区建立菜市场投入使用。

有低保户843户1620人，特困户28户63人，发放低保社会救助款430万元。为240户家庭办理住房、租房补贴。投资15万元，改建三明里、七星里2个居家养老日间照料服务站投入使用。春节期间，为42名90岁以上老年人发放慰问金。为310名老年人办理意外伤害保险。为110名符合条件老人提供居家养老服务。

街道综合治理办公室联合司法所调解民事纠纷142起；避免2起诉讼案件发生；受理信访案件16起，全部及时给予回复，群众满意率95%；排查安全隐患50处，贴出安全警告80余份，安抚上访户31户，没有发生重大安全生产事故和重大群体性事件，保障全街社会稳定。

开展惠民行动，组织为期4天的妇女查体活动，查体2000人次，查体率75%。开展“出生缺陷干预”实践教育活动，组织育龄妇女到杨家泊福利院看望被父母遗弃的残疾儿童。举办出生缺陷干预志愿者培训班，培训44人，出生缺陷干预率100%。全年新出生婴儿性别比100:104。人口和计划生育工作荣获天津市先进集体称号。

城乡居民医疗保险参保1359人，完成指标的105%。参加城乡居民养老保险296人，领取养老待遇117人，老年人生活补助登记1571人，社会保障卡申领2380人。组织失业人员培训5次，参训145人次。参加创业培训30人，获得小额贷款7人。由区劳动和社会保障局联合征缴失业职工补缴断档工作全面展开，183人予以补缴。

配合区文化局等有关单位开展治理“黑网吧”专项行动，收缴电脑主机20余台。在2007-2008年度精神文明十大系列创建活动中，街道办事处被评为文明机关，3个社区被评为文明小区，11个楼院被评为文明楼院。

社区党组织换届选举，产生党总支8个、党支部3个。党总支、党支部委员61人，其中大专以上文化程度8人、占13.1%，高中（中专）文化程度30人、占49.2%。完成第七届社区居委会换届选举，产生新一届居委会干部67人，其中，35岁以下30人，占总数44.78%；大专以上35人，占总数52.24%。招考录用社区工作者22名，均为大专以上文化程度。

（李朋江）

寨上街道

寨上街道位于汉沽城区东南部。东至汉沽区东环路（大丰路），西邻蓟运河与河西街道相望，南连天津经济技术开发区化学工业区，北与汉沽街道相接。2009年，街域面积13.5平方公里，辖15个社区居委会。居民1.44万户4.20万人。

2009年，完成协税护税1024万元，完成任务的154%；新招区内企业56家，协议利用外资1.7亿元，引进区外资金到位3000万元。

为616户低保家庭和28户困难家庭发放低保特困救助金35.07万元；为12户大病困难家庭解决医疗救助金3.1万元；受理廉租住房补贴227户，为700余户低保家庭报销取暖补贴；完成1132名60岁以上老年人御险任务，为无收入老年人发放副食补贴7.60万元；完成低保调标和每半年一次的低保复查任务，对低保特困家庭和孤老户进行冬令和夏令救助；巩固完善街道居家养老服务中心和15个基层服务站设施建设；为500多名残疾人办理换证手续，成功举办街道第二届特奥残疾人运动会。

开展“争做文明市民，人人动手清理环境卫生”活动，拆装太平街沿线321户护栏，拆除6片街道沿线护栏331个。完善铁坨里教师楼环境硬化绿化；为华阳里、庆阳里修建甬路4条。封堵垃圾窑门86个，增设垃圾桶15个；清理水坑漂浮物和土渣垃圾180余吨，捕杀家禽426只，辖区周边卫生环境明显改善。

开展综合治理宣传月活动，率街道阳光艺术团和36块展牌，在15个社区进行为期一个月的社会治安综合治理法制巡回演出宣传活动，为农民工义务演出5场，发放法律法规及各类宣传书籍500册，发放宣传材料5000张，举办专题文艺演出3场；对驻辖区122家在册生产服务性企业及单位进行日常监管，对危险化学品、交通安全、防火防范等情况重点排查，全年无“民转刑”案件和安全事故发生。

发挥计划生育网络作用，计划生育居民自治覆盖率100%，无计划外出生。贯彻《人口与计划生育法》，上街搞巡回展览6次，举办计划生育专项讲座2次、专题培训会3次。全年出生人口152人，其中男孩79人、女孩73人，计划生育率100%。

采集就业信息岗位837个，开发就业岗位643个，安置499人，其中公益岗67人，“4050”人员199人，其他就业233人，完成区政府和区劳动局下达的安置就业指标。完成60岁以上老年人医疗保险和养老补贴登记发放工作。

完成15个社区居委会和社区党组织换届选举。选出社区居委会委员74人、党支部委员70人、党支部书记14人，其中党政“一肩挑”11人，招聘应届大学毕业生社区工作者30人，分别进行专业培训。

（张树亮）

大田镇

大田镇位于汉沽区西北部，东邻河北省唐山市汉沽管理区，南连汉沽城区，西倚蓟运河，北接宁河县芦台镇。2009年，镇域面积13.553平方公里，耕地面积530.93公顷。辖10个行政村和1个居委会。户籍人口1.35万人，常住人口0.95万人，农业人口0.36万户0.82万人。

2009年，地区生产总值完成24375万元，比上年增长32.5%，其中第一产业3922万元、第二产业10201万元、第三产业10252万元，分别增长5.2%、20.4%、17.3%。工农业总产值完成59806万元，增长35.3%，其中工业总产值50957万元、农业总产值8849万元，分别增长43.6%、1.5%。固定资产投资11036万元，增长25%，财政收入2495万元。农民人均纯收入10659元，增长11%。

设施化农业发展迅速，固定资产投入1000万元，新建设施化农业27.6公顷，总量181.73公顷，占耕地总数35%。小马勺村投资近1000万元建成21.67公顷设施农业园区，芦中、芦前村投资近200万元建成1.6公顷连片温室种植园区，形成南北两翼设施化农业园区雏形。推广芦前村百亩大棚黄瓜高产优质嫁接技术，引进油桃、草莓等新品种。现代农业管理有新突破，小马勺村成立金湾蔬菜种植合作社，小王鄱村成立丰盛蔬菜种植合作社，带动蔬菜种植户325户，公司加农户，产、加、销一条龙初具规模。

改造提升工业企业，开发技改项目7项，固定资产投资10035万元，比上年增长25%。完成新开发项目4项，其中投资2000万元以上项目1个，投资400万元以上项目3个。技术改造项目3个。津田纺织有限公司投资2000万元，新增生产能力2万锭3200吨，新增就业200余人。

4月26日，汉沽区政府与北京鑫利大通投资有限公司签订共同开发大田示范小城镇项目协议；6月25日完成建设平台天津鑫利大通投资有限公司注册，注册资本金3亿元，实际到位6000万元；按照市政府要求，对10个村2473户发放公开信和征求意见表，获得绝大多数村民支持。2009年4月被市政府确定为第三批示范小城镇试点单位。

以农田水利建设为中心，总投资110万元，沟渠清淤55条，新挖排水沟44.7公里，动土方34.7万立方米。新建节水暗管5000延米，建涵洞8座，新打深水井1眼，维修农田机井60眼。对津汉路改线两侧近1万平方米违章建筑拆除，完成绿化3000平方米，清除垃圾40余吨。筹资近400万元，修建南接津汉改线、北接宁河经济开发区的道路1条。在田华里小区投资50万元改造供水泵站和管网，强化环境治理，修建封闭式铁艺围墙，开辟垃圾周转场地，改善小区面貌。

低保覆盖面逐步扩大，基本实现应保尽保，为低保户修缮房屋，实施医疗救助。配合劳动部门开展就业推荐会和招聘专场，培训农村电工109人，新增就业455人，解决农民就业难问题。60岁以上老年人基本生活补助金及时足额发放。残联加大老龄扶助力度，为15户维修房屋，为71户办理特困补贴，为60岁以上人员办理老年人身保险。

（张 霞）

营城镇

营城镇位于汉沽区南部，东邻河北省丰南市涧河村，南临渤海，西枕蓟运河，北接汉沽城区。2009年，镇域面积217.515平方公里，耕地面积107.5公顷。辖区除小神堂村外，其他村庄拆迁完毕。

2009年，实现地区生产总值2.56亿元，完成计划的100.44%，其中一产0.72亿元、二产0.94亿元、三产0.90亿元。实现社会总产值6.55亿元，完成计划的100.26%，其中一产1.85亿元、二产4.70亿元；实现税收1018万元，完成计划的121.5%；人均纯收入11664元，完成计划的111%；固定资产投入2.05亿元，完成计划的100%。协议利用内资2000万元，完成计划的100%；实际到位内资2000万元，完成计划的100%。

投产海水养殖面积251.67公顷，引进黄海一号东方虾、青石斑鱼进行混养套养，实现产量1800吨。有捕捞船只279艘，总马力20767马力，28只渔船在中韩专属作业区作业，捕捞产量7600吨。有育苗厂18家，工厂化养殖、育苗水体6.13万立方水体，比上年增加1.06万立方水体。出售南美白对虾无节幼体51亿尾、梭子蟹苗350公斤、大菱鲆鱼苗40万尾，实现产值3129万元。开展设施化农业建设，利鑫源养殖场完成第二批工程建设，建成妊娠、分娩哺乳、保育猪舍，建设面积9000平方米，预计增加产值600万元，年利润98.52万元。

蔡家堡渔港渔船出海

重点工程进展顺利，还迁楼房建设、第二期小区配套设施建设进入扫尾阶段；第三期13.5万平方米还迁房建设主体工程全部封顶，进入内部装修阶段。中新天津生态城项目征地涉及企业拆迁工作进入扫尾阶段。城区东扩拆迁工作，海沿村、前大坨村进入扫尾阶段，小神堂村拆迁基本完成；重点项目征地拆迁村迁坟264座；完成妈祖文化经贸园征地海域洽谈工作。

新型农村合作医疗参保8798人，参保率98.8%；帮助低收入群体解决就业问题，举办技能培训3期，培训176人次，新增就业530人；社会保障新增养老207人，完成农村老年人基本生活费发放工作。参加城镇居民医疗保险6709人，办理社会保障卡639人，低保户347户691人，做到应保尽保，发放低保金291万元；为各村清除垃圾2500吨，配备垃圾箱80个；为还迁村民建设1000平方米健身场地，配备价值2万元的健身器材。

（李志华）

茶淀镇

茶淀镇位于蓟运河西岸，西与北京清河农场接壤，北至宁河七里海和芦台镇，距天津港25公里，京山铁路穿越全境并设站，津汉公路贯穿东西。2009年，镇域面积52.38平方公里，辖20个行政自然村。居民0.92万户2.39万人，其中农业人口2.10万人。

2009年，实现地区生产总值8.57亿元，完成计划的109.7%，比上年增长16.7%。其中一产增加值1.68亿元，完成计划的109.9%，增长7.2%；二产增加值2.19亿元，完成计划的131.3%，增长13.5%；三产增加值4.70亿元，完成计划的101.8%，增长22.2%；固定资产投入4.02亿元，完成计划的145.4%，其中一产0.76亿元，完成计划的147.7%；二产3.26亿元，完成计划的144.9%。实现税收1092万元，完成计划的110.1%，增长30%；人均纯收入11826元，完成计划的100%，增长12.1%。

工业固定资产投资3.26亿元，完成计划的144.9%。其中，开发项目1项，完成投资1.50亿元；技改项目18项，完成投资1.76亿元。在已完成的固定资产投资中，基建投资1.57亿元，设备投资1.69亿元。预计开发技改项目全部竣工后，年可实现产值4.48亿元，实现利税4610万元，取得较好经济效益。

示范小城镇建设在充分考察的基础上，与具有一级物业管理资质和丰富物业管理经验的天津市安华物业管理有限公司签订小区物业管理合同，该公司已进驻小区进行管理。全镇还迁村民领取2012套还迁房屋钥匙，占协议签订套数77%。小区水、电、气、电梯均正常使用，1000多户村民在执法队、物业有序管理下装修。55栋主还迁楼全部交付使用。

征地工作，完成茶淀工业园南区涉及新东、新西、前东、前西四村282公顷和大辛村232.47公顷土地征用；完成东辛、福田、太平三村362户住宅拆迁；完成津秦铁路涉及福田、大辛、茶西、茶东、李自沽五村和镇政府19.64公顷土地征用；完成津宁高速公路涉及桥沽、孟鄌、西孟三村28.3公顷土地征用。完成北疆电厂塔基建设涉及前东、新东、新西三村0.32公顷17户民宅征地拆迁。完成宝德数码广场涉及崔庄25户民宅拆迁。

茶淀示范镇街景

以茶淀葡萄为主题，承办第四届天津滨海葡萄文化旅游节。开幕后仅20天，吸引观光采摘游客6万余人，平均日采摘葡萄4000公斤。辐射区带动农户6000户，带动葡萄种植1000公顷。到茶淀镇孟鄌村采摘玫瑰香葡萄，到华梦酒文化博物馆品葡萄美酒、制作个性化酒瓶，比上年有较大幅度增长，实现一、三产业完美嫁接，农民真正得到实惠。

新型农村合作医疗参保19596人，参合率98%。有低保户503户1724人，为低保户和困难群众发放各类救助款228万元。

（茶淀镇）

杨家泊镇

杨家泊镇位于汉沽区东北部，东临河北省丰南市，南与营城镇相邻，西接宁河县，北与河北省汉沽农场接壤。2009年，镇域面积60.71平方公里，耕地面积1355.3公顷。辖13个行政自然村。居民0.51万户1.65万人，其中农业人口1.55万人。

2009年，实现总产值18.77亿元，完成计划的103.3%，比上年增长6%。其中，一产产值4.59亿元，完成计划的114.2%，增长9.1%；二产产值6.73亿元，完成计划的100.1%，增长5.2%；三产产值7.45亿元，完成计划的100.2%，增长5%。完成固定资产投资2.78亿元，实现税收1000万元，人均纯收入11110元。

投入资金7210万元，组织实施农业开发项目19项。种粮直补和良种补贴完成1109户0.07万公顷，发放资金96.9万元。工厂化养殖新增企业10家9万立方水体，工厂化养殖企业达34家，养殖水体总量34.08万立方水体。孵化虾苗60亿尾，渔业总产11880吨。从事水产养殖业1286户4108人，占全镇劳动力的26.8%，养殖业人员人均收入1.5万元，占人均收入的83.3%。组织实施设施农业开发面积46.73公顷，重点发展大棚葡萄和蔬菜种植。投资1300万元，建设高庄蔬菜日光节能温室250个33.22公顷；投资130万元，建成西庄坨节能温室65个13.4公顷。设施农业面积超过60公顷，促进土地合理利用，提高产出效益。

以城乡一体化建设为前提，全方位打造投资环境，工业园区规划由1.41平方公里扩至2.12平方公里。汉榆路全线贯通，园区招商引资优势明显，完成开发技改项目6个，实现固定资产投资1.72亿元，完成计划的122.86%。其中海龙管业10月初达产，完成投资9500万元。落实2个生态村重点创建项目，推进新农村建设，完成投资658万元。8个村被评为标准型生态文明村，1个村被评为示范型生态文明村。

杨家泊设施渔业

农田水利基本建设投资199万元，完成土方量27.5万立方米，打机井19眼，修闸涵2座，建泵站2座；完成农村自来水管网改造工程，解决群众饮水安全问题。发展农村专业合作组织，完成专业户专业知识培训190人次，推广葡萄种植技术专业知识培训80人次。

农村劳动保障资金投入786万元，安置就业134人；新型农村合作医疗参合率99.7%以上，报销资金131万元，受益群众711人；享受低保家庭292户731人，发放低保、优抚、大病救助等款项79万元。

（樊志昆）

大 港 区

概 述

大港，1979年建区，区政府驻地迎宾街。地处天津市东南部，境域地理坐标为北纬38°33′~38°57′，东经117°08′~117°34′。东临渤海，北靠塘沽、津南和西青区，西连静海县，南接河北省黄骅市，具有独特的地理和区位优势。2009年，区域面积1113.83平方公里，耕地面积1.34万公顷。海岸线34公里。区辖太平、小王庄、中塘3个镇和港西、古林、海滨、迎宾、胜利5个街道，有74个行政村、81个居委会。人口51.91万，民族24个。

区域自然资源丰富。北大港湿地自然保护区4.4万公顷，栖息鸟类近100万只，有白鹳和白天鹅等珍稀鸟类。北大港水库1.5万公顷，是华北地区最大的人工平原水库。区内储有丰富的石油、天然气、地热和荒地资源，盛产优质芦苇、海淡鱼类、海虾、海河蟹、冬枣等。津淄公路、津歧公路穿越境内，津晋、津汕等高速毗邻而过，黄万铁路贯通京沪和京哈两大铁路干线，连接朔黄铁路，与山西煤矿基地相连。区域经济以石油化工为主，是滨海新区石油化工基地。2009年，荣获全国社区红十字服务示范区、全国村务公开民主管理示范区称号。连续3年获得全国社会治安综合治理优秀地市称号并捧得“长安杯”。

2009年，面对国际金融危机严重冲击，着力解决发展中的突出矛盾和问题，采取一系列有针对性的促进经济发展措施，整体经济突破困境，企稳回升，社会事业持续进步，人民生活继续改善，经济社会呈现和谐共进的发展局面。区属生产总值完成148.2亿元，比上年增长26.1%；三级财政收入27.18亿元，增长32.2%；固定资产投资242.9亿元，增长10.5%；农村居民人均纯收入11161元，增长10.2%；城市居民人均可支配收入22633元，增长10.1%。

高标准规划全区发展布局，拓展发展空间。立足于提升开放层次、打造高端产业，规划临海石化综合物流基地，投资20多亿元实施填海造陆工程，完成围海面积28平方公里。按照“双城双港”（天津中心城区和滨海新区核心区，天津港的北港区和南港区）布局，规划面积拓展至200平方公里，成为滨海新区的一个重要功能区，定名南港工业区。规划总面积43平方公里的中华民营经济园区，以建设清洁能源为特色的制造业基地和以创意产业为特色的生产性服务业基地为目标，打造城乡统筹发展的示范区，滨海新区对外开放的南大门。规划总面积22平方公里的官港生态游乐园区，引进高端休闲游乐项目，建成生态旅游区。编制完成太平、中塘两个市级示范工业园区规划，引进一批现代制造业、农产品深加工项目，加快打造带动农村经济、促进农民就业、支撑农业发展的致富平台。统筹推进街镇工业小区规划建设，抓好港西街、古林街、小王庄镇工业小区规划，形成各具特色、优势互补的园区建设格局。

建成开发区西区、石化产业

园区两座污水处理厂,110千伏变电站和一批道路、供电设施。加快中华民营经济园区一期16.3平方公里“九通一平”建设,建成北四路,实施港中路拓宽改造工程,落实供水、供电、供气等配套工程。启动官港生态游乐园区道路等配套设施建设,奥林匹克博物馆建成使用,盐生植物园初具规模,投资15亿元的新加坡生态酒店和生态住宅区项目签约。加大街镇工业小区基础设施投入,5个镇街工业小区“七通一平”面积达15平方公里。

港东新城建设取得进展,建成和开工面积200万平方米,投资100多亿元。完成8片旧楼区30多万平方米综合整治。实施城市社区、街道绿化工程,开展以绿色通道、绿色河道、绿色城镇、绿色村庄为主题的绿化建设工程,实施大港湿地公园工程。新增绿地13.25万平方米,栽植各类树木5万余株,园林绿化覆盖2165.46万平方米,绿化覆盖率40.8%,建成区绿地率39.5%,人均公共绿地11平方米。

推进国家生态区创建,坚持走经济与环境和谐共容的可持续发展道路,生态环境质量继续改善。环保投入3.25亿元,环境空气质量二级良好,污染指数月均值(API值)79。空气质量二级或二级以上271天,达标率86.3%。

坚持滨海都市型农业发展方向,转变农业发展方式,发展优质高效农业,引导扶持农民发展设施化生产。以设施种植业、设施渔业、设施畜牧业、旅游观光农业为标志的现代农业建设得到较快发展,全区设施农业面积57.3公顷,新建节能日光温室167栋,设施渔业1万平方米的立达海水开发有限公司工厂化养殖车间投入生产,刘岗庄53.3公顷南美白对虾示范园区项目全部完成。

扶持石油制品、精细化工、汽车配件、电动自行车制造等优势行业,培育壮大一批骨干企业,规模以上工业产值占区属工业总产值80%以上,销售收入超5亿元的企业11家。落实鼓励民营经济发展各项扶持政策,优化民营经济发展环境,建立民营企业联系制度,帮助企业解决实际问题,民营经济组织2482家,资产149.7亿元。

通过政策引导、服务推动和龙头引领,实现现代服务业新发展、快发展。中石化北方销售公司落户,石化产品交易市场投入运营,近百家企业进驻经营。太平镇物流中心良好运转,中天锦绣商务酒店落成,滨海大港客运中心建成使用,完善连接“三北”地区的陆路交通。工程咨询、资产评估、投融资代理、金融保险等新兴服务业发展加快。服务业增加值占区属生产总值40.5%。

新建一批标准化厂房,为项目快落地、快投产提供便利。健全项目推动机制,集中精力抓项目落实和建设,形成“投产达标一批、开工建设一批、储备报批一批”的良性循环。批准外商直接投资8项,实际到位外资2.12亿美元,增长21.8%。引进内资项目153个,比上年增加62个,到位资金88.81亿元,增长40.9%。

日供水10万吨的新泉海水淡化完成投资10.47亿元,建成投产;天津石化液化空气气体有限公司完成投资4.3亿元;90万吨冷轧薄板项目完成投资6亿元;陆港橡胶完成投资2.95亿元;投资25亿元的金伟晖高档溶剂油项目完成投资5.26亿元。投资100亿元的幸福城和奥特莱斯世界品牌折扣店项目成功签约。

落实惠农政策资金3087.6万元。非农产业发展取得新突破,街镇企业生产总值67.3亿元,增长26%,占区属生产总值的44.7%,为农村居民就业、促进农民增收提供保证。建成总面积1.7万平方米的22个农村中心居住区社区服务中心。深化送文化下乡工作,启动4个镇街文体中心工程,建成一批文化站点和图书室。培训各类实用人才1.5万人次,提高农村群众创业致富能力。实施农村中小学校舍加固提升工程,新建田苑小学、春光小学,改造小王庄中学、太平镇中学等一批中小学校舍,农村学生与城镇学生享受同等教育环境。

社会保险覆盖面不断扩大。失业救助金制度、农村社会养老保险制度、城乡最低生活保障线制度逐步健全,医疗保险制度改革稳步推进。养老、医疗保险统筹覆盖面持续扩大,年末失业保险参保1478户13.89万人。纳入社会养老保险统筹单位1430个，参加社会养老保险统筹14.17万人。新增就业19202人。2640户5532人得到最低生活保障救济，5294户13235人得到社会困难救济，各种社会救济对象得到政府救济34046人次。国家优抚对象1017人，发放优抚费621.6万元。福利企业33家，安置残疾职工981人。

科技创新能力持续增强。全区科技活动资金10.7亿元，6项科技成果通过市级鉴定，新增8家高新技术企业，实施区级科技项目38项，争取市级以上科技资金千万元。申请专利400余件，技术合同成交额1.54亿元。规模以上工业新产品产值26.5亿元，增长69%。基础教育稳步发展，大港四幼、凯旋苑幼儿园投入使用。福源小学、小王庄中学、大港二小、大港五中新建、扩建项目进展顺利，大港教育博物馆一期工程竣工。教育质量攀升，中考成绩高出全市平均分11.75分，在全市领先。高考二本上线率60%，三本上线率近80%。春节、“五一”、“十一”文化活动精彩纷呈，庆祝大港建区30周年，举办106场专场演出，推出“祖国颂”系列专场演出活动。街镇文化站、图书室、农家书屋、信息共享工程建设有序运转，27800平方米的文化艺术中心建成使用。公共卫生事业全面提升，诊疗16.9万人次，好转率59.3%，急诊抢救806人。城乡居民医疗保险参保16.68万人，参保率97%。其中农村居民参保7.2万人，参合率近100%。

体育事业快速发展，承办3项国家级重大赛事，实施群体赛制体系，组织好节日系列群体活动，组织10余项赛事在内的全国首个“全民健身日”系列活动。普及农村健身路径，建设乡镇文体活动中心，增加39条健身路径，各社区全民健身活动场所配置健身路径157条。

（马士春）

大港区区级领导名录

中共大港区委领导名录

职　务	姓 名	性别	出生年月	民族	文化程度	籍　贯
书　记	张继和	男	1952-11	汉	大　学	天津市
副书记	张志方	男	1955-03	汉	研究生	河北沧县
副书记	王　建	男	1961-07	汉	研究生	山东郓城
常　委	王　强	男	1955-10	汉	研究生	天津市
常　委	邹俊喜	男	1952-09	汉	研究生	天津静海
常委、区纪委书记	石忆梅	女	1951-03	汉	大　学	山东齐河
常委、区人武部政委	尚　益	男	1955-01	汉	大　学	河南沁阳
常委、公安大港分局局长	皮玉山	男	1951-05	汉	大　专	天津市
常委、组织部部长	杨树久	男	1956-12	汉	研究生	河北高阳
常委、宣传部部长	吕春波	男	1957-10	汉	研究生	山东平度

（区委办公室提供）

大港区人大常委会领导名录

职　务	姓 名	性别	出生年月	民族	文化程度	政治面目	籍　贯
主　任	郭子林	男	1947-10	汉	大　专	中共党员	天津蓟县
副主任	尚小平	女	1949-08	汉	大　学	中共党员	河北深州
副主任	曹纪华	男	1953-01	汉	大　专	中共党员	天津市
副主任	常　昭	女	1951-06	汉	大　学	中共党员	河北清苑
副主任	王凤双	男	1957-05	汉	研究生	中共党员	辽宁锦州
顾　问	张颖琦	女	1949-01	汉	大　专	中共党员	江苏无锡

（区人大常委会办公室提供）

大港区政府领导名录

职　务	姓 名	性别	出生年月	民族	文化程度	政治面目	籍　贯
区　长	张志方	男	1955-03	汉	研究生	中共党员	河北沧县
常务副区长	王　强	男	1955-10	汉	研究生	中共党员	天津市
副区长	邹俊喜	男	1952-09	汉	研究生	中共党员	天津静海
副区长	李德林	男	1951-10	汉	大　学	中共党员	河北黄骅
副区长	孙长顺	男	1962-10	汉	研究生	中共党员	天津大港
副区长	张庆恩	男	1963-09	汉	研究生	中共党员	天津大港
副区长	郭景平	女	1961-05	汉	研究生	民盟盟员	河北赤城

（区政府办公室提供）

政协大港区委员会领导名录

职　务	姓 名	性别	出生年月	民族	文化程度	政治面目	籍　贯
主　席	况清利	男	1954-01	汉	大　学	中共党员	河北黄骅
副主席	齐宝香	女	1952-03	汉	研究生	中共党员	天津市
副主席	王学明	男	1954-02	汉	大　学	中共党员	天津大港
副主席	高相忠	男	1957-12	汉	大　学	中共党员	天津大港
副主席	陈卡佳	女	1956-08	汉	研究生	民建会员	安徽庐江
副主席	郁东键	男	1963-02	汉	大　学	无党派人士	山东宁阳
副主席	赵树月	男	1959-01	汉	大　学	农工党党员	天津大港
副主席	张冠洲	男	1958-10	汉	大　学	无党派人士	天津市

（政协大港区委员会办公室提供）

大 事 记

1月

1日 2008-2012年天津市妇女儿童健康行动计划的25个子项目进入实施阶段。其中妇科病免费普查、新生儿疾病免费筛查、儿童白内障免费筛查与干预项目、髋关节发育不良筛查与干预项目、儿童先心病筛查、农籍孕妇免费产前检查在大港区全面启动。

同日 迎宾街建安里便民市场建成投入使用。

2日 天津陆港石油橡胶有限公司10万吨丁苯橡胶项目在大港区开工建设。项目投资25亿元，达产后年产10万吨丁苯橡胶，实现利税10亿元。该项目是大港区民营企业第一个与百万吨乙烯炼化一体化项目对接的产业。市委常委、滨海新区工委书记、管委会主任苟利军，区委书记张继和、区长张志方出席开工仪式。

5-6日 政协大港区七届三次会议召开。审议通过政协常委会工作报告和提案工作报告；政协委员列席区八届人大四次会议，听取讨论政府工作报告；通过大会决议。

6-7日 大港区八届人大四次会议召开。审议通过关于政府工作报告的决议、关于2008年国民经济和社会发展计划执行情况与2009年国民经济和社会发展计划的决议、关于2008年预算执行情况和2009年预算的决议。

22日 天津开发区、大港区政府、天津港集团在迎宾馆签署协议，共同组建天津市南港工业区开发有限公司。按照协议，新公司由天津开发区、大港区政府、天津港按照6：3：1比例进行投资，注册资本金30亿元。主要承担南港工业区吹填造陆、土地开发、基础设施建设、配套设施开发、工业物业管理以及其他配套产业发展和项目招商。市委常委、常务副市长杨栋梁为新公司成立揭牌。市委常委、滨海新区管委会主任苟利军在签字仪式上致辞。区长张志方代表大港区政府在合作协议书上签字。

2月

9日 大港区政府与国电龙源电力集团公司签订风电合作开发协议。该项目位于港西街与国电华北电力有限公司合作的风场东侧下游延伸至适合风电开发海域，建设装机规模10万千瓦左右的沿海潮间带和近海风力发电场，总投资约15亿元。区长张志方与龙源电力集团公司副总经理黄群在协议书上签字。区委书记张继和、龙源电力集团公司总经理谢长军出席签字仪式。

11日 大港区召开“保增长、渡难关、上水平”动员大会。全体区领导及全区副处级以上干部参加。区委书记张继和讲话。区长张志方对“保增长、渡难关、上水平”活动作出安排部署。

3月

6日 天津滨海青年创业中心揭牌。该中心由共青团大港区委筹资创办，2008年11月正式运营。建筑面积近1500平方米。对外运营以来，有15家企业进驻，涉及商贸、培训、金融、保险、广告、电子、工程、运输等领域，带动120余名青年实现就业。

8日 天津南奥电梯有限公司新厂建设项目在大港安达工业园区奠基。该公司将在大港投资7000万元建设电梯零部件生产项目。区长张志方出席奠基仪式。

15日 天津均利石材项目在安达工业园区开工。天津均利石材有限公司在大港区投资1.1亿元建设50万平方米大理石、花岗石板材生产项目，厂区面积3.33万平方米，总建筑面积2.33万平方米。中央统战部秘书长庄聪，区委常委、副区长邹俊喜出席仪式并为项目开工剪彩。

20日 大港区召开深入学习实践科学发展观活动动员大

会,安排部署深入学习实践科学发展观活动。区委书记、区委深入学习实践科学发展观活动领导小组组长张继和,市委指导检查组组长陈栢龄出席并讲话。区委副书记、区长、区委学习实践活动领导小组副组长张志方主持。全体区级领导、市委指导检查组成员出席。

23-30日 大港区社区居委会换届选举工作全面展开。5个街81个社区居委会中47个居委会实行直选,直选率比上届提高38%。

27日 天津市大港区海防林项目在官港正式启动。计划建设高标准防护林带10公里,营造沿海防护林120公顷。项目分三期,自2009年至2011年,每年建设40公顷高标准沿海防护林。一期工程位于大港官港地区李港铁路和港塘公路之间的景观廊位置。

本月 大港区被评为全国村务公开民主管理示范区;区红十字会被中国红十字会总会和民政部联合授予全国社区红十字服务示范区称号。

4月

9日 中国化工集团总经理任建新一行到天津南港工业区考察,就项目建设事宜进行洽谈。市委常委、常务副市长杨栋梁,市委常委、滨海新区管委会主任苟利军,副市长王治平,区委书记张继和、区长张志方陪同。

13日 市发改委副主任杨振江带领市委滨海委、市规划局、市国土房管局、市工商联、市个体私营办公室等部门领导和专家到大港区,就"中华民营经济基地"实施方案进行可行性论证并一次性通过该方案。区委书记张继和、区长张志方出席专家论证会。

本月 大港区首例企业股权出质在工商大港分局登记。

5月

18日 大港区获得2005-2008年度全国平安建设先进县(市区)荣誉称号,荣获全国社会治安综合治理工作最高荣誉"长安杯"。

19日 大港区与中国联合网通大港分公司联合建设数字化城市管理平台。一期投资400万元,地点设在区行政许可服务中心,面积近190平方米。

25日 天津石化100万吨/年乙烯及配套项目热电工程中的首台锅炉及烟气脱硫、除盐水、空压站等与之配套的公用工程系统实现中交,标志着热电工程对乙烯项目供汽进入倒计时。

26日 大港区政府与天津一商集团有限公司举行战略合作协议书及化工产品交易中心合作协议签字仪式。区长张志方与一商集团总经理李建怀在战略合作协议书上签字。

27日 大港区启动网络文化市场计算机监管平台建设,通过网吧计算机上网实施监控,规范管理,对网吧上网经营情况全程监督。

同日 天津南港工业区指挥部落成,南港工业区进入开发建设阶段。区委书记张继和、区长张志方,天津开发区管委会党组书记李勇、管委会主任何树山出席落成仪式。

本月 大港区凯旋苑幼儿园落成。

6月

8日 滨海房地产交易中心落成使用。

同日 大港区中小企业担保有限公司与天津银行签订融资担保业务合作协议。该公司为国有独资企业,由区政府出资6000万元成立。签约仪式上,天津银行还与三山塑料有限公司、天津天润纸制品有限公司签订1100万元融资协议。

同日 大港区召开国家生态区建设暨迎创模复查工作推动会。32家天津生态市建设行动计划目标责任书签状单位向区政府递交责任书;为获得全国环境优美乡镇称号的中塘镇授牌。区委常委、常务副区长王强及创建生态区工作领导小组成员单位和32家目标责任书签状单位负责人出席。

12日 天津市大港区和山东省菏泽市举办首届技能劳务合作对接会暨签约仪式,就完善劳动力跨区流动就业服务体系建设、推进建立劳务合作长效机制签约。大港区各镇(街)、企业代表与菏泽市各县(区)、技术学院、技工学校、培训机构进行洽谈对接并签订劳务合作协议书。

市人力资源和社会保障局副局长于茂东，大港区副区长孙长顺，菏泽市委常委、副市长李卫国出席并讲话。

13日 全国妇联原副主席刘晓连、全国政协原委员马延军、市人大民族宗教侨务委员会副主任委员王之球等中国人才研究会妇女人才专业委员会一行到大港区，考察大港湿地公园、南港工业区、官港生态游乐园。区领导张继和、张志方、郭子林、况清利陪同。

23日 天津石化100万吨/年乙烯工程核心装置乙烯装置区域35千伏变电所实现一次受电成功。

本月 石化四建管道一公司被共青团中央命名为“青年文明号”。

7月

8日 邮政储蓄银行大港区支行永明路润泽园新址启用。

20日 大港区首批15名高校毕业生到农村任职。

22日 中国重点城镇建设投资指导工作委员会副主任林耀平一行到大港区考察指导工作，深入中华民营经济园区、南港工业区考察。区委常委、副区长邹俊喜会见考察团一行。

24日 8时，一辆载有1号溶剂油的油罐车在大港区中塘镇正兴里小区西侧因泄露遇明火引发火灾，引燃旁边住宅楼。至12时大火被扑灭，居民楼过火41户近4000平方米，1人受伤。

8月

3日 由中国科学院选定的太空蔬菜试验生产项目基地大港区沙井子三村生态园，培育二代太空蔬菜6.67公顷黄瓜、茄子、辣椒、南瓜取得成功。这些蔬菜种子为2008年搭载“神舟7号”遨游太空的二代蔬菜种子。

8日 天津滨海新区化工产品交易中心在大港区挂牌运营。中心坐落大港城区，占地3700平方米，可容纳300多家企业进驻开展交易，一期可容纳100家企业进驻。

12日 大港区政府投资270万元建设的社区卫生服务站医保网络开通，实现社区卫生服务站医保联网结算，居民在社区看病也能划卡缴费。

21日 大港区人民防空专业队伍集中点验暨授旗仪式在世纪广场举行。全区组建抢险抢修、医疗救护、消防、防化、通信、运输、治安7支人民防空专业队伍。

27日 天津百万吨乙烯项目炼油工程中的230万吨/年延迟焦化装置实现中交。

9月

3日 大港区召开推动城乡居民基本医疗保险、基本养老保障工作动员会，对推动“两险”工作进行部署。副区长孙长顺、郭景平出席。

4日 消防65中队揭牌。中队坐落太平镇，2007年7月筹建，建筑面积3100平方米，基础投资900万元，车辆器材装备、生活办公投资600万元。中队责任区面积420平方公里，涵盖太平镇、小王庄镇、港西街等地区，最大保护半径18公里，辖区内重点单位58家。

14日 中国邮政服务“三农”暨第二届天津大港冬枣特产推介会召开。北京、上海、辽宁、广东、宁夏、四川等13个省、自治区及直辖市的邮政物流公司代表参加推介会。副市长李文喜、中国邮政速递物流有限责任公司副总经理靳德标、市林业局局长李森阳、市农委副主任蒋凡凡、市邮政公司总经理田玉海出席会议。区委书记张继和、区长

2009年9月16日，中国石化天津100万吨/年乙烯及配套项目中的100万吨/年乙烯装置中交仪式。

张志方及全市18个区县邮电局领导、大港区涉农街镇主要负责人参加会议。

16日 中国石化天津100万吨/年乙烯及配套项目中的100万吨/年乙烯装置中交仪式举行。标志着中国石化投资规模最大的100万吨/年乙烯装置配套项目开始从建设向生产转型。市委常委、常务副市长杨栋梁，市人大常委会副主任、市总工会主席邢明军，中国石化股份公司副总裁张克华，区委书记张继和出席中交仪式。

21日 由政协大港区委员会主办，政协文体与文史委员会、区文化局承办的庆祝新中国成立60周年和人民政协成立60周年书画作品展在区举办，展出书法、绘画、版画、油画作品60余幅。

24日 大港区庆祝新中国成立60周年歌咏大赛决赛暨颁奖晚会在大港石化俱乐部举行。18支代表队参加决赛，区建委、大港一中、区交通运输局3支代表队获得大赛一等奖。全体区级领导，天津石化公司、中石化四公司负责人出席晚会。

27日 国际奥林匹克博物馆联盟12家成员之一的天津大港奥林匹克博物馆落成，国际奥委会终身名誉主席萨马兰奇和国际奥委会主席罗格致信祝贺。天津大港奥林匹克博物馆地处滨海新区大港官港湖，总面积约5000平方米，由吴经国私人出资兴建。国际奥委会委员、国际拳击联合会主席、天津大港奥林匹克博物馆馆长吴经国，中国奥委会名誉主席何振梁，北京奥组委执行副主席蒋效愚，天津市副市长任学锋为博物馆揭幕。

27-28日 国家环保部对大港区生态区建设进行技术评估。评估工作由技术审检、民意调查、现场考察3个工作组深入各创建现场完成全部技术评估工作。

28日 天津交通集团滨海大港客运站投入运营。客运站始发长途客运线路12条，跨省线路89条，进站长途车辆300辆，主要发往山东、河南、北京、吉林、辽宁及安徽等地区。日发旅客能力5000至10000人次。

本月 天津滨港建设投资有限公司揭牌。该公司由区政府注资1亿元，负责全区工业和城市基础设施建设、投资、经营，同时承担官港游乐园区建设融资主体职能，负责园区各项基础设施建设的建设标准、施工进度以及土地的整理、储备、开发和征地补偿。

本月 天津市城乡居民基本养老保障规定开始实施。大港区及时启动，城乡居民将同享基本养老保障。

10月

12日 天津100万吨/年乙烯及配套项目乙烯装置GB201裂解气压缩机开车成功，标志着国内最大、首个拥有自主知识产权的百万吨级乙烯裂解气压缩机投入运转。

14日 天津科电石化科技发展有限公司与天津广播电视网络有限公司滨海新区分公司签订协议，联合改造天津石化生活区广播电视网络。副区长孙长顺，天津石化公司、天津科电石化科技发展有限公司及天津广播电视网络有限公司滨海新区分公司领导出席签字仪式。

16日 松月（天津）线路板有限公司落户大港经济开发区。该公司注册资金400万美元，总投资500万美元，总占地面积1.93万平方米，总建筑面积1.52万平方米，是继杭州、威海之后松月线路板有限公司在中国开设的第三家分公司。

10月30日-11月1日 全国首届班主任工作学术论坛暨第四届百校班集体建设论坛在大港区举行。天津、北京、上海、浙江、福建、江苏、山东等省市的700余位领导、专家和班主任代表参加论坛。

本月 大港三中教师、国家二级心理咨询师宋文娟被评为2009年首届全国优秀心理学工作者。

11月

6日 大港区在大港文化艺术中心举办“辉煌30年”摄影书画工艺作品联展，展出摄影、书法、工艺作品108件。全体区级领导出席开幕式。

10日 大港区召开领导干部会议，传达贯彻天津市滨海新区管理体制改革动员大会精神。区领导张继和、张志方、郭子林、况清利以及各部门各单位实职副处级以上领导干部参加。9

2009年11月10日，大港区召开领导干部会议，传达贯彻天津市滨海新区管理体制改革动员大会精神。

日，天津市滨海新区管理体制改革启动。根据滨海新区管理体制改革内容，大港区行政建制撤销，成为滨海新区行政区的一部分，作为滨海新区城区管理机构，成立大港工委和管委会，主要行使社会管理职能，保留经济管理职能。

12日 大港区八届人大常委会第十八次会议批准区政府对大港区第五中学进行落地重建。

18日 天津天智公司精细化工园奠基仪式在大港石化产业园区举行。化工园项目总投资近14亿元，其中固定资产投资9.8亿元，总占地面积27公顷。主要包括脂肪胺、磺化、乙氧基化等产品。

23日 天津滨海新太投资有限公司与天津世福伟业科技发展有限公司年产70万吨球墨铸铁项目签约，项目落户中华民营经济园区。

30日 大港区首家个人理财中心中国银行大港支行个人理财中心开业。中心位于永明路中国银行附楼，建筑面积350平方米。

本月 大港老年大学在全国老年教育“双先”(先进老年大学、先进老年工作者)评选表彰会上被评为全国先进老年大学，大港老年大学校长郑伯杰被授予全国先进老年教育工作者称号。

12月

3日 中共大港区代表会议在区文化艺术中心举行，选举产生108名出席天津市滨海新区第一次党代会代表。区委书记张继和主持会议，区领导张志方、郭子林、况清利出席会议。

同日 天津百万吨乙烯及配套项目首套开车主装置炼油工程130万吨/年蜡油加氢装置一次投料开车成功，生产出合格产品，为公司生产符合国Ⅲ标准汽油，实现产品质量全面升级奠定基础。

8日 大港区城乡社区手拉手结对共建活动正式启动，22个城区社区居委会与22个农村社区综合服务中心缔结共建对子。22个共建城乡社区手拉手单位互递协议书。

12月11日-2010年1月5日 2009-2010全国男排联赛天津男排主场比赛在大港体育馆举行。天津男排迎战河北、广东、福建、复旦、北航代表队。

19日 大港技术检测中心建成启用。中心投资1900万元，总建筑面积6815平方米，涵盖质量、计量、特种设备等领域。

20日 奇峰国际木业有限公司与天津商品交易市场有限公司在滨海新区签署战略合作协议，中国国际林业博览会及中国木材交易市场项目落户大港区港西街，项目占地100平方公里。市人大常委会副主任李亚力及国家林业局、中国林业协会、市农委、市林业局、天津开发区等部门领导出席签约仪式。大港区区长张志方致辞。

本月 由大港区文联、区文化局组织作者参加的全国农家书屋读书征文活动揭晓。大港作者楚庆文的《再读<红岩>》，单瑞金的《戴尔·卡内基给我生活的自信》，谭晓辉的《我的“钢铁”情结》3篇征文分获全国征文三等奖。

本月 津滨大厦获得全国建筑行业最高奖“鲁班奖”，成为大港区首个获得该奖项的建筑。津滨大厦由天津三建集团负责施工建设，坐落港东新城，规划总建筑面积4万余平方米，高度约99米，主体建筑25层。

（于秀臣）

党 务

概况 2009年,大港区加强党的建设。深入开展学习实践科学发展观活动,增强党员干部思想观念、综合素质和工作作风。健全管人促事长效机制,深化干部人事制度改革。实施“强基创先”工程,在全市率先完成农村两委班子和社区党支部、居委会换届选举。推进反腐倡廉建设,落实党风廉政建设责任制。支持人大、政协以及各民主党派、工商联和人民团体更好履行职能、开展工作,形成加快发展的强大合力。

(王莉莉)

科学发展观学习实践活动 2009年,大港区开展第二批科学发展观学习实践活动,区级领导班子和88个单位参加。成立学习实践活动领导小组,区委书记任组长,区级主要领导为副组长,组建活动办公室和12个指导检查组。制定实施意见和实施方案。召开全区动员大会。采取读书班、讲党课、专题辅导、集中研讨、知识竞答、网上论坛等多种方式,组织处级以上中心组学习646次,邀请中央和天津市有关专家学者进行辅导讲座356人次。13位区级领导分别建立联系点,深入联系单位抓辅导、搞调研、出思路、解难题。结合初步查找出的10个方面问题,确定16个重点调研课题,380个调研课题,利用1个多月时间,集中开展调查研究。围绕实施“工业主导、园区带动”战略,夺取“保增长、渡难关、上水平”全面胜利等6个方面展开深入讨论,开展各类讨论活动341场次。区委、区政府主要领导和有关常委,分别主持召开5个座谈会,征求意见建议846条;各参学单位召开座谈会350场次,发放征求意见表7957份,征求意见建议3226条。全区分析检查出突出问题607个,解决340个;废止不合理制度49项,修订制度193项,新建制度267项,解决有碍科学发展的制约因素,形成有利科学发展的正确导向。

(于秀臣)

干部培训 2009年,大港区加强干部培训工作。举办2期处级干部进修班、1期处级干部任职能力培训班,2期科级干部培训班和1期中青年干部培训班,培训干部250余人次;选派50余名处级以上领导干部参加上级调训。举办组工、政法、统战及人民团体干部培训班,培训干部400余人次。举办专题轮训班,学习贯彻十七届四中全会精神,将310余名各级党组织书记和100余名组工干部全部轮训一遍。建立干部教育培训审批备案、在职自学激励、考核评估、登记和档案管理、境内外培训审批等制度,推进干部教育培训工作科学化、制度化和规范化。对科级以上干部2008年度、2009年度干部教育培训学时信息登记录入。选派44名处科级干部到天津滨海委、重庆渝北、山东东营、驻区企业、非公企业和农村挂职锻炼。

(刘文彬)

干部理论学习 2009年,大港区制定《区委中心组学习安排意见》、《处级中心组理论学习安排意见》和《党员教育工作安排意见》,推进区、处级中心组理论学习上层次、上水平、出实效。组织区委理论学习中心组学习实践科学发展观读书班,集中学习四次。以“把深入学习实践科学发展观提高到新水平”、“南港工业区总体规划”为主题,邀请中共中央党史研究室副主任李忠杰、区委书记张继和、天津市石化办主任张东生为全区领导干部作专题辅导报告。继续在领导干部中开展以精读一本书、精讲一次党课、精撰一篇论文为内容的“三个一”活动和“百名书记讲党课”活动,使领导干部在讲中加深理解,广大党员在学中提高认识。发挥基层党校理论教育和宣传阵地作用,组织社区和村居党员开展理论学习。编辑下发12期理论学习专刊,创办区级理论学习服务网站,扩大理论宣传与普及范围。

(高立贤)

精神文明建设 2009年,大港区召开文明城区创建工作总结表彰大会,推进文明城区创建工作。开展第二届十大道德模范评选活动。按照平等、公开、择优原则,评选出事例突出的道德模范。开展“知荣辱、树新风、我行动”道德实践活动。区文明办以镇街村(居)级两委班子换届选举为契机,制作下发5万张“做文明选民,倡文明选举·十要十不要”宣传卡片,宣传有关法律法规和政策,引导选民开展文明选举。在《今日大港》开设“讲述·文明大港”专题。印发《天津·大港创建文明城市》宣传册,全方位记录展示近年文明城区创建工作开展情况。开展践行文明礼仪教育行动。深化“千所市民学校万堂礼仪课”教育实践活动,组织礼仪教育辅导员利用市民学校阵地开展培训教育活动,并通过举办签名宣誓仪式、礼仪知识竞赛等形式,强化市民文明意识,规范市民行为,促进文明习惯养成。开展“爱国歌曲大家唱”活动。向机关、企事业单位、驻区部队及各社区发放《爱国歌曲100首》图书及光盘。组建群众合唱团15支,开展以“传唱红歌、喜迎新中国成立60周年”为主题的好歌献祖国系列活动。倡导文明祭奠理念。开展“文明祭扫,平安清明”系列主题宣传教育和“整治乱烧纸钱、维护市容环境”活动,组织文明祭奠志愿者劝导队在城区主要路段建立责任岗,发放文明祭奠倡议书,倡导网上祭奠、集体共祭、植树祭、鲜花祭等,对焚烧纸钱居民进行劝阻。

(刘 凌)

政 务

概况 2009年,大港区突出园区建设和项目落地,以结构调整为主线,转变发展方式,经济总量和质量实现双提升;坚持建设管理并重,深入推进城市建设与管理,突出生态建设;统筹推进城乡发展,实施惠农工程,新农村建设稳步推进;坚持民生为重、民生为先,为群众办实事解难题,人民生活水平不断提高。实现区属生产总值148.2亿元,农村居民人均纯收入1.12万元,城市居民人均可支配收入2.26万元。

(王莉莉)

公务员队伍建设 2009年,大港区做好公务员招录工作。严把资格审查关、面试公平关、程序监督关,确保考试公平公正。4个单位5个职位面向社会公开招考公务员8名,招考录用8名。加强科级干部选拔工作管理。建立科级干部选拔工作联考、联审、联查机制。与区委组织部共同开展科级干部竞争上岗笔试联考工作,12个单位19个竞争职位119人报名参加笔试联考。33个行政机关、事业单位开展科级干部选拔工作,选拔科级干部128人,其中通过民主推荐方式选拔114人,竞争上岗方式选拔14人。

(关力达)

信访工作 2009年,大港区信访办受理信访事项1279批4668人次,比上年批次下降4.3%,人次下降23%。其中,集访172批3287人次,批次下降33%,人次下降33.7%;群访和个访646批920人次,批次增长17.6%,人次增长9.7%;信346件,增长31%;电话访151件,批次下降7.3%。重信重访258件776人次,批次下降38%,人次下降70%。受理人民网留言36件,办结36件,办结率100%,按期办结率100%。区清欠办受理农民工投诉146批,处理146批,为3519名农民工解决劳务费2057万元。进京非正常上访为零。市转办交办信访案件344件,按期办结率100%。群众上访中:土地征用及干群矛盾问题,386批1386人次,占信访总量30.2%和30.8%;企业改制及驻区企业问题,42批152人次,占总量3.4%和3.4%;城乡建设问题,527批1403人次,占总量41.2%和31.2%;劳动社保问题,111批357人次,占总量8.7%和7.9%;卫生系统职工待遇问题,13批214人,占总量1.0%和4.8%。

(苑树东)

信息化建设 2009年,大港区与移动、网通等运营商共同构建信息化建设模式,完成大港区政府信息平台建设与数字城管监督中心建设方案;对津滨大厦计算机网络系统、机房建设、网络调整进行调研并编制网络建设方案。累计公开政府信息2566条,其中区政府公开1221条,区政府信息公开单位公开1345条,全文电子化率100%。政府信息公开网站访问量22302人次。“区长信箱”网上接收区长信件600余封,群众遇到的困难、反映的问题以及提出的意见建议全部得到落实。全年下载、转送人民网网民留言40余件，下载政民零距离网民留言20余条，回复网民留言20余条。向天津政务网报送信息400余条，被采用180余条。

（刘在先）

行政许可服务工作 2009年，大港区行政许可服务中心组织召开街镇、园区招商引资工作培训会。启动投资项目联合审批全过程效能监察登记制，协调市、区两级审批部门进行现场办公，分别将备案和核准类投资项目联合审批的办理时限由30天、45天缩减到25天、31天。116个项目进入投资项目联合审批程序，投资额内资达108.51亿元、外资4299.8万美元，所有进入项目均在缩减后的时限内办结；另有524家企业进入企业设立联合审批程序，注册资金内资13.36亿元、外资1.05亿美元，其中办结462家。“8890”大港执行部处理市行政许可服务中心直转办件8224件，处理座机办件5500余件，月平均处理逾千件。全年进驻中心各部门受理各类审批18152件。区行政许可服务中心获市级文明单位和“青年文明号”称号。

（张春慧）

政法

概况 2009年，大港区政法综治工作以确保新中国成立60周年安全稳定为重点，推进平安建设，化解各类社会矛盾，公安、检察、审判、司法等各项工作得到加强。以国庆60周年安保为中心任务，以创建“平安大港”、“和谐社会”为主线，开展各项公安保卫工作。按照“规范管理，均衡配置，和谐发展，服务民生，监督到位，公正廉明”的总体思路，履行宪法和法律赋予的职责，为促进辖区和谐稳定、经济平稳较快发展提供有力司法保障。区法院荣获全国法院文化建设示范单位、全国法院学术征文工作优秀组织奖。

（于秀臣）

公安工作 2009年，公安大港分局破获刑事案件2732起，打处犯罪嫌疑人638名，抓获各类在逃人员382名。侦破“2·5”故意杀人案、“4·13”持枪抢劫案、“5·12”枯井女尸案、“7·14”伤害致死案等重特大案件。对“两抢”、入户盗窃、盗窃车辆等侵财犯罪，集中警力出击，打掉高强系列抢劫、赵多明持枪抢车、彝族入室盗窃等盗窃团伙。破获涉毒案件49起，抓获涉毒犯罪嫌疑人19名，缴获海洛因、冰毒、麻古、K粉、大麻等毒品9531.57克。查处非法储存烟花爆竹案件21起，收缴各类烟花爆竹6000余万头、礼花弹4000余枚，收缴各类枪支302支，子弹5958发，管制刀具57把。抓“三电”（打击盗窃破坏电力电信广播电视设施违法犯罪）专项斗争，破获盗窃、破坏“三电”设施案件69起，摧毁团伙5个，抓获违法犯罪嫌疑人26名。组织开展打击假币“09”专项行动，在全市率先侦破一起特大非法持有假币案件。破获各类经济案件193起，捣毁传销窝点82个，遣散传销人员5800余人，挽回经济损失4100余万元。

（刘承红）

检察工作 2009年，大港区检察院批捕、起诉重特大案件183件274人，非法传销案件54件80人，涉毒犯罪案件9件19人。批准和决定逮捕犯罪嫌疑人354件546人，提起公诉464件659人，均做有罪判决。严惩职务犯罪，查办贪污贿赂、渎职侵权等职务犯罪，初查贪污贿赂、渎职侵权等职务犯罪案件线索82件，立案12件13人，大要案比例88%，为国家挽回直接经济损失200余万元。依法做出不批准逮捕决定36人，做出不起诉决定7人，追捕7人，追加被告4人，改变案件定性22件，建议撤案9人。全年向办案单位和部门发出超期羁押预警提示265次，审查减刑、假释、保外就医案卷683册，发出书面和口头检察建议529次。受理民事行政申诉案件33件，立案20件，提请抗诉7件，建议提请抗诉1件，发出再审检察建议2件，改判2件，对16件认为判决、裁定公正的申诉案件做好服判息诉工作。办理两例督促起诉案件，即督促民政部门提起刑事附带民事诉讼，为街头遭遇车祸身亡流浪汉争取赔偿；督促受侵害村委会提起刑事附带民事诉讼,实现在该领域零的突破。

(刘淑媛)

审判工作 2009年,大港区法院受理各类案件5583件,审结5159件,结案率92.4%,诉讼标的金额4.01亿元。依法审理故意杀人、故意伤害、绑架、强奸、抢劫等刑事案件84件147人。打击入室盗窃、团伙盗抢机动车、自行车、抢夺等侵财犯罪,依法判处58件96人。审理刑事案件421件,判处人犯621人。落实宽严相济刑事政策,依法对符合条件的134名被告人适用缓刑、管制、罚金等非监禁刑。审理各类民商事案件3173件,标的金额3.1亿元。依法审理债权、金融、保险等各类合同纠纷2021件,标的金额1.9亿元。梳理农村集体企业改制、发展过程中出现的股权纠纷,审理该类纠纷6件,消除不稳定因素。审理行政诉讼案件8件,行政非诉执行59件,执行到位标的金额28万余元。对涉及环保、违法占用土地、计划生育等民计民生案件,尝试诉前介入。全年执行各类案件1459件,实际执结率64.5%,执行到位率75%。执结历年积案271件,有财产可供执行案件和重点案件执结率均为100%。

(戴世强)

司法工作 2009年,大港区司法局组织律师、公证、法律援助等法律服务机构主动介入政府重点工程和项目建设,为南港工业区、中华民营经济园、官港生态游乐园提供优质法律服务。大港区有律师事务所6个,律师40人。律师担任法律顾问56家,办理各类案件310件,收入190万元。全年办理各种法律援助案件41件,其中刑事案件32件、民事案件9件;接待群众来电来访3000余人次。免收代理费40余万元,挽回经济损失近百万元。办结各类公证事项2736件,其中国内民事1708件、国内经济174件、涉外854件。业务收费124万余元,纳税10万余元。规范社区矫正工作程序。有矫正人员304名,其中管制3人、缓刑256人、假释7人、监外执行6人、剥夺政治权利32人,有效控制重新犯罪率。全区刑释解教人员944人,其中刑满释放901人、解除劳教43人。重新犯罪5人,重新犯罪率0.5%以下。全年调解矛盾纠纷767件,成功700件,成功率91.3%。

(王 蓉)

人民团体

概况 2009年,大港区各级工会组织动员广大职工在推动经济建设、政治建设、文化建设、社会建设以及生态文明建设中发挥主力军作用,为推进滨海新区开发开放,实现大港"加快打造生态经济强区"目标做出贡献。团区委以服务引领青年,以服务谋求发展,团结带领广大团员青年为推进滨海新区开发开放、开创大港有为跨越新局面做出贡献。荣获2008年青农工作贡献奖、天津市城市区域团组织联席会最具活力奖、团建工作创新探索项目奖、2008年度共青团组织工作先进单位荣誉称号。区妇联以家庭为阵地,以教育培训为依托,以社会化维权为保障,做好妇联工作。被评为全国巾帼文明岗、天津市"三八"红旗集体,苏家园联校教师韩宗英荣获天津市"十大女杰"称号。大港区建成农村残疾人社区康复站16个,城区社区康复站42个,形成覆盖全区的康复训练服务网络。区工商联发展新会员6名,与各地工商联开展联系交流,招商引资15.6亿元。

(于秀臣)

工会工作 2009年,大港区总工会建立基层工会53个,涵盖法人单位153家,发展会员4510人;提前超额完成市总工会下达的建会任务,完成率分别为106%、192%和113%。将《工会工作手册》、《职工代表大会手册》下发基层,检查督促基层工会做到有计划、有安排、有记载、有总结,促进基层工会工作规范化。指导24个基层单位完成换届改选工作,完成基层工会法人登记工作。针对基层工会干部调换频繁现象,及时下发相关文件,对基层工会组织和人员适时跟踪,指导协调,保证基层工会组织健全、人员到位。结合不同单位性质,制定国有(剥离)企业、机关事业单位、镇街开发区工会工作考核细则和考核制度。

(刘会莉)

共青团工作 2009年,共青团大港区委发挥青年企业家协会作用,将大港共青团融资平台(http://www.dgtw.net/)相关信息发送给8个街镇900余家中小企业负责人;创办青年创业中心。以奥丰中小企业服务中心为平台,建立适合大港区青年创业贷款模式,为10余家企业贷款融资近亿元。向中国邮政储蓄银行推荐青年创业项目50余个,为创业青年申请贷款200余万元。开展SYB(创办你的企业)培训项目,进行创业知识、创业项目、创业程序和实用技术等方面培训,200余名青年参加。启动百瑞达青年创业超市项目,在大港油田、沙井子、中塘镇、大港生活区、津南区等地创办百瑞达青年创业超市40家。带动60余名大学生就业,1名大学生实现自主创业。举办第四、五期“万名农村青年人才培训工程”学历进修班,为5个涉农街镇240名农村青年提供本专科学习进修机会。组织开展青年文明号信用示范周活动,命名12个青年文明号、4个青年文明号创建单位,涌现出市级青年文明号2个、市级文明号服务之星4名。成立大港区消防志愿服务大队,招募志愿者5640人,编入13个消防志愿服务队。

(窦克栋)

妇女工作 2009年,大港区妇联新建40个“半边天家园”,以半边天家园为大学生社会实践基地,壮大志愿者队伍。古林街、中塘镇、海滨街半边天家园举办妇女权益法律知识咨询讲座;举办未成年人道德教育讲座,实施母亲教育工程。做好妇女就业工作,在太平镇建立2个妇女基地(崔庄冬枣妇女示范基地、妇女拉花加工基地),建立以友爱村为中心的7个示范点,解决妇女就业500余人。在小王庄镇建立3个妇女基地(西树深村妇女半边天冬枣销售基地、以编织外贸毛线类为主的手工编织站、在李官庄村建立单亲母亲无公害蔬菜大棚)。在港西街建立农业设施建设基地,12个大棚投入使用,大棚内种植20余种太空蔬菜,大部分由妇女种植。举办大港区女带头人培训班。做好弱势妇女维权工作,受理来访案件79件,接待上访87人次,结案率98%。做好特困妇女体检工作,为203名单亲特困妇女、150名流动妇女、部分下岗失业妇女免费体检。

(刘淑萍)

残疾人工作 2009年,大港区残联为享受低保和特困补助的824户903名残疾人给予50元至200元不等的生活救助金,救助金额98.34万元;为117户双残低保户给予20.75万元生活补助;为1544名重度残疾人缴纳城乡居民基本医疗保险;出资94.4万元,为1006名贫困残疾人发放康复医疗补助金。累计出资102.4万元,改造33户农村残疾人家庭危房。接待残疾人来信来访37件,处理率100%。为8个街镇、村(居)委会及22个农村中心居住区安装残疾人维权信箱175个;与区法院等9家单位联合建立残疾人法律救助工作协调领导小组,出台《大港区残疾人法律救助实施办法》。对残疾人家庭进行无障碍设施需求统计,为723户有需求的残疾人家庭进行楼道、卫生间扶手、闪光语音门铃、坡道等无障碍设施改造,改造社区无障碍设施58处,为87户残疾人家庭安装楼道温馨提示展牌。组织45名运动员组成大港区代表团参加天津市第六届残疾人运动会,取得50枚金牌、26枚银牌、16枚铜牌、团体总分第三名的优异成绩。

(刘桂云)

农　业

概况 2009年,大港区推进社会主义新农村建设进程。稳定粮食生产,调整种植结构,发展现代农业,强化冬枣、畜牧两大基地建设,促进农村稳定、农业增收、农民增效。完成农业增加值1.76亿元,比上年增长4.7%,农民人均纯收入1.12万元,增长10.2%。农口部门完成农业固定资产投入1.2亿元。全区粮食播种1.32万公顷,总产6.15万吨;水产品产量7557吨,实现产值9930.6万元;肉羊饲养5.2万只,生猪饲养12.7万头,奶牛存栏6900头,蛋鸡存栏

2009年，大港区小麦生产克服春旱灾害，取得可喜收获。为确保颗粒归仓，区农机服务中心调集小麦收割机械开始小麦收割作业，全区小麦机械化收割率达85%以上。

28.6万只，肉鸡出栏216万只；主要粮食作物农机化综合作业水平82%，补贴机具188台套，发放农机补贴资金256.81万元。落实惠农政策资金3087.6万元；创建8个文明生态村；累计培训农村各类实用人才1.5万人次。开工9个农业建设项目，计划总投资4.92亿元；新建2个高标准畜牧小区。

（于秀臣）

现代农业建设 2009年，大港区现代农业建设得到较快发展，设施农业面积57.33公顷，新建节能日光温室167栋；设施渔业1万平方米的立达海水开发有限公司工厂化养殖车间建成投产，刘岗庄53.33公顷南美白对虾示范园区项目完成；设施畜牧业通过标准化项目改造，建成5个规模化畜牧养殖小区，洪瑞畜牧养殖场为天津市现代畜牧业示范园区建设项目，示范园区在建；港西街沙井子三村和太平镇崔庄2个旅游特色村基础设施建设完成投资883.7万元，古林街马棚口二村的旅游特色村建设完成采摘园改造、游客接待中心建设等工作。聘请市农科院专家对有意向建设旅游景点的杨柳庄、李官庄和刘岗庄三村考察，进行规划设计。

（刘永军）

惠农政策落实 2009年，大港区落实惠农政策资金3087.6万元，其中，生态村创建工程325万元，农民素质提高工程137万元，低收入群体“三个一”工程（建设一个园、取得一个证、实现一个工）106.35万元，旅游特色村建设60万元，枣树补贴133.8万元，粮食直补1168万元，设施渔业建设200万元，能繁母猪各项补贴175.75万元，生猪标准化项目54万元，现代化示范园区80万元，设施农业补贴215万元，冷冻精液补贴66万元，农机具补贴274万元，农村中心居住区卫生考核扶持奖励资金92.7万元。

（刘永军）

农机化新技术示范推广 2009年，大港区扩大保护性耕作实施区域，累计实施面积4666.67公顷。秸秆还田4200公顷，免耕播种4666.67公顷，深松1300公顷，植保1700公顷，投入保护性耕作机具426台套，建立核心示范区4个，培训技术人员92人次，培训农民和农机手580人次，项目累计节本增效271万元。实施冬枣机械化生产技术，涵盖机械化林地中耕、机械施肥、剪枝、植保、开甲、声频助长等冬枣生产环节。实施棉花生产机械化集成技术，项目示范点投入各种机械68台，示范面积26.67公顷，推广机械75台。实施物理农业技术，引进3DDF-300型畜禽舍空气电净化防疫系统2套，畜禽粪便处理机2套，为提高畜禽养殖品质做出有益尝试；引进声波助长技术，对冬枣、设施农业进行物理干扰，提高农作物生长品质。实施渔业机械技术，引进4台高效增氧设备，示范推广南美白对虾设施养殖高效增氧技术，示范面积2.67公顷；引进推广其他增氧机36台、投饵机5台。

（宋俊清）

盐碱地生物治理科学试验与成果转化 2009年，大港区加快国内外耐盐碱植物引种和筛选力度，研制适宜耐盐碱植物的快繁方法及繁育手段。快繁醉鱼草、杠柳、紫叶稠李、毛核木、水腊、红花柽柳、金叶榆等苗木25万株。扦插快繁玫瑰、俄罗斯大果蔷薇、红花多枝柽柳等11个耐盐碱植物种苗15万株。完成金叶榆、金叶槐、金枝槐、丝棉木和红叶臭椿5个品种嫁接繁育，累计嫁接10万余株，基地内布设完成50个耐盐碱花卉和地被植物精准耐盐碱试验区。

（谢志庚）

工业

概况 2009年，大港区有工业企业1382家，其中规模以上企业318家，规模以下企业1064家；个体工业736家。中央驻区企业5家，市属驻区企业4家。全区实现工业总产值806.61亿元。其中，中央企业完成工业总产值521.55亿元，比上年下降22%；区属企业实现工业总产值285.06亿元，增长28.8%；区属规模以上工业产值245.16亿元，增长29.2%。优势行业、支柱产业成为带动工业经济走出低谷的主导力量。金属制品行业实现产值69.18亿元，增长30.5%，拉动区属工业总产值增长9.3%；自行车制造行业实现产值22.13亿元，增长64.8%，拉动区属产值增长6.3%；汽车配件行业实现产值16.81亿元，增长12.8%；石化下游产品行业实现产值68.11亿元，增长44.2%；电子电器行业实现产值23.69亿元，增长3.5%。经营效益稳步好转。区属规模以上工业企业实现主营业务收入201.8亿元，增长18.8%，规模以上工业产品销售率93%；利税总额1.04亿元，增长76.4%。建筑业稳步发展。全年自行完成施工产值48.1亿元，其中建筑工程产值23.5亿元、安装工程产值24亿元。全年竣工产值34.7亿元，房屋建筑施工面积132.9万平方米，施工项目66个。

（陈玉华　马士春）

南港工业区建设 2009年11月，市政府正式批准《天津南港工业区总体发展规划（2009-2023年）》。南港工业区规划区北至独流减河右治导线以北新建防波堤，西至津岐公路，南至青静黄河左治导线，东至海水等深线负4米处。面积约200平方公里，其中，航道港池水域约38平方公里，陆域油气开采区面积约14.5平方公里，陆域规划建设用地面积约147.5平方公里。重点发展石化产业、冶金及装备制造产业和现代物流产业。重点发展石油化工、聚酯化纤、精细化工和能量综合利用4条循环经济产业链，延伸30条产品链，打造国家级石化产业基地。近期建设工业港区，发展业主码头和专业码头，服务重大产业项目；远期建设综合性港区，承接天津港散货物流功能，形成集疏运便捷的现代化国际港口物流体系。9月，天津泰达蓝盾集团南港80万立方米油库项目、天凯时代（天津）化工有限公司液体烧碱精制基地项目在南港工业区举行奠基仪式，南港工业区标准厂房正式开工。泰达蓝盾集团南港80万立方米油库项目预计总投资10亿元，以石脑油、汽油、柴油、煤油及燃料油、重油、渣油、重芳烃仓储为主要经营活动，年油品周转量800万至1000万吨；天凯时代（天津）化工有限公司液体烧碱精制基地项目总投资1500万美元，生产规模10万吨/年，投产后年产值约5000万美元；南港工业区标准厂房占地面积约11万平方米，建筑面积约8万平方米，包含11栋厂房及物业楼，总投资约2.2亿元，计划2010年11月竣工，为部分入区企业提供租赁服务。

（于秀臣　马士春）

农村工业建设项目 2009年，大港区农村实际投资工业及为工业服务的基础项目80个，计划总投资31.18亿元，开工项目79个，开工率99%。工业项目实际完成投资9.74亿元，比上年增长20.2%。工业实际投资增长在20%以上。投资在1000万元以上的项目22个，完成投资3.97亿元，占工业实际投资40.93%，其中，实际投资在3000万元至5000万元的5个，完成投资1.84亿元，占实际投资18.94%；实际投资在5000万元以上的3个，完成投资2.55亿元，占实际投资26.18%。以上工业项目全部投产后，年可新增产值12亿元，新增利税1.2亿元，将有力拉动大港区工业经济增长。

（刘永军）

农村工业投资结构 自2009年下半年开始，大港区农村工业项目实际投资开始出现较大转机，投资进度加快，投资强度加大。工业项目实际完成投资10.1亿元，比上年增长20.8%。

拉动全部投资项目的作用开始加大，涉农街镇全部投资项目增长37.82%，其中依靠工业项目拉动增长9.84%。新建项目大幅度增长，拉动工业项目实际投资增长。在全部54个工业实际投资项目中，新建项目14个，实际完成投资2.905亿元，增长75.95%。工业投资项目中首次出现发电建设项目。2个风力发电项目实际完成投资1.84亿元，占工业实际投资24.7%，基本完成全部投资，即将投产。

（陈吉智）

商贸服务业

概况 2009年，大港区消费领域进一步拓展，消费热点不断涌现，商贸中心区集聚功能显著提升。实现社会消费品零售总额65.02亿元，比上年增长25.6%，增幅提高5个百分点。其中批发、零售业零售额51.16亿元，增长25.6%；住宿和餐饮业零售额13.4亿元，增长24%。消费刺激政策显现成效，消费品市场繁荣活跃，消费需求快速增长。实现批发零售业增加值7.97亿元，增长23.3%，住宿餐饮业增加值8.72亿元，增长23.92%。批准外商投资8项，利用外资2.12亿美元；完成外贸进出口总额6.54亿美元。引进内资项目153个，到位资金88.81亿元。依法没收并销毁侵权商品价值50万余元。

（董志伟）

“菜篮子工程” 2009年，大港区为保证菜篮子商品质量，让百姓放心消费，投入1000余万元完成永明路、油田二矿区3个市场，中文、康宾2个屠宰厂及胜利街商业中心升级改造；对3家定点屠宰厂、203个大肉摊点、15家农贸市场定期定点控制，并推行备案制，加大定点屠宰和外来肉品查处经营力度，有效抑制注水肉发生。对粮油经营户和粮食熟食品用粮情况进行检查，打击不法商贩，保证居民吃上“放心面、放心主食”。实施“放心早点”工程，对日鑫早点配送车间进行改造，提升餐饮服务业发展水平和服务质量。开展地方存储粮春防夏防普查工作，确保存储粮达到安全存储标准，完成6316吨陈粮轮换。

（梁发建）

家具家装建材质量安全专项整治 2009年，工商大港分局在流通领域开展家具和室内装饰装修材料质量安全专项整治行动。整治重点区域为：家具（建材）市场较密集区域，经营单位集中且问题较突出区域，农村和城乡接合部及边远地区。整治重点单位为：家具（建材）批发市场、家具（装饰）城、代理商、批发商和个体工商户；整治重点商品为：家具，室内装饰装修用各种人造板，溶剂型木器涂料（油漆），水性墙面涂料及腻子，胶粘剂，地毯及地毯胶粘剂，瓷砖及天然石材，室内建筑用混凝土外加剂，壁纸，卷材地板（地胶）10类商品。

（常志浩）

开发区建设

概况 大港经济开发区（简称大港开发区）于1992年7月经天津市人民政府批准成立。位于大港城区东北部，起步区规划为：东起李港铁路，西至中港公路，南起中建六局一公司北围墙，北至万安路。区内企业来自韩国、日本、美国、德国、巴西、香港、台湾等10余个国家和地区，主要行业有电子、机电、自行车、金属轧延、锻造、纺织、化工等。大港石化产业园区（原大港区海洋石化科技园区，以下简称园区）于2003年7月22日经区委批准成立，园区坐落大港城区南部，北起南环路，南至独流减河北岸与大港电厂相邻，西起迎宾街，东至津歧公路，总面积7.5平方公里，产业涉及石油化工、精细化工、医药、新型材料等。2009年，大港开发区实际到位外资6640万美元；实际到位内资17.18亿元，比上年增长30.60%；实现增加值12.84亿元，增长42.69%；固定资产投资12.34亿元，增长38.45%；实缴税金2.56亿元，增长76.25%，其中留区税金7397万元，增长51.64%。石化产业园区实际利用内资26.88亿元，增长35%；实际利用外资1814万美元；完成固定资产投资23.1亿元，增长37.2%；实现增加值2.1亿元，增长65.1%；实现区级税收3600万元，增长29.3%。

（何国杰 常 鹏）

招商引资 2009年，大港经济开发区依照目标考核管理办法，将全体机关工作人员的薪酬与招商引资实绩挂钩，提高招商的积极性与主动性；研究制定工作方案，根据招商信息和动态，明确招商任务、方向和目标，形成求效务实的招商机制；增加招商力量，调整招商结构，将招商部分为一组和二组，把招商引资分为前期洽谈与后期续约两个阶段，形成部门分工、对接有机结合的一条龙服务，延伸招商工作职能与服务范围，增强招商工作的针对性、主动性；与市商务委、天津开发区、保税区、招商促进中心保持密切联系，实施资源优势联动互补，广泛挖掘项目信息；参加招商推介活动，加大宣传力度，拓宽招商视野。全年注册企业17家，在谈项目10个，抓实项目开工建设进度，确保资金投入如期到位，南奥电梯、均利石材、晨之光色素、尼斯特石油技术、松月电子5个项目即将开工建设。

（何国杰）

基础配套设施建设 2009年，大港经济开发区西区完成土方、雨污排水、绿化、电力、道路等工程，总投资600余万元；开发区起步区完成企业供暖、世纪花园居民暖气管道改造、路灯检修、水厂部分深井大修、锅炉房及供暖管线检修等工程，总投资300余万元；研究制定2010年开发区基础设施工程计划，准备早日开工。石化园区投资1568万元用于配套工程建设，其中投资680万元，完成金源路东段1公里物料输配管廊、金源路至有山化工1.5公里蒸汽管道配套、欣宽福利项目供水配套外网管线、城排河东岸3万平方米绿化等工程；投资450万元，完成天津陆港橡胶项目配套供水管线工程；投资138万元，完成一轻集团项目界内凝析油管线切改和1条电力线路拆除工作；园区污水处理厂工程，进行环保验收；投资300万元，新开园区物料输配管廊2公里，满足园区企业物料输送需求。

（何国杰 常 鹏）

服务企业 2009年，大港经济开发区成立应对金融危机工作领导小组，开展有针对性的帮扶；实施领导班子、中层干部"一对一"挂钩帮扶企业制度，帮助企业缓解融资难题、调整产业结构、拓展市场销售渠道，组织企业参加产品展销会、推介会；为企业办结办好各种手续，加强对新建及新注册企业的跟踪服务和指导管理；发挥职业介绍所作用，协助区劳动和社会保障局做好辖区企业劳务派遣工作。为企业及时解决用工难题；依法调节企业劳动纠纷，维护员工合法权益。石化园区与银行合作授信，贷款融资，解决企业资金周转问题，采取区财政投资、企业筹资入股、园区出资三方合作筹组小额贷款，为北斗精细化工、南开合成化工等4家企业争取项目贷款贴息700余万元；为昊航复合管业与北安变压器制造等企业争取中小企业创新资金90万元；为企业高效快捷融资创造条件，为企业协调贷款4亿元。

（何国杰 常 鹏）

城市建设与管理

概况 2009年，大港区办理建设工程报建96项172.96万平方米，工程投资64.13亿元。成交各类房屋14385套128万平方米48.33亿元。区文化艺术中心和凯旋苑幼儿园工程竣工，福源小学工程开工，晨晖里供热节能改造项目完成。太平镇怡安里十一经路以及小王庄镇占备路、新建翟庄子桥、联盟桥、乡村公路大修等工程完工。对建筑市场日常检查120余次，涉查项目76个。受理各类农民工劳务纠纷投诉184批次，为7160人次农民工解决工资4298.876万元。开展城市环境集中和专项治理活动，查处纠正乱摆乱卖3500余起。拆除各类违法违章建筑物、构筑物1.7万平方米。

（程 军 王峰元）

重点工程建设 2009年，大港区文化艺术中心竣工，总建筑面积2.8万平方米，投资2.6亿元，工程获得鲁班奖。文化艺术中心大剧场建筑面积6500平方米、可容纳1800人，具有大型音乐、歌舞、话剧、戏曲演出等功能；小剧场建筑面积3000平方米、可容纳500人，具有中小型音乐、歌舞、戏曲演出等功能；小型电影放映厅建筑面积3000平方米、可容纳500人；地下停车库建筑面积7100平方米。中心具备接纳国际、国内大型演出和中等规模展览功能，将提升整个大港区文化品位。凯旋苑幼儿园工程，占地面积4792平方米，总建筑面积3795平方米，投资1350万元，5月31日竣工。福源小学工程开工，占地面积9511.7平方米，建筑面积1.1万平方米，预计投资3300万元。晨晖里供热节能改造项目完成，完成隔热保温门安装114套，居民窗改造5000余平方米，热力入口改造15个，屋顶保温施工近5000平方米，室内暖气管道改造92个单元。项目完成后，预计节约标煤1000吨，降低二氧化硫排放量8%。太平镇怡安里十一经路以及小王庄镇占备路工程，投资456万元，新建翟庄子桥，投资193万元；建成联盟桥，投资420万元；大修乡村公路33.46公里，投资1900万元。

（程　军）

供热工作　2009年，大港区供热总面积1612.2万平方米，晨晖里物业公司投资200多万元改造部分小区供热管网，对晨晖里小区进行节能改造。天津华益物业公司投资5000万元对供热辖区进行一次蒸汽供热管网更换电厂余热水管网改造。按照政府要求，11月5日起低温运行，比全市提前3天供热，至11月15日达到稳定保质供热。

（程　军）

城市绿化　2009年12月，大港区建成区面积53.01平方公里，园林绿化覆盖面积2165.46万平方米，园林绿地面积2105.56万平方米，建成区绿地率39.5%，绿化覆盖率40.8%，人均公共绿地11平方米。湿地公园三期绿化工程完成20万平方米，完成投资1575.4万元，修建桃花岛1座（面积1.6万平方米）、建景观亭2处，亲水平台2处、管理间1处，架铁桥1座；调整挖填湖面2.84万平方米，修整湖坡8200延米；湿地水系与长青河之间完成沟通；铺装道路及广场6000平方米，布置景石3070吨，调运种植土6.77万立方米，改良土壤7209平方米；铺设石屑淋水层6500立方米，铺设上水管线2037延米；栽植毛白杨、紫叶李等乔灌木1.70万株，枣树、山桃等果树3937株，柽柳、紫穗槐等盐生植物2.59万株，月季、美人蕉等花卉1.92万株，栽植黄杨、女贞等球形植物1.04万株，种植草坪1250平方米。

（程　军）

环境保护

概况　2009年，大港区推进国家生态区创建，生态环境质量继续改善。环保投入3.25亿元，区域环境空气质量二级良好，污染指数月均值（API值）79。空气质量二级或二级以上271天，达标率86.3%。区域环境噪声51.1分贝，交通干线噪声66.3分贝；二氧化硫每立方米0.041毫克，总悬浮颗粒每立方米0.098毫克。工业废水中化学需氧量（COD）排放比上年减少441.3吨。

（刘文英）

减排工作　2009年，大港区环境保护局督促重点项目加快施工步伐，确保减排任务完成。污水处理厂再生水回用工程6月开始计算减排量，规模为日处

大港湿地公园工程2007年4月动工，至2009年已进行三期施工，完成工程面积140万平方米，栽植各类乔灌木15.2万株，58个品种，其中防护林带15万平方米，滨河风景带11.6万平方米。

理3万吨生活污水，处理后水质达到一级A类排放标准。中塘镇中花园和栖凤里污水处理站4月投入运行并开始计算减排量；港西街工业区污水处理厂5月底正式运行，出水水质达到一级B类排放标准。二氧化硫减排方面，大港发电厂3号、4号机组脱硫改造工程分别于7月底和8月底完成168小时运行。石化公司热电部二期6号、7号机组脱硫工程完成设备安装，8月底进行脱硫设施试运行。

（李 珣）

国家生态区建设 2009年，大港区环保局依据生态区建设规划和预考核验收意见开展创建工作，为生态区建设顺利通过国家环保部验收奠定基础。依托天津生态市建设工作行动计划，建立生态区建设长效机制。以国家生态区建设为契机，筹备全面提升环境建设水平。精心核查技术指标，为国家生态区建设提供技术支撑。9月28日至29日接受环保部技术评估。技术评估组专家一致认为，大港生态区建设指标基本达到国家生态区建设标准，原则通过技术评估，并建议环境保护部在大港区完成有关整改工作后对大港区生态区建设工作予以考核验收。

（李 珣）

异味综合治理 2009年，大港区环保局制定异味综合治理专项工作方案，开展为期一年的综合治理专项行动。设立24小时举报电话，组建异味源企业监督员队伍，建立长效机制。针对敏感时段、信访特点、气象情况和各企业实际情况，及时调整异味源污染治理对策和手段；及时跟踪污染源新扩改及治理设施运行改造情况。聘请天津市化工研究院专家对17家异味源企业进行清洁生产审核与企业现状环评，对每个企业提出有针对性的治理要求和异味控制措施，为执法检查中寻找异味节点提供参考依据，力争从源头上遏制异味污染现象发生。

（李 珣）

地区环境监管 2008年底至2009年6月，市政府对大沽排污河进行清淤治理，治理期间禁止向大沽排污河排放污水，治理后污水排放执行一级B类排放标准，导致赵连庄地区染料化工企业达标污水无处排放。大港区政府86次常务会做出赵连庄地区化工企业全部停产治理，未经市环保局验收合格不得恢复生产的决定。10月底，各企业锅炉停火，生产设备停运，进行周边环境治理、治理设施改造和厂容厂貌清整等工作。

（李 珣）

经济管理

概况 2009年，大港区经济管理工作发挥宏观调控作用，采取多项有效措施，助推区域经济发展。区属生产总值完成148.2亿元；三级财政收入27.18亿元；实现中央财政收入8.06亿元、市级财政收入5.04亿元、区级财政收入14.08亿元。完成固定资产投资242.9亿元。出台《村级集体财务管理办法》、《镇街工业园区资金管理办法》、《促进产业结构优化奖励办法实施细则》、《促进街镇工业园区建设奖励办法（试行)》、《协税引税奖励办法(试行》，工商大港分局制定《关于支持大港区各类经济功能区发展的实施意见》。

（董志伟）

财政工作 2009年，大港区

“6·5”世界环境日，大港区各大院校开展形式多样的宣传活动。天津医科大学学生利用双休日，骑自行车向市民宣传环境保护知识，呼吁环境保护从我做起、环境保护人人有责。

财政局在全区预算单位实行部门预算和国库集中支付改革。加强政府采购和财政投资评审,扩大政府采购范围,实行网上公示制度,规范政府采购程序,建立投资评审机制,提高财政资金使用效益。全区采购资金预算3537万元,实际采购金额2936万元,节约支出601万元,节支率17%;评审财政投资和政府融资项目14个,审核资金18562万元,审定资金16218万元,审减资金2344万元,财政资金节约率12.6%。区财政局完成年度预算外编制工作,下达预算外单位支出正常预算指标5273.29万元,三季度财政专户资金支出预算调整为5689.36万元,调增416.07万元。对2010年各预算外单位的预算初步测算;编报2009年国有土地出让预算;会同区物价局开展2008年度行政事业性收费年检工作;按照政策规定对票据的购进、发售、领用及核销各环节进行管理,发售包括教育学杂费收据、医疗卫生票、罚没票、行政事业性收费票、捐赠款专用票在内的20余种票据387.8万份;对区属十几个单位用款申请进行核实,并依据相关政策提出具体意见。

(岳俊堂)

税收工作 2009年,大港区地税局依托税收管理员平台,实施个体工商户电子定税,重新调整8项预警值,对6824户纳税人的房地信息等基础数据进行普查、更新。拓展涉税渠道,利用2005－2009年全区土地转让数据,开辟"土地使用税"征管新思路。与其他区县税务局进行信息交流,对52户大港区办证外区县经营、外区县办证大港区经营及异地经营房地产企业核查。执行个体税收征管政策,查出漏征漏管户265户,查补税款5.6万元。全年检查结案108户,组织自查1075户,查补入库2123万元(税款1762万元、滞纳金174.67万元、罚款186.33万元)。实现税收收入14.34亿元,完成年度税收的104.5%。区国税局组织新税法内部培训和外部辅导,开展税种核定,实施有效监管。开通POS机刷卡支付税费系统,网上抄税、网上认证推行1700多户。将112户重点企业列为重点监控对象,核查评估各类零负申报、低税负申报企业101户,查补入库200余万元,调整进项留抵30余万元;对连续6个月零申报的400余户企业暂缓发售发票,收回结余发票并缴销,重新进行票种核定;对漏征漏管户补办税务登记,153户未达起征点户纳入定额户;专项整治工作中,派查企业166户,查出有问题企业145户,查补总额2500余万元。全年实现税收收入11.07亿元,完成市局下达任务的111.65%;实现区级税收收入24548万元,完成区政府下达任务的102.41%。

(白义龙　卢全明)

市场监管 2009年,工商大港分局推进"12315"进商场、进超市、进市场、进企业、进农村工作,开辟直通车业务,实现13家企业投诉直通,163个"一会两站"(消费者协会、消费者投诉站、12315联络站)覆盖全区。查扣不合格食品700余袋、月饼198公斤,没收并销毁侵权"五粮液"、"茅台"、"剑南春"、"水井坊"等知名品牌白酒3816瓶。查处地沟油加工黑窝点1家,查封扣押地沟油1000公斤。销毁侵权商标和包装箱8.86万个;查扣假冒"美孚10"空桶及包装箱4700个;没收"佳丽友"口香糖侵权包装装潢3.9万套;查扣不符合标准的塑料袋6万余个。没收违禁图书200余册、违法期刊3万余份、盗版光盘3万余张。受理消费者投诉484件,接待消费者咨询3700余人次,为消费者挽回经济损失112万元。摧毁传销窝点43个,驱散传销人员2.1万人次,清理传销人员租住点90余个,解救人质23人,刑事拘留骨干分子78人。取缔"黑网吧"28家,扣留电脑主机180台、液晶显示器29台,通知联通公司断线39家。

(李文玲)

药品监督抽验工作 2009年,天津市食品药品监督管理局大港分局完成药品抽样及检验工作,抽样及检验药品260批次。抽验药品生产企业1家次、药品批发企业10家次、药品零售企业27家次、二级医疗机构7家次、一级医疗机构12家次、乡医个体医17家次。在选择抽验品种时,重点抽验质量不稳定、易变质和失效、易降解、高风险的品种,市场反映问题比较集中和明显低于市场价格的品种以及外埠饮片生产企业、经营企业生产经营的中药饮片品种。抽验中药饮片74批次、中成药51批次、化学药83批次、抗菌药52批次,12批次中药饮片和1批次抗菌药出现不合格。

(韩 军)

专项审计 2009年,大港区审计局审计专项资金、政府投资建设项目139项,占全部审计项目的79%,涉及财政资金13.32亿元。通过审计调查,节约财政资金1040.59万元。向区政府报送审计调查报告62份。

(李 强)

科 技

概况 2009年,大港区强化科技服务、科技管理和政策引导,优化创新环境,促进科技成果转化,企业科技创新能力不断增强,科技对经济社会发展的支撑与引领作用成效明显。申报国家和天津市各类科技项目69项,36项被列入市级以上科技计划,实施区级科技项目38项,争取市级以上科技资金近千万元;6项科技成果通过市级鉴定;8家企业被认定为高新技术企业;专利申请量400余件,技术合同登记额1.54亿元;招商引资6096万元,超额完成目标任务;编制上报《天津市大港区国家可持续发展先进示范区建设规划》。组织培训科技人员300余人次,农村经纪人培训252人,农村信息员培训98人,建立科技示范户27户。

(杨文宝)

工业科技项目实施 2009年,大港区根据产业结构特点,通过对企业调研、考察、论证,组织政策宣讲,帮助企业申报各类科技项目。申报国家、天津市各类工业科技计划项目49项,12个项目列入市科委科技计划,5个项目列入国家科技型中小企业创新基金,1个项目列入科技部科技人员服务企业行动项目,2个项目被评为国家新产品,10个项目列入区政府支持的创新项目,5个项目通过天津市科技成果鉴定。

(杨文宝)

高新技术产业发展现状 2009年,大港区围绕区域自然特点,基本形成以石油、石化、电力为主导,以石化下游产品加工、电子电器、汽车配件、自行车制造、金属制品为配套的高新技术产业发展格局,形成多个具有地方特色的产业集聚区,主要包括开发区机电产业集聚区、石化园区石化及下游产品开发产业集聚区、港西街和太平镇金属制品产业集聚区、中塘镇汽车配件产业集聚区、大港油田石油配套产业集聚区。8家高新技术企业通过认定,高新技术企业达20家。

(杨文宝)

农业科技项目实施 2009年,大港区启动无公害饲料添加剂、冬枣机械化综合技术推广等5个市级科技成果转化和推广项目以及15个区级农业科技项目,组织申报2010年国家级、市级星火计划、农业科技成果转化推广等19项科技项目。点带石斑鱼引进培育及健康养殖技术、发酵床引进技术等大部分项目取得实质进展,石斑鱼繁育及养殖技术获得成功,发酵床技术得到应用和推广。结转项目顺利实施,耐盐碱小麦引进等5个项目完成结题验收。通过项目实施带动,引进新品种54个、新技术13项,筛选示范种植新品种19个。

(杨文宝)

农业科技示范基地建设 2009年,大港区落实新农村建设工作方案,探索有利于科技示范和推广的有效模式,为农村解决实际问题。沙三太空蔬菜种植基地与天津市技术市场处合作建成0.4公顷联动温室,形成集观光、采摘、科普于一体的示范基地。李官庄黄瓜科技示范棚与市黄瓜研究所合作,引进黄瓜新品种6个,被列为黄瓜研究所示范基地。刘岗庄村绿肥试验示范基地与市农科院资源环境所合作完成13.33公顷冬季绿肥播种试验。

(杨文宝)

创建国家可持续发展先进示范区工作 2009年,区科委编制上报《天津市大港区国家可持续发展先进示范区建设规划》,申报国家可持续发展先进示范区。围绕公共安全、生态环境、公共卫生、促进社会和谐等方面开展调研，筛选项目，列入计划的14个项目均按进度实施，进展情况良好。组织召开大港医院监控系统更新改造项目论证会，根据专家组论证意见和修改后的设计需求，协助大港医院制定监控系统设计方案，撰写调研报告，为政府资金使用提供科学依据。组织指导项目单位申报各类科普项目5项。天津市批准的22个科普项目中，大港区有3个项目获得50万元资金支持。

（杨文宝）

教 育

概况 2009年，大港区教育局局属国办学校55所。其中，幼儿园5所，小学22所，初中11所，高中4所，完中2所，九年一贯制学校4所，特殊教育学校1所，职业成人教育中心1所，教师进修学校1所，成人文化技术学校4所。另有民办学校46所。其中，民办非学历办学机构39个，民办高中1所，民办幼儿园6所。全系统在职教职工4038人（其中专任教师2963人），在校学生3.67万人（不含在园儿童和成人学校学员）。区海滨教育中心所属中小学22所，其中市重点高级中学1所、完全中学3所、初级中学1所、九年制学校10所、小学6所、股份制高中1所。在校学生1.8万人。有教职员工1972人。不断深化教育改革，全力推进教育发展，圆满完成年初确定的各项目标任务。

（张振起）

教育教学 2009年，大港区幼儿教育逐步达标升级，大港三幼晋级为天津市示范幼儿园。大港区注册幼儿园总数71所，幼儿学前三年毛入园率98%。小学、初中适龄儿童入学率100%，符合政策条件的农民工子女入学率100%，小学和初中巩固率分别达100%和99.44%。中考成绩以高出全市平均分11.75分的优势，继续保持全市领先。大港二中、大港三小、大港实验小学、春光小学顺利通过《天津市义务教育学校现代化建设》一批达标验收。第六次“万名家长评学校”活动社会满意率99.60%。高中阶段入学率99.60%，高考二本上线率60%，三本上线率近80%。大港区居民子女享受优质高中教育比例达全市最高水平。油区中考总平均分435.37分，高出全市总平均分42.68分。油区普通高中普及率80%，高中段普及率98%。油区高考本科累计上线率93.90%，超过全市平均录取率20.30个百分点；600分以上42人，实验中学有4人被清华和北大录取。

（张振起）

教育资源配置 2009年，大港四幼、凯旋苑幼儿园落成投入使用，福源小学、小王庄中学、大港二小、大港五中等一批新建、改建、扩建项目进展顺利；筹集400余万元对西苑小学和同盛小学改造完善。大港教育博物馆竣工，博物馆收集各类图片近千张，陈列实物、资料270余件（份），接待参观近千人，初显其保护、传承、挖掘、教育等文化功能。刘岗庄中学科技器材采购，中塘镇成人文化技术学校计算机房装配，系统内图书集中采购和复印机、一体机等设备配备工作完成。全区教育资源配置日趋合理。

（张振起）

素质教育 2009年，大港区教育局深化“三礼”（礼仪、礼节、礼貌）教育，举办“三礼”教育成果展示周。“三礼”教育立项为市级重点科研课题，出版“三礼”教育专著。举办全国首届班主任

大港第二小学举行别开生面的开学典礼。区关工委、慈善协会、社区、学生家长与师生一起在迎建国60周年、建区30周年、“做文明有礼的我”主题教育实践活动启动仪式上宣誓、签字。

学术论坛，全国各地700余名专家、教师参加，共同研讨中小学德育工作。举办大港区第二届校园体育节和文化艺术节。《天津日报》刊载大港五中民族体育节活动开展情况。在天津市“阳光体育”长跑比赛中，获团体总分第二名；在市中小学田径运动会上，被评为市级精神文明运动队；参加天津市中等职业学校技能大赛，11人次获奖；在全市青少年电子竞赛中，有45人次获奖；大港二中、大港三中、大港七小被评为市级心理健康教育先进学校；举办大港区第三届青少年科技创新大赛，大港七中数字化天文实验室、大港二中的大港城区绿地图绘制与推广教育、大港三幼社区低幼儿童科普站项目获天津市科普项目专项资助。

（张振起）

教学改革 2009年，大港区教育局举办低负高效教学管理成果展示周活动，组织开展教学月；开展三级课程研究；举办全市初中课改教学评价论坛专场、小学课改教学专题研讨现场会；《天津教育报》以“大港深入推进课程改革”为题连续5期进行报道；大港二中的课改经验在全国首届初中新课程改革研讨会和天津市初中新课程改革总结推动大会上进行交流。初中学科竞赛，64人次获市级、全国级奖项；初中八、九年级市级会考合格率、良好率均高于全市平均水平。

（张振起）

文　化

概况 2009年，大港区推进文化体制机制改革，加强文化市场监管，实施文化民心工程，促进文化产业发展。全区拥有文化馆1个，文化站8个，公共图书馆1个，广播电台1座，广播电视台1座，广播人口覆盖率、电视人口覆盖率均达100%。成功举办迎新春文艺晚会、正月正戏曲专场演出、大型元宵焰火晚会，邀请戏曲名家和大港戏曲爱好者演出京剧、河北梆子2场。庆祝大港建区30周年，举办106场专场演出，上演1500多个节目。区图书馆晋升为国家一级馆，街镇文化站、图书室、农家书屋、信息共享工程建设等有序运转，区文化艺术中心建成使用。

（杜文凤）

文化民心工程 2009年，大港区打造广场文化活动品牌。5月1日在世纪广场拉开广场文化活动序幕，举办106场专场演出，上演1500多个节目，机关干部、企业职工、农民、教师、学生和幼儿共万余人次参与演出。9月10日至10月10日推出“祖国颂”系列专场演出活动。开展“港艺之星”评选活动，与天津电视台联合组织社区才艺大赛、四季大舞台金秋红歌会，承办“中塘杯”天津市第二届中老年歌手大赛。国庆、中秋长假期间在世纪广场举办歌舞、河北梆子、京剧、评剧、相声等专场文艺演出。12家市级以上媒体对世纪广场大舞台文化活动集中采访报道。4月至11月，5支电影放映队在农村及城市社区广场人群集聚地区放映电影785场，10万人次观看。

（杜文凤）

公共文化服务体系建设 2009年，大港区图书馆晋升为国家一级馆，大港区文化艺术中心建成投入使用。区文化局研究制定大港文化艺术中心制度规范，为中心运行管理打下坚实基础。4个涉农街镇文体中心加紧规划、选址，港西街文体中心开工建设，建设面积均在2000平方

2009年9月24日，大港区在大港石化俱乐部举行庆祝新中国成立60周年歌咏大赛决赛暨颁奖晚会。

米以上,超过国家和天津市制定的600平方米-1000平方米指导标准。加强农家书屋管理,加大督查力度,深入基层进行业务指导,举办首届农村书屋管理员上岗培训班,组织参加全国“农家书屋读书”征文活动。协调解决文化资源共享工程运转中存在的问题,对“共享工程”镇街分中心和村居点进行检查和运行指导。

(杜文凤)

文物保护和“非遗”工作 2009年,大港区加大文物普查力度。完成工业普查和野外考察工作,复查42处,新发现50处,刷新大港区历史,进入文字材料整理和录入阶段。为查证大港历史延续脉络,组织力量到河南省安阳市,河北省邯郸市、保定市、邢台市,山东省淄博市进行印证性、探源性考察,弄清大港历史文化发展源头。确定“小王庄村吹打乐”、“古林街八极拳”、“南河顺高跷”、“大苏庄高跷”、“沙井子二村秧歌”、“小辛庄秧歌”、“红星落子”为区级非物质文化遗产项目,其中“小王庄村吹打乐”被列入第二批天津市非物质文化遗产名录,为大港区首个市级“非遗”名录项目。

(杜文凤)

文化产业发展 2009年,大港区开展辖区民间工艺品调查,对太平镇、中塘镇、小王庄镇、胜利街、港西街、古林街的农民画、芦苇画、剪纸、布贴画、手工美绣等民间艺术进行考察,初步摸清民间艺术品市场种类、规模、产能、销量等基本情况。区民间工艺品以麦秸画(芦苇画)、剪纸、美绣为主导产品。其中,芦苇画题材广泛,注册“港艺”商标,工艺水平较高,初步形成产品开发、生产、销售链。美绣市场前景较好,工艺水平较高,形成牵头企业,部分产品出口海外。对建设文化大厦进行论证,形成可行性报告。

(杜文凤)

卫 生

概况 2009年,大港区有医疗卫生机构25家,二级医院5家,一级医院20家。社区卫生服务站56个,农村村级医疗点73个。卫生技术人员2749人,其中,执业医师和执业助理医师1122人,注册护士1017人。全区有病床2010张,按户籍人口统计,每千人床位数5.2张。全年诊疗16.9万人次,好转率59.3%,急诊抢救806人。城乡居民医疗保险参保16.68万人,参保率97%,其中农村居民参保7.2万人,参合率近100%。

(于秀臣)

社区公共卫生 2009年,大港区提升社区公共卫生服务水平,实施药品统一集中招标采购,同城同价,零差率销售,施行537种社区基本用药目录,群众用药价格普遍下降约23%。规范18项社区公共卫生服务,对社区公共卫生服务人员强化专业知识技能培训,居民健康查体、病案资料管理、社区诊疗服务进一步规范。完成老年慢病筛查建档工作,慢病筛查5.31万人;建立家庭及个人健康档案5.31万份,低保、五保户建档2586人;确诊高血压1.74万人,全部建立专案;确诊糖尿病5695人,建立专案5690人;精神病管理180人,实施社区康复残疾人数3140人;脑卒中患者社区管理1375人。已建档的高血压患者随访8.72万人次,糖尿病患者随访1.71万人次,脑卒中患者随访6800人次。

(马玉林 刘金鹏)

医疗服务 2009年,大港区建立实施城区医院高技术职称人员下基层医院支农服务制度,下派巡诊服务人员62名,帮助基层卫生人员提高业务技术水平。建立医疗卫生服务管理网络,投资270万元实施医保网络工程,实现医保连网,为构建全区医疗服务、社区卫生管理网络平台奠定基础。

(马玉林 刘金鹏)

传染病防控 2009年,大港区严密防控甲型H1N1流感疫情。卫生系统宣传普及甲流防治知识,二级医疗机构开设发热门诊,集中组织2轮次专业人员培训,重点单位储备127万元药品物资,疾病控制机构对12名密切接触者实施居家隔离观察。开展健康教育活动。利用主题宣传日组织街头宣传9次,更新街头展窗宣传内容11处，编辑发行《大港健康教育报》11期，发放宣传材料7万余份。实施计划免疫接种工作。结核病防治注重做好病人诊断、治疗管理、卡介苗接种以及防治知识普及教育等各个环节工作。接受第五轮中国全球基金结核病项目办督导并获得较好评价。

（马玉林 刘金鹏）

妇女儿童健康行动 2009年，大港区开展妇女儿童健康行动。对天津市户籍30岁-65岁10.64万名已婚妇女进行妇科疾病免费普查。主要包括妇科检查、乳房检查、妇科B超检查、妇科疾病防治的健康教育，建立健康档案，对检查结果异常者进行追访和干预。对适龄儿童（新生儿）进行6种疾病筛查，新生儿听力障碍等三项筛查4074人次，完成率98%；儿童白内障筛查881人次，完成率10%；儿童髋关节发育不良筛查1623人次，完成率48%；儿童先心病筛查1782人次，完成率53%。

（马玉林 刘金鹏）

卫生监督执法 2009年，大港区出动各类卫生执法监督员3369人次，监督检查10.41万户次（包括预防性审批800户次），覆盖率100%。立案查处违法行为13件，处罚金额1.54万元。卫生行政许可按时办结率100%。开展各项专项整治活动。确保元旦、春节、“五一”、国庆60周年等重大节日以及大型会议和中、高考期间食品卫生安全。未发生严重食源性疾患和食物中毒事件。

（马玉林 刘金鹏）

体 育

概况 2009年，大港区抓住第一个“全民健身日”和国务院《全民健身条例》颁布实施的机遇，体育事业取得新的突破与提高。区体育局所属健身场馆免费向老年人、残疾人、中小学校开放，建成天津市唯一一家可承接正式比赛的轮滑场地，举办全国首个“全民健身日”系列活动，承办全国男排联赛天津男排5场主场比赛。会同区发改委和文化局完成4个乡镇文化体育活动中心选址、征地、设计、论证和相关阶段检查工作，港西街文体活动中心奠基开工，区乡镇文体中心建设全面展开。全区健身路径总数157条。

（张 缤）

群众体育活动赛制体系建设 2009年，大港区开展一系列全民健身运动，促进群众体育活动赛制体系建设。“健身大拜年”、“庆国庆、迎中秋”系列群体活动，使体育比赛与节庆活动相结合；全国首个“全民健身日”系列活动，使体育比赛与主题活动相结合；党政企、街镇和村领导干部运动会，使体育比赛与示范性赛事相结合；区网球单打比赛、甲乙级羽毛球赛、篮球比赛、中小学生游泳比赛，使体育比赛与传统赛事相结合；区首届电子竞技积分排名赛，使体育比赛与创新赛事相结合。赛制体系的建设，使体育爱好者能够在年内固定时段参与自己喜欢的体育赛事。

（张 缤）

“全民健身日”庆祝活动 为迎接全国首个“全民健身日”，2009年8月7日至8日大港区举行多项活动。7日在世纪广场举行庆祝全民健身日暨第二套市民广播操展示活动。区四套班子领导出席活动。区政府向全区群众发出《全民健身倡议书》，号召市民树立天天健身新理念，唱响“全民健身、健康和谐”主旋

2009年6月13日，大港区轮滑协会组织的少儿趣味交流赛在世纪广场举行。

律。各镇街、驻区企业、全区各单位组成的24支代表队1106人参加天津市第二套市民广播体操展示活动。7日晚，在区世纪广场举行健身操、太极拳、轮滑展示、拉丁舞啦啦操、街舞表演、双扇舞、太极剑等体育项目展示活动。8日，区门球协会举办全民健身日门球赛，12支代表队100余人参赛。

（张　缤）

体育网络建设　2009年，大港区加强区企体育组织联系，将分散于各企业的基层体育组织整合到体育整体布局中来，形成完善的区域体育网络。在区体育总会换届过程中，吸收基层体育工作者为体育总会会员。加强乡镇村体育网络建设，密切与各街镇、驻区企业、高校的工作联系，举办社会体育指导员、体育项目裁判员培训班4次，200余名社会体育指导员和体育项目裁判员参加培训。加强体育爱好者网络建设，区体育总会组织区级体育赛事活动15项，3000余人次直接参与；1200余名体育爱好者代表大港区参加市级以上赛事13项，取得多项优异成绩。其中，区门球协会在中韩门球邀请赛中获冠军；区乒乓球协会在全国会员联赛天津站比赛中获得混合团体第三名。

（张　缤）

业余训练　2009年，大港区体育局调整解决体校教练员与场馆分离、沟通不畅、影响训练等问题，将教练员充实到各场馆，方便教练员从事青少年专业训练，为各场馆进行成人培训创造师资条件。大港区在市级重大比赛中获金牌33枚、银牌22枚、铜牌29枚，向市体工大队、市体校输送运动员12名。做好天津市第六届残疾人运动会参赛工作，为残疾人运动员提供训练场地，组织专业教练员搞好赛前集训。45名运动员组成的大港区代表团参加8个项目角逐，获金牌47枚、银牌25枚、铜牌14枚，团体总分位列全市第三，同时获得体育道德风尚奖，7名运动员获精神文明个人荣誉。

（张　缤）

人口和计划生育

概况　2009年，大港区人口保持低速增长，年末户籍户数14.12万户，比上年同期增加2135户，增长1.54%；户籍人口38.86万人，比上年增长1.47%，其中城区人口25.94万人。人口出生率9.62‰。人口死亡率4.12‰。人口自然增长率5.5‰。已婚育龄妇女7.73万人，出生人口2683人，人口出生率5.84‰，符合政策生育率99.18%，综合避孕率91.22%，出生婴儿性别比108。

（刘文英）

奖扶政策落实　2009年，大港区人口计生委对特别扶助对象和60岁奖扶人员调查摸底，确认特别扶助对象241人，奖扶人员206人。对独生子女死亡家庭救助调查摸底，一次性救助16人（每人3万元），长期救助27人（每人每月400元），死亡救助126人（每人每月200元），伤残救助115人（每人每月160元）。2008年退二孩25人各级奖励4.33万元。协调落实独生子女父母高于20%奖励。确保农村独生子女父母在享受该村按人口发放的各种补贴、福利款项时，应当高于发放标准的20%奖励的落实，协调中塘镇西正河村500多户30余万元，黄房子村142户19.88万元奖励问题。

（张作明）

家庭健康惠民行动　2009年，区人口计生委制定出台《大港区出生缺陷一级预防实施方案》，以区生殖健康服务中心为龙头、以街镇服务站为平台，推进出生缺陷一级干预工程，在区民政局婚姻登记处设专人对新婚人员进行优生优育指导。对再生育家庭开展“四毒”（妊娠风疹、巨细胞、弓形虫病毒和单纯风疹）检测服务，免费为新婚家庭赠送出生缺陷干预相关知识以及小剂量叶酸片大礼包等，降低出生缺陷发生风险。开展育龄妇女生殖道感染综合防治工程。组织生殖健康查体服务10万人次，实施查体、咨询服务，对患病人员提出复查及转诊意见，做好跟踪随访服务，跟踪服务率90%以上。规范生殖健康档案定期分析制度，为高危孕妇建立档案198份。免费为流动人口已婚育龄妇女计划生育服务304例，生殖健康查体1.48万人次。在原有药具发放渠道基础上，新增婚姻登记处、产科医院、社区卫生服务中心等43个固定发放点，新装26台药具发放机，发放各类药具价值近50万元。

（张作明）

流动人口管理 2009年4月，大港区人口计生委组织计生工作人员到北京市昌平区学习参观流动人口服务管理工作经验，下发《大港区在流动人口聚居地全面开展“以房管人”工作实施方案》，召开全区流动人口工作会议，提出流动人口管理的具体措施和方法。在油田召开流动人口服务管理工作推动会，推进“以房管人”管理模式，对8个街镇流动人口服务管理工作进行专项督查，实施流动人口清查，上门入户登记卡片，及时进行网络平台提交和反馈。开展流动人口信息交换平台操作知识培训，坚持每周对各单位平台使用情况进行监督指导，流动人口服务管理工作全面提速。

（张作明）

人民生活

概况 2009年，大港区民生保障日益加强，发展成果惠及城乡。年末城乡居民储蓄存款余额21.07亿元，比上年增长16.2%。农村居民人均纯收入1.12万元，增长10.2%。城市居民人均可支配收入2.26万元，增长10.1%。全区失业保险参保1478户13.89万人。纳入社会养老保险统筹单位1430个，参加社会养老保险统筹14.17万人。有集体办敬老院4个，床位140张，收养62人。全年有2640户5532人得到最低生活保障救济，5294户13235人得到社会困难救济，全区各种社会救济对象得到政府救济34046人次。有国家优抚对象1017人，发放优抚费621.6万元。福利企业33家，安置残疾职工981人。新增就业19202人，登记失业2490人，城镇登记失业率1.93%。

（于秀臣）

劳动就业 2009年，大港区劳动和社会保障局鼓励企业吸纳区内就业困难人员。通过政策宣传和政策扶持，500名就业困难人员得到援助，实现就业；开展就业援助活动，帮助15户零就业家庭落实工作岗位；开展随军家属招聘专场、民营企业招聘周、公共就业服务进高校等特色招聘活动，拓宽就业服务渠道；对新增就业困难人员及时认定，通过社区劳动保障工作站、街（镇）劳动保障服务中心和区劳动保障局逐级管理，实行盯人帮扶，安置困难就业人员675人，其他就业困难人员安置率95%以上，远高于市劳动和社会保障局规定的80%目标。

（孙洪鹏）

社会保险 2009年，大港区纳入城镇企业职工养老保险统筹单位1300户14.1万人；纳入城镇职工基本医疗保险统筹单位1737户17.7万人；新型农村合作医疗参合9.56万人，参合率100%；纳入工伤保险统筹单位1500户14.5万人；纳入生育保险统筹单位1448户4.7万人；纳入工伤综合险统筹单位263户1.5万人；纳入失业保险统筹单位1478个13.89万人。

（孙洪鹏）

医疗与养老保险 2009年，大港区实施城乡居民基本医疗保险和养老保障两个规定。通过组织培训讲解政策和区属媒体专题播报，广大群众通过通俗易懂的方式及时全面了解“两险”相关政策和具体经办流程，1.77万名城乡居民参加天津市城乡居民基本养老保险，5853名城乡老年人享受城乡居民基本养老保险。城乡居民基本医疗保险参保8.91万人，其中学生6.96万人、其他1.95万人。

（孙洪鹏）

补贴低收入群体 2009年，大港区劳动和社会保障局组织五街三镇保障服务中心及150多个居委会和行政村，对具有天津市户籍、2009年12月31日前达到60周岁、70周岁、80周岁的城乡居民填表登录劳动保障信息网络系统，将填写的2.67万份材料报市劳动和社会保障局进行身份及相关信息核对，确认25485名城乡老年人符合享受老年人生活费补贴，发放生活补助费1600余万元。

（孙洪鹏）

慈善救助 2009年，大港区民政局组织开展“助医、助学、助老、助困”捐赠活动和赈灾彩票发行工作，募集善款639.8万元，发行赈灾福利彩票125万元。组织开展迎新春慈善助困、培育英才、“六一”重病患儿救助、夕阳声光、金秋助困、冬季助困等系列救助活动，发放救助资金193.55万元，救助困难群众3227户次8068人次。

（张宝甫）

港西街道

港西街道位于大港区南端，南与河北省黄骅市接壤，东与大港油田和海滨街道为邻，北靠大港水库，西与太平镇相接。地处大港油田腹地。2009年，街域面积74.92平方公里，辖6个行政村、6个社区居委会。人口3.40万人，其中农业人口近1万人。回族1500多人，是大港区少数民族集居区域。

全街乡镇企业566家，以石油化工、制钉、汽车改装与配件、造纸与纸制品、彩钢与仪表为主导行业。有耕地1133.3公顷，水库及滩涂1000公顷，市、区、街三级养殖小区16个。

该街前身为沙井子乡。2001年8月撤乡并镇，将邻近油田的6个居委会并入，成立港西街道。

2009年，完成乡镇企业总产值48亿元，乡镇企业销售收入45.7亿元，增加值8.66亿元，固定资产投资3.52亿元，比上年分别增长42.2%、36.8%、83%和53%。农民人均纯收入1.12万元。

成立“保增长、渡难关、上水平”活动领导小组和6个工作组，制定措施，帮助企业渡过发展难关，申报技改、技术创新和贴息项目近20个，部分企业直接受益。

投资1400万元，建成工业园区污水处理厂；投资1000万元，完成园区天然气主管线工程；投资1.6亿元的港西输配水中心主体与管道工程完工；投资近1000万元的闸桥路涵、通讯线路、电力设施等接入园区周边，工业园区基础设施更加完善。内资实际到位额4.52亿元；外资实际到位额187万美元，实现零的突破。华北中油燃料油股份有限公司大港销售分公司等4个项目完成注册。华北公司风电项目开工，通过公开招标形式，“三通一平”工程正在进行；龙源公司风电项目进行勘察设计和项目选址，主体工程第二季度开工。天津天瑞水泥项目场地填土工程完成；滨海保税库项目完成港美公司5000万元和港森公司500万元注册，项目指挥部及周边绿化设计规划得到批复。滨海保税库项目中的国际木材物流加工基地，由市政府向国家林业局申请并完成立项，做立项可研报告。大加化工、丰联管业等总投资2.86亿元的10个新建项目7个建成投产。

发展生态农业。12个日光温室大棚和1个连栋棚通过验收，分包到户；太空蔬菜试验，新引进20余个太空品种长势良好，菜农收入增加。滨海生态园果木品种增多，新栽植枣玉、晚蜜等果树2500余株。

投资500万元建设港西文体中心，完成三层主体；举办庆祝建国60周年、建区30周年、建街8周年系列文化活动；防控甲型H1N1流感，未出现一例流感患者；拓宽就业再就业渠道，新增就业2160人，超额完成区下达的目标任务；城乡居民养老和医疗保险参保率100%；加大城市管理力度，市容面貌发生改观。

（王志梅）

古林街道

古林街道位于大港城区东部，南与河北省黄骅市接壤，北与津南区相邻，东与塘沽区相接，西与迎宾街道相连。2009年，街域面积209平方公里，耕地面积69.9公顷，辖9个居委会、5个行政村，人口3.52万人，其中农业人口6000余人。界内企业法人单位525家。

该街成立于2000年3月，由原上古林乡、官港街和千米桥街合并而成。

2009年，完成企业总产值42.5亿元，比上年增长17.1%；财政收入3355万元，增长50.8%；乡镇企业固定资产投资2.8亿元，增长27.3%；农业固定资产投资520万元，增长33.3%；农民人均纯收入1.17万元，增长11%；利用内资1.12亿元。

投资800万元，完成园区

东西长1.6公里的主干道路绿化工程，填土8000立方米，植绿1.28万平方米，主干路两侧铺设人行便道6400平方米，架设灯杆32根，提升、美化投资环境。连接园区南北道路的涵洞修建完工通车，投资8000万元的园区电站建成。确定新建、扩建项目16个，计划总投资2.73亿元。

完善两个设施渔业项目。投资1800万元，建成工厂化养殖车间近1万平方米，其中，天津玉清水产科技发展有限公司的工厂化养殖项目6月3日通过市农委、水产局、财政局组织的优势水产品养殖基地验收，成为天津市14个优势水产品养殖园区之一。设施渔业年产值1380万元，效益400万元。

推进文明生态村、旅游生态村建设，马棚口二村村委会院落改造完成；主干道安装路灯53盏，购置垃圾车、垃圾箱，对部分道路硬化；休闲广场竣工，主干道一侧建筑粉刷一新。完成上高路两侧绿化、马棚口一村沧浪渠分洪渠绿化、古林里永明里绿化、青静黄河北堤绿化、马棚口二村环村林建设等工程，栽植柽柳3.98万株，乔、灌木1.98万株，绿化面积15公顷，投资124.4万元。

元宵节期间，组织7支秧歌队300余人参加秧歌踩街巡回展演活动；"三八"妇女节举行庆"三八"趣味比赛；七八月份参加大港区消夏纳凉文艺晚会；国庆节前，组织参加大港区庆祝建国60周年、建区30周年歌咏比赛，获三等奖；开展文化下乡活动，放映电影50余场，配送图书1700余册，建成工农村农村书屋。

慰问困难群众79户，发放慰问款3.74万元；组织发放低保金和特困救助金51万元；为3户大病特困户申请临时救济5000元；为低保、特困家庭人员申请大病医疗救助金1.92万元；为遭受暴风雨灾害的养殖户申请滨海新区扶贫救助款4000元；为低收入住房困难家庭申请住房补贴7431元。为重点优抚对象发放优抚金12.25万元，为义务兵发放优待金28.5万元。组织18名残疾人参加就业招聘会；在官港社区创建残疾人活动中心，开办智障人员培训班。

安置就业2019人，发布就业信息251条，发放社会保障卡2930张、失业救助金45万元、就失业证54个。进行城乡老年人补贴核实审批工作，录入微机1600人，将存折发放到个人手里。为750余人办理养老保险，为2200余人办理医疗保险，为1187位老年人办理老年意外伤害保险。全年报销药费757万余元。化解因工伤、拖欠工资问题引起的矛盾100人次。

（付光伟）

海滨街道

海滨街道位于大港区东南部，东至渤海边，西以排减河为界与港西街道为邻，北至穿港路，南至防洪大堤。2009年，街域面积118平方公里。辖27个居委会，人口12.23万人。

街道居民区原为大港油田职工家属基地，由大港油田自行管理，产生于1965年油田建设初期。2000年3月，因大港油田企业减负，油田居民区由地方政府接管，经天津市人民政府批准，建立大港区海滨街道办事处，隶属区政府街委会。2001年8月，大港区合乡并镇，海滨街道西部6个居委会划归港西街道。2005年，团泊基地划归海滨街道管辖，成立团泊洼居委会。2006年，成立心港假日居委会。

2009年，盘活闲置资产，开展招商引资工作，实现招商引资额8653万元，比上年增长41.5%；争取油田13.3公顷土地资源，拓宽发展空间；对200多家帮扶企业和重点项目单位走访调研，协助部分民营企业解决用地、用电、用气问题。

协调油田公司和区属相关执法主体部门，投资近300万元，对幸福路两侧牌匾和同盛市场周边环境清理整治，粉刷市场周边房屋和商贸楼7680平方米，硬化市场周边及商贸楼门前8790.5平方米，拆除幸福路两侧不规范广告牌匾315块，拆掉悬挂布标53幅，拆除同盛农贸市场周边风斗门6个、棚亭2个，改造风门斗46个、厕所1座。全年拆除违章建筑5万余平方米；集中清理非法小广告4.56万条；治理私养家禽1359只。开展"五小"门脸病媒生物防治，发放蟑螂药4474盒、灭蚊蝇药150多瓶、灭鼠药3吨，打造绿色生态环境。

实施帮民惠民工程,做好扶贫助困工作,完成229户468人低保、特困复核、审核,为低保户、特困户发放各类慰问款37.49万元;为1820人发放居民副食补贴16.39万元;为19名医疗困难群众发放大病救助金4.8万元;为70名老党员、困难党员发放补助3.04万元;辖区60岁以上老人19847名,协调推进养老院、日间照料站等服务网络建设,为老人提供服务。开展就业帮扶,通过劳务派遣形式,分批次为下岗职工解决再就业问题,挖掘就业岗位1552个,安置就业2819人。组织失业人员免费培训120人次、外来人员上岗就业培训33人次。城镇职工"五险"新增参保6002人,创建劳动关系和谐企业3家;为1.2万名职工家属办理社会养老保险。

利用节假日、"全民健身日"和重大节日,组织大型花会展演、文体活动、消夏纳凉系列活动159场次,丰富居民业余文化生活。举办各类健康知识讲座26场次,受教育4万余人;开展麻疹强化免疫摸底调查,督促落实疫苗接种,顺利通过市、区卫生专家组评估验收;开展甲型H1N1流感防控工作,成立防控领导小组,落实零汇报、每天情况汇总和值班制度,广泛宣传防治知识,开展卫生死角清整及消毒工作,落实各项防范应对措施。

5月,街道首家智障残疾人日间照料站"我的家园"在南春园居委会挂牌成立。首批接待智障残疾人7名,年龄在15岁至29岁之间。7月,大港区首个廉洁文化主题公园在海滨街道怡然社区建成,公园占地1万平方米。

2009年,街道被评为全国城市体育先进社区;广场社区妇代会被全国妇联评为全国巾帼文明岗。

(邵风霞)

迎宾街道

迎宾街道位于大港城区中心,东至津岐公路,北靠学府路,西至胜利街道,南至南环路。2000年,由港北街道与板厂街道合并组成。2009年,街域面积23平方公里。辖23个居委会,人口8.20万人。

2009年,引进投资项目5个,内资实际到位6364.21万元。落实堤南工业园区整体拆迁改造。投资800万元,建成4000平方米建安里便民市场。

辖区企业和社区设立专兼职安全员,将安全责任落实到部门和个人。开展两次安全生产大检查活动,涉及单位2800多家,排查、消除安全隐患70余处,保障辖区无安全生产事故。开展普法宣传,举办学法规知识竞赛。组织实施社会治安综合治理宣传月活动,动员"平安天津志愿者"100多人次,悬挂宣传横幅4条,出板报5期,展牌16块,出动车辆6车次,接待群众咨询200余人,发放宣传材料800余张。召开维护稳定工作会议,多次排查不稳定因素,成功调解各类民事纠纷48起。

为196户低保户、29户特困户发放低保特困金123.62万元、一次性救济金19.9万元、饺子粉10550公斤、基本生活必需品价格补贴10.09万元;为23户住院低保户发放大病医疗救助金5.69万元;为14户困难家庭发放临时救助1.55万元;为224户低保特困家庭发放取暖补贴8.57万元;为4名孤儿申请慈善助孤金3200元;为2名低保户贫困大学生发放慈善助学金4000元;为原港新村困难群众发放困难补助金18.8万元;为12位烈属发放电磁炉12个;为29位重点优抚对象发放一次性生活补助及春节补助金2.9万元;为13位重点优抚对象发放医疗保险费4290元;为8户优抚对象减免暖气费4259元;为443名老年人发放副食补贴4.01万元;为18户发放廉租住房补贴;为11户残困家庭发放救助金、助学金5000元;为50户残疾人发放食品50箱;为1名困难群众免费安装小腿假肢;为6名困难群众申请轮椅;为30户肢体残疾人免费安装无障碍扶手;为2户残疾人家庭改造厕所;为11户肢体重度残疾人免费发放折叠坐便椅。

劳动保障工作,新增就业2679人;为209人成功申报十类就业困难人员认定,其中公益性岗位录用31人,办理灵活就业补贴178人;为172名城镇失业人员办理失业证;办理小额贷款8人35万元;组织技能培训197人次;发放失业救济金1578人近 81 万元；发放老年人补贴 1321 人次；养老保险参保 870 人，医疗保险参保 848 人，失业保险参保 848 人，工伤保险扩面 837 人，生育保险参保 837 人；办理社保卡 2510 张。

发动机关干部、学生、部队官兵、居民 8000 余人次参与清整治理活动，清理乱栽乱种 300 余处，渣土、生活垃圾 2100 余吨，乱堆乱放 1000 余处，乱贴乱画 2 万余张，卫生死角 80 余处；组织街道工作人员清除杂草、清运垃圾；参加朝晖里改造前期及后续协调工作；解决建安里 92－95 号楼物业服务问题；协调石化华益物业公司对振业里小区环形路修整；协调完成春港花园小区环形路翻修和围栏整修施工；将朝阳东路外流摊户全部纳入新建早点市场；做好防控甲型 H1N1 流感宣传工作，坚持喷洒消毒剂。

2009 年，街道办事处被中央文明委授予全国文明单位荣誉称号。

（刘会峰）

胜利街道

胜利街道位于大港城区中心，东以迎宾街道为界，南至南环路，西至炼油厂青年点，北至世纪大道。2009 年，街域面积约 21 平方公里。辖 16 个居委会，人口 5.74 万人。

域内原主要居住着 1956 年到此开荒的胜利、前进、新立三村村民。1974 年初，中石化四公司为建天津化纤入驻此地，在胜利村北建起 8 幢楼。1976 年后，化纤厂又在四周先后建起 6 个居民区。1979 年 11 月大港区成立，有关行政、企业、事业单位相继建立，成为全区政治、经济、文化、交通中心。街道办事处 1981 年底筹建，1984 年 4 月经大港区政府批准成立。由天津石化公司组建，为厂办区管体制。1999 年 7 月移交地方管理，2000 年成立胜利街道工作委员会。曾获全国军民共建社会主义精神文明先进单位、全国社区体育先进街、天津市民间艺术之乡、天津市文明机关和文明机关示范点等称号。

2009 年，与石化公司下属产业合作，落实与精华公司石灰石项目；成立新辉物业服务有限公司，承接天邦购物中心 10 万平方米物业服务管理项目；引进均利石材项目，内资实际到位 1.2 亿元。

开展市容专项整治，拆除违章建筑 188 平方米，治理废品站 8 家，拆除、清理石化路两侧篱笆、菜地，协调物业等部门，修剪花坛绿地，清理花池内垃圾杂物。开展环境综合整治 14 次，拆除违法广告牌 15 块、违章棚亭 20 处；处理私养家禽、家畜 21 起；查处治理非法张贴广告 5 家，清除乱贴乱画 7500 处，处理暴露垃圾 70 余吨。开展病媒防治，防控覆盖率 100%。

落实“保增长、渡难关、上水平”各项工作要求，安置再就业 2295 人；组织再就业培训 260 人；发布岗位信息 489 条，新增就业岗位 1089 个；审核发放失业金 18.4 万元；办理就失业证 132 人；办理困难群体就业援助认定 132 人，全部实现就业，安置率 100%；办理小额贷款 1 人；新办理灵活就业享受保险补贴 99 人；社保扩面征缴监察企业 293 家，新增征缴社会保险 576 人；办理社保卡 2267 张；办理城乡养老保险参保 399 人，申请养老保险待遇 293 人，发放老年人生活费补助 1560 人；办理城乡医疗保险参保 159 人，报销垫付医药费 10.6 万元，解除社区居民后顾之忧。

国庆期间，开展建设学习型社区以及“迎国庆，讲文明，树新风”、“读好书，做好事，讲文明，做奉献”、“争当文明使者”等活动；以元旦、春节期间社区群众文艺巡演、消夏纳凉广场文艺演出和胜利街第三届金秋艺术节活动为载体，举办各类文化健身活动 45 场次，参加活动 9790 人次，各类文体项目在全区性评比活动中均获好成绩；创新服务体系，创造良好的婚育新风和人口环境；开展民俗宣传活动，移风易俗，破除封建迷信，倡导科学文明的生活方式；对无业残疾人进行手工制作、按摩、理发、剪纸等系列技能培训，参加残疾人艺术作品展，获优秀组织奖，参加天津市第六届残运会，12 名残疾人获得 9 项第一名、7 个第二名、3 个第三名。

2009 年，街道保持全国军民共建社会主义精神文明先进单位、全国社区体育先进街、中国民间艺术之乡、天津市文明机关和文明机关示范点等荣誉称号。

（左占杰）

太平镇

太平镇位于大港区南部，南邻河北省黄骅市，东接港西街道，北濒大港水库，西靠小王庄镇，东西宽16公里，南北长18公里。2009年，镇域面积174.7平方公里，耕地面积4900公顷。辖22个自然村、19个行政村，人口3.40万人，其中农业人口3.18万人。

该镇被誉为冬枣之乡、全国书画艺术之乡，文化艺术名扬天下，涌现出作曲家孟庆云、农民画家窦锡珍等一批艺术人才。还是全国综合改革试点镇、全国亿万农民健身活动先进乡镇。规划建设占地43平方公里的中华民营经济园，将为镇经济增添活力。

新中国成立前，该地属河北省黄骅县。1949年属黄骅县五、六区。1953年属六、七区。1958年先后属东风公社和北大港公社。1961年5月成立太平村公社。1963年2月划归河北省天津市北大港区。1970年属南郊区。1979年11月归属大港区。1983年，太平村公社改建太平村乡。1987年3月，改建太平村镇。1998年9月，太平村镇更名太平镇。

2009年，完成乡镇企业总产值104.5亿元，乡镇企业总收入94.3亿元，均比上年增长28%以上；财政收入1900万元，农民人均纯收入1.11万元。

中华民营经济园加紧建设。投资2.83亿元，实施凯旋路北延和北五路工程，完成施工5.1万平方米，在施道路3.62万平方米；完成西十路、西九路及示范镇产业区40公顷周边道路及市政管线施工图设计；平整土地100公顷，完成天润纸业新厂西侧排水河填垫土方2.7万立方米。

引进优质高产、抗旱、耐盐碱小麦新品种71321-4-9、211等，单位产量比其他品种小麦增加27%；推广播种优质玉米新品种辽单625、东单12、东单16、天塔212等，种植面积100公顷，单位产量增加20%；组织畜禽养殖技能初级班培训78人次，冬枣树管理培训500人次，畜牧管理培训600人次；投资700余万元，维修、新建泵站4处；投资760万元，实施红星村、远景二村万亩土地综合开发工程，修建闸涵30余处，动土30多万立方米，打机井4眼，200公顷的节水工程在建。

2009年，太平镇郭庄子村兴和公园投入使用。公园总面积9000多平方米，设有体育健身器械、小凉亭、小桥、流水，栽种各种花草树木，为农民健身、休闲提供了又一好去处。

对崔庄村旅游景点、景区、生态环境进行规划编制，争取资金58万元，用于崔庄村二期旅游特色村建设，突出御枣庄园品牌，形成崔庄冬枣特色。引导农民向旅游专业化发展，对50名村民进行旅游特色村员工培训，确保旅游服务质量；推进示范镇建设，确定集中规划片区，调整镇区3.6平方公里控制性详细规划，14.6万平方米村民还迁楼启动建设，7栋高层完成施工招标，部分还迁楼年底完成二层主体；港中路拓宽工程竣工通车。翟苏路、十一经路、窦庄南村路和翟苏路桥建设完成。镇区1000米雨污排工程全面竣工。

为低保户、五保户和困难群体834户1949人发放各类保障金和补贴230.61万元。推行城乡居民基本养老保险和基本医疗保险，基本养老保险参保2100人，占全镇老年人50%，基本医疗保险参保率98%以上。完成就业1983人。

文化活动队伍1300余人。为6个服务中心配备6台电脑，6部投影仪。做好文物发掘和非物质文化遗产保护工作，大苏庄“望马台”被确定为大港区重点文物点；“大苏庄高跷”、“红星落子”确定为大港区非物质文化遗产项目。

2009年，该镇被市政府确定为第三批示范小城镇试点，成为大港区第一家示范小城镇。

（张　华）

小王庄镇

小王庄镇位于大港区西南部，东邻大港水库，南与河北省黄骅市接壤，西至205国道与静海县中旺镇接壤，北靠马厂减河。2009年，镇域面积105平方公里，耕地面积3758.9公顷。辖20个行政村，人口2.30万人，农业人口2.04万人。205国道穿镇而过，津汕高速、黄万铁路、钱顺公路横贯其间。经过发展建设，形成“三大基地、五大中心、六大经济功能区”的总体发展框架，成为大港区西部崛起的农业重镇。

新中国成立前，该地属河北省静海县。建国后，属静海县抛庄区。1950年改为七区。1953年7月，区下设乡，小王庄地区设小王庄和西湾河2个乡。1958年，小王庄地区划归团泊洼公社管理区。1963年7月，划属河北省北大港区。1965年4月，成立小王庄公社。1970年1月，划属南郊区。1979年11月，划归大港区。1983年5月，小王庄公社改建小王庄乡。1986年8月，小王庄乡改建小王庄镇。2001年8月，徐庄子乡并入小王庄镇。

2009年，完成企业总产值27.2亿元，比上年增长27%；财政收入610万元，增长27%；固定资产投入1.5亿元，增长15.4%；招商引资1.65亿元，增长30%；农民人均纯收入1.1万元。

落实市、区应对金融危机措施，为三山塑料等3家企业联系南港工业园等单位举行对点接洽会，为企业争取订单。为龙汇碳石墨等资金周转困难企业联系融资贷款，争取发展贷款600万元。

发展设施农业。一期建成49个农业大棚，及时承包给农户，平均每个承包户收益1.5万元；二期工程用40天时间，建成191个设施农业大棚。聘请农业专家和专业技术人员，对农民全方位指导，提高蔬菜种植管理水平；发展特色农业，产冬枣2000吨，投资50万元建成占地6000余平方米的冬枣交易批发市场。建设南美白对虾养殖示范园区，40公顷虾池主体部分完成；强化农业配套建设，完成钱顺路二期工程桥闸涵新建、修复和167公顷节水工程。3200公顷秋粮产量1300吨，冬小麦播种800公顷；农作物良种补贴和良种调拨工作完成；农民素质提高工程培训近千人。

完成11条总长55公里公路新修翻修；投资20万元在各中心居住区成立环卫队，添设各类清洁设备；完成欣园里小区近3000平方米商贸门脸建设，拆除向阳小区违章建筑11处21间近1000平方米；完成重点路段、居住小区绿化造林226.7公顷，栽植树木33万株。开展绿色创建活动，通过区级“绿色社区、绿色家庭”验收；完成陈寨庄和刘岗庄市级文明生态村创建任务；田苑里、春光里社区被评为市级文明生态小区，欣园里社区进行市级“五个一”文明工程创建。

新增就业岗位1380个；城镇医疗保险参保2200人；新型农村合作医疗参合17734人；新增工伤综合险309人。发放农村60周岁老年人生活补助193万元，城乡老年人存折3082个，办理城乡居民养老保险1350个。

组织开展各类活动近百场次，活跃群众业余文化生活。该地区的“民间音乐会”入选第二批天津市非物质文化遗产名录。推进农家书屋借阅活动，接待读者300人次，借阅图书3000余册。发挥社区信息资源共享和远程教育网络功能，举办各类培训10场次，受益500人次。深化医疗便民服务活动，开展残疾人康复活动，建立健康档案2000人，建档率100%。

（高永芹）

中塘镇

中塘镇位于大港区北部，东至十米河与津南区小站镇毗邻，西连小王庄镇，北与静海县、西青区相交，南靠天津石油化工公司。丹拉高速、津港公路比邻而过，205国道、黄万铁路横贯其间。2009年，镇域面积89平方公里，耕地面积2756.15公顷。辖24个行政村，人口4.5万人，农业人口3.78万人。

该镇是国家星火技术密集区，全国乡镇企业示范区，首批全国小城镇综合改革示范镇。拥有世界第一的二、三酸生产基地，中国第一的汽车胶管生产基地。

新中国成立前，该地隶属河北省天津县小站市。1950年隶属河北省天津县第六区。1952年划归天津市管辖。1953年，隶属天津市南郊区，同年7月建中塘乡和大安乡。1956年，大安和中塘2个乡合并为中塘乡。1959年隶属河西区小站公社西小站管理区，同年11月西小站和小站、中塘划属南郊区。1979年11月6日，南郊区西小站公社以马厂减河为界，划分为西小站和中塘2个公社，中塘公社划归大港区。1983年，中塘公社改称中塘乡。1994年撤乡建镇。2001年8月，赵连庄乡并入中塘镇。

2009年，实现乡镇企业总产值145亿元，比上年增长26%；镇级财政收入4810万元，增长37%；农民人均纯收入1.13万元。

争取技术改造贴息贷款，完成35项资金争取项目申报工作，17项获批，批准金额1335万元，14家企业到位563万元。全镇乡镇企业1666家，其中工业企业398家，规模以上工业企业87家，增加13家，千万元以上企业56家，增加7家，亿元以上企业9家，增加1家。新增天津市企业技术中心1家，总数8家。鹏翎胶管股份有限公司、大港胶管有限公司被认定为国家级高新技术企业。

杨柳庄千亩设施农业园区建成63栋二代温室大棚全部投入生产。天津神驰农牧有限公司国家二期多经项目完成，投资5000万元，奶牛存栏2000头，被评为天津市示范养殖区。申报国家三期多经项目，计划投资800万元、占地6公顷，正在办理各项审批手续；计划投资600万元的绿生源食品饮料公司扩建项目，基础建设工程正在进行；建立水产品无公害机械化养殖规模基地以及2个无公害养殖小区；实施马圈、刘塘庄、甜水井和杨柳庄村133.3公顷节水工程。

实施环村林和农田林网绿化工程，完成万安路东段、中港路、唐津高速公路绿化提升改造，实施万安路西段、鹏翎路、中港路西侧及观光路沿线神驰、荣大、鹏翎、顺达等企业绿化工作；投资600万元完成长2.1公里的中港路南延（中港路与万安路交口处至板厂路交口处）工程，改造乡村公路7.4公里；规划面积41.22公顷的还迁区，实施宅基地换房试点推动工作；投资25万元建设河东地区垃圾掩埋处理场；开展工业企业环境保护专项治理，督促企业停产并对周边环境进行恢复，河西地区生态环境得到改善。

累计发放老年人生活补助金171万余元；完成助老健康御险投保30.4万元；发放各项优抚补贴、五保供养补贴、城镇、农村低保补贴及各项扶贫资金390万余元；全镇参加新型农村合作医疗3.43万人，门诊、住院报销2.53万人，报销医疗费360万元；农民工综合保险900余人参加；城乡居民养老保险参保3.4万人，医疗保险参保3600人，参保率98%。

成功举办天津市“中塘杯”第二届中老年演唱比赛；筹建镇文体中心；大港第四幼儿园建成投入使用；开展甲型H1N1流感防控工作，有效控制疫情蔓延。

2009年，该镇获得国家环境保护部命名的全国环境优美乡镇称号。

（吴忠强）

天津经济技术开发区

概 述

天津经济技术开发区(TEDA-Tianjin Economic Technological Development Area)于1984年12月6日经中华人民共和国国务院批准建立,为中国首批国家级开发区之一。“TEDA”是天津经济技术开发区的英文名称缩写,“泰达”是其音译。

天津经济技术开发区(简称“天津开发区”)位于天津市东60公里,紧邻塘沽区。总规划面积33平方公里。地处渤海湾西侧的天津开发区,属冲积—海积平原,填垫前为盐田。地面标高东高西低,按大沽高程系,平均高度为2.5米。经填垫后,地面标高可达3.5米。地形属于退海滩地,并处于新华夏构造体系。地质状况良好,属软土地基,无地震断裂带穿过。温带大陆季风性气候,年平均气温12摄氏度,年平均降水量602.9毫米,年平均蒸发量1909.6毫米,年平均气压1016.4毫巴,日照百分度65%,全年主导风向为西南风,年平均风速4.5米/秒。1993年后,天津开发区分别在武清县、西青区和汉沽区辟建逸仙科学工业园、微电子工业区和天津开发区汉沽现代产业区3个区外小区;2004年,在天津开发区西部扩建天津开发区西区;2009年,市委、市政府正式批准天津开发区履行南港工业区开发建设管理职能,开发区管委会正式履行南港工业区总体规划和分区规划的编制和报批。全年完成基础设施投资32.49亿元,已围海30平方公里,建设围埝、防波堤31公里,完成土地整理面积25平方公里,基础设施配套能力初步建立,为承接项目打好坚实基础,有4个产业项目开工建设。

2009年末,天津开发区常住人口16.87万人,户籍人口4.57万人。全年人口出生率0.88‰,人口死亡率0.07‰,人口自然增长率0.81‰。全区从业人员38.05万人,从业人员劳动报酬总额169.28亿元,人均年劳动报酬4.75万元。

2009年是天津开发区建区25周年,在市委、市政府和滨海新区领导下,以邓小平理论和“三个代表”重要思想为指导,以科学发展观统领经济社会发展全局,落实国家级开发区“三为主、二致力、一促进”的发展方针,围绕滨海新区开发开放的大背景,按照构建中国新经济平台和实施“二二二三四”的发展目标,开拓创新,攻坚克难,克服国际金融危机的不利影响,实现区

相关链接:

国家级开发区“三为主、二致力、一促进”的发展方针:以提高外资质量为主、以发展现代工业为主、以优化出口结构为主,致力于发展高新技术、致力于发展高附加值服务业,促进开发区向多功能、综合性产业区转变。

“二二二三四”的发展目标:集中资源,做强先进制造业、现代服务业“两个产业”;远近兼顾,形成投资、科技“两个驱动”;整合优势,做好存量、增量“两篇文章”;放宽视野,实现外资、国资、民资“三资并重”;科学规划,推动东、西、南、北“四个区域共同发展”。

域经济社会又好又快发展，全区综合实力在国家级开发区中继续保持领先，连续12年获国家级开发区综合环境评价之首，在天津市和滨海新区的发展中发挥着新的重要作用。2009年，天津开发区实现地区生产总值1273.98亿元，按可比价格计算，比上年增长22.6%，其中第二产业增加值完成977.88亿元，可比增长21.9%，第三产业增加值完成296.10亿元，可比增长26.8%，二、三产业比例为76.76:23.24。全员劳动生产率35.77万元/人，可比增长23.0%。全区完成财政收入280.10亿元，比上年增长12.4%，完成税收收入224.12亿元，下降5.7%。其中增值税完成94.83亿元，下降17.8%；消费税完成32.40亿元，下降5.2%；营业税完成19.05亿元，增长15.5%；企业所得税完成50.17亿元，增长6.5%。实现地方财政收入129.11亿元，增长53.4%，其中地方一般预算收入98.35亿元，增长28.6%。财政支出130.49亿元，比上年增长53.5%，其中地方一般预算支出99.83亿元，增长28.9%。

（俞沛霖）

大 事 记

1月

7日 开发区管委会2009年工作会议在投资服务中心召开。开发区保税区顾问叶迪生，开发区管委会党组书记李勇、管委会主任何树山出席并讲话。会议总结2008年工作、部署2009年工作。会议指出：2009年开发区要围绕构建中国新经济平台的主线，实施“二二二三四”发展战略，狠抓区域拓展与规划建设、社会稳定与和谐、改革创新与管理、党建工作与作风建设，“保增长、渡难关、上水平”，发挥“两个走在全国前列”和“一个排头兵”的作用。

22日 开发区、大港区、天津港集团签署协议，共同组建南港工业区开发公司，标志着南港工业区建设全面启动。市委常委、常务副市长杨栋梁为公司成立揭牌并讲话。市委常委、滨海新区管委会主任苟利军致辞。开发区管委会党组书记李勇主持仪式，管委会主任何树山出席。

2月

1日 由韩国三星泰科株式会社和天津中环电子信息集团出资1250万美元组建的三星泰科电子有限公司，落户微电子工业区。此为落户微电子工业区的第7家三星企业。

3日 开发区管委会出台《关于落实<天津开发区“保增长、渡难关、上水平”十五条措施>经营困难补助措施的实施细则》，成立经营困难补助财政扶持审核小组。根据困难企业的实际需要，在贷款贴息等5个方面给予补助；接受补助企业须有明确的资金使用计划，并承诺2009年度企业职工总数不低于上一年度。

6日 长城汽车零部件及物流项目在开发区西区开工建设，总投资30亿元，占地130万平方米。市委常委、滨海新区管委会主任苟利军，开发区管委会党组书记李勇、管委会主任何树山，市经委主任李朝兴参加开工仪式。

12日 市委书记张高丽，市委常委、常务副市长杨栋梁，市委常委、滨海新区管委会主任苟利军，市委常委、市委秘书长段春华，副市长王治平与中国航天科技集团公司总经理马兴瑞到开发区西区新一代运载火箭产业化基地察看施工现场，随后召开座谈会，研究需要解决的问题。开发区管委会党组书记李勇、管委会主任何树山陪同。

18日 京瓷（天津）太阳能有限公司新工厂奠基典礼在开发区举行。市委常委、滨海新区管委会主任苟利军，开发区管委会主任何树山，京瓷（天津）太阳能有限公司总经理中西吉雄出席。京瓷公司此次增资3700万美元，年产能240兆瓦。

24日 腾讯天津研发数据

储存中心奠基典礼在开发区举行。市委常委、滨海新区管委会主任苟利军,开发区管委会党组书记李勇、管委会主任何树山,腾讯公司副总裁郭凯出席。该中心位于服务外包产业园,主要实现数据备份功能。

同日 天津市—摩托罗拉合作委员会2008年度会议在天津开发区举行。中国外商投资企业协会副会长王述祖,天津开发区高级顾问叶迪生,天津开发区管委会党组书记李勇,合作委员会中方副主席兼秘书长、天津开发区管委会主任何树山等40余名中方代表和合作委员会外方主席、摩托罗拉(中国)电子有限公司总裁高瑞彬等20余名外方代表出席会议。

25日 天津市出口加工区拓展保税物流等功能启动仪式暨天津环渤海国际物流中心奠基仪式在开发区出口加工区举行。管委会主任何树山、市信息中心党组书记沈洪洲、天津海关副关长魏欣平出席。

26日 天津开发区国际交流协会第一届理事会在投资服务中心召开。开发区管委会党组书记李勇出席并讲话。

3月

3日 天津开发区举行博士后工作推动会暨新建博士后创新实践基地授牌仪式,为9家新建博士后创新实践基地授牌。至此,开发区累计设立52家博士后工作站和17家博士后创新实践基地,引进博士后170名。

18日 天津开发区管委会与天津博纳艾杰尔科技公司“色谱填料项目增资扩产合作协议”签字仪式在投资服务中心举行。该公司将增资8500万元,扩大生产规模,新建现代分离技术工程中心。

27日 天津开发区律师行业党总支部委员会成立大会在开发区投资服务中心召开。管委会副巡视员王恺出席会议并讲话。

28日 天津津路钢铁实业有限公司奠基仪式在开发区西区举行。副市长王治平、开发区管委会主任何树山、厦门路桥建设集团董事长杨耀东出席奠基仪式。该公司由上海闵路润贸易有限公司和厦门鑫达有限公司共同创办,是集钢铁贸易、钢卷剪刀加工和配送为一体的工贸企业,投资3.83亿元。

4月

2日 天津开发区管委会与中国工商银行天津市分行举行《天津南港工业区开发建设全面合作框架协议》签字仪式。开发区管委会党组书记李勇与中国工商银行天津市分行行长华耀纲致辞。开发区管委会主任何树山与中国工商银行天津市分行副行长张希刚签订《天津南港工业区项目搭桥贷款协议》。

7日 天津开发区与中国第一汽车集团进出口公司合作意向书签约仪式在开发区投资服务中心举行。开发区管委会主任何树山与一汽进出口公司总经理李维斗在《一汽进出口公司出口汽车包装及物流基地项目合作意向书》上签字。

9日 约翰迪尔(天津)产品研发公司农业机械测试中心项目奠基仪式在开发区举行。市委常委、滨海新区管委会主任苟利军,开发区管委会主任何树山,约翰迪尔(中国)投资有限公司总裁道格拉斯·罗伯茨出席。

17日 天津开发区管委会与中聚联合控股公司高清数字电视项目、锂离子动力电池及产业化项目合作签字仪式在天津迎宾馆举行。市委书记张高丽、市长黄兴国会见中聚联合控股公司董事长李志强一行,就加快项目建设进行会谈。黄兴国、李志强出席项目合作签字仪式。市领导崔津渡、苟利军、段春华、李泉山,开发区管委会党组书记李勇、管委会副主任倪祥玉参加会见或出席签字仪式。

21日 2009年中国天津国际航空航天贸易展洽会在滨海国际会展中心举办。市委书记张高丽、法国国民议会议长贝尔纳·阿夸耶出席并为展会揭幕。贝尔纳·阿夸耶、市长黄兴国、欧洲空中客车工业公司中国总裁劳伦斯·拜伦致辞,市委常委、滨海新区管委会主任苟利军主持。

同日 滨海软件与服务外包产业联盟(简称BSSOCA)在天津开发区成立。该联盟由天津泰达国际创业中心指导,依托滨海软件与服务外包公共服务平台,由34家软件和服务外包企业联合发起。开发区管委会副主任艾亚民出席成立大会。

2009年4月24日，长城汽车天津项目在开发区西区打下第一根桩。

24日 长城汽车天津项目在开发区西区动工。该项目总投资30亿元，占地130万平方米，建设周期为3年，主要包括15万台（套）KD组装项目、15万套汽车零部件项目和出口物流项目。

27日 天津开发区2008年度社会责任奖、建功立业奖、百强企业表彰大会在投资服务中心举行。管委会党组书记李勇、管委会主任何树山和泰达投资控股有限公司总经理张秉军参加。

同日 诺维信（中国）生物医药有限公司在开发区举行奠基仪式。市委常委、滨海新区管委会主任苟利军，开发区管委会主任何树山，丹麦驻华大使叶普和诺维信中国区总裁柯铭出席。该公司投资额2亿-3亿丹麦克朗（约合3000万-5000万美元），预计2011年一季度竣工投产。

同日 甘肃省委书记、省人大常委会主任陆浩，省委副书记、省长徐守盛率省党政代表团，由市委副书记、市长黄兴国陪同到天津开发区西区维斯塔斯风力技术（中国）有限公司参观考察。开发区管委会副主任孙胜参加。

29日 天津开发区管委会与SGS集团在中国的合资公司SGS-CSTC通标标准技术服务（天津）有限公司《增资暨战略合作协议书》和市质量技术监督局与SGS-CSTC公司《风电叶片测试实验室项目框架合作协议书》在投资服务中心举行签约仪式。副市长王治平、市质监局局长吴初、开发区管委会主任何树山出席。

5月

4日 开发区管委会（南港工业区管委会）与陶氏化学（中国）投资有限公司土地使用权预留协议签字仪式在天津迎宾馆举行。签字仪式前，市委常委、常务副市长杨栋梁，中国化工协会会长李勇武，市委常委、滨海新区管委会主任苟利军会见美国陶氏化学（中国）有限公司大中华区业务开发部总监贺伟德。开发区管委会主任何树山，副主任张军、倪祥玉参加会见及签约仪式。美国陶氏化学公司将在南港工业区投资2亿美元，建设占地50公顷的化工供应链物流中心项目。

5日 天津青年美术协会滨海分会授牌仪式在泰达图书馆艺术展厅举行。天津青年美术协会滨海分会正式落户泰达青年宫。该分会的成立，为滨海新区青年书画爱好者打造一个施展才华、交流学习的平台。

7日 开发区管委会与香港新世界环渤海房地产开发有限公司在天津迎宾馆签订建设高层项目土地合同协议。市长黄兴国会见香港新世界集团董事、总经理郑家纯一行，并出席

2009年5月4日，开发区管委会（南港工业区管委会）与陶氏化学（中国）投资有限公司土地使用权预留协议签字仪式在天津迎宾馆举行。

签字仪式。开发区管委会主任何树山与郑家纯分别在合作协议书上签字。

26日 2009年全国知识产权巡讲报告会(生物医药)在开发区举行。此次活动由国家知识产权局主办,天津市知识产权局承办,开发区科技发展局协办。开发区生物医药企业代表和知识产权业内人士100余人参加报告会。

27日 南港工业区前线指挥部落成仪式举行,标志着南港工业区开发建设揭开新篇章。开发区管委会党组书记李勇、管委会主任何树山,大港区委书记张继和、区长张志方、常务副区长王强,天津港集团总工程师张丽丽出席。

31日 天津开发区管委会与中兴能源有限公司签订投资框架协议,将在南港工业区投资1.94亿美元,共建中兴能源天津食用油及生物能源产业基地。市委书记张高丽,市委副书记、市长黄兴国,市委副书记何立峰在迎宾馆会见中兴能源有限公司董事长侯为贵一行。市领导崔津渡、段春华、李泉山,滨海新区管委会副主任宗国英,开发区管委会主任何树山参加会见或出席签字仪式。

6月

9日 天津开发区法律援助中心获全国法律援助工作先进单位称号。

10日 中星电子星光中国芯工程研发中心奠基仪式暨开工典礼在开发区服务外包园举行。市委副书记、滨海新区工委书记、管委会主任何立峰,副市长王治平,南开大学校长饶子和,市人力资源和社会保障局党组书记魏大鹏,市科协党组书记杨鑫传,滨海新区工委副书记、管委会副主任宗国英,开发区管委会主任何树山,中星微电子公司董事长邓中翰参加。

17-20日 美国纽约州中小企业发展中心总署署长金·詹姆斯先生一行到开发区参观访问,与开发区管委会主任何树山签署《天津经济技术开发区与纽约州中小企业发展中心总署关于建立友好与合作关系的备忘录》。金·詹姆斯称天津开发区是中国各个经济发展区域中的一颗耀眼之星。

22日 天津开发区报税物流中心(一期)项目验收工作会议及颁证仪式在开发区万丽泰达酒店举行。副市长任学锋、天津海关关长黄胜强、市政府办公厅副主任李培生、开发区管委会主任何树山出席。联合验收组向开发区管委会颁发保税物流中心(一期)验收合格证书。

25日 天津国际生物医药联合研究院一期7万平方米主体工程竣工。中共中央政治局委员、国务委员刘延东,中共中央政治局委员、市委书记张高丽,市委副书记、市长黄兴国为其揭牌。开发区管委会党组书记李勇、管委会主任何树山参加。美国北核生物医药协会会长朱坚参加。会上,听取北核生物医药协会对开发区生物医药产业发展的建设性意见。

26日 天津开发区建设联合会成立大会暨第一届理事会在开发区投资服务中心召开。会议通过开发区建设联合会章程,选举产生会长、副会长及理事单位。

7月

29日 中国国民党中常委、立法委员侯彩凤一行3人到天津开发区访问。开发区管委会主任何树山在万丽泰达酒店会见并宴请代表团一行。

31日 信海数视科技(天津)有限公司在开发区成立,投资总额2500万美元,注册资本1000万美元,主要从事数字电视相关软件及服务网络的开发。

8月

2日 喀麦隆对外关系部部长埃耶贝一行到天津开发区访问。管委会副巡视员王恺在投资服务中心接待客人。

3日 天津开发区管委会与韩国三星集团签署合作备忘录,加强和深化战略合作,把天津作为三星集团在全球重要的生产基地。市委副书记、滨海新区管委会主任何立峰出席签约仪式,希望三星集团依托不断成长的国内消费市场,扩大在津投资,建设模组、面板等生产研发基地,形成完整的电子信息产业链,增强企业竞争力。开发区管委会党组书记李勇、管委会主任何树山参加签字仪式。

11 日 天津开发区泰达图书馆通过专家组评估，在全市率先被评为国家一级公共图书馆。

13 日 天津汉能小额贷款有限公司申请设立获批。此为开发区首家由企业法人、自然人共同出资，不吸收公众存款，经营小额人民币贷款业务的公司。

19 日 2009 首届环渤海区域铸造行业发展论坛在滨海国际会展中心举行。此为北京市、天津市、河北省及沈阳市、大连市、泊头市等省市及相关高校共同主办的专业论坛，旨在结合滨海新区产业发展动向，为企业提供铸造技术交流机会和产品推广空间。

20 日 渣打（天津）科技信息营运服务有限公司天津大楼奠基仪式在开发区服务外包产业园举行。市委常委、副市长崔津渡出席并会见来宾。市商务委、市财政局、市金融办、开发区管委会负责人和渣打银行（中国）有限公司首席执行总裁兼董事会常务副主席曾璟璇出席仪式。天津大楼预计 2010 年交付使用。

27 日 中央组织部副部长李连华一行在市委常委、市委组织部部长史莲喜陪同下，到维斯塔斯风力发电设备（中国）有限公司调研。开发区管委会主任何树山参加。

28 日 天津航天液压装备有限公司开业庆典在开发区西区举行。中国运载火箭技术研究院党委书记梁小虹，滨海新区管委会副主任张锐钢，开发区管委会主任何树山、副主任孙胜出席。该公司庆典标志新一代运载火箭首个民用项目开业。

2009 年 8 月 28 日，天津航天液压装备有限公司开业庆典在开发区西区举行。

9 月

1 日 开发区（南港工业区）管委会与中石油大港油田公司战略合作框架协议签订仪式在开发区投资服务中心举行。开发区管委会主任何树山与中石油大港油田公司总经理李建青签订合作框架协议。

2 日 安哥拉共和国总统特别助理 Armindo Vierira 一行 6 人到天津开发区参观访问。开发区管委会主任何树山在投资服务中心会见代表团一行。

同日 天津开发区管委会与天津海关合作协议签字仪式在开发区投资服务中心举行。开发区管委会主任何树山、天津海关关长黄胜强签订合作协议。

4 日 丝艾集团在天津的新项目丝艾（天津）包装材料有限公司在开发区西区开工建设。该项目占地 7800 平方米，总投资 600 万美元，开发、生产、销售、加工包装材料及相关产品。

4–6 日 2009 年中国汽车产业国际论坛在天津开发区举行。全国政协副主席、科技部部长万钢出席并讲话，原机械工业部部长何光远，国家统计局总经济师姚景源，副市长王治平，市政协副主席曹小红，开发区管委会主任何树山出席。市委副书记、滨海新区管委会主任何立峰在万丽泰达酒店会见万钢一行。

8–10 日 第 16 届中国国际五金博览会在天津滨海国际会展中心举行。中国商业联合会会长、原商业部副部长何济海，天津市商务委主任王树培出席开幕式。1000 余家中外企业参展。展览面积 4 万平方米。

12 日 市委常委、市委教育工委书记苟利军，副市长张俊芳率教育界人士 30 余人到开发区考察。开发区管委会主任何树山陪同。

12–14 日 2009 中国城市规划年会在开发区滨海国际会展中心举行。全国各地 2000 余名城市规划系统专家围绕“城市规划与科学发展”主题，开展多场学术报告、专题论坛，就规划前沿问题深入研讨。会展中心还举办“城市规划和科学发展”主题展暨新中国成立60周年城市规划建设成就展。

15日 米德（天津）复合材料有限公司开业典礼在开发区西区举行。开发区管委会副主任孙胜、美国米德复合材料集团公司董事长田晓沙出席。

同日 天津市水稻技术工程中心有限公司在开发区成立。该公司主要从事农作物新品种研究及产业化、农产品深加工研究及服务、农产品销售。

17日 天津开发区管委会与天津津能投资公司合作框架协议签约仪式在开发区投资服务中心举行。开发区管委会主任何树山、津能投资公司总经理李庚生分别代表双方在协议上签字。

18日 2009年第二届天津国际投资理财博览会暨滨海金秋商业地产大会在开发区滨海国际会展中心召开。

21日 诺维信（中国）试验工厂开业庆典在开发区举行。诺维信全球发展和优化部总裁皮埃尔·欧利森，开发区管委会副主任倪祥玉出席。该试验工厂开业标志着全球第三个、亚洲首个酶剂中试工厂正式运转。

22日 首届“泰达新市民”文化艺术节拉开帷幕，来自不同国度和地区的近百名外籍人士、数千名泰达市民参演4场不同主题的演出。

25日 韩国企业银行（中国）有限公司分行落户微电子工业区。

26日 泰达蓝盾集团南港80万立方米油库、天凯时代液体烧矸精制基地项目分别举行奠基仪式；南港工业区官方网站开通，标准厂房建设开工，打下第一根桩基。市委副书记、滨海新区工委书记、管委会主任何立峰，市发改委常务副主任张晓雁，滨海新区工委副书记、管委会副主任宗国英，开发区管委会党组书记李勇，大港区委书记张继和、区长张志方出席。

10月

9日 天津开发区管委会与苏州国芯科技有限公司投资协议书签字仪式在开发区投资服务中心举行。开发区管委会主任何树山和苏州国芯科技有限公司董事长郑茳分别代表双方签字。该公司是国内从事嵌入式CPU开发及产业化的主导性企业，其核心技术是高性能低功耗32位CPU、SOC设计平台与SOC芯片的开发应用。

2009年9月22日，首届“泰达新市民”文化艺术节拉开帷幕。

10日 天津开发区管委会与天津东大化工有限公司食品添加剂项目投资合作协议签约仪式在开发区投资服务中心举行。该企业拟在南港工业区投资12亿元，建设10万吨/年苯甲酸钠和15万吨/年苯甲酸的食品添加剂生产基地。

同日 天津开发区管委会与华润（集团）有限公司签署战略合作框架协议及投资合作协议书。华润（集团）有限公司将在滨海新区建设具有总部经济性质的煤炭采购销售中心及物流配送基地。市委副书记、滨海新区管委会主任何立峰会见华润（集团）有限公司副董事长王帅廷一行。开发区管委会主任何树山参加会见并与华润电力控股有限公司副总裁王玉军分别代表双方签署协议书。

12日 中国建设银行第一只人民币股权投资基金落户开发区。该行下属全资子公司建银国际（控股）有限公司发起设立的中国首家专注医疗健康产业投资的股权投资资金“建银国际医疗产业股权投资有限公司”在开发区注册并领取营业执照。

14日 以“中国钢铁与世界共享”为主题的第二届中国国际钢铁工业（天津）博览会在天津滨海国际会展中心开幕。13个国家和地区的近200家企业，展出管材、板带材、线材、型材、钢绳、石油配套设备等产品。2009第二届中国国际钢管展同台出展。

15日 维斯塔斯全球最大规模一体化风电生产基地在开发区建成揭幕。开发区管委会副主任倪祥玉，维斯塔斯中国区总裁安信诚，中国风能协会理事长贺德馨出席。

20日 2009(第11届)中国国际矿业大会在天津滨海国际会展中心举行。大会由高峰论坛、行业展览、专题活动三部分组成。开发区管委会党组书记李勇出席。

23日 卡博特化工（天津）有限公司二期扩建项目投产，卡博特天津基地以年产30万吨的生产能力和辐射能力成为世界最大炭黑生产基地。副市长任学锋、开发区管委会主任何树山出席并会见卡博特公司总裁兼首席执行官蒲白春一行。

25日 天津开发区金鹏塑料异型材制造有限公司30万吨PVC塑料异型材项目奠基仪式在开发区汉沽现代产业区举行。天津开发区管委会副主任孙胜，天津金鹏集团董事长戴凤瑞出席仪式并致辞。该项目投资约18亿元。

28日 京瓷(天津)太阳能有限公司新工厂项目开工建设。该项目投资3650万美元，建成后将生产高科技环保型太阳能电池组件。

同日 中国服务外包天津培训中心揭牌暨启动仪式在开发区举行。市委副书记、滨海新区管委会主任何立峰出席并会见中国国际投资促进会常务副会长周铭。开发区管委会主任何树山参加活动并致辞。

同日 天津开发区创意产业基地的起步区“泰达新艺术区”启动仪式在天大科技园举行。市教委、开发区文教局和泰达国际创业中心领导共同为泰达新艺术区和天津高校泰达创意产业基地揭牌。该区位于天大科技园软件大厦，场地面积1350平方米，已有滨海创融、方向标等5家工业设计、玩具设计企业落户。

29日 由国家图书馆、中国图书馆学会和天津开发区管委会共同主办，泰达图书馆档案馆承办的2009全国图书馆企业信息服务年会暨第五届国家图书馆企业信息服务年会在天津开发区举行。天津开发区管委会党组书记李勇、国家图书馆副馆长魏大威出席会议。全国图书馆界、企业界、学术界的专家学者近300人参加大会。

同日 天津东大化工有限公司新厂开工仪式在南港工业区举行。此为落户南港工业区的首个民营资本投资项目。开发区(南港工业区)管委会主任何树山会见嘉宾并出席开工仪式。

11月

4日 天津市政府批复同意南港工业区分区规划、总体发展规划及有关专项规划。

6-9日 2009中国国际贸易学会年会暨国际贸易发展论坛在天津开发区举行。商务部副部长易小准、市政协副主席何荣林、中国国际贸易学会会长施用海、市商务委主任王树培、开发区管委会主任何树山出席。

9日 天津铁合金交易所在开发区成立。市委常委、副市长崔津渡与鄂尔多斯集团董事局主席王林祥为其揭牌。开发区管委会主任何树山参加开业剪彩。该所注册资金1亿元，将以电子现货交易、仓储物流、融资担保、信息资讯为一体，确定铁合金行业的“天津价格”。

17日 根据市委意见，李勇不再担任管委会党组书记职务，管委会党组书记由管委会主任何树山兼任。

18日 国家安监总局副局长、国家安全生产应急救援指挥中心主任王德学一行5人到开发区检查安全生产监管工作。市安监局局长张时善、开发区管委会主任何树山陪同检查。

同日 天津养乐多乳品有限公司奠基仪式在开发区海云街施工现场举行。公司投资总额6100万美元，2011年投产后，初期日产量30万瓶，2015年日产量将达到125万瓶。

同日 泰达图书馆档案馆南港工业区数字分馆建成投入使用。该数字分馆的开通采用VPN技术，借助互联网与南港工业区开发有限公司组建虚拟专网，实现安全、可靠、便捷的数据资源共享渠道。

19日 中共中央政治局委员、中央书记处书记、中宣部部长刘云山考察天津开发区，中

2009 年 11 月 20 日，周大福滨海中心奠基仪式在开发区举行。

共中央政治局委员、市委书记张高丽，市委副书记、市长黄兴国陪同。

20 日 周大福滨海中心奠基仪式在开发区举行。市委副书记、市长黄兴国，市委副书记、滨海新区工委书记、管委会主任何立峰，开发区管委会党组书记、主任何树山，周大福集团主席、周大福珠宝金行有限公司董事长郑裕彤出席。中心建筑高度 530 米，为100 层，预计投资 80 亿元，2014 年竣工。

21-22 日 由中国物流与采购联合会、美国供应管理协会主办，天津开发区特别支持的 2009 全球采购与供应链论坛在滨海国际会展中心举办。论坛以“危机、转折、创新、发展”为主题，旨在推动全球采购与供应管理在中国的发展。

25 日 十一届全国人大三次会议前在津全国人大代表到开发区新一代运载火箭项目、天津生物医药联合研究院视察。市人大常委会副主任、市总工会主席邢明军，市政府副秘书长王志铭，开发区管委会主任何树山陪同。

同日 天津开发区与上海新沪商联谊会关于“加强友好合作、推进招商投资”框架协议签字仪式在开发区投资服务中心举行。开发区管委会主任何树山与新沪商联谊会会长郑永刚分别代表双方在协议书上签字。

12 月

1 日 由中兴能源有限公司出资 11.5 亿元设立的中兴能源(天津)有限公司在天津开发区注册成立。该公司将在南港工业区建设年产 90 万吨棕榈油加工仓储基地、年产 10 万吨生物柴油生产基地、年产 10 万吨燃料乙醇生产基地、农业种植与生物技术研究中心、全球销售中心等。

8 日 在天津开发区庆祝建区 25 周年纪念大会上，发布区域新版标识；美国纽约时代广场同步发布天津开发区新版标识。会上，管委会向甘肃裕固族自治县捐赠 100 万元。

同日 天津一汽丰田汽车有限公司主题为“容·大成”的新皇冠下线仪式在天津一汽丰田有限公司泰达工厂举行。副市长王治平，一汽集团公司副总经理金毅，滨海新区工委副书记、管委会副主任宗国英，开发区管委会党组书记、主任何树山出席。

同日 商务部副部长马秀红到开发区考察。开发区管委会党组书记、主任何树山陪同并介绍有关情况。

10 日 开发区西区生活配套区开工建设。该项目分东、西两部分，将建成功能完备的区域性产业配套居住中心和生活服务配套中心，满足滨海新区西部片区的产业发展需求，为该区域及周边地区提供完善的配套服务。市委副书记、滨海新区工委书记、管委会主任何立

2009 年 12 月 10 日，新兴重工天津工业园项目在开发区西区正式开工建设。

峰出席并宣布项目开工。开发区管委会党组书记、主任何树山出席开工仪式。

同日 新兴重工天津工业园项目在开发区西区正式开工建设。市委副书记、滨海新区工委书记、管委会主任何立峰出席并宣布项目开工。副市长王治平，开发区管委会党组书记、主任何树山在开工仪式上致辞。该园占地66万平方米，总投资33亿元。

11日 台湾工商建设研究会理事长、台湾乡林集团董事长赖正镒到开发区参观访问。开发区管委会党组书记、主任何树山在投资服务公司接待赖正镒一行。

17日 天津开发区(南港工业区)管委会与天津合佳威立雅环境服务有限公司投资合作协议签字仪式在滨海假日酒店举行，天津滨海工业危险废物处置中心项目落户南港工业区。

18日 天津开发区(南港工业区)管委会与天津瑞田化工有限公司在投资服务中心签署投资协议书。该公司将在南港工业区投资约5500万元建厂，主要生产三氧化铁、液体硅酸钠、聚合氯化铝、高分子聚丙烯酰胺(固体)等水处理剂。

22日 天津开发区管委会与中国航油集团物流有限公司天津北方石油有限公司投资合作协议签约仪式在天津泰达国际酒店举行。两公司将投资建设航油环渤海储运基地项目。

31日 市委书记张高丽到南港工业区施工现场，了解建设进展情况，听取汇报。市委副书记、滨海新区区委书记何立峰，市委常委、市委秘书长段春华，副市长王治平，市委副秘书长成其圣、王津生、于秋军，市经济和信息化委员会主任李朝兴，滨海新区区委副书记宗国英，开发区(南港工业区)管委会主任何树山陪同察看。

(俞沛霖)

党 务

概况 2009年，天津开发区管委会党组认真学习实践科学发展观，抢抓新机遇，迎接新挑战，破解新课题，按照市委的决策部署统一思想和行动，思想力和执行力有所增强。加强班子建设，党组和管委会领导班子的思想素质、业务能力和科学决策水平得到提升；坚持民主集中制原则，在市委巡视组组织的群众评议中，干部职工对党组班子的满意度达到95%。干部队伍建设取得新成效，结合开发区的事业发展，制定干部队伍发展规划；按照公开、公平、公正的选人用人原则，补充调整部分职能部门的领导班子。作风建设得到强化，干部员工的工作效率显著提升，精神面貌明显改善，在招商引资、企业服务、开发建设、安全维稳等各项工作中，在区县大比武、25周年区庆等各项重大活动中，在甲型H1N1流感防控中，展现了能吃苦、能战斗的优良作风和精神风貌。严格执行各项规章制度，加强人财物各项资源管理，厉行节约，行政事业性支出大幅降低15%。

(俞沛霖)

干部教育培训 2009年，培训管委会各级干部563人次。其中开发区举办培训班6个，培训437人，科级及以下干部更新知识培训275人。配合滨海新区工委组织部做好干部选训工作，全年选派126人次参加工委组织部组织的13个不同类型的培训班。精心组织实施境外短期培训项目，举办香港“服务型政府的建立”培训班和德国“区域转型期的可持续发展”培训班，共培训45人。针对不同职级干部做好境内培训，分别举办新任职副处级干部培训班和处级干部培训班。新任职副处级干部培训班培训40人，培训结束后将领导讲话和学员培训心得汇集成《学思集》一册。处级干部培训班培训35人。

(俞沛霖)

干部队伍建设 2009年，为适应开发区及南港工业区开发开放需要，坚持德才兼备、以德为先用人标准，提拔任用处级干部13名，调整7名，涉及领导班子11个。其中协助滨海新区工委组织部提拔任用正处级干部5名，调整1名；提拔任用副处级干部8名，调整6名。办理处级干部转正14名、处级干部退休3名。完成管委会党组内设部门科级干部任免工作。拟定《天津开发区管委会党组内设机构科级干部任免办法》，从源头规范管委会党组内设部门科级干部任免权限及程序，全年提拔任用科级干部4名，调整科级干部1名。

（俞沛霖）

政　　务

概况 2009年，天津开发区继续按照滨海新区综合配套总体部署，积极推进改革创新。深化投融资体制改革，创新行政审批制度，推进政府信息公开，提高政府工作效率。加快国有企业发展步伐，加大机制创新力度。

（俞沛霖）

改革创新提高管理水平 2009年，开发区管委会加强经济运行的宏观分析与微观管理。全面启动“十二五”规划编制工作。推进对开发区主导产业发展、产业升级、政策体系的前瞻性研究工作。编制《天津开发区西区产业规划》、《南港工业区石化产业规划》等重点规划，制定开发区制造业八大产业政策、提高出口水平的十条措施等多项政策。全面推进政府法制与司法行政工作，为政府各项工作高效开展提供司法保障。成立政策兑现服务办公室，为企业提供政策咨询与兑现“一站式服务”。推动行政事业性收费政策落实，清理涉企收费。

（俞沛霖）

信息化建设继续完善 2009年，天津开发区提升政府电子政务网络建设，为电子政务、电子商务、电子社区的建设提供更加完备的服务保障。建立泰达城市网，提供高质量公共服务；发挥呼叫中心作用，为企业提供“7×24小时”全天候服务。

（俞沛霖）

对外宣传和推广活动提升区域形象 2009年，天津开发区加强与境外、中央以及地方媒体的联系沟通，精心策划中央电视台等重要媒介专题报道，合理选择境外媒介，多语种、多角度地推介开发区发展成就。完成开发区新版标识修订和新版开发区形象宣传片拍摄，提升开发区认知度和美誉度。组织新中国成立60周年、建区25周年等多项大型活动，宣传开发区良好形象。加强友好城区和友好机构交流，接待10多个国家和地区的项目考察和友好交流团组。各驻外办事处、国际商会、会展中心在工作中积极进行项目走访、区域宣传，广泛开展联谊，提升了区域良好形象。

（俞沛霖）

对外开放门户作用显著 2009年，天津开发区积极推进国际交流，对外交往活跃，与各类国际机构和组织的合作频繁。台湾办事处筹备工作进展顺利，对外联络网络更加完善。有来自53个国家和地区的3036名外籍人士在区工作和生活，区域国际化程度进一步提高。天津开发区已在美国、日本、欧洲、北京、上海、香港等地设立办事处。

（俞沛霖）

政法建设

完善区域法制环境 2009年，天津开发区坚持“依法治区”宗旨，坚持公开、公平、公正原则，不断完善区域法制环境，依法维护企业、公民合法权益。加强区域法制宣传，向企业、居民发放《天津经济技术开发区法规及规范性文件》5000册，重新修订、废止行政规范性文件3件。2009年末，天津开发区有现行有效的行政规范性文件46件。

（俞沛霖）

构筑和谐安定的社会环境 2009年，天津开发区围绕服务经济发展的中心目标，在法院、检察院、公安分局、交警、武警、消防等部门共同努力下，强化维稳工作深度，保持和谐安定的社会秩序。法律援助中心受理法律援助案件1603件，其中刑事案件10件，处理突发性应急涉法事件78件，挽回经济损失3386.30万元。截至年末，全区有律师事务所19家。工会会员单位1626个，工会会员10.85万人。

（俞沛霖）

工业建筑业

工业保持稳定增长 2009年，天津开发区实现工业增加值957.34亿元，按可比价格计算，比上年增长21.8%；实现工业总产值4202.10亿元，增长12.7%，其中外商及港澳台投资企业完成3455.95亿元，增长3.3%；内资企业完成746.15亿元，增长93.5%。

（俞沛霖）

重点企业发挥带动作用 2009年，天津开发区有8家企业工业产值超过100亿元。全区工业产值过10亿元的企业56家，产值合计占全区的81.8%；产值超过1亿元的有233家，产值合计占全区的96.6%。一汽丰田、渤海钻探、渤海装备、奥迪斯电梯、顶新系列企业等重点企业对全区经济发展发挥重要作用。长城钻探、邦基正大、东方电气等新投产企业为天津开发区发展提供新的活力。

（俞沛霖）

产业结构升级 重点产品结构优化 2009年，天津开发区电子通讯、汽车、装备制造、石油化工、生物医药、食品饮料、航天、新能源新材料八大产业完成工业总产值3451.81亿元，占全区工业总产值82.1%，其中电子通讯产业产值1101.01亿元，占工业总产值26.2%；汽车产业产值815.64亿元，占工业总产值19.4%；装备制造产业产值700.11亿元，占工业总产值16.7%；石油化工产业产值396.31亿元，占工业总产值9.4%；生物医药产业产值95.75亿元，占工业总产值2.3%。年内，开发区基站设备、液晶显示器、数码相机等电子产品，电梯、风力发电设备等装备制造产品，胰岛素等医药产品均实现快速增长。

（俞沛霖）

高新技术产业规模继续扩大 2009年，天津开发区高新技术企业实现产值2109.46亿元，比上年增长5.5%，占全区工业总产值的50.2%。生物医药、航天技术、新能源新材料等产业对全区高新技术产业发展的作用不断提高。

（俞沛霖）

工业经济效益水平继续提升 2009年，天津开发区工业企业实现主营业务收入4264.34亿元，比上年增长13.1%，其中外商及港澳台投资企业实现3472.80亿元，增长1.1%。规模以上工业企业实现利润190.98亿元，增长30.5%；经济效益综合指数为272.00，提高24.6个点；总资产贡献率16.0%，提高1.4个百分点；资本保值增值率122.4%，提高7.7个百分点；成本费用利润率5.0%，提高0.8个百分点；产销率101.9%，提高2.2个百分点；工业全员劳动生产率38.66万元/人，可比增长17.4%。

（俞沛霖）

建筑业快速增长 2009年，全区建筑企业实现增加值20.54亿元，可比增长29.9%。完成建筑业总产值93.33亿元，比上年增长41.1%，完成施工面积6225.50万平方米。

（俞沛霖）

投资促进

概况 2009年，天津开发区积极推动“外资、国资、民资”同步发展。调整招商体制，创新招商策略，拓展招商渠道，加大后期服务力度，形成产业化招商新格局。至年末，累计批准来自74个国家和地区的外商及港澳台投资企业4734家，项目投资额537.96亿美元，合同外资金额405.37亿美元，实际使用外资金额225.48亿美元，项目平均投资规模1136.38万美元。其中投资规模超过1000万美元的项目806家，超过1亿美元的项目43家。全区有内资企业8830家，注册资本1309.12亿元，注册资本1000万元以上的1465家，其中民营企业849家。2009年《财富》全球500强企业中，有来自境内外的76家在天津开发区投资，投资项目158个。一大批国际著名跨国公司，如美国摩托罗拉、IBM、可口可乐、百事可乐、哈里伯顿、霍尼韦尔、联合技术、菲利普莫里斯、约翰迪尔、邦基，日本丰田汽车、丰田通商、雅马哈、矢崎、松下电器、电装、京瓷、出光兴产、伊藤忠商事、丸红商事、住友商事、佳能、三菱商事、三菱电机、三井物产、日商岩井、爱信、积水、日本邮船、川崎,韩国三星、现代、乐喜金星国际、浦项制铁,德国大众、大陆、蒂森克虏伯,瑞士雀巢,法国施耐德、拉法基、威立雅,英国葛兰素史克、BOC,荷兰阿克苏诺贝尔,丹麦诺和诺德、维斯塔斯,台湾地区鸿海、顶新、英业达,以及中石油、中国工商银行、中粮集团等成为天津开发区的投资主体。

(俞沛霖)

资金引进规模不断增大 2009年,天津开发区新批外商及港澳台投资项目116家,办理增资项目211家,项目投资总额63.73亿美元,比上年下降10.2%,合同外资金额54.32亿美元,增长7.1%,实际使用外资金额30.20亿美元,增长20.2%。新设立登记内资企业637家,增加注册资本企业264家,注册资本278.65亿元。新增民营企业643家,注册资本96.81亿元。

(俞沛霖)

项目质量不断提升 2009年,天津开发区新批外商及港澳台项目投资规模在1000万美元以上的有62家,新批项目平均规模3543.11万美元;新批跨国公司项目20家;新批《财富》全球500强项目1家。外商及港澳台项目增资总额达22.62亿美元,其中合同外资金额16.65亿美元,平均增资规模1072.25万美元。增资额超过1000万美元的项目25家,包括三星LED、诺维信生物医药、诺和诺德、维斯塔斯、俊安实业、京瓷太阳能、锦湖轮胎、康师傅饮品、丰田模具、爱克林等优势产业项目的引进和增资,为全区经济持续增长注入强劲动力。新设立1000万元以上的内资企业168家,新设立项目平均注册资本2978.18万元,增资超过1000万元的内资企业69家,注册资本平均增加1.20亿元,长城钻探、中兴能源、国芯科技、航天斯达、新兴重工、渤海装备、荣程祥泰等一批大项目的落户或增资,对内资的发展起到有力推动作用。

(俞沛霖)

现代服务业招商取得新成效 2009年,天津开发区以金融、服务外包、物流、贸易为代表的现代服务业项目持续增长。全区第三产业新批外资项目92项,增资项目24项,合同外资金额37.77亿美元,比上年增长23.0%;新注册内资企业577家,新增注册资本191.71亿元。通过推进基础设施供应、政策支持以及服务外包培训等一系列平台的搭建,吸引周大福滨海中心、中联重科融资租赁、东京建务投资公司、天津铁合金交易所、华润物流电力海运、中铁联合国际集装箱、中航油北方储运中心、亚速旺商贸、尚邦租赁、易买得超市、渤海风险投资引导基金、四维资本创业投资、建银国际财富管理、中金经典基金管理等一批服务业项目落户或增资。

(俞沛霖)

贸易促进与会展业

概况 2009年,天津开发区发挥企业服务中心作用,完善重点企业帮扶长效机制,支持和促进中小企业发展,拓展公平贸易,培育完善的区域市场环境,企业服务专业化、规范化、制度化水平不断提高。全区实现进出口总值268.55亿美元,比上年下降19.5%,其中外商及港澳台投资企业完成248.30亿美元,下降20.4%。进口总值完成135.14亿美元,下降16.7%,其中外商及港澳台投资企业进口122.40亿美元,下降17.5%;出口总值完成133.41亿美元,下降22.2%,其中外商及港澳台投资企业完成125.89亿美元,下降23.0%。加工贸易实现出口116.83亿美元,下降23.4%,一般贸易出口实现15.11亿美元,下降19.4%。全区工业产品外销率21.7%。重点产品出口保持稳定。移动电话、半导体器件、数码相机、激光唱机和视盘机、锂离子电池、汽车零部件、医药品、医用仪器及器具等重点产品出口形势保持稳定,多数产品出口态势持续回升。高新技术产品出口90.17亿美元,占全区出口总额67.6%。机电产品出口119.43亿美元,占全区出口总额89.5%。

(俞沛霖)

重点企业在全区出口中继续发挥主导作用 2009年，全区实现产品出口的企业775家，其中出口额超过1000万美元的101家，出口总额125.03亿美元，占全区出口额93.7%；出口额超过1亿美元的企业22家，实现出口额105.09亿美元，占全区的78.8%。

（俞沛霖）

对外贸易稳步发展 2009年与天津开发区发生贸易关系的国家和地区192个，其中出口产品涉及的国家和地区187个。全年对美国出口31.90亿美元，对欧盟出口25.32亿美元，对东盟出口11.96亿美元，对韩国出口14.21亿美元，对日本出口10.71亿美元，对俄罗斯出口2.83亿美元。

（俞沛霖）

会展业持续发展 2009年，天津开发区举办展会25次，展览总面积35.20万平方米，比上年增加9.91万平方米，累计吸引参观31万人次。成功举办2009国际航空航天贸易展洽会、2009国际手机产业展览会暨论坛、全球绿色经济峰会、2009中国国际矿业大会、天津开发区建区25周年庆典等一系列高规格会议，有力提高了开发区的知名度和品牌价值。

（俞沛霖）

固定资产投资

概况 2009年，天津开发区完成全社会固定资产投资334.92亿元，比上年增长30.7%，其中外商及港澳台项目完成投资115.23亿元，增长2.7%。截至年末，全社会固定资产投资累计完成2264.02亿元。全年工业项目完成投资176.34亿元，增长20.4%，占全区固定资产投资的52.7%。工业项目固定资产投资额超千万元的115个，其中过亿元的35个。新一代运载火箭产业化基地、渤海钻探、一汽丰田新皇冠改造、长城乘用车生产基地、三星LED、维斯塔斯、诺和诺德胰岛素灌装、金耀生物园、诺维信生物医药及顶益新厂迁建等重大项目，促进了全区工业投资增长。

（俞沛霖）

第三产业投资快速增长 2009年，天津开发区第三产业完成投资158.56亿元，比上年增长44.7%，其中房地产完成投资32.47亿元，增长41.5%。现代服务产业区（MSD）、周大福滨海中心、永旺购物中心、国电海运、腾讯研发及数据中心、约翰迪尔农业机械测试中心、药明康德、渣打科营中心等项目，为开发区现代服务业发展注入新动力。

（俞沛霖）

基础设施承载和保障能力持续增强 2009年，天津开发区加大基础设施建设力度，第二原水管线、净水厂三期、西区滨民220千伏高压线路迁移、四号热源厂等一批项目完工，西区二热源厂、还迁房能源供应管网、大火箭能源供应管网及津滨高速改扩建等项目顺利实施。全年完成基础设施投资90.40亿元，比上年增长92.6%。历年累计基础设施投资完成439.77亿元。

（俞沛霖）

城区建设与管理

城市载体功能继续提升 2009年，天津开发区建成生物医药联合研究院、海云街通用厂房、西区生物医药产业一期、第二小学、瑞馨白领公寓等项目；加快推进服务外包白领公寓、科技发展中心一期、政府公屋等项目建设。不断优化区域环境，为构筑高端产业基地和宜居生态城区提供平台。全年开工房屋面积141.44万平方米，竣工153.40万平方米。历年累计房屋开工面积2156.83万平方米，竣工1566.66万平方米。

（俞沛霖）

区域综合保障能力继续加强 2009年，天津开发区自来水售水量5160.25万立方米，再生水售水量258.00万立方米；售电量32.30亿千瓦时；天然气售气量1.39亿立方米；销售热力388.89万吨。至年末，开发区累计形成路桥长度435.27公里，路桥面积877.33万平方米，给水管网543.74公里，排水管网1103.76公里，供水能力48.40万吨/日，供热能力2096.50吨/小时，供电能力1440.00兆伏安，供燃气262.80万立方米/日，污水处理能力11.45万吨/日，雨水总排放能力231.16立方米/秒，污水总排放能力23.25立方米/秒，光纤长度8.37万芯·公里，通信管道3037孔·公里，城域互联网出口带宽100G，城域网主干速率达70G。累计开发土地80平方公里，其中工业用地37.94平方公里。

（俞沛霖）

交通运输、仓储和邮政业发展迅速 2009年，天津开发区交通运输业保持较快增长，各种运输方式完成货运量3697.00万吨，货物周转量177.50亿吨公里；旅客发送量2870.70万人次，其中津滨轻轨运送旅客1725.00万人次，增长8.3%。年末，全区有客货运输单位258家，客货营运车辆5567部，其中货运车辆5336部。邮电业持续快速发展。全区完成邮政业务总量0.10亿元，发送信函52.89万件。

（俞沛霖）

批发和零售业快速发展 2009年，天津开发区企业完成社会消费品零售总额111.02亿元，比上年增长20.3%。实现商品购进总额746.35亿元，增长8.7%；商品销售总额752.28亿元，增长6.3%，其中，金属材料类商品销售额237.45亿元，增长7.1%；石油及制品类商品销售额98.90亿元，增长14.1%；汽车类商品销售额53.13亿元，增长16.6%；中西药材类商品销售额7.44亿元，增长14.7倍。

（俞沛霖）

住宿和餐饮业保持健康发展 2009年，天津开发区住宿业实现营业收入5.57亿元，比上年下降11.1%。各宾馆实际住宿76.54万人次，增长8.3%，其中境外旅客18.03万人次。餐饮业实现营业收入3.59亿元，下降4.7%。

（俞沛霖）

房地产业快速增长 2009年，天津开发区商品房销售面积52.79万平方米，比上年增长1.6倍，其中商品住宅50.80万平方米，增长1.6倍；商品房销售额50.77亿元，增长1.7倍，其中商品住宅48.15亿元，增长1.7倍。房屋施工面积92.50万平方米，其中商品住宅施工面积89.84万平方米。房屋竣工面积16.89万平方米，其中商品住宅16.89万平方米。

（俞沛霖）

城市管理再上新水平 2009年，天津开发区数字城市管理系统通过国家住房和城乡建设部验收，被评为国家数字化管理试点城区。全年数字城管按期结案率达87.6%。完成社区居委会换届选举工作，天津开发区成为全市首个100%实行社区直选的区域。年末，全区共成立15个社区，7个社区居委会，建立17个社区志愿者服务站和55支社区志愿团体，全年组织志愿活动12.50万次，志愿服务时间50万小时，全区有全民健身场所21个。社会救济、优抚安置、老龄、民族和宗教、计划生育等工作顺利推进。

（俞沛霖）

产业园区

概况 2009年，三小区工业平稳发展。天津开发区微电子工业区、逸仙科学工业园、开发区汉沽现代产业区完成工业总产值754.58亿元，比上年下降12.6%。其中微电子工业区实现产值673.25亿元，下降14.4%；逸仙科学工业园实现产值43.61亿元，下降3.8%；开发区汉沽现代产业区实现产值37.71亿元，增长17.4%。

（俞沛霖）

开发区汉沽现代产业区项目进展顺利 2009年，园区增资及新进驻企业7家，其中增资4家，新进3家，注册资本5554万美元，投资总额44252万美元，到位资金3149万美元。至年底，园区入区企业52家，总投资额15.3亿美元，注册资本4.5亿美元，合同外资额3亿美元。2009年区域产值38亿元，税收1.5亿元。

（俞沛霖）

微电子工业区经济平稳科学发展 2009年，受国际金融危机影响，微电子工业区主要经济指标比上年下降14.25%，占开发区16.04%；出口54.46亿美元，下降18.04%，占开发区40.82%；实现就业2.98万人。园区新注册企业5家，增资企业2家。有注册企业108家，世界500强企业11家，累计吸引投资总额16.15亿美元。

（俞沛霖）

逸仙科学工业园经济整体趋于稳定 2009年，逸仙科学工业园完成招商引资额4475万美元，其中增资企业2家，分别为固瑞特（天津）复合材料有限公司、邦盛医疗设备（天津）有限公司；新注册企业4家；标准厂房顺利出租；完成麦芙得项目土地出让工作。三星视界手机电池项目发展良好，产值不断增长；广宇电子顺利转型，生产趋于稳定；博琅、罗特氏更换股东后看到复苏迹象；新艺电子走上自新之路；安施电子平稳过渡。园区标准厂房出租顺利完成指标。

（俞沛霖）

西区开发

概况 2009年，天津开发区西区完成固定资产投资69.71亿元，比上年增长18.1%。工业项目投资44.78亿元，增长42.2%；基础设施投资25.09亿元，下降8.6%。7平方公里生活配套区建设启动，显著提升西区整体功能和环境。维斯塔斯一体化风电生产基地、东汽风电风力发电机组、航天液压装备等一批项目相继建成投产。新一代运载火箭、长城乘用车等重点项目建设全力推进。维斯塔斯、立中合金等企业快速增长，东方电气、津路钢铁等新企业投产，带动西区工业高速增长，实现工业总产值140.10亿元，比上年增长43.9%。

（俞沛霖）

西区项目建设顺利运行 2009年，新一代运载火箭基地整体填土工作全面完成，进场道路、施工用各项能源设施接入工作全部完成。军品部分首栋开工的厂房储箱焊接厂房主体建设全部完成。启动民品项目入区，首个项目冷拔管项目（又称航天液压项目）建成投产；第二个项目结构强度环境工程中心项目（又称航天斯达项目）完成注册。长城汽车项目整体填土工作全面完成，进场道路、施工用各项能源设施接入工作全部完成。至年底，维斯塔斯一体化风电生产基地控制系统工厂、机加工工厂新建项目以及机舱工厂、叶片工厂扩建项目建成投产，该公司在西区形成集机舱、叶片、发电机、控制系统和机械部件生产于一体的完备生产体系，形成维斯塔斯在全球规模最大的一体化风电生产基地。

（俞沛霖）

基础设施和公建项目建设有序进行 2009年，西北、西南组团填土主要围绕新兴铸管等重点项目建设展开，正全力推动中，累计完成填土370万立方米；西北组团北大街、西南组团南大街建设全力推进；冬旭路排水、道路工程启动建设。生活配套设施不断完善。由基建中心实施的西区体育场建成投入使用，蓝领公寓、武警营房建设进入收尾阶段，加油站建设正在进行，西区生活配套设施不断完善。

（俞沛霖）

金融、保险、证券

概况 2009年末，全区有银行机构32家，其中外资银行7家，银行营业网点81个；各类保险机构11家；融资租赁、保理、财务公司等其他金融企业37家；上市公司6家，其中境外上市公司2家。

（俞沛霖）

金融业多元化快速发展 2009年，天津开发区非银行金融机构投资活跃，吸引建银国际、普凯等为代表的私募股权基金项目69个，新增认缴出资额133.11亿元，实缴出资额29.15亿元。中联重科融资租赁正式营业，尚邦租赁增资扩大业务，天津汉能小额贷款公司投入运行，开发区金融业得到进一步完善。

（俞沛霖）

证券、保险业运行平稳 2009年，保险承保额2844亿元，比上年下降4.5%；保费收入4.72亿元，增长0.8%；理赔支出3.34亿元，增长34.6%。证券成交额8320.19亿元,增长87.7%,其中股票成交额7894.08亿元,增长1.1倍。

(俞沛霖)

科技信息化

科技创新体系进一步完善 2009年,天津开发区推动区域自主创新能力和科技成果转化能力提升,提高知识产权创造、运用、保护能力,为构建自主创新高地、高端产业高地提供强力支撑和保障。投入科技发展金和科技风险金1.81亿元,申请专利1101件,其中发明专利440件。至年末,开发区投入科技发展金和科技风险金累计21.61亿元,授权专利1906件,其中发明专利373件,内资企业授权专利636件。

(俞沛霖)

科技创新平台规模化提升 2009年,国家级重大创新平台天津国际生物医药联合研究院一期投入使用,已吸引国内外20多家研发团队入驻开展新药创制。国家超级计算天津中心落户。滨海新区集成电路设计平台吸引苏州国芯等十几家电路设计高端企业入驻。至年末,天津开发区有各类孵化器12家,孵化场地面积39.1万平方米,在孵企业325家,有工程技术研究中心28家、企业技术中心20家、跨国公司研发中心51家,有风险投资公司35家。

(俞沛霖)

科技研发和创新活动空前活跃 2009年,开发区申报各类科技创新项目160多项,90个项目列入天津市级以上科技计划项目,获得政府无偿资助9000余万元。国家超级计算天津中心建设、数字多媒体应用处理器SoC芯片研发及产业化、油田钻井废弃物处理成套技术和装备产业化、数字化X光影像关键设备开发及产业化等8个项目列入天津市第三批自主创新产业化重大项目,11家单位的11项科技项目分获天津市科技进步一、二、三等奖。认定高新技术企业99家,认定软件企业9家。至年底,开发区累计有高新技术企业164家,认定软件企业65家。技术交易总额8.40亿元,完成技术合同登记443份,科技成果登记22项。

(俞沛霖)

环境保护和节能减排

区域环境质量良好稳定 2009年,天津开发区环境空气质量达到或好于国家二级空气质量标准天数314天,比上年增加4天,二级达标率87.1%。区域环境噪声平均值52.7分贝,道路交通噪声平均值66.4分贝,达到国家区域环境噪声标准。水环境保持稳定,全区集中式饮用水水源地水质达标率100%,污水处理厂出水水质达标率100%。市控重点水污染源在线监控率100%、烟气在线监测率100%。

(俞沛霖)

循环经济工作得到有效推动 2009年,完成《天津开发区循环经济发展规划》编制,开通"绿色再生资源网",推动区域中水回用工程,促进建立低碳经济技术交流国际合作平台。区域ISO14001环境管理体系运行良好,至年末,全区累计有156家企业通过ISO14001认证。

(俞沛霖)

区域绿化工作稳步推进 2009年,天津开发区新增绿地面积313.39万平方米。至年底,全区绿化面积1654.67万平方米,其中公园绿地面积155.95万平方米,建成区绿地率20.9%,绿化覆盖率21.5%,人均绿地面积98.08平方米。

(俞沛霖)

节能减排顺利推进 2009年,开发区二号热厂、西区热源厂、四号热源厂脱硫设施改造、安装调试等工作完成,现代产业区污水厂一期改造项目完成建设,天津开发区主要污染物减排能力得到提升。主要污染物减排年度任务如期完成,二氧化硫排放总量削减2%,化学需氧量排放总量完成控制指标。万元地区生产总值能耗161.97公斤标准煤,比上年下降4.8%,万元工业增加值能耗142.57公斤标准煤,下降4.3%;万元地区生产总值耗电528.15千瓦时,下降6.6%,万元工业增加值耗电

489.06千瓦时，下降10.7%；万元地区生产总值新鲜水消耗5.36立方米，下降16.1%，万元工业增加值耗水4.19立方米，下降18.8%。

（俞沛霖）

社会事业

教育体系继续完善 2009年，天津开发区第二小学竣工投入使用，第五幼儿园及天津科技大学二期工程进展顺利，区域教育资源稳步增加。至年末，全区有各级各类学校12所，其中大学5所，民办学校2所；在校学生3.55万人，其中大学生2.93万人，中小学生0.62万人，外籍学生814人；教职工2728人，其中外籍教师147人。有幼儿园6所，入学儿童1550人。开发区居民及流动人口子女九年制义务教育入学率100%，高中毕业本科上线率68%，其中一本上线率44%。社区教育课时量超过3000小时，课程门类40余个，2000余人次接受社区教育。

（俞沛霖）

医疗卫生保障水平提升 2009年，泰达国际心血管病医院通过美国医院管理协会"JCI"认证，泰达医院在"全国医疗服务质量万里行"活动中名列全市前列，社区卫生服务站提供10万人次以上医疗、健康咨询、义诊、计划免疫等方面服务，形成综合、专科医院与社区卫生服务站相互补充的良好格局。强化传染病预防机制，加强食品卫生监督，完善职业病预防机制，区域公共卫生安全水平显著提高。至年末，开发区有7家综合性医院、3家专科医院，12家社会力量办医疗机构、8家社区卫生服务站，52家企业保健站，拥有各类卫生技术人员1183人，其中高级职称的156人，病床1206张，万人医疗床位75.61张。全年诊疗61.58万人次。

（俞沛霖）

文化体育活动活跃 2009年，泰达图书馆通过天津市一级馆评定；泰达时尚体育休闲广场投入运营；启动"泰达新艺术区"，为文化创意产业提供孵化平台；开发区文化信息共享工程新增3个基层中心，实现文化信息资源互动点播，举办泰达新市民艺术节和建区25周年庆祝联欢会等大型文化活动。年末，泰达图书馆馆藏图书91万册，其中电子出版物31万册，全年累计接待读者223万人次，借阅图书27万册次。泰达档案馆全年档案借阅利用1万人次，馆藏档案资料48万卷（件）。

（俞沛霖）

区域人才实力增强 2009年，开发区引进高级人才80名。至年末，全区累计引进高级人才698名，有企业博士后工作站54个，在站博士后81名，拥有人力资源服务机构10个，其中民营机构7个。全年培训技工1.55万人，其中中级工以上8024人。举办各类人才招聘会31场，吸引4590家企业9万人次参加。新增就业岗位2.15万个。新建青年见习基地14家，至年底累计60家。

（俞沛霖）

社会保障事业稳步发展 2009年，天津开发区新增投保单位134家，全区累计投保单位4224家，养老保险征缴21.36万人，失业保险征缴21.35万人。养老、医疗、失业、工伤、生育及子女医疗5个险种社会保险征缴30.25亿元，比上年增长15.0%，其中基本养老保险缴费额19.20亿元，医疗保险缴费额8.43亿元。发放养老保险1.15亿元，向6423名离退休人员发放养老金。

（俞沛霖）

天津港保税区

概 述

天津港保税区是中国对外开放的重要区域，是天津滨海新区的核心组成部分。保税区是在我国改革开放进入到90年代初期，借鉴国外自由港、自由贸易区和出口加工区等成功经验的基础上设立的。全国先后批准上海、天津、深圳、大连、厦门等15个保税区。天津港保税区于1991年5月12日经国务院批准，首期批准面积1.2平方公里，1992年10月国务院再次批准，总面积扩至5平方公里，其中海关保税监管面积3.8平方公里，另有1平方公里的非保税区域，是我国华北、西北唯一的，北方规模最大的保税区。2000年10月，天津空港国际物流区经市人民政府和民航华北管理局批准设立，位于天津滨海国际机场货运区，核准面积1平方公里，由天津港保税区管委会和天津滨海国际机场共同规划、开发、建设和管理。2002年10月15日，市委、市政府批准设立空港物流加工区作为保税区的扩展区，位于滨海国际机场东北侧，规划面积42.5平方公里，这对保税区乃至天津市的发展都具有十分重要的意义。2004年8月，天津保税物流园区经国务院批准设立，规划面积1.5平方公里，一期0.6平方公里。2005年5月，把海港保税区1平方公里区域置换到空港加工区，设立空港保税区。2006年，为建设空客项目，在东丽区大力支持下，保税区在高速公路以南征地1333.33公顷，建设空客项目和配套设施，其中3万平方米第二跑道已移交天津机场，预计还有土地移交天津机场。2008年3月，为空客项目配套，滨海新区综合保税区经国务院批准设立，此为全国第二家综合保税区，将开展进出口货物的分拨、分配、分销等配送业务，规划面积195.63公顷，将形成以保税功能为特色、以航空产业为依托、具有国际先进水平的民航产业聚集区。截至2010年1月，保税区有两个区域，即海港保税区、空港经济区，总面积73平方公里。保税区管委会是市政府的派出机构。海关、出入境检验检疫局、外汇管理局、国税局、地税局、社险中心、公安局、检察院、法院、消防局、交管局在区内均设有独立机构。

2009年，在市委、市政府和滨海新区领导下，保税区贯彻落实科学发展观，克服金融危机不利影响，攻坚克难，真抓实干，区域经济综合实力明显增强。实现生产总值515.2亿元，比上年增长24.3%。其中，第二产业增加值126.5亿元，增长32.2%；第三产业增加值388.7亿元，增长21.8%。第二产业增加值占地区生产总值24.6%，比上年上升0.3个百分点。二、三产业比例为24.6:75.4。工业总产值601.7亿元，增长28.8%。固定资产投资230.2亿元，增长52.9%。完成财政收入92.8亿元，增长11.5%。区级财政收入49.4亿元，增长94.1%。完成工商税收75.8亿元，下降4.2%。其中，增值税18.9亿元，增长16.4%；营业税16.2亿元，增长54%；企业所得税26亿元，下降39.8%；个人所得税5.5亿元，增长22.3%。区级工商税收完成32.5亿元，增长51.6%。财政支出46亿元，增长86.2%。实际利用外资18.2亿美元，增长20%；内资企业注册资本320.3亿元，增长87.8%。国际贸易受国际金融危机影响较为严重，实现进出口总额100亿美元，下降20.7%；出口23.6亿美元，下降39.3%。主要经济指标在天津市及滨海新区中占比进一步提高。合同外资额、实际利用外资额、进出口总额占天津市比重均超过15%，占滨海新区比重均超过20%；地区生产总值（GDP）占天津市和滨海新区比例分别提高0.4个和0.6个百分点。在全国保税区中继续名列前茅，实际利用外资额、固定资产投资额位列全国保税区首位，地区生产总值、工业总产值、税收总额位列次席；工业总产值增幅居首位，地区生产总值、实际利用外资、税收总额、固定资产投资增幅居次席。年末，全区就业人员14.9万人，比上年末增加0.8万人；全员劳动生产率34.5万元/人，比上年提高13%。

完成空港经济区空间结构与行动规划，提出"航空主导、多元发展，建设综合经济区"的发展定位，明确"三区九组团"的空间布局，确定"打造六大亮点"的行动规划。完善重点区域城市设计。完成航空城控规、交通规划、公共配套设施调整规划以及飞机制造利用机场跑道等规划的编制工作。与东丽区合作开发航空新区获市政府批准，开始纳入区域规划设计。

航空产业发展取得新进展。空客A320飞机总装项目投入运营，交付11架飞机，带动古德里奇航空技术、泰雷兹雷达、英德拉雷达、西飞A320机翼总装、海特、航新、维斯通用航空等27家世界知名航空企业落户。通讯信息产业集群取得新突破。沃尔沃IT、紫光测控、东软、CSC数据中心、安道斯研发中心等项目先后开工建设。现代服务业发展迈上新台阶。招商局北方物流基地、国际商业机器保理、日本邮船汽车物流、航美传媒等现代服务业企业在区落户。

制定实施"六、七、十"功能开发方案。市场规模扩张速度加快。贵金属、大宗商品、煤炭、酒类4家市场投入运营，长昊钢材、中福口岸钢材市场注册。至年底，累计注册市场18家，运营13家，市场会员1625家，交易商品19种，交易额突破300亿元。保税功能不断创新。威斯特公司开展旧非公路自卸车及发动机翻新复出口业务获国家商务部批准，进口汽车查验和检测中心具备运营条件，空港国际物流区引进7家知名物流企业入区经营。

完成行政审批事项精简，比上年减少22%的审批事项；启动企业设立联合审批，平均提速到3.4个工作日；推行投资项目联审效能监察登记制度，审批运行速度达到全市统一要求；完善审批信息化服务，启动行政审批管理服务系统。出台服务企业发展7项措施，包括设立2亿元的贷款担保特别风险专项资金，对企业参加国内外展会提供补贴，设立专项资金补贴场地租费、土地税差额，设立1亿元出口发展资金，拿出专项资金保障员工培训就业，副处级以上干部每人联系10家企业，对520家企业开展"一对一"帮扶服务。

完善卫生监督体系，搭建预防性体检和外来务工免费体检平台；开展丰富多彩的务工青年文化活动；调解争议案件700余起，获得天津市首批劳动关系和谐园区称号；狠抓安全责任落实，强化应急管理工作，加强安全隐患和不稳定因素排查，健全情报信息制度，没有发生重特大安全事故和突出的群体性事件；圆满完成国庆60周年等重大敏感时期安全保卫工作。

海港保税区。1991年5月12日经国务院批准设立，面积5平方公里，具有国际贸易、国际

相关链接：

"六、七、十"功能开发方案："六"，打造维修检测、培训、医疗、成本、公共研发和测试、动漫及影视后期制作六大保税平台；"七"，建设汽车、棉花、电子、钢材、食用油、医药及医疗设备、空港物流七大保税物流中心；"十"，发展汽车、棉花、煤炭、钢材、稀有金属、化工、食糖、洋酒、贵金属、危化品十大保税市场。

物流、临港加工和展示展销四大功能，是我国华北和西北唯一的、北方规模最大的保税区。区内设有保税物流园区，规划面积1.5平方公里，一期封关运作0.6平方公里。

海港保税区拥有特殊优惠政策，从境外进入保税区储存的货物、区内企业使用境外的机器设备和为加工出口产品所需的原材料，不征关税及增值税、消费税，不实行配额、许可证管理；区内企业可开立外汇现汇账户，企业经营所得外汇实行意愿结汇；企业在区内加工出口产品，不设保证金台账等。截至2009年，海港保税区形成以保税为特色，临港为依托，自由贸易为运作空间的功能产业基本框架，在服务中国北方经济发展中发挥辐射和带动作用。发挥联接两个市场的窗口和桥梁作用。在国内超前实行市场准入，采取较为宽松的贸易政策，成为大批国际贸易企业的聚集地。2009年，保税区3000多家贸易公司与世界上100多个国家和地区建立贸易联系。美国3M、霍尼韦尔、泰科电子、美卓矿机，德国大众、奔驰、汉莎、海德堡，法国家乐福，日本住友、丰田通商、松下、伊势丹、欧姆龙，韩国三星、SK，泰国正大，香港华润，台湾永立建机等知名国际贸易企业在保税区投资。发挥作为国际货物进出绿色通道作用。保税区成为国际商品的重要集散地，形成较完整的物流产业链和以信息化为代表的第三方物流服务平台，先后吸引新加坡叶水福，瑞士地中海，日本邮船汽车物流，荷兰世天威、铁行渣华，美国普洛斯，澳门振华物流，香港招商局北方物流基地，中远散货、中化集团等200多家跨国物流企业，棉花、食用糖、汽车、橡胶、煤炭、稀有金属等大宗商品交易市场聚集。临港加工业形成聚集效应。美国卡特彼勒、雪佛龙、久益，韩国SK润滑油，台湾台达电子，香港嘉里粮油，黑龙江农垦集团九三油脂，龙威粮油、TPCO工业园在区内投资。

区内的保税物流园区除享受保税区各项政策外，国内货物进入园区视同出口，实行退税。保税物流园区积极拓展国际采购、分拨和过境贸易业务，实现进口集装箱货物直提分拨功能及功能延伸，引进瑞士名门、日本川崎汽船、香港东方海外等一批具有全球经营网络的第三方物流企业，形成港口、航运、物流园区的良性互动。

空港经济区。2002年10月经市委、市政府批准设立，原名天津空港物流加工区，2010年1月经市委、市政府决定更名为天津空港经济区。规划面积46平方公里，是融现代服务业、科技研发转化和先进制造业为一体的综合经济区。2009年5月，与东丽区达成协议，在空港经济区以南紧邻机场的位置合作开发航空城新区，面积22平方公里。至此，空港经济区总面积达68平方公里。在空港经济区，设有1平方公里的全国第一个空港保税区、2平方公里的综合保税区和1平方公里的空港国际物流区。

空港经济区以国际化、人文化、生态化为标准，民用航空、通讯信息、装备制造三大产业初具规模，努力建设国际一流的现代化新城。围绕空客A320总装线项目建设，法国泰雷兹、左迪雅戈，西班牙英德拉，美国古德里奇、PPG，中航直升机、西飞机翼总装、海特、航新、维斯通用航空等世界一流航空项目落户，航空产业迅速成为天津产业发展的一大亮点。积极搭建科技创新园、软件外包服务基地等科技发展平台，加快高科技项目集聚和产业链条培育，瑞典沃尔沃IT，台湾威盛电子，以色列安道斯，美国CSC，中兴通讯、大唐电信、中科院工业生物研发转化基地、清华紫光、华旗资讯、金发科技、东软等领先项目，带动通讯信息产业能级提升。装备制造业发展势头强劲，法国阿尔斯通，意大利扎努西，美国卡特彼勒、豪士卡、特雷克斯，加拿大麦格纳、加铝，日本川崎重工、神户制钢，柳工机械、新疆特变电、鞍钢、天汽模等骨干企业相继开工或投产。

空港物流园位于滨海国际机场货运中心区。新加坡淡马锡丰树、台湾华宇航空货栈、空港货运等企业入区经营。

滨海新区综合保税区是国家批准的第二家综合保税区，重点发展航空研发、加工制造、维修改装、物流配送、商贸展示等功能，为空客项目顺利实施提供政策保障，形成具有国际先进水平的民航产业聚集区。

（张志强）

大 事 记

1 月

2 日 市金融办批准天津滨海新区天保小额贷款有限公司筹建。

4 日 天津港保税区与天津国投签订投资协议。

5 日 紫光测控(天津)有限公司项目签约仪式在清华大学举行。清华紫光测控公司董事长胡家为博士、保税区管委会副主任王富强参加。

7 日 保税区管委会召开2009年工作会议,深入学习贯彻市委九届五次全会和滨海新区工作会议精神,总结2008年工作,安排部署2009年工作。管委会主任冯志江发表《以勇敢、智慧、团结和拼搏,迎接2009年的挑战》的讲话。

8 日 市委常委、滨海新区管委会主任苟利军,副市长王治平出席在北京人民大会堂举行的天津市政府与中航工业集团直升机基地项目签约仪式。保税区管委会主任冯志江、副主任赵海山参加。

16 日 天保基建公司新发行的6900万股成功上市。

18 日 中共中央政治局常委、国家副主席习近平在中共中央政治局委员、市委书记张高丽和市委副书记、市长黄兴国陪同下,视察空港加工区。

21 日 市委副书记、市长黄兴国,市委常委、滨海新区管委会主任苟利军会见华旗资讯(爱国者)公司总裁冯军一行,并出席该公司与保税区投资合作协议签约仪式。

30 日 国务院总理温家宝出访西班牙期间出席西班牙英德拉集团与天津764通信导航技术有限公司、北京擎天航空投资管理有限公司合资项目签约仪式。根据协议,三方将在空港加工区设立英德拉空管设备(天津)有限公司,生产与销售航空交通控制系统。

2 月

5 日 市委常委、副市长崔津渡在空港加工区召开租赁业务会议。保税区管委会副主任王富强参加。

6 日 市委书记张高丽、市长黄兴国出席在空港物流加工区召开的加快滨海新区开发开放领导小组第七次会议。保税区管委会主任冯志江、副主任张今威参加。

12 日 保税区行政审批管理服务系统正式启动运行,逐步实现服务大厅窗口人员的绩效考核、办件查询、群众评价、行政效能监督、审批信息公开等功能。

13 日 保税区行政审批服务网站正式开通运行,为企业和申请人及时了解国家相关法规政策、审批办事流程、远程办件查询、行政效能监督等提供更加便捷的审批办理服务。

15 日 中共中央政治局常委、国务院总理温家宝到空港物流加工区视察。

16 日 浙江省省长吕祖善、云南省省长秦光荣分别到空港物流加工区视察。

同日 根据市政府《关于取消调整行政审批事项和向区县下放审批权限的通知》要求,保税区管委会完成171项行政审批事项梳理调整工作。

17 日 市委书记张高丽,市委副书记、市长黄兴国,市委常委、常务副市长杨栋梁,市委常委、滨海新区管委会主任苟利军会见恒银科技集团名誉董事长李慧芬,苟利军出席恒银科技有限公司开业仪式。恒银金融科技园在空港经济区投资9.5亿元,组建国家电子银行工程研究中心和金融自助服务运营中心,将成为国内领先的金融自助设备研发基地和产业化基地。

18 日 市委常委、滨海新区管委会主任苟利军到空港加工区柳工、特变电、亚实动力等企业调研。

同日 天保控股公司与中国建设银行股份有限公司天津分行签署额度为300亿元的银企

战略合作协议。

20日 市人大常委会主任刘胜玉,市委常委、滨海新区管委会主任苟利军陪同北京市人大常委会主任杜德印到空港加工区调研。

26日 柳工北部工程机械研发制造基地举行投产仪式。市委常委、滨海新区管委会主任苟利军出席。柳工北部工程机械研发制造基地规划占地26.67公顷,建成后将包括研发商务中心、装载机工厂、推土机工厂、零部件工厂等,规划年产各类工程机械1万台以上,产值50亿元。

同日 中国直升机公司举行揭牌仪式。市委常委、滨海新区管委会主任苟利军、副市长王治平出席。天津保税区与中国航空工业集团共同投资80亿元组建中航工业直升机有限责任公司,主要从事直升机、轻型多用途飞机、螺旋桨、风电产品和复合材料结构件的研制开发,将成为我国直升机总部基地、研发基地、产品总成基地和客户服务支持基地。

同日 空港第一所综合托幼园运营管理进行招投标开标工作,确定北京东方剑桥幼教集团为保税区第一所综合托幼园运营主体。

27日 卡特彼勒公司柴油发电机组项目开业仪式举行。市委常委、滨海新区管委会主任苟利军出席,保税区管委会主任冯志江,副主任尉永久、王辅国参加。柴油发电机组项目投资总额5425万美元,将建设中型发电机组、400系列和1100系列发电机组3条组装线,1个大型发电机组组装区,主要进行发电机组的装配与测试。

28日 重庆市政协主席邢元敏到空港加工区视察。

3月

3日 国家审计局局长马建堂到空港加工区参观。

4日 保税区管委会制定发布区域《工程建设项目招投标监督管理办法》和资格预审、评标办法两个《实施细则》。

9日 保税区管委会制定发布区域《政府投资建设项目管理办法》。

11日 市委书记张高丽、市长黄兴国出席中国科学院与天津市政府共建天津工业生物技术研究院投资协议签字仪式。保税区管委会主任冯志江、副主任王富强陪同。

12日 中航工业A320飞机机翼总装生产线建设项目奠基仪式举行。市委常委、滨海新区管委会主任苟利军出席。中航工业公司在保税区内投资建设的飞机机翼总装生产线项目,将完成机翼结构装配、系统装配与测试、活动翼面安装与功能测试等整体装配工作环节。

13日 副市长任学锋出席在保税区召开的国内招商引资工作推动会。保税区管委会副主任王富强参加。

16日 雷盟(天津)实业有限公司产业园举行开工仪式。市人大常委会副主任孙海麟出席。

18日 全国政协原副主席王忠禹到空港加工区视察。

同日 越共中央政治局委员、河内市委书记范光毅到空港加工区视察。

同日 中国贸促会党组书记万季飞到空港物流加工区参观。

同日 保税区机关第三次党代会召开,张今威、董华强、刘长江等9人当选机关党委委员,张今威当选机关第三届党委书记。

19日 市委常委、市委教育工委书记陈超英,市委常委、滨海新区管委会主任苟利军出席中科院天津工业生物研究所第一次领导小组会议。保税区管委会副主任赵海山、曲华林参加。

20日 中央军委委员、海军司令员吴胜利到空港加工区参观。

24日 市委书记张高丽、市长黄兴国在迎宾馆会见卡特彼勒集团总裁欧文斯。保税区管委会主任冯志江参加。1997年,卡特彼勒公司在天津保税区设立第一家外商投资企业亚实履带(天津)有限公司以来,投资规模不断扩大,在保税区4个项目运作良好。

25日 市委常委、滨海新区管委会主任苟利军在滨海新区管委会会见古德里奇公司总裁辛迪一行。古德里奇公司在综合保税区建立古德里奇航空产业园,开展飞机短舱组装和起落架、航空电子产品生产等方面合作。

同日 市政府发布《关于表彰奖励2008年度对外开放工作先进单位的通报》,保税区在全市21个区县排名中获得银奖。

27日 为落实市委、市政府“保增长、渡难关、上水平”的要求，应对金融危机对区内企业造成的冲击，保税区首次独立举办大型专场招聘会。

30日 市委常委、滨海新区管委会主任苟利军在空港物流加工区听取直升机和二跑道协调会汇报。

4月

2日 市委常委、滨海新区管委会主任苟利军出席保税区与法国STTS公司合资合同签字仪式，到空港加工区调研。保税区管委会主任冯志江、助理巡视员王黎明陪同。

14日 市委常委、滨海新区管委会主任苟利军在空港加工区主持召开与东丽区合作高速公路以南地块开发汇报会。

16日 市委常委、滨海新区管委会主任苟利军在滨海假日酒店会见中纺集团公司总裁赵博雅一行。保税区管委会副主任曲华林陪同。

20日 市委常委、滨海新区管委会主任苟利军在泰达万丽酒店会见法国航空航天谷主席托马斯。保税区管委会副主任赵海山陪同。

同日 天津机场二跑道通过竣工验收。

22日 市委书记张高丽、市长黄兴国出席在空港物流加工区举行的滨海新区开发开放第八次领导小组会议。保税区管委会主任冯志江参加。

23日 市委常委、滨海新区管委会主任苟利军在津利华酒店会见特变电工董事长张新。特变电工在空港经济区建成世界一流、亚洲最大的全封闭、洁净生产车间，引进具有国际领先水平的海德里希真空浇注设备、先进的硅钢片剪切自动堆垛系统，具备5万千伏安干式变压器研制能力，年变压器生产能力超1000万千伏安，居行业前列。

同日 中央学习实践活动巡回检查组到空港加工区调研。

24日 中央学习实践活动巡回检查组到保税区参观。管委会主任冯志江陪同。

25日 市委常委、常务副市长杨栋梁，市委常委、滨海新区管委会主任苟利军在迎宾馆出席由天津城建集团、中国一重集团、日本川崎重工、神钢株式会社和天津天保投资公司合资组建盾构机生产企业签约仪式。保税区管委会主任冯志江参加。

27日 市委书记张高丽，市委副书记、市长黄兴国陪同甘肃省委书记陆浩到空港加工区调研。保税区管委会主任冯志江，副主任赵海山、王富强陪同。

28日 市委副书记、市长黄兴国在迎宾馆会见上海同济同捷科技股份有限公司客人。同济同捷公司在保税区建设的汽车超级平台项目，年产值达200亿元。

30日 中国电子科技集团公司与天津市政府签署整体合作协议，决定在空港物流加工区建设光电技术研制及应用产业化基地。市委书记张高丽、市长黄兴国会见中国电子科技集团公司总经理王志刚一行。

5月

1日 市发改委正式批复《天津临空产业区(航空城)航空产业规划》。

同日 天津机场二跑道正式交付空客A320系列飞机总装线项目运行。

2日 全国政协原副主席杨汝岱到保税区调研。

4日 市委常委、滨海新区管委会主任苟利军出席在空港加工区管委会举行的中科院天津工业生物技术研究所第二次领导小组会议。

同日 世界500强CSC公司在保税区注册并开业，市委常委、滨海新区管委会主任苟利军会见CSC公司负责人。

同日 经管委会主任办公会审议批准，《保税区投资服务中心窗口人员考核办法》颁布实施。

6日 市人大常委会副主任李亚力率市人大代表一行到空港加工区调研。

7日 市委常委、副市长崔津渡到空港加工区贵金属交易市场调研考察。

8日 中共中央政治局委员、国务院副总理张德江到空港加工区视察。保税区管委会主任冯志江，副主任赵海山、王富强、张今威陪同。

同日 中航直升机公司举行开工典礼。市委书记张高丽在迎宾馆会见中航工业集团总经理林左鸣，市委常委、常务副市长杨栋梁参加会见并出席开工仪式。位于空港经济区的中航直升机公司天津产业基地总建筑面积27.3万平方米，至2017年，预计年产各类直升机300余架，占当年全球产量的15%-20%，打造具有国际竞争力的中国直升机产业核心聚集基地。

11日 市委书记张高丽、市长黄兴国出席在空港加工区召开的加快滨海新区开发开放第九次领导小组会议。保税区管委会主任冯志江参加。

12日 天津港保税区管委会与河北省辛集市政府在辛集市签署合作协议。保税区管委会副巡视员王黎明参加。

13日 空港物流加工区与东丽区政府签订合作开发紧邻空客项目的17平方公里土地合作框架协议。至此，航空城新区面积达22平方公里。天保置业公司受两区委托，负责区域土地开发的具体实施。

15日 市委副书记、滨海新区工委书记、管委会主任何立峰到海港保税区和空港加工区调研。保税区领导班子陪同。

17日 市委常委、市委政法委书记散襄军陪同潘作良事迹宣讲团到保税区参观。

18日 市委副书记、滨海新区工委书记、管委会主任何立峰出席空客首架飞机试飞仪式。

同日 天津滨海新区天保小额贷款有限公司正式开业。

19日 中洋(天津)国际船舶物流投资基金有限公司项目在保税区签约，注册资金9800万美元。管委会副主任王富强及天津新里程国际海运有限公司董事长刘宾出席项目签约仪式。

25日 市委副书记、滨海新区工委书记、管委会主任何立峰在塘沽区政府会见荷兰航天航空协会负责人并出席合作项目签字仪式。保税区管委会副主任尉永久参加。

26日 副市长任学锋出席在保税区举行的滨海新区电信产业高峰论坛活动。

6月

1日 经管委会批准，《天津港保税区行政许可服务大厅行政事业性收费管理办法》开始实施。

16日 保税区举办加快开放型经济发展服务月“6·16服务接待日”活动。

23日 市委书记张高丽、市长黄兴国出席天津空客A320总装公司首架飞机交付仪式。

24日 副市长任学锋在市政府会见日本NCR株式会社董事长三森隆司。

25日 副市长王治平在津利华酒店会见美国磁浮飞机公司董事长布鲁斯。保税区管委会副主任尉永久参加。

30日 国家财政部批准对空客A320总装线项目给予18亿元专项补助资金支持。

同日 保税区管委会与天津升华国际贸易公司签署投资协议。该公司在保税区设立复合材料生产基地，项目投资总额3500万美元。

7月

1日 《空港物流加工区空间结构与行动规划》正式定稿。该规划提出“航空主导、多元发展，建设综合经济区”的发展定位，明确“三区九组团”的空间布局，确定“打造六大亮点”的行动规划。

同日 保税区服务外包人才培训平台正式投入使用。

5日 中共中央政治局原常委、国家原副主席曾庆红到空港加工区视察。

10日 天津港保税区与内蒙古伊利集团投资协议签字仪式举行。市委副书记、滨海新区工委书记、管委会主任何立峰出席。内蒙古伊利集团在空港经济区投资2.89亿元，建设华北地区规模最大的奶粉分装项目。

11日 国家电监会主席王旭东到空港加工区参观。

15日 天保建设公司完成股权重组工作，获得新的营业执照，由合资公司变更为控股公司全资子公司。

17日 市委书记张高丽、市长黄兴国带队到空港加工区视察。保税区管委会主任冯志江、副主任曲华林陪同。

同日 市委副书记、市长黄兴国，市委副书记、滨海新区工委书记、管委会主任何立峰，市委常委、副市长崔津渡，副市长任学锋会见爱德蒙罗斯柴尔德金融集团首席执行官 Michel Cicurel 及西部发展控股董事长陈远东一行。法国爱德蒙罗斯柴尔德金融集团及西部发展控股集团联合在保税区注册爱德蒙罗斯柴尔德(天津)产业投资基金企业及西部发展(天津)产业投资基金企业。

21日 市委书记张高丽、市长黄兴国会见香港招商局集团总裁傅育宁一行。保税区管委会主任冯志江、副主任尉永久参加。

同日 副市长任学锋会见家乐福中国区总裁顾亚非一行。保税区管委会副主任张今威参加。

27日 市委副书记、滨海新区工委书记、管委会主任何立峰到空港加工区调研。

同日 保税区管委会发布《保税功能开发方案》,将保税区功能开发定位为打造六大保税平台、建设七大保税物流中心、发展十大保税市场。

8月

4日 副市长任学锋会见航美传媒集团总裁李晓亚。航美传媒集团决定在空港物流加工区设立广告传媒总部和技术中心,注册资金1.2亿元。

14日 天津港保税区与日邮物流(中国)有限公司副总经理谢烈在上海签署投资意向协议,成立日邮汽车物流中国总部及汽车物流中心,负责日邮在中国的所有汽车物流业务。

18日 市委副书记、滨海新区管委会主任何立峰会见北京华旗公司董事长冯军一行,并出席爱国者北方总部正式运营仪式。

21日 市委常委、市委教育工委书记苟利军到空港加工区视察科技企业。

24日 市委常委、副市长崔津渡,副市长李文喜出席在空港加工区投资服务中心举行的中国企业走向世界商标战略经验交流会。

25日 天津天保嘉业投资有限公司注册成立。该公司主要负责北塘综合开发工程中酒店C3标段、企业总部E3标段、住宅公寓F3标段的开发建设。

26日 海伟酒类交易市场举行开业仪式。副市长王治平、任学锋出席。

同日 天津港保税区与美国麦格普林磁悬浮项目框架协议书签约仪式举行。

同日 保税区管委会制定并发布区域《建设项目开口设置实施细则》。

28日 全国政协原副主席胡启立一行到空港加工区视察。

同日 副市长任学锋在空港加工区会见微软全球正版化事业部总经理毕曼柯一行。

同日 副市长任学锋出席保税区与鹦鹉螺公司项目投资协议书签字仪式。该公司计划投资9.7亿美元建立半导体综合生产基地,生产8英寸晶圆芯片,半导体综合生产基地最终将聚集IC半导体供应商、制造商、面板生产商和显示器装配商,成为世界主要液晶显示器和电视的制造基地之一。

29日 市长黄兴国陪同北京协和医院院长赵玉沛一行到空港加工区参观。

31日 市长黄兴国会见上海同济同捷公司总裁雷雨成。保税区管委会主任冯志江、副主任尉永久参加。同济同捷公司是国内最大的全专业、综合性独立汽车设计工程公司,在保税区建设汽车超级平台项目。

9月

1日 国务院南水北调办公室主任张基尧到空港加工区参观。

3日 副市长任学锋在天津干部俱乐部会见航新科技集团一行。航新科技集团在空港物流加工区设立北方运营基地,主营直升机、通用飞机机载电子设备、机械附件维修;飞机机载电子设备、系统加改装及其他新兴业务。

5日、6日 市政协主席邢元敏,市委常委、市委教育工委书记苟利军,市政协原副主席曹秀荣分别会见香港知名人士、影业巨子邵逸夫一行。保税区管委会副主任张今威参加。

11日 老挝人民革命党中央总书记朱马利一行到空港加工区视察。

14日 苏格兰交通、基础设施与气候变化副大臣图尔特一行到空港加工区参观。

16日 中航国际物流项目在保税区举行签约仪式。该项目主要打造航空零部件展示、交易的市场平台,并为保税区航空产业提供良好的物流配套条件。一期总投资3亿元,注册资本1亿元,建筑面积10.5万平方米。

18日 副市长任学锋会见世界500强瑞典沃尔沃公司(中国)总裁优其民一行。该公司决定在空港物流加工区注册VOLVO IT研发中心项目。

29日 天保基建公司建设的天津空港物流加工区百利商务区项目正式开工。项目占地面积6.3万平方米，建筑面积13万平方米。

30日 天津滨海国际汽车展开幕式举行。市委副书记、滨海新区工委书记、管委会主任何立峰，市政协副主席何荣林出席。

同日 天保国际商务园项目开始桩基施工，进入实质性施工建设阶段。该项目是滨海新区"十大战役"之西部片区战役的重要组成部分，建设集总部经济、金融服务和研发办公及综合配套功能为一体的综合商务服务功能区，计划2010年12月竣工。

10月

14日 市委副书记、市长黄兴国，市委副书记何立峰陪同由省委书记赵洪祝率领的浙江省党政代表团到空港加工区参观。保税区管委会主任冯志江、副主任张今威陪同。

16日 市委副书记、滨海新区工委书记何立峰，市委常委、副市长崔津渡在迎宾馆会见美国IBM公司全球副总裁、全球融资部渠道融资与资本市场总经理马里奥·贝纳蒂斯一行。IBM(中国)投资有限公司决定在保税区成立IBM保理(中国)有限公司，负责管理IBM在中国的保理试点业务。此为我国首家由世界500强投资成立的外资保理公司，也是我国第一家从事面向IT产业开展保理服务的外资公司。

18日 市政协副主席刘长喜出席卡特彼勒公司10周年庆典。

20日 市政协主席邢元敏陪同北京、上海、重庆三市政协主席到空港加工区参观。

22日 水利部海河水利委员会与空港加工区管委会签署投资合作协议，投资中国华北水利水电集团总部项目。

26日 市人大常委会副主任李亚力在空港加工区投资服务中心会见四川海特集团总裁李飚并出席投资协议签字仪式。海特集团天津基地投资项目将建设直升机大修线、通用有翼机大修线、支线飞机大修线、航空机载设备维修中心及总部。

28日 副市长王治平在空港加工区会见华旗资讯总裁冯军一行，出席爱国者移动电脑项目产品鉴定会。

29日 市委副书记、滨海新区工委书记、管委会主任何立峰会见空客公司高级顾问戴丹利一行，空客公司与保税区决定共建物流中心项目。

同日 市委副书记、市长黄兴国，市委副书记何立峰，副市长王治平在迎宾馆会见到津出席空客亚洲首个物流中心签约仪式的欧洲宇航防务集团首席执行官路易·加洛瓦。

同日 经商务部批准，保税区威斯特(中国)机械设备有限公司开始开展旧非公路自卸车及其发动机翻新复出口业务。此为保税区功能开发的一项重要成果。

11月

5日 市委常委、市委教育工委书记苟利军出席安道斯公司签约仪式。

6日 市委副书记、滨海新区工委书记、管委会主任何立峰出席中纺油脂开业仪式。该公司由中纺油脂有限公司收购原中盛粮油公司全部资产后组建，拥有罐区仓储能力11万吨，年油脂加工能力可达45万吨。计划到2011年，通过扩建使油脂加工能力提高至110万吨，仓储能力达到18万吨。

10日 市委书记张高丽、市长黄兴国陪同江泽民同志到空港加工区视察。保税区管委会主任冯志江、副主任尉永久陪同。

11日 天保控股公司获得信用评级主体长期信用等级AA+和债项信用等级AA+，为40亿元中期票据发行、降低资金成本奠定良好基础。

18日 天津金发科技新材料有限公司项目在保税区签约成立，总投资20亿元，预计6年后产值可达百亿元。保税区管委会主任冯志江、副主任王富强和广州金发科技股份有限公司董事长袁志敏、执行董事熊海涛出席签约仪式。

同日 天保物流集团顺利通

过中国物流与采购联合会对4A级物流企业的初步审核及现场复核评审，获准继续保有4A级物流企业资质。

20日 空港物流加工区被授予市级劳动关系和谐园区称号。

22日 保税区管委会制定下发《天津港保税区、空港物流加工区实现低碳增长、发展循环经济、推进节能减排2010-2012专项行动方案》。

23日 天津港保税区管委会、海航集团下属天津渤海租赁公司、光大银行天津分行共同签署天津空客厂房融资租赁创新项目合作协议，标志着天津首例工业厂房在建工程融资租赁项目诞生。

12月

11日 天津港保税区数字化城市管理信息系统全部建成并正式运行使用。

同日 天保控股公司召开系统职工代表大会，审议通过《天津天保控股有限公司企业年金方案》。

16日 中共天津港保税区代表会议召开，选举产生29名参加中国共产党天津市滨海新区第一次代表大会代表。

17日 北京翰方烽火网络科技有限公司注册1亿元，成立滨海汉方（天津）科技股份有限公司签约仪式在空港加工区举行。保税区管委会主任冯志江、副主任王富强，北京翰方烽火网络科技有限公司董事长黄健参加。

21日 香港招商局物流项目签约仪式在深圳举行。香港招商局物流集团总裁李雅生、保税区管委会副主任王富强参加。

25日 诺基亚北方服务中心项目正式在保税区签约。项目总投资1亿元，落成后将成为一个包括总部、手机软件研发、换机中心、三级维修中心、零部件物流中心为一体的诺基亚北方服务中心。保税区管委会副主任王富强与诺金联凯公司董事长王志红出席项目签约仪式。

27日 天津港保税区管委会颁布实施区域综合执法行动方案，成立联合执法领导机构，并组织召开第一次综合执法联席会，明确各部门职责分工。

28日 天津港保税区与德国贝克矿山设备（集团）股份有限公司签订投资协议书，设立采矿设备生产基地，投资总额1000万美元。

30日 保税区管委会与天津市第一中学、天津市实验小学合作共建空港学校签约仪式在空港加工区举行。

31日 海洋石油工程有限公司总部项目在保税区签约。该公司为世界500强中海油全资子公司，年营业收入约130亿元，税收约4.2亿元。保税区管委会主任冯志江、副主任王富强和海洋石油工程有限公司总经理姜锡肇、执行副总裁张松甫出席签约仪式。

（张志强）

党务、政务

“保增长、渡难关、上水平”活动 2009年，保税区开展“保增长、渡难关、上水平”活动。自2月起，按照市委、市政府要求和帮扶企业活动领导小组部署，深化“为企业办实事、为群众解难题”活动，深入企业，上门服务，取得初步成效。各工作组深入工厂车间，全面了解企业生产经营情况和存在的困难和问题，填写企业情况表，汇总企业提出的问题115个，涉及生活配套、规划建设、能源配套、资金支持、税务、开拓市场、劳动保障、科技支持、政策落实、通关以及其他问题共11类，为有针对性地开展工作奠定基础。宣讲天津市出台的30条帮扶措施、保税区帮扶企业7项措施以及其他优惠政策及措施，使企业尽早用好、用足政策，降低金融危机对企业的冲击。管委会向社会公布服务企业热线电话，派专人接听来电。各工作组和管委会多次召开协调推动会，分解任务，落实责任，推动问题解决。

（张志强）

干部队伍建设不断加强 2009年，保税区加强干部考核工作。完善激励机制，出台“三考一聘”实施方案。加强对干部职工培训教育。以专题讲座、学习考察、任职培训等形式，拓宽干部职工知识结构，全方位提升干部职工职业素养和个人修养。推进体制机制创新。优化资源配置，完成管委会各工作部门和直属事业单位主要职能、内设机构和人员编制核定，以及处、科级干部晋升调整工作。关心干部职工的学习、工作和生活。落实关心干部职工，加强队伍建设的10点意见，让干部职工共享区域发展成果。

（张志强）

投资服务

概况 2009年，保税区坚持行业龙头与产业链招商相结合，加大招商引资力度。新注册内外资企业1207家，投资总额90.9亿美元，比上年增长27.3%。投资涉及贸易、物流、加工、服务等多个领域。其中，贸易项目702个，占项目总量58.1%；物流项目135个，占项目总量11.2%；加工项目23个，占项目总量1.9%；其他项目348个，占项目总量28.8%。

（张志强）

招商引资规模扩大质量提高 2009年，保税区新批外资项目109个，合同利用外资38.4亿美元，比上年增长6.6%；实际利用外资18.2亿美元，增长20%；投资总额在1000万美元以上的外资企业47家，项目平均投资规模2446万美元；项目以中国香港、韩国和美国为主，分别为40家、11家、7家。新批内资企业1098家，投资总额在1000万元以上的135家，企业平均投资规模1788万元。内资企业注册资本320.3亿元，增长87.8%；国内招商引资到位46.5亿元，增长27.4%。入区项目体现4个特点：①世界500强公司投资项目较多，国际商业机器保理、沃尔沃IT、日本邮船汽车物流、SK润滑油、中交一航局、中海油、中化集团7家世界500强在区投资；②行业龙头项目较多，吸引阿尔斯通、金发科技、伊利乳品、航美传媒等行业龙头企业入区；③总部经济项目较多，中航直升机、安道斯中国总部、凯雷创投中心、大唐电信、紫光测控、华旗资讯、汇恒置业等全国和地区总部先后注册；④基金项目较多，罗斯柴尔德股权投资基金、西部发展产业基金、吉得吉等先后完成注册。至年底，保税区企业达7500多家，其中世界500强75家、投资项目121个，形成航空航天、通讯信息、机械制造、生物医药、总部经济、服务外包、商贸物流、新能源新材料八大优势产业集群。空客、卡特彼勒、雪佛龙、大众、家乐福、加铝、阿尔斯通、汉莎、丰田通商、SK、NYK、IBM、沃尔沃、中兴、大唐、华旗资讯、中航、中远、海航、民生租赁等一批大项目、好项目相继落户。

（张志强）

管理服务效能全面提升 2009年，保税区完成行政审批事项精简，减少22%的审批事项；启动企业设立联合审批，平均提速到3.4个工作日；推行投资项目联审效能监察登记制度，审批运行速度达到全市统一要求；完善审批信息化服务，启动行政审批管理服务系统。成立52个工作组，处以上领导干部对520家企业开展“一对一”帮扶，协调解决各类问题151件。出台服务企业发展措施等帮扶政策，受理241家企业申请专项补贴1502万元，覆盖员工10849人，稳定岗位4840个。海关、检验检疫、国税、地税、外汇、社险等驻区单位密切配合，提高服务意识，强化服务手段，为区域发展做出应有贡献。

（张志强）

固定资产投资和区域建设

规划管理水平显著提升 2009年，保税区全面提升规划建设管理水平。完善空港物流加工区空间产业布局，形成“三九六”行动方案。“三九六”即“三区九组团六大亮点”。“三区九组团”是：高新产业区，包括航空产业、先进制造业、空港物流三个组团；研发转化区，包括电信、生物、光电三个组团；商贸服务区，包括商务、商业和生活配套三个组团。“六大亮点”是：航空港湾、两谷两园、总部基地、购物天堂、湖滨广场和创业家园。其中，航空港湾重点发展航空维修，占地3平方公里，以总装项目为龙头，吸引空客、直升机等整机维修项目；两谷两园占地4.3平方公里，包括以中科院工业生物研发转化基地、扶素生物为基础的生物谷，以中国电子科技产业化项目为支撑的光电谷，以东软、软通为核心的软件园，以中兴、大唐为依托的电信园；总部基地占地3.7平方公里，建设中航直升机、海航、华旗资讯、安道斯等企业总部和天保控股投资的59万平方米的总部与服务外包基地；购物天堂占地1平方公里，打造目的地消费商圈；湖滨广场占地0.8平方公里，建设健身中心、文化创意、电子体验、餐饮休闲等项目；创业家园占地0.9平方公里，建设国际医院、九年制义务学校、托幼园、文体中心、政府保障性住房、高档住宅等项目。编制完成航空城详细控规、交通规划、公共配套设施调整规划等。

（张志强）

固定资产投资快速增长 2009年，保税区完成固定资产投资230.2亿元，比上年增长52.9%。其中企业项目投资189.6亿元，增长42.7%。分行业看，工业完成投资72.2亿元，下降31.1%，占全部投资额31.4%；物流业完成投资8.4亿元，增长28.8%；商贸业完成投资1.4亿元，增长10.3%；社会服务业完成投资107.5亿元，增长432.3%。基础设施投资完成40.6亿元，增长130.5%。空港经济区、海港保税区分别完成基础设施投资40.1亿元、0.5亿元。

（张志强）

项目建设进展顺利 2009年，保税区建设项目124个，建设项目占地面积829.7万平方米，施工房屋面积786.2万平方米。项目建设呈现3个特点：①新项目质量较高，中航直升机总装基地、古德里奇、大唐电信、软通动力、恒银金融、紫光测控、伊利乳业等57个新项目开工建设；②企业项目建设推进力度较大，柳工机械、卡特彼勒、特变电工、普洛斯、西飞机翼等45个项目竣工投产；③商务配套项目取得新进展，邻里中心、白领公寓、蓝领公寓改造提升等项目主体竣工，文体中心、九年一贯制学校、总部和服务外包基地、限价商品房、房信独栋办公楼、时尚舞台等区域配套项目开工建设。

（张志强）

基础设施建设加快推进 2009年，保税区完成填土780万立方米，累计完成15.6平方公里填土。中心大道改造工程顺利完工；经三路等7条道路全部竣工，完成管线40公里、道路10公里；中环东路等6条道路和排水工程开工建设，完成管线7.3公里、道路1.7公里；贯庄区域道路正在进行管道施工。袁家河改线全面实施。中心大道、西九道、中环西路、西湖等景观提升工程基本完成，东湖景观全面动工。C地块广场竣工投入使用。

（张志强）

市容环境建设成效显著 2009年，保税区中心主干道绿化景观提升、河道水质改善工程全面启动；重点区域夜景灯光投入使用，市容连续10个月获全市评比第一。完成贯庄、山岭子拆迁工作，军事交通学院综合训练场、天津警备区国防用地征地工作，征转土地160万平方米，整合土地16.5万平方米。

（张志强）

加工制造

工业保持快速发展 2009年，保税区完成工业总产值601.7亿元，比上年增长28.8%。分行业看，现代冶金业完成209.6亿元，增长40%；食品饮料业完成141.9亿元，增长18%；民用航空业完成100亿元，增长17.3倍；装备制造业完成70.3亿元，下降24.9%；医药化工业完成27亿元，下降22%；电子信息业完成24.4亿元，增长45%；纺织服装业完成14.9亿元，下降27.9%；其他行业完成13.6亿元，下降47.2%。分企业类型看，外商及港澳台企业完成310.7亿元，增长13.3%；内资企业完成291亿元，增长50.9%。分区域看，空港经济区完成220.1亿元，增长70.7%；海港保税区完成381.6亿元，增长12.9%。

（张志强）

高新技术产业快速发展 2009年，保税区高新技术产业实现产值207亿元，比上年增长85.9%，占全区工业总产值

34.4%,比上年提高10.1个百分点。

（张志强）

企业经营情况好转 2009年，保税区工业企业产销率96.6%，比上年提高0.9个百分点。实现营业利润19.3亿元，增长1.1倍；实现工商税收9.4亿元，增长8.2%。

（张志强）

骨干企业日益壮大 2009年，保税区产值亿元以上企业54家，合计实现产值575.8亿元，占全区工业总产值95.7%，比上年提高4.4个百分点。产值超10亿元企业14家，比上年增加3家，合计实现产值454.3亿元，占全区工业总产值75.5%，比上年提高12.2个百分点。

（张志强）

建筑业稳定增长 2009年，保税区建筑业实现收入146.4亿元，比上年增长13%；实现利润3.4亿元，增长14.6%。建筑业施工面积391万平方米，竣工面积101.6万平方米。

（张志强）

科技研发

自主创新成效显著 2009年，保税区高新技术企业认定及专利申报工作完成情况良好。累计有36家企业通过高新技术企业认定，在全市各区县位列第三；获批各类专利408项，其中发明专利135项，分别比上年增长166.7%和135%。积极推动专利试点申报，12家市级、5家区级专利试点企业申报成功。全年承担30余项国家级、市级科研项目，获得财政经费支持3500万元。其中国家级项目3项，市创新资金项目3项，列入市委、市政府督办的自主创新产业化重大项目4项。全区市级科技进步奖达到3项，取得国际先进、国内领先技术水平的科技成果经鉴定达到5个。

（张志强）

信息化取得新进展 2009年，保税区积极推动区内科技资源整合工作，搭建科技共享平台。开通科研资源网络平台，首批210套大型仪器设备资源信息已经发布，可为区内企业提供公共服务；20个开放实验室挂牌开放；电子信息、生物技术2个大型公共研发平台开始建设。

（张志强）

第三产业

概况 2009年，面对国际金融危机不利影响，保税区依托海空两港优势，加快服务功能拓展，发挥区港联动效应，加快推进空港现代服务业发展，加快推进辐射中国北方的保税国际物流中心建设和作为国际货物大进大出的绿色通道建设，现代服务业呈现较好发展态势。完成增加值388.7亿元，比上年增长21.8%。其中，贸易业137.4亿元，增长33.1%；物流业127.3亿元，下降14.8%；金融业6.7亿元，增长16.5%；房地产业8.2亿元，增长36.5%；其他服务业109亿元，增长96.5%。

（张志强）

贸易业增势放缓 2009年，保税区贸易业实现商品销售额1257.3亿元，比上年增长6.7%。其中，金属产品销售额486.3亿元，增长8.7%；汽车类产品销售额280亿元，增长46.3%；电子产品和纺织品贸易受到一定冲击，销售额分别下降23.7%和19.7%。社会消费品零售总额67.5亿元，增长39.2%。商品销售额超过亿元的贸易企业151家，实现销售额1035.3亿元。空港汽车园汽车交易量超过10万辆，交易额130亿元，增长15.5%；海港汽车城交易量4000辆，交易额超过36亿元，增长43.8%。

（张志强）

物流业受金融危机冲击较大 2009年，保税区物流业实现营业收入308亿元，比上年下降48.6%。其中，远洋运输业受冲击最大，实现165.5亿元，下降60.5%；港口业26.1亿元，下降2.6%；货代与仓储业77.1亿元，下降31.3%。营业收入超过亿元的物流企业31家，比上年减少10家，实现营业收入247.2亿元。完成进出区货物总值373亿美元，比上年下降10.6%。其中，海港保税区163.6亿美元，下降

26.6%；保税物流园区87.4亿美元，增长1.9%；空港物流区113亿美元，增长14.2%；空港加工区8.9亿美元，下降9.4%。进出区货物主要为电子产品、动植物油、机械设备和金属制品等。

（张志强）

信息产业增势强劲 2009年，保税区以移动和联通为主的信息服务业实现营业收入115.6亿元，比上年增长57.7%；实现营业利润36.4亿元，增长26.4%；实现工商税收10.5亿元，增长15.8%。

（张志强）

其他服务业发展迅猛 2009年实现营业收入168.1亿元，比上年增长1.3倍；实现营业利润6.4亿元，增长1.2倍；实现工商税收15.8亿元，增长1.3倍。

（张志强）

国际贸易

概况 2009年，保税区完成进出口商品总额100亿美元，比上年下降20.7%。完成进口商品总额76.4亿美元，下降12.4%。其中采用仓储转口货物方式完成45.8亿美元，下降25.4%；采用一般贸易方式完成30.3亿美元，增长20.5%。完成出口商品总额23.6亿美元，比上年下降39.3%。其中采用仓储转口货物方式完成8.8亿美元，下降50.3%；采用一般贸易方式完成14.6亿美元，下降29.6%。

（张志强）

对外经济往来日益紧密 2009年，保税区在进口方面与118个国家和地区保持贸易联系，日本、美国和德国处于保税区进口来源前三位，分别实现进口额16.5亿美元、9.9亿美元、8.5亿美元，合计占保税区进口总额45.7%；德国成为拉动保税区进口的新亮点，完成进口8.5亿美元，比上年增加2.7亿美元。在出口方面与179个国家和地区保持贸易联系，美国、日本、安哥拉为保税区商品出口的前三大国家，出口额分别为2.1亿美元、1.6亿美元、1.5亿美元，合计占保税区出口总额22%。

（张志强）

进出口商品种类较为集中 2009年，保税区进口商品主要集中于汽车及其零部件、食用油、大豆、有机化学品、集成电路、航空部件、挖掘机等产品，进口额分别达到13.8亿美元、9.9亿美元、5.3亿美元、3.9亿美元、3.9亿美元、3.7亿美元、3.1亿美元，合计43.6亿美元，占全区进口额57.1%；出口商品主要集中于钢铁类产品、服装、无机化学品、食品饮料、挖掘机等，出口额分别达到3.7亿美元、2.9亿美元、1.6亿美元、1.4亿美元、1亿美元，合计完成出口10.6亿美元，占全区出口额44.9%。

（张志强）

环境保护和资源利用

环境保护取得新突破 2009年，保税区化学需氧量（COD）排放470吨，占允许排放量13.6%；二氧化硫（SO_2）排放量987.4吨，占允许排放量78.4%；污水集中处理率90%；工业固体废物综合利用率95.7%，工业危险废物处理处置率100%，工业重复用水率90.2%，工业废水排放达标率100%。完成噪声区划调整方案，编制完成《天津空港经济区生态工业园区建设规划》并报环保部审查。加大环境监测频率和范围，对100多家重点排污单位和区域景观水、噪声、土壤和大气进行监测，出具监测报告600余份；加强重点排污企业管理，对46家156台在线监测装置进行普查，在线监测装置安装率国控源达100%、市控源达81.7%，初步构建起区域环境监察和监测预警体系；5月12日，空港经济区环境空气质量自动监测站通过验收投入运行。

（张志强）

节能减排有力推进 2009年，保税区企业各类能源消耗合计251.2万吨标准煤，其中原煤26.8万吨、电力37.7亿千瓦时。万元地区生产总值能耗512公斤标准煤，比上年下降4.7%。其中，工业652公斤标准煤，建筑业750公斤标准煤，物流业1614公斤标准煤，贸易业113公斤标准煤。结合区域实际，制定《天津保税区循环经济和节能减排管理办法》、《天津保税区重点用能单位考核管理办法》；修改并实施《天津保税区循环经济和节能减排专项资金管理办法》。安排392万元专项资金支持污水原位再生设施建设、用能设备改造、地热等可再生能源利用以及ISO14001、清洁生产、能源审计等16个节能减排项目，撬动企业投入4360万元。16家企业开展清洁生产审核，33家工业企业通过ISO14001认证。蓝领公寓、白领公寓、邻里中心、中远地产、圣光假日酒店等项目采用深层地热能梯级利用技术，节约标煤6600吨，减排二氧化碳15180吨；阿尔斯通2兆瓦屋顶太阳能发电项目开始建设；中水厂形成1.5万吨/天的生产能力，金威啤酒、九三集团、圣光酒店、航空机电等公司分别建成污水原位再生设施，节约自来水近140万吨。

（张志强）

投融资体制改革和控股公司

投融资体制改革 2009年，保税区改革投融资体制，创新融资方式，加强资金运筹。盘活投资服务中心办公楼与空客厂房等资产；与中海信托、天津滨海股交所、平安银行合作，探索出信托可交易债的融资途径；争取国家、天津市、滨海新区各项扶持资金支持，争取到空客项目专项补助资金18亿元，其他项目支持资金1.64亿元；开展国有企业审计、基建审计等专项审计，规范财政资金，促进国企改革；加强对区域经济运行监控和分析，完成全国第二次经济普查工作。

（张志强）

控股公司 天保控股公司系保税区直属企业，主要负责区域基础设施建设、能源保障、市政养管、投资管理和配套服务。2009年，天保控股公司资产总额580亿元，比上年增长36%，位列天津市国有企业第六名；实现利润4.5亿元，增长108%。实行资源优化整合，制定并实施公司优化提升方案。加强所承担的空港总部和服务外包基地、湖滨广场、北塘片区、政务公屋、标准厂房等重点项目开发建设，在土地整理、区域拓展、重点基础设施及功能配套项目建设上发挥重要作用。与多家银行签署授信额达1300亿元的银企合作协议，参股组建民生金融租赁公司及渤海租赁公司，天保基建成功完成6900万元定向增发。

（张志强）

社会发展

人才高地建设显著提升 2009年，保税区修改完善《天津港保税区吸引高级人才的规定》，建立网上招聘、专场招聘和直接招聘“三位一体”的公共人才服务体系，全面落实人才入区奖励政策，对67名高级人才奖励300多万元。至年末，全区拥有各类人才3万余人。其中院士1名、学术带头人47名、长江学者2名、“131”工程创新型人才2名。搭建人才发展平台，推进博士后工作站和青年见习基地建设。新成立博士后工作站5家，累计13家；组织申办青年见习基地，已有32家，实习人员1346人。

（张志强）

和谐区域建设不断推进 2009年，保税区完善卫生监督体系，搭建预防性体检和外来务工免费体检平台；开展丰富多彩的务工青年文化活动，丰富外来务工人员精神文化生活。就业和社会保障工作稳步发展。全年创造就业岗位近9000个，率先完成社会保险扩面任务；调解争议案件700余起，获得天津市首批劳动关系和谐园区称号。安全稳定工作得到加强。狠抓安全责任落实，强化应急管理工作，加大信访工作力度，加强安全隐患和不稳定因素排查，健全情报信息制度，全年没有发生重特大安全事故和突出的群体性事件。公安、消防、审判庭、检察室、交警、武警等单位工作成效显著，圆满完成国庆60周年等重大敏感时期安全保卫工作，区域继续保持安全稳定的良好局面。

（张志强）

天津滨海高新技术产业开发区

概 述

天津滨海高新技术产业开发区(以下简称“天津高新区”)原称天津新技术产业园区,1988年3月29日,天津市人民政府办公厅下发《关于同意筹建天津市新技术产业园区的复函》,市人民政府同意筹建天津市新技术产业园区。1991年3月6日,《国务院关于批准国家高新技术产业开发区和有关政策规定的通知》确定天津新技术产业园区作为首批26个国家高新技术产业开发区之一。1992年6月17日,中共天津市委下发《中共天津市委、天津市人民政府关于组建天津新技术产业园区管理委员会的通知》,成立天津新技术产业园区管委会,为正厅局级行政管理机构,党的工作归口市委科技工委管理。1993年9月1日,天津市委决定建立中共天津新技术产业园区管理委员会党组。1995年5月24日,天津市人大常委会第16次会议通过《天津新技术产业园区管理条例》,以地方法规的形式确定了高新区管理机构与职责、高新技术企业的初审、认定和管理以及优惠政策等,成为天津高新区发展历史上的里程碑。2004年7月9日,中共天津市委下发《关于建立中共天津市委新技术产业园区工作委员会的通知》,建立天津市委新技术产业园区工作委员会,为市委派出机构。2006年7月10日,天津市第65次市长办公会上明确:“滨海高新区是天津新技术产业园区的扩区,由国家科技部和天津市共建,市高新区管委会对滨海高新区行使具体管理职能”。2009年3月5日,经国务院正式批复同意将“天津新技术产业园区”更名为“天津滨海高新技术产业开发区”。2009年3月26日,国家科技部正式批复同意《天津高新区创新型科技园区建设方案》,同意天津高新区启动并开展创新型园区建设工作。

高新区各项主要经济指标连续10年保持30%以上的增长速度,高新区注册企业4500余家,沪深股市上市企业8家,外商投资企业290余家,包括20家世界500强企业。产值上亿元的企业达到92家,10亿元以上的企业12家。2009年,天津高新区实现总收入2354亿元,比上年增长37%;地区生产总值500亿元,增长30%;区内企业研发总投入占销售收入4.2%,每万名从业人员拥有的当年新增发明专利数达36件。2009年,高新区拥有国家级企业技术中心、工程(技术)中心、市级以上研发机构、企业年专利申请量、市级以上科技立项、天津市自主创新产业化重大项目、高新技术企业数、技术市场年交易额、在孵科技型中小企业以及市级以上科技奖励等10项科技指标排名位列全市各区县第一。

天津高新区形成“一区六园”的格局,“六园”包括:华苑科技园、滨海科技园、南开科技园、武清科技园、北辰科技园和塘沽海洋科技园。其中,华苑科技园和滨海科技园是天津高新区的核心区,由高新区管委会对其实施全面行政管理;南开科技园、武清科技园、北辰科技园和塘沽海洋科技园作为功能区，高新区管委会对其发展规划、产业布局、创新体系建设等方面进行协调和指导。

高新区核心区。华苑科技园坐落天津市区西南部，规划面积11.58平方公里，1994年开始开发建设。滨海科技园位于滨海新区内，规划面积30.5平方公里，由国家科技部与天津市人民政府共同开发建设，是国务院批准的国内第一个“部市共建”国家高新区，2006年开始开发建设。2009年，高新区核心区（华苑科技园和滨海科技园）实现总收入1014亿元，比上年增长37%；地区生产总值200亿元，增长37%；财政收入52亿元，增长22%；固定资产投资140.2亿元，增长75%；万元地区生产总值能耗下降4.4%。

南开科技园。南开科技园是天津高新区的功能区之一，位于天津市南开区西南部，占地面积12.22平方公里，园内有国内外著名的南开大学、天津大学等一批高等学府和天津药物研究院等一批国家和市级科研院所，教育、科研资源和人才资源丰富。2009年，南开科技园实现总收入315.2亿元，比上年增长21.3%。

武清科技园。武清科技园是天津高新区的功能区之一，控制规划面积32平方公里，已形成电子信息、生物医药、新型建材、机械制造、汽车及零部件五大主导产业。2009年，武清科技园实现总收入349.7亿元，比上年增长40.3%。

北辰科技园。北辰科技园是天津高新区的功能区之一，控制规划面积18.66平方公里，已有24个国家和地区的300余家企业投资建厂，其中包括美国沃尔玛、德国西门子、瑞士ABB、英国TI、韩国LG、日本丰田等世界500强企业。2009年，北辰科技园实现总收入715亿元，比上年增长22%。

塘沽海洋科技园。塘沽海洋科技园是天津高新区的功能区之一，控制规划面积24.48平方公里，已形成海洋高新技术、新材料、油品制造、现代机械制造、电子信息5个优势产业。以中海油服、海油工程、国家海洋信息中心等企业为代表，在海洋石油综合服务研发，海洋石油工程研发、设计和施工，水电工程设计，海洋信息服务等方面达到国内领先水平。2009年，塘沽海洋科技园实现总收入236亿元，比上年增长40%。

（董丽萍）

大　事　记

1月

13日 高新区召开2008年优质服务评比表彰工作会，表彰奖励2008年高新区优质服务评比活动中评选出的12个优质服务窗口、17位优质服务先进个人和19位部门优质服务先进个人。

15日 高新区管委会与北京大学高新区研究院签署战略合作协议，双方将在人才培养、成果转化等方面展开全方位合作。高新区管委会还与北大博士后管委会签署共建博士后创新基地合作协议，双方共建的博士后科研站和北大高新区研究院滨海分院同时揭牌。市委副书记、市长黄兴国会见全国政协常委、经济委员会副主任、北大高新区研究院院长厉以宁，向其颁发市长顾问聘书。还就推动高新技术产业发展和加强合作深入交流，并共同出席签约和揭牌仪式。副市长王治平参加会见并出席仪式，市政府秘书长李泉山主持。市政府副秘书长王志铭、刘剑刚，科技部火炬中心书记张序国、全国博士后管委会常务副主任庄子键、北京大学副校长张国有、北大博士后管委会办公室负责人范德尚、北大光华管理学院常务副院长武常岐，高新区工委书记周思纯，管委会主任宗国英、副主任任民谊参加会见并出席仪式。

22日 高新区召开2009年反腐倡廉工作会议。工委书记周思纯出席会议并讲话，工委副书记、管委会主任宗国英传达中共中央总书记胡锦涛在十七届中央纪委三次全会、市委书记张高丽在市纪委九届六次全会上的重要讲话，工委委员、纪工委书记刘毅传达市委常委、市纪委书记臧献甫在市纪委九届六次全会上的讲话，部署高新区2009年反腐倡廉工作任务。工委副书记张世军主持会议。

23日 高新区召开2009年工作会议。副市长王治平出席会议并讲话，市政府副秘书长王志铭出席会议。高新区工委书记周思纯讲话，管委会主任宗国英作2008年工作总结和2009年工作安排。工委副书记张世军主持会议。

2月

5日 市委、市政府在高新区召开第二批服务业重大项目建设推动会。市委书记张高丽，市委副书记、市长黄兴国出席并讲话。会前，市领导察看高新区软件与服务外包示范中心商务区建设情况，高新区工委书记周思纯、管委会主任宗国英陪同参观。

15日 中共中央政治局常委、国务院总理温家宝在中共中央政治局委员、市委书记张高丽，市委副书记、市长黄兴国陪同下在天津就经济运行情况进行调查研究。下午到高新区赛象科技有限公司、天津豪峰动画科技有限公司考察。高新区工委书记周思纯，工委副书记、管委会主任宗国英，工委副书记张世军陪同。

18日 天津津能明阳风电产业基地在滨海科技园开工建设。副市长王治平宣布项目开工并为风电基地奠基。该风电基地由天津市津能集团和明阳风电产业集团共同出资建设，整体项目建成达产后可实现600台整机及600套叶片的产能，实现产值70亿元并新增2000个就业岗位。该风电基地占地面积33.33公顷，将设一所国家级风电研究院、1.5和3.0兆瓦风电整机、叶片和控制部件生产厂。计划在该风电基地投产的以超级紧凑SCD风机技术为核心的3.0兆瓦陆上型风机，技术含量居于世界先进水平，拥有自主知识产权。未来开发的5.0和6.0兆瓦海上型SCD风机也计划在该风电基地投产。建成后将成为明阳风电产业集团北方总部、国家级研发中心和我国最大的风力发电机生产与出口基地。

24日 高新区成功通过由国家知识产权局组织的天津高新区国家知识产权试点园区验收。

同日 高新区召开天津高新区年鉴编纂委员会第一次会议暨《天津高新区年鉴(2009)》编纂工作动员会。

3月

5日 高新区两委机关召开第一批深入学习实践科学发展观活动总结大会。工委书记、工委学习实践活动领导小组组长周思纯作总结报告，总结第一批学习实践活动的主要情况、做法、成效和经验，并对今后的努力方向提出明确要求。工委副书记、管委会主任、工委学习实践活动领导小组副组长宗国英主持会议。

7日 李宁乐途项目落户高新区签约仪式在北京李宁有限公司举行。副市长王治平、市政府副秘书长王志铭会见李宁有限公司董事局主席李宁。高新区管委会主任宗国英和李宁集团执行董事、首席财务官钟奕祺签署合作协议。李宁乐途将以合资方式在高新区华苑产业区内设立总部项目，注册资本不低于等值的1亿元人民币，经营期限10年。该项目落户将大力推动天津高新区自主品牌和现代服

高新区第二批深入学习实践科学发展观活动动员大会现场

务业的发展。

11日 副市长王治平、市政府副秘书长王志铭到滨海高新区检查开发建设情况，现场协调有关问题，推动滨海高新区建设步伐。

23日 高新区召开第二批深入学习实践科学发展观活动动员大会。工委书记、工委学习实践活动领导小组组长周思纯传达中央和市委的有关精神和要求，对高新区开展第二批学习实践活动进行动员和部署。管委会主任、工委学习实践活动领导小组副组长宗国英主持会议。第二批学习实践活动范围主要是党组织关系在高新区的国有企业和非公有制企业支部和党员。

24日 银星光电产业园项目签约落户高新区。副市长王治平会见深圳银星集团副董事长叶伟青一行，并出席签约仪式。深圳市银星(集团)投资股份有限公司将建设银星光电产业园项目。该项目计划占地面积13.33公顷，计划总投资额8亿元，建设周期为三年，分设"一个基地八大保障中心"。其核心基地为天津卓越中阳光电科技总部发展基地，主要负责LED芯片的研发生产、质量检测及销售运营等。八大保障中心分别为LED光电、照明产品研发中心，光电产品生产中心，产品销售渠道运营中心，城市灯光规划设计中心，LED多媒体应用中心，光电科技产业园行政管理中心，光电科技产业园人才培训中心和员工住宅生活保障中心。项目建成后，其LED产业三年后销售收入将突破50亿元，至少引进5到10家相关光电企业，培育产值超10亿元企业3家，并将形成5家以上的骨干企业和5到10种拳头产品。

26日 国家科技部正式批复同意《天津高新区创新型科技园区建设方案》，同意启动并开展创新型园区建设工作。天津高新区正式进入首批国家创新型科技园区试点名单，全国仅4家。

27日 科技部副部长杜占元视察高新区高新技术产业发展状况，并考察滨海高新区部市共建工作进展情况。副市长王治平陪同参观滨海科技园规划展，并考察施工现场。

28日 由教育部示范性软件学院建设工作办公室和天津市人民政府信息化办公室、天津高新区、天津市教委共同举办的2009中国天津软件与服务外包人才培养高峰论坛在高新区举行。

4月

6日 市委、市政府印发津党〔2009〕7号文件，经国务院同意，天津新技术产业园区更名为天津滨海高新技术产业开发区。市委、市政府决定：中共天津市委新技术产业园区工作委员会更名为中共天津市委滨海高新技术产业开发区工作委员会，天津新技术产业园区管理委员会更名为天津滨海高新技术产业开发区管理委员会。

10日 副市长王治平带领市经委等部门深入滨海高新区重大工业项目建设现场，检查项目建设进度，协调解决存在的问题，要求全力以赴加快项目建设。

14日 副市长王治平带领市经委、市科委等部门到高新区察看三安LED新光源项目、曙光计算机二期项目、电子十八所搬迁扩能项目进展情况，协调解决建设中存在的问题，推进重大项目建设步伐。

16日 天津提爱斯海泰信息系统有限公司数据中心项目奠基仪式在高新区软件与服务外包产业基地举行。市委常委、市委科技工委书记陈超英出席并宣布项目正式开工。

同日 高新区科学技术协会第二次代表大会召开。市科协副主席洪解亮出席会议并讲话。高新区科协主席刘力代表第一届常委会做工作报告并当选为第二届科协主席，方健、申志丰、刘文安、池天河、许刚、戴林、朱永宏、苏寿成和张建国当选为副主席，佟铃任秘书长。

20日 高新区企业家俱乐部第一次活动暨揭牌仪式在赛象酒店举行。市人大常委会副主任、市工商联会长张元龙和高新区工委书记周思纯共同为俱乐部揭牌。

28日 天津滨海高新技术产业开发区揭牌仪式暨创新型科技园区建设动员大会举行。副市长王治平、高新区工委书记周思纯共同为"天津滨海高新技术产业开发区"揭牌。更名后的天津滨海高新技术产业开发区将启动并开展国家级创新型科技园区建设，标志着天津滨海高新技术产业开发区在对滨海新区发挥科技引领作用方面将起到更大作用。

同日 由天津滨海高新技术产业开发区、周广仁教育科技（北京）有限公司和今晚传媒集团共同主办的天津·2009“海泰杯”国际非职业钢琴比赛正式启动。此次由天津海泰控股集团冠名的钢琴比赛是由文化部批准、首次在津举办的艺术类国际赛事。

同日 浪潮世科、浙大网新、东华合创、光宇华夏、维德微电子、鑫天和电子、易游光影7家国内著名软件与动漫企业集体落户高新区。副市长王治平出席签约仪式。

30日 高新区召开庆祝“五一”暨劳动模范和“五四”奖章获得者表彰大会。市人大常委会副主任、市总工会主席邢明军出席，市总工会副主席黄淑玲、高新区工委书记周思纯讲话。

5月

1日 市委书记张高丽到高新区中环半导体公司看望节日加班的干部群众，听取高新区工委书记周思纯、管委会主任宗国英的工作汇报。

6日 中科院党组成员、北京分院党组书记何岩一行到高新区调研中科院院地合作产业化项目实施情况，并商谈中科院天津电子信息产业园建设方案。

8日 中共中央政治局委员、国务院副总理张德江莅临高新区考察调研，深入力神电池和赛象科技两家企业听取汇报。中共中央政治局委员、市委书记张高丽，市委常委、市委秘书长段春华，副市长王治平陪同。

同日 高新区企业力神电池股份有限公司与美国迈尔斯电动汽车有限公司举行签约仪式，在高新区合资组建力神迈尔斯动力电池系统有限公司。

12日 高新区召开处级以上干部大会。市委组织部常务副部长张俊滨受市委常委、市委组织部部长史莲喜委托，宣布市委关于高新区工委、管委会有关领导职务调整的决定。经市委研究，赵海山任天津市委滨海高新技术产业开发区工作委员会委员、副书记，天津滨海高新技术产业开发区管理委员会主任，免去其天津港保税区管理委员会副主任职务；免去宗国英天津市委滨海高新技术产业开发区工作委员会副书记、委员，天津滨海高新技术产业开发区管理委员会主任职务。余学林任天津滨海高新技术产业开发区管理委员会副主任（正局级）。

16－17日 中央企业青联“青春央企”系列活动暨“中央青联委员走进滨海高新区”主题活动在高新区举行。国务院国资委副主任黄丹华、中央企业青联主席许高峰率领中央企业青联考察团一行110人到津考察并出席主题活动。市委副书记、滨海新区工委书记何立峰会见考察团一行，副市长王治平陪同会见和考察。

24日 市委副书记、滨海新区工委书记何立峰一行深入滨海科技园综合服务中心、渤龙湖国际交流中心、华苑科技园高银117大厦和软件园三期BPO服务外包基地及赛象科技公司、力神电池公司实地考察，了解高新区开发建设及产业发展情况。

高新区领导与钢琴大赛演出评委亲切握手

6月

9日 高新区管委会、海泰控股集团、新加坡世纪资本伙伴有限公司（CPG）三方就设立高新区基础设施投资基金签署框架协议。市委常委、副市长崔津渡会见CPG公司执行总裁彼得·赖特一行。

10日 高新区参加第三届

中国企业国际融资洽谈会快速发展中的滨海新区午餐报告会推介活动，并举行绿色滨海、绿色高新2009新能源与环保技术产业投融资论坛，倡导协调可持续的发展理念及推介新能源与环保技术产业。

18日 力神大厦项目在华苑科技园举行开工仪式。该项目位于开华道与梅苑路交口，总建设用地10576平方米，规划总建筑面积72000平方米，拟建成一幢由塔楼与三层裙房组成的商务综合体，主体高度160多米，为华苑科技园环内部分第一高度。

22日 高新区软件园三期软件与服务外包产业基地开园仪式暨金蝶软件等四家软件企业签约仪式在软件园三期现场召开。副市长王治平，市级老领导叶迪生、梁肃，科技部火炬中心副主任马彦民出席。

24日 天津市与中国航天科工集团公司在迎宾馆签署战略合作框架协议。市委书记张高丽会见中国航天科工集团公司总经理许达哲一行，就加强双方合作深入交谈，并共同出席签字仪式。同时，中国航天科工集团第二研究院与高新区签署框架协议，合作建设航天科工智能科技产业园。

同日 通用电气(中国)融资租赁有限责任公司天津分公司落户高新区。市委常委、副市长崔津渡和美国通用电气金融集团大中华区总裁兼首席执行官顾宝芳女士共同为公司揭牌。

26－28日 高新区参加由国家科技部和天津市政府会同国家13个部委、7个国际和区域性组织共同主办的2009国际生物经济大会暨展览会，全方位推介高新区“国家生物医药国际创新园”。高新区管委会主任赵海山发表《大力推进“国家生物医药国际创新园”建设，打造北方地区生物医药产业龙头》的演讲。

7月

2日 由市文化广播影视局和高新区共同主办的天津市动漫产业基地揭牌仪式暨高新区原创动漫项目扶持资金颁发活动在高新区举行。副市长张俊芳、文化部文化产业司副司长李小磊共同为天津市动漫产业基地揭牌。

7日 市委副书记、滨海新区工委书记、管委会主任何立峰深入高新区滨海科技园渤龙湖总部经济区、综合服务中心施工现场视察。

11日 高新区两委召开2009年中期工作推动会。

17日 由市委副书记、市长黄兴国带队，市委理论学习中心组读书会暨“保增长、渡难关、上水平”活动现场交流推动会成员深入高新区滨海科技园重点项目建设现场实地察看。

同日 科技部发展计划司副司长刘金林一行到高新区，就滨海科技园区以及国家生物医药国际创新园建设情况专题调研。

8月

14日 由天津市政府和科技部共同举办的“百家国家级科研院所天津恳谈会”的参会专家、学者到高新区滨海科技园综合服务中心现场考察。

15日 国家工业与信息化部软件服务业司司长赵小凡到天津高新区调研，实地考察高新区软件园三期软件与服务外包产业基地。

19日 北京宇信易诚科技有限公司落户高新区签约仪式举行。该公司是国内第一家在美国纳斯达克上市的金融信息技术服务商，也是中国金融IT行业规模最大、最具影响力的企业之一。此次新成立的天津公司将作为地区总部运营，助推高新区发展高端服务外包和金融IT服务业。

21日 高新区顺利通过2009年度ISO14001:2004环境管理体系监督审核。

25日 副市长王治平到高新区滨海科技园，察看航天科技集团五院航天器制造及其应用产业基地、航天科技集团十一院特种飞行器研发生产基地、航天科工集团二院智能技术产业园、中国电子科技集团光伏产业基地4个项目现场，协调解决项目开工建设中的实际问题，推动签约项目尽快开工建设。

9月

1日 高新区召开第二批深

入学习实践科学发展观活动总结大会。工委书记、工委学习实践活动领导小组组长周思纯全面总结第二批学习实践活动情况,并对下一步巩固和扩大学习实践活动成果工作做出部署。工委副书记、管委会主任、工委学习实践活动领导小组副组长赵海山主持会议。

8日 市委副书记、滨海新区工委书记、管委会主任何立峰到华苑科技园调研,考察华翼蓝天科技、天津曙光信息、仁永动画、西门子电气传动有限公司、软件园三期项目。

同日 2009年高新区数字艺术"产学研创"成功模式展示暨安博(天津)数字艺术产业基地揭牌仪式在高新区举行。这种独特的"产学研创"联动方式,将企业运营、人才培养、技术研究与创业有机结合。

9日 高新区管委会与静海县人民政府战略合作补充协议签字仪式在静海县会议中心举行。双方商定,通过共同建设静海科技园,实现区县联动发展,打造科技产业集群,为天津市又好又快发展作出更大贡献。

25日 全国政协常委、国务院参事室副主任蒋明麟,国务院参事曲维枝等一行7人,考察高新区绿色能源、软件及服务外包等产业情况及滨海科技园建设情况。

27日 高新区举行祖国万岁——天津高新区庆祝新中国成立60周年演唱会。

28日 滨海高新区综合服务中心投入使用,渤龙湖总部经济区项目全面开工建设,标志着滨海科技园开发建设进入一个新的阶段。市委副书记、滨海新区工委书记、管委会主任何立峰宣布项目开工。

10月

4-24日 高新区组织两委处级干部22人赴美国进行建设管理学习培训活动。9日,赴美培训团在美国斯坦福大学成功举办招才引智推介会。

14日 副市长王治平深入高新区滨海科技园市重大工业项目现场,了解项目进展情况,协调解决存在的问题,推动重大项目加快建设步伐,确保年内完成全年建设计划。

20日 空中客车公司与北方重工集团旗下的法国NFM科技公司签署空客A350XWB宽体飞机专业运输夹具设计与制造采购合同。同时,NFM科技公司与天津赛象科技股份有限公司签署转包生产合同,将部分A350XWB宽体飞机专业运输夹具的生产任务交由赛象公司完成。此次签约是中国公司第一次参与空中客车新研发飞机项目的专业运输夹具的设计与生产。

23日 环渤海地区首家基于互联网的娱乐运营平台"海泰·可乐多互动娱乐平台"正式上线,在高新区举行平台上线暨产业合作签约仪式。

30日 由天津滨海高新技术产业开发区管理委员会主办、天津滨海高新技术产业开发区年鉴编辑委员会主持编纂的首部年鉴《天津滨海高新技术产业开发区年鉴(2009)》,由中华书局正式出版。

11月

7日 第三届中国产学研合作(滨海)高峰论坛暨2009中国产学研合作促进会年会在高新区举行。中共中央政治局委员、国务院副总理张德江,全国人大常委会副委员长、中国科学院院长、中国产学研合作促进会名誉会长路甬祥分别发来贺信。市委书记张高丽,市政协主席邢元敏,市委副书记何立峰在迎宾馆会见来宾。全国政协副主席张梅颖,科技部副部长李学勇,中国科学院副院长施尔畏,中国工程院副院长邬贺铨出席开幕式并讲话。市委常委、市委秘书长段

天津滨海高新区综合服务中心

春华，市政协副主席俞海潮，天津大学党委书记刘建平，市政府秘书长李泉山，市政协秘书长刘琨参加活动。

12日 天津力神电池股份有限公司锂离子动力电池扩建工程竣工典礼在高新区举行。市委书记张高丽，市委副书记、市长黄兴国会见中海油总公司总经理傅成玉一行。

23日 高新区BPO基地首个进驻企业天津宇信易诚科技有限公司开业。

24日 中科院北京分院与天津市科委、高新区举办中科院—天津市科技合作项目签约暨奖励大会。副市长王治平和中科院党组成员、北京分院党组书记何岩出席会议，为获奖单位和个人颁发证书，为中科天津电子信息产业园揭牌。

27日 中国风电集团与高新区签署合作协议，中国风电集团投资总部和物流贸易公司正式落户。市委副书记、滨海新区工委书记、管委会主任何立峰会见中国风电集团董事局主席兼行政总裁刘顺兴一行，并出席签约仪式。

12月

3日 中共天津滨海高新技术产业开发区代表会议召开。选举产生20名出席中国共产党天津市滨海新区第一次代表大会代表。

4日 为期8个月、由天津滨海高新技术产业开发区、周广仁教育科技(北京)有限公司、今晚传媒集团主办的面向全球钢琴爱好者的权威性国际赛事“海泰杯”国际非职业钢琴比赛决赛颁奖晚会在天津音乐厅举行。

6日 由台湾东元集团投资的天津东元创新科技有限公司在高新区揭牌成立，该公司将逐步发展成为东元集团在华北地区的总部基地。市委副书记、滨海新区工委书记、管委会主任何立峰出席揭牌仪式，并会见台湾工商协进会理事长、东元集团会长黄茂雄和台湾工业银行董事长骆锦明一行。

11日 国家广电总局副总编辑、宣传管理司司长金德龙一行5人，在市文化广播影视局副局长靳方华陪同下，到高新区考察动漫产业情况，对高新区申报国家级动画产业基地和国家动画教育研究基地进行验收。

12日 由市体育局、市体育总会、高新区管委会、高新区海泰数码科技有限公司共同主办的“海泰杯”天津市首届电子竞技公开赛举行。全市首个电子竞技专业比赛培训场馆也在华苑科技园正式启用。

17日 高新区“国家海外高层次人才创新创业基地”揭牌仪式举行。高新区被中央人才工作协调小组正式批准为国家第二批海外高层次人才创新创业基地，成为继中关村科技园区等5家高新区之后第二批入选的高新区之一，也是天津唯一一家被批准的以创业为主的国家海外高层次人才创新创业基地。标志着天津高新区正式成为国家“千人计划”实施的国家级基地。市委常委、市委组织部部长史莲喜为滨海高新区首批28名海外高层次留学人员颁发证书。

18日 天津高新区2009年驰名、著名商标颁奖大会举行。高新区管委会对获得中国驰名商标的天津力神电池股份有限公司、天津天地伟业数码科技有限公司2家企业各给予100万元奖励；对获得2009年度天津市著名商标的9家企业各给予20万元奖金。

(董丽萍)

党务、政务

第二批学习实践科学发展观活动 2009年3月至8月，高新区按照“党员干部受教育、科学发展上水平、人民群众得实惠”的总体要求，围绕“思想认识达到新高度、能力素质得到新提升、解决问题取得新成效、创新机制实现新突破、科学发展再上新水平”的目标，遵循“坚持解放思想、突出实践特色、贯彻群众路线、正面教育为主”的原则，以“勇当创新排头兵，争创一流高新区”为载体，组织党组织关系在高新区的国有企业和非公有制企业，包括海泰控股集团党委和高新技术企业党委及所属163个基层组织、2772名党员深入开展第二批学习实践科学发展观活动。分为学习调研、分析检查、整改落实3个阶段进行，重点抓好学习调研、解放思想讨论、召开领导班子专题民主生活会和专题组织生活会、形成领导班子

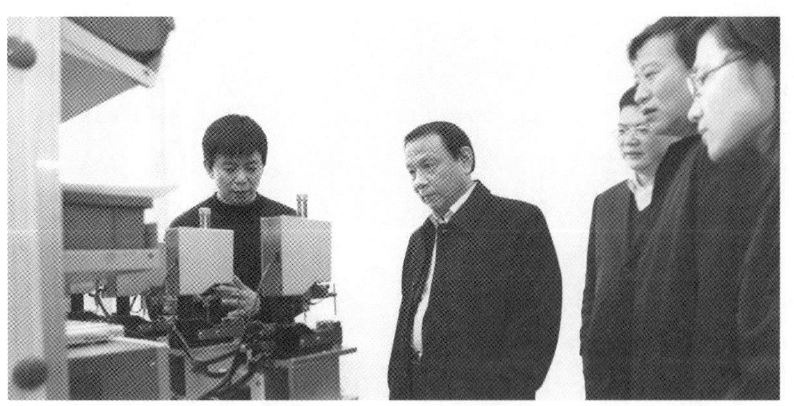
工委书记周思纯到企业调研走访

分析检查报告、制定整改落实方案、集中解决突出问题完善体制机制6个环节。

（董丽萍）

“保增长、渡难关、上水平”活动 2009年，按照全市统一部署，高新区深入开展“保增长、渡难关、上水平”活动，在全市率先出台“迎挑战、抓机遇、保增长的十项措施”，成立高新区保增长专项工作组，做好下基层服务企业工作，举办政策发布与企业联动发展信息对接会，建立高新区企业联动发展信息平台，加快兑现政策资金，拨出专项应急资金支持企业渡难关，实现贷款4.4亿元。高新区各行政服务部门全面实现行政审批大提速，推出即时办结事项116项，为企业提供全方位、高效率的优质服务，在全市行政许可服务中心综合考评中总成绩位列第一。协调解决环外食堂、员工交通、职工配套公寓等涉及企业与群众切身利益的问题。

（董丽萍）

滨海新区第一届人代会代表选举工作 2009年11月22日至12月31日，按照滨海新区第一届人民代表大会筹备组选举委员会的统一部署安排，高新区两委认真开展天津滨海新区第一届人大代表选举工作。高新区两委机关及全区企事业单位直接投入选举工作的干部350余人，统一选举日当天参加组织选举工作的干部2000余人。经过全区上下共同努力和高新区选举办公室成员历时40天紧张、高效的辛勤工作，圆满完成高新区人大代表选举工作，统一选举日参加正式投票选举的选民45158人，占登记选民总数96.1%。12月31日上午，投票统计工作结束，高新区应选14名人大代表全部按照合法程序顺利产生，代表构成比例、得票率全部符合法定要求，受到滨海新区人大选举筹备组有关领导的高度赞扬。

（董丽萍）

招商引资

概况 2009年，高新区下力量组建专业招商服务机构，加强招商队伍建设。实现实际利用外资额3.85亿美元，比上年增长20.6%；内联引资额32亿元，增长32.8%。招商质量明显提升。在引进新能源、总部经济和金融服务业方面取得突破，中海油新能源产业基地项目、航天器制造及应用产业基地项目、力神—迈尔斯汽车动力电池合作项目、航天科工智能科技产业园项目等一批大项目、好项目先后落户。利用国家生物医药国际创新园、天津市动漫产业基地和软件与服务外包产业基地的品牌效应，生物医药、软件服务外包及文化产业的招商工作也取得显著成绩，仪诺康、宇信易诚、时代天创等一批国内外龙头企业先后入区。

（董丽萍）

力神—迈尔斯汽车动力电池合作项目 2009年5月8日，高新区企业力神电池股份有限公司与美国迈尔斯电动汽车有限公司举行签约仪式，合资组建力神迈尔斯动力电池系统有限公司。新组建的力神迈尔斯公司将致力于开发生产锂离子动力电池系统，主要产品为高安全性能的锂离子动力电池单体电芯，电池组及锂离子电池动力系统。公司注册1亿美元，力神电池公司将以现金和专有技术方式出资，美国迈尔斯公司以现金方式出资。该项目一期投资2亿美元，项目建成后将形成年产2万辆电动汽车电池系统的生产能力，并将以中国、北美和欧洲电动汽车制造

2009年5月8日,力神—迈尔斯汽车动力电池合作项目举行签约仪式。

厂商为主要市场目标。

(董丽萍)

航天科工智能科技产业园项目 2009年6月24日,天津市与中国航天科工集团公司在迎宾馆签署战略合作框架协议。双方将在航天防务、信息产业、装备制造业以及现代服务业等产业方向上开展战略合作,加快国防科技成果转化和航天产品产业化,促进天津航天产业发展。中国航天科工集团第二研究院同时与天津滨海高新技术产业开发区签署框架协议。双方商定,合作建设航天科工智能科技产业园,进行航天安保技防工程、航天医疗器械、航天数控系统及自动化装备、信息安全等民用项目和军用项目的研发制造,产业园总投资超过80亿元。

(董丽萍)

重大项目建设

概况 2009年,高新区新建项目21项,在建项目67项。其中,尤尼索拉和中环领先两个项目提前建成投产,赛象科技新厂房和津能15兆瓦太阳能等项目投产进展顺利,力神五期主体厂房、明阳风电叶片厂房顺利竣工,航天五院厂房、药物研究院安评中心、三安LED厂房主体部分建设进展顺利,渤龙湖总部基地等项目按要求开工建设。

(董丽萍)

渤龙湖总部经济区项目开工建设 2009年9月28日,渤龙湖项目全面开工建设。作为滨海新区“十大战役”之一的渤龙湖总部经济区项目,坐落滨海科技园内,北临东丽湖,西侧为空港产业区,南侧为开发区西区,总占地面积2.62平方公里,总建筑面积近200万平方米,项目总投资近100亿元。其中,总部基地区约42万平方米,商务商业区约88万平方米,生态居住区约62万平方米。该项目的开发建设由海泰控股集团具体承担,计划用一年左右时间完成基本建设。在未来一至两年内,将形成一个集总部基地、研发中心、星级酒店、商业商务中心、高档住宅区和滨水生态景观于一体的综合性经济区域。

(董丽萍)

力神锂电扩建项目竣工 2009年11月12日,天津力神电池股份有限公司锂离子动力电池扩建工程在华苑科技园举行竣工典礼。作为天津市首批20项重点工程之一,该项目总投资16亿元,设备投资9亿元,引进国际一流的锂离子电池生产线,年产能达2万辆纯电动汽车配套电池和2亿只电动工具及笔记本电脑电池,实现产值40亿元。力神五期工程采用世界上最先进的“连续制浆极片喷涂”电

2009年9月28日,滨海新区“十大战役”之一的渤龙湖总部经济区项目举行开工仪式。

极制造工艺,投巨资引进世界最先进的电极制造设备，确保锂离子动力电池产品的质量和安全性指标达到世界一流。在电池装配工艺技术方面，公司在引进、消化、吸收基础上,实现装配设备国产化,节约近亿元设备投资。

（董丽萍）

自主创新体系建设

国家创新型科技园区试点获得批复 2009年3月26日，国家科技部正式批复同意《天津高新区创新型科技园区建设方案》,同意天津高新区启动并开展创新型园区建设工作。天津高新区成为全国首批4家创新型科技园区试点之一。建设创新型科技园区是科技部落实自主创新战略和建设创新型国家的重要实践和探索，旨在推进有条件的国家高新区进行“二次创业”，实现以创新驱动发展。天津高新区建设国家创新型科技园区的总体战略定位,就是要发展成为“创新极”,发挥对滨海新区的“领航”作用。目标是到2015年,高新技术企业和产业规模明显壮大,自主创新能力显著增强，主要经济、技术指标全面进入先进高新区行列。市政府专门成立由副市长王治平任组长的市高新区国家创新型科技园区建设工作领导小组。

（董丽萍）

国家知识产权示范创建园区获得批复 2009年6月,国家知识产权局批准天津高新区成为国家知识产权示范创建园区,全国仅有7家,是天津市首个国家知识产权示范创建园区。总体目标是建立起完善的知识产权创新体系、管理体系、执法保护体系、应用转化体系、社会化服务体系,提升知识产权的创造能力、应用能力、保护能力、服务能力和管理能力,不断增强知识产权对自主创新能力提升和经济社会发展的支撑作用,将天津高新区建设成为全国知识产权创造、管理、保护和运用的高地,发展成为在全国范围内具有重要影响的自主创新和高新技术产业化基地。通过示范创建工作,摸索出一条独具特色、改革创新的知识产权工作新模式,为我国高新技术产业发展中的知识产权工作提供示范和借鉴。

（董丽萍）

2009年3月26日,国家创新型科技园区试点获得批复。图为天津滨海高新技术产业开发区揭牌仪式暨创新型科技园区建设动员大会现场。

10项科技指标排名位列全市各区县第一 2009年,高新区国家级企业技术中心、工程(技术)中心、市级以上研发机构、企业年专利申请量、市级以上科技立项、天津市自主创新产业化重大项目、高新技术企业数、技术市场年交易额、在孵科技型中小企业以及市级以上科技奖励10项科技指标排名位列全市各区县第一。

（董丽萍）

基础设施和环境建设

滨海科技园载体环境明显提升 2009年，滨海科技园20平方公里范围内基础设施建设取得新进展，新开工的8条道路、6座桥梁全部建成，累计完成道路26条，初步构建起滨海科技园骨干道路框架；基本实现区内供水和电力供应；首座110千伏变电站、燃气调压站完成主体结构；完成新增道路绿化80万平方米，累计完工绿化约180万平方米;渤龙湖庆典广场建成，渤龙湖景观效果初步显现;集行政许可、办公、科研、孵化功能为一体的综合服务中

渤龙湖总部经济区——渤龙山庄建成投入使用

心投入使用。

（董丽萍）

华苑科技园环境建设不断完善 2009年，华苑科技园环外基础设施建设进入全面收尾阶段。园西路35千伏变电站投入使用；海泰110千伏变电站工程启动建设；运用现代化数字化平台，初步实现华苑科技园城区管理的高效化；新增绿地面积20万平方米；环外夜景灯光一期工程如期告竣。

（董丽萍）

高新区软件与服务外包产业基地隆重开园 2009年6月22日，天津高新区软件园三期——软件与服务外包产业基地开园仪式暨金蝶软件等四家软件企业签约仪式在软件园三期现场隆重召开。软件与服务外包产业基地是天津高新区软件园三期项目，规划占地3.08平方公里，总建筑面积约310万平方米，计划总投资389亿元，其中产业区投资89亿元，配套服务区投资300亿元，2007年10月开始动工，2011年全部竣工。软件园的总体发展目标是，到2012年，软件和信息服务业销售收入455亿元，总从业人数突破10万人。此次正式投入使用的28万平方米办公大楼坐落软件园三期的产业发展核心区。日本TIS株式会社、农行全国客服中心、天津市集成电路设计中心、浪潮世科、神舟通用、光宇华夏、东华合创等项目已经签约入驻，金蝶软件、卓联科技、滨海利泰和朗圣赛世四家软件企业在开园当天签约落户。

（董丽萍）

人才建设

“招才引智”计划启动实施 2009年，高新区相继出台《天津滨海高新技术产业开发区招才引智计划》和《2009年招才引智计划实施方案》，配合高新区吸引科技领军人才和海外高层次留学人员的鼓励政策，招才引智计划进入实施阶段。依托高新区国家生物医药国际创新园、国家新能源产业基地、国家软件出口基地、天津市动漫产业基地、留学人员创业园等自主创新载体，重点联动高新区招大引强计划、重点企业发展计划、产业技术创新计划、小巨人成长计划，不断创新人才政策比较优势，吸引和聚集国内外高端科技人才入区创新创业。计划到2012年底，高新区重点引进30名科技领军人才、300名海外高层次留学人员。被纳入引智计划的人才，除享受国家和天津市优惠政策外，还享受高新区在项目启动资金、生活补贴、住房补贴、子女教育津贴等方面的各项相关政策。

（董丽萍）

“国家海外高层次人才创新创业基地”获批准 2009年10月，高新区被中央人才工作协调小组正式批准为国家第二批海外高层次人才创新创业基地。建立国家海外高层次人才创新创业基地，是2008年12月中共中央办公厅转发《中央人才工作协调小组关于实施海外高层次人才引进计划的意见》中的要求，即：在符合条件的企业、高等学校、科研机构以及部分高新技术产业开发区建立海外高素质人才创新创业基地，作为国家实施“千人计划”的重要内容。天津高新区成为继中关村科技园区等5家高新区之后第二批入选的高新区之一，也是天津市唯一一家被批准的以创业为主的国家海外高层次人才创新创业基地。

（董丽萍）

市委常委、市委组织部部长史莲喜为高新区国家海外高层次人才创新创业基地揭牌

社 会 事 业

天津高新区召开新闻媒体座谈会 2009年1月7日,天津高新区召开新闻媒体座谈会。高新区工委书记周思纯,工委副书记、管委会主任宗国英出席并讲话,工委副书记张世军主持会议,管委会副主任刘力出席会议。新华社天津分社副社长陈良杰、《天津日报》总编辑王宏、《今晚报》副总编辑鲍国之、天津广电集团管委会副主任王奕以及新华社、人民日报、经济日报、中新社、大公报、天津日报,今晚报、天津电视台、天津人民广播电台等20余家知名新闻媒体的50多位负责人和记者参加会议。周思纯在讲话中指出,天津高新区多年来在市委、市政府的正确领导下,深入贯彻落实科学发展观,牢牢抓住滨海新区开发开放的历史性机遇,着力“赶超与跨越”,实现了发展思路的新优化;着力“集聚与创新”,实现了发展实力的新增强;着力“服务与完善”,实现了发展环境的新提升;着力“进取与廉洁”,实现了发展后劲的新加强,成绩的取得与各新闻媒体的鼎力支持是分不开的。宗国英向与会新闻媒体的朋友们简要介绍2008年高新区经济增长、招商引资、科技创新等方面的情况和2009年高新区工作构想。

(董丽萍)

迎“两节”“两会”期间食品卫生监督检查 在2009年“元旦、春节”(两节)和“人大、政协”(两会)期间,高新区社会发展局会同市卫生监督所工作人员对区内餐饮企业进行食品卫生监督检查。检查结果表明,区内餐饮市场总体情况良好,大多数经营单位建立起较为完善的食品卫生管理制度,设立专兼职卫生管理员,加工生产设施基本符合卫生要求,做到生、熟食分开,餐具消毒规范,食品餐饮企业的卫生状况有不同程度的改善和提高,操作规程也不断完善。检查组分别从原料索证索票、食品制作过程、配餐环节、餐具消毒环节、操作间布局、环境卫生等方面进行严格检查,对存在问题的餐饮企业提出《卫生监督意见书》,明确企业存在的具体问题,要求企业限期整改。

(董丽萍)

高新区工会开展“访百家企业与万名职工交友”活动 2009年,为深入贯彻落实市委、市政府和高新区两委“保增长、渡难关、上水平”的工作部署,高新区工会紧密贴紧工会工作实际,发挥自身与企业和职工联系紧密的优势,深入企业开展调查研究,宣讲政策、形势,激励职工把思想统一到中央和市委、市政府对形势的正确判断上来,统一到与企业共渡难关、共克时艰,为企业发展贡献力量上来。开展“访百家企业,与万名职工交友”活动,活动围绕

2009年1月7日,天津高新区举行新闻媒体座谈会。

四个方面进行：一是宣讲政策，正确引导；二是了解企业及工会组织状况，帮助解决难题；三是推动"评选劳动模范"活动开展，激励职工建功立业；四是推动完善工会工作制度，发挥企业工会干部的积极性。

（董丽萍）

高新区企业获市首批文化产业示范基地称号 2009年2月4日，在天津市文化工作会议上，高新区企业天津神界漫画有限公司和天津猛犸科技有限公司获得天津市首批文化产业示范基地称号。市文化局出台《天津市文化产业示范基地评选命名管理办法》之后，在全市开展首次市级文化产业示范基地评选命名工作。各区县和高新区共推荐53个单位参加评选，最后有13家企业获得文化产业示范基地称号。天津高新区推荐的两家动漫企业双双中的。神界漫画有限公司成为中国最具影响力的领军型漫画企业。该公司改编绘制的160册规模宏大的《四大名著》系列漫画作品，已成功在欧洲、日本、韩国等地出版发行。天津猛犸科技有限公司推出国内第一手机游戏品牌空中猛犸。该公司产品数量达到数百款，发行区域扩展到中国香港、欧洲、北美、日本、韩国等多个国家和地区。天津高新区出台动漫扶持政策之后，10余家动漫企业纷纷落户高新区。如仁永动画、天影动画、美龙动画、仲龙影视、三宝影视、易游科技、爱迪通智等，其中仁永动画公司打造的52集大型写实科幻动画片《时空少年》，在中央电视台少儿频道、国内著名的卡酷卫视、炫动卫视及全国22个省、市、自治区电视台，海外最大华语影视机构麒麟电视等签约播出。

（董丽萍）

首届国际非职业钢琴比赛 2009年4月至12月，由天津高新区、周广仁教育科技（北京）有限公司、今晚传媒集团主办，面向全球非职业钢琴爱好者的权威性国际赛事——"海泰杯"国际非职业钢琴比赛举行。"海泰杯"国际非职业钢琴比赛（天津·首届2009）是国内第一次由国家文化部正式批准的面向全球非职业钢琴爱好者的权威性国际赛事，也是首个落户天津的艺术类国际赛事。初赛吸引17个国家和地区180余名钢琴爱好者参赛，经过10位中外钢琴演奏家严格筛选，最终审定75位选手入围，12月1日至3日进行现场演奏，角逐出5项大奖。此次主办并冠名的"海泰杯"国际首届非职业钢琴大赛是高新区文化发展与繁荣的具体体现，加大了和谐高新区的建设力度，提升了区域文化品位，增强了区域文化内涵。既为钢琴爱好者提供了一个展示自己的舞台，推动了钢琴艺术在中国乃至世界的普及和发展，又推动了高新区文化建设和文化事业发展。

（董丽萍）

中 心 城 区

和 平 区

概 述

和平区位于天津市区中部，海河干流西岸，地处北纬39°08′，东经117°12′，一般海拔2.8–4.5米。行政区域呈不规则四边形，东西最宽处3.72公里，南北最长处4.2公里。北、东濒临海河，南以津河、马场道与河西区相邻，西以南门外大街和卫津路与南开区接壤。是天津市政治、商贸、金融、文化、信息中心。2009年，区域面积9.98平方公里，辖劝业场、体育馆、南市、小白楼、新兴、南营门6个街道办事处。区内总人口39.05万人，有回、满、蒙古、朝鲜等30个少数民族。

2009年，以邓小平理论和“三个代表”重要思想为指导，深入贯彻落实科学发展观，按照市委“保增长，渡难关，上水平”的要求，围绕“保增长、保民生、保稳定、改善市容环境”的重点任务，解放思想，攻坚克难，经济发展质量、重点项目建设、城区市容面貌、社会事业和民计民生等方面实现新突破，全区经济社会发展迈上新台阶。完成地区生产总值（GDP）455亿元，考核口径增加值120亿元，比上年分别增长15%和18.5%；区级财政收入24.3亿元，增长21.38%；在地口径服务业增加值380.4亿元，占经济总量83.6%；固定资产投资95亿元，增长57%，创近年新高；社会消费品零售额200亿元，增长17.9%；实现外贸出口10.7亿美元；完成节能降耗指标。

招商引企成效明显。坚持招大引强、招企引税，实行楼宇、土地和要素招商并举，出台《关于进一步加强招商引企工作的实施意见》，围绕主导产业，先后到国内先进地区和国外近20个发达国家招商，签署一批合作意向和协议。全年内外资到位额分别为61亿元和3亿美元，增长51.6%和65.8%，增幅均创历史新高。

主导产业发展提速。韩国企业银行等两家金融机构中国总部落户，使天津成为全国第四个拥有外资银行总部的城市。君隆广场等一批高端商务楼宇投入运营，津湾广场一期成为全市高端服务业的标志性区域，建成威斯汀等3家五星级酒店，信达广场等5座楼宇成为税收超亿元楼宇。完成滨江道地区提升改造；小白楼1902欧式风情街等5条特色商业街相继建成，麦购时代广场等5个大型商场开业，全球最大的便利连锁机构“Seven－Eleven”（7–11）等一批国际知名品牌进驻。建成全市首家功能完善的5A级科技服务载体——和平创新大厦，吸引一批优质科技企业入驻。和平区被确认为国家级知识产权强区工程试点区，15个科技项目列入国家和市级科技创新计划。新增注册企业2676家，新增注册资金103亿元，增长143%。

城区规划日趋完善，项目建设加快实施。全年开工项目60个480万平方米，竣工30个116万平方米。完成拆迁10万平方米，南市成片危陋房屋拆迁基本完成，天河城等重点项目拆迁陆续启动。天津中心等一批重点项目竣工，津门、津塔等一批重点项目进展顺利，启动现代城二期等项目。保定道220千伏等4座变电站投入使用,西安道、大沽路2座停车楼竣工,新增停车泊位1190个,城市载体功能显著提升。

土地整理实现突破。在全市率先完成区级土地平衡试点项目南市地区5个地块整体成功出让,实现由单纯拆迁到土地整理、项目化运作的重大突破。全年出让土地7块,总金额55亿元。

工程管理质量提高。16个工地被评为市级文明工地,名列全市同行业榜首。被评为全国建筑施工安全质量标准化工作先进集体,实现工程质量零投诉。

创卫目标圆满实现。继2008年通过全国爱卫办暗访调研后,顺利通过技术评估、考核鉴定和社会公示,被命名为国家卫生区,城市管理迈入全国先进行列。

市容整治效果明显。完成以4片地区16条道路为重点的新一轮市容环境综合整治。整修旧楼区37万平方米、道路9.4万平方米,新建、提升绿地61万平方米,建成睦南公园等一批精品景观。空气质量二级及好于二级天数达82%,城区环境发生新变化。

20项民心工程如期完成。在全市第一个完成小锅炉并网改造。新建、补建供热58万平方米。改造二次供水设施和自来水低压片52处。建成6片精品小区。实施"放心早点"工程,新建、提升"放心早点店"53个,提升改造菜市场12个,缓解群众吃早点难、买菜难问题。建成国家和市级绿色单位27个、市级安静居住小区1个。新建、改造4座公厕和3座垃圾转运站。杨楼定向安置房投入使用,卫津化工厂定向安置房启动建设。

社区综合服务设施提升改造全部完成。完成社区居委会换届选举。"选聘结合、三会一站"社区管理运行机制更加完善。社区志愿者服务、特色楼门建设、社区社会组织三大支点创新发展。被民政部确认为全国社区志愿者组织发祥地。被评为全国社区服务先进区和全国和谐社区建设示范城区。

社会保障扎实有效。率先开展"百家企业保增长、不裁员"活动。新增就业岗位3.9万个,城镇登记失业率控制在3.0%以内。保险扩面44.7万人,位居全市第一。落实住房保障政策,近3200户居民受益。累计支出低保、特困救助金1700余万元。4000名老人享受政府补贴居家养老服务,全国"养老服务示范城区"通过中期考评;残疾人工作继续保持全市领先水平;被评为全国基层低保规范化建设典型单位;在天津市民生贡献调查推选活动中,被评为政府奖第一名。

均衡教育扎实推进。完成21中学新校区建设,启动55中学示范校建设。投入3550万元用于义务教育学校和幼儿园提升改造,9所学校达到市级现代化标准,2所幼儿园进入市级示范行列。推进"名校长"、"名教师"工程。完成义务教育学校绩效工资改革。职业教育加快发展。中小学教育质量继续保持全市领先地位。

卫生和计划生育工作持续加强。区、街两级社区卫生服务机构基本实现全覆盖。区财政补贴专款,实行社区卫生机构药品零差率销售。扎实开展免费公共卫生服务。建成中医诊疗康复中心。中医药适宜技术覆盖率90%以上。甲型H1N1流感等传染病得到有效防控。推进联合国人口基金第六周期项目。计划生育药械市场专项整治取得明显成效,符合政策生育率99.7%。

文化体育活动蓬勃开展。区文化艺术中心投入使用。非物质文化遗产保护工作走在全市前列。"和平之春"等群众文化活动丰富多彩。成功举办第二届"和平杯"中国京剧小票友邀请赛。深入开展全民健身活动。建成国家高水平体育后备人才基地。

精神文明建设巩固发展。广泛开展"同在一方热土、共建美好家园"活动,市民文明素质、城区文明程度明显提高。组织"迎国庆、讲文明、树新风"等系列主题活动。未成年人思想道德建设持续加强。顺利通过"全国双拥模范城"中期考评。被评为全国家庭教育先进区。

(张 岩)

和平区区级领导名录

中共和平区委领导名录

职 务	姓 名	性别	出生年月	民族	文化程度	籍 贯
书 记	李金亮	男	1955–03	汉	工学硕士	天津市
副书记	张盛如	男	1960–07	汉	工学硕士	天津市
副书记	冯绍宽	男	1954–12	汉	中央党校研究生	天津市
常 委	穆怀国	男	1959–04	回	工商管理硕士	天津市
常委、组织部部长	李海军	男	1957–07	汉	市委党校研究生	河北曲阳
常委、区人武部部长	李有波	男	1955–12	汉	在职大学	河北迁西
常委、公安和平分局局长	曹学建	男	1955–12	汉	市委党校研究生	天津市
常 委	苏 智	男	1959–08	汉	中央党校研究生	天津市
常委、区纪委书记	卫克武	男	1962–11	汉	研究生、哲学硕士	湖北潜江
常委、办公室主任	王 文	女	1967–09	回	市委党校研究生	天津市
常委、宣传部部长	陶东宁	男	1956–04	汉	中央党校大学	江苏沭阳

和平区人大常委会领导名录

职 务	姓 名	性别	出生年月	民族	文化程度	政治面目	籍 贯
主 任	季新国	男	1949–09	汉	中央党校大学	中共党员	山东莱州
副主任	马洁泉	男	1955–01	汉	中央党校研究生	中共党员	天津市
副主任	欧成中	男	1954–03	汉	在职大专	民建会员	广东中山
副主任	朱桂英	女	1950–04	汉	大学普通班	中共党员	山西平定
副主任	李联国	男	1955–08	汉	市委党校研究生	中共党员	河南济源
副主任	徐维芬	女	1952–05	汉	中央党校大学	中共党员	天津市

和平区政府领导名录

职　务	姓 名	性别	出生年月	民族	文化程度	政治面目	籍　贯
区　长	张盛如	男	1960-07	汉	工学硕士	中共党员	天津市
副区长	穆怀国	男	1959-04	回	工商管理硕士	中共党员	天津市
副区长	苏　智	男	1959-08	汉	中央党校研究生	中共党员	天津市
副区长	王玉柱	男	1963-03	汉	大学、工学学士	中共党员	天津市
副区长	路艳青	女	1961-03	汉	市委党校研究生	中共党员	河北安次
副区长	庞学光	男	1963-09	汉	教育学博士	九三学社社员	山东平度
副区长	石季壮	男	1957-01	汉	在职大学	中共党员	天津市
区长助理(副区长级)	曹大伟	男	1953-06	汉	中央党校研究生	中共党员	河北乐亭

政协和平区委员会领导名录

职　务	姓 名	性别	出生年月	民族	文化程度	政治面目	籍　贯
主　席	潘庆元	男	1954-10	汉	中央党校研究生	中共党员	天津市
副主席	李长运	男	1951-01	汉	高　中	中共党员	河北文安
副主席	刘天锁	男	1950-10	汉	大学普通班	中共党员	河北定县
副主席	陈永林	男	1959-08	汉	市委党校研究生	中共党员	山东福山
副主席	王　毅	男	1954-11	汉	中央党校大学	中共党员	河北万全
副主席(兼)	方　健	男	1951-05	汉	在职大学	九三学社社员	浙江杭州
副主席(兼)	张润浦	男	1952-05	汉	市委党校大学	民盟盟员	河北枣强
副主席(兼)	许洪玲	女	1961-06	汉	大学、医学学士	农工党党员	辽宁营口
副主席(兼)	苏爱华	女	1954-09	汉	市委党校大学	致公党党员	河北乐亭

（区委组织部提供）

大 事 记

1月

1日 和平区电子政务专网新版信息资源平台正式上线运行，共享文件数据库全面开通启用。

1月2日-2月8日 “欢乐和平购物月——刷津卡迎新春游香港”大型商贸活动在金街举行。

4日 和平区第九次党代表大会第四次会议召开。通过《中国共产党天津市和平区第九次代表大会第四次会议决议》和《中共和平区委2009年工作安排意见》。

5-7日 政协和平区十二届三次会议召开。审议常委会工作报告和提案工作报告；政协委员列席区十五届人大五次会议，听取讨论政府工作报告；表彰优秀政协委员和优秀特聘政协委员；审议通过会议决议。

6-7日 和平区十五届人大五次会议召开。区长张盛如作政府工作报告。审议通过区政府工作报告、区人大常委会工作报告、区人民法院工作报告、区人民检察院工作报告，审查批准区2008年预算执行情况及2009年预算草案的报告。

13日 作为全市开展的“解放天津红色遗址巡礼”系列活动之一的和平区纪念天津解放60周年座谈会召开，6名亲历平津战役和解放天津战役的离休老干部特邀到会。

15日 天津市首家与地铁站连通的地下商业街小白楼·朗香街商业街正式开业。总投资2.4亿元，建筑面积3.2万平方米，分为三层。是天津市首个也是全国面积最大的地铁商业街。

2009年1月15日，天津首家地铁情景商业街朗香街开业。

16日 市委书记张高丽到和平区检查贯彻落实党风廉政建设责任制情况。

17日 全国民间木版年画展在和平区南市街开幕。

20日 市委副书记、市长黄兴国在市政府秘书长李泉山陪同下，走访慰问和平区新兴街卫津路社区困难群众，考察社区居委会和社区卫生服务站。

22日 政协和平区十二届四次会议补选潘庆元为政协和平区第十二届委员会主席。

24日 和平区南营门街贵阳路社区被商务部命名为全国社区商业示范社区。

同日 和平区青少年业余体育训练学校被国家体育总局命名为国家高水平体育后备人才基地。

30日 由天津市旅游局、和平区政府联合主办，区文化和旅游局、区繁华办承办的“2009金牛献宝，金街纳福”文娱民俗新春花会踩街活动在金街举行。活动包括卡通人物剪彩、戏剧人物表演、大鼓表演、舞狮表演、高跷表演、龙灯表演以及铜管乐花车表演、女子弦乐花车表演、“川剧变脸”、“调酒”、拉丁舞、民族舞、“西洋小丑”表演等。

2月

2日 和平区召开“保增长、渡难关、上水平”动员誓师大会。区委书记李金亮讲话，区长张盛如对贯彻落实全市动员大会精神、做好2009年经济工作进行动员部署。

13日 天津市“平安·健康家庭大行动”进社区启动仪式在和平区举行。

16日 和平区重点污染源单位排污实施《排污许可证》制度。

3月

4日 日本爱和谊财产保险公司总部落户和平区。

5日 市委书记张高丽对和平区志愿者服务活动开展20周年作出批示:“社区志愿者服务活动是一项服务群众需求、促进社会和谐的精神文明建设实践。和平区在全国首创这一活动,并坚持开展了20年,成效显著,影响广泛,意义深远。当前,全市上下正深入开展‘同在一方热土,共建美好家园’活动,要认真总结经验,弘扬志愿者精神,激发全市人民热爱天津、建设天津、发展天津的精神,深入持久开展社区志愿者服务活动,为建设和谐天津作出新的更大贡献。”

16日 和平区举办第一批非物质文化遗产保护项目授牌仪式。

18日 和平区举办纪念社区志愿服务开展20周年暨“志愿者雕塑”落成揭幕仪式。

19日 中航三星人寿保险天津分公司开业。

23日 威海银行天津分行开业。

本月 和平区召开首届“和平文艺奖”、“和平文学奖”颁奖大会。中国作协副主席、天津市作协主席蒋子龙到会祝贺。

本月 和平区第21届“十佳公仆”评选活动结束。活动历时4个月,经过街级评选、区级评选、区级表彰3个阶段,新兴街党工委书记张瑞等10名干部被推选为第21届“十佳公仆”。

本月 “天津·和平”党务政务门户网荣获2008年度中国政府网站优秀奖。

本月 和平区南市街国家级社区体育健身俱乐部举行揭牌仪式。该俱乐部由中央文明办和国家体育总局命名。

本月 和平区依法治区领导小组办公室荣获全国“五五”普法中期先进集体荣誉称号。

3月-7月 和平区实施新一轮市容环境综合整治。工程自3月1日开工。完成睦南公园、中心公园、食品街、旅馆街4片重点地区,鞍山道、和平路、山西路、新华路、烟台道、荣安大街、荣业大街、河北路、云南路9条道路,以及全市“5858”重点工程涉及和平区的16条路段以及脏乱点位各项综合整治任务。

4月

3日 辽宁路小吃街建设全面竣工并开始试营业。16日正式开街。小吃街包括辽宁路(滨江道至长春道)和泰隆路两部分。设置棚亭56间,总面积约350平方米。兼顾天津小吃的种类和特色,同时满足不同地方客人口味。

3日、5日 市委书记张高丽、市长黄兴国带领市工作组两次到和平区检查新一轮市容环境综合整治工作情况。区委书记李金亮、区长张盛如陪同。

10日 和平区被国家发改委指定媒体评为2008-2009年度中国信息化最受关注城区。

同日 “津彩纷呈——2009天津商旅嘉年华”活动启动仪式在和平路举行。

11日 由天津市旅游局、市商务委、和平区政府联合主办的“全国百城旅游宣传周”启动仪式在金街举行。副市长任学锋出席仪式,区长张盛如陪同。全市18个区县在金街搭建20个宣传展位。

16日 2009年和平区招商大会召开。10个重点招商合作项目签订服务协议书。

同日 由中国银行协会、证券协会、保险协会、北京金融街商会、天津市政府金融办主办,和平区政府协办的2009京津金融家论坛在和平区举行。此次论坛是京津两地金融业首次跨区合作。

18日 和平区展团以“高质金融、高端商务、高档商业、高新科技”为主题参加中国·天津第16届投资贸易洽谈会。市委书记张高丽,市委副书记、市长黄兴国,市人大常委会主任刘胜玉,市委常委、常务副市长杨栋梁,市委常委、副市长崔津渡,副市长任学锋到和平区展位视察,对和平区展团给予高度评价。

22日 沈阳道古物市场经改造后正式开业。该市场始建于1987年,被确定为天津市文物监管单位和涉外旅游定点单位。提升改造工程对正式房屋店面59处、铁亭62间统一整修,形成风格统一的购物街。将每周四上午固定为古物集市,增加地摊500多个,并开办古物交易大厅。

30日 小白楼1902欧式风情街正式开街。风情街长200

米、宽15米，设商铺29家。星巴克、必胜客、赛百味、SPR咖啡、蒙哈丁酒吧、西来克洋酒等著名品牌入驻，主要经营西餐、酒吧、咖啡、冰淇淋、洋酒、高档礼品等。

同日 法国图尔市市长让·杰曼·皮埃尔一行到津考察。区长张盛如陪同。

本月 经全国学习型组织、知识型职工评审委员会评定，20中学教师周鸣被全国创争活动领导小组授予2008年度全国知识型职工先进个人荣誉称号。

5月

1日 市长黄兴国深入和平区，检查开业不久的小白楼1902欧式风情街、辽宁路小吃街、沈阳道古物市场节日市场情况。市人大常委会副主任、市总工会主席邢明军，副市长任学锋，市政协副主席陈质枫，区委书记李金亮，区长张盛如陪同。

同日 位于重庆道民园大楼一层的五大道博物馆对外开放。

18日 区委书记李金亮赴京出席全国社会治安综合治理表彰大会。和平区被中央社会治安综合治理委员会授予全国平安建设先进区，并再次确认"长安杯"荣誉称号。南市街办事处被中央社会治安综合治理委员会、国家人力资源和社会保障部联合授予全国社会治安综合治理先进集体；李金亮、潘庆元、吴田娃、齐景国、杨兴发、李锁柱6人受到中央社会治安综合治理委员会和中央组织部嘉奖。

同日 中国经济社会理事会代表团和欧盟经济社会委员会代表团到小白楼街崇仁里社区考察，了解社区居民的经济和社会权利情况。

24日 第三届《枫叶杯》全国青少年儿童书画大赛结束。大赛由北京·中国书画协会、中国科学院文联书协、中国书画协会艺术交流部展览部、加拿大北美华人经贸文化协会和和平区群众文化工作委员会联合主办，和平区少年儿童图书馆承办。

25日 第三届"和平区读书节"开幕。

26日 市委书记张高丽检查和平区重大服务业项目建设，考察津门津塔项目、海信购物广场、小白楼1902欧式风情街。市委常委、市委秘书长段春华，副市长任学锋，区委书记李金亮，区委副书记、区长张盛如陪同。

31日 市委副书记、市长黄兴国，市委常委、市委教育工委书记苟利军，副市长张俊芳到和平区鞍山道小学看望广大师生，与学生共庆"六一"国际儿童节。

本月 联合国儿童基金会工作组到和平区南市街新文化花园社区检查指导儿童教育工作。

本月 和平区市政园林管理局绿化管理所被中华全国总工会评为"全国工人先锋号"。

本月 天津中煤进出口有限公司、天津纺织集团进出口股份有限公司、天津机械进出口有限公司3家驻区外贸企业荣膺2008年度天津市外贸出口50强企业。

6月

1日 和平区举办"我爱祖国、我爱母亲，做身心健康好少年"庆"六一"主题活动。

2日 和平区与南开大学签署全面合作协议。南开大学校长饶子和，区委书记李金亮、区长张盛如出席签约仪式。

5日 新西兰幼教代表团和市教委、市学前教育学会一行20余人到和平区南市街散居儿童早期教育资源中心，参观考察该街0岁-6岁散居儿童早期教育工作。

6-11日 天津市第二届华(世奎)派书法艺术展在和平区举办。

17日 市人大常委会副主任李润兰率津沽环保行记者团检查睦南公园提升改造工程。区委书记李金亮、区人大常委会主任季新国陪同。天津日报、今晚报、天津人民广播电台、天津电视台等20余家新闻媒体记者参加采访。

29日 韩国企业银行（中国）有限公司开业。市委副书记、市长黄兴国会见韩国企业银行行长尹庸老一行，市委常委、副市长崔津渡出席开业典礼。

30日 市人大常委会副主任、市总工会主席邢明军在和平区主持召开座谈会，就弘扬劳动模范精神，进一步在政治、工作和生活等方面关心劳动模范问题进行专题调研，参观和平区劳动模范事迹展览。

本月 和平区圆满完成专项

赈灾彩票发行任务，为四川汶川地震灾区筹集专项福利金164.5万元。

本月 公安和平分局召开执法执纪百日教育整顿活动动员部署大会。

本月 碧云里高层二次供水改造工程告竣。

本月 天津市防空防灾宣传教育示范建设试点社区在体育馆街尚友里社区建成，并通过市人防办验收。

本月 世界经济论坛首席运营官安德烈·施耐德一行到和平区考察。副市长任学锋、区长张盛如陪同。

6月–9月 和平区举办第23届“纳凉晚会”文化艺术节，以庆祝新中国成立60周年为主题，在街道社区开展摄影展、征文演讲比赛、社区歌手比赛及群众舞蹈大赛等系列文化活动。

7月

7日 和平区开展“公仆坐堂暨区长热线”活动。区委常委、副区长穆怀国，以及26个委办局和街道办事处的负责人参加活动。受理群众在市容管理、环保、园林绿化、治安交通、房屋管理、民政事务、拆还迁、劳动就业等方面来电32件。现场全部给予解答并交承办单位办理。

14日 和平区“百部爱国主义影片展播”在和平文化艺术中心向公众开放。展播活动由区委宣传部、区文化和旅游局主办，区文化宫承办，历时3个月。向社区群众、青少年免费播放100部爱国主义教育影片。

17日 中国残疾人联合会主席张海迪一行到和平区调研指导工作。市残联、市政府办公厅领导及区长张盛如陪同调研。

18日 和平区首家小额贷款公司天津中金小额贷款有限公司正式成立。

本月 和平区侨联被全国侨联授予全国侨联系统先进基层组织荣誉称号。

本月 和平区编制出版《和平区文物分布位置图》。明确标注全国重点文物保护单位4处、市文物保护单位51处、区文物保护单位63处，以及其他尚未核定公布为文物保护单位的不可移动文物133处等地上文物建筑的确切位置和范围。

本月 在第四次全国自强模范暨扶残助残先进集体和个人表彰大会上，和平区残疾人杨博尊荣获全国自强模范荣誉称号。

本月 在中国社区服务发展论坛暨表彰大会上，和平区等全国20个城区被中国社工协会社区服务委员会授予全国社区服务先进区荣誉称号。

8月

6日 和平区召开诚信经营示范单位命名表彰大会。滨江商厦、劝业场等24家企业被授予诚信经营示范单位。

10–25日 由市民间文艺家协会风筝艺术专业委员会、区群众文化工作委员会、南市地区文化艺术发展交流协会承办的天津市“聚富杯”津派风筝艺术精品展在南市街楼门文化展览馆举办。展出12大类200余件风筝作品。

11日 联合国人口基金驻华代表麦努尔一行到和平区，就流动人口青春健康教育情况进行考察。

12日 和平区图书馆新馆正式开馆。新馆坐落和平区文化艺术中心内，建筑面积6000平方米，馆藏文献31万余册，收藏报刊800余种，新增少年儿童阅览室、老年阅览室、视听室和天津作家馆。

12–15日 第二届“和平杯”中国京剧小票友邀请赛在天津中国大戏院举行。全国20个省、市、自治区的326名小选手报名参加预赛。通过决赛评选，冯铭轩、郝润来、牛欣欣、李泽琳、姜舒原、郝莲洁、王禹皓、严涵、周昊、张牧野获得第二届“和平杯”中国京剧小票友邀请赛一等奖，并荣获中国京剧“十小名票”称号。

18日 市人大常委会副主任李润兰带领人大常委会组成人员到和平区，检查津湾广场建设工程。区委书记李金亮、区长张盛如陪同。

19日 市委副书记、市长黄兴国到和平区检查指导工作，察看小白楼音乐厅整体环境、相关配套设施，以及运营前的各项准备工作，听取有关方面工作汇报，就高标准做好音乐厅运营前各项工作做出指示。区委书记李金亮陪同。

28日 和平区政协委员社区联络站成立。市政协副秘书长赵天皓，区政协主席潘庆元出席成立仪式。

同日 音乐厅举办落成首演音乐会。

本月 和平区开展全民健身系列活动，组织首个“全民健身日”，开展全民健身宣传、全民健身问卷调查，举办科学健身知识讲座等活动。

本月 利顺德海河风景休闲广场建成开业。

9月

1日 和平区首届“十佳”青年教师评选工作结束。

2日 和平区启动首次中学优秀教师互派交流机制，8位中学优秀教师参与交流。

7日 市委副书记、市长黄兴国考察津湾广场。区委书记李金亮，区委常委、副区长穆怀国陪同。

同日 天津桂顺斋糕点有限公司通过ISO9000质量管理体系认证。

8日 市长黄兴国、市政府秘书长李泉山到和平区崇仁里社区考察，区委书记李金亮、区长张盛如陪同。

9日 和平区学生、儿童参加城乡居民医疗保险正式启动。

17日 “Seven-Eleven”(7-11)天津便利连锁店荣业大街店和滨江购物店同时开业。

27日 卫生部副部长刘谦率全国计划生育药械市场专项整治行动联合督查组到和平区检查指导工作。市人口计生委主任张丽娟、副主任邢杰利陪同。

30日 市委书记张高丽在市委常委、市委政法委书记散襄军，市委常委、市委教育工委书记苟利军，市委常委、市委秘书长段春华，副市长张俊芳，市公安局党委书记、局长武长顺陪同下，到和平区体育馆派出所，慰问坚守在国庆60周年安保一线的民警。区委书记李金亮，区委副书记、区长张盛如陪同。

本月 天津中影南国文化传播有限公司落户津湾广场。该公司由中国电影集团公司和深圳市新南国电影城有限公司合资建立。投资5000万元，在津湾广场E座兴建大型现代化国际影城，建筑面积6000多平方米，设有8个放映厅，容纳观众1600多人，其中一影厅配备IMAX巨型银幕、3D立体视觉效果的观影设备。

本月 和平区与中国老年基金会“寸草心”全国志愿者联盟签订合作协议，在全国率先实施“2+3X”助老服务新模式。

10月

1日 市人大常委会副主任李润兰、副市长任学锋出席盛世婚典集体婚礼暨津湾广场开业仪式。

12日 以“落实科学发展观，走循环经济之路”为主题的西海论坛在和平区创新大厦举行。论坛由区科委、区环保局、区科协共同主办，市西海水处理研究所、市建筑给排水委员会、区科技创业中心承办。论坛上，就实施建设创新型城市、创新型城区的发展战略，全面提高自主创新能力等方面签署合作协议；邀请业内专家进行专业研究成果和技术展示演讲，并就节水关键技术与实施等问题进行讨论。

13日 天津市法律援助宣传月启动仪式在中心公园举行。市司法局党委书记、局长罗昭，区委副书记、区长张盛如等市、区领导出席启动仪式。

同日 和平区举办“阳光爱心助学”活动资助仪式，对100名品学兼优的困难学生资助10万元。区人大、区政府、区政协有关领导出席。

17日 国家民政部办公厅信访督查组一行4人到和平区，检查指导民政信访工作。

22日 新加坡大华银行(中国)有限公司天津分行正式开业。市委副书记、市长黄兴国在庆典仪式前会见大华银行集团主席黄祖耀一行。市委常委、副市长崔津渡，市政府副秘书长陈宗胜出席开业庆典。区委书记李金亮，区委副书记、区长张盛如分别出席开业仪式。

25日 副市长任学锋主持召开滨江道提升改造现场办公会。市商务委、市规划局、市市政局等单位领导，区委书记李金亮、区长张盛如参加会议。

26日 和平区组织开展“放心早点”工程专项检查。

同日 和平区法院交通事故案件巡回法庭正式成立。

27日 全国爱卫会发出《关于命名天津市和平区为国家卫生区的决定》。

28日 “红旗飘飘”爱国主

义教育系列活动表彰会在中共天津历史纪念馆举行。10个单位、60名个人受到表彰。

本月 在天津市第六届残疾人运动会上，和平区运动员获得13枚金牌、6枚银牌、3枚铜牌，区残联和3名运动员分获体育道德风尚奖。

本月 市政协区县领导视察津湾广场。区委书记李金亮、区长张盛如陪同。

本月 和平区教育局、卫生局举办甲型H1N1流感防控培训。针对区内多所学校出现学生集中发热情况，由区疾控中心专业人员就秋冬流感多发季节甲型H1N1流感防控措施、学校消毒卫生等课题进行培训，全区各中小学校分管领导、卫生工作人员，各社区卫生服务中心有关人员参加。

11月

2日 市委副书记、市长黄兴国，市委常委、市委教育工委书记苟利军，副市长张俊芳，深入岳阳道小学察看甲型H1N1流感防控工作。区委书记李金亮，区委副书记、区长张盛如陪同。

3日 区委书记李金亮、区长张盛如会见韩国外换银行法人银行行长郑尚铉、天津分行副行长李昌淳，就加强合作相关事项进行会谈。

同日 由和平区人事局和区人才交流服务中心主办的“传递就业关怀，放飞青春梦想”网络视频招聘会在区人才交流服务中心启用。

6日 国家民政部命名和平区为全国和谐社区建设示范城区，命名小白楼街为全国和谐社区建设示范街道、小白楼街崇仁里社区为全国和谐社区建设示范社区。

同日 和平区在全国老年大学教育“双先”（全国先进老年大学、先进老年教育工作者）表彰会上获殊荣。区老年大学获全国先进老年大学称号。

7–10日 和平区设立22个甲型H1N1流感疫苗接种点，统一为医疗卫生系统一线工作人员实施甲流疫苗接种工作。

17日 印度尼西亚国家家庭计划指导委员会执行主席恩诺·西尔瓦妮（lnno silviane）女士一行到和平区，考察青少年性与生殖健康教育、艾滋病预防等方面的项目工作。

21日 进一步加强和改进未成年人思想道德建设推动会暨纪念岳阳道小学“三结合”教育30周年大会在天津宾馆中礼堂召开。国家教育督导团办公室副主任林仕梁，市委常委、市委教育工委书记苟利军，市人大常委会副主任李润兰，副市长张俊芳，市政协副主席曹小红，市教委主任靳润成，区委书记李金亮、区长张盛如，以及各区县分管教育的领导、教育局局长、部分学校校长和教师代表800余人到会。

26日 德国商业银行股份有限公司天津分行在和平区成立。

30日 区委副书记、区长张盛如陪同市领导检查第二南开中学甲型H1N1流感防控工作。

本月 副区长庞学光陪同市教育评估专家组对一中、耀华中学、汇文中学、九十中学、十九中学和新华南路小学、二十中学附小、劝业场小学、建物街小学9所学校义务教育学校现代化建设办学条件检查评估，9所学校首批通过验收。

本月 经中国银监会批准，韩国外换银行（中国）股份有限公司总部落户和平区，注册资本22亿元等值人民币。

本月 2009年第三届中国专利周天津地区活动开幕式暨专利项目发布会在和平创新大厦举行。

本月 天津市科技型中小企业融资培训辅导中心和平分中心成立。

12月

3日 国家民政部部长李学举在市有关领导陪同下到和平区，考察南营门街昆明路社区活动站、社区“一站式”服务大厅、老年人日间照料站和电子阅览室。区委书记李金亮、区长张盛如陪同。

9日 市市容园林委领导检查安里甘教堂整修工作。

12–16日 区委副书记、区长张盛如，区委常委、副区长穆怀国随市政府代表团赴香港参加“天津·香港周”活动。

23日 由人民日报、新华社、光明日报、经济日报、中央人民广播电台、中央电视台、中国国际广播电台、中国日报、中国青年报、中国新闻社、人民网、新华网、央视网、中国经济网 14 家中央媒体组成的联合采访团，对小白楼 1902 欧式风情街、和平路—滨江道商业街、南市食品街和津湾广场进行实地采访。

24 日 和平区法院设立知识产权审判庭。成为市内六区法院中唯一管辖知识产权案件的基层人民法院，负责审理辖区内涉及知识产权的刑事、民事、行政案件和南开、河北、红桥三区涉及知识产权的民事和行政案件，首次对案件跨越行政区划进行管辖，并实现知识产权案件民事、行政、刑事“三审合一”的审判模式。

29 日 和平区第 23 届“和平之春”社区文化艺术节开幕。

30 日 和平区与滨海高新技术产业开发区签订全面合作协议。区委书记李金亮，高新区工委书记周思纯出席签约仪式。区长张盛如、高新区管委会主任赵海山签署协议书。

本月 和平区检察院被中央文明委、中央文明办授予全国精神文明创建工作先进集体荣誉称号。

本月 全国首家由境内投资设立的从事外币兑换业务的企业天津渤海通汇商务咨询有限公司在和平区成立。

本月 和平区驰名商标企业天津狗不理集团有限公司被第三届中国商标节组委会评选为中华商标协会最具市场竞争力的服务商标。

本月 耀华中学与哥伦比亚波哥大市新格拉纳达学校签订合作建立孔子课堂协议。

本月 和平创新大厦举办在谈项目现场签约会。香港英联投资有限公司、鼎晟文化科技有限公司等 6 家科技型企业与创新大厦签约，出租面积约 3800 平方米。

本月 国内第一家内资外币兑换业务公司在和平区注册成立。该公司是由海航实业控股有限公司投资设立的法人独资有限公司。

本月 滨江道提升改造工程全部竣工。

（张 岩）

党 务

举办“爱国歌曲大家唱”活动 2009 年，和平区举办庆祝新中国成立 60 周年群众歌咏大会，各界干部群众和驻区单位 3000 多人齐聚一堂，用歌声表达对伟大祖国的祝愿，驻津、驻区陆、海、空、武警部队的官兵和区级机关、政法系统、街道、学校等 18 支合唱方队演唱脍炙人口的红色歌曲，受到广泛好评；开展“爱国歌曲大家唱”群众歌咏活动，举办各类基层文艺活动 260 多场，参加活动 3 万余人次；全区通过纳凉晚会、激情广场、社区红歌会等形式，广泛开展“歌唱祖国主旋律，唱响时代最强音”、“红色七月，唱响红歌”等演唱活动，使爱国歌曲进社区、进企业、进校园、进军营、进工地，在全区广为传唱。

（张 岩）

加强和改进未成年人思想道德建设 2009 年，和平区加强未成年人思想道德建设。强化社区专兼职队伍建设，社区专兼职教师根据未成年人的心理特点和认知规律，将有益于未成年人健康成长的知识与他们喜爱的游戏和活动有机结合，策划开展丰富多彩的活动。广大德育工作者实践以网络为途径、以学生为主体、以学校为主导、以家庭为基础、以社区为依托的德育工作新模式，加强工作的针对性、实效性和主动性，在校园中组织健康充满童趣多姿多彩的班级博客。组织“向国旗敬礼，做一个有道德的人”网上签名寄语活动，参与活动的学生 4 万人次。和平区把寒、暑假因父母上班，独生子女没人照看的盲区，当作向未成年人进行思想道德教育的契机，打造假期快乐大本营，举行多种活动，召开暑期未成年人活动总结会，交流和展示未成年人思想道德教育的好经验、好做法。从年初开始，62 个社区开展创建未成年人活动站工作，至年底 19 个社区建成并荣获天津市优秀“快乐营地”称号。11 月，中共中央政治局常委李长春在全国未成年人思想道德建设经验交流会上，再次肯定和平区构建学校、社区、家庭“三位一体”的经验，提出在总结推广天津市和平区成功经验的基础上，积极推动学校教育、家庭教育、社会教育有效衔接。

（张 岩）

社会文化环境治理 2009

年，和平区成立净化社会文化环境工作协调小组，制定下发《和平区净化社会文化环境工作任务指标分解》。成立和平区网吧义务监督员队伍，在24个网吧配备2–3名网吧义务监督员，相继开展网吧专项治理、校园周边环境专项行动，创建“绿色网室”等活动。全区组织开展各种专项治理集中行动70余次、出动执法人员1800余人次、查缴非法盗版音像制品2400余张、非法图书7000余册。

（张 岩）

政 务

信访工作 2009年，和平区制定下发《关于领导干部定期接待群众来访的意见》、《关于定期组织干部下访的意见》、《关于把矛盾纠纷排查化解工作制度化的意见》3个文件。区级领导每月安排半天时间、处级领导每周安排一天时间接待来访群众。各级领导耐心听取群众诉求，设法解决群众反映的问题，细致做好解疑释惑和情绪疏导工作，不管诉求是否合理都认真听取和解答，做到“件件有着落、事事有回音”。开展下访活动，带案深入到矛盾突出、解决难度大的地方，听取群众意见，剖析问题症结，研究解决办法。重大节日和重要时期，包案区领导和主责单位入户下访、约访37人次，面对面帮助解决实际问题和生活困难，做好思想疏导工作，达到稳定上访人情绪、疏导化解和促使问题尽快解决的目的。全年，区信访办受理群众信访1695人次，总量比上年下降0.9%。其中，来信628件（含联名信12件465人联名），来访497人次；到区集体访25批410人次；办理重要督办件82件；办理市长电子邮件78件。信访案件办结率100%。

（张 岩）

行政审批 2009年，和平区行政许可服务中心围绕“保增长、渡难关，上水平”的工作要求，坚持依法行政，规范运作，提高效率，为营造区域良好投资环境发挥积极作用。办理审批事项19722件，办结19720件，办结率99.9%；新注册内资企业836户，新增企业和变更企业注册资金总计35.3亿元。接受各类咨询26571人次。其中，企业设立联合审批综合服务窗口办理988件，总注册资本20.4亿元，办结773件。投资项目联合审批受理17个项目，其中市级项目9个、区级项目8个，总投资额138亿元。

（张 岩）

政 法

社会治安综合治理 2009年，和平区进行社会面巡控网、社区防控网、繁华商业区防控网、单位内部守控网、应急处置网、科技防范网建设，建立多警种、多部门联合治理和防范的工作机制。发动群众投入“平安社区行动”，把群众反映强烈的治安问题作为开展“平安社区行动”的重要内容。将不同级别、不同规模、不同所有制的1738家企事业单位，按照行业特点划分为103个行业联防组，在企事业单位之间开展行业联防活动。建立完善矛盾纠纷排查调处机制，加强区、街两级集中处理信访突出问题及群体性事件联席会和矛盾纠纷排查调处领导小组力量，在各街道建立司法调解组织、社区调解组织，区法院成立诉讼调解中心，公安和平分局建立治安调解中心，建立矛盾纠纷排查信息员队伍，形成各级党政组织统一领导，综治组织协调，有关部门各负其责的矛盾纠纷排查调处机制，落实矛盾纠纷排查各项措施。着力解决重信重访问题和积案，及时妥善处理各类新的信访问题。建立重信重访领导包案责任制，一批重点、难点信访问题得到解决。坚持把打击犯罪、防范违法、普法教育、管理维护、平安建设、改造挽救等工作相结合。深化学校、社会、家庭“三位一体”的青少年法制道德教育体系；实施预防青少年违法犯罪工程；加大对国家安全、交通运输、安全生产、消防工作监督管理力度；广泛开展平安街道、平安社区、平安家庭创建活动。和平区被中央社会治安综合治理委员会评为全国平安建设先进区，并再次确认“长安杯”荣誉称号。

（张 岩）

青少年维权岗阳光帮教基地建设 2009年,和平区坚持教育、感化、挽救方针和“教育为主,惩罚为辅”原则,率先在全市建立青少年维权岗阳光帮教基地,百余名接受教育的失足未成年人无一重新犯罪,受到家长和社会广泛赞誉。区检察院成立由检察长任组长的未成年人维权工作领导小组,抽调熟悉未成年人身心发展特点,热爱并善于做此项工作的检察干警,负责审理未成年人犯罪案件以及被害人是未成年人的刑事案件。青少年维权岗阳光帮教基地率先实行“讯问未成年人,监护人在场旁听制度”、“不起诉案件听证制度”、“失足未成年人心理关怀制度”等,保证工作规范运行。区检察院荣获全国优秀“青少年维权岗”称号。

(张 岩)

和平区法院知识产权审判庭成立 2009年12月24日,和平区法院知识产权审判庭成立,成为市内六区法院中唯一管辖知识产权案件的基层人民法院,负责审理辖区内涉及知识产权的刑事、民事、行政案件和南开、河北、红桥三区涉及知识产权的民事和行政案件,首次对案件跨越行政区划进行管辖,并实现知识产权案件民事、行政、刑事“三审合一”的审判模式。该模式的实行,节约了司法资源,减少了重复劳动,有利于保证司法尺度的统一性,实现有效打击真正的知识产权侵权和犯罪,有效遏制为垄断市场而滥用权利的恶意诉讼。年内受理案件49件。

(张 岩)

人民团体

基层工会组织建设 2009年,和平区总工会采取“抓调研摸清底数、抓机制强化责任、抓宣传营造氛围、抓创新攻坚克难、抓服务良性发展”的工作方法,落实目标、分片包干、责任到人,集中力量,使基层工会组织建设取得重大突破。新增基层工会组织81家;新增会员4515人。至年末,全区基层工会939个,其中独立基层工会858个,基层联合工会81个,涵盖单位3272家,涵盖职工95771人、会员94376人。

(张 岩)

帮扶困难职工 2009年,和平区总工会在街道党政组织支持下,指导6个街道全部建立困难职工帮扶站,并为每个帮扶站注入3万元专项资金,帮扶90余人次,解决困难职工生活、子女求学、医疗遇到的实际问题。根据帮扶资金筹措量,参考低保标准调整比例,将特困职工每季度帮扶金额从350元上调至400元;将遭遇特殊困难申请一次性救助金的最低标准提高到1000元。组织开展各类“送温暖”活动,投入资金35.5万元,实施生活救助、医疗救助、助学救助和职业救助共计823人次;帮助12名困难职工大学生子女就业。

(张 岩)

服务青年创业就业 2009年,和平区发挥共青团、青联等青年组织网络优势,走访联系区青联、政协经济界别委员企业,了解企业用工需求和存在的困难,帮助企业解决实际需求。对高校毕业生、困难家庭青少年、外来务工青年等青年群体走访调研,了解在校大学生、应届大学毕业生、青年就业者和青年创业者的创业就业需求,开展“奉献青春促发展、服务经济上水平”系列活动。依托青联委员企业,签约建立23家青年创业就业见习基地,提供就业实训岗位500个;将区招商大楼作为区青年创业基地,将服务外包、动漫创意、高科技企业等专区向青年开放,为青年创业提供免租金、免物业费、税收返还等多项优惠扶持政策;利用和平创新大厦内的市科技展示平台,为青年创业者提供科技成果展示、知识产权查询等多项服务;组织青年创业人员参与“青年创业融资讲堂”及各种形式的银企对接会和融资洽谈会,发挥青年创业金融服务站作用,加强对青年创业的资金扶持;依托区人才市场、劳动力市场、就业训练中心等职能部门,免费或低偿开展青年职业技能计算机、家政服务、营养配餐等专业培训,提高青年就业竞争力;与区有关部门和天津市各高校联合开展大学生就业见习实践活动,为大学生提供党政机关和企事业单位实习岗位，打造大学生开展社会实习锻炼的平台。联系区劳动局、工商联、卫生局等单位，每月举办一次青年岗位招聘会，每场招聘会提供就业岗位不少于100个，并设立面向应届大学毕业生的专门招聘展位；设立网上招聘平台，为青年提供就业岗位信息；组织青联委员企业、区内规模企业到南开大学、天津大学、外国语学院、财经大学、工业大学、医科大学等高校举办专场招聘会，送岗位进校园。

（张　岩）

“妇女爱党爱国爱天津”系列活动　2009年5月26日，天津市“妇女爱党爱国爱天津”系列活动启动仪式在睦南公园举行，该活动由市妇联主办，和平区妇联、体育馆街党工委协办。仪式上，有关领导向“妇女爱党爱国爱天津”巾帼宣讲团、巾帼合唱团授旗，并发放爱国主义教育书籍和光盘。巾帼志愿者代表、体育馆街居民王瑞琴向全市妇女发出倡议，倡导广大妇女积极行动起来，发挥“半边天”作用，开展多种富有特色的群众性活动，广泛开展爱国主义教育，弘扬民族精神和时代精神，积极参与“妇女爱党爱国爱天津”系列活动。和平区6个街的多支巾帼表演队、巾帼文明传播团进行多种表演展示活动，抒发爱党爱国爱天津的热烈情感。

（张　岩）

“博爱助万家”募捐活动　2009年5月至6月，和平区红十字会在全区范围内开展“博爱助万家”募捐活动。募集的善款全部用于救助孤、老、病、残以及因各种原因陷入困境的弱势群体和备灾救灾社会公益事业。发放救助款物20余万元，救灾备灾物资10万余元，受益1000余户。募捐对象为驻区各机关、团体、企事业单位以及社会各界有工资收入的在职人员和社区居民。

（张　岩）

商贸服务业

发展现代服务业　2009年，和平区加速现代服务业总量提升，推进高质金融、高端商务、高档商业、高新科技四大产业聚集。发展总部经济、楼宇经济，打造金融中心、现代商务中心和高端商业中心核心区。引进企业银行（中国）有限公司、德国商业银行天津分行、德意志银行天津分行、威海市商业银行天津分行、中航三星人寿保险天津分公司、中国银河证券股份有限公司天津汉口道证券营业部等金融类企业。企业银行（中国）有限公司、中德住房储蓄银行、中辉担保有限公司、爱和谊财产（中国）有限公司4家公司中国地区总部设在和平区。至2009年，区内金融企业272家，其中世界500强及国内500强57家，金融总部及地区总部36家。投资25亿元的超大型商业设施金街天河城项目签约，项目建筑面积19.3万平方米，建成后成为全市具有现代特色和时尚的购物中心。实施科技兴区推进工程，重点引进软件、IT、动漫创意、服务外包等行业，促进科技产业快速聚集。4万平方米的和平科技大厦可吸引200家科技型企业进驻。推动特色街项目建设，建成辽宁路小吃街、小白楼1902欧式风情街、沈阳道古物市场3条特色街。

（张　岩）

招商引资工作　2009年，和平区坚持楼宇招商、土地招商双轮驱动。配合津湾广场建设，搭建金融招商载体。重点建设南京路商贸商务带，滨江道—和平广场中心商业区。加强楼宇载体跟踪服务，协助楼宇物业实施二次招商，引进和发展金融、证券、保险、电信、商贸、咨询、中介、律师、信息等现代服务业。以金融城建设为契机，加大金融产业招商力度，推动金融业在区聚集。围绕发展总部经济、楼宇经济开展招商引资，加快高端商务快速聚集，增大楼宇载体面积；实施名牌名企名店战略，新建10大商业设施30万平方米，引进世界一线品牌，提升改造传统业态，促进高档商业快速聚集；推进实施科技兴区工程，促进科技产业快速聚集。和平区招商大会围绕“金融和平”定位，对年度重点招商项目进行推介。包括南京路商务商业带上的CBD黄金地块、五大道地区地块、南市新兴商业区地块等土地开发建设项目，以及和平区创新大厦商务楼宇、天津中心商务写字楼、君隆广场、津门、津塔等高端商务楼宇资源。洽谈成功22个投资项目，协议投资额184亿元。参加中国·天津第16届投资贸易洽谈会。以“高质金融、高端商务、高档商业、高新科技”4个支柱产业和载体作为招商引资展示平台，采用LED彩屏、展牌、沙盘、影像等综合手段，突出中心商业区、中央商务区、文化旅游区和文明宜居区的特殊地位。苏宁电器集团、香港润金投资公司与和平区签订投资合作协议。全区内、外资到位额分别为61亿元和3亿美元，比上年增长51.6%和65.8%，增幅均创历史新高。

（张　岩）

贵阳路社区被评为全国社区商业示范社区　贵阳路社区商业示范社区总长700余米，拥有各类商业网点64家，覆盖周边4个社区，服务范围0.96平方公里，服务半径覆盖南营门街全部社区及新兴街、劝业场街、体育馆街部分社区。服务居民7885户2万余人。自2005年建成市级社区商业示范社区后，和平区投资对贵阳路提升改造，引进连锁企业17家、老字号企业8家、知名品牌企业14家。包括银行、邮政、便利店、药店、菜市场、美容美发、家政服务、洗染店、维修店、照相冲扩店、书籍音像店、快餐早点店、物回站、大众洗浴、学生文具及办公用品等商业企业，达到商务部规定的14种以上标准。居民步行不到10分钟即可到达商业区，享受到各种便民服务。2009年，国家商务部公布第四批全国社区商业示范社区名单，贵阳路榜上有名，成为和平区首个全国社区商业示范社区，创造了在老城区创建国家级社区商业示范社区的范例。

（张　岩）

商贸特色街建设　2009年，和平区建成3条商贸特色街。4月16日，辽宁路小吃街正式开街。小吃街包括辽宁路（滨江道至长春道）和泰隆路两部分。设置棚亭56间，总面积约350平方米。辽宁路区段主要经营比萨饼、热狗汉堡、泰国小吃、日韩小吃、台湾小吃、天津小吃、北京小吃、福建小吃、广东小吃、陕西小吃、上海小吃、四川小吃、南京小吃、杭州小吃等几十个国家和地区的知名品牌小吃；泰隆路恢复传统炒货，经营各类干鲜果品、南糖蜜饯及海南特色食品等。4月22日，提升改造后的沈阳道古物市场举行开街仪式。该市场始建于1987年，在国内外有较大影响，是天津的一个特色品牌，被确定为天津市文物监管单位和涉外旅游定点单位。沈阳道古物市场提升改造工程，对现有正式房屋店面59处、铁亭62间统一整修，形成风格统一的购物街。将每周四上午固定为古物集市，增加地摊500多个，并开办古物交易大厅。4月30日，小白楼1902欧式风情街正式开街。风情街长200米、宽15米，设商铺29家。星巴克、必胜客、赛百味、SPR咖啡、蒙哈丁酒吧、西来克洋酒等著名品牌入驻，主要经营西餐、酒吧、咖啡、冰淇淋、洋酒、高档礼品等。3条特色商贸街总建筑面积6万余平方米，可提供就业岗位500余个，安置就业约1500人。

（张　岩）

津湾广场开街　2009年9月26日，津湾广场中影国际影城开业。9月28日，津湾广场正式开街。包括中餐、西餐、酒吧、展示等业态的22家商户开业。10月3日，大型全景晚会《海河之夜》在津湾广场剧院首次上演。津湾广场西起解放北路，南至赤峰道，东北面为张自忠路，整个建筑群借海河的弯曲形成半弧状，与对面的天津火车站遥相呼应，形成独具特色的城市广

2009年4月30日，小白楼1902欧式风情街建成开业。

场，广场内建筑均为欧式造型，红砖外墙，大坡屋顶，屋顶设计有“老虎窗”，各个窗口均建有特色窗套，建筑内部设施注重以人为本和环保节能，各餐厅、酒吧、剧院设计前卫、装潢考究。一期工程为商业服务区，建筑面积17.1万平方米，由5座商业建筑体及地下商业街组成，设有开放式休闲广场，沿海河湾建有亲水平台，地下建有沿海河弯曲的下沉公路。整个建筑群落由精致休闲、都市活力、魅力视听、时尚娱乐、欢乐时光五大空间组成。汇集影院、剧场、中西餐厅、酒吧、商务会所及电玩城等30多家餐饮娱乐场所，荟萃不同风味特色小吃，开街后成为天津市首座24小时不夜城，成为天津市重要旅游景点。

（张　岩）

“让企业满意在和平”服务月活动　2009年，和平区开展“让企业满意在和平”服务月活动。组织开展千户企业评议行政执法部门活动。通过问卷调查和网上评议等形式，评议行政执法部门和投资环境。开展“简化办事程序、提高服务效率”主题活动，创新完善“零注册”和“中介全程领办”服务机制。走访千余户企业，以企业需求为重点，搞好政策宣讲活动，使企业充分了解市、区政府最新出台的扶持政策和服务措施。组织两次“区长接待日”活动，听取企业需求、意见和建议，集中解决项目实施中存在的困难。依法开展打击危害税收征管、无照经营、制假售假、侵害知识产权等各类经济违法行为，加大依法调处经济纠纷力度，提高对各类市场主体服务水平，营造公平竞争环境。制定实施《和平区行政效能过错追究办法》，组织监察员队伍，建立健全政风行风建设体系，形成及时受理企业意见、跟踪落实纠风结果的长效监察机制。

（张　岩）

“诚信经营示范单位”创建活动　2009年，和平区开展“诚信经营示范单位”创建活动，以物价、工商、质监、卫生等部门的法律法规为依据，对参加创建活动的商贸企业提出标价齐全、质量良好、广告真实、服务优秀、环境卫生舒适、设备安全运营等要求。创建活动采取企业自律和相关执法部门检查规范相结合的方法进行，辖区有关部门负责人组成创建活动评选委员会，通过媒体公布参与企业的简介或名单，组织消费者投票评选，并在区人大代表、政协委员监督下，评选产生诚信经营示范单位，由区政府予以命名表彰并颁发牌匾。8月6日，和平区命名表彰第二批诚信经营示范单位，滨江商厦、劝业场等24家企业获得第二批诚信经营示范单位称号。

（张　岩）

城市建设与管理

重点项目建设　2009年，和平区实施多项重点工程。恒隆广场项目，投资32亿元，占地4万平方米，总建筑面积15.3万平方米。设计为地上六层、地下一层的商业娱乐休闲区及地下二、三层停车库的综合体。和记黄埔项目，建设集大型商场、高档写字楼和公寓于一体的现代化商务设施。项目主体建筑高240余米。一期工程包括地下四层和地上五层。天津现代城项目，占地6万平方米，总建筑面积65万平方米。9月一期建成开业。二期进行规划设计和招商策划。津湾广场项目，2008年启动建设，一期工程2009年9月建成开业。项目占地约4.6万平方米，建筑面积约17万平方米，由5座地上商业建筑体及地下商业街组成。天津环球金融中心项目，是集超5A级写字楼、超五星级酒店、酒店式服务公寓、顶级水景豪宅和国际旗舰品牌购物中心于一身的顶级商务综合体。分为津门板块和津塔板块，“津塔”项目，高336.9米，地上75层，地下4层，总建筑面积58万平方米。至年底69层接近封顶，高达310米，写字楼核心筒建设到第75层。“津门”建设年底竣工。以其建筑群对称，且中间设计是71米高的“门”形超五星酒店而得名，从中间向两侧依次展现41层、29层、19层高的建筑群。由1栋“门”字形酒店、6栋公寓和整体地下车库组成。欧派商务大厦项目，7月竣工使用。主体结构19层，整体高度80米，总建筑面积19233平方米。全楼采用光纤接入，并在首层及二层公共区域采用无线网络覆

津塔

盖。采用太阳能热源,建筑通体采用优质保温、抗热幅墙体材料,形成环保节能大厦。君隆广场项目,8月竣工。总建筑面积18万平方米,投资规模11亿元以上,集酒店、公寓、写字楼、人才科技大厦、情景商街和地下车库于一体。朗香街地铁商业街项目,总投资2.4亿元,建筑面积3.2万平方米,分为三层。其中,地下两层均设商业卖场,容纳店铺100多家。地下三层为停车场,可容纳260辆机动车。麦购时代广场项目,由2座塔楼和1座裙楼组成,塔楼为2座5A级写字楼,地下一层至地上四层为商业中心。中心建筑面积6.5万平方米。

(张 岩)

创建国家卫生区 2009年,和平区按照《国家卫生区标准》要求,把爱国卫生工作纳入政府工作议事日程,开展多种形式的群众性爱国卫生运动。通过迎奥运市容环境综合整治以及20项民心工程的实施,着重解决与百姓密切相关的重点、难点问题。升级改造一批菜市场,对道路两侧立面综合整修,对背街小巷和居民区甬路硬化铺装,对南市等大片平房区拆迁改造,城市功能不断完善。强化对"六小"(小娱乐、小化工、小加工、小餐饮、小旅店、小门店)行业综合治理和监督检查,实施集中式供水和二次供水监管,保障食品、公共场所饮用水卫生安全,建立完善传染病报告制度,居民健康意识提高,卫生防病工作有效加强。城区卫生基础设施不断完善,形成一批靓丽景观,城区面貌发生显著变化。年内,和平区被全国爱卫会正式命名为国家卫生区。

(张 岩)

滨江道提升改造工程竣工

2009年,和平区对滨江道提升改造。提升改造范围,东起兴安路,南到哈尔滨道,西至西宁道,北至长春道,主轴全长1.2公里,总占地面积约30公顷,涉及滨江道主轴和与之相交的辽宁路、新华路、山东路等7条辅路以及沿街数百商家。清拆违章建筑23间600余平方米;完成建筑整修79栋;提升改造边廊平房24处6.08万平方米;拆除牌匾129块,规范牌匾278块、刀牌广告32块;完成4个节点28栋建筑夜景灯光安装改造。平面改造工程完成路面翻新2万平方米、修补3000平方米;翻新改造路灯77盏,粉刷灯杆73个,更换安装信号灯4处;两条道路架空管线导入地下,迁移变电箱4个;改造检查井32处、收水井53处,安装花钵146个,更换垃圾箱(桶)45个,翻新休闲座椅25个。提升改造后的滨江道商业步行街与和平路、南京路组成天津中心城区商业区"工"字型主框架,在功能、空间、交通组织及建筑形式上突出地域性、文化性特点,展现百年商业街的历史品位和时代风貌。

(张 岩)

城区建设与卫生环境整治

2009年,和平区完成城区总体控制性规划和南京路等3个重点地区城市设计。全年开工项目60个480万平方米,竣工30个116万平方米。完成拆迁10万平方米,南市成片危陋房屋拆迁基本完成,天河城等重点项目拆迁陆续启动。天津中心等一批重点项目竣工,津门、津塔等一批重

提升改造后的滨江道

点项目进展顺利，启动现代城二期等项目。保定道220千伏等4座变电站投入使用，西安道、大沽路2座停车楼竣工，新增停车泊位1190个。完成区级土地平衡试点项目南市地区5个地块整体出让，实现由单纯拆迁到土地整理、项目化运作的重大突破。全年出让土地7块，总金额55亿元。16个建设工地被评为市级文明工地，和平区被评为全国建筑施工安全质量标准化工作先进集体，实现工程质量零投诉。年内，投资近30亿元，提升城区载体功能。拆迁住户2.3万户112万平方米；拆除道路两侧违章建筑1952间，改造、整修道路116条，对135条道路两侧立面综合整修，整修楼房2807栋次；拆除社区违章建筑2678间，清理旧楼区小院、胡同里巷、楼门4713个，封堵垃圾窑门2516个；综合整修旧楼小区173片152.7万平方米，建成文化村等一批特色示范小区；对13个菜市场规范升级改造；对全区主干道路实施机扫、水洗作业，机扫率42%以上，生活垃圾无害化处理率90%以上；新增绿化面积69.7万平方米，创建绿色学校32所、绿色社区24个、绿色家庭500户，城区绿化覆盖率22%；6个街道全部建成市级环保模范街道。群众对城区卫生状况满意率保持在90%以上。

（张　岩）

综合环境整治　2009年，和平区实施17条重点路段及里巷道路、脏乱点位治理工作，拆除违章建筑116间1572平方米；清拆立面吊挂物5160个；整修楼房531栋；空调移机2572台，安装空调罩5188个；规范广告牌匾1739块。实施专项治理，拆除楼顶广告、楼顶单体字和标识33处，清理刀牌广告97块，清除调整旧报刊亭12个，清除调整出租车候车亭22个。完成57片旧楼小区整修工程，总面积36.65万平方米。对崇仁里等6片小区补建完善，整修楼房42栋，粉刷楼体20.32万平方米，粉刷楼道11.59万平方米，新建小品雕塑6处，更换新装邮政报箱2382户。完成帝豪酒店等2栋建筑立面整修和4栋大型建筑夜景灯光工程建设。滨江道提升改造工程，整修主干道路建筑37栋，支路建筑42栋，平房24间，夜景灯光改造完成工程总量的60%。全年发动干部群众55670余人次，开展5次大规模的环境卫生集中清整活动。

（张　岩）

园林绿化　2009年，和平区做好域内2万余株树木日常养护管理，在同安道、西康路、大沽路等地开展义务植树活动，栽植玉兰、紫薇、法国梧桐、白腊等乔灌木6000株，绿篱2万余株；发放《绿色和平》邮票100余本，绿化宣传手册、园林绿化养护手册300余本。新建绿地5万平方米，完成绿化提升改造20万平方米。7月，中心公园改造工程竣工，大型喷泉与路、水、林、花、广场等融为一体，向市民开放。

（张　岩）

睦南公园提升改造　睦南公园改造工程2009年2月28日开工，“五一”竣工开放，定位为市中心区的经典欧式月季主题园，延续以月季品种栽植和繁育为主要特色的风格，发挥其自身特点，打造一个名副其实的“月季园”，以月季花篱取代公园围墙，拉近游人与公园景观距离。具有欧式风情的罗马柱廊以及园内常绿植物与落叶植物相结合的园林美景，为游人提供拍照取景的好环境，为爱好美术的人们提供写生素材。

（张　岩）

2009年4月28日整修改造后的睦南公园

环境保护

概况 2009年,和平区加强环境保护工作。完成减排目标,对和平热力、乐昌里2台供热锅炉共计40蒸吨实施高效脱硫改造,削减二氧化硫8吨,全年削减二氧化硫53吨,超额完成削减12吨指标任务。设立环保基金,用于补贴区属医院运行费用,确保设施正常运行,区属医院基本实现"零费用"运行。医疗垃圾做到集中收集、集中运输、集中处理,杜绝二次污染问题发生。

(张 岩)

实施"蓝天工程"改善空气质量 2009年,和平区完成改燃并网锅炉26台,其中完成10吨/小时以下燃煤锅炉改燃并网15个单位25台锅炉,完成10吨/小时以上燃煤锅炉1台。加大监管力度,改善空气质量,重点对扬尘污染、煤烟型污染和机动车尾气污染进行控制。组织对辖区38个施工工地和29个单位的69台燃煤锅炉污染防治设施运行情况进行执法检查,检查92个单位,燃煤锅炉148台次,对检查中发现的53件违法行为进行纠正和处理。组织召开有关企事业单位负责人座谈会,通报环保工作程序、收费标准依据等问题,当场为企事业单位咨询,解决有关问题,组织开展服务月活动,为全区创造良好的投资环境做好环保工作。做好机动车尾气监管工作,采取目测方法,对12个站点460辆公交车进行执法检查,查处冒黑烟车辆66辆,依法进行处理。全区环境空气质量有效监测天数365天,二级天数为300天,达标率82.2%。

(张 岩)

实施"安静工程"保障生活安静 2009年,和平区南营门街天兴里社区创建为市级安静居住小区,组织保障中、高考考场13个,采取现场盯守和机动巡查相结合的方式,对考场周边环境进行保障,出动执法人员210次,对施工工地及扰考问题及时处置。整治滨江道、和平路繁华地区高音喇叭扰民问题,治理噪声扰民54件,收缴各类音箱50余件,有效遏制繁华地区生活噪声问题。至年底全区建设市级安静居住小区8个。

(张 岩)

实施"碧水工程"确保水质达标 2009年,和平区加强医疗废水、废物监督管理,组织对市属、区属、社办医疗等25个单位执法检查,共计100多次,对检查中发现问题的9个单位依法进行处理。

(张 岩)

经济管理

概况 2009年,和平区经济管理工作发挥宏观调控作用,采取多项有力措施,助推区域经济发展。完成地区生产总值455亿元、考核口径增加值120亿元,比上年分别增长15%和18.5%;区级财政收入完成24.3亿元,增长21.38%。提前两年实现区第九次党代会和区第十五届人代会提出的翻番目标;在地口径服务业增加值380.4亿元,占经济总量的83.6%;完成固定资产投资95亿元,增长57%,创近年新高;社会消费品零售额200亿元,增长17.9%;实现外贸出口10.7亿美元。

(张 岩)

规范财会管理提高财政绩效 2009年,和平区在加强会计信息质量和专项资金监督检查基础上,配合区"小金库"专项治理领导小组对25个单位进行专项检查。加大政府采购执行力度,真正实现采管分离,下发《加强采购人行为规范工作有关事项的通知》,规范政府采购行为。全年采购预算为23453万元,预计采购金额为23279万元,节约174万元,节约率0.74%。加强财政票据监管,规范行政事业单位和社会团体及卫生医疗机构票证的使用与管理。

(张 岩)

工商企业审批 2009年,和平区新注册内资企业811户,注册资本17.53亿元;新注册外资企业13户,实收资本484.15万美元;新注册个体工商户1120户,注册资金4744.67万元。其中引进外埠企业155户,投资额

8.7 亿元，催缴外资企业资金到位 1.3 亿美元。发放《流通领域食品经营许可证》92 户。

（张 岩）

加强市场监管 2009 年，工商和平分局为补充延伸《企业信用分类监管软件》监管信息数据，研发“网格化监管综合信息系统”软件，出台《网格化管理工作实施意见》，编印《网格化管理使用手册》。监管软件录入数据 18202 条，其中市场主办单位信息 82 条，场内经营户 3114 条，写字楼信息 86 条，写字楼入驻企业信息 4102 条，其他市场主体信息 10818 条，异地经营信息 10 条，无照经营信息 948 条。办理商品展销会登记 9 件，动产抵押登记 3 件，拍卖备案手续 12 件，对 3 家直销企业开展的 6 次直销活动进行备案登记，对各类市场经营活动实施有效监管。对 22 大类 1040 批次食品实施质量快速检测，开展食品添加剂、三顺“注水肉”、禽流感防治及限塑等 10 次食品安全专项检查。开展烟酒市场、家具、家装材料市场、手机市场等 22 项专项治理。烟酒市场整顿中，出动执法人员 191 人次、车辆 169 台次，检查销售单位 642 家，查扣假酒 1137 瓶，假烟 67 条，立案查处 22 件。对家具、家装市场 10 大类建材 13 户经销单位进行规范，与金海马、家宜家居家具市场签订承诺书，与 117 户经营者签订保证书，建立健全相关制度。通过开展对无照经营治理、打击商标侵权行为、开展商品质量检查、查处虚假违法广告、制止不正当竞争行为等行动，查处一批违法案件，共计立案 300 件，结案 197 件，完成罚没款入库 421966 元。

（张 岩）

改善消费环境维护消费者权益 2009 年，和平区累计受理消费者申诉、举报案件 1265 件，办结 1237 件，办结率 97.79%。处理人大代表、政协委员提案 5 件，处理解决群众信访事项 70 件，接待消费者投诉 194 件，接待消费者咨询 3504 人次，电话咨询 1800 人次，为消费者挽回经济损失 36.7 万元，维护了消费者合法权益。通过 12315 社区网站发布消费信息 240 余条，建立二级直通 34 户，新建消费者投诉站、联络站 101 个，编制印发“两站”实用手册 240 本，与消协合作在商场、社区举办天天“3·15”活动 5 次，出动 45 人次，发放宣传材料 2400 余份。增强消费维权意识，营造经营者自觉接受社会监督的氛围，为消费者提供放心消费的安全环境。

（张 岩）

审计工作 2009 年，和平区完成审计和审计调查项目 33 项。查出违规及管理不规范金额 29520 万元，应上缴财政金额 3547 万元，建议核减工程造价 1083 万元。报出审计结果报告、审计工作报告 33 篇。围绕全区中心工作，有针对性地开展专项审计调查，按照预定目标和区政府领导指示，先后实施教育收费情况、区市政园林局财务收支情况、区卫生系统财务现状专项审计调查，围绕“民心工程”及“创国卫”专项活动，组织实施鞍山道整修、沈阳道古物市场提升改造、新兴街社区扩建、宜昌道等 10 个菜市场提升改造、区红十字会救灾备灾中心装修改造、南京路夜色景观照明装饰、区行政服务大厅装修、区文化艺术中心建设等民计民生工程项目的专项审计调查，针对项目特性，做到严谨细致，依法规范。对区属 12 个处级单位 16 名领导干部 2007–2008 年履行经济责任情况实施审计。查出违规金额 70 万元，管理不规范金额 6932 万元，并揭示出部分领导干部所在单位存在私设“小金库”、少缴税费、固定资产管理不合规定等方面的突出问题。通过审计，纠正了存在的问题，客观公正地提出评价意见，为组织和纪律监督提供有益补充。

（张 岩）

科 技

“西海论坛”开幕 2009 年 9 月 2 日，由和平区科委、区环保局、区科协共同主办，天津市西海水处理研究所、市建筑给排水委员会、和平区科技创业中心承办的“西海论坛”在和平创新大厦举行。论坛以“落实科学发展观，走循环经济之路”为主题。区科委与市建筑设计院绿色建筑机电技术研发中心、天津师范大学水资源与水环境重点实验室、市水利科学研究院，就实施建设创新型城市、创新型城区的发展战略，提高自主创新能力，分别签署合作协议。协议约定，签约单位要通过自身拥有的科研优势和成果、智力资源，以及各类研发平台和实验室，寻求与和平区内企事业单位，特别是入驻和平创新大厦的科技型企业进行项目合作，合作方式包括课题研究、人才培养、技术合作、活动交流等方面。论坛进行专业研究成果和技术展示、演讲，就节能减排尤其是水处理技术的研究和如何利用新能源，如何加快科研成果的转化及和平区科技发展战略目标的实现，践行科学发展观等问题进行讨论，交换意见。

（张　岩）

和平创新大厦投入使用 和平创新大厦是和平区委、区政府按照市委提高自主创新能力、建设创新型城市的要求，与民营企业麦购集团公司合作建设的项目。大厦位于南马路与和平路交口，总建筑面积约4万平方米，地上主体26层。大厦的功能定位是，集科技服务业发展基地、高科技企业总部和高端科技资源聚集中心、科技成果交易和转化中心、科技应用企业中心、科技服务中心和科技商务基地于一体的国际化高端科技商务平台。提供一系列优惠政策和优质服务吸引企业入驻，支持企业发展。和平区对入驻创新大厦的科技攻关项目和以促进科技成果转化为目的的科技开发、科技产业化项目给予专项资助；对科技型中小企业承担的列入国家及天津市科技计划的项目、中小企业创新基金项目，按照上级拨款或资助资金总额的一定比例给予匹配补助；对消化吸收再创新科技专项或优势产业中重大引进技术的消化吸收再创新项目，按照有关规定，给予一定数额匹配补助等。大厦设置科技服务平台、知识产权服务中心等专业服务机构，为入驻企业开展新产品技术及知识产权交易信息发布、贵宾接待、商务洽谈、科技文献资源现场检索等提供各类科技和商务综合服务；提供国家和地方知识产权相关法律法规及优惠政策查询、与国家专利数据库对接，并提供相关查询服务以及提供知识产权方面讲解、线下解答和知识产权转让、转化、交易、维权等全程服务。大厦可容纳200余家科技企业入驻。3月底，开始公开租赁，引进或意向引进天津企商科技发展有限公司、仲龙影视文化传媒有限公司、安华易科技发展有限公司、知行通讯技术有限公司等一批科技型企业。

和平创新大厦

（张　岩）

6号院创意产业园建设 6号院创意产业园位于和平区台儿庄路6号。曾是英国怡和洋行仓库，由5座四层建筑组成，总面积1万平方米。产业园起步于2000年，至2009年随着6号院艺术馆、多功能报告厅、多处休闲观光区等一批配套项目相继建成，一批动漫公司、设计公司、艺术家工作室和画廊等机构进驻，创造出巨大的社会价值和经济效益。以创作《逗你玩》1万分钟娱乐动漫闻名的福丰达影视公司，引进国际领先的裸视立体影视节目技术，将引领我国电视产业发展，创造巨大产业价值。以创新京剧三维动画的英方数码公司，与天津大学合作开发动漫快速生成软件正在申报国家“863”计划。2009年，6号院举办传承思辨油画展、中国当代书画展、当代艺术展、动漫设计作品展、雕塑展等活动。产业园成为和平区现代服务示范园、天津市动漫人才实训基地，并在第三届北京国际文化创意产业博览会上，被评为2008中国最佳投资价值创意基地。2009年，获中国最佳创意产业园区奖。

（张　岩）

教　育

加大教育投入 2009年，和平区加大基础教育和社会教育投入，均衡教育扎实推进。完成21中新校区建设，启动55中示范校建设。投入3550万元用于义务教育学校和幼儿园提升改造，9所学校达到市级现代化标准，2所幼儿园进入市级示范行列。推进“名校长”、“名教师”工程。完成义务教育学校绩效工资改革。职业教育加快发展。中、小学教育质量继续保持全市领先地位。

（张　岩）

“三结合”教育 2009年，天津市教委、和平区政府联合召开天津市进一步加强和改进未成年人思想道德建设推动会暨纪念岳阳道小学“三结合”教育30周年大会，在全市推广“三结合”教育模式。和平区自1979年进行学校、家庭、社会“三结合”教育的实践探索，经历初创探索、逐步深化、完善创新、全面推广、形成特色等几个发展阶段，取得丰硕成果。实施“三结合”教育，适应青少年成长环境的新变化，实现学校、家庭、社会教育互动效应，体现现代学校制度建设本质要求，形成和平教育发展特色，为推进区域教育现代化提供重要保证。区委、区政府坚持把全面实施素质教育作为基础教育改革主题，促进素质教育向深度发展，努力构建区域性素质教育和谐发展的框架体系，使学校、家庭、社会三方面形成育人合力，保障素质教育实施。“三结合”教育促进学校的开放和发展，促进教师队伍建设、学校教育教学活动和对学校教师评价的开放；健全“合力育人”的组织体制，逐步完善学校与家庭、社会的互动机制，发挥学校主导作用，开放社区教育资源，促进家庭教育科学化现代化；促进教育资源向社区辐射和社区的和谐发展。全区成人学校、职业学校向社区开放率达100%，中小学向社区开放率达70%以上，建立社区教育基地500余个。协助街道办好社区学校，参与社区各类学习型组织创建活动和社区居民日常教育培训工作，推进学习型城区创建和终身教育体系建设。

（张　岩）

暑期活动 2009年暑假期间，和平区各中小学校开展法制教育和安全教育活动，增强学生的安全意识，提高自我保护能力。开展以“迎国庆、讲文明、树新风”为主题的社会实践活动。开展各种志愿服务活动，广泛宣传新中国60年的光辉历程，普及社会礼仪、生活礼仪、学生礼仪常识，帮助学生树立注重礼仪、热情友善、文明礼貌的良好风尚，提高文明素养。开展“庆新中国60华诞，颂各民族团结进步”主题活动，宣传党和国家的民族政策，弘扬“共同团结奋斗、共同繁荣发展”的主题。开展“寻找新中国100个先进模范典型人物”活动，引导广大学生学习先进人物的先进事迹，用英雄人物的典型事迹集中体现出的爱国主义、民族精神和时代精神教育青少年、感染青少年。参与市文明办开展的“寻找美丽的天津”征文活动，推动“祖国在我心中”主题教育活动深入开展，激发广大青少年爱祖国、爱家乡的热情。区教育局团委组织开展“我与祖国共奋进——十八岁成人行动”教育活动；组织开展暑期中学生社会实践活动；举办青年教师、中学生入党积极分子培训班；继续开展青年教师“一助一”爱心援助活动；组织开展“百名团员青年创国卫志愿服务社区行”活动；组织开展天津市第六次少代会代表评选活动，做好天津市第六次少代会提案征集梳理工作；结合少先队建队60周年，开展“我与红领巾的故事”写作大赛。区青少年宫开展2009届六年级艺术特长生专项讲座培训活动；面向双职工家庭开办“体验快乐”暑期全日营活动；开展文艺、美术、科技、体育等兴趣培训活动。

（张　岩）

文化旅游

“金牛献宝 金街纳福”新春踩街活动 2009年，由天津市旅游局、和平区人民政府联合主办的“金牛献宝 金街纳福”新春踩街活动在金街举行。踩街活动以传统“民间花会”为基本样式，采取固定表演和行进间表演相结合的方式进行。活动现场，“金牛献宝”卡通人物剪彩、“财神开路”戏剧人物表演、“神州风雷”大鼓表演、“东方醒狮”舞狮表演、“步步登高”高跷表演、“龙腾津门”龙灯表演以及铜管乐花车表演、女子弦乐花车表演、“川剧变脸”、“调酒”、拉丁舞、民族舞、“西洋小丑”表演等吸引游人观赏。

（张 岩）

第二届“和平杯”中国京剧小票友邀请赛 2009年，由文化部社文司、市委宣传部、中央电视台戏曲音乐部、市文化广播影视局、和平区人民政府共同主办的第二届“和平杯”中国京剧小票友邀请赛举行。20个省、市、自治区的326名小选手报名参加预赛。通过决赛评选，冯铭轩（天津）、郝润来（辽宁）、牛欣欣（河南）、李泽琳（天津）、姜舒原（辽宁）、郝莲洁（天津）、王禹皓（黑龙江）、严涵（上海）、周昊（广东）、张牧野（北京）获得第二届“和平杯”中国京剧小票友邀请赛一等奖并荣获中国京剧“十小名票”称号。为满足天津市广大热爱京剧中小学生的愿望，丰富学生暑期生活，邀请赛组委会于8月13日下午在中国大戏院举办优秀小票友京剧专场演唱会，免费向全市中小学生发放观摩票。

（张 岩）

第二届“和平杯”京剧小票友邀请赛

和平区图书馆新馆落成开放 2009年，和平区图书馆新馆落成并向读者开放。新馆坐落和平区文化艺术中心内，为国家一级公共图书馆。建筑面积6000平方米，馆藏文献31万余册，收藏报刊800余种，包括图书、期刊、报纸、音像资料、电子书和网上资源。该馆除保留图书外借部、报刊阅览部和音像技术部外，新增少年儿童阅览室、老年阅览室、视听室和天津作家馆，为读者提供全方位、多层次的服务。该馆每周六、周日晚为读者举办英语、日语晚会，为各界人士提供外语口语练习场所。

（张 岩）

第23届纳凉晚会 2009年，和平区举办为期4个月的第23届“纳凉晚会”文化艺术节，以庆祝新中国成立60周年为主题，在各街道、社区开展“爱我山河”群众书画展社区人“感受巨变”摄影展；“我把幸福告诉你”征文演讲比赛；“我为祖国唱首歌”社区歌手比赛及“舞动和平·爱我中华”群众舞蹈大赛等系列文化活动。

（张 岩）

卫 生

通过创建国家卫生区技术评估 2009年7月7日至10日，由全国爱卫办有关领导和有关省市专家组成的技术评估组到和平区，对创建国家卫生城市工作进行技术评估。7月28日，全国爱卫办致函市爱卫办：经全国爱卫办专家组全面检查，天津市和平区基本达到《国家卫生区标准》要求，通过创建国家卫生区工作技术评估。

（张 岩）

改善医疗环境 从2008年起，和平区连续3年每年投入300万元用于解决最基本的医疗设备购置和更新。社区公共卫生服务项目经费增加到40万元/万人。初步形成1个区级社区卫生服务指导中心（区中医医院）、5个社区卫生服务中心、25个社区卫生服务站的社区卫生服务三级网络。以居委会为单位，社区卫生服务覆盖率达100%。发挥辖区市级医院多、专科医院多等卫生资源丰富的优势，各社区卫生服务中心与17所市属医院签订双向转诊协议书，构建为老百姓健康服务的双向转诊绿色通道，努力做到“小病在社区、大病进医院”。为38031名60岁以上老年人建立个人健康档案并进行随访管理；为19033名社区高血压、糖尿病等慢性病患者建立健康档案和慢性病管理专案；对13269名高血压和4765名糖尿病患者进行规范化管理。社区卫生站对高血压患者和糖尿病患者分别进行每年6次和4次的入户检查，帮助患者稳定病情。2009年4月1日起，各街道卫生服务中心以及东兴医院、新兴医院、四面钟医院、中医医院、白楼医院、南营门医院设在各社区的卫生服务站，实行药品零差率销售，涵盖基本药品530余种。

（张　岩）

甲型H1N1流感防控工作 2009年5月，和平区落实市卫生系统甲型H1N1流感防控工作电视电话会议要求，紧急部署落实各项防控措施。建立区卫生系统甲型H1N1流感防控工作领导小组、医疗救治与流行病学调查专家工作指导组。与教育、公安、宣传等部门建立联防联控机制，加强信息沟通与协作；对学校等重点人群加强监测，高度关注不明原因流感病例的聚集性发病。各医疗单位实行24小时专人值班，区属二级医疗机构设立发热门诊，实行零报告制度，其他医疗单位发现疑似病例立即上报，做好预检分诊工作。做好突发应急队伍准备和物资储备。7月，区卫生局把实施创国卫冲刺和甲型H1N1流感防控工作结合起来，加大健康教育力度，推动创国卫有关项目达标。10月29日，区卫生局、区教育局联合召集辖区各中小学校、托幼园所、各社区卫生服务中心负责人，再次就甲型H1N1流感防控工作进行培训。12月21日，召开全区甲型H1N1流感疫苗预防接种工作部署会，部署区属各委、办、局及事业单位，区属企业员工甲型流感疫苗预防接种工作。

（张　岩）

体　育

全民健身日活动 2009年8月8日，和平区在全国第一个“全民健身日”开展多种活动，掀起全民健身热潮。组织6个街道数百名社区晨练队员，参加全市组织的大型活动，展示新推广的大众广播操。劝业场街代表队参加全民健身知识竞赛。在“难忘圣火”全民健身日文化展示活动中，南营门街健身操队、扇舞队，和平文化宫少年吉特巴班、跆拳道班的小朋友们表演精彩节目，庆祝北京奥运会圣火点燃一周年。

（张　岩）

体育场馆建设 2009年，和平区拥有区属体育场馆5座（和平体育馆、兵乓球馆、网球馆、壁球馆、游泳馆）。区业余体校拥有5000平方米的综合训练楼和田径场、足球场、室外篮球场。区级体育场馆总面积1.69万平方米，达到国家检查验收标准。市一中、耀华中学、第二南开中学等示范校建立田径场、篮球、排球馆和游泳馆。市人民体育馆、民园体育场及市教委所属高校体育设施等体育场地总面积12.73万平方米。社区全民健身路径47条，健身器材329件，面积9231平方米。全区全民健身设施场地总面积15.34万平方米。全区31.09万人口中，约有10.6万人（不含在校学生）常年参加体育健身活动，占总人口的32.1%。其中中老年健身爱好者占57%。6个街道全部被命名为天津市和全国城市体育先进社区。

（张　岩）

人口和计划生育

完成人口目标任务 2009年，和平区户籍人口393593人，户籍已婚育龄妇女63847人，现居人口239017人，现居已婚育龄妇女27227人，现居出生人口674人，人口出生率2.818‰，人口性别比101.1，符合政策生育率99.7%，人口自然增长率-1.379‰。连续19年保持人口自然变动负增长。

（张　岩）

深化人口计生宣传 2009

年，和平区围绕重大节日、纪念日和纪念建国60周年等主题，投入专项资金3万元，印制宣传折页等宣传品进居入户，增强宣传效果。投资3000元，在12个繁华地段的LED电子屏滚动播发人口和计划生育/生殖健康系列知识，以2个月为周期更换内容，并在重大宣传纪念日活动期间加播宣传专题，扩大科技宣传效果，形成立体宣传模式。利用属地优势，以宣传橱窗、诗歌朗诵、文艺演出、读书会等宣传形式增强宣传效应，以座谈会、黑板报、标语口号、咨询服务等手段提高活动效果。在繁华区和群众聚居地开展宣传咨询活动198次，发放宣传材料、实物宣传品2.9万张/份，89个属地单位参与社会宣传活动，1.7万名群众受益。

（张　岩）

流动人口计划生育服务管理　2009年，和平区按照“属地化管理，市民化服务”要求，逐步引导流动人口主动参与计划生育管理服务，树立流动人口“新市民”观念，使流动人口与常住人口同管理、同服务。建立“以人为本，多部门联动的流动人口服务管理模式”创新项目。在扎实基础工作前提下，不断创新工作机制，强化服务管理。利用有效资源，稳定信息采集队伍，畅通信息获取渠道；借助现代化管理手段，搭建便捷的、全方位的服务流动人口信息平台，实现“一站一点”的服务模式；为流动人口提供全方位、多渠道的计划生育生殖健康、知情选择服务；为流动人口提供深层次的职业技能、身心健康发展等培训和教育服务。

（张　岩）

人民生活

社会救助　2009年，和平区完善“两元三级”长效社会救助机制，推进社会救助工作。先后开展元旦春节救助、“三八”困难救助、春季大病救助、中高考前的关爱学子救助等16个主题救助活动，2.1万户次3.9万人次受益。区民政局被国家民政部评为全国低保规范化建设管理先进单位。区民政局发挥区、街两级慈善超市互补作用，全年救助5432户12489人，发放救助金137.04万元，米、油等物品3.315万公斤，做到临时救助不出街，小额救助不出社区。加强低保救助中心、住房保障收入核实中心和低收入家庭收入核实中心建设，做到制度、管理、经费、人员“四到位”，初步形成三级联动网络；加强救助资金监管审计力度，落实专款专用、善款善用要求，保证救助资金和物品正确发放。深化养老服务社会化创建活动，不断完善区域性养老服务体系。全年享受政府补贴家政服务的老年人4000余人；对43家养老服务设施进行调研和工作指导，4个街道养老服务中心开始运行；百岁老人生活补贴由200元增加到300元，为6700余位无固定收入老人发放生活补贴；开展以庆祝建国60周年为主题的老年节系列活动和第六届老年人健康展示活动，全区老年群体整体生活质量大幅提高。

（张　岩）

杨楼经济适用房竣工　2009年，和平区为南市拆迁居民实施的安居工程杨楼经济适用房竣工，并命名为“和瑞园”。“和瑞园”总建筑面积10万平方米，有25层、18层和多层住宅楼18栋，1600余套住房。首批拆迁居民6月下旬办理入住手续。

（张　岩）

自来水低压片改造　2009年2月，和平区自来水低压片改

2009年3月6日杨楼定向安置房落成，首批住房困难群众喜迁新居。

造工程全面展开。该工程改造碧云里高层二次供水设施，并对怀远里、南荣里、耕余里、万全道117号、福缘里、裕德里、郑业里、景阳里、气象西里、松寿里、同安新里等32处居民户内锈蚀、老化的自来水户管改造。通过改造，解决多层居民楼住户水压低、吃水难问题，受益居民近2000户。

（张 岩）

延寿里220千伏高等级变电站建成运行 2009年12月6日，位于南京路旁延寿里的220千伏高等级变电站及其输电线路建成投入运行。恒隆广场、和记黄埔大厦、津湾广场、国际金融中心（津门津塔）等区域供电形势得以缓解。

（张 岩）

新增集中采暖供热 2009年，和平区新增供热面积59万平方米，完成同方花园、金茂广场、犀地等5处49万平方米供热新建和鸿记里、孚德里、新津里等处10万平方米老住宅供热补建工作。结合道路整修，完成16处27台10吨以下小锅炉并网任务，改造工程面积82.37万平方米。

（张 岩）

劝业场街道

劝业场街道位于和平区西北部，以辖区内的天津劝业场而得名。北起张自忠路、和平路，西临多伦道接南门外大街，东至营口道，南抵南京路。2009年，街域面积1.737平方公里，户籍人口2.76万户7.99万人，常住人口1.29万户3.73万人。

界内机关团体、企事业、商业等单位1240余个，其中中央直属单位12个、市属单位254个。和平路、滨江道是天津乃至全国著名的商业步行街。

2009年，在创建国家卫生城区中，对37个点位、19条道路及沿街胡同、院落清整。对沈阳道古物市场提升改造，协助主责单位对河北路、山西路、鞍山道、新华路等6条道路，以及花园路地区和光华巷小区综合整治，配合主责单位对滨江道商业步行街提升改造。

清明节期间，各社区开展文明祭奠宣传，组织千余名志愿者进行义务劝导活动。组织“和平纳凉晚会”、“第三届婚育文化节”、“博爱进万家”及读书节等活动。举办国庆60周年书画展、演唱会、联谊会，以及参观、观摩等系列活动。

结合和谐社区建设，创建和谐楼门300个。建立街道老年人日间照料服务中心，改造静园、滨西和福明社区综合服务设施。花园路社区老年人日间照料服务站9月开放。设立老年理疗室、书画室、阅览室、休息室、就餐室等，开办老年合唱、模特队、英语、书法绘画等兴趣小组。

做好最低生活保障和低保扩面工作，抓好特困家庭、困难学生、残疾人救助和住房保障工作。低保秋季助学46人，低保复审786户。开展《天津市物业管理条例》宣传活动，完成锦中大厦小区业主委员会换届选举。

安置失业人员15373人，安置率98.2%。岗前公益培训280人，完成计划的93.33%，628人实现灵活就业；发放失业救济金2396人次，医保征缴2161人，为740名失业人员办理保险补贴，为2300名居民办理劳动保障卡，31027人在保险扩面中受益。

国庆期间，2248人次参加平安志愿者大巡逻、大防控工作。开展流动人口专项清查和辖区社会治安专项治理工作。加强液化气倒灌、楼院供电线路检查与治理。为社区群众解难题办实事，新增供热18片，供热并网16片。抓好换热站选址、管路入户改装等工作协调落实，化解各类问题和纠纷24个。全年接待群众信访236件，办复率100%，群众满意率95%以上。

2009年，街道“双拥”、计划生育、综合治理、社区侨务等工作被授予全国先进集体称号；街道办事处被市政府命名为市文明机关；街道党工委被评为市级思想政治工作先进单位。

（张 岩）

体育馆街道

体育馆街道位于和平区南部，北起南京路，西北至营口道，西至贵州路，西南至西康路，东南至马场道。2009年，街域面积1.738平方公里。居民1.65万户4.86万人。辖区有街道36条，天津著名的“五大道”横贯全街。

因界内有天津市人民体育馆而得名。1998年10月，贵州路以西划入新兴街道,体育馆街道与民园街道合并,仍称体育馆街道至今。

2009年,引进天津市简坐餐饮管理有限公司,注册资金100万元;引进天津宝吉长安科技发展有限公司,注册资金5000万元,超额完成招商引资指标。

在创建国家卫生城区工作中,清整楼门2000余个,清整垃圾点位2560处,清理杂物4350车,取缔小摊点235处次,拆除居民区违章建筑75间320平方米、小煤屋156个,清理无证经营26户,消灭蚊蝇孳生地615处次,封堵鼠洞585个。云南路沿线、睦南公园周边区域整治中,清整护栏173个、遮阳罩164个、违章建筑4间、外飘窗4个、车棚1个、卷帘门1个。完成友好里、团圆里小区旧楼立面清拆,拆除阳台护栏114个、窗户全栏323个、窗户半栏89个、外飘窗44个、遮阳罩111个。

完成大理道111-115号上下水改造和友好里、团圆里2片旧楼区提升改造。协调体育馆房管站、自来水一站解决马场道46号吃水难问题。建早点部24个,对上帝厨房、伊阑祥、康妈妈3个餐馆改造,解决居民吃早点难问题。

完成再就业安置856人次,灵活就业150人次。办理城镇居民医疗保险1568人,为35人报销医疗费21万元,为370名失业人员办理灵活就业保险补贴,为1900人发放社会保障卡。为912位60岁以上无工作老人发放生活补贴。元旦、春节期间慰问低保户、困难户、边缘户1110户2399人;救助临时困难群众88户151人,发放临时救济金61万余元;为394户731人低保、解困卡户统一调标。受理送审廉租住房补贴494件,受理廉租住房实物配租14件,入住7户。

完成诚基国际公寓500余平方米综合服务设施建设。利用华荫南里原新华印刷厂300平方米企业用房,建成以居家养老、文体活动阵地为一体的综合服务设施,规范育文坊、福林里社区为老服务站。建立100平方米的福林里社区残疾人服务站。开展第19届助残日活动。402名老人享受居家养老服务。为166名无工作老人办理人身意外保险,为享受政府埋单服务的80户老年人定期做卫生,对年满90岁的老人开展特殊服务。开展第21个老年节系列活动,表彰10个孝亲敬老和谐家庭和104名孝亲敬老先进个人。

庆祝新中国成立60周年,组织“红歌大家唱”40余场,开展“新中国甲子记忆”征文、“爱党爱国爱天津”知识竞赛等活动。在评选感动天津人物“海河骄子”活动中,居住辖区的著名音乐家王莘获“海河骄子”称号,举办“歌唱祖国主旋律,唱响时代最强音”大家唱活动,邀请王莘的遗孀王慧芬讲述《歌唱祖国》的创作过程及创作背后的感人故事。

2009年,街道办事处被民政部评为全国志愿服务先进集体,街道荣获全国和谐社区建设共建共享先进街道荣誉称号。

(张 岩)

南市街道

南市街道位于和平区北部,辖区是历史上的“南市”地区,街道由此得名。东以海河为界与河北区相邻,西、北分别以南门外大街、南马路为界与南开区毗连,南以多伦道为界与劝业场街道对接。1998年10月由原兴安路、清和、东兴市场3个街合并组成南市街道。2009年,街域面积1.217平方公里。户籍人口1.83万户4.76万人。

2009年,开展环境整治工作,立面清拆2000余处,拆除立面吊挂物2104个,清理楼门300个、胡同8条、院落20个、单位院落4个,清除卫生死角139处、乱堆乱放120处、垃圾渣土354吨、乱贴乱画3126张、吊挂物54处,绿地捡脏3.4万米。为怀远里小区改建存车处。

对辖区728户困难家庭进行救助,发放春节救助款22.43万元,发放低保补助430户、解困卡59户,共计46.53万元。助学救助50户4.62万元。大重病救助44户12.30万元。全年发放保障金460户240万元,解困卡73户8.2万元。办理廉租房补贴550户,廉租房实物配租受理4户,限价商品房100户,经济适用房10户。

办理二代残疾证1000余人。为254户残疾人发放救助款6.08万元,发放残疾人大病救助款2人4000元。为4名白内障病人免费手术,发放轮椅18辆,为10名残疾学生发放学习用品，为23人发放救助金1.15万元。办理老年证291人。为3名百岁老人办理百岁老人补贴。实施政府埋单为老服务497户3146人次。

组织志愿者参加扶残助困活动，开发30多个服务项目，参加服务1500余人次，3300余人受益。为失业人员提供就业岗位1050个，为3000余人次失业人员发放失业救济金150余万元，为600余名失业人员办理特困家庭确认并给予安置。对无业老年人进行生活补助金登记1282人，发放金额9万余元。

春节前夕，举办“千名党员送温暖”大会暨“送福到家、以画过年”全国民间木版年画展。区、街领导向社区1200余户居民送福字、吊钱儿、灯笼、对联，致以节日祝福。在街楼门文化展览馆举办京剧服装服饰暨戏剧摄影展和天津市老年摄影艺术展。“特色楼门”是该街社区建设创举，庆有西里居民张如梅作为群众代表在“创建文明城区——百名市长访谈”中作典型发言。

举办法律知识等宣传讲座，开展“三八健康杯”趣味运动会及“手拉手、渡难关、庆六一”活动，举办系列单亲母亲解困活动。组织团员青年开展学雷锋和“五四”精神交流等主题教育活动。

举办计生优质服务各类知识讲座89场、知识竞赛12场，1.25万人次参加，提供咨询服务6600人次，发放避孕药具1600盒、宣传材料2万余份。群众对计划生育满意率92%。

加强信访工作。接待来信、来访176人次，处理信访案件69件，办结率98%。企商科技发展有限公司等企业单位建立基层工会组织18家，发展会员1100人。

庆祝建国60周年，开展“唱红歌”活动，4000余人参与；裕德里社区居民王振生撰写《载歌载舞把礼献》、《祖国强盛万万年》拍手歌。

2009年，街道办事处被中央社会治安综合治理委员会、人力资源和社会保障部表彰为全国社会治安综合治理先进集体。

（张 岩）

小白楼街道

小白楼街道位于海河西岸、和平区东北部，东面、北面与河东区、河北区隔河相望，西面、南面分别与劝业场街道、体育馆街道相邻，东南与河西区相接。2009年，街域面积2.24平方公里。

2009年，吸引内资到位额2250万元。对54处房产、9处违章建筑进行核实、清查、登记，并建立台账。办理唐山道56号原白楼工商公司房屋移交区国资委事宜。完成第二次全国经济普查工作，受到国家统计机构认可和好评。

开展奋战150天环境卫生综合整治活动，清理堆物262处、脏乱死角158处、垃圾渣土28吨、乱吊乱挂253处，绿地拣脏6500延米。重点治理中国大戏院、耀华中学周边等地区，重点地区周边环境秩序得到较大改善。新一轮市容环境综合整治，拆除护栏2407个，完成4片旧楼区整修改造。崇仁里旧小区提升，拆除全部护栏。对4处垃圾死角集中治理。清理居民区残标1100余处，覆盖涂鸦180余处，辖区市容环境实现干净靓丽。完成218次重点道路和线路环境保障。“共建美好家园、共享和谐社区成果”的经验在全国睦邻文化建设高层论坛作典型发言。

加强和谐社区建设，规范“三会一站”职责和运行方式，保障社区居委会“四自”作用发挥。和谐社区建设经验得到国家民政部肯定，在江苏苏州召开的全国和谐社区建设工作会议上作书面发言。围绕打造“文化白楼”，发挥社区文艺社团作用，开展多种文化活动。国民体质健康检测工作，被评为全国群众体育先进单位。

实施“放心早点”工程，9个社区均建有早点店。对吉林路58号、解放路241号、浙江路17号、聚福里1号、营口道30-35号等7个居民楼院和胡同里巷实施硬铺，解决居民出行难问题。建成开封道、树德里2个区级绿色社区，为居民创造舒适便利的生活环境。健全完善“二元三级”长效救助机制，为863户困难户发放救济款67.7万元。救助困难学生150人。对困难群众大病救助72户18万元。850名老年人享受居家养老服务。采集就业信息3434条，开发就业岗位8452个，安置2187人，大、中、专、技毕业生217人全部实现托底安置,登记失业率控制在3.7%以内。为518人办理就业困难人员社会保险灵活就业补贴。为723人办理城镇医疗保险。为2050人次发放失业保险111.2万元。为910名60岁以上未参加城乡居民基本养老保险和无社会养老保障待遇的老年人办理生活补助费登记及存折发放手续。为2750人办理社会保障卡申报发放手续。

开展“五个一”创建活动,街道被评为市级文明单位、崇仁里社区被评为市级文明社区标兵、达文里社区被评为市级“五个一”文明小区。成立9个未成年人活动站,在全市成立首家街道青少年延安精神学习宣传小组,开展爱国主义、志愿服务、社会主义荣辱观、法制教育等系列活动,提高未成年人思想道德水平和社会责任感。

2009年,街道办事处被评为天津市经济普查先进集体,被国家民政部授予和谐社区建设示范街道称号,崇仁里社区被国家民政部授予和谐社区建设示范社区称号。

(张 岩)

新兴街道

新兴街道位于和平区东南部,南沿津河至马场道与河西区相邻,西倚卫津河与南开区接壤,北沿电台道、营口道与南营门街道相邻,东以贵州路、马场道与体育馆街道接壤。2009年,街域面积1.77平方公里。

2009年,为729名失业人员、城镇居民、退休职工办理及补办社会保障卡,为1014名60岁以上无工作的城乡老人办理生活补贴,完成低保户复查审批,开展大范围的困难群众救助活动,帮助167户居民解决实际困难,资助17名家庭困难学生,为15人报销药费。开发就业岗位,为473名特困群众安置工作。为4人申请小额贷款,为700余人办理失业登记和失业救济金申领发放,失业人员安置率97%以上。为129名“4050”人员审批办理补贴。土山花园社区低保工作被民政部评为全国基层低保规范化建设典型单位。

以迎国庆60周年系列庆祝活动为契机,组织举办“盛世华夏 和谐新兴”综合文艺演出、“祖国颂”诗歌朗诵会、“志愿者之歌——新兴街社区志愿服务20年”图片展览、“祖国万岁——庆祝建国60周年新兴街书画展”、新兴地区第三届社区文化艺术节社区文化团队优秀节目选拔赛、第23届纳凉晚会、“我爱国旗”征文比赛、“祖国在我心中”摄影展、“巧手编织展辉煌”手工作品展、“见证国庆六十周年图片展”、“满怀豪情展风采”社区文体团队展示等系列活动。组织开展庆重阳社区美食节、孝亲敬老报告会、“银龄杯”老年象棋比赛等老年节系列活动。

区委老干部局确定朝阳里社区和卫津路社区为首批老干部社区“四就近”服务(为老干部提供就近学习、就近提供关心照顾、就近活动、就近发挥作用的个性化、多样化和亲情化服务)示范点。

完成区划调整及新一届社区党组织、居委会换届改选工作。对新任社区主任、社工开展社区居委会职责、制度培训。举办民政、低保、文卫主任培训班。对社区志愿服务工作进行专业培训,并建立信息呈报、网上浏览工作机制。提升改造朝阳里、新兴南里社区办公硬件设施及犀地、土山花园社区办公软硬件设施。除金泉里社区外,其余社区办公面积均达200平方米以上。

在志愿者服务活动开展20周年之际,举办“志愿奉献、情暖朝阳”志愿之歌活动,在社区志愿服务发祥地树立名为“奉献”

新兴街“盛世华夏 和谐新兴”综合文艺演出场景

的纪念雕塑，举办20年志愿服务历程图片展，编撰《回首20年》文集，制作反映志愿活动20年历程的电视短片。3月18日，召开天津市纪念和平区社区服务志愿者活动20周年大会。副市长任学锋、市志愿服务联合会会长曹秀荣、市民政局局长张中华出席会议。市民政局副局长周克丽主持。区委副书记、区长张盛如作和平区开展社区服务志愿者活动20周年经验介绍。陈传书、詹成付分别代表全国老龄办和民政部为5位全国第一个社区服务志愿者发起人、朝阳里社区居民84岁的董光义、84岁的宋元朴、82岁的陈秀文、80岁的张福臣、79岁的陈菊福佩戴光荣花。还向20年坚持不辍从事社区志愿服务的侯海清、何云一和康静等12位志愿者标兵颁发志愿者奉献杯。纪念活动在街道掀起人人争当志愿者的高潮，志愿服务活动在内容和形式上得到新的拓展，成为服务社区群众，推动地区精神文明活动开展的主要形式。

2009年，街道被民政部评为全国社区志愿服务先进集体。

（张　岩）

南营门街道

南营门街道位于和平区西部，北临南京路与劝业场街道相连，南至电台道与新兴街道接壤，东以营口道为界与体育馆街道连接，西以卫津路与南开区为邻。2009年，街域面积1.25平方公里。

2009年，针对居民稠密、商贩众多、基础条件较差的特点，建立疏堵结合、多方联动、综合执法的“三位一体”工作机制。规范早点摊、蔬菜摊、小百货摊等区域服务点管理。对绵阳道地区进行综合提升改造。修建甬路，补充绿化，增设机动车和非机动车位，增建美观实用的防雨棚，修缮楼道内外墙面。有效治理违章搭建、乱摆乱卖等问题，区域市容环境有效改善。

8月6日，天津市依法文明养犬示范小区授牌仪式暨养犬管理工作会议在和平区召开。会议授予南营门街汇名园小区为全市首个依法文明养犬示范小区。“汇名园”占地4000余平方米，绿化面积40%，小区内设有用于遛狗的专用场地以及粪便收集地，12名保安员24小时轮流值守，物业增加用于收纳犬类粪便的专用垃圾桶、专门的清洁人员和消毒人员。小区内严格规定遛狗时间，狗在小区活动时都要系上狗链。小区志愿业主承担起文明养犬监督工作。

围绕知民情、解民忧、暖民心，开展多层次、宽领域服务。健全以公益性职业介绍机构为主、街道劳动保障事务所为辅的就业服务体系。建立包括社区在内的三级就业信息网络体系。举办专场招聘会2次，提供就业岗位1300个，推荐就业800人次。健全区、街、社区三级救助帮困体系，解决困难群众生活问题。对504户低保和解困卡家庭发放救助金234万元，对困难群体发放民政救济和临时补助129万元。依托“阳光之家”做好老年人、残疾人救助、康复工作，为112名残障人员提供上门服务，为586名空巢老人提供居家养护，90岁以上老人实现夜间陪伴。

制定实施《关于街级文化团队带动社区文化活动促进地区文化工作健康发展的实施意见》。街道文化团队传帮带，社区活动丰富多彩，推动地区精神文明建设。推选群众手工艺品和文化作品参加和平区评展。组队参加区游泳比赛。街文化团队获天津市优秀社区艺术团优秀节目展演风采奖。竞业里社区健身操队获天津市迎国庆健身操比赛第一名，被推荐参加全国总决赛。深入开展迎庆“七一”和建国60周年主题活动，举办红歌会和“喜迎祖国华诞，书写人生辉煌，我与共和国共成长”等大型主题活动。

天新里社区举办《天津日报》国庆阅兵图片剪报展，将《天津日报》新中国甲子盛典珍藏版图片收集、剪裁制作成展牌，对学生进行爱国主义教育。香榭里社区组织青少年学生到武警天津总队一支队八中队，参加军营夏令营活动。天兴里社区组织学生开展绘画、摄影活动，丰富暑期生活。

（张　岩）

河 西 区

概 述

河西区是天津市中心区之一，位于市区东南部，因地处海河西岸而得名。区境东临海河与河东区相望，西迄卫津南路、卫津河与南开区、西青区交界，南沿双林农场引水河与津南区毗邻，北抵徐州道、马场道、津河与和平区接壤。2009年，区域面积41.24平方公里，辖马场、尖山、越秀路、天塔、桃园、大营门、下瓦房、挂甲寺、友谊路、陈塘庄、柳林、东海、梅江13个街道办事处。全区户籍人口77.97万人，常住人口87.25万人。

河西区历史悠久，界内津门古刹挂甲寺始建于隋唐时期，沿解放南路两侧的德式风貌区至今仍保留许多日耳曼风格的小洋楼。建国以来，经历社会主义时期建设，成为天津市发达的工业区、繁荣的商业区、新型的居民区、先进的文化区和重要的涉外区。党的十一届三中全会以来，河西区各项事业迅速发展。20世纪90年代中期，率先在全市基本完成成片危陋房屋改造。"十五"期间，发展成为繁荣的商务中心区和高品质的生活住宅区。"十一五"期间，小白楼商务中心区入驻企业600余家，包括西门子、三菱株式会社、普华永道等多家世界500强。区内友谊路既是天津迎宾主干线，又是集金融、涉外、商务、会展、餐饮等功能于一体的服务型经济聚集带，银行分行、保险公司、证券营业部及其他金融企业约70家，其中集聚全市88.9%的内资银行分行。解放南路经济物流带成为建材装饰商品集散、家具名品销售、建材网络信息、国际汽车贸易等多元化经营的现代物流中心。大沽南路商业街有大型商业载体8座，总面积10万平方米。先后拆迁改造48片危陋平房，建成新城小区、安德公寓等16个新型居民小区和梅江生态居住区、泰达园、凤凰城等高档社区。

2009年，河西区落实市委"保增长、渡难关、上水平"要求，积极应对国际金融危机严峻挑战，发挥优势，创新实干，实现区域经济持续稳步增长。实现生产总值(区属口径)133.47亿元(不含金融业)，比上年增长17.5%，可比增长19.5%。社会消费品零售额205.86亿元，增长18.56%。楼宇经济快速发展，拓展区域经济发展空间，75座商务楼宇实现税收13.3亿元，其中环渤海发展中心等6座楼宇年纳税超亿元。区级财政收入25.7亿元，增长12%。第二产业实现增加值9.89亿元，增长2.26%，可比增长7.56%。第三产业增加值123.58亿元，增长18.94%，可比增长20.52%。二、三产业结构为7.4∶92.6，以现代服务业为支撑和主导的产业结构，成为区域经济主要特征。非公有制经济实现增加值108.28亿元，增长16.55%，占全区生产总值81.12%。其中，私营个体经济增加值99.6亿元，增长17.62%，占全区生产总值74.62%。中国·天津河西2009商务商贸节达成签约项目15个，合同金额70.5亿元人民币和1.2亿美元。全年国内招商引资实际到位额77.7亿元，增长25.3%。外资实际利用额3.52亿美元，增长348.48%。新增就业4.1万人，城镇登记失业率控制在3.7%以内。

推进市重点工程建设，完成地铁3号线德才里、泗水道、微山路、国泰桥、彩印道、珠江道等9片33624平方米房屋拆迁。维修改造利民道、爱国北里等59条支线及里巷道路。疏通清挖珠江里、光华里等200多个小区排水设施，完成15片小区路灯补建。房地产业开工面积418万平方米，竣工面积117万平方米；完成固定资产投资32亿元。9月，东海街小二楼危房改造工程开始动迁，至年底，签协议6189户，占总户数71.1%。城市管理继2008年成功“创卫”后，2009年深入开展市容环境综合整治，集中力量大干150天，高质量完成人民公园、天塔湖2个重点地区，广东路、绍兴道等29条道路，600多栋楼宇立面、102栋楼房“平改坡”，5片旧楼区及6个城乡接合部脏乱点位治理。新建绿地21.34万平方米，改造绿地20.59万平方米，城区绿化覆盖率39%。全区道路机扫率保持在70%以上，各项环卫作业坚持常年按照“创卫”标准操作。全年空气环境质量二级及以上良好天数达80.5%。提前一年完成“十一五”二氧化硫和化学需氧量减排任务和节能目标。

登记市级科技成果30项，2项获天津市科技进步二、三等奖。认定登记技术交易合同1095份，技术交易额5.1亿元。13家企业通过天津市高新技术企业资格认定。成立天津世纪天感影像科技发展有限公司，并与中国科学院理化技术研究所合作建立影像技术联合实验室，提升在影像材料行业的技术创新和技术领先地位。在全国第24届青少年科技创新大赛中，河西区有11项获奖，占全市获奖总数25%。

全区有国家级重点职专2所，示范性高中6所，历史名校1所，市级重点中学7所；规范化中小学51所，市级小学素质教育示范校25所；市级示范幼儿园5所，市一级幼儿园22所；示范高中校、规范化中小学、市级示范幼儿园与一级幼儿园总数位居全市前列。学前三年入园率95.2%，小学毕业生合格率100%，义务教育完成率和巩固率保持100%，毕业生合格率100%。高中阶段教育普及率100%，接受优质高中阶段教育的学生比例达89.38%。全区接受高等教育人数占总人口38.15%。新增劳动力平均受教育年限超过15年。学前教育创立“名园带新园”模式，成立一幼、二十二幼、二十四幼、二十六幼分园，外来务工子女及低保家庭子女享受平等受教育权利，并满足梅江南和体院南地区儿童就近接受优质学前教育需求。河西区作为市内六区唯一代表被评为全国推进义务教育均衡发展工作先进区。中学教学质量继续攀升，中考优秀率、全科及格率和高分段人数继续位居全市前列；高考成绩取得历史性突破，本科一批上线率49.6%，超上年8.8%，本科二批以上上线率71.5%，超上年13.1%，各学科平均分和总分平均分均列天津市首位。

制定文化大区建设规划，完成提升文化软实力的战略研究。成立区作家协会、书法家协会、美术家协会和摄影家协会，组建成立区文学艺术界联合会。成功举办第六届河西文化旅游博览节、天津市社区文化艺术节、老年人文化艺术节、家庭文化艺术节、第四届社区文化擂台赛和天津市鼓舞大赛。继续举办“打开音乐之门”暑期系列音乐演出及“相约环渤海”、“天津之春”等高雅艺术演出活动。文化产业扎实推进，人民公园引进中华花戏楼、盈月梧桐、北方音乐星阵营等文化娱乐项目，西岸艺术馆全年演出百余场室内乐，西岸金逸国际影城建设工程进展顺利。

深化社区卫生服务体制机制改革，全面落实22项免费公共卫生和基本医疗服务。全区有12个社区卫生服务中心、52个社区卫生服务站，社区公共卫生服务覆盖率100%。成立社区卫生服务集团，实现三级医院与社区卫生服务机构双向互动，居民不出社区就能享受三级医院医疗服务。率先建立社区基本用药制度，全部药品均由政府在网上集中采购，12个社区卫生服务中心全面实行药品零差率销售，药品采购价格下降10.28%，销售价格降低22%。全区确诊并建立高血压病人管理专案38721份，规范管理36880份，管理率

95%；确诊并建立糖尿病病人管理专案15074份，管理率95%；为60岁及以上老年人建立健康档案103372份，建档率68%，发放老年保健套装86898份。4577名残疾人纳入社区管理。区卫生系统全年诊疗206.57万人次，比上年增长54.73%；收治住院病人6557人，治愈好转率94.6%。疾病预防控制措施得力，全年传染病发病6495人，发病率702.52/10万，比上年下降25.71%，甲型H1N1流感等各类传染病得到有效防控。

群众体育活动广泛深入，全区建成300多个社区健身站、2个国家级社区体育健身俱乐部。河西区组队代表天津市参加全国老年人健身大会，在38个代表队中获团体总分第二名。河西区晨练队代表天津市参加首届全国"群众喜爱的社会体育指导员"评选暨社会体育指导员技能展示大会，花毽队获大会唯一1个一等奖，健身气功队获2个二等奖，3名社会体育指导员获群众喜爱奖。河西区代表队参加天津市组织的田径、游泳、跆拳道、武术、排球、柔道、足球等项目比赛，获金牌40枚、银牌27枚、铜牌28枚。参加市中小学乒乓球比赛，获后备人才组12个项目中的11个冠军。区业余体校在全市业余体校年终评估中荣获一等奖。

（李　群）

河西区区级领导名录

中共河西区委领导名录

职　务	姓 名	性别	出生年月	民族	文化程度	籍　贯
书　记	沈家聪	男	1953–12	汉	研究生	浙江萧山
副书记	彭　三	男	1966–08	白	研究生、博士	云南剑川
副书记	曲孝丽	女	1963–09	汉	研究生	山东昌邑
常　委	杨书奎	男	1952–11	汉	大　学	山东宁津
常委、办公室主任	李　清	男	1965–04	汉	研究生	天津市
常委、宣传部部长	史学群	男	1953–04	汉	大　学	安徽寿县
常　委	李汕源	男	1954–12	汉	研究生	天津宁河
常委，公安河西分局局长	贾　庆	男	1956–11	汉	大　学	天津市
常委、组织部部长	王惠敏	女	1953–08	汉	大　学	山东广饶
常委、区纪委书记	滕仲喜	男	1956–10	汉	研究生	河北黄骅
常委、区人武部政委	孔维新	男	1960–10	汉	大　学	山东滕县

河西区人大常委会领导名录

职　务	姓 名	性别	出生年月	民族	文化程度	政治面目	籍　贯
主　任	沈树和	男	1948-09	汉	大　学	中共党员	天津市
副主任	盖　钢	男	1951-10	汉	大　学	中共党员	河北平山
副主任	康凤海	男	1954-01	汉	研究生	中共党员	山东聊城
副主任	王亚令	男	1958-06	汉	大　学	中共党员	山西文水
副主任	王秀琴	女	1954-08	汉	研究生、硕士	中共党员	河北胜芳
副主任(不驻会)	边　海	男	1959-07	汉	大　学	致公党党员	天津市

河西区政府领导名录

职　务	姓 名	性别	出生年月	民族	文化程度	政治面目	籍　贯
区　长	彭　三	男	1966-08	白	研究生、博士	中共党员	云南剑川
常务副区长	杨书奎	男	1952-11	汉	大　学	中共党员	山东宁津
副区长	李汕源	男	1954-12	汉	研究生	中共党员	天津宁河
副区长	张金英	女	1965-01	汉	研究生、硕士	民进会员	天津市
副区长	许迪春	男	1961-05	汉	研究生、博士	中共党员	山东蓬莱
副区长	江　洺	男	1954-12	汉	研究生、硕士	中共党员	安徽和县
副区长	刘国胜	男	1955-07	汉	研究生、硕士	中共党员	山东宁津
副区长	张法连	男	1969-01	汉	研究生、博士	中共党员	山东聊城

政协河西区委员会领导名录

职　务	姓 名	性别	出生年月	民族	文化程度	政治面目	籍　贯
主　席	刘开基	男	1953-04	汉	研究生	中共党员	天津武清
副主席	张秀春	女	1951-02	汉	研究生、硕士	中共党员	天津市
副主席	魏　涛	男	1953-04	汉	大　学	中共党员	河北文安
副主席	李玉玫	女	1953-08	汉	大　学	中共党员	天津市
副主席	李金水	男	1954-07	汉	大　学	中共党员	河北雄县
副主席(不驻会)	武国维	男	1957-07	汉	大　学	无党派人士	天津市
副主席(不驻会)	史宝龙	男	1962-03	汉	研究生、博士	民建会员	河北河间
副主席(不驻会)	孙惠玲	女	1963-02	汉	研究生	民进会员	山东省
副主席(不驻会)	王丽萍	女	1957-07	汉	研究生	民盟盟员	河北定县

（区委组织部提供）

大 事 记

1月

1日 由摄影世界杂志社、新华社天津分社、天津博物馆和河西区政协之友摄影联谊会联合主办的《摄影世界》第15届佳能杯“亚洲风采”摄影比赛获奖作品展暨政协之友摄影作品展，在天津博物馆举行。

6日 市科委与河西区政府签订共建天津市影像材料产业生产力促进中心协议书。市科技创新服务中心、河西区科委和天津天感数码影像产业孵化器有限公司签订共建天津市影像产业科技发展有限公司协议书。

6-8日 政协河西区十二届三次会议召开。听取审议常委会工作报告和提案工作报告；政协委员列席区十五届人大四次会议，讨论政府工作报告；通过会议决议。

7-9日 河西区十五届人大四次会议召开。区长彭三作政府工作报告。审议通过区政府工作报告、区人大常委会工作报告、区人民法院工作报告、区人民检察院工作报告，审查批准区2008年预算执行情况的报告和2009年预算。

15日 由新华社《瞭望东方周刊》主办，《今晚报》协办的“天津最具幸福感城区”推选活动揭晓。河西区荣获幸福城市政府贡献奖，同时当选天津最具幸福感城区。

18日 中共中央政治局常委、中央书记处书记、国家副主席习近平，深入河西区友谊路街调研考察。对河西区在解决百姓“看病难、看病贵”问题上付出的努力表示肯定，对社区党建工作提出要求。市委书记张高丽，市委副书记、市长黄兴国及区委书记沈家聪、区长彭三陪同。

同日 由河西区教育产业管理服务中心拍摄，天津市艺术学会视听艺术专业委员会和天津市音像艺术出版社在国家广电总局立项的长篇动画片《小男生阳帆》(第一部)，在中央电视台少儿频道“动画乐翻天”栏目首播。

19日 市委副书记、市政协主席邢元敏到河西区就贯彻落实党风廉政建设责任制情况进行专项检查。

20日 市委副书记、市长黄兴国到河西区看望区环卫局退休老劳模孙丽华。市政府秘书长李泉山、市总工会常务副主席张子鹏和区委书记沈家聪、区长彭三陪同。

22日 越秀路街教师村社区居委会改扩建工程竣工启用。竣工后的居委会面积230平方米，设有办理劳动保障、民政低保、计划生育、综治调解、党建等功能的服务室，60平方米的党员活动、市民分校、文化建设多功能活动厅，35平方米的丹青奇葩、文化书屋、温馨家园，户外设有健身园，配备各类健身器材，成为名副其实的“居民之家”。

26日 由团市委、市旅游局及河西区政府主办，天津乐园、河西区文化局承办的“福耀万家——乐园彩灯文化艺术节”在天津乐园开幕。该艺术节包括老北京庙会和春节大型灯会两大板块，成为天津市历年举办的规模最大的灯会。

2月

5日 中共河西区委工作会议召开。部署2009年党建工作任务和纪检监察、组织、宣传、统战等工作要点。区四套班子主要领导出席会议。

10日 天津市首家以宣传新型生育文化、传送婚育新风的社区阳光女孩“红苹果俱乐部”在河西区挂甲寺街挂牌成立。

13日 由厦门国贸集团股份有限公司出资，注册资本5000万元的天津启润实业有限公司在河西区注册成立。该公司是一家大型综合性企业，以贸易、房地产、港口物流为核心主业，是中国上市公司100强企业之一。

16日 河西区挂甲寺街被国家文化部命名为中国民间文

化艺术之乡。

19日 国家文化部授予河西区全国文化信息资源共享工程示范区称号，授予河西区文化和旅游局全国文化产业先进集体、全国文化市场行政执法先进单位称号。

24日 河西区卫生局与环湖医院、天津医院等7所三级医院签订协议书，共同建立医疗卫生联合体，实现“大医院帮小医院、大医生进居民区”，为广大居民提供优质、方便、价廉的医疗卫生服务。

3月

11日 国家人口计生委副主任崔丽一行到河西区考察人口计生工作，区人大常委会主任沈树和参加，副区长张金英作汇报。

12日 天津市国内招商引资工作推动会在河西区召开。副市长任学锋出席会议并讲话。市有关部门领导、市内六区分管招商工作的区领导及河西区区长彭三出席会议。

13日 河西区“同舟共济保增长，建功立业促发展”劳动竞赛活动启动。市人大常委会副主任、市总工会主席邢明军和副主席黄淑玲，区长彭三、区人大常委会主任沈树和、区政协主席刘开基、区委副书记曲孝丽出席推动会。

24日 地铁3号线德才里站拆迁工程涉及的271户住宅、10个公建单位拆迁工作全部完成。

同日 国家人力资源和社会保障部纪检组组长袁彦鹏到河西区督查就业工作。市劳动和社会保障局局长孔长起、副局长于茂东，常务副区长杨书奎陪同。

4月

8日 天津市中小学德育工作者协会“十一五”重点课题开题会在河西区召开。市教委副主任于立军、市中小学德育工作者协会会长李志卿、副区长刘国胜出席会议。

14日 河西区荣获全国社区教育示范区称号，天塔街荣获全国社区教育示范街道称号。

15-18日 中国·天津河西2009商务商贸节举行，推出5大类40个重点招商项目，实现签约项目15个，合同投资额共计人民币70.5亿元、美元1.2亿元。

22日 中央学习实践科学发展观活动巡回检查组到河西区指导检查工作，副组长高俊良对河西区第一阶段工作表示肯定。市委常委、市委组织部部长史莲喜，副部长牛士琦，区委副书记、区长彭三，区人大常委会主任沈树和，区委副书记曲孝丽出席。

5月

15日 市委书记张高丽考察河西区越秀路街教师村社区，参观改扩建后的社区居委会，对居委会各项设施配备表示满意，并询问老年人活动场所建设情况，与居委会主任们交流。

18日 河西区再次被评为全国社会治安综合治理先进地区并受到表彰，区委书记沈家聪、区长彭三、区综治办主任苏天辰受到中央综治委通报嘉奖。

28日 市档案馆、河西区档案馆、越秀路街党工委联合在越秀路街港云里社区举办“民生档案、红头文件进社区为民服务”活动，提供民生档案、红头文件信息41.37万条，政府信息公开原文14089件，接待居民查询约400人次。

31日 市委书记张高丽、副市长张俊芳带领市有关部门深入河西区第一幼儿园考察工作。区委书记沈家聪、区长彭三陪同。

6月

1-4日 由河西区政府主办，区残联承办，市门球协会协办的2009京、津、渝、深残疾人门球邀请赛在河西区举行。以陈塘地区残疾人运动员为骨干的两支河西区代表队分获第一名和第三名。

4日 市禁毒办、市教委、河西区禁毒办在银河广场联合举办天津市纪念禁毒法颁布实施一周年暨禁毒宣传月启动仪式。市禁毒委副主任、市公安局局长武长顺，市教委主管领导，区委书记沈家聪出席仪式。

29日 市统计局社情民意调查中心完成天津市区县投资环境评价调查，在社会环境、法治环境、政策环境、政务环境等

9项测评指标评比中，河西区在全市名列第一。

7月

1日 河西区政府与天津市公交集团签署战略合作框架协议，双方将在信息化交流、共享信息化资源、建设数字河西、数字公交等方面，开展多领域、多方位合作。

11日 河西区举办纪念“7·11”世界人口日“人口与社会发展”报告会，特邀全国“婚育新风进万家”活动评审委员会专家组组长、南开大学教授原新作《稳定低生育水平与统筹解决人口问题》报告。区四套班子分管领导、区人口和计划生育领导小组成员，各街、局、公司党政主要领导及分管计划生育工作的领导和计划生育干部参加报告会。

16日 市委书记张高丽，市委副书记、市长黄兴国，市人大常委会主任刘胜玉，市政协主席邢元敏，市委副书记、滨海新区工委书记何立峰，市委常委、常务副市长杨栋梁，市委常委、市委秘书长段春华，以及18个区县、市职能部门主要领导到河西区人民公园、西岸艺术馆、区建委、陈塘科技商务区4个点位考察。张高丽、黄兴国、邢元敏、杨栋梁、段春华分别讲话。

17日 天塔街道办事处、越秀路街道办事处在陕西西安举办的第三届全国社区睦邻文化高层论坛上，荣获全国和谐邻里建设示范街道称号。

23日 国家民政部副部长窦玉沛到河西区调研老龄工作，考察东海街老年日间照料服务中心和居家养老配送中心，对两个中心的运行模式和实用性给予肯定。市民政局局长张中华、常务副区长杨书奎陪同。

30日 国家卫生部党组书记、副部长张茅一行，到河西区友谊路街社区卫生服务中心、谊景村社区卫生服务站，调研社区卫生服务工作并召开座谈会，了解基层社区卫生工作状况，听取基层医院对落实国家新医改举措的意见和建议。市委常委、市委教育工委书记苟利军，副市长张俊芳，市卫生局党委书记王贺胜、局长程津新及区主要领导陪同。

8月

11日 2009年度中央财政转移支付地方乳腺癌筛查项目在河西区正式启动。

21-22日 世界卫生组织推荐儿童腹泻治疗方案与口服补液临床应用培训班在河西区开班，全球医生组织与美国儿童基金会特别邀请国内外专家向来自天津市和全国各地参加培训的300余名临床、公共卫生、护理等专业技术人员，讲解儿童腹泻口服补液（ORS）临床应用实际案例分析及帮助发展中国家建立儿童腹泻中心的经验。

25日 政协河西区十二届十一次常委会召开，审议通过区政协十二届常委会关于围绕新定位实现新发展的建议案。区长彭三、区政协主席刘开基、区委副书记曲孝丽出席会议。该建议案为区政协2009年重点协商议题，由主席挂帅，各位副主席、顾问、秘书长牵头，组织专门委员会、街道社区活动组及民主党派、有关人民团体，进行广泛深入调研，撰写出29篇调研报告，在此基础上综合提炼形成。

本月 河西区作为天津市唯一的婚育新风进万家活动项目示范区，顺利通过国家人口计生委项目评估组检查验收。专家组对河西区引入项目机制，注入文化内涵，开展有特色、有品位的群众文化活动，彰显人民群众主体地位的做法给予充分认定。副区长张金英代表河西区在全国婚育新风进万家活动经验交流会上作经验介绍，获得国家计生委和各省市计生委高度评价。

9月

2日 市人大常委会主任刘胜玉一行40余人到河西区人民公园考察，区委书记沈家聪、区长彭三、区人大常委会主任沈树和陪同。

15日 天津世纪天感影像科技发展有限公司与中科院理化技术研究所共同组建的影像技术联合实验室在河西区陈塘科技商务区启动。市政府副秘书长吴初、市科委副主任张勇勤、河西区区长彭三、区人大常委会主任沈树和、区政协主席刘开基，以及中科院院士佟振合等中科院理化技术研究所和中国感光学会5位专家学者出席揭牌仪式。

22日 河西区召开小海地小二楼危陋房屋拆迁动员大会，副区长李汕源作动员，区委书记沈家聪讲话。区四套班子领导，各委办局、公司、人民团体主要负责人，各街道领导班子成员和全体拆迁工作人员，以及房管局、公安河西分局、综合执法局的200余名机关干部参加会议。

30日 市委书记张高丽一行到河西区东海街汉江里社区和微山路中学，看望慰问社区居民和在校就读的新疆高中班各族学生。

同日 河西区大维集团有限公司董事长武国维、宝丽金大酒店有限公司董事长贺历、食为天快餐食品有限责任公司董事长王建强、经典假期国际旅行社有限公司总经理邵毅恒4名企业家被授予天津市中国特色社会主义事业建设者称号。

10月

4-8日 由市文化产业协会、市新闻出版局、河西区政府举办的大型书市活动在天津大礼堂前广场举行。

7日 河西区小海地小二楼危陋房屋拆迁改造工程全面启动。小海地小二楼是上世纪80年代初，市政府为解决群众住房困难而建造的简易二层楼房，共5个居民区，居民近9000户3万余人。小二楼各种公用配套设施很不完善，房屋户型狭窄，没有卫生间，平均240多户居民使用1个公厕。2007年，区委、区政府对小二楼地区实施综合整修改造，环境面貌虽大为改观，但未从根本上改善居民的住房条件。

31日 国家卫生部药物政策与基本药物制度司司长郑宏率北京、河北等省市卫生厅、局药械处处长及发改委相关领导一行26人，考察河西区友谊路街社区卫生服务中心药品集中采购工作并给予高度评价。

11月

10-13日 中国红十字会探索人道法项目工作会议在河西区举行。红十字国际委员会东亚地区办事处主任梅拉、红十字国际委员会代表辛格、市红十字会及市教委相关领导出席会议。

11日 河西区召开"政民零距离"工作会议，市政府副秘书长朱军、区长彭三出席并讲话。市广电集团、市政府办公厅政务网编辑处、北方网以及区有关单位主要负责人参加。

20日 中央学习实践科学发展观活动巡回检查组深入小海地小二楼拆迁指挥部听取工作汇报，市委有关领导及区主要领导陪同。

24日 截至当日，小海地小二楼拆迁工程签订协议户数过半，4421户签订协议，占总户数50.13%。

25日 副市长张俊芳，市残疾人福利基金会理事长、市人大常委会原副主任黄其兴，市残联理事长迟承镇、副理事长赵伯慧，河西区副区长张金英在区残联负责人陪同下，对越秀路街两户困难残疾人进行慰问。

27日 中央电视台新闻中心记者到河西区小二楼拆迁总指挥部和兰江里分指挥部采访，对东海街小二楼拆迁工程全面了解，并跟踪采访签约居民到双港民兴园选房全过程。此次采访用于制作《新闻联播》"落实科学发展观专题片"部分内容。

29-30日 河西区荣获全国未成年人思想道德建设工作先进城区称号。

30日 市委书记张高丽，市委常委、市委教育工委书记苟利军，副市长张俊芳深入河西区下瓦房社区卫生服务中心，察看甲型H1N1流感防控工作情况。张高丽充分肯定河西区甲型H1N1流感防控工作取得的阶段性成果。

12月

9日 聘请佟振合院士为天津市政府特聘专家仪式在河西区陈塘科技商务区举行。市委组织部副部长、市人力资源和社会保障局党组书记魏大鹏和市科委主任李家俊、河西区委书记沈家聪、区长彭三出席。

11日 市委常委、市委政法委书记散襄军到东海街汉江里居委会考察社区安全防范工作，对打击非机动车盗窃违法犯罪活动成效进行验收。考察新建的220平方米存车棚和新安装的9个电子监控摄像头，对东海街汉江里物防、技防工作给予充分肯定。

14日 市委书记张高丽深

区委书记沈家聪为佟振合院士颁发河西区政府特聘顾问证书

入河西区主持召开征求群众对实施2010年20项民心工程的意见和建议座谈会。市委常委、副市长崔津渡，市委常委、市委秘书长段春华，副市长只升华、熊建平，市相关部门和市内六区有关负责人及河西区主要领导出席。

17日 天津市社区卫生综合配套改革现场会在河西区召开。副市长张俊芳参加现场调研并出席会议，市相关部门负责人及18个区县分管领导参加会议。张俊芳对河西区社区卫生综合配套改革工作给予充分肯定。

同日 国家食品药品监督管理局食品安全监管司司长徐景和带领相关专家一行，对河西区餐饮服务食品安全整顿阶段性工作全面检查。市卫生局副局长林立军、市卫生监督所副所长崔金明及区有关部门领导陪同。

26日 中共河西区委九届九次全会召开。传达贯彻市委九届七次全会和市委书记张高丽重要讲话精神；审议通过《中共河西区委常委会2009年工作报告》和《中共河西区委2010年工作意见（草案）》。区委书记沈家聪代表常委会向全会报告2009年工作，并就做好2010年工作提出要求。

（班　莹）

党　务

概况 2009年，中共河西区委依靠各级党组织和广大党员干部，团结带领全区人民，抢抓机遇，应对挑战，开拓创新，真抓实干。组织工作牢牢把握党的执政能力建设和先进性建设主线，全面推进领导班子、干部队伍、人才队伍和党的基层组织、党员队伍建设，各项工作取得新的进展和成效。宣传思想工作坚持围绕中心、服务大局、重点突破、创新发展，发挥政治工作优势，着力提振士气、凝心聚力，唱响主旋律，打好主动仗，完成理论武装、舆论引导和社会宣传、精神文明创建等各项任务。河西区被中央文明委命名为全国未成年人思想道德建设先进城区。

（贾志强）

学习实践科学发展观活动 2009年，按照中央和市委统一部署，从3月开始，河西区452个单位、1624个党组织、42518名党员分两批开展深入学习实践科学发展观活动。坚持“党员干部受教育、科学发展上水平、人民群众得实惠”的总要求，突出实践特色，重在武装思想、重在解决问题、重在取得实效，抓好各个环节工作，确保学习实践活动有力有序有效开展，取得阶段性成果。坚持上下联动、左右互动，把第二批学习实践活动形成的科学发展共识、工作机制成果、惠民政策，通过第三批学习实践活动贯彻落实到基层。第三批学习实践活动伊始，即围绕让人民群众得实惠这一关键环节，开展“暖民心、聚民心、稳民心、乐民心、得民心”五大民心工程。

（贾志强）

领导班子调整配备 2009年，河西区委组织部结合年度考核，对74个单位（部门）班子逐一分析，并建立台账，以干部的年龄、性别、性格、专业学历和任职经历等基本情况为依据进行归类、比较和分析。加强处级班子和干部日常考察，了解和掌握干部在工作和生活中的实际表现，并逐步为每一位处级干部建立起日常考察档案。注重在干中考察、培养、选拔、使用干部，特别是注重面向基层一线选拔任用干部。21名在创卫、维稳、拆迁和环境综合整治一线工作表现好、业绩突出、群众认可的干部被提拔使用。结合学习实践科学发展观活动中查找出的问题，有针对性地加以分析研究，帮助他们立足自身搞好整改，对优化班子结构提出建议，力争做到科学合理地充实调整领导班子。对41个处级班子充实调整，涉及领导干部93人，其中新提拔47人。新提拔的领导干部中，45岁以下24人，占51.1%；具有大学及以上文化程度43人，占91.5%。

（贾志强）

党员教育工作 2009年，河西区以《天津市基层党员学习读本》和《社会主义核心价值体系学习读本》为主要教材，发挥基层党校阵地作用，依托“千名书记讲党课”、主题党性实践活动等载体，推进党员教育工作。组织开展优秀党课征集评选活动，全区推荐上报党课讲稿60余篇，经过评审评选出一等奖3篇、二等奖5篇、三等奖8篇、优秀奖13篇，党课教育水平不断提升。开展2008-2009年度优秀基层党校和先进工作者评选活动，推进基层党校工作规范化、制度化，授予区卫生局党校、尖山街流动党校等8个单位河西区优秀基层党校荣誉称号，授予区民政局陈科等36人河西区基层党校先进工作者荣誉称号。

（贾志强）

案件查处工作 2009年，河西区纪检监察部门受理信访件97件，办结94件，办结率97%。接待群众来信来访203件，均根据职责范围和政策规定，与有关部门沟通协调，妥善处理。制定河西区《案件检查工作若干规定》、《纪检监察机关案件线索督办工作办法》等制度，确保案件检查工作的质量和效果。受理案件线索7件，初核7件，查结7件。经核查，为4名处级领导干部澄清事实。全年审结案件6起，正在审理2起，按期为2人解除处分，按期为1人恢复党员权利。加大案件查办力度，维护党纪政纪严肃性。河西区《坚持“三化”，明确“三点”，努力做好信访监督工作》在全市纪检监察信访监督工作研讨暨经验交流会上作交流，《注重发挥信访举报监督作用，积极营造勤政廉政良好氛围》被市纪委转发，《运用纪律处分和组织处理两种手段处理案件的实践与思考》在全市纪检监察案件审理工作会议上作大会发言。

（贾志强）

政　务

人事工作 2009年，河西区引进各类人才和安排人才就业4225名，其中引进博士后1名，硕士49名，全日制本科生434名，高级职称1名。聘请中科院院士佟振合为河西区人民政府特聘顾问，指导世纪天感影像科技发展有限公司与中科院理化技术研究所共建的影像技术联合实验室工作；引进清华大学在站博士后许述财到区科委挂职实践。市人力资源和社会保障局、市外国专家局授予河西区陈塘科技商务区“天津市留学人员创业园”称号。开展重大项目人才服务月活动，组织区人才交流服务中心为驻区400余家企业举办重点人才市场7次、专场招聘会3次。为区计委、人防办、监察局等6个委办局和马场街等10个街道办事处面向社会公开考录公务员16名，为综合执法局考录参照公务员管理工作人员18名。接收军转干部19名，其中团职4名、营职及以下15名。面向社会公开招聘100名居委会事业编制专职干部，吸引包括309名研究生在内的4162名大学生报名，经笔试、面试，100人进入体检。组织指导卫生系统面向社会公开招聘工作人员2次，聘用116人。

（李　群）

面向社会公开招聘居委会专职干部，报名现场排起长队。

信访工作 2009年，河西区各级信访部门受理群众来信来访34785件，办结率96%以上。区信访办受理群众信访3812件（次），其中来信1383件（含市交办件），个人访1328人次，赴区集体访87批1101人次，办结率98%。全年召开区领导信访工作例会54次，协调处理各种疑难、重点信访问题120余个。区联席会议办公室、区信访办召开各类信访协调会、专题会议等35次，研究解决信访突出问题43个。区领导值班接待上访群众42次，接待到访群众341人次，涉及民计民生的热点难点问题94件。各级党政领导阅批群众来信2123件，接待群众来访3538人次，包案协调处理信访突出问题412件。45批787人次集体访得到妥善处理和化解，防止矛盾扩大和激化，实现在全国和天津市重要会议、重大节日、国庆60周年期间信访工作不出任何责任问题目标。

（李　群）

行政执法监督 2009年，河西区发挥人大代表、政协委员的监督作用，10月下旬组织开展年度行政执法工作检查。对《行政处罚法》和《行政许可法》等法律法规贯彻落实情况全面检查，规范行政执法案卷，规范行政处罚自由裁量权，及时纠正执法中存在的问题，确保行政执法行为的合法性、准确性和严谨性。全年受理行政复议案件14件，审结14件，每件均妥善立案处理。

（李　群）

信息化建设 2009年，河西区完成48个处级单位光纤专网建设，实现区人大、区委、区政府3座大楼以外的处级单位全部与政务专网连接。根据应急联动系统需求，区政府与市气象局合作，双方共享信息资源，将实时气象信息应用于应急指挥系统，同时为市气象局提供视频监控图像服务。与市公交集团合作，共享公交服务信息，并将视频监控图像相继接入区环卫局、交警河西支队等单位，实现一次投入多方共享目的。针对汉江里居民自行车丢失情况严重问题，完成汉江里小区视频监控系统建设，建立1个监控中心和9个监控点位，实现小区重点部位全覆盖。推动数字城管系统应用，将友谊路周边地区划分为20个管理网格，配置专门监督管理员，对网格内公共设施、道路交通、市容环境、园林绿化等情况巡查，利用"城管通"将问题上传到数字城管平台进行处理，提升城市管理效率。11月，区政府与天津联通签署建设光纤城区战略合作框架协议，扩大双方在"数字河西"建设中合作的深度和广度，提升河西区信息化水平，河西区在全市率先完成城区光纤覆盖，真正成为天津市的"信息港"和"智慧城"。

（李　群）

政　法

概况 2009年，河西区政法综治系统做好维护稳定工作，推进平安建设，抓好各项工作落实，全面提高维护社会稳定整体水平和驾驭社会治安的能力，为全区实现"保增长、渡难关、上水平"目标提供有力保障。在四年一度的全国综治先进表彰活动中，河西区被评为2005-2008年度全国平安建设先进区。在全市2007-2008年度综治目标考评中，河西区被评为天津市社会治安综合治理优秀达标地区。

（贾志强）

基层平安建设 2009年，河西区推进社会治安防控体系建设，在各街建立社会治安综合治理工作中心，在社区居委会增设专职维稳副主任，加强社区综治维稳工作协调指导。开展社区、单位平安创建工作，区综治委授予华江二委等22个社区、区口腔医院等35个单位"河西区平安社区（平安单位）"称号。7月，市综治办在河西区召开天津市平安社区建设工作推动会，公安河西分局、友谊路街等4个单位介绍开展平安建设经验。10月底，在全区推行东海街汉江里社区安全防范工作的经验和做法。

（贾志强）

公安工作 2009年，公安河西分局以国庆60周年庆祝活动安全保卫工作为主线，指导派出所，发挥居委会、治安积极分子、信息员、楼栋长四级群众防控网络优势，基本消除工作空白点。居民小区增建物业、准物业管理15处，增设摄像探头225个（其中居民小区31个），安装地笼842个、S形门16个，修复、新建存车棚18个。自行车被盗案件比上年下降45.21%。针对由民生问题引发的群体性事件多样多发影响社会稳定问题，发挥治安管理职能作用，制定各类群体性事件处置预案，及时处置方舟集资、乐园闭园职工安置、新海大厦供电等问题，群众情绪逐步缓解，事态得以平息。

（贯志强）

检察工作 2009年，河西区检察院立案查处贪污贿赂等职务犯罪案件42件，其中要案5件。通过办案，为国家和企业挽回经济损失近2000万元。查办国家机关工作人员渎职侵权案件4件。受理公安机关提请批准逮捕的各类刑事犯罪案件447件635人，经审查全部批准逮捕；受理公安机关移送审查起诉案件549件803人，经审查提起公诉506件737人；立案监督27件，追捕17人；追诉16人。受理民事行政申诉案件32件，其中立案15件；提请抗诉2件，建议提请抗诉6件，向法院发出检察建议3件，申诉和解1件，再审改判5件，法院采纳检察建议执行和解1件。受理群众来信、来访、举报228件。荣获全国先进基层检察院荣誉称号和全国十佳基层检察院提名，被评为天津市先进检察院并荣记集体二等功。

（贯志强）

审判工作 2009年，河西区法院受理各类案件13201件，审（执）结13093件（含上年旧存，下同），收案比上年上升21.3%，结案上升18.2%。坚持宽严相济刑事政策，依法惩治各类刑事犯罪分子。坚持“打防结合，预防为主”原则，通过公开审理等方式扩大刑事审判社会效果。发挥民商事审判调节作用，运用司法手段应对因金融危机引发的各类经济纠纷和劳动争议案件，坚持依法裁判和保证企业生存发展、维护职工利益并举，引导企业和职工化解纠纷、共渡难关。发挥行政审判工作职能作用，妥善协调行政主体与行政相对人的关系，保护公民、法人和其他组织合法权益，维护和监督行政机关依法行政。制定“四查、四穷尽、一告知”的工作规程，提高案件实际执结率。

（贯志强）

人民团体

概况 2009年，河西区总工会为困难职工送温暖、解难题，发放125.85万元，慰问困难职工1589户。积极挖掘就业岗位，5270人实现再就业。建立公安河西分局、曙光里市场、部分非公医疗机构等23家工会和工会联合会。各街局公司组建工会119个，涵盖法人单位460个，净增会员10069人。团区委结合全区中心工作，注重创新，务求实效，发挥职能作用。区妇联发挥组织、引导、服务和维护妇女合法权益作用，拓宽帮扶渠道，推进妇女创业就业，实现妇女工作创新发展。

（贯志强）

工会工作 河西区总工会将2009年确定为“劳动竞赛年”，组织全区职工开展“五比一创”（比业务、比技能、比创新、比良策、比贡献，争当岗位标兵）劳动竞赛。指导餐饮服务、金融贸易、加工制造、物业管理等7个重点行业的34家企业作为参赛示范单位，分别制定竞赛方案和考评办法，层层签订劳动竞赛责任书，发动职工为企业发展建功立业。102家企事业单位2万余名职工参加竞赛活动。区总工会和食为天公司在全市两次劳动竞赛成果发布会上作重点发言和展示，先后获得劳动竞赛成果发布奖。河西区作为天津市区唯一代表出席全国总工会召开的劳动竞赛专题座谈会。区工会系统在街道市民学校和基层企事

相关链接：

“四查、四穷尽、一告知”，指进入强制执行阶段的案件都要调查被执行人的银行账号、房产登记、车辆登记和工商登记，必须穷尽财产线索、执行程序、执行措施和执行方法，必须告知申请人已经掌握的执行线索和采取的措施。

业单位建立25个工会三大培训基地，扩大职工素质工程覆盖范围。各级工会组织开展职工培训活动，先后在红星美凯龙培训中心、大营门街市民学校等单位召开4次现场观摩推动会。全区开办各类职工培训班3266次，培训64077人次，2243人获得劳动部门培训合格证，3053人实现技能上等级，5270人实现再就业。区总工会帮扶中心走访慰问困难职工2639人次，发放款物75.2万元，组织260名劳动模范、困难职工免费体检。工会系统筹措资金179.5万元，发放125.85万元，慰问困难职工1589户。

（贾志强）

共青团工作 2009年，团区委启动"河西青年创业就业五百行动"，与区人才交流中心合作成立河西区青年就业指导与服务基地，为青年开通"就业直通车"。加强与劳动、人事部门和青联委员企业协作，推荐3家企业建立天津市青年大学生就业见习基地。推出"一条龙"服务，为有意创业者免费提供政策咨询和创业方案可行性分析，帮助寻找适宜项目经营的注册场所，鼓励青年申请"无利息、无担保"创业小额贷款等。做好"爱心助学行动"申报工作，确定29名优秀困难学生为捐助对象。为10名家庭困难学生申领发放爱心助学款4000元，组织大学生志愿者与5名来自特殊家庭的单亲、孤儿和地震灾区儿童爱心结对、帮困助学。元旦、春节期间，

"爱心妈妈"为孤残儿童编织毛衣

区青联委员为区优秀坚强孩子捐款3.04万元。开展迎"六一"博爱助孤活动，组织10余名孤儿参观城市规划展，乘船游览海河新貌。

（贾志强）

妇女工作 2009年，河西区妇联实施妇女创业就业促进行动。与市妇联合作开展月嫂培训；通过市妇联小额贷款帮助失业妇女实现自主创业；与区劳动和社会保障局联合举办"三八架金桥 春风送岗位"免费招聘专场；组织下岗失业人员发售《渤海早报》等。128人实现灵活就业，超额完成创岗安置任务。开展单亲母亲系列救助活动，区妇联向350名单亲母亲发放救助金和春节慰问金13.5万元；向57名困难家庭品学兼优的学生发放助学金和学习用具；召开"阳光关爱"行动迎新春座谈会；开展"关爱孤残儿童——恒爱行动"，爱心妈妈为孤残儿童编织爱心毛衣28件；为6名困难单亲母亲发放手术救助款1.3万元；为181名单亲特困母亲全面体检。发挥"半边天家园"作用，推动家园规范化建设。在硬件配备、人员培训、制度建设、社会维权网络、志愿者招募等方面取得新进展。12个街道全部建立社区半边天家园，"一街一精品，一园一特色"的发展模式基本形成。下瓦房街富裕广场、东海街汉江里社区家园先后接待北京、辽宁、香港、台湾等地参观学访。河西区在市妇联十二届三次执委会上作《服务妇女，活跃基层，全面推进"半边天家园"建设》的大会发言。

（贾志强）

商贸服务业

概况 2009年，河西区第三产业实现增加值123.58亿元，比上年增长18.94%，可比增长20.52%。二、三产业结构为7.4∶92.6，以现代服务业为支撑和主导的产业结构成为河西区区域经济主要特征。

（范东华）

招商引资 2009年，河西区推进重点项目25个，规划建筑面积256万平方米，投资总额

230亿元。国内招商引资实际到位额77.7亿元，外资实际利用额3.52亿美元。中国·天津河西2009商务商贸节达成签约项目15个，合同金额70.5亿元人民币和1.2亿美元。河西区驻北京招商局、驻上海招商局正式成立并投入工作。区经协办与市商务委和国家商务部保持密切联系，将大项目吸引到区，成功帮助星美影城有限公司通过香港投资方并购方式，在文化产业中成为天津市第一家通过审批的外商合资企业，为河西区乃至天津市在文化服务领域开创引进外资先例。

（范東华）

发展楼宇经济 2009年，河西区75座商务楼宇实现税收13.3亿元，其中环渤海发展中心等6座楼宇纳税超亿元。新注册企业1423家，其中进驻楼宇的新企业390家，占总数27.4%。金皇大厦、华昌大厦、亚太大厦完成ISO9000认证工作。举办小白楼CBD规划与建设发展论坛，与国内500强优势企业共同研讨CBD建设发展规划，对深化小白楼商务中心区建设起到积极推动作用。第十届北京CBD国际商务节期间，河西区与重庆、大连、沈阳等9个城市的11个商务区共同加入中国城市商务区联盟。

（范東华）

重点项目建设 2009年，河西区全力打造解放南路综合商贸带，明确以“家”和“车”为主的产业发展规划和功能定位。引导各大卖场科学整合地区资源，转变经营理念，推出特色卖点。对解放南路地区新建项目提前介入，合理确定招商定位和方向，关注项目运行中出现的各类难点问题，给予协调解决，推进项目落实。第六田园商业广场、环渤海国际家居设计采购中心、珠江茗都茶叶城、珠江五金涂料城、美宸理家家居国际会馆等一批卖场载体和项目相继开业。完成人民公园城市会客厅H形街区335个网点调查，确定36个扶持点位，置换不配套网点16家。牵头成立河西区特色商业街项目推动组，筹资100万元建成1200平方米天津湾嘉茂文化休闲广场，被列为天津市商贸旅游精品项目。梅江新海湾2000平方米首期项目正式启动。

（范東华）

民生工程 2009年，河西区建成“放心早点”加工配送中心13个。6月，市商务委在河西区召开全市早点工程现场观摩交流会，区经贸委向兄弟区县展示早点工程成果，并作典型发言。在全市率先成立菜市场管理协会和菜市场工会联合会。新建天塔、银河、围堤道和新世纪4家菜市场，区市场办被评为年度天津市“工人先锋号”先进集体。在全区菜市场规范使用环保塑料袋，为41家菜市场配置5种规格62万个环保专用袋，得到国家四部委“限塑”工作检查组肯定。

（范東华）

服务企业 2009年，河西区经贸委深入41家困难企业对口帮扶，协调解决历史遗留问题，世纪联华、图书大厦、嘉茂广场等企业提出的牌匾、绿化等56个问题得到落实，帮助企业减负154万元。开展服务月活动。区领导率区经协办、建委、金融办等职能部门负责人，走访中央及市属驻区企业、金融机构和重点建设项目单位30余家，问需解难。区经协办与年内投入使用的城市大厦、兰钻国际、鑫银大厦等项目企业沟通，帮助企业做好前期招商定位工作。区行政许可服务中心在全市率先取得ISO9001:2000国际质量管理体系认证。2月18日正式启动企业设立联合审批工作，工商、公安、质监、税务及综合服务窗口密切配合，平均审批时限缩短至3天以内。23个进驻部门授权首席代表22名，对86个进驻事项进行现场审批授权，现场审批率100%。中心办件69421件，位居市内六区前列，并继续保持高满意度。

（范東华）

商贸监管 2009年，河西区经贸委会同相关部门出动执法人员约6000人次，开展重大节日、乳制品、食品添加剂、绵白糖等专项整顿。对食品生产、流通企业实行全覆盖监管，查处非法经营食品案11起，对5个批次的不合格食品勒令退市并处罚，优化区域消费环境。制作河西区早餐网点电子分布图，对遍布全区的321辆早点车规范管理。区经贸委被评为2009年度中国食品安全年会食品安全示范单位。

（范東华）

企业退市 2009年，河西区完成制冷器厂、理发器具厂、树脂厂、电冰箱门封条厂、区房建公司5家企业退市、销户工作。清欠企业拖欠职工工资、医药费、社会保险等费用4450.89万元，偿还清理各项债务2.75亿元，分流“小龄”职工2162名、“4050”人员1995名，把退休职工送进托管中心，为22名伤残职工办理生活费保障及医药费报销。用650万元化解纸箱二厂1.2亿元债务。

（范東华）

城市建设与管理

概况 河西区创建国家卫生城区工作历时四年，2008年在全市率先被全国爱卫会正式命名为国家卫生区。2009年，基于市委、市政府将河西区定位为市级行政中心、文化艺术中心、商务办公中心、生态宜居城区，以及面临国家爱卫会“创卫”复审，高标准实施新一轮市容环境综合整治，完成2个重点地区，29条道路，600多栋楼宇立面、102栋楼房“平改坡”，5片旧楼区及6个城乡接合部脏乱点位治理。全面启动小海地小二楼危房改造拆迁项目，至年底签协议6189户。新建绿地21.34万平方米，改造绿地20.59万平方米，城区绿化覆盖率39%。

新一轮市容环境综合整治——社区新貌

环卫作业坚持国家卫生区标准，机扫作业率70%以上。

（范東华）

新一轮市容环境综合整治 2009年，河西区实施新一轮市容环境综合整治，涉及人民公园、天塔湖两个重点地区，广东路、绍兴道等29条道路，600多栋楼宇、102栋楼房“平改坡”，5片旧楼区和6个城乡接合部脏乱点位。3月6日全面开工，大干150天，完成建筑物立面清拆整修、牌匾改造和“平改坡”工程，市政道路、里巷道路和旧楼区改造，以及“城中村”等脏乱点位综合治理，打造人民公园、天塔地区、广东路等一批精品亮点工程。

（范東华）

市政基础设施建设 2009年，河西区维修道路面积12.97万平方米，包括利民道、前进道、宾水南里、景福里等59条市政及里巷道路。疏通排水管道870公里，掏挖各型井35万座，维修各型井2010座，翻修管道440米。对珠江里、文玥里等200余个小区排水设施疏通清挖，降低污水外溢发生率。对红升里、资水道等年度和跨年度市政及里巷道路因工掘路跟进修复，累计完成复路审批件173件，因工复路率100%，复路时效性提升。整修旧楼区5片14万平方米，41座居民楼2551户居民受益。完成15片小区44盏路灯补建，方便居民夜间出行。对复兴河、长泰河10.5公里河段落实“五无、四净、一日全保”清理标准。督办解决各类产权污水外溢3232起，回复落实“12319”城建热线、区信访办、督查室、市容委投诉科、媒体曝光等各种信访问题650件，回复率100%。受理人大代表建议、政协委员提案21件，属于职责范围内的均予解决，满意率100%。

（范東华）

房地产管理 2009年，河西区完成绍兴道、人民公园周边、宾西地区等16条道路沿线102幢楼房“平改坡”工程，总投影面积8.6万平方米，其中坡屋顶设计88幢，宝瓶设计14幢。直管公产维修房屋35.46万平方米。重点修缮屋面、油漆门窗及改造下水管道，其中屋面修缮7.47万平方米，门窗油漆16.42万平方米，下水管道改造10万平方米。完成专项大中修工程1.57万平方米，维修阳台栏板1505个。累计受理各类住房保障申请5855户。其中受理发放3632户租房补贴、实物配租67户。房屋安全使用管理方面，加强地上物信息管理系统建设，数据补录和整理完成总进度80%。新、旧小区物业管理分别达到225个和69个，总计覆盖建筑面积2534万平方米。

（范東华）

房屋拆迁 2009年，河西区完成地铁3号线德才里、泗水道、微山路、国泰桥、彩印道、珠江道等9片房屋拆迁任务，拆迁总建筑面积33624平方米，为加快市重点工程建设奠定基础。对民航楼拆迁历史遗留问题，区建委与拆迁户逐一沟通协商，有效化解矛盾，至12月24日18时，民航楼剩余34户全部签订安置补偿协议并实现搬迁，历时6年的民航楼拆迁工作终告完成。10月7日，全面启动小海地小二楼危房改造拆迁项目，涉及居民8705户3万余人。精心组织实施，积极协调推动，至年底签协议6189户。

（范東华）

环卫扫保 2009年，河西区环境卫生局发挥清运中心调度室作用，加强转运站现场及垃圾收运车辆管理，基本保证垃圾日产日清。规范沿街商户门脸垃圾收运时间，组织专人、专车加强对沿街商户门脸垃圾日常收运和巡回保洁，做到随有随清。开展垃圾渗滤液专项治理，维修挤压车渗滤液储存装置，配备转运站冲洗设备。强化各施工工地、重点区域、重点道路及入市口日常监管，完善内部管理人员目标考核责任制，实行三班24小时不间断巡查，配备专用车辆和人员，及时消除临时污染。新建固定厕所3座、移动厕所1座，投资169.5万元购置大型车载厕所和客车型移动厕所各1座。全区拥有一类厕6座、二类厕26座、三类厕51座、标准厕70座，公厕硬件设施居全市领先水平。投资1097万元改造三合里、连荣里、友谊东里、西南楼4座垃圾转运站，新建资水道大吨位水平式垃圾压缩站。投资1017万元，一次性购置16台12吨以上水车、4台新型洗扫车，为加大道路水洗力度提供设备保障。

资水道水平式垃圾压缩站

（范東华）

园林绿化 2009年，河西区新建绿地21.34万平方米，改造绿地20.59万平方米。新建项目主要有：先锋河绿地建设6万平方米，梧桐公寓溪水园、华夏津典畅水园等8处新建商品住宅小区配绿7.23万平方米，天津市电子信息中心和安定医院等11个单位内部绿化2.14万平方米，闲置空地绿化3.28万平方米。完成人民公园及周边地区、天塔地区以及气象台路、绍兴道、黑牛城道、广东路等道路绿化建设和提升改造。重点实施人民公园提升改造工程，拆除旧建筑5200平方米、新建5000平方米，完成绿化工程6.4万平方米，广场及道路改造1.3万平方米，整修堤岸1800余延米，新建桥、舫、榭、廊等多处园林景观，将人民公园打造为独具江南风韵的“城市客厅”，成为广大市民休闲度假好去处。

（范東华）

环境保护

概况 2009年，河西区实施生态城区建设三年行动计划，推进“蓝天”、“碧水”、“安静”等环保工程。在市热电企业供热干管铺设到位前提下，实现35台、供热面积102万平方米的燃煤小锅炉并网。完成22台10吨/时以上燃煤锅炉高效脱硫改造。空气环境质量二级及以上良好天数达标率80.5%。提前一年完成“十一五”二氧化硫和化学需氧量减排任务。

（范東华）

实施“蓝天”、“碧水”工程 2009年，河西区落实环境影响评价制度，从源头控制环境污染，继续实施“蓝天”、“碧水”、“安静”等污染防治环保工程。新增13类21台（套）实验设备及离子色谱法等8种监测方法，拓展6个监测项目，全年提供监测数据近8万个。推进燃煤锅炉改燃并网，关停陈塘火电机组。对53个单位141台燃煤锅炉燃用煤质情况、脱硫除尘设施运行情况以及煤堆、灰堆扬尘污染防治措施进行检查，对不合格单位限期整改并进行处理。全年有效监测天数359天，二级及以上良好天数289天，达标率80.5%，区域空气环境质量达到创模标准。加大对国控、市控、区控水重点污染源执法检查力度，确保企业各类水污染物达标排放。推动辖区医疗卫生系统进行医疗污水治理升级改造工作，重点督促第四医院、安定医院等三甲医院进行医疗废水治理，确保医疗废水达到国家排放标准。加强景观河道水质监管，定期对6条河道水体断面和5个湖面巡查，杜绝偷排漏排现象，确保区域水环境质量达到功能区标准。深入开展“安静居住小区”创建活动，9个安静小区全部通过市环保局复测验收，挂甲寺街晨星园为市级安静小区。

（范東华）

污染减排 2009年，为了完成“十一五”二氧化硫、化学需氧量总量削减目标责任书中的减排项目，河西区环保局重点落实结构减排、工程减排、监督减排，二氧化硫、化学需氧量总量削减两项主要污染减排目标全部实现，提前一年完成“十一五”减排任务。年底，落实天津天感感光材料有限公司结构调整项目，完成减排档案，现场核查预计该项目削减化学需氧量7吨。10吨以上燃煤锅炉脱硫改造工程，年内有22台竣工，12月中旬通过市环保局核查。加大排污费征收力度，全年排污费征收额度850余万元，创历史最好水平。污染源排污申报登记480余户，比往年大幅提高。污染源普查工作被市环保局申报全国污染源普查先进集体。

（范東华）

新建项目环境监管 2009年，河西区完成陈塘科技商务园区编制规划环评文件，并通过专家论证，得到市环保局批复。做好投资类项目联合审批工作，严格执行“一窗统一登记，逐项领办服务，部门规范办理，全程效能监察”的操作方式，简化审批程序，压缩审批时限，为促进区域经济发展主动做好环保审批服务。

（范東华）

经济管理

概况 2009，河西区经济管理工作发挥宏观调控作用，采取多种有效措施，助推区域经济发展。全区实现生产总值区属口径（区属、无主管、私营、三资单位）133.47亿元（不含金融业），比上年增长17.5%，可比增长19.5%。三级财政收入52.7亿元，增长12%，其中区级财政收入25.7亿元，增长12%。实现社会消费品零售额205.86亿元，增长18.56%。国内招商引资实际到位额77.7亿元，增长25.3%。吸引外资实际利用额3.52亿美元，增长348.48%。全区非公有制经济增加值108.28亿元，增长16.55%，占全区生产总值81.12%。其中私营个体增加值99.6亿元，增长17.62%，占全区生产总值74.62%。

（范東华）

财政收入与支出 2009年，河西区完成三级财政收入52.7亿元，其中区级财政收入25.7亿元。服务业快速增长，成为重要税源。以金融为代表的现代服务业和楼宇经济成为财政收入新的增长点和支撑点。财政支出预算调整为229369万元，比年初增加31369万元。投入22613万元，加快推进义务教育学校现代化标准建设，落实“两免一补”政策，保障义务教育教师绩效工资制度改革顺利进行。投入5153万元，用于支持社区卫生药品零差率销售，减少居民药费负担。实行社区公共卫生服务万人30万元财政补贴，免费服务项目由18项增加到22项。完成4个社区卫生服务中心和6个社区卫生服务站标准化建设。科技投入3265万元，文化、体育投入1117万元。城建投入14796万元，用于新一轮道路、楼房立面整修和绿化等市容环境综合整治。投入2122万元，用于残疾人设施改造、生活救助、子女助学、改善生活条件、开展文体活动和建设“阳光之家”。区国库集中支付系统7月1日上线。首批5家改革试点单位运行顺畅。全年政府采购预算9827万元，实际采购金额8297万元，节约资金1529万元，资金节约率15.56%。

（范東华）

税收工作 2009年，河西区地税局完成各项税收收入305086万元（含直属局代征税款18283万元），比上年增加36741万元，增长13.69%。其中，中央级收入完成45544万元，增加5196万元，增长12.88%；市级收入完成80893万元，增加12628万元，增长18.50%；区级收入完成178649万元，增加18918万元，增长11.84%。完成各项非税收入13841万元，其中教育费附加完成8797万元，防洪费完成2224万元，代征残疾人就业保障金收入2304万元，其他非税收入516万元。在市地税局及有关各方协调下，追缴欧加华大厦拍卖涉及的税款7050万元，渤海国有资产管理公司土地出让的营业税和印花税款16624万元。实施“以票控税”，开展票税比对，查补税款235万元。组织稽查入库6933万元，完成任务的154%。区国税局实现税收收入134705万元（不含免抵调库）。加强18户重点税源企业稽查，查补入库税款2846万元。全年完成各类稽查175户，查补入库税款、滞纳金及罚款增加1580万元，完成任务的119%。对有关企业1996年以来欠缴税款303万元予以清缴入库。全年清欠1387万元，其中待征税金清理685万元，呆账税金清理702万元。

（范東华）

工商管理 2009年，工商河西分局办理内资企业登记1425户，注册资金25.33亿元；办理变更登记2581户次。至年末，全区登记注册取得合法经营资格的内资企业13105户，注册资金296.02亿元。年内新增外商投资企业12户，注册资本298.9万美元。发展个体工商户2568户，注册资金1.22亿元；发展私营企业1313户，注册资金11.72亿元。个体私营经济完成国内生产总值301.56亿元。对桂发祥等24家驰、著名商标企业调研服务，帮助企业争创驰、著名商标。“华夏未来”等4家企业获得天津市著名商标认定；天津市国际轮胎橡胶有限公司的“天力”牌商标获得中国驰名商标认定并获市政府100万元奖励，河西区中国驰名商标增加为两枚（桂发祥商标、天力牌商标）。至年底，全区注册商标1726件，其中著名商标35件、驰名商标2件。新发展广告经营单位225户，办理户外广告登记223件。至年底，全区广告经营单位1399户，营业额5.61亿元。查处各类经济违法案件129起，罚没款76.5万元。进行食品抽检1228批次，处理委托检测不合格食品案件5起。问题NUK品牌婴儿爽身粉被媒体曝光后，紧急启动应急预案，组织执法人员对有关经销商检查，在第一时间使问题NUK品牌婴儿爽身粉全部下架。

（范東华）

物价管理 2009年，河西区物价局对330个行政事业性和经营服务性收费单位年审，对其中39项涉企收费项目和标准逐项审核。为35个重点收费单位及时办理减半收费手续，取消100项行政事业性收费项目。为9所民办学校办理收费登记审核证发放工作；为2所民办重点中学办理收费成本审核上报手

2009年3月12日，工商河西分局干部深入桂发祥集团提供年检服务。

续；为9所幼儿园办理保育费调整标准备案手续；为7个小区物业管理服务单位办理物业费标准备案手续。对非机动车存车收费现状调研，提出调整非机动车存车收费标准方案并上报。在全区建立9大类93个监测品种，近30个监测网点及多名专兼职监测人员的价格监测体系。年内采集数据10280价次，上报数据10316价次。为区委、区政府上报市场价格信息17篇。价格波动期间，通过监测及时发现价格变化情况，为上级主管部门提供参考。在全国实时价格应急监测调查工作中，河西区确定4个大型农贸市场和超市为全市首批实时价格应急监测调查试点单位。全年完成各类价格鉴定、认证1967件，标的额1800余万元。

（范秉华）

质量技术监督 2009年，河西区质量技术监督局出动执法人员1319人次，深入611家（次）企业帮扶指导，办理行政处罚案件5起。质监岗受理投诉和消费者申诉26件，咨询18件。代码窗口受理13397户企业，其中办理年检8892户、新登记1437户、变更1410户、换证1194户、迁入企业72户、迁出企业46户。区行政许可服务中心对新设立企业实行联审制度后，区质监局受理1020件，准予1016件。为9家企业办理执标登记，帮助9家企业制定14个企业标准，为4家企业办理执标登记废止。巡查15家食品生产企业及1家食品添加剂生产企业，检查40家（次）。完成甜蜜素、糖精钠及柠檬酸、蜂产品、清真食品、淀粉生产企业、发用类化妆品6项专项检查。为13家企业办理食品生产许可证年审，受理食品生产许可证申请6项，食品生产委托加工备案20家。在家具和室内装饰装修材料质量安全专项治理、食品添加剂专项整治、食品安全整顿、食品安全百日行动中，出动执法人员174人次，检查企业97家（次），指导15家食品企业完成自我承诺，下发整改告知书2份。

（范秉华）

审计工作 2009年，河西区审计局对区财政部门具体组织预算执行情况、区劳动局等6个主管预算单位2008年预算执行情况进行审计，并延伸审计10个基层单位。审计结果报告及问题整改情况报告得到区委、区人大、区政府肯定。对区教育局、园林局、文化局7个建设项目工程造价审计，审减金额4000余万元。对34名处级领导干部履行经济责任情况进行审计，查处违纪金额近2000万元，向区委报送审计结果。

（范秉华）

科　技

概况 2009年，河西区优化科技创新环境，区域科技进步水平不断提高。认定登记技术交易合同1095份，技术交易额5.1亿元。组织河西区第24届青少年科技创新大赛和第23届科技周活动。通过国家科技部科技进步考核，被评为市级科技进步考核优秀组织单位。

（李　群）

科技成果与知识产权工作 2009年，河西区召开科技进步表彰大会，对21个科技项目进行表彰奖励。获奖项目科技投入4098.8万元，实现销售收入14354.8万元，纳税980万元，其中留区税收210.3万元。全年登记市级科技成果30项。有4家企业列为市级专利试点企业，6家企业列为区级专利试点企业。受理专利申请资助115项，发放资助金3万余元。

（李　群）

天津世纪天感影像科技发展有限公司 2009年，天感科技园、天津市科技创业服务中心与河西区共同投资组建天津世纪天感影像科技发展有限公司，加强与高校和科研院所联合，建立可持续发展研发体系。5月20日，公司与中国科学院理化技术研究所签订共建研发转化平台合作意向书，合作建立影像技术联合实验室，该院佟振合院士被聘为联合实验室的技术指导。

（李　群）

为企业申报扶植资金 2009年，河西区做好“保增长、渡难关、上水平”群体扶植项目申报。对上报的50个项目逐一筛选评估，深入20余家企业走访调研，河西区10家企业获资金370万元、贷款120万元，2家企业获国家科技资金支持140万元，累计获得天津市和国家资金支持510万元。

（李　群）

教　育

概况　2009年，河西区有国办中学14所、小学29所、幼儿园22所、职业中等专业学校2所、特殊教育学校1所，民办中小学、幼儿园14所。教育经费总收入91089.51万元，比上年增加17272.49万元，增长23.40%；其中区正常经费60676.88万元，增加11211.41万元，增长22.67%。在校学生81669名，有2078个教学班；在职教职工6417名，专任教师4441名。学前三年入园率95.2%；小学毕业生合格率100%；义务教育完成率和巩固率保持100%，毕业生合格率100%；高中阶段教育普及率100%，接受优质高中阶段教育学生比例达89.38%。全区接受高等教育人数占总人口38.15%，新增劳动力平均受教育年限超过15年。河西区作为市内六区唯一代表被评为全国推进义务教育均衡发展工作先进区。

（李　群）

学前教育　2009年，河西区创立“名园带新园”模式，有效缓解学前教育入园难状况。在小海地地区成立二十二幼和二十四幼分园，511名幼儿中外来务工子女及低收入家庭子女236名。在梅江南和体院南成立一幼和二十六幼分园，满足边远地区儿童就近接受优质学前教育需求。作为天津市“以园为本教研制度建设”项目研究基地，一幼、二幼等7所幼儿园通过“名师工作室”，以异地教学活动展示、名师参与点评等，为更多幼儿教师共享先进教育理念和优秀教学方法搭建平台。采用同课异构式的园本教研和同课同构式的联动教研模式，重点致力于教学内容的研究，培养新任职幼儿教师取得实效。10月参加在上海召开的全国“以园为本教研制度建设”项目现场研修会，以“合作联动、共享资源、同步发展——河西区幼儿园联动教研方式的实践与探索”为题作经验介绍。

（李　群）

小学教育　2009年，河西区深化教育联合学区管理模式改革，实施“名校带新校”策略，建立师大二附小分校，提高优质校辐射带动作用。加强骨干教师柔性流动的管理与保障，84名教师参与流动，促进小学教学水平同步提升。11月18日，区教育局在上海道小学举办河西区首届小学高效教学论坛。上海道小学以“高效教学为提高学校的育人质量注入新鲜活力”为题汇报该校经验与做法；三水道小学、滨湖小学、水晶小学副校长同与会者就高效教学的思考与实践进行互动；平山道小学6位教师从不同角度交流通过“精讲多练”实现高效教学的心得体会；第一教育发展联合学区的6所小学展示12节高效教学研究课，获得普遍好评。

（李　群）

中学教育　2009年，河西区发挥优质教育资源优势，办好公办初中校，健康发展民办校。德育工作以加强学生基础道德建设为重点，以“做一个有道德的人”作为行为规范养成教育月主题，在家庭开展“孝敬父母、体验亲情”活动，在学校开展“和谐校园”活动，在社会开展“爱心奉献”活动。以庆祝建国60周年为契机，弘扬革命传统和爱国主义

2009年9月8日，天津师大二附小分校成立。图为区委书记沈家聪与师大二附小校长李淑文共同启动水晶球。

精神，了解改革开放30年取得的伟大成果。举办第六届河西学子节，深化德育品牌效应。承办天津市首届中华美德论坛，举办首届河西区中学生国学论坛，中央文明办主任王世明给予好评。完善三维联动校本教研模式，实施高效教学，举办专题论坛，开展课题研究，发挥示范课引领作用，提升课堂教学质量与效益，减轻学生课业负担。教学质量稳步攀升，初中毕业班义务教育完成率100%，中考优秀率、全科及格率和高分段人数均居全市前列；高中学业水平考试全部学科综合评价及各科成绩均居全市第一，高考本科一批上线率49.6%，超上年8.8%，本科二批以上上线率71.5%，超13.1%，各学科平均分和总分平均分均列全市首位。

（李　群）

提高教师专业化水平　2009年，河西区教育系统在岗市特级教师42人（含新华中学、实验中学12人），区特级教师22人，市级学科带头人23人，市级学科带头人培养对象58人（含新华中学、实验中学10人）；市级骨干教师290人、区级骨干教师862人，分别占任课教师的5.8%、17.4%。启动“落实师德规范，做幸福的教师”师德建设实践活动，组织“因为我是教师”主题演讲、“我的职业幸福观”侃谈会、“我的幸福时刻”主题征文、“做幸福的教师”论坛和“师德在课堂”、“感悟课堂”展示等活动，激发教师工作热情，端正教师的职业幸福观。2名教师获全国模范教师称号，1名教师获全国中小学优秀班主任称号，1名教师被评为天津市“德业双馨”十佳教师，20名教师被评为天津市优秀教师、优秀教育工作者，18名教师被评为市级师德先进个人。评选表彰20名河西区首届人民满意教师标兵。教师平均受高等教育年限3.99年。幼儿园、小学专科以上学历教师分别达94.3%和93.6%，其中本科分别达77.8%和76.6%，比上年提高28.3个和18.8个百分点。初中本科学历教师达91.2%，比上年提高9.3个百分点；高中取得硕士学位教师达21.3%，提高0.2个百分点；职校本科以上学历教师达90.9%，双师型教师达61.5%。在读博士学位教师3名，取得教育硕士学位证书教师64名。

（李　群）

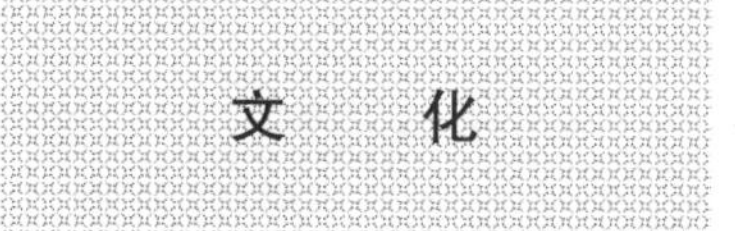

文　化

概况　2009年，河西区文化和旅游局着眼建设文化大区、提升文化软实力的战略目标，不断繁荣文化事业，加快发展文化产业。群众文化活动以庆祝建国60周年为主线，以第六届文化旅游博览节为主要平台，吸引广大居民争相参与。文化产业在完善发展规划的同时，加快项目建设，积极组织市场演出，取得良好的社会效益和经济效益。

（李　群）

群众文化活动　2009年，河西区文化局以建国60周年为主线，开展全区群众歌咏大赛等系列群众文化活动，其中百余场社区红歌演唱会深受居民喜爱。以创意和博览为主题举办第六届文化旅游博览节，成为集高雅艺术欣赏和全区社区艺术社团争相展示的盛大节日。举办天津市鼓舞大赛、天津市社区文化艺术节、老年人文化艺术节、家庭文化艺术节、第四届社区文化擂台赛以及全市家庭DV大赛等文化活动，并组织电影进社区。成立区作家协会、书法家协会、美术家协会和摄影家协会，组建成立河西区文学艺术界联合会，聚集文化

2009年天津市鼓舞大赛

人才，整合文化资源，调动各方力量参与文化大区建设。

（李 群）

完成文化产业十大项目 2009年，河西区完成文化产业十大项目。举办“打开音乐之门”暑期系列音乐演出；与市文化局合作，继续开展“相约环渤海”、“天津之春”等高雅艺术演出活动；培育西岸艺术馆室内乐演出品牌，全年策划组织演出百余场，取得良好社会效益，经济效益初步显现；举办2009庆国庆天津图书展销会，以主渠道组团参展为主，代理销售名社图书，丰富群众文化生活，提升天津文化品位；西岸金逸国际影城建设工程进展顺利，在电影放映基础上增加娱乐休闲、艺术品展销等功能；筹办春节文化市场、非物质文化遗产展交会，参与举办旅游博览会、演艺博览会等活动；配合河西商务商贸节，举办文化产业论坛；基本完成人民公园文化娱乐业招商工作，引进中华花戏楼、盈月梧桐、北方音乐星阵营等一批高层次文化娱乐项目；引进上海三联书店出版社，合作在人民公园藏经阁开办三联书店西岸书屋；建立区文化产业办公室和文化产业投资管理公司。

（李 群）

卫 生

概况 2009年，河西区人口出生率5.70‰，死亡率7.75‰，人口自然增长率2.06‰；人均期望寿命81.56岁，其中男性79.26岁、女性83.94岁。全区有12个社区卫生服务中心和52个社区卫生服务站，社区公共卫生服务覆盖率100%，并全部实行药品零差率销售。区卫生系统诊疗206.57万人次，比上年增长69.47%，其中门诊161.79万人次，急诊2.3万人次。收治入院病人6577人，出院6373人，治愈好转率94.6%，病床使用率40.4%。业务总收入3.54亿元，增长38%。

（李 群）

疾病预防控制 2009年，河西区传染病发病6495人，发病率702.52/10万，比上年945.6/10万下降25.71%。其中甲类传染病报告2例，乙类传染病报告2733例，丙类传染病报告3760例；报告甲型H1N1流感70例。至10月底，进行HIV筛查43366人份，艾滋病自愿咨询检测1431人。全区病毒性肝炎病例数209例，发病率27.1/10万。结核病初诊病人681例，新发病人219例；新发涂阳病人指标完成73例；儿童计划免疫接种率99.30%以上，安全接种率100%。新生儿乙肝疫苗接种率99.53%，及时率90.24%。组织开展两轮脊髓灰质炎疫苗强化免疫接种活动，对麻疹疫苗强化免疫目标人群查漏补种，全区目标儿童5697人，实种5774人，麻疹疫苗补种562人。组织开展15岁以下人群乙型病毒性肝炎疫苗补种工作，目标人数43783人，其中接种针次3次以上（含3次）的40038人，其余1761人需补种1针，979人需补种2针，1003人需补种3针。8月发现2例散发霍乱病例，由于发现及时，处置得当，管理密切接触者2人，均未出现腹泻及其他不适症状。甲型H1N1流感防控工作，全区报告确诊病例72例，协查管理密切接触者157人。自11月开始，按照自愿免费接种原则，对重点人群分批开展甲型H1N1流感疫苗接种，至年底接种甲流疫苗14336人份。

（李 群）

卫生监督 2009年，河西区在全市率先试行卫生监督绩效考核机制，深化卫生执法责任制，实行网格化卫生监督管理模式，杜绝卫生监督死角。累计监督餐饮业5485户次，食品抽检合格率98.6%，餐具涂抹合格率86.3%；现场快速监测2518件，合格率92.77%；行政处罚49户，罚款金额61500元。从业人员体检培训32169人，体检合格32136人，查出职业禁忌症人员33人，全部调离。取缔无证食品生产经营单位102户。对105家医疗机构开展专项执法监督检查4次600余户次，监督覆盖率100%。查处纠正违法违规行为97件，其中警告20户、责令限期改正31户。取缔无证行医黑窝点89户，责令违规医疗机构暂停执业活动2户，注销医疗机构执业许可证1户，罚款5000元，没收价值6万余元的非法行医药品21箱、医疗器械12件。落实学校卫生工作专项整治措施，对103户托幼机构和各级各类学校实行全覆盖式监督检查，无重大疫情和食物中毒及其他食源性疾患发生。全年受理医疗单位疑似食物中毒报告7件，其中外区5件均按程序移交管辖区县处理，河西区2件经流行性病学调查、卫生学调查和实验室检验，均未予确认。

（李　群）

社区卫生服务　2009年，河西区全面落实22项免费公共卫生和基本医疗服务。成立社区卫生服务集团（7+1+12），实现三级医院与社区卫生服务机构双向互动，居民不出社区就能享受三级医院医疗服务。完成4个社区卫生服务中心和5个社区卫生服务站改造，新建7个社区卫生服务站。全区有12个社区卫生服务中心、52个社区卫生服务站承担社区公共卫生和基本医疗服务，社区公共卫生服务覆盖率100%。全区确诊并建立高血压病人管理专案38721份，规范管理36880份，管理率95%；确诊并建立糖尿病病人管理专案15074份，管理率95%；为60岁及以上老年人建立健康档案103372份，建档率68%，发放老年保健套装86898份；4577名残疾人纳入社区管理。12个社区卫生服务中心全面实行药品零差率销售，首批遴选537种纳入河西区社区卫生服务基本用药目录，通过政府招标、集中采购、统一配送、统一结算，按成本向患者收费。全部药品均实行网上采购，全区药品采购总额1.8亿元，药品采购价格下降10.28%，药品零差率销售价格降低22%。1月，国家副主席习近平深入友谊路街谊景村社区卫生服务站慰问社区医务人员。7月，卫生部党组书记、副部长张茅到友谊路街社区卫生服务中心、友谊路街谊景村社区卫生服务站调研，给予一致好评。

（李　群）

妇幼卫生　2009年，河西区活产数4160人，孕产妇系统管理覆盖率98.46%，孕产妇早孕检查率90.11%，高危孕妇管理率100%。孕前专项疾病检查12732人，筛查率95.29%；产前筛查3547人，筛查率92.56%，其中因胎儿严重缺陷终止妊娠4人。婴儿死亡率3.26‰，5岁以下儿童死亡率4.20‰。高危儿筛查率100%；先天性心脏病筛查4201人，筛查率93.13%；先天性代谢性疾病筛查4782人，筛查率97.61%；出生缺陷发生率1.2%。以上指标达标。剖宫产率67.01%（应控制在50%以下）。全区未发生孕产妇死亡。7岁以下儿童系统管理覆盖率97.44%。新生儿听力筛查4532人，筛查率93.56%（应在95%以上）。6个月母乳喂养率79.27%（应在85%以上）。

（李　群）

体　育

概况　2009年，河西区体育局以科学发展观为统领，适应新形势、抓住新机遇、迎接新挑战。群众体育着重组织开展形式多样、富有地区特色的全民健身活动，竞技体育重点抓后备人才培养，加强体育设施建设和体制机制创新，促进全区体育事业又好又快发展。

（李　群）

群众体育　2009年，河西区先后承办、协办天津市首届青少年阳光运动大会，39个青少年体育俱乐部进行各项展示；柳林街社区体育成果展示；下瓦房街社区乒乓球大赛；天塔街第三届社区乒乓球大赛；友谊路街社区体育活动；挂甲寺街市民运动会；河西区第18届离退休干部职工运动会，45个单位参加；区卫生局健美操大赛；青少年老游戏展示活动；“纽崔来”健康跑；天津一汽大众第二届职工运动会。河西区组队代表天津市参加全国老年人健身大会，在38个代表队中获团体总分第二名。河西区晨练队代表天津市参加首届全国群众喜爱的社会体育指导员评选暨社会体育指导员技能展示大会，花毽队获一等奖，健身气功队获2个二等奖，3名社区指导员获群众喜爱奖。河西体育场及柳林街荣获国家级社区体育俱乐部称号，柳林街、环湖中学、中心小学被国家体育总局授予群众体育工作先进单位称号。

（李　群）

竞技体育　2009年，在第11

届全国运动会上，河西区输送的运动员获女子排球（魏秋月、杨亚楠、王茜、张晓婷、梁蕾）、女子网球（谢颜泽）、女子沙滩排球（田佳）金牌7枚，获男子网球（王钰）、男子体操（王冠寅）银牌2枚，获男子体操（陈一冰）铜牌1枚。河西区代表队参加天津市组织的田径、游泳、跆拳道、武术、排球、柔道、足球等项目比赛，获金牌40枚、银牌27枚、铜牌28枚。河西区运动员代表天津市参加全国举重分龄赛，获金牌1枚、银牌1枚；参加全国中学生排球锦标赛，获女子组第二名、男子组第八名；参加全国中学生田径运动会，获2个第七名。参加市中小学乒乓球比赛，获后备人才组12个项目中的11个冠军。河西区游泳队参加全国少儿游泳冠军赛，取得1个第三名。成立天津市重点击剑项目的河西训练队伍，引进优秀击剑运动员担任教练。河西区业余体校在全市业余体校年终评估中荣获一等奖。

（李　群）

人口和计划生育

概况　2009年，河西区人口和计划生育工作坚持以人为本，稳定低生育水平，推进综合改革，在综合协调、利益导向、优质服务和依法管理等方面取得显著成果，为创建和谐城区创造了良好的人口环境。巩固完善政府主导、部门配合、社会参与、齐抓共管的大工作格局。年底，成功申报全国计划生育综合改革示范区。截至9月30日，全区常住人口817198人，已婚育龄妇女125978人，计划生育率99.53%，人口出生率5.71‰，死亡率5.03‰，人口自然增长率0.68‰，出生人口性别比108，全面完成计划生育各项指标任务。

（李　群）

流动人口服务管理　2009年，河西区在13个街道实施项目运作方式，加强流动人口服务管理。通过现场竞标答辩和评议组评审，东海街、梅江街、尖山街、友谊路街中标，作为项目实施街，开展按流动人口聚居地落实“以房管人”和创建流动人口服务管理示范街试点工作。梅江街探索“五位一体”流动人口管理新模式的做法在全市计生基础工作经验交流会上作介绍。8月，开展流动人口宣传月活动。通过印发宣传品，制作专刊、专题片，区计生委领导走进直播间宣讲《流动人口服务管理条例》，组织《条例》培训、答卷和知识竞赛等活动，为流动人口开展免费查体活动，让流动人口享受与市民均等化待遇。开展流动人口评计生活动，测评满意度91%。

（李　群）

家庭健康惠民行动　2009年，河西区广泛开展“家庭健康惠民”行动，做好出生缺陷一级干预。免费为育龄群众做“四毒”（弓形虫、风疹病毒、巨细胞病毒、单纯疱疹病毒）筛查658例，为高危妇女建立健康重点监测档案，免费为特扶家庭、生活困难的流动人口育龄妇女健康查体。服务中心办理一、二孩生育服务证4676例，办理流动人口孕检证2535例，实现优质服务全覆盖。河西区的经验做法在全市人口计生工作优质服务推动会上作介绍。

（李　群）

特扶金发放　2009年是落实计划生育家庭特别扶助政策的关键年。河西区采取多项措施，将2008年和2009年特扶金足额发放到位。市、区两级财政拨付特扶资金654万元，3124名特扶人员得到政府关怀抚慰。完善利益导向新机制，对46户特扶困难家庭走访慰问，为128名特扶家庭育龄妇女和200余名特扶男性人群进行健康查体。

（李　群）

计生药具发放与管理　2009年，河西区人口计生委开展计划生育药械市场综合整治行动，接受国家检查组对河西区药械市场明查暗访。计划生育手术随访和避孕措施及时率均达95%。拓宽避孕药具发放渠道，免费发放价值45.5万元的避孕药具，覆盖全区街道社区及机关、企事业单位、个体私营企业，药具发放到位率90%。

（李　群）

出生人口清理清查　2009年，河西区开展出生人口清理清查工作，对近十年出生情况回顾

2009年9月18日，河西区召开全国人口信息管理系统建设启动暨出生人口清理清查工作部署会议。

清理。13个街道均保质保量按时完成。经统计，10年出生人口35269人（含流动人口），其中政策内一孩33028人，政策外一孩35人，政策内二孩1910人，政策外二孩229人，政策外多孩67人。

（李　群）

人民生活

概况　2009年，河西区发挥民政部门作用，注重解决民生、落实民权、维护民利。区劳动和社会保障局建立就业再就业工作统计分析制度，准确掌握社区下岗失业人员动态，加强下岗失业人员再就业培训。各有关部门、各街道开发就业岗位，创岗安置42532人。强化劳动保障书面审查，做好劳动保障监察和劳动争议仲裁工作，依法处理企业违法用工行为，切实保障劳动者合法权益。河西区被评为全国和谐社区建设示范城区，区社会救助中心被评为全国基层低保规范化建设典型单位。区劳动就业训练中心和市金茜劳务服务中心被市就业工作委局际联席会议评为天津市就业工作先进单位。

（李　群）

社区建设　2009年3月，河西区在全市率先完成社区居委会换届选举工作，分批、分层次对13个街道1300余名社区居委会成员进行业务培训。加大社区居委会综合性服务设施建设力度，投入资金362万元，对15个社区4700余平方米综合服务设施进行改扩建。为402名社区居委会主任办理社会保险。为22名社区工作者评定职称，马场街李敏获评河西区首位高级政工师。全区53人通过社会工作者职业水平考试取得资格证，其中51人为助理社会工作师，2人为社会工作师。12月将社区居委会主任工作津贴由每月820元提高到1200元，将居委会办公经费提高至每年每户10元。

（李　群）

社会保险　2009年，河西区劳动和社会保障局为8124名企业职工办理退休审批，办理病退1236人，为171家单位1057人办理特岗审核，工龄审定3651人。全区领取失业保险金的失业人员3017人，累计发放2095万元。为57名自谋职业失业人员拨付一次性补助费17.1万元；为失业人员报销住院费和门诊医疗费141人次76万元；为11522名大龄灵活就业人员发放社会保险补贴2757.6万元。为7879名企业职工办理医疗保险缴费年限审核。办理工伤认定983件，工伤伤残等级鉴定797件。

（李　群）

社会救助　2009年，河西区新增低保户1794户3524人，特困户428户898人；撤销低保户1099户2375人，特困户465户984人。全年支出救济金4190.86万元。至12月，全区享受低保6883户13907人，享受特困救助768户1774人。春节前，对低保、边缘户进行全方位、全覆盖、捆绑式统一救助，救助11404户，支出救助金1307万元。全年一次性医疗救助692人，发放医疗救助金237.13万元；一般门诊救助15593人，拨款161.4万元。区慈善协会募集慈善资金190万元，组织实施助困、助学、助孤、助老、助残、应急等八大救助项目，支出善款165万元，全区得到相应救助的困难家庭6000余户15000余人次。

（李　群）

就业再就业　2009年，河西

区以实施再就业援助行动为重点，创岗安置42532人，城镇登记失业率3.75%。引导下岗失业人员多渠道、多形式就业，发展各类企业和就业组织，鼓励兴办公益性公司，开发公益性岗位，扩大就业容量。全区组建公益性公司21家，在原聘用“4050”人员基础上，扩大经营运行规模，扩充就业岗位容量。区房管、园林等部门相继招聘一批新的“4050”人员，从事物业管理、卫生保洁和植绿护绿等工作。区公安部门新招聘辅警协管员251人。开发新的公益性岗位，安置就业困难群体3121人。为127名自主创业失业人员办理小额贷款364万元。认定服务型企业6家、商贸型企业2家，安置756人。通过举办22场公益性招聘活动以及职业介绍窗口，安置下岗失业人员和新生劳动力3086人。零就业家庭动态统计为零。

（李　群）

养老服务　2009年，河西区委托公益性公司和民间非盈利组织为547位符合条件的老人提供服务共有，用于购买服务支出政府经费86万元。完善居家养老服务工作制度，制定居家养老服务工作流程及公益性服务公司与街道办事处工作衔接制度。调查走访接受居家养老服务老人，满意率100%。举办“庆重阳晚霞美”老年人文体展演，1700余人参加。启动社区老年日间照料服务中心建设，在东海街九江里建立老年人配餐中心，在长泰养老院开办老年食堂。引导社会力量兴办标准化养老机构，延丰养老院和五福养老院建成，有床位300张。

（李　群）

下瓦房街道

下瓦房街道位于河西区东北部，与河东区隔河相望。东至台儿庄路，南界湘江道、津河，西至广东路，北迄绍兴道。2009年，街域面积1.701平方公里。辖12个社区，户籍居民1.84万户5.21万人。

2009年，招商引资7900万元，零散税征收50万元。

新一轮市容环境综合整治中，于绍兴道、大沽南路、徽州道、厦门路、解放南路沿线，拆除楼房立面护栏、半栏、遮阳罩等吊挂物1400余个，规范空调室外机1600余台，拆除违章建筑、违法圈占5处。对龙海一委、台北路社区清整，整修院内道路8200平方米，清理堆物、工程土、废弃物1400余吨。全年投放鼠药38箱。4月至9月底，对居民区楼道、垃圾箱（桶）每天进行一次药物消杀，蚊蝇、蟑螂密度明显下降。

慰问各类困难家庭600余户，为560余户老弱病残家庭办理住房保障、医疗救助、居家养老服务等，投入资金15.83万元。区、街慈善部门投入2万余元为南华里社区孤儿张东装修房屋，添置生活用品，改善居住环境和生活条件。为40余名残疾人发放轮椅、门铃、盲杖、盲表、拐杖，改造无障碍设施，组织游览市容市貌，参观杨柳青石家大院。

解决各类困难群体就业1260人。为2330人办理养老保险及城乡医疗保险，为750名60岁以上无收入老人办理政府生活补贴。

与有关部门协调，彻底解决新海大厦十年未解决的正式供电、修复电梯、集中供热等问题，以及解放路270号路灯问题。建立街道早点工程配餐中心，为辖区居民吃早点提供便利条件。对师专工地噪音扰民和新海大厦供电供热等问题引起的群众堵路等15件不稳定因素进行调处，做到早发现、早报告、早处置、早化解。全年解决和调处社区各类上访和群众反映问题70余件，办结率90%。

举办第二届“健康红五月、欢乐在社区”系列活动和“迎祖国60华诞，构建和谐社会”文艺演出。市民学校各文化社团先后获得天津市老年艺术节合唱比赛金奖、天津市大亚杯腰鼓大赛三等奖。东舍宅社区建立终身学习型服务中心，被评为市级先进社区党组织。开展“爱心助学行动”，街关工委对11名品学兼优的困难学生予以捐助。街道“半边天家园”工作于全国妇联在津召开的表彰会上作书面发言，全国人大常委会副委员长、全国妇联主席陈至立向该街颁发市级“平安家园社区”奖。

（李　群）

大营门街道

大营门街道位于河西区东北部，东临海河，西至天津外国语学院，北至马场道、徐州道与和平区接壤，南至绍兴道。2009年，街域面积0.995平方公里。辖7个社区，户籍居民1.25万户3.52万人。

2009年，引进企业10家，引资额1.14亿元，收缴零散税114万元。

开展大干150天市容环境综合整治，对绍兴道、广东路沿线吊挂物、违章建筑进行规范和拆除。拆除各种吊挂物1166个、投影阳台8个、外飘窗19个，以及非法设置的广告牌。协助区市容委，对绍兴道、厦门路、广东路沿线1430台空调室外机进行位置规范并安装空调架。组织辖区单位职工和社区居民，对单位门前院落和居民区空地、里巷、楼道、绿地等内外环境清理，清除乱搭乱建、乱堆乱放和乱贴乱画，清运工程渣土600余吨，清刷广告粘贴、涂鸦8000余张(处)。成立消毒站，治理鼠、蚊、蝇和蟑螂等病媒生物，重点时段对重要部位重点消杀，取得良好效果。

投资66万余元（其中街道自筹30余万元），完成敬重里、九江路、蚌埠道3个居委会改扩建工程。自筹资金10余万元，为社区增添办公家具和办公设备，改善办公条件。完成居委会换届选举，对居委会成员全面培训。

建立健全志愿者组织，发展志愿者3591人。新增公益性社团组织8个，全街公益性社团44个。全年慰问低保户、残疾人、困难户、军烈属962户，发放慰问金、救助金80余万元。募集善款，为残疾人发放轮椅6台，腋拐11副，热宝115个。自筹资金为106位90岁以上老人送生日蛋糕。

采集就业信息1212条，开发岗位1884个，安置就业910人。认定十类困难家庭255个，动态就业率95%以上，110个零就业家庭动态就业率100%。开展3次大型、10次小型公益招聘及就业政策咨询会，近50家企事业单位到场，吸引求职千余人次。公益岗位择优录用19名高校生，根据专业特长和性格特征合理定岗，所有高校生均表现出良好的工作态度。

市民学校新增学员43人，总数576人。浦口道社区市民分校被区教委评为示范单位。加强未成年人教育，九江路社区“快乐营地”通过社区教育中心认定，被评为优秀快乐营地，66名青少年被评为社区好少年。在7个社区开展健康知识讲座28次，普及健康防病知识。

完善民防网建设，壮大党员群众义务巡逻队伍。开展“综治示范楼栋”和“星级平安小区”评选活动，推动社区安全防范工作。做好上访人员稳控，加强重点时节、重要活动、重要地段和重点人群管理帮教，做到一个重点人有一个稳控小组，安全防范措施落实到位，确保建国60年大庆和元旦、春节期间社会稳定。针对重要时期、重大事件、重点人员等制定各类应急预案10个，全年处理各类突发事件5件。妥善解决5件群众经常上访、久拖不决的棘手问题。街工会建立全区第一家困难职工帮扶站。

组织开展“我爱祖国我爱家，我爱祖国我奉献”、“坚持科学发展观，共创和谐河西”等系列公民道德宣传教育活动，开展“祖国巨变我先行”、“看家乡新貌，促天津发展”、“知荣辱、讲文明，树新风、促和谐”道德实践活动。举办庆祝建国60周年大型红歌演唱会，3000余名社区居民参加。

（李　群）

马场街道

马场街道位于河西区西南部，东至友谊路，南邻宾水道，西倚卫津河与南开区为邻，北靠津河与和平区接壤。2009年，街域面积4.45平方公里。辖11个社区，户籍居民1.81万户5.27万人。

2009年，完成招商引资额8000万元，零散税源征收125.7万元。

做好新一轮市容环境综合整治工作，拆除临街建筑物立面吊挂物131个，规范空调室外机187台，安装居民楼首层护栏65个152平方米，提升改造天塔湖等地区临街小院11间，清运工程渣土80吨。组织志愿者、市容协管员清除涂鸦、贴画和小广告1.31万处，居民区、辖区单位及

“五小”重点单位灭鼠、灭蟑、灭蝇投药覆盖率100%。投资近30万元，对宾友菜市场提升改造，设置壁挂式电子显示屏，规范售货窗口，整顿市场环境。

为287户低保、特困家庭发放低保金76万余元。元旦、春节期间，依托街慈善协会筹集资金3.50万元，为140户困难家庭发放米、面、油等物品。为单亲、独生子女困难家庭及流动人口发放5800元爱心助学款，毛衣、棉衣86件。为四川地震灾区募集福利彩票款12万元。

创岗安置508人。新增参保1516人。为650名60岁以上老年人办理生活补助金，为94户住房困难家庭办理租房补贴，为4户低保家庭办理实物配租。为计划生育特扶家庭发放20余万元特别扶助金。

加快社区居委会办公和综合服务设施建设，规划建设600平方米德才里社区服务中心。投资20余万元，提升改造文静里、劳卫里、三合里、金山里等社区居委会办公和活动用房。畅通群众诉求渠道，通过“百帮呼叫中心”受理群众信访问题。完善电子政务建设，完成天马网站升级改造。坚持街、居两级政务公开和居务公开、财务公开，自觉接受群众监督。

开展人民调解专项活动，排查调处各类矛盾纠纷60起。加大重点地区治理力度，发案率比上年下降38.9%。做好春节、“两会”和国庆期间维稳工作，制定国庆60周年维稳方案，以及处置突发事件预案、节日值班和巡逻监控等工作措施。国庆期间，组织机关干部、社区工作人员和平安天津志愿者500余人，对11个社区、5个重点部位、2条主要干道、沿街繁华路面及高层楼宇、重要设施巡逻监控，确保辖区安全稳定。

举办第八届社区居民节。集中展示新中国成立60年，特别是改革开放30年来马场地区环境、文化、卫生、教育、社区建设等各方面发展成果。活动为期一个月，分四大板块。“宜居马场板块”，通过《新一轮市容环境综合整治成果》宣传片，集中展现市容环境和社区卫生面貌巨大变化；“文化马场板块”，红色经典电影回顾、迎国庆书画展、和谐社区建设图片巡回展等反映社区群众歌颂祖国，庆祝祖国华诞的热切心情；“温馨马场板块”，通过帮扶弱势群体关爱女性健康、“为民服务一条街”、健康万米行、“津城一日游”等活动及重阳节系列活动，体现社区人文关怀，促进邻里和睦；“平安马场板块”，举办消防、交通、用电、用气安全知识讲座，增强居民安全意识。

2009年，街道荣获全国社区共建共享先进街道、全国志愿服务工作先进集体称号，凤凰城社区、劳卫里社区分获市级“五个一”文明小区和区级“五个一”文明小区称号。

（李 群）

天塔街道

天塔街道地处河西区西南部，坐落天津电视塔脚下，东至紫金山路，西到卫津南路，南至陈塘庄铁路。2009年，街域面积3.28平方公里。辖19个社区，户籍居民2.68万户7.54万人。

2009年，招商引资1.29亿元，零散税源征收120万元。

天塔菜市场1月开业，解决数万居民买菜难问题，平均日销售额40万元，安置下岗失业人员150余人，流动摊贩200余人。

开展新一轮市容环境综合整治，对天塔湖周边、宾水里、卫津南路沿线楼房立面及空调室外机进行4次清拆整治，拆除各类违章护栏917个、外飘窗88个，规范空调室外机333台。抓好社区环境长效管理和专项治理。清整卫生死角50余处，清除各类涂鸦广告1万余处，清运各类堆物80余车、工程杂土2000余吨，拆除各类违章10处。对18万平方米绿地、1万余株树木和17个中小公园做好常规养管，及时进行春季补植和防治病虫害等项作业。清明节宾水西里设置文明共祭追思树、气象南里设置文明共祭点的做法，得到市、区领导高度评价。

第11届邻居节，各社区围绕评选“好邻居节之星”、“好邻居节家园”、“和谐家庭”主线，开展80余项特色活动，近万名群众参与。举办《媒体关注邻居节十年活动报道集》首发式，对10名“好邻居节之星”进行表彰。

确保国庆60周年等重要节日及敏感时期社会稳定，开展社区安全隐患、重点事件、重点人

2009 年 10 月 17 日，天塔街第 11 届邻居节开幕。

群排查稳控和反恐督导检查工作。发挥平安天津志愿者和社区巡逻队作用，形成民警、辅警、单位保安、平安天津志愿者、社区积极分子、治安巡逻队队员以及单位内保组成的群防群治网络，对天塔湖周边、沿河路、儿童公园、重点社区等重要点位轮班监控。接待群众来信来访 300 余人次，处理各类信访 15 件。

10 月，举办“三北”地区城市街道工作研究会第 17 届年会暨南北城市街道工作经验交流会。14 个城市 33 个街道的 76 名代表参加。南开大学教授唐忠新作专题讲座，代表们观摩天塔街第11 届邻居节活动。

居委会换届，19 个社区有 15629 名选民参加投票，参选率 91.7%，比上届提高 10 个百分点。99 名新一届社区居委会成员，平均年龄 49.3 岁，大专以上学历 31 人。19 个社区党组织换届，137 名当选委员中，大专以上学历 39 人，书记平均年龄 52 岁，书记、主任“一肩挑”的 10 人。

元旦、春节期间，对 423 户低保特困户、151 户边缘户实施救助，包括重病重残人员、特困独生子女、困难党员等，累计救助金额 63 万余元，实现 100%全覆盖。全年举办 10 期招聘会，进场单位 382 家，3250 人参加，提供就业岗位 4194 个，918 人达成初步就业意向。与 193 家单位签订空岗联盟协议，全年安置 905 人。街慈善分会举办天塔地区窗口单位设置捐款箱推广活动现场会，设计制作功德簿，全年接收捐款 69343 元、闲置物品 125 件，临时救助 92 户。

开展计划生育优质服务。与体北医院联手，为 1500 余名已婚育龄妇女免费妇科体检，做好入户回访。配合市肿瘤医院开展万名妇女乳腺筛查。

（李 群）

友谊路街道

友谊路街道位于河西区南部，东起尖山路，西至紫金山路，南到卫津河，北至宾水道、平江道。2009 年，街域面积 2.87 平方公里。辖 15 个社区，户籍居民 2.55 万户 7.06 万人。

2009 年，实现招商引资额 1.69 亿元，征收零散税 175 万元。

新一轮市容环境综合整治中，对黑牛城道、宾西路、彩印道等 7 条道路和温泉公寓建筑立面进行清拆和规范，清拆护栏、吊栏、遮阳罩等各类违章吊挂物 6905 个，规范空调室外机 6167 台，规范建筑首层护栏 1136 个，清理规范建筑立面违章外飘窗 104 个，修缮残破阳台 42 个，协助有关部门规范首层窗口售货摊点 124 个。

采集就业信息 2391 条，开发就业岗位 2611 个，安置 1027 人再就业。为 457 名下岗失业人员申请灵活就业社会保险补贴，为 980 户下岗失业家庭、零就业家庭及单亲家庭办理社会保险补贴，为 574 名下岗失业人员办理养老保险。安置新增劳动力 1286 人，其中二期网上就业纪录 768 人，完成计划的 153.6%。举办走进校园高校毕业生专场招聘会，68 个单位提供岗位 246 个，500 余人现场求职。3 月 26 日、10 月 19 日，街劳动保障服务中心代表天津市分别接受国家劳动部对天津市就业工作的专项调查和国务院就业工作督导组检查，受到好评。

居委会换届选举，新一届成员 75 人，平均年龄 53 岁，其中大专以上文化 31 人，党员 61 人，占总数 85%。对西园南里、寿园里两个居委会提升改造，扩大使用面积，增添设施，改善环境。改造文玥里、西园西里、新世纪城等居委会办公环境，文苑楼居委会主体建筑完工，面积 360 平方米。

元旦、春节期间对458户低保户、44户特困户、300户边缘户发放低保、特困金240余万元，发放救助金及米、面、油20余万元，为62户低保特困户审核报批医疗救助。街社会救助中心为300户边缘户发放3.3万元救助金。为帮助寿园里社区孤儿支鑫顺利步入大学，街慈善分会举办慈善助学行动，募集善款7000余元。天津市水利科学研究院、天津铁通房地产中介服务有限公司等单位在积极捐款同时，与街慈善分会签订支鑫专项助学基金协议，建立长期帮扶关系。

新建工会组织6个，涵盖单位14个，发展会员474人。建立历年建会流失单位台账，并代表河西区接受全国总工会检查。街道建立的“四簿三册一档案”做法在全区推广。开展“阳光关爱单亲特困母亲救助行动”，为23名困难单亲母亲发放救助金8900元。

87个各类社团结合建国60周年，开展以“歌颂祖国，赞美家乡”、“颂红色箴言，谱友谊新篇”为主题的绘画展、参观、征文演讲、老片场、文艺展演、健身展示等系列活动。银光表演团、晨星民族舞队、七彩合唱团、风采国标舞队、友谊朗诵团在全市各类大赛中均取得优异成绩。

1月18日，中共中央政治局常委、国家副主席习近平深入谊景村社区，参观“回顾改革开放30年”——社区党员活动日，并慰问困难群众。还考察友华菜市场，询问菜品价格、供货渠道、食品卫生、农药残留检测等方面情况。对该街和谐社区建设和民计民生工作给予充分肯定。年内建成新世纪城菜市场，为黑牛城道快速路南侧居民提供方便。

（李 群）

东海街道

东海街道位于河西区东南城郊接合部，东起微山路，西至洞庭路，南迄浯水道，北抵珠江道。2009年，街域面积2.12平方公里。辖15个社区，户籍居民2.81万户7.63万人。

2009年，引进企业22家，招商引资1.93亿元，零散税征收68万元。

上世纪80年代初，市政府为解决群众住房困难，在辖区小海地建造大批简易二层楼房，俗称小二楼。小二楼各种公用配套设施很不完善，房屋户型狭窄，没有卫生间，平均240多户居民使用1个公厕。2009年10月7日，小二楼危陋房拆迁改造工程启动，其拆迁规模之大、产权情况之复杂、安置方式之多样，是河西区乃至天津市拆迁历史上所没有的。全区各街道办事处、房管站组成27支530人的拆迁队伍，在8705户拆迁任务中，东海街承担1508户。街领导带队，全员参战。对重点人群主动跟进，反复动员，耐心疏导，做好思想动员和政策解释工作。至12月6日，完成拆迁6011户，占总户数69%，其中东海街完成1044户，占承担户数70%。

国庆维稳和重要节点防控工作中，严格运行社区安全员队伍建设、情报会商、不稳定因素排查、重点人思想疏导四项机制，确保责任到人、工作到位。与派出所配合，调解纠纷68次，化解非正常上访、集体访和进京上访发生，确保地区安全稳定。

落实市容环境管理考评制度，组织执法队、环卫所对社区乱堆乱放、私搭乱盖现象加强巡查，及时清理。设专人督办市容环境投诉，全年完成120件。

对1258户低保、特困家庭进行专项复审，对280余户做出调整，新增低保263户、特困43户。对低保、特困户进行救助，累计发放600余万元。元旦、春节期间，慰问边缘户1100余户，款物合计11.6万元。受理廉租房补贴594例，实物配租16户，限价商品房130余户，经济适用房8户，为1000余户低保家庭办理公有住房租金核减手续。开展慈善救助活动，救助困难群众800余户，发放慈善救助金10.7万元。依托驻街单位捐资助学，人大代表冯喜增连续三年救助10名困难大、中学生。

建立完善安置工作送技能、送岗位到社区、到家庭的为民服务举措。创岗1700个，安置就业900人，其中单位就业229人、灵活就业671人。

区综治委将桂江里社区列为市级重点治理社区。该社区有一座面积121691平方米的敞开式公园，西邻榆林路市场，社区有3个大出口、10个小出口，无准物业管理，社区地形和居住人员较为复杂,一度案件多发。街道出资10万元封堵修缮破损的围墙和大门,加强出租房屋和流动人口管理。将邪教组织活动、入室盗窃、抢夺、盗车及黄赌毒等作为治理重点,将社区周边的网吧和牌馆、浴池等作为重点治理场所。

6月,启动居家养老、配餐中心等为老服务项目。在汉江里社区建立860平方米的老年日间照料服务中心。根据社区老人经济状况,实行无偿、低偿、有偿服务,满足老年人各种需求。将原九江里居委会办公用房改建成东海街居家养老配餐中心,为老年人提供送餐服务。市委书记张高丽、国家民政部副部长窦玉沛,先后到两个中心考察指导工作。

国庆前夕,市委书记张高丽,市委常委、市委政法委书记散襄军到汉江里社区考察,对加强社区治安防范,解决群众反映突出的治安问题提出具体要求。街道根据群众意见,及时为汉江里社区安装9个监控摄像探头,将进出口改造为S门,建成220平方米新车棚,建立社区警务室,加设物业门岗,充实巡逻力量,社区治安秩序明显改善。

(李　群)

尖山街道

尖山街道位于河西区西南部,东起洪泽路,西至隆昌路、白云山路,南迄潭江道,北抵大沽南路。2009年,街域面积6.3平方公里。辖21个社区,户籍居民2.55万户7.13万人。

2009年,引进企业24家,引资额8185万元,零散税征收127万元。

完善社区环境卫生长效管理制度,实行街领导抽查、科所不定期检查、居委会每日巡查的三级联查制度。社区垃圾收运和清扫保洁质量达到环卫专业化作业水平。提升改造金星里社区,清理各类工程杂土堆物1650吨,修缮老化排水设施和破损路面。

对尖山路、大沽南路、解放南路、平江道4条主要道路综合整治,清拆道路沿线建筑物立面吊挂物858个,规范空调室外机820台。全面清理社区环境,清除堆物、工程土1200处1650吨,清理乱贴乱画1000余处,粉刷墙体1200余平方米,清理绿地近3000平方米,清除蚊蝇孳生地42处。

居委会换届选举,居民投票率92.68%。21个社区新一届居委会成员109名,其中义务制24名,党员占总数48%。

元旦、春节期间,对1762户低收入困难家庭实施救助89万元。街慈善分会和驻街单位救助262户6.6万元,其中驻街单位和居民捐助3.78万元。为615户符合政府住房补贴标准的困难户办理房补手续,337户领取住房补贴。全街无一人因生活困难上访。

名都新园社区“居民之家”落成。建筑面积700平方米,设有文体活动室、图书阅览室、健身康复室、医疗保健室、营养配餐室等,为老年人提供就近、便捷的养老服务,为社区居民提供一个医疗、休闲、娱乐场所。

完善社会保障工作平台,为3576名下岗失业人员建立档案,实行动态管理。招聘32名大学生从事公益性工作。为397人办理灵活就业社保补贴,为3600人次发放失业保险金。

10月19日,在中华大戏院举办尖山街戏曲艺术节,街百花越剧团演出大型古装越剧《拜月记》,获得市演艺界一致好评,天津日报、今晚报、河西报、老年时报等媒体到场采访。

做好维护稳定工作,层层签订社会治安综合治理目标责任书、人民调解工作目标责任书和防范工作目标责任书,形成社会综合治理和防范工作各负其责、

尖山街百花越剧团演出大型古装越剧《拜月记》

齐抓共管良好局面。国庆60周年期间,开展矛盾纠纷和不稳定因素大排查,逐一走访重点人,巡控重点部位,未发生一起不稳定事件。开展“迎国庆、保安全、促和谐”专项行动,各社区入户检查9300余户,清理火灾隐患665处,消除居民生活中的安全隐患580多个。平江北里社区被市普法办授予天津市民主法治社区称号,光华里、艺都花园被评为河西区平安社区,街司法所被评为区司法所先进集体。

学习实践科学发展观活动中,与有关部门沟通协调,为纯洁里机施楼和郁江西里144户居民解决集中供热问题。开展党政机关“作风建设年”活动,促进党员干部作风转变。

围绕“保增长、渡难关、上水平”、纪念改革开放30周年和新中国成立60周年,深入开展爱国主义教育、“同在一方热土、共建美好家园”等活动。利用地区人才资源和优势,与河西军休所共同组建流动党校宣讲团,聘请军休干部流动授课11场次,受教育万余人次。

(李　群)

陈塘庄街道

陈塘庄街道位于河西区东南部,东起微山路、学苑路,西至洪泽路,南抵珠江道、泗水道,北傍海河。2009年,街域面积6.5平方公里。辖14个社区,户籍居民1.89万户5.23万人。

2009年,实现招商引资额1.41亿元,零散税源征收206万元。

新一轮市容环境综合整治,拆除大沽南路沿线古芳里、秀芳里、福汇里沿街吊栏210个,规范空调室外机172台。巩固“创卫”成果,对星光宿舍、微山西里等4个平房区重点治理,对复兴门北里旧楼区改造。强化社区环境卫生长效管理机制,实行定岗位、定任务、定责任、定奖惩的“四定”责任制和岗位绩效考核制,居民区里巷道路清扫保洁率100%。投放鼠药1.2吨,对所有楼栋污水井进行长效药物消杀,控制病媒体生物密度。

元旦、春节期间,在各级财政下拨139.58万元基础上,调动驻街人大代表、政协委员和企事业单位积极性,募集3.38万元善款,对824户生活困难家庭给予救助。为180户低收入住房困难家庭办理租房补贴,为13户肢残家庭改造卫生间,为9户聋哑家庭安装闪光门铃。

为失业人员创岗1346个,为401人发放灵活就业社保补贴,为275人发放失业救济金,为956名60岁以上无退休费老人发放生活补贴。

居委会换届选举,选民参选率89%。新一届居委会成员83人,平均年龄47.3岁,其中大专以上学历19人,高中学历65人。社区党组织换届选举,以秀峰里、贵山里、华山里3个社区为公推直选试点,社区党员参与社区建设的积极性提高。

“阳光服务热线”是该街2005年首创的为民服务品牌。经过几年不断探索,阳光服务热线由单一热线电话服务拓展至社区工作各个层面,形成交叉式、立体式服务体系,被居民群众誉为“幸福线”、“解忧线”、“爱心线”。年内接到求助和反映问题的电话996次,涉及治安防范、物业管理、环境卫生、噪音扰民、邻里纠纷、政策咨询、关爱帮助等方面的情况或问题,做到件件有答复,事事得解决。

街道海地文化艺术联合会拥有20个文艺社团,常年坚持参加活动1200余人,多次荣获区、市、全国乃至国际大奖,《人民日报》、《中国文化报》、天津《支部生活》曾作专题报道。年内,街女子大鼓队荣获津门鼓王称号;举办京津渝深残疾人门球邀请赛,以陈塘地区残疾人运动员为骨干的两支河西代表队分获第一名和第三名。秀峰里、华山里“终身学习型服务中心”经验在全区街道系统推广。国庆期间,先后举办有17家大中型企业参加的“喜迎祖国60周年华诞地区歌咏大赛”、庆国庆歌舞晚会暨陈塘第七届社区文化艺术节。

经过调整充实,14个社区有调解员466人、安全员613人、信息员673人、巡逻队员517人。对综治主任、楼栋长和巡逻队员,从治安防控、流动人口管理、安置帮教、社区矫正、禁毒等方面进行6次培训。刑释解教人员帮教率100%,对有劳动能力的安置89人,安置率95%。国庆安保工作中,排查不安定因素,调处民间纠纷33起,调解成功率95%。

(李　群)

柳林街道

柳林街道位于河西区东端城郊接合部，北起海河，南至泗水道、新会道，西至学苑路、微山路，东至双林引河与津南区接壤。2009年，街域面积约4.2平方公里。辖13个社区，户籍居民2.56万户6.79万人。

2009年，引进企业5家，引进资金8300万元，零散税征收92万元。

开展大干150天环境综合整治活动，对50个楼房小区和24个平房区集中清整，清理堆物674处，清理死角32处，清运工程渣土千余吨。60余次对柳林路、长湖路、下河圈铁道、幸喜道4条道路，腾华里、幸喜里、恒山里、先登里4个平房区重点清理，清运工程杂土3600余吨。配合先锋河改造整修工程，对河道沿线违章建筑、违章圈占13户24间拆除22间740.5平方米。完成幸喜里“城中村”改造工程，拆除幸喜南道、西横街和幸喜里各类违章建筑58间371平方米，清理堆物23处，清运工程杂土400余吨，小区部分道路、胡同铺设沥青及方砖，环境面貌改善。病媒生物防治，喷洒消毒药物330公斤、长效滞留药物30公斤，投放灭蟑药30余袋、鼠药415公斤，确保辖区全覆盖。

举办柳林街第六届“互助节”，广泛开展以“温暖送特困、真情送空巢、医疗送健康、教育送知识、军警送安全、岗位送万家、文艺送欢乐”为核心内容的“七送”活动。筹集爱心善款和生活必需品共计11万余元，发放给1000余户边缘户；街劳动保障中心为下岗失业人员送来21份上岗通知书；社区大学生与9户空巢老人结成“温情互助组”。

居委会换届选举，23257人投票，投票率93.27%。

街社区教育服务中心7月启动运行，开设12门课程，1200余人次参加学习。街道市民学校创作并拍摄英语情景剧《同一个世界，同一个梦想》和《社区体育工作》等DV作品。举办评剧、京剧专场等文艺演出20场。

加大矛盾纠纷排查调处力度，调解纠纷19起，妥善处置造纸厂地区因拆迁导致停水、停电、停气和污水跑冒引发的6起群体事件。结合“津门风暴”消防专项治理活动，对165个重点单位、近百个“六小”行业及重点部位拉网式滚动检查，查处隐患13类210处，下达限期整改通知书51份。

发挥劳动保障服务中心作用，举办招聘会12次，135家单位到会，6000余人次应聘。创造就业岗位1049个，超额完成上级下达任务。办理城乡养老补助1583人；办理小额贷款10人，追加贷款2人；办结自谋职业补贴申办5人；经办灵活就业保险补贴605人，认定591人。

2009年，街道被市体育局命名为天津市全民健身工作先进单位，被国家体育总局、中央文明办授予全国城市体育先进社区和第三批国家级社区体育健身俱乐部称号，同时被评为全国群众体育先进单位。

（李　群）

挂甲寺街道

挂甲寺街道位于河西区中部偏东，东临海河、天津市第四棉纺厂西大道，西至隆昌路，北迄津河末梢、湘江道，南抵资水道、大沽南路。2009年，街域面积2.41平方公里。辖15个社区，户籍居民2.97万户7.87万人。界内津门古刹挂甲禅寺相传建于唐代，该街因此得名。

2009年，引进企业11家，引资额18956万元，完成零散税收210万元。

制定街道环境卫生长效管理实施方案，解决垃圾外溢、污水跑冒、清扫不到位、乱贴乱画、乱堆乱放等问题1000余件，清运工程杂土及废弃物900余车2200余吨。配合市容环境综合整治，清拆4条主要干道立面吊挂物778个、违章建筑11处，规范空调室外机1541台。监测检查辖区320家重点单位，指导除“四害”1460次，封堵鼠洞261个。为1044个楼栋喷洒长效滞留药物，对1296个居民区下水井、污水井热雾熏杀，堵塞居民区外环境鼠洞200余个，投放鼠药70公斤，控制社区病媒生物孳生。

以建国60周年维稳为重点，深化平安建设。做好矛盾纠纷排查调处，排查各类矛盾纠纷74起，街司法所、居委会调处32起，接待居民法律咨询77件。在15个社区开展法律援助、法制

南北社区消防安全现场会

宣传进社区系列活动，为500余名社区居民进行现场咨询服务，解决老年维权、子女赡养等各类问题50余件。

召开消防安全专项行动部署会议，开展地区"津门风暴"消防安全专项行动，对28处高层建筑、35处地下建筑、70余家人员密集单位、117家重点单位、7家危险化学品经营单位、253部电梯全面检查。

成立街慈善联谊会，元旦、春节期间为433户边缘户和710户低保、特困户发放慰问金107.64万元。对116户低保、特困、优抚家庭，每户发放100元夏令救济代金券。在菜市场开展扶贫助困工作，向200户低收入家庭发放菜市场代金券2万元。成立街残疾人服务中心和保障和谐温暖之家，为残疾人发放轮椅和MP3，给予55户低保特困家庭21.24万元医疗救助。

与400家用工单位签订双向服务联盟书，安置322名大中专毕业生、380名农民工就业，安置下岗失业人员1474名，完成区下达指标的147%。

完成云广新里社区居委会办公用房改扩建及新城社区办公环境、活动站提升改造。对街残疾人服务中心迁址改建，对为民服务中心进行扩建。投入近30万元启用400平方米文化站，为地区文化团队和社区居民提供设施完善的文化活动场所。

启动居家养老代金券服务，为56名低保、特困老人提供理发、修脚等生活照料和菜单式家政服务。为33名60岁以上低收入老年人免费进行白内障手术。改善彩虹养老院生活环境，对部分房屋和院内顶棚、电线进行改造，入住率100%。

街花蕾艺术团在天津市第三届社区文化艺术节优秀节目选拔赛中获优秀节目奖。杨家庄永音、挂甲寺庆音两道法鼓老会和彩虹腰鼓队参加天津市第二届鼓舞大赛获优胜奖。成立挂甲寺地区关爱女孩红苹果俱乐部，筹建"人口文化书屋"，成立红苹果俱乐部流动人口读书会和阳光女人读书会。

2009年，街道被国家文化部授予中国民间文化艺术之乡称号；彩虹养老院荣获天津市民政系统"文明窗口"、天津市劳动模范集体称号；科艺里社区被评为全国平安家庭创建活动先进示范社区、天津市平安家庭创建活动先进示范社区。

（李　群）

桃园街道

桃园街道地处河西区西北部，东起广东路，西至西康路，北以马场道与和平区交界，南至津河。2009年，街域面积1.09平方公里。设10个社区，户籍居民1.60万户5.29万人。

2009年，招商引资1.05亿元，完成零散税收157.8万元。

新一轮市容环境综合整治工作中，对绍兴道、永安道、广东路沿线街景立面进行清拆，拆除吊挂物1074个，规范迁移空调室外机743台，更换首层窗户护栏223个。拆除广顺园等3处违章建筑209平方米，修复江南公寓、湛江路等社区1.5万平方米破损路面。

落实国庆期间和敏感时期安全稳定工作要求，对全部社区及人口密集场所安全大检查，排除各种隐患。组织志愿者队伍对重要路段巡控。街道领导包干负责，分头做重点人思想工作，实现进京零上访。重视不稳定因素，运河渔村饭馆污染扰民及安德公寓居民使用临时电问题得到妥善解决。

举办第九届安居节，以"安居乐业、和谐桃园"为主题，弘扬危改精神，提升群众文化品位和文明素质。表彰10个共建和谐先进示范单位和10名社区志愿者标兵。举办温馨家庭文化展、和谐社区汇报展、“爱我家园全民奉献、纪念改革开放三十周年”摄影展、健康快乐老年运动会和第一届十大老年之星评选等六大板块活动，展示改革开放30年桃园人的精神风貌和文明风尚。

将14个社区合并为10个。居委会换届选出58名成员，年龄结构更加合理，文化程度、党员比例明显提高。投资60余万元，将连荣里居委会改造成390平方米的星级社区综合设施，形成集办公、残疾人康复、居家养老、终身学习服务中心、再就业培训等功能于一体的精品社区居委会。

对各类困难群体开展爱心救助，重大节日期间，发放现金、生活物品合计121万元。在2个社区建立居家养老服务站，以政府购买服务为基本形式，委托社会公益性公司具体运作，解决老年人生活中的实际困难。妥善解决元兴新里、庆荣里、连荣里、长安里4个社区居民吃水难问题，对元兴新里1号楼楼顶多年堆物彻底清理，维护居民群众利益。

提供就业岗位2275个，创岗安置1077人。率先在全区启动社保卡办理工作。两次举办“岗位进万家——创业项目推介”公益招聘会，推出15个创业项目，达成招聘意向118人。

举办桃园街首届社区文化艺术节，以戏曲表演为主，举办10余场文化展演。居民屠龙根被评为首届河西区道德模范。高考期间，社区志愿者在41中学开展温馨服务系列活动，受到考生家长赞扬，中央电视台“新闻联播”、天津电视台、今晚报等多家媒体予以报道。

推进非公企业党团组织建设，建立党支部1个、团组织2个。桃园街非公党建工作的做法在《支部生活》上刊登。开展党风廉政建设进社区活动，元兴新里社区廉政文化广场被评为示范广场。

（李 群）

越秀路街道

越秀路街道位于河西区中部，东起隆昌路，西至友谊路，南起平江路，北至津河。2009年，街域面积2.64平方公里。辖16个社区，户籍居民2.37万户6.71万人。

2009年，招商引资1.12亿元，征收零散税196.1万元。

进行新一轮市容环境综合整治，拆除广东路、绍兴道、乐园道、前进道、越秀路沿线各类违章吊挂物并规范空调室外机4930余处；配合区市容委拆除绮云里首层护栏，拆除违章建筑21间、违章棚亭2个。完成区市容委下达的惠阳里、红波公寓清拆任务，拆除25处吊栏、110个超大护栏和1个外飘窗，规范空调室外机61台。加强对市场、餐饮、“五小”单位及周边病媒生物防治力度，对鼠害严重的餐饮单位上门灭鼠，确保集中统一投药到位。对菜市场严格管理，严禁市场周边堆放物品，杜绝脏乱源形成。

1月，教师村居委会改扩建工程竣工投入使用。建成后的居委会面积230平方米，设有劳动保障办理、民政低保、计划生育、综治调解、党建工作等功能服务室，以及60平方米的党员活动、市民分校、文化建设多功能活动厅，35平方米的丹青奇葩、文化书屋、温馨家园。5月13日，市委书记张高丽到越秀路街教师村社区居委会考察，与居委会主任们亲切交谈。

居委会换届选举采取“3+2”模式，除2个义务制居委会外，其余14个新一届居委会均由3名享受政府生活补贴的成员和2名不享受政府生活补贴的义务委员组成。居委会下设社工站，由居委会聘任2至3名社区工作者组成。新一届社区居委会成员中党员49人，比例达64.5%；大专以上文化程度34人，达45%。党组织书记、居委会主任“一肩挑”的11人。

成立由42名街干部组成的综治维稳、信访处理和防范工作3支应急小分队，217名社区工作者及志愿者组成社区维稳应急小分队，配合公安干警对突发事件进行应急处理。建立矛盾纠纷排查调处信息网络，全部社区均设立信息员队伍，共1266人。对银河广场、天津乐园等重点部位，增派居委会巡控人员，增加巡逻次数。各社区利用大型电子宣传牌，将维稳内容全天滚动播放，举办法制宣传讲座，提高居民自觉维稳意识。

对1000余户低保、特困及其他各类困难家庭救助帮扶，发放慰问品、补助金66万余元。实施医疗救助73人38万元，免费查体2000余人，办理享受各类住房保障优惠政策721户，享受政府养老埋单服务73人。

与辖区企业沟通协商，多方寻找就业岗位，采集信息1282条，创岗2553个，安置625人。办理特困家庭认定524户，小额担保贷款7人，社会保障卡2466人，失业人员及城乡居民养老保险237人，老年人生活补助1295人，社保补贴342人，安排公益岗23人。

辖区100余家单位先后建立工会组织。成立困难职工帮扶中心，对困难职工实施就业服务、帮扶救助等援助。专项帮扶特困职工16名，发放各种慰问品和慰问金近万元。

首次举办越秀地区文化艺术节，开展三大板块活动。“欢歌靓舞颂祖国”文艺专场，近20个社团在文化广场表演舞狮、太极扇等文艺节目，吸引千余居民观看；京剧票友戏曲专场演出，各社区京剧票友齐聚一堂登台亮相，让居民过足戏瘾；越秀书苑作品展汇聚众多书画爱好者作品，并现场作画，为展览活动助兴。街道收集整理社区文化活动资料，出版《越秀文化精粹》一书，成为河西区第一本由街道自行编辑出版的反映社区文化建设的书籍。

（李　群）

梅江街道

梅江街道位于河西区南部，北起郁江道，南至潭江道，东起五号堤路、白云山路，西至卫津河。2009年，街域面积约2.6平方公里。辖8个社区，户籍居民0.46万户1.30万人。

2009年，招商引资7800万元，零散税征收240万元。

开展环境综合整治，做好拆违和清脏治乱工作。针对建工宿舍和建新宿舍两片平房区外来人口多、堆物多、垃圾外露严重，产权单位管理不到位情况，协调有关单位和职能部门，加强日常监管，每月进行一次大清理，累计清理垃圾13吨，改善环境面貌。

梅江菜市场经营面积约450平方米，设有48个摊位及17间出租屋，经营种类上百个。为创建国家标准化菜市场，规范经营区域，增添新的经营与监控设施。市场大厅悬挂LED电子显示屏，为经营者和消费者及时提供市场各类商品信息、价格信息。对市场内所有柜台统一粉刷并安装不锈钢挡板，所有出租房屋的建筑材料统一更换为防火板材。增添农药残留物快速检测设备并安排专人负责，对所有检测结果及时通报。安装电子监控系统，全天候监护市场内情况，及时发现并处理各类事故和纠纷。制定市场卫生定时清扫、随时保洁制度，市场商品价格实时监测制度，设立市场服务台，接待消费者咨询及处理购物纠纷。

玉水园终身学习服务中心立项，快乐营地被评为天津市青少年快乐营地。与第16幼儿园共建，举办“活力宝宝大赛”，与蒙特利梅江幼儿园资源共享，举办“亲子运动会”等。市民学校新开设韩语班、计算机中级班、国学班、京剧班、葫芦丝班。举办梅江街第一届居民家庭闲置物品、文化藏品慈善拍卖会，获善款2000余元，市、区媒体分别给予报道。街道开展的“一元善款活动”在全区做工作交流，河西有线电视台专题栏目中予以报道。7个单位参加“一元基金”活动，11个单位设置募捐箱，募集善款5.70万元。

处理涉及违章建筑、物业与业主纠纷等信访投诉32件。对不自行拆除的居民，协调执法部门统一拆除。拆除违章建筑28处。对居民反映的龙水园、欣水园污水跑冒、欣水园电梯停用、泉水园新建市场等问题现场办公，联系物业公司，及时向区综治办、信访办、应急办反映，予以妥善解决。

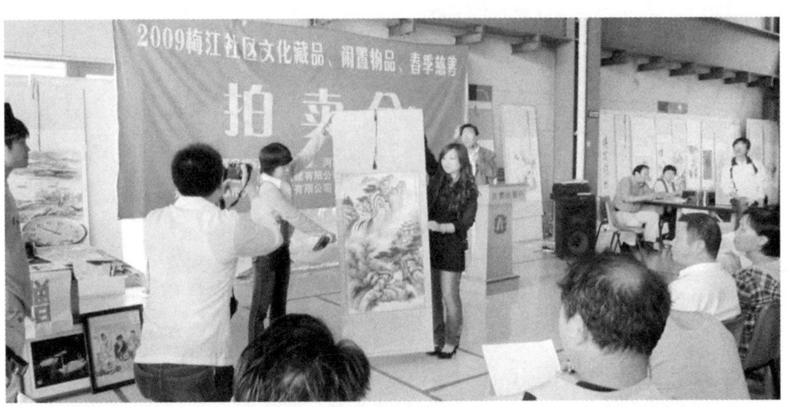

梅江街第一届“家庭闲置物品、文化藏品”慈善拍卖会现场

在6个社区建立由社区党组织、居委会、物业公司、业主委员会、社团组织代表、社区警务室六方参加的社区联席会，定期研究、磋商社区建设工作，形成“六位一体”社区管理新模式。组织党员开展“举手之劳六个一，点点滴滴筑和谐”的“六个一”党员主题实践活动。号召党员从点滴小事做起，带头在楼里多结识一个邻居、在社区多结识一位党员伙伴、生活中多掌握一项技术特长、为社区多推荐一位人才、在活动中多送一次微笑、帮扶一位困难老人，引导党员树立“说句话、伸把手，往前站、带头干”的自觉意识，带头在社区营造邻里互助、尊老爱幼、创建和谐家园的良好氛围。50余名党员与社区孤老、空巢老人结成帮扶对子。

(李　群)

河 东 区

概 述

河东区是天津市中心城区，境域地理坐标为北纬39°04′7″~39°09′7″，东经117°11′7″~117°18′1″，是中心城区连接滨海新区的起始点，毗邻空港、海港，天津站交通枢纽坐落区内。隔海河与和平区、河西区相邻，向东与东丽区为伴，西、北与河北区相交。沿海河经济带8.28公里，天津中央商务区坐落其间。2009年，区域面积39.63平方公里，区辖大王庄、上杭路、东新、富民路、鲁山道、大直沽、常州道、中山门、向阳楼、春华、唐家口、二号桥、天铁13个街道办事处。常住人口85.32万人。人口中汉族为主体，另有回、满等39个少数民族。

2009年，河东区坚持以"三个代表"重要思想为指导，深入贯彻落实科学发展观。按照市、区委全会决策部署和中心城区全面提升的要求，围绕"金贸河东"功能定位和"发展起来，繁荣起来，漂亮起来"的总体思路目标，全力做好保增长、保民生、保稳定的各项工作。深入开展"保增长、渡难关、上水平"活动，经济回升向好趋势巩固，主要经济指标增幅好于上年水平。区属增加值完成108.9亿元，比上年增长18%；区级财政收入实现17.02亿元，增长20.28%；吸引内外资到位额分别实现90.8亿元和9000万美元，增长12.35%和28%。第三产业增加值实现88.2亿元，增长18.2%。

加快金融业发展，渤海银行总部、倍特期货等5家金融保险机构落户，银行、保险、证券等金融机构达68家，金融业留区税收突破1亿元。楼宇经济增势强劲，建成天津市首家楼宇经济服务中心，楼宇闲置资源盘活稳步推进，70座商务楼宇133万平方米经济效益逐步提高。培育2座税收超亿元楼宇，实现亿元楼零的突破。新增民营企业1530家，总数7960家，组建天津市首家民营科技集团，民营经济从业人员突破13万人。街域经济稳步发展，形成12个街域特色经济板块，街域经济税收贡献率提高。二号桥都市工业园区开发建设基础性工作基本完成，取得土地整理权。抓好节能技术进步和技术改造，万元地区生产总值能耗降低4%。

以更加开放的姿态争取市场、项目、资金、政策，紧抓大项目好项目。固定资产投资完成104亿元，增长21.9%；引进项目企业329个，其中投资和注册亿元以上项目企业13个，一批有实力的大企业集团落户河东。推进重点地块拆迁和土地整理，完成拆迁58.2万平方米，6片18.4万平方米地块成功出让，6片51万平方米地块具备上市条件。推进天津(南站)现代商务中心、津滨大道现代物流商贸区、天津站—新开路商务商贸区等市级重大服务业项目建设。五星级Radisson酒店、远洋地中海风情街、润东国际大厦、御樽大酒楼等一批重大商业设施建成开业；河东万达广场、红星国际广场、渤海银行总部、金地国际广场等一批高端服务业项目开工建设；嘉里商务中心、帝旺凯悦酒店、中信集团、中粮集团等一批高水平重点项目加快推进。“创意桥园”产业园特色明显，天津音乐街建成开业，多项特色文化创意产业项目积极推进。

坚持一流标准，深化完善河东区空间发展战略规划成果，确定一个中心、三条发展带、六个聚集区、六大主导产业的“一三六六”发展格局。配合市相关部门保障天津站交通枢纽、津秦客运专线、地铁和城市快速路等重点工程加快实施，东纵快速路、海河东路（河东段）建成通车，打通十五经路—八纬路、U6街区等一批道路卡口。组建国有城市建设投融资机构，土地整理平衡试点项目加快启动。实施城市管理体制改革，完善“两级政府、三级管理”体制。加大城市管理投入，建立监督考核体系，在市内六区率先实现环卫作业市场化运作，推进城市长效管理机制建成。实施20项民心工程，冲刺国家卫生区目标，奋战两个150天，高标准实施新一轮市容环境综合整治，集中开展街景立面整修、夜景灯光建设和重点地区、重点道路、居民区环境治理等10余项专项行动，综合整治21条道路、456栋楼房、2个公园、19片旧楼区。城区面貌彰显清新靓丽、大气洋气特色，津塘路成为全市变化最大的整治道路。推进国家园林城区和生态城区建设，新建、提升绿地84.5万平方米，空气环境二级及以上良好天数达标率83%。桥园在西班牙巴塞罗那2009年世界建筑节代表中国公园首次荣获全球最佳景观奖；河东公园提升改造成为全市变化最大、改造成果最为显著、最为成功的样板。加强天津站地区管理，创新管理机制和管理模式，保持站区安全稳定。

加强民主法制建设，为民服务网络、公仆接待日解决群众反映各类问题28181件。“五五”普法顺利推进，法律服务、法律援助工作得到加强。健全科学民主决策制度，依法规范执法行为，做好行政诉讼应诉和依法行政考核工作。发挥信访接待、行政复议、人民调解的作用，推行信访工作代理制，建立健全群众诉求机制，妥善解决一批信访突出问题和行政争议案件。深化“五个必须”，实施“护城河”工程，有效控制进京非正常上访。“平安河东”建设深入推进，国庆安保工作取得成功，社会治安状况继续保持全市较好地区之一。

实施就业富民、社保利民、解困助民、事业惠民工程，教育、医疗、就业、社会保障等民生问题得到较大改善。完善困难群体就业援助机制，新增就业3.3万人，增长34%，稳定就业率保持在83%，城区登记失业率控制在4%以下。成立河东区创业服务中心，桥园创业园被认定为国家创业促进就业实验区创业园，爱心手工编织中心被命名为全国文化产业示范基地。完善社会保障体系，社会保险参保受益人群扩大，低保救助、扶贫助困工作水平提高。建成社区老年人日间照料服务中心和23个服务站。启动鲁山道小二楼地区拆迁改造，住房保障受益群众1.2万户，全市规模最大、配套齐全的真理道甲一号定向安置经济适用房基本建成。实施既有建筑节能与供热计量改造94万平方米，受益居民1.5万户5万余人。

坚持教育优先发展，全面实施素质教育，推进课程改革，教育教学质量稳步提高，中高考成绩实现历史性突破。义务教育学校现代化标准建设位居全市前列，校园安全现代化标准建设经验在全市推广。义务教育学校教师绩效工资落实到位。完善科技创新服务平台建设，提高科技创新成效，通过天津市区县科技进步考核并荣获全国科技进步考核先进区称号。创建帅明留学人员创业园和帅军生物医药产业孵化器研发转化基地，9家科技企业被认定为国家级高新技术企业，32个科技项目获国家科技部和天津市立项资助。

推进社区卫生服务综合配套改革，加强“三级医院与社区卫生服务机构合作”全国试点项目建设，为居民提供安全、有效、方便、价廉的公共卫生服务和基本医疗服务。甲型H1N1流感防控工作扎实开展。深化“婚育新风进万家”活动，河东区荣获中国人口早期教育暨独生子女培养示范区称号。推进和谐社区建设，河东区荣获全国和谐社区建设示范城区称号。

开展精神文明创建活动，评选表彰河东区第七届十大为民杰出人物，创建6个市级“五个一”文明小区和一批特色社区。

在全市率先开展未成年人“成长驿站”活动，2个街道被评为全国社区教育示范街道。组织庆祝新中国成立60周年群众文化活动及天津市第五届暨河东区第七届家庭文化艺术节、第九届中国职业模特大赛天津赛区总决赛等系列活动。成功举办河东区第五届全民健身运动会，新增一批社区体育健身器材，河东区被命名为“游泳之乡”，区体育局被评为全国体育系统先进集体和全国群众体育先进单位。

做好第二次全国经济普查。加强市场物价、食品药品监管和生产、消防、交通安全管理，全区生产生活安全有序。双拥共建活动深入开展，人民防空、防震减灾和国防后备力量建设加强。残疾人事业健康发展，区残联被命名为“全国残疾人之家”。妇女儿童、民族宗教、侨务外事和档案、保密等项工作取得新成绩。

（区政府办）

河东区区级领导名录

中共河东区委领导名录

职　务	姓 名	性别	出生年月	民族	文化程度	籍　贯
书　记	张建星	男	1958-03	汉	研究生、硕士	山西忻州
副书记	赵尚武	男	1957-06	汉	研究生	河北文安
副书记	王福山	男	1960-01	汉	研究生、学士	河北河间
副书记	吕德林	男	1952-09	汉	研究生	河北武邑
常　委	曹国安	男	1952-09	汉	大　专	河北容城
常委、组织部部长	温继平	男	1958-05	汉	研究生	河北泊头
常委、宣传部部长	宋　奇	女	1964-04	汉	研究生、学士	天津市
常委、公安河东分局局长	杨绪荣	男	1952-12	汉	大　学	天津市
常委、区纪委书记	张国平	男	1952-03	汉	大　专	天津市
常　委	毕宝泉	男	1955-04	汉	研究生	天津市
常委、办公室主任	何　福	男	1964-01	满	研究生、学士	河北滦平
常委、区人武部部长	甘同波	男	1957-07	汉	大　学	河南濮阳

注：2009年5月赵尚武不再担任中共河东区委副书记、常委、委员职务；王福山任中共河东区委委员、常委、副书记。

河东区人大常委会领导名录

职　务	姓 名	性别	出生年月	民族	文化程度	政治面目	籍　贯
主　任	孔昭礼	男	1950-05	汉	研究生	中共党员	天津市
副主任	葛全洪	男	1955-03	汉	研究生	中共党员	天津市
副主任	杨景林	男	1951-11	汉	研究生	中共党员	河北沧州
副主任	韩馥香	女	1957-05	汉	研究生	中共党员	河南开封
副主任	吕吉成	男	1953-02	汉	大　学	中共党员	天津市

河东区政府领导名录

职　务	姓 名	性别	出生年月	民族	文化程度	政治面目	籍　贯
区　长	赵尚武	男	1957-06	汉	研究生	中共党员	河北文安
区　长	王福山	男	1960-01	汉	研究生、学士	中共党员	河北河间
常务副区长	曹国安	男	1952-09	汉	大　专	中共党员	河北容城
副区长	毕宝泉	男	1955-04	汉	研究生	中共党员	天津市
副区长	吴秀宏	女	1958-11	汉	研究生、学士	中共党员	河北青县
副区长	刘建国	男	1955-06	汉	研究生	中共党员	河北玉田
副区长	王毅斋	男	1963-09	汉	大学、硕士	农工党党员	浙江慈溪
副区长	刘　祺	男	1963-10	汉	研究生	中共党员	山东乐陵
区长助理（副区长级）	宋建华	男	1952-02	汉	研究生	中共党员	天津市
区长助理（副区长级）	卢卫东	男	1954-02	汉	大　学	中共党员	河北易县

注：赵尚武任河东区区长至2009年5月；王福山自2009年5月任河东区区长。

政协河东区委员会领导名录

职 务	姓 名	性别	出生年月	民族	文化程度	政治面目	籍 贯
主 席	孙宏光	男	1952-11	汉	研究生	中共党员	天津市
副主席	赵长明	男	1949-12	汉	大 专	中共党员	山东广饶
副主席	刘金荣	女	1952-10	汉	研究生	中共党员	天津市
副主席	邓福来	男	1955-07	汉	大 学	中共党员	天津市
副主席	张春跃	男	1958-07	汉	大 学	中共党员	天津市
副主席	黄 伟	男	1955-09	汉	大 学	民盟盟员	山东荣城
副主席	杜培勇	男	1953-06	汉	大 学	民进会员	天津市
副主席	逯 鹰	男	1967-03	汉	大学、学士	无党派人士	天津市
副主席	魏 东	男	1969-11	汉	大学、硕士	致公党党员	天津市

（区委组织部提供）

大 事 记

1月

3-5日 政协河东区十三届三次会议在市第二工人文化宫大剧场举行，区政协主席孙宏光作常委会工作报告。会议补选胡红利为区十三届政协秘书长、增补沈正玉等3人为区十三届政协常委，通过会议决议。

3-5日 河东区十五届人大四次会议在第二工人文化宫举行。听取审议区政府工作报告，审议区2008年国民经济和社会发展计划执行情况与2009年国民经济和社会发展计划草案的报告、区2008年预算执行情况及2009年预算草案的报告，并通过相应决议，进行选举事项。

9-10日 河东区拦手门武术在中央电视台第七套节目连续播出专题片，对拦手门武术的基本功、代表性招法以及传说故事、气功功法和科学养生全面介绍。此举对该武术申报国家非物质文化遗产工作产生积极推动作用。

18日 河东区引进的重点品牌餐饮企业之一天津狗不理大酒楼开业。区领导张建星、赵尚武、孔昭礼、孙宏光、吕德林，市广播电视局局长万克和狗不理集团股份有限公司、天津医药集团主要负责人共同为狗不理大酒楼开业揭牌。狗不理大酒楼是狗不理集团第11家直营店，坐落十一经路商务金融发展带，营业面积3000余平方米，设34个包间、2个大厅，可容纳600余人就餐。

2月

5日 河东区举行《三十年河东历史巨变——献给改革开放30周年》优秀征文集首发式，区委常委、组织部部长温继平出席并讲话。区领导为优秀征文获奖单位和个人颁发证书。所有获奖文章均收录《三十年河东历史巨变——献给改革开放30周年》一书。该书真实记录改革开放30年来河东区委的发展思路和工作决策过程及河东区在经济、政治、文化、社会建设和党的建设等方面取得的巨大成就。

6日 河东区举行2009年招商特使、驻津商会座谈会暨重点项目推介会。区长赵尚武、市经协办主任庞金华出席并讲话。

11日 区长赵尚武带领区房管局、区建委、区市容委、区劳动和社会保障局、区民政局、区市政园林局及区综合执法局等相关职能部门主要负责人，走进天津人民广播电台新闻广播直播间，通过电波与听众互动交流，答复解决听众提出的问题。赵尚武在直播节目中向听众介绍河东区2009年重点工作情况。

27日 东达国际广场建设破土动工。该广场位于河东区大直沽核心区域，毗邻国家3A级旅游景点荐福观音寺和元明清天妃宫遗址博物馆，规划建筑面积9万平方米，建设周期为1年。该项目是河东区大直沽历史文化商业街建设的重要组成部分。

3月

10日 河东区召开2008年度“功勋企业”、民营经济“十大行业排头兵”、“外商投资明星企业”、楼宇经济“金牌园区”命名表彰大会，表彰在加快河东区域经济发展中做出贡献的先进企业。

27日 总面积1900平方米的河东区二号桥街道红旗巷社区老年日间照料服务中心投入试运行。该中心是天津市最大的老年日间照料服务中心，为社区中有自理能力的空巢老人、孤寡老人和身边无子女或子女工作特别忙的老人提供便捷的社区养老服务。

28日 河东区启动新一轮市容环境综合整治工作，首批两园七路、五处“城中村”、四个城乡接合部综合整治全面展开。上午，区委书记张建星深入施工现场，指导推动市容环境综合整治工作深入开展。

29日 河东区委组织部正式开通“12380”网上举报，主要受理反映领导班子和领导干部违反《党政领导干部选拔任用工作条例》及有关政策法规、选人用人方面存在问题的举报；受理领导干部政治、思想、作风、廉洁自律等方面问题的举报。在“河东政务网”上设置链接框，举报人可通过点击链接框进入网站，点击“河东区委组织部”进行网上举报。

4月

7日 经天津市全面推进依法行政工作领导小组综合评定，河东区从全市75个考核单位中脱颖而出，被评为2008年依法行政工作优秀等级。

17日 位于新开路的天津天诚丽笙世嘉酒店举行开业庆典。该酒店由天津城建集团和第一东方投资集团(香港)共同投资兴建，由全球领先的酒店集团之一卡尔森全球酒店集团管理。建筑高23层，拥有270间客房，是天津市及河东区新的地标式建筑，是河东区首家五星级酒店。

17-22日 河东区举办2009天津·河东经贸洽谈招商周招商项目推介会暨项目签约仪式，组织参加第16届“津洽会”，举办大甲镇澜宫大直沽天妃妈祖文化经贸园项目对接会等系列招商活动。

22日 为加强全区疾病预防控制体系建设，全面提升疾病预防控制机构综合能力，经区机构编制部门批准，将天津市河东区卫生防病站更名为天津市河东区疾病预防控制中心。

26日 河东区召开纪念“4·26”世界知识产权日暨河东区十佳专利明星单位和先进个人表彰会议。

28日 政协河东区委员会和天津市行政管理学会联合主办“2009河东发展论坛”。南开大学、天津大学、天津财经大学、天津师范大学、天津工业大学的专家学者围绕河东发展的重要议题展开深入研讨交流。市政协副主席王文华、何荣林出席，区委书记张建星讲话。

5月

1日 河东区召开庆“五一”暨劳动模范、模范集体表彰大会，区委书记张建星出席并讲话。区委常委、组织部部长温继平宣读《中共天津市委、天津市人民政府关于表彰2008年度市级劳动模范和模范集体的决定》。区总工会主席石智音宣读《弘扬劳模精神、争当时代先锋》

倡议书。

4日 河东区举行“谱写五四新乐章 唱响青春主旋律”五四表彰大会暨纪念五四运动90周年文艺演出，对2008年度河东区优秀共青团员标兵、“五四”红旗团支部等先进个人和先进集体进行表彰。区领导张建星、孔昭礼、孙宏光与各条战线的团员青年代表共庆“五四”青年节。区委常委、组织部部长温继平讲话，团市委副书记白凤祥致辞。

11日 天津市商业新亮点天津河东万达广场城市商业新中心正式开工。

20日 全市旧路改造保质量促进度现场会在河东区召开，总结前一段市容环境综合整治工作，宣传推广河东区在新一轮市容环境综合整治工作中的经验做法，安排布置下一阶段任务。市市容环境综合整治总指挥李福海、区委书记张建星出席并讲话。

31日 河东区十五届人大五次会议补选王福山为河东区人民政府区长。

6月

15日 河东区侨商联谊会成立大会召开。表决通过侨商联谊会章程（草案），选举产生侨商联谊会会长、理事长等，并为名誉会长颁发聘书。

16日 河东区2009年社区居委会换届选举工作结束。134个社区居委会实行换届选举，其中64个社区实行间接选举，70个社区实行直接选举。

18日 天津市最大的外贸城旧货跳蚤市场开业，为百姓搭建家庭闲置旧物交易平台，构建大学生创业，下岗职工、残疾人再就业渠道。天津外贸城由天津市津曙外贸淘宝市场有限公司投资，2008年10月兴建，总建筑面积2.8万平方米。

30日 河东区政府与11所高校共建的“创意创业联盟”举行签约仪式。双方决定合作建立人才推介、科研成果推广、项目产业化和创业实践基地，为大学生创业提供发展空间。区长王福山与11所高校负责人签订创意创业联盟合作协议。

7月

1日 2009年天津市重点打造的十条特色街之一远洋地中海风情街正式开街。该风情街位于河东区华捷道与新姿路之间的新开路北侧，长约200米，以经营中西餐饮和特色小吃为主，是河东区精心打造的第一条特色街。

同日 河东区“廉政园”建成举行剪彩仪式。该园将廉洁文化教育融入观景休闲之中，是河东区创新廉政文化建设载体的又一次实践和探索，将推动全区廉政文化建设深入开展。区委常委、宣传部部长宋奇，区委常委、区纪委书记张国平出席仪式并剪彩。

7日 在第四次全国自强模范暨扶残助残先进集体和个人表彰大会上，河东区残联被国务院残工委命名为“残疾人之家”。

28日 河东区引进的首家期货企业成都倍特期货经纪有限公司天津营业部落户河东并举行开业庆典。倍特期货是经中国证监会核准，在国家工商行政管理总局登记注册的大型专业期货经纪公司，拥有技术先进的行情和交易系统，可为投资者提供全面的期货投资理财综合性服务。区领导张建星、王福山、孙宏光，市证监局副局长初乃祯，成都倍特期货经纪有限公司董事长熊军出席开业庆典并剪彩。

29日 天津市直沽妈祖文化城暨直沽妈祖庙奠基仪式举行。区领导张建星、王福山、孙宏光，台湾妈祖联谊会会长、大甲镇澜宫副董事长郑铭坤为项目奠基。直沽妈祖文化城集商贸、文化、体育等服务功能于一体，拟投资60亿元，总建筑规模约50万平方米。直沽妈祖庙作为直沽妈祖文化城重要组成部分，坐落大直沽地区，建筑规模2680平方米。

8月

4日 河东区总工会在天津市日商卫生科技发展有限公司召开决战2009和衷共济再创辉煌“五比一创”劳动竞赛誓师大会。区委常委、组织部部长温继平出席并讲话。市总工会副主席黄淑玲、区总工会主席石智音出席会议。温继平、石智音向日商科技发展有限公司授“五比一创”劳动竞赛旗，并为公司“争创工人先锋号”牌匾揭牌。石智音与该公司工会签订“五比一创”

劳动竞赛目标责任书。

10日 经过工商河东分局培育和天津药业集团有限公司争创，天津药业集团有限公司的“双燕”注册商标被国家工商总局商标局认定为中国驰名商标。

11日 中共河东区委召开常委扩大会议，传达学习胡锦涛总书记对天津工作的重要指示精神和市委常委扩大会议精神，对全区学习贯彻作出安排部署。区委书记张建星主持会议并讲话。区委副书记、区长王福山传达市委常委扩大会议关于胡锦涛总书记对天津工作的重要指示精神和市委常委扩大会议精神。区领导孔昭礼、孙宏光、吕德林出席会议。各相关部门负责人参加会议。

9月

1日 国内标准化程度最高的城市隧道工程五经路隧道工程隧道段主体结构施工完工，为国庆节前顺利通车奠定基础。该工程建成通车后，河北、河东、和平三区之间来往车辆只需3分钟即可在地下穿越天津站。

18日 166Map中国旅游电子地图新闻发布会在河东区召开，标志全国首个以旅游信息为主题的旅游电子地图专业搜索引擎在天津市开通运行。

23日 经中国科协认定，河东区科协荣获2009年度全国科普“站栏员”建设优秀单位称号。天津市18个区县中河东区和红桥区获此殊荣。

27日 河东区首家科技集团天津滨海迅腾科技集团正式成立。区政协主席孙宏光，区委副书记吕德林，区委常委、常务副区长曹国安，团市委副书记冯侠，区人大常委会副主任吕吉成出席成立仪式。孙宏光、曹国安为滨海迅腾科技集团揭牌，并为该集团颁发科技创新基金。

28日 天津音乐街开街。该街以天津音乐学院为核心，以河东区八纬路为轴心，是全国首条以政府为主导的音乐产业时尚街区。全部采用欧式简约风格设计，以经营中西乐器、音像图书、文化礼仪用品为主要业态。市委常委、市委教育工委书记苟利军，市人大常委会副主任李亚力，副市长任学锋和区委书记张建星，天津音乐学院党委书记、院长徐建栋出席开街仪式并剪彩。区委副书记、区长王福山主持仪式。

10月

10－11日 全国小学提高课堂教学效率和谐教学研讨会暨天津市河东区实验小学特色办学展示会举行。北京、天津、山东等10个省、市、自治区的500余名代表共同探讨课堂教学的有效性，观摩实验小学“三院一中心活动”和学生社团展示活动。

21日 参加全国群众体育先进单位、先进个人和体育系统先进集体、先进工作者表彰大会的河东区体育代表团载誉回津。河东区体育局在会上被授予全国体育系统最高层次的综合性表彰全国体育系统先进集体荣誉称号。副区长王毅斋出席欢迎仪式并讲话。

23日 中共河东区委九届七次全会在区教育中心举行。审议通过中共天津市河东区委关于贯彻落实《中共天津市委关于贯彻落实〈中共中央关于加强和改进新形势下党的建设若干重大问题的决定〉的意见》的实施意见和《中国共产党天津市河东区第九届委员会第七次全体会议决议》。

29日 天津市科委、市财政局、市国税局、市地税局联合公布2009年第三批获国家高新技术企业认定的企业名单，天津电气传动设计研究所等4家河东区科技企业被认定为国家级高新技术企业。

11月

8日 河东区被国家人口和计划生育委员会评为中国人口早期教育暨独生子女培养示范区，是天津市第一个获此殊荣的城区。

10日 位于河东区津滨大道南侧的天津首席自助经营式商业街U6街区举行开街庆典活动。副区长吴秀宏、区长助理宋建华和天津市优腾商务信息咨询有限公司董事长蒋宁出席庆典活动并为U6街区剪彩。

16日 在西班牙巴塞罗那落幕的2009年世界建筑节上，天津市城市环境改造重点工程、位于河东区卫国道与昆仑路交口东南侧的天津市桥园公园获得唯一的全球最佳景观奖，是中国城市公园第一次获此殊荣。由世界权威设计师组成的评委认为，桥园公园成功改造和再生了城市废弃地，建成了充满野趣的城市公园，倡导了一种生态之美，堪称典范。

20日 河东区第七届十大为民杰出人物颁奖典礼在市第二工人文化宫举行。区领导张建星、王福山、孔昭礼、孙宏光、吕德林出席颁奖典礼。经评选，消防河东支队党委书记、支队长马立岗等8名个人和天津七中2009届高三年级组、河东区环卫局机扫队获“十杰”殊荣。

25日 天津市第一家楼宇经济对外服务窗口机构河东区楼宇经济服务中心揭牌运营。区长王福山出席并为河东区楼宇经济服务中心揭牌。区人大常委会副主任韩馥香、副区长吴秀宏、区政协副主席赵长明出席揭牌仪式。

30日 河东区首家外埠银行，同时是威海市商业银行天津第一家支行的河东支行开业运营。区委书记张建星、区长王福山出席开业仪式并剪彩。

12月

2日 河东区召开科技进步考核表彰会。在2009年天津市和2007-2008年度全国科技进步考核工作中，河东区顺利通过考核，被评为天津市科技进步考核优秀组织单位，并首次被推荐为全国科技进步考核先进区候选单位。市科委副主任陈养发代表市科技进步考核领导组向河东区颁发2009年科技进步考核优秀组织单位证书和奖牌。

5日 共青团天津市河东区第十二次代表大会召开。选举产生第十二届委员会委员、候补委员，通过十一届委员会工作报告决议。区领导张建星、王福山、孔昭礼、孙宏光、吕德林出席开幕式。团市委副书记白凤祥出席。区委常委、组织部部长温继平讲话。210名团员代表参加大会。第一次全委会选举产生十二届委员会常委、书记、副书记，王林当选书记。

26日 渤海银行总部大厦举行奠基仪式。渤海银行总部位于河东区六纬路南站中央商务区内，投资17亿元、建设规模16万平方米，是河东区引进的第一家总部银行、第一家总部设立在天津市的全国股份制商业银行。市委常委、副市长崔津渡，市委金融工委书记李国林与区领导张建星、王福山、孔昭礼、孙宏光、曹国安，渤海银行股份有限公司董事长刘宝凤共同为项目奠基。

28日 中共河东区委九届八次全会举行。审议通过《中共天津市河东区委2010年工作意见》和《中国共产党天津市河东区第九届委员会第八次全体会议决议》。

29日 大王庄街道举行楼宇经济服务中心揭牌仪式暨街企联谊会活动。该中心是天津市及河东区第一个街域楼宇经济服务中心。副区长吴秀宏出席活动并讲话。区楼宇办、区经联局等相关职能部门负责人和大王庄街域企业家代表出席活动。

30日 上杭路街道来安里社区被授予天津市社区离退休干部服务管理工作先进单位。来安里社区是河东区137个社区中第一个、天津市首批被授予此项荣誉的社区。

（区地志办）

党 务

概况 2009年，中共河东区委按照市委“保增长、渡难关、上水平”的目标要求，团结带领全区人民解放思想、奋力拼搏，经济建设、政治建设、文化建设、社会建设、生态文明建设和党的建设取得明显成绩。开展深入学习实践科学发展观活动，深化对发展规律的认识，明确科学发展目标、思路和举措，提高领导科学发展的能力和水平，促进各项工作开展。坚持以人为本，高度重视民生，解决群众最关心、最直接、最现实的利益问题。坚持科学执政、依法执政、民主执政，民主法制建设协调推进。加强社会主义核心价值体系建设，培育奋发向上、文明和谐的社会风尚。以改革创新精神加强和改进党的思想、组织、作风、制度和反腐倡廉建设，突出加强领导班子和干部队伍建设，提高执政能力和领导水平，为推进河东科学发展提供坚强保证。

（王 祥）

学习实践科学发展观活动 2009年，按照中央和市委统一部署，河东区388个单位、42865名党员参加天津市第二批、第三批学习实践科学发展观活动。活动分学习调研、分析检查、整改落实3个阶段。各级党组织按照“党员干部受教育、科学发展上水平、人民群众得实惠”的总要求，加强组织领导、深化理论学习、突出实践特色、动员群众参与、创新实践载体、加强舆论宣传，围绕实现“保增长、渡难关、上水平”的目标要求和“发展起来、繁荣起来、漂亮起来”的总体思路和目标，推动学习实践活动有序有力有效开展。完成两批学习实践活动，实现提高思想认识、解决突出问题、创新体制机制、促进科学发展、加强基层组织的目标，受到社会各界认可，在全区满意度测评中，综合满意率99.5%。

（区委组织部）

完善体制机制 2009年，河东区委组织部制定《区重点工程重点工作干部使用管理意见》、《关于加强重点工作推动，进一步完善工作机制的意见》。在上年建立“5+3”新工作机制（将全区原有的7个重点工程指挥部、4个重点工作办公室调整为3个重点工程指挥部、5个重点工作办公室）基础上，调整人员力量，抽调19名处级干部、50余名年轻干部充实到“5+3”新机制中。为重点工程、重点工作提供组织保证和人才支撑。建立党内激励、关怀、帮扶长效机制，推动社会帮扶救助，解决群众关心的热点难点问题。中共中央政治局常委、国家副主席习近平对河东区的做法给予充分肯定，并作出重要批示。中央电视台、新华社、人民日报、天津电视台、天津日报等媒体介绍河东区在建立困难群众帮扶机制和群众诉求机制方面的经验和做法。

（王焕军）

党员教育 2009年，河东区依托基层党校，以《保增长 渡难关 上水平——基层党员学习读本》、《理论热点面对面·2009》及《科学发展观学习读本》为主要学习内容，开展党课教育活动，完成党员教育培训任务。举办基层党支部讲党课观摩活动，推动“千名书记”讲党课活动开展，为党员干部群众讲党课1227次，受教育党员4.7万人次；举办党员培训班586期，培训党员2万余人次。开展以“组织一次学习交流活动，举办一次党员知识竞赛活动，开展一次党性实践活动”为主题的“三个一”党员学习实践活动。召开学习交流会742场；全区党员撰写心得体会9063篇，参加义务奉献1143人次，提合理化建议1087条、491条被采纳；3682名党员与困难群众结成帮扶对子。

（张罗明）

反腐倡廉教育 2009年，河东区纪检监察部门结合学习实践科学发展观活动，开展党性党风党纪教育。组织37名新提拔处级领导干部进行反腐倡廉知识学习和考试。向全区党员干部赠送反腐倡廉教育漫画书、《持廉守正日志》、《持廉守正读本》1万余册。加强正反典型教育，开展学习王瑛先进典型事迹活动，参观周恩来邓颖超纪念馆和新中国第一大案展览。组织收看《一个检察长的巧取豪夺——李宝金受贿、挪用公款案警示录》等3部警示教育片110余场次，受教育党员干部3.2万人次。加强岗位廉政教育，制定《河东区深入开展岗位廉政教育的实施方案》，组织岗位廉政教育学习，开展廉政风险大讨论，在重点岗位形成300余条岗位廉政风险提示语。

（尹会久）

基层统战工作 2009年，河东区委统战部对各局和街道分管统战工作的领导及干部进行统战理论培训。对基层统战工作机制建立和落实情况专项检查，对存在的问题整改落实。各单位党委（党组）向党外人士通报工作46次，1013人次参加；为党外人士办实事459件，受益1772人；举办统战专题讲座72次，受教育3481人次；利用板报、橱窗宣传统战知识213期；184名中共党员领导干部与304名党外各界人士交朋友、结对子。各街道建立完善新社会阶层人士联席会制度，定期召开会议。以工商联街道分会为载体，建立信息交流服务平台，组织新社会阶层人士开展调研、视察、专业咨询等活动，开展招商引资、扶贫助困活动。6月，召开工商联街道分会总结交流表彰大会，4个街道被评为先进单位，22 人被评为先进个人。

（李 洁）

政 务

概况 2009 年，河东区政府按照中心城区全面提升的要求，围绕“金贸河东”功能定位，做好保增长、保民生、保稳定各项工作。经济回升趋势巩固，区属增加值、区级财政收入、吸引内外资到位额等主要经济指标增幅好于上年水平，引进项目企业 329 家。推进市级重大服务业项目、高端服务业项目及重大商业设施建设，加快金融业发展，增强经济发展后劲。完善空间发展战略规划成果，确定一个中心、三条发展带、六个聚集区、六大主导产业的“一三六六”发展格局。推进重点地块拆迁和土地整理，加快重点工程建设。实施 20 项民心工程，开展市容环境综合整治，城区面貌发生显著变化。完善“两级政府、三级管理”体制，推进城市长效管理机制形成。实施就业富民、社保利民、解困助民、事业惠民工程，民生问题得到改善。完善社会保障体系，社会保险参保受益人群扩大，低保救助水平提高。深化“平安河东”建设和“五五”普法工作，建立健全群众诉求机制，民主法制明显加强。推进和谐社区建设，科技、教育、文化、卫生、体育及其他事业协调发展。

（刘 凯）

事业单位人事制度改革 2009 年，河东区人事人才部门加强制度管理，深化事业单位人事制度改革。完善事业单位聘用制度，加强源头管理，严把用人单位“进口”，优化事业单位人员结构，公开招聘工作人员 188 名。深化职称制度改革，以向生产一线、向高新科技领域、向优秀人才、向中青年骨干、向有突出贡献人员倾斜为原则，为 423 名专业技术人员申报办理专业技术职称，其中高级 28 名、中级 54 名、初级 341 名，申报涉及 18 个技术系列 57 个专业，对 10 余位有突出贡献的企业家、专业技术人员给予破格申报。推进事业单位岗位设置管理工作，全区事业单位岗位设置完成率 80%。

（李云婷）

居委会信访建设工作 2009 年，河东区信访办结合居委会换届选举工作，广泛征求街道意见，向区领导提出《关于在街道居委会中确定“信访主任”的工作建议》，得到领导高度重视并做出批示。通过信访办与民政局协调沟通，实现居委会综治主任兼职信访工作的职能确定。在居委会确定综治信访主任基础上，深化并规范居委会信访工作职能，通过自下而上征求意见、反复修改，以区委、区政府两办文件方式下发《关于实行信访代理工作的暂行办法》。《暂行办法》明确信访代理员工作原则、工作职能、工作管理，以及信访代理主要程序等项职能。12 月下旬，信访代理工作在 12 个街道全面推行。

（谷 明）

行风政风建设 2009 年，河东区纪检监察部门深化行风政风建设。开展春季教育收费自查自纠和重点检查工作。加强医疗机构药品及耗材集中采购监督管理，实行基本医疗用药零利率销售。对区政府 25 个职能部门、16 个行政执法单位、5 个公共服务窗口单位、16 个区属医院、45 所中小学校进行行风评议。组织 14 个单位参加“行风坐标”节目，解答群众反映的热点问题。成立 24 个行风测评站、聘请 36 名行风监评员。加强对群众反映问题的督办落实，建立“两级登记、一级备案、一事一落实”制度。通过行风热线接待群众来信来电 15 人次，反映的问题均得到解决。

（尹会久）

依法行政考核 2009 年，根据河东区政府《关于开展依法行政考核工作的通知》要求，区全面推进依法行政工作领导小组制定《河东区政府部门依法行政工作考核目录》，区法制办依据《目录》内容，对区政府各参评部门开展依法行政考核工作。采取评议与考核结合形式，加大对“保增长、渡难关、上水平”各项政策措施落实情况考核力度，增加加分项目，鼓励创新，并将各参评单位依法行政考核成绩纳入其年度目标责任状考核成绩，加强依法行政工作在政府部门各项工作中的重要性，提高各单位依法行政的意识和能力。

（赵书慧）

政　法

概况　2009年，河东区政法综治工作围绕改革发展稳定大局，认真履行职责，维护社会和谐稳定，服务经济社会发展，圆满完成国庆60周年重大安保工作。“平安建设”取得新进展，维护社会稳定取得新成效，服务经济发展取得新成绩，政法队伍建设得到新提升，为促进区域经济社会各项事业又好又快发展、保障人民群众安居乐业创造了和谐稳定的社会环境。公安、检察、审判、司法工作得到有效加强，加大对犯罪分子打击力度，维护社会稳定。加强司法所规范化建设，发挥基层司法行政工作综合防控职能。加强领导班子自身建设，推进反腐倡廉工作。政法各部门自觉接受区委领导，主动接受区人大、政协监督，强化执法作风建设。加强基层基础建设，开展各种形式的业务培训，广大政法干警的工作作风和执法水平有显著改善和提高，完成市、区委提出的各项工作目标。

（郭善伯）

打击犯罪　2009年，公安河东分局按照公安部和市公安局统一部署，组织开展以打击“两抢两盗”为主要内容的“0901”百日专项行动、社会治安整治专项行动、打击防范涉枪涉爆犯罪专项行动、打击电信诈骗违法犯罪专项行动、打击假币犯罪“09行动”、打击盗窃自行车违法犯罪专项行动，结合国庆60年安保工作，开展“整治安、整秩序、保稳定”专项行动。注重加强组织领导和推动督导，细化任务指标，加大奖惩力度，严格落实责任。坚持“四禁并举”，加强专案侦查，广辟线索来源。开展禁毒宣传，强化易制毒化学品管理，遏制毒品犯罪蔓延势头，严厉打击严重经济犯罪活动，维护正常的市场经济秩序。破获刑事案件2597起，破案率34.7%。

（马恩明）

预防职务犯罪　2009年，河东区检察院深入开展职务犯罪预防工作，注重源头预防，构建覆盖全区主要行业、部门的预防网络。参与治理商业贿赂工作，对重点工程招投标全程监督，对投标单位资质及行贿犯罪档案记录进行同步网上查询。主动上门为电力培训中心等14个单位宣讲法律知识，受教育6100余人次；发出检察建议23份并及时跟踪回访，实现“查办一案，警示一面，叫好一片”的社会效果。

（张庆宇）

民商事审判　2009年，河东区法院高度重视医疗、住房、社会保障等涉及民生案件及企业拖欠职工工资、医疗费、保险金等案件的审判工作。依法保护公民人身财产，审结人身损害、相邻关系、财产权属确认等案件564件。依法保护妇女、儿童、老年人合法权益，审结婚姻、赡养、抚养、继承等案件1149件。加强劳动者合法权益保护，审结劳动争议案件547件，依法审理各类民商事案件6946件。贯彻“调解优先、调判结合、案结事了”的办案原则，民商事案件调撤率49.5%。

（李艳梅）

法律援助　2009年，河东区司法局为了方便群众，将法律援助中心接待室搬至临街门脸平房，把工作落脚点放在多办、办好法律援助案件上。加大民事、非诉讼法律援助案件承办力度，完成办案数量增长20%的工作任务。办理法律援助案件92件，代写诉状34件，接待法律咨询2000余人次，解答“148”法律咨询热线900余人次，调解解决各类纠纷15起，得到受援人好评。

（李广忠）

人民团体

开展“共同约定行动”　2009年，河东区总工会落实市、区委“保增长、渡难关、上水平”及市总工会开展“共同约定行动”的工作要求，在各级工会组织中开展以“企业承诺不裁员、不减薪，职工群策群力与企业同舟共济、共渡难关”为主要内容的工会与企业、职工共同约定行动。通过深入企业问需服务、加大工资协商工作力度、向困难企业宣传政府扶持政策以及开展全区职工

2009年4月8日，区总工会召开工资协商要约共同约定行动推动会。市人大常委会副主任、市总工会主席邢明军，区委书记张建星出席会议并讲话。

“大学习、大培训、大提高”活动，丰富共同约定行动内涵。根据困难企业情况，将工资协商重点定位在企业、工会与职工共同承诺“保岗位、促发展、提素质、增效益，结合企业实际来协商确定职工工资上下浮动标准”，得到困难企业与职工认可。4月8日，区工会系统在天津日商公司召开河东区工资协商要约行动暨共同约定行动推动会，企业、工会、职工三方会议组织下发《关于开展集体协商要约行动的意见》。至年底，1400家企业开展共同约定行动，覆盖职工2万余人。区民营企业日商卫生科技发展有限公司被市政府评为共同约定行动先进单位，并得到10万元资金奖励。

（焦士宝）

青年志愿者行动 2009年，共青团河东区委、河东区青年志愿者协会创新志愿者服务形式，开展爱老敬老、助残助困、医疗义诊、文化宣传、环境保护、创业就业、法制宣传、科普讲座、扶助困难企业等志愿服务行动。3月5日“中国青年志愿者日”，在12个街道设立集中宣传服务点，组织60余个单位500余名青年志愿者开展志愿服务活动，为群众提供法律宣传咨询、住房政策法规宣传、创业就业指导等服务，实现服务范围覆盖全区。按照团市委新的《中国志愿者注册招募方法》，推行志愿服务认证工作，新增注册青年志愿者859人。加强注册志愿者管理，推动青年志愿者工作规范化发展。经团区委推荐，张雅欣等3人被评为2009年度天津市优秀青年志愿者，唐家口街道青年志愿者服务队等4个集体被评为2009年度天津市优秀青年志愿服务集体，团区委获得2009年度天津市青年志愿者工作优秀组织奖。

（杜丽娜）

服务青年就业 2009年，共青团河东区委按照团市委安排部署，依据青年需求，在10个社区建立大学生社会工作见习岗，为大学生就业创业开辟更多社会岗位，动员社会资源，帮助大学生了解社会、积累工作经验、提高就业创业能力。180名应届、往届大学生报名，经面试，选拔出10名优秀大学生进入岗位开展共青团工作，加强街道、社区共青团工作力量。对在职青年开展职业技能提升培训，实施天津市服务行业青年职工“百千万”培训工程。组织青年参加职业英语、职业生涯中发展与定位等职业培训讲座，提升工作能力。

（杜丽娜）

贫困妇女儿童救助行动 2009年初，河东区妇联开展贫困妇女儿童救助系列行动。对全区单亲困难母亲情况摸底统计，并对统计出的530名低保户和301名困难边缘户开展有针对性的

2009年3月20日，团区委组织带领青年志愿者开展植树护绿志愿服务行动。

关爱单亲特困母亲助困行动

救助，元旦、春节期间，为其中150名未享受低保的单亲特困母亲每人发放救助款500元，共计7.5万元。争取“今晚助学款”关爱贫困家庭孩子，为23个贫困家庭孩子每人资助300元助学款，共计6900元。区妇联全体党员以交纳特殊党费的形式与困难妇女结成“一对一”帮扶对子，救助2户单亲特困母亲。

（刘　艳）

商贸服务业

概况　2009年，河东区商贸服务工作围绕“金贸河东”功能定位，充分发挥职能作用，推动商贸服务业上水平，助推全区经济大发展。开展“保增长、渡难关、上水平”企业帮扶活动，为18个企业、项目争取市、区专项扶持资金965.08万元。培育建设天津站—新开路交通枢纽型商务商贸区，推进新开路高端商务商贸街形成。加快特色商业街区建设，建成远洋地中海风情街、天津淘宝街、天津音乐街、旧货跳蚤市场4个特色街，满足百姓节庆娱乐和购物需求。菜市场建设不断提升改造，特色行业管理有序开展，区托管中心妥善接管困难企业和安置职工，加强国有（集体）资产监管。完成市政府下达的万元地区生产总值能耗下降4%的目标，增加值、固定资产投资额、招商引资指标、税收指标均超额完成计划。

（魏永萍）

特色街建设　2009年，区经贸委在拟定《河东区特色街区发展方案》基础上，推进特色街区发展与建设。至年底，河东区建成远洋地中海风情街、天津淘宝街、天津音乐街、旧货跳蚤市场4个特色街区。6月18日，旧货跳蚤市场开业。远洋地中海风情街7月1日正式开街，国庆节期间接待市内外游客18万余人次，营业额80余万元；二宫演艺馆8月20日接待观众；天津音乐街9月28日开街纳客，3个项目均列入天津市商贸文化旅游精品项目，得到副市长任学锋及市商务委的重视和好评。

（魏永萍）

社区商业建设　2009年，河东区经贸委把社区商业建设作为一项重要民生工程，推进社区商业设施建设。在巩固11个社区商业中心和3000余个社区商业网点基础上，完成125家商业网点提升改造工作。重点培育申报国家级凤山广场社区商业中心，对美福园及U6街区2个国家级商业示范社区的店容、店堂、牌匾提升改造，完善和规范社区商业设施，提高经营水平。

（魏永萍）

促进服务业发展　2009年，河东区根据区域特点，继续加快培育服务业经济增长源。通过调研、分析、论证，起草《关于河东区2009年加快服务业发展的主要思路及工作重点的汇报》、《河东区2009年发展服务业实施意见》、《关于河东区2009年一季度服务业运行情况的调查研究》、《2009年河东区服务业发展报告》、《关于河东区2009年上半年服务业运行情况及下半年工作安排的汇报》、《关于加快我区现代服务业发展的建议》、《关于河东区重大服务业项目建设情况的汇报》等文件。针对服务业项目建设情况，起草《关于落实天津市第二批服务业重大项目建设推动会精神的汇报》、《关于打造“天津淘宝街”，培育城市经济景观带建议的汇报》、《关于加快发展天津音乐街的对策建议》等文件。起草《关于申请服务业重点建设项目引导资金的请示》、《关于河东区发展现状及亮点项目的汇报》、《关于拓展南站中央商务区发展空间的建议》、《关于河东区服务业重大项目及引导资金使用情况的汇报》等函件，向市有关部门汇报服务业项目进展情况，得到大力支持。

（周兴合）

城市建设与管理

概况 2009年，河东区城建工作加快重点项目建设，完善城市基础设施服务功能，实现城市建设高起步、快发展。在重点工程拆迁、道路、桥梁、城市基础建设中取得显著成绩，实施重点建设项目15项，其中道路工程13项、桥梁工程2项。重点工程项目快速稳步推进，完成拆迁33.5万平方米；完成非经营性公建配套8项，住宅小区配套5项，对18个小区304栋楼52.72万平方米旧楼区实施综合整修。认真贯彻《建筑法》，强化建筑市场和建筑质量监督管理，建筑市场秩序日趋规范。积极推动窗口建设，提升服务形象和水平。供热工作有序发展，配合实施蓝天工程推进小锅炉并网，加大补建供热工作力度，完成老宅补建供热面积32.6万平方米。对区房管局供热公司11个先进集体、大王庄供热站9个稳定供热先进单位、赵世伟等82名先进个人进行表彰。积极协税护税，加大招商引资力度，完成国民生产总值4.44亿元，招商引资到位额19.03亿元，超额完成任务。

（孙 旺）

市重点工程建设 2009年，河东区建委围绕13条道路、2座桥梁重点建设工程，配合全市做好各项市政基础设施建设服务工作。实施道路工程13项，即：扩宽改造真理道、十五经路、泰兴北路、龙峰路；打通东纵快速路、海河东路河东段、六纬路延长线、八纬路铁道路口、国泰桥延长线；整修津塘公路、顺航路、北十五经路，修建凤凰路和中山门过街天桥1座。完成桥梁工程2项：跨海河桥国泰桥建成通车；涵洞桥沿京山线相交的五经路桥建成通车。完成地铁2号线新开路、顺驰桥、益寿里、沙柳路4个出站口拆迁任务和9号线麟祥里、医药楼拆迁任务，保证9号线盾构施工全线贯通。

（孙 旺）

海河带状公园绿化 2009年5月初，河东区全面启动海河带状公园绿化提升工程，提高海河沿岸景观效果。海河带状公园绿化工程从十五经路至赤峰桥，工程于5月底结束。公园绿化部门组织有关技术人员对海河带状公园现状及植物分布情况进行普查，制定绿化方案，引进南方名贵树种和成形花卉。重点对亲水平台植物花坛提升改造。栽植苗木槟榔竹、棕竹、苏铁、三角花、散尾葵、芭蕉树、蒲葵等400余盆；红王子锦带、茶滩子等60余墩；三叶地锦、大花月季、紫叶草、芙蓉菊、矮牵牛、一串红、万寿菊、美人焦等3.3万株；独株球形苗木50株、花卉3万余株、苗木支撑10余株；宿根花卉100余平方米。

（李 玲）

还迁房住宅建设 2009年，河东区建委积极筹措资金，加强经济适用房建设。还迁房建设5个项目6197套住宅，建筑面积49.3万平方米，其中，大理石厂1-9号楼主体封顶，完成内装修75%；大王庄水控厂、南横街二期、丰盛园二期主体封顶；中山门D地块1-2号楼主体封顶，3-4号楼基础完工。

（孙 旺）

补建供热工作 2009年，河东区供热办做好老宅补建供热工作。协调驻区市专业供热公司、热电公司、住宅集团，补建供热面积10.9万平方米；协调区市政园林、规划、环保、环卫、电力等职能部门，解决补建供热中的破路、施工、建换热站等问题；协调街道、居委会做好补建中的群众工作；加强政策宣传，监督供热单位搞好文明施工。计划补建供热面积10万平方米，实际完成补建32.6万平方米5942户，完成任务的326%。

（孙 旺）

查处新建违法建设 2009年，河东区综合执法局以津塘路及成林道综合整治、旧楼区综合整修、平房拆迁、低洼片改造和城乡接合部、“城中村”治理为重点，加大新建违法建设监控查处

拆除违章建设

力度。完善群众举报受理、登记、转办、督办程序;明确地区大队专人负责违法建设管理责任制度;组建鲁山道地区违法建设拆除分队;加大新建违法建设查处及时率、拆除率考评。组织拆除鲁山道地区顺驰10号地块内新建违法建设280间1.4万平方米,拆除该地区9号地及小二楼周边新建违法建设100余间7000余平方米。根据群众投诉、巡查发现及上级交办等,拆除支线道路和居民区违法建设73处96间,约2000平方米。

(王宏林)

环境卫生管理 2009年,河东区加强环境卫生管理。开展门前责任制专项治理,45条主干道路2337户门脸单位的门责、袋装、密闭容器率95%以上;146条三、四级道路3081户门脸单位的门责推行200余户;购买5000个门前市容环境卫生责任制铜牌,逐户宣传推行,至年底上墙3371个门责铜牌。在道路管理上,实行区域划分,定人包片24小时“两点一线”的监控管理,运输撒漏和车轮带泥现象得到控制。在工地管理上,超前介入服务上门,定期走访,将环境卫生污染隐患控制在源头。充实56名驻街管理员,加强对三、四级路及居民区环境卫生管理,强化驻街管理员履行社区环境卫生管理职责,完善管理考核制度,开展居民区装修杂土专项治理,协调12个街道清理装修土1583处1800余吨。遵循属地管理、分工负责的原则,采取自行处理、没收、当场宰杀等方式,集中治理家禽家畜168户671只。

(李雅津)

环境保护

概况 2009年,河东区环保工作以主要污染物减排为中心,以推进生态城区建设和迎接“创模”复查为重点,以解决和改善区域环境质量为目标,全区环境空气质量达到二级良好及以上水平天数303天,完成目标任务。完成7个单位19台超标排放锅炉脱硫治理工作。投资18万元改造实验室,以优良成绩顺利通过计量认证复评审。开展“老社区,新绿色”首批试点公益社区创建、庆祝“6·5”世界环境日文艺汇演、庆祝建国60周年系列文体竞赛等大型环保公益宣传活动。在全市环境综合整治定量考核中,河东区城市环境综合整治定量考核荣获“优秀集体”,在市内六区排名第二位。受理环境信访1203件,处理回复率100%,被评为全国信访工作先进集体和市级“五一”模范集体。

(黄维正)

主要污染物减排 2009年,河东区环保局继续加强对燃煤锅炉脱硫设备运行情况现场检查和脱硫改造工作,对5个供热单位燃煤锅炉不正常使用脱硫设备的违法行为下达限期改正通知书。根据天津市2009年主要污染物总量减排计划,治理非电力燃煤锅炉脱硫项目7个单位8个锅炉房19台锅炉545蒸吨/时,完成脱硫除尘改造任务。投资2亿余元,完成10台10吨以下燃煤锅炉拆除并网任务,全区居民供热10吨以下燃煤锅炉拆除并网任务全部完成,成为全市首个消灭供热小锅炉的区县。

(丁海鹰)

噪声污染防治 2009年,针对施工噪声、夜间工程材料运输及底商餐饮、服务、娱乐业对居民生活造成的噪声污染,河东区环保局组织协调有关部门,加强环境噪声执法监督,定期和不定期联合执法,限期治理。对新项目的“三同时”审批严格把关,坚持“预防为主,防治结合”原则,环境噪声污染问题得到治理。至年底,全区建成Ⅰ类噪声达标区2个,区域面积4.5平方公里;Ⅱ类噪声达标区1个,区域面积30.61平方公里;Ⅲ类噪声达标区1个,区域面积5.39平方公里，噪声达标区建成率100%、覆盖率93.36%。全区创建适宜人居小区59个、安静小区21个。

（范志勇）

环保宣传 2009年，河东区环保局利用“6·5”世界环境日、建国60周年华诞等重要纪念日，开展“老社区，新绿色”首批试点公益社区创建、庆祝“6·5”世界环境日文艺汇演、庆祝建国60周年系列文体竞赛等大型环保公益宣传活动。规范环保公益宣传电子屏管理，制定《河东区环境保护公益宣传电子屏管理办法》；实行播报信息实名制管理，发布宣传口号30条，播报周期20天，每天播报60次，总时长1060小时。开通空气质量预报、气象预报、出行路况、健康常识、大字政务新闻以及发布地方政府、社区居民委员会各类信息、通知等公益性广告，改变简单宣传模式。

（曹 阳）

经济管理

概况 2009年，河东区经济管理工作围绕“金贸河东”的功能定位，做好宏观调控工作，深化体制改革，搞好经济运行分析与预测和规划引导，推进重点项目进度，坚持增收节支，保持财政收入平稳增长，培育新的税收增长点，做好税源控管工作，确保各项任务完成。引进国内资金到位额90.82亿元，完成计划的100.9%，比上年增长12.3%；吸引合同外资额14084万美元，完成市政府下达计划的107.1%，增长27.84%。引进项目、企业329个，其中投资项目52个、注册企业277个。区级财政收入17.02亿元，完成计划的104.6%，增长20.28%，实现预算收支平衡。

（崔立明）

做好经济运行分析 2009年，河东区根据经济形势的变化，把经济运行监测分析作为工作重点，适时进行分析，超前研究苗头性、倾向性问题。从经济发展全局出发，起草《关于抓好河东区2009年开局经济工作的对策建议》、《河东区区情和经济社会发展报告》，为领导决策提供参考。分析税收来源结构、研究制约经济发展的薄弱环节，提出《关于实行税源分类管理，确保增收的对策建议》、《2009年上半年财税形势分析及做好下半年财税工作的建议》，为及时掌握全区经济动态提供依据。

（周兴合）

财政收入平稳增长 2009年，河东区财政局克服金融危机冲击经济运行中的困难，深入企业走访服务，掌握一手资料，制定弥补收入缺口的10项举措，寻求新的税收增长点。发挥各单位在税源建设中的职能作用，在区国税、地税、财政三部门实行收入目标责任制。深化财政管理制度改革，将全区预算单位的行政事业性收费、国有资产收益、罚没收入等非税收入纳入预算管理。继续健全完善奖励办法，促进区域经济结构调整。制定促进楼宇经济加快发展奖励办法和创意产业招商奖励暂行办法，修订河东区发展区域经济奖励办法实施细则。注重加强重点行业、重点税源企业运营情况监控，做到应收尽收，完成《2008年河东区税源结构分析及对策研究报告》。协助税务部门实行税收申报征管、分析评估、监控稽查的良性互动，堵塞税收漏洞。

（昝 伟）

价格管理 2009年，河东区物价局做好全区行政事业性收费、经营性收费管理工作，推行价格公示制度，开展存车收费情况调查研究及对部分经营性收费减半收费审核工作。3月下旬对2008年度全区行政事业性、经营服务性收费进行年度审验，对2008年核发的105本《行政事业性收费许可证》和126本《行政事业单位经营服务性收费登记(审核)证》进行年度审验。核发《行政事业单位经营服务性收费登记(审核)证》2本，变更1本；变更《行政事业性收费许可证》1本；完成普通住宅小区前期物业管理服务收费审批3件。对70家行政事业单位、社会团体和非企业组织向企业收取的维护类、交易类、代理和评估等39项经营服务性收费进行审核。

（刘 元）

审计人员进行项目审计

政府投资建设项目审计 2009年,河东区审计局把政府投资绩效作为审计工作重点之一,与区建委配合,对政府投资的基本建设项目重点把关,将事后监督改为事前审计。对民心工程满江路住宅周转房等15项建设工程进行跟踪审计和(预)决算审计,审计资金总额8967.67万元,核减金额670.93万元,核减率7.48%,为政府节约了建设资金,防止了违法违纪行为的发生。

(王敬军)

科技

概况 2009年,河东区科技工作贯彻落实科学技术进步法,增强区域自主创新能力,实现15个"第一"、"4个提前",提前半年完成招商引资国内市外资金指标6000万元任务;提前完成引进国内市外科技企业50家、技术市场交易额3亿元和专利申请量670件的任务。华宁电子等11家科技企业被认定为国家级高新技术企业。全年认定登记技术合同120项,总成交金额3.9亿元,完成计划的130%。建立全国首个军地企研发转化基地天津帅军生物医药产业孵化器研发转化基地。建成河东区第一块室外LED大型彩色科普显示屏,开通河东科技网,为促进全区科技快发展营造良好环境。河东区通过全国2007-2008年度科技进步考核,第一次被评为全国科技进步考核先进区、2009年天津市科技进步考核优秀组织单位;被中国科协评为全国"站栏员"建设优秀单位。

(刘春立)

科技资金投入 2009年,河东区科委创新科技资金奖励方式,在全区范围内开展首届科技创新奖评选活动,15项科技成果获得区科技创新奖,其中科技进步一等奖奖金15万元。60项科技成果被确定为区重点科技推广项目,其中国家立项15项,获得无偿资助840万元;天津市立项17项,获得无偿资助520万元;河东区立项20项,获得无偿资助300万元。科技资金的投入,激发了企业自主创新、创业的积极性,拉动企业增加研发投入33410万元,财政资金效能放大13倍。

(刘春立)

产学研合作 2009年,河东区科委搭建产学研平台,探索产学研合作途径,与天津大学、南开大学等高等院校洽谈联系,研究建立产学研合作机制。10月27日,天津大学自动化学院、精密仪器与电子工程学院、材料科学与工程学院(金属)、材料科学与工程学院(高分子)、软件学院的5位教授到河东区耀新科技、红旗环保、北科精工、曼德工贸、滨海迅腾5家公司考察,6个项目达成合作意向。引导鼓励区内企业与市内外一流大学进行产学研合作。至年底,有10余家企业分别与天津大学、南开大学、天津城建学院、天津工业大学、北京大学、西安交通大学、山东大学、浙江大学、燕山大学等进行合作,转化项目30余项。

(刘春立)

知识产权工作 2009年,河东区专利申请再创新高,达到1576件,比上年增长47.3%。成立河东区知识产权强区工程领导小组和办公室,制定知识产权强区工程实施方案,修订《河东区专利申请授权实施资助办法》。开展纪念"4·26"知识产权宣传周系列活动,组织召开纪念"4·26"世界知识产权日暨河东区十佳专利明星单位和个人表彰大会,在21个"帅"字号科技园区、孵化器和研发中心进行知识产权试点宣传活动。在天津102中学等10所学校建立河东区青少年知识产权示范校，组织协助7所学校申请专利400余件。在132个社区居委会建立知识产权活动宣传站和宣传栏，12个街道组建知识产权宣传推动员队伍。开展“雷雨”、“天网”专项专利执法行动，对35家企业45个专利2007-2009年实施状况进行调查。

（刘春立）

教育

概况 2009年，河东区教育工作深化招生考试制度改革，稳步推进“六升七”工作，小学六年级毕业生100%实现免试直升。增强综合办学实力，实现资源科学配置，首批申报的19所学校顺利通过市教委评估检查验收。学前教育发展壮大，公办幼儿园全部达到一级园及以上水平。扎实开展艺术教育，区教育局被教育部授予爱国歌曲大家唱——全国教育系统“祖国万岁”歌咏活动优秀组织奖及天津市学生合唱节优秀组织奖。组织学生开展“阳光体育”运动，区教育局被教育部、国家体育总局、共青团中央授予第二届全国亿万学生“阳光体育”冬季长跑活动优秀组织单位称号。严格规范三好生评选和特长生认定工作程序，加大名师培养力度，参加天津市中小学“未来教育家奠基工程”首期学员遴选工作，9人入选。落实民族团结教育工作，被评为天津市民族团结教育工作先进单位。至年底，全区有各级各类学校91所，在校生54311人，专任教师4811人。适龄儿童入学率、义务教育完成率、初中毕业率、高中阶段普及率保持100%。3岁-6岁儿童入园率94%。

（高 娜）

德育工作 2009年，河东区开展主题鲜明的教育活动，抓实中小学生基础道德教育。开展“净化社会文化环境我行动”主题教育活动，促进中小学生良好行为习惯的养成和综合素质的提高。开展“祖国在我心中”主题教育活动，激发广大学生爱国热情，振奋民族精神。开展“加强防灾减灾，创建和谐校园”主题活动，提高青少年交通安全意识和自我保护能力。开展环保教育，举办环保公益招贴画设计比赛、纪念“6·5”世界环境日宣传周、文艺汇演等活动，提高中小学生环保意识。重视艺术教育工作，启动河东区学生合唱节和第14届“校园歌声”歌咏比赛活动。加强德育队伍建设，提高德育队伍整体素质和管理水平。结合市教委要求，组织教师参加班主任心理健康C证和班主任岗前培训及考试工作，59名教师领取见习班主任证、373名教师领取心理健康C证、420名教师领取岗前培训结业证、436名教师领取班主任证。举办河东区教育系统家长学校讲座，邀请著名教育专家孙云晓教授和天津市教科院张其博教授，以“教育就是培养好习惯”和“和谐家庭关系与孩子人格完善”为题，为部分教师、家长代表进行讲座。

（高 娜）

教学改革 2009年5月，在区实验小学举行天津市教育学会小学教育专业委员会第二届课堂教学大赛暨河东区“高效课堂教学”展评活动，探索高效课堂教学新思路，提高教学质量。12月分别召开中、小学新课改总结会，总结经验成果，为新一轮课改做好准备。健全监控机制，实施中学毕业班教学质量专项评估制度。发挥特教中心辐射作用，开展“家长义工”活动，做好具有学习能力和条件的适龄残疾儿童入学工作，注重对残疾儿童、少年生活能力和各种实用技能的培养，提高随班就读学生教育水平。在2008年第7中学和第45中学作为全市试点基础上，继续完善高中指标定向分配招生工作方案，增加第102中学录取指标定向分配生。稳步推进“六升七”工作，制定《2009年河东区初中招生工作的指导意见》，小学六年级毕业生100%实现免试直升。

（高 娜）

社区教育 2009年，河东区挖掘各街道地域特色和文化底蕴，培育特色课程，建立适合居民学习需求的课程体系。至年底，2个街道被确定为全国社区教育示范街道，1个街道的社区教育项目被评为全国社区教育

河东区第二届社区教育艺术品展示交流

示范项目。完善河东区社区教育网站，实现改版升级，有14个导航内容、9个主要栏目，涵盖12个街道教育培训组织、社区团队、网上课堂等内容。参加天津市第三届社区教育成果展暨2009年全民终身学习周活动，举办河东区第三届社区教育成果展暨全民终身学习周表彰、展示活动。5月举办河东区第二届社区教育艺术品展示交流活动，集中展示各街道社区教育学校、分校学员、志愿者、辅导教师的原创手工作品和收藏品，体现居民群众的智慧和创造力。

（高　娜）

文　化

概况　2009年，河东区文化和旅游局［新闻出版局、（版权局）］加快文化特色区建设，为全区各项事业发展营造良好文化环境。以文联为载体，以培训为基础，营造浓厚的群众文化氛围；以音乐产业一条街为突破口，探索和开发文化产业新路子、新项目；以直沽文化旅游基地建设为抓手，打造河东旅游业新品牌、新亮点；以创建平安文化市场为目标，加强文化市场服务与管理；以建设直沽文化艺术中心为重点，加强文化基础设施建设等工作，促进全区经济和文化发展。

（李　静）

文化市场管理　2009年，河东区加强文化出版物市场管理，查缴盗版音像制品5万余张，非法报刊481份，盗版图书3226册。2月至10月，区文化市场管理部门与区工商、公安、综合执法等部门密切协作，开展“扫黄打非”专项行动。专项行动分为3个阶段，对图书、音像、出版物市场和娱乐场所彻底清查。为了保证国庆期间安全稳定，开展出版物市场专项治理行动，出动检查583人次，收缴盗版音像制品1.92万张，非法图书1275册，非法报纸期刊220余份；检查出版物市场、摊点189家，取缔35家；规范网吧市场，向社会增聘网吧义务监督员50余人，建立职能部门、社会、学校立体监控模式。受理群众举报55次，查处网吧接纳未成年人等违规行为12起，对4家网吧进行行政罚款，未成年人进入网吧得到遏制。

（李　静）

学校周边文化环境专项治理　2009年，河东区文化和旅游局与工商河东分局、公安河东分局、区城管综合执法局协调，配合区综治委、文明委及教育、共青团等部门开展校园周边文化环境专项治理行动，禁止违法及低俗文化产品进入校园周边经营场所。结合“扫黄打非”行动，重点对102中学、54中学、第8中学、实验小学、香山道小学、盘山道小学、一中心小学等校园周边的电子游戏厅、歌舞娱乐场

校园周边文化环境治理

所、网吧集中检查。组织专项行动21次，累计出动车辆38台次、人员160余人次，收缴盗版及低俗音像制品5000余张，取缔非法摊点20余个，下达文化市场管理通知书10余份，为中小学生创造了良好的生活学习环境。

（李 静）

打造中国音乐第一街 2009年3月31日，河东区文化产业办公室与天津音乐学院就天津音乐街建设项目达成协议，4月2日正式动工，9月28日开街投入运营。天津音乐街位于河东区八纬路，一期工程约300延米，分为A、B、C三区，沿街门店108间，占地面积1500余平方米，建筑面积2800余平方米，全部采用简约欧式风格设计，彰显音乐文化艺术韵味，主要业态聚集音乐文化时尚。在首届中国天津演艺交易博览会上，音乐街打出中国音乐第一街品牌，并于11月底参展北京国际文化创意产业博览会。音乐街二期工程将于2010年启动。

（李 静）

卫 生

概况 2009年，河东区医药卫生部门深化医药卫生体制改革，全面实施社区卫生服务药品集中管理、统一配送、零差率销售。公共卫生体系标准化建设和区域卫生规划建设得到加强，社区卫生服务和卫生监督水平不断提升，全区建立老年人健康档案8.66万份。继续“以病人为中心，以提高医疗服务质量为主题”的医院管理年活动。加强完善妇幼保健制度，提高妇幼保健队伍技术水平和服务质量。开展以餐饮消费环节食品安全监督为主要内容的专项治理，确保食品安全。全年门诊量133.54万人次，家床1306人次，入院2129人次，日间床28.72万人次，手术3651人次。

（李 发）

社区卫生服务 2009年，河东区政府加大投入力度，提升18项社区公共卫生服务水平。区卫生局重新调整社区卫生考评组成员，吸纳部分临床专家充实专业考评组力量，推动社区卫生服务工作开展。建立老年人健康档案8.66万份，建档率91%；建立低保人员健康档案1.31万份，建档率97%。老年人慢性病筛查1.12万人；建立高血压专案2.83万份，糖尿病专案1.16万份。通过第三方670个电话追访和120份现场问卷，11个社区卫生服务中心满意度均在99%以上。

（李 发）

食品卫生监督 2009年，河东区加强食品卫生监督工作。开展以餐饮消费环节食品安全监督为主要内容的专项治理。打击非法和滥用食品添加剂行为，开展“百日万店”食品安全活动，保障重要会议和重大活动食品安全。累计监督检查餐饮经营单位3844户，出动卫生监督人员3425人、车辆741台次，下达卫生监督意见书450份，依法取缔无证经营9户，确保餐饮消费环节食品安全。加强公共卫生监督，严格传染病疫情报告防控和生活饮用水、二次供水监督。春、秋两季对78个学校、托幼机构食堂开展学校食品卫生安全专项监督检查，监督覆盖率100%。

（李 发）

医德医风建设 2009年，河东区卫生局加强职工职业道德教育，落实《医患沟通制度》，树立“以病人为中心”的服务理念，改善服务态度，结合文明服务科室评选活动，在系统内开展文明服务知识竞答活动，300余名一线医务人员参加竞答。在系统内开展“医德医风大家谈”系列活动，各单位采取板报、院报、座谈会等形式进行宣传。针对医德医风重要性、医务人员在患者中的形象、让患者满意在医院等问题探讨交流，收到良好效果。全年无收受红包投诉，患者综合满意度在98.7%以上。

（李 发）

体 育

概况 2009年，河东区围绕建设“体育强区”奋斗目标，推动群众体育、竞技体育、体育产业“三位一体”全面协调发展。群众体育蓬勃发展，体育人口覆盖面不断扩大,群众参加各项体育健身活动35.7万人次。组队参加国家级、省市级各项比赛,竞技体育实现新突破。狠抓体育后备人才培养工作,实施人才培养计划,向上级体育单位输送优秀人才。推进体育设施建设,承接各项体育赛事,圆满完成各项任务。区体育局被评为全国体育系统先进集体、全国群众体育先进单位,区青少年业余体校被评为全国群众体育先进单位。

(李 卉)

群众性体育活动 2009年,河东区广泛开展群众性体育活动。组队参加天津市首届青少年阳光运动会开幕式、天津市"团结杯"少数民族传统体育花毽比赛等活动,并取得优异成绩。组织肯德基全国青少年三人篮球冠军挑战赛、"王莘杯"继中二十一式养生太极拳大赛、机关干部羽毛球比赛等活动。组织开展河东区纪念改革开放30周年全民健身庆祝活动和8月8日全国首届全民健身纪念日活动,河东区派出700余名社区群众参加天津市第二套市民广播操展演。全区体育人口覆盖面不断扩大,群众参加各项体育健身活动35.7万人次,常年坚持体育锻炼的群众25.6万人。

(李 卉)

社区安装体育健身设施 2009年,在市体育局支持下,河东区为唐家口、鲁山道、富民路、春华、大王庄、大直沽等10个街道15个社区安装体育健身器材118件。至年底,全区累计安装体育健身器材1760件,提高了社区居民文体生活水平。区人大、政协组织代表、委员先后视察社区体育工作和体育设施安装情况,对社区体育活动和体育设施安装工作给予肯定。

(李 卉)

调整训练项目和教练员配置 2009年,河东区体育局结合区域实际,重点抓好足球、田径、游泳、击剑、网球5个重点优势项目。业余训练工作由局领导亲自抓、业余体校具体抓,成立足球田径、游泳击剑、篮球网球、举重综合等训练小组,配备专职教练员,做到训练有计划、有教案、有检查、有考核、有总结。为了提高教练员执教能力,邀请市体校专家指导业训及选材工作,组织教练员参观第11届全运会部分比赛,参加全国及天津市组织的各种业务培训班,座谈交流学习体会,提高教练员执教水平、运动员竞技水平和青少年后备人才成才率。

(李 卉)

人口和计划生育

概况 2009年,河东区人口和计划生育工作贯彻落实《中共中央国务院关于全面加强人口和计划生育工作统筹解决人口问题的决定》和市委、市政府《实施意见》精神,坚持党政"一把手"亲自抓、负总责。确保各项工作落到实处,全面完成市政府下达的人口与计划生育工作任务。全区已婚育龄妇女115507人,出生人口4607人,人口出生率5.71‰,符合政策生育率99.74%,出生人口性别比111.5。河东区获得中国人口早期教育暨独生子女培养示范区荣誉称号。根据年度人口和计生工作目标责任制考核细则要求,对街道实行"党政线"和"计生线"双线考核,12个街道考评结果均为合格。

(孙宏伟)

人口和计划生育体制机制建设 2009年,河东区加强人口和计划生育体制机制建设。根据人口计生工作目标任务,明确相关职能部门责任,层层签订目标责任书、落实目标责任制,修订完善人口和计生工作"党政线"、"计生线"双线考核方案和考核细则,实行一票否决,形成齐抓共管、综合治理人口计生工作格局。区委、区政府克服财政困难,投入731.26万元人口计生经费,达到市政府下达的人均9.3元经费投入标准。需特别扶助家庭的特扶资金全部发放到位。在社区居委会换届选举工作中,保证人口计生工作人员到位,134个社区居委会全部配齐专职计生主任,28个3000户以上社区分别配备协管员。聘请区人大代表作为行风监督员,在计生协会会员中开展民主评议活动,对人口和计划生育工作实行社会监督,群众满意度99%以上。

(孙宏伟)

人口和计划生育基层基础管理 2009年，河东区人口计生委推动全员信息采集录入工作，做到“五明确”，即：职责明确、分工明确、目标明确、步骤明确和工期明确。采取专题培训、随机抽查、定期答疑等手段，确保全区整体录入进度。加强“盲区”排查治理工作。对各楼门院落、住宅底商、农贸市场、建筑工地实地勘察、摸底造册，实行动态管理。将不具备建立居委会的社区纳入“筹建居”管理，形成有人抓、有人管，消除居住地管理“盲区”。

（孙宏伟）

计划生育宣传教育 2009年，河东区人口计生委深化“婚育新风进万家”活动。利用“两节”、“7·11”世界人口日、建国60周年等重大节日，借助报刊、电视、网络等传媒，开展富有文化内涵、群众喜闻乐见的计生宣传教育，直接参与活动5万余人，群众生殖健康相关知识知晓率85%以上，计生干部业务知识知晓率95%以上。投资12.1万元，开发多品种、多种类宣传品，免费发放给广大育龄群众。加强宣传报道工作，分别在《中国人口报》刊登8篇，人口和计划生育杂志刊登2篇，《天津日报》采纳1篇，做客天津人民广播电台“悄悄话”栏目1次，《天津日报·今日河东》报道45篇，河东有线台报道35次，各相关网站对河东区进行关注报道。

（孙宏伟）

人民生活

概况 2009年，河东区民政工作着力解决突出问题。规范城市居民最低生活保障制度，组织安排困难群体生活，提高社会救助水平及重大节日期间扶贫助困救助工作；落实住房保障政策和困难群众医疗救助工作，发挥慈善协会作用，做好困难群众和学生救助工作，开展以“助医、助学、助老、助困”为主题的慈善系列捐赠活动，接收捐款569.35万元。深化以“居民自治、居民诉求、矛盾化解、邻里沟通”4个机制为主题的和谐社区创建活动。完成社区居委会换届选举和社区规模调整工作，落实各项优抚安置政策，完成重点优抚对象数据更新工作，确保优抚政策、安置、医疗经费保障到位。依法行政，做好婚姻登记和管理工作，办理收养登记16件，合格率100%。福利经济稳步发展，完成总收入3亿元。河东区被授予全国和谐社区建设示范单位称号，区民政局婚姻科被民政部授予全国婚姻登记规范化单位称号。

（王 炜）

红旗巷社区老年日间照料服务中心正式启动 2009年初，河东区二号桥街道红旗巷社区老年日间照料服务中心正式启动。该中心是在街道备案登记的社区社会组织，街道老年协会会长担任中心负责人，负责中心运行及管理工作。有专职工作人员5人，专职服务人员9人，志愿服务人员20余人。该中心面积1900平方米，设有老年食堂，提供午间就餐，解决吃饭难问题；设有日间休息照料室，为自理老年人提供日间休息照料服务。有老年图书阅览、老年网吧、健身理疗、医疗保健、棋牌活动、童趣游戏、聊天茶艺、戏曲娱乐、室外体育锻炼、为老服务咨询、学习培训、家政服务等功能。对享受低保和政府补贴服务的老年人实行免费服务、免费活动；对不享受免费的老人实行适当收费，以补偿煤、水、电等维持日常运转的开支费用。

（王 炜）

创新社区管理模式 2009年，河东区不断创新社区管理模式。在7个社区试行社区居委会工作者招聘制度，共聘15人。在37个社区居委会实行建立社区工作站制度，招聘工作人员226人。凡实行此模式的社区，在选举3名居委会专职委员基础上，每个社区选举2-4名居委会义务制专职委员，负责社区民间组织管理和志愿服务工作，37个社区选举义务制专职委员111人。在年度换届选举中，增设社区居委会兼职委员，134个社区推选产生社区居委会兼职委员799人。

（王 炜）

启动城乡居民基本养老保险和医疗保险 2009年8月19日，河东区城乡居民基本养老保险和城乡居民基本医疗保险启动工作部署会召开。区劳动和社会保障局、财政局、民政局、教育局、卫生局、公安河东分局、残联、社保河东分中心、各街道办事处分管领导参加会议。会议明确各成员单位责任分工,部署实施工作具体要求。制定《河东区城乡居民基本养老保险和城乡居民基本医疗保险制度实施意见》,对各街道社区具体工作人员进行政策和操作系统培训。采取区有线台电视讲话、街道社区板报橱窗张贴海报、社区宣传台政策解读和流动宣传队入户宣传等方式进行宣传,确保居民群众知晓率和参险率,使符合条件的居民应保尽保。至年底,全区城乡居民基本养老保险参保802人,享受城居养老待遇278人,城乡居民基本医疗保险参保12.12万人。

(于　先)

选聘大学生从事公益岗位 2009年,河东区落实市政府促进高校毕业生就业意见精神,鼓励引导高校毕业生到基层就业,从事基层社会管理和公共服务等公益工作。5月,从12个街道的全日制普通高等院校应届毕业生(含2008年毕业后未就业学生)中报名选聘。经过报名、笔试、面试选出200余名高校毕业生从事基层社会管理和公共服务等公益工作。组织被录取考生参加职业资格培训,重点学习劳动保障基础知识和相关技能知识,经考核取得合格证书的高校毕业生分配到各街道上岗工作。被录用的高校毕业生可在公益性岗位进行1-2年的工作锻炼,工作期间由市就业资金按照全市最低工资标准给予岗位补贴,并给予养老、失业、医疗、工伤、生育5项全额社会保险补贴。

(于　先)

大王庄街道

大王庄街道位于河东区西部,东北隔京山铁路依次与唐家口街道、春华街道为邻,西南隔海河与和平区、河西区相望,东南至十五经路与大直沽街道相连,西北至天津站与河北区接壤。2009年,辖区面积3.61平方公里,下设10个社区居委会、1个居委会筹委会,有物业小区27个、准物业小区18个。常住人口2.22万户6.26万人,暂住人口0.77万人。街道办事处坐落八纬路26号增1号。

街道地处全区政治、经济、文化中心区域。界内机关企事业单位、教育卫生机构及商业网点相对集中,有中央直属单位6个、市属单位34个、区属单位6个、合资民营企业102个、银行8家,有大中小学6所、医院3所、托幼园2所、敬老院4所、各类商业网点405个。

2009年,完成留区税收2.07亿元,完成计划的127.5%,被评为市级保增长先进单位。引进成都倍特期货经纪有限公司、上海亚致力等20家企业,其中成都倍特是河东区引进的首家期货贸易公司。实现引资到位额9140万元,完成计划的235%。

开展"送温暖、献爱心"活动,为694户低保家庭发放临时性补助1041万元,为1250名低保人员发放一次性节日生活补贴629万元,办理租房补贴286户、实物配租5户、公有住房减免132户、限价商品房197户,286户家庭进住廉租房。加大困难群众帮扶力度,为10名大病残疾人发放救助款,为11名困难学生发放助学金。实施积极的就业再就业政策,实现就业再就业2033人,其中安置下岗失业人员1931人、新生劳动力102人。召开招聘会38场,招聘单位提供岗位700余个,达成就业意向486人次。

推动和谐社区建设。通过成立街道社区诉求调处议事会以及领导定期深入社区了解社情民意等方法,畅通群众诉求渠道,解决居民生活难题;做好信访、社会治安综合治理和平安社区建设工作,建立健全突发公共事件应急处置管理体系,调解民间纠纷,化解社会矛盾,维护辖区稳定。

以迎接建国60周年为契机,以创建国家卫生城为着力点,发挥地区城管委职能作用,协调各方力量,开展市容环境清整工作。开展清整活动62次,清除堆物堆料3600处,清除残标5万余张,清理草坪1万余平方米,清运各类垃圾杂土300余吨,清除卫生死角2000处,治理占路经营、乱摆乱卖、市场外溢等违章307处,改善辖区环境状况。深化旧楼区改造,对十经路5号院、十五经路12号院全面改造，完成排水管道维修更换、地面硬铺装、垃圾袋装化和草坪绿化等各项基础工程。开展病媒生物防治工作，灭鼠、灭蚊蝇投药1600公斤，发放消毒品300余瓶，改善辖区环境和社区居住条件。

加强流动人口育龄妇女管理，开展幼儿早教、青春期教育活动，推动人口和计划生育工作发展。组织体育健身活动和文艺演出；通过“爱心医疗援助站”举办科普、健康教育讲座，提高群众健康水平和精神文明素质。

2009年，街道及各社区荣获市级先进集体8个、市级先进个人14名，区级先进集体12个、区级先进个人25名。

（朴劲松）

上杭路街道

上杭路街道办事处于2000年5月组建。街道地处河东区中部，辖域是原万辛庄街道办事处管辖的成林道以南区域，自京山铁路路基南下坡线与红星路中心线交汇点起，向北沿红星路中心线自然走向至成林道中心线折向东，沿成林道中心线自然走向至月牙河中心线折向南，沿月牙河中心线至成林道月牙河桥南侧桥栏向西至月牙河西岸上坡线折向南，沿月牙河西岸上坡自然走向至京山铁路路基南下坡线自然走向至红星路中心线止。2009年，辖区面积3.11平方公里，辖12个社区居委会。常住人口2.45万户7.20万人，流动人口0.3万人。街道办事处坐落成林道程林里54号楼旁。

世纪大道、津滨大道贯穿街境。河东新闻中心、河东公园、登发装饰城、平河装饰城、天津家具街、南方灯具城、华润万家、家乐福超市及建设中的河东万达广场、劝业·红星美凯龙广场坐落界内。还驻有铁路车辆段、津日汽车销售公司、红星津龙湾大酒店、全聚德饭店等特色企业。有中学2所，小学2所，幼儿园3所。

2009年，引进企业4家，引进项目2个，招商引资到位额1.17亿元，完成计划的233.36%。完成税收1071.52万元，协税护税8.65万元。

以迎接建国60周年为契机，开展市容环境综合整治工作。发挥街道城管委职能，加强街道环卫管理效能建设，注重保洁人员业务技能培训，落实环境清整巡查制度。依法拆除违章乱圈乱占、乱摆乱卖、堆物堆料等，出动车辆150余部、人员1000余人次，拆除违法圈占40处1500余平方米，清整路面2000余延米，清理小广告3.5万张，清理垃圾渣土2500余吨，清整地面和绿地2.3万平方米。开展河东公园周边及成林道、泰昌路立面清拆工作，清拆规范护栏2578个，改善群众居住环境。

强化再就业培训指导，向就业对象送政策、送岗位、送补贴、送服务，运用招聘会形式做好安置工作。推进弱势群体保障和救助工作，加强节日救助和日常救助。为甘肃、河北承德贫困地区捐献过冬衣被33081件。

落实信访工作领导责任制，开展平安社区创建工作，强化安全措施，维护辖区稳定。开展创建和谐楼门、和谐社区活动，设立社区居民荣誉展示橱窗，发挥市民学校、文体活动站、社区服务站和宣传长廊作用，推进社区精神文明建设。注重群众业余文化生活，组织文化家庭、读书家庭活动，组织居民学唱百首红色经典歌曲，参加天津市首届家庭才艺大赛、天津市家庭厨艺大赛和河东区“赞歌颂祖国、建设新河东”群众歌咏比赛，作品《天堂》、《魔术》获得天津市家庭才艺奖和家庭风采奖。开展无偿献血科普知识宣传活动，举办献血知识答题竞赛，参加献血文艺演出。

2009年，街道被评为天津市社区红十字服务示范街道、河东区红十字博爱募捐工作和红十字会目标管理工作先进单位。

（常宏生）

东新街道

东新街道位于河东区东北部，与东丽区相邻，东至沙柳路，西至昆仑路，南至成林道，北至卫国道。2009年，辖区面积2.12平方公里，下设15个社区居委会，户籍人口3.35万户8.59万人，是比较稠密的居民住宅区。街道办事处坐落天山路与盘山道交口。

2009年，招商引资实际到位额9209万元，完成计划的153.48%；税收完成503万元，完成计划的102.2%。

完善困难群体救助机制，改善民计民生。元旦、春节期间为低保、特困人员办理医疗救助52户7.5万元，为低保户、特困户发放春节补贴332万元，为756户低保户、43户二保户和12户优抚户报销暖气费47.3万元，为1313户未安装暖气户发放补贴26.2万元，为民政代管职工报销医药费5.4万元。做好困难家庭临时救济工作，对102户特殊困难户一次性救助2.2万元，为13户特殊家庭申请救助金6.4万元。开展扶残助残及双拥共建工作，确保社区稳定。

加强劳动保障服务机制建设，通过灵活就业、社区就业、自谋职业等渠道为下岗失业人员挖掘工作岗位。安置就业2015人。举办技能培训班6期，297人参加培训。举办再就业专场招聘会14次，实现再就业1181人。办理大龄失业人员灵活就业补贴599人，提供小额贷款117人。

加大整治力度，提升社区环境面貌。按照区政府“迎接建国六十周年大干60天”清整活动安排部署，街道城管委组织保洁队对各社区进行清整，清理卫生死角300余处，规范清整堆物堆料200余处，清除残标7000余张，清运杂土400余车。

深化“平安河东”建设，推进社区法制教育。在桥园开展包括法律咨询、政策宣讲在内的社会治安综合治理宣传活动。对街域182个单位进行安全生产检查和填表核实工作，并接受市安委会督察组检查。参加“河东区安全服务一条街”活动，出示展牌8块，发放宣传品70余份。

推进和谐社区建设。建立老年人日间照料中心和社区日间照料站，为148位老人进行居家养老政府补贴服务，走访服务对象600余人次。在15个社区建立计划生育协会微机管理信息库，为252户困难家庭提供生产、生活、生育方面帮助。组织开展社区新生育文化家庭教育指导站互动指导、“婚育道德与家庭幸福”、“第13个母亲节”生育文化广场、幼儿教师进社区献爱心及亲子联谊等活动，打造社区新生育文化氛围。开展“同在一方热土，共建美好家园”及“争做文明市民”和“文明礼仪”教育活动；开展“六进社区”和深化“五个一”创建活动，并创建远翠东里“小五个一”社区。开展特色文体活动，丰富群众精神文化生活，营造和谐社区环境。

（刘健军）

富民路街道

富民路街道位于河东区东南部，东北起中环线中山门立交桥至月牙河路与中山门街道相邻；东南起月牙河路、天津天钢集团有限公司至海河与东丽区接壤；西南起天津天钢集团有限公司入海河中心线至中环线光华桥与河西区相望；西北起中环线光华桥至中环线中山门立交桥与大直沽街道为界。界内有主干道路2条。2009年，辖区面积5.32平方公里，辖8个社区居委会，驻有10个团级以上部队单位。常住人口1.61万户4.18万人。街道办事处坐落富民路65号合汇大厦。

2009年，开展“保增长、渡难关、上水平”活动，主动上门服务企业，协调解决经营中的困难和问题。招商引资到位额7180万元，完成计划的102.57%。

开展市容环境综合整治，完善和拓展管理机制，推进创建国家卫生区工作。落实20项民心工程，集中解决群众反映强烈的积水、污水外溢、道路破损、环境脏乱等问题。完成津塘路沿线和新兴路“5858”工程立面清拆任务，拆除护栏110个，空调移机88台。协调完成天鼎社区、津塘路138号院旧楼改造工程，清拆违章及小煤屋24间、棚亭8间，

富民路街道组织社区才艺表演

清理杂土300吨。在全区城市管理“以奖代补”考核中成绩名列前茅，整改率100%，市容环境面貌有新改善。

关心群众生产生活，新增就业1574人。完善社会保障体系，重视居家养老、助医助学、助困助急等救助服务工作。对880户低保户、61户特困户重新核查，实现动态管理基础上的应保尽保。为60岁以上无退休金老人办理生活补贴。发挥爱心超市作用，对186户边缘户、79户低保大病特困人员进行元旦春节、夏令和日常救助帮扶。落实住房保障政策，为困难群众办理廉租房实物配租11户，租房补贴328户，经济适用房、限价商品房收入核对206户，公房租金减免122户，低收入困难群众基本生活得到保障。

落实“五个必须”要求，做到领导有力、包案到位、真诚为民、处置坚决、方法适度，安全稳定工作取得新成效。开展“平安河东”创建活动，加强安全生产监督管理。全年没有发生安全稳定重大问题。

做好居委会换届选举工作，创新社区管理，完善公共服务体系，加强基层民主自治，扩大社区服务志愿者队伍。重视社区教育、文化和体育事业发展，开展形势政策教育活动，利用宣传长廊、板报橱窗等载体进行时事宣传。依托市民学校、基层党校，举办报告会、座谈会，形势政策教育贴近群众。组织居民参加天津市第五届暨河东区第七届家庭艺术节、天津家庭艺术展、河东区社区文化成果展、“感动社区人物”评比、河东区第五届全民运动会等活动。社区才艺比赛项目被“当红不让”节目录制，并在中央电视台和天津电视台播放。法制教育活动在天津电视台第二套节目播放。《创建学习型社区文体社团的实践与思考》论文被收录国家级刊物《环渤海地区社区教育协作组织第四届研讨会文集》。年内，荣获区级读书家庭5个、文化家庭5个。

（陈莉莉　李建军）

鲁山道街道

鲁山道街道位于河东区最东北端，北、东两面隔北塘排污河与东丽区相望，西隔月牙河与常州道街道相邻，南隔卫国道与东新街道接壤。2009年，街域面积4.3平方公里，辖8个社区居委会。人口1.43万户4.01万人，流动人口4256人。街道办事处坐落云丽北道3号。

界内有中学1所、小学1所、幼儿园2所，法人单位及产业活动单位103个，农贸市场1处。

2009年，协议引进单位16个，实现到位额2120万元，完成任务的106%。税收完成157.6万元，实现任务的118%。在第二次经济普查活动中，被评为市级先进集体。

加强市容环境建设。按照市、区“大干150天”专项工作部署，对各社区进行针对性治理。配合综合执法部门拆除违章建筑3间、棚亭5间，清理乱堆乱放89处，清理卫生死角42处，清运垃圾杂土60余吨，清理家禽家畜49只。投入秋冬季灭鼠工作，对各社区投药1200余公斤；在街域开展蟑情调查和消杀，投放灭蟑药品40余公斤，有效控制蟑情蔓延。

完善维护社区稳定工作机制，制定街道维稳信访工作意见，形成大信访工作格局；坚持打防结合、预防为主、结合群众的方针，加强防控体系建设，完成重点治理工作；开展“平安社区行动”及创建无邪教社区等平安创建活动，保持“三个为零”目标，确保辖区稳定。在平安社区创建活动中，蓝山园社区被评为市级平安社区示范单位；蓝山园骑行队被评为市级平安志愿者先进集体。

坚持为民服务工作理念，从抓重点难点、资源整合、制度创新入手，形成以低保、特困、孤老孤儿救助为基础，以大病、灾情、临时救助为补充的社会救助体系。为低保户629户1559人发放低保金37.53万元；元旦、春节期间慰问困难户151户274人，慰问金额5.95万元；为240位老年人发放副食补贴2.16万元。做好鲁山道小二楼拆迁工作，完善经济适用房制度，困难群众住房条件得到改善。

把社区群众再就业作为工作重点，开展“送政策、送岗位、送技能、送温暖”活动。创岗安置846人，超额完成任务；开展家政培训活动；落实医药费报销、城居医疗保险参保及老年人生活补助费登记发放工作。加强党建工作,在辖区非公企业天津东大管道穿越工程有限公司建立党支部,拓展街道非公企业党建工作;在辖区拓展党建新格局,成立街道综合党组,提升为民服务水平;重新策划整合彩丽园社区功能建设及内部公务建设,创建党建示范社区,年内被评为市级社区党建示范点。

开展精神文明创建活动,围绕建国60周年和改革开放30周年,组织群众开展爱国宣传教育活动;围绕“同在一方热土,共建美好家园”及“邻里一家亲”活动,倡和谐、讲文明、树新风,丰富社区群众业余文化生活。重视社区教育及文化事业发展,宣传科技、科普等知识,广泛开展各类教育及文化交流活动。

2009年,街道被评为全国社区教育示范街道、全国优秀红十字会。

(赵琴琴)

大直沽街道

大直沽街道位于河东区西南部,东起东兴路中心线与京山铁路中心线相交处,由该处向南沿东兴路中心线至海河中心线相交,沿海河中心线向西至小十五经路中心线相交,向北沿小十五经路热电一厂东围墙、十五经路中心线、热电一厂铁路中心线至京山铁路中心线相交,沿京山铁路中心线向东至东兴路。2009年,辖区面积3.08平方公里,下设13个社区居委会。人口3.35万户9.42万人。街道办事处坐落大桥道文华里1号。

界内有中央所属单位3个,市属单位188个,区属单位134个,驻街委办局9个;有三中心医院、大直沽医院、区妇幼保健中心等4个社区医院,8个社区医疗站;有82中、财贸干部管理学院、立达职专等15所学校;有第五体育场健身娱乐中心、体育中心等文化体育场所。

该街因辖区为原天津市区最早聚落大直沽村而得名。汉代属章武县管辖;唐代是征战辽东必经之地;宋、辽对峙时期属辽地。蒙古太宗丙申年(1236),在大直沽设熬煎办,管理盐业生产。元朝至元十九年(1282)开海运,南粮北调,大直沽设有接运厅、临清运粮万户府和天妃灵慈宫,成为元代海运终点港和河海传输中心。明永乐十三年(1415),罢海运。天津城市发展中心移向三汊口、小直沽一带。至清末,大直沽成为城东荒原一村镇。1900年八国联军入侵天津,大直沽村大半个村落被战火摧毁,失去原村镇规模。1931年属天津特别第四区。1945年抗日战争胜利后,改属五区。1949年天津解放后,成立大直沽人民街公所。1954年改为大直沽街道办事处。1961年7月改为大直沽街道人民公社。1963年2月恢复街道办事处。1968年8月建立大直沽街道革命委员会。1978年撤销革委会,恢复街道办事处。

2009年,引进资金8400万元,完成计划的105%;实现税收5416.3万元,完成计划的139.46%。

开展八纬北路全线立面清拆工作,完成津塘路、东兴路立面清拆收尾工作,清拆构筑物3078个。加强环卫所保洁员管理,设置专职清整人员治理市容环境。完成六纬路油脂楼小区旧楼区改造工作,拆除旧楼80余处,清运垃圾杂土12吨,改造工作通过市、区旧楼办检查验收,社区环境水平得到提升。

加强社会保障能力,推进社区就业工作,安置就业2009人。对低保户1034户2544人、二低保户119户252人进行低保调标及补发,发放金额43.43万元。对低保家庭和低保边缘群体实施分类救助,促进低保对象自救自助。做好优抚抚恤工作,按政策调整提高优抚金标准,并确保准时发放。为街管无军籍退休人员报销药费52.8万元,为83户退休人员发放防暑降温费2.54万元。落实住房保障政策,为558户低保、低收入困难家庭办理廉租房租房补贴;廉租房实物配租申报45户,办结30户;完成经济适用房、限价商品房家庭收入审核相关手续办理332户。

街道信访办坚持开门接访、领导周四接待等制度,接待来信来访589人次。建立完善热线处理机制,对群众反映的问题立即解决;完善重点事件挂牌督办制度,解决疑难问题。办结群众反映问题547件,办结率100%。

开展和谐社区建设,以“邻里一家亲”特色品牌为载体,开展邻里沟通、互帮互助活动;重视社区文化教育工作,利用板报、橱窗、社区教育阵地宣传健康知识，组织社区群众开展文化体育活动，加大社区体育器械投放力度，完成汇贤里、神州等3个社区器械安装。

（房芳芳）

常州道街道

常州道街道位于河东区东北部，北面西侧以真理道为界，与河北区江都路街道接壤，东侧沿泰兴北路，自北向东与月牙河街道、鲁山道街道临界；南至卫国道与向阳楼街道为邻；西至红星路与春华街道相连。2009年，辖区面积3.64平方公里，辖9个社区居委会，1个筹委会。常住人口1.73万户5.42万人。街道办事处坐落常州道20号。

界内有高压供电公司、城东供电公司、市公安交管局车辆管理所、铁道部电气化勘测设计院、市地热勘察设计院、常州医院、常氏骨科医院、常州道小学、益寿里小学等100余个企事业单位。

2009年，完成招商引资到位额1.06亿元，完成计划的106%；实现税收650万元，完成计划的100.65%。

以美化社区环境为落脚点，提升市容环境管理水平。创建精品社区，完成玉山里、益寿里等15片居民区旧楼区改造任务，欢颜里、靖泰里、近营里等16个小区实现准物业管理，社区环境面貌呈现新变化。实施路灯光明行，维修破损道路，解决私搭乱盖、污水外溢等问题。在迎国庆市容环境清整工作中，发动党员干部、社区志愿者500余人次开展义务劳动，清除涂鸦、残标4000余处，清理工程垃圾600余吨，市容环境整治能力得到提升。

建立完善定补标准、特殊救济、政策扶持、社会救助“四位一体”长效机制，解决低收入家庭的社会救济和资助，保障和改善民计民生。落实低保制度，发放低保救助金33.01万元、低保户大病救助金7.5万元。做好重大事件扶危济困工作，发放临时救助金4.58万元、特困救助金0.83万元。做好城镇居民基本医疗保险、住房保障工作，租房补贴享受户数比例为95%。完善居家养老服务，为60岁以上低保户中不能自理的老年人办理政府购买服务。

发挥社区劳动保障工作站作用，解决居民就业问题。完成1500人就业安置任务，实现零就业家庭动态为零目标。再就业工作健康发展，社区和谐稳定取得新成效。

常州道街道老年大学课程生动活泼

重视社区文化建设，提升群众文化品位。举办居民文化知识竞赛，参加家庭才艺展、厨艺大赛，获优异成绩；举办学生心理教育报告会和学唱红色歌曲颂祖国活动；开展“感动社区教育人物”评选活动，参加纪念奥运会在中国成功举行一周年和全民健身启动日活动；举办科普宣传日及“天津新貌”摄影展；组织参加河东区第五届运动会及庆祝建国60周年群众歌咏大会；开办老年大学，老年大学声乐班完成国家级社区教育特色课程申报；在社区筹建天津市首个“红十字博爱图书室”。

2009年，街道荣获全国群众体育先进单位、信访工作先进集体、第二次全国经济普查市级先进集体等国家、市、区级各类荣誉奖项13个。

（刘　美）

中山门街道

中山门街道位于河东区东南部，北以京山铁路为界，与上杭路街道相交；东以月牙河为界，与二号桥街道相邻；南以津塘路为界，与富民路街道相接；西以中环线东兴路为界，与大直沽街道相连，街域地形大致呈不规则六边形。2009年，街域面积2.38平方公里，下设14个社区居委会。常住人口3.67万户10.37万人，外来流动人口6000余人。

津滨轻轨从中山门站出发，

沿津塘路连接东丽区、塘沽区，直达天津经济技术开发区和天津港保税区。驻津国家部委直属单位海河水利委员会与中国联通天津河东分公司等市属国有企业办公场所位于界内。有中学2所、小学3所。有银行、超市、餐饮、居民服务等各类经营单位、网点437个。

2009年，招商引资6400万元，完成指标的160%。实现税收2174万元，完成指标的124%。做好第二次全国经济普查工作，在底册清查阶段代表河东区参加天津市统计局检查验收，获得市内六区唯一优秀奖，并被评为市级经济普查工作先进集体。完成广宁木型器材厂转制工作，广宇实业公司转制工作平稳推进。实现2个劳服公司合并，形成合理运行体制。

开展市容环境整治工作，拆除各类护栏78个，改造阳台外飘窗32个，对沿街1080台空调机进行规范。对友爱南里、中山门南里3座高层进行改造，拆除违章棚亭、清理乱圈乱占12处。对互助南里社区提升改造，整修花园1010平方米，完成路面硬铺1701延米、甬路油铺8976平方米，整修绿地6992平方米，受益群众7100余人，社区环境明显改观。健全环卫所管理制度，整合提升社区服务中心、劳动保障服务中心，实行全方位、多层次、综合性的“一站式”服务。

改善民计民生。促进就业再就业，创岗安置2022人。组织8场公益性岗位招聘会，培训下岗人员252人；公益性岗位安置下岗人员70人。发放失业金274万元。对弱势群体实行经常性、季节性、个性化、临时性救助。对低保家庭进行核查，做到应保尽保；为低保、特困户中大病家庭申请大病救助金15.45万元，发放各项救济73人次4.08万元。将127位老人纳入居家养老服务范围，23位服务员为老人服务，政府支出金额7.5万元。

完善社区矛盾排查调处工作机制，做好信访稳定工作。排查各种矛盾及隐患30起，落实、调解、整治、化解100余起。接待群众来信来访92件，其中，个人访40人次、集体访8次，上级交办信件31件，结案率100%。为群众办实事好事27件次，完成信访信息11件。全国“两会”和庆祝新中国成立60周年稳控时期，没有发生非正常进京上访问题。

推进和谐社区建设。互助西里社区被民政部评为全国和谐社区示范单位。加强残疾人康复服务工作，推进“康复进社区、服务进家庭”工程。街道被中国残疾人联合会评为全国特奥活动示范社区。落实计生惠民政策，深化拓展0岁-3岁人口早期教育项目。在和睦西里社区成立“开心宝贝乐园”，街道被评为中国人口独生子女教育暨早期教育示范基地。

（李　媛）

向阳楼街道

向阳楼街道位于河东区东北部，北至卫国道，与常州道街道相接；东至月牙河，与东新街道临界；南至成林道，与上杭路街道为邻；西至红星路，与唐家口街道相连。2009年，辖区面积4.12平方公里。辖14个社区居委会、1个社区筹备组，实施物业管理居民小区16个，实施准物业管理小区10个。常住人口3.07万户8.63万人，流动人口0.23万人。街道办事处坐落靖江路晨光5号楼旁。

界内在地经营二、三产业单位355家，其中工业55家、批发零售业96家、住宿餐饮业21家、服务业103家、交通运输业4家、建筑业8家、房地产业19家、机关事业及社会团体等非企业单位49家。军事交通学院等3所院校、天津市行政许可服务中心等2家事业单位、武警8630医院等2家医院、物美大型连锁超市坐落街域。

2009年，招商引资实际到位额6610万元，完成计划的110%；实现税收1430万元，完成计划的100.2%。

按照创建国家卫生城标准，加强城市管理，提升市容环境面貌。在万东路、成林道、靖江路立面清拆和“迎国庆大干40天”清整工作中，拆除小煤屋408间、小院8个，清理堆物堆料340余处、乱圈乱占22处、违章建筑53间、护栏848个、遮阳罩80个、鸽子窝4个，清运垃圾80余吨。完成向阳楼、滇池里旧楼区改造任务，改善社区面貌。

街道劳动保障服务中心按照城镇登记失业率控制在4%以内目标筹划工作。各社区工作站安置下岗失业人员1700人，其中“4050”人员1459人、新生劳动力45人、外来劳动力50人，安置在单位从业555人、社区就业568人、灵活就业566人、公益性岗位11人。实现长期稳定性就业的占20%，完成计划的106%。

加强社区建设。完成庆祝建国60周年维护稳定工作，实现非正常进京上访为零目标，妥善处理突发事件，营造良好的社区人文环境。推进社区居家养老服务，为老年人排忧解难。发挥社区志愿者作用，开展志愿者服务活动，做实低保救助工作，为特困家庭提供帮助。拓展社区教育受众面，社区科普、文化建设，健康教育工作成果显著。举行文体活动200余次，参与活动9500人次。挖掘文体人才资源和发展潜力，形成具有街域特色的社区教育模式和理念。实施市民文明素质工程，开展“迎国庆、讲文明、树新风”和“同在一方热土、共建美好家园”活动，提高社区文明程度。

2009年，街道被区老龄委评为老龄工作区级先进单位，街道综治办获得河东区社会治安综合治理先进集体称号，街道统计办被评选为全国第二次经济普查市级先进集体，晨阳里社区被区计生委评选为创建人口和计划生育示范社区。

（张　卓）

春华街道

春华街道位于河东区西北部，毗邻天津站后广场，南起华昌大街，北至真理道、新开路小树林地道，东至红星路，西至京山铁路。2009年，辖区面积3.03平方公里。辖11个社区居委会。常住人口2.90万户7.60万人，暂住和流动人口6170人。街道办事处坐落新广路汇和家园小区旁。

界内有单位和私营企业、个体户1251个。其中，工业61个、建筑业18个、服务业327个、个体户845个。

2009年，成立11支服务企业小分队，深入企业帮扶569人次。接待企业来访或电话咨询107家，解决企业存在的各类问题76件。对500余家企业摸底调查，掌握企业经营情况。招商引资到位额1.02亿元，完成计划的127.5%；实现税收4472.78万元；完成2200万元的增加值指标。

以迎接建国60周年为契机，开展真理道立面清拆工作，拆除阳台护栏288个、窗户栏326个、半栏209个、遮阳罩132个、雨罩520个、鸽子窝5个。完成空调移机642台，安装空调罩1282个。

落实再就业优惠政策，扩大就业再就业渠道，重点安置“4050”人员及特困人员。安置失业人员2015人，超额完成工作指标。23个社区工作站与69家街属企业建立用工推荐联系，采集招聘信息1440条，开发就业岗位1765个。安置计划外下岗人员就业733人次；为554名“4050”人员、“3545”零就业家庭人员办理灵活就业补贴；为2818人发放社会保障卡；为15名失业职工自主创业人员申办核定小额贷款30万元，奖励补贴4.5万元；促进自主创业17人；为96名困难职工认定保险补贴；召开招聘会24次，1500余人参加招聘。

加强社区建设。开展居委会换届选举工作，将原10个社区居委会增加为11个，选举社区主任85名。营造社区良好的人口和计划生育宣传氛围。“三八”妇女节前夕，举办“关爱女性，生殖健康讲座”；“六一”儿童节期间，开展关爱女孩宣传活动，介绍性别比偏高对社会和生活的影响。推进社会治安综合治理工作，宣传见义勇为先进典型，悬挂张贴宣传标语、口号160余条幅，发放宣传材料3000余份；组织座谈会、知识竞赛等活动，受教育群众6000余人次。开展社区群众文化体育活动。参加河东区第五届全民健身运动会，获得1个一等奖、1个二等奖、2个三等奖，取得团体总分第八名、优秀组织奖和优秀表演奖。拦手门武术参加天津市“双街镇杯”传统武术大赛，获得7个金奖、11个银奖、4个铜奖。

做好拦手门武术发掘保护工作，在被天津市评为市级非物质文化遗产基础上，上报国家级非物质文化遗产；发掘整理面塑艺人赵连生的面塑艺术，成功申报河东区非物质文化遗产，并申报市级非物质文化遗产。域内危改广场被评为天津市唯一的全国特色文化广场。

（单子霞）

唐家口街道

唐家口街道位于河东区中部，地域呈三角形，东北至红星路与上杭路街道、向阳楼街道相连，西北至华昌大街与春华街道接壤，西南隔京山铁路与大王庄街道、大直沽街道相望。2009年，辖区面积2.52平方公里，辖13个社区，设10个社区居委会、2个筹委会和1个家属委员会。人口2.38万户6.31万人，流动人口4180人。街道办事处坐落唐家口花园路2号。

界内有新型小区18个；旧楼小区12个，其中旧楼改造小区9个。有企事业单位1126个。是河东区文化教育较为集中地区，也是产业工人居住较为集中地区。

2009年，实现税收2991.14万元，完成计划的122%；招商引资8240万元，完成计划的137.3%。

全面治理社区市容环境，完成旧楼区改造任务2处，拆除小煤屋110间600余平方米、违章建筑58间480余平方米。拆除非法圈占97处、违章棚亭15个，清理堆物85处，清理垃圾死角8处，粉刷楼道和外墙3500余平方米，封堵垃圾土道8处，新盖垃圾间8处。进行成林道两侧立面清拆工作，拆除阳台护栏70个、窗户栏75个、半栏34个、遮阳罩29个、雨罩14个。开展“大干150天”市容环境综合整治工作，对13个居委会90余个社会单位进行环境卫生清整，清运垃圾杂土20余吨，清除乱堆垃圾40余处，清除残标3万余张。在天津市市容环境卫生整治工作五个阶段评比、验收、抽查中，全部荣获阶段性全区第一。

街道劳动保障中心落实就业政策，实施就业帮扶。安置各类人员就业2170人，其中“4050”人员、零就业家庭、单亲家庭、低保家庭人员938人。对符合十类困难认定人员提供公益岗位安置，实施灵活就业社保补贴。开展技能培训，培训203人。举办招聘会14场，采集信息2022条，提供岗位2892个，达成就业意向683人。街道13个劳动保障工作站通过市、区各级部门检查验收，全部达到充分就业社区标准。

加强民计民生工作。节日期间开展“帮困送温暖”活动，保障困难群众基本生活，对1325户低保户、66户二保户慰问救助。春节期间，为694户低保家庭发放临时性补助10.41万元，为1318名低保人员发放一次性生活补贴46.48万元，为困难家庭申请大病慈善救助40余人次10万余元。医疗救助136人次，救助金额6.65万元。“全国助残日”期间，为100名残疾人免费体检。

做好平安社区创建工作，探索建立直接面对群众的诉求调处工作机制。在13个社区建立社情民意接待站，接待群众来信来访646件，全部办结。街道荣获天津市创建平安社区最佳组织奖。

优化社区教育管理，利用社区学校开展教育活动。组建社区团队沙龙，举办展览、艺术品交流，举办群众运动会，丰富社区居民文化生活，为群众提供交流展示平台，群众性文化体育建设得到全面发展。

（王　成）

二号桥街道

二号桥街道位于河东区东南部，东与东丽区接壤，西与中山门街道、富民路街道隔月牙河相望，北靠京山铁路，南邻东丽村庄可直达海河。2009年，辖区面积5.39平方公里，设11个社区居委会，人口6.6万人，其中暂住人口0.48万人。街道办事处坐落津塘公路175号。

辖区有1条市级道路津塘公路和14条区级公路，津滨轻轨沿津塘路贯穿街域。天津第一机床总厂、中国地震局第一监测中心、中国核工业集团公司所属理化工程研究院和中国机械工业集团公司所属天津电气传动设计研究所坐落域内。辖区内有帅超、帅明2家科技园区，天寅和银驼2家工业园区，各类职业院校4所，其中天津市第一商业学校是国家级重点职业院校，有中学1所，小学、幼儿园3所，敬老院3所，医院2家。

2009年，引资到位额1.58亿元，完成计划的112.79%；留区税收2346.23万元，超额128.69万元，超计划5.8%。

加强市容环境建设，开展

区委书记张建星视察二号桥街道居家养老服务中心

"大干150天"和"迎国庆60周年大干40天"市容环境清整工作，组织居民开展"自家门前净起来"环境综合整治活动。开展大规模综合治理40余次。完成津塘路段7个社区、32座楼立面清拆任务。清拆护栏363个，空调移机533台；清理房杂土及清拆物993吨，清除残标2.6万张，清理草坪8900余平方米，治理卫生死角30余处。探索建立由街道环卫所包保向市场化运作转变的市容管理模式，引进社区公益性组织介入市容管理工作，强化居民自治，实现街道、居民、物业"三位一体"联动，改善社区环境面貌。

建立集信访接待、矛盾调处和法律援助为一体的综治工作中心，完善培训、督办和考评制度，把矛盾纠纷排查化解在基层、解决在内部、消除在萌芽状态。接待初信初访82件、重信重访8件、集访6批，办结192件，办结率96%。

探索改善民生新举措，推进和谐社区建设。探索老年人日间照料新模式，创办全市规模最大、服务功能最全、受益人群最多的红旗巷社区居家养老服务中心；创立"希望家园"残疾人工疗站，为智力和精神残疾人员提供技能培训和生活帮助；组织离退休党员和街道政协活动组成员开展捐资助学活动，资助社区17户贫困家庭。建立街道、医院、社区、残联和企业"五联手"的长效帮扶机制，关注特扶家庭，扩大特扶群众受益面。

2009年，街道获得国家级荣誉2项，市级荣誉10项，区级荣誉20项。荣获全国"巾帼文明岗"称号及天津市社区红十字服务示范单位称号，并被评为天津市优秀家长学校、天津市家庭教育指导与服务进社区项目最佳组织奖；在汶川大地震抗震工作中获支援抗震救灾组织工作奖。街道地区红十字会荣获红十字博爱奖、红十字会系统目标管理工作优秀先进集体称号。红旗巷社区被评为全国家庭教育工作示范社区，并获得市级"半边天家园"称号。建新东里第二社区被评为天津市先进社区党总支。

（赵家唯）

天津天铁冶金集团有限公司街道

天津天铁冶金集团有限公司街道（简称天铁街道），地处太行山腹地河北省涉县境内，属于企业办街道，隶属天津市河东区人民政府（代行管理）。辖区西靠更乐镇，东临玉林井、三合村，北与井店镇和老爷庙村相连，南与更乐吕仙庙相接。2009年，街域面积6平方公里，设6个居民委员会，居民1.24万户3.24万人。街道办事处位于河北省涉县。

辖区除公司机构外，还有银行、保险公司、工商分局、税务分局、邮政局、电信公司、幼儿园、学校、医院等企事业单位。

天铁街道是在天铁各生活区基础上形成的，1988年10月经天津市人民政府批准成立，其前身是始建于1973年1月的天铁后勤处居民工作科。街道成立初期，面对企业办社会无现成模式可以借鉴的情况，从摸清居民底数开始，边工作，边建制，先后设置神山、黄花脑、旁岐、寨坡山、玉林井、神黄6个居委会。1989年，按照《中华人民共和国城市居民委员会组织法》要求，推行塔式网络工作程序，召开居民代表大会，民主选举居民组长和片长，组建治保、调解、计生、民政、卫生等居民工作机构。之后，又组建卫生保洁队、昼夜治安巡逻队，增设神山、旁岐、玉林井文化站，形成完整的社区居民工作网络。

特殊的地理位置及企业办社会的格局，决定该街道具有双重职能，既是河东区政府的一个派出机构，又是天津天铁冶金集团有限公司的一个后勤职能处室。街道机构设置，人员配备，费用开支全部由公司负责。

2009年，天铁集团企业发展进入新的历史时期，天铁街道以服务职工居民为中心，贯彻落实科学发展观，全面提高社会服务工作水平。

把社会效益放在首位，让利于民，发挥商业餐饮平抑物价、引领市场作用，提高职工居民满意度。制定《天铁商业商品质量管理办法》、《商业系统供应商管理办法》，成立5人采购小组，规范采购程序，实行阳光采购，从源头把好商品入“口”关，做到商品零缺憾。按商品类别设定商品毛利上限指标，建立每月2次对周边市场商品考察、价格比对制度，加强商品价格监控。严格服务标准，实行营业员挂牌上岗，接受消费者监督。组织开展优质服务活动。设立服务投诉电话，畅通投诉渠道。

以创新思维提高绿化美化档次。10月，在集团公司中心广场举办以“人在花海、乐在其中”为主题的第四届金秋菊花展。展出菊花40余种3万余盆，其中花艺造型100余盆，为职工居民提供宜居的工作生活环境。加强民政服务，加大社区建设投入，优化社区环境。开展环境秩序整治行动，成立环境卫生检查考核小组，完善考核标准，变每周1次的定期检查为不定期检查；组织人员对生活区卫生死角进行清扫；对违章建筑、乱摆摊位、占道经营、乱贴乱画进行治理；彻底清理流动早点摊位，为流动商贩划分固定经营摊位。

改善民计民生，在学习实践科学发展观活动中为居民办实事185件，入户慰问残疾人36人次、发放慰问金8940元；为259户居民联系水、电、气维修402次。社会服务工作有效促进了社会和谐与企业持续健康发展。

（王建伟）

南　开　区

概　述

南开区是天津市辖区之一，位于市区西南部，境域地理坐标为北纬39°3′35″~39°8′3″，东经117°6′8″~117°11′16″。东起海河与河北区相望，沿荣吉大街、兴安路、南马路至南门外大街、卫津路和卫津南路，分别与和平区、河西区接壤；西、南至密云路、芥园西道、陈塘庄铁路支线与西青区相连；北抵通北路、北马路，沿西马路至西关大街、津河、南运河与红桥区毗邻。南北长约9.2公里，东西宽约5.6公里，略呈倒三角形。2009年，区域面积40.636平方公里（含华苑街道），户籍人口84.41万人，辖12个街道办事处。其中华苑街道和向阳路街道的西横堤系非属地管理。历史上，南开区是天津的发祥地，它悠久的历史文化、繁荣的商业和独特的民俗对天津市的发展起到了重要作用。

2009年是南开区战胜困难挑战、实现稳步发展的一年。区政府坚持以邓小平理论和“三个代表”重要思想为指导，深入贯彻落实科学发展观，在市委、市政府和区委的领导下，在区人大、政协的监督帮助下，围绕“应对新挑战，抢抓新机遇，建设新南开”，积极化解金融危机不利影响，迎难而上，共克时艰，全力以赴保发展、保民生、保稳定，区域综合实力明显增强，文明程度显著提升，经济社会实现平稳较快发展。实现地区生产总值311亿元，其中服务业260亿元，占全区生产总值的83.5%；三级财政收入49.3亿元，其中区级财政收入24.3亿元，增长10.48%；完成固定资产投资86亿元，创岗安置3.5万人，城镇登记失业率保持在3.4%以下。南开区获天津市依法行政先进单位、民族团结进步先进集体和全国和谐社区建设示范区称号，再度被评为全国科技进步先进区。

落实保增长促发展10项措施，成立中小企业服务中心，搭建小额贷款、中小企业担保、自主创新3个资金服务平台，建立民营企业发展专项基金，扶植企业发展。实行告知承诺审批新机制，受理行政审批事项5.2万件，按时办结率100%。

编制红旗路以西地区经济社会发展布局规划和街域规划。医疗器械、生物制药、光电子等产业形成特色，部分科技产品领军国际市场，天津科技广场开工建设，科技园技工贸总收入增长21.3%。提升改造上谷商业街、奥体中心体育之窗等5个精品项目，打造老字号名品街，津派相声风景线和鼓楼戏曲大观园等品牌业态，古文化街、鼓楼商业街“十一”黄金周创纪录接待游客260万人次，长江汽贸街新引进5家4S店，特色商业街拉动消费成效明显。新引进金融企业总部和分支机构45家，香港太平人寿保险有限公司天津分公司迁址南开区，金融业留区税收增长30%。民营经济发展速度名列全市前茅。

实施经济发展70个重点项目，10个城建项目总规模182万平方米，总投资112亿元；20个服务业项目总规模231万平方米，总投资85.5亿元；40个科技发展项目实现产值10亿元，环球置地金融中心、万兆慧谷科技大厦等商务楼宇达到5A级标准，天津数码港大厦、金厦中凯大厦、荣华时代广场等重点楼宇入驻率突破80%。全区有亿元税收楼宇1个，千万元楼宇5个，百万元楼宇22个，楼宇经济贡献率逐步提高。

赴深圳、成都、福州等地招商，利用“津洽会”、五金节等节庆活动，吸引项目投资开发。在香港举行招商推介会，与马来西亚融侨集团等5家企业签订合作协议。新聘美国、韩国等外籍知名人士担任招商顾问。新注册企业4600户，选商引资协议额117亿元，到位资金107亿元，分别完成计划的195%和268%。

完成地铁2号线、快速路南开段拆迁任务，兴业里、卧福西里等片8万平方米拆迁告捷。整修旧楼区21片38万平方米，并网小锅炉21处，全区热化率99%。新建改造市政道路55万平方米、排水管网16公里，推进市政设施标准化建设，203个居民小区实现共建共管。建设临渭家园等还迁安置房13万平方米，5411户中低收入家庭享受住房保障。建设鼓楼街道办事处、奥城中学等一批配套工程。长江道地块挂牌出让，光电子园一期、美湖里地块启动拆迁。全区建设规模450万平方米，其中竣工150万平方米。

筹资2.4亿元，整治道路34条，完成文庙地区和29个脏乱点位治理，整修建筑596栋，楼房“平改坡”84栋，新建提升绿地48万平方米，安装“城市家具”1304处，文庙地区绿化、大板楼改造、“城中村”整治成为民心工程、精品工程。迎国庆市容清整取得成效，对环境脏乱的31条道路和120个社区集中治理，新建改造一批公厕和垃圾转运站，改造社区绿地10万平方米，完成主要污染物减排任务。创新城市管理体制机制，构建条块“捆绑式”考评体系，数字城管平台投入运行，市容环境长效管理水平不断提高。

实施扶贫助困十大重点项目，实行无病种限制医疗救助，推出大病社区康复医疗救助，全区3.3万户次困难家庭得到长期实物救助。推进居家养老、残疾人康复等社会专业化公益服务。成立自主创业服务中心和残疾人就业服务中心，提供政策扶持、就业培训等服务。安置新生劳动力4826人，建成36家见习基地，选聘近千名高校毕业生从事社区公益事业。为困难群众基本医疗保险给予托底资助，受益群众1.6万人。

完成居划调整和居委会换届选举，建成社会事务工作站，实现社区“一居一站”。完成学府街整建制创建，新建精品文明社区20个。社区教育网络不断健全，涌现一批科技型、文化型、健身型特色社区。社区卫生服务中心全部建成，实现一街一中心，建成一批中医药特色诊疗社区。发展社区商业，提升改造兴南、家佳菜市场，启动烈士路、西湖西道菜市场建设，调整改建社区便民商业网点，继续实施“放心早点”工程。

融资8500万元扶持32项技术创新项目，认定高新技术企业59家，专利申请4000余项，占全市总量近1/3。开展第23届科技周活动。启动义务教育学校现代化标准建设，首批26所学校通过检查评估。109中学与天大附中实现整建制合并，新43中学成为市级重点中学，历史名校育红中学重建竣工投入使用，实施绩效工资，教师待遇提高。整合提升文化资源，完成第三次文物普查，南开文化宫古建筑群、广东会馆、文庙修葺一新，天后宫与民俗文化馆实现资源共享并免费开放，挖掘保护70余项民间绝技绝活。竞技体育再创佳绩，获国家和市级金牌161枚。新医药卫生体制改革深入推进，黄河医院改扩建一期工程投入使用，重建水阁医院主体封顶。

畅通社情民意反映渠道，区长热线、电子信箱、为民服务专线办理群众反映问题4965件。落实信访工作责任制，坚持接访、走访、下访。

继续加大对黑恶势力、“两抢两盗”等犯罪行为的打击力度，坚持专群结合、打防结合，有效防范和打击各类违法犯罪活动，全年未发生重特大刑事案件。实施安全生产执法、治理、宣传教育三项行动，开展对重点工程、重点行业、重点部位安全生产大检查，社会秩序保持稳定。

坚持经济发展软环境评估，在全市综合考核中名列第二。加大市场经济秩序监管力度，强化食品、药品等与群众生活密切相关领域监管，推行菜市场明码标价，严禁哄抬物价。开展打击传销等专项行动，加大零散税源征缴力度，打击无证经营、偷税漏税等不法行为，对守法经营贡献突出的功勋、明星、重点企业给予表彰，全区市场秩序繁荣有序。

办理人大代表、政协委员议案、建议和提案234件，邀请人大代表、政协委员列席政府常务扩大会议，视察重点工程、重点工作，接受人大、政协监督帮助。开展“五五”普法宣传教育，推动“法律五进”工作，建成一批市级民主法治社区。依法做好行政复议、规范性文件管理、执法监督工作，健全预防和处置突发事件应急体系，法治政府建设和依法行政能力明显加强。

（区地志办）

南开区区级领导名录

中共南开区委领导名录

职 务	姓 名	性别	出生年月	民族	文化程度	籍 贯
书 记	刘长顺	男	1953-01	汉	研究生	河北清苑
副书记	许景胜	男	1951-10	汉	研究生	河北阜城
副书记	韩宏范	男	1956-12	汉	研究生	河北冀县
常 委	王宝安	男	1955-02	汉	研究生	河北霸州
常 委	郭建勋	男	1955-05	汉	研究生	河北辛集
常委、公安南开分局局长	王 宇	男	1953-10	汉	研究生	河北乐亭
常委、宣传部部长	方本荣	男	1955-05	汉	大 学	安徽旌德
常委、区人武部政委	丁登山	男	1956-12	汉	研究生	湖北监利
常委、办公室主任	朱伟山	男	1963-01	汉	研究生	天津市
常委、区纪委书记	景 悦	男	1963-08	汉	研究生	天津市
常委、组织部部长	林 洁	女	1968-06	汉	大 学	山东烟台

注：许景胜任中共南开区委副书记至2009年5月。

南开区人大常委会领导名录

职　务	姓 名	性别	出生年月	民族	文化程度	政治面目	籍　贯
主　任	林洪国	男	1949-04	汉	大　专	中共党员	山东栖霞
副主任	马淑敏	女	1953-04	汉	大　学	中共党员	天津市
副主任	李占起	男	1951-08	汉	研究生	中共党员	天津市
副主任	王连元	男	1950-06	汉	大　专	中共党员	天津市
副主任	冯恒达	男	1951-12	汉	大　学	中共党员	河北景县
副主任(兼)	马金然	女	1960-07	汉	大　学	农工党党员	天津市

南开区政府领导名录

职　务	姓 名	性别	出生年月	民族	文化程度	政治面目	籍　贯
区　长	许景胜	男	1951-10	汉	研究生	中共党员	河北阜城
区　长	韩宏范	男	1956-12	汉	研究生	中共党员	河北冀县
副区长	王宝安	男	1955-02	汉	研究生	中共党员	河北霸州
副区长	郭建勋	男	1955-05	汉	研究生	中共党员	河北辛集
副区长	段金英	女	1954-06	汉	研究生	中共党员	天津市
副区长	谷云彪	男	1967-07	汉	研究生	中共党员	黑龙江哈尔滨
副区长	孙树田	男	1958-01	汉	研究生	中共党员	天津市
副区长	刘凯华	女	1965-11	汉	大　学	民革成员	河北吴桥
副区长(挂)	牛清报	男	1965-07	汉	研究生	中共党员	河南辉县

注：许景胜任南开区区长至2009年5月；韩宏范于2009年6月任南开区区长。

政协南开区委员会领导名录

职　务	姓名	性别	出生年月	民族	文化程度	政治面目	籍　贯
主　席	许景胜	男	1951-10	汉	研究生	中共党员	河北阜城
顾　问	陈栢龄	男	1947-04	汉	研究生	中共党员	天津市
副主席	陆国明	女	1950-06	汉	大　学	中共党员	河北沧县
副主席	孙国珍	女	1954-08	汉	大　学	中共党员	河北大城
副主席	朱家庆	男	1951-06	汉	大　专	中共党员	江苏宝应
副主席	李恒印	男	1950-06	汉	大　专	中共党员	山东东明
副主席(兼)	陈一新	男	1948-02	汉	大　学	民盟盟员	广东澄海
副主席(兼)	杨国栋	男	1948-12	汉	大　专	民建会员	广东中山
副主席(兼)	张社荣	男	1960-04	汉	研究生	致公党党员	山东日照
副主席(兼)	王复华	男	1951-07	汉	大　专	九三学社社员	天津市

注:2009年5月,陈栢龄不再担任政协南开区委员会主席职务,改任顾问;许景胜于2009年5月任政协南开区委员会主席。

（区委组织部提供）

大　事　记

1月

1日 2009天津市迎新春民俗旅游购物节在古文化街开幕。

5-7日 政协南开区十三届三次会议在区机关二楼会议厅召开。区政协副主席陆国明主持。会议听取审议区政协常委会工作报告和提案工作报告;听取市政协副主席田惠光和区委书记刘长顺讲话。246名委员参加会议。

6-8日 南开区十五届人大四次会议在黄河影剧院举行。审议通过区政府工作报告、区2008年预算执行情况和2009年预算草案的报告、区人大常委会工作报告、区人民法院工作报告、区人民检察院工作报告。238名代表参加会议。

18日 大悦城项目开工奠基仪式举行。市政协副主席陈质枫等市、区领导出席。该项目坐落南马路和南门外大街交口处,总建筑面积逾50万平方米。

20日 南开区召开体育工作表彰庆功会,表彰2008年度在全国和全市各类比赛中获金牌的运动员、教练员。

23日 南开区举行“保增长、渡难关、上水平”活动暨2009年新一批经济社会发展重点项目启动仪式。

2月

1日 南开区召开2008年度综合考核目标体系总结表彰暨2009年度签状大会。表彰2008年度综合考核目标体系达标先进单位、优秀党务工作者、优秀人民勤务员、达标先进个人、创新工作及服务经济优化环境和服务群众构建和谐先进单位、个人。各签状单位向区委、区政府递交《责任状》、《服务经济、优化环境承诺书》及《服务群众、构建和谐承诺书》。区四大机关主要领导出席会议。

16日 始建于清光绪二十八年(1902)的天津市水阁医院在老城厢开工复建,总建筑面积6700平方米。

20日 南开区举办国际形势报告会,邀请中国国际问题研究所所长、中国驻英国大使馆前大使马振岗作专题辅导报告。

21日 南开区命名功勋、明星、重点企业暨优化发展环境动员大会在天津大剧院召开。市监察局局长韩启祥,市委深入学习实践科学发展观活动指导检查组组长李柏华及区领导出席会议。会议对2008年度做出突出贡献的326家企业予以命名表彰,其中功勋企业20家、明星企业80家、重点企业226家;表彰“文明执法、服务经济”先进基层单位15个、标兵10名、先进个人23名。

25日 南开区召开各民主党派与驻区高校民主党派建立合作关系座谈会。

3月

10日 南开区召开第一批深入学习实践科学发展观活动总结大会。区委书记刘长顺,市委深入学习实践科学发展观活动第11指导检查组组长、天津海事法院党组书记李柏华出席会议并讲话。区长许景胜、区政协主席陈栢龄出席。区委副书记韩宏范主持会议。5个单位代表作交流发言。

同日 南开区召开人口与计划生育工作会议。会上宣读《第七周期人口和计划生育工作报告》,部署2009年工作任务,表彰2007-2008年度人口和计划生育工作先进集体、先进工作者,各责任单位向区领导递交《2009-2010年度南开区人口与计划生育工作目标管理责任书》。

17日 公安南开分局召开第五届“民警岗位标兵”颁奖仪式暨事迹报告会。表彰民警岗位标兵15名,以专题片形式播放其事迹。市公安局党委书记、局长武长顺,区委书记刘长顺出席会议并讲话。

18日 南开区召开精神文明建设委员会全体会议,专题研究部署2009年精神文明建设工作和建立健全创建全国文明城区长效机制问题。

19日 南开区举行天津市土地平衡试点项目美湖里地块及南大附中地下停车场项目签约仪式。

22日 南开区与台湾中和市友好协议签字仪式举行。双方约定在科技、文化、教育等领域增进了解,加强交流,促进共同发展。

24日 南开区召开第二批深入学习实践科学发展观活动动员部署大会。第二批学习实践活动3月开始,8月基本完成,范围包括街道机关、社区、中小学校、卫生院所等事业单位和非公有制企业。市委深入学习实践科学发展观活动第11指导组组长、天津中医药大学原党委书记董佳臻,指导组副组长、天津工业大学纪委书记王亚平及区四大机关主要领导出席会议。

25日 南开区召开民兵工作会议。总结2008年工作,部署2009年任务,表彰2008年度民兵工作先进单位和个人。

26日 南开区与湖北省武汉市洪山区建立友好区签约仪式举行。双方约定在经济、文化和社会各方面加强合作交流,增加两地往来,促进共同发展。

27日 南开区与河北省保定市清苑县建立友好区县签约仪式举行。双方约定在经济、文化等各方面加强合作交流,增加领导互访,建立人才交流机制,鼓励和支持当地企业到对方投资创业,开展技术合作。

30日 南开区劳动保障部门与天津广播电视大学、天津职业大学等多家院校联合举办以“心系学子、朝阳行动”为主题的大中专毕业生公益性专场招聘会。64家用工单位入场招聘,提供就业岗位1287个,入场求职1535人次,达成意向678人。

4月

3日 坐落卫津路16号新都大厦底商的华一银行天津分行举行开业典礼。市委常委、副市长崔津渡,市台商协会会长韩家宸出席仪式。该分行为华一银行在华北地区设立的首家分行。

8日 坐落新南马路五金城的南开区中小企业服务中心正式挂牌。区政府拨款300万元作为促进民营企业发展专项资金，用于扶持区域内中小企业发展。

17日 南开区“津彩纷呈——2009商旅嘉年华”系列活动之一的第12届(春季)天津·中国古玩艺术品博览会在古文化街旅游商贸区古玩城开幕。博览会设展厅8个，全国20多个省、自治区、直辖市近千家商户参展。

18日 纪念天后诞辰1049周年祭拜大典在天后宫举行。

22日 天津市南开区、蓟县、宝坻区，北京市昌平区，河北省清苑县旅游局联合在南开区政府举行新闻发布会，签订旅游合作协议，发布各地精品旅游线路，推介新开放景区及酒店。全市20余家主要媒体、100余个旅行社参加会议。

25-27日 南开区2009春季房交会在红旗路人才公寓举行。展会分商品房展销、二手房展、住房保障服务现场受理和政策咨询现场服务4个板块，区内10家地产开发公司与9家房地产中介企业参会。接待群众近3万人次，达成商品房、二手房交易意向455套。

29日 南开区召开庆“五一”暨劳动模范、模范集体表彰大会。表彰全国“五一”劳动奖章先进个人、全国工人先锋号、天津市“五一”劳动奖先进代表、市级劳动模范和模范集体。

30日 南开区召开各界青年纪念五四运动90周年暨建团87周年表彰大会。表彰南开区“五四”红旗团支部、优秀团干部、优秀共青团员、十佳优秀共青团员标兵。

同日 南开区召开海外联谊会第三届理事会第一次会议。审议通过《南开区海外联谊会章程(草案)》，选举产生区海外联谊会第三届理事会常务理事及会长、副会长、秘书长、副秘书长。

5月

1日 南开·蓟县·宝坻·昌平·清苑互动游活动暨天津绝活绝技展示周启动仪式在古文化街亲水平台举行。

14日 南开区召开科学技术奖励和专业技术拔尖人才表彰大会。表彰获2008年科学技术进步奖一等奖项目3个、二等奖项目5个、三等奖项目19个，表彰区第五届专业技术拔尖人才25人。

17日 南开区举行“关心残疾人，发展特殊教育”助残日活动启动仪式。活动期间，坐落青年路“格调春天”底商的南开区残疾人就业服务中心成立，中心以帮扶残疾人自主创业为重点服务内容。

18日 南开区召开市容环境综合整治指挥部全体会议，部署新一轮市容环境综合整治工作。

27日 政协南开区十三届四次会议审议通过《陈栢龄同志辞去政协主席职务的请求》，选举许景胜为南开区政协主席。

6月

3日 南开区举行“环境友好使者在行动”活动启动仪式。市人大常委会副主任李润兰、市政协副主席陈质枫等市、区领导出席，并向区环境友好使者队伍授旗。

9日 香港太平人寿保险公司天津分公司迁址海光寺环球置地广场。

14日 参加中日韩非物质文化遗产保护论坛的专家学者到天后宫观摩国家级非物质文化遗产“皇会”。

15日 全国人大常委、全国党建研究会会长、中央党校原常务副校长虞云耀率中央巡回检查组到南开区，就开展深入学习实践科学发展观活动进行调研。市委常委、市委组织部部长史莲喜等市、区领导陪同。

17日 内蒙古和林格尔县代表团到南开区参观考察，与南开区建立友好区县合作关系，并签订《实现友好合作 推动共同发展协议书》。

21日 坐落青年路“格调春天”底商的南开区自主创业服务中心举行揭牌仪式。该中心由劳动、人事、残联、民政等部门联合组成，为创业者提供政策咨询、创业指导、创业培训、项目推荐、资金扶持等服务。

25日 南开区十五届人大五次会议选举韩宏范为南开区区长。

26日 南开区“6·26”国际禁毒日宣传活动在长虹公园举行。市委常委、市委政法委书记散襄军，市公安局局长武长顺等市、区领导出席。各界代表800余人参加，发放禁毒资料2000余份。

同日 坐落古文化街旅游商贸区风情水畔，集美味、休闲、观光于一体的多功能消费乐园亲水平台酒吧广场建成，7月10日正式对外营业。

7月

1日 天津市第109中学与天津大学附属中学合并签字仪式举行。合并后校名为“天津大学附属中学”，校址为原天津市第109中学。市委常委、市委教育工委书记苟利军，副市长张俊芳，天津大学校长龚克及市、区有关领导出席仪式。

5日 “津派民间绝活绝技达人秀”启动仪式在民俗文化馆举行。

17日 南开区举办“坚持和完善人民代表大会制度”主题报告会。全国人大财经委副主任委员尹中卿就中国人民代表大会制度的由来和发展、性质、地位、作用及新形势下人大工作的重点和如何做好人大工作等内容作报告。200余人参加报告会。

18日 天津民俗博物馆作为首家区县级博物馆免费试开放。8月12日正式免费开放。

7月18日-9月18日 “天津之夏——欢乐嘉年华活动”在古文化街戏楼举行。副市长任学锋等市、区领导出席启动仪式。

23日 中共南开区委九届十次全会召开。总结上半年重点工作，部署下半年主要任务，审议通过《中共南开区委关于进一步加快产业结构调整的意见》。区委书记刘长顺，区委副书记、区长韩宏范讲话。区四大机关主要领导出席。

7月30日-9月28日 “古文化街红色假期文化广场民俗夜市”系列活动在古文化街举行。活动主体分为5个板块，包括多彩津门——民间绝活、绝技表演；海河风情——社区文艺、青春风采；津门古韵——彩唱国粹、传统曲目；老城民风——喧嚣杂院、童年回忆；国韵民风——风尚时装、劲舞比拼。

8月

1日 坐落宾水西道和红旗南路交口的南翠屏公园正式对外开放。

11日 天津传统民俗和妈祖文化的重要标志性建筑天津天后宫正式免费开放。

8月16日-10月16日 “河床VILLA之夜”啤酒广场在老城厢河床酒吧街举行。每天营业时间为18时至零时。

18日 天津市光电子成套设备制造及服务平台揭幕仪式暨蕾普激光技术有限公司开业典礼举行。中国科学院院士母国光，市、区有关领导及高校、相关企业等近百名嘉宾出席仪式。天津市光电子成套设备制造及服务平台坐落南开工业园天津市光电子孵化器内。

本月 南开区肺科医院自行设计开发的“南开区慢性病防治网”开通。

9月

8-14日 由南开区政府、中国五金交电化工商业协会主办的首届天津（南开）五金机电节在新南马路五金城举办。重点围绕“腾飞的天津、世界的五金”主题举办系列商贸、展览、商务活动。新南马路五金城被中国五金交电化工商业协会授予“华北五金第一城”称号。

9-11日 直辖市四区人大工作研讨会在南开区举行。天津市南开区、北京市海淀区、上海市浦东新区、重庆市渝北区有关部门负责人30人参加，就如何学习实践科学发展观，促进人大监督工作进行交流。

16日 南开区召开党政领导干部会议，对市委巡视组进驻南开区开展巡视工作进行动员部署。区委书记刘长顺代表区委常委会作换届以来工作汇报；市委巡视一组组长、正局级巡视员吴荣平讲话；区委副书记、区长韩宏范主持会议。区四大机关主要领导，市委巡视一组全体成员出席。

18日 南开区庆祝中华人民共和国成立60周年歌咏大会暨第三届“和谐南开”艺术节开幕式在天津大剧院举行。

22日 南开区举行各界人士庆祝新中国暨人民政协成立60周年联欢会。

24日 南开区召开迎接建国60周年、纪念改革开放30周年民营经济回顾与展望会议。

27日 南开区召开首届园林园艺师命名表彰暨区园林局建局20周年庆祝大会。

9月30日–10月8日 第十届中国美食节中华名小吃展销暨天津市第三届中华风味小吃美食节在鼓楼商业街广场举行。活动设展位100余个,来自不同国家和地区的数百种传统及创新名点、名小吃参展。

10月

1–10日 由南开区政协主办,市楹联学会和区政协中国书画研究院承办的"颂祖国、歌盛世"庆祝新中国暨人民政协成立60周年大型书画展在南开区举办。展出天津书画名家和部分区政协老委员书画作品80余幅。

10月13日–12月19日 由天津市文化广播影视局、南开区政府主办,南开区文化和旅游局、天津北方网股份有限公司、上海盛大网络发展有限公司承办的天津市首届网络游戏大赛在荣华时代广场举行。大赛以"展现自我,点燃激情,体验速度,更快更强"为主题,全市近2000名选手参赛。经初赛、复赛和决赛,产生冠军、亚军和季军6人,优秀奖26名。

27日 南开区庆祝第13届环卫工人节、南开环卫建局30周年暨第八届环卫十佳表彰大会召开,对十佳环卫工人进行表彰。300余名环卫职工参加大会。

28日 南开区残工委召开参加天津市第六届残疾人运动会总结表彰大会,对南开区获金、银、铜牌的运动员进行表彰,5名运动员获"精神文明奖"。

29日 南开区与河北省安新县缔结友好区县签约仪式举行。双方约定以"优势互补、互惠互利、加强合作、共同发展"为原则,加强两地在经济、文化等方面的合作与交流。

11月

9日 南开区举行全国第19个"119"消防宣传日活动。通过设置宣传展牌、发放消防宣传材料、开展文艺演出等多种形式,宣传消防知识,并为消防志愿者先进组织单位和优秀消防志愿者颁奖。

11日 南开区档案馆举办建馆50周年座谈会。

12日 南开区第14届全民健身运动会"元升杯"乒乓球比赛在南开小学举行。12支代表队的150余名运动员参赛,区房管局代表队和万兴街代表队分获男、女团体冠军。

18日 康泰老年公寓开业。公寓坐落长江道,占地7400平方米,可同时容纳600余名老人入住。

19日 南开区召开重点项目推介会,中新集团、中粮集团、富丽地产等多家开发企业参会。重点推介绿茵里、美湖里、六马路、光电子园、天拖、东王家台、兴业里7个地块。

同日 由中共南开区委、南开区政府主办,湖北省驻京办和天津湖北商会承办的投资项目推介会在中南海天大酒店举行。参会人员观看区情介绍片,就南开区重点项目投资发展进行交流洽谈。

24日 南开区召开行政区划新闻发布会。国家民政部区划地名司司长戴均良及市、区有关领导出席。区民政局负责人介绍区行政区划工作情况。

29日 为支援甘肃、河北承德贫困地区对口区县,南开区募集物资20余万件,由102辆货车运往受捐地区。

12月

8日 由天津市国学研究会主办,崇化中学、中营小学协办的"国学进校园活动"在崇化中学举行。市国学研究会学术顾问、天津社会科学院历史所原所长罗澍伟研究员,市国学研究会副会长艾跃进教授分别作题为"用优秀传统文化浸润我们的人生——对青少年进行国学教育的一些看法"和"中华传统礼仪与做事做人"的学术报告。

24日 南开区召开规划工作例会,专题研究西部地区产业调整规划。

27日 中共南开区委九届十一次全会召开,总结2009年各项工作,对2010年各项任务进行部署,审议通过《2010年区委工作要点》和《中共南开区委关于加强和改进基层党组织建设的意见》。区委书记刘长顺讲话,区委副书记、区长韩宏范代表区委常委会作工作报告。区四大机关全体领导出席。

30日 中央综治委委员、全国政协副秘书长蒋作君率全国政协办公厅有关领导到南开区调研社会治安综合治理工作。市政协副主席、市综治委副主任俞海潮，市委政法委副书记武长顺、马广智陪同。

（区地志办）

党务

概况 2009年，南开区开展“保增长、渡难关、上水平”活动。开展“坚定信心、应对挑战、抓住机遇、科学发展”大讨论活动，开展迎庆建国60周年“爱党爱国爱天津爱南开”（简称“四爱”）主题教育、“辉煌南开60年”系列成就报告会、“双学”标兵、“双百”人物和“海河骄子”评选等活动。制定下发《关于建立南开区创建全国文明城区工作长效管理和工作机制的实施意见》。开展“迎国庆讲文明树新风”活动，成立文明礼仪宣讲团、法律知识宣讲团、心理健康宣讲团3支志愿者队伍，开展社区大讲堂活动。创建文明小区20个，建成华苑街日华里、鼓楼街壹街区2个特色精品示范小区。强化党委中心组理论学习制度，制定《关于进一步加强和改进党委（工委、党组）中心组学习的实施意见》。召开加强领导干部党性修养专题民主生活会。制定《2009－2011年南开区处级领导班子建设规划》、《关于进一步加强公开选拔和竞争上岗工作力度的意见》。加强基层党组织和党员队伍建设，落实党风廉政建设责任制。

（刘 晨）

干部教育培训 2009年，南开区委组织部围绕“干部科学发展能力提升工程”，开展处级干部、青年人才、入党积极分子和基层社区青年干部培训，开设新提任处级干部进修班、外派干部派出前培训班、“7930”青年人才班、青年干部培训班，近百名处级干部、300名科级及青年人才、400名入党积极分子和基层社区青年干部参加培训。围绕“保增长、渡难关、上水平”活动，对活动抽调干部进行专题培训。处级干部培训班首次采取训前调研、训中研讨、训末测试的“三段式”培训方法，提升干部解决实际问题能力。完善外派挂职锻炼干部管理办法，选派16名优秀年轻干部到外派基地和滨海新区学习锻炼。对选派到金融系统的6名干部的学习锻炼情况进行总结，完成外派金融干部管理协调任务。接待3名中央选派干部到区挂职锻炼。

（李 艳 刘 冬）

“爱党爱国爱天津爱南开”主题教育 2009年，南开区委宣传部举办“辉煌南开60年”系列成就报告会6场。开展爱国主义教育月活动。8月至9月，组织“五老”（老干部、老模范、老教师、老战士、老专家）队伍面向团员青年和中小学生开展“祖国在我心中”主题宣讲6场。组织“祖国万岁·激情南开”红色经典万人歌会暨第三届“和谐南开”艺术节开幕式。“四爱”主题教育活动中，各系统举办宣讲报告会191场，组织红色歌曲展演等活动近200场，组织参观展览171场次，举办报告会73场，座谈会220场，演讲会、讨论会107场。召开“四爱”教育活动推动会，编发专题简报66期。总结宣传“四爱”主题教育活动先进集体38个，先进个人332名。

（柴 毅）

违纪案件查处 2009年，南开区纪委初核案件13件，立案6件，结案3件，给予党政纪处分3人。通过调查核实，为19名党员干部澄清是非，对2名领导干部诫勉谈话，对3名有一般性问题的党员干部批评教育，对4名干部谈话提示。出台《案件区域联查办法》，将50个单位划分为5个案件查办协作区，整合办案力量，提高办案质量和效率。强化案件查办治本功能，对查处中发现的问题采用“监察建议书”等形式，帮助案发单位开展

相关链接：

“7930”是2007年南开区《关于进一步做好培养选拔优秀年轻干部工作的意见》中的一项内容，在民主推荐、竞争考试、组织考察等基础上，运用综合评价方式，选拔出一批70年代出生，90年代大学毕业，年龄在30岁左右的副科级以上优秀年轻干部，有重点有计划地进行培养。

防范教育，建章立制，堵塞漏洞。

（康 晟）

搭建参政议政平台 2009年，南开区委统战部召开民主协商会、情况通报会、小范围谈心会5次，拓宽民主党派和无党派人士参政议政渠道。为2011年党派换届做人员后备储备，制定《民主党派领导班子后备干部队伍建设意见》。组织各民主党派和驻区5所高校搭建参政议政平台。2月25日，组织召开统一战线为"保增长、渡难关、上水平"做贡献暨南开区各民主党派与驻区高校民主党派组织建立合作关系座谈会，各民主党派与驻区高校民主党派组织达成建立合作关系协议。借助外脑寻求解决制约区域发展问题的良策，形成文化创意产业发展、科技南开建设、教育网络建设、重点行业创新和区县建设方面调研报告9篇。

（宋 涛）

创建文明社区 2009年，南开区创建20个文明示范社区，打造移风易俗型鼓楼街壹街区、文化活动型华苑街日华里2个特色精品社区。协调推动天津大学校区文明社区"五个一"创建工作，学府街整建制创建文明和谐社区工作基本完成。全区文明社区"五个一"阵地覆盖率65%，受益群众70万人。

（张鸿鹏）

政 务

概况 2009年，南开区政府着力保发展、保民生、保稳定，实施"保发展、渡难关、上水平"帮扶工作和经济社会发展90个重点项目，区域综合实力增强，文明程度提升，实现经济社会平稳较快发展。主要经济指标全面完成。实现地区生产总值311亿元，其中服务业260亿元，占全区生产总值的83.5%；社会消费品零售额335.24亿元，增长20%；三级财政收入49.3亿元，其中区级财政收入24.3亿元，增长10.48%。选商引资协议额117亿元，到位资金107亿元，分别完成计划的195%和268%。创岗安置3.5万人，城镇登记失业率保持在3.4%以下。民营经济发展速度名列全市前茅，成为区域经济发展的主力军。

（姜俐颖）

政府热线 2009年，南开区政府热线接听群众热线电话4680件，其中电话咨询3510件，受理问题1170件，办结率99%。受理市政府秘书长热线电话165件，区长热线120件，受理天津日报、今晚报和天津电视台等新闻媒体反映南开区居民生活方面问题6件。参加市政府和天津人民广播电台组织的《公仆走进直播间》活动，受理群众反映的问题12件，全部办结。

（杜 刚 姜俐颖）

提案办理 2009年，南开区政府办公室办理市人大代表建议、政协委员提案11件，办理区十五届人大四次会议期间代表议案1件、建议74件，办理区政协十三届三次会议期间政协委员、民主党派、人民团体提案148件，交由区政府系统37个单位和部门办理，满意率100%。坚持"三走访"制度，下发政府文件规范议案、建议、提案办理工作。适时召开座谈会、汇报会，邀请人大代表、政协委员检查视察

南开区委统战部组织各民主党派和驻区5所高校搭建参政议政平台

相关链接：

"三走访"指办理前走访代表、委员，进一步沟通办理情况；办理中走访代表、委员，当面征求对办理工作进展情况的意见；办理后走访代表、委员，送达办理意见征询表，当面征询代表、委员对办理工作的意见。

办理工作。区政府常务(扩大)会每期邀请人大代表、政协委员和居民代表参加，听取意见和建议，畅通社情民意反映渠道。

(刘 博 姜俐颖)

公务员管理 2009年，南开区人事局会同区委组织部、宣传部，组织开展评选“人民满意公务员”和“人民满意公务员集体”活动，推荐1名人民满意公务员、1个人民满意公务员集体上报天津市参加评选。组织干部交流、任免情况调研。举办“公共危机管理知识”骨干培训班，77个单位98人参加，下发《公共危机管理培训习题集》。

(杨 军)

机构编制管理 2009年3月，南开区编制办公室完成事业单位2008年度检查，参检单位255家，合格率98.4%。全年变更调整科级机构12个，组建处级单位2个。全区行政编实有人数控制在下达编制90%；事业单位实有人数控制在下达编制81.4%。办理人员编制增减登记559人次。办理事业单位法人证书变更手续39家。完成2009年度党政机关和事业单位机构编制统计。核对机关事业单位机构编制管理手册，试行编制管理实名制。

(杨 军)

政 法

概况 2009年，南开区政法系统开展“保增长、渡难关、上水平”活动，提高履职能力和工作水平，完成社会治安综合治理目标责任38项。完成国庆60周年期间安保工作等重大任务，化解涉法涉诉疑难信访案件。坚持打击刑事犯罪与保障人权并重，体现法律效果与社会效果统一。开展“公正执法，一心为民”教育活动，提高干警素质。

(马绍梅)

社会治安重点整治 2009年，南开区综治办确定市、区、街三级重点整治地区、单位12个。3月，召开动员部署会，制定下发重点整治工作方案，成立市级整治工作推动组。在市级重点整治地区向阳路街沁水道足疗、洗头房一条街整治中，街道和派出所配合，采取主动进驻方法，通过4次集中清整，取缔足疗、洗头房15家，拆除违章建筑7间，建立警务室，有效改善该地区治安状况。在市级重点整治地区广开街凯兴天宝公寓整治中，派出所、居委会和物业联手，抽调两支巡逻队每天夜间在南北两院巡逻，加大门窗报警器、防盗护栏等技防设施投入，修复小区大门，加高围墙，可控案件发案明显下降。在崇化中学校园周边整治工作中，区公安、交警等职能部门多次联合行动，规范停车点位，改变该地区上下学时交通混乱局面。坚持每月到重点整治单位指导督查，分析地区治安情况，调整整治措施，对基层排查出的重点整治对象逐一建立台账，明确整治任务、责任和时限。至年底，12个三级重点整治地区通过市、区综治委考核验收。

(石 琪)

刑事审判法律监督专项检查 2009年5月至12月，南开区检察院成立专项检查活动领导小组，在公诉、羁押、控告申诉及相关工作机制、制度4个方面，开展2008年度刑事审判专项检查活动。重点检查刑事抗诉案件，职务犯罪判处缓刑、免予刑事处罚案件，经济犯罪判处缓刑、免予刑事处罚案件，检察机关提出再审检察建议案件，法院改变定性案件。通过自查、互查

2009年7月8日，中央综治委委员、全国政协副秘书长蒋作君率全国政协办公厅有关领导一行7人到南开区视察社会治安综合治理工作。

和市检察院组织的抽查，没有发现问题案件。重点监督罪犯减刑41人、裁定罪犯假释7人、决定罪犯暂予监外执行7人，未发现减刑及监外执行不当。未发现法院审判环节超期羁押案件及刑事判决裁定刑期计算错误。2008年度南开区看守所在押人犯进入审判程序533人，全部在法定期限内审结，没有发现审判环节超期羁押等严重侵犯当事人诉讼权利问题。2008年度无刑事申诉案件。通过检查，完善刑事审判监督机制制度6个。公诉科制定《南开区人民检察院公诉案件量刑建议指南》，在全市率先全面实行。

（沈慧玲）

惩罚犯罪 2009年，南开区法院审理刑事案件553件，审结545件，结案率98.6%，判处犯罪分子785人。依法严惩王顶堤果品批发市场黑恶势力等严重危害社会治安、侵害群众利益、破坏市场秩序犯罪。对具有法定从轻减轻情节的轻微犯罪，依法从宽处理，全年判处非监禁刑288人。维护被害人合法权益，刑事附带民事案件审理为被害人挽回经济损失663.8万元。

（王明清）

帮教安置 2009年，南开区司法局在重大节日，对刑满释放的507人及解除劳教的95人开展大排查，对排查出的情况责任到人，限期调处。全区建立刑释解教人员帮教安置小组197个，帮教工作人员1566人。对帮教对象逐一核查登记，造册建档，掌握思想动态。制定帮教安置工作量化考评标准。全年接收刑释解教人员336人，其中刑满释放257人、解除劳教79人，帮教率100%，安置率98%，重新犯罪率2.41%。

（梁迎春）

人民团体

帮扶困难职工 2009年，南开区总工会投入资金32.5万元，在12个街道工会建立帮扶站，并一次性通过市总工会验收，提前3年完成市总工会下达目标。在原帮扶对象基础上，将社区非公企业困难职工及外来务工人员纳入帮扶网络，成立64支“孺子牛”小分队。多方筹集资金90.96万元投入帮扶工作，帮扶困难职工3278人次，比上年分别增长32%和24%，其中投入3万元开展“夏送爽”活动，投入12.94万元开展“金秋助学”活动。各基层工会投入320万余元，比上年增长15%。接待职工来访213人次，化解企业劳资矛盾13起，为职工挽回经济损失10万余元。

（胡亚南）

青年志愿者工作 2009年“3·5”期间，共青团南开区委开展以“弘扬雷锋精神，争做时代青年”为主题的助残助困助老活动和“迎春风大手牵小手，送关爱和谐暖南开”——南开区青少年学雷锋主题实践活动日。以中国青年志愿者服务日为契机，组织团员青年参加“展示青春风采，共建和谐天津”大型青年志愿者宣传活动，开展“携手文明，青年先行”主题实践活动。“共青团大篷车”到第二干休所开展送年货慰问服务活动。

（田 越）

“巾帼建功”活动 2009年2月24日，南开区召开纪念“三八”国际劳动妇女节99周年暨表彰大会，对2个全国巾帼文明岗、1名全国“巾帼建功”标兵、1个天津市“三八”红旗集体、15名市级“三八”红旗手和10个区级“三八”红旗集体、101名区级“三八”红旗手进行表彰。特邀中共十六大代表、奥运冠军的教练吴卫凤作《时代楷模·杰出女

志愿者学雷锋活动

性》专题报告。9月10日至12日，组织12名女企业家赴陕西西安学习考察。开展全国“巾帼文明岗”自查活动，对9个全国“巾帼文明岗”按照标准化、规范化、科学化、品牌化管理要求进行自查，推动创岗活动健康持续发展。

（高 敬）

基层科普工作 2009年，南开区有市级科普示范街5个、市级科普示范小区56个、市级科普示范基地1个、市级科学文明家庭52户，企业科协组织17家、协会和学会7个，组建12支科普志愿者队伍、科普志愿者1200余名。

（赵 晖）

工 业

概况 2009年，南开区独立核算工业企业127家，主营业务收入22.29亿元，比上年下降13.1%；利税总额1.91亿元，税金5612万元，下降1.3%；利润13461万元，增长2.9%。其中，国有企业21家，主营业务收入2852万元，增加1.2%，利税总额165万元，下降3.3%；股份制企业78家，主营业务收入14.12亿元，下降11.8%，利税总额1.14亿元，下降22.1%；外商及港澳台商投资企业20家，主营业务收入56301万元，下降14.1%，利税总额6159万元，增长110.8%。

（张 淳）

扶持企业发展 2009年，南开区鼓励企业申报项目争取支持，为企业发展争取专项资金和优惠政策。申报工业政策支持项目13项，申报企业项目50余个，获批政策资金到位200万元。组织天津际华三五二二装具饰品有限公司、九安医疗电子股份有限公司、欧波精密仪器股份有限公司填报统计信息快报，申报新科技创新项目，为3家企业争取资金60万元。到企业、项目建设现场调研座谈，解决难题。手动葫芦厂、粉丝厂等企业通过申请减免税收；天津市著名商标“九安”、“铁牛”、“桂顺斋”、“鸵鸟”、“郁美净”等品牌企业获得政策兑现；天津市中环电子计算机公司、久荣车轮技术有限公司、世纪盛名不锈钢有限公司、春祥灯具有限公司等重点企业获扶持资金近1000万元。组织天津市针织运动衣厂、颖慧制衣有限公司、赛誉食品有限公司、鸵鸟墨水有限公司、开立达控制技术开发有限公司等知名企业参加第16届“津洽会”零售展卖、APEC展览会、投资洽谈会等各种交流洽谈会，为企业发展提供商机，展现企业形象及特色。

（张 淳）

工业园区 2009年，区经贸委完善《南开区工业布局规划》，指导南开光电子园、针织工业园、中环电子工业园、中欣汽配工业园、盛名不锈钢工业园、咸阳路科技创意园、天拖科技总部园、奥体创意园8个都市工业园编制园区发展建设规划。园区入驻企业600多家，在机械制造、机加工、电子通讯设备、电子工程控制、计算机制造、制药、汽车检测等领域初步形成聚集效应。为工业园区申请都市工业发展专项资金90万元，申报政策资金近700万元。以工业园为载体，提升以龙头企业为骨干的中小型企业服务平台、综合竞争力较强的产业链，打造光电子、机械制造、医药研发、创意四大产业聚集区，整合全区工业资源。

（张 淳）

节能减排 2009年，区经贸委制定《关于南开区2009年节能降耗评价考核工作的实施意

2009年5月5日，区经贸委组织18家重点工业企业召开南开区“保增长、渡难关、上水平”重点工业企业座谈会。

见》，对固定资产合理用能项目的行政审批，从源头上控制能耗。按照《关于天津市2009年中央财政补贴高效照明产品推广安排意见的通知》，与市节能协会配合，在区宣传推广节能高效照明产品，组织召开节能照明产品生产企业与重点企业、超市及12个街道办事处的推广对接会，出台《2009中央财政补贴高效照明产品推广南开区实施方案》，组织街道及下辖居委会具体实施。

（张 淳）

企业培训 2009年，南开区经贸委与市、区各有关部门联合开展专项培训，为企业解读政策，免费推出系列专题培训课程，对九安、久荣、信久、易通、澳川、生机等15家工业企业500名企业管理人员开展4次企业管理培训。

（张 淳）

商贸服务业

概况 2009年，南开区围绕全市40个商旅服务业精品项目，打造鼓楼商业街、古文化街、河床酒吧街、水上北道餐饮文化街、上谷商业街和奥体中心“体育之窗”项目。举办招商推介和宣传活动，发展会展经济，培育消费热点，拉动经济增长，促使国家级、市级大型商贸活动落户南开。建设社区商业中心，实施便民早点工程，开展家电下乡和家电以旧换新工作。

（张 淳）

特色商业街建设 2009年，南开区加强特色商业街建设。①鼓楼商业街东、南、北3条街全长1090米，商业网点近800个，年内进行全面提升改造，集中治理鼓楼广场，投资700余万元改造夜景灯光，整治街区经营环境。改造后，北街聚集20余家书画名家工作室，成为古玩字画一条街；南街成为以红岩海鲜广场为主的特色餐饮一条街；东街汇集上百家经营旅游产品、文化创意和艺术品商家，成为文化创意一条街。②投资1500万元，对古文化街灯光、道路、绿化等提升改造。“老字号名品街”建成，商户进驻营业。风情美食街完成前期调研，地面工程开工建设。古文化街亲水平台酒吧广场建成营业，占地面积约2800平方米，可同时容纳320人就餐。③上谷商业街经营业态涵盖餐饮、酒吧、娱乐、休闲等，其中经营餐饮业商户占50%，休闲业商户占30%，娱乐业商户约占10%，其他商户占10%。通过树立“精神堡垒”街标、更换商户牌匾、美化夜景灯光，提升街区经营环境。④水上北道餐饮街，全长1400米，建筑面积2.9万平方米，年客流量700万人，营业额3.6亿元，“狗不理”、“客家公馆”被评为国家特级酒家。⑤河床酒吧街是老城厢地区新建商业街区，项目用地6.28万平方米，建筑面积5.4万平方米，涵盖酒吧、餐饮、金融等业态。按照经营定位标准，对街区道路、管网等硬件设施全面整修。两次召开项目专题推介会，举办“河床VILLA之夜”系列活动。⑥完成“体育之窗”项目湖岸灯光、湖面灯光工程建设，规划建设滑雪场，满足市民冬季运动需求，开展餐饮、娱乐等相关产业招商。

（张 淳）

惠民工程 2009年，南开区有标准化菜市场28个，建筑面积6.2万平方米，摊位3563个。完成兴南顺菜市场和家佳菜市场改造，实行计量器具统范统管，设置蔬菜农药残留检测，增设LED市场信息播放及监控系统。对菜市场摊位、经营用房出租情况及收费标准等摸底调查，依据行业标准和管理要求，规范菜市场管理。培育社区商业中心9个，包括早点快餐店、便利店、中小型超市等12种业态，其中“阳光100”等被评为国家级社区商业。在王顶堤等7个街实施“放心早点”工程。改造早点经营单体店42家，设立“六统一”便民早点流动售货车370余辆，统一车型、标识、着装、卫生标准、编号，统一进行从业人员体检和食品卫生经营许可证、摊位营业执照申领。开展家电下乡和家电以旧换新工作。完成23个家电下乡网点、103个家电以旧换新网点和1027件以旧换新产品备案登记、补贴审核工作。

（张 淳）

新南马路五金城 总占地面积34.93万平方米，建筑面积

新南马路五金城

近100万平方米，实施信息化、规模化、品牌化经营，建成集交易、仓储、物流配送、现代商务办公、信息化管理、品牌展示、电子商务、会展等多项功能于一体的现代化五金专业市场。2009年，有商户2500余家，日均采购流量1万人次，销售收入100亿元，比上年净增30亿元，增长43%，被中国五金交电化工商业协会授予“华北五金第一城”。新南马路五金城大型电子商务平台“五金天下网”启动上线。

（张　淳）

长江汽贸街　长江汽贸街有4S专营店和特色经营店32家，经营面积11万平方米。2009年，名爵、铃木、比亚迪、瑞奇、莲花5家4S专营店入驻，新建经营面积1万平方米。整车销售逾4万辆，汽车销售和维修收入35亿元，经营总收入40亿元。全税1.2亿元，留区税收3000余万元。

（张　淳）

重要节庆会展活动　2009年，南开区开展新春购物节活动，举办鞍山西道IT产品特卖月。参展中国天津第16届投资贸易洽谈会，获最佳组织、最佳项目推动、最佳布展奖，推介“六区三带”功能布局发展方向和重点招商引资项目，组织16家重点企业参展参会，与30多家企事业单位进行具体项目洽谈，项目意向金额227亿元，推介重点项目50个，投资规模380亿元，3家企业和个人持专利项目到区合作开发。开展南开区“津彩纷呈——2009商旅嘉年华”等系列活动。开展第12届（春季）天津中国古玩艺术品博览会、南开区时尚数码盛宴、南开区老城厢江鲜美食节、天津汽车文化节、“河床VILLLA之夜”等12项系列活动。举办“动感水滴，欢腾国庆”大型激情电子音乐会音乐节。举办第三届中华风味小吃美食节，邀请全国各地老字号、餐饮名店、品牌餐饮企业、小吃名店到鼓楼商业街，接待国内外游客100万人次，收入350万元。

（张　淳）

城市建设与管理

概况　2009年，南开区推动房地产项目建设，以城市建设十大重点项目为龙头，保持房地产项目建设规模，保持对区域经济支撑作用。房地产在建项目43个，在建面积450万平方米，其中新开工155万平方米，竣工150万平方米。超额完成招商引资和协税护税指标。区规划建设展览馆免费对社会开放。完成飞云东里、怀安环路、怀安西里3片分散平房和兴业里煤气楼拆迁。召开首次南开区建设市场管理工作会

相关链接：

“六区三带”：“六区”，以鼓楼商业街和古文化街为中心的民俗文化旅游商贸区；以南开三马路、南京路沿线写字楼为重点的商业商务区；以水上公园、天塔为标志的都市旅游商贸区；以天津奥林匹克中心为代表的健身会展商务区；以天津科贸街为核心的新技术产业园区政策区以及红旗路以西工业厂房为载体的生产资料物流和工业区。“三带”，长江汽车贸易街、南马路—黄河道标志路和鞍山西道科技贸易街。

议，推行项目管理新做法，开展环境综合整治工作。完成旧楼区综合整修等惠民工程。区建委落实行政审批大提速措施，举办城市建设成果报告会。根据天津市统一部署，地名管理职能平移到南开规划分局。

（王忠胜）

重点拆迁项目 2009年，南开区完成飞云东里、怀安环路、怀安西里分散平房拆迁。全区占地5000平方米以上分散平房拆迁任务全部完成。建立拆迁组织指挥系统，制定拆迁安置补偿政策，稳妥安置特殊困难居民。2月28日至8月17日，1235户居民动迁，拆除各类房屋3.2万平方米。完成兴业里煤气楼拆迁，首次实现不依靠行政程序完成拆迁任务。

（李 胜）

设施养护与管理 2009年，南开区市政工程局维修道路152条、里巷道路407条，工程量13.43万平方米，完成计划的104%。完成因工掘路修复287处3.5万平方米。排水养护疏通管道1135.85千米，完成计划的107%。掏挖检雨井45.49万座/次，完成计划的104%。翻修管道582米，维修检雨井2833座，高压水冲新管道105千米。对因工掘路和临时占路进行审批和管理，查处违章损坏市政设施行为202次，修复掘路占路4.7万平方米。

（王乃震）

房屋修缮管理 2009年，南开区房管局投入2604万元，完成直管公房修缮工程38万平方米，其中3项重点工程屋面维修7万平方米，门窗油漆11万平方米，下水管道改造15万平方米。投入246万元维修资金，用于4.19万平方米公用公房维修。弥补修缮经费2000万元。

（闫 颖）

城管执法宣传 2009年，南开区城市管理综合执法局制定服务企业、服务就业、服务百姓、服务稳定措施，开展“五进”（进社区、进企业、进学校、进机关、进沿街商户）、“进千厂、入万家”、“12·4”宣传日、爱国卫生宣传日等6次大型执法宣传服务活动，举办进社区执法宣传62场次。发放宣传材料5万余份，宣传画册1.3万份，协议书5000余份。走访企业、单位近2000人次，为新南马路五金城、服装街、钢材市场、赛博数码广场、科技广场等单位解决广告难、门头建设、垃圾运输等问题35件。建立“一宣传、二教育、三警告、四处罚”的“四步式”执法方式，贯彻文明执法、和谐执法理念。在市级媒体刊发稿件128篇，印发城管执法简报56期。

（胡建军）

环境保护

概况 2009年，南开区环境保护局加强环境监察支队标准化建设，更新和配备仪器，保障全区环境安全。开展“社区环保课堂”活动，12个街道办事处城管委、164个居委会继续深化ISO14001环境管理体系。查处环境违法行为，严把建设项目环保审批关。区内津河、卫津河等水体水质达国家Ⅴ类水质标准。环境空气质量二级良好天数302天，占总有效监测天数82.74%，比上年减少9天；区域环境噪声平均值54.5分贝，交通噪声平均值67.6分贝；工业废水排放达标率、工业固体废物处置利用率、危险废物集中处置率均达100%。建设项目环境保护审批执行率100%。办理“三同时”（建设项目需要配套

南开区社区市政设施标准化共建共管工作全面启动

建设的防止污染和预防生态破坏的环境保护设施，必须与主体工程同时设计、同时施工、同时投产使用）审批项目55个，备案登记4个，办理验收项目7个。更新改造燃煤锅炉37台，征收排污费198万元。申报登记审核单位416户。排污申报登记450户。检查工业生产加工及服务业355户，其中工业企业94户，医疗及宾馆等服务业200户，关、停企业28户，房地产开发项目33户。现场环境检查1008户次，纠正环境违法行为150余次。

（刘桂梅）

环境管理 2009年，南开区环保局执行“三同时”制度和环境影响评价制度，在推动企业建立ISO14001环境管理体系同时，推动清洁生产、绿色制造，创建循环型企业示范工程，查处水、气、声和固体废物等污染扰民问题396件。

（刘桂梅）

污染物减排 2009年，南开区环保局对重点污染源单位排污情况进行24小时监控，促使排污单位维护更新设施，减少二氧化硫和化学需氧量排放。完成废水、废气减排治理工程单位检查。督促完成天津大学污水处理项目。对9家供热单位37台10吨以上燃煤锅炉进行高效脱硫除尘改造。实现化学需氧量削减60余吨，二氧化硫削减627.48吨。

（刘桂梅）

环境监测 2009年，南开区环保局对降尘、硫酸盐化速率及区内河流、湖泊实施水质监测；完成区域环境噪声45个点位网格监测和19条道路37个点位道路交通噪声监测；对3个新建安静小区和16个复测小区进行24小时连续噪声监测。全年获取污染源监测数据7788个，其中锅炉监测数据3216个、废水监测数据3872个、噪声监测数据640个、工艺废气60个。获取环境质量监测数据6026个，其中大气444个、水质1836个、噪声3746个。获取科技服务性监测数据13300个，其中大气3800个、水质5225个、噪声4275个。为企业提供ISO14000环境质量体系认证服务性监测。开展监测培训12次160人。编撰空气质量日报365期，环境质量月报8期、季报4期。编撰《2009年度南开区环境质量报告书》，获天津市环境质量报告书评比三等奖。

（刘桂梅）

环境法制建设 2009年，南开区环保局编制《2008年度环保法律汇编》。结合《水污染防治法》、《固体废弃物防治法》、《医疗废物管理条例》等相关法规，对检查重点、要点进行培训。对新参加工作人员开展法制培训，内容涉及信访处理、调查取证等。全年实施行政处罚19件，申请法院强制执行3件。

（刘桂梅）

经济管理

财政收支 2009年，南开区三级财政收入49.30亿元，比上年增长10.46%，其中区级财政收入24.30亿元，增长10.48%。区级增值税1.70亿元。区级营业税7.79亿元，增长5.20%。金融企业税收实行属地分成后，区级企业所得税2.50亿元。区级个人所得税6907万元，比上年增加350万元，增长5.34%。完成车船税3260万元、契税4.25亿元。全区财政支出20.82亿元，完成预算的105.13%。各类支出项目完成情况：一般公共服务类1.74亿元，公共安全类2.71亿元，教育类6.55亿元，科学技术类0.30亿元，文化体育与传媒类0.21亿元，社会保障和就业类0.94亿元，医疗卫生类1.87亿元，环境保护类0.04亿元，城乡社区事务类2.99亿元，采掘电力信息等事务类0.74亿元，粮油物资储备及金融监管等事务类0.07亿元，其他支出类2.66亿元。

（郝　为）

国税征收 2009年，南开区国税局制定措施，加强对承担收入任务科、所跟踪考核，确保税收计划落实。根据上年各项税源信息和征管基础资料，将年纳税额100万元以上的145户企业作为重点税源企业进行精细化管理，将房地产业作为重点税源行业实时监控。建立重点税源台账，每月汇总分析其生产经营、资金运转、政策调控、市场变化和税款缴纳情况。重点税源户实现税收收入88468万元，占全局收入总额61.02%。坚持为出口企业每月办理2次出口退税制度。审批出口退税1916户次，出口退税额22498万元，增长5.5%，审批免抵调库税额9448万元。

（单 婧）

地税征管 2009年，地税南开分局加强重大项目分析预测，对房地产企业监控，重点放在项目监控与跟踪上，通过实地调查加强征管，扩大监控范围。将年纳税额30万元以上的16户餐饮企业纳入重点管理。重点企业入库税款15亿元。制定加强房地两税管理、个体餐饮企业管理、零散税源征管、清理欠税和纳税评估、常年亏损企业所得税核定等多项措施。通过走访重点企业和重点辖区、抓楼宇经济管理、重点税源评估、摸清餐饮企业真实营业额、房地两税普查等步骤，增收税款6429万元。开展房产税和土地使用税普查。审核《房产、土地情况登记表》2万份，入库税款1.29亿元。对各街道上报的1.85万户调查资料梳理分析，清理漏征漏管户1001户，经核实取证，转交区房管局、规划分局。压缩减免户和减免金额，减免户由69户减至47户，减免税款由1920万元减至1427万元。制定饮食行业管理办法，规定餐饮业户将顾客订餐情况按月备案，对76户收入不足600万元，财务制度不健全、不能准确核算的餐饮企业，取消领购“饮食填开票”资格。整顿中小餐饮企业收入不开发票现象，实行饮食行业不开发票收入占营业收入总额比例评估，增收税款627万元。实行专职评估。利用“税企通”评估模块，设置65个评估指标，以征管数据为依据，形成分行业、分税种的纳税评估指标体系和评估模型；完成评估企业311户，评估税款882万元。

（王 军 刘拥军）

企业注册监督管理 2009年，工商南开分局落实行政审批大提速，实行综合审批，坚持一审一核、24小时开门服务、节假日服务和延时服务，并以承诺书形式接受社会各界监督。制定加强网格化管理工作实施意见，规范监督管理日常工作。南开区有企业28747户，注册资本286.38亿元，其中个体11853户，注册资金11.99亿元，独资合伙企业2038户，国有、集体企业1275户，私营公司12242户，内资公司1339户。应年检企业15734户，参检率91.05%；应验个体工商户10817户，验照率73.06%。

（李艳玲）

物价管理 2009年，南开区物价局开展教育收费、医药价格、存车收费、物业收费、供热、中介收费和市场明码标价专项检查和专项治理，整顿市场价格秩序，维护公平、公开、公正的市场价格秩序和群众利益。出动检查6686人次，检查7277户次。“12358”专线电话受理群众价格政策咨询、投诉、举报291件，立案7件，案件办结率和群众满意率100%。落实“价格服务进万家”活动实施方案，拓宽价格社会监管网络，对24个社区居委会设立的价格公示栏更新维护。加强市场价格监测，执行各项监测制度，采集商品价格信息，上报各种数据，通过微机网络向市物价局报送商品价格监测8399品次，发送价格信息资料7260份。交通事故车物定损1741次，涉案物品评估372次，受理价格认证44次。

（张根立 姚月斌）

产品质量监督与专项整治

“六一”儿童节开展玩具3C认证产品检查

2009年,南开区质量技术监督局对生产强制性产品认证企业实行定期巡查制度。组织对3C认证产品企业监管巡查。出动执法120人次，巡查3C认证产品企业63家，其中C级企业14家、A级企业49家。“六一”儿童节前,对超市经销的儿童玩具进行检查,配合检验部门对生产电风扇厂家抽检。对3家质量认证企业、1家食品认证企业、6家计量认证实验室(复审、扩项)检查,对3家经营计划生育产品商店、2家医院、1家生产企业专项检查。对80家获证企业排查,符合年检条件36家。对获证的46家企业进行日常巡查和回访,对9家存在问题企业监督整改。作为市政府20项民心工程之一的家具和室内装饰装修材料专项整治活动牵头单位,对6家相关生产企业检查核实,建档立卷。与其他成员单位联系沟通情况,汇总上报。

(刘红莲)

经济责任审计 2009年,南开区审计局完成审计项目14个，其中任期经济责任审计5项，约占经济责任审计的40%。经济责任审计总资金量49763万元，审计发现不规范资金923.3万元。审计结果表明,多数领导干部能够发挥领导和组织作用,完成经济工作目标任务,执行财经政策法律法规，履行经济责任，个别的存在财政财务收支不实、执行财经政策法规不严等问题。

(来庆春)

科　技

概况 2009年，南开区实施科教兴区、人才强区和知识产权战略,发挥政府职能作用,提升区域科技水平，提高自主创新能力。以科技发展40大重点项目为龙头，推动全区科技进步。南开区通过全国科技进步考核，被评为全国科技进步先进区；在天津市第23届科技周期间组织科技活动，被评为天津市第23届科技活动周优秀组织单位;59家企业被认定为国家高新技术企业，登记科技成果43项。全区专利申请量3895件，其中发明专利1558件。受理专利资助122件,资助金额8.788万元。

(赵　晖)

科技发展重点项目 2009年，南开区分两批确定40个科技发展重点项目。项目涵盖电子与信息技术、生物工程和新医药技术、先进制造技术、新能源与高效节能技术等领域,重点突出科技含量高、附加值高、具有自主知识产权、经济社会效益好的项目,实现产值10亿元。采取鼓励创新、促进转化、资金支持、政策扶植、融资服务、优化资源、技术协作、创优环境、创新模式、尊重人才等措施,为项目实施单位解决问题。

(赵　晖)

创新服务体系建设 2009年9月,南开区产学研结合信息网网站开通“科技南开”创新产品展示平台,集中展示区内具有代表性的科技企业和科技产品。全年促进产学研结合信息网访问量17万人次，网站核心数据库搜集成果信息613篇、技术需求108篇、智力资源105篇、共享设备83篇、政策法规12篇、

9月20日，天津市2009年全国科普日活动启动仪式暨“科技南开”创新产品咨询展示会活动在水上公园举行,“科技南开”创新产品展示平台同时开通。

科技新闻及公告146篇。广东、浙江、江苏、重庆、陕西、辽宁等省市多家企事业单位、国外某些企业来电来函，提出合作意向。其中，西安盛家光电公司和沈阳星辰化工公司与天津理工大学开始洽谈关于遇油膨胀橡胶项目的合作。重庆建峰化工总厂、江苏镇江市新江化工厂与南开大学洽谈相关项目合作事宜。天津市中环电子计算机公司与天津理工大学、天津久荣车轮技术有限公司和上海轮胎研究所、天津戈德思创防伪技术有限公司与南开大学化工学院等合作项目，涉及市内的项目经对接后大多自行转化。

（赵　晖）

专利管理工作　2009年，在“4·26”世界知识产权宣传日期间，南开区开展以“实施知识产权战略，促进南开创新发展”为主题的宣传活动。采取试卷、网上问答等形式，通过电视、网络、报刊等媒体，向社会各界宣传知识产权知识。宣传周期间，结合区科技发展重点项目，到重点项目企业调查研究，为企业解决在知识产权保护、转化、实施过程中遇到的问题，开展知识产权宣传进社区活动，在群众集中的社区设立宣传台、张贴宣传画、发放知识产权宣传资料，讲解如何通过法律保护知识产权合法权益。组织企业申报各类专利奖项和专利试点单位。经过市知识产权局审核，确定泰普药品科技发展有限公司、炜杰科技有限公司为天津市专利试点企业，欧波精密仪器股份有限公司等6家企业为南开区专利试点企业。制定《南开区关于落实天津市知识产权战略的实施意见》。全年受理专利资助122件，资助金额87880元。专利申请量3895件，其中发明专利1558件。办理专利减缓215件。

（赵　晖）

科技成果转化　2009年，南开区政府与天津市科委联合实施促进科技型中小企业群体发展工程，实施一批科技型企业技术创新项目。南开区支持14项，天津市科委支持18项。32个项目中打包贷款8项，项目总经费8505.95万元，其中市财政资金610万元，区财政资金56万元，打包贷款320万元，商业贷款100万元，企业自筹资金7419.95万元。南开区获得市级专利试点企业资助专项资金15万元，软件专项资金114万元，共性技术平台项目资金40万元，中小企业创新资金项目435万元，产业技术成果转化项目资金300万元。

（赵　晖）

教　育

概况　2009年，南开区教育局对后备人才库成员进行水平测试。强化干部和教师队伍建设，创新培养和选拔名优教师体制机制，开展第三届第二批“三青三名”工程评选认定工作。选派54名骨干教师到上海华东师大培训。开展“博晨杯”第三届优质课评选活动，评出一等奖99人、二等奖153人、三等奖485人。组织60名骨干教师进行校际交流。组织全区见习班主任岗前培训，编辑出版《优秀德育课程教案100例》、《南开区小学视导校优秀教学设计与反思集》。突出大项目和特色项目，从德智体美等方面设立招标项目，在全系统公开招标40项，中标218个子项，投入资金275万元。2009年为“学校文化建设年”，制定《学校文化建设的实施意见》，组织中小学和幼儿园开展学校文化展示交流。推进义务教育学校现代化标准建设，制定《南开区义务

南开区教育系统2009年项目带资金开标大会

教育学校现代化建设标准实施方案》，年底26所中小学通过专家评估验收。开展“祝福祖国”系列教育活动，培养学生爱国热情和社会责任感。关注师生心理健康成长，建立南开区中小学生心理实验室。开展学生“阳光体育”运动，提高体育课和大课间活动质量。推进幼儿习惯养成教育，编辑出版系列丛书，完善《幼儿习惯养成教育评价指标体系》，编写《幼儿习惯养成教育评价测试题》，对25所幼儿园习惯养成教育检查评估。建立南开区特殊教育指导中心。更新社区教育网站。6月28日至30日，区教育局协办全国职业院校技能大赛中职组服装设计制作与模特表演技能比赛，在服装设计与制作、动画设计、电工电子技能以及计算机应用技术比赛中获金牌3枚、银牌4枚。

（韩石峰）

教育行政 2009年，南开区有中学31所，其中完中校14所、高中5所、初中9所、九年一贯制学校3所；初中班354个，高中班345个；在校生26085人，其中高中13595人、初中12490人；教职工3525人，其中专任教师2791人。小学36所（不含4所一贯制学校）798个班，在校生25997人，教职工2579人，其中专任教师2169人。幼儿园25所213个班，在园幼儿6195人，教职工837人，其中专任教师569人。职校7所，在校生7055人，教职工742人，其中专任教师604人。育智学校1所9个班，在校生99人，教职工21人，其中专任教师14人。直属单位9个，教职工778人。小学、初中入学率、巩固率、毕业合格率均为100%。推进学校岗位设置，完善绩效考核，实施绩效工资。天大附中与第109中学整建制合并为“天津大学附属中学”。

（韩石峰）

学前教育 2009年5月，在区第一幼儿园召开以“良好习惯伴我成长”为主题的南开区庆“六一”幼儿良好习惯大赛。6月对25所幼儿园大班幼儿进行习惯养成教育测试。9月出版《习惯养成教育系列丛书》，在幼儿园推广使用。百花幼儿园、炮台庄第一幼儿园晋升南开区一级幼儿园；12月，第四幼儿园、第六幼儿园、第三十二幼儿园、第三保育院通过市一级幼儿园评估检查，晋升天津市一级幼儿园，实现南开区国办幼儿园全部成为市一级园目标。规范幼儿园管理，对42所幼儿园登记注册年检，为31所年检合格单位颁发办学许可证，给9个家托所两年整改过渡期。在天津市首届幼儿园教师“新秀杯”创优活动中，4人获一等奖、4人获二等奖、4人获三等奖；6名教师获天津市第二届学前教育改革积极分子称号；4名教师“送教下乡”到西青区和静海县，区教育局学前科获“送教下乡”最佳组织奖。

（孙凤华）

小学教育 2009年3月至4月，南开区6个合作学区分别开展骨干教师、学科带头人、名教师献艺课活动，做课49节。9月，对14所小学高效课堂教学活动进行调研，采取推磨式方法，对常态课、优秀课、教师教案和学生课堂学习习惯等方面检查评估。10月至12月，29所国办小学和育智学校开展学校文化展示交流活动，参与活动的学生家长和社区群众近1000人。11月，长治里小学教师陈静代表天津市参加中国教育学会第二届全国课堂教学大赛，获全国一等奖。

（杨　军）

中学教育 2009年，南开区教育局实施以项目带资金，推动学校校本课程开发与实践，《新课程实验背景下校本课程的开发与实践》课题被6所学校立项，南开区实验学校“礼仪教育读本”、天津中学“生态园实践指导”形成校本教材。南开区技术教育管理中心正式运行使用，11月教育局拨8万元专款对通用技术学科教师进行表彰。对各学校初中毕业班工作进行调研，提出改进措施；3月召开2009届初高中毕业班工作会。11月召开教育教学工作会议，下发《进一步提高中学课堂教学针对性、实效性的实施意见》文件，提出6方面实施意见，通过优秀课观摩展示，探索提高课堂效率的方法和途径。

（马　钧）

成人教育 2009年，南开职

大、南开电大开设行政管理学等12个本科专业，机电一体化等20多个专科专业；职大录取新生809人，在校生1450人；电大招生705人，在校生2214人；奥鹏远程教育招生115人，在校生239人。老年大学开设37个专业，学员2500余人。《数字化学习型社区建设的理论与实践》获第六届高等教育天津市级教学成果一等奖。南开职大在市教委举行的青年教师教学基本功大赛中，2人获一等奖、1人获二等奖、1人获三等奖，指导教师中2人获一等奖、1人获二等奖。老年大学被评为全国先进老年大学；社区学院培训中心被评为天津市全国英语等级考试先进考点。老年大学艺术团朝鲜族男子群舞《喜悦》获天津市第二届群众舞蹈大赛中老年组一等奖。

（张　跃）

文　化

概况　2009年，南开区文化和旅游局举办各类文化活动180余次，参与8万余人。区级图书馆2个，接待读者4.6万人。主要旅游景区6处。注册旅行社50家。南开文化宫古建筑群主体修缮工程竣工。完成鼓楼商业街和古文化街提升改造。建成“津派相声风情线”和“鼓楼戏曲大观园”、“民间绝活绝技”展演特色文化产业项目。举办“三省五地互动游”和“尽览津门美景、品鉴人文南开”旅游推介会。举办妈祖民间春祭大典、妈祖诞辰1049周年庆典和第三届万民赛灯会活动。开展庆祝建国60周年系列主题活动，演出88场；承办“南开杯”天津市第二届新广场舞大赛。举办“逗你玩”大擂台，第20届“南开之夏”、“飞雪迎春”文化系列活动。南开图书馆首次被评为国家一级馆。完成天津市首届网络游戏大赛和“星级网吧”评定工作。实施净化社会文化环境专项治理行动。召开天津市首届文化产业命名授牌大会。区文化和旅游局被南开区委、区政府评为达标先进单位，所属文化市场缉查队被评为2009年度“文明执法、服务经济”先进基层单位。

（何齐兴）

文化宫古建筑群修缮工程主体竣工　2009年底，南开文化宫古建筑群主体修缮竣工。工程占地面积1.8万平方米，建筑面积2800平方米，投入资金3000余万元，按照“恢复原貌、修旧如旧”原则，采用传统工艺方法施工。油漆彩画、外檐铺设、围墙整修、室内装潢等修缮点位包括：宫门前区，一字影壁、东西八方形门房、东西值房、玉带桥及岸石；一进院，宫门、东西砖门楼、花厅及东西值房各3间；二进院，伴戏房、戏台、东西垂花门、游廊、东西配殿；三进院，后殿、西配殿、东宫门、东宫门南北顺山房。配套设施主要包括消防、排水、供水、强电、弱电、景观照明及安防、监控、报警系统等。

（何齐兴）

建成“津派相声风情线”、“鼓楼戏曲大观园”项目　“津派相声风情线”、“鼓楼戏曲大观园”为市委、市政府确定的2009年天津市11个文化产业项目，项目建设历时2个多月，采用修复、改造和投资兴建等方法，建成6个展演点位。津味相声风情线项目3个点位为：老城小梨园、元升茶楼和广东会馆，主要以戏曲、传统戏法、津韵大鼓、天津快板、双簧表演、津味相声等曲艺表演形式为主；鼓楼戏曲大观园项目3个点位为：名流茶馆、问津1913通庆里曲艺园和鼓楼南街52号，主要以戏曲演艺项目为主。

（何齐兴）

南开文化宫古建筑群修缮工程主体竣工

卫　生

概况 2009年，南开区健全社区卫生服务网络，建成社区卫生服务站70个。执行《南开区卫生局关于开展“以病人为中心，以提高医疗服务质量为主题”的医院管理年活动方案》和《关于建立医疗质量监督管理运行机制的实施意见》。加强医疗安全管理工作，建立医疗事故及纠纷产生原因分析通报制度，局属医疗机构未发生重大医疗事故。按照区域职责划分，接待处理辖区各级各类医疗机构医疗纠纷信访158件。与基层单位签订《医德医风目标责任书》、《医保诚信责任书》，加强行风、医德医风建设，完善医务公开和政务公开制度。开展执法监察和效能监察，加强重点项目建设监督检查。组织医药购销领域商业贿赂专项治理工作。截至2009年，全区有区属二级医院6所，社区卫生服务中心12所，有社区卫生服务功能一级医院1所，康复医院1所。卫生防病站、妇幼保健所、结核病防治所、口腔病防治所、卫生监督所及医学培训中心各1所，保育院4所。在职职工2468人，其中，医生783人，护士692人，药师205人，高级专业技术人员23人，副高级专业技术人员97人，中级专业技术人员582人，初级人员1424人。医疗单位编制床位1489张，年度门诊、住院诊疗323万人次。社会办医机构（包括市、企业、部队属医疗机构）13个，门诊部82个，诊所56个。

（张克勇　杨　旭）

传染病防控 2009年，南开区按居住地址统计接报乙、丙类传染病例7414例，比上年下降24.97%，无甲类传染病报告。发病前5位的传染病为，其他感染性腹泻3760例、细菌性痢疾1529例、手足口病461例、梅毒368例、乙肝265例。病毒性肝炎完成流行病学调查215例，流调率59.56%。完成流行性感冒54例，流行性出血热3例，布病3例，伤寒1例，斑疹伤寒1例，疟疾1例，重症手足口病2例，流调率100%。肠道传染病流行季节对外环境水和水产品的霍乱弧菌监测280例；督导病毒性腹泻和细菌性痢疾监测哨点完成流调、采样和检测66例。开展甲型流感防控工作，全员甲型H1N1流感防控工作培训6次，完成一中心及黄河医院流感病例送样333例；处理疑似病例691例，其中确诊215例；处理甲型H1N1流感密切接触者122例，排除8例，管理114例；参与处理疑似甲型H1N1流感暴发2起，调查疑似病例和密切接触者215例。综合监测工作，筛查46793例HIV，上升1.6%，其中二级以上医疗机构筛查34217例，可疑13例；婚检者HIV筛查6982例；孕产妇HIV筛查5352例，可疑1例；性病门诊HIV筛查242例，可疑1例。对重点人群筛查2988例，上升22.1%，其中公安筛查743例，可疑8例；外来务工人员筛查1006例；静脉吸毒人员64例，可疑4例；男性行为人群筛查1175例，阳性29例。

（张克勇　杨　旭）

慢性病预防与控制 2009年，南开区非传染性疾病报告发病2.2万例，其中恶性肿瘤、冠心病、脑卒中、高血压首诊发病9939例，发病率1306.62/10万，比上年上升29.7%；精神疾病、肝硬化、伤害、糖尿病首诊发病12298例，发病率1616.74/10万，上升10.42%。与上年比较，八病

2009年计划内疫苗接种情况

	糖丸第一剂	糖丸第二剂	糖丸第三剂	百白破第一针	百白破第二针	百白破第三针	麻苗	乙肝疫苗第一针	乙肝疫苗第二针	乙肝疫苗第三针
应种人数	6406	6520	6717	6289	6421	6598	6389	6486	5876	6392
实种人数	6392	6509	6705	6276	6411	6586	6377	6485	5864	6380
接种率%	99.78%	99.83%	99.82%	99.79%	99.84%	99.82%	99.81%	99.98%	99.80%	99.81%

报告发病率均有所上升。全年，居民死亡5275人，死亡率693.47/10万，比上年上升0.85%。主要死因顺位为心脏病（占全死因的31.34%）、肿瘤（占27.39%）、脑血管（占19.72%）、呼吸系疾病（占9.61%）。主要癌亡顺位为肺癌、肝癌、胃癌、肠癌、食道癌。

（张克勇 杨 旭）

计划免疫 2009年，南开区基础免疫各种疫苗接种率99%以上。计划免疫预防接种专业人员知识培训率和托幼、小学接种证检查率100%。对2-47月龄儿童进行脊髓灰质炎查漏，补种7822人次。开展孕产妇预防接种知识相关调查；对中、小学开展乙肝查漏补种摸底，补种1针1266人，补种2针772人，补种3针845人。开展2009年乙肝查漏补种的第一针接种工作，补种913针次。完成甲型H1N1流感疫苗接种14288人次。

（张克勇 杨 旭）

卫生执法监督 2009年，南开区监督检查食品行业2777户、公共场所556户、学校116所、二次供水28户、医疗机构147户、职业卫生45户、采供血和传染病防治监督检查65户次，监督覆盖率100%。完成“五一”、国庆等重大节日及“两会”、“津治会”等重要活动期间卫生保障任务。开展食品添加剂、绵白糖、非法行医、餐饮业“百日万店”等专项整治工作。“宽视界”远程视频监控平台同17户餐饮单位实行对接；商户信息上传功能试运行，商户可通过系统平台上传索证、台账、制度等信息。

（张克勇 杨 旭）

体 育

概况 2009年，南开区举办第14届全民健身运动会7项杯赛，近7000名运动员参加比赛。组队参加全国大众健美操比赛获少儿组一等奖，组队参加天津市第六届残疾人运动会获金牌21枚，承办天津市游泳夏令营活动。扩大健身路径安装范围，完成社区健身路径检查、维修、更新。新装健身路径55条。组队参加第11届全运会，南开区输送的运动员获金牌3.5枚、银牌2枚、铜牌3枚；南开区输送的运动员在世界举重锦标赛上获金牌2枚；在东亚运动会女子双人十米跳水、单人跳水比赛中获金牌2枚。参加全国乒乓球比赛获金牌8枚。参加市级各项体育比赛获金牌170枚。输送体育后备人才11名。区体育局被评为2006-2009年度天津市高水平体育后备人才基地。天津日报、今晚报等新闻媒体刊发南开区体育信息（图片）23篇。

（时春煦）

群众体育 2009年3月，南开区组队参加全国大众健美操比赛，获少儿组一等奖。组队参加天津市“阳光”运动会，安踏青少年体育俱乐部与崇化青少年体育俱乐部分获甲、乙组团体总分第一名，华苑青少年体育俱乐部获广播操第一名，南开中学获“三人制”篮球比赛冠军。5月，区体育局协助水上公园街道办事处举办全民健身展示大赛。组织100人健身骑行队作为友好使者与区环保局举办“环境友好使者在行动”活动，达到保护环境维护健康目的。8月，承办全市游泳夏令营活动。举办全区大众广播操培训班，组织600人参加8月8日全国首个“全民健身日”活动。组队参加天津市第六届残疾人运动会获金牌21枚。举办第十届南开区全民健身运动会，设7个项目比赛。区直机关，各局、公司、街道及驻区50个单位170多支代表队7000余人参加。至2009年，争取体育彩票公益金，区财政投入245.4万元，社区安装健身路径204条，占地7万平方米，受益70万人。区体育局被国家体育总局授予2005-2008年度全国群众体育先进单位和2009年全民健身活动优秀组织奖，区体育局局长杨志军代表南开区接受中共中央总书记胡锦涛的接见。

（时春煦）

体育竞赛 2009年，南开区组队参加第11届全国运动会，南开区输送的运动员获金牌3.5枚、银牌2枚、铜牌3枚，其中汪皓、康丽获女子十米双人跳台冠军，突破天津市及南开区全运会跳水项目金牌零纪录。孙雅婷获女子水球比赛金牌，郑璐获女子足球比赛金牌0.5枚。南开区输

吕小军在世界举重锦标赛中获2枚金牌

送的运动员吕小军在世界举重锦标赛中获金牌2枚，打破抓举和总成绩两项世界纪录。汪皓在东亚运动会女子双人十米台跳水和单人跳水比赛中获2枚金牌。南开区被市委、市政府授予天津市参加第11届全国运动会突出贡献单位。

（时春煦）

体育等级现状 2009年，南开区有等级教练员25人，其中高级教练员6人；等级运动员1804人，其中二级运动员1802人、一级运动员2人；等级裁判员586人，其中三级裁判员60人、二级裁判员503人、国家级裁判员4人、国际级裁判员9人；等级社会体育指导员706人，其中二级651人、一级50人、国家级5人。

（时春煦）

人口和计划生育

概况 2009年，按人口计生统计年统计，南开区人口（含流动人口）936508人，已婚育龄妇女150909人（其中流动人口已婚育龄妇女20910人），出生5029人（其中流动人口出生210人），符合政策生育率99.78%，出生性别比103，综合避孕率90.03%。投入人口和计划生育经费918.3万元。投入500万元，救助独生子女伤残死亡及困难家庭。发放独生子女父母奖励费94万元，报销无单位育龄人员计划生育手术费6.07万元。母亲节期间，为100名贫困母亲、100名流动人口育龄妇女免费查体。与360多家驻区企事业单位签订服务承诺书。组织区、街60名计生干部进行理论、专业知识培训。将人口理论纳入2009年党校处级班教学计划。完善“独生子女母亲教育指导”工程。完成流动人口PADIS子系统试运行工作。开展“四毒”（弓形虫、风疹病毒、巨细胞病毒、单纯疱疹病毒一组病原体）筛查341例。对29家生产厂家、经营企业、医院进行药械重点检查。区生殖健康服务中心为男性查体153人，育龄妇女生殖健康查体10453人。

（苏春漪）

计划生育基层基础工作 2009年，区人口计生委结合社区居委会换届，制定《南开区人口计生委关于在社区居委会换届工作中加强人口和计划生育工作的通知》，以区政府办公室名义转发，确保基层计生工作人员落实。170个居委会配齐计生主任和干事，36个2000户以上社区配备两名专职计生人员，保证计划生育工作队伍稳定。编印下发基层计生工作手册300册。撰写《关于改制后的“城中村”计划生育服务与管理工作的实施意见》。

（苏春漪）

爱之家

计划生育作风建设年活动 2009年，南开区人口计生委开展廉政警联、警句等书画作品评选活动，在天津市人口计生系统廉政书画创作评选活动中获优秀组织奖。改版南开区人口计生网站。建立健全首问责任制、责任追究制、现时办结制、信访接待无缺位制、干部深入基层制、服务承诺制度。建立年度重点工作完成时限日程安排，强化工作效率。调整充实计划生育监督员队伍，定期召开监督员座谈会，发放联系信，听取意见和建议。邀请人大代表、政协委员监督检查人口计生行风建设工作。启用12356"阳光热线"，方便群众咨询投诉。公开举报电话，建立有奖举报制度。开通网上互动栏目、主任信箱、维权留言板。

（苏春漪）

流动人口服务年活动 2009年，南开区人口计生委落实《流动人口计划生育工作条例》，印发《"情暖四季、和谐同行，开展流动人口计划生育服务年活动"方案》。在流动人口聚集地组织大型宣传活动。利用24个示范社区流动人口"客嫂驿站"，开展流动人口育龄妇女计划生育服务与管理。成立由100名流动人口育龄妇女组成的计划生育宣传员队伍，向流动人口传播计生知识；举办生殖健康讲座；开展"阳光计生"关爱关怀贫困母亲、流动人口育龄群众活动，为600名贫困母亲、流动人口育龄群众免费查体。开展送药具上门和产后、术后随访活动；举办培训班向流动人口传授青春期、新婚期、哺乳期、育儿期、更年期保健知识。

（苏春漪）

人民生活

最低生活保障与社会救济救助 2009年，南开区按照市民政局、财政局、劳动和社会保障局出台的《关于调整城乡困难群众生活救助政策有关问题的通知》，将最低生活保障标准由每月400元调至430元，特困救助标准由每月120元调至130元，实施基本生活必需品价格上涨与困难群众生活补助联动机制。为低保对象9499户10095人、特困救助对象716户1788人、低收入实物救助对象2909户6061人、临时救助对象1100人次，发放救助金4000万元。时令及节日期间，为孤老、孤残、孤儿及救助对象发放慰问品和慰问金。

（苏爱平）

劳动就业 2009年，南开区新增就业34139人，完成目标的106.7%。对十种就业困难群体开展帮扶活动，安置7466人，比上年增加5497人，其中零就业家庭5769人，单亲家庭30人，保持动态安置归零。开展新生劳动力就业需求和用工单位招用新生劳动力用工需求两项调查，到科技园管委会和高新科技企业走访，挖掘适合大学生就业工作岗位，335家用工单位向新生劳动力提供就业岗位1979个。开展"十百千万"和"送岗位，进校园"专项就业系列服务活动，分别在理工大学、工程师范学院、师范大学举办6场大学生招聘专场，206家用人单位进场招聘，提供岗位3420个，4191名新生劳动力进场求职，达成意向1639人。建立青年就业见习基地36家，大学生就业见习941人。安置新生劳动力4826人，其中大专以上毕业生2982人、中专职校毕业生1333人。南开区参加全市两批选聘高校毕业生从事公益岗位工作，改善街道社区劳动保障人员知识结构。1887名天津市全日制普通高等院校和天津市生源在外地全日制普

南开区民政局领导向家庭贫困大学生发放助学金

通高等学校应届毕业生及2008年毕业后未就业学生报名，通过全市统一考核，405人上岗，市、区两级大学生公益岗财政补贴190.7万元。南开区荣获全国民营企业招聘周活动组织工作优秀城市称号。

（李向伟）

社会保障 2009年，南开区劳动和社会保障局办理退休审批8926人，为280户企业办理职工工龄更正991人，为1772户企业办理职工工龄审定9543人，为1.55万名老年人发放生活补助费。城乡居民医疗保险参保近17万人。工伤认定793件，工伤鉴定761例。医保手册核发12739册。为5940名失业人员提供失业保险待遇，发放失业救济金2112.7万元、自谋职业补助费12.8万元。

（李向伟）

华苑街道

华苑街道（系非属地管理）位于南开区西南部。辖域东起津浦铁路陈塘庄支线，西至外环线，南临宾水西道，北抵迎水道。2009年，街域面积1.68平方公里。辖12个全封闭式物业管理小区，划分11个社区。户籍人口1.34万户3.93万人。除汉族外，有回族224户650人，满族142户565人，朝鲜族56户170人，蒙古族42户174人，以及藏、苗、瑶、白、壮、土家、锡伯、哈萨克等20个少数民族28户118人。

街内驻有物业公司7个。有中学2所，小学3所，幼儿园10所，公交汽车站2处，医院1家。鹤童老年福利院、邮政局、电话局、公安派出所、南开分局刑侦支队各1家。商业网点135家，农贸市场、大型超市各2个。

2009年，引进企业132家，资金到位额24564万元，完成计划的982%，其中市外企业19家，到位资金12975万元，完成计划的216%。协税护税480.86万元，完成计奖目标的361.55%、工作目标的65.78%、冲刺目标的61.1%。对个体工商户进行零散税源清理整顿，摸底排查企业678家，零散税源征收87.82万元。

有低保户40户80人、救助卡户1户3人，发放低保金27.21万元、救助金1560元。发放就失业证65册，为各类下岗失业人员提供免费职业介绍969人次。办理十种就业困难群体人员认定107人，办理小额贷款7人29万元。新增就业690人，开发岗位720个，安置就业750人次。发放失业保险60万余元，按时足额发放率100%。

有已婚育龄妇女10054人，出生人口416人，计划内22人，计划外1人，计划生育率99.76%。办理一孩生育服务证559人，审批二孩生育17人，病残儿1例。办理独生子女证150人，办理独生子女奖励费43人次，发放独生子女奖励费664人1.3万元。发放避孕药具4000余盒。办理流动人口婚育证19人，报销计划生育手术费380元；免费摘取节育环1例。建立“计生之窗”、“计生专栏”，宣传计生知识，预防出生缺陷。利用“爱之家”悄悄话室、人口学校“计划生育服务站”，提供专业技术服务。

召开街道社会治安综合治理签状大会，11个综治成员部门、11个社区居委会与街道工委、办事处签订综治目标责任书。受理矛盾纠纷25起，调处25起，矛盾纠纷调处率和调处成功率均为100%。制作宣传标语70幅、宣传栏66块，发放宣传资料2000余份，为社区居民举办各类法律讲座15次。

举办“庆共和国六十华诞，展华苑街时代风采”群众性系列文化活动，在11个社区分别举办书画展、摄影展、才艺绝活大比拼等11项特色活动，形成“一个社区，一种形式；一个社区，一个特色”的崭新模式。承办市文化局主办的消夏纳凉晚会2场。

（袁　敬）

嘉陵道街道

嘉陵道街道位于南开区西部。辖域东起红旗路，西至陈塘庄铁路支线，南临天拖北道，北抵密云一支路、长江道。2009年，街域面积3.672平方公里。划分16个社区，户籍人口2.86万户7.83万人。除汉族外，有回族704户2038人，蒙古族22户97人，满族94户337人，朝鲜族9户77人，以及土家、布依、纳西、俄罗斯、瑶等15个少数民族

15户61人。

街内驻有中学2所，小学5所，医院1所。区民政局、环保局、环卫局、区委党校、消防南开支队、公安南开分局经侦支队、交管南开支队亦坐落界内。

2009年，制定“保增长渡难关上水平”服务企业工作组工作方案，发放《企业情况调查表》，掌握企业面临的困难和问题，以处级领导包企业的工作模式，走访重点企业29家，协调解决企业发展中的难题。引进企业288家，引资5.19亿元，超额4.94亿元，为上年的1.26倍，完成计划的2076%，其中市外资金2.05亿元，完成计划的342%。新增见税企业153家，新增税款419万元。协税护税4481万元，为计奖目标的123.06%、工作目标的71.85%、冲刺目标的66.75%。

对汶川里、川北里小区进行旧楼区改造，拆除违章建筑5间，违章棚亭2个，封堵私自开门8处，清运堆物、杂土50吨。整治西湖西道“城中村”1.5万平方米，清运垃圾30余吨。拆除红旗路、长江道、咸阳路、西湖西道4条重点道路两侧吊挂物600余处。开展雅安道沿街两侧私搭乱建专项治理，规范窗改门76个，小院改门80个，清理信息牌匾450余处，拆除窗改门台阶150余处。社区及单位投放鼠药1.5吨，安装投药盒3000余个，鼠密度小于1%。

有低保户984户1947人，救助卡户110户，发放低保金547.72万元，发放救助金18.07万元。接收企业失业人员档案888份，发放就失业证1806本。采集就业信息4830条，开发就业岗位6305个，安置4033人次。

利用计生月报、社区黑板报、宣传栏、宣传橱窗开展计生宣传，已婚育龄妇女计生知识知晓率98%。组织1645名育龄妇女参加体检，育龄妇女随访率95%以上，药具发放率100%。出生人口452人，计划内二胎25人，计划生育率100%。

依托“半边天家园”，在嘉陵北里、易川里成立“锦绣嘉陵—编织基地”，受训100余人次，在基地创业30余人，为外贸公司加工出口产品和手工制品万余件。创建嘉陵北里和易川里2个市级“未成年人快乐营地”，受益青少年千余人。

（徐宴嫔）

万兴街道

万兴街道位于南开区东部。辖域东起卫津路，西至红旗路，南临鞍山西道，北抵长江道、南京路。2009年，街域面积3.54平方公里。划分22个社区，户籍人口4.23万户11.88万人。除汉族外，有回族861户2579人，满族204户734人，朝鲜族31户119人，蒙古族35户226人，以及维吾尔、苗、土家、壮、锡伯等24个少数民族22户148人。

街内驻有天津轻工业设计院、天津药物研究院等10个科研单位，市人民检察院等17个行政事业单位，天津市夏利汽车股份有限公司等9个市属企业，法人单位、个体户2476个。大学4所，中学2所，中专4所，技校1所，小学5所，启智学校1所，幼儿园4所，医院3家，大型超市2家。南开文化宫、科技宫和少年宫坐落界内。

2009年，引进企业170家，招商引资到位额15294万元，完成计划的611%，其中市外资金6862万元，完成计划的114%。协税护税6749.3万元，完成计奖目标的182%、工作目标的108%、冲刺目标的100.9%。零散税源征收656万元，留区税收333.96万元。

完成天环里、白堤东里、苏堤东里、玉泉里、群富里、卧龙里6个居民区38栋楼7.25万平方米旧楼区改造任务。拆除违章155间1173平方米，规范小院27间301平方米。双峰里、玉皇里、龙井里、临江里、紫云里、三潭西里、群富里、天大北五村、南丰里、玉泉里示范社区161栋楼651个楼门达到无私开门脸、无乱摆乱卖、无乱圈乱占、无私搭乱建、无堆物堆料、无残标喷涂、无垃圾点、无家禽家畜、无“四害”的“九无标准”。投放鼠药760公斤。

有低保户1154户2238人、救助卡户57户154人，发放低保金650.37万元、救助金8.67万元。创建充分就业社区22个，采集就业信息2279条，技能培训421人，安置就业4561人，完成计划的115.2%。

稳定低生育水平。22个社区开展创建优质服务居委会活动，开展创新项目“生殖健康社区行”活动，为辖区育龄妇女和流动人口提供免费生殖健康查体服务。新生儿出生607人，其中一孩579人、二孩28人，无政策外二胎，计划生育率100%。

组织“我为万兴发展献一计”活动，收到建议131条，其中社区109条、机关22条。开展第一届“品行馨美花”评选表彰活动，10名女性获奖。在区少年宫举行万兴街庆祝新中国60华诞红歌大家唱活动。完成长江里和双峰里“小五个一”文明社区创建工作。

（王 凤）

兴南街道

兴南街道位于南开区东部。辖域东起南门外大街，西至南开五马路、南丰路，南临长江道、南京路，北抵南马路。2009年，街域面积1.7平方公里。划分9个社区，户籍人口1.70万户4.45万人。除汉族外，有回族486户1366人，满族62户198人，以及蒙古、朝鲜、土家、白、黎、纳西、锡伯、俄罗斯等12个少数民族22户97人。

街内驻有天津商场、东方商厦、金禧大酒店，市高级人民法院、周恩来青年时代在津革命活动纪念馆、今晚报社、市质量技术监督局、区质量技术监督局、家乐福超市海光寺店、三五二二工厂、市监狱局及公安南开分局、区检察院、区法院、区司法局、区武装部等单位。有市级重点中学1所，区级重点中学2所，私立小学1所，民办小学2所，幼儿园2所，医院2所。清真东大寺亦坐落界内。

2009年，引进企业217家，招商引资到位额6.01亿元，完成计划的2400%，其中市外资金3.25亿元，完成计划的541.6%。协税护税额1704万元，完成计奖目标的185.43%、工作目标的122.59%、冲刺目标的113.91%。开展深入基层服务企业活动，历时6个月，调研重点企业38家，并建立资源数据库。

完成南开二马路及周边道路7200余米硬铺装，对兴南顺菜市场提升改造，推行“农加超”标准化模式。开展为期150天的市容环境整治和“同在一方热土，共建美好家园”迎国庆活动，清理乱堆乱放杂物120余吨，封堵门脸10余间，拆除违章棚亭50余间。

有低保户718户、救助卡户96户，发放低保金390万余元、救助金12万余元。新增失业人员728人。采集就业信息2147条、安置岗位3125个，完成计划的100%。

有已婚育龄妇女4733人，出生人口220人，其中计划内二胎15人，计划生育率100%。

在9个社区开展“送精神、送材料、送文化”走百家进百户走访活动，组织知识竞赛和“我为社区科学发展献一计”活动，举办专题文艺演出和大型宣讲活动。开展兴南社区庆国庆京剧脸谱艺术展，“看成就、谈变化”剪报展，“爱党、爱国、爱天津、爱南开”迎庆建国60周年系列活动。举办“祖国，我为你骄傲”拥军诗歌会，“缤纷大社区、文化筑和谐”大型图片展。开展“三代人”话巨变系列活动，收到征文26篇、书画作品27幅，制作幻灯片13个。

为台湾“莫拉克”台风灾害、特殊困难家庭、“助医、助学、助老、助困”活动捐款65236元，捐棉衣被19376件。

（徐 莹）

体育中心街道

体育中心街道位于南开区南部。辖域东起卫津南路，西至水上公园东路、宾水西道，南临津浦铁路陈塘庄支线，北抵苍穹道。2009年，街域面积5.12平方公里。划分12个社区，户籍人口1.06万户2.80万人。除汉族外，有回族138户382人，满族68户271人，朝鲜族42户110人，以及蒙古、彝、壮、锡伯等16个少数民族26户137人。

街内驻有小学1所，幼儿园3所，医院5所，科研、行政、企事业单位228个。中国电子科技集团公司第十八研究所、中国农业银行党校、公安部天津消防研究所、解放军四六四医院、市民政局、市残联、天津市奥体中心体育场、市老年活动中心、市女子监狱亦坐落界内。

2009年，引进企业177家，招商引资协议额2.58亿元，到位额2.4亿元，完成计划的214.29%，其中市外资金7691.3万元，完成计划的128%。协税护税2228万元，完成计奖目标的122.55%、工作目标的110.30%、冲刺目标的102.48%。建立“一户一档”街域零散税源电子数据库,零散税征收331.94万元。发展楼宇经济,对万豪大厦、仁爱濠景国际、奥城商业广场和创业环保大厦等楼宇闲置资源调查摸底,建立闲置资源数据库。

对凌研里、金福里等5个小区集中清整26次,出动人员1586人次、车辆122辆次,清理堆物682吨,拆除违章棚亭25处。对宁盛里和消防研究所宿舍进行旧楼区改造,拆除违章棚亭16处,对地面硬铺装,粉刷楼体,整修绿地,安装健身器材10组。配合市、区有关部门完成楼顶“平改坡”、“城中村”专项治理,以及1396台空调移机、28个公建单位整修和186个底商牌匾规范工作。

有低保户74户142人、特困救助户5户11人、低收入户31户,发放低保金47.02万元、救助金6070元。元旦、春节期间慰问困难家庭634人,发放慰问金17万元。为300名残疾人更换二代残疾证,为残疾人安装无障碍设施20套。为台湾“莫拉克”台风受灾地区捐款11524元。组织招聘会5场,对93名下岗失业人员进行二次技能培训,提供就业岗位1066个,安置失业人员505人,完成计划的100%。

举办大型计生宣传活动3次,发放宣传品1025份。完成2000年以后出生人口调查和跨省流入人口调查摸底工作。有已婚育龄妇女7866人,出生人口260人,其中计划内二胎16人,计划生育率99%。

举办大型健身讲座4次、大型健身活动2次,发放健身教育材料1000余份,受益群众5000余人。组织成立10个各具特色的科普实践小组。开展庆祝建国60周年“我爱我的家乡”新老照片展、“祖国在我心中”演讲比赛等活动。举办“讴歌伟大祖国、共建和谐社区”文艺演出。

(陈文芳)

向阳路街道

向阳路街道位于南开区西北部。辖域东起咸阳路,西至芥园西道、陈塘庄铁路支线,南临长江道、密云一支路,北抵南运河。2009年,街域面积3.78平方公里。划分17个社区(含西横堤片3个),户籍人口3.69万户10.32万人。除汉族外,有回族1001户2921人,满族103户388人,蒙古族30户110人,朝鲜族11户37人,以及苗、壮、土家等15个少数民族12户68人。

街内驻有中学1所,小学6所,幼儿园2所,国家重点职专1所,国家海洋技术中心,天津市针织运动衣厂,市津水自来水配套有限责任公司等大型企事业单位43家。新南马路五金城坐落界内。

2009年,引进企业178家,招商引资到位额19296万元,完成计划的227%。协税护税额2359万元,完成计奖目标的216%、工作目标的118%、冲刺目标的109%。零散税源征收377万元,比上年增长58%。会同“保增长、渡难关、上水平”工作服务企业组走访企业18家,为11家企业解决实际问题。对67家企业上门走访。组成税源清查小组5个、资料整理组2个,清查企业1786家。

完成龙富园、雅卉里、长江道地段宁强里吊挂物拆除整治工作,30天拆除各类护栏216个。完成“城中村”春远里小区专项治理工作,拆除违章建筑3间、违章棚亭7处、违章圈占42处、违章堆物39处。开展“大干60天 迎国庆环境整治”工作,对78个小区进行清理,出动车辆800余辆次,清运杂物1000余吨。对西横堤自发市场提升改造,拆除违章棚亭、违法建筑100余间,引进投资800余万元,新建市场用房251间,设置摊位210个,新修道路300余米。开展“旧楼改造回头看”工作,规范云阳北里小院22个,拆除违章建筑5间。

有低保户1759户3536人、救助卡户105户,发放低保金992.32万元、救助金15.90万元。采集就业信息7470条,开发就业岗位6359个,安置下岗人员4895人,完成计划的100%。举办大型下岗失业人员就业招聘会2次,147家企业参加,求职者2000余人,提供岗位2400余个,现场招聘成功40人,达成意向700余人,其中大中专毕业生占45%。

出生人口572人,办理审批二胎32人,计划生育率100%。为552人办理独生子女证,发放独生子女费13.47万元。办理计划生育一胎服务证600余人。启动计划生育流动人口录入子系统，录入2000余户流动人口家庭信息。社区药具发放到位率90%以上。

以建国60周年为契机，在社区开展“爱党、爱国、爱天津、爱南开”主题教育活动。开展60年、60册爱国主义优秀图书群众阅读活动，60年、60首爱国主义优秀歌曲群众歌咏活动，60年、60部爱国主义优秀影片观影活动，60年、60幅爱国主义书画作品展示活动。举办向阳路街庆祝建国60周年“我为祖国而骄傲”社区青少年征文演讲比赛，收到作品百余篇，评选出一等奖2名、二等奖3名、三等奖5名。

（陈 霈）

学府街道

学府街道位于南开区中部偏东。辖域东起卫津路，西至红旗路，南临复康路，北抵鞍山西道。2009年，街域面积4.043平方公里。划分14个社区，户籍人口2.11万户9.37万人。除汉族外，有回族375户1481人，满族193户1458人，蒙古族47户556人，土家族9户195人，以及朝鲜、壮、维吾尔、苗、白等36个少数民族65户888人。

街内驻有航天科工集团八三五八所、国家海洋局天津海水淡化研究所等科研单位18个，大学2所，中学4所，幼儿园4所，医疗单位3所，企事业单位900家。天津科贸街亦坐落界内。

2009年，引进企业69家，选商引资到位额48811万元，完成计划的1952%。协税护税6063万元，完成计奖目标的150%、工作目标的101.1%、冲刺目标的100.2%。完成税源清整，清查1321户，异地经营123户，无证无照301户。代征零散税216.7万元。开展“保增长、渡难关、上水平”活动，走访企业52家，收集反映资金、市场、交通路况、行业环境等方面问题23个。召开银企融资恳谈会、IT卖场座谈会、商会会员座谈会等现场会8次、协调会5次、“一对一”协调会8次，解决问题17个。

集中清整荣迁东里、荣迁西里、天津大学、南开大学居民区，鞍山西道、白堤路、学湖花园周边道路，解决天大、南大地区和荣迁东里、风湖里环境脏乱问题。拆除天大、南大各类违章建筑276处，清理无照经营72处，清理各类违章堆物堆料530吨，封堵私开门脸窗改门80个，违章棚亭、违章圈挡300余处。拆除鞍山西道楼体悬挂物332处。实施天大六村旧楼区改造，规范楼前小院253个并翻修道路。

有低保户262户484人、救助卡户27户63人，发放低保金146.52万元、救助金5.03万元。低保调标233户、救助卡调标35户，为临时特殊困难家庭8户16人提供扶贫助困资金4950元。为享受残疾救助的115人发放救助金16.56万元。安置各类人员1791人，完成计划的108%。

办理一孩生育服务证456人，二孩生育服务证18人，计划生育率100%；办理二胎审批15人，政策内二胎16人，无政策外二胎。

按照《全国文明城区测评体系》要求，制定《学府街落实<南开区创建全国文明城区工作的实施意见>的实施办法》和《学府街创建文明社区工作任务责任分解》。落实街宣传科、工会、团委、妇联联合制定的《学府街广泛开展庆祝建国60周年活动安排意见》，开展庆祝建国60周年系列活动。

（杨 霞 田国红）

水上公园街道

水上公园街道位于南开区南部。辖域东起卫津南路，西至红旗南路，南临苍穹道、水上公园路，北抵复康路。2009年，街域面积5.633平方公里。划分10个社区。户籍人口1.25万户4.29万人。除汉族外，有回族164户627人，满族69户484人，蒙古族30户217人，以及苗、壮、白、土家、朝鲜、高山、达斡尔、鄂伦春等29个少数民族30户294人。

街内建有天娇园、欣苑大厦、水轩大厦、水榭花园等高档住宅。驻有新华社、人民日报社天津分社和天津理工大学、政法管理干部学院、社会科学院等文化单位。水上公园、周恩来邓颖超纪念馆、新文化广场、上谷商业街亦坐落界内。

2009年，出台选商引资工作实施细则。利用街商会和企业服务中心等平台，引进企业40家，招商引资到位额32789万元，比上年增长4789万元，完成计划的1311.56%。协税额6395万元，完成计奖目标的245.54%、工作目标的110.95%、冲刺目标的103.10%。

以迎接建国60周年为契机，结合"环境治理大干150天"市容环境整治活动，改善街域整体面貌。完成8家餐馆排污治理任务，拆除违章悬挂物376处。完成31个工建单位外部粉刷和整改任务。清除213个楼门内外杂物340处800余吨。清理违章60余间800余平方米。清理马路早点摊20处，投放便民早点车75辆。

有低保户142户261人，救助卡户16户40人，发放低保金87.28万元，救助金2.30万元。对48户低收入家庭进行现金、实物慰问20万余元。岗位推荐1121人次，与30家用工单位签订《再就业用工联盟》协议书，举办招聘会3次，进场单位35家，进场咨询420人次，达成就业意向112人。安置就业1300人，完成计划的130%。

计划内二胎12人，无计划外二胎，计划生育率100%。发放独生子女证91个、独生子女费2.04万元，新增领取儿保费下岗职工31人，办理少儿保险费14人。

依托社区文化资源共享工程学习中心，各社区开展"科学发展在我身边"主题咨询活动，普及科学知识。联合水上公园医院开展健康义诊，组织百余人参加健康知识讲座。

在全区第一个建立为企业服务的一站式服务大厅，成立水上公园街企业服务中心，配置临街办公用房120平方米及专用办公设施。整合街道服务企业各科室职能，街工会、招商办在大厅现场办公。对300余家企业宣传服务中心职能，接待52家企业及32名个人来电来访咨询，协助7家企业办理工商注册、税务登记、银行开户，为230家企业提供发票服务。依托企业服务中心平台，街工会对57个会员单位和10个社区进行摸底调查。

（韩 梅）

广开街道

广开街道位于南开区中北部。辖域东起南开五马路、南丰路，西至津河，南临长江道，北抵西关大街。2009年，街域面积1.7平方公里。划分13个社区，户籍人口2.91万户8.16万人。除汉族外，有回族751户2205人，满族86户465人，以及壮、黎、土、蒙古、土家、朝鲜、锡伯、俄罗斯等25个少数民族41户405人。

街内驻有大中专院校各1所，中学1所，小学3所，幼儿园2所，医院3所，金融机构26家。南开花园、危改纪念广场、公安南开分局户籍管理中心、天主教堂亦坐落界内。

2009年，引进企业74家，其中注册资金500万元以上的9家，新引进企业当年产生税收25.8万元。招商引资协议额2.5亿元，到位额2.36亿元，完成计划的944%。对域内闲置资源调查摸底，建立闲置资源数据库。征集零散税源205.2万元，为上年的2倍。协税额849万元，完成计奖目标的418%、工作目标的122%、冲刺目标的114%。

重点对老怀仁里和凤玉里进行旧楼区改造。拆除违章建筑53间，圈挡、棚亭32处，整修阳台77间，规范小院72个，封堵私开门35处。整修路面1万平方米，清理渣土65车120余吨。对颂禹里、开明西里、颂禹西里等外环境较差的旧楼区集中整治，拆除运德城底商违章建筑100余平方米，拆除棚亭7处，清除堆物26处、残标1600余张，清理土、杂物5车。

有低保户1660户3433人、救助卡户137户329人，发放低保金1002.80万元、救助金21.17万元。为96名残疾人发放救助金1.05万元。建立健全扶贫助困工作机制，对困难居民实施实物救助价值3万元，发放救济金、慰问金8500元。为1660户低保户和137户救助卡户办理低保、救助卡审核调标。创岗安置3885人，完成计划的125%。对392人进行二次技能培训，办理社保卡3125人，为1782名"4050"失业人员发放灵活就业补贴，发放失业金362万元、医疗金24.8万元，办理城乡居民医保3182人。

有育龄妇女9624人，出生人口340人，计划内二胎12人，无计划外二胎，计划生育率

100%。

街纪工委将居民最低生活保障线工作作为行政效能监察主要监察项目，每月参加居委会主任例会，每季度听取居民科工作汇报，抽取有关资料，将居民意见反馈，改进低保工作。采取收集情况和现场监督等方式，对基层党组织换届和居委会换届选举工作、人大代表补选工作监督检查。

（祁伟玲）

长虹街道

长虹街道位于南开区北部偏西。南起长江道，东、北至津河、南运河，西临咸阳路。2009年，街域面积2.635平方公里。划分13个社区，户籍人口2.16万户5.73万人。除汉族外，有回族647户1796人、满族79户241人、蒙古族15户62人，以及维吾尔、朝鲜、锡伯、土家、壮、苗、彝、哈尼8个少数民族14户45人。

街内驻有天津市电子信息职业技术学院和中等专业技术学校4所，中学4所，小学3所，幼儿园2所。有黄河医院、天津怡泰医院、汶水医院、咸阳医院4家医疗单位，天津血液中心等40家国有、集体企事业单位，合资、外资企业3家，黄河道影剧院、长虹公园等11处娱乐场所。区委、区人大、区政府、区政协亦坐落界内。

2009年，引进企业238家，招商引资协议额7.375亿元，到位额7.375亿元，完成计划的2950%，其中市外资金到位额1.93亿元，完成计划的320%。协税护税2266万元，完成计奖目标的255%、工作目标的127%、冲刺目标的118%。

有低保户952户1872人、救助卡户55户，发放低保金554.67万元、救助金7.83万元。开展特色救助活动，收到社会捐款5万余元，帮扶困难家庭150户。新增失业登记1072人，领取失业救济金304人，为1434名无社会养老金的老年人发放生活补助。对527人进行创岗再就业技能培训。采集就业信息3137条，开发就业岗位10248个，安置失业人员985人。安置各类下岗人员3450人，完成计划的108.32%。

对天明街、烈士路、汶水路等支干道路综合治理，封堵门脸53户，拆除违章建筑53间，规范阳台投影12处，砌垒美化墙92延米。拆除长江道、红旗路、芥园道、咸阳路沿线窗护栏262处。完成潼关里、芙蓉南里旧楼区改造工作。拆除违章建筑、棚亭、违法圈挡61间，规范超宽、超大阳台36处，规范小院56个，清理堆物456处，清运废渣土820余吨。启动长虹地区慧翔职专新菜市场工程。

开展“婚育新风进万家”活动，为社区育龄妇女、更年期妇女举办生殖健康、卫生保健知识系列讲座，为776名育龄妇女进行查体服务。办理免费计划生育手术33人。办理一孩生育服务证373个、独生子女证172个，政策内二胎12个，计划生育率100%。对37名独生子女死亡、79名独生子女伤残家庭发放特扶补助金43.73万元。

以“科学发展在我身边”为主题，开展系列科普宣传活动，组织社区居民开展唱科普歌曲、说科普快板、演科普京剧等科普文艺活动。街京剧社在各社区巡回演出科普京剧唱段，在南开艺术小学开展“京剧进课堂”活动，定期为学生授课并同台演出。创编节能环保、健康食疗、自然科学等常识灯谜100条及科普问答题500多个，在各社区逐个开展活动。在市迎全国科普月启动仪式现场会上，街科普灯谜展牌受邀展出。编发《科学发展在我身边》科普灯谜指导手册，在南开区第23届科技周启动仪式上发放1000册。天津电视台《都市报道60分》节目对街特色科普活动专题采访播报。

（靳文阳）

鼓楼街道

鼓楼街道位于南开区东北部。辖域东起海河，西至西马路，南临荣吉大街、兴安路、南马路，北抵北马路、通北路。2009年，街域面积2.117平方公里。划分5个社区和2个社区工作站，户籍人口2.05万户4.65万人。除汉族外，有回族543户1361人，满族70户207人，蒙古族12户56人，以及朝鲜、壮、黎等7个少数民族10户40人。

街内有天津民俗博物馆、古文化街、天后宫、文庙、广东会馆、鼓楼商业街等旅游景点。驻有市人民检察院第一分院、市第一中级人民法院、市消防局等市级单位及其他企事业单位100余家。有高级中学1所,小学1所,公安派出所2个。新安购物广场、远东百货等工商服务企业亦坐落界内。

因界内建有鼓楼而得名。解放前,鼓楼北地域属第八区,鼓楼南地域分属第七区和第十一区,设保甲制。解放后,取消保甲制,建立街公所。1954年6月,街公所改称街道办事处。1958年10月,西北角街与西南角街合并,改称鼓楼西街,划归和平区。1960年4月,改建成东北角、东南角和鼓楼西3个人民公社。同年10月,划归南开区。1962年10月,恢复东北角、西北角、东南角、西南角4个街道办事处。1993年1月1日,东北角、西北角两街道合并,命名鼓楼北街道办事处;东南角、西南角两个街道合并,改称鼓楼南街道办事处。1999年3月,南开区街道行政区划调整,将鼓楼北、鼓楼南街道合并为鼓楼街道。街境辖区俗称老城厢,是天津的发源地。

2009年,引进企业196家,招商引资到位额62062万元,完成计划的435%,其中市外资金到位额32636万元,境外资金600万美元。协税护税5303.42万元,完成计奖目标的300%,工作目标的223%,冲刺目标的208%。招商引资居全区街道系统第二名。新增纳税户85户,征收零散税源17220万元,比上年增长28%。

制定街道市容环境长效管理工作措施。配合文庙指挥部完成文庙地区整体提升改造工程。宣传天津市市容环境卫生管理条例,向餐饮单位、施工工地及社区发放告知书16次150份,4次设立宣传站,发放宣传材料200余份。联合鼓楼执法大队清理非法张贴广告770张。

有低保户1011户1972人、救助卡户79户,发放低保金640.68万元、救助金5.39万元。新增低保户280户,变更1002户,注销102户;新增救助卡户4户,注销8户。对306人次低保、特困家庭重病人员实施医疗救助66.53万元,对15名重病困难人员实施事先医疗救助3万元。新增就业993人,安置下岗失业人员600人,完成计划的136%。

开展新生育文明家庭评选活动,获区级生育文明家庭示范户1户,生育文明家庭2户,街级生育文明家庭5户。举办“亲子行动,母亲课堂”进社区系列教育活动。为180名育龄妇女、流动人口进行生育健康查体并建立健康档案。计划内二胎13名,无计划外二胎,计划生育率100%。

召开鼓楼街首届文化写字节,南开六幼60名幼儿在开幕式现场表演大地书法。举办鼓楼街庆祝建国60周年老城厢之夜大型联欢会。开展中医系列讲座2场,义诊咨询19场,其他健康讲座9场,1300人参加。出版科普手抄报52份,发放宣传资料1200份。举办科普展览10场、影视展4场。8月8日第一届全民健身日,组织广播操展示1场、社区趣味运动会3场,150人参加。

(韩 萌)

王顶堤街道

王顶堤街道位于南开区西南部。辖域东起红旗路、红旗南路,西、南至津浦铁路陈塘庄支线,北抵天拖北道。2009年,街域面积5.016平方公里。划分23个社区,户籍人口4.00万户10.99万人。除汉族外,有回族770户2397人,满族180户602人,蒙古族38户135人,朝鲜族24户72人,以及苗、壮、瑶、高山等18个少数民族19户82人。

街内驻有大学3所,中学5所,小学5所,医院2家,约翰迪尔天拖有限公司、天津食品公司冷冻厂、天津勘察院、天津市泰通客运公司、天津评剧院等企事业单位426个。

2009年,引进企业112家,招商引资到位额2亿元,完成计划的800%。其中市外资金6500万元。协税护税1824万元,完成计奖目标的165%、工作目标的87%、冲刺目标的81%。零散税源征稽295万元。

治理农裕里、金宇里、金冠里、金环里“城中村”脏乱环境,拆除违章建筑139间,棚亭及圈挡141处,清运垃圾杂物895吨。建设迎水东里精品小区,规划一楼小院119间2149平方米,拆除圈挡32个,清理杂物106吨。设定便民流动早点点位，发放统一车型、统一标识的售货车164辆，核发营业执照、卫生许可证及从业人员健康证明。全面清整62个自然小区，拆除违章圈挡1240个，清理杂物2000余吨。

有低保户1042户2158人、救助卡户53户141人，低保边缘户53户、低收入困难家庭557户，发放低保金598.66万元、救助金8.42万元，对42户临时困难家庭救助近2万元。采集就业信息4482条，开发就业岗位7110个，与9家企业签订再就业联盟协议。安置下岗失业人员4845名，创岗安置下岗失业人员4889名，完成计划的100.7%，其中安置“4050”人员3054名、特困人员1082名。在27个劳动保障工作站举行南开区2009年“春风活动”系列咨询活动。组织数百名毕业生、失业人员参加南开区劳动局、龙凤市场培训中心、向阳路街劳动服务中心等单位举办的大中型招聘会。

评选“新生育文化家庭”居级135户、街级10户。成立“独生子女母亲教育指导工程”领导小组。对准妈妈、孩子0岁-6岁的母亲及青春期孩子家长开展教育培训。发放药具5.6万盒，为8000余名育龄妇女免费生殖健康体检。有已婚育龄妇女1803人，出生人口720人，计划内二胎34人，计划生育率100%。

举办街干部和勘察院职工参加的“树形象，展风采，庆三八”靓丽女性服装展示会。带领街劲松腰鼓队参加在长虹公园举办的“逗你玩”娱乐活动。每周两个半天图书分馆对外借阅。完成淦江东里、淦江西里、凤园南里、凤园里、保山北里等社区健身路径安装更新工作。在第63中学礼堂举办“社科大讲坛”活动，邀请天津人民出版社主任张献忠主讲“传统文化的反思与社区文化建设的关系”，150余人参加。

（邱仲明）

河 北 区

概 述

河北区是天津市中心区之一，位于市区东北部，因地处海河和原金钟河以北而得名。境域地理坐标为北纬39°45′，东经117°45′。东与东丽区接壤；西以海河、北运河为界，与和平、南开、红桥三区隔水相望；南与河东区毗连；北与北辰区为邻。2009年，区域面积29.62平方公里。辖新开河、铁东路、光复道、江都路、月牙河、鸿顺里、望海楼、宁园、王串场、建昌道10个街道办事处，101个社区居委会，户籍人口23.73万户63.40万人。除汉族外，还有回、满、蒙古等26个少数民族。

2009年，实现地区生产总值(GDP)92.75亿元，比上年增长22.4%；三级财政收入25.02亿元，增长19.88%，其中区级财政收入13.43亿元，增长25.81%。提前两年完成区九次党代会和区十五届人大一次会议确定的工作目标。

相继推出第三、四批重点项目66个，计划总投资178亿元。重点项目累计151个。前三批121个重点项目149个子项目中，建成或基本建成71个，在建57个，形成竣工一批、在建一批、储备一批的项目建设格局。完成固定资产投资87.2亿元，增长26.9%。

利用第16届“津洽会”和招商周，签约投资、合作项目31个，协议额187.88亿元。引进企业979家，新增注册资本12.7亿元。引进世纪天乐国际服装市场等服务业大项目。日纬路东、制线厂、三德元3宗地块成功出让，纺织机针厂、地铁铁东路站区等6宗地块实现挂牌，金钟河大街1、3、5号地块及小王庄堤头地区分别与恒大、绿城等国内知名房地产企业达成合作意向。10个街道全部提前超额完成引资引税任务。全区实现国内招商引资到位额74.92亿元，增长24.45%；直接利用外资到位额1.08亿美元，增长24.32%。

申报国家级、市级科技项目48项，获批35项，争取资金890万元。其中城市生活垃圾综合处理及资源利用成套设备产业化项目列入全市第三批20项自主创新产业化重大项目，经费总额2.3亿元。申报市软件产业发展专项资金项目5项，获批3项。完成科技成果登记78项、科技成果鉴定8项，获得市科技进步奖8项。技术市场交易额7.8亿元。科技成果登记数和技术市场交易额位居全市区县第一。

出台《河北区进一步加强为企业服务工作的意见》，制定177条对接政策和服务措施。组织10个区级服务组、30个职能部门、10个街道三个层面服务组，深入2356家企业，累计解决难题955件。各职能部门24小时开门服务，接受企业、基层诉求4252件，办复率99%。累计为企业落实担保贷款、融资贷款及各项政策扶持资金1.59亿元。全面实施审批服务大提速，减少审批事项49项，207个事项总体办理时限平均压缩50.22%，超过全市压缩30%的要求。企业设立联合审批办理率100%，办结时限压缩至4个工作日。推进“三类”企业(列入国家计划的政策性破产企业；经市国资委、市劳动和社会保障局、市财政局认定，依据法律法规破产的企业；按照《天津市国有特困企业整体分流安置职工暂行办法》退出市场的困难企业）退市改革，在全市区县率先完成38家特困企业退市，占全市区县应退市特困企业1/3。分流安置职工13819人。

重点发展现代服务业和新型都市工业。服务业增加值完成78.06亿元，增长23.4%，占地区生产总值84.2%；实现社会消费品零售额105.2亿元，增长33.4%。

加快都市工业建设。完成天津纺机都市广场项目改造。建成8个市级、5个区级都市工业园，数量、规模居中心城区前列，初步形成“三区十三园”（南口路地区、张兴庄地区、建昌道地区，天动科技小区、意式轻工电子小区、意式津浦小区、移山工程机械园、通广科技园区、华津3526创意产业园、纺机都市广场、辰赫创意产业园、锻造机械工业园区、“36”号老厂坊、红星·18创意产业园、艺华轮创意产业园、天时力医药产业园）的都市园区发展格局。银博印刷、宏隆织物、龙辰科技等企业技术创新和增资扩能项目顺利推进。园区企业实现产值38.6亿元。加快先进制造业、高新技术产业、生产性服务业和创意产业向园区聚集。电子软件业、生物医药业产值占园区总产值75%。

构筑“四园三区三基地”（华津3526创意工场、艺华轮创意工场、C6创意产业园、辰赫创意产业园，张兴庄创意产业示范区、美术馆艺术品展示交易区、八马路创意产业消费体验区，创意人才培养基地、设计研发创新基地、创意产业培育基地）的创意产业发展架构，中央电视台少儿频道节目制作基地、万秋艺苑文化创意有限公司等一批高水平文化创意项目落户。北新C6创意基地和辰赫创意产业园被评定为市级创意产业园。北新文化传媒集团获中国创意产业领军企业奖。承办2009天津创意产业周暨四直辖市首届创意产业联席会，与多家研究机构和高校签署创新联盟合作协议。

打造特色商旅街区，自由道异国风情餐饮休闲酒吧街、中山美食街、狄奥酒吧街、大悲院商贸旅游广场和摩天轮酒吧广场等特色街区初具规模。建成社区商业中心16个，其中国家级1个、市级5个。大悲禅院被评为国家4A级景区，意式风情区被评为国家3A级景区，全区国家级旅游景区达6个，数量居中心城区第一。整合推出6条精品旅游线路，引进津旅游船公司等9家旅游企业，承办首届中国旅游产业节开幕式和首届中国旅游服装大赛总决赛，举办大悲院文化旅游系列庙会和意式风情旅游节等节庆活动。全年接待境内外游客220万人次，增长69.2%；实现旅游收入3.78亿元，增长26%。

落实金融产业发展规划，意式风情区、海河大道、金纬路—狮子林大街三个层级金融聚集区规模扩大，入驻各类金融机构44家。天津渤海商品交易所落户运营，首月交易额37.7亿元，授权服务机构118家。

加快楼宇经济发展。全区16座中等规模以上商务楼宇出租率88.5%。属地注册楼宇企业实现税收4.45亿元。

民营经济呈现数量与质量同步快速发展态势。民营企业注册总户数15249户；注册资本金74.92亿元，增长17.03%；实现留区税收2.79亿元，增长26.19%。

推进重点工程建设。项目建设开工量320万平方米，竣工90万平方米，创河北区历史新高。实施新进场拆迁51.6万平方米，安置群众1.1万户。加快拆迁进度，28个拆迁项目实现拆迁净场，累计拆迁面积129万平方米。

加大环境整治力度。大干150天，完成以“两路一线”（中山路含中山北路、胜利路，城际铁路沿线）、“七路两园”（正义道、增光道、宜白路、真理道、南口路、律纬路、中山公园路和金刚公园、中山公园）为重点的新一轮市容环境综合整治，多项工作在全市综合和专项考评中名列前茅。实施中山路（中山北路）、胜利路以及城际铁路沿线河北区段市容环境整治工程。高水平改造中山公园、金钢公园，清除中山公园周边、四马路地区长达20余年的占路经营市场，建成8000平方米望海楼社区中山路菜市场。对红星路等7条奥运整修道路进行提升。对群众反映强烈的24个脏乱点位进行清整。完成海河沿线73栋建筑夜景灯光，以及大悲院、望海楼教堂、海河东路绿地、李叔同纪念馆等公益灯光提升改造。向各街道下放部分市容管理权限，顺利通过市级卫生区复验。

加快宜居建设步伐。整修16条老旧道路，改造28片里巷道路。实施15片55.9万平方米旧楼区整修工程，建成艳泉里、溪波里、胜天里3片示范小区。完成首批13个小区69万平方米老住宅节能改造和11片小区二次供水改造工作。完成6条道路沿线67栋建筑"平改坡"工程。解决10个小区物业退出和44.5万平方米住宅修缮问题。新增供热面积53万平方米，供热总面积1600万平方米，保持总量全市领先位置。并网小锅炉12座22台，并网面积90万平方米，在全市率先完成小锅炉并网任务。

新建绿地30.1万平方米，植树1万株，绿化覆盖率和绿地率分别达38.8%和24.5%。中山路、海河沿线园林绿化工程获市级优质工程一等奖。完成全国第一次污染源普查检查验收工作。对32台总计710蒸吨/小时燃煤锅炉实施高效脱硫技术改造，申请资金额、改造锅炉台数及蒸吨量均居全市首位。环境空气质量达到或优于二级天数305天，占总有效监测天数85.43%，在中心城区排名第一。

推进社会事业发展。河北区学生社会实践基地和城市职业学院体育馆竣工，育婴里小学新校区建设工程启动。11所学校通过第一批义务教育阶段现代化学校建设验收。完成光复道社区卫生服务中心重建以及建昌道、月牙河、江都路3所社区卫生服务中心达标改造任务。建成社区卫生服务网络数字化信息平台和监管网络。开展甲型H1N1流感疫情防控工作。建成全国首家残疾人动漫制作培训基地。创建全国计划生育优质服务先进区。承办天津市第三届社区文化艺术节。完成非物质文化遗产普查和首批项目申报工作。做好第三次全国文物普查工作，普查覆盖率100%。开展首个全国性"全民健身日"活动，举办河北区2009年体育节。

新增就业3.41万人，失业率控制在3.6%以内。承办首届天津市手工编织专项职业能力竞赛，首创手工编织专项能力技能鉴定。与460家企业开展共同约定行动，稳定近10万名职工劳动岗位。106家企业被认定为全市劳动关系和谐企业。职工养老保险参保22.44万人。建立助老、助学、助残、助困4项救助基金。加快定向安置房建设进度，开工12个项目81.95万平方米1.14万套，竣工交付使用4个项目35.91万平方米5550套。1.75万户困难家庭享受住房保障政策，累计3.85万户受益。

完成101个社区办公及服务设施新建、改造和升级，建成建昌道、江都路、新开河3个街级社区服务中心。完成社区居委会换届选举工作。创建社区特色品牌，71%的社区达到特色社区要求，被民政部评为全国和谐社区建设示范区。江都路街被评为全国和谐社区建设示范街道，如皋里社区被评为全国和谐社区建设示范社区。

（区地志办）

河北区区级领导名录

中共河北区委领导名录

职 务	姓 名	性别	出生年月	民族	文化程度	籍 贯
书 记	张同庆	男	1953-09	汉	中央党校研究生	天津市
书 记	薛新立	男	1961-03	汉	市委党校研究生	天津市
副书记	薛新立	男	1961-03	汉	市委党校研究生	天津市
副书记、政法委书记	孙晓军	男	1956-09	汉	市委党校研究生	黑龙江虎林
常委,公安河北分局党委书记、局长	邢 伟	男	1952-01	汉	市委党校大专	山东阳谷
常委、办公室主任	郑永盛	男	1955-01	汉	市委党校研究生	天津市
常委、组织部部长	周秀生	男	1958-06	汉	中央党校研究生	湖北老河口
常 委	崔志勇	男	1958-03	汉	中央党校研究生	天津市
常 委	王秀文	女	1955-02	回	中央党校大学	河北青县
常委、区纪委书记	田金萍	女	1964-08	汉	市委党校研究生	河北定县
常委、宣传部部长	李耀进	男	1958-03	汉	市委党校研究生	天津市
常委、区人武部部长	蒋银军	男	1965-12	汉	中央党校大学	天津市

注:2009年12月,张同庆不再担任中共河北区委书记职务,薛新立任中共河北区委书记。

河北区人大常委会领导名录

职 务	姓 名	性别	出生年月	民族	文化程度	政治面目	籍 贯
主 任	吴中澄	男	1948-02	汉	在职大学	中共党员	山东牟平
副主任	王灵生	男	1950-11	汉	在职大学	中共党员	天津市
副主任	王 立	男	1962-11	汉	中央党校研究生	中共党员	天津市
副主任	李国华	男	1951-10	汉	中央党校大学	中共党员	天津市
副主任	刘俊英	女	1952-06	汉	在职大学	中共党员	天津市
副主任(兼)	李 懋	男	1952-12	汉	在职大学	民建会员	天津市
顾 问	佟宝生	男	1948-04	满	在职大学	中共党员	天津市

河北区政府领导名录

职　务	姓 名	性别	出生年月	民族	文化程度	政治面目	籍　贯
区　长	薛新立	男	1961-03	汉	市委党校研究生	中共党员	天津市
常务副区长	崔志勇	男	1958-03	汉	中央党校研究生	中共党员	天津市
副区长	王秀文	女	1955-02	回	中央党校大学	中共党员	河北青县
副区长	于连会	男	1956-03	汉	大学、学士	民进会员	天津市
副区长	吴　挺	男	1964-04	汉	工学博士	中共党员	河北深县
副区长	杜　翔	男	1969-10	汉	研究生、硕士	中共党员	河北秦皇岛

政协河北区委员会领导名录

职　务	姓 名	性别	出生年月	民族	文化程度	政治面目	籍　贯
主　席	张俊英	女	1953-09	汉	中央党校研究生	中共党员	天津市
顾　问	张林元	男	1946-05	汉	大　学	中共党员	河北武安
副主席	赵玉良	男	1954-09	满	市委党校大学	中共党员	辽宁沈阳
副主席	颜雅芬	女	1949-07	汉	中央党校大学	中共党员	天津市
副主席	冯幸耘	女	1947-09	汉	在职大学	民革成员	天津市
副主席	郑全喜	男	1958-04	汉	市委党校研究生	中共党员	天津市
副主席	孙本开	男	1950-06	汉	在职大专	中共党员	山东威海
副主席(兼)	马丽娣	女	1960-02	汉	在职研究生	民盟盟员	河北省
副主席(兼)	刘艳明	男	1963-02	汉	大专证书	民建会员	河北安新
副主席(兼)	刘文伟	男	1957-10	汉	在职研究生	农工党党员	天津市

（区委组织部提供）

大 事 记

1 月

6-8 日 政协河北区十二届三次会议召开。区政协主席张俊英作工作报告。副主席冯幸耘作提案工作报告。市政协副主席田惠光和区委书记张同庆分别讲话。会议围绕发展区域经济、建设创新型城区、加快民营经济发展、保障和改善民生、完善社会保障体系等问题，进行整体协商。

7-9 日 河北区十五届人大四次会议召开。听取审议区人民政府工作报告、区人大常委会工作报告、区人民法院工作报告、区人民检察院工作报告，审议批准区 2008 年预算执行情况和 2009 年预算（草案）的报告，并作出相应决议。

13 日 天津市区县政协主席代表团 90 余人到河北区电力博物馆、3526 创意工场、大悲禅院参观考察。区委常委、副区长王秀文，副区长吴挺，区政协副主席赵玉良、颜雅芬、冯幸耘陪同。

16 日 亚裔企业家协会主席、美国联邦商业部少数族裔商业发展署署长李学海带领意大利商务考察团到河北区意式风情区，参观意大利兵营、新意街和天津市规划展览馆。双方就房屋租赁、建设大型综合商场进行洽谈。区委常委、常务副区长崔志勇陪同。

27 日 副市长任学锋一行考察大悲院春节文化庙会活动。参观庙会工艺品区、特色食品区、大悲院文化市场以及意式风情区和狄奥酒吧街。市政府办公厅副主任李培生、市商务委副主任赵阔江，区长薛新立、副区长吴挺陪同。

2 月

6 日 天津市数字化城管工作现场推动会在河北区召开。市市容委副主任孙玉萍，市考核办、市数字化平台建设负责人，滨海新区、环城四区、红桥区等 11 个区县分管区县长及有关人员，副区长杜翔，区市容委、信息化办等部门主要负责人参加会议。孙玉萍讲话，对河北区数字化城市管理建设工作给予充分肯定。

9 日 台湾省社区及生态保护参访团到河北区考察。参观梁启超纪念馆和意式风情区，并就社区红十字会服务、青少年志愿者工作进行交流，副区长于连会陪同。

17 日 市残工委副主任、市残联副理事长左铁厂带领有关人员到河北区指导检查残疾人事业“十一五”发展纲要执行情况。考察江都路街如皋里社区、月牙河街丹江里社区和残疾人康复技术指导中心，对河北区残疾人工作给予肯定。区委常委、副区长王秀文陪同。

3 月

13 日 巴西国际合作局代表团桑德拉女士一行到河北区通广集团、铁三院、北车集团考察。双方介绍各自经济发展及重点项目建设情况，并就有关合作事宜进行洽谈。中国国际贸易促进会天津分会、中国国际商会天津商会副会长董力斌和副区长吴挺陪同。

18 日 市公安局副局长李玉环、市公安消防局局长张铭德，区领导张俊英、孙晓军、邢伟、郑军、田金萍、李耀进、王灵生、吴挺出席河北区誉天消防工程公司开业庆典活动。该公司坐落三马路 117 号，注册资金 2000 万元，主要经营消防工程设计施工、消防器材批发零售以及消防技术服务，是全市唯一一家国有性质的消防企业。

23 日 全国妇联副主席、书记处书记甄砚一行到河北区月牙河街丹江里社区“半边天家园”考察指导工作，观看家园工作成果展，听取工作做法和经验汇报。市人大常委会副主任李润兰，市妇联领导朱丽萍、吕福玲、戴蕴、张红、程树梅，区委副书记孙晓军，区委常委、副区长王秀文陪同。

25日 国家人力资源和社会保障部纪检组组长袁彦鹏、就业促进司副司长刘丹华、社保中心副主任徐延君一行7人到河北区考察促进创业带动就业工作，察看北新创意产业园，听取工作汇报并座谈。市劳动和社会保障局局长孔长起、副局长于茂东，区委副书记、区长薛新立，区委常委、副区长王秀文陪同。

同日 河北区人民政府获2008年度天津市对外开放工作对外贸易工作铜奖，直接使用外资工作鼓励奖，受到表彰。

26日 中国残疾人联合会就业服务指导中心领导王建军、张明理、王秀荣到河北区调研残疾人就业工作。考察月牙河街丹江里特奥示范社区，慰问宁园街自主创业典型残疾人陈卫，听取区残疾人就业工作汇报。市残联领导迟承镇、赵津生，区委常委、副区长王秀文陪同。

27日 河北区"法律进社区"工作推动会暨社区法制副主任聘任仪式举行。总结开展法律进社区工作情况，对"百名律师进社区"工作进行部署。市司法局副局长刘晔，区委副书记、政法委书记孙晓军，区委常委、副区长王秀文出席。

4月

12日 副市长只升华到河北区考察市容环境综合整治工程。察看中山路、金钢公园、中山公园等节点工程改造情况，对下一步整治工作提出要求。区长薛新立、副区长杜翔陪同。

17日 市质监局局长吴初、市海河办党委书记白纪元、市旅游局纪委书记佟景正，区委副书记、区长薛新立，区委常委、常务副区长崔志勇，副区长吴挺出席摩天轮旅游观光项目启动仪式。

20日 河北区2009年招商引资大会召开。以"耀世津门、创意河北"为主题，围绕"商贸天地、生态城区、文化河北"三大区域功能定位，集中展示区域特色。副市长任学锋出席，市经委、商务委、侨办、台办等单位领导，全体区级领导，以及特邀驻区大型企业、各驻津外地商会负责人出席，区属各委办局主要负责人，部分新闻媒体单位共计190人参加大会。推出地产开发、楼宇金融、产业园区、文化商旅四大类50个重点招商项目，招商总额300亿元。商务周签约31个项目，总协议额180亿元。

5月

1日 河北区举办天津·意大利风情旅游节活动。市委副书记、市长黄兴国，副市长任学锋，市政协副主席陈质枫出席活动，区委书记张同庆，区委副书记、区长薛新立陪同。旅游节活动涉及6大主题，11家商户，20个演出团体，300余名演员参与，推出广场文化活动、特色互动表演、精品芭蕾舞专场、室外休闲餐饮等，新增欧式小火车、汽车展销、名人肖像漫画等特色活动。接待中外游客和市民近10万人，营业收入100万元。

4日 市科协常务副主席杨鑫传、副主席洪解亮到河北区就工业设计服务平台进行调研。区委副书记孙晓军，区委常委、区纪委书记田金萍，副区长吴挺陪同。

同日 副市长只升华检查河北区新一轮市容环境综合整治工程进展情况。察看中山路、中山北路、中山公园路和金钢公园、中山公园市容环境综合整治进展情况，并提出要求。市政府副秘书长王敬威，区长薛新立、副区长杜翔陪同。

17日 副市长任学锋到河北区考察特色商贸街区建设工作。先后考察新意街、大悲院商贸街和中山美食街。区长薛新立，副区长吴挺、杜翔陪同。

19日 河北区孙会来、冯玲、邱国建、许方武被市政府授予见义勇为先进个人称号，受到表彰。

同日 巴西贸促会桑得拉女士、巴西戈亚斯州副州长奥利维拉、州工业联合会执行主席阿尔维斯、州政府国际事务局局长齐蒂亚克、计划与发展局局长纳西门多、工业与贸易局局长梅德罗斯和中国贸促会天津分会副会长董立斌一行9人，到河北区中国北车天津机辆轨道交通装备有限公司参观考察。副区长吴挺陪同。

6月

7日 台湾省台北县建筑投资公会考察团到河北区考察。

听取地产项目和优惠政策介绍，实地察看相关地块。市台办经贸中心主任于为忠、副区长杜翔陪同。

14日 国家人才研究会妇女人才专业委员会考察团一行19人到河北区考察。参观大悲院商贸旅游区、意式风情区、北新创意园和中山路商贸街，就区建设发展及招商引资项目进行座谈。区委书记张同庆、区长薛新立陪同。

26日 副市长只升华考察中山公园、中山美食街等涉及河北区“5858”线路重点工程建设情况。区委书记张同庆、区长薛新立、副区长杜翔陪同。

7月

1日 副市长熊建平到河北区调研北宁公园地区规划建设工作。察看地区业态、建筑物现状，听取规划建设情况汇报。区委书记张同庆、区长薛新立陪同。

13日 市“保增长、渡难关、上水平”督查四组组长、市监察局副局长崔朝一行到河北区，走访天津第六开关厂、辰赫创意产业园，了解企业生产经营情况，督查指导工作。区委常委、常务副区长崔志勇，区委常委、区纪委书记田金萍，副区长吴挺陪同。

8月

4日 市委副书记、市长黄兴国，副市长熊建平、任学锋考察河北区北宁公园规划设计，深入意式风情区、狄奥酒吧街、摩天轮酒吧广场调研经营情况。区委书记张同庆，区委副书记、区长薛新立陪同。

5日 市残疾人艺术团到河北区慰问演出。市残联理事长迟承镇、副理事长赵伯慧，区委常委、副区长王秀文出席观看。

7日 河北区举办全民健身日暨2009年体育节开幕式。区委书记张同庆，区委副书记、区长薛新立，区人大常委会主任吴中澄，区政协主席张俊英，区委常委、区委办公室主任郑永盛出席。全区机关、团体、学校和街道社区的干部群众、部队官兵参加。

31日 河北区启动“迎国庆游海河看津城爱河北”主题活动。区委副书记、区长薛新立，区人大常委会主任吴中澄，区政协主席张俊英，市旅游集团领导张大维、左坚出席。

9月

8日 市长黄兴国、市政府秘书长李泉山一行到河北区江都路街如皋里社区调研指导工作。参观老年活动站、日间照料室、社区医疗室，察看社区消防设施建设，询问社区工作师职称评定情况，对河北区社区建设工作给予充分肯定。区委书记张同庆，区委常委、区委办公室主任郑永盛，区委常委、常务副区长崔志勇，区委常委、副区长王秀文陪同。

17-18日 由国家旅游局、天津市政府共同举办的首届中国旅游服装大赛总决赛在河北区意式风情区举行。此次大赛为中国旅游产业节六大主题活动之一，征集10多个省、市、自治区近百件作品，确定24名设计师的120套服装作品入围总决赛，全方位展示旅游休闲装、文化衫、职业装等服饰艺术，共设金奖等11个。国家旅游局副局长王志发，副市长任学锋，国家旅游局规划财务司司长吴文学，市政府办公厅副主任李培生，市旅游局局长余清文、副局长金铁林，区委书记张同庆，市有关部门及18个区县的领导出席观看。美国北京旅行社考察团，中国旅游学院西部旅游局长培训班，全市四、五星级饭店、旅行社、景区总经理及知名旅游企业负责人共计1000余人参加活动。

19日 由天津市政府和国家旅游局共同举办的2009中国旅游产业节开幕晚会在河北区意式风情旅游区举行。市长黄兴国，国家旅游局局长邵琪伟、副局长王志发，北京市副市长丁向阳，海南省省长助理陆志远，市人大常委会副主任孙海麟，副市长任学锋，市政协副主席何荣林，市政府秘书长李泉山，世界旅游组织秘书长特使贾法利，市政府副秘书长李培生，市旅游局局长余清文、副局长金铁林，河北区委书记张同庆出席。各国驻华使节、旅游部门官员，全国各省、市、自治区旅游局局长，天津市各委、办、局和区县领导，中外旅游企业代表等嘉宾1000余人参加晚会。天津电视台进行现场直播。

30日 市长黄兴国，副市长张俊芳、熊建平，市政府秘书长李泉山一行深入红光中学慰问藏族师生。视察学生宿舍，询问学习、生活情况。区委书记张同庆、区长薛新立陪同。

10月

6日 市教委副主任林炎生，市民委副主任马竞，区人大常委会副主任王立，副区长于连会，区政协副主席郑全喜、马丽娣出席红光中学建校60周年庆典活动。

18日 市人大常委会副主任李亚力，国家教育部、外交部有关部门负责人，区委副书记、区长薛新立，区人大常委会主任吴中澄，区政协主席张俊英出席天津外校附校建校45周年庆祝活动。

19日 渤海银行海河支行开业。区长薛新立、渤海银行天津分行行长王锦虹出席开业仪式。该支行建筑面积1200平方米，首期投资400万元，是渤海银行在河北区设立的首家分支机构，也是落户海河畔金融大道的第9家金融机构。

26日 2009天津市创意产业周暨四直辖市创意产业联席会在河北区召开。活动包括天津中新生态城国家动漫产业综合示范园项目推介、天津中俄文化艺术交流中心挂牌活动、河北区3526服务平台企业作品展示等20余项。会议签署《四市创意产业发展合作宣言》。市政府副秘书长吴初，市发改委主任张志强、副主任管理年，市创意产业协会会长樊月龙，区委书记张同庆，区委副书记、区长薛新立，区委常委、宣传部部长李耀进，副区长吴挺，北京、上海、重庆三市创意产业主管部门和相关机构有关负责人出席。

11月

5日 市人大代表一行48人到河北区视察工作。先后视察意式风情区、中山美食街、中山公园和建昌道街级服务中心，就区经济社会发展有关问题召开专题座谈会。区委书记张同庆、区长薛新立、区人大常委会主任吴中澄陪同。

27日 台湾动画产业高级人才研习团到河北区考察意式风情区和北新文化创意产业基地。市台办副主任胡成利，区委常委、宣传部部长李耀进，副区长吴挺陪同。

12月

11日 中共天津市委决定，免去张同庆河北区委书记职务，任命薛新立为河北区委书记。

12日 河北区与北辰区教育交流合作签约仪式在天津市普育学校举行。市教委副主任黄永刚、北辰区副区长陈文慧、河北区副区长于连会及两区教育局领导班子等约200人参加签约仪式。

12-15日 区委书记、区长薛新立，区委常委、常务副区长崔志勇，副区长杜翔带队随天津市代表团赴香港开展招商推介活动。河北区与恒大集团签署合作开发金钟河大街地块项目，项目总建筑规模近100万平方米，总投资近100亿元；天津市地铁公司与和记黄浦地产公司签署合作开发河北区张兴庄项目意向，预计总投资40亿元。

18日 天津渤海商品交易所举行开业庆典。市委常委、副市长崔津渡，市政府副秘书长、办公厅主任杨金海，国家发改委价格司副司长许昆林，国家物资储备局副局长宋红旭，新华社天津分社社长陈良杰，7家银行总行有关负责人，区委书记、区长薛新立和渤海商交所董事长阎东升及社会各方嘉宾出席。

26日 由市人力资源和社会保障局、市妇联、河北区政府共同举办的天津市首届手工编织专项职业能力竞赛在河北区举行。14个区县149名选手参加绣、钩、编、织竞技。石秀云等18名选手分获编、织、钩、绣一、二、三获奖；孙兰雪等140名选手获市人力资源和社会保障局颁发的手工编织专项职业能力证书，开创专项能力鉴定先河。杨香月等10名选手被市妇女手工编织业协会授予“津门编织技术能手”称号。市人力资源和社会保障局副局长于茂东，市妇联副主席吕福玲，区委常委、副区长王秀文出席观看。

28日 中共河北区委九届十一次全会召开。贯彻落实中央经济工作会议和市委九届七次全会部署，总结全区2009年工作，部署2010年工作任务。

31日 河北区第十五届人民政府第七次全体(扩大)会议召开。通报2009年改善人民生活十项工作完成情况，征求对《政府工作报告》的意见和建议。区长薛新立就贯彻落实区委九届十一次全会和天津市安全维稳会议要求做出部署。全体区长出席，各街道办事处，各委、办、局、公司及直属单位主要负责人参加。

（区地志办）

党　务

学习实践科学发展观活动 2009年，中共河北区委在全区分两个批次开展深入学习实践科学发展观活动。1287个党组织、36478名党员参加学习实践活动。区委抽调58名干部组成12个指导检查组深入两个批次单位指导活动开展，确保活动取得实效。区委常委会带头深入基层调查研究，征求群众意见，明确要着重解决的8个方面问题，并分解细化成26个重点调研课题，由常委和副区长分别领题，形成一批重要调研成果。连续召开6个座谈会，听取各方面的意见建议。召开专题民主生活会，将整改落实方案在全区范围通报，以实际行动认真整改。各级党员领导干部坚持带头学习、宣讲、调研，开展批评与自我批评，推动整改工作落实。全区举办566次科学发展观理论辅导报告会，各级党员领导干部深入联系点宣讲398次，组织集中学习483次，形成调研报告578篇。把开展学习实践活动与“保增长、渡难关、上水平”活动紧密结合，出台《河北区进一步加强为企业服务工作的意见》，制定177条对接政策和服务措施，累计解决企业难题955件。把群众得实惠作为重要目标，开展“做群众贴心人”主题实践活动，办了一批群众普遍期待的惠民实事。中共中央政治局常委、国家副主席习近平对河北区开展学习实践活动的做法给予充分肯定。中共中央政治局委员、中央书记处书记、中央组织部部长李源潮也作出重要批示。中央第四巡回检查组副组长毛林坤，市委常委、市委组织部部长史莲喜先后深入河北区街道社区、中小学校、基层医疗卫生单位和非公有制经济组织指导检查工作，对全区学习实践活动给予充分肯定。

（何丽娟）

庆祝建国60周年活动 2009年，河北区委宣传部开展爱国歌曲大家唱活动。举办红歌会近100场，举办河北区庆祝新中国成立60周年“我爱你，中国”红色影视经典大型交响音乐会，邀请天津交响乐团和著名女高音歌唱家耿莲凤等演奏、演唱近20首红色经典乐曲、歌曲。举办河北区庆祝新中国成立60周年文艺演出，两台节目实况录像经区有线电视台播出，在居民群众中获得良好反响。举办“菊坛秋韵”京剧票友演唱会和“迎国庆、爱家乡摄影展”活动，开展爱国主义影片展映活动，播放影片70余部。

（刘　鑫）

党组织建设 2009年，河北区委组织部在全区开展创建区级先进党组织和党建工作示范点活动，各系统交叉互查、考核验收，评出第二批区级先进党组织112个，党建工作示范点26个。举办入党积极分子培训班2期，培训入党积极分子230名。培训非公有制企业党组织选派的入党积极分子34名，全区发展党员339名。其中，35岁以下197名，生产一线260名，女性192名，私营企业1名。处理因贪污受贿、妨碍社会管理秩序等不合格党员6人。

（李　静　王　健）

党员干部教育培训 2009年，河北区委党校举办处级领导干部专题培训班2期，培训177人，中青年干部培训班1期，培训44人；入党积极分子培训班2期，培训190人；举办处级领导干部深入学习实践科学发展观专题研修培训班3期，培训309人。深入40多个委、办、局和街道办事处，为2000多名干部职工进行理论辅导和专题授课。函授教育，39名2006级大专班学员、47名2006级专接本班学员和93名本科班学员毕业。

（马　琳）

政　务

概况　2009年，河北区政府抢抓机遇、迎接挑战、突破困局、攻克难关，圆满完成区十五届人大四次会议确定的各项任务，经济社会发展迈上新台阶。实现地区生产总值92.75亿元，比上年增长22.4%；三级财政收入25.02亿元，增长19.88%，其中区级财政收入13.43亿元，增长25.81%。完成改善人民生活十项工作，召开区十五届人民政府常务会议10次，区长办公会议7次，听取、讨论、审议、通过有关问题61项。其中涉及经济发展指标、重点工作、亮点工作、改善人民生活和"两会"建议提案等方面议题15项，财政预算、招商引资、服务企业、依法行政考核和行政审批等方面议题10项，民政、社会事业、信访、民族和廉政建设等方面议题14项，文化旅游、教育、卫生、科技和安全生产等方面议题9项，城市建设、土地出让等方面议题3项，机构设置、干部任免及公务员管理方面议题10项。

（区地志办）

为民服务热线　2009年，河北区为民热线受理群众反映问题2332件。办理市应急办转来的群众电话101件，办结101件。组织、安排"公仆走进直播间——周三办公热线"和公仆接待日活动。区领导率有关职能部门到广播电台宣传全区工作部署，征求群众对经济建设和社会发展的意见建议，当场解答群众提出的问题24件。每月安排1位区领导及30个职能单位负责人共同接听群众电话，安排接待日12次，受理问题284件，全部给予解决。处理市、区领导批示和新闻媒体转办的群众信件11件，办理区长信箱5件，全部办理完毕。对《天津日报》、《今晚报》刊登的批评、意见和热点、难点问题105件逐一落实。市政府开通"政民零距离"栏目，全区受理网民留言335件，回复332件，在办3件，网民满意率99%。

（刘　明）

提案办理　2009年2月19日至4月30日，河北区政府正式启动市、区人大代表建议、政协委员提案252件办复工作，其中被政府部门采纳的108件，占总数42.9%；列入工作参考的93件，占总数36.9%，条件不具备的51件，占总数20.2%。各承办部门通过座谈、走访、电话联系等方式征求代表、委员意见，表示非常满意、满意和基本满意的251件，占总数99.6%；表示理解的1件，占0.4%。

（李　薇）

2009年8月3日，区委副书记、区长薛新立及有关单位负责人接待上访群众。

公务员管理　2009年，河北区人事局在全区党政机关和参照公务员法管理机关（单位）中举办3期科级任职培训班，107名科级干部参加培训。对党政机关干部开展2期《公共危机管理》知识讲座，累计培训公务员及参照公务员法管理单位工作人员2101人次。组织2007-2009年招录的109名公务员举行新录用公务员宣誓仪式。完成12个单位29名科级干部考察任免，完成34名处级干部任免及提请区人大常委会任免处级领导职务议案工作。完成22个单位80名科级干部职数审批及41名处级干部职数报批。为5个单位招录16名公务员并办理录用等相关手续。为2008年招录的34名试用期满公务员和20名军转干部办理公务员登记手续。

（王　芳）

政　法

公安工作　2009年，公安河

北分局加大反恐力度，确定13类29个涉及党政首脑机关，关系国计民生的水、电、气、热等单位为重点反恐目标，成立10个反恐工作推动检查组，配合市反恐督导组反复检查。完成警卫任务90次，其中一级警卫任务5次、二级警卫任务16次、三级警卫任务69次，未出现任何问题。加大对旅店、沐浴、印章、机修、娱乐、网吧等行业治安检查力度，重点开展无证经营黑旅店专项整治，依法取缔黑旅店8家，行政拘留违法经营者4名，打掉盗窃团伙1个，刑事拘留犯罪嫌疑人3名，破获刑事案件11起；加强暂住人口和出租房屋管理力度，办理暂住证83382个，暂住人口登记率95%以上，办证率85%以上。在打击涉危违法行动中，查处涉危案件57起，逮捕32人、行政拘留35人。收缴制式枪支82支、雷管200枚、子弹2000余发、管制刀具36把。打击毒品犯罪，破获毒品案件255起（其中市级毒品目标案件2起），缴获各类毒品4331.77克，逮捕68人，抓获网上逃犯4人，缴获涉案枪支37支、各类子弹344发及大量涉毒工具和财物，取缔涉毒娱乐场所1个。结合“0901”打击“两抢两盗”百日专项行动、社会治安整治行动、打击盗窃机动车专项行动，组织精干警力侦破“1·20”、“5·25”、“6·3”、“9·11”、“12·17”5起命案，破获4起命案积案。受理各类经济犯罪案件189起，立案185起，破案164起，打处犯罪嫌疑人45名，为国家、集体和个人挽回经济损失1854万元，抓获网上逃犯13名，破获年前积案6起，维护全区正常经济秩序。

（霍志军）

检察工作 2009年，河北区检察院受理提请批捕各类刑事案件334件502人，批准逮捕320件478人；受理提请审查起诉各类刑事案件447件646人，提起公诉498人，法院均作出有罪判决。将打击重点放在“两抢一盗”等多发型案件和故意杀人、伤害、涉毒、涉枪等暴力型犯罪以及团伙型犯罪案件上，加大对诈骗、侵犯知识产权等严重扰乱市场经济秩序犯罪活动打击力度，对重大恶性刑事案件，坚持提前介入，引导侦查，快捕快诉，确保“7·9枪击案”、“9·4恶性杀人案”、团伙涉毒涉枪案等系列重大刑事案件及时处理。加大职务犯罪查办力度，立案贪污贿赂犯罪18件22人，其中贪污案5件7人、贿赂案6件8人、挪用公款案7件7人，大案11件12人、要案3人，为国家挽回经济损失320万元；立案渎职侵权犯罪3件3人，其中玩忽职守案2件2人，故意泄露国家秘密案1件1人。严格执行讯问过程“双录”（录音、录像）规定，使用电子笔录，规范法律文书适用，确保案件质量。

（赵 皙）

审判工作 2009年，河北区法院受理各类案件10660件，审（执）结9826件，人均结案113件，诉讼标的金额2.5亿元。案件公开审判率、公开宣判率和审限内结案率均为100%；受理刑事案件386件，审结377件，判处人犯503名；受理民商事案件5725件，审结5286件；受理行政案件124件，审结90件；受理执行案件2702件，执结2621件，执结标的金额6800余万元。积极开展司法救助。通过合理救助和有效工作，解决一批多年未结的疑难案件，清理积案664件，其中重点案件458件，执结率100%。清理积案工作居全市法院前列。

（宣 华）

消防工作 2009年，消防河北支队利用区有线电视台新闻和专栏节目，在有线电视台开辟“聚焦119”专栏，每月1期，每期10分钟，全年制作专题节目12期，刊发各类新闻稿件35篇；开展消防宣传“五进”、大走访活动，在98个社区电子显示屏上增加防火知识宣传内容。发挥媒体优势，与街道、社区联合，在建昌道街、江都路街如皋里社区建立消防宣传展室；发挥中队宣传组作用，利用流动宣传车每周六到社区、企事业单位开展消防宣传；将消防监督检查与消防宣传相结合，讲课92次，受教育5200余人。组织1000余人参加消防培训。全年，区内发生火灾40起，死亡零人，受伤1人，直接财产损失2.97万元。比上年起数下降18%，伤亡人数下降80%，损失下降71%。消防河北支队接警出动1702起，出动车辆2602辆、警力1.8万人次，解救被困人员95人，疏散被困人员86人，抢救财产价值1154.08万元。

（高　军）

人民团体

概况　2009年，河北区有职工10.3万人，工会会员10万人，其中农民工会员5787人。基层工会889个，工会专兼职干部1730人。区属系统14岁-28岁适龄青年1.4万人，其中团员1.17万人，女团员8771人，少数民族团员848人；基层团工委10个，基层团委27个，团总支19个，团支部626个，其中直属团委18个、团总支5个、团支部15个。兼职团委书记（含副书记）58人，其中中共党员43人；专职团干部110人，其中中共党员74人，具有本科以上学历108人。区妇联举行纪念“三八”国际劳动妇女节99周年暨表彰大会，以“河北建功业，巾帼展风彩”为主题进行妇女工作展示。评选表彰河北区“三八”红旗手72名，“三八”红旗集体12个。女企业家李永兰被评为全国“巾帼建功”标兵，河北区第一幼儿园、月牙河街丹江里社区居委会被评为全国“巾帼文明岗”。区妇联荣获全国“三八”红旗集体荣誉称号。

（区地志办）

劳动模范评选　2009年，河北区劳动模范评选工作注重向一线职工、一线班组倾斜，注重向知识型、专业技术人员倾斜，注重向经济部门倾斜，注重向关系民计民生的重点单位倾斜。加大劳动模范先进人物宣传力度，召开庆祝“五一”国际劳动节暨表彰先进大会，评选表彰21名劳动模范、4个模范集体和第三届“十大劳模品牌”先进人物。评选表彰市级“五一”劳动奖状单位3家、集体8家，“五一”劳动奖章34人；区级“五一”劳动奖状单位10家，“五一”劳动奖章96人。新开河街福音社区就业服务中心被评选为“全国工人先锋号”。

（马少卿）

团组织建设　2009年，河北区发展团员2936人，其中女团员1793人。团员中加入党组织102人，超龄离团199人，年度注册13184人。7月25日，全区首个律师行业团组织天津市昂特律师事务所团支部正式成立。团市委副书记白凤祥，区政协副主席、区委统战部部长郑全喜出席成立仪式，并为团支部揭牌。年内，月牙河街丹江里社区团支部被确定为首批团中央“共青团基层组织建设和基层工作试点单位”，团区委、区房管局团委、望海楼街中远里社区团支部、金达纸业团支部被确定为天津市基层组织建设和基层工作试点单位。

（彭　顺）

贫困母亲救助　2009年春节前，河北区妇联走访慰问120户单亲特困母亲，发放慰问金6万余元。为223名单亲特困母亲免费全科体检。为1名身患癌症妇女申请保险理赔1万元。为5名患重大疾病妇女申请市妇女儿童救助基金1.55万元。为9名妇女办理妇科疾病手术援助1.80万元。为3名特困单亲家庭子女争取到耀华滨海学校学习机会，三年累计为每名特困学生减免学费、住宿费及生活费7万余元。举办“阳光关爱——今晚助学”活动，向25名困难学生发放助学金1万元。组织爱心妈妈为28名孤残儿童编织爱心毛衣，让孩子们温暖过冬。

（李　冕）

残疾人康复与救助　2009年，河北区残联投入10万元创办“金摇篮”残疾儿童早期康复教育指导中心，针对0岁-6岁肢体障碍、言语障碍及轻度智力障碍、自闭症儿童开展医教结合早期干预，17名残疾儿童得到康复教育训练。为143名贫困白内障患者实施免费复明手术，复明率100%；为16名特困肢体残疾人免费安装价值5.6万元的假肢。为贫困肢残儿童实施矫治手术6例；为40名特困聋人免费发放助听器。为35名困难低视力残疾人配置助视器。新建乐桥里和启智学校2个特奥示范社区。为贫困肢体残疾人家庭卫生间便器实施蹲改坐179户，安装抓杆166户，为130户视力、听力残疾人家庭安装闪光或语音门铃，为50个社区居委会实施坡道扶手改造。河北区获得全国白内障无障碍区、天津市社区残疾人康复示范区称号。

（张万顺）

工　业

概况 2009年，河北区经贸委加强市级都市工业小区建设，根据市经信委有关文件精神，辰赫创意产业园、天津纺机都市广场被认定为市级都市工业小区，全区被认定的工业园区7个，位居全市区县之首；意式工业园获市经信委节能技术改造项目奖励30万元，华津3526创意产业园获国家级小企业基地专项资金支持160万元。

（王继伟）

全市首家街办企业完成退出市场工作 建昌制本厂为河北区街办集体企业，是经市国资委、市劳动局、市财政局认定的三类退出企业，并列入区经贸委“打捆退出”企业范围。由于该企业不具备继续生存能力，根据企业实际情况，2008年5月申报实施职工整体分流安置方案，2009年2月得到市国资委、市劳动局、市财政局批复。依据有关规定，对不同类别人员进行妥善分流安置。24名“4050”人员完成保险连接及确认后进入职工托管中心，10名非“4050”人员的劳动关系分别转入所辖区街。该企业平稳退出，成为全市首家完成退出市场的区街集体企业。

（王继伟）

天动科技园区 2009年，河北区天动科技园与河北有线台签订协议，利用老厂房作拍摄基地。6月8日至20日，中央电视台在天动工业园录制7期“挑战小勇士”节目趣味比赛，全区各中学学生担任观众。利用中央电视台知名度打造河北区文化阵地，提高天动科技园区影响力。

（王继伟）

天津辰赫创意产业园 辰赫创意产业园坐落河北区辰纬路1号，由磁电机内燃机厂整合而成，东至中山路，西至二马路，南至月纬路，北至宿纬路，占地7000平方米，厂房面积10058平方米。园区定位为互联网产业带动新媒体产业，从事研发设计和文化创意的专业化园区。着眼于形成具有特点的产业、品牌和亮点，对园区企业快速孵化，建设三大创意产业公共服务平台，为园区和天津的创意企业提供服务，将园区建成新媒体产业基地。至2009年，入驻企业62家，形成新媒体产业聚集。园区运营商抓紧建设公共服务大厅，为园区企业提供产品展示、新闻发布、业务大厅等功能齐全的公共服务平台。

（王继伟）

商贸服务业

金纬路社区商业中心 2009年，河北区对金纬路社区商业中心整体形象进行提升。成立金纬路社区管委会，制定社区管理办法和社区管委会职责，编制《天津市河北区金纬路社区管委会工作手册》，对牌匾进行统一设计、制作和安装，对部分便道和路面重新铺砖铺沥青、对楼面进行粉刷，在金纬路社区靠中山路一侧设立社区商业中心标识，美化街区，提升中心对外形象。不断满足居民日常生活需求，经营业态由8种增加到14种以上，提升服务质量。通过市商务委检查验收，上报国家商务部。经过商务部初审、专家评审、网上公示，被评为全国社区商业示范社区。

（王继伟）

中山美食街 中山美食街始建于1983年，全长约150米，经营面积1800平方米，是天津市最早经营特色小吃的美食街。曾举办全国美食博览会。2009年，河北区对中山路实施整体提升改造，恢复历史风貌。将中山美食街列入重点改造的工程项目和重点开发的商业节点，打造专、精、特、优精品小吃一条街。入口处恢复劝业会所牌楼。统一牌匾，增添店铺的商业气息和文化内涵。保留传统小吃风味，提升特色小吃档次，引进一批知名小吃。美食街进驻经营户51户，汇集面食、糕点、酱制品、烧烤、汤类5大类400余个品种。提升改造的中山美食街，整洁靓丽、古朴凝重，为消费者提供一处集商贸、旅游、文化、休闲、购物于一体的区域，为百年商业老街中山路增添一处特色景观。日接纳游客万余人，销售额10余万元。

（王继伟）

摩天轮酒吧广场开业 2009年7月31日20时，在海河亲水平台举行河北区摩天轮酒吧广场开业仪式。市政府副秘书长李培生，市商务委副主任赵阔江，市旅游局副局长邹本友，区委常委、宣传部部长李耀进及区政府办公室、区经贸委、区旅游局、大悲院管委会负责人出席开业仪式。该广场占地600平方米，分为表演、售卖和休闲3个功能区，设有48组休闲桌椅和遮阳伞，36组花围，6个售卖车，可同时接待200多人。作为集旅游、餐饮、娱乐、文化等功能于一体的时尚休闲空间，摩天轮酒吧广场与摩天轮、大悲禅院等知名旅游景点融为一体，营造出浓郁的商旅文化氛围。

（王继伟）

2009年7月31日在海河亲水平台举行河北区摩天轮酒吧广场开业仪式

城市建设与管理

概况 2009年，河北区完善中山路、八马路等地区规划设计。实施进场拆迁51.6万平方米，拆迁面积129万平方米，安置居民1.1万户。项目建设开工量320.62万平方米，竣工90.54万平方米。全区有3宗地块出让、6宗地块挂牌。实施新一轮市容环境综合整治，多项工作在全市综合考评和专项考评中名列前茅。经济适用房建设开工77.97万平方米11298套，竣工交付使用35.91万平方米5550套。1.75万户困难家庭享受住房保障政策。举办河北区春季房交会。整修16条老旧道路，改造28片里巷道路。实施15片55.9万平方米112个旧楼区整修工程，建成3个示范小区。完成首批13个小区69万平方米住宅节能改造和11个小区二次供水改造任务。完成6条道路沿线67栋建筑"平改坡"工程。新增供热面积53万平方米，供热总面积1600万平方米。新建绿地30.1万平方米，绿化覆盖率和绿地率分别为38.8%、24.5%。中山路、海河沿线园林绿化工程获市级优质工程一等奖。

（李士勇）

建筑市场管理 2009年，河北区建委完成施工招标27项，建筑面积62.7万平方米，中标价3.887亿元，合同备案率100%；发放施工许可证7个，施工总面积34.2万平方米。办理农民工工资预储账户30家，签订三方协议30份，打款使用账户8家。妥善解决泰达南口路住宅项目总包单位与分包单位合同纠纷及金百汇娱乐城拖欠农民工工资60万元等问题。与区人才中心联合为区管建筑资质企业办理职称认定52人，为市内六区首创。监督工程168栋116.67万平方米，其中开工55栋27.98万平方米，竣工43栋68.11万平方米。竣工验收合格率100%，一次验收合格率98.7%，竣工验收备案率18.6%，重大质量事故率为零。建设单位质量行为抽查符合率96.53%，施工单位质量行为抽查符合率89.37%，监理单位质量行为抽查符合率87.23%，实体质量抽查符合率89.37%，建筑施工现场材料监督封样抽检合格率82.07%，下达整改通知单142份，整改意见748条，停工整顿项目11项，停工整改意见14条。区建设工程质量监管工作得到市建委和国家建设部有关部门表彰。

（刘　军）

房地产管理　2009年，河北区加大房屋修缮资金投入，维修直管公房25.2万平方米，公用公房3.3万平方米，维修单位产、私产房屋16万平方米。加强屋面、门窗、上下水、用电线路、供热管网和采暖设施维修养护，对管区内6.3万根楼房烟道查勘，64处屋面维修工程全部达到优良标准。妥善解决华光里7号楼下水管道、二贤里阳台板维修等难点问题。历时4个月，完成中山路、真理道等6条道路67幢、建筑面积30万平方米的“平改坡”工程，美化市容环境。加大租金收缴力度，直管公房租金收入2923万元，新纳入房产租金收入992万元，自管产房屋租金收入92万元，公用公房租金收入152万元。调试公房经营网络新增模块，对103台POS机进行软件升级，提高租金监管水平。引用供热炉渣反烧和变频调控自动降耗技术，不断提高技术水平。开展既有房屋安全普查鉴定、房屋完损等级评定工作，完成房屋安全鉴定224件10.3万平方米。仅用18天时间，对147幢44万平方米中小学校舍排查鉴定，为政府决策提供科学依据。

（赵　玮）

2009年3月8日，区城市管理综合执法局举办意奥风情区女子执法队成立仪式。

土地整理与出让　2009年，河北区启动小王庄堤头片、国印新村片两个项目拆迁工作。小王庄堤头地区危陋平房密集，拆迁面积大，困难群众多，通过创造条件、争取政策支持，城投公司增加注册资金5000万元，并向市保障住房建设投资公司投资成为其股东，争取到30多亿元土地整理资金，解决资金困难。8月底，中山路日纬路东和制线厂两地块成功出让，实现全区2006年以来土地出让零的突破。全年挂牌9宗土地20多万平方米，规划建筑面积70多万平方米，总出让金30多亿元。

（崔　岩）

海河沿线建移动公厕　2009年，为了配合海河沿线景观建设，河北区环卫局在海河沿岸设置4座现代化移动公厕，全天候免费开放。移动公厕分别位于永乐桥旁、金汤桥旁、北安桥旁、音乐广场旁。1月1日起，在全区范围内取消环卫公共厕所收费。加强公厕管理，确保取消收费后公厕的正常运转。

（赵　玲）

组建天津市首支女子执法队　2009年3月8日，河北区城市管理综合执法局意奥风情区女子执法队正式上岗执勤，成为天津市第一支完全由女性组成的城管执法队伍。编制10人。执法队员平均年龄23岁，均具大专以上学历。经过严格的准军事化训练，担负海河意式风情区、奥式商务区人文景观和市容环境维护任务。“巾帼执法队”统一着装，并配备10辆轻骑助力车，在重点地区设立固定岗位。队员们具有较强的英语口语能力，为

2009年4月28日，河北区在阳光广场举办春季房交会。

八方宾朋提供便捷的服务。

（魏鸿章）

环境保护

概况 2009年，河北区环保局推动污染减排和生态城区建设，环境保护投资指数为4.4%。空气环境质量二级及二级以上良好天数305天，占有效监测天数的85.46%。3项环境空气质量指标达到国家二级良好标准，在中心城区排名第一。饮用水水质达标率100%。城市水环境功能区水质达标率100%。水环境功能区水质达标率和工业废水排放达标率均为100%。完成河北区噪声区划方案调整，区域噪声年均值57.4分贝，平均年均值下降0.2db(A)，达到好和较好水平。全区工业用水量7687.87万吨，其中工业新鲜用水440.05万吨，重复用水7247.81万吨，重复用水率94.28%。工业废水排放量373.75万吨，化学需氧量排放600.33吨，氨氮排放量36.81吨。在全市率先完成小锅炉并网任务，并对32台710蒸吨/小时燃煤锅炉实行高效脱硫技术改造。辖区有锅炉87台、工业炉窑83座，工业煤炭消费总量37.33万吨，燃料油消费量（不含车船用）0.83万吨，洁净燃气消费量709万标立方米，工业废气排放量437160万标立方米。二氧化硫排放量2768.6吨，烟尘排放量1677.75吨，氮氧化物排放量2890.07吨。工业固体废物产生量11.87万吨，危险废物产生量990.9吨。工业固体废物综合利用量11.87万吨，工业固体废物综合利用率100%，危险废物处置量990.9吨。

（王丙功）

污染减排 2009年，河北区环保局筹资1000余万元，实施第11供热站、金家窑供热站等17个单位32台总计710蒸吨/小时燃煤锅炉高效脱硫技术改造，为10个单位20台共480蒸吨/小时燃煤锅炉高效脱硫改造项目申报天津市环保专项资金300余万元，在全市申请资金最多，改造锅炉台数及蒸吨量最大。除天津三环纺织印染有限公司、第二染纱厂的燃煤锅炉因拆迁未进行高效脱硫改造外，列入上年的烟气脱硫改造项目全部竣工，发挥减排效益。对水重点源实行分类指导，推动市内燃机磁电机有限公司和市第二医院化学需氧量结转项目实施，实现污染源排放稳定达标；加强水污染物排放监管，坚持月报、季报制度，实现工业废水排放达标率100%。

（王丙功）

生态城区建设 2009年，河北区落实生态城区建设目标责任制，召开生态城区建设推动会，有关责任部门与区领导签订《河北区2008-2010年生态城区建设行动计划目标责任书》，形成共同推进生态城区建设格局。围绕生态城区建设环境保护指标任务，加大系列创绿工作指导检查力度，对14中学、红星路小学、通达新苑等绿色学校和绿色社区复查指导，新创建6个绿色学校（幼儿园）、20个绿色社区和2000个绿色家庭。至年底，全区绿色学校（幼儿园）达43所、绿色社区54个、绿色家庭5005户。其中，绿色幼儿园创建率100%。区环保局被市创绿领导小组授予优秀组织奖。结合地球日、科技周、世界环境日等，在海韵家园社区、万象轻纺城前广场及全区重点社区，集中举办“落实科学发展观，共建绿色家园”、“科技进社区”等大型宣传活动。“6·5”世界环境日宣传活动被中央电视台和天津电视台新闻栏目播出，产生良好社会效果。

（王丙功）

经济管理

财政管理 2009年，河北区财政局优化财政支出结构，加强财政资金管理，加快推进财政改革，完成区级财政收入13.43亿元，比上年增长25.81%，实现平稳较快增长。做好各部门年度预算测算，摸清经费支出变动情况，将人员经费预算算清算实。配合实施义务教育绩效工资制度改革，对2010年义务教育阶段工资实行单独测算。按照国库集中支付要求分类汇总，完成全区2010年预算测算工作。动用科技发展基金用于科技创新奖励。投入资金用于文化平台系统共享工程和改善业余体校训练环境，加强文化体育事业建设。投入资金用于环境综合整治，加快生态城区建设步伐，打造优美和谐的城市容貌。加大医疗卫生事业投入，用于18项公共卫生服务项目规范管理和达标工作，经市有关部门检查，河北区获得全市评比总分第一名。对全区社区药品零差率销售给予财政补贴，减轻居民就医负担。规范优抚对象医疗补助资金使用管理，保障优抚对象医疗待遇落实。

（孙晓伟）

国税征收 2009年，河北区国税局严格执行税收计划，加强税收分析预测与税源管理监控，深化增值税税负核查、纳税评估和企业所得税预缴汇缴工作，积极组织税收收入。实现税收收入66906万元，其中留区税收收入16152万元，比上年增加2435万元，增幅达17.75%。开展税收专项检查，检查各类案件348件，查补税收及滞罚收入2792万元，稽查户数、查补收入、案件查实率分别增长27%、41%和27%，有力打击了涉税违法行为，维护了税收秩序，确保了税收环境安全稳定。

（商红健）

地税征管 2009年，河北区地税局深入重点行业和重点税源企业开展调研，掌握行业经济发展和重点税源变化第一手资料，做到心中有数。将收入任务落实到部门和个人，严格目标责任。坚持科学化、精细化征管要求，发挥税收管理平台作用，强化重大项目管理和房地产税收一体化管理优势，细化管理，堵塞漏洞。落实各项增收措施，挖掘税收潜力，缩小收入差距。开展税务稽查，发挥以查促管、以查促收职能作用，弥补收入差距。组织区级收入91474万元，比上年增加19367万元，提前实现税收收入工作目标。

（陈国斌）

工商行政管理 2009年，工商河北分局为各类企业营造公平准入和顺利发展的宽松环境。分局注册科协调区行政许可中心、经贸委、招商办及项目单位，确定服务“大项目”专职联络员，对海河开发商贸区、中山路特色文化商业街等41个重大重点项目周密梳理、核实、认领，16个大项目23.48亿元资本落户河北。新增注册企业935户，新增注册资本11.24亿元，比上年分别增长7.22%和18.49%；新增个体工商户1639户；新增外商投资企业44户，其中分支33户，新增注册资本4077万美元；实际利用外资到位额10828万美元，完成指标的108.3%。

（冷昕宇）

价格管理 2009年，河北区物价局设专门科室负责价格举报投诉，24小时值守价格举报专线电话，受理群众咨询、举报、投诉338件（次），为群众退款7860余元。做好重点项目服务工作，局领导多次带队深入维多利亚大酒店和乐购超市等12家企业调研服务，入户服务45次，解答、解决企业提出的17个方面的问题。及时做好涉案物品和交通事故受损车（物）价格鉴证、评估671件，总值1025万余元。开展价格诚信单位创建活动，经考核评议，天津中医药大学第二附属医院、天津市津维特种车检测服务有限公司、天津市第78中学、天津市第一医院、天津劝业家乐福超市有限公司河北商场等9家被评为河北区2009年度价格诚信单位。

（姚 敏）

计量监管 2009年，河北区质量技术监督局办理组织机构代码证2001个、年检4770个、扫描电子档案2201户；对21家企业的25批次产品监督检验，批次合格率96%；为6家企业75个产品办理执标登记，对50家企业进行执标审验，帮助企业制定或修订标准60个。逐一检定76个单位计量器具，建立计量管理制度及计量器具台账，对加油站加油机进行强检备案；全局150人次深入企业76家，帮助解决各类问题48件。天津市康科德科技有限公司承担国家“十一五”科技重点课题，填补国内科研用高纯有机溶剂空白。局领导深入企业，对产品标准问题提供技术和管理方面的帮助，企业的12个产品标准顺利通过专家论证，争取立项，为企业标准上升为国家标准奠定基础。为群众免费检修血压计500余件。处理“12365”群众质量投诉12件。

（宫 霞）

2009 年 12 月 18 日，天津渤海商品交易所在河北区隆重开业。

预算审计 2009 年，河北区审计局完成全区 2008 年度财政预算执行及其他财政收支情况审计，审计 10 个部门及单位，延伸 29 个下属部门及相关单位，审计资金 156586.5 万元，查处违规金额 190.2 万元，管理不规范金额 13356.59 万元，提出审计意见和建议 23 条。区人大财经委多次听取审计结果汇报，并深入相关单位跟踪审计意见整改落实情况，责成有关部门和单位严格执行审计处理决定，纠正审计中发现的问题，审计意见及建议落实率 100%。

（黄明明）

天津渤海商品交易所落户河北区 2009 年 9 月 16 日，天津渤海商品交易所股份有限公司落户河北区，注册资本 19000 万元，经营地址位于进步道 48 号、50 号两座小洋楼，建筑面积 2765.56 平方米。12 月 18 日正式开业。渤海商品交易所正式开盘，交易时段覆盖世界主要金融市场交易时间，是国内首家与国际全面接轨的综合类交易所。具备交易条件的授权服务机构 52 家，遍布全国 17 个省市。首日交易品种为原油和焦炭，其中原油首日成交量 25598 手，订货量 14870 手，成交金额 1.15 亿元。焦炭首日成交量 486 手，订货量 406 手，成交金额 80.19 万元。渤海商品交易所的开业，将提升河北区经济总量和地区生产总值结构，带动金融业税收大幅增长。

（王继伟）

科　技

概况 2009 年，河北区科协举办第 23 届科技活动周活动；组织参加 2009 年天津市全国科普日活动启动仪式；开展科普日、社区主题科普活动月活动；召开河北区科学技术协会第四次代表大会；科普项目申报工作取得新进展。在申报科普项目、开展各类重点活动中，获得天津市支持资金 43 万元，完成上级下达的各项任务。参加天津市全国科普日活动启动仪式暨“科技南开”创新产品展示活动。河北区被评为天津市第 23 届科技活动周先进组织单位；区科协被评为 2008－2009 年度天津市科学普及工作先进集体。

（陈丽萍）

第 23 届科技周 2009 年 5 月 16 日至 23 日，河北区举办第 23 届科技活动周。围绕“科学发展在我身边”主题，进行科普知识宣传、科技创新产品展示和健康生活指导等多项活动。鸿顺里街在海韵家园社区举行“践行科学发展观社区宣传日活动”，市、区领导向 10 个街道颁发科普器材，吸引社区居民 1000 余人观看。天津机车车辆厂承办“科学发展在我身边”科普知识竞赛。河北区 6 支代表队参赛。区委机关代表队获一等奖，区政府机关和卫生局代表队获二等奖，

2009 年 5 月 17 日河北区第 23 届科技活动周重点活动现场

区教育局和鸿顺里街、建昌道街代表队获三等奖。举行兴华小学科学宫揭牌仪式。兴华小学科学宫是天津市首个由学校自筹资金建立的科学宫,分为科技长廊等8个展区,展示学生亲手制作的测向、海模、陶艺等实践作品。免费向全市社区和中小学开放。科技周期间,全区有410名处级以上领导干部参加活动,举办科普报告会93场,16740人参加;举办科普讲座64场,1580人参加;发放科普资料39种8.89万册。

(陈丽萍)

企业科协工作 2009年,河北区科协召开企业科协工作会议,对2008年做出突出成绩的5名企业科协优秀工作者进行表彰。企业科协以科学普及为基础,以科技创新为主线,积极组织科技工作者和科协会员,广泛开展技术创新和"讲理想、比贡献"等活动,为科技兴企贡献力量。在天津市"讲理想、比贡献"活动总结表彰暨企业科技工作者"保增长、渡难关、上水平"动员大会上,市科协对2003-2007年天津市"讲、比"活动先进集体、先进个人和优秀组织者进行表彰。河北区六〇九电缆有限公司获评"讲、比"活动先进集体,天津华津制药厂侯俊和天津机辆轨道交通装备有限公司赵国亮两人被评为"讲、比"活动优秀个人,六〇九电缆有限公司王玉芳等3人被评为"讲、比"活动优秀组织者。

(陈丽萍)

科普项目申报 2009年,河北区科普项目申报工作继2008年首次申报成功后,在申报科普项目、开展各类重点活动中,获得市财政资助43万元。4月和7月,市科普中心主任袁玮一行两次到河北区科普项目申报单位调研。听取"生物与构建资源节约型综合探究工作室的建设"项目汇报,对项目基础设施建设、经费投入等相关情况实地考察探讨,对项目未来发展等问题提出建设性意见;在听取青少年动漫社区活动站项目中期汇报和参观3526彩立方制作中心后,对河北区委、区政府领导重视科普项目工作表示高度赞赏,对动漫社区活动站项目取得的初期成效表示满意。市、区领导还就3526彩立方制作中心的科普示范效果深入研讨,并就其申报天津市科普教育基地事宜达成共识。

(陈丽萍)

教育

概况 2009年,河北区有各级各类学校76所,其中中学22所(含民办校6所)、小学25所(含民办校1所、特殊教育学校1所)、幼儿园26所(含集体园2所、其他7所)、职业学校2所、高职院校1所。教职工5790人,在校学生56147人。对学校布局进行调整。将渤海职专与城市职业学院整合,撤销渤海职专建制。投入1200余万元,新增计算机700台,改善中小学信息技术教学条件,完成25所中小学校园网建设和15所小学科学实验室更新工作;全年投入2200余万元,维修校舍近11万平方米,操场改造达标2.5万平方米,改造厕所200座。11所学校参加第一批检查验收并全部通过市专家检查组验收。河北区中学社会实践基地和城市职业学院体育馆建设项目竣工使用。高考在报名人数减少1596人的情况下,全区二本以上上线1847人,比上年提高4.36个百分点。市二中文科班一本上线100%。

(高秀萍)

教育经费收入与支出 2009年,河北区教育总收入81453.84万元,比上年增加14703.34万元,增长22.03%。其中,市拨经费3896.66万元、区财政拨经费57176.14万元、拆迁补偿等拨款3761.10万元、医保经费1847.56万元、教育费附加3460万元、上级补助230万元、事业收入等11082.38万元。教育总支出80909.54万元,比上年增加15435.39万元,增长23.57%。其中,人员经费及对个人家庭支出62712.59万元、公用经费支出7252.17万元、基本建设等事业发展支出10944.78万元。教育经费总支出中,中学支出(含职专)36139.69万元、小学支出24594.66万元、幼儿园支出7415.23万、其他单位支出12759.96万元。全年安排义务教育阶段学生人均公用经费超过市颁标准;实行义务教育阶段绩效工资,市、区财政补助7420.67

万元。基本建设等事业发展支出中，包括用市、区专项款安排的14中学设备购置、基建工程3000万元，57中工程200万元，红光中学改善办学条件600万元，城市学院实训基地专款150万元，现代化学校专项370万元，示范园建设30万元。

（赵 洁）

教育教学改革 2009年，河北区教育局小学教研部门在全区范围内组织开展高效教学征文活动，召开高效教学学术论坛活动，宣传课改成果，促进课堂教学质量提升。中学行政和教研部门联合举办2009新课程改革与备考策略研讨会。对17所普通高中实施新课程实验工作专项督导检查。实施“中学生综合素质评价电子操作系统”培训并正常运行。制定实施《河北区高中学生综合素质评价实施细则》，完成初、高中综合素质评价工作。制定课程改革背景下《优质高中指标定向分配招生试验工作实施方案》，完成招生试验工作。分3个学区片举办“校本课程开发与研究”、“高效课堂探索与实践”、“校本教研实践与研究”河北区普通高中新课程实验工作总结推动现场会。

（许吉彬 刘 健 王 瑞）

师资队伍建设 2009年暑期，河北区教育局组织初、高中1100余名教师进行专业水平考试，推进教师队伍专业化发展。教师节期间，为第二批10名区级名师建立工作室，发挥骨干教师引领和辐射作用。招聘应届毕业大学生，补充师资队伍。改革招聘方式，由区教育局组织评审组对应聘人员进行面试及外语口语、汉语言表达、计算机操作、板书、硬笔书法和幼教专业的弹唱、舞蹈、绘画、讲故事等专业技能测试，测试合格人员与需求学校实行双向选择、择优录用。开展以争做“学生爱戴、家长信赖、社会满意”的人民教师为主题的高尚师德回报社会活动，取得明显成效。结合建国60周年纪念活动，开展师德建设，举办“可爱中华”演讲比赛和“祖国赞美诗”诗歌征集活动。

（王永利 刘宝红）

文化与旅游

概况 2009年，河北区文化局开展大型群众文化活动近40场；加大文物行政执法监督检查力度，与50余家文保单位、部分已公示的不可移动文物使用单位签订文物保护合同，对文物保护范围内施工行为严格审批。经全国旅游景区质量等级评定委员会批准，天津觉悟社纪念馆被评定为国家2A级旅游景区。河北区图书馆和少年儿童图书馆，举办公益讲座8场。图书馆借阅图书10.03万册次，接待读者11.06万人次，其中多媒体阅览室接待读者1.02万人次；少儿图书馆新增图书1923册，借阅书刊3.9万册次，接待读者2万余人次，五号路、红星路、二实验3所小学图书借阅站接待读者1万人/册次，九幼、十幼、十六幼3个幼儿园“阳光书屋”接待读者1.01万人/册次，读者满意率100%。

（李 蕊）

天津市第三届社区文化艺术节 由市委宣传部、市文化广播影视局、河北区政府联合主办的天津市第三届社区文化艺术节，2009年4月30日至9月8日在区举行。艺术节以“共享文化成果，共建和谐社区”为主题，举办社区民间工艺品收藏展、“百名艺术家，心系社区情”、群众文化大讲堂、社区艺术团优秀节目选拔赛、社区文化建设理论征文、庆祝建国60周年诗歌征集等近40场系列文化活动。天

2009年9月8日，天津市第三届社区文化艺术节闭幕式在河北区举行。

津日报、今晚报、天津电视台“都市报道”栏目等新闻媒体给予报道，并首次在天津人民广播电台经济栏目专访直播。

（李 蕊）

首届大悲院春节文化庙会 2009年1月26日至31日，天津市首届大悲院春节文化庙会在区举办。丰富多彩的民俗文艺表演、琳琅满目的特色旅游商品，吸引各方游客纷至沓来。开幕当天气氛热烈，场面火爆，吸引游客近20万人次。庙会期间，商品销售额达100余万元。

（吴明宇）

中山公园历史碑林建成 2009年，河北区借百年历史名园中山公园提升改造之机，将20世纪80年代陆续发现并存藏于区文物管理所的24组石刻文物集至园内，设玻璃罩棚予以保护；建成河北区历史碑林，碑刻内容涉及明代新庄关帝庙、清代三取书院、晋都会馆、贾家口木桥、昭忠祠、李公祠、直隶学务公所、云贵会馆等创建、设立、改建、重修情况，是天津地方史研究的珍贵原始资料。

（李 蕊）

卫 生

概况 2009年，河北区卫生局投资近500万元用于街道社区卫生服务中心建设。落实市政府卫生改革举措，全面推进卫生改革。1月1日起，河北区社区卫生服务机构基本药品零差率销售启动，医院管理强化医疗核心制度落实和效果评价；加大监督、指导、培训和公示力度，创新工作机制，带动医疗质量全面提高，确保患者就医安全。

（张素青 宋秀兰）

疾病防控 2009年，河北区卫生局通过传染病报告网络直接上报的法定传染病中，无甲类传染病报告，报告乙类传染病11种1588例，甲、乙类传染病报告发病率211.58/10万，比上年下降25.02%。死亡病例3例（艾滋病2例、甲型H1N1流感1例），死亡率0.40/10万，比上年减少1例。甲、乙类传染病报告发病数居前五位的病种依次为：痢疾、肺结核、梅毒、乙肝、甲型H1N1流感，共报告1456例，占报告病例总数的91.69%。与上年相比，仅百日咳报告发病有所上升，报告发病1例，该病例为4月龄散居儿童，因绝对禁忌症未接种百白破疫苗；有9种乙类传染病报告发病下降，按下降幅度依次为：麻疹、出血热、艾滋病、淋病、肺结核、痢疾、肝炎、梅毒、猩红热。新增病种甲型H1N1流感77例。

（张素青 宋秀兰）

基础免疫 2009年，河北区四苗单项接种率：卡介苗、脊髓灰质炎疫苗、麻疹疫苗均为100%；百白破、四苗全程均为99.92%；四苗全程及时率99.7%。乙肝疫苗为100%；乙肝疫苗首针及时率98.1%。百白破、麻疹疫苗复种率均为100%；乙脑初种、复种率均为100%；流脑初种率100%、复种率99.9%。4岁儿童脊髓灰质炎疫苗复种率99.94%。6岁儿童百白破二联接种率100%。全区麻疹发病率首次降至1/10万以下。重点加强8月龄儿童麻疹疫苗接种率管理。8月龄儿童在8至9个月期间及时接种率93.57%。加强新生儿乙肝疫苗接种管理，接种率97.14%、乙肝疫苗首针及时率97.1%；卡介苗接种率96.22%。适龄儿童、流动儿童预防接种管理率分别达100%和95%以上。

（张素青 宋秀兰）

卫生监督 2009年，河北区卫生局清理无证行医违法行为63户次，没收医疗器械172件，没收药品17箱，查处非法医疗广告15件，实施行政处罚63户，处罚金额9万元。开展“百日万店”餐饮单位专项整治活动，检查1268户次，下达卫生监督意见书781份，行政处罚4万余元。

（张素青 宋秀兰）

妇幼保健 2009年，河北区加强妇幼保健工作，控制孕产妇、婴儿死亡率，保证母婴安全。建立儿童系管档案并发放《儿童保健册》6704册，筛查高危孕产妇408例、筛查高危儿童383例；孕产妇系统管理覆盖率95.3%；早检率84.11%；高危孕妇管理率100%；儿童保健管理覆盖率99%；高危儿管理率

100%；体弱儿管理率100%；6个月内婴儿母乳喂养率86.93%；孕前传染病筛查率99.97%；产前筛查率93.8%；新生儿甲低、PKU筛查率98.39%；新生儿听力筛查率99.52%，儿童髋关节发育不良筛查率81.34%；儿童白内障筛查率77.66%；妇科病检查率38.95%；剖宫产率74.97%。启动适龄妇女妇科病检查，制定为30岁-65岁适龄妇女免费妇科检查工作实施方案，免费普查20366例，其中，宫颈炎检出5433例，检出率27.12%；子宫肌瘤检出3287例，检出率16.41%；乳腺增生检出8434例，检出率42.21%；检出乳腺癌5例、宫颈癌3例。

（张素青 宋秀兰）

体育

概况 2009年，河北区体育工作落实科学发展观。以全国第一个“全民健身日”为契机，掀起全民健身运动新高潮。竞技体育和竞赛工作及业余训练取得一定成绩。区籍运动员李平在日本横滨举行的第50届世界乒乓球锦标赛混双比赛中，与曹臻配对获得冠军，为天津市乒乓球运动项目取得的第三个世界冠军，河北区首位世界冠军；河北区输送的运动员张帅代表天津市女子网球队，作为团体赛主力成员，在山东济南勇夺第11届全运会女子网球团体冠军并获单打第四名；李平在第11届全运会乒乓球男双决赛中和郝帅配对，获亚军。区业余体校运动员参加市体育局、市教委举办的各类青少年体育竞技项目比赛，获第一名6个、第二名3个、第三名7个、第五名4个、第六名2个。全年向市体校输送运动员3名。

（周晋民）

全民健身日活动 2009年8月7日，区体育局在天津二中体育馆举办河北区全民健身日暨2009年体育节开幕式。全区各界代表，机关、团体、部队、学校以及基层群众健身队伍1000余人参加大会。区直机关领导和干部表演太极拳、扇和花毽，武警战士进行军体演练，青少年俱乐部的运动员和中小学生表演“阳光轮滑”、健美操、街舞，中老年群众健身队伍表演空竹、柔力球、广场健身舞。还特别安排中老年群众健身队伍进行新创编的第二套市民广播操表演，展示推广普及的成果。

（周晋民）

2009年8月7日，河北区举办“全民健身日”暨2009年体育节开幕式。图为区直机关太极拳展示(中为区长薛新立)

竞技体育 2009年，河北区输送的运动员多次参加国家级、国际级比赛，并取得优异成绩。李平获2009年世界乒乓球锦标赛混双冠军，获第11届全运会乒乓球比赛男双第二名、团体第六名；张帅获第11届全运会网球比赛女子团体第一名、单打第四名；高鑫获2009年ITF（国际网联）马来西亚站（G4）双打第一名、ITF马来西亚站(G4)单打第二名；赵玲伶获全国女子排球比赛业校15岁组第一名；杨佳欣获全国女子排球比赛业校13岁组第一名。年内，区青少年运动员参加市级比赛10项次，获15个第一名、8个第二名、14个第三名。

（周晋民）

举办、承办体育比赛 2009年，河北区体育局联合区教育局组织开展11项青少年竞技比赛，包括田径、游泳、足球、篮球、排球、网球、乒乓球、武术、棋类、基本体操、跆拳道。涉及区中小学校70多所，参赛运动员1500人次；承办“肯德基”杯全国三人篮球冠军挑战赛（天津赛区），26支队伍156人参加，比赛近160场。

（周晋民）

青少年体育夏令营 2009年7月2日至8月25日，河北区体育局、区业余体校组织所属教练员开展“我快乐、我健康”体育夏令营活动，近600名中小学学生参加排球、田径、网球、体操、乒乓球、武术、游泳、击剑、足球、篮球、跆拳道11个项目活动，让学生们度过一个健康、充实、愉快的暑期。

（周晋民）

社区体育器械安装 2009年，河北区体育局争取市体育彩票基金支持，为改造后的旧楼配备体育设施，完成王串场、江都路、铁东路、月牙河、宁园、望海楼、光复道7个街道34个居民社区以及区民政局干休所、中山公园、区排水所等单位体育健身器械安装。安装太空漫步、健骑机、骑马机、压腿器、腿部腰部按摩器、立式旋转机、太极推柔器、伸腰训练器共218件。

（周晋民）

人口和计划生育

概况 2009年，河北区人口和计划生育工作落实《中共中央国务院关于全面加强人口和计划生育工作统筹解决人口问题的决定》，创建国家级计划生育优质服务先进单位和市级优秀服务站。全区户籍人口633992人，其中男性319520人、女性314472人；已婚育龄妇女88872人，符合政策生育率99.75%；出生人口3650人，人口性别比109.5;人口出生率5.67‰。全面完成人口和计划生育工作各项指标。

（杨慕一 郑 辉）

流动人口调查与管理 2009年春节期间，河北区人口计生委对流动人口基本数据进行调查。调查发现，在金融危机影响下，全国人口流动迁移出现跨省流出人口回流现象。河北区也出现流出人口回流增多情况，春节前跨省流出人口返乡632人（男323人、女309人）；春节后跨省外出流动人口524人（男246人、女278人）。掌握流动人口底数，加强流动人口计划生育服务管理，为国家宏观决策提供基础信息。2009年，区人口计生委对流动育龄群众进行5项评议问卷活动，包括对人口计生工作满意度评价、计划生育政务公开、技术服务、文明执法、流动人口管理与服务等内容。发放问卷210份，收回有效问卷209份，收回率99.5%以上。调查对象中，男16人、女193人；流动已婚育龄妇女173人，占参加评议人数的82.7%。结果显示，对现居地计划生育工作整体满意的占83%、基本满意的占17%。

（李津荣 王 伟）

计划生育家庭特别扶助 2009年3月18日，河北区在全市率先为1427人发放2008年度特别扶助金297万余元。4月完成2008年度特别扶助对象年审工作，审核确认新增特别扶助对象210人。10月初，对1747人发放2009年度特别扶助金340万余元。

（李津荣）

走进“悄悄话”节目 2009年7月16日，河北区计划生育药具站副站长参加天津人民广播电台“悄悄话”访谈节目，介绍河北区避孕药具工作特色、药具供应渠道及流动人口药具服务情况。通过访谈，提高药具供应渠道和相关知识知晓率，扩大药具工作宣传面。

（武 仴）

救助贫困母亲活动 2009年5月10日（母亲节），河北区计划生育办公室开展救助贫困母亲活动。邀请天津市计划生育研究所妇产科主任医师李春华为育龄妇女进行“妇女常见病的防与治”讲座。各街道办事处举办“普及避孕节育知情选择，提高育龄妇女健康水平”知识讲座；6月27日，举行为贫困妇女健康救助免费查体活动，查体项目包括乳腺、妇科B超、妇科阴道检查、宫颈防癌刮片。查体157人，发现乳腺疾病25例，发病率15.9%；发现子宫肌瘤26例，发病率16.6%；发现附件肿物5例，发病率3.2%；发现慢性宫颈炎35例，发病率22.3%。当场义务咨询105人次，发放避孕药具200余盒，数千人受益。

（崔 淳 郝艳芝 宋 甲）

2009 年 9 月 23 日，河北区召开天津市志愿者“欢度国庆、爱我家园”暨河北区“双优”表彰大会。

人 民 生 活

和谐社区建设 2009 年，河北区推进和谐社区建设工作，加强社区工作人才队伍和社区志愿者队伍建设，开展百名教育工作者进社区等志愿服务活动，组织社区工作者培训，形成上下配合、共同参与的工作格局。10 月 19 日，河北区获全国和谐社区建设示范城区荣誉称号，江都路街获全国和谐社区建设示范街道荣誉称号；江都路街如皋里社区获全国和谐社区建设示范社区荣誉称号；河北区民政局获全国先进单位荣誉称号；河北区志愿服务工作获全国优秀志愿服务组织奖、望海楼街“艾欣”志愿服务小分队获全国优秀志愿服务品牌项目奖、江都路街如皋里社区志愿者于秀华获全国志愿服务工作先进个人奖。

（宋纪凤 张 浩）

就业工作与创业服务 2009 年 1 月 4 日，河北区举办社区残疾人就业招聘大会，236 名残疾人参加，通过面试、笔试择优录取 111 人，3 月全部上岗，9 月工作补贴由月 400 元增加到月 820 元。5 月和 10 月举办两场就业招聘大会，26 家企业和 405 名残疾人参加，提供就业岗位 107 个，达成就业意向 45 人，当场录用 5 人。至 12 月，安置 500 名残疾人就业，收缴残疾人就业保障金 932 万元。为大学生就业创造条件。区劳动和社会保障局指导 21 家企业建立就业见习基地，吸纳 484 名大学生见习。为 9 家见习基地申请补贴 59.8 万元，410 名见习人员受益。组织大学毕业生公益岗锻炼招聘工作，两批选聘 351 人充实到劳动保障和民政等公益岗位，拓宽大学生就业渠道。加强创业指导。4 月 13 日，河北区创业服务中心创业指导服务工作站在辰赫创意产业园挂牌，开创全市创业带动就业先河。工作站为企业提供创业就业政策指导、劳动保障法律法规咨询、创业项目初选初审、申办小额担保贷款，为创业者办理人事代理、人才租赁、社会保障等综合服务。帮扶对象主要是有创业意向的下岗失业人员，特别是高校毕业生。辰赫创意产业园系个人投资建立，主要从事高新技术服务、创意设计、信息技术、软件开发等，员工主要来自有创业意愿的高校毕业生和自主创业者。

（张万顺 李玉武）

社会保障 2009 年，河北区劳动和社会保障局加大社保工作宣传培训力度，提高工作人员扩面能力和用人单位参保意识。建立促进扩面工作制度，形成长效机制，实现职工养老保险参保 22.44 万人，完成年度任务的 100%。8 月 14 日，举行“千人进万户，社保直通车”活动启动仪式。组织局机关、街道劳动保障服务中心和社区工作站工作人员 1000 余人，深入社区进行城乡居民基本养老保障、城乡居民医疗保险两项制度宣传登记。督促无基本养老保险保障、无基本医疗保险保障的特殊困难群体，参加城乡居民基本养老和医疗保险，解决老有所养、病有所医问题。10.57 万名社区居民参加城居医疗保险登记，1.61 万名老年人办理享受老年人生活补助待遇。

（李玉武）

低保与社会救济 2009 年，河北区民政局落实《天津市最低生活保障办法》，加强低保动态管理，做到应保尽保。全区低保户 13075 户 26847 人，累计发放低保金8904万元;特困户2763户,发放特困金462万元;大病救助2528人次745.29万元;临时救济6232人次350万元;接待低保、大病救助、住房保障等有关政策咨询4000余人次;派专人到区重点工程八马路、堤头拆迁片现场办公,为219户困难群众解决实际问题。4月1日起,将低保金由每人400元提高至430元;特困补贴由每户120元调至130元;增加分类救助9.9万元,此次调标增加用款84.3万元。元旦、春节期间,救助困难群众39026户50793人,共用资金3360.08万元。冬、夏令实物救济社会孤老、孤残、孤儿及定救户331户,用款9.2万元。对低保户24770人、特困户5630人进行相关信息采集核对,为2010年病有所医打下良好基础。

(刘元辉　高建辉)

养老服务　2009年,河北区全面提升居家养老服务管理水平。5月,区服务指导中心对全区服务对象进行满意度抽样调查,对72户走访调查,服务对象满意率82%,对查出的问题实施有针对性的整改。9月召开居家养老工作推动会,副区长王秀文对全区居家养老工作提出希望。区服务指导中心对全区居家养老工作全面检查指导。采取检查与互查相结合、管理工作与服务工作相结合的方法,重点检查各服务中心基础管理工作,并分项给予评定打分。12月,区服务指导中心对各服务中心进行综合评定。月牙河街、望海楼街、王串场街、新开河街服务中心被评为先进单位,6个服务中心为达标单位。在320名服务人员中评选出30名先进个人。各服务中心开展各具特色的为老服务活动。在不同节日到老年人家中或把有行动能力的困难老人组织起来进行活动,让老年人老有所养、老有所乐。截至2009年,全区养老机构29家,其中民办公助28家、区级国办1家。有床位2806张,床位配置率2.8%。有日间照料中心(站)22家,专职服务员350名,年服务对象22000人次。投入150万元建设老年工作服务设施。其中,投资100万元在建昌道街建起500平方米的多功能为老服务中心,投资40万元改扩建月牙河街丹江里社区日间照料服务中心,投资10万元用于老年教育事业。

(李　舰　王树海)

新开河街道

新开河街道位于河北区西北部。辖域自东由新开桥起向北沿南口路中心线至榆关道,向东沿榆关道中心线至京山铁路线向北至普济河道立交桥拐弯处,与铁东路街道、北辰区为界;南由新开河闸起向东沿新开河中心线至新开桥,与鸿顺里街道为界;西由新开河闸起向北沿子牙河、北运河至勤俭桥,与红桥区为界;北由勤俭桥起向东沿南口路至河北医院北小道,再由此向东沿小道至普济河道立交桥拐弯处,与北辰区为界。2009年,街域面积4.52平方公里。辖12个居委会,常住居民3.03万户8.56万人。街道办事处位于天泰路席厂下坡14号。

2009年,引进企业29家,其中注册资金100万元以上的9家;引进资金1.5亿元,其中外省资金5000万元,外资15万美元;引税290余万元,留区税收100余万元。

完成社区居委会换届选举,选聘社区居委会成员84人,社工39人。选聘服务人员56名为264位老人提供服务。有低保户1961户4147人,特困救助对象374人,发放救助金26万余元,

新开河街第二届“福音杯”社区文化艺术节开幕式

实施大病救助42人次，发放救济金19万余元，办理廉租房实物配租35户，租房补贴563户，经济适用房10户，限价商品房160户。

开展“一帮一”包保结对活动，27名人大代表为70余户困难群众送去慰问金2万余元，米、面、油等慰问品折合7000余元，共建单位电力公司职工捐款2万余元慰问困难家庭，政协委员为4户因病致贫困难群众送去2000元节日慰问金。为150名计划生育特扶对象发放扶助金31.1万元，走访计划生育困难家庭，“一助一”帮扶结对9对，捐赠慰问金3.64万元。“七一”前夕，投入党费5760元，慰问辖区3名建国前入党、未享受离休待遇的老党员和116名困难党员。街干部捐款4.2万元，各社区捐款4.5万元，驻街企业捐款3.87万元，超额完成募捐任务。

新增就业4275人，援助“4050”人员实现再就业619人，办理就失业证315人，为3308人办理城市居民医疗保险。组织各类技能培训和定向培训10期，537名下岗失业人员参加；为370名就业困难大学生办理创业见习培训，为140名大学生安置就业岗位。

举办第二届“福音杯”社区文化艺术节。设立歌舞、曲艺、青少年、手工艺、书画摄影和家庭档案6个专场，累计参与2万余人次。推选出档案示范户54户，展出优秀展品1465件(册)。

加强社区党建工作，开展评选表彰优秀党员活动，表彰12名优秀党务工作者、12名党员志愿者标兵和76名党员志愿者。12个社区党组织换届选举，新一届班子成员平均年龄52岁，其中40岁以下6人、占7%，41岁至50岁20人、占24%。

2009年，街道获国家级荣誉3项、市级荣誉10项；福音再就业服务中心蝉联全国文明单位荣誉称号，5月获“全国工人先锋号”称号。

(尚 红)

铁东路街道

铁东路街道位于天津市区东北部。辖域自东由新开河起向北沿京津塘高压线至铁路北环线，由此向西沿北环线至规划路，由北环线起向北沿规划路口至宜白路，与北辰区为界；南由新开河起向东沿新开河中心线至京津塘高压线，与鸿顺里街道、宁园街道、建昌道街道相望；西由新开河起向北沿南口路中心线至榆关道，与新开河街道为邻；北由榆关道起向东沿榆关道中心线至宜白路，与新开河街道、北辰区为界。京山线、中环线(铁东路段)横贯全街。2009年，街域面积4.16平方公里，辖9个居民委员会，常住人口2.16万户6.22万人。街道办事处位于宜白路华宜里58号。

2009年，引税321.89万元，引资14608万元。对663家企业进行第二次经济普查，其中工业171家、建筑业21家、房地产业8家、交通运输业3家、批发零售业221家、住宿餐饮业60家、社会服务业148家、非企业31家。个体经营户4383家。

12660户居民参加社区换届选举。新一届居委会成员中大专文化程度占31%，中共党员占71%，平均年龄43岁。社工27人，平均年龄41岁。投资10万余元用于社区居委会设施建设。

环境综合整治，拆除违章建筑15间、私搭乱盖46处，清理渣土280吨。清拆阳台护栏466个、窗户护栏395个，空调移机138台。开展卫生大清整，清除垃圾死角50余处，清理乱贴乱画1000余处，粉刷墙壁1200余平方米，清理绿地3000平方米。对城郊接合部的张兴庄、马庄地区摊贩占路经营，环境脏乱、拥堵等集中整治。出动百余人、车辆26次，拆除违章棚亭25处，清理堆物堆料5吨，规范摆卖25户。提高周边环境质量，保障交通畅通。

开发就业岗位1339个，安置下岗失业人员1317人。认定十类困难群体567人，全部得到及时帮扶。对352名下岗失业人员进行技能培训，对108人进行创业培训。向1280名60岁以上老人发放补贴。发放社会保障卡3000人。

对困难群体坚持动态管理，停发低保120户，新增低保272户、特困109户、工商遗属1户；办理租房补贴766户，实物配租26户。走访慰问孤老、困难党员55人，送去慰问金9500元。

举办街道民营企业暨大学生招聘会，26个单位参加。印发政策宣传材料300余张，接待咨询400余人，提供就业信息210条、就业岗位375个，其中公益岗位50个。为270名求职人员开具就业介绍信，56名应聘者与用工单位达成意向。

为困难育龄妇女332人送去价值4.9万元慰问品。育龄妇女查体4641人。对计生业务骨干培训13课时。编发育龄人口服务生殖保健"一本通"，方便育龄人员享受各种服务。全年出生356人，计划生育率99.8%。

开展社区文化活动。组织文艺活动18场，演出节目100个，3000余人次观看。彩虹艺术团和金秋艺术团在市、区文艺比赛中获奖，两支社区代表队在区民间公益组织会演中获奖。对61名社区文艺骨干进行摄影、创作、艺术欣赏专题业务培训。成立集报收藏组、书法篆刻组、太极健身队等10多支社区文化团队。振宜里社区党总支被评为市级先进党组织。

（李书敏）

光复道街道

光复道街地处河北区南部。东以京山铁路与河东区、河北区王串场街道为界；南由京山铁路起向南沿东站主站房，东端与邮电局之间小马路中线至海河中线与河东区为界；沿海河东中线至北安桥与和平区、南开区为界；西由北安桥起沿海河至狮子林桥与和平区、南开区为界；北由狮子林桥起向东沿狮子林大街中线至金钟河大街地道与河北区望海楼街道为界。2009年，街域面积1.95平方公里。辖6个社区居委会。户籍人口0.90万户2.63万人，现居人口1.27万户3.40万人。街道办事处驻胜利路娘娘庙前街25号。

2009年，引进企业45家；引进外资30万美元，引进内资1.08亿元；实现留区税收272.1万元。

社区居委会换届选举。6个社区居委会平均参选率78.60%，比上届提高11.90%。4个居委会通过直选方式产生新一届社区居委会成员，直接选举的居委会占70%。新当选的居委会成员中，大专以上学历人员26名，占43.33%；平均年龄44.01岁，下降8.47岁。

新办低保213户、特困19户。为57户困难群体解决大病救助，发放救助金24.31万元。为789户低保家庭、低收入家庭办理租房补贴，37户低保家庭和4户优抚对象享受廉租住房。为14户家庭办理经济适用房。

开展"文明家庭手拉手送温暖"和"真情助困进万家"活动，组织区人大代表、政协委员开展扶贫助困及红十字会"博爱进万家"活动，募集善款8.5万元，救助195户，发放救助金46420元、物品415件。

安置就业846人，促创业280户，带动就业608人。城市居民医疗保险参保1290人，城镇居民养老保险参保28人，发放老年人生活补贴900人。为359人做困难家庭认定，享受灵活就业相关政策。为7人提供小额贷款，为6人进行自主创业培训。为1800余人办理失业保险救济金领取手续，发放失业金111万余元。安置原街办企业职工7名。

开展"家庭健康惠民项目"和生育关怀活动，为8名高危孕妇建立孕妇档案并定期走访，为98名困难家庭育龄妇女提供免费查体、建档服务。慰问困难计生家庭56户，发放慰问金12000元。

市容综合治理，清拆胜利路两侧各类吊挂物2690个。对8处重点地区集中清理，清除堆物堆料、垃圾、渣土50余吨，动用大小车辆30余辆。清理堆物堆料、垃圾、渣土270吨，动用大、小车辆120余次，清除各类违法小广告12000余条。出动1200人次，对6个社区进行地毯式灭鼠投药，投放灭蟑、灭鼠、灭蝇药物105箱。

开展"文明家庭手拉手送温暖"活动，文明家庭、"三八"红旗手与29户困难家庭结对子，其中困难单亲母亲家庭13户；慰问困难家庭155户，送去慰问金3.1万元、物品283件；为351名下岗失业妇女提供就业信息，安置大龄妇女家政服务20人。

成立街体育协会；举办6期体育骨干培训班；投入资金13万余元为社区增设体育设施，群众体育活动进入市、区先进行列。

召开光复道地区第一届职工代表大会第一次会议。街道机关、社区、辖区私营企业的35名职工代表出席大会。10家企业的企业方首席代表与职工方首席代表签订职工工资集体协议。

2009年，街道办事处被评为全国群众体育先进单位，全国计划生育优质服务先进单位。

（郑承勇）

江都路街道

江都路街道位于河北区东南部。辖域东起泰兴路与河东区接壤，西至红星路与王串场街道相望，南起真理道与河东区分界，北至金钟河大街与建昌道街道相邻。2009年，街域面积1.95平方公里，辖7个社区居委会，常住居民4.73万人。街道办事处位于靖江路9号。

2009年，引进企业56家。内联引资3.5亿元，名列街道系统第一；外资到位额45万美元；引税314万元，名列街道系统第二。

社区居委会换届。完成如皋里社区居委会第二次“海选”及其他6个社区居委会直选工作。7个社区参选率84.82%，投票率84.33%。新一届居委会成员49人，其中党员39人，平均年龄48.25岁。

组织社区岗位练兵活动，制定社区居委会兼职委员及社区民主议事制度，发挥兼职委员作用。对社区居委会成员开展应知应会必备知识系列培训。加大日常考核力度，组织开展社区居委会主任调研交流会，开展社区亮点工作申报活动。抓好衡山里社区依托老年学校，开展绘画课和助老上网培训等老年人教育工作；乐山里社区困难群众帮扶工作；如皋里社区志愿者服务和日间照料等特色亮点工作。市委副书记、市长黄兴国在如皋里社区调研并为社区工作题词。

开展“迎国庆大干40天”、创“市卫”复验、“迎建国60周年”、“扮亮河北万名党员做贡献”等专项治理活动，出动4100余人次，处理违规行为为544处（次）；清理卫生死角168处，清运垃圾、渣土、堆物堆料1650余吨；清除残标35780张、涂鸦1230处。对65个楼栋屋顶实施“平改坡”，对5条道路硬铺、绿化，对怒江里小区75个门栋垃圾道封堵。加强病媒生物防治，区爱卫办在该街召开全区消毒站管理现场会，对该街除害消毒工作给予高度评价。完成2个绿色社区和200户绿色家庭及1个安静小区创建任务。

2009年9月8日，市委副书记、市长黄兴国到江都路街调研社区工作。

做好低保、特困调标和生活补贴核发工作。发放救助金115.2万元；对因病致贫的困难家庭实施救助，大病救助75户，救助金额32万元。为65名优抚对象发放工资，全年发放101万余元，报销医药费2.5万元。建立通达新苑社区残疾人康复站，为40户低保、特困边缘户更改坐便器，安装闪光门铃和语音门铃。

安置就业1385人。完成386名城镇职工养老保险代缴工作，缴纳养老保险金224万余元、医疗保险金22万余元、人事代理费14万余元，为1550人办理灵活就业社会保险代缴手续，合计收缴保险金251万余元。完成944人医疗保险录入工作，为88人次办理医药费用申报，共计报销20余万元。分3期对228名失业人员开展营养配餐技能培训，提供招聘信息260余条，就业岗位近1500个。其中公益岗位158个，96人与用人单位初步达成就业协议。

在创建国家级计划生育优质服务先进单位活动中，代表河北区接受国家、市人口计生委“创国优”考核验收，区人口计生委在该街召开“创国优”中期工作推动会，并作典型发言。开展现居育龄妇女全员信息核查补录工作，加强流动人口计划生育健康指导和管理，为2850名育龄妇女和贫困母亲进行生殖健康查体，对508名患有各类疾病的育龄妇女跟踪随访，为179名特扶人员发放扶助金37万余元。

2009年，街道被评为全国和谐社区建设示范街道。获国家级先进集体称号3个，市级先进集体称号10个；获得国家级先进个人2人次，市级先进个人5人次。

（李振军）

月牙河街道

月牙河街道地处河北区东部。辖域东起排污河向北沿上江路中线至月牙河与东丽区相邻；南由上江路起向西沿排污河至乌江路与河东区相邻；西从排污河转弯处向北沿排污河中心线至金钟河大街与江都路街道相连；北抵金钟河大街向东延金钟河大街中心线至电话62局赵沽里分局北侧与建昌道街道、东丽区接壤。2009年，街域面积1.77平方公里，辖12个社区居委会，常住人口2.96万户8.35万人，流动人口1218人。街道办事处位于靖江路义江道36号。

2009年，引税338万元，引进内资8000万元、外资30万美元。完成全国第二次经济普查以及辖区社会人口抽样跟踪调查、外来人口抽样调查等工作。

完成居委会换届选举，新任成员学历层次提升，年龄结构优化，党员比例提高。社区志愿者活动有效开展，完成社区工作指导手册初稿编写。

坚持低保人员月签到制度，低保专干不定期对低保对象跟踪复查。落实残疾人康复服务保障和救助政策，帮助辖区5名残疾人完成白内障复明手术。

组建社区环境清理队伍，开展综合减灾示范社区创建活动，丹江里社区被推荐为全国综合减灾示范社区候选单位。对社区环境不间断清理。实现三、四级道路扫保全天侯、全覆盖。加强旧楼区提升改造，完成大江里社区改造。病媒防治实现规范管理，建立消毒站。

对辖区平安楼栋和平安门店进行复核。发现和消除各种隐患40余起。开展矛盾纠纷排查调处工作，调解成功率100%。制定国庆期间维稳工作预案，加强刑释解教人员安置帮教和“法轮功”练习人员帮教监控，解脱“法轮功”人员175名。金沙江里社区安装视频监控系统，填补旧楼区无视频监控系统空白。

挖掘就业岗位，累计安置1600名下岗失业人员就业。在全区率先实现零就业家庭动态为零目标，428名失业人员进入灵活就业组织。组织2000多人参加大型招聘会，举办11期580人参加的技能和定向培训，开办全区第一家街道创业者培训班，培训53人，就业率90%。为1507名老年人办理生活补助，对7名困难高校毕业生对口帮扶。

签订新一轮计划生育工作属地管理服务协议书。落实独生子女伤残、死亡家庭计划生育特别扶助，做好23名特扶对象审核把关，其中独生子女死亡15人，独生子女病残儿8人。开展“婚育新风进万家”活动，完善“以房管人”全员管理模式，对已婚育龄妇女进行核查。

发挥文明督导员作用，开展“歌颂改革开放30年”征文、争当“五好楷模”等活动。以社区党校和社区青少年学校为阵地开展青少年教育，丹江里社区青少年学校被评为天津市首批“青少年快乐营地”。举办第23届科技周活动，社区科普、文化、娱乐、体育健身等群众活动广泛开展。

开展慰问困难党员和困难群众活动，走访慰问308户，款物折合1.5万元，结帮扶对子112对，办实事159件。建立党建民情联络员队伍，完善街道党员群众诉求渠道长效机制。开展庆祝建党88周年“五个一”系列活动，听取党员意见、关注党员思想动态。

在引税单位建立工会组织，发展8家企业，会员927人。与18个独立企业和10个区域的43家企业签订劳动工资集体协议。“半边天家园”做好妇女个案、妇女健康、妇女就业、妇女教育培训和弱势群体帮扶五大工程，丹江里社区荣获全国“巾帼文明示范岗”称号。

（代佳丽）

鸿顺里街道

鸿顺里街道位于河北区西南部。辖域东由北站地道起向北沿京山铁路至新开河中线与宁园街道为界；南由金钢桥起向东沿中山路中线至北站地道与望海楼街道为界；西由金钢桥起向北沿海河中线至新开河闸与红桥区为界；北由新开河闸起向东沿新开河中线至京山铁路桥与新开河街道为界。2009年，街域面积2.58平方公里，辖11个社区居委会，常住居民3.3万户8.8万人，流动人口4000余人。

2009年，引进企业19家；实现留区税收300万元；内资到位额16935万元，引进外资30万美元。

创造就业岗位2661个，安置失业人员1601人，办理养老保险续缴115人，新增养老保险扩面403人，组织256人参加各种培训，为1315人办理城镇居民医疗保险，办理居民医疗保险报销41万余元。举办四区九站“彩虹再就业直通大篷车”联合招聘会，45人当场达成就业协议。

元旦、春节期间走访慰问困难家庭294户，发放各类救济金、慰问金197万余元。完善低保动态管理联动机制，实现应保尽保。至12月有低保户1559户3150人。办理廉租房、租房补贴770户，实物配租10户，限价商品房214户，实施大病救助158户48万余元，临时救助611户13万余元。为1623名残疾人换发新证。完成慈善募捐5万余元。

奋战150天，对中山路、律纬路沿线地区实施市容环境综合整治，拆除护栏、遮阳罩等各类吊挂物405个，规范空调室外机289台、外飘窗20个，提前完成任务。改变街域脏、乱、差面貌，在市、区联查中，成绩多次名列前茅。对15条三、四级道路扫保工作实行片长负责制，社区整体环境水平提高。在平云里、月秋里、调丰里等10个旧楼区改造工作中探索实施的“街队联动，共管共赢”的城市管理新模式发挥优势，拆除违章建筑48处，清理堆物堆料836吨，彻底改善居民居住环境，胜天里小区荣膺旧楼区改造典范。加大除害消毒工作力度，数字化城管平台初步建立，全年参与保障中山路沿线各级别考察28次。

完成社区居委会换届。新一届居委会成员平均年龄42.85岁，其中党员30人，占42.8%；本科学历4人，大专学历21人，中专（高中）学历45人。连选连任36人，新选社区副主任4人，招聘社工30人，其中原居委会人员19人，社会招聘11人。直选社区参选率86.1%。参选率100%。

对20121户现居家庭和7771名已婚现居育龄妇女基本信息再核查，开展“生殖健康与生命质量”主题宣教活动27次，为1945名育龄妇女免费查体。

办理来信59件，接待来访103件375人次，其中集体访15件，办结率90%。重点解决杜文成历时2年要求解决廉租房的重信重访案件、月云公寓二次供水及停电事件、锦绣园水箱爆裂及电梯维修、中山大厦物业等问题，平息月云公寓业主与地下棋牌室因用电矛盾引发的堵路事件。国庆60周年前夕，对90余件不稳定因素进行地毯式排查，对30名重点人实施“五包一”监控，确保进京零上访。

（赵春胜）

望海楼街道

望海楼街道位于海河之滨三岔河口以东，地处市中心，东起京山铁路沿线与宁园街道交界，南沿狮子林大街中心线与光复道街道相邻，西沿海河中线与红桥区隔河相望，北以中山路与鸿顺里街道相接。2009年，街域面积2.25平方公里，辖11个社区居委会，居民2.87万户7.46万人。界内有法人及产业活动单位643家。

2009年，引进内资21696万元，引进外资30万美元，引税273.4万元。

开展4次集中清整活动。对新大路及周边地区集中清理，出动128人次、26车次，帮拆、强拆私搭乱盖棚亭15间400余平方米，清理堆物堆料14处20余吨。出动151人次、133车次，清理堆物堆料200余处，清理杂物150余吨。街党政领导带领社区主任、协管员、志愿者、保洁队员等320人，冒雨清理振德里、孚泰公寓、金狮家园、金田公寓卫生死角，出动双排车2辆、电动车10辆、小拉车6辆，清理残标3000余张，堆物堆料、垃圾、漂浮物42吨。对道路秩序和脏乱点位重点清理，清理堆物420余处、卫生死角230余处，清除残标1600余处，清运渣土156处430余吨。拆除护栏840个、遮阳

望海楼街举办2009年度青少年才艺展演

罩47个，空调移机148台。

居委会换届，11个社区选出社区工作者110人，其中党员69人，占总数的62.7%，大专以上学历46人，占总数的41.8%，平均年龄47.6岁。招聘社工15人。新当选的居委会主任平均年龄45.1岁。

开展4次助学活动。为12名家庭困难品学兼优的大、中学生每人提供2000元助学金；为6名家境困难学习优秀的小学生每人提供200多元学习用品；为考上大学的孤儿于青扬资助学费2000元，为5名考上一本的困难大学生每人资助4000元；暑期资助3名低保家庭中、小学生每人300元，解决学费困难。

为188户347名困难群众办理最低生活保障，享受金额88726元，为49户126人办理救助卡，合计金额6640元。对因病致贫的低保户、特困户走访摸底，为135人次办理大病救助，合计金额21.58万元。完成低保和特困户收入核查，及时调整保障金额，上调41户，合计0.96万元；下调406户，合计6.39万元；停发68户，合计4.77万元。加强低保动态管理和跟踪回访，实现应保尽保。

开发就业岗位1906个。组织下岗职工技能培训340人。坚持以创业带动就业，通过新增民营企业和个体工商户带动就业956人，组织创业培训10人，实现创业就业率100%。

街劳动服务中心走访508个单位6259人，办理参保4195人，完成单位保险扩面88人，农民工工伤险104人、综合险33人。为1601位无业老年人办理生活补助，发放补助金109万元。

投入3万元举办街道首届群众文化艺术节，与庆祝新中国成立60周年活动相结合，进行爱国主义教育。艺术节期间，为社区群众送上专场文艺演出，在金钟家园社区举办手工及编织展览；在昆璞里举办书画及家庭收藏作品展；在金狮家园社区举办全民健身广场舞表演；在中远里社区举办露天电影专场及青少年才艺展演等活动。参加群众2万余人。

（曹润柱）

宁园街道

宁园街道位于河北区中部。东与建昌道街道相邻，南与王串场街道相连，西与望海楼街道、鸿顺里街道相依，北与铁东路街道相接。2009年，街域面积4.3平方公里，辖6个社区居委会，居民1.54万户4.26万人，汉族居民3.31万人，另有回、蒙古、满等7个少数民族。街道办事处位于中纺前街32号。

2009年，引税706万元，位居街道系统第一；引进内资1.47亿元，名列街道系统前茅；引进外资32万美元。

安置就业1004人，完成任务的100%；带动就业547人，完成任务的114%；开发岗位信息1680条，完成任务的100%；创业培训113人，完成任务的133%；技能培训267人，完成任务的140%。

养老保险扩面，累计调查驻街企业1000余家，养老保险缴费346人，完成任务的110%。对辖区582户低保和153户特困家庭生活现状全面核查，停发19户低保户和15户特困户救济金，下调122户低保户救济金标准。为567户低保家庭发放低保金420余万元。完善一次性救助、大病救助、边缘户救助和住房保障救助等社会救助体系建设，救助各类困难户287户，发放各种救助金22.5万元，慰问困难党员、重病、单亲等各类困难家庭695户，发放各类慰问金近100万元，米、面、油1095公斤。

完成6个社区党总支、居委会换届工作。新建540平方米的赛园里办公用房，加强社区居委会制度建设。组织1000多名志愿者参与新中国成立60周年系列庆祝活动以及社区卫生清理、治安巡逻等志愿活动，10位居民获得社区志愿者先进个人称号。为46名困难老人提供居家养老服务8000余小时，发放老年证380个。完成残疾人换证784人。

为1300名育龄妇女免费生殖健康查体，为90人发放计划生育家庭特别补助金，为流动人口育龄妇女提供孕育知识咨询、免费查体服务。符合政策生育率100%。

建立社区环境卫生管理机制，完成中山北路立面清拆任务，迎接18个区县亮点互查活动。清理汇园里等处垃圾死角，解决群众反映突出的华新街市场卫生和乱摆乱放问题及中山北路33号院垃圾污染问题。

组建800人的“平安天津志愿者”队伍，配合公安机关开展打击盗窃自行车专项治理行动，加强小区治安巡逻和防控。对20个特种设备单位、3个危险化学品单位、15家超市旅馆以及4个养老院进行安全检查，发现隐患12件，当场纠正7件，下达整改通知书5份，责令限期整改。辖区未发生重大安全事故。

2009年，街道获天津市廉政文化建设示范单位、天津市第二次经济普查先进集体2项市级荣誉，3人获市级先进个人称号。

（范丽春）

王串场街道

王串场街道位于河北区东南部。东起红星路，西抵京山铁路三线，南接真理道，北临金钟河大街，西、南两侧与河东区相望。2009年，街域面积2.14平方公里，辖14个社区居委会，居民3.32万户9.86万人，其中少数民族981户2248人。街道办事处驻王串场一号路康乐道清水园小区内。

2009年，引进内资近4亿元，引进港资1000万元，完成税收302万元。

加强商业街管理，幸福道商业街成立蔬菜、牛羊肉、水产品商会，加大肉类制品卫生安全检查力度，在全市率先成立商业街职工代表大会，建立组织机构，市、区工会和劳动局领导参加大会。

实施市容环境综合整治工程，涉及4个居委会6个自然小区，拆除各类护栏820个、半护栏和遮阳罩330个，安装塑钢窗288平方米，安装不锈钢护栏2028平方米，空调移机908台。

国庆60周年期间，购买50桶外墙涂料分发给各居委会，对涂鸦覆盖粉刷。居委会发动党员、社区志愿者、楼栋长，清除小广告6900余张。组织保洁队、综合执法局、派出所，每天出动20余人、机动车4辆，对各社区清整，拆除违章圈占86处，处理禽畜58只，清除卫生死角236处，清运垃圾318车。小区环境面貌改观。

先后对艳泉里、溪坡里、正义道大楼、丹霞里、老碧水里护栏、私开门、鸽子屋等各类违章封堵、拆除。拆除违章9间、棚亭22个、鸽子窝3个、护栏圈占38个，封堵私开门22个，清理堆物堆料52车，完成旧楼改造提升整治工作。

安置下岗失业人员1443人次，解决十类困难群体就业880人次，为344名失业人员进行技能培训，为164名失业人员进行创业培训，发放救济金300万元，报销医药费5万元，为15人办理小额贷款30万元，追缴小额贷款30余万元。为1370人办理城镇居民医疗保险，为3000人办理医保卡，稳定社会秩序。

新批低保户、特困户627户，办理临时救助713人次，为低保、特困户中5256人核查医保信息，做到应保尽保。落实住房补贴政策，办理住房补贴和认证815户，实物配租54户，限价商品房收入认定456户，应享受政策的群众得到实惠。组织2618名现居已婚育龄妇女查体。对85户单亲困难母亲家庭进行动态管理并建档。给予13名单亲特困母亲一次性生活救助金每人500元，共6500元。走访慰问2名单亲特困母亲，送去慰问金和物品，对17名困难母亲全项免费体检。

红十字工作，发展新会员84名、志愿者147名。“5·8”世界红十字日期间，对清水园、水明里社区特困家庭进行慰问。重阳节之际，为孤老户送去米、面、油。青松药店为9名特困家庭学生送去奖学金6000余元，促其完成学业。

完成14个社区居委会换届选举。7月，在王串场公园举办以“建设魅力街道、打造文化社区”为主题的首届社区文化艺术节，社会各界艺术团用精湛演技，为社区居民奉献一场精彩的艺术盛会。

（张　蓓）

建昌道街道

建昌道街道办事处始建于1985年5月。街道地处河北区东北部，东与东丽区金钟街道、北与北辰区宜兴埠镇接壤，西、北与河北区月牙河街道、江都路街道、宁园街道相邻，周边为育红路、金钟河大街、外环线、新开河。2009年，行政管辖面积5.05平方公里，辖13个社区居委会，居民2.92万户8.78万人，其中少数民族587户1392人。

2009年，完成引税留区290万元，内资到位额2.14亿元，外资到位额100万美元。

完成居委会换届选举，参选率91.2%。新一届居委会成员中，党员占81.32%，平均年龄46岁，大专以上学历24人。聘用社工39名。

实施城乡接合部综合整治，会同区市容委、综合执法局，调集车辆13部进驻梅宏园、敬宾里清拆现场，对小区违法圈围、占地及违章建筑拆除清理。清整违章建筑349间、圈围306处、堆物320处，清运垃圾120吨，改变整体环境面貌。

街道社区服务中心投入使用。中心位于金钟河大街群芳路西侧康桥里小区，建筑面积1742平方米，主体3层，是全市功能最全的街级服务中心。新建120平方米的梅宏园居委会办公用房。各社区均建立青少年活动中心、文化活动室、老年活动场所以及警务室，配备社区民警27名。新建日间照料站2个，社区卫生服务站9个，残疾人康复站2个。

对低保户1134户2160人全面核查，新批低保户505人、特困户199人，停发113人；临时救助2579人；办理廉租房17户，租房补贴425户，限价房316户，经济适用房5户，低保户房租减免452户。元旦、春节期间，为13名单亲母亲申请救助款6500元。在“助医、助老、助学、助困”捐赠活动中，街干部捐款3.87万元，各社区及驻街单位捐款4万元。

安置就业2337人。网上就业安置2048人，采集信息1546条，开发岗位1785个。城市居民医疗保险登记2711人，发放社保卡2730张，报销医疗费118人28.89万元。举办5个班次培训，培训失业人员430名，对239名有创业意向的失业人员进行创业培训，其中51%的失业人员领取营业执照，自谋创业。

养老保险扩面，走访辖区工商企业1700家，落实参保730家；走访调查使用农民工企业280家，为18家企业266名农民工办理综合保险；为4家外企务工人员办理养老保险。落实企业养老保险扩面152人。

办理“一孩”服务证620人，出生人口387人，审批二胎13例，符合政策出生率100%。计划生育优惠政策落实率100%。

举办“津城美”剪报展，三和社区刘梦德夫妇制作的《津城美》剪报在康桥里社区服务中心展出。剪报共2集7本，长660米，从风貌建筑、城市变迁、民族风情、生态观光、休闲度假等多个侧面反映天津近年的巨大变化，作品被天津电视台、今晚报、区有线台等多家媒体报道。

加强工会组织建设，温州服装城764名经商人员纳入河北区工会组织。发展13个社区工会联合会，发展15家私企、外企加入工会组织，成员7800余名。

2009年，街道获市级先进集体奖5项，先进个人奖4项。

（徐　敬）

红 桥 区

概 述

红桥区是天津市六个中心区之一，位于天津市区西北部。东与河北区为邻，南与南开区相连，西与北辰区、西青区接壤，北与北辰区交界，是天津早期城市聚落的发祥地之一，也是传统天津市区和近代天津市区的主要组成部分。区内跨河桥梁较多，有金刚桥、北洋桥、大红桥、新红桥等，区名即是根据境内古老的红桥而来。2009年，全区面积约21.3平方公里。辖双环邨、咸阳北路、芥园、三条石、丁字沽、西沽、西于庄、邵公庄、大胡同、铃铛阁10个街道办事处、127个居民委员会，人口50.32万人，有33个少数民族，其中回族4.4万人。

2009年，深入开展学习实践科学发展观和"保增长、渡难关、上水平"活动，抓住开发建设西站城市副中心的历史机遇，实施"城建带动，强三优二"发展战略，注重提高经济运行质量，加快城市建设步伐，突出环境建设，改善民计民生，维护社会稳定，完成区十五届人大五次会议确定的各项工作任务。实现地区生产总值（GDP）80亿元，比上年增长18.9%；区级财政收入8.03亿元，增长18%，区实有财力14.15亿元；全社会固定资产投资60.36亿元，增长72.1%，增幅位居市内六区首位。

克服金融危机和税制调整带来的不利影响，为企业解难题、办实事，存量税源实现税收3.2亿元，增长15%。实行引进税源目标责任制，45个招商引资责任单位完成留区税收1亿元，增长76%。加强重点建设项目和房地产行业税收征管，完成税收3.23亿元，增长17.2%。大胡同商贸区实现税收超亿元的历史性突破。

举办天津西站城市副中心发展论坛和2009系列招商活动，吸引40余个考察团到区洽谈合作事宜。在香港、上海、深圳、南京等地举办专题招商推介会，与海内外一批知名企业加强沟通合作。实现内联引资协议额62.4亿元，到位额62.9亿元，分别完成计划的104%和108.5%，增长31.4%和31.8%。引进企业483家，注册资金30亿元，其中注册资金1000万元以上29家，深圳宝能集团、北京荣宝斋等一批知名企业相继落户。

百年老街估衣街提升改造重新开街，被确定为国家3A级旅游景区；南运河美食街部分载体开业；天津创意街一期改造工程竣工实现试开街。新启用和盘活商业载体11.3万平方米，引进易买得超市和东方之珠综合娱乐广场，天津大舞台重新开业。大胡同商贸区在金融危机中保持市场繁荣，经营业态和环境设施全面提升，天津都行创建为国家A级市场。重点推介两条海河精品特色旅游线路，精心组织元旦、春节旅游购物等十大商贸旅游活动。

积极引进金融机构。津滨保险经纪公司和深圳发展银行、华夏银行分支机构开业运营，中国银行红桥支行恢复营业。强化意库创意产业园建设，引进杨议影视公司、明斯特提琴工作室等一批知名文化企业，园区累计入驻创意型企业105家。推进科技进步,光荣道科技产业园一期建设全面启动,中国中小企业总部基地天津宝能创业中心开工建设。成立科技促进中心,入驻科技型企业44家。通过全国科技进步考核,受到全国科学技术奖励大会表彰。创新民营经济服务举措,筹集资金5000万元,建立中小企业融资担保平台,促进民营经济健康发展。抓住西站城市副中心最新规划和西站改扩建工程启动实施契机,利用各种融资渠道,筹措拆迁和建设资金100余亿元。

规划引领作用增强。完善全区控制性详细规划、土地细分导则和城市设计。完成西站城市副中心规划。完成陆家嘴金融广场等25个项目规划审批;促进北运河(红桥段)规划景观设计、大胡同地区改造等15个重点规划项目策划;建立规划项目库,储备项目100个;适当调整成熟地块规划指标,促成红桥广场等5个地块完成出让。

做好拆迁安置工作。实施13个项目100万平方米拆迁任务,累计拆除各类房屋60万平方米,安置居民及公建单位1.14万户,拆迁规模和拆迁资金投入再创历史新高。仅用4个月时间完成西站一期3680户22.7万平方米拆迁安置任务,确保国家重点工程顺利实施,得到铁道部和市领导高度评价。西站二期34万平方米拆迁全面启动。单家面铺片(人民医院二期)拆迁提前80天完成。铃铛阁地块13万平方米和双环新苑土地平衡试点拆迁安置工作取得阶段性成果。加快安置房建设和储备,实施和苑居住区等13个项目160万平方米定向安置经济适用房建设,河怡花园、河通花园、车铃厂等项目共计30万平方米安置房实现入住,有效缓解拆迁安置矛盾。

推进71个重点项目建设,开工建设瞰海尚府、天津惠灵顿国际学校等14个项目。全区在建工程建筑面积401万平方米,竣工面积80.5万平方米。海河华鼎等经济载体建设加快实施。泰达城、华城领秀等商住项目建设继续推进。红桥城建综合服务大厦等社会事业项目建设进展顺利。红星职专地下人防工程开工建设。西站交通枢纽市政配套项目等路桥工程顺利实施。桃花园供热站等12个小锅炉268万平方米并网改造完成。实施东大楼等8万平方米供热补建,基本消除供热难点及死角区域。完成80处二次供水改造。维修和推修房屋49万平方米,保障群众住房安全。

对丁字沽一号路、芥园道、向东道、本溪路、咸阳路、咸阳北路等10条主干道路78万平方米拓宽改造,完成子牙里、植物园东里等13片13万平方米里巷改造,改造20片积水点,方便群众出行。高标准完成17条重点道路综合整修,清拆违章建筑、吊挂物1.5万处,实施105栋房屋“平改坡”工程和5.2万平方米建筑节能改造,整修建筑物484栋、立面100万平方米。

推进中环线(红桥段)、南运河南北路、大胡同地区等重要节点夜景灯光建设,营造层次丰富、亮点凸显的夜景灯光效果。对31片60万平方米旧楼区综合整修,改善居民生活环境。丰富植物品种,提升绿化品质,完成绿化工程建设116万平方米。规范整治增产大街等19个脏乱点位和洪湖南路等10处非法聚集点。

城区环境质量提高。加快生态城区建设。推进清洁生产,实施燕宇、乐康供热站脱硫治理减排工程和红桥医院、化工研究院水污染治理,完成“十一五”减排目标。深化蓝天、碧水、安静工程,通过“创模”复验。新增配建溶盐站、垃圾转运站等一批现代化环卫设施,提高环卫作业水平。

成立国有独资的天津潞河环境建设有限公司,实现干管分离和企业化市场运作。推行网格化、数字化、精细化管理,城市管理数字化平台建成使用。

首批15所义务教育学校全部通过天津市现代化建设标准验收。7所中小学和幼儿园完成调整重组。职业教育取得新突破,总投资1.4亿元、建筑面积6万平方米的红星职专国家级示范校改扩建工程竣工使用。北洋社区学院与红星职专合并成立红桥区职业教育中心,成为多体制办学机构,成功承办全国职业教育技能大赛相关赛事。

落实医改惠民政策。区属医疗机构全部实行药品集中采购,537种社区基本用药实行药品零差率销售。社区卫生服务取得新突破，被命名为全国中医药特色社区卫生服务示范区，成为天津市唯一的国家级双示范城区。完成10个社区卫生服务站标准化建设。18项社区公共卫生服务取得阶段性成果，全部超额完成市工作目标。实施妇女儿童健康行动计划，为2.6万名已婚育龄妇女免费体检。落实统筹解决人口问题工作再上新水平，被评为国家级计划生育优质服务先进单位。

开展以庆祝建国60周年为主题的系列文体活动，承办天津市第四届老年文化艺术节。完成全国第三次文物普查和红桥区第三次非物质文化遗产普查工作，“耳朵眼炸糕”制作技艺等5个项目申报为天津市非物质文化遗产。福聚兴机器厂旧址落架大修工程主体完工。新建40支文化健身团队。整合健身场馆设施资源，启动西沽公园体育设施扩建工程。14所学校体育场馆定期向社区免费开放。

实行扩大就业和稳定的就业政策，开发就业岗位3.8万个，新增就业2.8万人。以促进创业带动就业，建立8家青年创业见习基地，为300余名大学生提供公益岗位，缓解部分大学生就业难题。

在全市率先启动“低保—特困—低收入—临时”阶梯型救助保障链条，动态管理，应保尽保。累计发放各类救助金1.09亿元，确保不让一家一户过不去。

完成123个社区居委会换届选举。创建和谐特色楼门院2437个，和谐社区建设示范街6个，示范社区78个。组织登记注册志愿者8600名。新建6个居委会、11个居家养老服务中心和全市首家穆斯林养老院，为老服务工作加强。

承办全市少数民族传统体育项目比赛，红桥区取得优异成绩。芥园清真寺(两寺合建工程)竣工使用。组织第16届民族团结月系列活动，投入200余万元资金改善和维修清真寺，红桥区第五次被评为全国民族团结进步先进集体，受到党中央、国务院表彰。

在新华社和今晚传媒集团组织的“辉煌60年——天津民生贡献奖60大调查推选活动”中，荣获十大政府民生贡献奖。

(区地志办)

红桥区区级领导名录

中共红桥区委领导名录

职　务	姓名	性别	出生年月	民族	文化程度	籍　贯
书　记	赵建国	男	1955-10	汉	研究生	河南南乐
副书记	张泉芬	女	1960-03	汉	研究生	天津市
副书记	姬俊英	女	1952-05	汉	研究生	河北安次
常委、区纪委书记	李红梅	女	1954-11	汉	研究生	河北肃宁
常委、区人武部政委	李学良	男	1956-11	汉	大　学	河北阜城
常　委	卢志永	男	1961-09	汉	大学、硕士	天津市
常委、组织部部长	李金城	男	1953-10	汉	研究生	天津市
常委、宣传部部长	姚建军	男	1966-05	汉	研究生、学士	河北魏县
常　委	张学信	男	1954-07	汉	研究生	天津市
常委、公安红桥分局局长	刘克建	男	1955-12	汉	大　学	天津市
常委、办公室主任	刘广理	男	1967-04	汉	研究生、学士	山东宁津

红桥区人大常委会领导名录

职　务	姓 名	性别	出生年月	民族	文化程度	政治面目	籍　贯
主　任	赵金樑	男	1947-12	汉	大　专	中共党员	天津市
副主任	李惠莲	女	1949-12	汉	大　学	中共党员	山东福山
副主任	李申和	男	1950-02	回	大　专	中共党员	天津市
副主任	毛　乐	男	1949-08	汉	大　学	中共党员	山东莱州
副主任	张静秋	男	1952-07	汉	大　学	中共党员	天津市
副主任(兼)	武有祥	男	1951-04	汉	大学普通班	农工党党员	内蒙古乌兰察布

红桥区政府领导名录

职　务	姓 名	性别	出生年月	民族	文化程度	政治面目	籍　贯
区　长	张泉芬	女	1960-03	汉	研究生	中共党员	天津市
常务副区长	卢志永	男	1961-09	汉	大学、硕士	中共党员	天津市
副区长	张学信	男	1954-07	汉	研究生	中共党员	天津市
副区长	沈奎林	男	1960-07	汉	大学、学士	民盟盟员	天津市
副区长	杜忠晓	男	1966-04	汉	大学、硕士	中共党员	河北霸州
副区长	姜德志	男	1965-08	汉	大学、硕士	中共党员	天津市
副区长	华长虹	女	1967-08	汉	研究生、硕士	中共党员	辽宁金县
区长助理 (副区长级)	冯贺起	男	1956-10	汉	大　学	中共党员	天津市

政协红桥区委员会领导名录

职　务	姓 名	性别	出生年月	民族	文化程度	政治面目	籍　贯
主　席	黄禄衡	男	1951-05	汉	研究生	中共党员	河南沈丘
副主席	由明胜	男	1954-11	汉	研究生	中共党员	山东邹平
副主席	马　平	女	1954-12	汉	研究生	中共党员	山东青岛
副主席	马速成	男	1952-10	回	大　专	中共党员	河北青县
副主席(兼)	赵建民	男	1950-10	汉	大学普通班	民建会员	天津市
副主席(兼)	苑春鸣	男	1955-08	汉	大学普通班	民革成员	山东莱州
副主席(兼)	赵树钢	男	1955-06	汉	大　专	民进会员	河北新城
副主席(兼)	韩恩山	男	1963-06	汉	研究生、博士	中共党员 致公党党员	山东五莲
副主席(兼)	李凤军	男	1953-03	汉	大　学	中共党员	天津市

（区委组织部提供）

大 事 记

1月

6日 市委常委、常务副市长杨栋梁深入红桥区开展党风廉政建设责任制专项检查。

20日 市人大常委会主任刘胜玉到红桥区慰问退休劳模李希元。副市长只升华陪同。

23日 红桥区重点建设项目规划汇报会召开。区委书记赵建国出席并讲话。区委副书记、区长张泉芬，区人大常委会主任赵金樑，区政协主席黄禄衡，区委副书记姬俊英出席。

24日 区政府第50次常务会议审议通过《红桥区2009年人大代表建议政协提案办理工作安排意见》、《红桥区2009年重点项目工作目标责任分解表》。

2月

1日 西站地区拆迁动员誓师大会召开。区委书记赵建国出席并讲话。区长张泉芬作动员。区领导赵金樑、黄禄衡、姬俊英出席。

2日 市委副秘书长王津生到西站、怡和新城、意库创意产业园、大胡同三角地考察。区委书记赵建国、区长张泉芬陪同。

4日 天津市20项重大交通项目建设推动会、京沪高铁天津西站开工动员大会、怡和新城定向安置经济适用房项目开工仪式举行。市委书记张高丽，市委副书记、市长黄兴国，市人大常委会主任刘胜玉，市委副书记、市政协主席邢元敏出席。铁道部部长刘志军一行出席铁路天津西站开工动员大会。中国冶金科工集团公司党委书记、中冶股份公司总经理沈鹤亭出席怡和新城项目开工仪式。

7日 区政府第51次常务会议审议通过《红桥区2009年社区居民委员会换届选举工作的安排意见》。

12日 市长黄兴国、副市长熊建平和市政府秘书长李泉山、副秘书长刘剑刚以及市交委、建委、商务委、规划局、国土房管局主要负责人察看西站拆迁片情况，听取居民意见、红桥区整体规划情况汇报、西站地区规划情况及工作方案汇报。

21日 区政府第52次常务会议审议通过《成立西站地区开发建设总指挥部的意见》、《成立京沪高速铁路天津段征地拆迁红桥区总指挥部的意见》、《调整红桥区房屋拆迁安置工作组织指挥机构的意见》。

3月

2日 区委书记赵建国深入津酒集团开展服务企业发展工作调研。

同日 区政府第53次常务会议审议通过《红桥区控制性详细规划深化完善方案》。

3日 市政协副主席陈质枫到红桥区走访调研。

7日 区政府第54次常务会议审议通过《红桥区2009年审计及调查项目计划》、《关于表彰红桥区2008年度内部审计工作先进集体和先进工作者的决定》。

10日 市政协原副主席曹秀荣率领市政协委员到红桥区视察文化创意产业园。

17日 市长黄兴国、副市长熊建平，市政府副秘书长王维基以及市建委、规划局、国土房管局、城投集团主要负责人察看西站老站、西站新站址、居民住宅拆迁情况，听取区西站改造工程拆迁情况和市城投集团西站改造工程建设资金筹措和平衡方案汇报。

23日 市政协副主席陈质枫、市政协副秘书长王二林、市政协城建委主任韩家祥、市政协民族宗教委主任李仁智等20人到红桥区视察大胡同商贸区、大丰路民族风情街、湘潭道创意产业特色街。

30日 区政府第55次常务会议审议通过《关于表彰2007-2008年度红桥区人口和计划生育工作先进集体先进工作者的决定》、《红桥区2009年依法行政工作要点》。

4月

8日 红桥区创建中医药特色社区卫生服务示范区复核汇报会召开。区委副书记姬俊英出席。

9日 红桥区与中国冶金集团举行合作建设和苑居住区定向安置经济适用房项目签约暨公司揭牌仪式。

13日 市长黄兴国，铁道部副部长卢春房，副市长熊建平，市政府秘书长李泉山，在区委书记赵建国、区长张泉芬陪同下，考察西站改扩建工程，并与铁道部召开铁路西站建设推动会。

15日 天津·红桥2009系列招商活动之一的经济合作发展座谈会举行。

17日 县委书记董立新率山东省庆云县代表团到红桥区，与区领导就各自区、县发展情况及合作事宜进行洽谈。

17-19日 市委书记张永兵率浙江省温岭市代表团考察大胡同商贸区。

18日 消防红桥支队二级指挥中心举行揭牌仪式。区委书记赵建国出席。

20日 区政府第56次常务会议审议通过《关于设立天津市红桥城市建设投资有限公司的实施方案》、《关于红桥区城市建设投资有限公司与天津市城投集团合作组建天津西站投资公司方案》。

24日 红桥区召开2009年春季房地产交易会。

27日 市科委主任李家俊考察红桥区意库创意产业园和光荣道科技产业园地块。

30日 副市长王治平及市经委、科委、安全监管局、知识产权局负责人考察意库创意产业园、光荣道科技产业园。

5月

13日 市委书记张高丽在市建委主任李全喜陪同下，考察丁字沽街六段社区旧楼区提级改造工程。

15日 天津市妇女更年期健康知识传播行动启动仪式暨新闻发布会在红桥区举行。区委副书记姬俊英出席并讲话。

18日 市委常委、副市长崔津渡，市人大常委会副主任张元龙、李亚力、李润兰考察红桥区意库产业园大学生就业工作。区委书记赵建国、区长张泉芬陪同。

23日 市长黄兴国，铁道部副部长卢春房，副市长熊建平，市政府秘书长李泉山，市政府办公厅副主任董迎科以及铁道部有关司、局负责人，市建交委、规划局、国土房管局、环保局、公安交管局，河北区政府、西青区政府，市城投集团、铁三院负责人，到铁路西站工程现场检查慰问并召开推动会。区委书记赵建国、区长张泉芬陪同。

6月

2日 中信集团公司常务董事窦建中，中信国际金融控股有限公司董事卢永逸，中信国际资产管理有限公司营运总监陈俊强、地产投资部总经理余海棠、天津地区总经理王红彬，中信银行天津分行行长助理曲嵩到红桥区，了解区总体规划和西站地区规划情况，考察部分项目地块并进行交流洽谈。

3日 市安监局副局长朱智峰带领第二督查组一行13人，到红桥区检查在建项目施工工地安全生产情况。

4日 天津市关心群众生活增加群众收入座谈会在红桥区召开。市委书记张高丽主持并讲话。市委常委、副市长崔津渡，市委常委、市委秘书长段春华出席。区委书记赵建国、区长张泉芬参加座谈会。

5日 市委常委、市纪委书记臧献甫到红桥区，就深入开展学习实践科学发展观活动进行工作调研。

14日 副市长王治平到红桥区视察2009年“安全生产月”宣传咨询日活动现场。区委书记赵建国、区长张泉芬陪同。

同日 中国人才研究会妇女人才专业委员会组织开展“走进环渤海经济圈，推动科学发展”主题考察活动。部分委员到红桥区就重点项目推介、重点地块招商等进行考察交流。

15日 副市长张俊芳到红桥区培智学校调研特殊教育工作。区委书记赵建国、区委副书记姬俊英陪同。

23日 市人大常委会副主任李润兰到红桥区考察海河华鼎项目建设情况，听取项目进度和下一步工程计划以及需市、区帮助解决问题的汇报。区委书记赵建国、区长张泉芬陪同。

29日 2009年全国中职美容美发项目技能大赛开幕式在红桥区红星职专举行。区委书记赵建国、区长张泉芬、区委副书记姬俊英出席。

30日 区委书记赵建国会见中石化化工工业协会和天津市工商联石油管业商会领导，就开发邵公庄地块，打造石油开采装备基地事宜进行商议。

7月

1日 国务院办公厅督查室主任雷武科一行到红桥区督查安置房建设情况。

7日 区政府第59次常务会议审议通过《关于成立红桥区城市管理考核办公室的请示》、《关于加快全区残疾人事业发展的实施意见》。

同日 副市长任学锋到红桥区考察商业街和商业设施建设工作。

12日 副市长任学锋出席估衣街开街庆典活动。区委书记赵建国、区长张泉芬、区委副书记姬俊英陪同。

14日 在津全国政协委员到红桥区视察工作。

18日 市侨联主席张元龙到红桥区参加天津市侨联“侨心公益示范工程”揭牌暨西沽公园湖水净化设备捐赠仪式。区长张泉芬出席并讲话，区委副书记姬俊英出席仪式。

29日 区委书记赵建国、区委副书记姬俊英深入天津市预备役高炮师第四团、区武装部慰问部队官兵。

30日 参加天津市第二届津台投资合作洽谈会的部分台商到红桥区考察座谈。区长张泉芬出席并致辞，区委副书记姬俊英出席。

8月

3日 区政府第60次常务会议审议通过《关于成立红桥区除害消杀服务管理站的请示》。

6日 红桥区2009年经济工作中期推动会召开。

7日 红桥区召开桃花堤规划设计方案汇报会。

同日 2009年“敬一堂杯”天津市职工乒乓球比赛在红星职专体育馆举行。区委副书记姬俊英出席并致辞。

17日 区政府第61次常务会议审议通过《成立天津市红桥区行政复议委员会的请示》。

24日 市政协副主席张大

大舞台盛装开业

宁带队到红桥区开展专题工作调研。

28日 中央信访工作督导组到红桥区督导信访稳定工作。区委副书记、区长张泉芬，区委副书记姬俊英陪同。

9月

1日 天津惠灵顿国际学校举行开工奠基仪式。副市长熊建平出席并为项目奠基，区委书记赵建国、区长张泉芬出席。

2日 区委书记赵建国、区长张泉芬出席和苑新城建设推动会并讲话。

3日 易买得超市红桥店举行开业庆典。

7日 市长黄兴国带队察看西站建设进展情况。区委书记赵建国、区长张泉芬陪同。

14日 天津市群众艺术馆、红桥区文化和旅游局主办纪念新中国成立60周年“我的中国心”五人书画展。区委副书记姬俊英参观展览。

17日 山东省沾化县人大常委会主任耿涛一行到红桥区学习考察。

19日 红桥区举办家庭档案巡展活动。区委副书记姬俊英出席并讲话。

21日 区政府第64次常务会议审议通过《关于组建红桥区职业教育中心的请示》。

同日 市委常委、市委教育工委书记苟利军看望在天津市第五中学就读的新疆班学生。区委书记赵建国陪同。

同日 天津电视台“都市报道”栏目组与平津战役纪念馆共同录制《与共和国同庆》特别节目。区委副书记姬俊英出席。

26日 天津大舞台举行开业庆典。

27日 市人大常委会主任刘胜玉带队考察海河两岸商贸旅游项目。副市长任学锋陪同。区委书记赵建国陪同考察易买得超市。

同日 市委副书记何立峰带队察看红桥区国庆有关活动筹备工作。市人民检察院检察长于世平带队到区督导检查国庆安保和安全稳定工作。区委书记赵建国、区长张泉芬陪同。

28日 天津意库杨议影视文化传播有限公司开业暨影视基地落成典礼仪式举行。区委书记赵建国、区委副书记姬俊英出席。

本月 国务院授予红桥区全国民族团结进步模范集体荣誉称号。

10月

14日 市民政局局长张中华到红桥区开展工作调研。

22日 市委常委、市纪委书记臧献甫到红桥区调研指导科学发展观学习实践活动。

23日 红桥区召开南运河滨水休闲区规划方案汇报及大胡同四里地块项目推动会。

27日 印尼客商一行到红桥区参观意库创意产业园并考察区重点项目。区委书记赵建国、区长张泉芬陪同。

28日 红桥区举行天津西站城市副中心发展论坛。市委常委、常务副市长杨栋梁，市人大常委会副主任李润兰，市政协副主席陈质枫及特邀嘉宾79人参加，区委书记赵建国、区长张泉芬等29位区级领导出席。

29日 全国总工会副主席、新疆维吾尔自治区党委常委、自治区总工会主席尔肯江·吐拉洪到红桥区看望在天津市第五中学就读的新疆班学生。区委书记赵建国陪同。

30日 红桥区举行瞰海尚府项目开工仪式。

本月 在新华社和今晚传媒集团举办的“辉煌60年——天津民生贡献奖60大调查推选活动”中，红桥区荣获十大政府民生贡献奖。

11月

3日 市人大常委会副主任李润兰到红桥区意库创意园考察。区长张泉芬陪同。

同日 市委常委、天津警备区司令员王小京到红桥区就征兵体检工作督导检查。区委书记赵建国陪同。

4日 市政协副主席、市委统战部部长刘长喜视察坐落红桥区的天津市伊斯兰协会办公楼。区委副书记姬俊英陪同。

6日 红桥区芥园清真寺举行落成典礼。

12日 区政府第75次常务会议审议通过《天津市红桥区人民政府机构改革方案》。

28日 红桥区咸阳北路街数字信息管理中心启动运行。区委副书记姬俊英出席启动仪式。

12月

3日 市委书记张高丽到西站交通枢纽建设工地考察。区委书记赵建国陪同。

25日 天津陆家嘴广场项目开工仪式举行。副市长熊建平出席并宣布项目开工，区委书记赵建国、区长张泉芬参加开工仪式。

27日 印尼客商参观红桥区意库产业园，考察重点项目。区委书记赵建国、区长张泉芬接待。

28日 市政协副主席、市委统战部部长刘长喜带队到红桥区听取统战工作汇报，视察芥园清真大寺。

29日 中共红桥区委九届十一次全会召开。

（区地志办）

党　务

基层党组织和党员队伍建设 2009年，红桥区结合城管体制改革，组建城管工委，调整组织设置，理顺隶属关系。推进在拆迁一线、重点工程、重点项目中建立临时党组织。组织完成108个社区党组织换届工作。推进社区党建工作，芥园街泉春里社区被命名为市级社区党建工作示范点，咸阳北路街七〇七所等5个社区被命名为市级先进社区党组织。拓展“四好班子”和“五个好”企业党组织创建活动，万隆大胡同置业有限公司被命名为市级“五个好”非公企业党组织。健全完善党内激励、关怀和帮扶机制，元旦春节、国庆节期间，慰问困难党员1270人、老党员260余名。开通“12371”党员咨询服务电话，建立7个党员服务中心和64个社区党员服务站。全年发展党员230名，培训入党积极分子206名。召开红桥区庆祝“七一”表彰先进暨学习实践科学发展观活动推动会，表彰一批在学习实践活动和拆迁建设中涌现出的先进典型。探索基层党组织领导班子“公推直选”模式，推进基层民主建设。

（刘　扬）

新闻宣传工作 2009年，红桥区围绕中心工作和重点建设项目，组织集中宣传，打造舆论强势。在“津洽会”招商推介活动、18个区县互查、天津民生贡献奖推选活动和西站城市副中心高层论坛期间，协调多家市级以上新闻媒体进行大篇幅深入宣传，展示红桥崭新形象。发挥红桥有线电视中心、北方网·红桥在线和《红桥》月刊作用，围绕拆迁建设、建国60周年、学习实践活动等主题多视角宣传，营造加快发展的舆论环境。

（区委宣传部）

廉政风险防范管理机制建设 2009年，作为全市两个试点区县之一，红桥区纪检委率先启动廉政风险防范管理工作。在10个重点单位、50个重大建设项目和17个社区中，建立廉政风险防范管理机制，制定配套制度规定6个。各单位梳理制度883个、业务流程1158项，查找风险点8125个，制定防范措施14081条，制定廉政承诺4608条，形成三个层面稳步推进的廉政风险防范管理工作格局。编辑出版《红桥区廉政风险防范管理工作资料汇编》，拍摄专题片，推动工作向纵深发展。该项工作得到市委、市纪委领导高度重视，市委常委、市纪委书记臧献甫，市纪委副书记、市监察局局长韩启祥先后作出批示，给予高度评价。中央和市级媒体给予宣传报道，天津银行及部分省市地区多次到区调研学访。

（杨文勇）

台资企业鲜巧食餐饮有限公司开业庆典

服务区域中心工作 2009年，红桥区委统战部组织召开区情通报会和工商联执委会，听取意见建议，促进政企间良性互动。协调解决实际问题，先后到天津巧手编织有限公司、敬一堂药业有限公司等单位调研。举办“侨心公益事业示范工程”揭牌暨西沽公园湖水净化设备捐赠仪式，日本兴商株式会社社长清水政夫向西沽公园捐赠价值20万元的湖水净化设备。市政协委员、天津巧手编织有限公司总经理丁淑华在区注册达盛龙手工加工服务公司。“津洽会”期间，接待8家台资企业到区考察洽谈，广泛宣传红桥。天津市台湾同胞投资企业协会副会长、天津康农食品有限公司董事长林易生在区投资注册的鲜巧食餐饮有限公司开张纳客。注册资金4000万美元的中投泓毅鑫泰(天津)实业发展有限公司落户红桥区。

(区委统战部)

文明创建活动 2009年，红桥区广泛开展群众性精神文明建设活动。以“迎国庆、讲文明、树新风”为主题，开展“同在一方热土、共建美好家园”活动，开展弘扬民族传统节日文化内涵、践行《市民文明公约》和《市民文明守则》、文明小区“五个一”创建等活动，促进市民文明素质和城区文明程度提高。发挥“六进社区”活动、“感动津城人物——海河骄子”评选活动载体作用和典型示范作用，推动全区开展迎庆建国60周年群众歌咏大会等多项文化活动。

(区委宣传部)

政　务

公务员管理 2009年，红桥区人事局加大科级及以下干部交流锻炼力度。在上年上派干部交流锻炼基础上，组织第二批上派干部交流锻炼工作。区财政局、教育局、卫生局、文化局、环保局等单位选派5名干部，到市主管单位、对口部门学习锻炼。组织安排43名科级以下干部到区重点工程、关键岗位、重要部门进行为期一年的交流锻炼。为年轻干部成长进步搭建平台，7名年轻干部走上科级助理岗位。会同区委组织部，面向全区机关和参照公务员管理单位选拔7名副科级领导干部。把好公务员招考入口关。重点引进经济建设发展所需的专业人才，适当招录有实际工作经验的人员进入公务员队伍。招考录用的19个职位33名工作人员中60%具有两年以上工作经历。做好公务员教育培训工作。会同区委组织部举办科级公务员任职培训班。25个单位42名干部参加一周的脱产培训，通过答辩形式进行结业考核；举办新录用公务员任前培训班。会同区委组织部、区委党校举办首期新录用公务员培训班，26个单位54名新录用公务员参加两周的脱产培训。会同区委组织部在全区公务员及参照公务员法管理单位工作人员中，开展公务员法及配套政策法规学习培训。做好公务员更新知识培训。组织有关单位相关人员参加市人事局公共危机管理知识师资培训班，指导督促基层单位开展自主培训。

(区人事局)

事业单位人事制度改革 2009年，区人事局执行《红桥区事业单位公开招聘工作人员实施办法》，遵循“公开、平等、竞争、择优”原则，为教育、卫生、文化、城建系统和区委党校等单位招录工作人员160人，其中研究生14人。落实《红桥区事业单位岗位设置管理实施办法》，完善对部分事业单位岗位设置结构比例核准、最高等级确定等工作审核。对59个基层单位6000余人逐一审核，针对存在问题及时反馈并提出相关意见。完成义务教育学校实施绩效工资制度各阶段工作。按照天津市义务教育学校实施绩效工资工作会议安排部署，拟定《红桥区义务教育学校绩效工资制度实施办法》，经第75次区长办公会议审议通过后，报请市政府审批。

（区人事局）

为民服务网络专线 2009年，红桥区政府办发挥为民服务网络热线作用，利用“公仆接待日”和“周三办公热线”，组织领导和部门负责人接听专线电话，保证建议、咨询当场解答，急事特事当场办理，难点问题当场协调，一般问题统一交办，强化现场解答办理、现场交办和现场协调的联合接待工作机制。协调相关部门，及时解决一批群众反映的热点、难点问题。强化值班接待制度，专线电话24小时有人接听，为领导、基层和群众提供优质高效的政务服务。市、区为民服务网络专线受理群众反映问题1770件，公仆接待日受理群众反映问题298件，办结率和答复率均达100%。全面推进政府信息公开，启动网上值班制度，承接区政务网的区长信箱反映问题办理、督办工作，累计办理各类网络留言429件，提高政府工作透明度。

（区人事局）

创新行政复议机制 2009年，红桥区法制办履行行政复议职能，防范化解社会矛盾。建立网上受理行政复议申请机制，公布行政复议范围、工作流程和行政复议各类文书，拓宽行政复议申请渠道。就行政诉讼及行政复议案件等重要工作情况，与区法院行政庭建立信息沟通共享机制和重大案件、重要事项协调制度，最大限度地化解行政争议。完善行政复议审理机制，成立红桥区行政复议委员会，提高行政复议解决行政争议的质量和效率，增强行政复议制度的公信力。

（姜明梁）

政　法

维护社会稳定 2009年，公安红桥分局将建国60周年安保工作作为首要政治任务，借鉴奥运安保成功经验，全警动员，全力以赴，全面完成各项保卫任务。通过梳理摸排，确定不安定因素15件，对各类重点人员落实全天候稳控措施；强化危险物品安全监管，加大查缴非法枪支弹药和爆炸物品力度，收缴各类枪支570支。开展网上专项整治，实行24小时网上巡控，处置违法信息2万余条，筑牢首都“护城河”防线，加强长途车站进站口检查、盘查；组成驻京工作组，全方位加强对天安门等敏感点位防控。国庆期间，全区未发生暴力恐怖事件，未发生危害国家安全和社会稳定的重大政治事件，未发生大规模群体性事件，未发生重大安全事故和重大治安事件，实现建国60周年大庆的绝对安全和万无一失。

（于俊恒）

打击职务犯罪 2009年，红桥区检察院加强与纪检、监察、公安、审计、信访等行政执法机关和各企业联络员的沟通联系，筑牢反腐倡廉防线，着重打击重点工程、重点单位、重点人员的职务犯罪。受理反贪举报线索33件，立案12件，其中大要案7件，受理贪污贿赂案10件、挪用公款案2件，作出有罪判决8件，挽回经济损失500余万元。受理渎职侵权举报线索12件，立案4件，均为滥用

交警红桥支队民警对小学生进行遵守交通规则教育

职权案件，直接或间接挽回经济损失60余万元。7月，区检察院工作人员经过七下山东、行程5000公里的调查取证，侦破王某等贪污国家重点工程资金、收受承包工程单位贿赂大案，立案7件7人，涉案金额200余万元。通过检察建议，纠正办案过程中发现的一个采购不合格钢材问题，及时清除重大工程安全事故隐患。

（马永恒）

司法救助 2009年，红桥区法院关注弱势群体司法需求，严格执行和办理各种收费、退费手续，减轻群众负担，累计为困难当事人减缓免交诉讼费9.7万元。初步建立司法救助基金制度，彰显社会主义司法制度的人文关怀。

（郑永梅）

道路交通管理 2009年，交警红桥支队开展集中整治严重交通违法、"迎国庆"交通秩序整治、严厉整治酒后驾驶、涉牌涉证违法行为集中整治、集中治理车辆超限超载、非机动车百日整治专项行动等系列交通秩序整治行动。围绕"以良好的道路交通环境迎接建国60周年"的中心任务，针对影响区域交通秩序的主要问题，开展多项声势浩大的违法行为专项治理、施工现场及周边道路秩序整顿、拥堵点位科学治理等工作，取得显著效果。处罚各类交通违法行为1.73万人次，对交通违法行为人罚款163.26万元；摄录交通违法行为上传44.44万笔；行政拘留10人；扣留交通违法车辆716辆；支队裁决摄录交通违法行为2.23万辆次，罚款354.74万元。

（张　晖）

人民团体

帮扶工作 2009年初，红桥区总工会对困难职工重新摸底调查，了解和掌握金融危机、企业改制退出等因素对困难职工造成的影响，并按A、B、C类三种情况调整充实困难职工动态管理"一网通"系统，努力做到帮扶工作全覆盖。区工会系统网络管理困难职工472人。元旦、春节期间，开展送温暖活动，工会系统筹集资金82万元，慰问困难职工、困难孤老职工、困难劳模及农民工5587人次。开展"夏季送凉爽"活动，投入15万元，深入60个重点单位，慰问一线及室外高温作业职工4300人，为400余名"绿卡"困难职工和500余名环卫农民工送去慰问金及防暑降温用品。组织职工互助互济小分队，对215名单亲困难女职工、24户孤老职工及部分困难劳模实施全方位救助，帮助修补漏房17间，捐赠纳凉用品187件，办好事151件。推进"金秋助学"活动，与敬一堂药业有限公司和万隆大胡同置业有限公司商户共同开展"手拉手"助学活动，投入近30万元，资助189名困难职工子女就学。帮助120名困难家庭应届大学毕业生实现就业。建立再就业服务联社16家，为1200余名下岗困难职工及其子女提供就业岗位。投入20万元建立工会职工再就业培训基地，为3741名职工提供各类培训。与区劳动和社会保障局等部门联合举办免费招聘会，提供岗位7000多个。

（史国闻）

青年志愿服务活动 2009年，共青团红桥区委探索实践新型预防青少年违法犯罪工作模式，成立全市首支预防青少年违法犯罪义工服务队，红桥区预防青少年违法犯罪工作从单纯依靠政府主导转变为政府推动、社团自主运行、社会多方参与的新型工作模式。服务队成立后，举办火炬传递、法制辩论赛、新成员招募、法律知识培训等多项活动，成员扩展到近200名。针对网瘾青少年问题，成立"解除网瘾义工小组"，相继开展一系列活动，天津人民广播电台、天津电视台多次对活动进行报道。市预青办将此项工作作为全市特色工作上报中央预青办。团区委根据中央和市委对青年志愿者工作有关要求，结合区域实际，编制《红桥区注册青年志愿者管理实施细则（试行）》。全区招募青年志愿者800余人。团区委多次组织环保青年志愿者开展"落实科学发展观，节约保护水资源"主题宣传活动，发放宣传材料8000余份。

（李　惠）

第二代残疾人证核发工作

2009年,红桥区残联开展核发第二代残疾人证工作。制定《办理残疾人证工作人员文明廉政行为规范》和《关于核发第二代残疾人证、认真做好“直观认定”工作情况说明及要求》,成立由医护人员和残联干部组成的直观认定小组,对因病致残及其他原因无法行走的重度残疾对象检查认定,严格把关,规范核发程序。将换证程序制作成宣传资料,予以公示,让每个持证残疾人了解换证有关事宜,并公布街道残联办公地址、办公电话、联系人姓名,方便残疾人申办,主动接受监督。区残联统一配置电脑、扫描仪、软件等,各街道办事处提供办公用房和各种便利条件,连接宽带设备,区、街残联集中精干人员核发第二代残疾人证1.25万件,占应换证人数的80%。

(石廷如)

商贸服务业

商贸服务业规划 2009年,红桥区制定《加快商贸旅游业繁荣发展的实施意见》、《滨河休闲区建设发展方案》,编制完成《红桥区商贸和服务业发展规划》及《三岔河口商圈的总体规划》,拟定《加快商贸旅游业繁荣发展领导小组机制建设意见》。明确区商贸服务业发展目标、功能定位、空间布局和操作实施的基本步骤。为全面实施“5781”工程奠定基础。

(王 娟)

商贸旅游 2009年,估衣街提升改造工作列入全市重点工程。经过不懈努力,7月12日顺利开街。由于硬件设施进一步完善,经营业态进一步提升调整,同时将现代经营理念与传统商业文化融合,估衣街恢复百年老街风貌,成为红桥区一大商业亮点。在加强硬件建设的同时,发挥假日经济拉动作用,先后组织开展以“迎两节,购年货”、“游海河、登天眼、享休闲”、“体现民族文化,展示清真特色”等为主题的10类23项特色活动,烘托节日气氛,有效促进消费,拉动内需,收到良好效果。

(王 娟)

助推民营经济发展 2009年,红桥区新注册私营企业448家,占计划新注册民营企业的89.6%。民营经济累计注册15213家,其中个体工商户12098户、私营企业2609家、集体企业506家。新增注册资金累计5.7亿元,占计划新注册资金的142.5%。新增注册资本1000万元以上企业12家,超额完成10家。至年底,区经贸委引进企业20家,注册资本10544万元。完善“四位一体”民营经济发展领导体制,发挥区民营办协调服务作用,制定民营经济工作要点,实行民营经济工作重点项目、重点工作领导小组督查责任制,以年度、季度、月度召开民营经济领导小组会议等形式,推动工作开展。充实完善网络,发挥3个平台作用。利用网络服务功能,开通中小企业红桥网,加大政策宣传力度,整合资源,增强企业理解和利用相关政策的能力和水平,帮助企业解决实际问题。区民营经济领导小组办公室协同有关部门举办以“中小企业转危为机创新发展”为主题的培训班,召开企业文化建设和品牌战略创新工作现场会,培训各类人才400余人,提升企业经营管理人员能力素质。发挥虹融担保、中小企业信用促进会等投融资平台作用,先后联系哈尔滨银行、渤海银行、天津银行、国信小额贷款公司等金融机构,多次召开银企对话会,全年累计担保贷款6000余万元,为全区民营经济发展提供融资服务保障。

(王 娟)

城市建设与管理

招商建设工作 2009年,红桥区建委发挥规划先导作用,从全区总体规划布局出发,按照编制完成一批、实施转化一批、策划谋划一批的工作思路,建立西站地区、光荣道科技产业园等重点建设涉及的24个投资开发项目和泰达城易买得超市、大丰路商业公建等一批建成和在建的24个招商载体项目储备库。建立健全规划服务保障机制,细化策划项目行动方案,确保和苑新城等一批条件成熟的项目快开工,促进西河桥西瞰海尚府、小伙巷陆家嘴金融广场等一批项目如期开工,推动运输六场、帕玛拉特奶品公司等一批项目早落地；协调市规划局、市土地交易中心，为红桥广场、西河桥西等4个地块顺利出让奠定基础。

（马晓鸣）

盘活土地资源 2009年，红桥区建委用好用足土地平衡项目试点政策，抓住规划招商、土地出让、项目融资、平衡测算4个环节，探索自行融资、自行整理土地、自行开发建设的新模式。加快土地整理步伐，盘活土地资源，土地出让工作实现新突破。与市土地整理中心协调，下达培仁楼项目土地整理计划，通过与宝能集团、农垦集团洽谈，细化运输六场、帕玛拉特乳品厂地块规划方案，确定土地出让有关要件。推进光荣道科技产业园项目土地整理工作，探索铃铛阁地块、双环新苑出让地块等一批拆迁地块出让方式。至年底，红桥广场、西河桥西、科技产业园8号地块、机械研究院北院4个地块完成挂牌交易工作，土地出让金累计17.26亿元，土地契税留区5178万元，为区财政净增5178万元。

（马晓鸣）

民心工程建设 2009年，红桥区加快民心工程建设。实施居民区环境综合整治。完成旧楼改造工程，体现崭新、休闲小区特点。对松楠小区、长平里等22片33.94万平方米旧楼区综合改造，坚持三级督查制度，按照“出精品，上质量”的要求实施项目整修。落实凤城楼、本溪楼等9片26.95万平方米旧楼区提升任务，推进旧楼区物业管理工作。开展环境卫生大清整活动。动员群众自行拆除违法建筑、清理圈占和堆物，对街道社区私搭乱盖、乱堆乱放等现象彻底治理。健全爱国卫生组织网络，加强社区爱国卫生宣传，重点开展公共场所、农贸市场、食品行业等除“四害”专项治理活动。重点建设项目取得新进展。南运河美食街建设进展顺利，五钻级华鼎轩酒楼和乾明阁休闲会馆陆续开业。

（王慧婷）

重点工程项目建设 2009年，红桥区房产总公司集中资金、人力和物力，克服诸多不利因素，仅用80余天时间，将105栋、投影面积5.1万平方米的“平改坡”工程保质保量完成，2200余户直接受益。协调有关部门和资金，泉富家园项目10月26日提前两个月告竣，总建筑面积5.1万平方米，为617户拆迁居民提供安置房屋。泉富家园项目成为红桥区定向还迁房建设最快、质量最高、配套设施最全、百姓最满意、区领导最认可的示范工程。该项目11月15日开始办理入住手续。

（卢雅红）

市容环境综合整治 2009年，红桥区以17条道路整治为重点，全面开展道路环境综合整治。相关街道、部门配合，做好勤俭道、红旗北路等17条道路沿线15021个各类吊挂物及4500平方米违章清拆、规范和封堵。推进建筑立面整修装饰工程。完成建筑改形308栋，粉刷清洗立面楼体47栋，建筑粉刷公建129栋、民建355栋，更新牌匾1457个6466平方米，“平改坡”工程105栋和大板楼三步节能改造工程5栋，以“五大商圈”、“七条商业街”为重点，对市容环境综合整治工程重要节点地区进行夜景灯光改造提升，重点道路两侧立面焕然一新，呈现出大气洋气、清新靓丽的特色景观效果。统一规范和配置城市家具，对报刊亭等进行规整、美化，拆除、更换，配置安装出租车候车亭、邮政报亭、电话亭、果皮箱和休闲座椅，提高道路服务功能。从清拆违章建筑、清运垃圾、新建环卫设施、园林绿化建设、道路硬

“平改坡”效果

化铺装5个方面，对煤建东大道、纪念馆路怡水苑与集安里之间等19个脏乱点位综合整治，实现干净、整洁的治理目标。

（王慧婷）

绿化工作 2009年，红桥区园林局加强绿化养护管理。开展绿地信息资料收集工作，对37条主干道、81条支路、9个街道和里巷公共绿地以及48个公园、123个群众单位、177个居民小区绿地进行普查，对胸径20厘米以上大树资源普查，进行绿地影像资料采集、绿地平面图绘制和电子档案输入工作，开发绿地管理软件系统。对主干道2万余株大树进行“四电”修剪，对20余万株树木除虫打药。对30多个群众单位树木修剪、排险、除虫打药。完成勤俭道、光荣道、大丰路、咸阳路、咸阳北路、一号路等16条主干道绿化提升改造，市区“5858”精品景观路线，18个区县联查路线、海河沿岸景观等重点道路和重点地区充实提高绿地116万平方米任务。新建绿地32万平方米，新植树木6.5万株，立体绿化栽植爬藤植物7万株，草花39万株，宿根花卉6万余株。推进民心工程。完成河北大街、西青道、子牙河、京津路4座立交桥桥区11万平方米绿化工程建设。在思源广场金钟桥入口处、引滦纪念碑下、勤俭道长安商城前，人民医院前大片绿地上，解放纪念碑前等处，采用各种时令花卉11万盆，草花9万余株，铁树40余株。布展国庆景点，制作庆祝建国60周年组团式花卉布展大型景点5个。打造生态城区，11月以来，在丁字沽三号路试验栽植松果菊、金叶过路黄、多色地被菊等19种宿根花卉新品种6万余株。

（李世珍）

环境保护

概况 2009年，红桥区环保工作各项硬性指标和任务顺利推进。完成锅炉拆除并网及改燃16台。新建住宅供热工程31万平方米，老住宅供热补建25.34万平方米。维修房屋62万平方米。饮用水源水质达标率实现大于96%。完成21所市级及以上绿色学校、3个绿色社区复查验收工作。区环保局获天津市精神文明创建工作先进集体奖，2008年环境质量报告书获天津市环境科学会二等奖。

（杨　涛　陈　漪）

生态建设 2009年，区环保局落实《红桥生态区建设规划》和《红桥区2008-2010年生态市建设行动计划》，借助“6·5”世界环境日召开红桥生态区建设推动会，14个责任单位向区政府递交目标责任书。实施光荣道、芥园道、向东道、湘潭道和中环线等一批道路，以及估衣街、南运河商贸街环境综合整治提升改造，完成158万平方米旧楼区综合整修。新增绿地91万平方米，充实提高153万平方米绿化设施。对35条重点道路、44片里巷道路和80片积水点改造。实施中环线重点夜景灯光建设工程。

（杨　涛　陈　漪）

蓝天工程 2009年，红桥区环保局按照污染减排工作目标台账，完成红桥医院、化工研究院两个单位的化学需氧量（COD）减排项目，新增化学需氧量削减量约3.5吨/年。完成房信集团燕宇供热站2台共30蒸吨、顺通热力有限公司乐康供热站5台共140蒸吨燃煤锅炉高效脱硫技术改造项目，新增二氧化硫（SO_2）削减量约204吨/年；风貌里供热站因归属问题调整计划，将于2010年对该供热站3台共80蒸吨燃煤锅炉进行拆除并网。完成10吨/小时以下燃煤锅炉改燃并网工作，全年10吨/小时以下燃煤锅炉改燃并网拆除32台。对69家燃煤锅炉使用单位加大检查力度。对11家新增建筑施工工程落实建筑施工申报登记，对23家施工企业下达排污费核定、缴纳通知单380份，有效控制扬尘污染。全区累计监测天数298天，累计二级天数248天，累计环境空气良好天数占有率83.2%。

（杨　涛　陈　漪）

碧水工程 2009年，红桥区贯彻“预防为主、防治结合、综合治理”的环保工作方针。天津津酒集团有限公司通过第一轮清洁生产审核验收。年节电20万千瓦时，节水2万立方米，节煤1200吨，节约原料27.4吨，创经济效益96.12万元，减少化学需氧量排放3.06吨，减少二氧化硫排放0.9吨，减少废水排放1.92万立方米，作为天津市首家通过清洁生产审核第一轮验收的中型企业，实现经济效益与环境效益双赢。对9家重点源单位和19家公办医疗单位的医疗废水处理设施、投药、医疗废物贮存、交接、转运工作进行现场核查。“引黄济津”期间，重点巡查黄河水流经该区的输水河段，杜绝偷排、漏排和进水口周边乱排乱倒等违法行为，确保污染源达标排放。

（杨 涛 陈 漪）

安静工程 2009年，红桥区完成噪声区划调整工作，区域环境噪声平均声级保持在56分贝以下，交通噪声平均声级稳定保持在70分贝以下。做好中、高考绿色护考工作，为考生提供安静环境。对重点扰民噪声点源、在建建筑施工、道路施工等各类易产生噪声污染的单位或个人进行现场检查处理。完成紫芥园、泉春里2个小区创建以及流霞里、康华里、明华里、水竹花园4个安静居住小区复验；在全市安静小区创建工作验收汇报会上博得各区县高度评价，红桥区此项工作走在全市前列。

（杨 涛 陈 漪）

经济管理

招商活动 2009年，红桥区举办系列招商大会，打造房地产项目推介会、商贸旅游项目推介会、经济合作发展座谈会3个精品推介载体，吸引上海、广东、浙江等地40余个考察团600余人次到区考察、洽谈合作事宜；举办西站城市副中心发展论坛，邀请80余位海内外著名专家、学者、企业老总，探讨西站城市副中心的发展思路、战略、举措和重点，为副中心的发展指明方向；完成红桥区“津洽会”布展工作，多角度展示经济社会发展成果和大拆迁、大建设、大发展的后发优势，重点推介西站城市副中心商务区、大胡同综合商贸区等一大批重点项目，吸引500余个单位和团体到区参观、洽谈合作事宜。组织大规模、高规格招商团队，区委书记、区长先后带队赴香港、上海、深圳、南京、宁夏、厦门等地召开专题招商推介会，围绕西站城市副中心、光荣道科技产业园等地区开发建设，有针对性地进行点对点招商，推动大丰路水游城、中国中小企业总部基地、大胡同国贸中心等一大批重点项目落实，与海内外70余家知名企业建立长期联系。全年实现内联引资协议额62.4亿元，到位额62.9亿元，分别完成计划的104%和108.5%，比上年增长31.4%和31.8%；引进外资协议额4430万美元，占全年完成比例的55.38%，外资到位额3109万美元，占完成比例的31.09%。

天津红桥2009系列招商活动

（王振奎）

强化税源建设 2009年，红桥区发改委推进税源建设。加大领导力度，月统计，季小结，引进税源工作保持均衡平稳发展态势，引进税源对全区财政收入贡献作用凸显。新引进企业487家，引进注册资金12.22亿元，其中注册资金1000万元以上的23家，注册资金达10.32亿元。引进企业留区税收实现1.16亿元。

（李文华）

服务区域经济发展 2009年，工商红桥分局加大对市场主体的服务力度，组织开展“下基层、解难题”活动。由局长带队走访159户企业，解决17户企业涉及工商部门的问题20个。帮助“华一”、“华云”等品牌申报天津市著名商标。为包括工商银行、津工超市、邮政储蓄、邮电所在内的118户企业办理团体年检。新增私营企业380户,注册资金3.53亿元,私营企业总数2729户,注册资金29.66亿元;新增个体工商户1430户,注册资金6277万元,全区个体工商户12781户,注册资金3.64亿元;新增国有集体企业35户,注册资金22.6亿元,全区国有、集体企业1344户,注册资金59.05亿元。新增外资企业2户,注册资金4030万美元;外资分公司14户。招商引资工作中,引进企业149户,吸纳资金1.84亿元。

(李　鑫)

价格监督与管理　2009年,红桥区物价局健全价格跟踪监测体系,调整并增加价格监测点。扩大价格监测品种,对价格涨幅波动较大的粮、油、肉、蛋、菜、奶等主要副食品价格重点监测。重大节日深入各大超市、农贸市场,监测了解群众生活必需品价格供求情况,及时纠正价格违法行为。按照市物价局关于调整市中心城区非机动车存车收费标准的工作方案和规范意见,集中对174处非机动车点拉网式摸底调查,向区政府常务会议提出自2010年1月1日起调整区内非机动车存车收费标准的书面建议。组织开展成品油价格、医疗服务收费、药品价格、卫生防疫收费、防治H1N1流感相关商品价格、食盐价格、教育收费及涉企收费等专项检查,对5所民营医院、2所区级医院和卫生防病站、6户大中型超市、10所中小学和职业院校,以及区属行政涉及收费部门专项检查。“12358”价格投诉热线受理各类价格举报投诉97件,主要涉及机动车、非机动车存车收费、医疗服务收费、药品价格等方面,均妥善解决。落实从2009年1月1日起取消和停止征收100项行政事业性收费项目,涉及8个行政事业单位28项收费项目,均予审核注销。对涉企经营服务性收费登记备案审核,对其中39项向企业收取的管理、交易、手续、代理等经营服务性收费从2009年起一律减半收取。涉及41个单位6项收费项目,及时办理相关手续并监督落实。与区财政局联合对行政事业性收费和经营服务性收费进行年度审验。审验行政事业性收费许可证65个,收费总金额11557万元;经营服务性登记证47个,收费总金额3463万元。

(朱兰欣)

专项资金审计　2009年,红桥区审计局重点对西站、人民医院(单家面铺)等片拆迁资金使用情况实施全程跟踪审计。创新工作招法,探索审计工作新途径,向西站拆迁工程派驻审计组,帮助西站地区拆迁总指挥部建章立制,实现拆迁资金两级核算、动态管理,为服务全区经济建设,促进勤政廉政发挥应有作用。

(王凤英)

科　技

概况　2009年,红桥区启动天津创意街、红桥科技促进中心等建设项目。新增民营企业75家,其中科技型企业23家,新增注册资金1.78亿元;红桥科技贸易发展区税收总额8020万元,新增留区税收320万元。科技产出效果明显,技术市场登记额7.26亿元,登记天津市科技成果52项,获得天津市科学技术奖1项,天津市中小企业创新基金项目12项,市科技支撑计划项目1项,市科普项目2项,国家级科技项目立项7项,争取国家级、市级无偿项目经费1066万元。企业自主创新能力增强,专利申请645件,其中发明专利138件;发明专利授权量78件;2项产品被认定为首批天津市自主创新产品;高新技术企业达8家。区科委被评为中国技术市场金桥奖先进集体、天津市技术市场工作先进集体、天津市科技成果管理工作先进单位;区科协被评为全国科普“站、栏、员”先进单位、天津市第23届科技周优秀组织单位;红桥科技贸易发展区工会联合会被全国总工会命名为全国职工书屋。

(张会群)

天津创意街试开街　2009年,天津创意街项目被红桥区委、区政府列为全区重点建设项目之一,列入天津市重点打造的

10条特色街。区科委做好项目建设实施推动工作。成立以区长任组长,22个成员单位组成的天津创意街建设工作领导小组,领导小组办公室设在区科委。制定天津创意街近期和远期规划,力争建设成为全市乃至全国的创意产业示范基地。建立执行管理团队,成立天津市创意街企业管理服务有限公司,实行市场化运行管理模式,保证项目顺利开展。9月28日,创意街一期改造工程竣工,假日100天001工作室等企业入驻并举行开业庆典活动,实现试开街。

(陈云红)

红桥科技促进中心 2009年,红桥区科委投资对区闲置教育资源芥园道小学进行整体改造建设,与天津市科技创业服务中心合作,成立红桥科技促进中心,作为天津市科技创业服务中心红桥孵化基地。该中心引进天津市科技型中小企业技术创新资金管理中心、天津科创天使投资有限公司、虹融创业投资担保有限公司、虹桥科技投资集团等,为孵化科技型企业提供科技、人才、融资方面服务。7月10日,科技促进中心揭牌。至年底,入驻企业55家,占用基地使用面积1790平方米,入住率86.6%。

(李绍培)

产学研合作平台 2009年5月22日,红桥区区校合作签约仪式暨项目发布会在意库创意产业园举行。区长张泉芬与河北工业大学校长傅广生、天津商业大学校长刘书瀚就区校战略框架合作协议签约;河北工业大学与区科委就共同建设河北工业大学国家大学科技园项目、河北工业大学和天津市圣威科技发展公司就开发SV-5QG型汽车排放气体分析仪项目、天津商业大学与区经贸委就西站地区物流整体规划项目、天津商业大学与大胡同商贸区管委会就重振百年老字号大胡同地区经营业态提升项目、天津电子信息职业技术学院与区政府信息化办公室就红桥区信息化建设6个具体项目签署合作协议。签约仪式后,3所高校分别围绕电子信息、光机电一体化、新材料、能源与高效节能、资源与环境、现代管理等领域进行项目发布。搭建区校科技合作平台,为入区高校科技人员提供优质服务,搭建高校科技资源进入红桥的绿色通道,建立区校科技资源和重点项目双向开放通道,实现重点实验室、公共实验室和行业技术创新平台等各类科技基础设施资源共享。

(赵 光)

2009年7月10日红桥科技促进中心揭牌仪式

投融资服务平台 2009年,由天津虹桥科技投资集团、天津虹融创业投资担保有限公司和红桥中小企业信用促进会组成的“两台一组”投融资平台,为全区17家中小企业融资,融资额5320万元。区科委在“两台一组”投融资平台成功运营基础上,结合国家、天津市政策和基本区情,筹备成立天津虹联股权投资有限公司。至年底,天津市虹融创业投资担保有限公司、互成投资管理有限公司、天奕典当有限公司、泰兴投资有限公司等11家投资企业参股,12月28日召开第一次股东大会和第一次董事会。

(王 翔)

巩固全国科普示范城区创建成果 2009年,红桥区举办以“科学发展在我身边”为主题的第23届科技周活动,组织开展“推动自主创新、引领科学发展”、“宣传节约、环保和安全知识”、“发掘整合科普资源、发挥典型示范作用”三大系列近百项科普宣传活动。利用大胡同地区LED科普大屏幕,集中播放科普宣传片,并举行创建可持续发展实验区培训会、红桥区中心小学科普活动经验汇报会、红桥区社区节水联合大行动、红桥区公民科学素质知识竞赛、河北工业大学第六届科普论文大赛等活动。打造红桥科普特色，为“科技工作者之家” 添置3万元书籍；在电视台增设“名人话科普”专栏，全年制作播放12期，并制成光盘，下发各社区培训站，巩固全国科普示范城区创建成果。10月，区科协批准成立创意设计学组，该学组组织全市创意设计相关行业专家、学者和企业家，举办创意设计与敏捷制造研讨会和精益生产方式应用研讨会。区科协在红桥科技贸易发展区企业中开展“讲理想、比贡献”活动，11家民营科技企业申请立项13项，预计实现经济效益8560万元。

（赵 光）

教 育

概况 2009年，红桥区教育局完成首批15所义务教育学校现代化建设达标工作。整合职业教育资源，北洋社区学院和红星职专合并成立红桥职业教育中心，成为集中职教育、高职教育、成人教育、社区教育及各类培训于一体的办学机构。调整学校布局，优化资源配置。北门东中学与回民育才学校中学部合并，民族小学并入文昌民族小学。佳春实验学校剥离为佳春中学和佳春里小学。6月1日，市师附小附属幼儿园揭牌。加大学前教育分层管理、分类指导力度，从园所管理、教育教学常规、卫生保健、饮食安全4个方面对幼儿园全面检查指导。推进素质教育，以养成教育为重点，实施德育工作“11135工程”。制定《红桥区关于加强青少年体育增强青少年体质的实施意见》。加强队伍建设，完成第四届“三名”工程评选活动，10位校长、29位班主任和129位教师脱颖而出。深化人事制度改革，组织实施义务教育学校绩效工资工作。以“校长的办学理念与追求” 为培训主题，举办“一把手”培训6次，务实性专题培训4次。实施小学副校长竞争上岗，选拔5名优秀年轻干部担任小学教学或德育副校长。区教育局荣获全国精神文明建设工作先进单位、全国勤工俭学先进单位、天津市文明单位、天津市少先队工作先进单位、天津市师德建设先进单位、天津市民族教育工作先进集体等称号。

（周广渝）

教育教学工作 2009年，红桥区教育局规范课堂教学。以“总结课改成果，聚焦课堂教学”为主题，组织课堂教学现场展示会，开展以“课堂教学方式的改革”为主题的论坛活动及优质课评选活动，促进课堂教学质量提升。6个研究性学习成果在天津市研究性学习展评会上获奖。完善初中学生综合素质评价体系，完成高中毕业生综合素质评价工作。加强初、高中毕业班工作，区教育局中学科、德育科、教育中心、督导室开展多轮次下校调研，建立完善初、高中毕业班质量监控体系，提高初、高中教学质量。高考本科一批上线率比上年增长2.77个百分点，本科二批上线率增长7.96个百分点，本科三批上线率增长21.8个百分点。初中毕业生学业考试总分平均分超全市平均分52.18分，优秀率52.18%，及格率89.68%。

（周广渝）

教师队伍建设 2009年，红桥区教育局开展“铸师魂、强教风、树形象”主题师德师风建设征文活动。三中、五中、民族中学、五十一中、北洋社区学院、实验小学、市师附小、红桥小学、佳宁里小学等学校组织师德讲座、

2009年9月18日特级教师李新花工作室成立

师德论坛、征文演讲等师德教育特色活动。开展“师德先进个人”、“师德风范校”、“优秀教师、优秀教育工作者”评选活动，评选出校优286人、区优170人、校级师德先进个人283人、区级师德先进个人171人。评选全国优秀教师1人、市级优秀教师15人、市级优秀教育工作者2人、市级先进集体2个、市级师德先进个人14人、市级师德建设先进单位3个。加强教师培训管理，分批做好中小学、幼儿园教师第四周期继续教育学习安排，组织首期学员培训工作。单君、李新花、王路、张宣、徐长青、孙晓军、潘红、许洪媛8名教师被市教委确定为天津市“未来教育家奠基工程”首期学员。组织学员参加为期21天的全封闭式培训学习、赴上海教育学习考察等。组织39位中学教师参加教育硕士预科班学习。选派18名小学教师到北辰区支援农村教育。2名中学教师在新疆喀什地区继续任教。推进“千百十”骨干教师培养工程。组织第四届“名教师”评选活动，129位教师当选。落实“一师一策”骨干教师培养策略，组织各校对教师年龄、学历、职称、任教、获奖等基本情况分析比较，依据市、区、校不同级别和标准，确定具体培养目标和实施保障措施。681位区级骨干教师制定自我发展目标和成长措施。

（周广渝）

成立特级教师李新花工作室 2009年9月18日，特级教师李新花工作室成立大会在红桥区教育中心举行。该工作室是红桥区建立的第二个特级教师工作室。李新花是红桥区教研室生物教研员、天津市特级教师、天津市生物学会常务理事、天津师范大学教育硕士生导师和生物学教法硕士生导师、人民教育出版社中学生生物课标教材培训团专家、天津市教研室兼职教研员，被评为天津市普教系统教改积极分子，被区委、区政府命名为专业技术拔尖人才，曾指导多名教师在国家级和市级优秀课中获得一、二等奖，承担国家级、天津市课标教材编写工作。会上，举行李新花老师著作《做植根于课堂的教研员——李新花中学生物教学研究文稿选》首发式。

（周广渝）

红星职专改扩建工程完工 作为红桥区民心工程和重点工程，红星职专改扩建工程2009年7月完工投入使用。该工程建设投资1.35亿元，新建建筑5万平方米，保留原有建筑1万平方米，总建筑面积6万平方米，达到国家级重点中等职业学校A级标准。建成教学、实训实验、综合办公、体育训练和生活服务5个功能区。东侧的20层主楼集行政管理、图书阅览、计算机中心于一体，成为红桥城市建设和社会发展的一个标志性建筑。新建的体育馆可容纳2500人观看比赛，西侧为8道400米的标准体育场。工程设计突出节能意识，在外墙、外檐门窗、幕墙玻璃、采暖、空调、用水、灯具等方面采取节能措施，符合天津市工程建设节能标准。6月29日，在新建的体育馆举办全国职业教育技能大赛美容美发项目比赛。

（周广渝）

文化与旅游

概况 2009年，红桥区文化和旅游局在提升区域文化品位、完善文化设施、提高精品文化、整合旅游资源、保护历史文化遗产等方面下功夫，文化旅游工作自主创新能力显著增强，特色品牌活动精彩纷呈，商贸旅游和文化产业充分发展，文化市场监管规范有序。在各项文化活动中获市级奖项18项，其中一等奖3个、二等奖3个、三等奖7个，优秀奖1个，最佳和优秀组织奖4个。年初，区文化和旅游局获市精神文明建设委员会颁发的2007-2008年度精神文明创建工作优秀组织者先进集体称号。区图书馆在“社科讲坛”系列活动中获市委宣传部、市社联颁发的优秀组织单位奖。区少年儿童图书馆在第三届“枫叶杯”全国青少年儿童书法、绘画艺术大赛中获特别优秀奖。区文化馆张玉奇获天津市优秀文化馆馆长称号。郭笃江被市总工会授予2008年度天津市“五一”劳动奖章先进个人。

（石启砺）

群众文化活动 2009年，红桥区围绕庆祝建国60周年、天津市第四届老年文化艺术节、第七届社区文体艺术节等开展系列群众文化活动。先后举办迎春送福大拜年、迎新春双拥文艺晚会、元宵灯节交响音乐会、"天津之眼"开业庆典、天津市第四届老年文化艺术节开幕式、慰问西站重点工程建设者暨红桥区第七届社区文体艺术节开幕式、估衣街开街盛典、庆祝新中国成立60周年群众歌咏大会等活动；配合区民委组织庆祝芥园清真寺落成典礼、郭德纲率德云社成员"省亲"义演等活动。

（陈　泰）

青少年文化活动 2009年，红桥区组织"枫叶杯"全国青少年儿童书法、绘画艺术大赛活动，征集书法绘画作品87幅，经过评审，6人获特等奖、15人获一等奖、25人获二等奖、23人获三等奖、14人获优秀奖。组织46所中小学1.5万人参加天津市"大田杯"中小学生"好书伴我成长"读书活动，4人获征文一等奖、7人获二等奖、13人获三等奖；阅读表演活动4人获一等奖、3人获二等奖、4人获三等奖；创意漫画3人获二等奖、5人获三等奖；阅读设计2人获二等奖、4人获三等奖。区少年儿童图书馆获优秀组织单位奖。发挥少儿图书馆第二课堂作用，区少儿图书馆在邵公庄小学和杨庄子小学分别建立红桥区少年儿童图书馆分馆并签订合作意向书。

（杨秀丽）

文化市场管理 2009年，红桥区完成行政稽查、专项治理、扫黄打非和行政审批工作。贯彻天津市网吧管理规范要求，加大执法力度，开展净化社会文化环境网吧综合治理行动，营造有利于青少年健康成长的文化氛围和社会环境。选聘100余名老干部、老军人、老专家、老教师、老模范组成红桥区网吧义务监督员队伍，对网吧义务监督，取得明显成效。配合区扫黄办、公安、工商等部门，对辖区重点地段，贩卖盗版光盘及书刊的不法摊点进行多次集中行动。全年向天津市文化市场行政执法总队上缴盗版光盘3万余张、盗版书籍3000余册，规范和净化文化市场经营秩序。对全区音像制品经营单位、歌舞娱乐演出场所及印刷、复印、书报刊发行单位实施有效管理，健全完善行政执法职能，提高行政执法管理水平。

（刘洪雨）

慰问西站重点工程建设者暨红桥区第七届社区文体艺术节开幕式演出

文博工作 2009年，红桥区文物保护工作抓好重点工程建设，完善纪念馆、博物馆基础功能，加大文物搜索发掘力度，全面提升文物保护、利用、管理水平。按照《落架大修协议》进行福聚兴机器厂旧址落架大修工程。推动建设梁崎、龚望纪念馆建设。举办红桥区碑碣石刻展，展出区文物保护管理所20余年征集并收藏的碑碣、石刻以及砖雕、木雕近百件并加注文字说明，引起社会各界关注。完成红桥区第三次文物普查补漏，数据核定，对大运河普查及数据重新录入。确定登记不可移动文物48处，其中新发现25处、复查23处，遗存类型涵盖3大类20余小类。举办红桥区第三次文物普查成果展。开展全国重点文物保护单位遴选申报工作，确定区内市级文保单位谦祥益绸缎庄旧址、天津西站主楼及区级文保单位北洋大学堂旧址申报第七批全国重点文物保护单位。

（李健　田耕）

旅游开发 2009年，红桥区举办运河桃花节。以"赏桃花拍美景"摄影活动、民间手工艺作品展卖、书画笔会和诗歌朗诵、美术特长生创作写生、家装设计现场咨询、民间花会表演等活动为载体，为游客和市民营造欢乐祥和、品位高雅的休闲踏青氛围。津酒文化园6月被评为国家2A级景区，并正式挂牌。推荐提升改造后的估衣街为红桥区首个国家3A级景区，7月16日正式挂牌。完成拍卖大舞台工作，推荐大舞台为2009年天津商贸旅游业40个精品项目之一，9月26日盛装开业。设计制作“乘高铁、游天津、逛红桥”旅游宣传折页。用简洁的文字、精美的照片，向广大游客、市民展示红桥区历史文化、遗址遗迹、景区景点等重要信息，对全区旅游项目起到良好的宣传推介作用。编印出版《津卫摇篮——红桥史话》系列丛书3册。全书80万字，涉及城建、民族工业、商业、近代教育、文物古迹、名人轶事和民风民俗等内容，区长张泉芬为丛书作序。

（张朝锋）

卫　生

概况　2009年，红桥区卫生经济持续增长，国有资产比上年增加1644万元，增长10.08%。各医院完成诊疗服务171.6万人次，其中门诊147.2万人次；社区卫生服务102.63万人次，增长17.22%。成功创建国家级中医药特色社区卫生服务示范区。甲型H1N1流感防控取得成效，无聚集性疫情发生，妇女儿童健康行动计划扎实推进，免费为2.6万名适龄妇女进行健康检查和保健服务。实施社区药品零差率销售改革，9所社区卫生服务机构537种基本用药零差率销售总额9233.55万元，为患者让利1385万元。各医疗机构按照基本用药目录，全部实行药品网上集中采购，满足百姓就医需求。落实社区卫生医疗机构与市级医疗机构双向互动改革，接收安排4批40名上级医院医师到社区工作。将红桥区卫生防病站更名为红桥区疾病预防控制中心，完成妇幼保健、结核病防治等机构功能调整和资源整合工作。

（孙小毅　胡宝新）

公共卫生　2009年，红桥区加强甲型H1N1流感防控工作。疫情出现后，迅速启动疾病防控、疫情监测和医疗救治应急机制，累计报告甲流实验室确诊病例44例，无聚集性疫情发生，全人群疫苗接种7667人。全年重点传染病报告发病率326.70/10万，比上年下降7.11%，低于市内六区平均发病率，未暴发甲乙类传染病疫情，具有区域特色的规范化建设和管理模式进入全市先进区行列，覆盖广泛、成效明显的计划免疫屏障形成，特别是国家12种一类疫苗免疫规划的实施，使1.79万儿童受益。基础免疫接种率连续多年超过95%的市级标准。完成15岁以下儿童乙肝疫苗首剂补种580余人，补种率达到市规定的80%以上标准。完成18项社区公共卫生服务3年周期任务，为10.8万名60岁以上老年人、慢性病患者和残疾人实施健康管理和有效控制，健康档案建档率、慢性病筛查率和系统管理率3项主要指标全部达到市政府项目考核标准。推进妇女儿童健康行动计划，免费为2.6万名适龄妇女进行健康检查和保健服务，落实孕前专项疾病筛查、产前筛查和新生儿疾病筛查工作，未发生可避免孕产妇死亡，被市卫生局评为孕产妇死亡控制工作先进单位。

（孙小毅　胡宝新）

社区卫生　2009年，红桥区启动区疾病预防控制中心和第一个新增中央投资项目三条石街社区卫生服务中心两个重点建设项目，完成立项、选址、资金筹措、用地置换、规划设计等前期工作，两个项目分别选址咸阳路21号育英职专和河北大街泰

估衣街为红桥区首个国家3A级景区，2009年7月16日正式挂牌。

达城一号地R1地块,占地3846平方米和1700平方米,建筑规模7700平方米和3000平方米。推进社区卫生服务基础建设,科学调整布局,完成10个标准化社区卫生服务站建设,全区建成26所标准化社区卫生服务站,每个站建筑面积均达150平方米,并配备血糖仪、神灯、多导心电图机等社区常见病和多发病检查治疗设备,还增加中医药特色服务内容。推行中医药适宜技术和服务手段,强化载体建设,完善服务网络,10月13日被国家中医药管理局命名为全国中医药特色社区卫生服务示范区,成为全市18个区县唯一获得2个国家级示范区的城区。西于庄街、丁字沽街2个社区卫生服务中心和紫芥园、水西园、千禧东园、新春花苑、水木天成5个社区卫生服务站,被评为天津市中医药特色社区卫生服务达标中心(站)。

(孙小毅　胡宝新)

医院管理　2009年,红桥区开展"医疗质量万里行"活动。加大医疗安全核心制度落实监管力度,落实三级医师查房、疑难病例讨论、死亡病例讨论、术前讨论等制度,强化院内感染和医疗机构质量控制监管,建立护理查房、护理差错上报登记、护理缺陷讨论等制度。规范护理技术操作,提高护理技术水平。办理医师资格考试251人,办理护士注册24人,办理人员执业地点变更147人,强化人员使用合法性,规范医护人员执业行为。新技术引进和应用取得明显效果,10项医疗新技术填补全区空白。开展国有资产清查和药品监管审计工作,制定物价监管制度,加大国有资产、药品管理和执行物价政策监管力度。

(孙小毅　胡宝新)

卫生监督　2009年,红桥区开展打击违法添加非食用物质和滥用食品添加剂专项整治活动,对400余户餐饮业单位拉网式监督检查,监督覆盖率100%,重点单位覆盖率200%,指导77户使用食品添加剂单位建立添加剂使用和进货台账,对添加剂使用情况申报备案。完成食品经营、公共场所、餐饮单位等卫生准入202件。加大食品卫生安全监管力度,卫生5项专项整治活动取得成效,加强重大节日期间餐饮业管理,持续保持食品卫生零投诉。对较大型餐饮企业、建筑工地和学校食堂重点监管,覆盖率100%,全年未发生重大食品安全事件。

(孙小毅　胡宝新)

体　育

概况　2009年是红桥区实施后奥运战略的开局之年。加大体育健身组织建设力度,形成街道—居委会—健身队伍—家庭的网络体系。新增健身队伍20支,全区有组织有规模的健身队伍90支,健身人群占全区人口44%。新建健身路径13条,健身路径总数97条。实施西沽公园体育设施扩建工程。投资百余万元修缮乒乓球、篮球等场地设施,新建拓展项目1处、健身器械24件,共计占地3000平方米。区体育局被授予天津市参加第11届全国运动会突出贡献单位、全国全民健身活动先进单位、区精神文明建设先进单位荣誉称号,获宣传创新奖;区体育局业务科被评为2008-2009年度"五一"劳动奖章先进单位。

(张丽云)

群众体育　2009年,红桥区组织40期各类健身项目培训活动,近4000人次参加;组织"五一"社区群众健身展示、第11届家庭趣味运动会、首届消夏七人制男子足球比赛等10余项群体活动,吸引万余人参与。8月8日首个"全民健身日",区体育局组织市民和青少年体育俱乐部、体育协会等社会团体开展健康徒步走、交际舞、轮滑、空竹等21项体育活动。在天津市第三中学体育场举行庆祝建国60周年大型全民健身展示活动(红桥区第四届社区运动会)暨第七届社区艺术节闭幕式。全区近万人参与柔力球、太极拳、双扇舞、市民广播操展示活动。承办天津市"全民健身大讲堂"活动,由区国家级社会体育指导员李淑新、刘金萍主讲,各区代表200余人参加。组织区代表团参加第七届全国"武术之乡"比赛,获2项冠军,团队被授予体育道德风尚奖;参加天津市"三八健康杯"健身操比赛,荣获二等奖;组织九久艺术团参加天津市第二届群众舞蹈大赛，获一等奖；组队参加天津市“团结杯”少数民族运动会花毽比赛，获5项冠军；组织区太极拳协会参加天津市传统武术比赛获13枚金牌、9枚银牌、8枚铜牌和团体总分第三名；组队参加全国特奥运动会游泳比赛，获8枚金牌、8枚银牌；参加天津市第六届残疾人运动会，获15枚金牌、7枚银牌、8枚铜牌。

（张丽云）

竞技体育 2009年，红桥区调整打造重点项目，重点打造乒乓球、田径、游泳3个项目。举办教练员培训班，邀请市体校高级教练进行专题讲座，业余体校、竞管中心及基层校教练员80余人参加。在天津市青少年组游泳、田径等5个项目比赛中，获金牌13枚、银牌17枚、铜牌10枚。成立曲棍球训练基地。备战天津市第12届运动会。根据规程总则要求，举办乒乓球、武术、跆拳道、篮球选拔赛，挖掘苗子运动员，组建运动队。组织23名重点苗子运动员参加市体育局注册工作。

（张丽云）

人口和计划生育

概况 2009年，红桥区居住人口503232人，计划生育率99.86%，已婚育龄妇女62547人，出生人口2217人，人口出生率5.24‰，出生人口性别比103。全面完成市下达的人口和计划生育任务。加强人口信息化建设。完成2000-2009年出生人口清理清查和信息补录及行政区划代码整理任务。完成新版WIS系统操作培训和系统转录工作，做好育龄妇女信息动态管理监测和信息反馈。通过国家和市人口计生委考核验收，被授予国家级计划生育优质服务先进单位称号。

（陈蓉蓉）

计划生育综合保障 2009年，红桥区政府与各单位签署第八周期人口和计划生育工作目标管理责任书，落实“一把手亲自抓、负总责”和“一票否决”工作制度。完善计划生育利益导向机制，为计划生育独生子女伤残家庭发放两个年度特别扶助金499万余元，受益2396人次。

（陈蓉蓉）

计划生育阵地建设 2009年，红桥区按照“四优一满意”工作标准，改善区人口和计划生育服务中心硬件设施，强化服务“八大职能”，完善管理体系，规范服务行为，加强专业人员技术培训，健全“三级技术服务网络”工作流程和规范化管理长效机制。区人口和计划生育服务中心被市人口计生委评为天津市计划生育优秀服务站。

（陈蓉蓉）

计划生育优质服务 2009年，红桥区坚持计生公益性质，着眼于低收入家庭和流动人口，实现均等服务工作目标。为1.32万人进行生殖健康查体，为35岁以上高危孕妇建立大病历档案48份。开展“惠民健康大讲堂”活动，1.60万名育龄群众受益。推进出生缺陷一级干预工程，为2550多对新婚人员进行指导并提供免费补充叶酸服务，为2250名孕期妇女进行“四毒”筛查。在大胡同艾德瑞商城、西站建设工地为流动人口上门服务，免费为800余人体检。深化药具改革，加强业务管理和药品质量监督，开展药械市场专项整治活动。

（陈蓉蓉）

计划生育宣传教育 2009年，红桥区坚持计划生育政策、法规、科普知识宣传，利用社区板报、橱窗、楼门院宣传阵地和群众文艺演出形式，营造新生育文化舆论氛围和社会氛围。在国家级、市级报刊杂志刊登新闻42篇，出版红桥人口文化报7万份。投资近15万元，印制10余种宣传品10万份送进千家万户。组织多种项目，助推“婚育新风进万家”活动。依托区委党校和人口理论研究会，形成各类人口理论研究文章10余篇。

（陈蓉蓉）

计划生育依法管理 2009年，红桥区开展计划生育示范社区创建活动。探索盲区管理有效办法，制定“城中村”、“村中城”盲区管理“20字原则”。实施楼门院管理工程，严格落实二孩审批和社会抚养费征收政策，推进计划生育依法行政。

（陈蓉蓉）

人民生活

人才服务 2009年，红桥区人事局发挥人才市场在资源配置中的基础性作用，努力建设功能齐全、服务规范、方便快捷的人事人才公共服务体系。新增档案423份，转出325份，档案存放总数3097份，人事代理单位99家817人，人才派遣单位22家416人。为代理单位做好配套服务，代缴养老保险、医疗保险、失业保险、工伤保险、生育保险455人，为22名流动存档人员办理代缴养老保险，为10名流动存档人员办理代缴医疗保险手续；为13人办理正常退休；为8人办理特岗退休；为9人办理病退手续；为8人报销医药费4.5万元。深入基层，深入企业，及时掌握企业人才需求动态，为驻区企业引进中高级人才11人。

（区人事局）

社会养老工作 2009年，红桥区建立区、街、社区三级养老网络，探索出依托社区载体开展有偿服务新模式，开展家政服务、社区日托、日间照料、生活护理和精神慰藉等多种服务，新增居家养老床位1500张。开展邻里自助互助，依托社区企业开展街企养老服务共建，通过“三线互补”拓宽养老事业发展新思路。市民政局对红桥区居家养老工作和养老立法开展专题调研，对“三线互补”养老发展模式给予充分肯定，并以简报形式向全市转发。累计投资近7000万元，改造126处老年服务设施，发放居家养老补助89万元，完成11个老年日间照料服务中心（站）建设，70%以上老年人享受到社区养老服务便利。成立全市第一家穆斯林养老院，加强养老机构消防安全检查，开展民办养老机构安全知识竞赛和护理人员专业培训，提高服务技能和管理规范化水平。建立完善老年示范校教育和社区老年普及教育体系，完善区、街、居三级老年教育工作网络，落实区、街、居、社区四级老年教育工作管理体系。老年教育形成以1所区级老年人大学示范总校为龙头和9所分校组成的老年人大学教育体系，有校舍1548平方米，设置34个专业，56个教学班，在校学员3658人。社区老年教育教学点30个，校舍1785平方米，开设教学班151个，参加学习16651人。建立社区老年文化学习活动组织171个，老年人参与率33%。印发庆祝老年节活动安排意见，推动各街和社区开展多种形式的敬老服务、助老帮困活动，举办庆祝老年节“五个一”和助老养老宣传教育活动。评选出50个孝亲敬老模范家庭、20名老年健康之星和一批敬老、爱老、助老、养老及奉献社会好典型，以此为原型编排一批文艺节目，为老年人营造欢快祥和的节日氛围。

（柴振汉）

红桥区大学生创业实践签约仪式

就业再就业工作 2009年，红桥区加强就业再就业工作。先后开展“春风送岗位”活动、“企业送岗位进校园”活动、“新招用残疾人单位补贴政策”宣传活动。5月，举办全国民营企业招聘周活动。区劳动局与妇联、民政、武装部等部门共同举办迎“三八”妇女招聘会、庆“八一”军嫂招聘专场。针对少数民族人口多的特点，每年举办一次少数民族专场招聘会。通过专场招聘活动，满足不同人员求职需求。在原有意库创意产业园区基础上，为高校毕业生搭建创业服务平台，创建高校毕业生创业园和大学生就业见习基地。

（秦　超）

双环邨街道

双环邨街道位于红桥区西北部，北与北辰区王庄相邻，东靠北运河及丁双公路，西与北辰区刘房子村相望，南与北辰区郭辛庄接壤。2009年，街域面积1.1平方公里，辖6个居民委员会，居民0.96万户2.66万人。

2009年，引进企业12家，实现留区税收143.7万元，征收零散税2.2万元，完成目标任务的179%。居办经济完成10.22万元。

参与双环邨危陋房屋拆迁工作。至年底，搬迁291户，其中低保21户、残疾29户、大病230户。

开展新一轮市容环境综合整治。对重点部位加强集中清理和日常监督，对辰昌路17处破墙开门进行封堵。做好佳园东里翻修道路、拆除围挡、改造绿地、增植果树工作，提升小区硬件水平，尝试准物业管理。协调解决浩达公寓内路面破损问题，指导浩达社区物业部门、居委会选举业主委员会。清扫保洁队伍提升保洁质量，涌现出孟凡良等“五一”劳动奖章获得者和优秀农民工先进人物。

抓好低保动态管理。为910户低保户发放低保金575.33万元，对95户特困户实施临时救助，发放特困金15.21万元。妥善安排元旦、春节及夏、冬季人民生活，救助各类困难群众313户，款物折合2.8万元。开展社区残疾人康复需求调查，为不同类型的残疾人发放闪光门铃7个、坐便椅20把、轮椅10辆、盲杖10个。换发二代残疾证536本。协助区房管局办理廉租住房租房补贴1010户。发放老年证668人。为22户患重、轻度疾病的老年人进行居家养老服务，评选出3户孝亲敬老家庭和1名健康老人。发放军烈属抚恤金13户9.75万元，参战参试人员伤残军人护理费3人2.39万元。引导“4050”人员转变择业观念，为526人提供免费培训，帮助368人参加各项社会保险，为2355人发放失业保险金，为439人办理灵活就业社会保险，为469人办理就业困难认定。为558位60岁以上老年人进行登记，核发生活补贴。为1200人办理社会保障卡，维护居民基本医疗保险权益。

开展社区居委会换届选举。当选成员平均年龄比上届下降4%，具备大专以上文化人数增长15.4%，党员比例提高3.1%。在佳园东里、浩达公寓社区分别建设300平方米、500平方米的示范居委会，改善办公条件。

开展“回汉一家亲，我为民族团结做贡献”活动。协调相关部门，为佳园里清真寺改造供暖、太阳能供水设施，解决供电问题。协助清真寺改善内部环境，设立建寺史图片展室及会议室。召开民族“双创”工作现场会，得到市民委领导肯定。组织第16届民族团结月系列活动，促进民族团结和谐共处。

在全区率先成立社区文体工作协调委员会，加强对社区文化体育建设和社区文体工作领导。以建国60周年、建街20周年系列文化活动为载体，将文化活动贯穿全年，在街域营造挖掘历史，弘扬文化，凝聚力量，和谐发展的浓厚氛围。举办建街20周年庆祝活动，组织社区才艺赛、图说双环20年图片展、“丹青颂祖国、翰墨贺双环”书画联谊活动、家庭文化创意展、收藏展、档案展及多次文艺演出，吸引各界群众参与。出刊《多彩的双环》一书，展示街道20年来的建设成果和历史文脉。

2009年，街道被市政府评为天津市民族团结进步模范集体。

(孙希妹)

咸阳北路街道

咸阳北路街道位于红桥区西北部，东与丁字沽街道相靠，北与丁字沽街道和北运河相邻，西与双环邨街道相依，南与西于庄街道相连。2009年，街域面积2.42平方公里。辖20个居民委员会，居民2.70万户7万余人。

2009年，引进企业15家，实现留区税收284.59万元，零散税源征收12.41万元，合计297万元，完成任务指标的384%。登记各类企业单位297家，其中私营企业124家。完成街道第二次经济普查工作。

完成4000余个楼房护栏和吊挂物清拆。解决14个社区乱搭乱盖、乱堆乱放问题，解决几个部位违章建筑多年不能清拆的“顽疾”，在旧楼区“平改坡”、花鸟鱼虫市场建设以及道路整修、绿化美化等工程中，做好群众工作，保证工程进度，取得明显成效。

落实最低生活保障和廉租住房实物配租和住房补贴政策，关注低保边缘户和残疾人日常生活，探索居家养老模式，保证不让一家一户过不去。做好就业困难群体帮扶工作。逐人制定帮扶计划，建立跟踪服务档案，采取为人找岗的安置方式，确保就业困难人员当月认定、当月安置，安置下岗失业人员 2330 人，实现动态管理为零目标。

完成社区党组织和居委会换届选举。对新一届社区班子开展系列培训，提升综合素质，增强办实事能力，打造善做群众工作、作风过硬的社区管理队伍，为推进街域重点工作打下坚实基础。

以“建立计生风景线”形式，对育龄群众开展计生知识教育学习；以开展“三进家门”、“六进家庭”活动为契机，结合街域实际和特点，开展“婚育新风进万家”、“关爱女孩行动”等人口文化宣传活动。完成育龄妇女 WIS 系统人员网上交流，实现育龄妇女情况随时上机变更。落实生育审批手续，完成计划生育各项指标。

以庆祝建国 60 周年和纪念邓小平同志视察该街 23 周年为契机，举办以“喜庆辉煌六十年，纵情欢歌唱今天”为主题的大型文艺演出现场直播活动。“健康大拜年”、“送福到家”等品牌文化活动深受群众欢迎。“赞美改革开放的新生活”主题书法摄影活动广泛展开，丰富社区居民精神生活。

成立由 5 个子系统组成的咸阳北地区数字信息管理服务中心，无线指挥系统投入使用，实现党工委、办事处对党政各科室及社区的指挥和对各类应急突发情况的实时处置。以 48 路数字视频远程监控台，实现异地监控指挥。11 个点位数字摄像机实现对街域 10 条支线道路和 3 个社区环境情况、治安情况视频监控。街道机关自动化办公系统（OA）实现公务远程办理和网络共享自动化，极大提升办公效率。便民服务网络系统利用互联网向社会公开政策法规与办事指南等。街居网络办公系统为街居互动式办公提供数字化快速通道。

（张金燕）

区委书记赵建国到咸阳北路街信息管理中心指导工作

芥园街道

芥园街道位于红桥区南部，东起北门外大街，西至旧墙子河（津河）与南开区毗邻，北临南运河与邵公庄街道隔岸相望，南以芥园道为界与铃铛阁街道衔接。2009 年，街域面积 1.64 平方公里。辖 7 个居委会，户籍人口 2.19 万户 4.49 万人，其中回、满等少数民族 7708 人。

该街历史上曾是清朝雍、乾时期著名园林水西庄故址。当时，水西庄驰名南北，蜚声一时，景致甚佳，颇具江南特色。乾隆皇帝南巡到此游玩，正值芥花盛开，于是赐名“芥园”。现街道办事处亦袭用“芥园”名称。

2009 年，引进企业 13 家，实现留区税收 80 余万元，协税 3 万元。

元旦、春节期间，开展“迎新春、献爱心、送温暖”慈善救助系列活动，救助困难户 1245 户，发放救助金 412 万余元。举办以“温馨服务，情暖百姓”为主题的第十届“6·28”为民服务活动。开展以“庆重阳，献爱心，建和谐”为主题的“九九重阳”老年节系列活动。做好困难老人居家养老服务。完成弘丽园、水西园社区爱心扶手安装工作。

举办为特困下岗失业人员“六送”活动、庆“三八”下岗失业妇女招聘会，再就业安置 1315 人。办理居民看病住院报销 63 人次 26.5 万元。补办社保卡 816 人，为 1197 名 60 岁以上无退休费老年人发放存折。

开展“红十字博爱送万家”救助特困户活动，组织社区居民参加24式太极拳及“迎五一享受阳光、拥抱大自然”健身展示活动。参加“以加强节水减排，促进科学发展”为主题的城市节水宣传周系列活动，水西园社区被评为节水先进社区。成立街道甲型H1N1流感联防联控工作办公室，落实各项防控措施。

以街育龄群众需求援助中心为载体，在社区育龄群众中实施法律、教育、健康、药具、信息、婚俗六项服务措施。开展计生特服问需服务专项活动，对85人次计划生育家庭给予专项救助。开展“惠民大讲堂”活动，兑现独生子女死亡伤残家庭奖励金政策，100多个家庭享受到关爱。

以新一轮市容环境综合整治为契机，在中环线、芥园道、运河南路和大丰路等路段，对沿线2000余户居民立面违章防护栏等吊挂物清拆整治，发放宣传资料2800余张，拆除各种立面违章护栏、吊篮等3000余个，拆除违章建筑11间50余平方米、违章风挡54间，完成阶段性工作目标。

提前80天完成单家面铺438户拆迁工作。市委副书记、市政协主席邢元敏，市委常委、市委教卫工委书记陈超英，区委副书记、区长张泉芬分别批示，对拆迁工作给予充分肯定和高度认可。顺利完成芥园大堤东一条、二条170户拆迁任务。

（袁　彪）

三条石街道

三条石街道地处子牙河、南运河交汇入海河的三角地带。东至引滦纪念碑（三岔河口），西至西站前街中心线，北至子牙河南岸、津浦铁路线以南，南至南运河北岸。2009年，街域面积1.37平方公里，辖6个社区居委会。户籍人口1.96万户4.52万人，常住居民0.53万户1.44万人。

清同治九年（1870），直隶总督李鸿章的夫人在总督衙门后的寓所去世。为出殡，李鸿章将“果子行窑洼”填平筑路，铺上三趟通街的大青石，三条石大街由此得名。该地区水路、旱路交通方便，南运河曾是历史上的南北运输要道，车来船往为地区经济发展提供有利条件。得天独厚的地理环境和机械铸造业的发展，使该地成为中国现代工贸繁盛之处，素有民族工业发祥地和华北工业摇篮的美誉。

2009年，引进企业9家，引进资金500万元，实现留区税收97.6万元，超额完成预定任务。

落实大丰东和长益里旧楼改造、南运河北路沿线和“5858”线立面综合整治、筹建街城管委等重点工作。集中力量对大胡同“四里”清整，清理垃圾杂土80余吨，地区环境卫生状况改善。对“四里”路面塌陷、破损情况，协调区有关部门进行柏油路重新铺装等修缮工作，群众居住环境改善。

元旦、春节期间，开展以“联手扶贫助困，共建和谐社区”为主题的送温暖活动，对270余户进行实物和现金救助。做好夏令救助，为130余户发放夏令救济物品。对低保户坚持月回访、季跟踪、年复核工作机制，为动态管理提供依据。新批低保户149户，迁出注销117户，调标1184户，足额发放低保救助金和过节费。

开展以“关爱残疾孩子发展特殊教育”为主题的助残日系列活动，为残疾学生送去学习用品和慰问品。组织残疾儿童参观“天津之眼”并免费查体；完成740名残疾人二代残疾证换证工作。组织200名老年人参观海河乳业和曹庄子花卉市场。开展“学习实践科学发展观，促进双拥工作创新发展”主题研讨活动，“八一”建军节期间慰问军烈

三条石街举办新春送福送廉大拜年联谊会

属49户。

深化“志愿者在行动”活动。在学雷锋日和国庆节前夕，组织开展社区环境卫生清整等志愿活动。清明节以“文明祭扫、革除陋习、保护环境、爱我家园”为主题开展文明祭扫宣传活动。春节前夕，在御河湾小区开展“迎春送福大拜年”活动，组织书画社、图书馆老师把现场撰写的“福”字送到老年人、特困户、残疾人手中。

（王金华）

丁字沽街道

丁字沽街道地处红桥区北部，东起光荣道与西沽街道相邻，西北至咸阳北路与咸阳北路街道相接，西南邻丁字沽一号路与丁字沽新村接壤，东北靠北运河与北辰区、河北区隔河相望。2009年，街域面积2.47平方公里。辖18个居民委员会，户籍人口3万余户10万余人。

2009年，新增税源户23户，完成留区税收96万元，成立闲散税源征收小组，征收258户5万元。

完成勤俭道、一号路、光荣道、向东道、咸阳北路等景观道路3807个违章吊挂物清拆。清理残标36296张，拆除违章建筑、围挡22间，清理堆物、死角218处，清理杂土132吨，各社区环境面貌改善。对7个旧楼小区综合整修，对2个小区提升改造，清理乱堆乱放、堆物杂物、违章棚亭，开展旧楼区综合整修“回头看”工作，提升综合整修水平。

抓好困难群体再就业工作，开发岗位1200余个，至10月底安置就业再就业2412人；组织招聘会，140余人达成就业意向。开展就业援助，办理灵活就业保险补贴840人，完成45名2008、2009届大学生调查，对其中28人进行困难认定。办理病退22人，发放失业金2.8万元。做好城镇居民医疗保险登记和管理工作，为96名45岁以上城乡居民办理养老保险手续。

元旦、春节前走访困难户996户，受助2263人，发放救助金5.30万元。搞好冬、夏令救济，加大困难群众和大病、重病医疗救助力度，147人得到救助，救助金额36.4万元。做好双拥工作，解决重点优抚对象医疗费补助3万元。做好全国第二代残疾证核发工作，重新核实、完善、充实各居委会残疾人档案；对无等级人员重新鉴定；开展全国助残日系列活动，组织大型残疾人招聘会。为10位享受低保、特困和优抚补助的60岁以上老年人实行“一户一卡一养”，办理居家养老服务补贴。

完成创建国家计划生育优质服务区任务。对3000余名育龄群众和流动人口开展问需调查，开展“惠民大讲堂”和生殖健康查体活动，600余名社区居民受益。开通科室专属邮箱和博客，设立办事指南、健康随行、身在异乡等专栏，群众不出家门就能得到服务。开展“进千户门，访百家难”走访活动，送服务、送知识、送药具、送温暖、送岗位，延伸计生工作服务领域。完善社区基础性文化、体育设施建设机制，促进社区居民交流互动。搞好流感疫情防控工作，完成35岁义务查体，推进医疗卫生服务进社区活动开展。开展科普知识宣传活动，提高居民科学素质。

在全国第二次经济普查工作中，严格进行审核评估，清查单位4666个，肖春英、韩爽分别被评为国家级先进个人和市级先进个人；街道统计办被评为市级先进集体，并获得统计基础工作市级先进集体称号。

（周晓杰）

西沽街道

西沽街道位于红桥区中部，横贯区域东西。东以北运河为界，与河北区隔河相望；西至西横堤与西青区相邻；南以津浦铁路为界，与三条石街道、邵公庄街道相连；北面一部分以子牙河为界与西于庄街道隔河相望，一部分以光荣道、新红路为界与丁字沽街道、西于庄街道相依。2009年，街域面积4.77平方公里，占全区面积1/4；辖21个社区居委会，居民3.07万户8.02万人，有汉、回、满等7个民族。

2009年，收缴留区税收96.30万元，超额完成区政府下达任务。引进天津市攀丰科技有限公司。

对栖霞里等4个邻近主干道路楼房区护栏集中清拆，拆除各种护栏2000余个、遮阳罩

256个。做好旧楼区改造工作，对栖霞里社区80余户居民12个楼门综合整治，拆除违章建筑24间280平方米，违章棚亭2处30平方米。在北运河西路拆迁中，拆除有契证非住宅23间543.64平方米，违章43间1020.09平方米。

探索环卫扫保新模式新机制，与市委培公司等签订服务协议，落实13条支线道路扫保、50余座公厕保洁、1.3万平方米绿地养管责任。重新核定清扫保洁作业量，实行以量定人。购置铲车、双排翻斗车和电动清运车，提高扫保质量。

完成社区居委会换届选举。建立固定宣传阵地22处，创办黑板报30块，张贴宣传标语200多幅。选出132名居委会主任。换届后，居委会成员党员比例超半数。将龙禧园居委会分为一委、二委。在水木天成居委会成立第二居委会筹备组。组织居委会主任业务培训，使其掌握工作方法、标准和要求。

强化街道救助工作的公开性、透明性，让救助对象及时掌握救助政策。开展低保救助、特困救助、临时救助、大病救助、节日救助和冬夏令救助，以及物价补贴、住房补贴等工作。低保救助1060户1900余人，月发放低保金51万余元；特困户192户380人，月发放特困救助2.50万元；临时救助76户，人均450元。为121人实施大病医疗救助，人均2000余元。城镇医疗保险参保1300人。办理参保金额30万元以上。完成失业人员优惠扩面和困难群体再就业工作，2300人实现再就业；完成培训304人，再就业公司安置14人。

2009年，街道荣获天津市第二次经济普查市级先进集体荣誉称号。

（张　谦）

西于庄街道

西于庄街道位于红桥区中部。东以桥口街、桥口南街、三兴里、纯德里为界与西沽街道相邻，南与西沽街道隔子牙河相望，西以千里堤与北辰区接壤，北以津霸公路、光荣道与咸阳北路街道、丁字沽街道、西沽街道相连。2009年，街域面积3.89平方公里。辖15个居民委员会，居民3万余户9万余人，有汉、回、满等多个民族。

2009年，引进10家企业到街经营，实现留区税收400万元，征收零散税4万余元。完成全国第二次经济普查及劳动力和人口抽样调查等工作。推进液压附件厂退市工作，职工得到妥善安置，企业平稳退出。

落实属地管理，承接环管、园林、执法队等区下放部门接收管理工作，组建城管委。集中拆除光荣道、向东南路等沿线两侧阳台护栏及有碍观瞻的吊挂物2000余件。对社区胡同里巷和主要干道杂土杂草、脏乱死角拉网式清整，铲除残标5万余张、清理杂物240余车。对洪湖东路、齐兴村等重点治理点位进行拆违、门脸封堵和道路、绿地改造，子牙里小区进行旧楼区提升改造，天宝公寓、五峰里、五峰南里进行旧楼区改造。完成红勤楼、敦煌楼节能改造工程。建立环境卫生长效管理机制，营造整洁、干净、靓丽的社区环境。

推进地铁4号线西于庄站重点拆迁工程。完成现状调查，组织培训，筹备安置房源。街党政“一把手”亲自挂帅，5位副职任指挥，抽调机关骨干、居委会主任，日夜奋战，拆迁工作进展顺利。

为1700多户家庭办理低保，发放低保金900余万元。救助大重病、残疾、单亲、孤老、孤儿等各类困难家庭近600户，发放各种救助品、救助金总计8万余元。为40余户符合条件的大重病家庭发放医疗救助金15万余元，及时办理居民失业救济金发放、住房公积金提取、优惠证发放等工作，接待政策咨询8000余人次。发放失业金2945人次159万元。集中受理2010年城乡医保900人、社保卡2500余人，为1648名60岁以上企业退休老人建立台账，对符合条件的1637人发放补贴。落实再就业超市长效机制，为下岗失业人员提供就业岗位信息3000余条，2000余人实现就业。提供各种职业技能培训260人次；为700多名下岗失业人员办理灵活就业保障补贴；为2000多名参保人员办理个人档案微机录入和医保立卷工作。

完成15个社区居委会换届选举工作。组织开展以庆祝建国60周年为主题的“文艺大篷车”

进社区等系列专场活动。洪湖太极队、俏夕阳艺术团获表演一等奖。俏夕阳艺术团、夕阳红艺术团、金辉艺术团等42支文体队伍1500余人活跃在社区，丰富居民文化生活。组织残疾人明心艺术团参加中央电视台“星光大道”节目演出。

2009年，街道荣获全国基层低保规范化建设典型单位、全国经济普查统计先进典型单位、全国“六好”乡镇（街道）工会等荣誉称号。

（刘 伟）

邵公庄街道

邵公庄街道位于红桥区西南部，北靠津浦铁路，南至南运河与芥园街道隔河相望，西至西横堤与西青区接壤，东至西站前街与三条石街道为邻。2009年，街域面积3.12平方公里，辖18个居民委员会，居民2.90万户7.84万人。

2009年，完成7家企业注册，留区税收129万元，完成任务的161%。

发挥街道综治中心作用。排查调处矛盾纠纷59件，调处成功59件。配合西站交通大队等部门开展西站长途客运站重点整治，打击非法揽客等违法行为。

完成居民阳台护栏和遮阳罩、私搭乱盖及违章拆除，楼房“平改坡”及旧楼区改造、清整等任务。与相关单位配合，对西站建设相关疏导线和南运河北路商业街周边环境清整，治理煤建东大道脏乱点位，市容环境明显改善。

组织辖区各单位、社区做好除“四害”、灭蚊蝇监测投药工作。搞好鼠密度、蟑螂密度监测，每周两次蚊蝇消毒，做好药物发放、投放检查和各类数据归档上报，投蟑螂药200余袋、灭蚊蝇药528瓶、鼠药30箱。

完成3141名低保、特困人员医疗救助名单核对工作。元旦、春节救助困难群众195户，发放慰问款物3.5万元。为残疾人和困难户发放救助金近万元。开斋节期间，向140户回族低保和特困人员发放救助金。为144名困难群众发放大病医疗救助金22.76万元。组织“扶贫救济”社会捐赠活动，募集捐款6.2万元；组织购买赈灾彩票6.3万元。

新增下岗失业人员2000人，推荐就业2500人次，采集用工信息2000余条、岗位2500个。组织大型招聘会3次，各社区召开小型招聘会8次，安置下岗失业人员320人。办理就失业证227人，推荐再就业培训518人次，为16人办理自谋职业小额贷款申领手续，为1100人办理十类困难群体认定。办理大学生困难群体认定及求职登记，为27名大学生安置公益岗位。为2000人办理老年人生活补助费申报，为100人办理城市居民养老申报；为51人申报病退；社保卡申报补办新卡3300人，2700人申报并参保；城市居民医药费报销申报123人，报销医药费26万余元。

组织志愿者开展“进万家门、送万家情、暖万家心、共度新春佳节”活动。为1100名残疾人换发二代残疾证。全国助残日慰问5名困难学生。开展老年人状况调查，建立健全社区老年人身体、生活状况及服务需求档案；居家养老服务队为在家居住的33位老年人提供多样化服务。各社区对31户军属、21户烈属及优抚对象家访慰问，送去慰问品。

举办迎“五一”享受阳光、拥抱大自然社区群众健身展示活动，迎国庆群众歌咏大会，科技周活动和红十字博爱宣传周活动；7月至9月举办第七届社区文体艺术节活动。重阳节期间，开展系列“红十字博爱助老”活动，向困难老人发放救助物资。

以创建国家级优质服务区为目标，推进人口计生工作。深化计划生育楼门院工程，社区计生专职人员定期入户核查。加强基层计生专职人员业务培训，夯实流动人口服务管理基础工作，开展“六个一”、“五上门”活动。创建计生特色社区，做好药具管理与避孕节育工作，搞好优质服务，669人次参加生殖健康查体活动。开展生殖健康普惠活动，生殖健康知识进社区、进家庭；计生奖扶工作，发放计划生育家庭特别扶助金近20万元。做好信息化工作，WIS系统人户平台数据得到充实。

2009年，街道人口计生工作获市级2007-2008年度先进集体荣誉称号。

（曲 达）

大胡同街道

大胡同商贸区（大胡同街道）位于红桥区东南部，北马路东段北侧。东至三岔河口汇合处，隔河与河北区相邻；东南与南部临南开区；西接芥园街道；北靠南运河与三条石街道隔河相望。2009年，街域面积0.5平方公里。

大胡同商贸区是天津市重要的小商品集散中心和商贸繁华区，也是华北地区的小商品集散地，高峰时购物人数日达30万人次。

明永乐年间，漕运发达，该地聚落范围不断扩大，人口增多。明末清初，侯家后、北门外大街、估衣街一带成为天津早期商业中心。北门外大街、估衣街相继出现正兴德茶店，十锦斋、天一坊、恩德元、天盛号、素香园饭店，保和堂药店，裕泰永杂货店等著名商家。

2009年，各类税收突破亿元，比上年增加2028.03万元，增幅达25.29%；留区税收3712.02万元，增加590.24万元，增长18.91%。

配合市政府道路综合整修工程，对金钟桥大街综合整修改造，拆除不规范机动车、非机动车存车场，规范公交车站点，美化道路环境。组织开展“大干150天”专项治理活动，坚持高标准、高质量，打造商贸区国庆氛围。招标引进扫道四队，落实地区清扫保洁。规范收费管理，成立扫保收费组，加大清洁费收缴力度，挖潜增收，促进环卫扫保工作最佳化。

修订商贸区应急（疏散）预案、突发事件应急预案、重特大火灾事故应急预案，制定反恐防恐应急预案，强化商贸区各商城内部安全管理。编发1万册《安全手册》、新《消防法》、《大胡同地区安全经营十严禁》等宣传材料，组织各市场管理者及商户代表参加消防安全、防火自救知识讲座、消防演练、反恐演练等活动，提高商户防火自救能力。

开展“讲文明，树新风”，“同在一方热土，共建美好家园”，“大干100天”专项环境秩序整治活动，开展文明礼仪知识讲座，引导干部群众从点滴小事做起，从我做起，注重礼仪，使用文明用语，提供文明服务。创刊今日大胡同报。编发学习实践科学发展观活动简报，反映商贸区各企业信息及工作动态，捕捉闪光点、聚焦点、新颖点。

完成第二次经济普查工作，对3266家各种企业（其中3029家为个体改私企）、39家产业活动单位、13000余家个体户有关信息进行登记、分析并录入微机。完成对区有关职能部门工作和干部形象民意调查。管委会办公室和津滨保险经纪有限公司组织召开大胡同商贸区风险管理工作推动会，向各大市场主办单位就市场管理方向、风险转移和化解、降低经营安全风险等提出建议，全面辐射商贸区风险管理。

发挥组织协调作用，做好估衣街改造工作，创建老字号特色街，完成估衣街开街工作，并经相关部门批准为国家3A级旅游特色街。维护估衣街环境及交通秩序，打造百年老街良好形象。

引导市场主办单位对市场业态布局调整，实现分行划市，提升档次，鼓励各市场主办单位加大资金投入，改造提升经营环境，引进知名餐饮业，延伸估衣街旅游效应。推动市场主办单位参与创建国家A级市场。天津都行创建国家A级市场获市工商局批准。万隆、天奕、大胡同集团等单位完成外部装修改造工程，筹备创建国家A级市场。

2009年，商贸区管委会获天津市第二次经济普查市级先进集体称号。

（任　鹏）

铃铛阁街道

铃铛阁街道地处红桥区南部，东至西马路，南至西关街、掩骨会、西营门外大街，西至青年路、三元桥与南开区毗邻，北至芥园街道。2009年，街域面积1.1平方公里。辖10个社区居委会，居民1.65万户4.78万人。界内有国家级历史文物保护单位吕祖堂和百年清真南大寺，以天津三宗宝之一的“铃铛阁”坐落界内而得名。

2009年，引进招商单位14家，实现留区税收147万元；加大西关北里商业网点税收征收力度，完成税源5万元，超额完成指标任务。

开展芥园道、红旗北路景观道路改造工作，拆除各种违章和护栏603处，空调移机151台。拆除遮阳罩106户，安装百叶窗106户，完成乐安里、康华里、新春花苑楼体整修和中环线红旗北路花莲里、瑞兴里景观路整修。对10个社区逐一清整治理。清理占道摆卖1.6万处次，里空外卖1500处次，堆物900余处次，广告信息牌1200处次，布标帐幔20余块。开展春季植树活动，发动群众认养，确保成活率100%。对有百年“鬼市儿”之称的西营门外大街违法占道摆卖集中清理，拆除违章棚亭36处，治理乱摆乱卖300余处，清理乱堆乱放70余处，清除各种布标帐幔20余处，青年路道路质量改善。

救助各类困难弱势群体2166户4562人，为1510户2871人办理低保救助，发放低保金77.63万元。对低保边缘户坚持定期综合救助制度，为181户428人办理特困救助1.96万元，发放临时救济金14.5万元，393户1200人得到救助。对458户重病低收入家庭实施大病救助。做好低收入家庭住房保障工作，接待政策咨询3000余户；为审核合格的996户家庭建立档案；为266户居民办理经济适用房和现价商品房收入核查工作；为921户居民办理租房补贴；为75户居民办理廉租房。

举办招聘会、就业技能培训会，推荐就业项目，提供就业信息，扩大安置渠道。为530人解决十类困难人员认定，为546人提供灵活就业政策安置，安置就业2205人。做好城镇居民医疗保险工作，全街参保4652人。完成1579名60岁以上老年人生活补助登记发放和18名大学生就业安置工作，社会保障工作充分落实。

以创建国家级优质服务先进区县十条标准为重点，推进创优活动开展。完成5个普选模式社区和5个直选模式社区选举工作。“5·8”红十字日活动中，街道作为全区主会场，在明华里社区组织百余人参加的现场救护演练和宣传普及活动，受到社区群众普遍欢迎，《天津老年时报》和区有线台给予报道。组织社区群众团体举办绘画、编织艺术、红桥运河桃花节摄影、第四届老年艺术节等活动。会同街卫生院完成900名0岁–7岁儿童麻疹疫苗强化免费接种工作，接种率97.9%。对社区327户育龄群众贫困家庭走访慰问。在康华里社区创建新型生育文化特色楼门。

铃铛阁片和西大湾子、晓春里片拆迁安置工作取得阶段性成果。对3片地区5600余户居民实施动迁。承担2000多户拆迁任务，晓春里片仅用一个月就完成全部拆迁任务。至年底，铃铛阁片1031户居民顺利搬迁。

多方筹措资金，对坐落西北角地区的清真南大寺近600平方米地面修整，借助民族团结月活动，创新巩固民族团结特色楼门。联合区残联慰问资助少数民族特困、残疾家庭，做好辖区清真食品大检查，组织安排好清真两寺“盖德尔”夜活动。

2009年，街道荣获天津市民族团结进步先进集体称号。

（张　鹏）

·天津区县年鉴·

环 城 四 区

东 丽 区

概 述

东丽区地处津滨发展主轴，西连中心城区，东接滨海新区核心区，是天津市中心城区和滨海新区的重要功能区。区境介于东经 117°13′~117°29′，北纬 39°00′~39°16′，东西长 30 公里，南北宽 25 公里。2009 年，区域面积 477.34 平方公里，其中 39 平方公里位于中心城区，225 平方公里属于滨海新区。辖张贵庄、丰年村、万新、无瑕、新立、华明、军粮城、金钟 8 个街道和么六桥回族乡。有 114 个村民委员会，58 个居民委员会。总人口 34.19 万人，其中农业人口 20.22 万人、非农业人口 13.97 万人。区内居住汉、回、朝鲜、满、蒙古、壮等 16 个民族。

2009 年，在市委、市政府正确领导下，东丽区全面落实科学发展观，认真贯彻中央和市委、市政府重大工作部署，克服国际金融危机带来的严重影响和困难，争取主动，逆势而上，攻坚克难，真抓实干，实现财政收入百亿目标。实现地区生产总值 250.24 亿元，比上年增长 21.5%；三级财政收入 100.2 亿元，增长 40.9%；全社会固定资产投资 231.5 亿元，增长 37.5%；实际利用外资 4.6 亿美元，增长 21.9%；引进内资 189.5 亿元，增长 45.3%；农民人均纯收入 12834 元，增长 10.7%。全面完成节能减排目标任务。全区经济社会发展迈上新台阶。

全面开展“保增长，渡难关，上水平”活动，制定并实施促进经济发展 10 条政策措施，帮助 1284 家企业解决各类问题和难题 1025 个，落实专项扶持资金 1.34 亿元。238 个工业和技改项目完成投资 91.5 亿元。机械设备制造等六大主导产业占工业总量的 68.5%，成为工业发展重要支撑。全区实现工业销售收入 770.2 亿元，增长 35%。华侨城、恒大等项目促进高端服务业快速集聚发展。居然之家、宜家家居、红星美凯龙等项目开工建设，推进高端商贸服务业发展。运盛、天安数码城等项目引进，实现科技研发、总部经济发展新突破。全区服务业实现增加值 66 亿元。滨海国际花卉科技园区，华明复垦设施农业园区成为农业设施化、产业化龙头。千万元以上龙头企业 10 家。进入产业化体系农户达 82%。科技进步先进区和可持续发展实验区创建取得明显成效。累计发展产学研联合体 55 家。取得市级科技成果 68 项。新建市级企业研发机构 3 家。高新技术企业达 20 家，科技型企业 238 家。扩建科技企业孵化器 1 万平方米，通过国家级认定。推进华明工业园区、滨海重机工业园区开发建设，加大东丽开发区资源整合力度，军粮城工业园区、金钟工业园区扩展扩能发展。启动东丽航空产业区建设。加强载体建设，开工建设 60 万平方米工业和商业地产。

着眼具规模、带动强、潜力大、高质量项目，实施产业化、精准化招商。引进一机重车、海特总部产业化等重大项目，全年落地项目 35 个，总投资 377.9 亿元；洽谈储备亿元以上项目 50 个，总投资 211.3 亿元，实现历史性突破。全面展开与天津开发区、保税区、高新区、现代冶金工业区合作，区域开发建设、优势产业对接、社会主义新农村建设和基础设施建设取得新进展。与保税加工区合作开发航空产业区，形成优势互补、良性互动发展态势。壮大东方财信公司，增强投融资能力，保障产业园区和环境整治等项目投入建设。撤并26家国有公司，推进国有资产整合和资本化运作。壮大城投公司、滨丽公司，推进新市镇和基础设施投资建设。创新园区管理体制机制，健全街乡园区管委会和开发建设公司。建立政府性投融资规避风险机制，加强监管，确保资金安全。制定土地整理储备开发、节约集约用地等措施。开展土地征转分离试点，强化集约节约高效利用土地新机制。盘活国有闲置建设用地，对已供未用土地进行治理，提高土地使用效益。各村积极推进改革发展，完成13个村集体经济组织产权制度改革。成立滨农投资有限公司，为村级集体经济发展搭建平台。

全面落实东丽区总体规划和新城区控制性规划。第三批示范小城镇试点军粮城新市镇、金钟新市镇开工建设，新立新市镇规划确定。泰达西区还迁工程基本完成还迁入住。空客、无瑕街还迁工程和张贵庄等“城中村”改造项目加快建设。开工在建工程达472万平方米。万新街海河沿岸还迁住宅建设顺利启动。加快推进丰新里危陋房屋和民和巷改造工程建设。东丽湖改造工程顺利实施。规划设计中心城区改造建设项目。建成东丽区规划展览馆。实施金钟路、津塘二线道路拓宽改造工程和龙廷路、富安路、福山路等中心城区干道改造。完成丰安路、栖霞道等道路排水工程。完成集中供热设施建设和改造并网，新增供热面积47万平方米。落实地铁2号线、京秦客运专线、东金路等市重点工程征地拆迁。启动袁家河二站建设。新增林地面积234.67公顷，森林覆盖率15.1%。完善两级政府、三级管理体制，建成数字化城市管理平台。加大农村市容环境卫生综合整治力度，建立长效管理机制。实施社区“白、亮、净”工程，规范广告牌匾2163块。全面完成生态区年度建设任务。水污染专项整治取得实效。继续加大对违法占地、违法建设治理力度，拆除违法建筑22.5万平方米。严厉打击盗挖黄土等违法行为。

深入开展充分就业区创建活动，安置就业1.53万人，培训5799人次，培训就业率80%。新发展就业联盟企业83家，累计300家。零就业家庭帮扶就业率100%。建成覆盖全区的劳动保障工作站166个，创建充分就业社区(村)85个。农村妇女创业取得成效。区财政投入3.47亿元用于改善民计民生。48个被征地村累计参保6.41万人，1.51万人按月享受养老待遇；17.5万城镇居民参加养老保险。2.3万农村人口享受退养补助。新型农村合作医疗参合21.7万人，实现全覆盖。城镇居民医疗保险参保4.53万人。“五险”参保人数逐年提高。基本形成以城乡低保为基础“全覆盖、多层次、可持续、标准适度”的城乡社会救助体系。26所学校通过天津市现代化标准达标验收。职业教育学校开工建设。重建新中村小学，对四合庄等6所农村校加固改造。建成特殊教育学校。东丽医院新住院楼投入使用。建成区疾控中心和卫生监督所。累计建成标准化社区卫生服务站30个，规范化村卫生所45个。加强重点传染病预防与控制。有效应对甲型流感疫情，避免重大疫情发生。举办第八届文化艺术节、庆祝新中国成立60周年系列文化活动和群众体育节等系列活动。完成日间照料服务站点建设。建成1万平方米养老中心，新建2所养老院。十项民心工程共39个子项全面完成。

推进文明城区创建和“践行公约守则，争做文明市民”工程。以国庆60周年为契机，举办“祖国颂东丽情”等大型系列活动，激发广大干部群众爱国爱党爱家乡热情。开展全国双拥模范城创建活动，加强军政、军民关系。深入贯彻《政府信息公开条例》，不断增强政府工作透明度。推进“五五普法”，广泛开展“法律六进”(法律进机关、进乡村、进社区、进学校、进企业、进单位)活动。着力创建法制东丽，依法治区深入推进。落实维护稳定工作领导责任制，增强责任意识，完善工作机制，畅通信访渠道，加大各街乡、村(居)预防和解决信访问题力度。发挥信访和行政复议化解矛盾作用，妥善解决一批信访突出问题和行政争议案件，有效避免矛盾激化，为全区经济发展营造和谐稳定的社会环境。深入开展“平安东丽”创建，继续开展打黑除恶等专项斗争，严厉打击各类刑事和经济犯罪。构建预防和减少犯罪工作体系，社会治安形势持续稳定。不断完善应急管理体系和工作机制，完成应急指挥中心建设，突发应急事件处理能力增强。认真落实安全责任制。开展消防、道路交通、建筑、食品药品安全专项行动，继续加强对危险化学品、特种设备等重点行业和领域监督管理，查处违法行为，及时消除安全隐患，全年无较大以上安全事故发生。

（李洪娜）

东丽区区级领导名录

中共东丽区委领导名录

职　务	姓 名	性别	出生年月	民族	文化程度	籍　贯
书　记	张有会	男	1951-11	汉	研究生	天津市
副书记	尚德来	男	1955-01	汉	研究生	天津市
副书记	孙富霞	女	1959-01	汉	大　学	天津市
常　委	尚斌义	男	1965-10	汉	博士研究生	山东滨州
常　委	张传捷	男	1956-06	汉	研究生	天津市
常委、区纪委书记	刘金钟	男	1954-01	汉	大　学	山东无棣
常委、区人武部政委	冯长江	男	1955-10	汉	大　学	山东阳谷
常委、公安东丽分局局长	陈　晖	男	1950-08	汉	大　学	浙江舟山
常委、组织部部长	郑会营	男	1961-12	汉	大　学	天津市
常委、办公室主任	苑树发	男	1960-03	汉	大　学	河北宁静

东丽区人大常委会领导名录

职　务	姓 名	性别	出生年月	民族	文化程度	政治面目	籍　贯
主　任	秘长荣	女	1951-10	汉	大　学	中共党员	山东阳信
副主任	迟广智	男	1950-02	汉	大　学	中共党员	河北青县
副主任	霍俊华	女	1950-12	汉	大　专	中共党员	天津市
副主任	杜要武	男	1951-01	汉	大　专	中共党员	河北大城
副主任	余明斗	男	1960-01	汉	研究生	中共党员	湖北武汉

东丽区政府领导名录

职　务	姓 名	性别	出生年月	民族	文化程度	政治面目	籍　贯
区　长	尚德来	男	1955-01	汉	研究生	中共党员	天津市
常务副区长	尚斌义	男	1965-10	汉	博士研究生	中共党员	山东滨州
副区长	张传捷	男	1956-06	汉	研究生	中共党员	天津市
副区长	轧乃利	男	1960-04	汉	大　学	中共党员	天津市
副区长	王连成	男	1961-10	汉	大　学	中共党员	河北黄骅
副区长	戴东强	男	1966-09	汉	研究生	中共党员	山东青州
副区长	丁　梅	女	1973-12	汉	硕士研究生	民盟盟员	上海市
区长助理（副区长级）	王庆友	男	1953-08	汉	大　学	中共党员	江苏淮安

政协东丽区委员会领导名录

职　务	姓 名	性别	出生年月	民族	文化程度	政治面目	籍　贯
主　席	弭尚华	男	1949-09	汉	大　专	中共党员	山东临邑
副主席	樊延生	男	1952-11	汉	大　学	中共党员	河南舞阳
副主席	周遵成	男	1951-02	汉	大　专	中共党员	山东青岛
副主席	杨泽堂	男	1949-07	汉	大　专	中共党员	天津市
副主席	王晓敏	女	1957-11	汉	大　学	无党派人士	江苏镇江
副主席	刘俊生	男	1957-12	汉	研究生	中共党员	天津市
副主席	王怀英	女	1954-06	汉	大　学	中共党员	天津市

注：周遵成于2009年12月逝世。

（区委组织部提供）

大 事 记

1月

4-6日 政协东丽区七届三次会议召开。听取审议常委会工作报告和提案工作报告;通过会议决议。补选王怀英为区七届政协副主席。

5日 东丽区引进的冷藏物流基地项目举行开工仪式。副市长李文喜、副区长轧乃利出席并讲话。该项目位于金钟街工业园内,占地14.87公顷,投资10亿元,总冷藏量20万吨,总建筑面积22万平方米。

5-7日 东丽区十五届人大四次会议召开。审议通过区政府工作报告;审查批准区2008年国民经济和社会发展计划执行情况的报告与2009年国民经济和社会发展计划、区2008年财政预算执行情况的报告和2009年预算。审议关于全面推进和实施东丽区总体规划的决定(草案)。

7日 东丽区人民政府与浙江中国青年汽车集团举行青年汽车天津制造基地项目签约仪式。区领导张有会、尚德来、秘长荣、弭尚华出席,中国汽车研究中心主任赵航、副主任李长荣应邀参加。

9日 天津市送书下乡暨“农家书屋”东丽区授牌仪式在无瑕街道杨泊村举行。区委书记张有会、区长尚德来出席。

12日 天津钢管集团股份有限公司注册的“TGSY”商标、盛华软线电缆有限公司注册的“长颈鹿”商标、铁路信号厂注册的“津信”商标被命名为天津市著名商标。

30日 副市长李文喜到东丽区调研。对华明示范镇复垦设施农业建设项目、“保增长、渡难关、上水平”等工作提出具体要求。区委书记张有会、区长尚德来陪同。

2月

3日 东丽区人民政府与中国农业银行天津分行签署战略合作协议。区长尚德来与农行天津分行行长许涛签署战略合作协议,农行东丽支行行长冯长江与东丽湖、重机工业园、滨丽公司、城投集团负责人分别签署贷款合作协议。区委书记张有会出席签约仪式。

4日 东丽区三级干部“保增长、渡难关、上水平”动员大会召开。对2008年绩效考核先进单位和财政收入超额奖前三名单位及获得固定资产投入、招商引资、安置就业、镇区建设、社会稳定优胜杯前三名单位给予表彰。区委书记张有会讲话。区长尚德来主持。

8日 国家体育总局组织的全国百余城市“龙腾狮跃闹元宵”2009年全国龙狮大联动(天津主会场)在华明街举行。各区县40余支舞龙舞狮和民间花会队伍参加龙狮表演和花会踩街活动。国家体育总局社会体育指导中心副主任公冶民及市有关部门负责人出席,区领导张有会、尚德来、秘长荣、弭尚华参加。

9日 外交部新闻司副司长姜瑜带领美国、意大利、荷兰、俄罗斯、西班牙、葡萄牙、朝鲜等23个国家和地区的50余名媒体记者到华明示范镇参观考察津城民俗风情。区委书记张有会、区长尚德来陪同。

12日 市委副书记、市政协主席邢元敏到东丽区傲绿公司,对市、区级农业龙头企业进行调研。区委书记张有会、区长尚德来陪同。

16日 浙江省省长吕祖善一行在市长黄兴国、副市长熊建平陪同下到东丽区考察,观看华明示范镇建设沙盘和建设纪录片,听取华明镇宅基地换房试点情况介绍,就城乡一体化发展综合配套改革工作进行交流。区委书记张有会、区长尚德来陪同。

26日 东丽区与深圳宝能集团投资服务框架协议签约仪式举行。副市长李文喜出席。区委书记张有会、区长尚德来和深圳宝能集团董事长姚振华参加签约仪式。

3月

11日 “万新大厦”名称正式启用，地名门号为津滨大道145号。

17日 区妇联、区工商联联合召开东丽区民营企业妇委会组织命名暨东丽区民营企业“三八”红旗手(集体)表彰大会，对45名民营企业“三八”红旗手和19个“三八”红旗集体进行表彰，同时命名民营企业妇委会15个。区领导张有会、秘长荣、弭尚华出席。

28日 由中国民营科技促进会和东丽区政府主办的2009年全国民营科技促进会联席会议暨应对全球金融危机民营企业创新发展论坛在东丽区举行。国家科技部、中国民营科技促进会和各地民营科技促进会的领导和专家，就科技工作发展形势、民营科技企业有关扶持政策及如何帮助民营科技企业应对全球金融危机影响进行研究并发表演讲。副区长戴东强介绍东丽区发展环境。区长尚德来与中国民营科技促进会会长韩德乾签署战略合作框架协议。

4月

7日 市委书记张高丽，市委常委、市委秘书长段春华带领市有关部门负责人到东丽区调研。听取关于加强党的基层组织建设、推动经济社会又好又快发展汇报，考察有关开发项目。察看东丽湖规划展览馆、东丽湖两湖改造工程进展和重点项目开发建设情况。区委书记张有会、区长尚德来陪同。

10日 国家科技部、国家发改委等18个部门联合评审，授予东丽区国家可持续发展实验区称号。

13日 东丽区金钟新市镇被市政府批准为第三批以宅基地换房建设示范小城镇试点。该项目还迁区位于金钟街北部，新开河、津蓟高速引线、北环铁路围合地段，规划用地257公顷、建筑面积157万平方米，其中住宅133.4万平方米、公建23.6万平方米。项目涉及5个村1万余户3万余人。

14日 赛瑞机器设备有限公司的芯棒及优质合金钢产品等8个项目列入天津市2009年企业技术创新项目计划，其中赛瑞机器设备有限公司的芯棒及优质合金钢产品，瑞普生物技术股份有限公司的甲壳聚糖、寡糖微波制备技术开发，精诚机床制造有限公司的重型数控齿轮加工机床成套技术装备产业化项目列入天津市重点技术创新项目。

22日 市长黄兴国到东丽湖和华明工业园区调研考察。听取东丽湖区域规划及两湖改造及华明工业园区建设情况汇报，察看温泉度假旅游区国际会议中心板块规划建设情况，参观工业园区规划沙盘。区委书记张有会、区长尚德来陪同。

同日 美国龙安集团总裁饶及人一行到东丽区考察并座谈。座谈会上，饶及人先生被聘为东丽区政府规划建设、经济顾问，区长尚德来为其颁发聘书。区委书记张有会出席。

27日 省委书记、省人大常委会主任陆浩，省委副书记、省长徐守盛带领甘肃省党政代表团一行60余人，在市委书记张高丽，市委副书记、市长黄兴国陪同下，到东丽区华明示范镇考察。听取“以宅基地换房”推进城市化建设情况汇报，参观新建成的华明社区。

27-28日 区委书记张有会赴四川、贵州、重庆等地进行项目洽谈和学习考察。走访成都海特集团、贵州航空工业集团、贵州航天工业集团，就加快项目建设、拓展合作领域深入洽谈。走访重庆市长寿区，就加强友好区建设、深化合作进行座谈。副区长戴东强及有关单位负责人参加。

28日 共青团东丽区委组织召开纪念五四运动90周年表彰大会。表彰2008年度东丽区优秀共青团员75名、优秀团干部40名、优秀青年志愿者62名、“五四”红旗团组织7个、优秀青年志愿服务集体13个。

5月

3日 市长黄兴国带领市有关部门负责人到华明工业园区考察并指导推动工作。参观园区规划沙盘，察看基础设施建设和重点项目建设情况，对加快推进园区和重点项目建设提出要求。常务副市长杨栋梁，副市长李文喜、王治平、任学锋,区委书记张有会、区长尚德来陪同。

13日 东丽区政府与天津空港物流加工区管委会签订《天津临空产业区(航空城)三期土地合作开发框架协议》、《空港物流加工区与东丽区加强全面合作协议书的补充协议》。

15日 副市长张俊芳带领市联防联控工作领导小组相关成员到东丽区医学观察所检查,听取副区长丁梅关于东丽区防控甲型H1N1流感工作情况汇报。区委书记张有会、区长尚德来陪同。

19日 东丽经济技术开发区举行中国汽车技术研究中心新院区(研发基地)项目开工奠基仪式。副市长李文喜,原机械工业部部长何光远及国家有关部委、市有关部门负责人,区领导张有会、尚德来、秘长荣、弭尚华出席。

同日 东丽区举行天津滨海钢材城开业庆典仪式。副市长任学锋,区领导张有会、秘长荣、弭尚华及福建省周宁县政协主席周孔寿出席开业仪式。该市场投资6亿元,占地26.67公顷,建筑面积8万平方米,建商铺及交易厅600余套。

20日 东丽区政府与华侨城集团公司签约仪式在天津迎宾馆举行。区长尚德来与深圳华侨城房地产有限公司董事长陈剑签署合作框架协议。区委书记张有会出席签约仪式。该项目位于东丽湖温泉度假旅游区,总投资约50亿元,占地400公顷。

26日 三星(中国)投资有限公司与天津三联投资集团有限公司在喜来登酒店举行"强强携手共赢未来"签约仪式。双方就天津软件园——东丽园(项目名称矽谷港湾)达成合作意向,并签署框架合作协议。三星(中国)投资有限公司大中华区总裁朴根熙,三联投资集团公司董事长石明健,区委书记张有会、区长尚德来出席签约仪式。

27日 中共浙江省委常委、宁波市委书记巴音朝鲁率宁波市党政代表团,在市委常委、常务副市长杨栋梁陪同下到东丽区考察,观看华明示范镇建设沙盘,听取宅基地换房试点和基本建设情况介绍。区委书记张有会、区长尚德来陪同。

6月

13日 东丽区首批非物质文化遗产项目授牌暨民间艺术传承工程启动仪式在无瑕街道办事处举行。

14日 市委副书记、滨海新区管委会主任何立峰带领市有关部门负责人到东丽湖、华明示范镇和华明工业园区考察,参观园区规划沙盘和基础设施建设,对园区建设及招商引资工作提出要求。区委书记张有会,区委副书记、区长尚德来陪同。

15日 联合国人居署监测与研究司司长奥耶印卡(Oyeyinka)教授一行,就天津市申办"联合国人居署市长培训大学"项目到东丽区考察,就项目选址等具体问题进行沟通。全国市长培训中心主任王忠平,区委书记张有会、区长尚德来陪同并座谈。

16日 东丽区法院民二庭助理审判员刘涛在去沧州办案途中,不幸发生车祸,因公殉职。29日,天津市高级人民法院追授刘涛"优秀法官"、"优秀共产党员"荣誉称号,并追记一等功。

本月 由东丽区青联委员和全区团员青年捐资50万元建设的"天津东丽希望小学"在陕西省宁强县代家坝镇竣工投入使用。

7月

3日 中共中央政治局原常委、国家原副主席曾庆红一行30余人到华明示范镇考察宅基地换房工作。区委书记张有会陪同。

10日 市委书记张高丽、市长黄兴国带领市委理论学习中心组读书会成员对东丽区中国一重集团天津滨海制造基地项目、华明示范镇宅基地复垦设施农业园区、天津朗钜水上温泉欢乐谷项目和东丽湖华侨城项目进行联查,听取项目规划和进展情况汇报,并进行现场点评。区委书记张有会、区长尚德来陪同。

18日 东丽区成立万新产业园区管理委员会、新立产业园区管理委员会、么六桥产业园区管理委员会和金钟工业区管理委员会。天津市东丽区航空航天产业园区管理委员会更名为天津市东丽区航空产业区管理委员会。

8月

4日 东丽区傲绿神农科技有限公司的“傲绿”牌植物肥料、动物肥料，德凯化工有限公司的“DKCHDEK”牌染料，国威给排水设备制造有限公司的“KOVI”牌金属阀、金属水管阀，宽达水产食品有限公司的“宽达”牌水产品，华明集团公司的“华明”牌纸箱5件商标被认定为天津市著名商标。原双星香精香料有限公司的“春发”牌香精等7家企业的7件著名商标获得延续认定。

18日 东丽区与中国兵器工业集团在迎宾馆举行投资合作协议签约仪式。市委书记张高丽、市长黄兴国会见中国兵器工业集团公司总经理张国清一行。区委书记张有会、区长尚德来参加签约仪式。随后到东丽区北方工业878库新址、东丽湖和华明工业园参观考察。

同日 东丽航空产业区被列为天津市31个区县示范工业园区之一。

30日 全国浅层地热能和地热资源管理工作会议暨东丽湖“中国温泉之乡”授牌、揭碑仪式在东丽湖大酒店举行。东丽湖温泉度假旅游区通过中国矿业联合会验收评审，被正式命名为“中国温泉之乡”。国土资源部副部长汪民、副市长熊建平为东丽湖“中国温泉之乡”揭碑、授牌。区长尚德来讲话。

9月

5日 东丽区档案馆集中对馆藏档案进行鉴定，将满30年的档案分期分批进行审查，向社会开放符合规定的档案，包括东郊区革委会、新立村大公社两个全宗计204卷。至2009年底，先后向社会集中开放档案8批5583卷。

8日 加拿大本拿比市市长德里克一行19人到东丽区考察项目，与区政府签署缔结友好城市备忘录，与东丽经济技术开发区总公司签署战略伙伴合作协议，与三联集团签署软件园合作开发意向。副市长李文喜出席签约仪式，区领导张有会、尚德来、秘长荣、弭尚华陪同。

同日 全国流动人口计划生育工作会议在东丽区滨海圣光皇冠大酒店召开。副区长丁梅代表天津市作典型发言，介绍东丽区流动人口计生服务工作开展情况。

17日 津滨财智中心大厦开工建设。大厦占地0.61公顷，建筑面积2.88万平方米。

28－29日 庆祝建国60周年“祖国颂东丽情红歌巡演”启动仪式在金钟街举行。市委书记张高丽、市长黄兴国观看演出。

10月

1日 国家农业部重点项目“东丽区农业有害生物预警与控制区域站建设”和国家发改委重点项目“天津市东丽区农业技术推广中心珍稀食用菌液体菌种工厂化生产示范基地建设”项目开工建设。

9日 由国家广电总局、天津市委宣传部、市文化广播影视局、市文化产业协会主办，东丽区委、区政府、天津电影制片厂、天津市电影公司承办的“向祖国汇报”重点国产影片展映、展播活动启动仪式在华明示范镇中心广场举行。市委副书记、市长黄兴国，市委常委、市委宣传部部长肖怀远，副市长张俊芳出席启动仪式。区委书记张有会、区长尚德来陪同。

28日 天津通钢立业钢材加工配送中心和天津通钢立业大厦奠基仪式在军粮城工业园举行。副市长李文喜，区领导张有会、尚德来、秘长荣、弭尚华出席。该项目由吉林通钢国际贸易有限公司和天津立业钢铁贸易有限公司出资兴建，建筑面积约3万平方米，总投资2亿元。

30日 东丽湖·恒大国际温泉会议中心项目在东丽湖大酒店正式签约。东丽湖管委会负责人与恒大集团副总裁时守明签署项目合作协议。区委书记张有会，恒大集团董事局副主席李钢出席签约仪式。该项目净用地87公顷，用地性质为商业公建、住宅综合用地，建筑规模100万平方米，总投资75亿元。

同日 东丽开发区内增线开通305路公交车。

11月

9日 副市长任学锋带领市有关部门负责人到张贵庄街道办事处、詹安里社区联系点检查指导工作。听取东丽区委、张贵庄街道党工委和詹安里社区关于开展第三批学习实践科学发展观活动情况汇报。区委书记张有会、区长尚德来陪同。

10日 江泽民同志一行50余人在市委书记张高丽、市长黄兴国陪同下，到东丽区华明示范镇考察宅基地换房工作。听取区长尚德来关于华明示范镇建设情况汇报。

15日 东丽湖·恒大国际温泉会议中心项目举行开工奠基仪式。市长黄兴国在迎宾馆会见恒大集团董事局主席许家印、中铁建设集团公司董事长汪文忠一行。副市长李文喜、区委书记张有会参加。

18日 东丽区人民政府与南开大学全面合作框架协议签约仪式在东丽区会议中心举行。区长尚德来和南开大学校长饶子和签署合作框架协议。区委书记张有会出席。

19日 中共中央政治局委员、中央书记处书记、中宣部部长刘云山带领部分省市宣传部长和新闻单位负责人一行50余人，在市委书记张高丽，市委副书记、滨海新区工委书记何立峰，市委常委、市委宣传部部长肖怀远，市委常委、市委秘书长段春华陪同下，到东丽区华明示范镇考察。听取区委书记张有会关于华明示范镇建设情况介绍，参观建设沙盘。区委副书记、区长尚德来陪同。

21日 东丽区政府与四川海特集团在东丽湖大酒店签订华明工业园区、海特航空研发及产业化基地项目合作协议。副市长王治平，区委书记张有会、区长尚德来出席签约仪式。海特集团计划在华明工业园区投资建设航空研发总部和产业化基地项目，总投资6亿元，占地16公顷。

23日 万新街、华明街被市档案局授予天津市社会主义新农村建设档案工作示范街；万新街吴嘴村、南大桥村被授予天津市社会主义新农村建设档案工作示范村。

28日 国家发改委、科技部、财政部、税务总局和海关总署联合为获得“国家认定企业技术中心”的企业授牌。东丽区民营企业瑞普公司成为中国动物保健品行业第二家获此殊荣的企业。

12月

1日 东丽区凯华绝缘材料有限公司、斯特兰能源科技有限公司、川铁信号设备有限公司、华基工贸有限公司、宽达水产食品有限公司、格里森高精齿轮有限公司6家中小企业实施的技改项目被列入天津市工业中小企业技术改造项目。2009年新增中央预算内投资计划，获中央财政一次性投资补助1063万元。

3日 市委常委、市委教育工委书记苟利军，副市长张俊芳带领市有关部门负责人，到东丽区鉴开中学、丽泽小学、学校卫生保健所，检查甲型H1N1流感防控工作。听取副区长丁梅关于学校甲型流感防控工作汇报。区委书记张有会陪同。

8日 国务院副秘书长尤权率中央学习实践活动领导小组成员，在市委副书记、市长黄兴国，市委常委、市委组织部部长史莲喜陪同下，到学习实践科学发展观活动联系点华明示范镇调研。深入华明工业园区、华明博物馆、居民社区和农民家中了解有关情况，听取区委书记张有会关于东丽区学习实践科学发展观活动情况汇报。国务院应急办副主任王小岩出席调研。

10日 泰达西区生活配套区工程建设启动。项目占地7.6平方公里，功能定位为区域性产业配套居住中心和生活服务配套中心。市委副书记、滨海新区工委书记、管委会主任何立峰出席开工仪式。东丽区委书记张有会参加。

12日 上海运盛日月湾总部商务城项目签约仪式在东丽湖大酒店举行。区委书记张有会出席签约仪式。区委常委、常务副区长尚斌义和运盛集团董事长钱仁高签署协议。

19日 宜家家居和红星美凯龙项目开工庆典仪式在东丽开发区举行。市人大常委会副主任邢明军，副市长任学锋，区领导张有会、尚德来、秘长荣出席。月内，宜家家居项目完成注册2900万美元、红星美凯龙项目完成注册500万元人民币。

23日 国家科技部批准天津科丽泰科技企业孵化器有限公司为国家科技企业孵化器。是天津市第七家被科技部认定的综合型国家级孵化器公司。

24日 东丽区人民政府与

雨润天津国际食品全球采购中心签署综合性农副产品集散中心项目合作协议。该项目占地218.4公顷,总投资120亿元。

28日 中央纪委副书记李玉赋一行到东丽区参观考察华明示范镇,听取示范镇建设情况介绍。市纪委副书记、市监察局局长韩启祥,区委书记张有会、区长尚德来陪同。

29日 中共东丽区委九届八次全会在区委党校召开。区委书记张有会作题为“融入滨海 集聚优势 争当科学发展的排头兵”的重要讲话。区委副书记、区长尚德来主持。

(李淑健)

党务

领导班子和干部队伍建设 2009年,东丽区制定《加强和改进新形势下党的建设的实施意见》,下发《以改革创新精神进一步深化领导班子思想政治建设的意见》,全面部署处级领导班子思想政治建设三年规划和年度工作任务。对88个处级领导班子和385名处级干部年度考核,将考核向进修学校、职教中心、一百中学、东丽医院4个非政府机构处级单位延伸。3375名干部群众参加民主测评,与处、科级干部和基层单位负责人、一般干部3个层面1018人个别谈话。引进清华紫光考评软件,系统分析考评数据。组织416名在职处级以上干部开展集中报告个人有关事项工作。下派50名优秀年轻干部到街乡、园区和村任职、到区信访办轮岗,选派150余名干部到重点工程锻炼、选派100余名干部到培训班学习提高,初步形成来自基层和一线的干部培养链。

(李淑健)

新闻宣传工作 2009年,东丽区加强新闻宣传管理,规范宣传口径,建立新闻宣传研讨会制度。在宣传系统开展“保增长、渡难关、上水平记者下基层百日采访”活动,东丽广播电台、东丽电视台、今日东丽报和东丽网站播出、播放、刊发有关新闻报道456篇(条),在天津电视台、天津人民广播电台播放、播出新闻97篇(条),在人民网、新华网分别发稿105篇和112篇。在市级以上媒体刊发稿件1356篇,中央级媒体发稿110篇。配合新华社、人民日报等中央级媒体和天津电视台、天津日报等市级媒体正面采访62次200余人次。其中,成功接待50余名外国记者华明街元宵节采访团。接待中国商报、光明日报等媒体来信来访15起。在改革开放30年和“爱党爱国爱家乡”主题教育中,开展集中宣讲565场次,受众1.2万人次,回收群众意见建议反馈表1.01万份。

(李淑健)

纪检监察干部队伍建设 2009年,东丽区纪委开展深入学习实践科学发展观活动。征求88个基层单位、29名特邀监察员及非驻会纪委委员、26名党员干部提出的40余条意见建议,研究改进工作措施5条和加强领导班子自身建设措施4条。安排纪检监察干部参加中央纪委、市纪委举办的纪检监察干部业务培训班学习。以委托代训形式,对各街乡纪委及部委办局纪检监察案审人员进行3天集中培训,对考试合格人员颁发“执纪执法证”。区纪委接待群众反映党员干部违纪问题来信、来访、来电276件,区纪委主要领导、主管常委接待来访群众17批41人次。立案查处19件。给予党纪处理18人、免予党纪处理1人,其中开除党籍15人,留党察看1人、党内严重警告1人、撤销党内职务1人。

(孟学锋)

精神文明建设 2009年,东丽区文明办深入开展文明村(小区)“五个一”(一所村民学校,一个文体活动站,一个综合服务站,一个未成年人活动站,一个文明书屋)创建活动。金钟街徐庄村、无瑕街新五村被评为全国文明村,东丽区国税局、新立街办事处、么六桥乡流芳台村被评为全国精神文明创建先进单位,金钟街南何庄村被市文明委评为文明村镇标兵,河兴庄村、华明街第一至第五居委会被市文明委评为“五个一”创建先进单位。开展取缔“黑网吧”、净化网络、查处非法出版物、治理校园周边环境4项专项整治行动。招募义工监督员100余名,对网吧义务巡视。开展“快乐营地”主题实践活动，在文明义工志愿者综合服务站、金钟街徐庄村、华明街第四居委会等地建立5个“快乐营地”，寒暑假期间组织未成年人开展活动。为每个村(小区)“文明书角”赠送优秀图书100册，计1.6万册，组织开展“读好书、走好路、做好人”实践活动。与《作文报》联合开展“寻找美丽天津”征文活动，312篇作文获奖。

（孟学锋）

文明义工志愿者综合服务站揭牌运行 2009年2月28日，东丽区文明义工志愿者综合服务站揭牌仪式在东丽公园举行，标志着“义工+志愿者”的全新运行模式正式运行，被市文明办定为全市志愿服务新“试验田”。文明义工志愿者综合服务站内设文明书屋、爱心驿站、东丽红歌会、实践基地和综合服务队。千余名文明义工参与集中奉献日、清整日、红歌大家唱等活动；春节、清明节、盂兰节、寒衣节期间，上街对乱烧纸钱等不文明行为进行劝阻。爱心驿站举办“文明义工情系台湾同胞”、“爱心助学”募捐活动，募集善款8000余元，与10名贫困生结成帮扶对子。

（孟学锋）

政　务

圆满完成普查和各项抽样调查 2009年，东丽区统计局加大人口和劳动力调查力度，调查家庭3000户，人口万余人，完成调查任务。配合国家调查队开展组工干部形象问卷调查，完成23个机关和企事业单位150人问卷调查。对65家工业企业成本费用调查。抽取85家样本工业企业和10个个体工业村抽样调查。组织开展研究与试验发展(R&D)资源清查工作，完成农村居民人均收支调查。在东丽区第二次经济普查工作中，1200余名普查指导员和普查员，普查登记单位7874家，其中法人单位7613家、产业活动单位261个，规模以上单位6122家、规模以下单位1752家。

（李洪娜）

推进依法行政 2009年，区法制办制定《东丽区政府依法行政工作计划》和《关于进一步加强依法行政工作的意见》，调整充实区依法行政工作领导小组，形成依法行政领导小组、办公室、成员单位及各行政执法单位工作网络，确保依法行政工作有人抓，形成齐抓共管工作机制。按照市政府依法行政工作考核要求，梳理分类考核内容，明确26个责任单位，具体安排依法行政考核，绩效考评46个行政执法单位依法行政工作。依照国家法律法规严格审核，纠正执法单位报送处罚案件及各类法律文书。审核政府通告、强行拆除决定书等法律文书480余件。为重点工程和市20项民心工程建设等拆迁或违法建筑拆除提供法律服务，在泰达西区征地拆迁中，指导协调街乡及有关部门理顺和规范相关法律程序、拟定相关法律文书，确保市、区重点项目建设顺利进行。审核处罚案件25件，无败诉案件。

（李洪娜）

企业设立类联合审批正式启动 2009年2月18日，东丽区行政许可服务中心企业设立类联合审批启动运行。企业设立类联合审批实行“一窗统一接件，一表统一登记，部门并行办理，依次审批办结，分别发放证照”，全部操作流程均在网上进行，避免审批体外循环，做到同步操作，及时接件。申请人配齐材料5个工作日完成全部审批。1626个项目进入企业设立类联合审批办理流程，办理数量和办

东丽区文明义工志愿者综合服务站揭牌仪式

结率名列全市前列。

（李洪娜）

基层建设成果显著 2009年，东丽区政府第54次常务会议研究,同意撤销万新街道詹庄、潘庄、辛庄、冯口、杜庄、吴嘴、增兴窑、南大桥、南程林、北程林10个村。4月14日下达撤村批复。3月至7月，完成57个村委会、36个居委会第七届换届选举。10月,华明街被评为全国和谐社区建设示范街道。11月,成立华明街道第六居委会、丰年村街道丰和居委会。12月,东丽区通过市民政局对农村社区综合服务中心进行的考核验收。在天津市志愿服务联合会表彰先进活动中,区志愿服务协会下属分会丽兴京津钢铁贸易有限公司、建城地基础工程有限公司、军粮城街道东堼村委会、新立街道新兴村委会4个单位获得金奖，王金生、连良桂、李玉忠3人获金奖,梁素荣获银奖,王晓梅获铜奖。

（刘立焕）

政法

严打整治 2009年，公安东丽分局组织开展“0901”、打黑除恶、打击涉枪涉爆违法犯罪、打击盗窃自行车违法犯罪等专项行动,坚持打、防、管、控、建齐头并进，强化串案分析、专案侦办、专项指导。破获刑事案件1630起,破获“八类案件”382起，侦破命案22起,抓获逃犯442人,移送起诉刑事犯罪嫌疑人961人,打掉恶势力团伙7个,打处破案、打黑除恶、网上追逃三项指标考核全市第一，刑侦工作连续九年在全市排名第一。110接报警下降15.4%,刑事类警情下降8.2%,“两抢两盗”案件下降1.9%,命案下降26.7%。

（孟学锋）

诉讼监督 2009年,东丽区检察院加大立案监督和侦查监督力度,向公安机关发出不立案理由通知书13件，公安机关接通知后主动立案5件，追捕1人,追加罪名1件。加强审判监督,对6件12人在认定事实、适用法律和量刑方面存在问题的刑事判决提出抗诉。受理民事申诉案件31件，经审查向上级法院提请抗诉和建议抗诉10件。加强刑罚执行监督,重点纠正超期羁押、违法减刑、假释、保外就医等问题。为期一个月的严厉打击牢头狱霸专项行动,有力维护了监管秩序。

（孟学锋）

诉讼服务 2009年,东丽区法院成立调解速裁庭、诉裁庭、诉讼服务中心和联合调解室，落实司法亲民、便民、利民措施,发挥诉前调解、法律咨询、诉讼指导、判后答疑、信访接待诉讼服务功能，减少人民群众诉讼负担。“一中心、一室、一庭”接待当事人8543人,提供法律咨询2476人次，指导当事人立案及诉讼2662人次，收转诉讼材料8422人次，案件查询1452人次，向当事人判后法律释明2091人次，发放诉讼服务指导材料1.83万份，信访接待188人次;下社区提供法律服务66次，为社区调解委员会授课指导12次，非司法程序调解民间纠纷412件,司法程序调解结案169件。

（孟学锋）

法律服务 2009年，东丽区司法局加强律师行风建设，规范律师事务所管理制度。办理各类案件304件,其中刑事诉讼辩护案件56件，民事代理191件,非诉讼事务代理57件,咨询855件,代书320件。加强服务窗口建设，努力提高办证质量。办理国内民事类公证1415件,经济类公证128件,涉外类公证443件，公证服务业务逐年递增。在全国“五五”普法中期考核中，区司法局被评为全国普法先进集体。东丽公证处被授予全国公证行业最高奖项全国文明公证处荣誉称号。华明法律服务所被评为全国法律服务和法律援助工作为构建社会主义和谐社会服务先进集体。

（孟学锋）

人民团体

工会工作 2009年，东丽区总工会推进劳动关系协调机制建设。推动建立工资集体协商制度、女职工专项集体合同。建立集体协商集体合同制度企业占建立工会组织企业的85%，签订工资集体协议1066份，涵盖职工5万余人，其中国有及集体企业107家、非公企业945家、其他类型企业14家。签订女职工权益专项集体合同643家，覆盖职工1.32万人。新增工会法人797家，办理基层工会法人资格证901家。在2008年度劳动模范和模范集体评选中，东丽区有18人荣获天津市劳动模范称号，1个单位荣获天津市模范集体称号；张凤鳌荣获全国“五一”劳动奖章，34人荣获天津市“五一”劳动奖章，6个单位荣获天津市“五一”劳动奖状。落实退休劳模荣誉津贴和医疗保险待遇，组织46名劳动模范查体。帮扶、救助困难和患大病劳模及困难劳模子女助学救助56人次，投入资金2.9万元。为5名特困劳模办理免费查体，为8名困难劳模申请免费就医，为部分劳模办理免费入园证。建立2个培训基地，培训在岗职工9380人、转岗待岗职工300人、再就业职工500人、农民工900人。举办劳动法律专题讲座4期，受训1000人次，实行厂务公开和民主管理制度企业占建会建制企业90%以上。

（李淑健）

共青团工作 2009年2月19日，共青团东丽区委十一届三次全委（扩大）会议召开。举办第十届青年文化艺术节。开展东丽区“星级团组织”创建活动，评选出三星级团组织15个，四星级团组织15个，五星级团组织13个。开展特色品牌活动。继续推行志愿者注册制度，采取“走出去”方式，43个单位志愿者进行258个小时志愿服务。组织19个单位130余名青年志愿者开展“讲文明 树新风 促和谐”志愿服务进社区集中日活动。定期开展“为百位功臣献爱心”活动，各级团组织开展帮扶活动160余次，800余人次参与帮扶，送去慰问金、慰问品3.4万元。创建2009年度东丽区“青年文明号”单位5个，累计有全国及市、区级青年文明号45个。荣获全国希望工程20年杰出公益伙伴、全国残疾人工作示范城市志愿者助残先进集体、天津市青年志愿者工作优秀组织奖、天津市服务行业青年职工“百千万工程”优秀组织单位、天津市共青团组织工作先进单位等荣誉。实验小学郭煜坤荣获天津市第22届“津门童星”荣誉称号，津门小学刘景霞荣获天津市十佳少先队辅导员荣誉称号。

（李淑健）

妇女工作 2009年，东丽区妇联推进妇女儿童事业创新发展。区妇联再次荣获全国“巾帼文明岗”荣誉称号。在全市率先推进新经济组织、新社会组织妇联组织建设。建立民营企业妇代会30个。深化“阳光关爱”行动和单亲母亲救助活动。募集资金17万余元，对152名单亲母亲每人发放500元救助金和100元节日礼品。为陕西省宁强县捐助儿童毛衣、毛裤4000件，价值10余万元。举行百名单亲家庭特困学生救助仪式暨坚强孩子和坚强母亲表彰大会，对221名单亲特困家庭中小学生给予每人400元助学救助，对考取重点高中的5名学生给予每人1000元奖励，对考取大学本科的4名学生给予每人2000元奖励，对19名坚强孩子和9名坚强母亲进行表彰并给予每人400元奖励。为482名单亲特困母亲免费健康查体。继续推行“健康母亲行动”，组织2.5万名城乡妇女参与“女性安康保障计划”投保活动，投保金额110余万元，10名被保险人得到1万至6万元救助，120余人获得意外伤害赔偿。

（李淑健）

残疾人工作 2009年，东丽区残联加强残疾人服务体系建设。组织开展“无障碍进家庭”活动，为525户农村肢体残疾人家庭配备便椅，为8316名持证残疾人缴纳意外伤害保险，将残疾人康复工作纳入卫生进社区总体规划，为已建成的33个社区卫生站配备残疾人康复器材。建立残疾人康复档案和残疾人康复指导机制，形成与30个基层康复站密切衔接、互为补充的康复服务网络；组织开展康复进家庭活动，无偿发放轮椅260辆、助行车100辆。11月，东丽区被全国残疾人康复工作办公室评为全国白内障无障碍区。

（李淑健）

农　业

概况　2009年，东丽区农经委大力发展园区农业、设施农业、安全农业、高科技农业。以现代农业园区建设为载体，加快沿海都市型现代农业建设步伐。实施市级重点龙头企业提升改造工程，新发展农民专业合作社3个，进入农业产业化体系农户达82%，进入农业产业化体系农户人均增收1100元。开展农产品安全专项整治活动，提高农产品质量安全水平。加强无公害基地建设，推进农业标准化进程。落实各项重大疫病防控措施。全区农业保持稳定发展势头，种养业实现产值8.6亿元，粮经作物播种6482.9公顷，造林234.7公顷，农民人均纯收入1.28万元，比上年净增1239元。年内，完成7个村文明生态村创建，培训各类人才9125人。

（沈忠营）

现代农业园区建设　2009年，东丽区农经委推进天津滨海国际花卉科技园区、华明示范镇宅基地复垦设施农业园区建设，通过农业园区辐射带动作用，推动沿海都市型现代农业发展。天津滨海国际花卉科技园区投入资金4.2亿元，完成全部地上物拆迁赔偿及一期34.5公顷土地征转变性手续、土地平整和地下打探工作，垫土50万立方米，迁坟500余座，安装变压器3台，新打热水机井3眼，砌建围墙6000米，加工预制玻璃温室钢结构骨架30公顷，加工基础预埋件1万个，完成智能温室设计，并与美国密西根州立大学达成技术合作意向；华明示范镇复垦设施农业园区建设，投资1亿元，完成410栋二代日光节能温室建设，栽植作物307栋，完成水电路配套基础设施、景观绿化及环境治理14公顷。

（沈忠营）

华泰现代农业示范园区

农产品质量安全监管　2009年，东丽区农林局加大农产品（种植业）质量安全监管力度，推广无公害蔬菜生产技术，改善蔬菜农药残留检测条件。对蔬菜生产基地、农产品批发市场及农贸市场1200个蔬菜样品进行农药残留抽样检测，合格率100%。发放农产品质量安全宣传材料8980份，指导培训各类农技人员9场次486人，确保农产品质量安全。“3·15”国际消费者权益日期间，开展无公害农产品（种植业）标志市场专项检查活动，杜绝违规或不当用标现象。加强无公害养殖业监管，把源头监管作为工作重点，不定期对114家无公害畜禽产地认定单位、4家产品认证单位及2000公顷无公害水产养殖基地日常生产情况和各种记录进行检查，确保企业生产安全。抽检瘦肉精240批次，检验结果全部阴性，药残抽检150批次，全部达标；农业部、天津市和区相关部门对区内池塘、无公害水产基地、水产品市场开展多次检查，抽取样品96个，检

东丽大安无公害蔬菜基地

测320批次，抽检合格率99.4%，对不合格指标及时帮助养殖者采取补救措施，确保出池水产品质量安全。完成7家无公害畜禽产地认定换证。

（沈忠营）

水环境建设 2009年，东丽区水利局强化二级河道长效管理，初步形成区、街乡、村三级管理模式；加强宣传教育，有针对性地开展群众素质教育，组织入户集中宣传20余次；开展二级河道环境清整月活动，出动3596人次、挖掘机15部、车辆1788车次，清理垃圾4553立方米；定期开展义务劳动，组织义务劳动20余次；将二级河道治理作为长期工作来抓，清理垃圾3.6万立方米；完善二级河道管理制度，制定《二级河道巡查制度》和《二级河道保洁考核办法》；开展专项治理活动，对金钟河欢坨段5公里堤防垃圾集中清理整治，清理垃圾2.7万立方米。

（沈忠营）

工业交通业

概况 2009年，东丽区工经委强化为基层服务，化解企业困难，圆满完成各项工作任务。深入街乡指导帮助企业做好经济运行分析。加强5000万元以上重点项目跟踪服务。全区在建工业固定资产投资项目238项，完成工业固定资产投资91.5亿元，完成计划的104%。其中技改项目104项，投资33.5亿元。投资规模5000万元以上重大工业项目68项，增加18项，占全区工业投资项目28.6%；投资规模亿元以上项目40项，占全区工业投资项目16.8%。工业和商业地产开工面积79.1万平方米，竣工65.44万平方米。全区工业总产值780.3亿元，比上年增长34.5%，销售收入770.2亿元，增长35.1%，工业增加值122亿元，增长22.2%。区运管局加快产业结构升级，促进企业结构优化，鼓励传统运输业向现代物流业转变。帮助企业拓展经营模式，引导企业转变观念，利用现有资源发展多种经营，交通运输业取得长足进步。

（沈忠营）

争取扶持资金 2009年，东丽区工经委帮助企业解决经营难题，促进中小企业平稳健康发展，帮助指导企业用足用好国家、市、区有关扶持奖励政策，研究申报项目，争取各类扶持资金，对企业进行技术改造和科技研发，扩大生产加快发展，起到良好促进作用。帮助企业争取市级以上扶持奖励资金6415.35万元，位居全市区县首位。其中，技改扶持资金3140.35万元，园区建设资金3000万元，开拓市场资金110万元，科技创新资金105万元，节能资金60万元；争取区级扶持奖励资金4321万元，其中技改扶持资金3871万元、节能资金420万元、清洁生产资金30万元。全年争取各级扶持奖励资金1.07亿元。

（沈忠营）

实施“百小”工程 2009年，东丽区工经委以科室为单位深入企业375家，了解企业融资、技改、品牌、科技创新、节能、开拓市场等8个方面389项困难和问题，其中融资方面157件、技改81家、品牌52件、技术创新54件、开拓市场11项。部分企业反映的行政服务、环境改善、降低用工成本、资源综合利用等问题34件。协调街乡及区相关部门，落实解决问题353项。区财政出资6000万元，用于品牌战略、技术创新、教育培训、拓展市场、节能降耗、信息化、服务平台等综合项目支持，全年兑现扶持资金4321万元，其中技改43项，兑现扶持资金3871万元。

（沈忠营）

工业园区建设 2009年，东丽区工经委组织华明工业区、金钟工业区、军粮城工业区、东丽航空产业区申报区县示范园区。编制4个园区投融资平台方案，确定资金来源渠道、做强公司资本金的方法，测算起步区投资规模和资金平衡时间。华明工业区、航空产业区获批天津市区县示范工业园区，获得市财政3000万元发展建设资金支持。华明工业区规划面积7.33平方公里，起步区5.3平方公里；东丽航空产业区规划面积18.3平方公里，起步区4平方公里。7个乡镇工业区规划面积2868.47公

中汽研究中心新园区建设项目开工仪式

顷，累计开发面积 1962 公顷，基础设施投入 17.36 亿元。引进企业 227 家，占地 674 公顷，建筑面积 535 万平方米，总投资 284 亿元，其中投产企业 177 家，实现销售收入 66.67 亿元、利税 4.2 亿元。美国 ARION 集团太阳能电池及发电项目落户华明工业园，先行注册资本 1 亿美元。

（沈忠营）

引导企业科技创新 2009 年，东丽区工经委完成华明纸箱、德凯化工、傲绿化肥精、国威给排水、宽达水产等 5 家天津市著名商标申报认定，全区著名商标达 33 件，拥有中国名牌产品 2 件，天津市名牌产品 10 件，位居各区县前列。德凯化工、天铁信号、艾瑞斯 3 家企业被认定为市级企业技术中心，分获 10 万元资金支持，市级技术中心达 15 家。瑞普公司获国家企业技术中心认定，是东丽区民营企业中唯一获此殊荣的企业。有容蒂康公司的 XDSL 全色普数据传输电缆被列入天津市重点新产品项目，获 20 万元无偿资助。凯华绝缘、信通电路、宝江食品 3 家企业的郊区工业科技创新项目获 55 万元扶持资金。

（沈忠营）

发展交通运输业 2009 年，东丽区运管局鼓励传统运输业向现代物流业转变，企业规模化水平不断提高。全区交通运输企业 1309 家，其中拥有车辆 50 部以上的 18 家，比上年增加 2 家；20 部至 50 部的 37 家，增加 5 家；20 部以下 1254 家，增加 255 家。拥有 GPS 系统企业 29 家 890 部车，增加 5 家 296 部车。帮助企业拓展经营模式，转变观念，发展多种经营。瑞鑫海贸易有限公司为拓展与钢管公司配套加工企业合作，由单一从事矿石储存转向从事外贸出口经营，拓展库场租赁加工项目，完成库区地坪硬化改造 9000 平方米。东铁储运货场对场区铁路道线 3 万平方米下线区域改进修缮，拓展企业经营项目。加快农村客运发展。根据农村整体还迁规划，完善《东丽区客运公交化发展规划》。加强客运企业政策扶持，发放农村客运车辆燃油补贴款 14.06 万元。全区拥有区域客运车辆 36 部，街乡汽车站点 200 个、区内客运线路 8 条，通车线路 211 公里，村通车率 85% 以上，街乡客车通车率 100%。新开通 818 路华明街至市区，663 路东丽湖至市区，815 路泰达西区至市区 3 条公交线路，新增公交车 24 辆。

（沈忠营）

商贸旅游服务业

重点项目建设 2009 年，东丽区商委根据项目在谈、签约、开工等不同阶段，开展有针对性的服务工作，确保项目落实。全区生产性服务业续建、新建项目 33 个，总投资 183.8 亿元，占地 323.33 公顷，建筑面积 391 万平方米，完成投资 25 亿元。其中续建项目 9 个，投资 42.8 亿元，占地 139.33 公顷，建筑面积 116 万平方米，完成投资 10.6 亿元。新建项目 24 个，投资 141 亿元，占地 184 公顷，建筑面积 275 万平方米，完成投资 14.4 亿元。滨海临空产业园、星港国际嘉华经济总部、软件园、水产品冷藏加工物流基地、滨海国际新干线、华纳景湖花园、新世嘉大厦、澳洲风尚园、红星美凯龙、宜家家居、大韩航空、东丽湖温泉会议中心 12 个项目列为区县第一、二、三、四批重点项目，总投资 109.6 亿元，占地 209.07 公顷，建筑面积 252 万平方米。

（沈忠营）

行业管理 2009 年，东丽区

商委强化行政审批效能，开辟成品油、煤炭、拍卖、典当、再生资源、直销等行业管理初审、备案和年检绿色通道，推行上门服务和跟踪服务，实行专人专件办理，50%审批项目当天办结，其余项目在规定办理时限基础上缩减2/3；加强定点屠宰厂管理，加大私屠滥宰、注水等违法行为打击力度，规范定点屠宰厂生产行为，私屠滥宰得到有效遏制；加大成品油、煤炭、再生资源市场管理力度，对7家成品油批发企业、5家成品油仓储企业、38家成品油零售企业实地检查，办理年检手续，规范煤炭行业市场秩序和煤炭企业经营行为，对62家煤炭经营企业进行检查和年检，开展煤炭经营市场清理整顿工作。加强再生资源回收市场管理，清除无照经营户23家、备案数量达97家；酒类流通领域备案管理48家。

（沈忠营）

服务“三农” 2009年，东丽区供销社做好农业生产资料采购供应和农资销售网络建设。建成35个农资直营店，形成遍布全区的农业生产资料服务网络。开展农业科普知识宣传活动，邀请北京农科院和区农林部门技术人员为棉农现场讲解种棉知识，200余人参加培训，提高棉农种棉管理水平。帮助生产资料门店培训农药技术人员30余人，取得农药资格上岗证书。健全生产资料进货、销售、质量保证制度，确保农民利益不受损害，避免坑农害农事件发生。全年农资总销售额1145万元，其中销售化肥1591吨、农膜760吨。

（沈忠营）

外贸出口 2009年，东丽区有出口业务企业455家，外贸出口额16.08亿美元，比上年下降56.82%。其中，内资企业216家，出口总额8.29亿美元，下降68.24%；外资企业239家，出口总额7.79亿美元，下降29.06%。出口额1000万美元以上企业18家，其中位列前三名的区属企业为富士达自行车有限公司、成湖实业有限公司、得英特电子有限公司。4家列入天津市出口前100名的区属企业为天津钢管国际经济贸易有限公司、天津钢铁有限公司、富士达自行车有限公司、得英特电子有限公司，出口总额8.83亿美元，占东丽区外贸出口总额的54.91%。外贸出口产品以钢材、电子产品、机电产品、机械设备为主，出口遍及亚、非、欧、美等10余个国家和地区。

（沈忠营）

招商引资 2009年，东丽区引进内资项目327个，完成内资189亿元，比上年增长45.27%，其中，市外引入94亿元，增长29.12%。利用外资4.57亿美元，增长21.87%。洽谈项目110个，其中，在谈项目59个，投资总额506.07亿元，投资亿元以上项目43个，占在谈项目的72.88%；储备项目51个，投资总额320.97亿元，投资亿元以上项目27个，占储备项目的52.94%。实现签约项目40个，投资总额520.11亿元，投资亿元以上项目34个，占签约项目的85%；落户项目27个，投资总额227.12亿元，投资亿元以上项目21个，占落户项目的77.78%。

（沈忠营）

东丽湖旅游开发 2009年，东丽湖管委会完成《东丽湖地区控制性详细规划》。完成丽湖开挖建设，开挖土方430万立方米，填垫土方284公顷。完成丽湖景观配套工程，修筑5米环岛路6408米，完成绿化46.56万平方米；蓄水500万立方米，水位达2.30米设计高程。启动东湖除险加固暨浚深改造工程，累计放水670万立方米，拆除护坡约

东丽湖·恒大国际温泉会议中心项目开工仪式举行

7000米、砌体1.79万立方米，向西区移植树木4200余株。建成万科室外体育运动休闲公园。6月，东丽湖大酒店开业成为东丽湖区域会议、度假新亮点。与深圳华侨城集团和恒大集团签订项目合作协议。华侨城项目占地约402公顷，计划投资80亿元，打造大型综合文化旅游主题城区。东丽湖恒大国际温泉会议中心项目占地约87公顷，总投资约100亿元，公建区11月15日举行开工奠基仪式。年内，东丽湖接待游客21.1万人次，比上年增长37.58%，实现旅游收入2659万元，增长35.46%。

（李淑健）

开发区建设

概况 东丽经济技术开发区位于津塘公路沿线，处在东丽区中心位置。北至京山铁路，南至海河，西至疏港公路四号桥，东至疏港公路，规划面积7.21平方公里。已建成基础设施完善的经济区。自1992年6月成立以来，吸引日本、韩国、美国、加拿大等20个国家和地区的150家企业投资建厂。10多年来，众多入驻园区企业都获得良好经济效益，经营规模不断扩大，纷纷增资扩建。2009年，东丽经济技术开发区有企业160余家，完成销售收入171.82亿元，比上年增长8.22%，完成任务指标的70.00%；三级财政收入7.38亿元，比上年减少0.24%；生产总值31.30亿元，增长8.15%；实际利用外资1.07亿美元，增长6.80%；实际利用内资22亿元，增长47%；固定资产投入21.08亿元，增长79.51%，其中工业技改投入5.83亿元，增长1.39%；招商引税510万元。安排就业5458人。

（李淑健）

基础设施建设 2009年，东丽经济技术开发区投资4800余万元，完成日处理3000吨的污水处理厂主体建设，完成四纬路西河桥路段建设、四纬路段400延米道路建设，铺装人行便道；完成二线部分违章建筑拆除及沿线重点建筑立面装修；完成丽新路与津塘二线贯通；完成4个路口绿化节点16处，对三经路、四纬路沿线绿化景观提升，补植苗木1.5万株；迁移三经路及防疫站绿化节点苗木3500株，绿化面积36万平方米；更换LED节能灯214盏；完成1100米采暖管路铺设。

（李淑健）

土地整合 2009年，东丽经济技术开发区提高土地利用率，对区域统一规划，收购土地77.2公顷，用于招商引资和项目建设。一次性征收津南区邢庄村土地37.54公顷，确保市重点项目用地；收购原家世界13.67公顷土地，由阳光置业投资摘牌，新建9万平方米商业和13万平方米住宅；收购整合新立街东扬场村178户土地22.33公顷；收购原五星物产土地0.67公顷，建设财智中心楼宇项目，完成桩基面积3091.41平方米；收购泡沫塑料有限公司土地2.31公顷，作为项目孵化器对外招商；收购新立服装厂0.68公顷土地。

（李淑健）

居委会建设 2009年，东丽经济技术开发区对区域治安管辖范围统一调整，为驻区企业提供安全保障。将区域管辖范围由开发区派出所和新立街派出所共同管辖调整为由开发区派出所统一管辖。香港花园、隆达公寓、天合家园、东园花园等多个住宅小区形成10余万平方米建筑规模，居住5000余人。住宅面积日益扩大，开发区管委会与区民政局、丰年村街协商成立东丽开发区居民委员会。

（李淑健）

城乡建设与管理

概况 2009年，东丽区建委从群众关心的问题入手，抓好建筑市场依法行政管理、基础设施改造提升和市政园林绿化设施养护管理及村民还迁房、市区重点工程建设等工作，完成泰达西区综合生活配套服务区（一期）项目，张贵庄、程林庄、丰年村等城区部分道路、排水设施改造工程，环内集中供热小锅炉设施改造并网工程，津汉公路丽水公园和天津地铁2号线工程等各项工作任务。

（孟学锋）

京津高速东丽湖站开通

市区重点工程建设 2009年，东丽区建委实施天津地铁2号线工程协调工作，确保东丽段全线开工。完成津京城际高铁、京秦客运专线工程涉及的拆迁公建设施13.61万平方米、104户民宅1.6万平方米测量拆迁工作。京津高速东丽湖站开通。完成津宁高速公路（东丽区段）6公里征地拆迁。协调完成北排污河和小王庄排污河改造工程。完成东丽湖连接线工程。实施津塘二线和金钟路两条道路拓宽改造工程。

（孟学锋）

泰达西区还迁工程 2009年，东丽区建委组织完成泰达西区综合生活配套服务区（一期）项目。泰达西区综合生活配套服务区(一期)125栋农民还迁住宅楼、学校、幼儿园、卫生院、公园、广场及商业设施全部竣工，建筑面积52万平方米。完成两条规划路和休闲区和顺园工程建设，泰达西区生活服务区总绿化面积17万平方米，平均绿化率40%以上。

（孟学锋）

市容环境改造提升 2009年，东丽区市容委对中心城区市容环境进行改造。规范牌匾412块4740平方米，拆除牌匾266块6280平方米，清拆违章棚亭99个1920平方米，治理违法占路、马路餐桌、里空外卖等违章行为9074处，覆盖、清除非法小广告1.3万处。对金钟路、津塘二线拓宽改造涉及拆迁的广告牌匾进行拆除。拆除金钟路单立柱三面广告牌匾1块，拆除津塘二线广告牌匾10块，其中大型广告牌匾7块、指示牌3块，拆除面积2106平方米，出动23人、大型吊车4台、拖车2台、执法车辆3部、气焊6套。

（孟学锋）

违法建设治理 2009年，东丽区综合执法局加强区域执行巡查，日巡查率100%。完成泰达西区、津汉公路、金钟路、津塘二线等重大违法建筑治理拆除任务，拆除违法建设22.5万平方米，其中区级违法建设14.2万平方米、各街乡违法建设8.3万平方米；推行和谐拆违，实现相对人自行拆除7.8万平方米，占总拆违量的34.7%。治理主干道路45条，规范违法占路、流动摊贩、露天烧烤等违章行为1.1万处；清理不合格灯箱、布标3391处，覆盖、清除非法小广告2.3万处，清除废旧电线杆84棵。完成街乡31个重点治理点位、泰达西区军粮城街还迁房高压电线切改塔基建设、东丽湖西湖重点工程、地铁2号线房屋拆迁、蓟港铁路建设、津塘二线道路提升改造、金钟路道路提升改造、重大参观活动等执法保障任务184项，治理盗挖黄土14次，查扣涉嫌车辆86辆、挖掘机械17台。

（孟学锋）

环境保护

概况 2009年，东丽区环保局以污染减排为重点，监管与服务并举，依法行政与强化治理并重，扎实开展生态区创建活动。推进环保专项整治，完善服务举措，提高建设项目环评审批效能，超额完成污染物总量削减任务。巩固“创模”成果，城区环境质量明显改善，公众环保意识普遍增强。受理群众信访142件，处理率、回复率、结案率均达100%。

（孟学锋）

完成污染物总量削减任务 2009年，东丽区环保局坚持多措并举，推进减排工作。严格把关，优化结构，对违反产业政策和“两高一资”(高耗能、高污染和资源性）的项目坚决不予审批。坚持减排推动例会制度，及时通报减排工作进展，加大督办力度，推进减排工程和项目落实。完成天津钢管公司4台锅炉脱硫改造、军粮城电厂发电机组脱硫改造等15个重点治理及改造项目。建立减排项目管理实名制、现场巡回检查和定期询问督办制度，确保项目按工程进度实施，提高项目管理水平。倡导循环经济，推行清洁生产审核。全年削减化学需氧量1217吨，削减二氧化硫9709.38吨。

（孟学锋）

推进生态区建设 2009年，东丽区环保局发挥生态职能作用，推动生态区重点指标落实，将各项创建指标任务、重点工程分解落实到成员单位。组织23家生态区创建成员单位签订《东丽区生态区建设行动计划目标责任书》。重新整理归纳生态区创建重点工程项目信息，建立动态项目信息库，掌握项目建设进度。跟踪督促创建单位指标任务落实情况，对存在的难点问题及时汇报，编写推进生态区建设工作会议落实情况报告，为领导决策提供依据。

（孟学锋）

环境综合整治 2009年，东丽区环保局对国控点周边施工工地、中心城区物料堆场、废品收购点等重点扬尘污染源开展集中清查行动，控制扬尘污染，改善中心城区空气质量。全区二级良好达标天数277天，达标率78%。开展农村环境综合整治，完成万新街潘庄、詹庄等12个村队垃圾处理设施建设，申报中央农村环境综合整治专项资金126万元，解决农村突出环境问题。对农村、产业园区、小城镇集中居住区、畜禽养殖业等污水排放状况专题调研。分析水污染现状原因，提出治理措施及建议，编制完成《东丽区区域地表水治理方案》。加大环保宣传力度，扩大绿色系列创建活动覆盖面。创建绿色学校4所、安静居住小区2个。在东丽在线、滨海高新网、新华网等媒体发布环保工作动态信息稿件101篇，信息交流276条次，电视新闻、专题报道18篇，专题访谈2次。

（孟学锋）

创新环保服务机制 2009年，东丽区环保局提高环保审批效能。简化环保审批程序，提高审批效率，制定服务经济发展八项措施。推行行政审批中心首席代表负责制。对重大项目开辟环评审批绿色通道。在全市环保系统首创按行业分类审批模版，将《环境影响评价报告书》审批时限由法定时限60天压缩到3个工作日，《报告表》、《登记表》24小时内办结。建立定期下基层服务指导长效机制，对重点企业实行环保联络员制度，采取现场办公、调研走访、跟踪指导等多种形式，对企业的环保诉求制定相应具体帮扶措施。全年走访企业、乡镇产业园区172家次，帮助企业解决实际问题。争取环保治理资金465万元，为富士达、科莱恩、春发食品配料公司等污水深度治理工程进行技术指导。

（孟学锋）

经济管理

改善纳税环境 2009年，东丽区地税局完善政务公开制度，统一规范政务公开内容，自觉接受社会监督。实行科（所）长每天轮流值班接待纳税人咨询制度，每月5日局长接待日制度。规范办税服务厅外部标识、功能区域、窗口设置、岗位标牌，科学划分办税服务区、导税服务区、纳税人休息区，配置办税公开栏、自助电脑、叫号机、饮水机等设施，为纳税人营造便捷、舒适的办税服务环境。推行一窗式服务、一站式服务、预约服务、全程服务、限时服务、延时服务、提醒服务和上门服务，提高了办税效率。开通“12366”远端坐席，提升纳税服务水平。累计举办税收政策、业务培训班13期，培训纳税人1386人次，深入企业帮助解决涉税问题682件。

（沈忠营）

企业总量增加 2009年，工商东丽分局按照“非禁即入，非禁即可”原则，促进企业总量增加。全区各类市场主体总量保持快速增长，内资企业和个体工商户注册总量均突破万户，累计内资企业1.06万户，个体工商户1.32万户，新设立企业总量名列全市第三，新四区第一。新增内资企业1797户,注册资本75.41亿元,比上年分别增长21%、45.3%;新增个体工商户2460户;新增外资企业13户,注册资本4704万美元,累计外资企业440户,注册资本总额15.6亿美元。至年底,全区注册资本1000万元至5000万元企业591户,5000万元至1亿元企业80户,亿元以上企业64户。

(沈忠营)

价格公共服务 2009年,东丽区物价局推进"价格服务进万家"活动,制定工作方案及配套价格服务进社区、进农村、进医院、进学校、进企业、进景区、进商场活动实施办法,按照职责分工,开展价格服务活动。5月22日,在新立花园广场召开东丽区价格服务进农村活动启动仪式现场会,在14个村队设立价格服务宣传橱窗、价格举报意见箱,聘请价格义务监督员,制定工作制度和工作职责,建立咨询服务登记表与工作台账,构建起价格部门服务农家平台,形成有分工、有合作、齐抓共管的价格服务工作格局。

(沈忠营)

产品质量监督管理 2009年,东丽区质监局根据国家质监总局对重点产品开展专项整治工作部署,组织开展家具和室内装饰装修材料质量安全专项治理工作,3次监督抽查109家企业112批次产品,合格率91.96%。实施长效监管,79家生产企业建立档案。继续开展纤维制品、人造板、装饰材料3类重点产品专项整治,燃油助力车、计生药械市场专项整治和治理车辆非法超载超限行动。对98家强制性认证企业、198家工业产品生产许可证企业、17家食品农产品认证企业综合监督管理,建立完善质量档案和巡查、年审制度。巡查强制性认证企业98家,监督检查生产许可证企业40家,监督检查食品农产品认证证书118张。对生产香精香料、食品包装材料等13类产品的391家企业391批次产品定期监督检验。对151家食品生产企业158批次产品专项监督抽查。

(沈忠营)

财政审计管理 2009年,东丽区审计局以"三农"、新型农村合作医疗、社会保障和城镇基础建设资金为重点,加强支出审计,延伸审计29个单位,反映出预算部门间人均经费支出水平差距较大、政府采购中心结余财政资金未及时上缴国库等问题,研究制定解决办法。按照全面审计,突出重点原则,安排区教育局、卫生局等12个单位审计,延伸审计10个单位,重点关注教育、医疗等专项资金管理使用情况。推动深化预算改革和完善相关制度,做到部门预算执行审计与财政预算执行审计相结合,有效揭示资金使用过程中真实、合法、效益方面存在的问题,促进漏交税金、预算外资金未上缴财政专户、违规集资等问题得到整改,及时纠正管理不规范资金524万元,违规资金足额上缴207万元。

(沈忠营)

科 技

国家科技企业孵化器 2009年12月,天津科丽泰科技企业孵化器有限公司被科技部认定为国家科技企业孵化器。该孵化器占地1.45公顷,新招驻天津全倍电机有限公司等20家企业,新增注册资金1亿元;至年底,入孵企业申报科技计划项目累计45项,累计获无偿资金支持1555万元。

(李洪娜)

组织实施科技项目 2009年,东丽区科委组织申报市级以上科技计划项目127项,其中国家级39项。市级以上科技计划立项51项,其中国家级立项19项。获市级以上无偿资金支持2525万元,其中国家级无偿资金支持990万元。东丽区智能温室高档花卉技术开发及产业化等3个项目列入天津市第三批20项自主创新产业化重大项目。天津斯特兰能源科技有限公司锂离子动力电池正极材料磷酸铁锂开发及产业化、大顺园林集团有限公司智能温室高档花卉技术开发及产业化列入市长基金项目。东丽医院霍乱弧菌快速检测试纸条的研制首次列入天津市自然科学基金计划。赛瑞机器设备有限公司获天津市"十一五”制造业信息化示范企业称号。国威给排水设备制造有限公司自控阀产品列入天津市首批自主创新产品。全区区级计划项目86项。其中,智特安达科技有限公司等42家企业获东丽区科技创新专项资金帮扶专项立项,铁路信号工厂等44家企事业单位获东丽区科技创新专项资金群体发展专项立项。

（李洪娜）

科普宣传 2009年,在天津市第24届青少年科技创新大赛中,东丽区69项作品获奖,其中3件作品被推荐参加全国比赛。5所学校被评为市级科学素质教育先进校,5名教师被评为优秀科技辅导员,2人被评为科技活动优秀组织者。东丽区育才中学以全市总分第一被中国科协评为全国科普教育基地。全年制作科普展牌200块,东丽电视台播放《科普大篷车》52期,《今日东丽报》开辟科普专栏。完成东丽区第五届科普奖评审工作,评出一等奖3项、二等奖13项、三等奖10项。东丽区科协被全国青少年科技活动领导小组评为全国青少年科技创新大赛基层赛事优秀组织单位,被市科普联席会评为2008－2009年度科普工作先进集体,被市科技活动周组委会评为第23届科技活动周优秀组织单位。

（李洪娜）

知识产权管理 2009年,东丽区申请专利1182件,居全市18个区县第三位。组织培训5次,参训273人。17家企业被认定为市级专利试点企业,8家企业被认定为区级专利试点企业。天津铁路信号工厂等10家企业完成知识产权战略研究计划项目。瑞普生物技术股份有限公司的用于治疗肉鸡腹水症的复方药物获天津市优秀专利奖,为东丽区首次获该奖项。

（李洪娜）

教　育

素质教育 2009年,东丽区教育局实施东丽学子道德实践工程,从抓学生基本规范入手,开展“三礼四同行”(礼貌、礼仪、礼节;与爱同行、与礼同行、与诚同行、与美同行)教育。第七届全国中小学思想道德建设优秀成果展评活动中荣获先进集体。开展校园艺术节活动,80个节目分获市一、二、三等奖。开展学生合唱节活动,在天津市示范专场比赛中获一、二等奖。开展第23届科技周活动,被评为东丽区科技周活动先进组织单位。天津市科技创新大赛获奖作品数量居全市第一。全国创新大赛获2个三等奖,并获全国优秀组织单位称号。

（李洪娜）

义务教育现代化标准建设 2009年,天津市实施义务教育学校现代化建设标准工作全面启动,东丽区教育局抓住达标契机,全面摸底调研义务教育学校,确立到2010年底,所有保留义务教育的学校将全部达到义务教育学校现代化建设标准要求,确保提前两年在全市率先完成达标任务。区政府投资3980万元完善学校硬件和软件建设。第一批26所学校通过达标验收,达标学校数量列全市各区县第三,达标度列全市第五。

（李洪娜）

特色创建活动 2009年,东丽区各学校发挥自身优势,深入挖掘特色,开展各种类型创建活动,“三创建”(创建优质教育资源学校、特色学校、现代学校制度试点学校)、“四满意”(让教师满意、让学生满意、让家长满意、让社会满意)、“五型校园”(规范型校园、书香型校园、安全型校园、健康型校园、研究型校园)创建工作取得新成绩,53个申报项目得到命名。育才中学发挥科普教育优势,组织全区中小学生开展科普教育活动,并以99分的成绩通过全国科普教育基地验收。电教中心积极探讨信息网络建设和现代教育技术培训。东丽区被教育部确定为全国百区县创新教师培训区。鉴开中学被命名为心理教育百校工程科研基地、中国师德建设示范单位。第二幼儿园被评为中国食品安全年会食品安全示范单位。小东庄中学被评为天津教育十大特色学校。

（李洪娜）

教育基础设施建设 2009年,东丽区教育局学校基础设施建设步伐加快,学校布局调整更趋规范合理。全国示范性职业学校东丽区职业教育中心学校,8个单体工程基础设施建设全部启动。配合义务教育学校现代化建设标准达标工作,完成民族中学、新立小学、四合庄小学、泥沃小学、工业区小学、欢坨小学6所学校校舍抗震加固和东丽一幼、东丽中学功能提升工程。明强特殊教育学校建成投入使用,华明第二幼儿园开园,民生小学、民生幼儿园全面建成,全区各类学校结构布局更加合理。

(李洪娜)

文　化

文化活动　2009年,东丽区文化局组织第八届文化艺术节。举办消夏专场文艺演出、书法、绘画、摄影、民间手工艺作品展及文化交流等活动。举办庆祝新中国成立60周年三大主题四次大型活动,三大主题为:“祖国颂东丽情”庆祝新中国成立60周年爱国歌曲演唱会;“激情滨海魅力东丽”大型书法、绘画、摄影、民间手工艺品展;“祝福祖国喝彩东丽”群众歌咏大会。四次大型活动分别为:9月8日晚,在东丽广场举办爱国歌曲演唱会启动仪式及文艺演出;9月26日至30日,在丽泽小学体育馆举办大型书法、绘画、摄影、民间手工艺品展;9月28日,在天津财经大学体育馆举办群众歌咏大会;9月29日,在无瑕街银河广场举办爱国歌曲巡演,到现场观看演出和展览群众5万余人。深入街乡、机关、企业举办各类演出活动近20场(次),承办天津市第七届滨海艺术节书法、绘画、摄影及民间手工艺品展,参加各类活动20余万人次。

(刘立焕)

文化遗产保护　2009年,东丽区文化局完成全国第三次文物普查;公布区级首批非物质文化遗产(以下简称非遗)24项,6个项目列入市级非遗保护名录;举办非遗项目展演展示活动,启动民间艺术传承进校园工程,将剪纸列入中小学校本课程进行开发传承;以民间艺术为基础,发展文化产业,打造特色文化品牌。东丽区列入市级民间文学艺术之乡,大郑、吴咀、大杨3个村列入天津市民间文化特色村。

(刘立焕)

文学创作　2009年,东丽区文化局举办天津市第18届“文化杯”全国孙犁散文奖颁奖会及第二届东丽湖全国群众文学创作论坛。20多个省、自治区、直辖市、计划单列市的文学爱好者及台湾同胞、海外华人参与,评出获奖作品115篇(部),其中东丽散文大奖1名,湖北武汉的任蒙凭借《任蒙散文选》获得;增设新人新作奖,天津两位不满20岁的年轻作者燕敏和方唱凭借《茜窗小札》和《走停停》获得新人新作奖;来自台湾的张香华女士以《女人,你叫什么名字》获特别奖。编辑出版《揭开人生的窗帘》——天津市第17届“文化杯”全国梁斌小说奖获奖作品集;《文随月舞》——天津市第18届“文化杯”全国孙犁散文奖获奖作品集;《春华秋实》——东丽区文联文艺创作荟萃,改版《群众作家》并出刊4期,文学爱好者出版文学专著10余部,文艺工作者创作文艺节目10余种(个)。

(刘立焕)

公共文化设施建设　2009年,东丽区图书馆完成国家一级图书馆评估。东丽区荣获全国文化信息资源共享工程先进区荣誉称号。实施农家书屋工程:完成25家农家书屋所需用房、书柜及30种期刊、图书配套建设,完成10家书屋硬件设施建设。做好2010年农家书屋、村居文化室建设的前期调研工作。对农家书屋管理人员进行系统培训和指导,4.8万册图书向群众免费借阅。

(刘立焕)

广播电视　2009年,东丽区广播电视局打造广播、电视、网站“三位一体”媒体平台。广播电台制作新闻3080分钟,自制专题节目4400分钟,播出综艺节目1.19万分钟。电视台制作播出《东丽新闻》305期,《区县新闻》61期,《创业故事》11期,《农事之窗》14期,《法制经纬》27期,《华明大舞台》20期。“东丽在线”在人民网发稿496件,在新华网·天津视窗发稿519件。首次使用广播移动直播车进行现场直播，实现东丽广播发展史新跨越。在“保增长、渡难关、上水平”宣传报道中，开展记者下基层百日采访活动，播放新闻报道378篇(条)，天津电视台发稿19篇，天津人民广播电台发稿110篇，实现百分之百上稿率。全年新增宽带网用户7652户，宽带网用户累计3.36万户。区广电中心工程全面启动，10月26日现场桩基工程开槽，12月30日基础工程开工。完成市防范办和市文化广播影视局举行的防无线非法信号插播演练。年内，区广电局荣获全国百家县级广播电视系统先进单位称号。获天津市广播电视系统国庆60周年广播电视安全播出保障工作先进单位。在2008年度天津市新闻学会节目评比中，区广电局22件广播电视作品获奖，其中一等奖5件、二等奖9件、三等奖8件。

(刘立焕)

卫 生

概况 2009年，东丽区卫生局实施基础设施建设，发展社区卫生服务，落实公共卫生服务职能，有效应对甲型H1N1流感疫情。深入开展治理商业贿赂活动，逐级签订《医德医风责任书》。全年各医疗单位完成门急诊72.17万人次，比上年增长20.13%。622张开放病床使用率40.3%，上升9.4个百分点，平均病床周转14.7次，上升2.4次。医疗卫生总收入2.39亿元，增长33.42%。无重大公共卫生突发事件发生，婴儿死亡率3.39‰，孕产妇死亡率为零，人口平均期望寿命79.61岁，男性77.32岁，女性81.99岁。

(孟学锋)

卫生基础设施建设 2007年3月，东丽区疾病控制中心和卫生监督所综合楼建设项目动工，2009年6月30日，项目正式启用，并开展公共卫生咨询活动。该项目坐落东丽开发区一经路15号，是集办公、疾病预防、卫生监督、应急指挥、业务培训等功能于一体的综合性大楼。占地1.27公顷，建筑面积4922平方米。其中实验室用房2018平方米，行政用房394平方米，保障用房1034平方米，业务工作用房1476平方米。实验室建设达标，成为全市首家达到《天津市区县疾病预防控制机构能力建设实施方案(2009-2011年)》要求的区级疾控中心。9月，东丽医院住院大楼投入使用。新住院大楼内设层流净化手术间、气动物流传输系统、中心供氧、中心负压、中央空调设备、6部快速电梯和安全保卫系统，设立特需病床34张，购置大批先进诊疗设备。10月9日，新立街社区卫生服务中心修缮完成。年内，完成7个标准化社区卫生服务站和4个规范化村卫生所建设，标准化社区卫生服务站累计30个，规范化村卫生所45个。

(孟学锋)

社区卫生服务 2009年，东丽区卫生局开展18项社区卫生服务项目和基本医疗服务。为4.26万名60岁以上老年人、残疾人、低保、五保人员，免费进行高血压、糖尿病等项目筛查，建立健康档案。60岁以上老年人筛查率95.28%，高血压确诊检出率46.42%，筛查新发现高血压占已确诊的24.95%；糖尿病确诊检出率12.18%，筛查新发现糖尿病占已确诊的35.03%。为1.8万名高血压患者、4733名糖尿病患者进行随访管理，系统管理率分别为94.32%和95.80%，居民满意率98.53%。与区残联配合，在全市率先实现康复进社区。完善健康教育组织体系和工作架构，以健康处方、饮食干预、健康讲座、健康宣传为

东丽区疾病预防控制中心、卫生监督所新址启用暨公共卫生咨询活动

主要形式开展健康教育活动。

（孟学锋）

疾病控制 2009年，东丽区加强病毒性肝炎、结核病、艾滋病、霍乱、麻疹、手足口病等重点传染病监测、预防和控制，报告法定传染病3915例，发病率749.11/10万，比上年下降11.80%。加大艾滋病监测和综合防治力度，开展全国艾滋病综合防治示范区创建活动。完成3.60万人艾滋病监测，检出HIV阳性7人。加强霍乱、手足口等肠道传染病防治工作，无霍乱病例、手足口重症病例发生。继续开展麻疹查漏补种，未发生目标人群麻疹病例，麻疹发病降至历史最低。强化免疫规划基础管理，完成适龄儿童基础免疫接种21.52万人次，接种率99.1%。完成国家重大公共卫生服务项目即15岁以下人群乙肝疫苗前两剂次补种，接种率98%。无甲类传染病报告和重大传染病疫情发生。

（孟学锋）

妇幼保健 2009年1月4日，东丽区启动《妇女儿童健康行动计划（2008-2012年）》，通过实施控制孕产妇和婴儿死亡率、控制出生缺陷和妇女儿童健康干预为主要内容的25个工作项目，完善政府主导、部门协作的工作机制，强化妇幼保健体系建设，建立妇女儿童健康保障制度。开展孕前、产前、产后三级预防措施和妇女病普查等服务项目，受益8.3万人次。检查出乙肝病毒携带者127人，梅毒3人，艾滋病携带者1人；筛出神经管畸形3例、唐氏综合症1例；甲状腺功能低下2例，听力障碍儿童11人，其中双耳听力障碍6人；儿童髋关节发育异常8例；先天性心脏病205例；宫颈原位癌6例，乳腺癌2例，实现妇幼卫生保健信息管理。

（孟学锋）

体 育

概况 2009年，东丽区体育局以基层为重点，开展“健身大拜年、全民健身月和群众体育节”等大型系列活动，推动群众体育蓬勃发展。以备战天津市第12届运动会为契机，调整业训模式，建立田径训练基地、游泳、球类和竞、重、技业余训练网点学校，扩大国家少年曲棍球训练基地规模。依托区位和资源优势，提升与天津体育学院联合办学条件。改造东丽区游泳训练中心供热系统和体育局招待所内外部环境。建成东丽体育中心训练馆。东丽区被国家体育总局授予全国群众体育先进单位荣誉称号。

（孟学锋）

群众体育 2009年，东丽区体育局以节日为契机开展系列活动，延长活动时间、扩大活动规模，推动点面互动、全区联动。2月8日在华明街举行龙腾狮跃闹元宵全国龙狮大联动（天津主会场）活动。5月至6月，举行纪念毛泽东同志“发展体育运动，增强人民体质”题词发表57周年全民健身月活动，在华明街道健身广场举行启动仪式暨“送体育下基层”健身路径运动会。8月8日，在东丽广场举行喜迎新中国成立60周年，庆祝首个“全民健身日”暨东丽区群众体育节启动仪式，表彰60名群众体育“热心人”，举办群众体育荟萃展演及全民健身大会，各街乡设立分会场。政协委员运动会和首届民营企业运动会融入群众体育节系列活动；举办第10期社会体育指导员培训和健身操大赛，活动延伸到10月30日。

（孟学锋）

业余训练 2009年，东丽区体育局以备战天津市第12届运动会暨首届全民健身运动会为契机，把取得优异成绩作为竞技体育短期目标，推进体教结合。着力解决参训学生学习与训练的矛盾，改革完善原有业余训练体制和体校办学模式，建立与培养人才、输送人才相对应的业余训练“一集中（集中训练）、二集中（集中学习、集中训练）”网络。9月，成立田径训练基地，整合游泳、足球、篮球、乒乓球和水浒文武学校等基层网点校。制定《东丽区基层校业余训练综合评估认定条件及实施细则》，完善《教练员目标量化管理办法细则》，使体育系统和教育系统的青少年训练体系互相衔接、互相补充，初步建立起以小学为起点、初中为中坚的业余体育训练网络。向市体校输送7名后备人才。

(孟学锋)

体育竞赛 2009年,东丽区有9人代表天津市参加第11届全国运动会足球、棒球、柔道、田径、游泳5个项目比赛,女子乙组足球4人参赛获第三名,为天津市赢得0.5枚金牌,棒球1人获第4名。7月,在塞尔维亚举行的世界大学生柔道比赛中,东丽籍运动员张洁获女子无差别级冠军。体育艺术学校学生代表天津市参加全国比赛,获2个第一名、1个第二名、4个第三名。6月20日,杨晓琳在全国第11届运动会预选赛暨全国青年游泳锦标赛上,以56.90秒的成绩获得全运会参赛资格。市级比赛获24个第一名、14个第二名、23个第三名。丰年村街道代表天津市参加第一届全国老年人体育健身大会健身秧歌比赛,获银奖、铜奖和组织工作贡献奖。中国银川国际运动风筝邀请赛,获1个一等奖、2个二等奖和体育道德风尚奖。天津市第28届妇女"三八"健康杯体育活动通讯赛总决赛,健美操队获一等奖和二等奖各1个。全民健身知识竞赛总决赛获第一名。天津市农民体育竞赛五子棋比赛获女子组第二名。乒乓球比赛获女子团体赛第三名和单打第三、四名。中国象棋赛获得团体总分第一名。

(孟学锋)

体育设施建设 2009年9月26日,东丽体育中心训练馆举行竣工典礼仪式。该工程坐落东丽体育中心院内,占地2160平方米,建筑面积8288.38平方米,采用地源热泵空调系统,总投资5615万元。设柔道、摔跤、跆拳道、击剑、举重、体操、武术、力量训练等场地。健身大厅,配备无氧训练和有氧训练器械。有乒乓球、羽毛球场地,舞蹈训练房和会议室。设3片篮球场木质面层,可供蓝球、排球训练和承接全国乒乓球、摔跤、柔道等项目比赛。年内,区政府投资128万元,市体育局投入体育彩票基金7.5万元,为新增社区补建健身路径,确保全民健身工程全覆盖。

(孟学锋)

人口和计划生育

概况 2009年,东丽区人口计生委以创建全国优质服务先进单位为契机,以创新和完善工作机制为抓手,在计卫联手、流动人口服务与管理、"安康保险"、出生缺陷干预、宣传教育、综合治理等方面实现新突破,人口和计划生育服务管理工作水平全面提升。全区出生人口3955人,计划生育率98.9%,出生性别比98:100。410对夫妇自愿退掉二胎生育指标。顺利通过国家人口计生委考核验收,获全国计划生育优质服务先进单位称号。

(孟学锋)

联手优质服务 2009年,东丽区人口计生委与卫生部门联合发展社区人口和计划生育服务。区委、区政府下发《关于进一步发展社区人口和计划生育服务的实施意见》和《关于进一步发展社区人口和计划生育的实施方案》,8个社区卫生服务中心挂牌成立社区人口和计划生育服务站,设立计划生育科,每个服务站配备3名专业技术人员和1名大学生负责计划生育服务工作。以政府购买服务方式,将育龄妇女生殖健康查体、计划生育咨询、知识宣传等18项计划生育服务项目打成5个服务包,确保育龄妇女每人每年享受50元计划生育免费服务。计生服务所需经费区财政投入50%,街(乡)、村(居)承担50%。区财政每年年初预付60%,年终依据工作考核结果兑现剩余部分。

(孟学锋)

创新流动人口服务管理模式 2009年,东丽区人口计生委提倡"进了东丽门就是东丽人"的服务理念,针对薄弱环节,采取措施。设立流动人口办公室,街乡计生办设专人负责,在流动人口聚集地村居组建104人的专职计生协管员队伍,形成三级服务管理网络。以流动人口集中的金钟街为试点,与金温商贸城管委会合作,依托流动人口计生服务站,开展政策咨询、送药具上门等多项服务。建立计生协会组织,在流动人口聚集地发展计划生育协会组织17个,定期组织联谊活动,实现外来人口自我管理、自我服务。9月8日,在全国流动人口计划生育工作会议上，东丽区代表天津市作典型经验发言。

（孟学锋）

打造生育文化 2009年，东丽区人口计生委投资29万元，印发计生维权、生殖健康知识等宣传品10余种70余万张（册）。拓展宣传对象，把青春健康教育纳入中学教学计划，开展男性健康查体和生殖健康宣传、咨询活动，引导男性参与人口计生工作。打造生育文化，在东丽广播电台、东丽网站、今日东丽报开设人口计生专（题）栏。举办“甜蜜的事业，辉煌的历程——纪念建国60周年人口计生工作报告会”、“共创和谐计生大型文艺演出”、贯彻《流动人口计划生育工作条例》知识竞赛等大型宣传活动。建设华明新市镇百米长廊、无瑕花园宣传一条街以及50余个村级精品活动室。加大对外宣传力度，在中国人口报、中国人口网、天津人口网、市人口信息及刊物上发表各类信息100余条（次），营造良好社会氛围。

（孟学锋）

人民生活

概况 2009年，东丽区劳动和社会保障局以农村劳动力转移就业为重点，把扩大就业融入滨海新区开发开放，不断扩大就业联盟范围，广泛采集和开发就业岗位，制定就业优惠政策，全面实施再就业援助。全面推进城镇企业职工养老、医疗、工伤、失业、生育五大险种扩面工作，切实做到应保尽保，应收尽收。采取多种形式解决被征地农民劳动保障问题，推行农村退养补助制度，全面实施城镇居民基本医疗保险。新型农村合作医疗参合率实现全覆盖，统筹城乡的社会保障体系基本形成。加强劳动保障服务平台建设，率先建立覆盖城区、街乡、社区（村）的三级服务网络。

（刘立焕）

就业安置与创建充分就业区 2009年，东丽区劳动和社会保障局以解决农村富余劳动力、高校毕业生、就业困难人员就业为重点，不断扩大与用人单位的就业联盟，新发展联盟企业83家，联盟企业累计300家，实现劳动力资源与就业岗位有效对接。做好高校毕业生就业工作，建立25家青年见习基地，招录156名高校毕业生从事公益性工作。重点开发保洁、保绿、保安等公益性岗位，认定公益性岗位1970个。通过发展劳服企业、公益性公司和社区灵活就业组织，开发新的就业载体，构建就业服务平台，举办各类就业招聘会，安置就业1.54万人。开展充分就业区创建活动，在全市率先建成覆盖全区的村级劳动保障服务平台。选聘174名专职劳动保障协管员，由区财政统一支付建设资金，并按照天津市城镇职工最低工资标准发放工资补贴。市人力资源和社会保障局在全市12个涉农区县推广该做法。创建达标充分就业社区（村）105家。

（刘立焕）

社会保障体系建设 2009年，东丽区劳动和社会保障局完善社会保障体系，城镇企业职工养老保险参保15.07万人，失业保险参保11.69万人，医疗保险参保13.16万人，工伤保险参保14.23万人，生育保险参保8.88万人。全区被征地村累计51个，失地农民累计参保7.09万人，1.61万人按月享受养老待遇。农村退养保障补助标准由每人每月180元提高到200元，2.35万人受益。1.96万人享受天津市老年人基本生活补助。114个村21.7万人参加新型农村合作医疗。4.53万人参加城镇居民医疗保险。截至年底，按照城乡居民基本养老保险二档缴费标准，为7000余名老年人一次性缴纳养老保险费，保障水平逐年提高。

（刘立焕）

社会救助与救灾救济 2009年，东丽区新增低保特困户学龄前儿童节日救助和低保特困户学生考入大专以上院校救助，调整13项救助标准。形成以城乡低保、五保供养为基础，以孤儿救助、住房救助、医疗救助、教育救助、法律援助等为专项救助，以灾民救济、社会捐助、临时救助、慈善救助、邻里互助为补充的社会救助体系。全区城乡低保户3697户8484人、城乡特困户127户298人，发放低保金2204.47万元、特困救助金16.7万元。对不同类型困难群体相应实施医疗救助、教育救助、住房救助、临时救助和生活补助，各类救助政策惠及7万余人次，投入救助资金5300万元。落实防灾、备灾工作。下发《东丽区突发自然灾害救助应急预案》。开展冬令救济工作，集中采购粮食15万公斤，救济困难群众5113户9953人。汛期落实资金15万元，修缮困难群众危陋住房。元旦、春节救助低保户、困难户、五保户4.85万人次，发放款物折合1333.4万元。区慈善协会投入30万元，救助困难家庭600户。开展以“助医、助学、助老、助困”为主题的慈善一日捐活动，接收捐款505.07万元。为甘肃贫困地区困难群众捐赠新棉衣被2.2万件。

（刘立焕）

张贵庄街道

张贵庄街道位于东丽区西南部，东至外环线与丰年村街道相邻，西连河东区二号桥街道，北靠京山铁路，南接新立街道崔家码头。津塘公路横穿该街。2009年，街域面积2.88平方公里，辖18个居委会，总人口5万余人，其中常住人口2.48万人、外来人口1万余人、寄宿人口1.48万人。界内有中小型企业391家。

2009年，引进企业20家，其中服务业14家、建筑业6家，引资总额1.1亿元。与福建省第五建筑工程公司、天津同欣投资有限公司和天津良信物业服务有限公司等达成合作意向，台湾独资北京谊光物业管理有限公司落户。

实施“白、亮、净”工程，清理辖区垃圾死角30余处，160个楼门。修理更换楼道灯泡900余个、各类开关800个，变更线路28处。粉刷12个社区的358栋楼道，粉刷楼门265个，施工面积13.72万平方米，改造窑门176个，封堵垃圾门697个。油漆铁艺透视墙4817延米，维修铁艺护栏623延米、电动门10个。改扩建福山里、詹滨里社区办公场所。投资10万元完成福山里社区老年日间照料站建设，水、电、暖等配套设施全部配齐并交付使用。实施居民住宅楼宇对讲门工程，政府、居民共同出资，安装对讲门769个。

落实城镇低保，强化社会救助，为322户727人发放低保补助208.15万元。加强低保管理，低保、特困人员322户727人参加医疗保险救助，为23户特困低保户办理医疗救助12万元。办理廉租住房租房补贴84件，限价商品房131件。

开展人户分离平台网上确认。人户分离3171人，已确认1685人，确认率53%。按每人每年50元标准，为育龄群众办理18项免费技术服务。做好育龄妇女使用药具、孕检摸底调查，设立18个社区药具发放点，发放到位率100%。加强流动人口管理，对已婚育龄妇女建卡登记，流入人口登记率90%以上。安置就业1041人，举办培训班3期，培训140人。认定十类困难人员159人，其中137人办理灵活就业保险补贴，490人领取城乡老年人生活补助费。创建充分就业社区5个。

完成村级组织换届，组织新任“两委”成员业务知识培训19讲。创建“连心网”、“连心桥”、“连心岗”、“连心湾”4个项目“连心”品牌，17个社区党支部申报品牌项目20个，成立17个党员服务站，新建党员活动室9个。撰写学习实践科学发展观活动心得体会40篇，调研文章19篇，学习简报25期。扩充社区图书角图书8000余册。组织300余名志愿者深入社区义务奉献。向单亲困难母亲和儿童捐助资金9900余元。开展“黑网吧”专项治理行动，获2009年市级先进集体和2009年东丽区先进集体荣誉称号。

（李洪娜）

丰年村街道

丰年村街道位于东丽区西南部，地处城乡接合部。东至津塘公路四号桥，南至津塘二线，西至外环线，北至京山线。2009年，街域面积5.5平方公里，辖6个居委会，总人口2.02万人，其中常住人口7716人、外来人口5300人、寄宿人口7185人。界内有中小型企业196家。

2009年，成立招商引税办公室，引进企业20家，注册资金2760万元，纳税120余万元。

实施“白、亮、净”工程，完成常熟里、丰年里、丽新里、泰兴里4个社区380个楼道防盗门安装、线路规整、楼道粉刷。加大社区环境整治力度,组织大规模清理13次,出动500余人次,清理垃圾杂土1900余吨,清除非法小广告3000余处,拆除“两路三道”违章违法建设13处500平方米。社区环境质量明显改善,被评为市级卫生先进单位。打通丰安路、龙廷路部分路段,拓宽富安路路面,霞宏道300米路段安装路灯。完成丰年村地区管网改造和清淤,疏通管线800延米。启动丰新里小二楼危陋房屋拆迁改造工程。

发展就业联盟企业12家,25家企业参加下岗失业人员和大学生专场招聘会,现场达成就业意向78人,为下岗失业人员提供就业信息425条,开发岗位355个,安置就业329人。52人取得技能培训资格证书,率先实现“充分就业街道”目标。落实“四位一体”困难户救助机制,做好低保动态管理和调标。救助大重病、残疾、单亲、孤老、孤儿等各类困难家庭300余户,发放各种救助品、救助金230万元。开展老年人免费查体、慰问、游津城看新貌活动,为老年人办理居家养老补贴和生活补助。建成常熟里老年人日间照料站。

完善警防、民防、技防“三张网”建设,建立11人流动人口协管员队伍和28人社区治安巡控队。流动人口管理列为全市试点,9月9日国家公安部治安局到丰年村街道考察调研流动人口管理工作。建立突发事件应急机制,实现进京进市零上访。全年无重特大安全事故。辖区社会安全感和社会治安满意度100%。

完善常熟里社区“五个一”阵地建设。投资5万元,维修营房。举办新春踩街、消夏文艺晚会、首届社区居民运动会、建国60周年社区征文、书画、摄影及手工制品展和“红歌大家唱”等文化体育活动。丰年里居民周荣彬制作的“周氏宫灯”被认定为东丽区非物质文化遗产和天津市非物质文化遗产。

完成社区党组织换届,26名党员当选基层党组织委员。新一届社区党组织、居委会成员年龄结构合理,整体素质高。开展“四个一”、“解难题、促和谐”、社区党员“亮身份、树形象、做贡献”等学习实践活动,8个党组织459名党员参加。成立综合服务大厅。

(李洪娜)

无瑕街道

无瑕街道位于东丽区东南部,北依京山铁路,西靠军粮城街道,东临塘沽区胡家园街道,南隔海河与津南区葛沽镇相望。2009年,街域面积21.86平方公里,辖8个村、7个股份经济合作社、5个居委会,总人口3.82万人,其中常住人口3.11万人、外来人口7145人。居民除汉族外,还有回、蒙古、满、朝鲜等少数民族。津塘公路,轻轨交通线、津塘二线贯穿全街。

街内有无缝钢管公司、天津钢铁有限公司和天津天铁炼焦化工有限公司等国家大型企业。

2009年,实现地区生产总值21.5亿元,比上年增长22.8%;财政收入7.6亿元,与上年基本持平;完成生产性固定资产投资26亿元,增长72.2%;招商引税1900万元;农民人均纯收入1.27万元,增长11.08%。发展楼宇经济,引进企业38家,总投资20余亿元。

集中开展环境清整,做好重点保障工作。清理乱堆乱放300处,布标98条,清除沟渠20条、垃圾袋及各种漂浮物5000立方米,粉刷围墙3000延米,设置围挡25处,平整河坡4000平方米,回填土万余吨,新建公厕1座,设置垃圾箱240个。对无瑕花园、新袁、官房、小北庄综合治理。硬化新袁村、官房村及无瑕花园小区路面,铺设甬道4.43万平方米,绿化9499平方米,改造路灯线路4000延米。建设新袁村农贸市场,占地3000平方米,经营性房屋37间,摊位97个。

成立街道综合配套改革领导小组,制定农村综合配套改革方案。完成苏庄、大杨、西窑、翟庄、小宋、大宋、老袁7个村(以下简称7村)集体经济组织产权制度改革,李庄、西地、北大道、杨家泊村和新五村改为社区化管理,村委会改为居委会。完成7村股份经济合作社注册和股权量化,股金总额1.26亿元,其中,集体股2000万元,个人股1.06亿元,1.1万人拿到股权证书。

新建无瑕街道敬老院,占

地423.5平方米,16位五保老人入住,入院率94%。失地农民就业培训基地投入使用。新型农村合作医疗参合率100%,1500余人报销医疗费700万元。创建翟庄、李庄等12个充分就业村。调整集中供养标准1万元,分散供养标准5000元。安置各类人员963人。发放最低生活保障金241.95万元,抚恤事业费103.53万元,失业保险金22万元,一次性救助款147.5万元,低保户和重点优抚对象供热补助19.8万元。发放方便椅、轮椅、助行器48辆,救灾粮1.25万公斤。

街宣传文化活动中心和杨泊村作为天津市农家书屋试点免费向群众开放,分别获赠图书30余种1500余册。9个项目被认定为东丽区非物质文化遗产,街道被评定为东丽区非物质文化遗产工作先进单位。

抓好信息化建设,促进村务公开。上传村务公开信息12类1000余条,每季首月考核,考核结果作为年终综合考评重要依据。《天津日报》两次刊登《无瑕街村务公开真抓实干,经济社会和谐发展》,宣传报道村务公开和民主管理工作经验,该街被评为天津市市级示范街道。开展"学习实践科学发展观,确保实现率先发展"等主题学习实践活动。

(李洪娜)

新立街道

新立街道位于东丽区东部,是区委、区政府所在地。东邻军粮城街道,西与万新街道接壤,南临海河,北靠么六桥回族乡。2009年,街域面积66.6平方公里,辖27个村、3个居委会,总人口16.2万人,其中常住人口8.7万人、外来人口7.5万人。居民除汉族外,还有回、满、朝鲜等少数民族。

街内驻有天津国际机场、天津铁路信号厂、天津肉联厂、发电厂等国有大型企业,东丽经济技术开发区坐落界内。

2009年,完成地区生产总值37亿元,比上年增长8.9%;财政收入6.64亿元,增长11.45%;实现内联引资32亿元,实际利用外资1.16亿美元,招商引税5275万元;固定资产投入22.7亿元,增长45.6%;农民人均纯收入1.22万元,增长10.8%。

建设天津康库得超大型曲轴项目,华基工贸新厂1.4万平方米标准厂房基本完工。军粮城电厂扩能改造项目完成投资15亿元,新建9号、10号机组。组建新立产业园区管委会,注册天津滨海新立投资发展有限公司。引进企业18家,引进外资285万美元、内资6300万元。与新濠集团合作建设新立高新技术产业园区,引入高端半导体照明产品研发及产业化项目。完成引黄济津工程33座海河口门封堵任务,实施南水北调工程,维修排水泵站,口门、沟渠清淤。完成粮田播种585.7公顷,种植经济作物838.76公顷,5037户享受补贴1571.47公顷。落实重大动物疫情防控,畜禽免疫率100%。

张贵庄新市镇还迁楼开工26栋,封顶14栋。重点实施津北公路、天一区域违法占地、违法建设专项治理,拆除违法建筑10.41万平方米,治理违法占地29.4公顷。落实龙庭路、长青路扩建工程,完成城际铁路延长线工程征地拆迁工作,津塘二线扩建项目涉及新立村、翟庄、顾庄等房屋和两侧商户372户3.6万平方米拆迁任务,拆迁户合理安置。完成大郑、东大桥、务本一、务本二和中营村道路硬化1.8万平方米、胡同硬化1500米。

安置就业3461人,举办各类培训班16期,培训922人,安置公益性就业岗位400个。落实农村退养补助,8583人按月领取退养补助。做好崔家码头村征地参保工作,423人享受征地养老待遇,6619人享受城乡老年人生活补助,3586人参保,累计发放低保款、特困救助款328.27万元,发放五保供养费24.8万元。新建小东庄敬老院900平方米,房间38间。27个村、3个社区全部建立图书室,建农家书屋14个。

成立崔家码头村产权制度改革工作领导小组,调整三环工业实业有限公司经营范围、注册资本、股东出资方式和出资限额等。成立张贵庄村社区党总支和社区管理委员会。

建立文艺、健身队伍,持证社会体育指导员90人。为8943名58岁至60岁老年人建立健康档案,制定防控甲型H1N1流感应急预案。做好计划生育基础管理和技术服务，计划生育率98.9%。组建放映队，为各村及企业放映电影120多部。

（李洪娜）

万新街道

万新街道位于市郊接合部，东靠天津滨海国际机场，南至海河，西与河东区接壤，北邻卫国道。2009年，街域面积27平方公里，辖12个村、7个居委会、5个城市公司，总人口13.83万人，其中常住人口3.83万人、外来人口7.90万人、寄宿人口2.10万人。

2009年，完成地区生产总值24.5亿元，比上年增长12.9%；固定资产投入15.6亿元，增长30%；财政收入18.2亿元，增长13.8%；招商引资16.5亿元；农民人均纯收入1.45万元，增长11%。

天津卷烟厂技改扩能外网配套拆迁工程，拆迁企业9家，居民88户，建筑物2.4万平方米。扶持中美史克制药公司、万新传动设备公司、赛特测机公司技改升级。天舒、松江等6家房地产开发企业，华润万家超市等落户。汉拿·香邑花园项目一期6.7万平方米竣工。小王庄还迁项目11.8万平方米全部竣工，3000平方米配套公建主体完工。杨台还迁项目（一期）19万平方米主体封顶。组建园区管委会，成立滨海万新投资开发建设有限公司和万亿达投资发展有限公司。

集中开展环境清理，出动人员7760人次，各类机械3270台班，新建垃圾池100座，新装垃圾箱190个，清除垃圾死角126处，清理垃圾2.9万吨。实施川合小区、昆仑北里、成林道景观和夜景灯光改造。实施雪莲路、成林道两侧立面整修2.4万平方米，重置户外广告648平方米，拆除违章建筑2.14万平方米。

实施村级集体经济组织产权制度改革，组建股份公司。詹庄村资产集体改为股民股份所有，资产收益按股分红，2598人成为集体资产主人。12个村整体撤村，集体土地转为国有用地，1.39万人办理社会保障。

7家企业申报市、区技改扶持资金和科技创新奖励资金。汽车研究中心汽车被动安全共性技术研究与工程应用项目获市级科技进步二等奖，大顺园林基于新型智能温室技术引种栽培口红花项目被列为天津市认定成果转化项目，大顺园林、农科院、蔬菜花卉研究所的高档花卉竹芋新品种选育及工厂化快繁技术研究列入天津市科技支撑计划项目。

举办就业技能培训12期，549人受益，520人享受自主创业补贴资金40万元。安置1633人就业。12个村完成充分就业社区（村）创建。新建蓝天、临月里老年日间照料中心（站）。发放低保金和救济款1200万元，救济物品1万公斤。1184名残疾人免费办理商业意外保险，25名残疾人就业，65户低收入困难群众享受廉租住房租房补贴。筹集新型农村合作医疗资金268万元，参合率99%。

符合政策生育率99.7%，出生人口性别比100:106。组建南片警务站，配备警力和联防队员30人。组织流动人口清查登记专项行动，新登记外来人口1.73万人，抓获网上在逃犯2人，刑事拘留6人，签订安全责任书237份。畅通信访渠道，各类信件办结率100%。对危险化学品、建筑行业及群众密集场所安检201次。

建立新型社区管理体制，调整完成12个整体撤居村党组织和5个城市公司、5个社区党组织换届。新建5个党支部。17个村（公司）村务公开触摸屏在全区率先投入使用。新建健身活动场地6处。南大桥村建成市级职工书屋，吴嘴村被认定为天津市民间文化特色村，合音法鼓、无极拳被认定为东丽区非物质文化遗产，无极拳被认定为天津市非物质文化遗产。

（李洪娜）

华明街道

华明街道位于东丽区中北部，东邻塘沽区，南与么六桥回族乡、军粮城街道接壤，西依万新街道，北连金钟街道及宁河县。金钟路、北环铁路、迎宾路、津汉公路横穿东西，外环线、京津塘高速、杨北公路纵贯南北。天津空港物流加工区、保税区、东丽湖旅游度假区、天津滨海国际机场坐落界内。2009年，街域面积156.2平方公里，辖14个村，总人口5.78万人，其中常住人口5万人、外来人口7833人。

该街原名荒草坨乡人民公社。1983年6月，建立荒草坨乡人民政府。1994年11月，撤乡建立华明镇。2001年10月，撤销赤土镇，并入华明镇。2006年10月，撤镇建立华明街道办事处。

2009年，实现地区生产总值31.39亿元，比上年增长2.25%；财政收入1.84亿元，增长20.94%；固定资产投入28亿元，增长58.73%；招商引税1215.96万元；农民人均纯收入1.30万元，增长11.12%。

推进设施农业建设，永和村、胡张庄村建成二代节能温室410栋。完成绿化20万平方米，铺设道路3.3公里，修建排水明渠3公里，铺设自来水管道12公里，完成电力设施改造、配套工程。种植蔬菜、水果25种，包括飞碟南瓜、五彩西红柿、白水果黄瓜、金西葫芦、草莓等精品品种。

制定奖励政策，促进楼宇经济发展。把握固定税源，强化重点企业管理。清理异地纳税企业，深入挖掘税源。加大企业帮扶力度，走访企业76家，解决困难问题69件。落实技改企业7家，完成技改投资2.4亿元。落实区、市、中央技改贴息784万元、180万元、20万元。鑫容永丰线缆有限公司二价离子锡电镀工艺项目获市、区节能降耗成长企业。华明集团、宏大水产两家企业商标被认定为天津市著名商标。落实扶持资金20万元。支持企业技术自主研发，有容线缆申报实用新型技术专利4项、市级科技成果转化2项，新产品立项22项。

做好李明庄住宅楼和明珠花园住宅楼项目建设工作。李明庄住宅楼项目一期工程竣工，建筑面积23.28万平方米，其中住宅22.85万平方米、公建0.43万平方米，多层住宅楼18.2万平方米。明珠花园住宅楼项目全面竣工，建设规模13万平方米，其中多层住宅楼11.3万平方米、小高层住宅楼1.7万平方米。

开展劳动技能培训887人次。举办就业招聘会11场，与30家企业签订就业联盟协议，安置就业2212人。参加城镇保险2.21万人，享受养老保障7431人，新型农村合作医疗参合4.52万人，参合率100%。发放最低生活保障金171.94万元、抚恤事业费79.98万元、临时救助金13.38万元、各类慰问金（含物品）21.26万元。

与各村签订《人口和计划生育目标责任书》，实施街计生办工作人员包村制，推行计划生育利益导向机制。开展“九上门”（为新婚夫妇送生育政策上门、送优生优育优教知识上门、走访孕妇上门、看望产妇上门、送避孕药具和避孕知识上门、术后慰问上门、送流动人口婚育证上门、扶助计生困难户上门、送优惠政策和帮扶措施上门）和“四心”（知心、贴心、关心、放心）服务，主动找差距、补漏洞，抓细节、促提高，顺利通过创建全国计划生育优质服务先进单位验收。

承办全国第二届龙狮大赛，成功举办华明街第三届文化艺术节，赤土扣肉丸子制作工艺、霸王鞭，北于堡板胡制作工艺，范庄祖传中医学，北坨祖传膏药被认定为东丽区非物质文化遗产。落实社会治安综合治理责任制，与各村、驻街大型企业签订社会治安综合治理目标管理责任书。重大节日及“两会”期间排查8次。突出重点地区治理，降低各类治安案件发案率。

（李洪娜）

华明示范镇

华明示范镇位于东丽区中北部，紧邻天津滨海新区，距市中心区13公里，总人口4.2万人，是天津市第一批“宅基地换房”试点。内设党政综合办公室、经济发展办公室、社区事务办公室、城区管理办公室。设6个居委会，下设市容环卫管理所交通管理办公室、华明综合执法大队及5个社区警务站。4家物业服务公司管理示范镇区域。

2009年，实施道路清洁，深化社区治安防控体系，监控网覆盖率100%。组建各类群众文艺团体，开展100余项文化活动。华明示范镇获2009年度世界不动产联盟FIABCI优秀奖。

完善基础设施建设。为196处住宅楼楼顶平台及机房出入口安装防盗门，翻修外果皮箱100余处户，对沿街商铺实施立面改造，扩建改造镇中心广场，设置155平方米大型LED电子显示屏,8处太阳能供电公交车等候亭,主干道上百米宣传长廊,22处道路指示牌,3处区域指示图,22处路灯灯箱,改造45处路名牌,改造会务中心沙盘和天幕投影,完成双拥展览室和“军人之家”布展装饰工程。实施会务中心主体亮化工程,一组团铁艺围栏修缮工程,启动住宅楼窗体广告标识规范化管理。

实施八项管理创新。统一规范早点车37辆、文具车5辆、冷饮车8辆、便民服务车1辆。发展特色楼门130个、特色楼门园2个。实施物业公司100分考核。治理“三轮车”400部,配备电瓶车72部。成立驾驶员协会。创建全国示范菜市场2个、示范商业社区1个。实行居委会干部包园制度。

接待江泽民、曾庆红等原党和国家领导人,中共中央政治局委员、中央书记处书记、中宣部部长刘云山到示范镇检查指导工作。接待新加坡、坦桑尼亚(总理府代表团)、加拿大(本拿比市政府)、老挝(人民革命党九大筹备工作组)、印度尼西亚等9个国家参观访问团;接待安徽、辽宁、陕西等55个省市考察团。全年接待476批次1.73万人。

(李洪娜)

金钟街道

金钟街道位于东丽区西北部,地处城乡接合部。东、南两面与华明街道相连,北隔新开河、金钟河与北辰区为邻,西与河北区接壤。外环线、京津塘高速公路、津蓟高速公路、杨北公路贯穿全街。2009年,街域面积45.6平方公里,辖9个村、1个城市公司。总人口9.9万人,其中常住人口3.81万人、外来人口6.09万人。

该街原隶属天津县。20世纪50年代,隶属河北省天津市河北区,名为兴淀人民公社。1964年,划归天津市东郊区大毕庄公社。1983年,建立大毕庄乡人民政府。1993年,撤乡建立大毕庄镇。2007年9月,撤镇建立金钟街道办事处。

2009年,实现地区生产总值30.49亿元,比上年增长6.5%;财政收入2.43亿元,减少20.07%;固定资产投入19.78亿元,增长31.52%;农民人均纯收入1.29万元,增长11.2%。安置就业1685人,劳动技能培训986人。注册企业708家,注册资本5.53亿元,纳税2500万元。

华侨城集团公司首席执行官、总裁任克雷在华明示范镇听取东丽湖华侨城项目建设情况介绍

水产品冷藏物流加工基地项目(一期)12万平方米建筑主体完工投入运营。北方五金城三期不锈钢交易区建筑项目投入运营。东北郊热电厂续建项目一期工程1号机组投入运营。杨北路建材城二期投入使用。雨润物流项目签订协议。成立滨海金钟投资开发建设有限公司。

推进新市镇建设,全面开展还迁区征地拆迁,征地133.33公顷、拆迁24万平方米。实施金钟路拓宽改造工程,完成金钟路南北两侧拆迁任务,拆除建筑物9.52万平方米,其中民房323户4.43万平方米、公建4.6万平方米、违章0.49万平方米。

集中整治金钟路延长线、南孙庄垃圾场等50个点位,出动1.1万人次,运输车5884辆次、铲车27台班、挖掘机690台班、装载机511台班、推土机87台班,回填黄土500余车,清理垃圾及河内漂浮物27万吨。清理乱摆乱卖及占路修车700余家。规范沿街商户物品摆放,与经营户签订门前“三包”责任书,拆除违章棚亭70余处。规范大毕庄、南孙庄市场,清除乱摆广告牌904块、小广告万余张。

实施农民素质提高工程,举办农民技能培训班4期,100人完成蔬菜工技能培训,120人完成经纪人中级培训,986人参加保洁、叉车、汽车驾驶、电工等技能培训,安置就业1685人,新建公益性公司3家,安置困难群体500余人。解决36起拖欠农民工工资问题,涉及金额40余万元。发放最低生活保障金230万元。赵沽里村11个集体企业完成清产核资,河兴庄村完善股份制企业经营、统一核算和人员固化。

开展流动人口健康查体专项行动,排查外来人口5440人,普查率61.7%。徐庄温州城、大毕庄北方五金城、徐庄东北农民工居住区、新中村木材市场、汽配城成立流动人口服务站,设专人管理,为流动人口育龄妇女进行免费查体等计划生育服务性活动。加强矛盾排查调处,化解矛盾纠纷230起,防止民转刑案件24起。完成村级组织换届。

(李洪娜)

军粮城街道

军粮城街道位于东丽区东部,南邻海河,北靠东丽湖,东临塘沽区,西与新立街道、幺六桥回族乡接壤。2009年,街域面积77.4平方公里,辖19个村、5个居委会,总人口6.93万人,其中常住人口5.11万人、外来人口1.82万人。

该街原属宁河县。1956年,建立高级农业生产合作社。1958年8月,划归天津市河东区,建立军粮城管理区委员会。1961年8月,改为军粮城公社。1983年,改为军粮城乡。1984年4月,建立军粮城镇。2008年8月,撤镇建立军粮城街道办事处。

2009年,实现地区生产总值22.8亿元,比上年增长6.3%;财政收入2.49亿元,减少6.04%;农民人均纯收入1.30万元,增长10.9%。完成固定资产投入8.01亿元,其中1000万元以上项目30个。建设标准厂房5.5万平方米,引进内资6.19亿元。整合现有资源,完善钢铁产业链,以通钢大厦、丽兴物流园等项目为重点,发展楼宇经济。

调整完善军粮城工业园区(1.83平方公里)控制性详规。实施东金路拓宽改造工程,绿化亮化宝仓路、腾飞路。全面启动新市镇建设,塘洼村第二批180户村民全部迁入还迁小区。与塘洼村和杨台村签订征地协议,完成新市镇起步区266.4公顷土地勘测丈量及地上物摸底。完成民生、永兴、一村、唐山4个村2000余户村民还迁。采取打破村域界限,以货币为中介的复合式还迁选房模式。吸纳还迁农民参与小区物业管理,小区管理实现良性循环。

集中清理津塘公路、津北公路、茶金路、津塘二线、袁家河等主干道及河道环境,出动机械1.29万台次,清运垃圾3.9万吨。植树造林86.13公顷,增加保洁设备和人员力量,建立环境管理长效工作机制。

与空港物流加工区、泰达西区、军粮城工业园区65家企业建立就业联盟,为失地农民搭建就业服务平台,安置就业1198人,自谋职业22人,灵活就业69人,推荐635名农民工就业。开展职业技能培训班24期,培训就业率95%。充分就业村(居)达60%。14个村4682人领取养老金。征地参保7985人,参加城镇职工养老保险9856人,享受农村退养补助1830人,1409人享受城乡老年人生活补助。4万人参加农村合作医疗,7869人参加城镇居民医疗保险。发放救助款158.3万元,救灾粮1.25万公斤,80岁以上老人补贴款132.2万元,一次性救助金9000元。为41户困难家庭解决大病医疗补贴44万余元。

完成兴农、杨台、苗街等14个村村级组织换届,组织学习培训1678人次。民生、东堼、杨台、苗街、大安、兴农、三村7个村建立村级民情调处制度,设立民情调处专职岗位,调解各类纠纷264件。建立巡逻队员培训机制,开展巡逻队员封闭式培训。开展流动人口专项治理,登记流动人口1.78万人。

(李洪娜)

幺六桥回族乡

幺六桥回族乡位于东丽区中心地带,东与军粮城街道和新立街道接壤,西与天津滨海国际机场和新立街道毗连,南临京山铁路,北邻天津市空港物流加工区及空客A320项目基地。2009年,乡域面积5.12平方公里,辖13个村。总人口1.72万人,其中常住人口1.38万人、外来人口3406人。回族2663人,占总人口20.46%。

该乡原属新立村人民公社。1983年7月,从新立村人民公社划出,建立幺六桥乡。1983年11月,改为幺六桥人民公社。1985年1月,撤销公社建立幺六桥回族乡。

2009年，实现地区生产总值13.5亿元，比上年增长8.9%；财政收入8260万元，增长3%；固定资产投入10.38亿元，增长38.4%；实现工业总产值33.74亿元，服务业总产值12.61亿元；农民人均纯收入1.21万元，增长11.24%。

实施"231"发展战略，深化产业战略性调整。完成种养计划，落实种粮补助政策，动物免疫率和免疫密度均达100%。凯达重型水电设备、川铁信号等4家企业获技改奖励255万元，凯达重型水电设备获市滨海委贷款贴息159.3万元，川铁信号设备有限公司获国家财政部奖励125万元。建成滨海金桥经济发展服务中心，建立健全内部机构，成立招商引资部。引进企业119家，注册资金3.5亿元，实现税收384万元。

金桥产业园区纳入航空城产业区，规划面积由1.06平方公里扩至3.14平方公里，控制性规划经过市政府审批。成立产业园区管委会，注册滨海金桥投资发展有限公司。硬化道路1.25万平方米，绿化园区景观、修建园区标识，实施园区封闭管理。冠联航空应急设备、日照辐射、贵州精工、航天石油设备等项目落户。清理异地纳税企业11家，清退低质企业2家，新增税收420万元。盘活闲置厂房3.5万平方米，引进企业6家。完成空客还迁房和经营性用房（含大东庄经营性用房）项目，建筑面积47.55万平方米。瑜芳园建设项目占地2公顷，建筑面积25万平方米，其中还迁房11万平方米、商品房14万平方米。安置居民2262户7600余人。建成2600平方米热力站，新增供热管线4000米，铺设路面2260平方米，可供热40万平方米，解决乡域临时供暖问题。

集中开展环境清整，动用车辆885辆次，出动人员2830人次。乡域环境显著提升，安装路灯44盏，种植树木4800株，绿化7000平方米，绿化面积3.77万平方米，配备3名专职卫生清理、绿化管护人员。建立日常巡查和违章、违法案件通报制度，拆除违法建筑4.25万平方米，其中强拆1542平方米。复耕土地5万平方米。中心庄村、驼骆房子村、流芳台村被评为市级卫生村。

6月，流芳台村率先完成集体经济组织产权制度改革，组建流芳投资有限责任公司正式运营，成为全区第一个撤村改制成功村队。大新庄完成公司注册登记，么六桥、三合庄、向阳3个村选举产生董事会和监事会。

强化民防网、警防网与技防网治安防控体系，案件发案率下降10%。做好大接访工作，实施领导包案责任制，接待上访群众75批280人次，处理群众信访件7件。"两会"和国庆期间没有出现一例进京上访事件。全年无安全生产事故。集中开展网吧整治专项行动，出动90人次，查出"黑网吧"40家。加大文明村"五个一"阵地经费投入，抓好大东庄村"五个一"阵地建设示范点。

（李洪娜）

西 青 区

概 述

西青区位于天津市西南部。境域地理坐标为北纬38°51′~39°11′，东经116°53′~117°20′。东与红桥区、南开区、河西区接壤，东南与津南区毗邻，西与武清区、河北省霸州市为邻，西南隔独流减河与静海县相望，南与大港区相连，北以子牙河与北辰区为界。2009年，全区土地面积566.31平方公里，耕地面积1.45万公顷。辖李七庄、西营门2个街道和杨柳青、张家窝、中北、辛口、大寺、王稳庄、精武7个镇，设村民委员会149个、居民委员会48个（其中6个为企业所属）。总人口12.65万户35.35万人。少数民族38个，人口4077人。

2009年，西青区各项经济指标逆势上扬。实现地区生产总值300.76亿元，比上年增长28.2%，人均生产总值12348美元；财政收入87.6亿元，增长20%，其中区级财政收入45.6亿元，增长52%；固定资产投资366亿元，增长43.3%；农民人均纯收入13216元，增长12.5%，各项指标继续走在全市区县前列。

开展“保增长、渡难关、上水平”活动。组织210名机关干部、30个工作组深入107个重大项目和459家重点企业解难题、办实事320多件。制定出台促进经济发展的12条政策措施和8项实施细则。稳定扩大就业，提供就业岗位5700余个。行政审批大提速，合并、清理20个审批事项。

设施农业方兴未艾，新建畜禽、水产养殖示范园区13个，蔬菜、花卉、食用菌等种植示范园区9个，新增种植业设施面积500公顷，累计5000公顷，占全区耕地面积1/3。区属工业实现产值910亿元，增长23%，规模以上工业企业892家；电子信息、汽车及零部件、生物医药等主导产业，产值增长40%；新能源新材料等新兴产业快速发展，长飞鑫茂光纤光缆等一批项目竣工投产，逐步形成新的优势产业；一汽夏利汽车内燃机等一批大项目达产见效，对优化产业结构、提高持续发展能力发挥重要作用，当年新投产项目对工业增长的贡献率超过40%；技术创新能力明显增强，投资44.4亿元实施技改项目166个，申请专利1600件，规模以上工业万元增加值综合能耗下降6%。服务业加快发展，实现营业收入350亿元，完成固定资产投资207亿元，分别增长30%和51.5%，增速达历史最好水平；文化旅游资源得到进一步整合，建成中北冰雕园、东淀都市型现代农业核心区一期。以民俗为龙头、崇文尚武为两翼的五大旅游板块接待游客420万人次，增长34%。

积极创新招商方式，举办西青区投资项目洽谈签约会，吸引15个国家和地区175家知名企业参会，成功签约63个项目，总投资超过350亿元。坚持“走出去”与“引进来”相结合，引进中国有色金属新材料、建龙集团新能源汽车关键零部件等具有国际先进水平的重点项目。着力营造优质环境，吸引海内外投资者到区兴业发展，到区考察的国内外商团189个1100人次，比上年大幅增加。实现外资到位额5.2亿美元，增长27.8%，内资到位额151.6亿元，增长44.5%，均在高基数上实现新跃升。

项目建设加快推进。形成“项目建设是经济发展生命线”的广泛共识；召开重点项目建设推动会，集中推出总投资834亿元的三级五类175个重点项目。建立重大项目目标责任体系，明确责任主体，落实项目建设激励和责任追究机制。至年底，175个重点项目完成投资371亿元，其中42个竣工，27个部分投产，38个主体完工，55个进行基本建设，13个进行开工前准备工作。列入全市前四批区县重大项目的47个项目全部开工，累计完成投资151亿元。

优化政策环境。制定出台优化都市型现代农业、鼓励工业企业技术改造、促进服务业升级、支持文化旅游业加快发展以及扶持街镇工业园、鼓励科技创新、支持节能降耗等政策措施，解决一批影响全区发展的重点、难点、薄弱点问题。完善投融资体系，整合区内有效资源，组建注册资本15亿元的天津环城城市基础设施投资有限公司。成立天津市汇青投资担保有限公司和赛达恒信担保有限公司，为中小企业提供融资担保服务。坚持银政联席会议制度，向金融机构推介企业和项目，为企业与金融部门合作搭建平台。引进韩国企业银行、渤海银行等多家银行在区开设分支机构，金融集聚能力显著增强。

整合提升示范工业区，优化载体环境。申报并获批中北、杨柳青和张家窝汽车，王稳庄高端金属制品，精武学府3个市级示范工业园区，规划总面积46.2平方公里，起步区累计投入6.8亿元，完成基础设施建设6.47平方公里，建成标准厂房9万平方米。

以争创国家卫生区、国家园林城区和国家生态区为引领，加大环境保护和生态建设力度。新增城镇绿地13万平方米，造林766.67公顷，建成区绿化覆盖率和全区林木覆盖率分别达到40.3%和17.9%。实施水环境治理工程，完成大沽排污河、程村排河、津港运河等74.4公里河道清淤和大寺污水处理厂二期扩容改造，新铺污水主干管道15公里。减排治理得到加强，查处76家违法排污企业，削减二氧化硫排放量266吨、化学需氧量排放量940吨，18项标准达到创建国家生态区要求。

以规划引领建设，编制规划20项，完成《西青区总体规划和西青新城总体规划》编制，完善各街镇控制性详细规划，开展综合交通、市政基础设施和杨柳青历史文化名镇保护等专项规划编制。加快基础设施建设，全面改造津涞、津淄和津港公路，新修改造道路73公里。推进示范小城镇建设，张家窝镇建设农民安置住房30万平方米，2600户迁入新居。组织中北镇、精武镇和王稳庄镇申报全市新一批示范小城镇建设试点。

建成区劳动力培训中心和19家青年就业见习基地，完成培训5232人次，新增就业1.51万人，其中转移农村富余劳动力5023名，城镇登记失业率控制在3.5%以内，农民人均纯收入增加1470元，居民消费结构更加合理，恩格尔系数持续下降，达到35.6%。公共财政支出向民生倾斜，出资2.7亿元用于改善民计民生，发放设施农业扶持资金9530万元，老年农民生活补贴3724万元，村干部补助1697万元，种粮、农机等各种补贴1906万元，各类保障金4000余万元，报销农民住院医药费4838万元。改善群众住房条件，新建农民住宅和商品房各100万平方米，开工建设保障性住房11.4万平方米。新型农村合作医疗实现全覆盖，城乡低保标准实现均等化。优化社会治安环境。集中打击非法传销、公路运输超限超载等违法犯罪行为。投入7621万元，实施农村饮水管网入户改造工程，解决51个村9.6万人饮水安全问题，全区农村、全体农民饮用上卫生、清洁、甘甜的自来水，彻底结束西青农民饮水不安全的历史。

社会发展更加协调。加快发展教育事业，建成王稳庄镇中心幼儿园，完成所有校舍安全鉴定和4所学校维修加固，中北中学等11所中小学达到义务教育学校现代化标准，向中小学配送图书8万册，培训骨干教师700人次。高考实现历史性突破，本科上线率70%，一本上线率增幅高达30.5%。职业成人教育稳步提升，荣获国家社区教育实验区和全国农村成人教育先进单位荣誉称号。基层卫生服务不断健全，街镇医院、卫生院升级为社区卫生服务中心，首批建成25个社区卫生服务站和40个标准化村卫生所。严密防控甲型H1N1流感、手足口病等传染病，获得全国医药卫生系统先进集体称号。公共文化服务有序推进，成功举办庆祝建国60周年系列活动，建成农家书屋22个，完成全国第三次文物普查，确定首批区级非物质文化遗产名录，杨柳青剪纸等3个项目入选市级第二批非物质文化遗产名录，荣膺全国非物质文化遗产保护先进区称号。

深入开展学习实践科学发展观活动，群众对政府系统学习实践活动评价为“好”和“较好”的达到100%，其中认为“好”的占98%。全面推进依法行政，主动接受人大、政协监督，办理人大代表建议25件、政协提案70件，满意率100%。公开政府信息626件，解答“政民零距离”群众网上留言228件，受理群众反映各类问题1521件。做好增收节支工作，制定出台《西青区2009年政府集中采购目录》，节约资金221万元。政风行风建设持续深入，开展“强能力、树新风、帮企业、惠民生”主题教育活动，完善修订《西青区政风行风建设考核办法》，行政机关廉洁从政、为民施政、务实勤政蔚然成风。

（王富盛）

西青区区级领导名录

中共西青区委领导名录

职　务	姓 名	性别	出生年月	民族	文化程度	籍　贯
书　记	张国庆	男	1955-09	汉	工商管理硕士	河北青县
书　记	王宝弟	男	1953-11	汉	研究生	河北保定
副书记	周家彪	男	1956-03	汉	研究生	河北河间
副书记、区纪委书记	燕连玉	男	1958-04	汉	研究生	山东庆云
副书记	王宝仁	男	1954-04	汉	大　学	天津市
常　委	于之河	男	1957-11	汉	大　专	河北黄骅
常委、办公室主任	杨茂荣	男	1962-05	汉	研究生	天津市
常委、政法委书记	董景川	男	1955-09	汉	研究生	天津市
常委、组织部部长	杨　震	男	1955-04	汉	研究生	天津市
常委、公安西青分局局长	左建平	男	1954-03	汉	大　学	辽宁朝阳
常委、区人武部部长	陈　川	男	1958-10	汉	大　专	安徽濉溪
常委、宣传部部长	刘　红	女	1968-12	汉	大　学	天津市

注：张国庆任中共西青区委书记至2009年3月；王宝弟2009年3月任中共西青区委书记。

西青区人大常委会领导名录

职　务	姓 名	性别	出生年月	民族	文化程度	政治面目	籍　贯
主　任	杨文成	男	1947-04	汉	大　专	中共党员	天津市
副主任	于茂珍	女	1952-04	汉	大　学	中共党员	河北河间
副主任	高秀冬	女	1952-09	汉	大　学	中共党员	天津市
副主任	徐世魁	男	1952-03	汉	大　专	中共党员	河北河间
副主任	勾树松	男	1955-08	汉	大　专	中共党员	天津市
副主任(兼)	张同生	男	1952-07	汉	中　专	中共党员	天津市
副主任(兼)	邢克智	男	1956-07	汉	大　学	民盟盟员	天津市

西青区政府领导名录

职　务	姓 名	性别	出生年月	民族	文化程度	政治面目	籍　贯
区　长	周家彪	男	1956-03	汉	研究生	中共党员	河北河间
常务副区长	于之河	男	1957-11	汉	大　专	中共党员	河北黄骅
副区长	董景川	男	1955-09	汉	研究生	中共党员	天津市
副区长	肖培芝	女	1963-08	汉	大　学	无党派人士	天津市
副区长	杨令生	男	1960-02	汉	研究生	中共党员	天津市
副区长	李治阳	男	1957-08	汉	大　学	中共党员	天津市
副区长	杨洪跃	男	1959-02	汉	大　专	中共党员	天津市
区长助理(副区长级)	龙亚伟	男	1955-04	汉	大　专	中共党员	安徽利辛
区长助理(副区长级)	杨祥林	男	1958-03	汉	大　专	中共党员	安徽长丰

政协西青区委员会领导名录

职　务	姓 名	性别	出生年月	民族	文化程度	政治面目	籍　贯
主　席	吴宝忠	男	1947-11	汉	大　学	中共党员	河北海兴
副主席	胡有刚	男	1955-01	汉	大　学	中共党员	天津市
副主席	周学九	男	1953-07	汉	大　专	中共党员	天津市
副主席	藏永芬	女	1950-07	汉	大　专	中共党员	天津市
副主席	孙秀华	女	1952-09	汉	大　学	中共党员	天津市
副主席(兼)	毛树森	男	1948-02	汉	大　专	民革成员	浙江奉化
副主席(兼)	郭宝印	男	1956-03	汉	大　专	中共党员	天津市
副主席(兼)	史　津	男	1966-05	汉	研究生	致公党党员	天津市
副主席(兼)	刘　强	男	1953-12	汉	大　学	民进会员	内蒙古包头
副主席(兼)	万国普	男	1957-07	汉	大　学	无党派人士	河北文安

（区委组织部提供）

大　事　记

1月

4-5日 政协西青区七届三次会议在西青宾馆召开。会议对2008年工作进行回顾与总结，提出2009年工作的指导思想和主要任务。审议通过七届政协常委会工作报告和提案工作报告。

5-6日 西青区十五届人大四次会议在西青宾馆召开。会议通过关于西青区人民政府工作报告的决议，关于西青区2008年预算执行情况及2009年预算决议等。

9日 坐落西青区南河镇的天津师范大学第三附属小学举行揭牌仪式。学校总建筑面积2万余平方米，有48个教学班，可容纳学生2000余名。

18日 经市民政局审核并报天津市人民政府批准，南河镇正式更名为精武镇。

本月 中北镇中北斜村荣获第四批全国创建文明村镇工作先进村镇荣誉称号。

2月

1日 天津瑞光真电子项目落户西青开发区。该项目由韩国自然人投资，投资总额3000万美元，注册资金1000万美元。

9日 西青区举行“中国历史文化名镇”杨柳青命名揭牌仪式。

15日 天津逗逗卡通传媒有限公司落户西青开发区。公司系由成都大学数字动漫原创中心与投资人共同组建的大型文化企业，注册资金1亿元，主要产品为动漫制作。

16日 西青区农村安全饮水及管网入户改造工程在辛口镇水高庄村正式启动。

20日 联强国际（天津）科技有限公司落户西青开发区。该项目由台湾联强国际集团投资，投资总额900万美元，注册资金450万美元。

26日 708路环线公交通车剪彩仪式在西青开发区公交总站举行。

2月28日-3月15日 精

武镇举办第一届农民文化艺术节，包括武术专场、文艺专场、“赞精武、鼓斗志、上水平”诗歌朗诵会等6个板块。

3月

1日 西青区启动市容环境综合整治工程。集中150天，涉及民建整修，公建粉刷、清洗，灯光建设，牌匾改造等项目。

17日 市委下发津党任〔2009〕33号文件，决定王宝弟同志任西青区委委员、常委、书记。

4月

16日 西青区博士后创新实践基地授牌暨博士后创新实践基地项目实施单位揭牌仪式，在中北工业园圣纳科技有限公司举行。

25日 “五路五河”改造工程之一的丰产河全线治理完工，治理丰产河环内段3.2公里，完成清淤12.2万立方米，岸坡修整68548平方米。

28日 全球经济发展促进会会长、全球华盟集团副主席聚博圣一行到西青区考察洽谈投资事宜。

29日 中央纪委老领导一行到西青区参观天津反腐倡廉教育基地和杨柳青年画馆。

5月

8日 西青区被评为全国平安建设先进区，连续四届荣获“长安杯”。

13日 天津极盛光电子落户开发区。该项目由韩国中央精工株式会社投资1000万美元兴建。

25日 国务院侨办中国华文教育基金会有关领导到西青区考察。

31日 西青区老旧楼区改造整修工程竣工，修补路面4220平方米，铺砖25580平方米，修补、新装井盖200余个，2.8万居民受益。

6月

7日 国家人口计生委纪检组一行在市计生委领导陪同下，到西青区调研指导工作。

29日 国家经济普查数据质量检查组一行13人在市统计局领导陪同下，到西青区检查工作。此次普查小区为大任庄村第二普查小区和杨柳青农场小区。

本月 西青区推进非物质文化遗产保护工作。精选杨柳青民间音乐等7大类16个非物质文化项目列入区第一批非物质文化遗产名录。

7月

5日 天津三星高新塑料有限公司项目落户西青开发区。该项目由韩国第一毛织株式会社投资500万美元兴建。

21日 联合国开发计划署农民工项目调研组一行到西青区调研。

24日 天津浩丰源模具技术开发有限公司落户西青开发区。该项目总投资5270万元，建筑面积1.9万平方米。

本月 西青区高考成绩喜人。本科上线1398人，上线率70.2%。600分以上考生23人，文理科最高分分别达到629分和680分，两名考生分别被北京大学、清华大学录取。

8月

28-29日 西青区举办2009投资项目洽谈签约会。邀请15个国家和地区及国内的175家知名企业400余名代表参加，签约项目63个，投资总额突破350亿元。

本月 西青区启动慈善协会2009年“爱心助学”活动，救助231名大、中、小学生，救助资金31.34万元。

9月

1日 梅江国际会展中心落户西青开发区。该项目由天津泰达建设集团有限公司投资兴建，中心将承办2010年达沃斯世界经济论坛。

26日 西青区开展群众歌咏展演等丰富多彩的活动，庆祝新中国成立60周年。

10月

1-8日 西青区推出“十一”黄金周(含中秋节)生态休闲游。包括天津市首届镭战竞技大赛和篝火晚会、第三届张家窝冬枣节、杨柳青园艺科技博览园金秋趣味游园等活动。

12 日 西青区街镇、开发区劳动争议调解中心在中北镇正式揭牌。

本月 西青区力生制药公司“寿比山”和春合体育用品厂“春合”两件商标被国家商标局认定为驰名商标。

11 月

6 日 中央纪委六室主任耿欣秋带领有关部门负责人，在市委常委、市纪委书记臧献甫陪同下，到西青区参观考察天津市反腐倡廉教育基地、新中国反腐败第一大案展览馆和东淀都市型现代农业核心区。

13 日 中央综治委检查督导组一行在市综治委有关领导陪同下，到西青区检查指导社会治安综合治理工作。

14 日 凌奥创意产业园被国家人力资源和社会保障部授予国家级创业园荣誉称号，并被天津市人力资源和社会保障局认定为首批实验园区。

21 日 天津华夏津典置业有限公司落户西青开发区。该公司由天津住宅集团投资成立，主要从事房地产领域开发建设，注册资本金 1000 万元。

28 日 西青区农村饮水安全及管网入户改造工程竣工。成为全市 12 个农口区县中率先全部饮用自来水的区。

12 月

11 日 日本参议院议员藤田幸久带领日本民主党议员友好访华团一行到西青区考察。

16 日 天津亿鑫通微电子有限公司落户西青开发区。该项目总投资 2 亿元，项目建成后将成为该公司在北方的电子产品生产基地。

17 日 西青区被科技部评为国家级科技进步考核先进区。

27-28 日 中共西青区委九届六次全会在西青宾馆会议中心举行。会议总结 2009 年全区工作，部署 2010 年工作任务，确立团结全区人民，坚定信心、攻坚克难、抓住机遇、加快发展，确保实现三年倍增，造福西青人民的阶段性目标。

28 日 中北镇在第四届中国金融市长年会暨中国金融生态城市发展年会上荣获中国金融生态名镇荣誉称号。

本月 “沙窝萝卜”商标在第三届中国商标节上被推荐为 2009 最具竞争力的农产品商标。

（王富盛）

党　务

新闻宣传 2009 年，西青区协调中央和市级权威媒体，完成西青区经济贸易投资项目签约洽谈会、第二届沙窝萝卜节、第三届冬枣节、学习实践科学发展观等 14 项对外集中宣传活动，在天津日报、今晚报、天津人民广播电台、天津电视台和新华社、人民日报、中央人民广播电台等主流媒体播发稿件 1000 余篇，扩大西青区知名度和影响力。区“两报、两台”和信息港网站大规模改版，推出“科学发展在西青”、“重点工程巡礼”、“关注民生 构建和谐”、“实现三年倍增，造福西青人民”、“十件民心工程”等 30 余个重点栏目，刊播发各类新闻稿件 1 万余篇，为经济社会又好又快发展提供强有力舆论保障。

（王富盛）

干部队伍建设 2009 年，西青区树立德才兼备，以德为先的用人导向，完善选拔任用机制。制定《关于围绕三年倍增计划，加强领导班子和干部队伍建设的若干意见》。开展新一轮干部培训，举办处级干部理论培训班和经济社会发展专题调训班，累计培训各类党政干部 2400 余人次。加大处级后备干部、优秀年轻干部选拔培养力度，通过“双推双考双公开”方式，选拔 226 名处级后备干部。完善决策目标、执行责任、考核监督 3 个体系，组织开展处级领导班子和处级干部年度满意度测评。加强年轻干部培养，选派 200 余名年轻干部到基层一线实践锻炼。加强人才工作和干部人事制度改革。编制下发《西青区人才队伍建设中长期规划纲要编制工作方案》。加强和改进区级专业技术人才队伍管理和服务，举办西青区专业技术人才政治理论培训班。组织开展人才政策机制创新工程，加强人才资源统计工作，完善人才政策体系。推进干部人事制度改革创新，制定出台《西青区处级后备干部管理办法》、《西青区处级后备干部、优秀年轻干部选拔工作实施意见》等制度文件。面向全市公开选拔4名副处级领导干部,拿出9个副处级职位进行竞争上岗。加大干部选拔任用工作监督检查力度,开通“12380”举报专网,形成电话、信访、网络举报“三位一体”的举报网络。

(王富盛)

基层组织建设 2009年,西青区完成村级组织换届选举工作,进一步优化村级班子结构。实施农村基层干部“素质提高工程”,对240余名新任村干部进行培训。加强村级后备干部队伍建设,实行村干部助理制。加强机关党建工作,深化“三争创”活动和以“六个一”(每单位确定一个村为联系点,指定一名科级以上干部担任包村联络员,每季度主要领导带队至少深入一次联系点,每年为联系点讲一次党课,帮扶一名困难群众,办一件以上好事实事)为主要内容的联系点制度。扩大党组织覆盖面,开展非公有制企业党组织创先争优活动和先进社区党组织创建工作,提高非公企业和社区党建工作整体水平。深化党员承诺制,促进党员先锋模范作用的发挥。推进农村党员干部现代远程教育,基层干部管、学、用水平提高。

(王富盛)

党风廉政建设责任制 2009年,西青区纪委落实分级、分线、分项负责和统一协调的“三分一统”领导体制和工作机制。加强责任分解、责任考核、责任追究,与各单位签订落实经济发展和党风廉政建设责任书,促进各级领导班子及其成员切实负起“一岗双责”。协同组织部门,推动各单位执行班子民主生活会、领导干部述职述廉、大事报告、外出请销假等制度的落实。对发生违法占地、所属部门干部违纪等问题负有领导责任的4名处、科级干部给予诫勉、谈话批评处理,对13名新任职处级领导干部进行任前廉政谈话。

(王富盛)

政风行风建设 2009年,西青区纪委组织政风行风建设单位修订完善服务承诺,安排30个重点部门的“一把手”走进区电视台直播间向社会公开承诺,接受社会监督。组织开展“强能力、树新风、帮企业、惠民生”为主题的教育活动,提高干部职工服务大局能力。以邮寄、会议和随机发放的形式向服务对象和行政相对人发放评议问卷3000份,对纳入政风行风建设的单位进行民主评议,收集意见、建议132条。召开中期工作推动会,推动各单位落实区经济工作会议精神。加强建设考核工作,强化奖优罚劣,营造良好的政风行风建设氛围。

(王富盛)

服务台资企业 2009年,西青区台湾工作办公室做好台资企业稳定和涉台纠纷调处工作。召开西青区预防化解涉台纠纷工作会,各街镇党务书记和区法院、公安国保支队、西青开发区有关负责人出席会议。传达国台办文件和市台办《关于进一步做好预防化解涉台纠纷和台商权益保护工作的通知》,各单位贯彻落实会议精神,组织力量对台资企业认真排查,确定重点工作对象,深入细致地做好工作。随时掌握和解决涉台纠纷,维护涉台领域稳定。做好国庆、中秋期间涉台维稳工作。组织召开西青区迎中秋台资企业负责人座谈会。台资企业负责人就企业在生产经营中遇到的困难和问题提出意见建议。建立西青区服务台商季谈会制度。与台商及时交流沟通,进一步融洽感情。协调解决信钦喷涂欠薪、皇富车料欠薪、华瑞汽车员工被打、统立空调纵火、钟阳迅达经济纠纷等案件10件。

(王富盛)

政务

政务督查 2009年,西青区以“围绕中心、突出重点、把握关键、协调服务”为工作思路,加大政务督查力度。围绕市委、市政府和区委、区政府确定的重大决策和重要工作部署抓督查;围绕《政府工作报告》和全区175个重点项目及十项民心工程落实情况抓督查;围绕区领导交办的重要事项及有关重要批示抓督查。督查中,明确目标,落实责任,做到件件有人负责、事事有人承办。做好人大代表建议和政协提案办理工作,25件人大代表建议和70件政协提案全部得到有效落实,代表、委员满意率100%。

(王富盛)

事业单位人事制度改革 2009年,西青区进行事业单位人事制度改革。举办职称评聘政策业务培训班,对50余名人事干部和部分企业人力资源部经理进行职称评聘政策业务培训。推荐卫生、环保、体育、农业技术等10个系列的100名专业技术人员参加高、中级资格评审和初级资格审定,为141名大中专毕业生进行专业技术资格认定,审查职称外语、会计、建造师等14个系列196人次的专业技术报考资格。推荐10名有突出贡献的专业技术人员破格、越级申报专业技术资格。指导杨柳青镇、西青报社等8个单位开展专业技术职务竞聘(聘任),19人晋升专业技术职务。配合区委组织部对155名专业技术人才进行届期目标管理考核,参考人员均取得合格等次。指导卫生干部进修学校、土地整理交易所、市容委环境卫生队等7个单位工勤人员竞聘管理岗,15名工勤人员初聘管理岗和专业技术岗。指导卫生局对宾水医院64名内部调配人员进行重新聘任。组织司法、教育、劳动系统公开招聘工作,招聘公证人员2名、教师49名、劳动保障工作人员5名。为公安西青分局、民政局、交管西青支队招聘辅助工作人员75名。

(王富盛)

地震工作 2009年,西青区人防办搞好防震减灾工作。针对严峻的地震形势,加大防震减灾工作力度。做好区武装部强震动观测室和市地震局信息节点维护管理,确保仪器设备始终处于良好运行状态。协调中北镇完成该镇强震动观测室选址工作。为提高地震观测能力,开展地震观测井建设选址工作。按照市应急办和市地震局安排部署,与杨柳青一中、张家窝镇田丽小区协调配合,完成2009年天津市应对重大地震演练有关内容编写和视频拍摄工作。

(王富盛)

政 法

治安管理 2009年,公安西青分局探索治安管理工作新途径,落实重点行业和场所动态管理控制,加大各类违法行为查处力度。查处各类治安案件6423起,治安处罚572人,其中拘留558人、罚款9人、警告5人。针对社会治安中的热点问题,组织开展治爆缉枪、烟花爆竹专项治理等专项行动,破获危险品案件43起,打击处理违法犯罪人员51名,收缴枪支120支、子弹1190发、管制刀具276把、烟花爆竹5308箱,排查整治各类安全隐患15起,净化了全区社会环境。

(王富盛)

打击刑事犯罪 2009年,西青区检察院把握全区社会治安形势,贯彻宽严相济的刑事政策,严格履行批捕、起诉职责。全年批准逮捕犯罪嫌疑人661人,提起公诉914人。坚持“从重、从快、从严”方针,将暴力犯罪、黑恶势力犯罪以及聚众扰乱社会秩序犯罪作为打击重点,提前介入,引导侦查,依法快捕快诉。提前介入重大刑事案件侦查、疑难案件预研164件。做到无违反法定程序、无延期审理、无错捕错诉、无无罪判决。对主观恶性较小、犯罪情节轻微的未成年犯、初犯、偶犯和过失犯依法从宽处理,决定不批准逮捕33人、不起诉16人,最大限度增加了全区社会和谐因素。

(王富盛)

行政审判 2009年,西青区法院审结市场监管、城市规划、基础设施建设、土地征收、房屋拆迁等行政诉讼案件54件,非诉执行案件117件。维持行政机关具体行政行为的占21.2%,通过协调等方式化解行政争议的占78.8%。对于在适用法律上有异议及有信访苗头的案件,与行政部门沟通,解决问题前置。对疑难和有重大影响的案件,及时与上级法院协调,统一执法尺度,争取赢得理解和支持。全年没有撤销行政行为的案件,保障了行政相对人的权利,维护了政府和行政机关的良好形象。

（王富盛）

法律援助 2009年，西青区司法局细化分工，明确责任，实行人员三定位(解答寻求咨询和帮助的人员定位，148专线电话接听人员定位，中心内勤工作负责人定位)。落实《天津市法律援助民心工程项目实施方案》，围绕建立健全法律援助机构，扩大法律援助覆盖面的项目要求，扩大法律援助范围。成立西青区工会法律援助工作站，在各街镇建立工会法律援助工作分站。落实调解优先原则，做到定分止争、案结事了。全年接待当事人520人次，其中来电125人次，来访395人次。代写法律文书21份。指派律师和法律工作者代理案件25件，其中民事案件15件、刑事案件10件。

（王富盛）

普法依法治理 2009年，西青区司法局开展“法治西青”创建工作。倡导法律至上的法治理念，重点提高公职人员尤其是各级领导干部的民主法制理念。寻找依法执政突破口，做到依法决策、民主决策、依法施政，把法治意识贯穿于执政全过程。以开展法治西青建设为契机，促进依法行政、公正司法工作。开展防范和打击非法集资法制宣传，打击治理非法传销活动。开展“提高农民法律素质，促进农村改革发展”主题实践活动。在各街镇和开发区成立10个法制辅导站，在区法院挂牌成立西青区法制宣传教育基地。以各种宣传日、宣传月、纪念日活动为契机，开展法制宣传教育活动。全年发放各种法制宣传资料3.3万份，制作播出《法制方圆》节目34期，编辑依法治区简报9期，编辑《身边法解析》5期，撰写信息24篇，被各级刊物采纳17篇。

（王富盛）

人民团体

工会组织建设 2009年，中共西青区委九届五次全会召开后，以加强和改进新形势下党的建设为契机，区总工会加大工会组建和会员发展力度，新建工会组织183个，发展会员5000余名，全区工会组织1875个，会员14.6万人，是全区规模最大的群众组织，基层工会组织数和会员数位居全市区县前列。开展工会“三级联创”(创建先进基层工会、创建示范街镇总工会、创建先进区县工会)活动，激发基层工会活力。计划用3年左右的时间创建300个先进基层工会、10个示范街镇开发区总工会、1个先进区县工会，即“311”组织建设规划。召开全区工会“三级联创”活动经验交流会，对4个街镇总工会、16个村工会和33个企业工会命名表彰，产生积极的示范带动效应。加强工会干部队伍建设，提高工会服务职工群众的能力。举办中国特色社会主义工会发展道路理论讲座，推行工会干部聘用制。调动基层工会干部的积极性和创造性。

（王富盛）

青年成长助力行动 2009年，共青团西青区委深入开展“成长助力行动”。服务青年创业就业。动员社会资源，不断拓宽青年就业、见习渠道，搭建企业选人用人平台，建立西青区共青团青年就业创业见习基地30余个，提供见习岗位200余个。开展暑期“三下乡”社会实践活动，组织高校学生参观杨柳青鑫茂工业新城、东淀都市型现代农业示范区、西青区凌奥创意产业园等亮点，促进学生学习与谋就业良好衔接。做好农村青年创业致富金融服务，联合邮储银行天津支行为创业青年提供小额贷款2037万余元，有效解决青年创业资金难问题。服务青年健康成长。以中小学校为主阵地，开展少先队员“雏鹰争章”活动、“好习惯伴我快乐成长”主题活动和18岁成人预备期系列教育。继续开办农村青年人才培训工程学历班，协调有关部门，把优秀外来务工青年纳入招生范围，增加“开放教育”本专科专业16个，招生504人。举办“庆祖国六十华诞、结今生浪漫情缘”西青区第十届青年集体婚礼，引导青年树立健康向上的婚恋观念。

（王富盛）

妇女参与经济建设 2009，西青区妇联积极引领妇女参与经济建设。营造干事创业的良好氛围。把妇女创业就业与“双学双比”、“巾帼建功”工作结合起来，争取政策、资金和项目支持，为女性创业发展提供支持。制定下发《关于加强妇女创业就业工作的意见》。扩大“巾帼建功”的范围和领域，引导、动员广大妇女在经济社会发展中自立自强、建功立业。搭建就业创业服务平台。举办女企业家、女能人“创新工作业绩，创造精彩人生”主题论坛。开展女大学生创业导师促进行动。天一建设集团、大桥焊材有限公司、利福特电梯部件有限公司成为首批女大学生创业实习基地。强化“半边天家园”载体作用，为失业妇女提供就业信息、协调就业岗位800余个，安排妇女就业500余人。加大妇女培训力度。邀请区劳动和社会保障局、市妇女创业培训中心专家送政策、送知识到“家园”，为各家园妇女群众开展家政、旅游、餐饮等现代服务业培训。区、镇两级妇联组织妇女导游培训、面点师培训、蔬菜园艺工资格认证考试及120名困难母亲参加的手工编织培训班，部分人员接洽编织业务，实现家庭增收致富。

（王富盛）

农林业

支农惠农政策 2009年，西青区农经委贯彻落实中央和地方的各项强农惠农政策，争取市级以上支农惠农专项扶持资金1.3亿元，提高农民转移性收入，为全区现代农业建设提供资金支持。在各项惠农政策支撑下，设施农业水平明显提高，农业龙头企业不断壮大，农村环境质量显著改善，农民合作组织逐步规范，农业政策性保险初步建立。为更好发挥政策的引导作用，对《西青区提升优化都市型现代农业的实施意见（试行）》进行修订，调整5项补贴条款，增加2项补贴条款，取消2项补贴条款，并以区政府名义出台《西青区优化都市型现代农业的扶持意见（试行）》，以区农经委名义印发政策实施细则，提高政策的导向性、可操作性和财政补贴力度。

（王富盛）

设施农业建设 2009年，按照都市型现代农业发展定位，西青区先后实施东淀都市型现代农业示范区、大寺凯润1平方公里食用菌基地、杨柳青园艺科技博览园、张家窝中国北方蝴蝶兰基地、第六埠脱毒马铃薯种薯基地、精武观赏鱼养殖繁育基地和中北镇雷庄花卉基地7个市级设施农业重大建设项目，累计完成投资7.04亿元，其中2009年新增投资3.7亿元，提升农业园区建设水平。在设施农业重大建设项目引领下，全区累计新建种植业设施2147公顷，其中智能温室7万平方米、新型日光温室400公顷、普通温室等生产设施1740公顷。新增养殖业设施面积66.67公顷。全区以蔬菜和花卉为主的种植业设施面积5000公顷，以肉鸡、奶牛、生猪和观赏鱼为主的畜禽、水产养殖设施面积284公顷。

（王富盛）

文明生态村创建 2009年，西青区农经委在文明生态村创建工作中，围绕道路硬化、街道亮化、垃圾污水处理无害化、饮水卫生化、村庄绿化美化、能源清洁化标准，启动水高庄、第六埠绿化美化净化新农村示范工程和大任庄、王稳庄、建新、小南河3个综合创建村，以及1个镇村结合创建村建设工程。投入建设资金4600余万元，占计划总投资的75%，硬化主干街道和里巷道路30多公里，铺设地下排水管道27公里，主干街道安装路灯608盏，购置垃圾箱930个、垃圾车30辆，建设街心花园2处、园林小景8处、体育健身广场11270平方米、水冲式厕所9座、老年及少年活动中心340平方米，主干街道和环村林植树1.35万株，创建村环境质量明显改善。

（王富盛）

养殖技术推广 2009年，西青区畜牧水产局继续在4000公顷养殖池塘推广精养鱼池套养南美白对虾新技术模式。利用水体中天然饵料，自然增长南美白对虾，有效改善水质，降低成本，提高效益。在1000公顷水面实施乌克兰鳞鲤良种繁育及健康养殖技术推广，进行水上蔬菜、水下鱼虾立体生态养殖技术试验和深水位高效益水产养殖技术研究试验。局水产技术推广站被确定为国家大宗淡水鱼产业技术支撑体系示范区项目试验站，引进优质水产良种异育银鲫“中科3号”，实施面积0.67公顷。

（王富盛）

防灾减灾 2009年，西青区农林局以预防为重点，坚持早发现、早预报、早防治原则，抓好监测和防治工作，确保3733.33公顷东亚飞蝗防区蝗虫不起飞。以美国白蛾、尺蠖、腐皮病等森林病虫害监测和防治为重点，与各街镇签订林业有害生物防治目标责任书，确保6533.33公顷林区安全。完成苗木调运检疫100.46万株，种子调运检疫322.5吨，检疫率100%，有效阻止各类病虫害的传播和蔓延。坚持昼夜值班制度，完成防雹和增减雨作业任务。

（王富盛）

农村经纪人培训 2009年，西青区开展农民素质提高工程，即农村经纪人培训工作。9个街镇深入发动、广泛宣传，培训效果初步显现。培训350名中级农村经纪人，完成全部培训任务的70%，其中第一期155名学员取得国家从业资格证书。涌现出天津市曙光沙窝萝卜合作社社长李树光、农机服务大户田爱俊和蔬菜种植大户刘树和等一批农村经纪人典型。

（王富盛）

商贸服务业

商业设施改造 2009年，西青区供销系统发挥柳青商厦窗口作用，为广大经营者、消费者提供安全、便利、舒适的环境。在区政府支持下，投资192万余元对该商厦进行消防设施改造，区供销社项目部与柳青商厦密切配合，利用5个多月时间，完成设施改造任务，消除消防隐患。配合全区“创卫”工作，加强环境整治。为加强市场管理，方便居民购物，投资近60万元对杨柳青西环菜市场原有经营场所设施进行改造。

（王富盛）

服务业招商 2009年，西青区商委以完善服务业规划为先导，打造“亲商、安商”的发展环境，吸引大项目、好项目落户西青。制定《西青区服务业发展定位和战略规划》，为全区及各街镇服务业发展指明方向。采取以商招商、会议招商、中介招商等有效途径，向国内外展示西青服务业发展规划，推介重点招商项目。物美连锁配送中心、华盟集团圣天源财富中心以及年销售收入超百亿元的化轻公司等一批大项目相继与区签约、入驻。在西青区经济合作洽谈签约会上，签订服务业项目13个，协议金额118亿元。营造良好的发展环境。制定出台西青区促进服务业发展的扶持意见和实施细则，重点扶持大项目建设，鼓励总部经济、新兴服务业和涉及国计民生的服务业加快发展。为红旗农贸市场、津兰国际商贸物流中心等重大项目申请市级扶持资金369万元。

（王富盛）

粮食工作 2009年，西青区商委抓好储粮安全管理，落实《天津市消防安全责任制规定》，组织粮储企业开展春季粮油安全普查，做好汛期防汛工作，高标准完成全国组织的清仓查库任务。依据《粮食流通管理条例》、《粮食流通监督检查暂行办法》等有关文件要求，对系统内外涉粮企业开展监督检查，出动执法30人次、车辆15台次。做好粮食价格监测、信息采集和报送工作。每天对部分集贸市场、超市进行主要粮油价格监测，及时报送每日集贸市场价格及粮油信息。抓好军粮供应，开展军粮企业财务专项检查，保证各品种不断档，坚持送货上门，部队随需随送。

（王富盛）

开发区建设

基础设施建设 2009年，西青开发区夯实基础设施建设。完成6平方公里核心服务污水管网工程和道路工程。启动赛达科技园一期23.8万平方米工程。生物医药产业园主干道管网及道路工程全部竣工。完成赛达大道友谊路延长线至津淄立交桥路段建设。污水处理厂二期竣工投入使用。完成武田制药等42项天然气工程，天津昭和漆包线有限公司等19项自来水工程。开通环开发区公交线路，完成龙府花园供水管网改造项目。全年完成标准厂房、定做厂房、改造厂房30万平方米，国际工业城厂房年内封城。

（王富盛）

服务企业 2009年，西青开发区组织企业座谈会3次，走访企业1354次，解决250个问题。协助30余家企业获得市、区部门2000万元资金扶持。妥善处理燕化、坚永、灿特、蒂普拓普等企业群体性事件，圆满处理银湾国际广场纠纷。改造燃气调度指挥中心，实现重大安全生产事故为零目标。新建工会17家，签订集体工资协议30余份，成立开发区困难职工帮扶站和开发区工会法律援助站。成立注册资本1亿元的开发区担保公司。完成开发区网站中、英、日、韩4种语言版本改版工作。

（王富盛）

招商引资 2009年，西青开发区新注册外资项目38家，投资总额3.8亿美元，注册资本2.85亿美元；新注册内资项目61家，注册资本18.5亿元；外资增资企业35家，增资额8225.8万美元，内资增资企业14家，增资额7398万元；迁入外资项目2家，内资项目7家；全年合同外资额3.58亿美元，外资到位额3.36亿美元，内资到位额57.93亿元。

（王富盛）

城市建设与管理

推动宅基地换房工作 2009年，西青区建委以宅基地换房工作为重点，推动张家窝镇宅基地换房工作。在建住宅面积59万平方米，村民住宅项目新开工146万平方米，完成建设投资13.5亿元；商品房项目新开工96万平方米，完成建设投资8.2亿元，合计完成建设总投资21.7亿元。积极协调配套管理中的各种问题，严格执行法律法规和各项政策，对新建居住小区、商业小区配套验收程序做出明确规定，减少办件程序，缩短办件时间，全区配套管理工作步入健康有序的良性循环轨道。

（王富盛）

完善公建配套设施 2009年，西青区建委完善公建配套设施建设。医疗中心主体工程基本完成，建筑面积7.3万平方米。建成后的医疗中心为三级甲等医院，设计床位600张，地上、地下停车位364个，将彻底改善就医环境，提高整体医疗卫生服务水平。完成天津西站杨柳青临时客运站停车场建设工程。涉及建设停车场、管理用房、停车场内交通标线及周边大型广告牌制作等约2万平方米，投资1500万元。自3月初至4月底仅用两个月就全部完成，保证了杨柳青临时客运站正常运营。

（王富盛）

供热工作 2009年，西青区作为供热计量抄表试点，供热计量面积35.23万平方米，比上年增加24.01万平方米，其中热计量收费项目涉及2个小区，供热建筑面积11.22万平方米，热计量抄表试验项目涉及4个小区，供热建筑面积24.01万平方米。小锅炉并网工作，协调天津市津热集团和津安热电有限公司，协调完成李七庄街凌口村锅炉房和西营门街嘉汇园锅炉房并网工作，涉及建筑面积29.3万平方米。为确保人民群众温暖过冬，对各供热单位的燃煤储备、设备维修维护、供热运行、供热补建、供热验收、老干部遗孀热费减免等供热工作监督检查，协调解决热线及来信来访反映的供热问题，确保全区全程、稳定、优质供热。

（王富盛）

市政建设 2009年，西青区建委先后完成西站临时客站停车场550米管道埋设和1.5万平方米路面建设、杨柳青八大局小马路630米管道施工和1300平方米油面铺设、润杨道54555平方米大修、胜利路排水管道405米和4221米路面翻修等工程。镇区市政设施得到完善提升。先后完成新华道、柳霞路等16条道路近百余处路面维修，完成车行道维修23160平方米，里巷道路维修8307平方米，更换侧、缘石7282米。泵站完成58台套电器机组检修。组建防汛队伍，逢雨出击，确保杨柳青、精武两镇安全渡过汛期。

（王富盛）

镇区绿化 2009年，西青区建委以争创国家卫生区、国家园林城区和国家生态区活动为引领，实施道路景观提升改造工程。完成西青道绿地更新3.8万平方米，完成柳霞路、柳口路2.7万平方米，市场路1万平方米道路绿化提升改造工程。新建绿化面积13万平方米，绿化覆盖率40.3%。

（王富盛）

环境保护

环境监察 2009年，西青区环保局加大执法检查力度，严查环境违法行为。出动执法2338人次，对1066个排污单位进行现场检查，填写921份现场检查记录。立案查处企业93家，其中经济处罚22家、停产整顿23家、限期整改43家、限期治理4家、关闭1家。

（王富盛）

生态区建设 2009年，西青区环保局落实全区《生态区建设规划》，按照国家生态区建设新考核指标体系，推进各项重点工程和各项指标的完成，其中6项基本条件达标，25项指标基本完成，82项重点工程有序推进。完成《西青区创建国家生态区工作报告》、《西青区创建国家生态区技术报告》，筹备制作专题片和“创建国家生态区，打造西青生态新天地”宣传册。实地考察、筛选10多个示范点，绘制成《西青生态区建设示范点简介》。顺利通过国家生态区市级预验收。

（王富盛）

“创卫”工作 2009年，西青区市容委抢时间、争进度，推动创卫工作深入开展。对大寺、张家窝、中北3个国家卫生镇及其他6个街镇进行调研，提出整改措施，巩固创卫成果，为创建国家卫生区打下扎实基础。与《天津日报·聚焦西青》编辑部联合举办“我喜爱创卫的N个理由”征文活动，与西青报社、区电视台联合开办“环境大家看”、“创卫视角”等栏目30余期，提升群众了解创卫、参与创卫的自觉性。至年底，有6个街镇被命名为国家卫生镇，9个街镇全部被评为市级卫生镇。149个行政村中128个被评为市级卫生村，在全市名列前茅。

（王富盛）

经济管理

计划工作 2009年，西青区发展和改革委员会研究制定全区经济社会发展计划，制定《街镇经济发展考核办法》和《目标责任书》，对各项指标科学合理分解，下达到相关职能部门及各街镇、开发区。落实区经济工作会议精神，按照区委“1365”总体要求和工作思路，研究制定西青区三年倍增计划，对主要指标的年度计划相应调整，对三年倍增目标量化研究。加强全区经济运行现状跟踪调查与宏观经济发展战略分析研究，做好经济运行监测，完成《西青区关于“三个层面联动协调发展”的情况汇报》等多篇分析报告，为领导决策提供科学依据。超前谋划，做好《西青区经济社会发展第十二个五年规划》编制的前期准备工作，研究制定《西青区“十二五”规划编制方案》，明确前期调研课题及专项规划范畴，为“十二五”总体规划编制奠定基础。

（王富盛）

培育新财源 2009年，西青区财税部门积极应对形势发展变化，研究切实有效的增收措施，努力培植财源税源。重点支持开发区、示范工业园和街镇工业园基础设施建设，为招商引资创造良好条件。加大街镇工业园贷款贴息力度，支持街镇工业园做大做强。及时搭建投融资平台，建立健全融资担保体系，积极筹集资金为全区经济建设服务。落实积极的财政政策，保障全区经济稳定增长，为完成财政收入任务奠定坚实基础。

（王富盛）

税收征管 2009年，地税西青分局按照税收法规实施征管，审时度势确定工作重点。做好重点税源户征管，确保重点税源稳定增长，通过完善征管措施，对450户重点税源户确定科学的征收方式。对重点户入户辅导，提前做好纳税人汇算清缴，保证企业所得税完整入库。加强零散税源征管，确保税源大幅增长，对9个镇级工业园区、12个村级工业园土地租赁行为进行规范，对外地施工队伍在区施工行为进行登记，采取多项措施规范物流、建筑安装企业纳税。对房产税、土地使用税、车船税、印花税等地方税种，组织好税源调查，做好全年二次入库，保证税款均衡入库。强化清理欠税，对新欠户严格执行审批制度，防止新欠发生。累计完成税收收入295618万元，超额3778万元，比上年增加52421万元，增幅达21.6%。其中营业税收入109054万元，成为拉动税收增长的主要动力。

（王富盛）

市场管理 2009年，工商西青分局相继开展食品安全整治、治理商业贿赂、“红盾护农”、互联网上网服务营业场所检查、创建国家级卫生区等专项行动，检查有关市场和经营户7530户次，立案查处违法案件49件，查处假冒伪劣商品案值270余万元，查获大批假冒伪劣食品，捣毁食品制假窝点9个。在食品市场整顿活动中，落实产品质量和食品安全专项整治工作，对应建立“索证索票”、“一证一票”制度的492户食品经营户检查督促。

（王富盛）

价格监督检查 2009年，西青区物价局强化价格监督检查。重点开展节日市场、农资、药品价格和涉农、涉企、存车、医疗服务、教育、疾病预防控制机构、注射甲流疫苗等收费专项检查。出动检查526人次，检查各类单位162户，查出价格违法案件10件，查出多收价款113.78万元，退还用户多收价款6617元。推行明码标价，对各商场、超市明码标价工作开展检查，售发各类标价签9万余张。加强价格举报工作。坚持“12358”价格举报电话24小时值班制度，接待群众举报、投诉和咨询43人次。耐心解答群众在西青网站上咨询的价格问题，回复留言8条。在“3·15消费者权益日”设立宣传咨询台，发放《价格法》、《关于商品和服务实行明码标价的规定》、《价格法律知识问答宣传册》960余份。利用各种媒体宣传价格政策和价格工作新动态，发表信息稿件25篇。

（王富盛）

统计监测 2009年，西青区统计局加强常规统计，强化数据审核与评估，增强服务意识，为各级领导决策提供翔实的统计数据和信息。重点加强对经济运行走势的分析监测。各级统计部门围绕应对国际金融危机，针对全区经济运行的特点及趋势变化，密切跟踪，深入调研，对国民经济运行情况、工业生产状况、现代服务业发展水平、利用内外资等进度进行监测和分析，提供统计分析报告60余篇。完善《西青统计月报》和《西青统计年鉴》内容，及时发放给各级领导和部门。围绕区委、区政府中心工作参与编制三年倍增计划。上报各类统计信息240余条，接待各类统计查询600余次，发挥了统计部门的信息、咨询、监督职能。

（王富盛）

科　技

落实科技政策 2009年，西青区制定出台《西青区扶持科技创新实施办法(试行)》及《西青区扶持科技创新实施办法实施细则(试行)》，加大政策扶持力度。修订《西青区科技进步奖励办法》，科技进步奖奖金总额从35万元提高到100万元，奖励标准为突出贡献奖20万元，一等奖5万元，二等奖3万元，三等奖1万元。根据《西青区鼓励自主创新实施办法(试行)》，对2008年度取得的78项市级科技成果、8项鉴定成果、3项重点新产品等予以支持，支持金额60.8万元。对诺尔电气有限公司的有源电力滤波装置等10个列入天津市科技型中小企业创新资金计划项目予以支持，支持金额150万元。

（王富盛）

实施科技计划项目 2009年，西青区科委围绕做强电子信息、生物医药、汽车配套、新能源、新材料等优势主导产业和发展都市型现代农业中的关键环节、关键技术，组织骨干企业实施14项国家级科技计划项目、24项市级科技计划项目和20项区级科技计划项目。争取市级、国家级科技资金1855万元，科技贷款320万元。通过58个科技项目的实施，带动企业投入科技资金5.6亿元，推动解决一批技术难题，提升了重点产品的科技含量和企业核心竞争力。

（王富盛）

科技专利 2009年，西青区成为天津市2个列入国家知识产权局知识产权强区工程试点区县之一，启动创建国家级知识产权优势区工作。制定《西青区知识产权强区工程实施方案》，成立领导小组，分解工作任务。组织西青区专利信息服务平台应用培训、西青区知识产权试点企业专利巡回讲座等，加大宣传力度，提高全社会知识产权意识。积极培育瑞能电气有限公司、顶硕科贸有限公司等31家市、区两级专利重点企业。培育一批专利产品，其中天成制药有限公司的制备肌酸或肌酸一水合物的方法获评天津市专利金奖和第11届中国专利优秀奖，太平洋制药有限公司的补肾通淋颗粒获评天津市专利优秀奖。全年专利申请量1709件，其中发明专利448件、实用新型544件、外观设计717件。

（王富盛）

教　育

学校标准化建设 2009年，西青区教育局实施图书配送工程、新增教学仪器设备配送工程。配送8万册图书到全区各中小学。拓展优质教育资源，有效改善办学条件。推进95中学示范校建设，完成工程招标。协调市级示范幼儿园建设和张家窝田丽小学、华旭小学异地迁建。推进改扩建工程和王稳庄中心幼儿园建设，辛口小学食堂、95中学运动场及看台工程，95中学体育馆、报告厅及食堂工程。当城中学宿舍楼及食堂工程完成主体验收。推进校舍维修与加固工作。完成一幼教室复合地板、四中平房修缮、实验小学室外消防管道维修和张家窝中学教学楼加固工程。加快教育信息化步伐。配合“校校通”工程，出台《西青区中小学教育信息化建设2009－2012年发展规划》。

（王富盛）

开展“百名校长访千家、千名教师入万户”活动 2009年，为密切学校与家庭的联系，促进教师角色转变，让教师走进家庭，让教育走进家长心中，西青区教育局构建学校、家庭、社会“三位一体”的学生教育体系，在全系统开展“百名校长访千家、千名教师入万户”活动。活动分准备阶段(1月14日至1月16日)、家访阶段(1月19日至2月10日)。活动结束后，各单位进行认真总结，发现和树立家访活动中的先进典型，总结推广先进经验。为把此项工作落到实处，教育局对各项工作情况进行考核。各中小学把教师家访情况作为考核教师师德情况的重要内容和评优、晋级的重要依据。将教师家访日记存入教师本人师德档案。

（王富盛）

义务教育 西青教育系统把2009年确定为“西青区义务教育现代化建设启动年”。制定实施方案和具体措施，召开全系统推动会，依据实施方案对各项指标详细分解，明确部门任务，落实责任。根据天津市测评试用标准，在调研全区现状的基础上，制定“西青区义务教育学校现代化建设达标评估实施细则解读”，有序推动各项工作落实。启动义务教育现代化建设软硬件工作，确定申报市级评估验收学校名单。按照天津市义务教育学校现代化建设标准，组织12人评估小组，5次到基层学校帮助指导工作，分批申报市级评估验收，11所中小学顺利通过天津市统一验收。

（王富盛）

成人职业教育 2009年，西青区完成争创国家级社区教育实验区任务，成为全市涉农区县中新四区的第一家。实施农民素质提高工程，推进以农村劳动力学历教育为重点的各级各类培训，累计培训3.7万人次。推进职业教育课程改革，落实第一阶段优秀课、优秀论文评选工作。组织21名学生参加市级职业技能大赛。实施社区教育实验区规划，完善社区教育组织领导体系和办学服务体系，建立健全社区教育培训网络，推进“村级成校上台阶工程”。搞好老年大学各项活动，在市电大系统国庆60周年歌唱祖国活动中，西青区老年大学获优秀奖，1人被评为全国先进老年教育工作者。

（王富盛）

文　化

群众文化活动 2009年,西青区开展丰富多彩的群众文化活动。完成春节系列文化活动策划组织工作。开展元宵节灯展、秧歌花会展演、焰火晚会、民俗堂会演出、书画、摄影展览、有奖猜谜等10余项活动。推出"欢乐西青——文化服务基层行"活动。通过文艺演出、流动图书车、数字电影流动放映设备等载体,将优秀文化成果送到老百姓身边。圆满完成新中国成立60周年献礼工程。举办西青区庆祝中华人民共和国成立60周年群众歌咏展演,13支队伍1700余人参加。在中小学开展"祖国在我心中"读书征文比赛,在各村(社区)开展爱国题材电影放映活动,在中北镇举办西青区第四届歌手大赛,在石家大院开展国庆节民俗堂会演出活动。实施"2131"农村电影放映工程,为每个街镇配备1台数字电影放映设备。累计放映200余场,观影7万余人。圆满完成"六个百"(举办100场文艺演出,组织100道秧歌花会展演,举办100期业余骨干培训班,放映100场电影,组织开展读100万册图书,建100个街镇村厂文化阵地)系列文化活动。举办文艺演出103场,秧歌花会展演105道次,各类培训110期,图书借阅110万册次,电影放映150场,完善文化阵地115个。

(王富盛)

文物保护 2009年,西青区文物普查和保护工作进展顺利。区内实地文物普查全部完成。对境内大运河沿岸的闸、涵洞、扬水站水利设施以及桥梁、河堤、民居、商贸建筑进行普查。完成9个街镇实地普查工作,考察杨柳青镇周家大院、正安堂老公所门楼等不可移动文物74处。完成杨柳青老火车站申报第七批全国重点文物保护单位相关工作。成立西青区非物质文化普查工作小组,对区内非物质文化遗产的数量、分布、特征、保护现状等进行整理、挖掘。公布西青区第一批非物质文化遗产名录,杨柳青剪纸等4个项目成功列入第二批天津市非物质文化遗产名录。开展"文化遗产日"系列宣传活动,举办杨柳青年画精品展。完成商俗、灯箱画、婚俗等9个展览布展更新。聘请专业教师为讲解人员讲授专业知识、礼仪常识、消防安全等课程。印制《二十四孝》、《石家大院》等宣传画册,加大博物馆宣传力度。

(王富盛)

旅游品牌创建 2009年,西青区旅游局推进国家A级景区、乡村旅游特色点创建工作。召开西青区乡村旅游特色点工作总结推动会。对杨柳青庄园、杨柳青园艺科技博览园、鑫三农田庄、津西现代农业观光园、天津市农业高新技术示范园区、水高庄园、第六埠农业观光园、大柳滩庄稼院8家完成乡村旅游特色点创建验收工作的单位进行表彰,颁发"天津市乡村旅游特色点"认定标志牌,发放建设补助费64万元。指导帮助玉佛禅寺、杨柳庄园和药王古寺3家景区开展国家3A级景区创建,投入创建资金5900万元,进入评定验收阶段。圆满完成曹庄花卉、雷庄庄园、沙窝萝卜种植采摘基地和金三农农家休闲度假旅游景区4家单位乡村旅游特色点创建验收工作。

(王富盛)

文化市场监管 2009年,西青区新闻出版局联合消防部门组织娱乐场所消防培训,下发《关于进一步加强文化娱乐场所安全管理的通知》,在场所内开展自查自纠,消除隐患,杜绝事故。组织文化经营单位负责人开展法律法规培训。建立企业基础台账,为企业制作下发五项承印管理制度牌,要求企业制度上墙。加大监管力度,对45家网吧安装监管平台系统,与各网吧签订《天津市网吧技术监管平台使用承诺书》。加大社会监管力量,联合区文明办,在区人大、政协和文化站站长中重新聘请33名网吧社会义务监督员,对网吧日常业务进行监督管理。

(王富盛)

卫　生

医院管理 2009年,西青区卫生局加强专业医疗质量控制工作,保障医疗安全。组织质控组专家对各医疗机构进行病案、药事、院内感染等检查。针对检查中出现的重点、难点问题,举办西青区医院感染控制培训班,组织卫生系统80余名相关人员进行培训考核,提高医务人员医疗技术规范化水平。严格医疗机构及医务人员准入和校验管理。建立完善各级各类医疗机构档案,对系统内和部分社会医疗机构开展监督检查,将检查结果作为机构校验和年度考核重要依据。强化医疗技术准入管理,建立医疗技术准入登记备案制度。依法对医务人员执业行为进行规范,办理执业地点变更注册162人,办理护士执业注册480人,办理执业医师资格考试报名200人。

(王富盛)

社区卫生服务 2009年,西青区卫生局成立社区卫生服务工作专家组,对各社区卫生服务工作进行指导考评,对出现的问题及时分析反馈。完成18项社区卫生服务经费调整,经费标准由每万人10万元增至20万元。增加惠民措施。开展60岁以上确诊糖尿病、高血压病人免费投药及60岁以上老人免门诊挂号费试点工作。累计投药价值11万余元,惠及2万余人,增强了慢性病干预效果。完成2008年60岁以上人群3.1万份健康档案输机及2009年新增6889名60岁老人慢性病筛查、建档工作,为每位老人建立电子健康档案,提高管理规范化程度。完成30岁至65岁妇女妇科疾病普查37013人次,筛查率41.5%。启动农村妇女乳腺癌筛查服务项目,完成2000人免费筛查任务。孕产妇和儿童保健筛查进展良好。孕前筛查5915人,筛查率100%;产前筛查3155人,筛查率95.9%。儿童查体14186人次,其中新生儿疾病筛查率98.11%,听力筛查率95.3%,均维持在较高水平。

(王富盛)

药品监管 2009年,西青区医改局落实《处方管理办法》,建立健全医疗机构处方评估组织,提高药品临床合理使用水平。继续抓好抗菌药物分级管理,减少抗菌药物的不合理使用。依法开展麻精药品监管,对19家麻精药品使用单位监管覆盖率100%,依法监督销毁宾水医院及赛达医院过期及印鉴卡不合格的麻精药品。实行区属医疗机构药品集中招标采购工作。参加全市药品集中招标采购工作专题会议,确定8家医药企业为首批配货商,邀请专人对各单位负责人进行网上采购培训。各医疗单位均已执行药品集中招标。

(王富盛)

无偿献血 2009年,西青区献血办按照市政府统一部署,重新建立流动血库,全区2037人通过健康体检纳入流动血库,为应急用血储备供血源。利用"5·8"红十字日、"6·14"国际献血日,加强无偿献血宣传,营造无偿献血光荣的社会氛围。街头采血3343人次,累计采血126万毫升,继续保持无偿献血100%来自街头采血。

(王富盛)

体　育

群众体育活动 2009年,西青区体育局抽出业务骨干,对9个街镇进行为期9天的三级社会体育指导员培训。聘请专家教授为中北镇、杨柳青镇、李七庄街等健身综合素质水平较高的街镇授课。经过培训考试,207人获得三级社会体育指导员资格证书。开展群众体育活动。配合区文化局组织开展秧歌花会展演活动;举行"健身操舞"系列赛;举办西青区"精武杯"羽毛球比赛,31个单位参赛;与区残联共同组织区残疾人运动会,男、女共设14个项目,9个街镇84名队员参赛。为纪念北京奥运会召开1周年,开展大规模的全民健身活动,举办2009年"全民健身日"西青区启动仪式暨"菲特尼斯杯"健身操舞展示赛,13支代表队参赛。

(王富盛)

体育竞赛 2009年,西青区组队参加一系列市级比赛,并取得较好成绩。在天津市农民连珠五子棋比赛中获团体第五名。组队参加天津市农民乒乓球比赛,荣获女团第一名、女单第一名。在天津市少数民族传统花毽比赛中,荣获男子老年组第三名。积极承办各类市级比赛,并创佳绩。先后承办天津市青少年武术锦标赛、青少年柔道锦标赛、女子垒球锦标赛、拳击散打比赛，以及跆拳道冠军赛、柔道冠军赛等市级比赛。2009年，西青区体育局被国家体育总局评为全民健身活动先进单位。

（王富盛）

体育设施建设与体育产业发展 2009年，西青区全民健身路径工程被天津市政府列为新农村建设惠农工程项目。为全区争取体育器材106套，约合人民币159万元，为有安装能力的村居安装健身设施，全民健身路径工程遍布165个行政村。对各村体育健身器材配备情况和现有场地条件进行摸底，制定安装分配计划。向市体育局争取，为武警消防14中队安装价值30万元的体育健身设施，为西营门街赵苑小区安装19套体育健身器材，拓展延伸体育工作服务领域。体育三产完成创收140万元，保证财务收支平衡，为体育事业发展提供了保障。

（王富盛）

人口和计划生育

概况 按照以现居住地为主的统计方式，2009年，西青区总人口为519160人，其中常住人口457963人，流动人口61197人。已婚育龄妇女78257人，综合节育率91.48%。出生婴儿4798人，符合政策生育率99.31%。出生人口性别比为106，全区继续保持稳定的低生育水平。

（王富盛）

流动人口管理 2009年，西青区计生委坚持依法行政，强化流动人口管理。规范征收社会抚养费，立案41件，征收社会抚养费73万元。严格审批二孩804人，批退二孩289人。落实“以房管人”工作机制，建立大寺镇石庄子万人女子公寓服务管理模式。石庄子村建立流动人口育龄妇女服务中心，为流动人口育龄妇女提供良好的学习休闲环境，此经验在全市基层工作经验交流会上进行交流。规范流动人口账卡管理，提高基层基础管理服务水平。投入2万元为街镇村居统一印制流动人口基础卡单18万份，实现流动人口同管理、同服务、同宣传、同投入。加大计划生育信访举报查处力度，提高群众满意度。接待群众来信来访来电464件次，其中区接待133件次、街镇接待331件次，信访结案率和及时率均达100%。

（王富盛）

落实生育关怀项目 2009年，西青区各级计划生育协会组织开展“生育关怀行动”，确定帮扶关怀对象，落实帮扶资金。重点对独生子女死亡家庭、残疾丧失劳动能力家庭、收入低于平均水平的计划生育家庭开展物质救助和精神慰藉活动，重点扶助300余户。全面落实《西青区独生子女家庭子女意外死亡救助办法》，实施计划生育家庭特别扶助制度，对256名特扶对象发放特扶金54万余元。将农村部分计划生育家庭奖扶金发放标准由每人每月60元提高到120元，对确认的491名发放对象发放奖扶金70.7万元。投入2.82万元为282名村居专职计生干部投意外伤害保险，为364户退二孩指标户投保18.93万元。落实计划生育免费基本技术服务制度，各街镇坚持为育龄妇女免费健康查体。全面落实计划生育奖励政策，100%兑现独生子女父母奖励费。

（王富盛）

人民生活

社区建设 2009年，西青区民政局加大社区公益用房建设，列入年度区政府十大民心工程的8个社区服务中心建成，区、街投入资金2590余万元。开展“一街四村”市级民主管理示范镇和示范村创建工作。完成中北镇西姜井等15个村农村社区服务中心创建工作。加强农村社区群团组织党建工作，以中北镇侯台社区为试点，22个群团组织全部建立党小组。组织开展居委会主任看津城活动，提高强化环境治理、创造优美小区的大局意识。杨柳青镇英伦名苑等7个社区完成基础建设，张家窝镇京福里社区投入使用。新建成的社区将提供社会救助、远程教育、残疾康复、医疗卫生、日间照料等30余种服务，使政府服务直达社区。

（王富盛）

社会保险 2009年，西青区劳动和社会保障局按照“老有所养、病有所医、伤有所管、困有所助”的工作要求，广泛宣传，加强内外协作，扩大社会保险覆盖面，逐步形成广覆盖、保基本、多层次、可持续的社会保险体系。实现城镇职工基本养老保险参保11.53万人，完成任务指标的100.6%。研究制定符合全区实际的城乡居民基本养老保障和医疗保险衔接办法，出台凡年满60周岁且缴足15年保险费用的，给予5000元补贴以及600万元医疗保险大额救助基金的惠民政策，实现养老补贴、“新农合”政策与市规定相衔接，确保广大农民待遇不减、标准不降。

（王富盛）

养老服务 2009年，西青区核准登记民办养老机构20家，新增1家。有床位1753张，入住846人，入住率48.26%。收住自理老人406人，半自理老人209人，全护老人214人，特护17人，从业人员243人。为确保养老市场有序发展，坚持机构规范管理服务，落实护理人员持证上岗培训要求，完成培训70人，护理人员培训比率86.1%，超额完成市民政局培训计划。

（王富盛）

新型农村合作医疗 2009年，西青区新型农村合作医疗实现镇、村100%覆盖，参合23.7万人，参合率98.87%，为13343人次报销医药费7318万元，广大农民充分享受到政策实惠，有效解决了农民因病致贫、因病返贫问题。

（王富盛）

人民生活状况 西青区农民生活状况持续改善。2009年，农民人均纯收入13216.45元，户均住房面积30.13平方米，户均可支配收入12947.79元，户均生活消费品支出5979.63元。年末主要耐用消费品人均拥有量为：电冰箱0.33台，空调机0.39台，微波炉0.18台，普通电话机0.14部，移动电话机0.57部，影碟机0.13台，家用计算机0.13台，照相机0.12部，彩电0.43台，洗衣机0.32台，摩托车0.06辆，生活用汽车0.08辆，摄像机0.02台。主要食物年人均消费量为：蔬菜及制品143.34千克，肉类及制品29.63千克，蛋类及制品25.53千克，奶及制品22.42千克，水产品及制品20.67千克，水果及制品38.03千克，酒和饮料19.89千克。

（王富盛）

李七庄街道

李七庄街道位于天津市区西南部，与市内河西、南开两区交叉相联。2009年，街域面积54平方公里，耕地面积491公顷。辖20个自然村(其中3个坐落南开行政区划内，1个坐落河西行政区划内)、2个居委会，常住人口约11万人，其中农业人口2.6万人。城市快速路、卫津南路、津涞公路和外环线穿街而过，街道办事处坐落西青区秀川路10号。

2009年，实现地区生产总值22.6亿元，比上年增长31.4%；固定资产投资35.77亿元，增长49.3%；完成税收2.68亿元；农民人均纯收入14510元，增长11%。

坚持以发展现代农业为目标，优化农业产业结构，规划梨园头占地35.67公顷的都市型现代农业示范园区。完成农业产值8952万元，实现增加值4000万元，完成植树造林33.33公顷。

有工业企业261家，实现增加值7.8亿元，增长28.29%；完成产值23.8亿元，增长17.82%；完成营业收入21.2亿元，增长9.8%；实现利税2.01亿元，增长11.67%。销售收入在500万元以上的规模企业36家，完成工业总产值17.1亿元，销售收入16亿元，利税1.84亿元。

坚持以高端化高质化高新化为导向，加大招商引资力度。新增企业36家，新增注册资金3.2亿元。内资到位额8.05亿元，增长29.4%；外资到位额1599万美元，增长129%。聚天行投资担保等12家公司落户秀川国际，天津天砚建筑表现公司等93家公司落户凌奥创意产业园。九策高科技产业园顺利落地。总部招商、楼宇经济和注册经济取得新发展，可租赁物业设施100多万平方米，年租金收入1.4亿元。

第三产业实现营业收入52.19亿元，增长21.15%；增加值14.4亿元，增长34.2%。固定资产投入完成29.25亿元。三产服务业企业500余家，集体年租赁收入1.27亿元。

拥有民营企业590家，其中工业民营企业172家，三产民营企业418家。民营企业年收入500万元以上的规模企业32家，其中工业民营企业13家，主要分布在化学制品、橡胶制品、自行车及零配件制造等重点行业。

推进农村城市化进程。完成大、小倪庄和高庄子三村21.9万平方米还迁地块和还迁面积调整测算工作，还迁住宅楼项目桩基工程启动施工，调整武台和该3个村《城市总体规划》的地块方案，完成边村"欢乐嘉庭"住宅小区建设。王兰庄、王姑娘庄村民喜迁新居，武台新村、杨楼村村民住宅楼项目全面启动。

实施农民素质提高工程，培训农民877人次。新增就业1354人，完成区下达任务指标的193.4%。通过零就业劳动政策安置、公益性岗位等途径解决就业47人，为76人认定困难群体，让他们充分享受到政府保险补贴。

农村合作医疗保险参合25538人，参合率98.1%，收缴个人资金76.61万元，为低保、五保138人垫付个人参合金4140元。全年收到管理资金438.3万元，报销1597人，报销总额794.4万元。

（王富盛）

西营门街道

西营门街道位于西青区东部，东与南开区、红桥区为邻，西邻中北镇，南与李七庄街道搭界，北至子牙河与北辰区隔河相望。2009年，街域面积21.85平方公里，耕地面积199.67公顷。辖10个行政村、10个居委会（其中厂属居委会2个，即农场和农科所）。人口4.55万人，其中农业人口1.12万人。街道办事处位于西青道259号。

2009年，实现地区生产总值18.44亿元，比上年增长25.27%。纳税总额3亿元（含个税大额），增长90%。固定资产投入9.3亿元，增长55%。农民人均纯收入14650元，增长10.15%。

实现农业产值4310万元，农业增加值1902万元，其中畜牧业产值1811万元，蔬菜产量6484吨，牛奶产量3040吨，禽蛋产量71吨，肉类产量316吨。植树5200株，造林3.4公顷，育苗0.67公顷。

确定重点实施项目7个，含服务业项目5个、工业项目2个，总投资近11亿元，建成并正式经营的项目2个，其中红旗农贸市场迁建项目，总投资5.7亿元，占地面积33.33公顷，建筑面积27万平方米，日交易额3000多万元。

为34家企业办理重新注册或迁入手续，增加税收750万元，拉动经济增长4个百分点，其中坦姆菲尔特造纸网业有限公司正在办理工商迁入手续，年产值达5000万元；万畅建材完成注册前期手续，年产值将达4000万元，麦迪克塑料制品有限公司完成注册，年产值将达3000万元。

投资130万元，完成嘉汇园小区供热管网并网和绿荫小区供暖锅炉维修。小稍口村平房改造投入9亿多元，新建村民住宅18万平方米，配套设施15万平方米。王顶堤村投入13亿元，新建村民住宅30万平方米，配套公建设施15万平方米。怡和村平房改造投入8亿元，新建村民住宅8万平方米，配套公建设施2.3万平方米。

发挥劳动保障优势，做好就业再就业工作。安置非农业216人上岗，农业安置232人上岗。对60岁以上老人申请老年人生活补助进行登记，714人申请，将老年补助存折发到老人手中。新型农村合作医疗参合12825人，参合率100%，收缴参合资金38.47万元，各级政府匹配资金243.68万元，共计282.15万元。

（王富盛）

杨柳青镇

杨柳青镇位于西青区西北部。东与中北镇、杨柳青农场毗邻；南与张家窝镇、辛口镇接壤；北与北辰区、武清区交界。2009年，镇域面积64平方公里，耕地面积2270公顷。辖25个行政村、24个居委会。人口3.42万户10.95万人。

该镇历史悠久。金代贞佑年间，境域设柳口镇，隶属武清县。明中叶后，称杨柳青乡。清雍正年间，改属天津县。民国十八年(1929)，天津县在境内设大编乡，辖编乡23个。抗日战争胜利后，国民党政权推行保甲制，境辖16保(街)，以及谢家庄、马家庄、李家楼三保(村)，共19保186甲。新中国成立前夕，设杨柳青市。新中国成立初期为河北省直辖镇。1954年降为静海县辖镇，仍是天津专区驻地不变。1960年改隶天津市南开区，所辖区划不变。1962年恢复西郊区行政建制，杨柳青人民公社划入西郊区，同时又称杨柳青镇。1990年设杨柳青街道办事处。2002年撤销街道办事处，居民社区统一由杨柳青镇管理。

2009年，完成地区生产总值56.58亿元；固定资产投入18.03亿元；实现税收2.92亿元，比上年增长16.86%，其中镇级财政收入1.04亿元，增长25%；农民人均纯收入13083元。

完成益利来、德仁水产2个现代设施农业建设项目。开辟新品种试验田5.34公顷，引进新一代水果玉米、糯玉米等16个鲜食玉米品种，试种西瓜品种42个。博览园完成投资1.5亿元，4个展示馆（蔬菜不同模式展示馆、蔬菜规模化栽培展示馆、花卉展示馆和热带亚热带果树展示馆)工程全部完成。绿色蔬菜生产区36个日光温室建设完毕。全镇绿化造林84公顷，义务植树2万株。

大院区项目进展顺利。525户居民中470余户完成腾迁，占总数的90%，累计投资约1.5亿元。对董家大院、周家大院等10家大院整合修缮。

加大招商引资力度，新增注册企业100家，并与食品添加剂、新加坡石油钻具、股粉等4家企业签订入驻工业园区意向。杨柳青工业园被市政府认定为天津市区县示范工业区。

以项目带动推进第三产业发展。完成增加值15.3亿元，营业收入64.7亿元。完成元宝岛项目拆迁安置和杨柳青庄园2期工程建设。占地4公顷的养殖区内散养各种禽类，游客可以观鸟拾蛋，感受林中漫步的悠闲。娱乐区占地3.33公顷，建有户外拓展训练基地。

发展税源经济，引进物美超市、百顺大卖场、国美电器、苏宁电器等知名商贸企业，光源电力、中信恒广、通南五金、中兴泰富等三产企业快速发展，奥森物流、南方物流壮大发展规模。天津西站临时客站迁至杨柳青，拉动餐饮住宿业发展，引进富祥酒楼餐饮企业，提升餐饮服务业水平。

规范低保政策，审批新增低保户30户（城镇26户、农业4户），注销核减37户（城镇27户、农业10户)，全镇享受低保家庭1172户2690人。提高低保标准(非农业调到430元，农业调到400元)，发放物价上涨补贴，保证困难群众正常生活。

全镇参加城镇居民基本医疗保险有57人次住院，报销金额25.67万元。农村合作医疗保险有1563人次住院，报销金额690.20万元。

(王富盛)

张家窝镇

张家窝镇位于天津市南部，距市中心9公里，距区政府驻地杨柳青8公里。东与精武镇相连，西靠京沪铁路，南濒独流减河与静海县相望，北与工农联盟农场接壤。2009年，镇域面积62.7平方公里。有耕地1685.6公顷。辖16个自然村、3个居委会。人口13269户31550人，其中农业人口8400户21800人。从业人员11900人，劳动力11400人。

元明两代隶属静海县。清雍正年间，境内张家窝等7个村划入天津县，由此分属静海、天津两县。民国二十三年(1934)，各村隶属静海县六区、天津县二区。抗日战争胜利后，各村建立基层人民民主政权，分属津南县六区、七区。新中国成立初期，各村分属天津县六区、静海县二区。1953年建津西郊区，设张家窝乡、古佛寺乡，领原天津县辖各村。1958年，境内各生产大队(村)分属西郊区红旗人民公社、静海县小甸子人民公社。1961年分属天津市南开区、和平区。1962年划入西郊区，隶属郭村、木厂人民公社。1983年体制改革，恢复乡村体制，改称张家窝乡。1994年撤乡设镇，称西青区张家窝镇。

2009年，实现地区生产总值17亿元，比上年增长7.89%，其中一产完成0.80亿元，增长56.9%；二产完成13.25亿元，增长0.6%；三产完成2.95亿元，增长40.58%。固定资产投资20.25亿元，增长30%。实现出口交货值11.5亿元，增长21.82%；实现税收2.3亿元，增长9.5%。内资到位额10亿元，增长30.6%；外资到位额1400万美元。农民人均纯收入13066元。

围绕冬枣、蝴蝶兰两大产业，深化农业结构调整，加快现代农业示范园建设，推进农业产业化进程。投资20万元在高村筹建冬枣产地销售市场，改善市场周边环境，修路，建厕所、停车场等设施。举办第三届冬枣节，通过媒体宣传开拓销售市场。

投资建设一批新型二代节能温室，建成新型第二代节能温室60幢6万平方米，占地14.67公顷。制定优惠政策和服务措施，吸引该镇及其他街镇花卉种植和经营者进入园区。

与杨柳青镇、中北镇成功申报天津西青汽车工业区，工业区规划面积25.5平方公里，其中张家窝镇土地面积9.08平方公里。投资1000万元，完成汇鑫路及次干路两侧绿化。园区引进企业13家，出租厂房8451平方米。22个项目开工建设，新建项目7个，企业技改项目15个，其中重点工业项目4个。

完成居住区一期修建性详细规划调整工作。全镇路网调整规划编制完成。张窝村村民还迁楼工程总建筑面积18万平方米。B区18栋楼单体完工，正在进行配套工程。A区23栋楼单体工程完工。A地块住宅楼工程8栋多层住宅，总建筑面积2.8万平方米，完成单体工程。炒米店等2个村还迁楼工程进入施工图设计阶段。

采集就业信息241条，开发就业岗位1163个，安置失业人员740人，其中城镇161人、农业322人、外省257人。转移培训农村富余劳动力573人，完成技能培训123人。新增城镇职工基本养老保险参保286人，累计836人。新型农村合作医疗参合20748人，参合率98%。为464人补助医疗费用300余万元。

（王富盛）

中北镇

中北镇位于西青区北部，东邻西营门街道，西至杨柳青镇，南与工农联盟农场接壤，北靠津沪铁路。2009年，镇域面积39.75平方公里，农业用地1038公顷。辖23个自然村。人口1.60万户4.22万人。镇政府驻中北大道北侧。

元明两代隶属静海县。清雍正年间设天津县，境内各村皆划入天津县。民国十四年（1925），天津县划为8个区，境内村庄划入二区、三区。民国十八年（1929），天津县对所辖村庄进行编乡。新中国成立初期，境内各村隶属天津县第六区（大稍直口）。1953年，津西郊区成立，境内设大稍直口、李楼乡。1958年8月，西郊区红旗人民公社在境内设李楼、中北斜、大稍直口管理区。1983年改为"九一九"乡。1984年再改中北斜乡。1997年撤乡设镇，称西青区中北镇，以原中北斜乡驻地中北斜村得名。

2009年，实现地区生产总值38.62亿元，固定资产投入85.92亿元，财政收入2.07亿元，农民人均纯收入14918元。

第一产业实现产值9412万元，增加值5200万元，固定资产投资4100万元。探索农业新技术，叶子花的引进与花期调控项目获得区科技进步三等奖。实施农村经纪人培训工程，28人取得中级证书；开展涉农职业培训，122人取得职业资格证书。投资4100万元开展雷庄花卉基地建设。建成100栋二代节能温室及展示厅，其中B区34栋投产，1500平方米的综合管理服务、培训中心投入使用。

工业实现销售收入120亿元，增加值28亿元，实缴税金5.1亿元。规模企业发展到160家，净增17家，规模企业占工业企业总数24.2%，实现销售收入101.4亿元，增加值24.1亿元，分别占全镇工业总量的84.5%、86.1%。新注册企业60家，实际利用外资3036万美元，内资到位23亿元，各项指标居全区街镇首位。工业固定资产建设项目94个，完成投资30.5亿元，增长45%。

第三产业固定资产投入55亿元，销售收入70.1亿元，利税3.6亿元，增加值9.8亿元，税收2.6亿元。

由曹庄花卉、热带植物园投

资建设的南运河都市商务休憩旅游区子项目北运河冰雕乐园，“十一”期间开张纳客。项目面积近2000平方米，是天津市唯一集运河主体冰雕展、哈尔滨冰雕精品展、冰上儿童乐园于一体的室内冰雪场所。

新增物流企业8家，仓储物流企业发展到121家，重点物流企业有南方物流、奥森物流、公铁水航物流中心、天环物流和丰田物流。交通运输个体户730家，仓储面积40余万平方米，交通仓储业年营业额18.2亿元，货物运输量600万吨。

个体工商户4240户，从业人员近千人。新增私营企业69家，私营企业总数409家，从业人员3427人。个体私营经济实现销售收入70.1亿元，增加值9.8亿元，占全镇经济总量25.38%。

5247人享受合作医疗报销补助，区、镇两级补助金额2804.3万元。新型农村合作医疗参合34117人，参合率100%，镇、村两级投入324.1万元，为低保、五保234人垫付参合金7020元。住院1662人次，申请报销补助金额970.6万元。

该镇先后获得市级卫生镇和国家卫生镇称号，23个村有21个被天津市爱卫办命名为市级卫生村，比例高达91.3%。

（王富盛）

辛口镇

辛口镇位于西青区西部，东与张家窝镇接壤，南与静海县良王庄乡以独流减河为界，西至河北省霸州市扬芬港乡，北与杨柳青镇前桑园村相连。2009年，镇域面积62平方公里，耕地面积3520.93公顷。辖18个自然村，人口1.40万户3.72万人，其中农业人口3.34万人。镇政府坐落上辛口村西。

元代隶属静海县。明代静海县在境内设辛口里。清乾隆年间属静海县。民国二十三年（1934），境内村庄隶属静海县四区、五区。抗日战争胜利后，境内村庄分属静海县五、六区。同时，中共武装在境内村庄建立基层人民民主政权，境内村庄隶属静大县七区。1948年，境内设静海县五区（当城区）。新中国成立初期，境内村庄隶属静海县三区。1953年改属十区。1956年，静海县实行撤区并乡，设当城乡，另有部分村庄划属小甸子乡。1958年，境内各生产大队（村）隶属杨柳青人民公社。1969年，西郊区革命委员会调整公社规模，当城、小沙沃人民公社并入木厂公社。1984年更名上辛口乡。1997年撤乡设镇，称西青区辛口镇，以原上辛口乡驻地上辛口村得名。

2009年，完成地区生产总值10.55亿元，比上年增长25.45%；工业总产值23.2亿元，增长7.91%；第三产业营业收入17.98亿元，增长21.16%；税收收入9524万元，增长3.13%；固定资产投入7.05亿元，增长73.65%；内资到位额2.19亿元，增长8.42%；农民人均纯收入10955元，增长12.94%。

调整农业产业结构。加快实施东淀都市型现代农业示范区建设。完成第六埠鱼池堤埝改造和当城66.67公顷低压管灌工程。做强沙窝萝卜品牌，完成反季节沙窝萝卜栽培技术应用研究任务，进行杂交一代育种，有效提高沙窝萝卜品质。

工业经济稳步提升。建立“招商引资服务流程图”服务模式，提高招商引资服务水平。完善工业园区设施建设，园区变电站3.5万伏出线、泰华路架空线路入地和泰兴路工业园配套线路工程完成。投资8000余万元，完成必佳药业、鑫卫化工等5家企业技措技改任务。完成必佳药业、鑫卫化工等新产品研发项目和鑫卫化工市级技术中心建设。

第三产业健康发展。发展产业融合的生态旅游。实施水高庄都市型现代农业示范核心区和玉佛禅寺项目建设。

投资5000万元，完成18个村及富兴里小区自来水管网入户工程。完成津晋高速公路绿化工程。全年植树11.7万株，总体绿化面积70公顷，镇域森林覆盖率24%。

实施水高庄、第六埠村“绿化、美化、净化”新农村试点工程。改造村庄主干道路3.27万平方米，建水冲式公厕8座，安装路灯178盏，实施村庄标志性建筑及灯光夜景工程，美化街景立面，建设村民文化广场。

安置剩余劳动力就业506人，完成指标的101%。落实家电、汽车下乡财政补贴和农机补贴工作，发放各类补贴80余万元,落实种粮补贴政策,累计补贴农田2000余公顷,发放补贴金220余万元,近8000户受益。新型农村合作医疗参合30060人,参合率96.45%。做好农村居民养老补贴发放工作,对4794位60岁以上老人进行登记及微机录入。为2210位农村居民办理养老保险手续。

(王富盛)

大寺镇

大寺镇位于天津市西南部,距市政府8公里,距区政府35公里。东与津南区毗邻,南与王稳庄镇相依,西与精武镇接壤,北靠外环线与李七庄街道相邻。2009年,镇域面积86平方公里,耕地面积1451.2公顷。辖15个自然村、2个居委会。常住人口3.68万人,其中农业人口3.25万人,非农业人口0.43万人。流动人口7.60万人。

元明两代隶属静海县。清雍正年间,除青凝侯村隶属不变,境内其他村庄皆划属天津县。民国十八年(1929),境内村庄划为天津县二区及静海县六区。抗日战争胜利后,国民党政权在境内设峰山庙乡,青凝侯隶属静海县老君堂乡不变。同期,中共武装力量在境内村庄建立基层人民民主政权,各村隶属津南县七区。新中国成立初期,境内村庄分属天津县一区、五区及静海县二区。1958年8月,境内各生产大队(村)隶属西郊区东风人民公社,旋即划入南开区卫南人民公社。1983年改大寺乡。1995年撤乡设镇,称西青区大寺镇,以镇政府驻地附近旧有雍熙古刹得名。

2009年,完成地区生产总值35.1亿元,三级财政收入5.1亿元,固定资产投入38.55亿元,农民人均纯收入1.48万元。

有耕地1072.13公顷,其中水稻118.47公顷,产量889吨;旱田462.87公顷,产量2829吨;蔬菜种植173.4公顷,产量18680吨;棉花种植186.67公顷,产量560吨。种植业实现增加值1764万元。落实国家粮食补贴政策,完成夏粮、秋粮及粮种补贴84.38万元,涉及6个村1915户,补贴面积928.27公顷。

水产养殖面积1350.93公顷,水产品产量8689吨。猪出栏15013头、羊出栏209只、牛出栏30头、肉鸡出栏41.33万只,肉类总产1136.61吨。鸡蛋产量121吨,奶品产量2333吨。养殖业实现增加值4559万元。

推动1平方公里食用菌基地项目建设。打造青凝侯村设施农业建设项目。

有工业企业354家,规模企业83家,超亿元企业21家,实现工业总产值125.4亿元,销售收入122.74亿元,利税6.11亿元,增加值27.3亿元。民营企业330家,主要分布在钢铁制造、生物医药、电焊条、自行车、机械制造等行业,实现工业总产值105.91亿元,利税4.35亿元。

高新技术产业园占地220公顷,规划建筑面积100万平方米,预计总投资50亿元。完成2平方公里规划面积、道路定线、放线和报批,园区可出让面积约200公顷。

有三产企业5388家,从业人员13722人,其中超亿元企业6家。完成销售收入85亿元,增加值6.26亿元,利税3.06亿元,固定资产投入32.75亿元。

新开工住宅面积29万平方米,平房改造在建住宅面积37.6万平方米,累计竣工面积231.41万平方米。新增绿化面积32.79万平方米、道路面积3.5万平方米。

完成就业1168人(农业1094人、非农业74人),岗前培训1250人。新增养老保险1720人、医疗保险31873人、工伤保险5110人。新型农村合作医疗参合率100%。镇财政投入207.2万元。报销资金544万余元。

(王富盛)

王稳庄镇

王稳庄镇位于西青区东南部,东与津南区毗邻,西隔独流减河与静海县相望,南与大港区接壤,北沿津淄公路与大寺镇相依。2009年,镇域面积116平方公里,耕地2713.33公顷,辖15个行政村。人口1.06万户3.44万人,其中回、满、朝鲜等7个少数民族78人。镇政府坐落王稳庄村北,津淄公路西侧。

明清两代隶属静海县。民国十二年(1923),境内村庄分属静海县一、二区。抗日战争胜利后,中共武装力量在各村建立基层人民民主政权,境内村庄分隶津沽县三区、津南县三区。1946年，津沽县并入津南县，各村皆隶属津南县。新中国成立初期，辖域隶属静海县马圈区。1956年，静海县调整区划，设王稳庄乡。1958年，成立静海县团泊洼人民公社王稳庄管理区。1962年，恢复西郊区行政建制，辖域划属西郊区，时称西郊区王稳庄公社。1983年，改为王稳庄乡。1997年撤乡设镇，改称王稳庄镇，以镇政府所在地王稳庄村得名。

2009年，完成地区生产总值15.4亿元，比上年增长29.6%；实现工业总产值59.04亿元，增长15.41%；销售收入72.9亿元，增长12.2%；利税总额4.2亿元，增长24.9%；内资到位额7.1亿元，增长41.4%；外资到位额2468万美元；财政收入1.38亿元，增长25.3%，镇级财政收入3696万元，增长17.67%；农民人均纯收入10764元，增长10.8%。

农作物播种2713.33公顷，其中粮田518.53公顷，棉花种植1994.8公顷，瓜类种植200公顷。产粮3047吨，产籽棉6134吨，瓜类产量4300吨。出栏生猪6.03万头、肉鸡80万只、肉牛120头；蛋鸡养殖9万只，产蛋150万公斤；蛋鸭养殖20万只，产蛋220万公斤；鲜奶产量185万公斤；水产品产量13850吨。植树48850株49.73公顷。

镇工业园区获批为全市31个示范园区之一，加大基础设施建设和招商引资力度，提高开发开放水平。全年实现工业增加值10.4亿元，增长28.4%，占全镇经济总量的68%，工业经济运行质量显著提高。

启动津淄公路拓宽改造工程，完成拆迁723户，累计拆迁21万余平方米。投入2000万元，新建住宅楼3幢1.4万平方米。优化镇域环境。开展新一轮“大干150天”市容环境综合整治活动，镇村整体环境显著改善。完成津港运河、赤龙河、五进支和污河、咸河、并河清淤工程，全面贯通镇域水系。

安置就业697人，新增就业岗位600余个。做好城镇职工养老保险和2%新综合费率保险扩面工作。参加2%综合险2265人，参加城镇职工养老保险829人。办理社会保障卡152人，核定符合享受养老补助4128人。启动城乡居民养老保险及城乡居民医疗保险，参加城乡居民养老保险660人，登记城乡居民医疗保险参保21865人。

（王富盛）

精武镇

精武镇位于西青区中部。东与李七庄街道相连；南与大寺镇接壤；西临独流减河与静海县、隔西大洼排水河与张家窝镇相望；北与工农联盟农场、天津第三高教区为邻。2009年，镇域面积57.2平方公里，耕地面积1262.67公顷。辖18个行政村、2个居委会。人口1.16万户2.87万人，其中农业人口0.94万户2.36万人。

北宋时期设小南河寨。元明两代隶属静海县。清雍正年间设天津县，5个村庄划入，由此分隶静海、天津两县。抗日战争胜利后，中共武装力量建立基层人民民主政权，各村分隶津南县六区、七区和津沽县一区。1946年津沽县并入津南县，各村隶属津南县六区、七区。新中国成立前夕，各村隶属天津县五区、静海县砖垛区。1953年建津西郊区，设郭村乡，领天津县五区原辖5村。1956年，静海县实行撤区并乡，在境域南部设大南河乡、闫庄子乡。1958年8月，境内各村分属静海县团泊洼公社、西郊区红桥公社。1962年恢复西郊区行政建制，境域划入西郊区，时称西郊区郭村公社。1983年改付村公社为付村乡。1984年再改永红乡。1986年撤乡设镇，改称南河镇。1992年后称西青区南河镇。2009年1月18日，更名精武镇。

2009年，实现地区生产总值11.38亿元，工业总产值54.9亿元，销售收入55.1亿元，利税4.14亿元。农民人均纯收入10473元。

蔬菜产量1.15万吨，粮食产量3560吨，棉花产量1560吨。成鱼9000吨，南美白对虾900吨。出栏生猪3.3万头、羊2000只、肉鸡210万只，鲜蛋产量210吨，鲜奶96吨，肉产量8000吨。

投入资金2100万元，启动占地19.2公顷的观赏鱼一期示范区建设。在大南河村进行马铃薯机械化种植技术试验，试验面积13.33公顷。南美白对虾套养技术推广面积866.67公顷，取得良好经济效益。12个村自来水内外管网铺设完毕，解决7500户17600人安全饮水问题。绿化面积76.67公顷，植树12万株。

749家企业分布在金属制品、纸制品包装印刷、化工、医药及食品添加剂、木制品及家具制造、纺织服装、塑料制品等行业，金属制品、纸包装制品、生物医药为支柱产业。

工业园区打造高附加值、高技术含量的高新轻工产业密集区。大冢制药有限公司、新宇彩板有限公司、凯奥生物制品有限公司、欧劳福林(天津)香料有限公司为镇知名重点企业。

规划霍元甲精武文化旅游区项目。着手承办霍元甲百年英雄大会。

与10余家有投资意向的企业集团进行对接。投资1.55亿元，启动小南河、牛坨子4.2万平方米商业街建设。投资200余万元，优化西城寝园环境。

开展镇区6.8平方公里控制性详细规划编制。开工小南河、牛坨子、宽河3个村村民住宅，建筑规模47万平方米。

实现就业879人。培训农村富余劳动力714人。新型农村合作医疗参合22745人，参合率99%。1099人次报销613万余元。

组织开展全国道德模范和“感动天津人物——海河骄子”申报、投票工作。兴旺里居民、出租车司机孙玄获全国道德模范提名奖和海河骄子提名奖，渤海钻探公司钻井队队长牛星壮荣膺“海河骄子”荣誉称号。

（王富盛）

津 南 区

概 述

津南区位于天津市东南部，海河下游右岸。地处北纬38°50′02″~39°04′32″，东经117°14′32″~117°33′10″。东与塘沽区毗邻，西与河西区、西青区接壤，南与大港区相连。区政府驻地咸水沽镇。2009年，全区面积387.84平方公里，耕地面积13743.6公顷。辖咸水沽、小站、葛沽、双港、辛庄、双桥河、八里台、北闸口8个镇及长青办事处，有173个村民委员会、28个居民委员会。辖区居住着汉、回、朝鲜、蒙古、满等27个民族，居民14.63万户41.17万人，其中农业人口28.99万人。

2009年，津南区开展"保增长、渡难关、上水平"活动，加大企业帮扶力度，狠抓大项目、好项目建设，实现二、三产业固定资产投资双百亿目标。实施"东进、西连、南生态、北提升"发展战略，提升示范镇和示范工业区建设水平，加大生态环境建设力度，建成一批群众称道的精品工程，树立起清新靓丽的城镇形象。稳妥推进土地整合，拆除一批旧村庄，一批新城镇在建设中，部分群众在同样的土地上享受到不同的新生活。地区生产总值完成230.7亿元，比上年增长20.97%。三级财政收入65.8亿元，增长29.8%，其中区级财政收入35.7亿元，增长52.9%。全社会固定资产投资265.5亿元，增长83.24%。社会消费品零售总额93.7亿元，增长27.82%。

实现工业总产值581.8亿元，增长7.1%。骨干企业继续发挥支撑作用，优势企业快速成长，规模以上工业企业发展到825家。园区经济发展水平逐步提高，各镇工业园区新增"七通一平"面积332.53公顷，经济开发区各项经济指标平稳增长。微电子工业区引进企业42家，市政府批准的双港、海河、八里台、小站4个示范工业区全部启动建设。

限额以上服务业企业发展到86家。47个重点项目建设进展顺利，23个项目建成运营。星耀五洲旅游度假区列入天津市九大文化旅游板块，小站练兵园、宝成博物苑入选"滨海八景"。新增运输企业101家，运力增长1709车11586吨。商品房销售面积和成交金额增长4倍以上。8个楼宇经济载体投入使用，注册企业2680家。新建改造封闭菜市场3个、社区商业中心3个。

设施化种植面积700公顷，设施化养殖面积5.36万平方米。"小站稻"被评为中国驰名商标。农业科技园区辐射带动作

相关链接：

"东进、西连、南生态、北提升"：东进——以葛沽为基点，把津南融入滨海新区；西连——连接泰达(西青)微电子工业区，积极引进资源要素；南生态——充分发挥小站练兵的品牌效应，打造文化旅游、农业观光、人居环境宜人的文化与生态景观区；北提升——提升津南新城至双港北部地区的城市化形象。

用增强，5个重点项目初具规模。农民素质提高工程扎实推进，9947人取得证书。

新增民营经济单位3743家，新增注册资金142.0亿元。个体经济迅猛发展，中心镇区商业店铺供不应求。组建滨海民营基地投资公司，起步区120公顷土地具备招商条件，滨海创意中心注册企业520家。新批三资企业43家，实际利用外资额2.7亿美元。完成外贸出口额8.8亿美元。引进内资项目774项，吸引内资到位额165亿元。世界拳击组织亚洲比赛中心、中源协和干细胞、世纪华丰等一批大项目顺利签约。

完成大沽排污河治理工程，实施2座污水处理厂建设，区域性污水集中处理率80%以上。完成10蒸吨以上燃煤锅炉脱硫改造任务，二氧化硫减排216吨。综合改造河道5条、主干道路3条，新增城镇绿化面积98.2万平方米。空气质量优于二级天数达到305天。

成立资金管理协调小组，制定津南区《政府投资项目融资管理暂行办法》，完善"借用管还"机制。引进兴业银行、中信银行、天津银行分支机构，设立华宝、天士力2家小额贷款公司。拓宽融资渠道，完成项目融资37项，协助企业融资24.9亿元。

承担市级以上科技计划项目39项，开发新产品60项，申请专利1000件。科技型中小企业群体发展工程成效明显。4个天津市自主创新产业化项目进展良好。落实固定资产投资1000万元以上技改项目37项。组建产学研联合体44家，新增市级技术中心2家。

圆满完成海河教育园区一期整合拆迁任务，14条主干道路基本建成，7所职业院校建设进入施工阶段。西部矿业天津制造业基地等3个市级重大工业项目按计划推进。39个区县重大项目开工率100%，9个项目竣工投产。新一批20项重点工程开工率85%。

围绕"双城双港、相向拓展"空间发展战略，完善城市总体规划和土地利用总体规划，完成示范镇和示范工业区规划编制任务。稳妥推进土地整合。完成28个村整合拆迁任务，盘活村庄用地920公顷，收储建设用地866.67公顷。依法报批建设用地2400公顷，划拨供地913.33公顷，出让土地79宗666.67公顷。

辛庄、咸水沽、双桥河、北闸口示范镇启动建设，八里台、葛沽示范镇具备还迁条件，小站示范镇复垦任务超额完成，双港中心镇建设取得新进展，各类建筑开工面积1100万平方米。狠抓还迁房和基础配套设施建设，12个整合村9000户居民陆续还迁。津南区被列为推动中国城镇化健康发展的公共服务政策研究项目试点城区。

天津大道、津港高速建设进度过半，天嘉湖路、津歧路延长线、天颐津城路竣工通车。板桥、微山路、鑫港湾、裕盛4座变电站竣工，新增主变容量258万千伏安。新增集中供热面积184万平方米，延伸外管网61公里。铺设供水干线156公里。新增天然气用户1.5万户。

建成城市管理数字化平台，试行"以奖代补"综合考评机制。扩大道路机扫范围，改善13个旧楼区卫生面貌。新建垃圾转运站6座，生活垃圾无害化处理率95%。创建文明生态村5个、市级卫生村10个。

深化教育人事制度改革，实行绩效工资制度，完善办学水平评估机制，建立教育均衡发展合作学区，提高教育教学水平。高中阶段普及率98.7%，高考上线率89.9%。协助办好全国职业院校技能大赛，津南区4人参赛4人获奖。学校现代化建设进程加快，着手迁建学生劳动实践基地，建成3所小学，扩建2所中

2009年6月28日天嘉湖路交付使用

学，完成12所中小学校舍加固任务，6所学校通过现代化标准硬件验收。

提高18项公共卫生服务标准。实行药品集中招标采购。加强疾病防控能力建设，建成流感监测实验室，甲型H1N1流感得到有效防控。优化医疗卫生资源布局，建成小站、北闸口卫生院。加大社会抚养费征收力度，符合政策生育率99.2%，区计划生育生殖健康服务中心和双港镇、葛沽镇技术服务站被评为天津市优秀服务站。

举办第五届文化艺术节，开展大型文化活动10项。实施农村电影“2131”工程，建成3个镇级文体中心，津南图书馆达到国家一级馆水平，津南区被评为全国文化先进单位。新建村居健身小区74个，举办群众性体育竞赛活动24项，少儿体校5个项目保持全市领先，津南区运动员在第11届全国运动会上取得历史最好成绩。

办好改善人民生活10件实事，群众生活水平有新提高。农村居民人均纯收入1.17万元，城镇职工工资性收入增长62.90%。加强就业、创业培训，提高群众就业技能和创业能力。推进村级劳动保障工作站建设，强化就业信息动态管理。加强劳动就业基地建设，实现就业困难群体48小时上岗就业。新增就业人员1.6万人。实行城乡居民基本医疗保险和基本养老保障制度，扩大社会保障覆盖面，城镇养老、医疗、失业三项社会保险综合覆盖率122.03%，新型农村合作医疗参合率99.8%，被征地农民社会保障参保人员不断增加，3.7万老年人按月领取生活费补贴。弱势群体生活得到改善，提高城乡居民最低生活保障标准，159户住房困难群众领取租房补贴，建成11个残疾人社区康复站，慈善协会救助困难群众3.35万人。

加强社会治安综合治理基层基础工作，完善社会治安防控体系，建立“四位一体”巡控机制，开展打击“涉枪涉爆”、“两抢两盗”等15个专项行动，“八类案件”破案率86%。开展全员大接访活动，开通网上信访平台，推行信访代理制，畅通群众诉求渠道。做好矛盾纠纷排查研判工作，落实领导包案责任制，化解一批信访积案。建立信访风险评估机制，超前化解各类矛盾，集体访批次人数下降40%。完善三级应急预案，组建7个应急专业队，组织应急演练，提高应急处置能力和自防自救能力。全国科普示范区创建成果进一步巩固。圆满完成支援陕西略阳恢复重建任务。

人大代表、政协委员建议和提案全部办复，满意和基本满意率100%。拓宽联系群众渠道，办好区长热线、区长信箱和“8890”家庭服务网络，认真答复北方网“政民零距离”专栏反映问题。广泛开展调查研究，做好经济普查工作，促进科学决策。完善津南政务网，推进政府信息公开。开展“作风建设年”活动，着力转变工作作风。行政审批整体提速30%，投资项目核准不超过31个工作日、备案不超过25个工作日，企业设立审批不超过5个工作日。加大政务督查力度，提高政府部门执行力。加强政府法制工作，行政复议案件调解和解率96.7%。推进基层民主法制建设，开展“五五”普法活动，完成162个村和27个社区基层组织换届工作。

（李仁会）

津南区区级领导名录

中共津南区委领导名录

职　务	姓 名	性别	出生年月	民族	文化程度	籍　贯
书　记	李国文	男	1955-02	汉	中央党校研究生	天津市
副书记	李广文	男	1954-10	汉	中央党校研究生	天津市
副书记	韩远达	男	1963-10	汉	中央党校研究生	天津市
常　委	赵仲华	男	1960-03	汉	研究生、博士	上海市
常委、区人武部政委	魏桥三	男	1954-12	汉	中央党校大学	湖北武汉
常委、区纪委书记、政法委书记	杨国法	女	1954-06	汉	中央党校研究生	河北安新
常委、公安津南分局局长	王树广	男	1952-11	汉	中央党校大学	天津市
常委、宣传部部长	刘　惠	女	1968-10	汉	市委党校研究生	河北黄骅
常委、组织部部长	祖大祥	男	1964-08	汉	研究生、硕士	安徽南陵

津南区人大常委会领导名录

职　务	姓 名	性别	出生年月	民族	文化程度	政治面目	籍　贯
主　任	刘树起	男	1948-04	汉	中央党校大学	中共党员	河北盐山
副主任	高树森	男	1950-01	汉	大　专	中共党员	河北黄骅
副主任	吴炳喜	男	1955-04	汉	市委党校研究生	中共党员	山东无棣
副主任	王金禄	男	1951-12	汉	大　专	中共党员	天津市
副主任	刘万春	男	1958-01	汉	大　专	民进会员	天津市
副主任	魏云凤	女	1952-03	汉	大　专	中共党员	河北黄骅

津南区政府领导名录

职　务	姓 名	性别	出生年月	民族	文化程度	政治面目	籍　贯
区　长	李广文	男	1954–10	汉	中央党校研究生	中共党员	天津市
常务副区长	赵仲华	男	1960–03	汉	研究生、博士	中共党员	上海市
副区长	刘恒志	男	1962–03	汉	市委党校研究生	中共党员	天津市
副区长	窦双菊	女	1962–11	汉	市委党校研究生	中共党员	天津市
副区长	李学义	男	1964–05	汉	市委党校研究生	中共党员	天津市
副区长	李文海	男	1967–12	汉	大　学	民建会员	福建华安
区长助理（副区长级）	宋晓林	男	1955–06	汉	中央党校大学	中共党员	安徽巢湖

政协津南区委员会领导名录

职　务	姓 名	性别	出生年月	民族	文化程度	政治面目	籍　贯
主　席	邢纪茹	女	1950–07	汉	中央党校大学	中共党员	天津市
副主席	杨玉忠	男	1954–11	汉	市委党校研究生	中共党员	天津市
副主席	刘海岭	男	1951–01	汉	大　专	中共党员	天津市
副主席	龚伯生	男	1957–06	汉	中央党校研究生	中共党员	天津市
副主席	孙宝顺	男	1962–07	汉	中央党校研究生	中共党员	天津市
副主席	柴宝成	男	1958–08	汉	大　专	无党派人士	天津市
副主席	黄厚祥	男	1959–09	汉	中央党校大学	民盟盟员	天津市
副主席	孙奇涵	女	1961–01	汉	研究生、硕士	无党派人士	河北邯郸

（区委组织部提供）

大 事 记

1月

5-6日 政协津南区七届三次会议召开。听取审议常委会工作报告和提案工作报告。政协委员列席区十五届人大四次会议。通过会议决议。市政协副主席何荣林到会祝贺。

6日 天津市规划院、上海市政院有关人员到津南区道路交通Z1线现场踏勘并介绍设计方案。

6-7日 津南区十五届人大四次会议召开。审议通过区政府工作报告、区人大常委会工作报告、区人民法院工作报告、区人民检察院工作报告，审议批准2008年财政预算执行情况和2009年财政预算草案报告。

8日 市委副书记、市政协主席邢元敏，副市长李文喜带领市委办公厅、市政府办公厅、市委组织部、市委宣传部、市委政法委以及农口区县主要负责人，出席在天津津南国家农业科技园区举行的天津市社会主义新农村建设领导小组会议。

15日 市政府督查组到津南区就外贸工作进行督查，对2009年外贸工作提出要求。

16日 市委常委、市委秘书长段春华对津南区落实党风廉政建设责任制情况进行检查。

24日 副市长熊建平到津南区考察天津大道、大沽排污河两个市级重点工程。

28日 市长黄兴国到津南区考察天津大道施工现场、北洋高职园（后称海河教育园）起步区和松江生态现代设施农业示范基地。

2月

3日 天津市第三批区县重大项目建设现场推动会在津南区召开。市领导张高丽、黄兴国、刘胜玉、邢元敏出席会议，考察松江生态现代设施农业示范基地热带植物和蔬菜温室建设情况。

16日 副市长李文喜率市农委相关负责人到津南区神农种业有限公司调研。

25日 天津市国内招商引资（南片）推动会在津南区召开。会后副市长任学锋考察津南国家农业科技园区松江生态现代设施农业示范基地。

3月

4日 副市长王治平率市政府办公厅、市经委、市统计局和国家开发银行天津分行主要负责人到荣钢集团调研。

11日 市委常委、市委政法委书记散襄军到津南区，对小站练兵园、颐养院、松江生态现代设施农业示范基地、天嘉湖星耀五洲项目进行考察。

20日 北京市委党校、天津市委党校调研组一行到双港镇城镇建设服务展示中心和劳动力就业市场考察，听取双港镇相关情况介绍。

24日 国家信访局副局级督查专员郭永昌到津南区调研信访稳定工作，并到荣钢集团考察。

25日 市纪委副书记、市监察局局长韩启祥，市纪委常委、市监察局副局长王春珍到津南区，对开展“作风建设年”情况和天津市、区重大项目建设进展情况进行督查。

4月

10日 市人大常委会主任刘胜玉到津南区考察大沽排污河治理工程。

13日 天津市第一批示范镇土地复耕工作现场会在津南区召开。

15日 副市长李文喜带领市发改委、农委等部门及相关区县主要负责人考察津南区小站、八里台示范小城镇建设。

16日 中央政法委副秘书长王其江到津南区小站练兵园、松江生态现代设施农业示范基地考察。

22日 国家土地督查局北

京局副局长牛珏一行到津南区对"双保行动"(保增长、保红线)开展情况督导调研。

同日 市水环境治理指挥部对津南区大沽排污河综合治理清淤工程进行总体验收。

23日 市人大常委会主任刘胜玉率市人大常委会组成人员、部分人大代表到津南区,就小城镇建设情况进行调研。

30日 市建委常务副主任舒长云率市相关部门负责人到津南区,就第三批示范镇建设进行现场办公。

5月

1日 中国最大的创意地产、天津市20项重大服务业项目之一的"星耀五洲"开盘,并获得亚洲人居环境协会颁发的2009年度"绿色亚洲人居环境奖"。此为天津市首个获得该奖项的房地产项目。

同日 市委书记张高丽,市委常委、市委秘书长段春华,副市长只升华、熊建平、王治平率队到津南区天津大道施工现场,慰问节日坚持生产的干部职工。

2日 "历史、文化、生态"走进小站练兵园旅游线启动仪式在津南区小站练兵园举行。副市长任学锋参加启动仪式。

13日 副市长王治平率市经委、市国土房管局、市环保局负责人到津南区考察西部矿业项目。

同日 市委副书记、市长黄兴国,市委常委、副市长崔津渡,副市长李文喜率市相关部门负责人到津南区调研示范镇产业园建设情况。

22日 市委副书记、市长黄兴国在北洋职教园区工程建设指挥部主持召开现场会。市委常委、市委教育工委书记苟利军,副市长张俊芳参加。

6月

4日 市政协副主席俞海潮率部分市政协常委、委员和相关部门负责人到津南区颐养院参观调研养老机构建设情况。

8日 西部矿业(天津)制造业基地建设项目奠基仪式在津南区举行。副市长王治平致辞并宣布奠基仪式开始。

13–14日 津南区运动员李维在2009年全国自行车场地锦标赛暨全国青年锦标赛中,夺得男子4公里团体赛和男子4公里个人追逐赛两项冠军。

18日 津南区首家普法博客"津南法治"在搜狐网正式开通(网址:jinnanfazhi.blog.sohu.com)。

28日 天津市重大服务业项目"星耀五洲"的配套设施,天嘉湖路、桥项目交付使用。天嘉湖路投资9898万元,北起津港公路,南接天嘉湖度假区,全长3.3公里,路基全宽43.5米。天嘉湖桥投资7547万元,含3座跨河桥梁,分A、B、E和非机动车匝道。桥梁主线长411米,设计载荷为城–A级。项目的建成满足了开发天嘉湖旅游区交通需求。

28–29日 2009年全国职业院校技能大赛中职组电工电子技术技能比赛在津南区南洋职业技术学校举行。南洋工业学校刘树通、吴进国分获制冷与空调设备组装与调试比赛二等奖,袁成、周石磊分获单片机控制装置安装与调试比赛三等奖。

30日 天津海河教育园区一期工程开工仪式在津南区举行。市委书记张高丽宣布开工。全国政协副主席张榕明,教育部副部长鲁昕,全国人大常委、教科文卫委员会副主任李树文出席开工仪式。

本月 津南区文化馆老年枫叶合唱团到中央电视台"星光大道"栏目录制节目,并在中央电视台播放。

本月 津南双港开发区的天津市经纬电材有限公司自主研发的扁型换位铝导线,在"晋东南—南洋—荆门"特高压电网中成功运行,填补我国800千伏特高压产品领域空白。

7月

15日 市委理论学习中心组读书会暨"保增长渡难关上水平"活动现场交流推动会在津南区召开。市委书记张高丽,市委副书记、市长黄兴国,市人大常委会主任刘胜玉,市委副书记、滨海新区工委书记何立峰出席。

19日 市委副书记、市长黄兴国和市委常委、市委教育工委书记苟利军,副市长熊建平深入海河教育园区现场调研。

23日 国家民政部副部长窦玉沛到津南区考察颐养院。

31日 全国政协常委、中央巡回检查组副组长、中央宣传部原副部长高俊良一行到津南区，检查指导学习实践科学发展观活动开展情况。市委常委、市委组织部部长史莲喜陪同。

8月

2日 市委副书记、滨海新区管委会主任何立峰到天津滨海民营经济成长示范基地（津南区葛沽镇）和荣程联合钢铁集团有限公司调研。

13–14日 共青团中央办公厅主任唐显凯带队到津南区，就基层团组织建设和青年就业创业工作进行调研。

16日 市委副书记、市长黄兴国，市委常委、市委教育工委书记苟利军，副市长熊建平率领市有关部门负责人到津南区察看天津大道、海河教育园区以及大沽排污河治理工程进展情况。

16–18日 津南区体育局组队参加在河南开封举办的全国少年举重分龄赛，夺得3枚金牌、2枚银牌、5枚铜牌，并获男子团体第五名和女子团体第四名。

26日 区政府召开第二轮编修《津南区志》启动会。区委常委、区委办公室主任杨劲松主持会议，区长李广文就二轮修志工作作动员报告，部署相关事宜。市地方志办公室主任何志英讲话。区档案局局长郑思芹部署修志工作安排意见。全区100多个单位200余人参加会议。

9月

7日 市政协委员专题调研组到津南区就加快海河中游经济区开发建设进行调研。

11日 市妈祖文化促进会会长、市人大常委会原副主任罗远鹏一行4人到津南区调研妈祖文化历史渊源、现状和发展规划。

15日 津南区提前30天完成海河教育园区一期拆迁项目，创3个月拆迁7284户176万平方米的全市拆迁新纪录。

17日 市政协副主席何荣林到津南区就加快经济发展进行调研。

10月

4日 市委常委、市委教育工委书记苟利军，副市长李文喜一行到津南区考察示范工业园区、设施农业项目建设情况。

7日 市委副书记、市长黄兴国，市委常委、市委教育工委书记苟利军率领市发改委、市建设交通委、市教委、市国土房管局、市规划局、市城投集团和海河教育园建设指挥部主要负责人，深入海河教育园区察看拆迁建设现场。

16日 兴业银行天津分行津南支行揭牌营业。

20日 津南区后三合村刘仁旺代表北京队参加第11届全运会柔道比赛68公斤级决赛获冠军，韩城桥村汤淼所代表广东队参加男子棒球决赛获冠军。

26日 天津市人民政府和世界拳击组织（WBO）委托方签署世界拳击亚洲比赛中心项目落户津南区协议。

27日 副市长熊建平带领市建设交通委、市规划局、城投集团负责人察看天津大道实验段绿化工程及道路建设情况。

28日 中信银行天津津南支行揭牌营业。

29日 市委副书记、市长黄兴国在市政府秘书长李泉山及市委组织部、市发改委、市农委、市规划局、市国土房管局负责人陪同下，到津南区调研第三批学习实践科学发展观活动开展情况。

30日 全市区县示范工业园区规划建设推动会在双港示范工业园区招商服务中心召开。副市长李文喜考察双港镇示范工业园区。

本月 荣程联合钢铁集团项目被列入2009年国家财政奖励计划项目，获得国家节能奖资金1663万元。

本月 津南区少年宫音乐教师于茂红、南洋工业学校数学教师李德明荣获天津职工艺术家称号，宝成机械集团董事长柴宝成被授予全国发展县域经济突出贡献人物荣誉称号，《海河柳》文学期刊编辑部执行主编刘国华被评选为天津市十佳文化老人，小站第五小学大队辅导员袁秀林获天津市十佳少先队辅导员，小站实验小学大队辅导员冯润获天津市优秀少先队辅导员，小站五小校长邹宗利、咸水沽三小校长卢纯苓获天津市星星火炬奖章获得者荣誉称号。

11月

19日 中央巡回检查组组长，全国政协常委、人口资源环境委员会主任张维庆一行，在副市长李文喜陪同下，莅临津南区检查指导第三批学习实践科学发展观活动。

26日 副市长李文喜在津南区主持召开天津市第三批示范小城镇建设现场推动会。

同日 区委书记李国文，天津银行党委副书记、行长袁福华为天津银行滨海分行津南支行开业揭牌，区领导李广文、刘树起、邢纪茹、刘惠出席揭牌仪式。

30日 山东省原副省长孙守璞到津南区参观考察"星耀五洲"项目。

本月 津南区荣获全国文化先进单位称号，成为全市18个区县唯一获此殊荣区。

12月

11日 河北省委常委、唐山市委书记赵勇带领唐山市党政代表团深入"星耀五洲"旅游度假区项目、松江生态现代设施农业示范基地考察。

14日 市委常委、市委教育工委书记苟利军，副市长李文喜率领市有关部门负责人到津南区，察看海河教育园区、津港公路绿化现场和泽酩观赏鱼项目现场。

25日 中共津南区委九届六次全会召开，审议通过《天津市津南区2010年工作要点》和《中国共产党天津市津南区第九届委员会第六次全体会议决议》。区委书记李国文总结2009年全区经济社会发展情况，提出2010年工作目标和工作思路。

31日 市委副书记、市长黄兴国到双港镇双林地铁站考察。

本月 天津宝成博物苑景区、小站练兵园入选"滨海八景"。

是年 宝成集团、荣程钢铁集团荣获全国厂务公开民主管理先进单位、中国优秀诚信企业荣誉称号。

是年 津南区咸水沽镇赵北村被评为2009年全国民主法治示范村。

是年 天津荣程联合钢铁集团有限公司总监张增述荣获首届天津市慈善老人称号。

（王 君 何 然 张瀛予）

党 务

概况 2009年，津南区以深入学习实践科学发展观活动为契机，强化党员干部队伍思想政治教育，改进工作作风，着力解决阻碍科学发展的不利因素。以典型引路，深化勤政、廉政建设，推出反腐倡廉新举措。开展"津南新风尚"全民素质提升工程，美化净化社会环境，建设城市文明和生活文明。

（陈淑香）

学习实践科学发展观活动 2009年，津南区贯彻落实科学发展观，抓好两级中心组理论学习。建立健全工作制度，确保中心组成员每周至少半天或6小时以上自学时间，不少于30学时集中培训时间，做到时间、专题、人员、效果"四落实"。以党的十七届四中全会和市委九届六次、区委九届五次全会精神为重点，围绕经济社会发展中的热点、难点、焦点问题，多角度、多领域深学勤学。开展4次区级中心组集中学习、5次二级中心组分片集中学习交流活动，举办学习实践科学发展观和党的十七届四中全会精神两次专题辅导报告会。编辑出版《2008年领导干部理论学习文章选编》；在《天津日报》、《求知》等报刊发表多篇领导干部学习体会文章；在《求知》杂志发表《津南区改革开放以来发展历程的实践与思考》调研文章；在津南区《调查与研究》上发表《津南区宣传思想工作调研与思考》调研报告。

（张瀛予）

加强党员队伍建设 2009年，津南区委组织部严把发展党员程序，实行发展党员计划报告制度，落实公示制度，加大对基层党委发展党员工作监督力度。直接参与发展党员预审，举办11期入党积极分子培训班，培训410人。解决三年以上不发展党员村问题，下发《津南区关于解决农村多年不发展党员问题的意见》。开展主题实践活动，下发《津南区2009-2013年党员教育培训工作规划》、《进一步推进党员服务中心建设的意见》和《关于建立健全党内激励、关怀、帮扶机制的意见》等文件，加强教育管理和服务。开展困难帮扶和慰问老党员、困难党员工作，发放慰问款20万元。编发《津南区党员干部现代远程教育管理手册》，选拔配备站点管理员，定期通报各站点学习情况。

（张瀛予）

反腐倡廉新举措 2009年，津南区纪委推出反腐倡廉新举措。评选出10名人民满意好公仆，推出全市廉政勤政优秀党员干部典型双港镇党委书记卢伟，作为18个区县廉政勤政优秀党员干部唯一代表，在天津市廉政勤政优秀党员干部表彰暨报告会上作典型发言。举办“共和国不会忘记，津南不会忘记——新中国成立以来津南区优秀农村干部廉政勤政五人事迹展”。组织万名党员干部集中观看警示教育片，参观天津市两个教育基地展览，29167人次观看反腐倡廉电教片。开展津南区“倡廉洁、强作风、促发展、庆七一”反腐倡廉知识测试活动，90个单位3000名科级以上党员干部参加。开展廉政文化“六进”（进机关、进社区、进学校、进家庭、进农村、进企业）活动，宝成集团、双桥中学、小站镇迎新村被评为天津市廉政文化建设示范单位，区纪委创作的廉政公益广告被市纪委评为一等奖。下发《关于进行廉政风险排查的通知》，集中进行廉政风险排查和预防。《建立廉政风险预防机制，科学有效推进惩治和预防腐败体系建设》一文，获得全国深入学习实践科学发展观，扎实推进惩治和预防腐败体系建设理论征文活动优秀奖。

（张瀛予）

培育社会文明新风尚 2009年，津南区深化“同在一方热土，共建美好津南”活动，区文明办制定《“津南新风尚”全民素质提升工程实施意见》，开展践行《天津市民文明公约》、《天津市民行为守则》，争做文明津南人活动。在未成年人中开展“祖国在我心中”主题教育活动、“做一个有道德的人”道德实践活动、“向国旗敬礼、做一个有道德的人”网上签名寄语活动以及“寻找美丽的天津”征文活动，引导未成年人做“文明小公民”。开展百所市民学校千堂文明礼仪课活动。组织文明礼仪宣讲员走入社区、农村开展文明礼仪宣讲。举办“讲文明，树新风”宣传活动，在津南电视台、《津南时讯》开设专栏，刊播公益广告，对不文明陋习事例进行曝光。组织开展清整日活动、检查治理丧葬市场活动、“我们的节日·清明节”主题活动、“整治乱烧纸钱，维护市容环境”活动，依法治理制售封建迷信祭品加工点、摊群市场以及马路乱烧纸钱和大搞丧事封建迷信、乱起坟头活动，培育社会文明新风尚。

（张瀛予）

“津南新风尚”宣传活动

政　务

概况 2009年，津南区落实科学发展观，以建设中心城区和滨海新区城市发展主轴上的现代服务功能区，滨海新区产业承接基地和民营经济成长基地，生态宜居魅力城市的定位，继续实施“东进、西连、南生态、北提升”发展战略，在经济结构调整、示范镇建设、重大项目建设、社会事业发展等方面取得新突破，逐步形成三级联动发展格局。

（陈淑香）

依法解决行政争议 2009年，津南区法制办积极受理公民、法人及其他组织复议申请，及时化解社会矛盾。创新行政复议方法，摒弃传统观念，变书面审理为直接面对面听取申请人意见。复议案件接待和审理中，对发现的问题及时采取和解、化解、调解方式解决，提前介入倾向性、苗头性问题，有效避免行政争议发生。接待行政争议63件，接待过程中化解50件，收案后调解化解10件，调解未果转入行政诉讼程序3件。按照法律程序和有关规定，接待解答法律政策问题，引导群众以理性合法方式表达利益诉求，接待受理群众因房屋拆迁等问题上访投诉56件147人次，接待法律知识宣传、咨询160人次，大部分问题得到有效解决。履行法定职责，发挥法制机构职能作用，代理区长做好各项政府被告应诉工作。

（张瀛予）

完善信访机制 2009年，津南区完善信访工作机制，遏制大规模集体访、越级访、非正常访，避免发生群体性事件，以平等协商、自愿协议定纷止争，形成高效、规范、畅通、有序的信访新秩序。受理群众信访事项1693件，比上年增加108件，上升6.8%。其中，受理群众来信619件，增加99件，上升19%；受理群众来访1074批4102人次，增加9批，增长0.85%，人数减少1897人次，下降31.6%。集体访95批2328人次，减少93批，下降49.5%，人数减少2108人次，下降47.5%；个体访979批1774人次，增加102批，增长11.6%，人数增加211人次，增长13.5%。反映问题主要涉及房屋拆迁、土地补偿分配、城镇建设、劳动社保等方面。出台《津南区对涉及群众利益的重大事项进行信访稳定风险评估的实施办法》、《津南区各级领导干部做好定期接待群众来访的实施办法》，完善领导干部大接访长效机制。

（张瀛予）

启动二轮修志工作 2009年，津南区按照天津市地方志办公室工作部署，启动第二轮编修区志工作。成立第二轮地方志编修委员会，以区委南党(2009)10号文件下发，由区档案局地方志办公室负责日常工作，所需工作经费纳入区财政预算。编修委员会由区委、区政府主要领导牵头，分管领导具体负责，区委、区人大、区政府、区政协、驻区单位等各有关职能部门负责人为成员。以津南政办发(2009)13号文转发区档案局制定的《关于第二轮编修〈津南区志〉实施方案》。实施方案明确编修《津南区志》上限为1979年，下限至2010年，总篇幅掌握在100万字。以发展为主题，突出反映改革开放以来津南发展进程和成果，记述社会变革轨迹，突出时代特色、地域特色。从2009年启动到2014年出版，用时5年。区档案局编辑《津南区志资料汇编》、下发《津南区志》(1979－2010)篇目(征求意见稿)，举办不同形式培训会。修志工作正稳步有序推进。

（陈淑香）

举办钻石婚庆典活动 2009年，津南区老龄委举办“庆国庆迎重阳钻石婚庆典”活动。10对老人代表全区107对钻石婚夫妇参加现场庆典，接受区领导和200名各界人士代表的祝福。这10对夫妇工作在各行各业，有参加过抗日战争的老军人、从事教育工作的老教师、常年在生产一线的老工人、在土地里耕耘的老农民、在公检法一线的老干部、改革开放后带领子女辛勤劳动的致富带头人。区领导向老人们赠送钻石婚纪念杯和婚纱照，区老年协会赠送“喜、寿”匾，子女代表行感恩礼，少年儿童向他们献花。钻石婚庆典弘扬中华民族尊老敬老传统美德，对创建和谐家庭、和谐社会起到积极促进作用。

（张瀛予）

津南区第二轮修志工作动员会

政　法

概况　2009年，津南区政法系统以平安建设为载体，开展“平安校园”、“平安网吧”、“平安文化市场”等活动，全面提升平安津南建设水平。公安津南分局深化经济服务月和大走访活动，强化治安防范，荣获天津市优秀公安分局称号。检察机关开展职务犯罪预防工作，提出检察意见26件。参与海河教育园招投标现场监督，对重点工程开展专项预防，举办各类宣讲18次、预防咨询10次，开展个案预防5件，遏制各类职务犯罪发生。法院受理各类案件11783件，比上年上升3.75%，审结各类案件11810件，涉案诉讼标的金额14.5亿元。司法机关运用宣传媒体、普法博客等形式和手段，对重点项目经营管理人员、外来务工人员加强普法宣传。保持了全区社会治安持续稳定，人民群众安全感明显增强。

（张瀛予）

平安津南建设　2009年，公安津南分局保持“严打”高压态势，组织开展“0901”、打击“两抢两盗”、打击制贩假币、打击涉枪涉爆犯罪、打击传销、打击盗窃自行车、社会治安整治、命案侦破、打黑除恶、禁毒人民战争等专项行动，分局刑侦工作排名全市第一。破获各类刑事案件2035起。“八类案件”中，破获抢劫案件190起、抢夺案件12起、入室盗窃案件465起。破获盗窃非机动车刑事案件338起。打处犯罪嫌疑人853人，追回外逃人员390名；打掉黑势力1个、恶势力5个。查处各类治安案件7361起，处罚违法人员1081名。现行命案发案15起破案15起，另破杀人积案4起，连续三年保持“命案必破”。开展禁赌、禁毒、禁黄等治安整治行动，查获赌博案件60起，收缴赌资37万元、赌具169副，逮捕8人，劳教2人，治安拘留302人，捣毁赌博窝点1个。破获毒品刑事案件84起，打掉跨省市贩毒团伙7个，捣毁制毒窝点2个，抓获毒品犯罪嫌疑人50人，逮捕48人，强制隔离戒毒23人，社区戒毒23人，收缴各类毒品5400余克，收缴涉毒案件各类枪支8支、各种子弹70发、炸药6公斤，有效净化了社会治安环境。开展“09”系列巡控行动，组建警犬侦训队。在全市首推汽车、摩托车、自行车、警犬“四位一体”巡控联动机制。

（张瀛予）

检察工作　2009年，津南区检察院批准逮捕各类犯罪嫌疑人379件556人，依法向人民法院提起公诉398件654人，比上年有较大回落。立案侦查贪污贿赂渎职侵权等职务犯罪案件8件12人，所立案件全部侦查终结并移送起诉，有罪判决10人。介入公安机关重大刑事案件侦查活动14次，现场勘验监督12次，引导侦查取证50件，预研案件80件；发出《提供法庭审判所需证据材料意见书》103份；制发《说明不立案理由通知书》13份；改变公安机关案件定性35件56人，建议公安机关撤案24件35人；追捕3人，追诉1人。坚持抗诉息诉并举。息诉12件，息诉率100%。开展预防职务犯罪工作，为9个单位提供行贿犯罪档案查询服务。举办预防职务犯罪法制教育宣讲18次，预防咨询10次，开展个案预防5件。发出检察建议26份，提出整改意见70条，发挥“办一案治理一片”的综合治理效能，推进平安津南建设。

（张瀛予）

法院工作　2009年，津南区法院受理刑事案件546件，审结546件，判处罪犯869人。运用宽严相济刑事政策，判处拘役、管制、缓刑175人，依法免于刑事处罚4人，妥善审理未成年人犯罪案件46件。受理各类民商事案件6459件，审结6418件，挽回经济损失5.3亿元。审结房地产开发经营纠纷、所有权纠纷、借款合同纠纷案件2347件。审结土地承包、土地使用权流转、土地征用等涉农案件116件。审结婚姻家庭、继承、人身损害赔偿案件1292件。审结劳动争议案件794件，有利维护正常市场交易秩序，保障群众合法权益。受理行政诉讼案件49件，审结44件；审查非诉行政执行案件104件，强化行政协调和服务功能。受理各类执行案件4625件，执结各类案件4698件，涉案标的金额4.84亿元。与区检察院加强联系，建立完善民事执行程序检察监督机制，制定《关于建立民事执行程序检察监督机制的意见》。开展集中清理执行积案活动，妥善执结艾闻电子拖欠800人工资、模比林克拖欠1600人工资等劳资纠纷案件。坚持信访日常接待和院长接待日制度，院长接待34次，接待来访当事人560人；日常性接待1183人，办结群众来信117件。

（张瀛予）

普法宣传 2009年，津南区开展“一进三带”（法德进农家、干部带村民、党员带群众、学生带家长）农村专项普法教育活动。采取法律知识培训、法制电影进农村、送法下乡大篷车队等普法举措。举办各类法律法规讲座90场，组织开展“送法下乡”25次、“法制电影进农村”25场，受教育10万人次。开展“送法进工地”、“送法进活动板房”、“法制电影进企业”等宣传教育活动，提高外来务工人员法律意识。向外来务工人员发放《农民进城务工指南》、《外来流动人员实用法律手册》5000册。津南电视台每月播放“平安津南”法制节目，《津南时讯》定期刊登“以案说法”、法律常识等内容。通过各社区电子信息屏向小区居民宣传相关法律法规政策知识。推出普法新举措，在搜狐网开通全区首家普法博客“津南法治”（网址：jinnanfazhi.blog.sohu.com），通过工作指导、文件资料、普法动态、图片新闻、学法用法、普法之窗6个板块宣传法律法规，累计点击3000次。

（张瀛予）

人民团体

概况 2009年，津南区新增工会组织95家，新增会员10602人。举办各类培训班1246次，培训职工107906人。出版发行津南区新中国成立以来首部《劳模风采录》。团区委吸收81名优秀青年代表加入组织，推荐6名青年企业家加入天津青年企业家协会。通过青年论坛、主题团日、读书研讨、辩论赛、知识竞赛等活动，加强青少年思想道德教育。区妇联以教育培训、权益维护与和谐创建活动为载体，提升妇女素质，共建和谐家园。

（张瀛予）

开展“共同约定行动” 2009年，津南区总工会开展“共同约定行动”，覆盖企业1034家，占建会企业85%，覆盖职工92313人，对969家企业进行履约情况检查。建立区级法律援助联合维权中心，在各镇、长青办事处建立9个法律援助站，均已开展工作。受理和接待职工来信、来访、来电37件，全部解决答复。签订工资协议1841家，完成市总工会下达任务的102%，覆盖职工147533人，完成任务的115%。“双签”工作在质量和数量上位居全市第一，建立职工（代表）大会制度企业1160家，其中非公企业1010家，完成任务的157.6%，创建和谐企业161家。

（区总工会 张瀛予）

实施弱势青少年帮扶工程 2009年，共青团津南区委开展以“温暖2009”为主题的服务青少年月活动，筹集帮扶资金27万元，捐赠救助物资30万元，帮扶特困青少年300余人。举办“翰墨情”共建共享促和谐——天津知名书画家扶贫助困书画展卖义卖活动，筹集善款15万元，用于帮扶困难家庭青少年和残疾青少年。开展“我心中有个太阳”身边希望工程活动，筹集爱心捐款15万元，结帮扶对子百对。对贫困学生、服刑人员未成年子女、残疾青少年、圆梦大学生四类青少年群体摸底调查，建立爱心数据库，在《津南时讯》、“12355”网站公布。开展“牵手”行动，青年志愿者与5名服刑人员未成年子女结成对子，从物质上、精神上对他们予以关注。

（张瀛予）

开展妇女创建和谐活动 2009年，津南区妇联以“展巾帼风采，建和谐津南”为主题，举办纪念“三八”国际劳动妇女节99周年表彰大会。社会各界妇女代表400余人参加会议。33支代表队400名妇女参加津南区第28届“三八”健康杯体育活动通讯赛决赛。各镇开展“爱国爱党爱家乡”演讲比赛、知识竞赛、歌咏比赛等国庆系列活动。开展共建和谐家园，共享美好生活——“镜头中的和谐生活”家庭摄影大赛评选。举办各界妇女培训班，230余人参加培训。八里台镇以“携手创文明，万家共和谐”为主题开展和谐家庭创建活动，表彰2009年度好儿媳、好丈夫、好儿女、文明家庭44名（户），津南电视台及时宣传，发挥模范带头作用。在“80后”妇女群体中开展美德教育，举办母亲素质教育、“生育传承希望、关怀相伴和谐”讲座。咸水沽镇组织开展“共建和谐家园、共享美好生活”系列活动，在红旗楼社区、惠苑里和解放里开展家长培训班，邀请天津师大师生进社区服务，提升文明素质。

（张瀛予）

开创扶残助残新局面 2009年，津南区残联投入66万元，建成11个社区康复站；免费治疗38名重度特困精神病患者，对78名轻度贫困精神病患者实施医药费救助；实施白内障复明手术38例。实施无障碍设施进社区、进家庭工程。投入36万元，改造582户残疾人家庭无障碍设施。投入35万元对农村贫困残疾人实施扶贫安居工程，确定帮扶3个农村养殖类型扶贫基地。做好城镇、农村困难残疾人生活救助同标准发放，为1599户1860名困难残疾人发放生活救助金160万元，其中对农村困难残疾人增发85万元。动员有条件、有能力的残疾人自主创业，确定自主创业残疾人55户。各镇配备9名残疾人专职联络员，为26个社区配备专职委员。建立由9个部门组成的残疾人法律救助工作机构，对残疾人合理合法诉求、信访，协调有关部门解决。40名残疾运动员参加市残运会7个项目比赛，获15金9银5铜、团体总分第七名及4个单项奖杯和1块体育道德风尚奖牌的好成绩。

（张瀛予）

农业

概况 2009年，津南区实现农业总产值8.8亿元，比上年可比增长7.1%，其中，种植业产值2.5亿元，下降9.1%；畜牧业产值2.8亿元，增长27.9%；渔业产值3.5亿元，下降0.3%。农作物播种面积0.93万公顷，其中粮食作物种植5200公顷，总产28456吨，喜获丰收；棉花种植2100公顷，总产2031吨；蔬菜播种2000公顷，产量90040吨。肉类总产17525吨，牛奶产量1681吨，禽蛋产量2268吨。水产养殖面积3700公顷，产量2.10万吨。落实惠农政策各种补贴606万元，其中粮食直补资金233.4万元，农业生产资料增支补贴334.6万元，优质良种补贴23.7万元。

（陈淑香）

实施科技兴农战略 2009年，津南区实施科技兴农战略。开展春耕生产服务月、科普文明百日下乡、科技周等活动，组织科技人员进村入户到田间地头，为农民提供科技帮助。开展科技下乡活动260余次，出动科技人员500余人次，为农民解决生产中的实际问题80余个，发放各类农业技术资料、科普图书万余份（册）。以棉花、无公害蔬菜、果树等高效经济作物栽培管理、病虫害防治技术为重点，以土壤配方施肥技术、生物农药规范使用为依托，加大力度，举办10期农民科技培训班，培训450人次。结成各类科技对子106对，及时解决农民生产实践过程中遇到的技术难题，为其科学种田提供技术支撑。利用津南农林信息网、“农信通”短信平台、“12316”农业信息服务热线等现代传媒，为农民提供各类有价值的信息和实用技术指导，及时发布主要农情情报和主要河道土壤水质监测情况以及病虫害发生走势预报。提供各类农业信息1000余条。为重点园区、重点道路绿化建设项目，提供水质、土壤化学分析334个、668个项次，出具水质检测报告100份、土壤化验报告52份，为绿化工程质量提供科学参考依据。

（王　君）

落实各项惠农政策 2009年，津南区落实各项种粮补贴政策，42435人享受种粮补贴。实施农民素质提高工程，从“351”培训到农民素质提高工程，13374人取得各类证书。完成各类农机具购置补贴85.405万元，其中中央补贴45.505万元、市级补贴15.1万元、区级补贴24.8万元。购置大中小型拖拉机43台、农机具123台套，7个镇33个村105户农民受益。农田水利基本建设投资1289.55万元，完成土石方24.16万立方米，清淤渠道12.5公里，疏浚河道2.9公里，加高加固堤防5.8公里，新建泵站7座，维修泵站8座，新建、维修闸涵24座，改善灌溉面积2010公顷，完成节水工程670公顷。

（王　君）

强化动物卫生监管　2009年，津南区检查动物产品交易市场238次、畜禽屠宰点6个364次，养殖场（户）1512个（次）。检查动物产品贮藏、加工场所598个（次），公路检查站消毒车辆2501车次，检查各类动物16.5万头（只）、动物产品16891吨，审核发放动物防疫合格证1100个。组织开展动物卫生执法专项检查活动6次，肉品检测1600批次，完成农业部、市畜牧局安排的畜产品质量安全“瘦肉精”检测680批次。产地检疫生猪14万头，牛羊0.6万头（只），禽类1200万羽；检出病畜禽120头（只），无害化处理率100%；屠宰检疫生猪22.5万头，肉鸡1060万只，检出病害动物产品1.7吨，无害化处理率100%。针对甲型H1N1流感疫情，加强定点屠宰场和4个农贸批发市场监管。生猪屠宰严格落实“三到位”，把好“五关”（动物进厂检查关，待宰、准宰关，宰后检疫关，加标出证关，无害化处理关），保证出厂动物产品安全合格，上市动物产品加盖合格检疫印章，证物相符。加强肉品市场管理，屠宰动物受检率、出证率均达100%，净化了肉食品市场环境。

（王　君）

工　业

概况　2009年，津南区4131家工业企业完成工业总产值599.6亿元，比上年增长10.42%。实现营业收入519.9亿元，下降4.44%。规模以上工业企业825家，其中内资工业企业612家，外商及港澳台独资企业213家，完成工业总产值531.3亿元，增长8.85%；实现营业收入364.8亿元，下降5.37%。规模以上外资工业完成工业总产值101.2亿元，下降0.62%；实现营业收入83.9亿元，下降19.17%。建筑业快速发展，具有资质等级的总承包和专业承包建筑业企业83家，建筑业总产值91.5亿元，增长76.50%，实现工程结算收入91.1亿元，增长83.09%。房屋建筑施工面积471.0万平方米，上升63.42%；房屋建筑竣工面积221.69万平方米，上升88.62%。

（陈淑香）

重大项目建设　2009年，津南区有市级重大工业项目3个。荣钢集团150万吨高速线材及节能环保项目，污水处理场建成投入使用，高速线材一期完成，二期厂房竣工，转底炉进行设备安装调试。立林集团高性能石油复合钻具成套项目，螺杆钻具马达投产，高性能复合钻具完成产品结构设计、工艺设计以及材料试验室性能试验，汽车动力系统施工。西部矿业20万吨有色金属（一期）扩能项目。4批41个工业项目被列入市级区县重大工业项目，总投资91.4亿元，全部开工建设。井通石油钻杆、亚星散热器、福臻工业装备、汇和电力设备制造、因塔思手机外壳等10个项目投产或试投产，荣钢转底炉、高速线材第二条生产线、顺鑫成食品、德华石油装备、喜邦医药生物制药等11个项目基建基本完成或进入设备安装调试阶段，蓝天立白、顺昊投资、宝成集团迁建、华创工贸等10个项目主体在建，完成精诚伟业石油钻采工具、瀚洋金属设备等10个项目基础施工。

（王　君）

工业技改创新　2009年，津南区利用技改资金引导支持企业开展技术改造，鼓励帮助重点企业创办企业技术中心，利用财政补贴资金扩大非农产业培训覆盖面。固定资产投资300万元以上技改项目71个，其中投资千万元以上项目37个，全部开工建设。福臻工业装备、先达精密压铸被认定为第16批市级企业技术中心，12家企业被认定为区级企业技术中心。至年底，津南区有市级企业技术中心21家，区级企业技术中心32家。企业与大专院校、科研院所结成产学研联合体44个，立项开发填补市空白新产品73项，其中5项达国际先进水平，8项达国内领先水平；4个项目被市政府评为技术创新优秀项目，8个项目被列入市级科技创新项目计划，1人被市政府评为技术创新带头人，17人被评为项目开发有功人员，1人被评为技术创新优秀管理者。

（王　君）

争取资金节能降耗　2009年，津南区利用节能管理资金推动工业节能降耗。在各镇及重点耗能企业组建能源机构，设立专兼职人员，建立网上直报、月报、季报制度。聘请专家对能耗统计人员和能源管理人员开展培训；推动企业开展清洁生产和综合利用认定。全年能耗总量175万吨，增加值88.51亿元，万元产值综合能耗0.33万标煤，比上年下降9.84%，万元增加值综合能耗1.98万标煤，下降9.17%。为企业及基层单位争取国家及市扶持资金11815.28万元。其中，项目支持资金5333.8万元，基础设施建设贷款贴息6400万元，非农产业素质工程资金81.48万元，8754.48万元资金到位。

（王　君）

商贸服务业

概况　2009年，津南区服务业实现增加值75.3亿元，比上年增长23.4%，占地区生产总值39.1%。社会消费品零售总额93.7亿元，增长27.82%。实现税收20.7亿元，增长87.2%，占区税收总额44.3%。区粮贸公司实现综合利润12万元，增长80%。小站新粮库建设全面启动，津南国家粮食储备仓储基础设施取得新进展。接待国内外游客9.5万人次，实现旅游收入952万元。

（陈淑香）

供销重点项目建设　2009年，津南区供销社系统投资490万元为渤泰纸制品厂安装具有生产五层纸箱板能力的新设备，该设备日生产10万平方米纸板；建成1350平方米库房。购进2辆特种车辆，提高机械化程度。实现销售收入1400万元，利润121万元。投资60万元对供销商厦一楼2740平方米整体装修改造，投资3万元为商厦安装LED数码七彩变幻楼体轮廓景观灯带。该景观灯带为低压节能发光二级管灯具，安全节能，美化城镇景观，提升供销商厦形象和知名度。投资700万元的小站供销生活广场开工，建筑面积3860平方米，主体为轻钢架结构、局部砖混二层，具有独特建筑风格。坐落北闸口镇高庄房村、占地21670平方米的再生资源初级分拣加工中心开工，建设单位是津南区物资回收公司，建设用地为政府置换。

（王　君）

粮食购销经营　2009年，津南区粮食购销有限公司完成2000吨区级储备玉米由国储库移入小站粮购公司移库工作，9月进行拍卖销售。做活储备粮轮换买卖业务，完成各级储备粮轮换33171吨，其中，入库市级储备粮粳稻谷15415吨，中央储备粮小麦5700吨；出库粳稻谷10056吨。实现销售收入2760万元，销售利润60多万元，连续五年实现盈利，确保国有资产保值增值。引导鼓励有条件的企业参与多元化经营，全方位发展。八里台粮购公司买断天津市瑞祥新农食品有限公司经营权，经营面粉加工与销售。公司运转良好，扭亏为盈。至年底，该公司经营稻谷39263吨，投产稻谷68294吨，生产大米41097吨，玉米28466吨，小麦148714吨，实现销售收入53077万元，实现纯利润87万元。

（王　君）

推进旅游产业　2009年，津南区宝成博物苑、小站练兵园、中华石园三家景区加盟京津冀名胜风景文化休闲年票；小站练兵园和宝成博物苑荣获天津"滨海八景"称号。推出"历史、文化、生态　走进小站练兵园旅游线"，将小站练兵园、宝成博物苑、松江乡村俱乐部一日游打造成为"百万游客春游天津"精品线路。协助市旅游局开展中国首届旅游产业节，组织各景区做好产业节宣传。北美和平广场、音乐喷泉及一号路、星耀北美大道销售中心投入使用，北美商业街、酒店式公寓及和平广场基本竣工。位于津南经济开发区的瑞湾南苑酒店被评定为国家四星级酒店。

（王　君）

开发区建设

概况 津南经济开发区是1992年7月经天津市政府批准成立的市级经济开发区，利用东、西两区不同区位优势及投资优势，形成“一区两地”发展格局。2006年经国务院批准，津南经济开发区规划面积6.875平方公里，其中东区3.885平方公里，位于双桥河以东、跃进河以西、津沽路以南、十八米河以北；西区2.99平方公里，位于外环线绿化带以南、双巨排污河以东、第五大道以西、梨双路以北及微山路延长线以东、鄱阳路以西、赤龙街以南、梨双路以北区域。2009年，津南开发区企业实现营业收入65亿元，比上年增长10.17%；净利润总额9.6亿元，实缴税金4.8亿元，增长13.77%；实际利用外资5478万美元，吸引内资到位额10.72亿元，其中三资企业实现营业收入39亿元，实缴税金3.1亿元。工业园区建设进展顺利，全区工业园区完成“七通一平”面积332.53公顷，累计完成2837.87公顷；基础设施投入7.3亿元，累计完成53.1亿元；进驻企业136家，累计1015家；引资到位额62.8亿元，累计完成288.8亿元。完成141个重点项目，新增就业岗位14264个。

（陈淑香）

园区项目建设 2009年，津南经济开发区东、西两区投资21亿元，待建、在建项目23个，建筑面积58.3万平方米。其中工业类投资项目14个，建筑面积18.3万平方米。龙纳物流5.6万平方米交易主体、金福临1.5万平方米冷库5600平方米展厅、九州方圆投资公司10万平方米的石油产业创业园、兴业创意园6万平方米的招商载体接近完工。东区污水处理厂重点工程建设，采取“BT”形式，投资1.5亿元兴建日处理能力3万吨的污水处理厂，彻底解决东区污水处理问题。综合安全检查组对重点企业和施工工地开展危险品、消防、食品安全等专项检查，查出各类隐患1057条，督促企业整改735条。组织园区内法人代表及专职人员176人分批参加安全知识培训，增强日常监管和安全防范意识，实现全年安全生产无事故。

（王　君）

津南国家农业科技园区 2009年，津南国家农业科技园区引进企业16家，其中14家内资企业注册资金11416万元，2家外资企业注册资金70万美元。至年底，累计引进企业66家，总投资23.8亿元。非膨化挤压技术生产燕麦片研究与开发、津南国家农业科技园区信息系统示范应用、蝴蝶兰优良品种的基因工程改良种苗推广应用、微灌与微咸水灌溉新技术示范推广4个专项项目在施，多数研发完成。农业信息系统语音系统研发、天津市现代精品农业高新技术集成示范、天津津南国家农业科技园区建设3个项目全部完成。松江滨海生态现代设施农业示范基地正式运营，项目占地70000平方米，建设面积47960平方米，为园区增加新亮点。滨海观赏鱼科技园区正式动工，主要功能区包括：5.7万平方米的研发服务设施，2.4万平方米的交易设施，20.6万平方米的高标准设施养殖温室，2.4万平方米的种苗繁育设施，6.4万平方米的新品种展示设施。津南国家农业科技园区研发创意中心，位于园区核心区域，占地1.33公顷，总建筑面积4.7万平方米，设计26层，建筑高度80米。投资1.8亿元、占地3.33公顷的华天湖度假村开工建设。

（王　君）

城市建设与管理

概况 2009年，津南区示范镇建设步伐加快，被列为推动中国城镇化健康发展的公共服务政策研究项目试点城区。12个整合村、9000户居民陆续还迁。新建村居健身小区74个。完善公共设施建设，实施咸水沽一中、葛沽一中扩建工程，双港小学、三合小学、北闸口第二小学交付使用。南洋中小学新建工程、学生劳动实践基地迁建工程开工建设。实施校舍加固工程，对双港中学、咸水沽二中等12所学校25个单体进行加固。6所学校通过现代化标准硬件验收。小站卫生院、北闸口卫生院投入使用。建成葛沽、小站、双港3个镇级文体中心，津南图书馆达到国家一级馆水平。

（陈淑香）

城镇建设 2009年，津南区建设总投资153.7亿元，其中包含路网建设、道路综合整治、市政道路建设、绿化建设、配套建设、供热建设等基础设施建设投资41.6亿元，完成计划的132%。房屋建设总投资112.1亿元，比上年增长107%。全年在施建筑面积1107万平方米，其中工业厂房及公建374万平方米、住宅733万平方米。住宅建设中，商品房在施面积274万平方米，新增121万平方米；村民安置用房在施面积459万平方米，其中新开工面积169万平方米。新修道路3条，新建桥梁2座，承担天津大道上土任务、津港高速、蓟港铁路建设协调工作以及津歧路（咸水沽段）、津港路（一期）、梨双路、津歧路（北闸口段）、津港路（二期）、汉港路、盛塘路综合整治工程。签订供热合同6家，承揽业务4968万元，新增供热面积43万平方米，完成计量供热收费面积7.78万平方米。

（陈淑香）

住房保障 2009年，津南区房管局做好低收入住房困难家庭申请廉租房补贴的审核发放工作，完成市国土房管局下达的150户工作责任目标，为640户享受租房补贴家庭发放存折。受理20户购买限价商品房申请，核发购房资格证明16件。对中低收入家庭住房需求情况入户调查，形成调研报告，为制定惠民政策提供数据支持。推动指导23个单位853人建立职工住房档案，其中613人领取住房补贴732万元。完成年度住房公积金调整，做好201个单位申请提高缴存比例的审批备案工作。为区属机关和全额事业单位在职老职工建立补充住房公积金制度，为192个单位办理缴存补充住房公积金审批手续。

（何　然）

数字化城市管理建设 2009年，津南区市容委建立数字化城市管理监督指挥中心，一期工程全部竣工，向社会公布投诉热线。工作涵盖市容、环卫、园林、集贸市场、河道、居民小区、交通秩序、城管执法等涉及城市管理问题的投诉受理办复。首批覆盖地域为咸水沽镇建成区1600万平方米，主干道路115.5万平方米，及其他重点地区、景区、主干路。信息采集方式为摄像头监控、巡查员信息采集和社会投诉等。运行以来，受理办复涉及城市管理的热线电话200余次，办结率100%，做到事事有回复、件件有回音，有效发挥监督指挥中心的职能作用。

（何　然）

综合执法 2009年，津南区综合执法局开展“大干150天”道路环境综合治理和“迎国庆、靓津城”百日会战等活动。集中力量对占路摆卖、非规范广告牌匾、马路餐桌、橱窗贴画等进行专项治理。对津沽路、大沽南路、解放南路、接合部地区、咸水沽镇等部位违章广告牌匾、墙体立面牌匾、外摆灯箱、废弃电线杆进行拆除。以体育场路、津沽路等主干道路为切入点，完成23条主次道路两侧门脸窗贴清除工作。出动执法人员2.5万人次，对各类违章行为实施行政处罚2500起，拆除非规范广告牌匾、灯箱1283块，拆除废弃电线杆82根，清理不干胶窗贴2万个，道路环境秩序明显改观。在市执法局道路环境秩序考核中，津南区名列第一。完成保护性施工81次，道路及安全秩序保障39次。建立监督举报机制，对拒不自拆的依法强制拆除。对271户6万余平方米违法建设强制拆除，遏制违法建设蔓延。

（何　然）

环境保护

概况 2009年，津南区树立环保工作服务经济发展的理念，生态环境建设取得新突破。审批新扩改建设项目122项，总投资131.4亿元，完成大沽排污河治理工程，实施2座污水处理厂建设，区域性污水集中处理率80%以上。做好燃煤锅炉脱硫改造工作，二氧化硫排放量减排216吨。新增城镇绿化面积112万平方米，空气质量优于二级以上天数305天。

创建市级卫生村10个，新建农村公厕28座，投放各类消杀药品12吨，全覆盖式消杀29个居民区污水井10505眼。有效净化了市容环境。

（陈淑香）

提高空气质量 2009年，津南区化学需氧量（COD）减排项目3个，新兴造纸厂、隆庆制革公司、港鑫化工厂停产项目，设备全部拆除。完成区供热办供热站脱硫、聚能供热站脱硫、鑫北供热站脱硫3个二氧化硫工程减排项目。区环保局对荣钢集团等5家办理进口废物申请单位进行审核，对荣钢污水处理厂、环兴污水处理厂下达安装中控系统通知。抽查13家企业危险废物处理转移五联单，均符合环保要求。集中办理11家2008年医疗单位危险废物转移手续。以大沽排污河综合整治为契机，建立月巡查制度，对26个口门进行检查，海河五金和力源蓄电池2家企业拆迁，大沽河沿线工业企业污水排口由16个减为14个。开展整治违法排污企业保障人民群众健康专项行动及津南区工业企业环境整治专项行动。全年空气质量达到和优于二级天数305天，占有效测量天数89%。

（何 然）

水环境治理 2009年建成的津南区海河故道公园，西起咸水沽镇月牙河，东至津南环线，全长3.5公里，南北均宽200米，面积75万平方米。其中水面21万平方米，绿化35.65万平方米，建筑面积12642平方米，总投资3亿元，形成环境优美的河岸带状公园，7月正式对外免费开放。年内，大沽排污河清淤复堤36.78公里（不含倒虹，倒虹长度615米），土方量282万立方米；沿河构筑物维修重建工程，包括东沽泵站维修重建、巨葛庄泵站维修改造、倒虹吸和闸涵重建，具备通水条件，汛期发挥重要作用。治理后的大沽排污河津南区段发挥行洪作用，排水正常，水位保持在2.0-2.4米之间，经受住大暴雨考验。月牙河治理工程，完成清淤16.2公里，清淤量70.84万立方米；浆砌石护坡11300延米，生态带护砌长度4000延米；完成津晋公路至天津大道绿化工程8公里、土方造景15.82万立方米、绿化14.04万平方米，投资1.6亿元。幸福河治理工程，投资1亿元完成天嘉湖旅游度假区至津港公路及海河教育园区10.96公里治理任务，开挖土方52万立方米，三维排水性生态护坡护砌8000延米，生态网箱片石护砌10000延米，土方造景55万立方米，绿化25.6万平方米。启动洪泥河治理工程，投资6000万元，清淤土方7.41万立方米，堤岸护砌0.95万立方米，生态带护砌2000延米，绿化15万平方米。

海河故道公园一角

（王 君）

经济管理

概况 2009年，津南区经济管理工作发挥宏观调控作用，助推区域经济可持续发展，促进经济实力继续增强。推进外引内联工作，加快民营经济发展步伐，加强税收核查和纳税评估工作，加大市场整顿和规范力度，加强物价收费监管，维护市场经济秩序，加强审计监督，确保资金正常合理使用。实现地区生产总值230.7亿元，比上年可比增长20.97%。财政收入快速增长，三级财政收入65.8亿元，增加15.1亿元，增长29.79%，占生产总值比重28.52%。固定资产投资迅猛增长，固定资产投资（在地口径）完成265.5亿元，增长83.24%。

（陈淑香）

推进外引内联工作 2009年,津南区新批外资企业43家,实际利用外资27065万美元,比上年增长15.24%。外资企业实现销售收入180亿元,税收6.5亿元。外贸出口额88258万美元,其中三资企业出口额59583万美元,自营出口企业出口额28675万美元。吸引内资到位额165亿元,增长38.89%。实际到位额亿元以上项目23项,引进国内500强优势企业4家,到位资金25.7亿元。国内资金累计到位总额125.8亿元,增长43.8%。招商引资额在全市12个农口区县中排名第一;外省市投资到位额在全市18个区县及开发区、保税区、高新区排名第一。

(陈淑香)

民营经济蓬勃发展 2009年,津南区民营经济单位21315户(含个体户),注册资金435.1亿元。其中,新增民营经济单位3743户,新增注册资金142.0亿元。累计注册资金500万元至1000万元的民营企业629户,1000万元至1亿元的640户,亿元以上50户;民营经济完成固定资产投资69.3亿元,比上年增长92.30%;上缴税金35.2亿元,增长33.33%,民营经济成为全区财政收入重要来源。

(陈淑香)

税收工作 2009年,津南区国税局加大纳税异常企业重点核查和纳税评估工作。核查、评估2817户,查出问题户1095户,补缴各税4652.69万元,加收滞纳金13万元,冲减留抵税额180万元,弥补亏损481万元。加强增值税零税负申报和低税负管理,利用监控系统软件,采取相应控管措施,零负申报率下降13.26%。加大商贸企业、水泥生产企业、增值税税负偏低行业评估核查力度,对税负低于预警值的557户企业评估核查,入库税款1972.14万元。加强企业所得税纳税评估工作,评估企业134户,查补入库税款463.7万元。区地税局坚持"向征管要效益,强征管促收入"的原则,抓好营业税征收管理,完成78个三级重大项目绑定工作,实现税收收入7485.6万元。加强个人所得税征收管理,税收实现新突破。完成12万元以上个人自行申报989人,申报应纳税额合计4117万元,补缴税款117万元。核查自有房产外资企业187户,承租房屋外资企业354户,完善了房产税的税源管理。

(何　然)

查办经济违法案件 2009年,工商津南分局加大市场整顿和规范力度。立案125件,结案95件,其中万元以上大案8件,罚没款31.4万元。开展"反假冒、办大案、端窝点"活动,查获假冒日化用品3000多箱,没收侵权白酒1600瓶,查获用于灌装假酒的空酒瓶794个、包装盒628个、外包装箱236个。查扣不可降解塑料袋15万个。取缔"黑网吧"9家,查扣电脑139台。对221户多方确认而又无法进入查处的"黑网吧",责成网络运行商切断其互联网接入信号。收缴非法运营汽车3部。端掉传销窝点51个,教育驱散1400余人,有力打击了传销行为,维护了社会和谐稳定。依托"12315"消费者申诉举报网络,受理申诉、举报、投诉499件,办结率94%,为消费者挽回经济损失6万元。出动执法人员476人次,车辆199车次,检查1123户次。开展食品安全监管工作,核发146个食品流通许可证,立案查处食品安全案件31件。

(何　然)

物价收费监管 2009年,津南区物价局确定协助企业解决实际困难,支持企业开拓市场,为企业搞好服务的20条措施。取消、停止区建委、劳动局等33

开展"3·15"维权活动

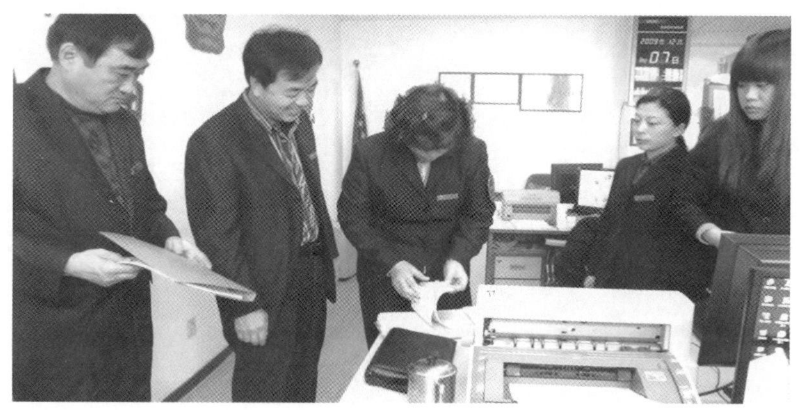

物价工作人员开展收费专项检查

个部门和单位收取的15项收费；技术监督等15个部门和单位涉及企业的交易手续费、工程勘察费等8项经营服务性收费，一律减半收取；共计减轻企业负担3000万元。清理行政事业性收费，加强收费许可监管。对教育、市容环卫等174个行政事业性收费单位和58个经营服务性收费单位的收费项目、收费依据、收费范围、收费标准全面清理整顿。注销15个单位的《收费许可证》和1个单位的《经营服务性收费登记证》。对国土资源分局、房管局等20个部门和单位的土地登记费、住房转让手续费、城市基础设施建设费等28项收费清理整顿。

（何　然）

审计工作　2009年，津南区审计局强化预算管理，突出民生项目、重点单位、重点资金审计管理。对影响农民切身利益的工程项目资金管理使用情况进行审计，保证民生工程顺利实施；对区国土资源局、土地整理中心、劳动局等多个单位延伸审计；对教育、医疗、社会保险、农业、环保、科技等民生专项资金管理、使用和投资效果进行审计，督促部门按照预算管好用活资金，保证预算实施。加强经济责任审计，查处违规金额81万元、不规范金额1301万元。罚款和没收资金10万元，上缴9万元。加强内审工作，审计498个(次)单位。提出审计建议和意见1121条，纠正违规金额1538.5万元，促进增收节支1048万元，加快审计建设。

（何　然）

科　技

概况　2009年，津南区实施科技兴区战略，加大科技研发力度，增强自主创新能力，科技事业取得新发展。新承担市级以上科技计划项目39项，重点支持区科研攻关计划项目10项、区科技创新专项项目23项和科研补贴类项目34项。实施各级科技计划项目106项，申请专利1000项，为28家企业申报专利100项，其中发明专利35项，申报数量比上年提高近一倍。举办津南区第23届科技周，开展“全国科普日”、“主题科普月”、津南区中学生地震科普知识竞赛等活动。

（陈淑香）

自主创新项目结硕果　2009年，津南区在研4个天津市自主创新项目进展良好。高性能复合钻井成套装具开发及产业化项目累计申请专利11项(发明专利5项，实用新型6项)，销量产品37722.5台(套)，累计销售收入62320万元，累计利税9252.7万元；蒸馏法海水淡化关键技术集成及成套装备产业化项目累计申请专利14项（发明专利7项，实用新型7项)，累计产品销量23台(套)，累计销售收入333万美元，累计利税63.27万美元；钢铁企业节水减排关键技术研究与工程示范主体项目投入运行；优势蔬菜新品种产业化项目利用辣椒雄性不育源转育出辣椒胞质雄性不育系及相应配套的保持系10份，筛选出配合力强的恢复系50个，选育出适宜腌渍加工和干制加工的辣椒新品种2个。

（何　然）

新技术新产品研发　2009年，津南区研发石油钻采新技术，立林集团开发出长寿命螺杆钻井用成套装具、高效牙轮钻头，建设综合性能模拟试验台。润通石油设备公司把增压技术应用于石油钻井，实现水力与机械联合破岩，提高中硬地层深井和水平井钻井速度，技术水平国际领先。天钢石油公司研发成功高气密套管，对替代国外产品、降低开采成本具有重大意义。力强钢管公司按照国家钢铁产业政策和美国石油学会API5CT、5L标准，采用先进的检测工艺，提高生产能力，降低产品耗能，减少环境污染。百利展发集团优化井口装置和采油树结构设计，局部用特殊材料改换通用材料，节约能源，技术国内领先。在环保新技术及产品研发上，宝成集团开发了蒸馏法海水淡化成套装备制造工艺技术。新奥环保公司研发烟气除尘设备的最佳结构和内置自保控制系统，实现模块设计，程序控制机电一体化。华瑞达汽车消音器公司通过铂、铑、钯三种贵金属配比，减少大气污染。环发机械净化公司生产出脱硫脱硝一体化设备。荣程集团突破城市污水与工业废水高度混融的废水深度处理技术、规模化CMF+RO再生水生产工艺运行优化调控技术、多水源多工况循环水高倍率技术。以非常规多水源作为钢铁企业唯一生产新水水源，实现钢铁企业“零”新水补充、“零”废水排放。广聚源纸业成功转化天津科技大学取得的科技成果。以棉秆为原料，利用城市中水为水源，采用生物机械法，生产高强瓦楞原纸纸浆，达到国际先进水平。

（何　然）

科普活动多样化　2009年，津南区举办以“科学发展在我身边”为主题的第23届科技活动周活动。开展推动自主创新、节能减排、保护生态环境、保护安全与健康四大系列科普活动百余项。举办津南区贯彻《科学素质纲要》与科技创新报告会暨第23届科技活动周开幕式，邀请全国政协委员、北京市科协副主席、中国科学院理学博士、中国科技馆原馆长王渝生，为处级领导、科级干部作贯彻《科学素质纲要》与科技创新报告。开展市级重点活动“快乐自然，走进津南”科普系列活动，2000名中小学生参与。举办防控甲型H1N1流感病毒专题讲座，邀请天津市畜牧兽医研究所研究员鄢明华为养猪大户作防控甲型H1N1流感病毒专题讲座，养殖户受益匪浅。举办创新方法与自主创新报告会，邀请天津市科协副主席、博士生导师王运洪为区主管科技工作的领导和部门负责人，重点企业领导和科技人员，作创新方法与自主创新报告。

科技周地震知识宣传

（何　然）

教　育

概况　2009年，津南区深化教师聘用聘任制度和分配制度改革，实行绩效工资制度，完善办学水平评估机制，调动教师积极性，激发教学活力。小学新生入学率100%，巩固率100%，毕业合格率99.47%，升学率100%；初中毕业合格率99.4%，三年巩固率98.94%，高中阶段普及率98.67%；高考上线1705人，上线率89.88%，其中一本上线292人，二本上线717人，三本上线1282人，均创历史新高。南洋工业学校承办全国职业院校技能大赛中职组电工电子技能比赛，津南区4人参赛全部获奖，其中2人获二等奖，2人获三等奖。

（陈淑香）

各类教育均衡发展　2009年，区教育局制定《津南区关于进一步加强学校附属幼儿园的管理办法》和《津南区关于进一步规范民办幼儿园的管理办法》，规范民办园行为，改善办园条件。深化课堂改革，健全教学质量监控体系和教学指导体系，落实教育教学质量监测评价、教学质量监测制度、分析讲评制度；对初、高中起始年级规范化管理、毕业年级目标化管理，提升教学质量。以市教科院津南分院为依托,完成“十一五”各级课题结题143项,结题率100%;412篇论文在市教育创新论文评选中获奖,获奖率84.77%;582篇优秀论文参加市级优秀教育成果认定;新任教师参加科研基本知识培训率100%。构建起校、镇中心校、机关科室、督导评估“四驾马车”驱动的评估模式。发展职业教育,职业学校毕业生就业推荐率100%。推进成人教育,8所镇成人文化技术学校全部通过市级示范校验收;组织450人参加农民大专学历教育,3万人次参加各级各类培训。

(陈淑香)

现代化标准学校建设 2009年,津南区加快学校建设步伐,咸水沽一中食堂、葛沽一中扩建工程如期完工;开工建设南洋中学、南洋小学新建工程,学生劳动实践基地迁建工程;三合小学、北闸口第二小学交付使用。投资5900万元,对双港中学、辛庄中学、咸水沽二中等12所学校25个单体进行加固,加固面积4.86万平方米。制定《津南区关于落实〈天津市义务教育学校现代化建设标准(2008-2012年)〉的实施方案》,实现办学经费按时足额到位、专款专用。实施“图书配送工程”,为58所义务教育阶段学校配送图书193635册;实施“新增仪器配送工程”,为44所小学配送仪器。对20所学校进行旱厕、采暖设施、校园环境、学生安全饮水、学校食堂改造和门窗安全性能提升。加快学校教育信息化建设步伐,新配111间多媒体教室、7间信息技术教室、3间实验室,10间功能教室。建立教育资源库,形成学科资源共享,6所学校通过天津市现代化建设标准校验收。

(陈淑香)

素质教育 2009年,津南区开展学生法制教育、心理健康教育、安全教育和主题教育,学生参与率100%。分年级学生行为习惯目标知晓率100%,达标率95%,在校生罪错率为零。4所学校被评为市级心理健康教育先进学校,1578名学生获征文、系列读书活动市级奖项。落实《国家学生体质健康标准》,抓好体育课教学,学生体质明显增强,中小学生体育达标率93.79%,良好率41.70%,优秀率18.02%,37名学生通过市级体育特长生测试。组织区中小学田径运动会、乒乓球、篮球等比赛活动,在市中小学田径运动会上获9项第一名,7项第二名,6项第三名,2人破天津市中小学田径纪录,通过阳光体育先进区县验收。加强美育工作,艺术教育课程开课率100%。“班班唱、生生画、生生写、生生做”活动普及率100%,学校艺术社团或兴趣小组组建率100%;197人通过小学艺术特长生评审,合格率90%。举办第11届津南区校园艺术节,2676名学生参加展演,21个集体节目参加市级展演,全部获奖。

(陈淑香)

文化

概况 2009年,津南区推进文化建设大发展大繁荣,在全市区县中唯一被评为全国文化先进单位。举办焰火晚会、第五届艺术节开幕式文艺演出活动、青年歌手大赛、第六届小海鸥艺术节开幕式文艺演出及《笔墨韵动》书法展。开展建军82周年《军民鱼水情》、全区文艺调演等活动。辛庄镇前辛庄村民间吹奏乐、咸水沽镇海下同善文武高跷申报天津市和国家级非物质文化遗产。在天津地区“群星奖”选拔活动中,区文艺工作者获4个金奖、2个银奖、5个铜奖、3个优秀奖。区广电局新闻作品首次获得天津市新闻奖一等奖,首次获得全国农村小康电视节目工程最高奖优秀奖,各类评选获奖数量和获奖等级名列各区县前茅,实现广播电视工作新突破。

(陈淑香)

完善文化公共服务设施 2009年,津南区完成8个镇文化体育中心建设规划,其中葛沽、小站、双港3个镇文体中心建成。解决文化艺术中心变压器供电收费由企业用电变更为商业用电,年节约电费22万多元。投资8万元为文化艺术中心添置空调、投影仪,改进“2131”电影放映设备。投资35万元完善图书馆文化设施,完成全国第四次图书馆评估定级工作。建立文化信息资源演播厅，完善提升文化阵地基础设施。文化馆筹措资金17万元改善小海鸥艺术团办学条件，改造摄影室及馆内设施。津南影院、葛沽影剧院筹资3万元维修房屋，改进音响设备。在7个镇建立村级农家书屋19个，建立天津市图书馆惠苑里、益华里社区、宝成分馆；为葛沽镇书画社和老年活动中心建立的图书馆送书5000余册。在天津图书馆展览大厅举办中国文化名镇葛沽镇书画社书画展览，取得一定社会效益。在咸水沽镇建设工地为农民工建立流动图书室，小站镇文化信息资源室和14个农家书屋准备工作有序进行。津南文化阵地基础设施建设、服务网络不断完善，文化产品辐射、引领功能更加强劲。

（陈淑香）

建国60周年庆祝活动 2009年，津南区举办“迎接祖国60华诞激情广场大家唱”文艺、戏曲展演活动20场次；举办“沱牌酒杯”广场舞及秧歌大赛，近30个团队数千人参加演出，社会反响良好。天津电视台公共频道“四季风”栏目与区文化局共同举办“四季大舞台，金秋红歌会”暨津南区爱国歌曲大家唱文艺演出，并在天津电视台播放。区文化局配合区政协、区委宣传部举办“魅力津南——纪念新中国成立60周年暨人民政协成立60周年摄影展”，出版“献给祖国的歌——津南区庆祝建国60周年群众歌咏大会”专辑。组织300人的合唱团参加天津市庆祝建国60周年群众歌咏大赛，得到领导及专家高度评价，为津南区增添荣誉。

（陈淑香）

提高舆论引导力 2009年，津南区建立以区广播电视台和《津南时讯》为主体、相关部门共同配合的外宣机制。加强与市级以上新闻媒体联系，加大对外宣传报道力度。围绕重大工作和热点问题，继续做好《热点访谈》和《百姓故事》专题节目。集中报道甲型H1N1流感防控、卫生清整、村委会换届选举、农民素质提高工程等热点问题。落实半年形势分析会精神，开设“决战一年，冲刺百亿”、“全民动手，美化家园”、“强化素质，共建津南”宣传专栏。完成区县巡防互查相关准备和报道工作及区委九届四次、五次全会和区“两会”报道工作。以“全民动手，美化家园”和“津南新风尚”为主题，开设专栏，制作宣传短片滚动播出。积极宣传科技周和“三八”节、“五一”节，“五四”青年节庆祝活动。组织协调第二届民俗文化艺术节、石油管业商会成立等多个新闻发布会工作。在市级以上媒体刊发稿件700篇，电视专题片《党的好干部——李景泉》在第三届全国“农村小康电视节目工程”活动中获得优秀奖（天津市区县电视台中唯一获奖作品），为津南发展营造了良好的文化外部环境。

（张瀛予）

“四季大舞台，金秋红歌会”演出

卫　生

概况 2009年，津南区深化医药卫生体制改革，制定医药卫生体制改革方案，明确工作内容和部门职责。医疗卫生体系逐步健全。启用小站、北闸口卫生院新院，完善防控工作组织，制定甲型H1N1流感轻症患者居家隔离治疗管理方案和诊疗流程，制定远程会诊实施方案。利用网络卫生院与三甲医院进行远程会诊，实现医生和医疗专家对病人病情的正确诊断和治疗，医疗卫生服务水平显著提高。区卫生局属各医疗单位完成门诊急诊诊疗169.8万人次，住院2.3万人次，病床使用率78.41%，急诊抢救成功率93.32%。

（陈淑香）

甲型 H1N1 流感疫情防控 2009年，津南区卫生局完善防控工作组织，做好物资和人力储备，制定甲型H1N1流感轻症患者居家隔离治疗管理方案和诊疗流程。对各级各类医疗预防保健机构进行相应培训，组织专业人员实战演练，落实由下到上的每日病情监测情况报告制度，对居家隔离患者实行每日随访及有效指导治疗的病情监测，保证患者治疗效果，对辖区聚集性暴发事件有效处理。4月，区卫生防病站正式更名为津南区疾病预防控制中心，积极筹备疾病防控机构能力建设工作并取得初步成效，9月底，流感监测实验室流感核酸检测预实验正式运转。

（陈淑香）

预防保健 2009年，津南区对13家医疗单位进行传染病报告管理检查。落实艾滋病防治措施，加大艾滋病自愿咨询室设备投入和人员培训，对新发病例及时进行流行病学调查和管理治疗随访。计划免疫工作"四苗"全程接种率98.67%，乙肝首针及时率93.34%。两轮脊灰疫苗强化免疫工作第一轮接种13367人，第二轮接种13180人，各镇接种率均达95%。补种麻疹疫苗222人。结合甲型H1N1流感疫情发展趋势，在津南电视台播放相关防治知识，到人群聚集地发放宣传材料30万余份。结合手足口病疫情，印制下发中小学校及托幼机构宣传折页及海报2.2万张。加强结核病归口管理，特别是与海河医院互转病人的后期管理工作。至年底，医疗机构报告疑似病人转诊率和追踪率均为100%，新涂阳病人发现指标完成91.67%，卡介苗接种率95.05%，流动人口结核病项目二期工作初诊病人完成率159.91%，追踪率100%。

（陈淑香）

卫生监管 2009年，津南区卫生局加强节假日期间辖区餐饮业和重点公共场所卫生巡回检查，实行婚宴备案、留样等措施，加强食物中毒事故防范。开展餐饮消费环节"百日万店"专项整治行动，对辖区企业食堂、工地食堂、餐饮配送单位拉网式检查，对存在食品卫生安全隐患的餐饮单位依法要求整改。打击违法添加非食用物质和滥用食品添加剂行为，消除隐患。开展6次打击非法行医专项行动，依法取缔非法行医窝点55家，没收药品100余箱，医疗器械百余件。率先在全市范围建立非法行医监测哨点，立案查处9起，罚款4.1万元。开展多种形式的职业病防治宣传活动，对存在严重职业病危害因素企业督查。以粉尘、箱包制造等存在有机溶剂职业病危害的中小企业为主，重点检查用人单位对从事接触职业病危害作业者，特别是农民工的职业健康监护情况和建设项目职业病危害评价制度的落实情况。督促企业扩大重点职业病危害群体监护覆盖面，健全职业健康监护档案。

（陈淑香）

体 育

概况 2009年，津南区以"全民健身日"为主题，广泛开展全民健身活动。举办辛庄镇机关干部乒乓球赛、双桥河镇篮球赛、天津津南农村合作银行职工运动会和津南区残疾人运动员选拔赛。落实农村体育"五个一工程"，安装体育健身器材74套，健身环境得到改善。参加"双街镇杯"天津市传统武术大赛，获得14个冠军、12个亚军、13个季军。向市体工大队和市体校输送运动员25名。竞技体育继续保持全市领先水平，实现奥运会、亚运会奖牌零的突破和全运会历史性突破。世界拳击组织亚洲比赛中心项目签约，实现津南区体育产业的一次新突破。

（陈淑香）

群众体育竞赛 2009年，津南区举办"开发杯"机关干部长跑运动会、妇女"三八"健康杯运动会，开展假日体育和全民健身活动。区体育局举办迎国庆第三届"洋河沙龙杯"乒乓球大奖赛、首届津南区政协委员运动会、消夏篮球邀请赛等赛事。与区教育局配合，组织开展中小学长跑、乒乓球、篮球等体育竞赛活动，丰富学校课余体育生活，提高学生身体素质。举办全区性群众体育竞赛活动25项。参加天津市农民象棋比赛,获得女子个人金牌、男子个人铜牌的好成绩。

(陈淑香)

竞技体育成绩提升 2009年,津南区竞技体育继续保持优势。在山东省济南市举行的第11届全国运动会上,以李维、潘玉庆为代表的14名津南籍优秀运动员,获得1金3银、2个第四名、1个第五名和1个第八名的好成绩。郭玺燕在韩国高阳举行的世界举重锦标赛上,获得女子63公斤级挺举第三名、抓举第五名并以240公斤夺得总成绩第五名,向全国乃至世界展现出津南人的拼搏进取精神和良好精神风貌。参加天津市第六届残疾人运动会,获15金9银5铜和团体总分第七名的好成绩,并荣获体育道德风尚奖牌。全年参加市级比赛获得119枚金牌、141枚银牌、125枚铜牌。

(陈淑香)

津南籍选手李维在全运会上夺得冠军

人口和计划生育

概况 2009年,津南区继续保持稳定的低生育水平。年末全区常住人口54.5万人,户籍人口41.2万人。已婚育龄妇女85925人,其中采取节育措施的81625人,综合节育率95%。出生人口3599人,其中一孩2309人、二孩1290人,出生人口性别比105,符合政策生育率99.2%。大龄二孩审批573人,条款二孩审批924人,批退二孩指标220人,人口出生率9.17‰,保持了较为稳定的人口形势。

(陈淑香)

避孕节育长效措施 2009年,津南区人口计生委制定推动长效措施落实的五年规划,将其纳入各镇考核。制作知情选择服务卡,走访育龄群众,帮助她们选择适宜的避孕措施,确保身心健康。在区电视台、报刊、人口网设立优生优育、生殖保健、避孕节育知情选择等栏目,广大群众在家中就可方便快捷地获取生殖健康知识。各镇出台避孕节育长效节育奖励措施,奖励标准从50元到2000元不等。小站镇坨子地村虽是财政转移支付村,但对上环的育龄妇女实施500元的奖励标准。北闸口镇对节育措施得力的育龄妇女给予上计划生育家庭意外伤害保险奖励。全区已婚育龄妇女中采取节育措施81625人,综合节育率94.9%。

(陈淑香)

家庭健康惠民行动 2009年,津南区全面启动出生缺陷一级干预工程。出台《开展出生缺陷一级干预的实施方案》和《计划生育系统出生缺陷高危孕妇综合管理工作方案》,确定区生殖健康服务中心作为出生缺陷一级干预主阵地,开展优生优育服务。建立高危孕妇信息管理库,“四毒筛查”1350例,确诊阳性3例并跟踪随访,区、镇两级分别设立出生缺陷干预咨询电话,为广大群众提供包括遗传咨询、孕前准备、膳食营养、心理调适、预防传染性疾病、避免接触有害物质的咨询指导,并根据具体情况由专业人员进行再发风险评估和具体指导。开展“健康宝宝幸福家庭”控制出生缺陷专场讲座10场。出生缺陷高危人群优生指导率100%,管理建档率100%,孕前检测率100%,孕前增补叶酸知识普及率90%以上。

(陈淑香)

计划生育培训宣传 2009年,津南区深化“婚育新风进万家”活动,强化计生宣传力度,营造良好的人口文化氛围。区委党校将人口计生理论与实践纳入村干部任职资格和中青班培训课程,对900余名新一届村“两委”干部分6期进行计划生育政策法规和相关惠民政策专题培训,对36名中青班干部进行人口理论与计划生育工作专

举办新时期人口计划生育形势报告会

题培训。区计生委邀请国家人口计生委宣教司司长张建，为200余名区中心组成员和镇、村干部作《新时期人口和计划生育形势》专题报告。组织271名计生干部参加市“十一五”人口计生系统专业知识培训。举办首届“人口计生杯”村(居)专干业务知识竞赛。会同区委宣传部、区文明办联合开展“婚育新风进万家”示范典型“五星”评选工作。开设“计生在线”新闻栏目，在全区引起一定反响。制定《津南区早期教育家长培训工作方案》，开展早教培训工作。全面普及预防艾滋病知识，在人口聚集的闹市、小区、宾馆、娱乐城等场所，设点发放预防知识手册和避孕药具，扩大群众知晓率和覆盖面。在新建社区、居委会建成一批人口文化广场、人口学校和电子宣传屏阵地。出台《关于在土地整合撤村并居期间计划生育管理的有关规定》，加强拆迁村过渡期育龄妇女管理。区计划生育生殖健康服务中心和双港镇、葛沽镇技术服务站被评为天津市优秀服务站。

(陈淑香)

人民生活

人民生活水平不断提高 2009年，津南区城乡储蓄存款余额293.1亿元，比上年增长27.03%，其中居民储蓄172.7亿元，增长25.72%。城镇单位从业人员人均劳动报酬40472元，增长27.02%。农民人均纯收入11663.1元，增加1128.91元，增长10.72%。农村居民人均纯收入中，工资性收入7336.6元，增加674.4元，增长10.12%，占人均纯收入的62.90%。工资性收入仍是农村居民人均纯收入主要增长点。农民人均可支配收入11273.5元，增长11.75%。农村居民人均生活消费支出7585.6元，增长10.97%。农村居民生活质量大幅提升，户均拥有电冰箱1.1台，空调1台，家用电脑0.3台，移动电话1.8部，普通电话0.5部，微波炉0.3台。

(陈淑香)

社会保障体系日趋完善 2009年，津南区新增就业16000人，完成目标的106.7%，在区县排位第一。城镇职工基本养老保险参保13.36万人，医疗保险参保10.04万人，失业保险参保5.5万人，城镇养老、医疗、失业三项社会保险综合覆盖率122.03%，在区县排位第四。工伤保险参保11.77万人，生育保险参保5.71万人。26.5万人参加新型农村合作医疗，参合村覆盖率100%，参合率99.60%，比上年提高1.94个百分点，在区县排位第五，8个镇参合率均达98%以上。“新农合”筹资总额5327万元，1-11月份报销支出3631.85万元，住院报销10963人次，报销金额3209.67万元，门诊报销21.4万人次，报销金额422.18万元，劳动保障工作取得突破性进展。安置农村富余劳动力7582人，城镇登记失业人员2945人。举办招聘专场50场，达成就业意向6882人，与46家企业签订《联盟协议》，提供岗位2550个，就业安置稳定。

(陈淑香)

社会救助 2009年，津南区城镇低保户1260户2979人，农村低保户2345户5564人；城镇特困户30户76人，农村特困户169户437人。新增低保户602户，停发202户。4月1日起，城乡低保标准由月人均400元调整到430元，农村低保标准由月人均200元调整到230元，城镇特困救助标准由每户每月120元调整到130元，农村特困救助标准由每户每月60元调整为65元。医疗救助9864人次，发放救助金352.4万元；临时救济249户889人，发放临时救济金27.8万元；元旦、春节期间慰问困难群众1809户，发放慰问金235万元，其中区财政拨款30万元。区颐养院新建4号楼竣工投入使用。入住老人350人，其中五保对象、城镇孤老135人，自费老人215人。争取市级资金1510万元用于颐养院建设。开展以“助医、助学、助老、助困”为主题的慈善捐赠活动。接收捐款1372万元，支出1223万元，救助3.35万人，社会救助工作有效加强。

（张瀛予）

咸水沽镇

咸水沽镇位于津南区境北部，海河下游南侧，大沽排水河以北，辛庄镇以东，双桥河镇以西。是津南区政治、经济、文化、交通、信息中心，区政府所在地。2009年，镇域面积55平方公里，耕地面积2128公顷。辖27个行政村、13个居委会。人口3.85万户10.09万人，其中农业人口4.52万人。

隋称豆子航，明始有咸水沽地名文字记载。1948年12月解放，称咸水沽镇。1949年成立咸水沽市，同年撤销。1958年归河西区美满人民公社。1959年为小站人民公社管理区。1961年成立咸水沽人民公社。1966年称永红镇。1969年撤镇建街。1983年复称咸水沽镇。1985年咸水沽乡并入。2001年南洋镇并入。

2009年，完成地区生产总值27.39亿元，比上年增长29.1%；实现税收4.75亿元，增长40%；固定资产投入15.87亿元，增长38%；内联引资到位额26.64亿元，增长22%；农民人均纯收入11493元，增长10%。

完成工业总产值53.07亿元，增长30.94%；销售收入42.34亿元，增长36%；固定资产投入8.98亿元，增长78.98%；完成增加值8.09亿元，增长37.1%；实现利税4.07亿元，增长20%。引进实体企业14家，其中投资额亿元以上4家；引进注册企业112家，实现税收2620万元；85家企业实施技措技改，投入资金2.44亿元；开工建设千万元以上项目10个，投入资金4.19亿元；斥资3000万元储备土地98.13公顷，搭建海河工业区建设平台，成立科海公司，注册资金2.2亿元；采用BT模式进行海河工业区起步区基础设施和复式车间建设，总投资10亿元，9个重点项目获得资金支持430万元。

服务业完成增加值15.1亿元，增长36.6%；固定资产投入7.2亿元。建设高档商务写字楼等重点项目12个，总投资14.24亿元，年内完成投资5.84亿元，紫江路市场8月正式开业；兴业银行、中信银行、天津银行、北京银行进驻。

建筑业实现税收1.36亿元。在建及新开工项目17个，总建筑面积152万平方米。4月市政府批准为第三批示范镇建设试点。在建示范镇安置房面积63万平方米。其中，紫江馨苑、天馨苑还迁安置区48万平方米主体封顶，天馨苑安置区528户群众还迁入住。金丰里安置区涉及的新兴村、胜利村拆迁工作基本完成，一期开工面积15万平方米。提前完成海河教育园区拆迁任务，3个多月拆迁6个村1个社区1个工业园区各类建筑176万平方米，涉及住宅7200户、工商企业452家，农业设施709户，创造全市拆迁新纪录。

安置就业1922人，举办5期农村劳动力转产就业岗前培训，培训525人；为1000名群众办理养老保险手续，发放社保卡1936份。继续开展“5·25”扶贫助学助残活动，募集善款193万元，对171户困难家庭、59名困难学生、300户低保家庭，151名困难党员、93名90岁以上困难老人定期帮扶，对2000名因病、因灾、突发事件造成家庭困难群众进行帮扶，救助金额153万元。建立老年服务队，对72名低保、困难老人开展居家养老服务。

2000多名志愿者开展各项义务奉献活动。开展“五比一创”劳动竞赛，118个企业工会、万名职工参加；辅导基层工会与企业签订集体合同286份、工资集体协商协议183份，1.3万名职工受益。

（何　然）

小站镇

小站镇位于津南区东南部，东邻葛沽镇，西至津港公路，南起八米河，北接北闸口镇、双桥河镇。2009年，镇域面积56.72

平方公里，耕地面积2326.6公顷。辖26个行政村、5个居委会。人口2.23万户5.92万人，农业人口4.24万人。有汉、回、蒙古、土家、苗、满、维吾尔7个民族居住。

该镇始建于清同治十二年(1873)，因清代铺设马新大道设驿站而得名。小站练兵、小站"四清"、小站稻驰名中外。清光绪元年（1875），淮军将领周盛传率盛字军在小站练兵。1948年12月解放。1983年4月6日建镇(含乡)。1985年6月8日撤乡建镇。

2009年，完成地区生产总值16.84亿元；固定资产投入16.3亿元；财政收入3.35亿元，增幅达41.3%；农民人均纯收入10993元。

种植棉花、玉米、高粱等农作物1666.7公顷，种植片林66.67公顷。

工业企业实现总产值76.28亿元，销售收入39亿元，完成增加值7亿元，实现利税2.4亿元。镇工业园区被批准为天津市区县级示范工业园区，起步区各项工作全面铺开，投入9000万元用于基础设施建设，扩域53.33公顷。园区企业实现工业总产值20亿元，实现税收9000万元。完成内资到位额9.71亿元，外资到位额1787.48万美元。引进企业25家，亿元项目2个。其中全国知名品牌山水水泥项目投资2亿元，年生产能力200万吨，投资300万元以上技改项目8个，其中申报市级资金扶持项目2个，争取扶持资金344万元。获市、区科技项目支持资金445万元。

第三产业实现增加值9.6亿元，固定资产投资6亿元。服务业税收比重大幅提高。先锋电动五金超市、迎新木材钢材市场、天同医养院、福街等成为第三产业新增长点。

完成周庄房、西沟1000户拆迁工作。盛字营房屋评估和选房工作进展顺利。东花园、二道沟、东风、拐子沟等村陆续还迁3000户。完成天津市第八玻璃厂、迎新五金商城、津港高速、津歧公路(小站段)、盛塘路两侧绿化等项目规划范围内380户拆迁。完成复垦区7个村3843户、企业72家、种养殖户37家拆迁，面积42万平方米，复垦土地178公顷。在全市率先超额完成示范镇周转指标归还任务。

40万平方米农民还迁房交付使用。示范镇总建筑面积110万平方米，居全市第二位。小站派出所、政府办公楼、卫生院、市容环卫综合执法办公楼等一批公建设施投入使用。笔架街、盛塘北路、天山大道等路网工程完工，新增绿化面积25万平方米，投资500万元新建7个供热换热站，新增供热面积60万平方米。房地产市场开工建设15万平方米。

社会事业全面发展。幼儿园投入使用并于当年晋升一级一类园，投资200万元用于校舍加固，中小学教育教学水平在全区名列前茅。新建小站卫生院投入使用。完善就业培训机制，完成各类培训700人，安置劳动力3000人。已整合村村民参保12825人，5260人领取养老金。"5·28"慈善捐款活动接收善款420万元。慰问各类困难户684户，救助在校学生754名，临时救助436户1207人，修缮房屋16套，大病救助300余户，为112户生活困难无房户办理廉租房补贴。

（何　然）

双港镇

双港镇位于津南区西北部，海河南岸，南连西青区，东邻辛庄镇，西界河西区。津沽公路纵穿南北，天津市外环线、犁双公路横贯东西，距机场9公里，以海河为主线的八大河域内纵横交错，地势平坦。2009年，镇域面积30.10平方公里，耕地面积308公顷。辖16个行政村、2个居委会。人口1.59万户5.32万人，农业人口3.30万人。有汉、回、满、壮、苗、白、彝、瑶、朝鲜、蒙古、布依、土家、哈尼、东乡、纳西、维吾尔16个民族。

2009年，完成地区生产总值15.2亿元，比上年增长25%；完成税收4.60亿元，增长42.8%；固定资产投资14.9亿元，增长93%；外资到位额2579.55万美元；内资到位额25.15亿元，增长27%；落实重点项目13个；农民人均纯收入11959元，增长10%。

双港工业区8月被批准为全市首批示范工业园区。扩域60公顷，完成基础设施投入1.56亿元，固定资产投入10.3

亿元，融资1.5亿元，“一区三地”完成税收1亿元。科技产业园区招商中心建成使用，14万平方米庭院式、单元式厂房启动建设，一期7万平方米完工。亚星散热器和福臻工业装备投产运行，蓝天立白、顺鑫成食品和中盛海天制药进行工程扫尾和配套施工，5个项目实现税收4200万元。

签约落地二、三产项目10个，协议投资额30亿元。科工贸园区新引进注册企业305家，比上年增长2.2倍，完成税收1.14亿元，占全镇税收25%。

天钢柳林城市副中心和河畔星城还迁安置区相继开工，还迁房在施150万平方米，在建高层153栋，主体竣工40万平方米，还迁入住19万平方米，1500户拆迁群众喜迁新居。郭黄庄村外环辅道拆迁安置项目规划选址获市政府批复。金地格林、富力桃园、红磡领世郡等房地产项目新增开工面积40万平方米以上。

中心镇区、新家园、北马集、先锋4片累计拆除各类房屋800多处12万平方米。配合市重点工程建设，交地200公顷。拆除各类房屋5.2万平方米，绿化种植57万平方米，市重点工程天津大道、津港快速路建设进展顺利。完成大沽排污河环外段水环境治理工程。完成赤龙大街和五大街3450米路面修筑，新建五大街延长线街心公园。建成港湾园林绿化公司26.67公顷苗圃基地，栽植各类苗木1.5万棵。

16个村全部建成劳动保障工作站。组织招聘会29场，提供岗位5148个。开展就业、创业培训15次，培训1154人次。劳动就业保障工作投入资金121万元，创岗安置2675人，其中失地农民1208人，农民就业率85.6%。组建文艺队伍48支，开展群众性文体活动30场，6593人按月领取各种退休金。城乡居民基本医疗保险参保率100%，报销1170人次，报销金额399万元。累计投入80万元，对困难群众进行救助。各村累计投入4500万元，为群众办实事130件。建成李楼、西三合、后三合村文化广场、健身广场、便民市场和鑫港园综合市场，南马集综合市场主体竣工。投入515万元充实镇、村保洁力量。

（何　然）

八里台镇

八里台镇位于津南区西部，东临北闸口镇，西界西青区，南连大港区，北接辛庄镇。2009年，镇域面积105.96平方公里，耕地面积2677.87公顷。辖15个行政村、1个居委会。人口1.61万户4.94万人，其中农业人口4.50万人。有汉、回、满、朝鲜等8个民族。

1953年，隶属天津市津西郊区。1959年隶属小站人民公社，设八里台管理区。1961年增入八里台公社建制。1984年更名为八里台乡。1992年12月11日更名为八里台镇。2001年10月8日双闸镇与八里台镇合并。

2009年，实现地区生产总值19.56亿元，比上年增长32.18%；财政收入3.7亿元，增长191.7%；固定资产投入21.27亿元，增长6.35%；农民人均纯收入12012元，增长15%。

全年种植面积2104公顷，其中棉花595公顷，粮食作物1474公顷，葡萄35公顷。片林基地植树36.67公顷，栽植大树5万株。水产养殖1252.93公顷，养殖南美白对虾1052.93公顷，成鱼200公顷。扶植特色养殖业发展，观赏鱼基地发展到3个，狐狸存栏5000只，大雁存栏1万只，梅花鹿存栏40只。加大畜牧养殖防疫工作力度，生猪、鸡、牛、羊重大疫病免疫率均为100%。

工业实现总产值35.8亿元，完成计划的102.3%；销售收

八里台村还迁区一角

入33.5亿元，完成计划的102.1%；利税2.9亿元，完成计划的101.4%；固定资产投入10亿元，完成任务的102.3%；招商引资内资到位额31.78亿元，外资到位额2760万美元，引进千万元以上重点项目13个，其中亿元以上项目4个。新建创意中心累计引进注册型企业83家，注册资金4.2亿元，其中注册资金千万元以上6家。新建标准厂房1.27万平方米。园区实现税收2.1亿元。安置当地劳动力就业1911人，科技立项10项，技改项目12项，投资0.72亿元。研发新产品8项，组建产学研联合体6家。

服务业实现增加值9.7亿元，增长28%；固定资产投入6.95亿元，增长69.4%；利税1.9亿元。星耀五洲、碧桂园、天颐津城三大重点项目开工建设122万平方米，累计投资25亿元。星耀五洲“五一”开盘，碧桂园酒店桩基施工完成，高尔夫球场10月重新营业。生物谷项目融资6亿元，二手车市场方案调整和用地费用缴纳正在进行。

加快示范镇建设，一期工程97栋41万平方米村民还迁楼房竣工，77栋28万平方米还迁楼房初装修工程接近验收收尾阶段。分房的现场布置、村民平房评估、村民资格认定等工作开始实施。建成天嘉湖路和高尔夫路，完成绿化等相关配套工程。完成津港公路八里台镇段、八二路、建设路综合整治及大沽排污河清淤、幸福河景观改造、白万路西侧和津港公路两侧镇域段拆迁任务。津港公路潘家洼路段综合整治工程正在进行。

加大社会保障力度，为1068人发放低保金、保障金61.28万元。大病医疗救助22人，救助金16万元，临时救济2.89万元，夏令救助200户。中小学、幼儿园完成三年规划发展目标，八里台幼儿园被评为区先进单位。举办“和谐之春”家庭文化联欢会、庆祝建党88周年革命歌曲大家唱、新中国成立60周年爱国歌曲大家唱、新春乒乓球联谊赛等活动，送电影下村放映15场。

（王　君）

双桥河镇

双桥河镇位于津南区东部，北依海河，南连小站镇、北闸口镇，东临葛沽镇，西接咸水沽镇。2009年，镇域面积30.76平方公里，耕地面积1143.2公顷。辖16个行政村。人口1.07万户2.93万人，农业人口2.54万人。有汉、回、满、苗、朝鲜、蒙古、土家7个民族。

宋庆历八年（1048）黄河北徙，从泥沽村入海，史称“泥姑海口”。宋朝曾在此设泥姑寨，屯兵戍边。1948年12月解放，境内属天津县二区。1950年7月属七区东泥沽乡。1958年属美满公社。1961年成立西泥沽人民公社。1971年公社驻地由西泥沽村迁至双桥河边。1983年更名双桥河乡。1997年12月9日撤乡建镇。

2009年，完成地区生产总值8.85亿元，比上年增长30.78%；实现利税2.41亿元，增长40.03%；固定资产投资9.24亿元，增长95.35%。农民人均纯收入11336元，增长10%。内资到位额7.02亿元，完成计划的100.26%；外资到位额1605.9万美元，完成计划的115.53%。

农作物种植530.67公顷，经济作物种植304公顷。水产养殖总面积191.33公顷。投资400余万元实施片林种植和路边绿化工程，占地6.67公顷，垫土4万多立方米，栽植各种乔木3500株，路边绿化6000平方米。

完成工业总产值20亿元，增长32.6%；销售收入19.5亿元，增长27.40%；实现增加值3.7亿元，增长32.14%；利税1.73亿元，增长23.2%。引进重点工业项目12项，其中投资亿元以上2项，投资3000万元以上3项。总投资7.78亿元，已投产9项。工业企业总数426家，其中规模以上42家。完成投资300万元以上技改项目7项，总投资4500亿元，5个项目获区级以上扶持资金。新增产学研联合体4项，研发新产品13项，赛洋工业炉、诺恩电器被认定为区级技术研发中心，获奖励资金523万元。

示范镇安置区建设启动。安置区62万平方米还迁房在建，C区聚和园15栋13万平方米住宅楼进行主体施工；B区友和园23万平方米基础工程完成；A区22万平方米住宅楼准备开槽、打桩。规划路方案设计完成，施工上土结束；水、电、气等管网综合配套正在施工。刘家圈、南房子、王庄三村拆迁住宅1005户、企业40家、其他建筑物107处，拆迁面积28.4万平方米。西周庄、柴庄子两村拆迁评估工作结束。

完成城乡居民基本医疗参保工作，参保15724人，参保率99.68%。安置农村剩余劳动力就业703人，受理来访投诉6起，涉及职工100余人，追回欠款40余万元。发放低保金105万元、五保金13.28万元、民政事业费23.4万元、救助金11.7万元。开展慈善捐款，募集善款70余万元。计划生育率99.5%，计划生育知识综合知晓率92%，避孕节育知情选择95%以上。投资300万元，完成双桥河一小校舍加固；投资48万元，为双桥河二小、三小更新教学设备、改善教学设施；投资25万元，建成镇成人文化技术学校。双桥中学43名学生考入市重点高中。镇男、女手扑球队参加天津市农民手扑球比赛，均获第二名。

（王　君）

葛沽镇

葛沽镇位于海河下游南侧，东临塘沽区，南界大港区，西南连小站镇，西北接双桥河镇。2009年，镇域面积43.48平方公里，耕地面积1754.87公顷。辖25个行政村、6个居委会。人口1.93万户5.50万人，其中农业人口4.08万人。有汉、回、蒙古、满、壮5个民族居住。

该镇为华北“八大古镇”之一。1948年12月解放，称葛沽市，属天津县。1949年10月更名为葛沽镇。1952年4月更名为葛沽乡。1958年9月属塘沽区，称河南人民公社。1962年10月属南郊区，成立葛沽人民公社。1966年称卫东镇。1969年成立葛沽街道办事处。1983年8月建葛沽镇（含乡）。1985年6月撤乡建镇。

2009年，完成地区生产总值31.99亿元；三级财政收入5.24亿元；固定资产投入34.3亿元；农民人均纯收入11914元；工业总产值210亿元，销售收入180亿元，工业固定资产投入17.93亿元。

服务业发展势头良好，实现增加值10.26亿元，比上年增长29%，完成计划的104%；固定资产投入7.07亿元，增长57.7%。

农业生产保持稳定态势。蔬菜种植面积控制在1400公顷，经济作物种植213.33公顷，水产养殖面积249.33公顷。

示范镇建设加快。完成大滩等3个村土地整合工作；辛庄子村整合过半，葛三村房屋评估、农用地上物评估、土地核定、人员界定工作基本结束；杨岑子村农用地上物评估完成；小高庄村农用地上物评估、土地核定工作正在进行。

创意中心及附楼主体工程完工，中心广场投入使用。建成葛沽体育馆；完成葛沽一中扩建、三合小学迁建工作；公安派出所新建工程主体框架完工；葛万路拓宽改造工程在施。

民营经济成长示范基地运营公司注册登记，三纬路、九经路和雨污水泵站开工建设。已签约2个项目，包括1个3000万美元生产型项目和1个投资亿元服务项目。民营基地龙头企业创意中心召入企业520家。

开发新产品50个，申报专利17项，实施技改项目20项。葛沽实验小学被评为区级师范学校，第九幼儿园办学水平进入区先进行列。葛沽卫生院、镇计划生育服务站配套水平提升。农民参合参保覆盖率99.79%，报销费用577.7万元，6724人次受益。拓宽劳动力就业渠道，加大培训力度，安置富余劳动力2009人。加大违章建筑查处力度，“双违”（违法用地、违法建设）行为得到有效控制。3个村被评为市级卫生村，全镇市级卫生村累计7个。

（王　君）

北闸口镇

北闸口镇位于津南区中部。东邻双桥河镇，西界八里台镇，南连小站镇，北依大沽排污河。2009年，镇域面积38.32平方公里，耕地面积2064.33公顷。辖20个行政村、1个居委会。人口1.25万户3.41万人，其中农业人口3.09万人。有汉、回、满3个民族居住。

镇内清光绪元年（1875）提督周盛传屯田练兵的18个营盘番号至今仍有沿用，如后营、正营、东右营、西右营、仁字营、老左营等村。1961年4月建北闸口人民公社，属河西区；1961年12月属南郊区。1966年改为东方红人民公社，机关迁至西右营。1968年复称北闸口人民公社。1973年机关迁回北闸口。1983年改称北闸口乡。1997年12月9日撤乡建镇。

2009年，完成地区生产总值95724万元，比上年增长32.95%；固定资产投入69170万元，增长73%；三级财政收入35401万元，增长31.8%；农民人均纯收入11495元，增长10%。

棉花种植593.33公顷，玉米等经济作物种植733.33公顷，蔬菜上市242万公斤，上市值225万元。扩大观赏鱼、南美白对虾等特色养殖业，促进农民增收。鱼肉类总产950吨，鲜蛋产量9.7万公斤。

工业总产值53.20亿元，销售收入17.75亿元，完成任务的105.7%，工业增加值3.46亿元，完成任务的108.1%，利税总额1.73亿元，完成任务的115.3%。北闸口民营园建设正式启动。新注册成立民营企业68家，个体工商户164家，企业投资8.58亿元。企业申报专利产品66件，8项新产品填补市以上空白。工业园区3.5万伏变电站投入使用。占地面积33000平方米，建筑面积43000平方米的标准厂房在建。园区基础设施投入8012万元，完成任务的229%。新增“七通一平”面积35.53公顷，完成任务的133.25%。新引进外资企业5家，6家外资企业增资扩建，外资到位额2141.93万美元。引进区外投资企业8家，吸引内资额6.7亿元。注册型企业39家，注册资金13642万元。

第三产业完成增加值34830万元，完成任务的100%。固定资产投入2亿元。投资1.25亿元、建筑面积5万平方米的商业一条街工程正式启动。

启动建新、东右营、北闸口、裕盛、仁字营5个村土地整合工作，完成2500户30万平方米拆迁工作。完成建新公寓、仁安东10万平方米还迁楼建设。启动仁安里6万平方米经济适用房建设。完成御和新苑6万平方米商品房开发建设。新建北闸口卫生院、幼儿园、实验小学投入使用。镇区道路综合改造工程完成，总投资9000万元，新扩建道路4.8公里。投资300万元，完成建新公寓居民楼同网同价电力改造。组建镇综合执法大队，集中开展统一拆违行动13次，拆除违章建筑116处2.2万平方米，查处违法取土案件26起。募集慈善捐款155万元。举办失地农民就业培训班，提高失地农民就业技能，安置农村富余劳动力1741人。

（张瀛予）

辛庄镇

辛庄镇位于津南区西北部。东邻咸水沽镇，南与八里台镇接壤，西与双港镇相连，北隔海河与东丽区相望。2009年，镇域面积29.10平方公里，耕地面积1340.73公顷。辖20个行政村。人口1.10万户3.05万人，其中农业人口2.71万人。有汉、回、壮、蒙古、满5个民族。

1949年称白塘口大乡，属天津县。1961年4月成立白塘口人民公社，属河西区，12月属南郊区。1966年称文革人民公社。1968年复称白塘口人民公社。1969年公社驻地迁至中辛庄。1983年改制称白塘口乡。1985年改称辛庄乡。1997年3月10日撤乡建镇。

2009年，实现地区生产总值115852万元，比上年增长30%；完成税收32304万元，增长40%；固定资产投资123800万元，增长148%；农民人均纯收入10800元，增长10%。吸引内资到位额14.65亿元，完成计划的152.63%；吸引外资到位额1754万美元，完成计划的106.95%。

投资2100万元完善园区道路、绿化、给排水及照明等基础设施建设，实现“七通一平”面积20公顷。引进千万元以上企业11家。筛选优质项目6个，受让土地14.01公顷，固定资产总投资3.6亿元。出租标准厂房30170平方米，引进企业18家。引进各类商贸注册企业140家，实现税收3000万元。实施全民招商战略，镇机关工作人员引进企业实现税收突破1000万元。

启动7个村土地整合工作。完成中辛庄、张满庄、上小汀、前辛庄一期、邢庄子和生产圈土地整合工作，拆迁面积227366平方米，涉及1136户3760人。一期46栋还迁楼36.8万平方米年底全部封顶。二期前辛庄、中辛庄、上小汀段规划还迁区陆续打桩建设，总开工面积100万平方米。高庄子村土地整合工作正在进行。2000平方米规划展览馆竣工对外开放，4.6万平方米商业街主体完工。

新安置劳动力就业1835人，完成计划的129%。拆除违章建筑14215.07平方米，拆违率100%，发放最低生活保障金201万元。新型农村合作医疗参合率100%。投入35万元对空巢家庭和计划生育困难家庭进行帮扶。投入260万元，对白塘口、前辛庄、高庄子和新桥4所小学校舍加固或对围墙、屋顶和线路等设施改造装饰，白塘口小学校舍抗震强度由6级提高到8级。

排查各类矛盾30件，接待上访群众300人次，解决问题36件，镇财政出资40万元建立稳定工作考核奖励专项基金。

在柴家圈村启动22万伏变电站建设。建筑面积2000平方米的规划展示中心交付使用，正式对外开放。《辛庄在线》创刊，《辛庄之声》短信信息平台正式开通。

（张瀛予）

长青办事处

长青办事处位于津南区西北部。东起灰堆，西至城区八里台，南与李七庄交界，北接小刘庄。户籍管理属河西区，土地、行政管理属津南区。2009年辖黑牛城、东方红、万年红、挂甲寺、灰堆、向阳、星光、西楼8个管委会（亦称分公司）。人口1120户2286人。办事处坐落黑牛城道南侧，距区政府驻地咸水沽镇20公里。

1949年1月，灰堆村属天津县管辖，向阳、星光等村属河西区管辖。1958年建立灰堆人民公社。1959年属河西区小站公社。1962年1月归南郊区管辖。1983年12月撤销人民公社建制，建立长青农工商联合总公司。1992年12月24日设立长青办事处。

2009年，完成地区生产总值6.84亿元，完成任务的102.99%；税收5.2亿元；固定资产投入3.29亿元；引进内资5.0亿元，完成任务的100.09%；引进外资3890万美元，完成任务的363.55%；人均纯收入11956元。引进企业310家，引进注册资金6.36亿元，其中注册资金千万元以上的14家。

长青创业中心工程主体建成；双港开发区厂房长青车间工程竣工；原电工专用设备厂开发项目正在推进；天邦购物乐园项目即将开业。博雅时尚一期工程开工建设，建设面积37251平方米，涉及368户。其中11层3幢、16层2幢，均为还迁住宅楼，至年底完成工作量80%。

开展以“转变作风、厉行节约”为主题的节约型机关创建活动，公款出国（境）支出为零，车辆购置及运行费用支出比上年下降54.5%，公务接待费用支出降低66.6%，用电支出下降43%，会费支出下降16.7%，通信费用下降70%。

在“助老、助学、助困、助医”活动中，208名干部职工捐款10.57万元，15个集体捐款4.9万元，合计15.47万元。为台湾“莫拉克”台风受灾地区捐款，238名干部职工捐款1.525万元，14个集体捐款1.937万元，合计3.462万元。青龙公司被评为“十佳企业”。

（张瀛予）

北 辰 区

概 述

北辰区位于天津市区北部，北运河畔。东与宁河县相邻，东南隔金钟河、新开河与东丽区相望，南与河北区、红桥区相连，西南与西青区以子牙河为界，西、北均与武清区接壤。地理坐标为北纬39°10′~39°21′，东经116°56′~117°24′。2009年，区域面积478.5平方公里，其中耕地面积1.84万公顷。辖天穆、北仓、双街、双口、青光、宜兴埠、小淀、大张庄、西堤头9个镇和果园新村、集贤里、普东、瑞景4个街道。有126个行政村和84个社区居委会。常住人口36.37万人，除汉族外，有回、满、蒙古、朝鲜、壮、土家等37个少数民族。

2009年，北辰区深入贯彻落实科学发展观，积极应对国际金融危机，围绕扭住一个龙头、打造五大载体、突出五个重点、抓住三个提升的“1553”工作思路，深化改革开放，优化产业结构，转变发展方式，着力改善民生，实现了保增长、渡难关、上水平。全区生产总值300.6亿元，比上年增长25.5%；财政收入76.0亿元，其中区级收入36.2亿元，分别增长20.3%和41.4%；固定资产投资218.6亿元，增长49.0%；农村居民人均纯收入12908元，增长10.2%。

规划水平得到新提升。把规划作为龙头和先导，形成15项高标准、高质量的规划成果。修编完善区域城市建设总体规划，完成中心城区控制性详细规划、3个示范园区总体规划、大张庄示范小城镇总体规划及控制性详细规划并获审批。完成现代农业发展规划，实施环外地区控制性详细规划、北运河综合整治和工业、服务业产业布局及教育、文化、社区服务等一批专项规划编制工作，为建立覆盖全区的规划体系打下良好基础。

载体建设实现新突破。全面实施风电产业园、陆路港物流装备产业园、现代医药医疗器械工业园3个市级示范园区和京津路黄金走廊、现代农业示范区等载体开发建设。成立示范园区管委会和实业总公司。3个示范园区基础设施建设全面启动，引进项目32个，引进资金106亿元。京津路黄金走廊已建和在建载体70万平方米，完成投资20亿元，蓝岸商务广场、长瀛新都汇广场、天辰总部等一批项目正在实施和运作。现代农业示范区完成万亩中低产田改造。基础设施和千亩草莓园、精品苗木基地建设进展较快。改造提升科技园区和各镇现有工业区，完成旧路改造等基础设施投资1.5亿元，科技园区环东发展区路网全线贯通，吸纳投资、承载项目能力增强。

招商引资和大项目建设迈出新步伐。组团赴国内外开展招商推介活动，引进投资亿元以上项目29个，南车集团、韩国乐天集团、加拿大健康产业园等一批高水平大项目相继落户。引导外向型企业调整结构、开拓市场，累计自营进出口企业1017家，出口交货值241.6亿元，出口创汇22.8亿美元，位居全市农口区县第一。总投资515.2亿元的78个亿元以上大项目有64个开工建设，20个项目竣工投产，其中总投资290亿元的52个天津市区县重大项目全部开工，完成固定资产投资92.8亿元。内资到位119.7亿元，增长38.5%；外资到位4.9亿美元，增长31.3%，均居农口区县首位。北辰科技园区主要指标列全市各区县开发区之首。

产业结构调整取得新进展。全年工业增加值增长25.8%，拉动北辰区经济增长18个百分点。完成1000万元以上技改项目64个，开发投入1000万元以上新项目124个，其中超亿元项目16个。规模以上企业发展到1020家，其中亿元以上企业152家。六大主导产业占规模企业总量90%以上。25家企业通过ISO 9000质量管理体系认证。市级以上名牌产品41个，驰著名商标78件，名列全市榜首。4个节能项目列入国家项目储备库，3家企业成为市级节能示范基地，规模以上企业万元增加值能耗降低6.5%。

现代服务业增加值增长26.7%。开发1000万元以上新项目62个，其中超亿元项目14个。建成中储钢铁交易大厦、华瑞服务外包基地等一批重点项目，乐天玛特、横店影视城、婚庆盛典等项目启动建设。完成4家工业企业“主辅分离”试点。王朝酒堡主体完工，蓝海商贸城开业运营。创建8处社区商业中心，新建12座集贸市场。运输业运力、运量继续保持全市各区县之首。

农业增加值增长4.5%。新建设施农业286.67公顷，设施农业总面积1193.3公顷。启动梦得集团养殖示范园国家级奶牛良种繁育基地建设。农业龙头企业和农民专业合作社发展到63家。区域重大动物疫病实现零疫情。制定出台农村小型水利工程、农村安全饮水设施等管理办法，水务管理体制改革加快。完成农村管网入户和南水北调征地拆迁工程，改造维修泵站和桥闸涵17座。农机综合作业率72%。

城乡面貌发生新变化。继续加强基础设施建设和环境综合整治。完成地铁3号线11万平方米拆迁任务和北辰道、果园北道、延吉道西段、杨北公路等道路改造工程，修建乡村公路20.7公里。实施“五大绿化工程”，新增绿地60万平方米，植树造林360公顷，植树42万株。宜兴埠镇、天穆村等旧村改造和双街、大张庄示范小城镇建设深入推进，完成拆迁120万平方米，新建富锦华庭、辰发花园、天穆东苑还迁房110万平方米。建立区数字化城市管理平台和村收镇运区处理的垃圾清运系统，完成宜白路、铁东路等13条重点道路综合整治，集中治理宜梦道、辰昌路等5个脏乱点位。实施“平改坡”1.9万平方米，整修立面17万平方米。新创2个国家级环境优美镇、14个市级卫生村、5个市级文明生态村和3个市级安静居住小区。完成58台燃煤锅炉改燃并网和脱硫改造。主要污染物二氧化硫和化学需氧量分别下降2.94%、2.69%，基本完成“十一五”减排指标。环境空气指数二级和优于二级天数达81%。

社会事业取得新进步。教育和医疗卫生质量显著提高。新建改建小淀中学、区成教中心、区实验中学等6所学校。对30余所学校进行校舍维修加固、设备升级和现代化改造。在全市中小学运动会上北辰区蝉联区县组冠军。开展医疗安全专项治理活动，率先在全市完成新增60岁老人筛查建档工作，实施妇女儿童健康行动计划。有效防控手足口病和甲型H1N1流感等传染病疫情。加大卫生执法监督和打击非法行医力度，食品药品市场更加规范。

文化体育和各项事业不断发展。举办多项跨省际文化活动和庆祝新中国成立60周年系列群众性文艺活动。建成农家书屋51个，居全市首位。建立区非物质文化遗产项目数据库，6个项目入选市级非物质文化遗产名录。新建群众性体育健身设施12处，果园新村街健身秧歌队在第四届全国亿万妇女健身展示活动大赛中获2枚金牌。全面开展社会抚养费征收专项治理活动，征收比例达90%以上。北辰区被评为全国农村流动儿童工作示范区。区红十字会被授予全国红十字会系统先进集体称号。档案、语言文字规范化和区志工作水平不断提高。

和谐稳定呈现新局面。群众性精神文明创建活动深入开展，5个单位被授予全国文明单位或村镇称号，7人次当选“感动中国、感动天津”人物。普东街获全国和谐社区建设示范街称号。完成村(居)委会换届选举工作。推广农村法律顾问工作,累计3个村被评为全国民主法治示范村,63个村、17个社区被评为市级民主法治示范村(社区)。继续落实信访突出问题领导包案、信访稳定评估和信访事项督查督办制度,巩固"四位一体、三调联动"矛盾纠纷调解机制,率先实行"军警民"联合巡逻防控,开展基层平安创建活动,国庆安保工作成效显著。北辰区排查调处矛盾纠纷和解决突出治安问题的做法得到中央综治委肯定并在全国推广。实行企业安全生产分类管理制度,深入开展隐患排查治理专项行动。全年未发生较大事故,一般事故和死亡人数均比上年下降60%。

(区政府办 区地志办)

北辰区区级领导名录

中共北辰区委领导名录

职　务	姓 名	性别	出生年月	民族	文化程度	籍　贯
书　记	袁树谦	男	1954-06	汉	党校研究生	河北安国
副书记	马明基	男	1956-04	汉	党校研究生	天津北辰
副书记兼组织部部长	高学忠	男	1965-08	汉	党校研究生	天津北辰
常　委	张金锁	男	1953-10	汉	在职大专	河北孟村
常委、区纪委书记	郭连生	男	1957-02	汉	党校研究生	山东梁山
常委、区人武部部长	朱子民	男	1955-11	汉	党校大专	天津宝坻
常　委	薛　辉	男	1968-01	汉	党校研究生	天津大港
常委,公安北辰分局党委书记、局长	董　平	男	1954-10	汉	在职大专	河北沧县
常委、宣传部部长	张建国	男	1957-03	汉	在职研究生	天津蓟县
常委、办公室主任	杨　焕	女	1961-05	汉	党校研究生	江苏涟水

注:2009年12月,马明基不再担任中共北辰区委委员、常委、副书记职务。

北辰区人大常委会领导名录

职　务	姓 名	性别	出生年月	民族	文化程度	政治面目	籍　贯
主　任	穆瑞刚	男	1952–05	回	党校大专	中共党员	天津北辰
副主任	崔金爽	女	1955–03	汉	党校研究生	中共党员	天津静海
副主任	姜渭湖	男	1954–02	汉	党校研究生	中共党员	天津北辰
副主任	崔兆斌	男	1958–12	汉	党校研究生	中共党员	天津北辰
副主任	王俊明	男	1953–07	汉	在职大专	中共党员	天津蓟县
副主任	刘学安	男	1958–04	汉	大　学	民进会员	天津北辰

北辰区政府领导名录

职　务	姓 名	性别	出生年月	民族	文化程度	政治面目	籍　贯
区　长	马明基	男	1956–04	汉	党校研究生	中共党员	天津北辰
常务副区长	张金锁	男	1953–10	汉	在职大专	中共党员	河北孟村
副区长	薛　辉	男	1968–01	汉	党校研究生	中共党员	天津大港
副区长	张家明	男	1957–08	汉	党校大专	中共党员	天津北辰
副区长	陈文慧	女	1956–04	汉	大学普通班	民盟盟员	辽宁锦州
副区长	朱　军	男	1960–10	汉	在职研究生	中共党员	河北唐山
副区长	沈志勇	男	1964–05	汉	党校研究生	中共党员	天津北辰

政协北辰区委员会领导名录

职　务	姓 名	性别	出生年月	民族	文化程度	政治面目	籍　贯
主　席	兰启布	男	1949–08	汉	在职大学	中共党员	天津北辰
副主席	鞠连喜	男	1951–07	汉	在职大专	中共党员	天津北辰
副主席	郭春祥	男	1957–02	汉	在职大专	民建会员	天津武清
副主席	杨玉良	男	1955–05	汉	在职大专	民革成员	山东冠县
副主席	任国光	男	1952–02	汉	在职大专	中共党员	天津宝坻
副主席	张普通	男	1951–07	汉	在职大专	中共党员	河北蠡县
副主席	赵建华	男	1959–06	汉	党校研究生	中共党员	天津北辰
副主席	苗文秀	女	1955–12	汉	大　学	无党派人士	天津北辰
副主席	赵军屹	女	1963–05	汉	大　专	无党派人士	天津市

注：郭春祥于2009年9月病逝。

（区委组织部提供）

大 事 记

1月

5-7日 政协北辰区七届三次会议召开。听取审议常委会工作报告和提案工作报告;政协委员列席区十五届人大五次会议,听取讨论区政府工作报告;补选赵志恒、杨国珍为区政协七届常委;通过大会决议。

6-8日 北辰区十五届人大五次会议召开。听取审议区政府工作报告、区人大常委会工作报告、区人民法院工作报告、区人民检察院工作报告;审议通过区2008年预算执行情况和2009年预算草案的报告。

12日 北辰区与以色列拉松育种有限公司签订草莓种植合作协议。以色列驻华大使安毅泰,天津市副市长李文喜,区领导袁树谦、马明基、张金锁出席签约仪式。

16日 北辰区召开"保增长、渡难关、上水平"动员暨经济工作表彰大会。表彰获2008年度驰、著名商标企业国家级1个、市级8个,国家级企业技术中心1个、市级7个、区级10个,纳税企业突出贡献奖8家、明星企业奖8家、优秀企业奖23家以及最佳服务企业单位12个。

20日 全国人大农业与农村委员会调研组一行9人由副主任委员房凤友带队到北辰区,就农村社会保障情况进行调研。听取区政府、双街镇、双街村、沙庄村有关农村社会保障方面情况汇报,分析研究相关工作和问题,并提出合理化建议。

24日 国家公安部副部长杨焕宁一行到公安北辰分局慰问因公牺牲的缉毒大队民警温冬立家属。

2月

18日 北辰区举行"十佳警星"先进事迹情景报告会,表彰刑警队长叶茂栋等10位在公安战线上做出突出贡献的民警。

27日 中国天辰科技园工程奠基仪式在北辰区举行。该工程由中国化学工程集团投资15亿元兴建,被列入天津市20项重点服务业项目。区委书记袁树谦、区长马明基出席仪式。6月2日,天辰大厦桩基工程开工。

3月

5日 北辰区召开地方志第二轮编修工作会议,区长马明基作动员讲话。

19日 芬兰图尔库市政府、企业及大学代表团到北辰区访问。

20日 北辰区召开深入学习实践科学发展观活动动员大会,区委书记袁树谦作动员讲话。9月7日,总结第二批学习实践活动,并启动第三批学习实践活动。

4月

8日 北辰区政协成立口述历史研究会,在全国地级政协属于首家。

17日 公安北辰分局副局长、一等功臣顾俊明因公牺牲。5月15日,市委常委、市委政法委书记散襄军到北辰区慰问其家属。5月27日,中共北辰区委作出《关于开展向顾俊明同志学习的决定》。5月,国务委员、公安部部长孟建柱签署命令,追授顾俊明全国公安系统二级英雄模范称号。

25日 为纪念五四运动90周年,由团市委主办、团区委承办的"天津青年文化艺术节——走进新农村"文艺演出在北辰公园举行。团市委书记刘道刚、区委书记袁树谦与群众一起观看演出。

本月 在中国·天津第16届投资贸易洽谈会上,韩国乐天玛特(世界500强企业之一)大型综合性超市落户北辰区。该项目位于辰昌路与龙泉道交口,建筑面积3万平方米,7月正式开工。

5月

5日 北辰区十五届人大六次会议召开,补选骆守佶为区人大常委会委员,王援东为区人民检察院检察长。

本月 金锚集团获全国"双爱双评"(企业爱职工,职工爱企业;评爱企业的优秀职工,评爱职工的好经理)先进企业称号,为全市获此殊荣的两家企业之一。

6月

25日 北辰区区长马明基与河北省唐县县长杨小宁签订友好区县合作协议书。

28日 北辰村镇银行挂牌成立。该银行位于瑞景街辰昌路,注册资本金1亿元。

7月

8日 全球最大的从事航空、工业发动机、发电控制器的研发制造商伍德沃德公司,与北辰科技园区举行该公司中国区总部项目签约仪式暨风电项目落户揭牌仪式。

9日 市委书记张高丽,市委副书记、市长黄兴国率领18个区县的区县委书记、区县长以及市主要职能部门的领导,到北辰科技园区天士力圣特制药有限公司和汉森风电动力设备(中国)有限公司考察。

上旬 作为国家农业综合开发项目的北辰区年产1.4万吨牛奶及800头商品良种奶牛繁育基地扩建项目正式启动。该项目位于双口镇立新园林场院内,总投资6645万元。

8月

2日 柴楼新庄园落成仪式举行。该项目2007年9月28日开工,由双发房产开发公司和柴楼村委会合作实施。还迁房建筑面积8万平方米。

4日 天津市北辰区和吉林省安图县缔结友好区县签字仪式在龙顺庄园举行。区领导袁树谦、马明基、高学忠、张金锁出席。安图县旅游局与龙顺投资集团签订开发雪山湖框架协议。

9月

1日 联合国教科文组织专家到宜兴埠镇成人文化技术学校调研考察。

本月 在迎接新中国成立60周年"双百"人物评选中,全国知识青年的杰出代表、北辰区人大常委会原副主任邢燕子当选100位新中国成立以来感动中国人物之一。在天津市"感动天津人物——海河骄子"评选中,北辰区籍人物杨连弟、穆祥雄、刘春海,客籍人物邢燕子、闫希军、赵永良入选;王瑗丽、田凤英、顾俊明获提名奖。

10月

25日 由陕西省汉中市副市长、宁强县委书记李九江,天津市对口援建宁强县工作组组长、北辰区委常委、区委宣传部部长张建国带队的宁强县代表团到北辰区考察、招商恳谈,并举行北辰区向宁强县援建冠名项目签约仪式。副市长李文喜,区领导袁树谦、张金锁出席仪式。北辰区向宁强县捐赠资金200万元。为铭记北辰区的无私援助,宁强县将汉源镇青竹砭灾民集中安置点命名为汉源镇北辰新村,将胡家坝镇中心小学更名为胡家坝镇北辰中心小学。

下旬 参加国庆60周年大典的天津彩车"渤海号"被双街置业集团收购,置于龙顺庄园供游人参观。

11月

23日 北辰科技园区与中冶天工建设有限公司举行天津风电产业园项目建设签约仪式。中冶天工集团董事长张培义,区领导袁树谦、马明基出席。年内,该园和陆路港物流装备产业园、医药医疗器械工业园被列入天津市区县示范园区。

12月

1日 市委书记张高丽到北辰区调研。考察天穆村旧村改造还迁房建设项目和整体规划及清真寺规划沙盘;在天穆镇进行座谈,听取区委书记袁树谦和镇村负责人汇报并讲话。市委常委、市委教育工委书记苟利军,副市长李文喜陪同。

7日 北辰科技园区管委会

与西门子(中国)有限公司签订项目合作协议。市委常委、常务副市长杨栋梁,副市长王治平,区委书记袁树谦会见西门子股份公司驱动技术集团首席执行官何睿祺一行,并出席签约仪式。

24 日 中共北辰区委九届七次全会召开。区委书记袁树谦讲话,区委常委、委员、候补委员出席会议。审议通过《北辰区2010 年工作意见》和《中共北辰区委加强和改进新形势下党的建设的实施意见》,听取常委会关于 2009 年干部选拔任用情况报告并进行民主评议。

29 日 北辰区红十字会召开第六次会员代表大会,审议通过《北辰区红十字会第六次会员代表大会工作报告》、《北辰区红十字会 2010-2014 年发展规划》,表彰先进,选举产生新一届理事会。

(区地志办)

党　务

概况 2009 年,中共北辰区委坚持“北辰好大家都好,大家干好北辰才好”的理念,按照“坚定信心、攻坚克难、抢抓机遇、科学发展”的总要求和“1553”工作思路,在危机中抢抓机遇、在逆境中奋力开拓,圆满完成各项目标任务,各方面工作取得明显成效。完成第二批学习实践科学发展观活动。以执政能力和先进性建设为主线,加强各级领导班子、干部队伍和基层组织建设,责任体系建设不断深化,“双联”工作成效明显,村居组织换届选举圆满完成。反腐倡廉建设深入推进。各级党组织创造力、凝聚力、战斗力显著增强。

(刘秋香)

开展学习实践科学发展观活动 2009 年 3 月中旬至 8 月底,北辰区参加第二批学习实践科学发展观活动,明确“打造新优势,建设新北辰,实现新跨越”的活动总载体,开展“为科学发展献良策,为攻坚克难做贡献,为人民群众办实事”主题实践活动。涉及区级机关,区法院、检察院,各人民团体,各委办局机关 76 个单位部门,322 个党组织、5344 名党员。其中区级党员领导干部 26 人、处级党员领导干部284 人。活动分学习调研、分析检查、整改落实 3 个阶段。编发简报 78 期。按照“重在武装思想,重在解决问题,重在取得实效”的要求,开展科学发展大讲堂、百名领导讲党课、“科学发展金点子”征集、“科学发展在我身边”实例演讲、窗口单位“走进直播间”和互学互比互看等活动,实现开展活动和推动工作同频共振、互促双赢。区委、区政府出台 7 大创新机制,各单位废改立674 项规章制度。各级领导班子广泛征求意见建议,43 个重点问题被列入区委、区政府督办范围,已解决 28 个;162 个具体问题分解到相关职能委局,已解决103 个。北辰区代表天津市接受中央巡回检查组视察指导,得到高度评价。市委实践办编发 7 期简报介绍北辰区做法和经验。天津日报、天津人民广播电台等市级新闻媒体 4 次报道北辰区活动情况。第三批学习实践活动于2009 年 9 月启动,在 9 镇 4 街、126 个村、84 个居委会和 174 家非公企业中开展。

(区实践办 区地志办)

双联帮扶促农村发展 2007 年,北辰区委启动以机关党组织联村、党员干部联户的“双联”活动。按照“经济部门联发展缓慢村、党群部门联班子薄弱村、政法部门联矛盾突出村、专业部门联产业特色村”的原则,小委局三帮一、二帮一,大委局一帮一,委局党组织与“双联村”结成长期固定帮扶对子,建立机关干部驻村制度,每期一年。至 2009 年,76 个委局机关对口帮扶 63 个相对后进村,1828 名机关党员与 361 户困难户结对帮带,选派 4 批 220名干部驻村。实践中逐步做到“四个结合”,即:强力推动与启发自觉相结合,一人驻村与全员上阵相结合,硬件建设与软件建设相结合,锻炼干部与使用干部相结合。活动取得明显成效。经双联渠道引进项目 41个,总投资9000 多万元,建设设施农业 80 多公顷。区行政许可服务中心帮助宜兴埠四街招商引资 2000 多万元,助推区街经济发展。政府办协调塑力集团和武警六支队与前堡村结成村企联建、军民共建对子,帮助发展旅游观光农业,集体收入从

双联工作已成为北辰区机关党建的特色品牌。图为2009年6月3日，天津市区县联盟电台在北辰区现场直播"驻村联络员，我们欢迎你"联欢会。

双联前的3万元提高到30多万元。全区1/3的村村容村貌有明显变化。区审计局筹措资金13万元，帮助北何庄村修建厕所、垃圾池，疏通农田沟渠。区商委把桃口村的污水坑、垃圾场改造成村中公园和农贸市场。驻村干部深入群众，及时排查化解涉及土地流转、拆迁补偿、干群关系等方面的不稳定因素，变上访为下访。3年间组织实用技术培训1万余人次。坚持困难帮扶与节日慰问两手抓。区残联为44户困难家庭新建住房。区房管局为3名困难家庭在校大学生提供社会实践岗位，筹资2万元为困难家庭修缮房屋。2009年11月在中央组织部举办的全国地、县组织部长培训班上，北辰区代表天津市以"深入开展双联活动，积极探索城乡基层党组织互助互促新途径"为题介绍经验做法。

(区机关工委　区地志办)

新"五个一"工程建设　北辰区新"五个一"(每个村建一支环境保洁队、一个垃圾转运点、一个集贸市场、一支特色文化活动队和一个广播室）工程自2008年开始实施。2009年投入引导资金296万元，对工程开工建设村统一安排、因村制宜、突出特色，强化责任、时间、精品意识，加大宣传发动、资金筹措、过程监管力度。两年内建成镇保洁公司7家、环境保洁队84支、村级垃圾转运点92个、集贸市场21个、特色文化活动团队140支、特色体育活动团队48支、广播室87个，累计投入引导资金1790多万元，基本实现三年任务两年完成。文明村新老"五个一"工程的管理使用被纳入精神文明建设联绩考核重要内容，出台《关于对"五个一"工程管理使用情况现场考核打分的实施意见》。依托"五个一"阵地，举办实用技能、科技文化、政策法规等培训90多期，组织文娱活动170多场次，开展民政优抚、司法调解、计划生育等项服务2100余件。

(田法伟)

政　务

概况　2009年，北辰区政府按照"1553"的工作思路，圆满完成区十五届人大五次会议确定的各项目标任务。完成改善城乡人民生活10件实事。办复人大代表建议和政协委员提案78件，办结率89.7%。"保增长、渡难关、上水平"活动成效显著。完善机关联绩考核制度，强化督查督办、效能监察和应急管理机制，增强政府工作透明度和公信力。北辰区被评为全国民族团结进步模范集体和全国农业信息化示范区。

(刘秋香)

"保增长、渡难关、上水平"活动　2009年，北辰区出台《"保增长、渡难关、上水平"活动方案》和《扶持企业稳定运行的10项措施》。确定1000家重点企业和120个重点项目为帮扶对象。3次召开"保渡上"专题推动会，举办下企业干部专题培训班，讲清政策，明确职责，分解任务。取消区级审批事项60项，审批办理时限提速60%，成立村镇银行和2家担保中心，新建3家小额贷款公司；与各类金融机构密切合作，落实贷款84亿元，解决企业问题537个，兑现奖励扶持资金近亿元，规模以上企业没有减薪裁员现象，企业生产经营呈稳定向上态势。地区生产总值比上年增长25.5%，财政收入增长

20.3%。

（区政府办 区地志办）

庆祝新中国成立60周年系列活动 2009年，围绕新中国成立60周年，北辰区开展系列庆祝活动。5月启动"百年皖酒杯"美术、书法作品展，征集作品208件，146件作品展出。举办"瑞景杯·运河风情 魅力北辰"摄影展。征集作品500多件，其中100件作品于9月上旬参展。6月至9月，开展"小淀杯·与祖国同行"文学征文活动。收到诗歌、散文、楹联等各类稿件347篇(首、副)。9月29日举行征文颁奖大会暨诗歌朗诵会。7月至8月推出"迎国庆和谐文化大舞台"广场文化展演擂台赛。节目含京剧、评剧彩唱，相声、小品，歌舞、杂技、曲艺(天津时调)等类别，在北辰公园演出40余场，演职人员1800余人。9月至10月举办"宜兴埠杯"书画提名展，收到作品200余件，展出86件。9月举办戏剧曲艺汇报演出以及庆祝新中国成立60周年"爱祖国颂北辰"歌咏大赛。22个代表队参赛，演员1000余人。9月21日，区政协、区委统战部举行庆祝新中国60华诞和人民政协成立60周年联欢会。编辑完成文史资料《党和国家领导与北辰人》一书。该辑收录49篇文章，照片150余幅。9月28日，举行新中国成立60周年庆典晚会暨十大杰出人物颁奖晚会。安幸生、杨连弟、邢燕子、穆祥雄、刘春海、闫希军、赵永良、顾俊明、田凤英、王瑷丽、张伯苓、孙淑芬12位为中国新民主主义革命胜利和社会主义革命、社会主义建设做出突出贡献的杰出人物当选。晚会分"锦绣中华"、"运河飞歌"、"和谐盛世"、"万岁祖国"4个乐章，2000余人的大合唱《歌唱祖国》将晚会推向高潮。

（区文化局 区广电局 区地志办）

政 法

概况 2009年，北辰区政法工作全面上水平。区综治办被评为2004-2008年度全国社会治安综合治理先进集体；区护路办被评为2004-2008年度全国铁路护路联防工作先进集体。区检察院荣立全国检察系统集体一等功(全市唯一)；北辰区被评为天津市社会治安综合治理优秀达标地区。

（刘凤雷）

打击刑事犯罪 2009年，公安北辰分局推进惩治犯罪体系建设，将日常打击与组织专项斗争相结合，完善"严打"机制，提高破案打击工作的针对性和实效性，相继开展"0901"、打击"两抢两盗"、命案侦破、打黑除恶、打击盗窃自行车违法犯罪等一系列专项行动。落实破案责任，强化攻坚力度，提高刑事案件破案能力和水平。全年破获刑事案件2237起，其中破获"八类案件"762起，侦破命案24起；逮捕犯罪嫌疑人508人、劳教69人、直诉247人；摧毁犯罪团伙47个；收缴并发还被盗机动车辆105部；抓获在逃人员425人(天津市279人、外省市146人)，其中公安部督捕逃犯2人，市局督捕逃犯6人。百名干警侦破八类案件数名列全市第一。

（高 威）

荣立全国检察系统集体一等功 2009年，北辰区检察院党组提出"面对荣誉不自满，适应形势再提高，各项工作出亮点，继续争创先进院"的新思路，各项工作取得新成效。探索双口劳教所和区看守所检察监督新方法，细化法律监督、深化专业把关、活化思想教育、强化人文关

参加国庆60周年大典的天津彩车"渤海号"被天津双街置业集团收购，永久保存在北辰。图为村民与彩车合影留念。

怀等检察监督经验，被高检院《检察工作简报》转发。创新办案及帮教新形式，5月在全市率先实行《刑事和解制度》。率先开通面向未成年人及其家属的检察QQ和检察官邮箱，定期网上法制帮教和法治答疑，800余人次受益。围绕"保渡上"推出12项服务措施。对有法律服务需求的企业给予调研服务，帮助解决实际问题11个。为10个企业解答法律难题，用法律手段解决经济纠纷。开展多种形式的预防职务犯罪宣传，受教育1.2万人；帮助11个企业和村委会建立、完善规章制度，从制度上堵塞涉财犯罪隐患。市检察院给予"六个好"（好思路、好班子、好队伍、好业绩、好基础、好大楼）评价。

（区检察院）

开展"审判质量年"活动 2009年，北辰区法院开展"审判质量年"活动，通过加强审判流程管理预防不当审判；通过案件质量评查发现和纠正质量偏差；通过裁判文书监管提高裁判质量。设立和量化审判质效管理考评指标，完善监控机制，制定《审判质效指标管理考评规定》、《案件质量评查细则及责任确认办法》，建立审判、执行人员司法业绩档案，强化业务培训，提高法官司法能力和办案水平。全年受理各类案件7598件，审（执）结7010件。案件上诉改判、发回重审率比上年下降2.4%，无抗诉、再审案件。收结案数量和审判质量创历史最好水平。

（区法院）

人民团体

概况 2009年，北辰区净增工会组织93个，净增工会会员5055人，A级和谐企业341家，基层工会组织达1217家。投资30万元为1800名边远学校教职工免费查体。各镇街投资近26万元完成13个帮扶站建设，实现帮扶站全域覆盖。组建3家再就业服务联社。投资598万元，建成残疾人劳动康复服务中心。区总工会被评为2009年度天津市工会促进就业工作先进集体。区语言文字工作委员会办公室被命名为"全国工人先锋号"。区妇联先后获全国"三八"红旗集体，全国"巾帼示范岗"称号。实验小学被评为全国"巾帼示范岗"，天穆镇刘房子村被评为全国"巾帼示范村"。区红十字会在中国红十字会第九次全国会员代表大会上受到表彰。北辰区被评为全国农村留守流动儿童工作示范县（市、区）。

（刘秋香）

学习培训活动 2009年，北辰区总工会开展"大学习、大培训、大提高"活动。4月，投资近70万元，建成首家下岗职工再就业培训中心。组织基层单位开展技能培训906期，培训职工26505人次，其中农民工3718人次，6345人技能上等级，5626人实现再就业。开展"职工书屋"示范点创建工作，2008年至2009年建成市级"职工书屋"示范点9个。万达集团投资10万元改造图书室，被认定为全国"职工书屋"示范点。

（韩 旭）

共青团工作 2009年，共青团北辰区委开辟"弘扬雷锋精神、青春建功北辰"青年论坛。建立志愿者奉献基地。成立青年创业金融服务站，帮助10名青年解决贷款75万元。举办"春风送岗、服务青年"等大型人才招聘会，近7000名青年参加，达成就业意向2976人。举办"我实践、我创造、我快乐"青少年公益科普夏令营。组织400名青少年参加"青春飞扬、快乐成长"素质拓展培训。实施"健心工程"，举办"心灵护航校园行"青少年心理辅导系列讲座和"放飞心灵、成就梦想"青少年心理剧展示赛。开展"青春·北辰"主题系列活动。

（刘文强）

"爱心铸和谐"活动 2009年，北辰区妇联走访慰问130名单亲困难母亲和光荣院，送去慰问金（品）。组织发动1000个文明家庭为415户困难家庭实施帮扶，累计金额10万余元。"母亲节"期间，举行单亲困难母亲查体揭牌仪式，为571名单亲困难母亲体检。举办2场妇女健康知识讲座。"恒爱行动"活动中，发动爱心母亲为残疾儿童编织毛衣100件。

（韩雯雯）

农业

概况 2009年,北辰区农业占全区生产总值2.6%。其中,养殖业占农业增加值65%以上,种植业占35%以下。生态农业、设施农业、旅游观光型农业和产业化蓬勃发展。建成和基本建成生态文明村10个,其中市级5个;设施农业总面积1193.3公顷;有梦得集团、盛世水产、大海实业等农业龙头企业14家,其中国家级1家、市级6家;建立泰华枣业、金山农机等专业合作社50个。粮食作物播种9595.73公顷,总产51275吨;蔬菜播种5874.93公顷,总产27.41万吨;果园占地1642.27公顷,水果总产22992吨;奶牛存栏30562头,奶产品产量13.649万吨;淡水养殖面积1944.87公顷,水产品总产12560吨。

(区农经委 区农调队 区地志办)

兴建太空园 2009年4月,在天津市技术市场协会和北辰区科委推动指导下,中国航天科技集团东方红航天生物技术公司天津分公司提供54袋太空种子,在龙顺度假庄园试种成功。9月23日,龙顺度假庄园与该公司签订合作协议,兴建龙顺太空园,此园为天津市首家。项目包括太空蔬菜花卉育种示范基地,航天生物技术成果民用推广基地和航天特色科普教育基地等。基地有巨型南瓜、紫茄、豆角、黄瓜、番茄、辣椒等8种"太空种子",逐步达到观光采摘和用餐的生产规模。

(张昊君)

种养业特色村建设 北辰区"十一五"期间启动种养业"一村一品"推进工作。按照"高产、优质、高效、生态、安全"的发展思路,采取政策扶持、项目带动、开展培训、部门牵头、领导包片、龙头企业帮扶等措施,实施产业提升工程。形成9个主导产业突出、示范带动效应明显的专业村:青光镇韩家墅村无公害蔬菜,西堤头镇芦新河、刘快庄村优质彭泽鲫,东赵庄南美白对虾等特种养殖,双口镇杨河村荷斯坦奶牛、徐堡村大枣、安光村芦笋,小淀镇赵庄村南美白对虾,双街镇沙庄村生态观光农业。2009年,重点发展特色种植、生态畜禽、健康水产、种源农业等产业,9个专业村均达到市级建设标准,6个达到国家级建设标准。

(齐群生 闫之月)

工业

概况 工业为北辰区经济支柱产业,第二产业(工业、建筑业)占全区生产总值比重68.8%。机电、冶金深加工、现代医药、汽车零部件、装备制造、橡塑制品为支柱行业。2009年,工业销售收入500万元以上企业1020家,超亿元企业152家。塑力线缆集团和天士力集团入围中国制造业500强企业。域内中国驰名商标8件:"灯塔"(油漆)、"王朝"(葡萄酒)、"天士力"(中药、人用药)、"普兰娜"(化妆品)、"讯捷"(线缆)、"金锚"非金属台阶、"有恒"模切机、"北达"电线电缆;有天津市著名商标78件。市级名牌产品41个。

(区工经委)

市级示范园区建设加速 2009年,北辰区动工建设3个示范园。①风电产业园。11月23日,北辰科技园区总公司与中冶天工建设有限公司(世界500强企业、中国冶金科工集团公司控股的综合性特级施工企业)举行项目建设框架协议签约仪式,基础设施建设全面启动。该园地处大张庄镇,规划面积15.44平方公里。起步区完成7个村2561户45万平方米住宅拆迁。7月,该园污水处理厂项目与凯发新泉公用事业污水处理企业签订合作协议,项目总投资1200万美元。风电设备核心企业伍德沃德公司中国区总部落户北辰。②天津医药医疗器械工业园。该园规划占地8.79平方公里,以医药医疗器械为主导,分为6个功能区。征地涉及双口、青光两镇。项目9月29日开工,修建道路5.1万平方米,绿化面积8640平方米,燃气、通信、自来水等配套设施建设同步进行,并与市自来水公司签订污水处理厂项目合作协议。6个项目落户园区,其中亿元以上项目3个，投资总额30.4亿元。园区注册企业11家。③陆路港物流装备产业园。位于西堤头镇内，规划面积9.85平方公里。

（区工经委）

重点项目建设 2009年，北辰区领导跟踪负责的37个工业重点项目总投资规模272.8亿元。投资21亿元、年产20万台发动机和投资7亿元的水泥成套设备等29个项目开工建设；投资31.5亿元的比利时汉森风力发电一期、投资12亿元的江天重工一期等13个项目建成投产。固定资产投入108亿元，完成计划的116.8%，比上年增长57.2%；新开工千万元以上新项目124个，其中亿元以上项目16个。实施千万元以上技改项目64个。

（区工经委）

研发生产Φ800圆钢锭填补国内空白 天津市天重江天重工有限公司全力开发生产新产品，提高产品的科技含量，开拓新市场。该公司制定出一整套精细化操作技术要领，2009年4月，自主研发的Φ800圆钢锭投入试生产，经山东一家企业锻打，各项机械性能均达国际标准。该产品主要用于生产风力发电设备的底座、支架和齿轮，市场需求量大。除满足山东、山西等地企业需求外，还销往日本、西班牙等国家。年纯收入可达7500万元。

（林金福 张德治）

商贸服务业

概况 2009年，北辰区农村服务业实现增加值85.6亿元。新批内资项目122个。累计有22个超亿元项目被列入市级重大服务业项目。房地产企业87家。住宿餐饮（店、馆、家、楼等）1571家；钻级酒家7家，其中国家五钻级酒家4家。特色旅游初具规模，天士力集团、王朝葡萄酒业、海河乳业3家企业成为国家级工业旅游示范点；建成和基本建成沙庄子、前常家堡、张湾（及胡园）青水源等旅游特色村。物流业快速发展、势头强劲。至2009年，建成沃尔玛、北方钢铁、老板娘、烟草物流、德利得等10余家大型物流企业。商贸流通业新格局基本形成，拥有农副产品、家具装饰、百货、汽车贸易4大类别专业市场；农村集贸市场21个；社区商业中心10余处；形成中储钢铁交易大厦、蓝海商贸城、老板娘国际水产城、韩家墅农产品批发市场、瑞景鞋城5大批发交易市场。运输业发展态势强劲，拥有运输企业（户）1320家，营运车辆17234部，运力71338吨。

（刘风雷）

总部经济初呈规模 2009年，天津市天辰总部大厦紧张施工；华瑞服务外包基地8栋大厦全部封顶；镒泰投资基金和海胜投资基金管理公司挂牌运营；中材节能发展有限公司入驻北辰；中远恒丰、恒富钢铁、村镇银行等一批注册资金超5000万元的企业总部相继落户北辰。总部经济不断发挥产业乘数效应，推动区域经济多元发展和商务环境优化升级。

（刘金第）

外经外贸工作成绩显著 2009年，北辰区完成外资（含科技园区，下同）到位额49228万美元，比上年增长31.3%，出口创汇22.8亿美元；“三资”企业完成产值425.8亿元，增长15.08%；实现出口交货值241.6亿元，增长15.0%。全区有进出口经营权企业1017家，其中民

2009年2月，列入天津市20项重点服务业项目的天辰科技园工程选址京津公路黄金走廊。图为奠基仪式现场。

营企业515家。3家企业被评为海关AA类管理企业,25家被评为海关A类企业。出口产品涉及家电、汽车零部件、服装、机电、橡塑制品、医药、木制品、新型建材、五金等40多个类别1000多个品种。出口创汇位居全市第二。水泥院、天辰化工公司、阿尔斯通水电设备有限公司、双街钢管集团有限公司、金锚进出口有限公司、银龙预应力钢丝有限公司、万达轮胎集团公司成为全市外贸出口重点企业。天津四建建筑工程有限公司、长荣印刷设备有限公司、小护士实业发展有限公司等13家企业对外投资,设立分公司,投资额1500万美元,投资涉及美国、埃及、挪威、阿联酋等国家和中国香港地区。

(李国明)

“农家乐”旅游村建设 该项目位于双口镇前(常家)堡村。2009年,投资160万元,用于农业设施建设、农家小院改造、卫生环境治理。天津市园艺工程研究所脱毒马铃薯科研项目种植基地选址该村,占地0.4公顷,建大棚6个,进行脱毒马铃薯第一、二代繁育种植,形成游客观赏的科技成果平台。该项目2008年8月正式动工,计划总投资1亿元,为天津市100个旅游特色村之一。该村以“吃农家饭、住乡村屋、游田园景、享休闲乐”为特色。建有四合院,竹篱笆墙,宅院用北辰农民画作装饰。能目睹南国的桂花、木瓜,可欣赏多种(工艺)葫芦,可品尝正宗品牌的冬枣等。

(韩良桂 刘凤雷)

科技园区建设

概况 北辰科技园区分为三部分:南区,位于宜兴埠镇境内,开辟于1993年2月,规划占地13.5平方公里,1995年1月晋升为国家高新技术产业园区;北区,创建于1992年5月,位于双街镇境内京津公路东,规划面积3.4平方公里,始称北辰经济开发区;环东拓展区,位于外环线东、宜兴埠镇和小淀镇境内,占地6平方公里,2003年始建。园区1998年12月成立管理委员会,设立总公司。累计引进18家世界500强企业,20多个国家和中国台湾、香港地区的350多家企业入驻。年销售收入超亿元企业85家。2009年,实现销售收入777.44亿元,比上年增长12%;利税70.67亿元,增长35.1%;生产总值100.9亿元,增长30.87%。园区综合指标排名多年位居全市各区县开发区首位。获全国最具竞争力园区品牌100强称号。

(崔亚楠 刘凤雷)

和谐园区建设 2009年,园区建有企业工会115家,其中外资企业工会60家,有会员2.4万人,A级劳动关系和谐企业60家。在“和谐园区”创建活动中,以建立互利共赢、和谐稳定的新型劳动关系为重点,建立工资集体协商制度,保证职工工资收入随企业经济效益同步增长;完善通报制度、例会制度在内的协商劳动关系三方机制;各驻园区企业建立健全企业劳动争议调解组织。12月,园区获天津市劳动关系和谐园区称号,为天津市首批。

(李富强 郭 凯 乔丽琴)

重大项目建设管理 2009年,北辰科技园区有建设项目30个,总建筑面积73.65万平方米。市级重大项目21个,总投资212亿元,其中比克电池、耀皮玻璃、万控电器、ABB开关、盖世理、汉森、天辰绿色能源12个项目竣工投产;8个项目在建;1个

北辰科技园区不断完善基础设施建设,为企业创造良好投资环境,促使一批入驻企业增资扩建。图为西门子机械传动(天津)有限公司生产车间。

项目待建。园区全程跟踪项目进展，领办、代办相关建设手续；为七一八所、西门子六期、华泰电池等16家企业协调服务；帮助企业节约建设费用；管理施工现场，与施工队签订文明施工协议，实施现场监管，消除安全隐患。

（崔亚楠）

城市建设与管理

概况 2009年，北辰区坚持以规划为城市建设先导，确定城市化建设总体目标。按照1个中心区、3个中心镇（双街镇、小淀镇、双青组团）、3个卫星城（西堤头镇、大张庄镇、上河头地区）的城市化框架要求，使人口向城镇集中、工业向园区集中、土地向大户集中，组织规划和建设。逐步完成外环线内旧村、旧楼改造和环外示范小城镇、中心镇、卫星城建设。在京津（公）路及沿线打造"一轴两带"（城市景观中轴、京津路沿线现代服务业发展带、北运河旅游观光休闲带），"一心两翼"（中心商务商业、北翼生产性服务区、南翼特色风情商业区）。京津（公）路黄金走廊轮廓初显。加强土地规划及资源、建设工程、地名、物业、供热和市容等多方面的城市管理。

（柴朝文　刘凤雷）

丰产河治理改造 1975年建成的丰产河（二级河道）市区段（外环线以内段）长5.7公里。2009年2月，丰产河水环境治理工程启动，拆迁面积3.5万平方米。治理改造内容包括清淤、修坡、护砌、截污水、建泵站、铁路涵管疏通、甬路、水闸等工程。7月全部竣工。岸畔建绿化带，两岸带宽各10米，绿化带2.6公里，另建临时绿地2.53万平方米。总投资2.4亿元。治理后的丰产河岸翠绿，水澄清，河水映出南岸高层楼厦倒影，构成一幅天然的优美画卷。

（杨立贯　康　倩）

柴楼新庄园落成 该庄园为旧村改造全市首个全高层住宅区，位于双街镇内，2007年9月28日开工，2009年8月2日落成。共7栋高层，8万平方米、801套单元，精装修且节能。由双发房产开发公司与柴楼村委会合作实施。382户村民全部迁入新居。

（张爱国　陈立兴）

大张庄示范镇还迁房项目建设全面启动 2009年，大张庄示范小城镇总体规划及控制性详细规划获批。该项目为天津市第三批示范小城镇项目之一，总占地面积165公顷，住宅面积136万平方米，配套公建24万平方米，一期起步区建筑面积30万平方米。2008年6月1日，区委、区政府出台《北辰区综合改革试验区实施意见》，启动大张庄改革试验区建设。2009年12月16日举行大张庄示范镇还迁房奠基仪式。副市长李文喜，中冶天工建设有限公司董事长张培义，区领导袁树谦、马明基出席。

（大张庄镇）

环　境　保　护

概况 北辰区确立实施"环境立区"战略，落实"蓝天"、"碧水"、"安静"等项环保工程；在招商工作中，坚持"环境准入制"；推进生态区、文明生态村建设。坚持标本兼治，加强环境监测监督，推行环境管理认证，累计通过ISO 14001环境管理体系认证企业48家。2009年，环境空气质量累计达到二级良好水平以上

北辰区大张庄示范镇还迁房建设全面启动。图为2009年12月16日奠基仪式现场。

300天;集中式饮用水水源地水质及地表水国家考核断面水质达标率均为100%;交通噪声平均声级为67.4分贝(A);区域环境噪声平均声级为52.9分贝(A)。

(刘成毅)

污水处理厂建设 至2009年,北辰区建成3个污水处理厂。北辰污水处理厂,位于北仓镇内,占地28.3公顷,2006年4月建成投入使用。后扩大收污水范围,启动北仓道、延吉道管网建设,2009年完成。(年)新增收北运河西外环线内污水2万余吨。科技园区污水处理厂,位于大张庄镇内,项目包括5万吨污水处理及3万吨新生水,2007年6月下旬开工,占地5.33公顷,投资1.695亿元。2008年11月竣工,2009年2月验收。西堤头镇污水处理厂,位于东堤头村旁。日处理量0.5万吨。2007年启动,2008年完工,2009年8月验收。占地1.33公顷,投资4000万元。

(刘成毅)

环境准入制 2009年,北辰区环境保护局严格项目评估准入制度,执行新的排放标准和行业标准,从源头上削减污染物排放总量。审批区属建设项目173个,验收项目87个,配合完成市属项目审批、验收27个,依法否决不符合环保要求的建设项目13个。推动《天津市北辰区总体规划(2008-2020年)》、风电产业园、医药医疗器械工业园、陆路港物流装备产业园规划环境评估,为区域经济发展奠定良好基础。

(刘成毅)

环境监测 2009年,北辰区环保局继续提高环境监测能力建设,提高综合分析水平。投资66万元购置苏码罐、化学防护服、枪式气体检测仪等应急监测设备和环境监测车,加强监测队伍快速反应和应急监测能力。完成重点水污染源、重点废气污染源和54台10吨/时以上燃煤锅炉监测;完成辖区18条河道及1个库区共34个断面监测;完成委托及监督性监测锅炉、窑炉101台,工艺废气39家,厂界噪声45家,废水406家,餐饮油烟4家,报出监测数据24121个,网络数据65次。

(刘成毅)

经济管理

概况 2009年,北辰区经济管理部门深入企业调查研究,跟踪服务,帮助企业解决发展中遇到的各种问题,实现"保渡上"。工商行政管理、质量技术监督、食品药品监管、交通运输管理、物价等方面的管理水平和监管效能有较大提升。区安监局获全国安全监管监察系统先进单位称号。

(刘凤雷)

税收持续增长 2009年,面对国际金融危机和政策性减收因素较多的影响,北辰区国税局围绕组织税收收入这个中心,按照"抓早、抓紧、抓实、抓出成效"的工作思路,分解落实任务指标,层层签订责任书,强化税收预测分析,加大清理欠税力度,加强重点税源监管,税收得到一定幅度增长。实现税收390181万元,比上年增长8%。区地税局加强税收基础管理工作,基本实现信息管税,强化重点税源和重大项目管理,取得成效。在学习实践科学发展观活动中,提出《2008年收入分析及对扩大地方税源的建议》,被区实践办评为"金点子"。组织多名业务精、素质过硬的税务工作者划分小区域帮扶指导企业,促进重点税源户稳定发展,扩大税源,实现税收保增长。完成税收214992万元,增长10.41%。

(区国税局 区地税局)

金融管理 2009年,北辰区加强金融管理工作。开展调查研究,整合重点投融资平台。对区融资平台和政府资源情况全面调查摸底。指导各公司拟定投融资计划书。创立辰寰管理公司和辰悦公司。指导做好增资扩容工作,北辰建设开发公司增资7000万元;科技园区总公司增资5.7亿元;辰寰管理公司注册总资本2亿元。搭建银政银企交流平台。与13家驻区银行及2家小额贷款公司和2家担保公司建立联系制度。吸引农业开发银行、中信银行、大连银行、浙商银行、渤海银行和盛京银行6家银行落户。支持创立2家股权投资基金，丰富区金融产品。全区金融业发展逐步形成银行做全面，担保公司和小额贷款公司做补充，股权投资基金做高端的金融服务框架。组织银企嫁接活动110余次，推介项目220余个，为60多家企业协调融资贷款72亿元。支持新兴金融机构发展。筹划创立北辰村镇银行，支持创立华北创业、泰盛和瑞晟沅3家小额贷款公司，和镒泰、中科2家股权投资基金。至12月，新兴金融机构注册总资本5.7亿元，吸纳存款4.3亿元，投资放贷4.27亿元。开展北辰区金融业运行情况分析。在原有工商银行、农业银行等6家驻区银行进行月报统计基础上，将驻区邮政储蓄银行、兴业银行、深圳发展银行等7家银行和2家小额贷款公司及2家担保公司纳入月报范围，并以《动态研究》形式汇总，为领导决策等提供参考依据。

（钟庆臣）

创优统计服务 2009年，北辰区统计部门强化统计服务意识，完成地区生产总值核算、农村居民人均现金收入、固定资产投资完成情况统计。编撰《北辰区国民经济和社会统计汇编(2008)》。做好《北辰区主要经济指标统计月报》编发工作，定期向区领导和有关部门提供全区国民经济和社会发展进度资料，报告考核指标完成情况。围绕区域经济运行中的热点、难点问题以及"保增长、渡难关、上水平"工作，组织力量开展专题研究。利用大量统计信息，对全区各季度经济运行情况深入分析，及时撰写有见解、上水平的统计分析文章，为促进区域经济稳定健康发展进言献策。全年撰写统计分析45篇，区主要领导分别对《北辰经济社会全面发展促进农村居民增收》、《2009年1–4月份我区规模以上工业经济运行情况分析》和《前三季度规模以上工业经济运行情况分析》做批示，并责成相关部门认真阅读研究。

（李　昕）

危化企业实行ABC分类监管 2009年，为便于对危险化学品企业实施有效监管，高效利用监管资源，北辰区安全生产监管局对危化品企业实行A、B、C分类监管，加大对重点企业的检查频率和监管力度。年末，全区399家危化企业共划分A类企业16家，B类企业218家，C类企业165家。明确监管职责，逐级落实监管责任，A、B类危化企业由区级监管，C类危化企业由镇街监管，实现对危化品从业单位安全监管全覆盖。

（孙文辉）

审计工作 2009年，北辰区审计部门完成计划内审计项目34户，计划外审计项目8户，完成领导交办的基建预、结(决)算审计59项，完成其他交办事项6项。查处违规行为金额1070万元，管理不规范金额111749万元，核减工程预、结(决)算造价2904.50万元。提交审计结果报告、审计信息、宣传稿件157篇，被市审计局、区领导和有关部门采批65篇次，被《天津日报》和审计署网站等刊登10篇次。

（王德君）

科　技

概况 2009年，北辰区坚持实施科教兴区战略，被评为全国科技进步示范区。区科委被评为全国科普活动先进单位。在全市科技进步指标监测中，连续12年位居农口区县第一。建立各类科技协会、研究会100余个。创建龙顺庄园、天士力集团、北辰科技馆等处科普教育基地，建成科普活动站209个，科普宣传画廊286座，科普宣传屏6座，设科普宣传员467人。申请专利1487项，其中发明专利701项，万人发明专利拥有量位居全市首位；万人技术成果成交额、高新技术产业产值占工业总产值比重等6项指标位居全市前列。设立北辰区科技创新专项资金，组织实施11个该资金项目，区级财政补助资金850万元，带动企业投资5.9亿元。

（王玉娟　刘风雷）

科技创新能力不断增强 2009年，北辰区创建国家级企业技术中心2家、市级7家。4个项目列入国家科技型中小企业创新基金，8个项目列入市第二、三批自主创新产业化重大项目，25个产品获得市首批自主创新产品认定。18家企业通过高新技术企业认定。40项科技成果通过市级鉴定,其中技术水平达到国际先进11项,国内领先23项。14个项目获天津市科学技术奖,其中天津雷沃动力股份有限公司研发的柴油机高效清洁燃烧新技术获市技术发明一等奖。

(王玉娟)

天缘电工产品打破国外技术垄断 天缘电工材料有限公司为天津市绝缘材料总厂改制重组企业,坐落北辰科技园区,2006年注册,注册资本230万元。公司有4条生产聚酰亚胺薄膜的流涎生产线及2台上胶机,生产"金鹏牌"聚酰亚胺薄膜及系列制品。2009年5月,该公司自主研发的"聚酰亚胺薄膜ST5000A的研制与开发"、"TY6254-FN聚酰亚胺薄膜F46胶带的研制与开发"、"均苯型聚酰亚胺浸渍漆的研制与开发"、"低热膨胀系数聚酰亚胺薄膜的研制与开发"4项科技成果通过专家鉴定,达到国内领先水平,打破国外相关行业技术垄断。

(王玉娟)

教　育

概况 2009年,北辰区加快推进教育城乡统筹和各类教育协调均衡发展,成为全国义务教育均衡发展先进区,区成人教育获全国农村成人教育先进单位称号。民族职业中专再次被国务院授予民族团结进步模范集体称号。加大教育事业资金投入,教育经费总支出62896万元,比上年增长16.26%。编制完成全市首个区县级《义务教育学校现代化建设达标评估手册》。在全市义务教育现代化达标评估中,成为全市首个达标验收区县。教学设备日益完善。

(刘　珺)

举办京津沪渝督学资格认定制度课题研讨会 2009年3月25日至27日,京津沪渝4直辖市督学资格认定制度课题研讨会在北辰区召开。4个直辖市参与课题研究的成员单位分别介绍各自地区课题进展情况,围绕"如何开展督学资格认定制度研究"进行深入研讨,在督学的培训与考核、资格认定与聘用、实行督学职级以及督学的聘后管理等方面达成共识。教育部国家督导办公室副巡视员程锦慧参加会议。

(刘　珺)

改善教学基础建设 2009年,北辰区投资1.2亿元建成建筑面积32000平方米的区教育中心,北辰电大、教师进修学校、考试中心、培训中心、教育局机关等8部门陆续迁入,进一步整合教育资源。投资13676万元,改扩建小淀中学、双口中学、实验小学东校区和北仓小学。投资200万元将北辰中专原址改建为北辰实验中学,学校占地28290平方米,规模24个教学班。投资近2500万元,对30余所学校进行校舍维修加固、设备升级和现代化改造。投资1585万元,为12所学校新建草皮塑胶运动场,无土化操场达32个,占全区总数57%。

(刘　珺)

天津北方教师培训中心建立 2009年12月13日,中心启动仪式在龙顺庄园举行。该中心是以北辰区优质教师教育资源为基础,联合澳大利亚昆士兰大学、北京师范大学、北京外国语大学、东北师范大学、华东师范大学、英国剑桥新高度教育研究院、中国教育学会和天津教育科学研究院、天津师范大学等高等师范院校和教师教育专业团体建立的教师教育联合体。建立"内引外联、专业引领、同伴互助、自我反思"的教师培训模式,设置学历提高培训、中小学校长管理能力提升培训、名教师培养、班主任能力综合提升培训、全国著名特级教师教学观摩课研讨活动、骨干教师专业发展集中培训等模块。

(刘　珺)

文　化

概况 1995年北辰区成为全国文化工作先进区,2008年被文化部认定为全国文化信息资源共享工程示范区。形成现代民间绘画(农民画)、"天穆杯"话剧小品、群众文学创作、广场舞蹈、

"北仓杯"青年歌手大赛5项文化品牌。至2009年,有文化社团(协会、学会、研究会等)20多个,组建特色文化活动团队140支。列入市级非物质文化遗产名录9项,其中刘园村祥音法鼓会、北仓八蜡庙小车会、上蒲口同乐高跷3项被列入国家级非物质文化遗产名录。2009年,区图书馆被评为地区级一级馆。刘园等5个村被命名为首批天津市民间文化特色村。12月,"天穆杯"小品在全国首届群文品牌评选活动中被评为全国群众文化品牌。

(颜昌栋 刘凤雷)

"北仓杯"首届环渤海青年歌手电视大赛 2009年10月25日至28日举行。此为"北仓杯"青年歌手大赛首次走出天津,迈向全国。大赛由天津市委宣传部、市文化广播影视局、北辰区政府等8个部门主办,市群众艺术馆、区文化局、北仓镇政府等6单位承办,北辰区文化馆和北京、河北、山东、辽宁4省市群众艺术馆协办。来自辽宁省、河北省及天津、北京等18个城市的64名选手参赛。设民族、流行、美声3种唱法。赛前设计了富有北辰特色的会标,创作主题歌《相聚在辰星升起的地方》。

(颜昌栋 刘权明)

"大张庄杯"五省市农民画展 2009年12月16日至19日,"大张庄杯"全国五省市现代民间绘画邀请展暨北辰区20名民间绘画女画家作品展在天津博物馆举行。该活动由天津市文化广播影视局、北辰区政府主办,市群众艺术馆、大张庄镇、区文化局等单位承办。专家组从天津、河北、山东、山西、浙江5个省市139件参赛作品中评选,其中《欢乐锣鼓》、《踏路行》、《蚕忙时节》、《割芦苇》、《村庄婚礼》5件获金奖,10件获银奖,20件获铜奖。获奖作品及部分入选作品结集出版。承办单位大张庄镇近20年逐渐形成包括农民、退休干部、在校师生、家庭主妇在内的100余人农民画创作队伍,年龄最大者75岁,最小的7岁。该镇书画艺术研究会建立北辰农民画创作培训基地,定期举办创作研讨会和作品展示会,促进文化事业繁荣。

(区文化局 大张庄镇)

文学创作结硕果 2009年,北辰区作者参加天津市第18届"文化杯"全国孙犁散文奖评奖,散文集《缺失的对话》(赵文秀著)获二等奖,《以雪的方式爱你》(季晓涓著)获三等奖;单篇散文《初春海棠花盛开》(高林)获二等奖,《花神十二月》(王美图)获优秀奖。区文学刊物《北斗星》出刊6期,在市文联系统报刊评选中获一等奖,并获最佳编辑奖、最佳作品奖。北辰区作家协会主席刘万庆著《泪竹林》文集3卷,由诗联文化出版社出版。区小说学会会长王金萍著《王金萍小说选》,由大众文艺出版社出版。

(赵文秀 高林 刘凤雷)

2009年10月25日至28日,北辰区举办"北仓杯"首届环渤海地区青年歌手电视大赛。图为决赛现场。

卫生

概况 2009年,北辰区卫生系统有国办医疗机构19个;卫生技术人员1114人,其中医生597人、护理人员323人、其他卫生技术人员194人;设有床位857张。门诊诊治96.7万人次,比上年增长8.04%;病床使用率83.7%,增长1.8个百分点。重大事故及孕产妇死亡率为零。73个村建有卫生服务站。医疗参保人数逾11万人。

（杨兵团）

防控甲型H1N1流感疫情 2009年，北辰区积极应对甲型H1N1流感疫情。6月、11月两次召开联防联控工作会议。成立防治工作领导小组、医疗救治专家组和流行病学专家组，制定应对甲型H1N1流感防控应急预案。举行该疫情应急处置模拟演练，对7批次11例确诊病例密切接触者进行医学隔离观察，对3人集中医学观察。从10月30日起，启动医疗机构发热患者和流感样病例日报制度。为各医疗单位配备一定量的流感治疗药品。建立国家级流感监测网络实验室。33865人接种季节性流感疫苗。按照“知情、自愿、免费”原则，启动全区甲型H1N1流感疫苗接种工作，完成疫苗接种25095人次。

（杨兵团）

医疗管理 2009年，北辰区卫生系统继续开展“以病人为中心，以提高医疗服务质量为主题”的医院管理年活动，在北辰医院和北辰中医医院推动院长质量查房观摩活动。开展医疗安全百日专项检查和北辰区医疗质量、医疗安全专项治理活动。各单位重新梳理完善各项规章制度和岗位责任制；在2所医院开展处方点评和终末病历点评工作，在设床位的医疗单位推广北辰医院医师质量档案管理经验，并全面推行抗菌素分级使用管理和推广20个单病种的临床路径；对26家民营医疗机构和57家准予执业的社区卫生服务站做全面检查和指导整改。北辰中医医院开设“国医堂”，并举办首批名老中医学术继承拜师仪式。开展“中医中药中国行”北辰站启动活动。举行全国首届中医推拿治疗亚健康学术研讨会暨天津中医药大学附属北辰中医医院建院20周年庆祝大会。召开科技成果认定会，年内确定11个科研项目，引进应用新技术新项目，填补12项区内空白。

（杨兵团）

医疗卫生知识培训 2009年，北辰区卫生局开展“手卫生知识”全员培训、心肺复苏知识全员培训与考核；选送20名住院医师和10名全科医师参加规范化培训；组织对371名乡村医生进行培训及考核；举办糖尿病及并发症中医诊疗知识培训；对614名执业护理人员进行理论知识考核，开展卫生系统护理知识及技能比赛、医疗卫生法律法规知识竞赛。全年举办各级各类培训1200班次，培训逾4万人次。其中，3个继续教育基地举办国家级培训班13次，省市级34次。

（杨兵团）

体　育

概况 2009年，北辰区教育局、天穆镇被授予全国群众体育先进单位称号；北辰区被市农民体协评为区县农民体协工作优秀单位。在市“龙达杯”农民乒乓球比赛中，北辰区男队夺得团体冠军，并获男子单打冠、亚军。在天津市散打锦标赛和中国式摔跤锦标赛中，区代表队均夺得成年组3枚金牌。果园新村街健身秧歌队代表天津市参加全国“飞象杯”农民健身秧歌邀请赛，夺得第二套和第三套健身秧歌一等奖。

（李　宏）

全民健身活动再上新水平 2009年，北辰区推进全民健身运动。创建“新五个一”特色体育团队40支。以果园新村街健身秧歌项目为龙头，加大群众健身骨干队伍培养力度。4月，区体育局与果园新村街共同举办健身秧歌教练员培训班。9月举行全区健身秧歌比赛，保持该项目全国领先优势。新建群众体育健身设施12处，安装健身器械103件套。落实《北辰区全民健身场地管理办法》，建立全区群众体育健身场地设施电子档案，并全部配有实景照片。落实全民健身器械责任制。将全区性体育比赛安排到各镇街举行。天穆镇承办游泳比赛；西堤头镇承办羽毛球、中国象棋和全市幼儿体操比赛；果园新村街承办健身秧歌、乒乓球比赛；北仓镇承办华牌比赛。8月8日，北辰区举行首个“全民健身日”活动启动仪式，1万余人参加活动。

（李　宏）

市青少年游泳冠军赛实现

“三连冠” 2009年4月，北辰区代表队参加天津市青少年游泳冠军赛。天津市复康路游泳学校、跳水馆业余体校、市泳校及各区县共31支代表队685名运动员参赛。北辰区获得27枚金牌、23枚银牌、32枚铜牌，以733分的成绩再次蝉联团体总分第一名，实现该项赛事“三连冠”。

（李　宏）

双街八极拳武术协会运动员创佳绩 2009年10月31日至11月1日，天津市“双街杯”传统武术大赛在北辰区举行。大赛由市体育竞赛管理中心、市武术运动协会主办，北辰区体育局、双街镇政府、双街置业集团、双街八极拳武术协会承办，区双街模范小学等多家单位协办。竞赛项目涉及拳术、器械、对练以及集体项目4大类，40多支武术代表队1000余名运动员参赛，运动员中年龄最大者81岁，最小者6岁，集中展现津门武术各派风采和竞技水平。双街八极拳武术协会运动员夺得28枚金牌、19枚银牌、13枚铜牌，并获团体总分、集体项目两个第一名。

（陈立兴　张南石　张爱国）

人口和计划生育

概况 北辰区先后被评为全国计划生育工作先进区、全国“婚育新风进万家”活动先进区以及全国100个协会工作先进县（区）。2008年，区人口计生委获全国流动人口工作先进集体称号。2009年，全区户籍人口35.59万人，已婚育龄妇女9.8万人。出生人口4385人，人口出生率7.13‰，符合政策生育率99.45%，出生人口性别比105.87。区人口和计生事业投入1300万元，增加出生缺陷专项经费10万元，流动人口专项经费30万元，普查费提高到28万元。

（刘凤雷　李志勇）

计划生育优质服务 2009年，北辰区完成区级计划生育服务中心改扩建工程，增加面积550平方米，扩大宣传服务职能。完善镇级服务站规范化、制度化建设，完成大张庄站和区生殖保健服务中心争创优秀服务站工作。创建规范化村（居）级服务室9个。实施出生缺陷一级干预。为流动育龄妇女提供免费技术服务，其中免费查体66037人，并对查出的妇科疾病跟踪治疗，免费“三术”手术2580人。规范完善药具发放渠道，在流动人口聚集的工业园区、暂无居委会的小区设立药具发放点。

（李志勇）

完善利益导向政策体系 2009年，北辰区区、镇、村三级相继制定政策措施，完善奖扶、奖励、优惠、帮扶、救助、保障“六位一体”的利益导向机制。制定《北辰区独生子女家庭安康保险实施方案》，办理计划生育家庭意外伤害保险4746人，投入资金13.28万元。特别扶助制度在市政府制定的标准上提高到300元、200元。提高农村部分计划生育家庭奖励扶助和特别扶助标准，落实率100%。全区投入奖扶、特扶资金174.2万元，938人受益。启动第五轮民心工程，与56个委局签订帮扶协议，帮扶100户计划生育困难家庭，投入帮扶资金70余万元。

（李志勇）

人民生活

概况 2009年，北辰区继续把保障和改善民生作为政府工作的重中之重。人民生活水平明显提高。城镇单位（不含乡镇企业）从业人员人均劳动报酬37210元。农村居民人均可支配收入11816元，比上年增加1139元；人均纯收入12908元，增长10.2%。食品消费2540元，占生活消费支出38.9%，居住支出1025元，占生活消费的15.7%；人均拥有移动电话0.65部，户均拥有电脑0.42台，户均拥有电视机1.49台；拥有空调机1.23台，人均住房面积36.37平方米。全区有民间组织140个。区民政局被评为全国万家社区图书室援建和万家社区读书活动先进单位。

（刘秋香）

改善群众生活 2009年，北辰区城镇低保标准由人均每月

400元调至430元，农村低保标准由人均每年2600元调至3120元，特困户救助标准由人均每月120元调至130元。修缮76户农村困难群众危陋房屋，对1075户住房困难家庭实行租房补贴制度。城乡居民医疗保险人均筹资额提高到220元。养老补贴实现城乡居民全覆盖。新建2个老年服务中心和4个服务站。新建9个村级康复站。825名农村优抚对象全部纳入新农村合作医疗范畴，36名1-6级残疾军人全部参加基本医疗保险。全区养老、医疗、工伤保险参保人数均突破11万人。

（杨爱峰 杨立军）

改善村民饮水条件 北辰区农村管网入户改造工程2007年初启动，2009年12月竣工。累计投资3127.74万元，建除氟供水站2处，新建管理房682平方米，铺设和改造输水管道628.02公里，安装恒压变频设备34套，购置臭氧消毒水处理设备20套，安装水表21962块。5年计划提前2年完成，37个村21962户居民饮水条件得到改善。

（荣连欣 杨立赏 翟玉泽）

搞培训促就业 2009年，北辰区劳动和社会保障局围绕“助企业、稳岗位、促就业、保民生”的宗旨，完善镇街劳动保障服务平台和社区工作站。落实高校毕业生就业促进政策，建成高校毕业生见习基地25个。妥善安置城、乡劳动力15018人。实施农民素质提高工程，开办各类职业技能培训班165个班次，培训职业（工种）涉及30余种，培训人员8289人次。利用职业介绍中心信息渠道，举行大型招聘会，搭建职业介绍专场。城镇登记失业率控制在3.4%以下。

（倪建春）

果园新村街道

果园新村街道位于北辰区中部，京津路中部左侧。南起丰产河、北至泰来道、西接京津路、东傍京山铁路。是北辰区政治、金融、文化、商贸服务中心。2009年，街域面积8.75平方公里。辖14个社区居委会。户籍居民1.25万户3.31万人。

1969年2月北仓公社建新村街，1972年10月改为区政府派出机构，1982年5月改称果园新村街道。

2009年，完成协税、护税收入964万元，街财政收入325万元。

围绕改善城乡人民生活10件实事，实施综合整改工程，对果园东路、果园北道和北辰道3条道路两侧24栋楼房984户进行综合整治。开展“大干150天”市容环境综合整治行动，12次大规模清理整治域内道路，街区环境秩序显著改善。

健全和强化社区治保会、调委会、巡逻队3支治安防控队伍建设。开展大规模综治宣传活动。刑事案件、治安案件发案率比上年下降11.2%和13.5%。发挥“四位一体、三调联动”机制作用，强化信访案件和矛盾纠纷处理工作，成功率分别达到97.3%和100%。

开展“春季送温暖”活动，对困难党员、单亲家庭、残困户和特困户进行全方位救助。为658名无收入老年人办理生活补贴；为974名城镇居民办理医疗保险；为21名残疾学生、双残家庭学生发放助学金9600元；为72户低收入居民办理廉租房补贴。建立60岁以上低保户、困难户老人生活档案，新建旭日里老年人日间照料服务中心，提升老龄工作规范化水平。为19岁至50岁妇女建立健康档案，卫生医疗工作逐步规范。举办2次招聘会，685人成功就业。完善并落实长效措施、退二胎家庭奖励和举报奖励政策。

妇联工作扎实深入，组织“三八”健康杯体育比赛，开展“平安健康家庭大行动”，300个家庭受益。组织“歌唱祖国歌颂党”大合唱，参加市妇联举办的健身舞蹈大赛，提高妇女自身素质。

举办“正月正”文化惠民新村街专场演出。开展红歌大家唱、戏曲专场、消夏纳凉文艺巡演等文娱活动。举办首届“新村杯”乒乓球邀请赛，“新村杯”健身秧歌大赛。街代表队参加“飞象杯”全国健身秧歌大赛获两项一等奖。

举办14场次的思想道德、文化生活和劳动技能三类培训，受训人员4146人。开展第五届文明北辰人评选和精神文明“十百千”创建活动。投资20余万元,新建大型科普宣传显示屏1处,增强宣传聚集效应。

(王 静)

集贤里街道

集贤里街道位于北辰区中部,京津路北段左侧。建于1982年9月,以黑龙江省集贤县命名。街域东邻京山铁路,西至京津路,南界泰来道与果园新村街道相接,北至外环线路。2009年,建成区面积1.5平方公里。辖8个社区居委会,有居民(含外来人口)0.72万户2.23万人,其中北辰户籍0.58万户1.48万人。

2009年,完成协税、护税收入423万元,街财政收入165万元。

进行就业指导895人次,105人取得专业合格证书。举办招聘会2场,提供就业岗位3725个,实现3018人次就业。出资近50万元慰问682户低保户及困难户。发放低保金186万元,报销暖气费12万元。办理租房补贴89户,为24户办理限价商品房。

出资11万余元更换域内垃圾箱、清扫设施工具,对露天烧烤、马路餐桌进行综合治理38次。对占路及路旁流动售货车、流动商贩、沿街摆卖等予以取缔100人次。

加强维稳工作。组织志愿者加强社区巡逻,防范、打击盗窃自行车等行为。为集贤里派出所提供破案线索2条,协助派出所抓获犯罪嫌疑人2名,预防自行车被盗10余件。举行集中大型普法活动4次,组织专项法制宣传3期,法律咨询活动1次。调解各类矛盾纠纷34起。

加大计生宣传力度,在集贤公园安装全彩LED大型电子屏,宣传计划生育政策和优生优育知识;建成虎林路人口文化一条街;建立生育文化网络站。推进社区卫生工作,落实定期查体等卫生工作制度,建立妇女查体档案。

开展“真情送万家”志愿者服务活动,300余人为52户孤老户和126户残疾人家庭办实事。“五一”劳动节前夕和重阳节,组织50名巾帼志愿者到区光荣院献爱心、做奉献。举办“迎七一”社区知识百题竞赛,开展以建“连心卡”、设“连心箱”、架“连心桥”为主要内容的社区党建“连心工程”活动。完成居委会“两委”班子换届选举,8个社区直选率75%,选举成功率100%。

围绕庆祝新中国成立60周年,举办“颂党爱国卡拉OK”歌咏大赛、第四届社区文化艺术节、“迎国庆和谐文化大舞台”擂台赛等多场演出。开展“健康快乐伴我行”系列体育活动,社区居民800余人参加。

(李冬梅)

普东街道

普东街道位于北辰区东南部,东起汀江路,西邻天穆镇,南起宜白路,与河北区接壤,北至规划路。街道办事处2004年4月成立。2009年,街域面积2.87平方公里。辖15个社区居委会,居民2.20万户7.20万人,其中北辰户籍0.36万户0.80万人。

2009年,新增企业23家,核定税源企业269家,协税、护税收入1703万元,完成计划的148%,街财政收入500万元。

区政府投资60余万元,整修姚江东路、辽河南道3712平方米;建立香河道垃圾转运站;改造升级1万多平方米田园市场。街投资36万元,建成宝利新苑社区服务用房,整修社区甬路1600平方米;维修2个社区办公用房;为3个社区安装、更换健身器材12件;更新电脑22台。投资300万元,建成街道和田园小区2个老年日间照料服务中心。

符合政策生育率100%,完成社会抚养费征收100%,组织育龄妇女查体2027人,代办各种服务500件,发放奖励费、救助金16万元;举办优生优育知识讲座15次、文艺演出等宣传活动8场次。

为160户困难家庭及时发放低保,慰问困难家庭230余户,发放慰问金21万元。发放大病医疗救助款3.3万元。组织专题和大型招聘会2次,安置就业968人。组织13场慰问演出和警民联谊共建活动。治理丧葬陋习,制止丧事大操大办4起。

组织“万民同乐大联欢”等文艺演出4场次,参加市、区组织的文艺比赛3次,共获7个奖项。建成社区示范市民学校1个。

为综合执法中队增配巡查车1部，协助宜白路整修工作。治理辽河北道等5条道路，组织集中清理32次，为5个社区配备垃圾桶259个，依法拆除违法建设40处，自拆20户。排查矛盾230起，化解228起。开展“五五”普法和“法律进社区、进家庭”活动，设立宣传站点6个，210人次参加法律培训。建成法律服务所，聘请3名法律顾问，出庭应诉13件，接受法律咨询132人次。健全社区矫正和刑释解教人员安置帮教工作，完成5.2万人口摸底调查和信息录入，完善综治基础台账。

开展“保持先进性，做群众贴心人”活动，298名党员签订服务承诺书。完成社区居委会换届，加强后备干部培养，选派18名年轻干部到社区居委会担任党组织副书记或主任助理。

9月，街道被国家民政部评为全国和谐社区建设示范街道。

（周建颖　尚　蕊）

瑞景街道

瑞景街道位于北辰区西南部，南与红桥区接壤，东起辰昌路向南至千里堤再至光荣道，由光荣道向西至外环线，再向西北至北辰道，由北辰道至辰兴路再至龙泉道，再由龙泉道折至辰昌路。2009年，街域面积4.95平方公里。辖14个社区居委会(其中瑞贤、瑞秀两个社区居委会为新建)。有居民2.70万户8.60万人，其中北辰户籍0.52万户2.33万人。

2003年9月成立佳荣里街道筹备组。2005年9月8日成立佳荣里街道办事处。2007年7月13日更名为瑞景街道。

2009年，引进金属建材制品、纸制品批发零售、服装服饰等商贸类企业9家，注册资本439万元。完成协税、护税519万元，街财政收入170万元。

组织执法20余次，出动车辆1000余部次，人员3000余人次，拆除违章建筑200余户，清理道路垃圾渣土1万余吨，清除小广告2万余张(处)。协调市政修复道路破损80余处，施工面积3000余平方米。完成600平方米花色景观工程、500多棵行道树坑铺砖栽草工程，建成200余平方米广告栏。

评选计生特色楼门24个，示范社区2个，新家庭13户。举办健康知识讲座58场次，对2520名育龄妇女进行健康查体。举办“共建和谐家园，同享幸福生活”大型文艺演出，建成社区计生服务室1个。

疏理排查矛盾隐患10余起，解决率98.5%。“两会”及重大节假日期间，加强对9件12人涉法涉诉案件和5件17人非法集资案件重点人员监控工作，重点解决富山和翡翠城小区1500多户长达6年之久的燃气、临水临电和房屋产权证问题，保持全街安全稳定。

举办“万民同乐大联欢花会展演”、“爱祖国、赞北辰、颂和谐”文艺汇演、“我健身我健康我快乐”全民健身日活动和首届“瑞景杯·运河激情魅力北辰”摄影大赛、首届“瑞景杯·天津市硬笔书法大赛”等各类文体活动30多场次。组织参加市区比赛，荣获区“和谐文化大舞台”广场舞展演“金莺奖”、庆祝新中国成立60周年爱国颂党歌咏大赛一等奖，街道获最佳组织奖。

完成社区党校、市民学校、社区文化活动站等社区“五个一”工程建设。筹集资金84万元，慰问救助困难群众240余户。募集灾区救助款9万余元。开展“阳光关爱”活动，创建社区“半边天家园”。组织召开“百名和谐之星”总结表彰大会。倡导文明新风和移风易俗活动。

完成12个社区党支部换届选举工作。开展“认岗定责、上岗履责、转岗尽责”实践活动和为民服务争当“八大员”主题活动。

（李　珅）

天穆镇

天穆镇位于北辰区中南部，与红桥区、河北区接壤。2009年，镇域面积25平方公里，耕地453.9公顷，辖15个村、16个社区居委会。北辰户籍1.71万户3.86万人，其中回族0.60万户1.37万人。

1953年建天穆、南仓、柳滩3个乡，后几经变动。1961年5月建天穆公社，1982年11月改为乡，1986年4月改为镇。域内有华北地区最大铁路编组站——南仓铁路编组站。

2009年，实现生产总值36.1亿元，固定资产投入15.8

亿元,四级财政收入6.03亿元,镇级财政收入1.76亿元,农民人均纯收入14410元,比上年分别增长23.2%、78.81%、58.7%、35.4%、10%。到位内资15.1亿元,增长30.2%;到位外资3570万美元,增长16.9%。

7家企业通过ISO 9000质量管理体系认证,申报专利160项。列入区级以上科技项目11个。8个千万元以上新项目开工建设。7个千万元以上技改项目进展顺利。实现工业销售收入124.4亿元,增加值18.9亿元,利税12.05亿元,固定资产投入6.76亿元,分别增长16.1%、13.5%、14.1%、24.3%。实现服务业收入89.45亿元,增加值16.08亿元,利税7.87亿元,固定资产投入7亿元,分别增长35.8 %、38.2%、38.2%、107.3%。

投资550万元,建设镇市容环卫管理中心和日处理能力200吨的新型垃圾挤压站。投入170万元,对京津路、龙门道等9条道路和大通绿岛等4个小区全面治理,治理违章7000余处。投资200万元,更新广告牌1200延米,粉刷清洗立面3万平方米,修建围墙2000延米,更新垃圾箱500个。投资260万元,改造工业区垃圾转运站。

排查企业518家,查出安全隐患1469处,整改率91%。调处各类矛盾纠纷152起,调解成功率100%,刑事案件发案率下降10%,治安形势稳定。

举办“天穆杯”小品剧本大赛。2个小品参加全国第15届“群星奖”比赛。中央电视台“乡约”栏目到镇录制花毽专题节目。被国家体育总局评为全国群众体育工作先进单位。新型农村合作医疗参合率100%,筹资金额389.5万元,报销药费650万元。全镇人口出生率5.37‰,符合政策生育率99.04%。为1026户低保户、48个特困救助对象发放低保金和救助金693万元。申办低收入家庭住房补贴86户。发放各种补贴金410万元、各类优抚资金142万元。

(张玉莎)

北仓镇

北仓镇位于北辰区中部,北靠永定新河,南、西南与天穆镇、青光镇接壤,东邻小淀镇,西接双口镇。北运河流经域内,京津路、外环线、津榆、津永公路过境。2009年,镇域面积35.16平方公里,耕地面积895公顷。辖13个村、9个社区居委会。北辰户籍1.35万户3.32万人,其中农村人口0.70万户1.73万人。

1941年3月设北仓大乡。1953年7月设北仓、周庄、王秦庄3乡,后几经调整变动。1961年5月建北仓公社,1983年4月改为乡,1986年12月改为镇。是登高英雄杨连弟的故乡。天津市爱国主义教育基地革命烈士陵园复移至境内。

2009年,实现生产总值22.1亿元,固定资产投入11.6亿元,四级财政收入25880万元,镇级财政收入7885万元,农民人均纯收入1.3万元,比上年分别增长23.5%、56.9%、14.5%、1.6%和10%。

工业引进500万元以上项目36个,1000万元以上项目8个,1亿元以上项目1个。3家企业通过ISO 9000质量管理体系认证。服务业引进1000万元以上项目8个,5000万元以上项目2个,1亿元以上项目1个。交通运输业快速增长,汽车保有量4076辆,总运力8244吨,运输业税收完成2825万元。王秦庄33.33公顷农业示范园开工建设。创建企业研发中心1家,开发新产品4项,申报区级以上科技项目2项,引进推广农业示范项目8项。

竣工商品房面积16万平方米;“刘园新苑”10万平方米还迁楼竣工入住。完成北仓道和津保高速公路两侧1.8万平方米拆迁任务,修缮硬化乡村公路14.1公里,修建地下给排水管道1800延米。投资450万元,完善环卫基础设施。完成京津路、铁东路、北仓道、龙洲道重点考核道路综合整治。垃圾清运率100%。

举办“北仓杯”首届环渤海地区青年歌手电视大赛,18个省市69名歌手参赛。17支文体队伍通过新“五个一”文化团队验收,3道花会被批准列入国家级和市级非物质文化遗产名录。建成农家书屋11个。投资30余万元,启动启智学校建设,完善教学设备。适龄儿童入学率100%。举办技能培训65期,农民素质提高培训1106人次,成人教育7722人次参训。

新型农村合作医疗参合率

100%，报销住院费341.63万元。完善18项公共卫生服务。妇女免费查体11800人次。符合政策生育率99.1%。

新增社会统筹养老保险260人。参加城乡居民医疗保险的农业人口17850人，参保率100%；非农业人口450人，参保率85%。镇、村两级投入67万元，慰问救助低保户、五保户、残疾特困户等745户1723人。发放低保金、抚恤金、医疗救助金等430余万元，为55户困难家庭办理住房租赁补贴和限价商品房手续。举办大型人才招聘会2次，安置就业1055人，转移农村富余劳动力450人。

（诸葛天举 刘婵娟）

双街镇

双街镇位于北辰区北部，京津公路两侧，东与大张庄镇相连，西与双口镇毗邻，北与武清区接壤。2009年，镇域面积40.73平方公里，耕地面积1360.4公顷。辖15个村、2个居委会。人口1.12万户3.31万人，其中北辰户籍0.90万户2.46万人，农业户0.62万户1.68万人。

1941年设双街大乡。1953年7月设双街、张湾、汉沟、常庄4个小乡，后几经变动。1961年5月设双街公社，1983年4月由公社建制改为乡。1995年8月改为双街镇。

2009年，实现生产总值19.81亿元，固定资产投入14.36亿元，四级财政收入2.326亿元，镇级财政收入6444万元，农民人均纯收入13365元，比上年分别增长24.04%、64.49%、62.66%、41.84%、10.0%。

镇政府为企业协调资金1.78亿元。开发投资1000万元以上技改项目4个，年销售收入500万元以上企业发展到50家，超亿元企业10家，年纳税100万元以上企业23家。完成银龙预应力集团创国家级驰名商标申报和4家企业ISO 9000质量管理体系认证。引进各种社区服务业100余家。新建商业设施3万平方米。

投资5000余万元的示范区南北主干路一期工程、跨郎园引河石桥、双街农业示范区道路及跨北运河大桥项目完成，开工道路建设5.28万平方米。完成农业综合开发万亩中低产田改造工程。启动草莓种苗组培中心、花卉及蔬菜种苗培育中心和有机蔬菜示范园项目建设。建成100个新型日光节能温室，面积6万平方米。投资2.2亿元、建筑面积2.5万平方米的农业博览馆项目在筹建中。

投资1000万元以上项目40个，投资规模95亿元。投资7亿元的北达线缆项目开工建设。8月，柴楼村382户村民全部迁入新居，柴楼新庄园建筑面积8万平方米、801套单元。2008年动工的双街新邨，2009年9月建成，占地9.3万平方米，总建筑面积208780平方米，10月村民全部入住。完成郎园村7.12万平方米、小街村8.75万平方米旧村拆迁工作。

拆除、阻止违法建设30余处，清除占路经营违章摊点、罩棚150余处，清除违章小广告2600余处，规范改造牌匾100多块，新建垃圾池3座，购置垃圾转运箱20个、道路清扫车1辆。投资2100万元，完成112国道拆迁、炭黑路地道涵洞拓宽等多项工程。

举办"双街杯"天津市首届传统武术大赛，取得团体总分第一名。天津国庆60周年庆典彩车落户镇内永久收藏。强化农村新型合作医疗服务管理，参合率100%。开展60岁以上老年人健康体检、建立档案和常见病筛查跟踪服务等工作，对适龄儿童进行麻疹疫苗强化免疫接种。促进劳动力就业，新增就业1200余人。落实最低生活保障制度和农民养老补助政策。完善流动人口计生管理，落实奖励扶持政策，村民福利待遇向计划生育户倾斜，稳定全镇低生育水平。

（杨爱荣）

双口镇

双口镇位于北辰区西部，南与西青区为邻，西、北与武清区接壤。津保高速、津霸公路、津永公路、京福公路在域内纵横交错。2009年，镇域面积72.4平方公里，耕地面积3896公顷，辖21个行政村。北辰户籍1.44万户4.51万人，其中农村人口1.23万户3.52万人。

1941年3月建双口、河头大乡。1953年7月设双口、安光、丁庄、岔房子、河头5乡，后多次分合调整。1961年5月设双口公社,1963年从青光公社析建岔房子公社,1983年4月两公社均改为乡,1985年1月岔房子乡改称上河头乡。1995年12月和1999年3月双口、上河头乡先后改镇,2001年10月上河头镇并入双口镇。

2009年,实现生产总值24.52亿元,固定资产投入10.09亿元,四级财政收入1.04亿元,镇级财政收入3209万元,农民人均纯收入1.17万元,比上年分别增长22.17%、71.89%、69.44%、55.17%和10.48%。到位外资940万美元,增长27.2%。

引进山药新品种种植2公顷,推广种植鲜食玉米、陆地茄子和食用菌500公顷。建杨家河双孢菇种植基地,占地1.8公顷。投资450万元,建前常家堡脱毒马铃薯繁育基地。投资760万元,新建存栏5000头的平安庄生猪养殖小区和存栏10万只的安光蛋鸡养殖小区。引进投资6600万元,新建占地40公顷的梦得奶牛良种繁育基地项目。建成高标准牛舍4栋2.2万平方米。修建3个农田水利工程,维修机井15眼、管道1500延米,干支渠清淤8000延米。

引进工业项目13个,服务业项目5个,总投资5.9亿元。

投入3000余万元,修建道路3.4万平方米、雨污水管网3500延米,安装LED节能路灯86盏。完成占地133.33公顷的双口劳教所经济功能区桥梁和道路建设。投资700余万元,重点治理主干道和违法建设。拆除违法建筑物80余处2.2万平方米。完成国道112线、京沪高速铁路、“南水北调”3项国家重点工程征地拆迁任务,征地57.83公顷,拆迁民房和厂房等4.3万平方米。

投资8000万元,完成占地10.67公顷、建筑面积2.6万平方米的双口学校教学楼主体工程。匹配新型农村合作医疗资金98.33万元,3.28万人参加新型农村合作医疗,参合率98.12%,比上年提高4.9%。1865人获得医疗救助,报销金额480.6万元。全年出生334人,符合政策生育率100%,长效率67.25%,兑现计生各项奖励和困难帮扶款113万元,征收历年违法生育社会抚养费57万元。筹资39.7万元,为15户低保、残困户新建和维修住房45间。走访慰问弱势群体1597户,发放慰问金78万元。安置农民转移就业773人。

创建15支特色文艺团队,建立农家书屋12个。在区“和谐文化大舞台”活动中,演出节目获“金莺奖”。举办村级党员干部培训班8期,培训500余人次。

(韩良桂)

青光镇

青光镇位于北辰区西部,东邻天穆镇,西与双口镇接壤,南隔子牙河与西青区相望,北与北仓镇相连。2009年,镇域面积44.5平方公里,耕地面积1718公顷。辖6个行政村和红光农场社区居委会。北辰户籍0.96万户2.55万人,农业人口0.79万户2.17万人。

1941年3月设韩家墅乡。1953年7月设青光、韩家墅、杨家嘴、铁锅店4乡。1958年4月并为青光乡和韩家墅乡,后几经分合调整。1961年5月建青光公社,1983年4月改乡,1995年11月改镇。

2009年,实现生产总值19.17亿元,固定资产投入9.64亿元,四级财政收入1.55亿元,镇级财政收入4553万元,农民人均纯收入13024元,比上年分别增长26.45%、68.53%、43.47%、55.28%、10%。内资到位68650万元,增长37.81%;外资到位982万美元,增长37.53%。

引进1000万元以上项目11个,总投资9.65亿元,投入生产运营8个。完成1000万元以上技改项目3个。3家企业通过ISO 9000质量管理体系认证。

韩家墅农副产品批发市场入驻商户2100余户,带动农户致富。投资3000万元的青光村100公顷设施农业项目,一期基础设施建设完成,建简易温室42.27公顷。

围绕104国道、津霸公路和外环线,建设一批附加产值大、带动力强的项目,其中有承担全市6000辆公交车维修的公交修保中心。投资1.5亿元、占地13.33公顷的市人大代表进修学校工程11月交付使用。红光科普园改扩建、龙源跑马场改造等重点项目完工。投资330万元,新增绿化面积20.67公顷。拆除违法建筑58处。配合京沪高速铁路和南水北调工程建设,完成征迁范围51.13公顷土地及地上物测量工作，涉及115户5.2万平方米的民房将拆迁。

韩家墅小学现代化建设达标工作通过验收。镇成人学校经市农委、市教育局验收升为示范校。

开展“文明北辰人”，和谐农村、和谐家庭等群众性创建活动。举办青光村手工编织及书法联展。韩家墅上善会道教乐艺术团申报为市级非物质文化遗产。开展“同在一方热土、共建美好家园”、“喜迎国庆60周年”等主题教育活动。8个集体、家庭和个人分获市级精神文明建设先进单位、区“十佳和谐家庭”、“文明北辰人”等称号。

计生工作稳定，出生人口208人，符合政策生育率100%。对4154名已婚妇女妇科检查，建立档案信息。“新农合”参合7901户，参合率98.28%。报销医疗费525万余元。重建4户残疾人家庭危房。继续落实最低生活保障制度。

开展在岗培训活动，5家企业139名员工参加技能培训。为企业和求职者搭建互助平台，实现就业710人。解决劳动纠纷41件，追回工资4.79万元。

（郭美富）

小淀镇

小淀镇位于北辰区东部、津围公路两侧。东隔永金引河与西堤头镇相望，西与北仓镇接壤，南傍宜兴埠镇，北邻大张庄镇。2009年，镇域面积43.13平方公里，耕地面积1931公顷。辖5个行政村、1个社区居委会。北辰户籍0.66万户1.84万人，农业人口0.57万户1.57万人。

1941年3月设小淀乡。1953年7月建小淀乡、刘安庄乡。1958年4月刘安庄乡并入小淀乡。后几经调整，1961年11月建小淀公社，1983年5月改乡，1995年11月改镇。

2009年，实现生产总值17.6亿元，比上年增长24.8%；固定资产投入12.8亿元，增长58.6%；四级财政收入1.477亿元，增长73.9%；镇级财政收入3868万元，增长35.67%；农民人均纯收入13050元，增长10%。

推进16个千万元以上重点项目建设。工业实现销售收入58.7亿元，增加值12亿元，利税7.01亿元。固定资产投入8.75亿元。

服务业固定资产投入4.06亿元。投入千万元以上项目6个，亿元以上项目2个。实现收入25.3亿元，增加值4.85亿元。加强老板娘国际农副水产食品城辐射带动功能，设置摊位3280个。

农业实现增加值7251万元，固定资产投入300万元。完成水产养殖园区1.04万平方米道路硬化工程。新建反季节泥鳅养殖、孵化、育苗棚8栋，300立方米蓄水池1座。完成29万平方米绿化改造工程，植树17450株。

小淀村旧村改造拆除面积18.2万平方米，还迁住宅项目“秀水馨苑”竣工，2920人入住新居。完成津宁（宁河）快速路、地铁3号线17.6万平方米征地及部分地上物清理工作。投入450万元进行环境改造，完成刘安庄机电路1.3公里翻修，北辰道延长线（向津围公路方向延长）、205国道（津榆公路）18万立方米土方工程。

小淀中学新建工作基本完成。培训各类人员1426人，安置就业770人。人口出生率控制在11‰以内，符合政策生育率97.4%；独生子女户二次报销428人次25.3万元，计生奖励扶持等各项制度全面落实。参加新型农村合作医疗17028人，参合率100%。低保标准由人均每月400元调至430元，特困户救助标准由人均每月120元调至130元，为困难群众发放低保和救济款128万元。

以庆祝建国60周年为主题，举办综合知识竞赛、家庭趣味运动会、庆国庆“书法、绘画、图片、摄影”作品展、“小淀杯”征文大赛和第三届“邻里文化节”等系列活动。参加天津市第六届残运会，获3金2铜。

落实企业安全生产分类管理制度，深入开展安全防范大检查，排查域内企业357家、治安场所47家、建筑工地7处、农业养殖小区4处，有效遏制安全生产事故发生。

（谢　达）

宜兴埠镇

宜兴埠镇位于北辰区东南部，东靠小淀镇温家房子村，西与天穆镇相邻，南隔新开河与河北区、东丽区相邻，北与小淀镇接壤。2009年，镇域面积20.027平方公里，耕地面积578公顷。辖10个街(村)、7个社区居委会。户籍人口1.31万户2.83万人，农村人口0.70万户1.57万人。

1937年7月至1952年10月先后属天津市三区和天津县三区。1953年7月建镇，1958年10月并入兴淀公社为大队，1961年5月建宜兴埠公社，1983年4月改乡，1985年1月改镇。是现任国务院总理温家宝的故乡。

2009年，实现生产总值27.8亿元，固定资产投入14.2亿元，四级财政收入4.07亿元，镇级财政收入9891万元，农民人均纯收入14786元，比上年分别增长25.68%、65.12%、25.23%、6.16%和9.77%。

引进投资1000万元以上工业项目11个，其中亿元以上项目10个。投资1000万元以上技改项目10个。第三产业投资4亿元，开发1000万元以上新项目7个。投资121.3万元，继续完善园区水、电、路、供热等配套基础设施。

城市化建设有新突破。境内地铁3号线4个地铁站(张兴庄站、普育公园站、津围公路站、宜兴埠站)主体工程完工。96中学以南及普育学校以南动迁居民670户，拆迁面积89340平方米。完成10万平方米还迁房建设，700余户居民入住。投资170万元，对域内主要干道及下水管道整修疏通。

开展“大干150天”环境综合治理活动，投资1100万元，对引滦水厂北侧排污河道综合整治，排污1500延米，清淤2.5万立方米，垫土7500立方米。制止违法建设、拆除违章建筑12处，面积6000余平方米。投入资金120.8万元，对外环线外侧、京津塘高速公路两侧实施绿化工程，种植各种树木20160株，覆盖面积5.33公顷。

民计民生不断改善。实行农村合作医疗二次报销制度，报销比例达65%，报销金额259.47万元，对低保、特困、大病户救助，累计发放救助款项800万元。农民养老金补贴由每人每月400元调至500元。组织技能培训，1017人次参加，安置下岗人员111人，新增劳动力就业404人。

举办“我与祖国共奋进，科学发展在身边”家庭才艺展暨演讲大会，13位镇街干部结合自身经历歌颂新中国成立60年来各方面取得的辉煌成就。举办“知史传承古镇魂 践行科学发展观”专题讲座，引导全镇党员干部“知镇史、明镇情、爱家乡、做贡献”。

在天津电视台“四季风”栏目组举办的2009年第二季度农民文艺演出大赛中，二街歌友会成员演唱的《双脚踏上幸福路》获大赛第五名。由镇居民与武警六支队官兵组建的威风锣鼓队参加天津市第二届鼓舞大赛，被授予“津门鼓王”称号。

(王进友)

大张庄镇

大张庄镇位于北辰区东北部，东邻西堤头镇，西接双街镇，北与武清区梅厂镇接壤，南靠津榆公路。2009年，镇域面积98.15平方公里，耕地面积4790公顷。辖31个行政村。北辰户籍1.30万户3.10万人，其中农村人口1.07万户2.75万人。

1953年设大张庄乡。1958年4月，李新庄乡、大张庄乡合并为大张庄乡。1961年成立朱唐庄公社，1983年改制为乡。1992年5月，朱唐庄乡改称大张庄乡。1997年改镇，时辖15个村。1962年1月，南王平公社归属北郊区，1983年该公社改乡，1997年12月改镇，时辖16个村。2001年10月，南王平镇并入大张庄镇。

2009年，实现生产总值18.32亿元，固定资产投资12.67亿元，四级财政收入1.23亿元，镇级财政收入3654万元，农民人均纯收入11500元，比上年分别增长25.59%、83.6%、40.30%、35.79%和10%。

完成综合改革试验区起步区7个村拆迁工作，拆除民宅2133户80余万平方米，发放各类补贴资金4.7亿元。完成南王平、北孙庄、芦庄、吕庄、小韩庄“新五村”建筑物测量工作。

投资1.05亿元，完成千万元以上技改项目7个。引进工业新项目16个，投资规模4.25亿元。推进重点项目建设，总投资

22.5亿元的4个亿元以上大项目全部开工建设。实现工业增加值12.14亿元,增长45.6%。

引进并建成千万元以上服务业项目5个,总投资规模1.2亿元。完成3个村级农贸市场改造工程。

畜牧养殖业形成规模化、现代化管理局面。实现农业增加值1.31亿元,增长6.6%。

开展“大干150天”综合整治活动,对津围、津榆、九园3条道路开展5次大清整。植树5.6万株,覆盖面积43.16公顷。

安置农村富余劳动力就业835人。开展走访慰问、帮困助学等活动,发放慰问金、资助金8万余元,向低保户发放低保金6.8万元。对12户困难群众危陋房屋新建、翻建。新型农村合作医疗人均筹资额由200元提高到220元,参合率98.66%,报销医药费436.38万元。

加大调处力度,化解矛盾纠纷260件。受理来信来访127件。做好“两会”等非常时期维稳工作。强化安全生产,深入526家企业,排查整改各类隐患912处。

承办“大张庄杯”津冀鲁晋浙5省市现代民间绘画邀请展,并在全国首创农民画拍卖先例。举办花会、戏曲、音乐会等文化演出活动158场次,北何庄村大鼓队在天津市第二届鼓舞大赛中获优胜奖。

(霍　然)

西堤头镇

西堤头镇位于北辰区东部,东与宁河县接壤,西与大张庄镇、小淀镇为邻,南隔金钟河与东丽区为邻,北接武清区上马台镇。2009年,镇域面积88.83平方公里,耕地面积2820公顷。辖10个村。北辰户籍1.38万户3.93万人,其中农业人口1.22万户3.37万人。

1953年5月至7月,该地域建宁河县辖霍庄子乡、东堤头乡和津北郊区辖韩盛庄乡、芦新河乡,后几次变迁。1962年2月,恢复北郊区和划分郊区界限后,原属和平区的堤头公社改称东堤头公社,划归北郊区;1963年,芦新河公社更名霍庄子公社;1983年4月两公社均改乡。1985年东堤头乡改称西堤头乡,1995年12月西堤头乡改镇,1997年4月霍庄子乡改镇,2001年10月霍庄子镇并入西堤头镇。

2009年,实现生产总值24.055亿元,比上年增长26.5%;固定资产投入14.77亿元,增长94.5%;四级财政收入12752万元,增长50.63%;镇级财政收入3813万元,增长24.27%;农民人均纯收入12067万元,增长10.0%;到位外资2420万美元,增长34.3%。

坚持在谈项目抓落实,签约项目抓开工,在建项目抓投产,投产项目抓增资。抓好招商引资工作。引进投资千万元以上新项目16个,总投资规模36.1亿元。其中建成项目9个、在建项目7个。实施投资千万元以上技改项目5个。重新组建镇工业园区管委会,实现园区管理、服务、建设“三统一”。天津陆路港物流装备产业园周边道路和大北环铁路规划完成,园区建设启动。

促进镇域各次产业发展。第二产业完成增加值12.9亿元,增长25.9%。冶金深加工、机械装备制造、塑料制品、新型建材等主导产业调整方向更加清晰。三产发展潜力增加,完成增加值9.9亿元,增长30%。农业产业结构趋于优化,西堤头村73.33公顷208个二代节能温室主体全部完成,全镇设施农业面积293.33公顷。新发展农民专业合作组织7个,东堤头辰旺新技术专业合作社进入市级合作社行列。

完成季庄子、姚庄子、辛侯庄和韩盛庄4个村农贸市场建设。霍庄子和刘快庄2个村进入市级文明生态村行列。对高速公路两侧、设施农业示范区、农田防护林网和主干道路两侧实施绿化工程,植树10万株,绿化面积87公顷。“大干150天”市容环境整治工作效果显著,污水处理厂由日处理5000吨扩容至1万吨。垃圾转运站基本建成;建净化水站2座、垃圾收集点30个。

安排农村富余劳动力770人。为31户低保户和残疾人家庭新建或修缮住房。争取科技扶持资金110万元。加大教育教学考核奖励力度,全镇“六升七”考试全科合格率75.88%,提升19.6个百分点。组建市级红十字会基层组织3个。完成9个村乡村医生重组整合进站和第二次经济普查工作。全民健身活动获全国先进单位称号。举办天津市幼儿体操大赛。维稳工作坚持矛盾排查报告制度，加强社会治安综合治理。全镇未发生群体性、突发性事件和重大安全生产事故。

（韩颜洁）

远 郊 区 县

武 清 区

概 述

武清区位于天津市西北部，海河水系中下游，地理坐标为东经116°46′43″~117°19′59″，北纬39°07′05″~39°42′40″。东与宝坻区、宁河县毗邻，南界北辰区、西青区，西与河北省廊坊市、霸州市接壤，北与北京市通州区搭界、与河北省香河县隔青龙湾河相望。境域东西宽41.78公里，南北长65.22公里。2009年，区域面积1574平方公里，耕地面积8.82万公顷。辖杨村、徐官屯、东蒲洼、黄庄、下朱庄5个街道，大碱厂、崔黄口、梅厂、上马台、大良、河北屯、下伍旗、南蔡村、泗村店、大孟庄、河西务、城关、大王古庄、东马圈、黄花店、石各庄、陈咀、王庆坨、汊沽港19个镇，曹子里、大黄堡、白古屯、高村、豆张庄5个乡，有731个村民委员会，31个社区居民委员会。全区人口84.41万人，其中农业人口69.18万人、非农业人口15.23万人。除汉族外，有回、满、壮、苗、藏、瑶等24个少数民族16431人，其中回族9565人。

2009年，区委、区政府领导全区人民，认真落实“积极应对挑战、扩大开发开放、推进率先发展”的总体要求，顽强拼搏、奋力攻坚，经受住金融危机的严峻考验，全区呈现出经济发展逆势而上、开发开放蓬勃推进、社会事业协调进步、人民生活安定祥和的良好局面。实现地区生产总值250.6亿元，比上年增长27.6%；三级财政收入71.1亿元，增长26.7%；全社会固定资产投资218.8亿元，增长45.6%；农民人均纯收入10505元，增长10.3%。

大项目建设取得显著成果。新增引资145亿元，增长30%。引进投资超亿元项目29个。奥特莱斯名品店、三宇车体、韦斯伐里亚分离机、伊利奶制品等一批大项目、好项目落户。总投资1150亿元的51个市级重点项目进展顺利，其中40个区级重大项目全面开工，17个项目竣工投产。

园区发展实现重大突破。开发区在新区开发、大项目引进、优势产业培育等方面取得较大进展。实现税收35.6亿元，占全区财政收入一半以上。开发区三期15平方公里开发建设全面启动，软件园服务外包产业中心主体竣工。城镇产业区发展实现历史性突破。中华自行车王国产业园、地毯产业园、汽车零部件产业园和京滨工业园被批准为市级示范工业园。“四园”规划占地50平方公里，16平方公里起步区基础设施建设和招商工作全面展开。一批乡镇产业区规模化、特色化发展势头明显。全区构建起以开发区为龙头、示范工业园为支撑、乡镇产业区为基础的多极增长格局。

三次产业发展水平全面提升。针对金融危机影响，强化对企业的组织引导和政策扶持，一批企业在新产品开发、市场融资、品牌创建等方面取得突破，电子信息、机械制造、汽车零部件等主导产业较快扭转被动局面，在保持全区工业平稳运行中发挥重要作用。雍阳减水剂“巨龙”商标被认定为全国驰名商标。红日药业在创业板成功上市。服务业通过大项目带动,现代商贸、物流产业呈现加速发展势头。华北工业品原料城一期工程竣工,国际保税物流园、环渤海绿色农产品交易物流中心等龙头项目加速建设。农业设施化水平明显提高。新增设施面积1600公顷,下朱庄现代农业示范园启动建设,初步建成梅厂农业示范园核心区。

武清新城开发建设实现历史性突破。京津公路“黄金走廊”建设、新区开发和旧城改造“三大战役”取得阶段性重要成果。完成39个村街撤村建居主体工作,其中15个村街平稳完成拆除,总计拆迁近100万平方米。重点地块招商取得积极进展,五一阳光、大岛酒楼等项目进场施工,北河滩、南河滩、下朱庄天和城、运河休闲岛等项目进展顺利。城市基础功能设施不断完善。完成翠亨路新建工程,形成带动新区发展的城市主轴。杨北路拓宽改造竣工通车。文化公园完成基础设施建设和部分景观工程。完成新城控制性详细规划、城市设计和重点道路两侧、重点片区等一批城市规划,新城规划体系基本形成,为加快城市开发建设提供重要依据。

新农村建设迈出较大步伐。大良、后蒲棒、南北辛庄“一镇两村”市级新农村试点工作全部完成,16个村完成拆迁,1.5万居民迁入新居。依托示范工业园和大项目建设,组团和重点镇开发建设迈出实质性步伐。高村新农村综合试验区项目启动实施。中国艺术家聚集区加速建设。村街环境基础工程完成年度任务,新建示范村108个。陈石路东段、杨六路改造工程竣工通车。

环境建设水平显著提升。城乡绿化实现新突破。完成过境高速公路、铁路和区级路网绿化提升工程,植树350万株。实施翠亨路、103国道南段等城市重点道路绿化,新增城市绿地127万平方米。完成重点道路桥梁亮化、广告牌匾治理、建筑立面整修等市容环境综合整治工程,新城、路网沿线环境面貌显著改观。在全市农口区县率先建成数字化管理平台,中心城区和主干路网纳入数字化、规范化管理轨道。

加强就业和社会保障工作。落实困难企业稳岗补贴政策,积极拓宽就业渠道,新增就业2.1万人。全面启动城乡居民基本养老和基本医疗保险工作,实现社会保险制度全覆盖。各项社会事业协调发展。改善办学条件,提高教育教学质量。城区第十小学新建和杨村四中、武清职专改扩建工程竣工投入使用。义务教育阶段教师绩效工资制度得到全面落实。医疗卫生条件有新提高。疾病控制中心、计划生育服务站完成主体工程,启动区医院、中医院改扩建工程,新建标准化社区卫生服务站150个。计划生育继续保持稳定的低生育水平,计划生育率97.59%。科技创新迈出新步伐。获得国家级科技进步奖1项,市科技进步奖3项,区级科技进步奖6项;取得市级科技成果10项,区级科技成果8项。文化广播电视事业健康发展。“两台一报”(区电台、电视台和武清资讯报)在宣传武清、树立正确舆论导向方面发挥积极作用。全区拥有文化站、馆、室302个,业余文化团体70个,演出民间花会110道,年末拥有电视村684个,全区电视人口综合覆盖率100%。社区群众文体活动日趋活跃。年末拥有体育设施1048个,全年参加体育竞赛19万人次,获市级以上奖牌44枚,其中金牌18枚、银牌15枚、铜牌11枚。区财政直接补贴2亿多元,全面落实老年人生活补助、家电下乡、教育“两免一补”、18项公共卫生服务、农机补贴、粮食直补等惠民政策,民计民生得到新改善。

社会保持和谐稳定。认真落实维护稳定责任制,健全完善重大事项稳定评估、重点信访领导包案、重大问题联席会商、矛盾纠纷排查调处等机制,加大工作力度,有效预防和化解一批热点难点问题,保持了社会和谐稳定。完善应急管理体系,完成15项应急预案编制,有效开展甲型流感防控工作,落实食品药品监管和安全生产责任制,保障了公共安全。

(区地志办)

武清区区级领导名录

中共武清区委领导名录

职　务	姓 名	性别	出生年月	民族	文化程度	籍　贯
书　记	袁桐利	男	1961-08	汉	研究生	天津武清
副书记	李宝锟	男	1960-10	汉	大　学	天津武清
副书记	韩胜军	男	1958-05	汉	大　学	天津武清
常　委	李学鹏	男	1956-10	汉	大　学	天津武清
常　委	罗福来	男	1968-10	汉	研究生	天津武清
常委、组织部部长	郭宝琴	女	1956-09	汉	大　学	天津武清
常委,公安武清分局党委书记、局长	苗宏伟	男	1963-05	汉	研究生	天津武清
常　委	苗玉刚	男	1961-10	汉	研究生	天津武清
常委、宣传部部长	钟书明	男	1963-07	汉	大　学	天津武清
常委、办公室主任	李建成	男	1967-06	汉	研究生	天津武清
常委、区人武部部长	朱继业	男	1958-04	汉	研究生	天津河东
常委、区纪委书记	刘志强	男	1961-11	汉	大　学	山东巨野

注:李学鹏 2009 年 11 月不再担任常委职务,12 月任区政协主席。

武清区人大常委会领导名录

职　务	姓 名	性别	出生年月	民族	文化程度	政治面目	籍　贯
主　任	刘万明	男	1950-03	汉	大　专	中共党员	天津武清
副主任	王胜林	男	1953-09	汉	大　学	中共党员	天津武清
副主任	杨作莹	女	1953-03	汉	大　学	中共党员	天津武清
副主任	郭宝联	男	1952-11	汉	大　专	中共党员	天津武清
副主任	李洪发	男	1950-09	汉	大　学	中共党员	天津武清
副主任	陈　平	男	1971-10	汉	大　学	无党派人士	天津武清

武清区政府领导名录

职　务	姓 名	性别	出生年月	民族	文化程度	政治面目	籍　贯
区　长	李宝锟	男	1960-10	汉	大　学	中共党员	天津武清
常务副区长	李学鹏	男	1956-10	汉	大　学	中共党员	天津武清
常务副区长	罗福来	男	1968-10	汉	研究生	中共党员	天津武清
副区长	苗玉刚	男	1961-10	汉	研究生	中共党员	天津武清
副区长	王学芝	女	1955-11	汉	大　专	无党派人士	天津武清
副区长	张宗启	男	1961-12	汉	大　学	中共党员	天津武清
副区长	李伯怀	男	1960-04	汉	研究生	中共党员	天津宝坻
副区长	尤天成	男	1965-08	汉	研究生	中共党员	天津武清
区长助理(副区长级)	郭明华	男	1962-09	汉	大　专	中共党员	山东莱芜
区长助理(副区长级)	邢德惠	男	1960-02	汉	大　学	中共党员	吉林德惠

注：李学鹏于2009年12月任区政协主席，不再担任常务副区长职务。

政协武清区委员会领导名录

职　务	姓 名	性别	出生年月	民族	文化程度	政治面目	籍　贯
主　席	冯祥生	男	1947-03	汉	大　学	中共党员	河北清河
主　席	李学鹏	男	1956-10	汉	大　学	中共党员	天津武清
副主席	钟有龙	男	1952-04	汉	大学普通班	无党派人士	天津武清
副主席	尤兰英	女	1951-04	汉	大　学	中共党员	天津武清
副主席	程焕金	男	1954-05	汉	大　学	中共党员	天津武清
副主席	姚文霞	女	1953-07	汉	大　学	中共党员	天津武清
副主席	王占海	男	1964-03	汉	研究生	中共党员	天津武清
副主席	韩万景	男	1968-10	汉	大　学	无党派人士	天津武清
副主席	李金元	男	1958-06	汉	研究生	无党派人士	河北沧州
副主席	毛兴宇	男	1963-12	汉	大　学	无党派人士	天津武清

注：冯祥生于2009年12月退休。

（区委组织部提供）

大 事 记

1月

3-5日 政协武清区三届三次会议召开。审议通过区政协常委会工作报告、提案工作报告；全体委员列席区三届人大五次会议，听取讨论区政府工作报告；通过区政协三届三次会议决议；增补郎学安为区政协三届委员会常委。

4-5日 武清区三届人大五次会议召开。听取审议区政府工作报告；审查批准区2008年国民经济和社会发展计划执行情况与2009年国民经济和社会发展计划的报告、区2008年预算执行情况和2009年区级预算的报告，通过相应决议。选举李宝锟为天津市十五届人大代表，补选王占海、于永平为区三届人大常委会委员。

9日 副市长熊建平及市纪委有关负责人到武清区检查贯彻落实党风廉政建设责任制情况。区委书记袁桐利、区长李宝锟陪同。

16日 武清区红十字会举行红十字慧翔大病救助基金成立暨捐助仪式。市红十字会有关负责人及区长李宝锟出席。

17日 武清开发区、国家开发银行北京市分行、北京住总集团举行战略合作协议签约仪式。区委书记袁桐利、区长李宝锟，北京住总集团党委书记、董事长张贵林，国家开发银行北京市分行有关负责人出席。

19日 武清新城开发项目合作协议签约仪式举行。区委书记袁桐利、区长李宝锟，中水电集团房地产开发公司党委书记夏进，中水电集团路桥公司总经理汤明，北京英才公司总经理兰春出席。

22日 市委书记张高丽到武清区看望优抚户，慰问驻区部队官兵。区委书记袁桐利，区委副书记、区长李宝锟陪同。

2月

5日 武清区民政局婚姻登记处被国家民政部授予全国婚姻登记规范化单位荣誉称号。

18日 武清区监察局、武清区工商业联合会促进民营经济发展服务中心成立。

25日 武清区三届人大常委会召开第十九次会议。审议通过区人大常委会2009年工作要点和区人民政府提请的人事任免事项；听取区政府关于2009年区级重点工程安排情况通报；听取审议区政府《关于提请审议将开发区部分贷款项目还贷资金列入区级财政预算的议案》，并作出批准该议案决议。

27日 武清区委召开村级组织换届工作动员会，全面安排部署村级组织换届工作。区委副书记、区长李宝锟，区委常委、组织部部长郭宝琴参加。

本月 武清开发区被市商务委授予2008年度天津市开发区利用外资特别奖、2008年度天津市利用外资优秀开发区两项荣誉称号。2008年，武清开发区引进外资企业29家，实现合同外资额4亿美元，比上年增长142%，在全市同类开发区中名列第一。

3月

6日 副市长李文喜到武清区调研新农村建设对口帮扶工作。区委书记袁桐利、区长李宝锟陪同。

8日 天津凯鑫典当有限公司在武清开发区逸仙园举行开业典礼。

22日 天津市家电下乡启动仪式在武清区举行。市委常委、副市长崔津渡，副市长任学锋及区委书记袁桐利、区长李宝锟出席。此次享受财政补贴的冰箱（含冰柜）、彩电等十类家电产品，将在全市528个（武清区47个）农村零售网点同时销售。

31日 武清区委、区政府举办"绿色北欧——安徒生产业创意园"规划发布会。丹麦、瑞典、挪威、芬兰等国大使馆和商会负责人，部分欧美企业代表及有关招商机构负责人，区四大机关领导出席。产业园规划面积37平方公里，分为先进制造业聚集区、中华自行车王国产业园区、高端保税物流服务功能区、高端产业和现代服务功能区4个板块。

同日 中共甘肃省礼县县委常委、宣传部部长张剑蓉到武清区挂职半年，任中共武清区委书记助理。

4月

8日 区政府法制办公室加挂武清区政府信息公开办公室牌子，负责政府信息公开工作。

14日 副市长李文喜到武清区察看绿化工作并听取重大项目建设进展情况汇报。区委书记袁桐利、区长李宝锟陪同。

15日 武清区政协金融服务小组成立。

16日 中国建筑材料集团公司董事长、党委书记宋志平到武清区视察指导工作。副市长王治平，区委书记袁桐利、区长李宝锟陪同。

24日 天津市鸟类环志中心揭牌仪式在大黄堡湿地自然保护区举行。全国鸟类环志中心及市、区林业局有关负责人出席。此次落户武清的鸟类环志中心是全市唯一一家鸟类环志机构。

28日 武清区委、区政府召开“一镇两村”新农村试点建设现场推动会。检查工程进展情况，协调解决存在的问题，推进新农村试点建设。区委书记袁桐利讲话。区长李宝锟参加会议。

同日 武清区三届人大常委会召开第二十次会议。听取审议区科委关于科技工作情况报告和区人民检察院关于公诉工作情况报告，审议通过区政府和区检察院分别提请的人事任免事项。

本月 公安武清分局刑侦支队六大队被公安部命名为全国一级责任区刑警队。

5月

8–10日 由中国国际广播电台总编室、国际合作新闻办公室、新闻中心、新闻媒体中心及泰语、意大利语5个语言部的20名编辑记者组成的中国国际广播电台采访团到武清区采访报道近年来经济发展及社会各项事业取得的成就。区长李宝锟会见采访团，并接受采访。

14日 市长黄兴国到武清中华自行车王国产业园调研乡镇工业园区发展情况。市委常委、市委教育工委书记苟利军，副市长李文喜，及部分市直部门和农口各区县负责人参加，区委书记袁桐利、区长李宝锟陪同。

同日 天津市重大动物疫病防控暨基层畜牧兽医站建设现场推动会在武清区召开。与会人员察看梅厂镇畜牧兽医站、后巷畜牧兽医站和崔黄口镇乡甜现代畜牧业示范园建设，了解运行情况。副市长李文喜，区长李宝锟，市有关部门及农业区县主管负责人出席。

23日 卫生部副部长、国家中医药管理局局长王国强到武清中医院察看中医发展情况。区委书记袁桐利陪同。24日，出席“中医中药中国行”武清站活动启动仪式。

6月

1日 武清区地毯产业孵化基地揭牌仪式举行。区委书记袁桐利、区长李宝锟出席。

10日 天津出入境检验检疫局武清办事处挂牌成立。区委书记袁桐利、区长李宝锟出席挂牌仪式。

11日 市人大常委会副主任左明到武清区调研《森林法》和《天津市实施〈中华人民共和国森林法〉办法》执行情况。

15日 武清区政府成立区推进示范工业园区发展工作领导小组。区委书记袁桐利任组长，区长李宝锟任常务副组长，区领导刘万明、李学鹏、韩胜军、罗福来、郭宝琴、钟书明、苗玉刚任副组长。领导小组下设办公室，办公地点在区工经委。

16日 武清区加快开放型经济发展服务月“6·16”服务接待日活动在区行政许可服务中心举行。武清海关、工商、公安、交通、规划等部门现场接受社会咨询。

26日 市人大常委会副主任、市总工会主席邢明军到武清区调研。区委书记袁桐利陪同。

7月

9日 市委理论学习中心组

读书会暨“保增长、渡难关、上水平”活动现场交流会在武清区召开。与会人员察看中华自行车王国产业园、中国艺术家聚集区、天津三宇车体制造有限公司、武清新城翠亨路等重点项目及工程。市委书记张高丽,市委副书记、市长黄兴国在考察过程中讲话。

23日 武清区民兵防汛实战演练在永定河右堤举行。区委常委、区纪委书记、区防汛抗旱总指挥部政委韩胜军，区委常委、区人武部部长、区防汛抗旱总指挥部副总指挥朱继业观看演练。

30日 武清区政府与中国水利水电建设集团公司、天津亿卓投资有限公司武清新区开发项目投资合作签约仪式举行。区委书记袁桐利、区长李宝锟,中国水利水电建设集团总经理范集湘、党委书记刘起涛出席。

8月

1日 武清区城市管理委员会成立。区长李宝锟任主任,常务副区长李学鹏、副区长苗玉刚任副主任。委员会下设城市管理监督指挥中心和城市管理工作考评办公室两个办事机构,与区执法局合署办公。

6日 武清区政协副主席刘士合因病逝世。

7日 市委常委、市委教育工委书记苟利军,副市长李文喜到武清区,围绕督促落实市委读书会精神、重大项目推动会落实情况和区县加快经济倍增落实情况进行调研。区委书记袁桐利、区长李宝锟陪同。

18日 市委常委、市委教育工委书记苟利军到武清区考察华北城项目。区委书记袁桐利、区长李宝锟陪同。

同日 市政协副主席、市委统战部部长刘长喜带领市政协部分委员到武清区调研经济社会发展情况。区委书记袁桐利、区长李宝锟、区政协主席冯祥生陪同。

同日 武清区三届人大常委会召开第二十二次会议。听取审议区政府《关于2009年1-6月份国民经济计划执行情况的报告》、《关于2009年1-6月份财政预算执行情况的报告》、《关于广播电视事业发展情况的报告》和区法院《关于行政诉讼法贯彻落实情况的报告》。

22日 副市长熊建平到武清区考察企业污水处理工作。区委书记袁桐利、区长李宝锟陪同。

25日 国家林业局湿地保护管理中心负责人带领清华大学3S中心、北京林业大学等有关专家到武清区,调研大黄堡湿地保护利用及开发建设情况。

9月

4日 武清区妇联召开2009年“阳光工程”爱心助学活动总结表彰大会。区领导郭宝琴、杨作莹、李伯怀、尤兰英及社会各界爱心人士代表、受资助学生代表出席。此项活动已连续开展9年，为贫困学生发放助学款196万元,资助学生4900人。2009年度有83个单位、48000位爱心人士捐款44万余元，资助贫困学生1108人。

7日 海南省商务厅、农业厅、农垦总局等有关单位负责人到武清区,考察天津环渤海绿色农产品交易物流中心的海南热带农产品交易中心项目。区委书记袁桐利、区长李宝锟陪同。海南热带农产品交易中心项目总投资1.5亿元，集2万吨冷库、3000平方米加工配送中心、100泊冷藏箱位集装箱堆场、3万平方米交易大厅、500平方米展示厅、检测中心、信息中心、拍卖中心、配套办公、宿舍、进出口绿色通道于一体。

18日 中共武清区委举行庆祝新中国成立60周年暨“感动武清”先进人物颁奖晚会。区委常委扩大会成员，各乡镇街、区直委局有关负责人和社会各界群众代表共1300余人出席。“感动武清”先进人物评选历时3个月，采用广泛宣传发动、基层推荐上报、公示候选人事迹、媒体集中宣传、干部群众投票等形式进行,评选出王皓、冯书军、李金元、李蔚兰、宋廷玉、陈华、陈宝贵、柳玉金、郭宝茹、黄士宝10名先进个人和武清海关货运监管科1个先进集体。

10月

1日 武清区中医院名誉院长、博士生导师陈宝贵应全国总工会邀请,天狮集团总裁李金元作为全国民族团结进步模范个人代表,进京参加国庆大典。

14日 天津武清汽车零部件产业园管委会成立。区长李宝锟任主任，区委常委、常务副区长罗福来，区委常委、宣传部部长钟书明任副主任。

21日 武清区政府召开城乡居民“两险”工作动员会，就城乡居民基本养老保障、基本医疗保险相关工作进行部署。

23日 中央纪委驻国家民委纪检组组长杜鹃带领政策落实检查组到武清区，检查指导乡村公路投资建设工作。

25日 武清区委、区政府成立区工程建设领域突出问题专项治理工作领导小组。区委常委、区纪委书记韩胜军任组长，副区长苗玉刚任副组长，韩志元等21人为成员。

26日 商务部部长助理房爱卿到武清区检查家电下乡政策实施情况。

28日 武清区三届人大常委会召开第二十三次会议。听取审议关于就业和社会保障工作情况的报告、关于《人口与计划生育法》贯彻落实情况的报告；审议通过区人大常委会关于接受金玉河等辞去区三届人大代表职务请求的决定、区人大常委会代表资格审查委员会关于代表出缺情况的报告、关于补选区三届人大代表的决定；审议通过区人大常委会主任会议、区政府、区法院、区检察院分别提请的人事任免事项。

11月

12日 团区委举行天津武清青年创业中心启动仪式，举行“华帝团建基金”设立签字仪式。区委书记袁桐利出席。

13日 根据津党任〔2009〕154号文件，韩胜军任区委副书记；苗玉刚任区委常委；免去李学鹏区委常委职务。

17日 市外商投资服务中心主任张云年一行，到武清区调研招商引资工作并签订合作协议。区长李宝锟出席签字仪式并会见市外商投资服务中心负责人。

23日 武清区成立发展农村邮政物流领导小组。副区长张宗启任组长。

26日 武清区青联三届一次全体会议召开。区领导袁桐利、李宝锟、刘万明、冯祥生出席。

12月

1日 政协武清区三届四次会议同意冯祥生辞去区政协三届委员会主席职务；选举李学鹏为区政协三届委员会主席，王占海为副主席。

8日 武清区三届人大常委会召开第二十四次会议。听取审查《关于武清区2010年财政预算草案的报告》；审议通过《武清区人民代表大会常务委员会审查监督规范性文件办法》、关于接受李学鹏和王占海辞去区三届人大代表职务请求的决定、关于代表出缺情况的报告、关于补选区三届人大代表的决定；选举尤天成为区人民政府副区长，同意李学鹏辞去副区长职务；审议召开区三届人大六次会议各项相关事宜。

9日 武清区政府研究决定成立天津武清汽车零部件产业园有限公司、天津地毯产业园有限公司、天津京滨工业园开发有限公司、天津正中农贸市场有限公司。

23日 武清区政府与北京经济技术投资开发总公司、天津农垦集团总公司签署天和城项目合作协议。副市长李文喜，区委书记袁桐利、区长李宝锟出席。该项目是一个集大型运动、居住、旅游、度假为一体的休闲娱乐城，距离城际铁路武清站6公里，总投资54亿元，涉及地块1400公顷。

29日 中共武清区委召开三届七次全体（扩大）会议。审议通过《中共天津市武清区委2010年工作要点》和《中共天津市武清区委三届七次全体（扩大）会议决议》。区委书记袁桐利讲话。

（区委党史办）

党务

概况 2009年，中共武清区委深入贯彻落实科学发展观，团结带领各级党政组织和广大干部群众，抢抓国家应对金融危机、调整宏观政策带来的潜在机遇，及时提出“积极应对挑战、扩大开发开放、推进率先发展”的总体要求，全力保增长、渡难关、上水平，以项目建设、园区发展为重点的开发开放取得显著成果，武清新城开发建设实现历史性突破，社会主义新农村建设扎实推进，环境建设水平进一步提升，民计民生明显改善，党的建设得到全面加强，圆满完成各项目标任务。

（刘雅红）

学习实践科学发展观活动 武清区作为全市学习实践科学发展观活动试点单位，自2008年10月至2009年8月，分两个批次开展学习实践活动。参加学习的处级单位136个，党支部1594个，副处级以上党员领导干部1150名，党员45113名。学习实践活动以“抢抓新机遇、加快大开发、建设新武清”为载体，坚持“重在武装思想、重在解决问题、重在取得实效”的原则，强化组织领导、严格把握程序、加强分类指导、注重典型引路、突出实践特色，以高度的政治责任感、良好的精神状态和扎实的工作作风，稳步推进各项工作的开展。活动中，全区完成调研报告930篇，形成促进发展的共识972条，解决制约发展的突出问题987个，为基层、企业、群众办好事实事2762件，达到“党员干部受教育、科学发展上水平、人民群众得实惠”的目标。

（刘雅红　尤雪杉）

干部队伍建设 2009年，武清区委狠抓干部队伍建设，研究制定《关于进一步加强领导班子和干部队伍建设的意见》。强化在干中锻炼、考察、考核干部，完善干部选拔、评价机制。综合运用专项考察、经常性考察等方式，全方位掌握干部在重点工程、重大项目中的表现和成效，凭工作实绩选人用人的导向更加明确。坚持把教育培训作为有效抓手，通过挂职锻炼、参与重点工程建设、外聘专家授课、组织赴其他区县学习考察等形式，推动干部队伍综合素质不断提升。组织开展“下基层、办实事、解难题、交朋友”活动，促进各级、各部门工作作风转变。落实党风廉政建设责任制，推进惩治和预防腐败体系建设，制定出台《关于加强对乡镇委局落实党风廉政建设责任制工作考核的意见》，并加强考核检查。深化决策目标、执行责任、考核监督体系建设，制定实施《武清区乡镇（街道）经济发展考核办法》；坚持项目化落实发展思路，年初梳理确定33项区级重点工程，明确主要内容、阶段性目标和完成时限，落实责任领导和责任人；通过专项检查、定期督查、集中联查等多种方式推进各项工作。

（刘雅红）

组织宣传干部参观后蒲棒村

村级组织换届选举 2009年2月，武清区启动村级组织换届工作。至年底，688个应换届村中，有679个村党组织、676个村民委员会、659个村民代表会议完成换届工作，分别占应换届村总数的98.7%、98.3%和95.8%，实现提高干部素质、优化班子结构的目标要求。区委组织部对换届后新任职的123名村党组织书记和264名村委会主任进行3期集中培训，为其尽快适应岗位、开展工作奠定基础。

（尤雪杉）

查办案件和信访举报 2009年，武清区纪检部门坚持把维护社会和谐稳定作为查办案件和信访举报工作的基本出发点和落脚点，查办案件及信访处理，既注重查办、处理的公正性，更注重查办、处理过程和结果对全区政治安定和社会稳定的影响。初核案件20件，立案13件，结案13件。给予党纪处分13人，其中开除党籍12人、留党察看1人，追究刑事责任10人，挽回经济损失59.6万元，未发生申诉复查案件。受理群众信访举报161件。通过信访谈话、发放信访通知书等形式，对8名处级干部和7名科级干部实施信访监督；妥善处理89个村街矛盾隐患，维护了社会稳定。

（王　倩）

精神文明建设　2009年，武清区深入开展“满意在武清”特色服务品牌和文明村镇创建活动。通过召开座谈会、汇报会以及实地检查等形式，推动各单位抓好创建任务落实。推进公民思想道德建设。组织开展市容环境集中清整、文明出行、志愿服务、义务植树等教育实践活动，取得明显成效。加强和改进未成年人思想道德建设。以净化社会文化环境为重点，建立107人的“五老”（老干部、老战士、老专家、老教师、老模范）网吧义务监督员队伍，组织专项治理行动5次，取缔“黑网吧”202户，净化社会文化环境。区教育局被评为全国文明单位，梅厂镇被评为全国文明村镇，区广电局被评为全国创建文明单位工作先进单位。另有18个单位被评为市级文明单位、2个社区被评为市级文明社区、7个村镇被评为市级文明村镇。

（王战勇）

政　　务

概况　2009年，武清区政府强化对发展的超前谋划，制定《武清区2009至2011年经济发展行动计划》。深入开展“保增长、渡难关、上水平”活动，制定并落实促进经济发展的12条措施，坚定企业发展信心，促进经济健康发展。深化完善并联审批机制，清理行政审批和行政事业性收费项目，开展行风评议和行政服务环境专项整治，行政服务水平明显提高。坚持以创新思路应对危机、破解制约。与中水电、北京住总、滨海投资等大企业集团建立战略合作关系，开辟市场化模式推进城市开发建设的新途径。自觉接受人大、政协监督，认真听取人大代表、政协委员的意见建议，90件提议案全部办复。以作风建设为重点，组织机关干部和一些单位部门下基层、办实事、解难题、交朋友，有效解决一批基层和群众反映强烈的突出问题。

（区政府调研科）

开展“保增长、渡难关、上水平”活动　2009年2月至7月，武清区集中开展“保增长、渡难关、上水平”活动。制定活动实施方案，成立领导小组，建立每月经济形势分析制度，制定促进经济发展的12条具体措施，落实区级扶持资金706.9万元。采取现场办公和上门服务等形式，协调解决企业在资金、市场、用工、技改等方面存在的困难问题171个。活动的开展，提升了行政服务水平，坚定了企业发展信心，促进了全区经济健康发展。

（刘雅红）

信息化建设　2009年，武清区信息化工作坚持“统一规划、统一标准、统一平台、统一建设、分级管理”的原则，在多业务综合传输网络上，逐步建立起“武清党政办公网”和“武清信息网”平台以及“基础数据中心”，初步建成标准化规范化的电子政务管理体系。区政务网络接入党政群（含人大、政协）机关及其部门、副处级企事业单位共135家，136个道路（卡）口的274路安防视频监控点位，35家乡镇医院和455家“新农合”社区卫生服务站，1家120急救中心和7家急救分中心，12个城字城管二级联动单位以及42个奶牛小区336路视频监控等。搭建武清党政办公网和武清信息网2个平台，区内各部门业务系统均在此平台上运行。建立武清区基础数据中心，整合劳动、卫生、计生等部门有关人口基础数据，建成以人口及空间地理基础数据为核心的基础数据交换与共享平台构架。

（石　巍）

信访工作　2009年，武清区信访办公室以维护人民群众根本利益，构建社会主义和谐社会为主旨，畅通信访渠道，及时反映社情民意，正确处理人民内部矛盾，在全国“两会”、国庆60周年等重大会议活动和庆典期间，充分发挥信访工作职能，维护全区乃至首都北京的社会稳定。全年接待处理各类信访873件，比上年上升12.9%，其中信263件，上升14.8%，访610批3412人次，批次、人次分别上升12.1%、20.1%；集体访127批2121人次，批次、人次分别上升9.8%、11.1%；到区政府门前访

120 批 1633 人次，批次、人次分别上升 8.1%、9.8%。进京非正常访 16 批 25 人次。

（朱宏力）

政　法

概况　2009 年，武清区政法工作着眼于"平安武清"建设，认真履行职责，维护社会和谐稳定。公安武清分局围绕国庆 60 周年，做好安全保卫工作，被评为天津市国庆维稳安保先进集体。严厉打击杀人、绑架、伤害、强奸等暴力犯罪，"八类案件"破案率 81.1%，命案侦破率 100%。区法院加强审判执行工作和诉讼服务中心建设，建立阳光司法制度，强化涉诉信访工作，体现司法保障民生。区检察院以区重点领域、重点工程为重点，查办职务犯罪，打击各种犯罪，化解社会矛盾。推进司法所规范化建设，加强人民调解、社区矫正、安置帮教等工作。加强法制宣传教育工作，全年发放法制宣传资料 2.9 万份，解答群众法律问题 6200 余件。公安武清分局被市委政法委评为天津市社会治安综合治理先进单位；区检察院获得天津市先进检察院荣誉称号；区法院被评为全国法院系统宣传思想工作先进集体；武清区被国家六部委评为全国"平安畅通县区"百强区县。

（刘　玮　张玉宝）

公安工作　2009 年，公安武清分局以国庆安保工作为中心，全面加强各项公安保卫工作，维护全区政治稳定和社会安定。完成各类警卫任务 81 次，破获"法轮功"等邪教案件 15 起，打处 7 人；全区无因矛盾激化引发的群体性事件发生，实现国庆安保期间重点人员进京上访"零"登记，被评为天津市国庆维稳安保先进集体。开展"打黑除恶"行动。打掉黑恶势力团伙 9 个，抓获作案人员 71 名，破获案件 34 起。开展打击盗窃自行车专项行动，打掉 9 个团伙，端掉 7 个窝点，破获案件 300 余起。成功侦破"1·08"入室抢劫杀人案，打掉一个隐藏在王庆坨镇大三河曾村的制贩枪支窝点。治安整治工作，取缔"黑网吧"120 余家，收缴各类枪支 268 支，查处"黄赌毒"案件 139 起。开展打击假牌假证、酒后驾车、货车超载超限等专项整治，强化道路交通管理秩序。视频抓拍交通违法行为 1.7 万起，查处酒后驾车、超载超限等交通违法行为 20 万余起，有效改善了交通环境。

（张玉宝）

公安武清分局深入开展打击黑恶势力犯罪活动

检察工作　2009 年，武清区检察院依法履行检察职能，为全区和谐发展、率先发展创造良好法制环境。受理批捕各种刑事案件 397 件 578 人，批准逮捕 342 件 499 人，决定逮捕 7 件 7 人，批准逮捕准确率 100%；立案查办贪污贿赂、渎职侵权等职务犯罪案件 18 件 25 人，大要案比例 100%；受理移诉案 568 件 1005 人，适用普通程序简化审案件 191 件，提起公诉 500 件 869 人，全年无错诉漏诉，所诉案件有罪判决率和不诉准确率 100%；深入 10 多个单位开展预防职务犯罪宣传教育活动，举办法律专题讲座 13 次，提供法律咨询 11 次，警示教育案卡 13 份，《预防咨询案卡》11 份，《检察建议案卡》7 份，发放预防职务犯罪宣传资料、警示教育光盘 1000 余份，受教育 1500 余人。

（刘　玮）

审判工作　2009 年，武清区法院开展"人民法官为人民"主题实践活动，大力加强审判执行工作，全面履行各项司法职能。受理各类案件 9747 件，结案 8815 件，比上年分别上升 7.63%、5.99%，结案标的总金额

8.03亿元。强化审判管理，提高案件质量。评查案件7441件，合格率99.79%，无一错案。新立执行案件2669件，执结2319件，分别上升6.63%和5.03%，执结率86.89%，执行到位率68.39%，执行标的额2.11亿元。加强诉讼服务中心建设，建立阳光司法制度，人民陪审员中有204人次参加147件案件审判工作。强化涉诉信访工作，涉诉信访呈现总量下降、息诉息访率上升新态势。接待来访927人次，处理来信26封。其中院长接待日接待来访116人次，下降23.52%。

（周彦冰）

人民团体

概况 2009年，武清区新建工会组织85家，基层工会总数1249家，新增会员1.2万人，全区会员总数13.98万人。救助困难职工611人次，发放救助金37万元、基本生活品救助物资1000余份。安置下岗失业人员、失地农民80余人。为97名离退休劳模和全国劳模发放慰问金5.2万元，为低收入全国劳模发放补助金4.18万元。团区委注重青年人才培养工作，推进万名农村青年人才培训工程，招收学员411人。成立由团区委主导、企业承办、市场化运作的天津武清青年创业中心，吸引120名青年前来创业，对接创业项目42个，为242名无业失业青年解决就业问题。区妇联发挥组织妇女、引导妇女、服务妇女的作用，在促进女性创业发展、提升妇女素质、帮扶贫困妇女、妇联固本强基等工作中，做好凝心聚力、增进和谐、化解矛盾工作。

（张 静 侯 杰）

工会工作 2009年，武清区工会组建和发展会员工作实现新突破。新建工会组织85家，新增会员12000人，完成市总工会下达的建会任务。职工素质工程取得明显成效。开展技术比武和劳动竞赛500余场，参与职工2万余人，职工提合理化建议1800条，技术创新成果150项，创效益4400余万元。完善职工培训阵地建设100家，累计培训工会干部1000余人，培训职工1万余人。和谐劳动关系得到新发展。区总工会采取典型示范、分类指导、规范运作等措施，推行平等协商集体合同制度、职代会制度和劳动关系和谐企业创建活动，截至2009年，全区集体合同总数574份，覆盖企业949家，签订率达建会企业的67%；签订工资集体协议736份，覆盖企业1229家，签订率达建制企业的86%。全区有99家企业被命名为天津市A级劳动关系和谐企业，6家企业被命名为天津市3A级劳动关系和谐企业。

（张 静）

共青团工作 2009年，共青团武清区委在全区青少年中广泛开展“知区情、爱家乡、献青春”形势任务教育活动，打造共青团服务青年就业创业阵地，成立团区委主导、企业承办、市场化运作的天津武清青年创业中心，建立覆盖全区的青年就业专项信息系统和三级服务组织网络。深入开展“青春促发展，爱心筑和谐”志愿服务活动，开展医疗义诊、法律咨询、家电维修、卫生清整等便民服务。以“绿化新城，扮美家园”为主题，组织青年志愿者开展义务植树活动，弘扬志愿奉献精神。制定《关于项目化推进乡镇街共青团工作实施意见》，推动基层共青团工作项目化发展，促进基层团组织工作全面活跃。推行团建示范点创建，建立“华帝团建基金”，推动基层团组织各项工作落实。深化“爱心助学”、“扶贫助困”活动，组织青年企业家和社会爱心人士与贫困学生结成帮扶对子，助其健康成长。召开区青联三届一次全会，选举产生区青联新一届工作机构。

（侯 杰）

妇女工作 2009年，区妇联着力实施《武清区基层妇女组织规范化建设实施意见》，组织乡镇街妇联开展创建示范妇代会活动；开展“十大杰出母亲”评选表彰活动，李德平、陈国娟、张兰芹、王义香、李树凤、甘宝茹、彭秀云、杨克凤、赵克珅、和平之君儿童福利院爱心妈妈荣获武清区“十大杰出母亲”荣誉称号。开展“和谐家庭创建”评选表彰活动，于振建、张振启、杨振岭等10个家庭被评为和谐家庭标兵户；开展“我爱祖国、我爱家乡、我爱母亲”主题征文活动，收到26个单位122篇作品；举办女能手培训班，780人参加培训。举办促进妇女创业就业专场招聘会，53家企业参加，提供就业岗位1053个，参加人员500余人，其中310人达成就业意向。开展法制宣传活动，组织法律讲座3次、悬挂标语10余条，发放《婚姻法》、《妇女权益保障法》及相关法律明白纸5000余份。全年利用“两台一刊”妇联信息网络宣传女企业家、女能手、“三八”红旗手、文明家庭共计20人。

（王怀芬）

农　业

概况　2009年，武清区发展设施农业，推广标准化生产技术，提高产业化程度，实现农业又好又快发展。全区种植业占地面积7.77万公顷，粮食作物播种面积9.74万公顷，粮食总产67.5万吨；蔬菜种植面积2.12万公顷，总产128.88万吨。新增设施农业1820公顷，总面积1万公顷。培育“一村一品”特色专业村24个，涉及9个乡镇14个品种，种植面积1333.33公顷。全年发生自然灾害8次，受灾面积1.57万公顷，经济损失1.32亿元。实施高速公路、城际铁路、重点路网等重点绿化工程，全年完成造林3800公顷，植树342万株。启动3个畜牧养殖示范园区建设项目，建成投产并通过验收发证二元母猪扩繁场2个，实施散养奶牛入区工程，全区奶牛小区基本实现奶牛养殖信息化管理。

（刘振江　曹　强）

粮种补贴　2009年，武清区累计发放粮食直补、良种补贴资金1.13亿元。粮食直补补贴资金1.06亿元，其中夏粮直补3.67万公顷4022万元，惠及120516个农户；秋粮直补5.98万公顷6554万元，惠及161036个农户。全区良种补贴销售籽种555.97万公斤，补贴面积8.28万公顷，补贴金额1255.09万元，惠及168587个农户。

（刘振江　刘　霞）

奶牛产业　2009年，武清区奶牛存栏51921头，其中奶牛小区存栏50139头，奶牛集约化饲养率96.6%。新建扩建奶牛小区10个，全区奶牛小区56个。日产鲜奶625吨，成母牛平均年产奶量7316公斤，全区生鲜奶总产量20.83万吨，分别销往区内娃哈哈、完达山、蒙牛以及区外的蒙牛、伊利、三元、光明、海河等乳品加工企业。奶牛产业总产值7.5亿元。

（许金麓）

农村新能源建设　2009年，配合新农村建设，在大碱厂、崔黄口等15个乡镇26个沼气池重点建设村街，建成农村户用沼气池3120座、养殖小区沼气工程9000立方米，完成林海、超越两个1000立方米大型沼气综合利用工程，全年各项沼气工程建设2万立方米。加强建池人员技术培训，253名沼气技术工人获得资格证书，其中高级沼气工5人，实现建池人员持证上岗。完善后续服务网络建设，投资14.2万元新增农村沼气服务网点项目2个，实现沼气建、用、管系列化有偿服务。

（孙占潮　罗振齐）

绿化工程　2009年，武清区开展7项绿化工程。①绿色通道工程。完成京津快速与京津联络线、城际铁路、重点路网、高速公路和京山铁路绿化带整改提高及其他区内公路绿化建设工程，造林813.33公顷，植树79.6万株。②农田林网绿化工程。抓好京津高速农田林网、城际铁路农田林网、“三北”四期防护林建设、崔黄口农业综合开发林业生

奶牛养殖小区

态工程，造林1737.86公顷，植树175.9万株。③绿色河流工程。对区内龙凤河、凤河西支、永定河等一、二级河道绿化，完成造林160公顷，植树10万株。④绿色城镇工程。完成城区及重点中心镇区绿化。完成造林133.33公顷，栽植乔木2.5万株、花灌木13.1万株。⑤绿色村庄工程。抓好新农村绿化建设。以路网沿线村庄绿化档次提高和区级路网沿线绿化为重点，建设环村林、进村路绿化、主干街道绿化、庭院绿化和小区绿化。完成造林200公顷，植树25万株。⑥绿色园区工程。对开发区，私营经济区及各乡镇牛场、鸡场等养殖小区绿化。完成造林100公顷，植树4.5万株。⑦绿色边界工程。狠抓津西北防风阻沙林带二期建设工程，在原有绿化基础上进行织网补带式造林，完成造林666.66公顷，植树44.8万株。在与河北廊坊及北京通州交界处建起长150公里、宽500米以上的大型防风阻沙林带，有效缓解当地沙尘对京津两市的危害。

（陈春岗）

工 业

概况 2009年，武清区工业系统以工业区为载体，狠抓招商引资；以大项目为依托，扩大增量；加大扶持服务力度，化解金融危机不利影响，全区工业继续保持较快发展。实现工业总产值621.75亿元，销售收入558.96亿元，利润62.59亿元，增加值128亿元，比上年增长18%以上。至年底，全区有民营企业4442家，总资产146.8亿元，从业人员11.9万人；完成产值485亿元，占全区工业总量78.5%以上。

（李劲松）

产业园区建设 2009年，武清区中华自行车王国产业园、地毯产业园、汽车零部件产业园和京滨工业园4个园区被批准为市级示范工业园。“四园”总规划面积50平方公里，起步区规划面积16平方公里。至年底，“四园”开发面积8.9平方公里，基础设施投入12亿元，建设道路38.9万平方米，铺设给排水管道3.29万米，建设标准厂房7万平方米。引进项目32个，吸引资金39.3亿元。加大乡镇产业区发展扶持力度，培育特色突出、聚集效应明显的区域龙头。至年底，18家乡镇产业区总规划面积56.9平方公里，已开发面积21.1平方公里，基础设施投入9.8亿元。入驻企业739家，从业人员5.5万人。全年完成销售收入105亿元，占乡镇工业的40%以上。完成招商引资65亿元，占乡镇招商引资的73.8%。

（李劲松）

乡镇招商引资 2009年，武清区各乡镇街完成招商引资88亿元。杨村、下朱庄、徐官屯、大王古、崔黄口、大碱厂、河西务等21个乡镇街超额完成招商任务。一批投资规模大、科技含量高的项目相继落户开工建设。南蔡村镇引进汽车配件、精密铸造、钢木家具、生物制药、水泵等5个投资5000万元以上项目，注册资金2.75亿元，其中汽车配件、精密铸造、钢木家具3个项目开工建设，投入资金4200万元，预计投产后可增加税收2000万元。东马圈镇引进的鑫制铁伟业项目注册资金2亿元，加工制造钢管，投产后可增加税收1000万元。

（李劲松）

项目投资 2009年，武清区工业实施投资项目270个，完成固定资产投资90亿元，比上年增长77.6%。引导企业加快技

中华自行车王国产业园方世车业车间一角

改投入。实施技改项目130个,完成技改投资38亿元,增长41%。其中技改投资3000万元以上项目36个,完成投资36.6亿元。健全完善跟踪服务机制,推动大项目加快建设。全区有工业投资5000万元以上项目30个,完成投资54.5亿元,增长77.6%,占实际完成投资的70.2%。

(李劲松)

企业管理与服务 2009年,武清区积极落实扶持政策。组织8家企业申报市技改贴息资金,获支持资金500万元。组织7家企业申报市工业专项扶持资金,争取扶持资金180万元。组织4家企业申报市建材行业补助资金,争取补助资金83万元。组织2家企业申报市技术创新项目。组织2家企业认定市级技术中心。加强与各金融机构联系,组织6次银企对接活动,50家重点企业与各金融机构洽谈,融资3.6亿元。

(李劲松)

商贸服务业

概况 2009年,武清区商贸服务业加速发展,第三产业实现增加值94.18亿元,比上年增长15.8%;社会消费品零售总额98.63亿元,增长47.1%;集贸市场成交额19.1亿元,增长7.3%。修订完善《武清区工商专业村认定标准》,确定11个村街为第一批工商专业村,发放首批专业村发展引导资金100万元。一期占地53.8公顷的环渤海农产品交易物流中心项目启动基础设施建设,总投资3亿元,启动海南热带农产品交易中心项目建设。供销工作稳步发展。全年营销总额16.09亿元,增长10.96%;社会消费品零售额4.51亿元,增长4.06%;增加值5329万元,增长18.24%;利润3019万元,增长7.5%;上缴税金4280万元,增长68.5%。招商引资、外贸出口均取得良好成绩。全区吸引内外资注册资本145亿元,增长31.1%。外资到位额3.3亿美元,增长17.6%;内资到位额105.4亿元,增长45.2%。武清区获得天津市对外开放工作国内招商引资银奖、天津市对外开放工作对外贸易铜奖和天津市对外开放工作直接使用外资鼓励奖。

(刘静南 张敬铁)

家电下乡 2009年3月,武清区启动家电下乡工作。至年底,全区备案家电下乡销售网点105个,销售家电下乡产品23724台(件),占全市销售总量20%;实现销售额4641.17万元,占全市销售额19.7%;补贴19710台(件),占全市已补贴产品23%;补贴金额508.97万元,占全市已补贴金额23%。销售量和补贴金额均居全市第一。

(孙义中)

对外贸易 2009年,武清区完成外贸进出口总额19.65亿美元,比上年下降8.78%。其中出口额13.39亿美元,下降6.1%,增幅居全市21个区县第一;进口6.26亿美元,下降14.1%。有外贸出口企业350家,其中内资企业148家,出口额2.62亿美元,占全区出口额19.55%;外资企业202家,出口额10.77亿美元,占全区出口额80.45%。主要出口产品有电子、五金机械、自行车、地毯、印染纺织、服装、化工、乐器、制鞋、家具等,出口130多个国家和地区。有市出口百强企业8家,出口额64986万美元,占全区出口48.5%。光宝电子、丹佛斯、新伟祥3家企业出口均超1亿美元。

(王连海)

开发区建设

概况 武清开发区位于武清城区北部,1991年12月28日建区,1992年6月23日奠基建设。控制规划面积32平方公里,由生活区、中心区和工业区组成。基础设施和生产生活配套设施完善,有国际保税物流园区、大型商务写字楼、星级酒店、温泉公寓、高级会馆、廉租公寓、双语国际学校、连锁超市等。行政服务环境优良,设有行政许可服务中心,能为企业提供"一站式"办公、"一条龙"服务。区内设有武清海关、检验检疫局,具备所有进出口业务服务功能。生态环境优美,园区绿化率35%。质量管理和环境管理通过ISO国际标准认证。2009年，开发区三期15平方公里开发建设全面启动，软件园服务外包产业中心主体竣工。全年吸引投资51.7亿元；实现地区生产总值(GDP)100亿元，增长25%；工业总产值320亿元，增长36%；营业收入350亿元，增长40%；税收35.65亿元，增长27%，占全区财政收入一半以上；固定资产投资52.6亿元，增长60%；新增就业岗位8140个，增长16%。

（王晓学）

招商引资 2009年，武清开发区引进企业64家，其中外资企业24家。吸引投资总额51.7亿元，其中外资3亿美元。吸引注册资本39.39亿元，其中外资1.66亿美元。引进项目中投资超过1亿元的19家，其中佛罗伦萨小镇、韦斯伐里亚分离机、三宇车体3个项目投资均在10亿元左右，年税收均在1亿元以上。拓展中心引进项目107家，其中17个乡镇街引进78家；吸引注册资本21.1亿元，其中乡镇街注册13.3亿元；实现税收1.65亿元，其中乡镇街8704万元。开发区向乡镇街推荐项目11个，投资总额4.2亿元。

（王晓学）

重点产业项目建设 2009年，武清开发区实施项目化管理，建立跟踪反馈机制，加强监督考核，推动项目早落地、早开工、早投产。天狮国际健康产业园24个单体建筑全部进入内外装修；赛诺制药完成厂房建设及部分设备安装；三宇车体完成焊接、涂装车间建设及部分设备安装，启动总装车间施工；佛罗伦萨小镇进行桩基工程；奥克斯产业基地总装注塑分厂完成底槽开挖；信义环保节能玻璃生产基地、伊利酸奶奶酪生产基地加紧办理前期手续。

（王晓学）

环境建设 2009年，武清开发区加强功能设施建设，投资5000万元完成泉达路南段和广源道建设工程。投资219万元完成五、六支渠及压力管线工程。投资240万元完成四支渠护砌工程。投资600万元完善一、二期绿化，新增绿化面积近16万平方米。投资1.6亿元建成9.4万平方米计7栋标准厂房。金融商务中心、东湖俱乐部完成主体进入装修。完成生活区热水管网改造和一号地热井改造工程。完成自来水厂二期扩建工程设备调试，具备6万吨日供水能力。全年为工程建设融资6.3亿元。加强道路保洁、水系维护、垃圾清理和在建工地管理，全面优化市容环境。

（王晓学）

总投资10亿元的三宇车体重工项目施工现场

天津出入境检验检疫局武清办事处挂牌成立 2009年6月10日，天津出入境检验检疫局武清办事处挂牌成立。区委书记袁桐利，市检验检疫局党组书记、局长兰影出席并为办事处揭牌。该办事处位于武清开发区源泉路，是为支持武清区外向型经济发展而设立的正处级分支机构，设立工业品科、动植食科、检务科、综合科4个科室，全面负责区域进出口企业检验检疫业务，为武清区提供政策辅导和技术支持。市检验检疫局授予武清办事处必须的行政许可权、行政处罚权等管理权限，实现武清区检验检疫工作“全天候、全方位、全覆盖”一站式服务。

（王晓学）

城市建设与管理

概况 2009年，武清区推进并高标准完成重点工程建设，提升城建管理和服务水平。完成112高速公路东段、京沪高速铁路土方和拆迁任务。加强城市基础设施建设，完成永唐秦燃气工程管道铺设，奠定北部乡镇发展基础。打造生态宜居城市，实施城区绿化工程，新增绿地117万平方米。编制武清新城控制性详细规划，实现城区86平方公里控规覆盖率100%目标。全面打造规划宣传平台，完成武清区规划展馆布展工作。开展重点工程拆迁评估工作。完成各类房屋拆迁评估8320户，建筑面积105.4万平方米。启动农村生活垃圾无害化处理试点建设。实施环境综合治理工程，全区环境面貌显著改善。

（武雪梅）

建设项目规划审批 2009年，武清区完成规划设计条件190件，用地面积约959万平方米；审定建设项目规划设计方案71件，建筑面积约550万平方米；核发选址意见书82件，用地面积约390万平方米；核发建设用地规划许可证件170件，用地面积约856万平方米；核发建设工程规划许可证134件，建筑面积约172万平方米。

（李 丹）

房地产管理 2009年，武清区完成各类产权登记41089件，是上年的1.46倍。税费收缴总计1.66亿元（不包括维修基金），是上年的2.69倍。办理租赁备案766件，完成房屋安全鉴定9件，查出严重损坏和需大修翻建房屋61529间，办理拆迁许可证23件。

（李 琦 申月华）

道路建设 2009年，武清区协调组织好国家重点道路建设，完成112高速公路东段、京沪高速铁路拆迁和土方任务，保证国家道路工程顺利推进。完成团结路新建和杨聂路改造工程，新增道路4.2公里，缓解城区东部交通压力。启动强国道（103国道—团结路段）和二号道（103国道—团结路段）建设，为103黄金走廊开发建设奠定基础。

（武雪梅）

城区排水 2009年，武清区投资58万元检修调试12座排水泵站。完成杨北路泵站建设和东斜渠治理和机场外壕清淤、徐官屯出水渠等工程，提高城区东部排水能力。对城区184公里排水管网循环清淤，清除淤泥1870立方米，更换各类排水井盖170套。完成第三污水处理厂扩建改造，处理能力2万吨。组织抢险队伍，保证城区安全渡汛。

（武雪梅）

城区绿化 2009年，按照一路一景、突出节点、形成景观的要求，武清区投资8800多万元，完成翠亨路（一期）、杨北路（西段）、城际铁路城区段、103国道南端、武宁路等11条道路绿化新建工程，城区新增绿地面积117万平方米。绿地养管总面积241万平方米。制定完善《城区绿化管理办法》、《绿化养护和考核标准》，推进绿地养管市场化运作，专业养管水平明显提高。

（武雪梅）

供热工作 2009年，针对煤炭价格大幅上涨的实际情况，武清区采取有效措施，完善人、财、物管理制度，保证居民正常取暖过冬。增加供热面积10万平方米，完成广厦里40万平方米供热区域节能改造任务。完善管网设施、降低供热成本、提高自动化管理程度和供热效果。加强技术人员专业培训，在安全供热运行的同时提升供热服务质量。

（武雪梅）

环境保护

概况 2009年，武清区环境保护局以污染源总量控制、污染源治理、生态环境保护与建设

翠亨路绿化带景观

为重点，加强环境保护工作，全区环境质量明显改善，污染物减排工作稳步推进，环境保护工作整体上水平。投资2440万元，建成南蔡村、大良、豆张庄、下朱庄4个乡镇污水处理厂，出水标准达到城镇污水处理厂污染物排放一级B标准。治理超标排放污染企业，对9家污染严重企业依法责令限期治理。建立环保审批绿色通道，缩短审批时限，减少审批环节，审批项目274个。为白古屯乡东马房村污水处理项目、石各庄镇6个自然村垃圾处理项目和4个行政村污水处理项目争取专项资金814万元，促进村镇生态环境建设。空气环境质量保持良好水平，二级及二级以上天数322天，占全年总有效监测天数的88.4%。

（王耐林）

环境监察 2009年，武清区环保局对369家中小工业企业的环评、环保审批验收、污染防治设施配套建设、危险废物处置情况进行清查，对20家环保部信访企业严肃处理，其中3家企业被依法取缔，5家企业被依法责令停产，12家企业限期完成污染治理设施建设。强化申报核查工作，保证排污申报数据真实准确。办理排污申报登记510家，对379家排污单位依法征收排污费。组织开展建设项目“三同时”跟踪检查、生态环境监察、危险废物专项检查等各项现场执法监察1200余次，接办环境信访投诉227件，立案查处环境违法行为78件，结案78件，收缴罚金196万元，纠正环境违法行为169件。

（王耐林）

环境监测 2009年，武清区环保局开展环境监测工作，完成常规监测和例行监测任务，其中常规监测数据8898个，例行监测数据5990个。全年城区空气环境质量二级及以上天数占88.4%。完成建设项目“三同时”验收、ISO14000环境管理体系认证70家，取得监测数据8869个。完成委托性监测273家，监测数据1288个。为乡镇农业灌溉用水、养殖业用水提供水质监测和技术服务，利用专业知识解决养殖户的诸多疑难问题，为群众挽回经济损失，促进农村经济发展。

（王耐林）

环境宣传教育 2009年，武清区环保局组织人员深入学校、居住小区开展绿色创建活动。黄庄职业中专正在创建国家级绿色学校，静湖花园小区被评为市级安静居住小区。举办重点污染企业法人和环保工作负责人法制培训会，开展环保专题讲座，培训800余人次。组织“6·5”世界环境日、“4·22”地球日、科技周等大型宣传活动，发放环保宣传资料2万余册；编发《武清环境保护》期刊7期。开展环保公益宣传进社区活动，在栖仙公寓、和平里等27个小区32个点位安装生态市建设公益宣传LED显示屏。

（王耐林）

经济管理

概况 2009年，武清区经济管理工作发挥宏观调控作用，采取多种有效措施，化解金融危机不利影响，区域经济保持良好发展态势。实现地区生产总值250.6亿元，比上年增长27.6%。其中，第一产业增加值25.1亿元，增长6.7%；第二产业增加值131.3亿元，增长40.7%；第三产业增加值94.2亿元，增长17.8%。实现三级财政收入71.1亿元，增长26.7%。其中区级收入33.61亿元，增长29%。

（李国峰）

财政管理体制改革 2009年，武清区推进部门预算改革，扩大部门预算范围，探索建立以国库集中收付为主要形式的财政国库管理制度。在统计局、审计局、劳动局、文化局等单位开展试点工作。建立国库支付中心，制定《武清区财政国库管理制度改革试点方案》和《武清区财政国库管理制度改革试点资金支付暂行办法》，实现预算执行管理体制的根本性创新，财政预算执行管理和分析水平得到提高。推进完善乡镇会计集中核算工作，由乡镇财政会同有关职能站所代理村级财务会计核算，规范村级单位会计行为，为杜绝不合理支出、节约财政资金打下坚实基础。

（李国峰）

国税工作 2009年，武清区国税局落实责任，强化税源管理，优化纳税服务，税收收入逆势增长，完成各项税收384019万元。推进依法治税，税源管理质量显著提高，与上年相比，平均税负率由3.68%增长到4.05%；零负申报比例从56%下降到29%；稽查促收促管作用突出，查补入库各项税款6617万元。

（何 鹄）

实施品牌战略 2009年，武清区有商标3157件，其中驰名商标2件、著名商标36件。“巨龙”商标被认定为中国驰名商标，填补武清区行政认定驰名商标空白。“天狮”、“军星”2件商标，向国家工商总局提出驰名商标认定申请。办理商标案件24件，销毁侵权商品2450件、标识9760件（套），罚没款8.25万元；办理广告案件14件，罚没款3.13万元。协助16家企业打假20次，帮助企业协调“三枪”等商标争议和广告争议。注册商标676件，认定驰名商标1件、著名商标11件。至年底，全区注册商标总量3224件，在全市排名第一；认定著名商标35件，在全市排名第二。

（齐建栋 孟云霞）

质量监督与管理 2009年，武清区质量技术监督局开展第二批重点产品专项整治工作，列入目录的14个絮用纤维制品及装饰材料企业全部建立质量档案，并完成标准清查工作。开展工业产品生产许可证年审103个，帮助4家人造板企业取得生产许可证。完成44家企业78次的强制性认证产品日常巡查，督促5个存在问题企业整改。加大产品质量抽检力度，下达663家企业46种产品定检任务，抽检147家企业24种产品188个批次，合格184批次，合格率97.87%。做好天狮生物发展有限公司、豹鸣股份有限公司等5家天津市名牌产品企业的质量指标统计工作，支持区内优秀企业申报名牌产品。华琛散热器公司和腾飞化工总厂2家企业的产品荣获天津市名牌产品称号。

（尤家志）

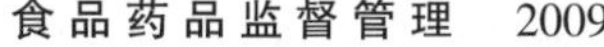

食品药品监督管理 2009年，武清区食品药品监督管理局开展非药品冒充药品专项整治活动。检查企业174家，查出28家经营企业存在涉嫌经营非药品冒充药品行为，涉及产品60种，查获非药品冒充药品产品302批次，下达责令整改通知98份。开展药品经营质量管理规范（GSP）认证工作。47家企业参加认证，通过认证企业127家，全区GSP认证工作位居全市前列。药品抽样检验工作完成抽验495批次，检出不合格药品50批次，不合格率10.1%。全年145个涉药单位上报不良反应报告955例，比上年增加130例，其中新不良反应病例33例，严重不良反应病例2例，收集上报可疑医疗器械不良事件12例。

（郭子芹 王明华）

审计工作 2009年，武清区审计工作增强服务经济发展，推动依法行政，促进廉政建设的能力。增进审计深度，提高审计质量，促进审计职能作用发挥。审计24个单位，查出违规金额241万元，管理不规范金额4832万元，上缴财政156万元，向上级审计机关和地方政府提交审计报告、信息65篇，充分发挥了监督职能作用。

（付立新）

经济普查 2009年，武清区开展第二次经济普查工作。改变过去从各成员单位抽调人员的方法，由区统计局承担普查的方案设计、企业调查、数据处理等主要任务。经过几个月的努

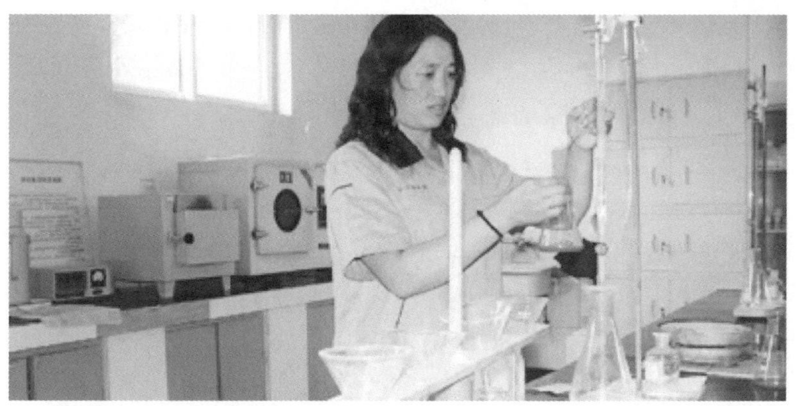

雍阳减水剂厂严格产品质量检验，其“巨龙及图”商标被认定为中国驰名商标。

力，取得阶段性成果。全区选调普查员和普查指导员3185名，对9335家法人单位和358家产业活动单位普查登记。

（杨淑东）

科　技

概况　2009年，武清区科技工作狠抓企业自主创新和项目带动工作，推动区域技术进步。申请国家专利545项，5家企业被列入天津市专利试点企业。取得区级科技成果8项，市级科技成果10项。自主研发的科技成果获国家级科技进步二等奖1项，天津市科技进步二等奖1项、三等奖2项。在部、市两级批准立项20项，获得政府资助金额705万余元。组织申报的7家高新技术企业认定全部通过评审。在科技部组织开展的2007-2008年度全国县(市)科技进步考核工作中，武清区通过考核，并被评为2009年度天津市区县科技进步考核工作优秀组织单位。成立天津市科技型中小企业融资培训辅导中心武清分中心。召开武清区科技进步奖励大会。全区科技进步奖受理申报成果16项，9项获奖，其中一等奖2项、二等奖3项、三等奖4项。

（王明忠　吴　芳）

科技特派员工作　2009年，武清区选派130名科技人员深入乡村、农户和有关企业，开展技术培训和推广，覆盖农、林、牧、渔和加工保鲜等专业领域，其中辖区自选科技人员113名，包括57名高级职称人员和56名中级职称人员；外聘省市级专家17名，包括16名高级职称人员和1名中级职称人员。全区科技特派员主持实施科技项目14项，引进推广新品种38个、新技术39项，建设农业科技示范基地108个，带动科技示范户272户，示范推广面积2893.3公顷，累计培训农民5723人次，促进相关产业技术进步和生产水平提升，带动农业增效和农民增收。

（王明忠　吴　芳）

第23届科技周活动　2009年5月16日至22日，武清区举办第23届科技周活动。以“科学发展在我身边”为主题，开展6项具体活动：①举办活动开幕式暨“节能在我身边”科普图展。在1070平方米的科普图片成果展示大厅，展示100块以节能、节水、节电、环保、安全、健康等为主要内容的科普展牌。展示活动持续7天，现场参观3.6万人。②组织400名科普志愿者在社区、村镇开展“科普志愿者下基层服务”主题宣传活动。③区科协及组委会相关人员到部分医院、学校、企业，对基层科技工作者进行慰问。④组织广大科技工作者，围绕绿色农业、生态环保、素质教育、安全健康等方面内容，结合自身实际，撰写科技论文进行交流研究。收到论文76篇，对评审出的优秀论文给予表彰奖励。⑤组织部分基层科技干部、中学生参观大黄堡湿地保护区，组织部分村街干部参观武清区新能源利用示范村街及农户。⑥组织开展“科学发展在我身边”科普知识竞赛活动，67个单位9460人参加竞赛。科技周期间，举办讲座16场、科技咨询69次，展示科普展牌228块，印发科普宣传资料4.5万份。

（程先龙）

科普惠农兴村　2009年，武清区落实科普惠农兴村计划，发挥科普基地示范作用。津武农业新技术示范园受到中国科协、财政部表彰，被评为全国科普惠农兴村计划先进集体；黄花店月牙河设施农业示范基地、大黄堡水产养殖协会被评为天津市科普惠农兴村计划先进集体；梅厂镇王秋祥被评为天津市科普惠农兴村计划带头人。

（程先龙）

教　育

概况　2009年，武清区教育系统坚持现代化标准科学发展，提高素质教育整体水平，建设德才兼备的师资队伍，实现各项工作全面进步。完成16所初中、54所小学建设任务。完成武清新城教育设施控制性详细规划。健全学校校舍档案。职业成人教育加快发展，“农民大专学历证书教育工程”注册学员4755人，继续保持全市第一。素质教育深入实施。推进品牌学校建

新建成的杨村第十小学

设，对8所小学、6所初中品牌建设示范校重点帮扶，启动优质高中校建设工作。实施改革课堂教学“六优工程”(优化教学目标、优化教学内容、优化教学方法、优化课堂结构、优化教学媒体、优化教学反馈)，促进教学质量提高。高考本科二批上线3165人，比上年增加632人，二本以上上线率53.1%，超出全市平均上线率9.75个百分点，10人分别被清华大学和北京大学录取。初中毕业生学业考试530分以上高分数段630人，占全市20.5%，继续保持全市领先。截至2009年，武清区有各类学校212所，在校学生13.95万人，其中，小学59044人，普通中学45170人，中专6864人。年末拥有教职员工10615人。其中，具有高级职称教师1834人，中级职称教师6404人。

(魏建东)

教育课程改革 2009年，武清区基础教育课程改革扎实推进。先后举办“深化六优工程，实施高效教学”课改成果汇报交流、“健康教育在八小”全市小学课程改革阶段性总结大会、全区小学课改经验交流和成果展示等活动；高中课改研究工作取得新进展，《“双案教学”在高中物理教学中的实践研究》等5项专题获三类经费资助；改革完善考试、评价和招生办法，制定实施《武清区关于优质高中招生计划定向分配的方案》，初中学生综合评价制度改革取得实质性突破；各学校建立学生综合素质评价系统，做好初中毕业生和普通高中学生综合素质评价工作。

(王月松 魏建东)

师资队伍建设 2009年，武清区大力宣传优秀教师和师德先进典型事迹，在全社会营造尊师重教良好氛围。1名教师被授予全国优秀教师荣誉称号，31名教师分别被授予天津市优秀教师、优秀教育工作者荣誉称号。深入基层开展调研，制定《武清区乡校级骨干教师培训方案》，对244名新上岗教师开展岗前培训。开展继续教育工作，组织完成首批参训学员网上选课工作。推进学历达标工作，至年底幼儿园、小学教师大专率分别达到62%和80%，初中教师大本率78%，24名教师取得硕士学位。完成教师资格认定工作，808名在职教师和144名社会人员取得相应学段教师资格证书。从天津市及外埠公开招聘教师244名。

(李洪宝 魏建东)

12年免费教育 武清区从2007年开始启动实施12年免费教育。采取分步实施、分类推进方法，逐年加大减免力度，至2010年全面实现。2009年进行第三步，即从春季学期开始，对贫困家庭学生免收学费、课本费，补助住宿费；对除贫困生以外的所有学生以就读学校学费标准的60%进行减免。全年免除高中阶段贫困家庭学生学费、课本费，补助住宿费，减免贫困家庭学生学费1800万元，1.5万人受益。

(王海丰 魏建东)

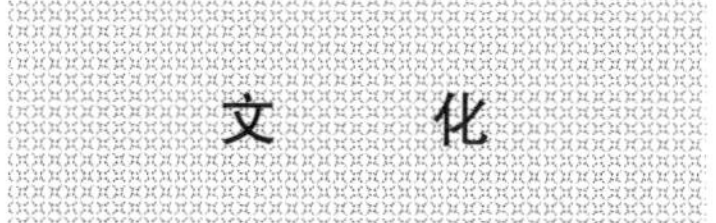

文化

概况 2009年，武清区文化工作本着突出重点、整体推进、建设高水平服务型文化的思路，在推动基础设施、开展活动、创建品牌、扩大影响上下功夫，各项工作均有新突破。组织开展春节文化活动和消夏晚会，丰富群众文化生活；文化惠农工程进展顺利，建成农家书屋和村文化室259个，建成高村乡、开发区、汉沽港一街中心小学、亨通社区4个图书馆分馆和阳光书屋；特色文化品牌效应明显，4个乡镇（曹子里乡、王庆坨镇、梅厂镇、汉沽港镇）和1个行政村（汉沽港镇六道口村）被市文化广播影视局命名为天津市民间文化艺术之乡和首批天津市民间文化特色村；文化市场管理效果良好，经营秩序规范；全区有多名个人或集体获得省市及国家级奖项或荣誉，为全区实现跨越式发展营造了良好的人文环境。

（吴秀清）

春节文化活动 武清区春节文化活动，从2008年12月10日至2009年2月9日，历时2个月，组织开展“热土春光”新春文艺晚会、“北岸尚城杯”摄影展、“迎新春、颂和谐”春节文艺节目系列专场展演、唱响“和谐武清”城乡互动综合文艺节目调演、迎新春传统花会大赛决赛及获奖花会展演、“美丽书卷颂武清”书画作品展、谜语竞猜、图书优惠展销、体育比赛和焰火晚会10项活动，全区人民度过一个欢乐、和谐、喜庆、平安的春节。

（李继英）

消夏晚会 武清区第9届消夏晚会，从2009年6月20日至8月10日，历时50天。分基层和城区两部分，组织开展“迎国庆、颂武清”综合文艺节目展演，“保利之夜”先进文化进社区演唱会，京、评、梆戏剧展演，武清区庆祝新中国成立60周年书画摄影展，“保利之夜”爱国主义教育数字影片放映周和爱国主义教育影片放映6项活动。演出文艺节目100场，其中在城区8个表演点演出70场、在基层各乡镇街演出30场，放映电影30场，评选出优秀表演团队16个、优秀组织单位16个。

（李继英）

编辑出版“喝彩中国，咏赞武清”《运河》专刊 2009年3月10日至10月15日，武清区文联开展以“反映新武清变化、讴歌美好生活”为主题的征文活动，征集稿件632篇（首），精选66篇（首），编辑出版“喝彩中国，咏赞武清”《运河》专刊，计16.5万字，印发2000册，用文学的形式反映新中国成立60周年以及武清发生的巨大变化。《运河》专刊为广大文学爱

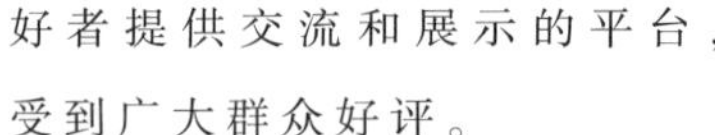

好者提供交流和展示的平台，受到广大群众好评。

（杨立男）

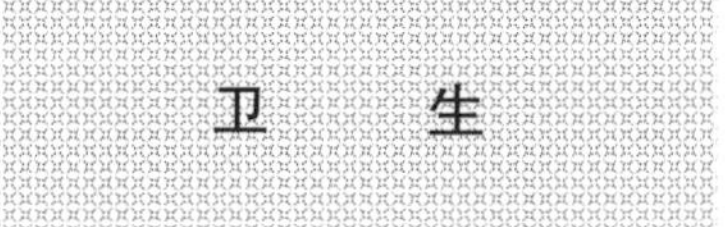

卫　生

概况 2009年，武清区卫生系统有局属单位45家。其中医疗单位40家，包括二级医院2家（区人民医院、区中医院），一级医院34家，专科医院1所（口腔病防治中心），公共卫生机构5家（卫生防病站、妇幼保健院、结核病防治所、武清区血站、武清区卫生监督所）。全系统固定资产总值3.33亿元。开放病床1870张，形成微创和中医两大特色。完成诊疗144.21万人次，手术1.72万例，出入院诊断符合率98.9%。急诊抢救4056人次，成功率91%。全系统在职职工2782人，卫生专业技术人员2250人，其中中、高级职称865人。已建农村标准化社区卫生服务站300家，乡村医生1155人。

（丁　华）

社区卫生服务 2009年，武清区推进社区卫生服务体系建设。按照社区卫生服务功能要求，各乡镇医院、卫生院调整科室设置，配备人员，配置设备，完成由以基本医疗为主向以公共卫生和基本医疗服务并重的转轨转型。新建达标服务站180家，总量达300家。制定出台《社区卫生服务中心（站）管理规范》

春节期间花会比赛现场

等制度文件，健全完善财务管理、专项补贴、考核评估等政策措施。启动东马圈卫生院网络化管理试点，开展培训10余期，提高制度化、规范化水平，有效促进社区卫生服务工作有章可循、稳步推进。围绕疾病防控、慢病管理、妇儿保健3个项目包，坚持主动服务、上门服务，加强管理与考核，并以奖惩和组织手段作保障，切实使群众享受到满意的社区卫生服务。

（丁　华）

卫生基础建设　2009年，武清区推进卫生事业重点项目建设。区医院、区中医院通过二级医院复评审。制定区医院改扩建方案，启动一期1.68万平方米外科住院大楼建设工程。区中医院改扩建工程列入国家百所重点中医院建设规划，6000平方米急诊楼工程建设竣工。总投资1900万元的区疾控中心迁建工程完成主体建设。22所乡镇卫生院改造工程全部竣工。王庆坨、河西务2家医院列入市级重点中心卫生院建设规划。

（丁　华）

疾病预防与控制　2009年，武清区强化突发公共卫生事件应急处置能力。做好甲型H1N1流感防控工作。及时建立联防联控机制，投资60余万元落实物资保障。完善三级信息监测网络，成立医疗救治和应急处置队伍，组织开展应急演练。完成甲流疫苗接种6万针剂。妥善处置2起疑似疫情和杨村五中确诊病例。落实重点传染病防控任务。发挥公共卫生专家组作用，做好人感染禽流感、传染性非典型肺炎、艾滋病、病毒性肝炎、结核病、手足口病等重大疾病综合防治。报告甲、乙类法定传染病839例，发病率85.4/10万，比上年下降33.6%。推进免疫规划工作，集中接种各类疫苗18.8万针次。开展艾滋病监测1.9万人次，新发艾滋病感染者10例。

（丁　华）

体　育

概况　2009年，武清区体育局以“文体活动月”、“全民健身周”、“全民健身日”为抓手，举办系列群体活动，丰富群众文化体育生活。加大农村体育健身场地建设力度，全区行政村修建体育健身广场177个，至年底，全区体育公园、体育中心和体育健身路径310处，覆盖率占全区总数的3/7。建立健全社会体育指导员制度，有社会体育指导员600余人。区体育局被市农民体协评为天津市农民体协工作先进单位，南蔡村镇、杨村一中被评为全国群众体育先进单位。成功举办“慧翔杯”德国威斯巴登—中国天津普利斯通女子排球对抗赛、“农行杯”天津市农民象棋赛。

（李　梅）

群众体育　2009年，武清

德国威斯巴登与中国天津普利司通女子排球对抗赛

区体育局以春节“文体活动月”为载体,组织开展6项全区性群众体育活动:武清区象棋比赛,66人参赛;武清区中国象棋车轮战,邀请曾获得天津市象棋冠军的陆玉江、孙光奇、刘鹤飞与武清棋手进行“一对多”车轮战,象棋爱好者欣赏到高超棋艺;武清区健身操(舞)展示活动,15个健身站(点)400人参加展示,展示内容有太极拳、剑等武术项目,有踢毽、抖空竹等传统项目,还有健身操、街舞等现代健身项目;武清区“三八”妇女健康杯体育活动通讯赛暨和谐家庭趣味运动会,300余人参赛;武清区“豹鸣杯”乒乓球赛,18支代表队148名乒乓球爱好者参赛;“国环杯”武清区篮球赛,15支代表队参加比赛;开展首个“全民健身日”庆祝活动,采取不同形式展示全区全民健身工作取得的成效。组织开展社会体育指导员培训班,250人参加培训,230人获得三级社会体育指导员证书,成为一支推动农村体育发展的生力军。

(李　梅)

体育训练与竞赛　2009年,武清体校有田径、乒乓球、篮球3个训练项目,在校训练生96人,在职教练员11人。参加天津市中小学生田径运动会获金牌6枚、银牌10枚、铜牌5枚,参加第十届全国中小学生运动会,武清体校运动员金萍萍获得第六名。武清体校输送市体校运动员2人,达到国家二级运动员等级标准9人。

(李　梅)

人口和计划生育

概况　2009年,武清区人口和计划生育工作以稳定低生育水平、提高出生人口素质为主线,加大工作力度,落实责任制,全面完成市下达的人口计划。计划生育率97.59%,比上年下降0.76个百分点;出生7358人,比上年减少93人;人口出生率8.79‰,比上年下降0.17个千分点;出生人口性别比106.4。全区乡镇、村街计划生育机构健全,有乡镇计生干部218人,乡均7.5人,村级专干796人,村均1.1人。计生干部待遇全部落实到位。区政府投入1000余万元新建区计生服务站,6个乡镇服务站达到优质服务站标准,并通过市级验收。

(田玉金)

落实奖励扶助和特别扶助制度　2009年,武清区做好农村部分计划生育家庭奖励扶助制度落实工作。新增农村部分计划生育家庭奖励扶助对象770人。审核历年奖励扶助对象,118人被取消奖励扶助资格。其中,死亡23人,转特扶92人,其他原因3人。至年底,全区享受农村部分计划生育家庭奖励扶助制度人员3016人,奖扶金全部发放到位。落实计划生育家庭特别扶助制度。新增特扶对象39人,全区享受特扶人员449人,其中伤残223人、死亡226人,特扶金全部发放到位。

(梁建元)

计划生育养老保险　2009年,武清区继续为符合生育条件主动退掉二孩生育指标的育龄妇女办理计划生育养老保险。区政府为每户投保1000元。办理计划生育养老保险330例,投保总金额51.2万元。

(邵明霞)

计划生育药械市场专项整治　2009年,由区计生委牵头,公安、卫生、工商、质监、药监等单位联合行动,自5月开始在全区范围内开展3个月的计划生育药械市场专项整治行动。各相关部门累计监督检查42次,出动检查人员345人次、车辆216台次,重点清理整顿计划生育技术服务机构使用假冒伪劣计划生育药械行为,规范计划生育技术服务机构技术服务人员使用终止妊娠、促排卵药品行为,查处将国家免费供应的避孕药具有偿销售行为,检查计划生育药品和器械购销行为的合法性及计划生育药械质量。专项整治活动的开展,净化了计划生育药械市场,规范了计生药械经营户的经营行为和使用计划生育药械的计生技术服务机构和医疗机构的职业行为。

（侯志生）

人民生活

概况 2009年，武清区城乡居民收入继续增长，人民生活水平显著提高。年末，城乡居民储蓄存款余额195.2亿元（含外币折合人民币），比年初增加35.2亿元，增长22.0%，人均储蓄余额23125元，增加3998元。职工年人均货币工资收入34917元，农民人均纯收入10505万元，分别比上年增加3366元和977元，增长10.7%和10.3%。全年落实就业扶持资金1000余万元，新增就业2.14万人。全面启动城乡居民基本养老和基本医疗保险工作，城乡居民基本医疗保险参保60万人；城乡居民基本养老保险参保5.1万人。为96863名城乡老年人发放生活费补助7950万元；城区1.2万名撤村建居人员纳入社会保障体系。“新农合”覆盖率99%。

（李久云）

劳动就业 2009年，受金融危机影响，武清区就业形势遇到前所未有的困难。区劳动和社会保障局采取多项措施，稳定就业存量，扩大就业增量，确保全区就业局势稳定。新增就业2.14万人，完成任务的107%。其中，城镇就业7200人（含安置十类就业困难群体再就业377人，公益岗位安置高校毕业生234人），农村富余劳动力转移就业1.42万人。举办各类招聘会106场，进入市场招聘的用人单位4507户次，提供岗位信息7.8万个，进场求职3.6万人次，实现就业5694人。组织培训1.75万人，其中技能培训7047人。

（杜雅林 史玉国）

社会保险 2009年，武清区养老保险参保90782人，比上年底净增13982人，征缴基金5.67亿元，为19827人发放养老金3.03亿元；19827名企业退休人员月均增加养老金150元，增长12.8%。医疗保险参保126600人，净增36750人，征缴基金1.8亿元，为20.2万人报销医药费8231.5万元；医保统筹基金最高支付限额由4.4万元提高到5.5万元，门诊特殊病范围增加到12项，合并住院和门诊特殊病起付线，取消或降低875种乙类药品自付比例，减轻参保患者就医负担。失业保险参保48050人，增加2134人，征缴基金2814万元，为5193人次发放失业保险金360万元，为1086名灵活就业人员发放社保补贴250.96万元。工伤保险参保93000人，净增20583人，征缴基金1034万元，为1137人次支付工伤保险费793.56万元；生育保险参保64828人，增加1455人，累计征缴基金1038万元，为6261人次支付生育保险费949万元。

（杜雅林 史玉国）

杨村街道

杨村街道位于武清中心城区，是区委、区政府所在地。东隔津蓟铁路与梅厂镇搭界，南与下朱庄街道、黄庄街道为邻，西与东蒲洼街道毗连，北与徐官屯街道接壤。2009年，街域面积22.3平方公里。辖17个村街、21个居委会。人口10.88万人，其中农业人口2.84万人。除汉族外，另有少数民族7248人，其中回族7040人，七街村回族居民占90%。

该街因驻地而得名。1939年属武清县第六区。1950年7月改为第十一区。同年11月县政府从城关迁入。1952年12月改属第一区。1953年7月建镇。1957年1月改称杨村乡。1958年9月改为杨村公社。1982年10月由杨村公社析出建镇。2001年10月改称杨村街道。

2009年，实现地区生产总值16.3亿元，财政收入2.65亿元，农民人均纯收入1.19万元。

有耕地305.13公顷，粮食种植253.8公顷，总产1915吨。生猪饲养6224头，羊存栏402只，蛋鸡存栏1000只，产蛋6吨。有林地121.73公顷，果园5.33公顷，果品总产50吨。

有工业企业204家，从业人员7525人。完成工业总产值17.95亿元，销售收入13.92亿元，利润总额10791万元。

推进撤村建居主体工程，做好拆迁改造和开发建设工作。完成辖区村街土地征收、社会保障、剩余土地补偿款分配工作。成立天津京城投资开发有限公司，为旧城改造市场化运作搭建平台。启动北河滩、上下园、夹道3个区片拆迁，涉及8个村街1753户23万平方米。加强环境长效管理机制的建立和落实。有管理和保洁人员215人，专业运输车4台，负责17个村街道路、里巷保洁和1.1万户居民日常生活垃圾清运。取消村街原有垃圾箱点，启用11座地下垃圾中转站，防止垃圾二次污染。组建街道城市管理办公室和巡查中队，接入数字化城市管理信息平台，发现并处理31处1320余平方米违章建筑，环境建设水平显著提升。

加大教育投入，改善办学条件。为杨村第二小学铺设塑胶跑道及硬化操场，实施集中供热，为各校添置多媒体教学设备22部、电脑60台。落实城乡居民医疗保险和城乡老年人基本生活费补贴政策。计划生育保持低生育水平，落实计划生育奖励11880元，计划生育特别扶助对象补贴47040元。规范市民学校、文体活动站等活动场所，添置健身活动器材、棋牌桌、电脑、电视等设备，完善综合服务站服务功能。组织“激情放歌”红色歌曲比赛；以雍阳书画艺术社为主体，选送150余幅作品参加市、区举办的庆祝建国60周年书画展，12人获奖；选派20支代表队参加“贺新春”文艺系列比赛，参赛的集体和个人共获得29个奖项，占奖项总数63%。

（冯振虎）

徐官屯街道

徐官屯街道位于武清城区北部，北运河东侧。东与曹子里乡、梅厂镇接壤，南与杨村街道搭界，西与东蒲洼街道毗连，北隔北京排污河与南蔡村镇、大碱厂镇为邻。2009年，街域面积19平方公里。辖15个行政村、1个居委会。人口1.31万人，其中农业人口1.10万人。除汉族外，另有少数民族22人。

该街因驻地而得名。1939年属武清县第六区。1948年12月属第十三区。1949年改称第十一区。1950年8月属第八区。1952年1月改称第一区。1957年分属大顿邱乡、灰锅口乡。1958年9月属杨村公社。1973年分属大顿邱公社、杨村公社。1982年恢复杨村镇建制，杨村公社驻地迁至徐官屯并将原属大顿邱公社的曹园、郑楼、陈官屯、孔官屯划入。1984年7月改称徐官屯乡。2001年10月撤乡改街。

2009年，实现地区生产总值3.87亿元，三级财政收入6697万元，农民人均纯收入1.1万元。

有耕地662.6公顷，其中粮占耕地499.6公顷。粮食总产5508吨。落实各项惠农政策，夏、秋粮直补面积833.1公顷，补贴资金90.5万元。建成高标准规模化奶牛养殖小区3个，实行饲料、挤奶、防疫、销售“四统一”。为繁养母猪和后备母牛补贴资金44.4万元。生猪饲养12340头，奶牛存栏2842头，羊存栏796只，蛋鸡存栏6.7万只，产蛋872吨。有林地405.6公顷，果园3.33公顷，果品总产148吨。实现农业总产值2700万元。

有工业企业119家，从业人员4951人。实现工业总产值9.61亿元，销售收入8.35亿元，利润6031万元，增加值1.9亿元。新引进企业23家，注册资金2.1亿元。速冻食品为全街特色工业，富贵食品有限公司生产的“猫不闻”牌饺子堪称“天津四绝”之一。和乐食品厂生产的“天狗”牌系列速冻产品，被奥组委确定为奥运食品。

推进新农村建设。新刘庄、宝稼营2个村通过验收达标，实现硬化、亮化、绿化、美化。加快撤村建居进度，完成徐官屯、曹园、孔官屯、陈官屯、柴官5个村拆迁任务，涉及715户64350平方米。在京津高速公路二线、城东环线、武宁路栽植乔木1.8万棵，培育片林10余处。

6所中小学教育教学环境提高，街初级中学通过专家验收，被市教育局授予市级现代化教育达标校称号。丰富群众业余文化生活，4个村建农家书屋，3个村建健身广场，6个村建有民间花会。城乡医疗保险实现全覆盖，参保率99.4%。落实撤村建居养老保障政策，为2715人上养老保险。计划生育保持低生育水平，计划生育率98.2%。落实城乡最低生活保障制度，为26户低保家庭、33户五保户发放救济金9万元。

（时春祥　田凤明）

东蒲洼街道

东蒲洼街道位于武清城区西北部，环抱武清开发区。东与徐官屯街道、杨村街道接壤，南隔京山铁路与黄庄街道为邻，西邻豆张庄乡以龙凤河故道为界，北与南蔡村镇隔北京排污河相望。2009年，街域面积48.31平方公里，辖16个行政村、8个居委会。人口2.61万人，其中农业人口1.86万人。除汉族外，另有少数民族44人。

该街因驻地东蒲洼而得名。1939年分属武清县第三、六区。1948年12月分属第十二、十三区。1949年改称第七、十一区。1950年8月属第四、八、九区。1952年1月改称第一、二、十一区。1957年建大顿邱乡。1958年属杨村公社。1973年1月将杨村公社西北部的30个村划出建大顿邱公社。1981年公社驻地迁至东蒲洼。1982年将孔官屯、陈官屯、郑楼、曹园4个村划归杨村公社。1982年12月改称东蒲洼公社。1983年改称东蒲洼乡。2001年12月撤乡改街。

2009年，实现地区生产总值3.43亿元，财政收入4961万元，农民人均纯收入1.13万元。

有耕地1786.4公顷，其中粮占耕地1258公顷，粮食总产8482吨。牛出栏102头；生猪饲养量3915头，年出栏3915头。有林地342.26公顷，果园2.33公顷，果品总产239吨。实现农业总产值3600万元。

有工业企业59家，从业人员1155人。实现工业总产值4.04亿元，销售收入3.16亿元，利润3521万元，增加值9318万元。招商引资工作，招商13家，注册资金3793万元。

开展主干街道环境整治，清理垃圾和个体门脸前杂物120余处。完成城际铁路两侧植树2万株、高王路植树1.4万株。完成京津塘高速公路北侧2万余株树木涂白任务。

完成大吴场、良庄、后辛庄、谭庄等11个村撤村建居工作。撤村建居一期、二期征地1657.65公顷，发放安置补偿费70110.48万元，地上物补偿14198.6万元。做好撤村建居养老保险保障工作，为11个村6479名村民上养老保险，为2263名村民上养老保障，为100余名村民办理退休手续，并领到退休费，村民实现老有所养、老有所依。

强化社区文化队伍建设，建成社区书画爱好者协会、文学爱好者协会、曲艺爱好者协会、体育爱好者协会、民间花会爱好者协会、民间剪纸爱好者协会以及文化活动志愿者服务队7个文艺团体。筹建天津市少儿图书馆。发挥社区文化教育功能，社区市民学校举办各类培训、讲座8次，受教育6200余人次。保持低生育水平，计划生育率97.71%。街道办事处出资5万元用作计划生育管理基金。

（蒋士友）

黄庄街道

黄庄街道位于武清区南部，东邻下朱庄街道以北运河为界，南到北辰区界，西与陈咀镇、豆张庄乡为邻，北与东蒲洼街道、杨村街道接壤。京山、京津城际铁路自西向东横跨街境北部。2009年，街域面积42平方公里。辖10个行政村、1个居委会。人口2.05万人，其中农业人口1.91万人。除汉族外，另有少数民族52人。

该街因驻地黄庄而得名。1939年属武清县第六区。1948年属津武县第四、五区。1949年3月属武清县第十三区。1950年属第八区。1957年2月建黄庄乡。1958年9月属杨村人民公社。1961年1月建黄庄公社。1983年改称黄庄乡。2001年10月撤乡改街。

2009年，实现地区生产总值4.05亿元，财政收入3378万元，农民人均纯收入1.09万元。

农业以种植小麦、玉米为主，兼种棉花、油料作物、瓜菜等。有耕地2235.7公顷，粮食种植1643.73公顷，总产15941吨。完成夏、秋粮种植面积2251.73公顷，补贴资金263.74万元。做好畜禽疫病防控工作，免疫率100%。完成后备母牛和能繁母猪登记及补贴款发放工作。生猪饲养22104头，羊存栏2779只，奶牛存栏1628头，蛋鸡存栏9800只，年产蛋177吨。有林地611.73公顷，果园5.2公顷，果品总产119吨。

有工业企业364家，从业人员3091人。实现工业总产值4.15亿元，销售收入3.32亿元，利润3280万元，增加值7526万元。引进企业7家,注册企业4家,引进资金18630万元。工业区有入区企业26家，注册企业40家。

启动城乡居民养老保险和城乡居民医疗保险,参加养老保险1447人;参加医疗保险18215人,参保率96.3%。有农村低保户50户110人，发放低保金21.27万元；有五保户63人,发放供养金4000元。累计获得“新农合”补偿5606人次226.34万元。农民在各社区服务站得到门诊药费补偿4502人次47.33万元。为群众健康查体3051人次,妇科检查628例,查出各类妇科病173例。在老米店、黄庄、北寺成立农家图书室,送去图书3000册,方便村民看书学习。街文化站组织迎春书画展,20幅作品参展,10件作品获奖。

(段朝华)

下朱庄街道

下朱庄街道位于武清区南部,为武清南大门。东邻梅厂镇,南界北辰区,西与黄庄街道以北运河为界，北与杨村街道接壤。2009年,街域面积29.74平方公里，辖13个行政村、1个居委会。人口1.51万人,其中农业人口1.11万人。

该街因驻地下朱庄而得名。1958年属武清农场。1961年东部郎庄子、藕甸、小于庄、五间房、小高庄、柳河、辛庄属武清农场;西部南北辛庄、太平庄、白疙疸、高王院、高楼、下朱庄属黄庄公社。1973年将黄庄公社南北辛庄等6个村划入武清农场。1984年5月从武清农场析出13个村建下朱庄乡。2001年10月撤乡改街。

2009年，实现地区生产总值4.79亿元，三级财政收入1.52万元,农民人均纯收入1.06万元。

有耕地1152.4公顷，其中粮占耕地819.06公顷，粮食总产8893吨。生猪饲养20333头,羊存栏1814只，蛋鸡存栏5500只,产蛋100吨。有林地729.26公顷,育苗9.7公顷,果园18.8公顷,果品总产132吨。

有工业企业95家，从业人员4717人。完成工业总产值13.82亿元，销售收入12.53亿元,利润9389万元。实现招商引资额5.2亿元,引进注册企业89家。推进重点工程建设。华北城项目一期累计投资11亿元,建成127栋商铺;二期落实红星美凯隆卖场、仓储物流区、会展中心、商业办公综合楼等项目。生态园项目集生态农业、文化旅游、住宅及商业配套开发于一体,被列入武清区设施农业“一区、三园、四带”总体布局,总投资11亿元。

开展环境整治。街域重点路段、点位整治效果明显。绿化美化城区东环、嘉河道、城际附路两侧31.4万平方米，栽植乔灌木、花卉4万余株。清理整治高速一线、京山铁路、城际高铁两侧环境,补植乔木9160株。

撤村建居工作稳步推进。完成西片6个村撤村建居工作。建越秀园、静湖南区106栋48万平方米还迁楼,6个村6600余村民喜迁新居。

教育质量和教师队伍建设明显改观，新建越秀园小学和幼儿园，教学水平保持全区前列。实施城乡居民医疗保险和养老保险制度，参保居民享受更优惠的医疗保险和养老保险。计划生育保持低生育水平。落实各项惠民政策，困难群体得到妥善救助。

(康　蕾)

大碱厂镇

大碱厂镇位于武清区中部，东与曹子里、北与崔黄口、西与南蔡村、南与徐官屯等经济重镇相毗邻。2009年,镇域面积35平方公里,辖26个村民委员会。人口1.98万人，其中农业人口1.81万人。除汉族外,另有少数民族128人。

该镇因驻地大碱厂而得名。1939年分属武清县第三、四、六区。1949年属第二、三区。同年10月改称第六、第十三区。1950年8月属第四、五、六区。1956年属第四区。1957年2月建大碱厂乡。1958年9月属筐儿港公社。1961年6月由筐儿港公社析置大碱厂公社。1983年改称大碱厂乡。1999年1月撤乡建镇。

2009年，实现地区生产总值3.35亿元，三级财政收入5815万元，农民人均纯收入1.02万元。

有耕地2098.06公顷,其中粮占耕地1756.66公顷，粮食总产22139吨。落实粮种补贴政策，粮食直补1666.6公顷，补贴资金360万元，优种补贴24万公斤。有规模型养殖小区36个，养殖大户168家，涉及奶牛、肉牛、生猪、蛋鸡、肉鸡等10余个种类。奶牛存栏1070头，产鲜奶3100吨；生猪存栏4500头，出栏8000头；蛋鸡存栏9.8万只，产蛋162吨；肉鸡出栏26万只，存栏4万只。有林地571.2公顷，果园10.26公顷，主产苹果、鸭梨、葡萄、秋桃、油桃等10余个品种，总产892吨。

有工业企业150家，从业人员5258人。完成工业总产值7.58亿元，销售收入6.3亿元，利润4423万元，增加值15644万元。固定资产投入15148万元。产业功能区引进注册企业85家，注册资金3.7亿元，完成任务的270%。第三产业和服务业健康发展，餐饮、娱乐、连锁经营成为消费热点，第三产业实现增加值12109万元，税收1591万元。

推进新农村建设。投资1200万元，完成9个村主干街道和胡同里巷硬化，新安路灯450盏，推广清洁能源83户，户改厕400户，6个村建有村级活动广场，2个村完成电气化建设，筐儿港文明生态村通过区级验收。投资28万元，建成600立方米蓄水池，全镇安全饮水覆盖率88%。

建成继长屯、兰家庄2个农家书屋。6个社区卫生服务站达标。启动城乡居民基本医疗保险和农村养老保险工作，累计参加医疗保险16455人，参保率90%。稳定低生育水平，计划生育率97%。

（高秋芬）

崔黄口镇

崔黄口镇位于武清区东北部，东以青龙湾河为界与宝坻区大口屯乡相望，南以筐儿港北堤为界与大黄堡乡为邻，西与大良镇接壤，北与河北屯镇毗连。2009年，镇域面积90.4平方公里，辖54个村民委员会。人口5.15万人，其中农业人口4.67万人。除汉族外，另有少数民族512人。

该镇因驻地崔黄口而得名。1939年属武清县第四区。1957年2月撤区并乡，西北部的10个村属辛庄寺乡，其余35个村属崔黄口乡。1958年9月属筐儿港公社。1961年5月从原筐儿港公社划出47个自然村和1个崔黄口自然镇，建崔黄口公社。1983年6月改称崔黄口乡。1988年9月改称崔黄口镇。2001年10月后巷乡并入。

2009年，实现地区生产总值6.30亿元，三级财政收入6700万元，农民人均纯收入1.05万元。

有耕地4988.3公顷，其中粮占耕地6304.46公顷，粮食总产45780吨。种植蔬菜1328.6公顷，总产93897吨。落实夏、秋粮直补面积6226.64公顷，补贴资金677.23万元。大牲畜存栏996头，出栏727头；生猪饲养55856头；羊存栏2389只；鸡存栏37.7万只，产蛋5278吨。水产品有草鱼、鲢鱼、鲤鱼、鲫鱼、鳊鱼、虾、河蟹等，总产9600吨。有林地2591.13公顷，果园140.93公顷，果品总产1622吨。

工业以地毯产业为支柱，有生产企业370家，地毯产品达10个系列1380个品种，销往54个国家和地区，产销量占全国40%。高标准建设地毯示范工业园，投资3400万元，完成柳河东1万米雨污管网和3条5.4万平方米路基处理、路面铺油工程，完成3条主干道路亮化，安装路灯94盏。招商引资实现新突破，新引进注册企业34家，买地建厂企业4家。

启动坨泥寺、东粮窝、黄辛庄、邢窖、王杜庄5个村街新农村建设工程，完成主干街道及胡同里巷硬化；新建东粮窝、后巷2个供水站，54个村街实现集中供水。二街、三街为镇村结合型市级文明生态村。组建保洁专业队，完善长效保洁机制。完成店赵路、庙前路、乡甜农场路、黄洼村西路总长7公里新建改建任务。投资288万元，完成林业生态示范村开发工程，新植树5万株。

加大教育投入，投资500万元，完成建筑面积4200平方米明德小学教学楼主体及附属工程。启动城乡居民基本养老保障和基本医疗保险，参加养老保障5680人，医疗保险参保率93.5%。建成24个社区卫生服务站。稳定低生育水平，计划生育率97%。完善救助机制和保障体系建设，累计发放保障和救助金42万元。

（丰树苓）

梅厂镇

梅厂镇位于武清区东南部，东与上马台镇为邻，南与北辰区毗连，西与徐官屯街道、杨村街道、下朱庄街道接壤，北与曹子里乡搭界。2009年，镇域面积71.46平方公里，辖46个村民委员会。人口3.15万人，其中农业人口2.85万人。除汉族外，另有少数民族51人。

该镇因驻地梅厂而得名。1939年属武清县第五区。1948年12月属第七区。1949年改称第十五区。1950年8月改称第七区。1952年1月改称第三区。1957年2月建梅厂乡。1958年9月建梅厂公社。1983年12月改称梅厂乡。1991年2月建梅厂镇。2001年10月聂庄子乡并入。

2009年，实现地区生产总值6.35亿元，三级财政收入8729万元，农民人均纯收入1.11万元。

有耕地4375.73公顷，其中粮占耕地3056.4公顷，粮食总产28651吨。落实粮食直补、良种补贴、农机补贴等支农惠农政策，增加农民收入790万元。投入1800万元，新建棚室80公顷；灰锅口核心示范区投入3000万元，建成33.3公顷高标准名特优蔬果采摘园大棚，53.3公顷绿色生态观光园养殖区初具规模。生猪饲养3.46万头，奶牛存栏4039头，羊存栏3051只，蛋鸡存栏11.56万只，产蛋782吨。有林地1061.6公顷，果园301.66公顷，果品产量7169吨。完成农业总产值2.9亿元。

有工业企业217家，从业人员5595人。实现工业总产值16.22亿元。以福源经济区为龙头，引进企业22家，完成税收7374万元，招商引资额5亿元。建材基地二期、中油钻探、保温建材、无氧铜杆生产加工、石油机械等大项目落户园区；康得利纸业一期、天筑建材二期等大项目实现投产达产。

推进新农村建设。瓦房等3个村街健身广场竣工；2个捆绑型村街及4个重点项目村街建设全部达标；户厕改造率85%。完成杨恒庄等生态村综合项目建设并通过市、区两级验收。灰锅口村庄建设，完成380栋别墅及17栋6.7万平方米还迁楼主体建设，水上公园及2个陆地公园建设竣工。

投资450万元，完成镇区西外环及10公里乡村公路大修；争取资金1亿元，完成杨北路梅厂段拓宽改造工程，投资980万元，完成杨北路两侧控制红线内拆迁、排水、绿化等工程。投入750万元，栽植各类树木10.2万棵。落实村街卫生长效保洁机制，成立专业保洁队，环境卫生总投入65万元。

教育事业总投入3010万元。投资650万元，建成张大庄小学教学楼投入使用。中高考成绩保持全区领先地位。高标准完成6个村文化活动室建设。城乡居民“两险”稳步推进，医疗保险参保率91.3%。保持低生育水平，计划生育率98%。投入260万元，救助五保、低保、优抚对象和困难家庭。

（孙雪莲）

上马台镇

上马台镇位于武清区东南部，东邻宝坻区和宁河县，南至北辰区界，西接梅厂镇，北隔北京排污河与大黄堡乡为邻。2009年，镇域面积66平方公里，辖18个村民委员会。人口1.69万人，其中农业人口1.57万人。以汉族为主，另有蒙古、壮、朝鲜、满、黎、毛南等少数民族165人。

该镇因驻地靠近上马台而得名。1939年属武清县第五区。1949年属第十四区。1950年8月属第七区。1952年1月改称第三区。1958年9月属梅厂公社。1961年，上马台等15个村由梅厂公社析出，另建肖刘杜农场。1963年2月15个村划入大黄堡公社。1974年3月，上马台等15个村从大黄堡公社划出，与从梅厂公社划出的7个村另建上马台公社。1983年改称上马台乡。2001年10月撤乡建镇。

2009年，实现地区生产总值9.46亿元，三级财政收入1.88亿元，农民人均纯收入1.04万元。

有耕地2474.3公顷，其中粮占耕地2128.86公顷，粮食总产23638吨。落实粮食直补、良种补贴等惠农政策，增加农民收入360万元。发展养殖业，水产品养殖示范园区项目顺利通过验收，受益面积73.3公顷，全镇800公顷水面实现无公害养殖，出口鲫鱼1500吨，实现产值

2250万元；生猪饲养27147头，奶牛存栏22头，羊存栏3090只，蛋鸡存栏1.25万只，产蛋90吨。有林地1243.53公顷。实现农业总产值16039万元。

有工业企业150家，从业人员8163人。完成工业总产值33.13亿元。引进项目22家，其中内资20家、外资增资2家，新增注册资金4.058亿元。新伟祥三期、瑞普天晟、鑫盈机械等汽车零部件和机加工项目落地建厂。至年底，工业区内有内、外资企业48家，投资总额40亿元，注册资本14.1亿元，安置各类从业人员7000余人。

推进新农村建设。投入320万元，完成街道及胡同里巷硬化，低压整改7个村827户，建健身广场3个。10个村2686户实现有线电视入户。环境整治完成京塘二线高速公路及津蓟高速公路绿化管护、补栽、除虫、浇灌、除草等工作，植树1.5万棵、清理垃圾杂物8000立方米。建立乡村公路养护队，定期检查维修。

教育事业优先发展，完成中小学校舍修缮任务。全镇考入杨村一中和英华中学11人。落实城镇居民医疗保险和养老保险政策，参加医疗保险1.46万人，参保率92%。“新农合”受益6000余人，报销医药费195.6万元。保持低生育水平，计划生育率97.05%。落实各项救助政策，及时发放各类救济金。组织开展慈善捐助活动，募集捐款9万余元，资助231人。

（石荣田　韩宇婧）

大良镇

大良镇位于武清区北部，东邻河北屯镇、崔黄口镇，南接南蔡村镇，西隔北运河与大孟庄镇相邻，北至下伍旗镇界。2009年，镇域面积81.2平方公里，辖55个村民委员会。人口4.12万人，其中农业人口3.74万人。

该镇因驻地大良而得名。1939年属武清县第三、四区。1949年属第四、五区。1949年10月第四区改称第十二区。1950年8月属第五区。1952年1月改称第六区。1957年2月撤区并乡，属大良乡。1958年9月属筐儿港公社。1958年12月从筐儿港公社划出大良及26个村建大良公社，从香河县划入28个村。1961年划出34个村建下伍旗公社，划出33个村建河北屯公社。1973年1月从后巷公社划出10个村入大良公社。1983年改称大良乡。1991年2月撤乡建镇。2001年10月原双树乡并入。

2009年，实现地区生产总值4.95亿元，财政收入6304万元，农民人均纯收入1.01万元。

有耕地4945公顷，其中粮占耕地3960公顷，粮食总产59745吨。落实夏、秋粮直补面积7807.32公顷，补贴资金854.9万元。完成双树村设施农业区一期16.6公顷水、电、路配套工程，建成设施农业233.3公顷，钢骨架大棚13.3公顷。有奶牛1650头，其中新世纪奶牛养殖厂1200头；肉鸡存栏4万只；蛋鸡存栏12万只。有林地1402.26公顷，果园94.93公顷，果品总产1932吨。

有工业企业196家，从业人员1539人。完成工业总产值5.42亿元，销售收入4.79亿元，利润4781万元。引进企业42家，引资额5.6亿元，至年底累计引进企业98家，注册资金14.8亿元。产业功能区有入区企业18家，总投资7.6亿元，主要涉及电子、金属制品、建筑机械、矿产品开发等行业。

推进新农村建设。木秀园小区二期20.7万平方米48栋还迁楼竣工，入住1968户5900人，群众生活、居住环境提升。完成后赶、后营、前迤寺、屯底庄4个村新农村创建工作。提高环境建设水平，完成旗良路镇区段2800米附路铺砖硬化、路灯安装及绿化；绿化、美化廊良路延长线和产业功能区5条主干道路；投资380万元，完成日处理2000吨污水处理厂一期工程。

加大教育投入。投资40万元，新建安家务小学教室23间，整修北小营小学和庞各庄幼儿园。落实计划生育奖扶、特扶政策，发放奖扶金15万元，计划生育率97%。开展慈善捐助活动，募集捐款17.9万元。落实医疗、养老投保工作，医保参保率90.13%。

（张　颖）

河北屯镇

河北屯镇位于武清区东北部。东北部与宝坻区大口屯镇隔青龙湾河相望，东南部与崔黄口镇接壤，南与大良镇毗连，西与下伍旗镇搭界，北以青龙湾河为界与河北省香河县刘宋乡为邻。2009年，镇域面积47平方公里，辖31个村民委员会。人口3.21万人，其中农业人口3万人。除汉族外，有回、壮、满、瑶、蒙古等少数民族322人。

该镇因驻地河北屯而得名。1948年12月，东部属武清县第四区。1949年10月改称第十二区。1950年8月改称第五区。1952年1月改称第六区。1957年1月属大良乡。1958年9月属筐儿港公社。1958年12月属大良公社，由香河县划出自然镇河北屯、李大人庄等28个村并入大良公社。1961年6月从大良公社析出32个村1个自然镇河北屯，建河北屯公社。1983年7月改称河北屯乡。1999年撤乡建镇。

2009年，实现地区生产总值4.37亿元，三级财政收入2890万元，农民人均纯收入9900元。

有耕地3160公顷，其中粮占耕地2543.4公顷，粮食总产32460吨。生猪饲养1.77万头，羊存栏3800只，蛋鸡存栏12.2万只，产蛋1350吨。有林地786.93公顷，果园10.6公顷，果品总产441吨。推进各项惠农工程，投资20余万元，重建桐高村村南2座工作桥。

工业以地毯生产、皮革制品、服装为主，另有汽车配件加工、泡棉制品、铝制品、铸造标准件等，从业人员3235人。地毯生产、皮革加工2个行业取得自营出口权。招商引进注册企业39家，引资额1.1亿元。

推进新农村建设。完成李大人庄等5个重点扶持村街和小黄庄市级生态村建设。桐高村等11个村街新建健身广场，小杨庄、小黄庄为农村沼气入户专业村，安装沼气池345座。完成武洞上等6个村2500户低压电改工作。新农村建设总投资537万元，至年底14个村街达标。

投资7万元，改造镇中心幼儿园，新建教室12间。投资8.5万元，更新镇中学和口哨小学图书设施，购置400套课桌椅，对杨家场小学200米危墙修整。中考升入普通高中113人，升学率44.3%。新建村级卫生服务站10个。推进城镇居民医疗保险和养老保险工作，参加医疗保险27707人，参保率92.8%；参加养老保险1598人。“新农合”累计报销11624人，报销金额335.3万元。

（黄琮凯）

下伍旗镇

下伍旗镇位于武清区北部，东与河北屯镇为邻，南与大良镇接壤，西与河西务镇以北运河为界，北隔青龙湾河与河北省香河县五百户乡相望。2009年，镇域面积49.8平方公里，辖34个村民委员会。人口2.47万人，其中农业人口2.27万人。除汉族外，另有少数民族26人。镇西南部有一港北森林公园，是华北地区最大的原始次生林，占地500公顷。

该镇因驻地下伍旗而得名。1939年分属第二、四区。1949年属第五区。1950年8月，西部属第三区，东部属第五区。1952年1月，东部属第六区，西部属第七区。1957年1月建下伍旗乡。1958年9月属筐儿港公社。同年12月属大良公社，同期香河县刘皮庄等28个村划入大良公社。1961年5月，从大良公社析出34个村建下伍旗公社。1983年7月改称下伍旗乡。1997年撤乡建镇。

2009年，实现地区生产总值4.25亿元，三级财政收入5051万元，农民人均纯收入1.05万元。

有耕地3042.1公顷，其中粮占耕地2266.6公顷，粮食总产32722吨。有农民专业合作组织9家，其中永康合作社拥有成员农户110户，并注册“白庄牌”商标。蔬菜产品有香菜、菠菜、芹菜、莴笋、韭菜等，销量2.7万吨，主要销往广州、深圳、上海、长沙等地。生猪饲养3.73万头，羊存栏3830只，蛋鸡存栏6.74万只，产蛋806吨。有林地844.3公顷，果园9.1公顷，果品总产91吨。

有工业企业178家，从业人员1453人。实现工业总产值2.66亿元。引进企业30家，注册资金8020万元。

推进新农村建设。实施李胡庄、八百户等10个村新农村建设工程，硬化里巷5万平方米，建健身广场6处，安装路灯90盏，新安装沼气池460座，户改厕570座；完成西王庄、白庄

2个村低压电网改造。新修田辛庄、柴庄村2.05公里乡村公路；完成镇区苗圃路段1万平方米附路硬化、道路亮化。完善垃圾集中处理长效机制和主干路网沿线环境建设，镇村环境显著提升。

教育教学水平不断提高。中考综合评估全区排名第二，完成全镇中小学课桌椅更新和用电线路改造。落实“新农合”政策，报销补偿7000余人次，补偿金额240余万元。丁庄等12个村建立农村书屋，配备演出乐器。强化计划生育工作，计划生育率97.5%。对342户贫困户提供生活保障支撑。落实3364名60岁以上老年人生活费补助，发放补助金274万元。

（纪付龙）

南蔡村镇

南蔡村镇位于武清区中部，东与大碱厂镇隔北运河相望，南隔北京排污河与徐官屯街道、东蒲洼街道为邻，西与泗村店镇隔北京排污河为界，北与大孟庄镇接壤。京塘高速公路、高速二线、京津公路、京福公路支线南北贯穿全境。2009年，镇域面积80平方公里，辖48个村民委员会。人口4.18万人，其中农业人口3.71万人。除汉族外，另有少数民族255人。

该镇因驻地南蔡村而得名。1939年分属武清县第三、六区。1957年1月撤区并乡，建南蔡村乡。1958年9月建南蔡村“九五”人民公社。1961年6月1日，以其东南部26个村建南蔡村公社。1983年改称南蔡村乡。1995年4月撤乡建镇。2001年10月原北蔡村乡并入。

2009年，实现地区生产总值12亿元，财政收入5605.5万元，农民人均纯收入1.06万元。

有耕地5156.3公顷，土地多为轻壤，适宜种植多种农作物。无公害蔬菜种植202公顷；粮占耕地3839.4公顷，粮食总产46964吨。落实夏、秋粮直补面积7400公顷，补贴金额805.53万元。养殖业以奶牛养殖为主导，建成润华奶牛养殖有限公司、华兴养殖有限公司、鹏程养殖有限公司等7个奶牛养殖小区，奶牛存栏7000头，产鲜奶3.26万吨。生猪饲养1.85万头，蛋鸡存栏27.5万只，产蛋3660吨。有林地1430.86公顷，果园60.6公顷，果品总产3339吨。新植树7万株。

有自行车、工艺品、橡塑制品等各类企业279家，从业人员10350人。实现工业总产值17.64亿元，销售收入16亿元，利润总额7558万元，增加值2.38亿元，出口产品交货值3.62亿元。至年底，金博经济区入驻和注册企业168家，注册资金12.87亿元，出让土地85.47公顷。第三产业吸纳个体工商户1112家，安排就业5300余人。

推进新农村建设。投入120万元，完成马庄、大白厂、苏羊坊主干道路和里巷硬化。加强环境整治，各村推行垃圾处理达标工作。镇政府投资95万元，更换镇区牌匾412块，城镇功能形象提升。

投资3432.8万元调整教育布局。调整后有中学2所，在校生1417人；小学8所，在校生2810人；专职教师383名。有镇文化站1个，民间花会38道。镇卫生院2所，村级卫生所经过“新农合”调整为21个，各类医务人员102人。加大计划生育宣传、教育、培训力度，保持低生育水平。

（赵庆敏）

泗村店镇

泗村店镇位于武清区西北部，东隔北京排污河与南蔡村镇、大孟庄镇为邻，南与豆张庄乡、东蒲洼街道以龙凤新河为界，西与东马圈镇、城关镇接壤，北与白古屯乡以廊良公路为界。2009年，镇域面积52.6平方公里，辖12个村民委员会。人口1.75万人，其中农业人口1.59万人。除汉族外，另有少数民族105人。

该镇因驻地泗村店而得名。1939年属武清县第一区。1948年12月分属第九、十二区。1949年10月改称第三、七区。1950年8月属第七、九、十一区。1957年2月建泗村店乡。1958年9月属南蔡村“九五”人民公社。1961年6月建泗村店公社。1983年改称泗村店乡。1995年撤乡建镇。

2009年，实现地区生产总值8.43亿元，三级财政收入1727万元，农民人均纯收入10020元。

有耕地3244.13公顷，其中粮占耕地2576.6公顷，粮食总产30797吨。落实夏、秋粮直补面积4050.1公顷,补贴金额441万余元。做好畜禽免疫工作,防疫畜禽10万余只。建成高标准养殖小区3个。后庄村兴圣源生猪良种养殖场新建高标准猪舍8栋，存种猪500头。原种、二元、三元品种猪出栏1万头,被市农委确认为市级二元扩繁场。生猪饲养29609头,羊存栏4150只，蛋鸡存栏6800只，产蛋94吨。有林地1003.73公顷，果园150.4公顷，果品总产1192吨。实现农业总产值3.78亿元。

有工业企业72家，实现工业总产值3.75亿元，销售收入2.82亿元。引进企业项目39个,引资额2986万元。泗水村农业科技发展有限公司水上竹叶菜实现产值300万元,并在华北地区推广“公司+农户”运营模式。镇劳动服务中心完成企业年检23家，签订劳动合同605人,培训职工320人。

推进新农村建设。总投资245万元,完成10个行政村道路里巷硬化51.7万平方米，安装照明设备210盏。修建前屯、齐东营连接高王路段2.5公里公路。齐庄文明生态村通过验收,窑上村市级文明生态村完成申报。完成绿化美化工程,绿化面积61.96公顷，植树5.89万株。清理城际铁路两侧危树98株。

推进素质教育,提升教育质量。投资20余万元,为镇中学、旧县小学、镇教办购买桌椅、电脑、多媒体等教学和办公设备;出资5万元,安装太子务小学实验室、改造水冲厕所、添置多媒体设备。全镇考入重点中学8人，普通高中54人，普高率96.6%。

建成南马房、齐东营、窑上、泗后庄4村农家书屋。对镇医院17名医生及所辖26名乡医培训。4个卫生医疗服务站达标。计划生育工作保持领先地位,计划生育率97%。累计发放优抚补助款52.3万元，临时救济及助学款5.6万元,救济困难群众56人次,资助贫困生13人次。出资6000元,为贫困家庭修缮房屋15间。

(孙　宇　周士增)

大孟庄镇

大孟庄镇位于武清区西北部,距城区18.5公里。东以北运河为界与大良镇为邻,南邻南蔡村镇,西与白古屯乡、泗村店镇隔北京排污河相望,北与河西务镇接壤。镇内设有京津高速二通道和京沪二通道大孟庄出口、京沪蓟唐联络线高速出口,京沪高速正线在镇域西部南北穿过。京津公路南北贯穿,廊良公路东西穿越。2009年,镇域面积47平方公里,辖21个村民委员会。人口2.24万人，其中农业人口2.04万人。除汉族外,另有少数民族234人。

该镇因驻地大孟庄而得名。1939年分属武清县第二、三区。1950年8月分属第三、四区。1952年1月属第七区。1957年1月撤区建大孟庄乡。1958年9月属南蔡村“九五”人民公社。1961年6月,“九五”人民公社一分为三，析东南部建南蔡村公社，析西南部建泗村店公社，析北部1个自然镇大孟庄和22个自然村建大孟庄公社。1983年改称大孟庄乡。1996年撤乡建镇。

2009年，实现地区生产总值3.20亿元，三级财政收入4041万元，农民人均纯收入1.05万元。

农业以种植业为主。有耕地3032.4公顷,其中粮占耕地1892公顷,粮食总产26420吨。有菜田466.6公顷,主产黄瓜、豆角、大白菜、香菜、菠菜等,其中温室大棚58.6公顷，蔬菜总产4824万公斤。奶牛存栏1330头,肉牛存栏348头,肉鸡存栏13万只,蛋鸡存栏12.6万只，生猪饲养21580头。完成春季植树17公顷,其中林网16180株,育苗10公顷。

工业有皮件加工、建材、模具、食品、橡胶等行业,从业人员1950人。实现工业总产值4.9亿元，销售收入4.98亿元，利润1670万元。引进益丰港国际贸易有限公司等12家注册企业,至年底,累计完成招商引资注册资金2.2亿元。

推进新农村建设。完成大道张庄、七相公庄、三间房3个村新农村建设,街道、胡同里巷实现硬化、亮化，户改厕550座。对镇区246块门店牌匾统一管理。完成103国道两侧植树26405株,绿化面积36.34公顷;高标准完成高王路绿化植树5556株。

全镇符合计划生育家庭奖

扶条件55人,发放奖扶金3.96万元。计划生育率97.6%。落实各项惠民政策,有贫困低保户119户、政策性低保户15户,五保户141人。对符合政策的优抚对象及时办理手续,1名参战人员和9名带病还乡人员享受优抚待遇。完成1户贫困家庭、3户残疾贫困家庭房屋重建工作。

(许彩霞)

河西务镇

河西务镇位于武清区北部,东隔北运河与下伍旗镇、河北省香河县相望,南与大孟庄镇为邻,西与高村乡、白古屯乡毗连,北与北京市通州区、河北省香河县接壤。地处京津两市地理中心,是天津市重点发展的中心城镇。2009年,镇域面积69.5平方公里,辖51个村民委员会。人口4.11万人,其中农业人口3.60万人。除汉族外,有回、满、蒙古、壮等少数民族2873人,其中回族2790人。

该镇因驻地河西务而得名。1939年属武清县第二区。1948年12月属第六区。1950年8月属第三区。1952年1月分属第七、八区。1957年撤区并乡,东半部属河西务乡,西半部属东、西陈庄乡。1958年9月属河西务公社。1961年6月,从河西务公社划出35个村另建大沙河公社和高村公社。1983年6月改称河西务乡。1988年改称河西务镇。2001年10月原大沙河乡并入。

2009年,实现地区生产总值6.4亿元,财政收入4194万元,农民人均纯收入1.08万元。

有耕地4653.53公顷,其中粮占耕地1841.46公顷,粮食总产24452吨。无公害蔬菜占地2666.6公顷,蔬菜总产2.1亿公斤。完成夏、秋粮直补面积4205.74公顷。有农民专业合作组织8个,年运输量2.5亿公斤。生猪饲养21003头,羊存栏3995万只,蛋鸡存栏11.3万只,产蛋1356吨。有林地715.4公顷,果园3.2公顷,果品总产41吨。

大沙河蔬菜批发市场是国家农业部定点蔬菜批发市场。统一注册的“驿泉”蔬菜品牌享誉周边。市场占地8公顷,有保鲜冷库3000平方米。主营蔬菜瓜果等120余个品种,远销广东、上海、内蒙古、东北三省等10余个省市,年交易量4亿公斤,交易额3亿元。

有工业企业60家,从业人员2631人。实现工业总产值6.6亿元。引进湖南绝味鸭脖和外资水质添加剂项目,盘活闲置资产1000万元,日本池田服装、中科院生物质燃油、北京榕福玻璃钢、台湾津京旺等7个项目总投资3亿元。镇产业功能区累计吸引企业33家,从业人员5000余人。

新农村建设涉及7个村街,完成主干道路及里巷硬化,安装路灯460盏,栽植景观树7000棵,建健身广场3个。建立环境卫生长效机制,投资200万元,统一制作牌匾453块,绿化1万平方米,粉刷街景立面4.5万平方米。投资160万元,新建土城路、三里屯路、唐高路、奶母庄路、老武河路等路网5.29公里。

市级重大项目中国艺术家聚集区在该镇落地,总投资23亿元,分为中华文化会馆区、艺术家工作室、私人收藏家博物馆、文化风情街、艺术公园和综合配套服务区六大板块,年内艺术家俱乐部建成使用。

完成索庄小学新建及首驿小学教学楼修缮,对首驿、扶头等8所学校进行环境综合整治。投资45万元,充实各校教学仪器设备。中考考入杨村一中23人,考入英华中学2人,升入河西务中学186人,名列全区前茅。

全镇基本医疗保险参保36118人,参保率98.7%。有低保、五保对象662人,发放金额144.2万元。向困难户、临时困难户发放救助金20万元。稳定低生育水平,计划生育率99.3%。

(孙卫忠)

城关镇

城关镇位于武清区西北部,东邻白古屯乡、泗村店镇,南接东马圈镇,西界河北省廊坊市安次区,北与大王古庄镇毗连。京津塘高速公路和廊良公路贯穿镇域,京沪高速、京津塘高速二线与京沪高速联络线、京津城际铁路穿越境内。2009年,镇域面积56平方公里,辖30个村民委员会。人口2.64万人,其中农业人口2.33万人。除汉族外,另有少数民族213人。

该镇因驻地武清城关而得名。1939年属武清县第一区。1948年12月，东南部的八里庄属第九区，西部的草茨、田古屯、东张营、西张营、后庄、小屯属第十区，武清城关和其他20个村属第一区。1949年5月原属十区的6个村划入。1952年1月属第九区。1957年撤区并乡，建城关乡。1958年建城关红旗人民公社。1961年6月划出27个村和1个自然镇建城关公社。1983年7月建城关乡。1988年置镇。

2009年，实现地区生产总值3.05亿元，三级财政收入2836万元，农民人均纯收入9800元。

有耕地3690公顷，其中粮占耕地1994.93公顷，粮食总产23120吨。生猪饲养2.9万头，羊存栏2883只，蛋鸡存栏2.41万只，产蛋308吨。有林地958.3公顷，果园167.6公顷，果品总产4706吨。实现农业总产值6702万元。

有工业企业157家，从业人员3074人。引进西北金钢结构、运发物流、城锦房地产、双信房地产4家实体企业。新增引资9038万元。佩森、中瑞药业实现增资1400万元。实现工业总产值5.77亿元，营业收入4.86亿元，利润6962万元。完成固定资产投入1亿元。

推进新农村建设。投资100万元，完成袁辛庄文明生态村、4个捆绑式新农村和6个单项村创建工作。对主干街道亮化美化，安装路灯80盏，植树6300株，购置垃圾箱20个，建沼气池150座，户改厕300户，建健身广场9个。投资800余万元，实施12个村街自来水管网改造，新建大桃园、沙庄2座集中供水厂，23个村街实现集中供水。加强环境建设，完成过境高速公路、铁路和区级路网绿化工程，植树4.5万株。

全镇教育投入2438万元。投资290万元，完成小屯中心小学教学楼主体工程。中考考入杨村一中6人。启动城乡居民基本医疗保险和基本养老保险工作，参加医疗保险19154人，参保率90%；参加养老保险1384人。提高五保、低保、优抚、特困救助标准，发放救助金146.5万元，为5户危房户翻建修缮房屋23间。发放老年人生活补贴款300万元。镇敬老院新建集生活照料、就餐送餐、医疗康复、精神慰藉功能于一体的老年日间照料中心，为老人提供优质服务。

（王会颖）

大王古庄镇

大王古庄镇位于武清区西北部，东与白古屯乡、高村乡接壤，南与城关镇搭界，西接河北省廊坊市安次区，北与北京市通州区为邻。2009年，镇域面积48.08平方公里，辖17个村民委员会。人口2.17万人，其中农业人口2万人。除汉族外，另有少数民族78人。

该镇因驻地大王古庄而得名。1939年属武清县第一区。1948年12月，分属第一、六、十区。1949年10月，分别改称第一、二、四区。1950年8月属第二区。1952年1月分属第九、十区。1957年2月撤区并乡，属大王古庄乡。1958年9月属城关红旗人民公社。1961年6月，从城关红旗人民公社析出置大王古庄公社。1983年改称大王古庄乡。2001年10月撤乡建镇。

2009年，实现地区生产总值3.95亿元，三级财政收入4000万元，农民人均纯收入1.05万元。

有耕地2600.13公顷，其中粮占耕地1666.7公顷，粮食总产18676吨。种植棉花400公顷，天鹰椒133.3公顷。新建日光温室大棚4.75公顷，主要种植平菇和鲜食蔬菜。落实夏、秋粮直补面积2421.6公顷，补贴资金263.8万元。生猪饲养2.62万头，肉鸡45.3万只，蛋鸡3.28万只，奶牛257头，肉牛510头，肉羊5080只，肉兔8450只，鹌鹑12.82万只。新植树5万株，新育苗13.33公顷，有果园265.6公顷，果品总产5711吨。完成农业总产值21934万元。

有工业企业64家，实现工业总产值9.47亿元。京滨工业园引进项目15个，完成招商引资5.89亿元。抓大项目储备，谈成大项目5个，总投资10亿元。

推进新农村建设。完成距城堡、大营、前侯尚、张家场、董家庄、小王古庄6个村新农村建设，植树8500株，户改厕700户，安装路灯30余盏。建成丁辛庄、前侯尚、张家场、水活铺、聂辛庄5个村健身广场，安装健身器材41件。新增保洁车68辆，并增配保洁工具。

落实低保五保、老年人生活补贴等惠农政策。投资20万元，为5户残疾、困难家庭建房20间。居民医疗保险参保率95%。投资50万元，新建、改造社区卫生服务站10个，并通过验收。

全镇计划生育率98%。每季度为育龄妇女提供免费孕检服务，参加孕检2053人。建立农村部分计生家庭奖励扶助制度、独生子女伤残死亡家庭特别扶助制度、长效节育措施奖励制度、育龄妇女生殖健康免费查体制度，发放奖扶金59040元、特别扶助金65280元。

（张宝山）

东马圈镇

东马圈镇位于武清区西部，距城区25公里。东邻豆张庄乡，南邻河北省廊坊市落垡镇，西邻廊坊市区，北邻城关镇。京福公路、京山铁路贯穿全镇。2009年，镇域面积37.4平方公里，辖13个村民委员会。人口1.55万人，其中农业人口1.39万人。除汉族外，另有少数民族3人。

该镇因驻地东马圈而得名。1939年属第一区。1948年12月，东部和南部属第一区，西部和北部属第十区。1950年8月，第十区改称第二区。1952年1月分属第九、十、十一区。1957年撤区并乡，属东马圈乡。1958年属东马圈“火箭”人民公社。1961年6月1日，“火箭”人民公社改称东马圈公社。1983年改称东马圈乡。1995年撤乡建镇。

2009年，实现地区生产总值2.12亿元，三级财政收入4794万元，农民人均纯收入1.02万元。

有耕地2466.3公顷，其中粮占耕地1294.93公顷，粮食总产13365吨。落实夏、秋粮直补面积2160.1公顷，补贴金额235.3万元。畜禽免疫率100%。生猪饲养40317头，羊存栏1938只，蛋鸡存栏1.26万只，产蛋178吨。有林地731.13公顷，果园53.6公顷，果品总产1231吨。完成农业总产值9600万元。

招商34家，其中注册资金1000万元企业7家，累计吸引注册资金3.42亿元。市级重点建设项目昌达肯特家具项目，总投资4亿元，至年底一期7万平方米的4个车间厂房和厂区主干道路建成。全镇工业总产值3.15亿元，销售收入2.73亿元，利润2714万元。

推进小城镇建设。完成武落路镇区段、各村主街及胡同里巷硬化绿化亮化工程。投资100余万元，新建自来水厂1座，群众饮水安全得到保障。建成文明生态村4个、农家书屋5个，6个村健身广场竣工使用，11个村级组织活动场所达标，完成13个村户厕改造，群众生活环境和生活质量提升。做好京山铁路、大东路等绿化工作，京山铁路补植树木3000株，成活率90%；大东路南侧植树4600株。

中考考入杨村一中4人、普通高中（中专）80人。镇卫生院荣获区卫生系统年度5项先进集体荣誉称号。“新农合”报销8241人次，补偿金额188.7万元。完成“新农合”向基本医疗保险过渡。落实社会保障政策，对92户贫困户实行最低生活保障。

（杨国辉）

黄花店镇

黄花店镇位于武清区西南部，距城区16公里。东邻豆张庄乡，南界石各庄镇，西接河北省廊坊市安次区，北与豆张庄乡接壤。境内有黄王公路穿过，连接104国道和津霸公路。2009年，镇域面积53平方公里，辖22个村民委员会。人口2.42万人，其中农业人口2.25万人。

该镇因驻地黄花店而得名。1938年属武清县第七区。1948年12月，属第五区。1949年3月津武县撤销，属第十一区。同年10月属第八区。1950年8月属第九区。1952年1月分属第十一、十二区。1957年2月撤区建黄花店乡。1958年9月建黄花店“卫星”公社。1961年6月，南部6个村建石各庄公社，“卫星”公社改称黄花店公社。1983年改称黄花店乡。1999年1月撤乡建镇。

2009年，实现地区生产总值3.19亿元，三级财政收入3286万元，农民人均纯收入1.05万元。

有耕地3227.6公顷，其中粮占耕地2216.93公顷，粮食总产20733吨。落实夏、秋粮直补面积3118.35公顷，补贴金额341.46万元。天津市首块“设施农业气象信息显示屏”在月牙河农业设施区投入试运行，新建高标准日光温室200栋26.6公顷。全镇温室蔬菜种植693.3公顷，总效益1.8亿元。冀营村九福奶业投资350万元重组扩建，建成规范化养殖小区，采取人畜分离，引进TMR喂料机、青储取料机，小区奶牛存栏1900头，日产鲜奶13吨。生猪饲养2.73万头，羊存栏4440只，蛋鸡存栏10.7万只，产蛋620吨。有林地1247.86公顷，果园50.13公顷，果品总产1250吨。

有工业企业114家，从业人员1759人。实现工业总产值5.65亿元，销售收入4.69亿元，利润总额5192万元。引进注册企业60家，注册资本1.40亿元，实现税收1760万元。规划建设八里桥纸制品专业经济区，累计投资500万元，配齐水、电、路等基础设施，新建企业7家，总投资1.40亿元。

推进新农村建设。完成鱼市庄、西后庄2个捆绑村街街道和胡同里巷硬化亮化绿化及健身广场、人畜分离等建设。完成杨营村、冀营村主干道路硬化1.44公里。崔胡营、八里桥、包营、胡营、东田庄、冀营6个村完成全民健身工程建设。改造来鱼路绿化景观带，新育杨树苗2万株。启动三号路商贸街开发建设，建成道路两侧30户商住楼，总建筑面积6000平方米。投资120万元，新修刘庄至甄营蔬菜市场公路2公里。

有国办中学1所，在校学生1130人。有初级中学1所、小学4所、幼儿园4所。8名学生考入区重点高中。黄花店中学获评市级课改先进单位，3人获得区级优秀教师荣誉称号。完成12个村农家书屋建设。申报综合文体中心建设项目。

（张文怡）

石各庄镇

石各庄镇位于武清区西南部，东邻陈咀镇，南界汉沽港镇，西接河北省廊坊市安次区，北靠黄花店镇。2009年，镇域面积45平方公里，辖12个村民委员会。人口2.24万人，其中农业人口2.08万人。

该镇因驻地石各庄而得名。1939年属武清县第七区。1949年3月分属第十一、十五区。1949年10月，分属第八、九区。1950年8月改称第九、十区。1957年撤区置石各庄乡。1958年9月属黄花店“卫星”公社。1961年由“卫星”公社析出6个村建石各庄公社。1983年改称石各庄乡。1993年撤乡建镇。

2009年，实现地区生产总值4.93亿元，三级财政收入9638万元，农民人均纯收入1.08万元。

有耕地3248.86公顷，农作物以种植玉米、棉花为主，少量种植小麦、大豆、芝麻、花生等。粮食种植2472.3公顷，总产19817吨。落实夏、秋粮直补面积2883.43公顷，补贴资金304.94万元。有奶牛场6个，奶牛存栏3250头，产鲜奶1640吨。有敖东、西南庄、石南3个肉鸡养殖小区，另有肉鸡散养户24户，出栏肉鸡240万只。有林地1100.1公顷，果园165.26公顷，果品总产3373吨。新植树77.8公顷58420余株，成活率91%。实现农业总产值4200万元。

有编织、纸制包装、制药等工业企业189家，从业人员6346人。完成工业总产值14.50亿元，销售收入12.40亿元，利润1.34亿元，税收9638万元。

推进小城镇建设。梅石公路拓宽敖东段400米工程竣工通车。翻修新修梁各庄、敖西、石西、定子务4个村公路4.5公里，补修村镇公路3300平方米。完成国家级重点工程112高速路一期工程，220千伏变电站工程竣工，低压电网改造4个村。

实施城镇居民基本养老保险和城乡居民基本医疗保险，参加医疗保险1.9万人，占全镇人口90%；1584人参加养老保险。

镇内有定子务评剧团、敖咀评剧团、石北京剧团、石各庄歌舞团、石东秧歌花会、敖南篮球队、石北老年太极拳队、石西慈芸书画院等民间文体组织。石各庄镇获全国群众体育先进镇称号。建成定子务、石北、李各庄、梁各庄、敖南、敖西、西南庄农家书屋和农村文化室，每村配备图书1500册、光盘100套、文化器材6套。

（黄纯光）

陈咀镇

陈咀镇位于武清区西南部，东与黄庄街道接壤，南至北辰区界，西邻黄花店镇、汉沽港镇、石各庄镇，北界豆张庄乡。2009年，镇域面积7.4平方公里，辖14个村民委员会。人口3万人，其中农业人口2.83万人。

该镇因驻地陈咀而得名。1950年，境域分属武清县第八、九、十区。1953年7月属第十三区。1957年2月撤区建陈咀乡。1958年8月，陈咀、渔坝口属王庆坨公社，其余7个村属黄花店“卫星”公社。1961年6月，从王庆坨、黄花店公社析出9个村建陈咀公社。1983年改称陈咀乡。2001年10月撤乡建镇。

2009年，实现地区生产总值3.16亿元，三级财政收入3460万元，农民人均纯收入9500元。

有耕地4316.6公顷，其中粮占耕地2347.4公顷，粮食总产17403吨。做大做强鲜食玉米保鲜深化加工项目，种植、加工、销售形成产业链。发放粮食补贴686公顷294.1万元。生猪饲养12077头，羊存栏2719只，蛋鸡存栏4.4万只，产蛋394吨。有林地810.4公顷，果园109.2公顷，果品总产1816吨。

有工业企业75家，从业人员2382人。实现工业总产值3.57亿元，销售收入3.08亿元，利润3388万元。完成规划8平方公里万兴工贸园区起步区80公顷基础设施建设和项目引进工作，引进注册企业30家，实体企业10家，建成企业8家。招商引资4.50亿元。

推进小城镇建设。完成4公里陈石路扩宽修建工程并通车；启动金源丽都西区一期土地整理17.33公顷。新农村建设投入1276.3万元，完成2个村自来水改造、3个村高压变电改造、4个村亮化美化工程。投资70万元整治镇区环境，完善长效保洁机制，城镇形象整体提升。完成涉及该镇京沪高铁、112高速2项国家级重点工程和24座高压塔基建设。高王路绿化15.6公顷。

加大教育投入，中考升入杨村一中8人。成立镇民生服务中心，完善社会保障体系，做好低保、五保人员生活保障工作。居民基本医疗保险参保率95%，养老保险参保2089人。落实计划生育奖惩政策和各项有效措施，全面完成人口控制指标。

（李斌元）

王庆坨镇

王庆坨镇位于武清区西南部，距城区杨村36公里，距天津市区25公里。东与北辰区、西青区接壤，南接河北省霸州市，西界河北省廊坊市安次区，北邻汉沽港镇。京保高速、京沪高速、112国道、京九铁路镇内穿过。2009年，镇域面积54平方公里，辖22个村民委员会，人口3.85万人，其中农业人口3.50万人。除汉族外，另有少数民族50人。

该镇因驻地王庆坨而得名。1939年属武清县第八区。1949年3月撤销津武县，复属武清县第八区。1952年1月改称第十三区。1953年7月建王庆坨镇，仍属第十三区。1957年2月撤区建王庆坨乡。1958年9月建王庆坨人民公社。1974年3月划出北部15个村另建汉沽港公社。1983年建王庆坨乡。1988年改称王庆坨镇。

2009年，实现地区生产总值11.20亿元，三级财政收入7356万元，农民人均纯收入1.15万元。

有耕地3478.86公顷，农业以种植小麦、玉米为主，兼种油料和其他经济作物。粮食种植1955.2公顷，总产11450吨；棉花种植530.7公顷，总产486吨；油料种植58.3公顷，总产154吨。有大牲畜841头，生猪饲养16990头，羊存栏2833只，蛋鸡存栏3800只，产蛋527吨。有林地1652.46公顷，果园192.3公顷，果品总产3138吨。

工业以自行车为主导产业，全年自行车总产量1000万辆，电动车80万辆，实现销售收入28亿元。组织天津、上海、江苏国际自行车展，参展企业31家，总成交额6.95亿元。开展中小企业培训工作，培训各类人员600余人次。为28家有出口权的自行车企业提供出口检验一站式服务，自行车及零部件产品检验合格率95%。引进企业34家，12家开工建设。全镇实现工业总产值26.40亿元，销售收入24.42亿元，利润1.93亿元。

新农村建设提速。完成主干道路及胡同里巷硬化，安装路灯125盏，植树3000棵，户改厕260户。启动8个村街全民健身工程，安装健身器材80余套。完成天然气调压站建设和1.14万米输气管道工程；完成中心街626米排水管网工程；新建2.5公里乡村公路。住宅开发22万平方米，其中名仕佳苑1.4万平方米竣工使用，盛世鑫城和东盛花园小区完成11.6万平方米主体建设。

社会事业协调发展。建立农村书屋8个，配置图书1.2万册，丰富群众文化生活。保持低生育水平，计划生育率97.2%。落实社会保障工作，发放60岁以上养老补贴350万元，发放低保、五保资金95.9万元。推进"两险"工作，居民医疗保险参保率95.7%。

（曹亚宁）

汉沽港镇

汉沽港镇地处武清区西南部，距城区杨村23公里。东与北辰区接壤，南与王庆坨镇相邻，西界河北省安次区，北邻陈咀镇、石各庄镇。2009年，镇域面积58.56平方公里。辖18个村民委员会。人口3.64万人，其中农业人口3.39万人。除汉族外，另有少数民族31人。

该镇因驻地汉沽港而得名。1939年分属武清县第七、八区。1949年3月津武县撤销，南部属第八区，北部属第十五区。同年10月改称第九、十区。1950年8月属第十区。1952年1月改称第十三区。1957年2月撤区，成立汉沽港乡。1958年9月属王庆坨公社。1974年3月从王庆坨公社析出，成立汉沽港公社。1983年改称汉沽港乡。1997年8月19日撤乡建镇。

2009年，实现地区生产总值8.50亿元，三级财政收入9750万元，农民人均纯收入1.10万元。

农业以种植小麦、玉米为主。有耕地3935.53公顷，其中粮占耕地2132.1公顷，粮食总产14648吨。大牲畜存栏499头，生猪饲养17694头，羊存栏6329只，奶牛存栏499头，蛋鸡存栏9.17万只，产蛋570吨。做好畜禽防疫工作，免疫率100%。有林地1183.3公顷，果园974.73公顷，果品总产18710吨。

有工业企业263家，涉及纺织、自行车、金属加工、食品、建材、化工等13个行业1100多种产品，从业人员8929人。实现工业总产值28.82亿元，销售收入27.34亿元，利润1.78亿元，增加值4.60亿元。企业技改投入2.03亿元。引进企业19家。

新农村建设扎实推进。以小刘堡、冷家堡、大王堡、三街、胡柳子5个村街涉及的3个资金扶持项目为重点，完成主干道路及胡同里巷硬化、环境绿化美化、居住人畜分离等，总投资180万元。完成移动通讯3G信号光纤入镇工程。

社会事业齐头并进。镇中学升入杨村一中24人，其余高中上线88人。在天津市农村初级中学和卫生院率先引入"天然气取暖"工程，教育和医疗条件得到改善。推进城乡居民养老、医疗保险工作，医保参保率98%。3667名60岁以上无养老保障老人享受基本生活费补助。投入13.6万元，为41户困难家庭办理生活保障、五保待遇及低保残疾人生活救助。资助大、中学生20名。育龄妇女采取各种节育措施7314人，综合孕检率98.4%。在二街、四街、二光等6个村街新建农家书屋，添置图书9000余册。

（袁　颖）

曹子里乡

曹子里乡位于武清区中部，东与大黄堡乡、上马台镇接壤，南与梅厂镇为邻，西与徐官屯街道毗连，北与大碱厂镇搭界。2009年，乡域面积56平方公里，辖33个村民委员会。人口2.18万人，其中农业人口2.02万人。

该乡因驻地曹子里而得名。1939年分属武清县第四、五、六区。1949年属第三、十四区。同年10月改称第三区。1950年8月属第六、七区。1952年属第四区。1957年撤区并乡，属拾棉庄乡。1958年9月，东部属大黄堡公社，西部属筐儿港公社，南部属梅厂公社。1958年12月属大黄堡公社。1961年，自大黄堡公社析置拾棉庄公社。1982年更名曹子里公社。1983年改称曹子里乡。

2009年，实现地区生产总值3.40亿元，三级财政收入5211万元，农民人均纯收入1.02万元。

有耕地3159.6公顷，其中

粮占耕地2498公顷，粮食总产29939吨。发放良种补贴60万元，引进良种30万公斤；完成粮食直补3898.6公顷，补贴资金427万元；购置农机具21台套，补贴资金9万余元；发放畜类补贴11万余元。有奶牛养殖小区5个，奶牛存栏4490头；羊存栏2510只；生猪饲养20410头，出栏12560头；肉鸡存栏5.57万只，出栏20.59万只；蛋鸡存栏6.88万只。有林地1156公顷，果园7.66公顷，果品总产542吨。

强化招商网络建设，实现招商引资65家，吸引注册资金3.69亿元，其中区外注册资金2.91亿元。实现工业总产值5.20亿元，销售收入4.56亿元，利润2598万元，增加值8190万元，新增就业1267人。基础设施建设，投资11.30万元，完成产业区4000米污水管道疏通清理和A、B区排水管道污水井清理及破损井盖更换，小区环境实现美化亮化。

推进新农村建设。完成后苏庄、大白马、拾棉庄、前街、陆掘河5个区级重点扶植村及西掘河市级文明生态村建设，通过市、区级检查验收。投入资金1100万元，村街主干道路及胡同里巷实现硬化，植树945株，户改厕671户，安装沼气池95户。30个村实现集中供水，15个村完成低压电力改造，29个村安装有线电视，户改厕4200户。18个村达到文明生态村和新农村建设标准。

推进路网体系建设。津蓟铁路东侧杨六路完成拓宽改造3.8公里，实施绿化、排水2.5公里；完成津蓟铁路以西杨六路两侧硬化绿化5.2万平方米，安装路灯170盏。投资304万元，铺设上殷庄等村乡村公路9.5公里，新建杨碱厂西排渠大桥1座。完成杨六路、大东路、东外环等路段绿化工程，植树13万株，林木覆盖率38%。

教育教学质量提高，考入区级重点中学13人。“新农合”参合率99.5%，为5420人次报销医药费240万元。城乡医疗保险参保18848人，参保率95.9%；养老保险参保2805人。7个村安装建身器材60台套；11个村建农家书屋，为每个农家书屋配备6类1600本图书音像和30种报刊杂志。

（陈广静）

大黄堡乡

大黄堡乡位于武清区东部，东与宝坻区尔王庄乡接壤，南与上马台镇隔北京排污河相望，西与曹子里乡为邻，北与崔黄口镇毗连。境内几万亩芦苇荡野趣横生，是古代著名的“燕王湖”故地，津京走廊上著名的“渔苇之乡”。2009年，乡域面积102平方公里，辖28个村民委员会。人口1.78万人，其中农业人口1.68万人。江泽民、胡锦涛等党和国家领导人曾先后到该乡后蒲棒村视察工作。

该乡因驻地大黄堡而得名。1939年北部属武清县第二区，南部属第十四区。1949年10月第二区改称第十三区。1950年8月，北部属第六区，南部属第三区。1957年1月建大黄堡乡。1958年9月称大黄堡公社。1983年5月改称大黄堡乡。

2009年，实现地区生产总值6亿元，财政收入4498万元，农民人均纯收入1.08万元。

该乡土地肥沃，地产资源丰富，盛产芦苇，有苇田1400公顷。有耕地724.86公顷。粮食种植725公顷，总产8927吨。高效农业形成以水产养殖为主导的特色农副产品生产基地，是京津两地和东北、华北地区重要的水产品供应基地。有养殖水面3066.7公顷，年产鲢鱼、鲤鱼、草鱼、罗非鱼、武昌鱼、彭泽鲫、河蟹、南美白对虾等各种水产品2万吨。生猪饲养1.78万头，蛋鸡存栏5.02万只，产蛋1131吨。有林地5561.73公顷，果园12.3公顷，果品总产140吨。

工业依托地处京津科技密集带和资金密集带优势，形成化工、地毯、塑料、金属制品、饲料生产等主导产业，其中地毯产品久负盛名，远销世界多国。有工业企业167家，实现工业总产值3.23亿元，销售收入2.51亿元，利润1651万元。招商引资1.50亿元，累计引进项目61个。

总投资326万元，完成刘靳庄、普贤坨、小石庄、果汪庄、东汪庄、西丝窝6个村新农村建设。东汪庄、普贤坨实现居住人畜分离，绿化植树4250棵，粉刷墙面9760平方米。完成大黄堡、前蒲棒2个村新农村二期试点建设。建成占地12.38万平方米的29栋住宅还迁楼，700余户村民喜迁新居；配套工程污水处理站、供热站投入使用。

加强农村基层文化阵地建设。建成7个村农家书屋和文化活动室，配发图书和乐器，丰富农民文化生活。落实各项优抚政策，新增优抚对象8人。提供资金68万元，救助贫困对象305人。

（施 洋）

白古屯乡

白古屯乡位于武清区西北部，距城区30公里。东与河西务镇、大孟庄镇隔北京排污河相望，南与泗村店镇接壤，西接城关镇、大王古庄镇，北与高村乡隔凤河西支为邻。2009年，乡域面积50.14平方公里，辖21个村民委员会。人口2.20万人，其中农业人口2.06万人。除汉族外，另有少数民族86人。

该乡因驻地白古屯而得名。1939年属武清县第一区。1949年分属第二、三区。1952年改称第九、十区。1957年撤区并乡，属和平庄乡。1958年9月，属城关"红旗"人民公社。1961年6月，从"红旗"人民公社析出21个村建东马房公社，公社驻地东马房。1980年驻地迁往白古屯。1982年改称白古屯人民公社。1983年改称白古屯乡。

2009年，实现地区生产总值25456万元，三级财政收入3687万元，农民人均纯收入1.02万元。

有耕地3544.93公顷，其中粮占耕地2989.3公顷，粮食总产37441吨。落实夏、秋粮直补，享受国家补贴569万元。生猪饲养2.25万头，羊存栏4619只，奶牛存栏237头，蛋鸡存栏3.58万只，产蛋344吨。有林地964.86公顷，果园69公顷，果品总产2704吨。实现农业总产值16986万元。

有工业企业56家，从业人员1230人。实现工业总产值1.15亿元，销售收入1亿元，利润1038万元。完成招商注册资金8282万元，新增企业26家。为企业输送合格技术人员，组织企业会计、电焊技能、电工技能、针织缝纫等培训12次。

新农村建设涉及9个村，包括2个捆绑式新农村和6个重点项目扶持村，总投资586万元，完成主干街道、胡同里巷硬化，植树1160株，户改厕400户，安装路灯95盏，建健身广场3个。修建乡村公路桐林至韩村段3公里，投资110万元，建成白古屯和富村西口2座公路桥，方便群众出行。完成城际铁路、京津高速二线两侧绿化，栽植树木5.12万株。造林17.16公顷。

社会事业协调发展。有秧歌队、高跷会等众多群众性文体组织。"新农合"参合率98%；医保参保率90%。2795名60岁以上农村老年人按月领取养老补贴。强化弱势群体帮扶，完成8户贫困户及重点优抚对象危房翻建。保持低生育水平，计划生育率97%。

（亓志鹏）

高村乡

高村乡位于武清区西北部，东与河西务镇为邻，南界白古屯乡，西与河北省廊坊市接壤，北邻北京市。京津塘高速二线在该乡留有进津第一"出口"，并在台头村西建有开放式服务区。2009年，乡域面积41.5平方公里，辖16个村民委员会。人口1.88万人，其中农业人口1.70万人。除汉族外，另有少数民族77人。

该乡因驻地高村而得名。1939年，西南部属武清县第一区，余属第二区。1948年12月属第六区。1949年10月改称第四区。1950年8月改称第三区。1952年1月改称第八区。1957年撤区建高村乡。1958年9月属河西务人民公社。1961年6月从河西务公社析出14个村建高村公社。1983年改称高村乡。

2009年，实现地区生产总值2.73亿元，财政收入1676万元，农民人均纯收入9600元。

该乡土壤肥沃，地下水资源丰富，水质好，无公害瓜菜生产为特色产业。种植瓜菜1133.3公顷。有耕地2727.6公顷，其中粮占耕地1216.6公顷，粮食总产17841吨。落实各项惠农政策，发放粮食直补、良种补贴、良种奶牛、可繁母猪等专项补贴资金270万元。生猪饲养4.05万头，羊存栏2500只，蛋鸡存栏6.90万只，产蛋760吨。有林地1214.1公顷，植树造林80.2公顷76132株，林木覆盖率32%。

有工业企业64家，从业人

员 2155 人。实现工业总产值 3.39 亿元,销售收入 2.84 亿元,利润 3575 万元。新增注册企业 12 家,引资 2.76 亿元。完成税收 1676 万元。

新农村建设涉及高村、牛一、牛二、牛三、后侯尚 5 个村,投资 180 万元,完成主干道及胡同里巷硬化,安装路灯 240 盏,建图书室 6 个,修建文化墙 8000 米。投资 61 万元,翻修董碱路 2 公里,修补乡村公路 4000 平方米,乡路完好率 100%。投资 1000 万元,实施农村安全饮水及管网入户工程,解决 16 个村街 7000 余户群众安全饮水问题,实现 24 小时集中供水。

加强文化教育工作。投资 47 万元,完成 2 所学校操场、3 个篮球场建设,并购置计算机、音乐器材、图书等教学设备。建成 6 个村农家书屋,配齐健身广场体育设施。完成 9 所卫生服务站建设及达标验收。发放五保、低保、优抚、特困救助金 110 万元。发放老年人生活补贴金 180 余万元。落实农村居民医疗保险和养老保险工作,医保参保率 93%。

(刘春梅)

豆张庄乡

豆张庄乡位于武清中心城区西侧 11 公里,东与东蒲洼街道接壤,南与黄花店镇、陈咀镇毗邻,西与河北省廊坊市安次区搭界,北隔龙河与东马圈镇、泗村店镇相望。2009 年,乡域面积 61 平方公里,辖 18 个村民委员会。人口 2.30 万人,其中农业人口 2.11 万人。除汉族外,另有少数民族 25 人。

该乡因驻地豆张庄而得名。1939 年分属武清县第六、七区。1949 年 3 月津武县撤销,原属津武县各村分属武清县第十一、十二、十三区。1957 年撤区并乡,建豆张庄乡和东柳行乡。1958 年 9 月属东马圈“火箭”公社和杨村公社。1961 年从“火箭”公社和杨村公社划出 18 个村建豆张庄公社。1968 年 4 月改称“四一四”公社。1982 年恢复豆张庄公社名称。1983 年 7 月改称豆张庄乡。

2009 年,实现地区生产总值 4.30 亿元,三级财政收入 1.67 亿元,农民人均纯收入 9920 元。

有耕地 3705 公顷,其中粮占耕地 2425.3 公顷,粮食总产 27225 吨。落实夏、秋粮直补面积 4066.6 公顷,补贴资金 448 万元。推广种植玉米良种 2133.3 公顷,优种棉花 24 公顷。生猪饲养 1.90 万头,奶牛存栏 1946 头,羊存栏 4285 只,蛋鸡存栏 1.06 万只,产蛋 151 吨。有林地 778.73 公顷。

有工业企业 82 家,从业人员 1936 人。全乡工业总产值 9.51 亿元,销售收入 8.01 亿元,利润 6061 万元,增加值 1.80 亿元。乡内企业娃哈哈食品有限公司年纳税 8600 万元。全年引进企业 37 家,引资 25232 万元。全乡有入区注册企业 286 家,注册资金 9.84 亿元,其中入驻企业 33 家,注册资金 2.56 亿元。乡产业区主要产业有食品、电子、印刷、包装、建材、制药等。

推进新农村建设。完成西南行、南双庙、中双庙、北场、眷兹 5 个新农村试点示范村重点项目建设并通过验收。村街主干街道、胡同里巷实现硬化亮化,植树 4000 株,安装路灯 400 盏,改厕 900 户。组建 29 人的乡环卫队,有村级保洁员 63 人,设立垃圾集中掩埋点,实现长效保洁。津西北防护林工程,新植幼树 1.4 万株;完成城际林网改造建设,植树 3.6 万株;104 国道以北高王路两侧植树 1.29 万株;104 国道南高王路段、京山铁路重点路段补植 3200 株。

总投资 700 万元,完成茨洲小学、青坨小学房屋翻修;对 8 所幼儿园装修改造,添置办公桌椅 180 套,更换电脑 70 台;配齐中小学现代化教育教学设备并通过市级验收。中考考入重点中学 12 人,位居全区前列。北场、东辛庄、西辛庄、西柳行、西南行、豆张庄 6 个村建成农家书屋。完成 14 个社区卫生服务站建设,新建标准化服务站 12 所。保持低生育水平,计划生育率 97.2%。“新农合”参合 19903 人,参合率 98.62%。参加养老保险 1589 人;参加医疗保险 20586 人,参保率 98.1%。

(寇西武 黄德森)

宝 坻 区

概 述

宝坻区位于天津市北部，地处京、津、唐三角地带的中心区。地理坐标为北纬 39°21′~39°51′，东经 117°12′~117°40′。东及东南与河北省玉田县、天津市宁河县相邻，南及西南与天津市武清区、宁河县接壤，西及西北与河北省香河县、三河市相连，北及东北与天津市蓟县、河北省玉田县隔河相望。西北距北京、南距天津市区、东距唐山高速公路车程均不超过一小时。

区境南北通长 53.7 公里，东西横距 47.9 公里，幅员面积 1509 平方公里。下辖海滨、宝平、钰华 3 个街道，霍各庄、史各庄、牛道口、高家庄、方家庄、王卜庄、口东、新安、大钟庄、林亭口、八门城、大口屯、新开口、马家店、郝各庄、周良庄、大白庄、大唐庄 18 个镇和牛家牌、尔王庄、黄庄 3 个乡，有 765 个村委会和 26 个居委会。2009 年，全区人口 67.26 万人。出生人口 6267 人，出生率 9.35‰；死亡人口 5286 人，死亡率 7.88‰。自然增长率 1.47‰，计划生育率 98.23%。

2009 年，全区人民在区委、区政府领导下，以邓小平理论和“三个代表”重要思想为指导，全面落实科学发展观，全区经济持续快速发展，社会事业全面进步，人民生活水平明显提高。

国民经济持续快速发展，整体经济实力显著增强。实现地区生产总值 182.75 亿元，比上年增长 28.09%。三次产业全面发展，第一产业完成增加值 18.39 亿元，比上年增长 5.5%；第二产业完成增加值 77.31 亿元，增长 41.25%；第三产业完成增加值 87.05 亿元，增长 22.87%，三次产业所占比重分别为 10.06%、42.28%和 47.66%。

财政收入持续大幅增长。全区完成三级财政收入 27.51 亿元，其中区级财政收入 16.71 亿元，分别比上年增长 30.58%和 29.03%。财政支出 27.44 亿元（含市各项补贴），比上年增长 39.24%，财政收支基本平衡。

工农业生产持续协调发展。完成工农业总产值 368.33 亿元，比上年增长 35.52%。其中，工业产值完成 325.21 亿元，农业产值完成 43.12 亿元，分别增长 38.86%和 14.71%。

农业生产稳步发展。生态农业全面提速，以效益为核心，发展设施农业、特色农业、绿色农业，推进产业化经营，促进传统农业向现代化农业转变。新增设施农业面积 1393 公顷，新建、改造各类养殖小区 21 个，林下经济增加到 333 公顷，农业发展水平快速提升。

农、林、牧、渔业持续发展。完成农业产值 43.12 亿元，比上年增长 14.71%，其中种植业产值 22.14 亿元，增长 18.07%，牧业产值 16.20 亿元，渔业产值 4.75 亿元。完成农业增加值 18.39 亿元，增长 5.5%。粮食作物播种 8.93 万公顷，比上年增加 2600 公顷，增长 1.03%。粮食总产 58.34 万吨，增长 1.24%。经济作物播种 7.41 万公顷。巩固林业成果：造林 1084 公顷，四旁植树 115.18 万株，年末，全区实有林地 2.64 万公顷，林木覆盖率23.2%，果品产量2.95万吨。畜牧业生产平稳发展。畜牧业产值完成16.20亿元，生猪饲养98.55万头，出栏64.9万头。渔业生产发展步伐减缓。水产品养殖3566.67公顷，水产品产量3.75万吨，其中养殖产量3.58万吨，与上年同期持平。

农业产业化经营取得新进展。滨海现代农业综合发展试验区、泰和丰食用菌等龙头项目进展顺利，宝迪食品工业园正式奠基；培育农民专业合作社31家，全区75%的农户进入产业化经营体系。推进果蔬、畜禽、水产等标准化生产，无公害种植面积扩大。中欧农业生态补偿合作试点项目正式落户，宝坻区成为全国4个示范点之一。

农业现代化水平提高。农机总动力82.33万千瓦，机耕、机播、机收面积分别为73.5千公顷、83.37千公顷和55.62千公顷，化肥施用量9.20万吨，农药使用量632吨，农业生产用电量1.04亿度。有效灌溉面积6.56万公顷，当年实灌面积6.08万公顷，节水灌溉面积5.33万公顷。

工业总量扩张，新型工业逆势发展。出台促进工业经济发展的10项措施，监测在统企业开工率保持99%以上。各级园区新增开发面积408公顷。工业增加值完成38亿元，比上年增长18.06%，完成工业总产值325.21亿元，增长38.86%，实现利税总额29.05亿元，增长34.25%。

规模以上工业企业主要产品产量如下：

产品名称	单位	数量
供电量	万千瓦小时	96024
自来水供应量	万立方米	287
服装	万件	10300.77
皮鞋	万双	331.26
家具	万件	124.1
水泥	万吨	13.37
塑料制品	万吨	6.05
钢材	吨	11049.4
饲料	万吨	31.31

建筑业快速发展。完成建筑业增加值10.46亿元，比上年增长36.75%。

全社会固定资产投资增长。全社会固定资产投资完成145.21亿元，比上年增长60.9%，工业固定资产投资73.05亿元，增长46.1%。

房地产业高速发展。完成房地产业增加值13.9亿元，比上年增长101.9%，投资总额19.65亿元；施工面积150.56万平方米；竣工面积28.68万平方米；销售面积55.05万平方米。

交通、运输、邮电、通信业保持快速发展。实现增加值13.65亿元，比上年增长13.26%。公路客运量172.25万人次，客运周转量9132.04万人公里；公路货运量80.76万吨，货运周转量2450.40万吨公里。邮电、通信业高速发展，交换机总容量22.56万门，电话机总数22万部，其中农村10.40万部。宽带网用户发展到7.80万户，比上年增长103%。

现代服务业快速成长。把发展现代服务业作为优化经济结构、转变发展方式的重要举措，依托项目，打造亮点。新型商业业态和现代流通方式日益普及，家电下乡、家电和汽车以旧换新工作有效开展。完成社会消费品零售额75.56亿元，比上年增长23.58%。批发、零售贸易、餐饮业实现增加值22.93亿元，增长25.2%。玉佛宫项目建成并做好开馆准备，完成潮白新河“水上游”航线码头建设，军事旅游影视基地等项目相继落户；举办天津市“温泉康体旅游节”。接待游客24.2万人次，实现直接旅游收入1.2亿元。

利用内资、外资继续保持较强增势。吸引内资协议额134.1亿元，实际到位额109.06亿元，分别比上年增长27.36%和44.74%；外资到位额1亿美元，增长21.62%。

金融秩序稳定，各项存贷款余额不断增加。金融机构存款余额189.27亿元，其中储蓄存款131.79亿元，分别比上年增长29.09%和21.8%，各项贷款余额89.09亿元，增长24.86%。保险事业平稳发展。保险业承保金额46.3亿元，保费收入2.5亿元，其中财产险保费收入3928万元、人寿险保费收入2.1亿元。支付各类赔款4696万元。

科技创新能力不断增强。完成专利申请200件，实施区级以上科技项目83项，新增著名商标4件、天津市名牌产品2个，33家企业通过ISO质量和环境管理体系认证。区科协和各种专业技术研究会发挥越来越大的作用，科普宣传51次，科技培训312次，参加各种科技知识培训6.5万人次，农村劳动力“351”培训工程继续深入展开。

教育事业均衡协调发展，教育教学水平稳步提高。新建宝坻中专实训楼、宝坻四中体育场，加固改造部分中小学教学楼和其他校舍设施，撤并学校1所。至年底，全区有各类学校205所，教学班2258个，在校学生8.21万人，毕业生2.52万人。拥有教职员工9260人。高考本科上线4003人（二本以上），专科上线1029人。

文化、广播电视事业平稳发展。启动区文体中心建设，建成农家书屋、村文化室308家，新增农村有线电视用户5700户。全区乡镇级及以上有图书馆、室25个，藏书8.5万册，开展各种形式的文艺演出（电影放映）4596场，观众138.5万人次。拥有有线电视用户5.3万户，增长23.8%，有线电视线路总长1316延长公里。

卫生、体育事业健康发展。卫生系统改革、医药市场和医疗行业整顿取得新进展。拥有卫生机构46个，卫生技术人员2040人，诊疗219万人次，治愈率68.21%。举办各类区级运动会10次，参赛3000余人；获市级及以上竞赛奖牌19枚。

城乡人民生活水平得到新提高。用于民计民生方面的支出13.5亿元，比上年增长32.4%。转移农村劳动力1.5万人，新增就业1.2万人。城乡居民收入稳步增长，农民人均纯收入9966元，比上年增加943元，增长10.45%。城镇从业人员人均工资4.48万元，增加7705元，增长20.77%。居民储蓄余额增加，至年底，储蓄余额131.79亿元，人均储蓄1.96万元，分别比年初增长21.8%和21.3%。

（张殿成 何素英 张海涛）

宝坻区区级领导名录

中共宝坻区委领导名录

职 务	姓 名	性别	出生年月	民族	文化程度	籍 贯
书 记	王宏江	男	1965-09	汉	博 士	天津市
副书记	孙宝华	男	1962-11	汉	研究生	天津市
副书记、政法委书记	贾凤山	男	1960-10	汉	硕 士	天津市
常委，公安宝坻分局党委书记、局长	安洪文	男	1949-02	汉	大 专	天津市
常 委	李连元	男	1964-04	汉	研究生	天津市
常委、宣传部部长	张子堂	男	1957-09	汉	大学、学士	天津市
常 委	孟宪昆	男	1955-06	汉	大 学	天津市
常委、区纪委书记	李维怀	男	1958-05	汉	大 学	天津市
常委、组织部部长	李 凤	女	1959-06	汉	大 学	山东宁津
常委、办公室主任	李国田	男	1964-12	汉	研究生	天津市
常委、区人武部政委	陈高龙	男	1959-11	汉	硕 士	山西原平

宝坻区人大常委会领导名录

职 务	姓 名	性别	出生年月	民族	文化程度	政治面目	籍 贯
主 任	徐 刚	男	1949-11	汉	大 学	中共党员	天津市
副主任	吴 会	男	1951-05	汉	大 学	中共党员	天津市
副主任	刘开亮	男	1953-04	汉	大 学	中共党员	安徽凤台
副主任	王桂芹	女	1952-07	汉	大 专	中共党员	天津市
副主任	倪守强	男	1952-03	汉	大 学	无党派人士	天津市
副主任	梁德仓	男	1952-07	汉	大 专	中共党员	天津市

宝坻区政府领导名录

职 务	姓 名	性别	出生年月	民族	文化程度	政治面目	籍 贯
区 长	孙宝华	男	1962-11	汉	研究生	中共党员	天津市
常务副区长	李连元	男	1964-04	汉	研究生	中共党员	天津市
副区长	孟宪昆	男	1955-06	汉	大 学	中共党员	天津市
副区长	王素艳	女	1962-04	汉	研究生	中共党员	天津市
副区长	艾玉昆	男	1965-07	汉	大学、学士	无党派人士	天津市
副区长	尹建国	男	1961-11	汉	研究生	中共党员	天津市
副区长	边荣海	男	1962-08	汉	大 学	中共党员	天津市
区长助理（副区长级）	冯 义	男	1961-02	满	大 学	中共党员	吉林伊通

政协宝坻区委员会领导名录

职 务	姓 名	性别	出生年月	民族	文化程度	政治面目	籍 贯
主 席	张振祥	男	1951-04	汉	大 学	中共党员	天津市
副主席	云凤和	男	1951-07	汉	大 专	中共党员	天津市
副主席	张力华	女	1957-07	汉	大学、硕士	无党派人士	天津市
副主席	胡静江	男	1955-09	汉	研究生	中共党员	天津市
副主席	张伯苓	男	1954-12	汉	研究生	中共党员	天津市
副主席	白俊生	男	1957-03	汉	大 学	中共党员	天津市
副主席(兼)	邹万志	男	1955-05	汉	大 学	无党派人士	天津市
副主席(兼)	陈秀华	女	1967-01	汉	大 学	无党派人士	天津市

（区委组织部提供）

大 事 记

1月

5-7 日 政协宝坻区三届三次会议召开。听取审议区政协常委会工作报告和提案工作报告，政协委员列席区三届人大四次会议。

6-8 日 宝坻区三届人大四次会议召开。听取审议区人民政府工作报告、区人大常委会工作报告、区人民法院工作报告、区人民检察院工作报告。审查批准区 2008 年国民经济和社会发展计划执行情况的报告与 2009 年国民经济和社会发展计划、区 2008 年预算执行情况的报告与 2009 年预算。

13 日 中国驻越南前大使胡乾文到宝坻区视察。察看珠江温泉城项目区和青南万亩生态林区。

15 日 宝坻区政府与中国农业银行天津市分行签署战略合作协议。按照协议，农行天津分行将从 2009 年到 2011 年，安排 50 亿元信贷资金支持宝坻区经济社会建设。

2月

13 日 世界 500 强企业中粮集团总裁于旭波到宝坻区考察。察看珠江温泉城项目区和生猪产业化基地项目规划区。

16 日 市残联党组书记、理事长迟承镇带领检查组到宝坻区，检查残困户危房改造、扶贫基地建设和残疾人自主创业情况。

18 日 宝坻区行政许可服务中心启动企业设立网上联合审批办公系统，实行统一进件、并行办理、跟踪服务。

27 日 宝坻区残联举行换发第二代残疾人证培训会暨残疾人教育助学金发放仪式，为 508 名残疾学生和残困户子女发放助学金 14 万元。

本月 宝坻区民政局婚姻登记处被民政部授予全国婚姻登记规范化建设单位称号。

3月

6 日 宝坻区举行家电下乡试销启动仪式。市供销合作总社党委书记王建涛出席。

9 日 世界 500 强企业中粮集团与宝坻区签约健康生猪产业化项目。

13 日 宝坻区妇联、区体育局联合举办“盛行·巨龙杯”三八巾帼健身大赛，370 余名妇女参加。

19 日 中国建设银行天津分行党委书记、行长高德高一行，就加强大型设施农业建设、提供支农金融服务到宝坻区调研。

24 日 市委书记张高丽和市委常委、市委秘书长段春华到宝坻区，就加强农村基层组织建设和“保增长、渡难关、上水平”活动开展情况进行调研。

4月

15 日 宝坻区首届职业技能大赛决赛正式启动。市妇联主席朱丽萍出席启动仪式并致辞，参观手工艺作品大赛展出现场。

28-30 日 宝坻区举行中小学田径运动会。33 人次刷新 11 项天津市中小学田径运动会（区县组）纪录，76 人次刷新 43 项区中小学田径运动会纪录，31 人达到国家二级运动员标准。

29 日 宝坻区举行纪念五四运动 90 周年大会。会上进行青年礼仪风采大赛决赛，表彰第三届“十杰百佳青年”。

同日 宝坻区文化局聘请 78 名网吧义务监督员，自 5 月 1 日起正式上网。

本月 宝坻区总工会筹集资金 7 万多元，为 16 家企业职工文化活动室配备电视机、音响等设施，为 15 家企业职工健身活动室配备乒乓球台等体育器材。

本月 宝坻区汽车站由国家二级车站晋升为一级车站，为老五县（武清、宝坻、宁河、静海、蓟县）中第一个被评为该级别的汽车站。

5月

3日 市委副书记、市长黄兴国，市委常委、常务副市长杨栋梁，副市长李文喜、王治平、任学锋带领市有关部门负责人到宝坻区就乡镇工业区发展情况进行调研。察看马家店镇工业区，听取区委、区政府工作汇报。

15–21日 宝坻区总工会、区劳动和社会保障局、区工商联联合开展民营企业招聘周活动。举办招聘会2场，进场单位72家，提供就业岗位1107个，达成就业意向403人次，其中为高校毕业生提供岗位332个，达成就业意向86人次。

19日 市人大农业和农村委员会主任崔士光、副主任戴国兰，市林业局局长李森阳到宝坻区，检查《森林法》执行情况。察看青南万亩生态林区建设情况，听取相关工作情况汇报。

21日 市委常委、市委教育工委书记苟利军带领市有关部门负责人到宝坻区调研。察看宝坻经济开发区及霍曼门业有限公司，听取区委、区政府及经济开发区工作情况汇报。

6月

2日 天津眼科医院15名专家为马家店镇部分机关干部和村民义诊并赠送药品。

6月12日–8月28日 全国京东大鼓艺术节在宝坻区举行。艺术节期间，举办“宝坻杯”全国京东大鼓展演、京东大鼓传承基地建设、新作品创作及名家拜师谢师等系列活动。

16日 全国人大常委、全国党建研究会会长、中央党校原常务副校长、中央巡回检查组组长虞云耀带领中央巡回检查组到宝坻区，检查指导深入学习实践科学发展观活动开展情况。听取宝坻区学习实践活动进展情况汇报并提出指导性意见。市委常委、市纪委书记臧献甫陪同检查。

25日 市政协副主席何荣林到宝坻区调研农村水利设施建设和家电下乡情况。察看了解京津新城扬水站、里自沽灌区节水改造项目区、农用桥维修改造项目和中联家电、劝宝购物广场家电下乡销售情况，听取有关工作情况汇报。

同日 市国土资源局宝坻区分局开展以“保障科学发展，保护耕地红线”为主题的第19个全国土地日宣传活动。现场接受群众咨询300余人次，发放宣传资料1200份。

26日 共青团宝坻区委开展“感受科学发展，承载青春使命”纪念建党88周年主题团日活动。组织30多名基层团干部和优秀团员青年代表参观天津市规划展览馆和宝坻经济开发区。

同日 副市长李文喜带领市有关部门负责人到宝坻区，检查贯彻落实加快区县经济发展座谈会精神情况。听取有关工作情况汇报，就做好相关工作提出要求。

29日 宝坻区妇联启动单亲困难母亲健康援助行动。分批为319名单亲困难母亲进行包括妇科、肾功能等14项99小项内容的健康检查，对4名妇科疾病患者提供手术援助8500元。

本月 京津新城第一污水处理厂项目进场施工。项目概算投资4767万元，一期设计处理规模1万吨/日，出水达到一级A排放标准，计划2010年5月进水调试。

本月 京龙系列工程机构设备研发制造及配套基地项目落户宝坻九园工业园区。项目计划总投资10亿元，占地28公顷，建设目标是中国最大的户外升降设备研发及制造基地，2010年建成投产。项目建成后将年产塔机1000台、升降机4000台，年产值30亿元，纳税额1.5亿元，安排就业3000人。

7月

1日 市委常委、常务副市长杨栋梁带领市有关部门负责人到宝坻区调研，察看霍曼（天津）门业有限公司和福盈电脑机械有限公司。

29日 国家文物局局长单霁翔到宝坻区调研，察看京津新城玉佛宫项目，听取有关工作情况汇报。市文化广播影视（文物）局局长赵鸿友陪同。

本月 天津泰达环保有限公司与宝坻区签署投资合作协议。根据协议，投资方计划投资5000万元在宝坻区以BOT模式建设运营生活垃圾卫生填埋场，项目占地22.67公顷。

8月

7日 宝坻区举行庆祝“全民健身日”活动启动仪式，并举办“盛行·巨龙杯”新农村运动会。24个乡镇街的260余名运动员参加比赛。

12日 宝坻区妇联、团区委在牛家牌乡青南万亩生态林区举办“亲近自然 感受和谐”亲子游戏大赛，50个家庭参加“齐心协力”三人行、春种秋收等5个项目比赛。

12-13日 全国政协常委、政协港澳台侨委员会主任、海峡两岸关系协会会长陈云林到宝坻区视察，察看京津新城玉佛宫项目。市政协主席邢元敏，副主席王文华、陈质枫陪同。

15日 天津医科大学与宝坻区人民医院签署建立临床学院协议并举行揭牌仪式。天津医科大学党委书记张连云参加揭牌仪式。

29日 副市长张俊芳带领市有关部门负责人到宝坻区调研，听取校舍加固及功能提升工作情况汇报。

31日 市人大常委会副主任邢明军到宝坻区调研人大代表工作，召开座谈会听取相关工作情况汇报。

同日 市政协副主席张大宁到宝坻区调研。察看霍曼(天津)门业有限公司、津宝乐器有限公司、京津新城玉佛宫项目、牛家牌乡青南万亩生态林区、日立楼宇设备制造（天津）公司，听取企业生产经营和项目建设情况汇报。

本月 宝坻区文化旅游信息网正式开通。网站栏目包括宝坻旅游、文化产业、文化服务、文艺普及、新闻快讯等专题，网址：http://www.baodiwh.gov.cn/。

9月

2日 国务院南水北调办公室主任张基尧一行到宝坻区调研。察看引滦入津工程和南水北调配套工程、京津新城玉佛宫项目，听取相关工作情况汇报。副市长熊建平陪同。

5日 中共中央台湾工作办公室主任、国务院台湾事务办公室主任王毅，全国政协常委、政协港澳台侨委员会主任、海峡两岸关系协会会长陈云林到宝坻区，察看京津新城玉佛宫项目。市政协主席邢元敏、副主席陈质枫陪同。

19日 宝坻区档案局在南关大街举办庆祝建国60周年档案展暨家庭档案巡回展。展品包括1949年至2009年宝坻区发展历程档案及部分家庭档案。

20日 国防科技大学与宝坻一中签署建立生源基地合作协议并举行授牌仪式。中央纪委委员、国防科技大学副政委于起龙少将参加授牌仪式。

22日 市人大常委会主任刘胜玉到宝坻区口东中学检查《义务教育法》落实情况。副市长张俊芳陪同。

10月

1日 北城路改造工程竣工通车。工程于9月1日开工建设，全长811米、宽10米，铺设沥青混凝土路面8110平方米、收水支管383米。

18日 由中央电视台、宝坻区政府主办，中央电视台海外中心“中华情”栏目组、中威集团承办的“中华情·相约宝坻”大型演唱会在区举办。此次演唱会是宝坻有史以来规模最大、影响最广的演出活动，2万余人观看。

23日 宝坻区召开第一届农民体协全体会议，审议通过第一届《农民体协章程》，选举产生第一届农民体协组织机构组成人员。

28日 大连实德集团在宝坻经济开发区举行塑钢异型材项目开工奠基仪式。

29日 香港总商会主席、香港环康集团创始人、香港山东商会会长、山东省政协常委蒋丽莉博士，香港永华国际有限公司董事长邓献伦，香港环康集团总裁吴志辉，高级顾问包国平博士一行6人到宝坻区，就京津新城建设相关工作沟通洽谈，对宝坻区招商项目和投资环境进行考察。

11月

本月 美味佳食品有限公司落户宝坻经济开发区。计划总投资1.2亿元，占地6.7公顷，主要生产食品加工调料。

本月 宝坻区妇联首次被全国妇联授予全国“三八”红旗集体荣誉称号。

本月 周良庄、新开口2个镇和大钟庄镇大米庄村等21个村获得天津市村务公开民主管理示范单位荣誉称号。

本月 宝坻区人民医院王广舜获得中国医师协会颁发的第六届中国医师奖。

12月

6日 区慈善协会、中国移动天津公司联合举办慈善助学仪式，为宝坻区20名贫困高中生发放助学金2万元。

14日 解放军总后勤部副部长兼解放军总医院（301医院）院长秦银河一行到宝坻区，察看解放军军事交通学院教学基地项目，了解项目建设情况。

15日 台湾宜兰农田水利会会长吕天降带领台湾各地区农田水利会成员一行19人到宝坻区，考察农田水利设施建设情况。察看京津新城扬水站、潮白河里自沽节水改造等工程。

同日 天津宝迪食品工业园项目举行奠基仪式。副市长李文喜出席。该项目计划总投资15亿元，占地33.3公顷，主要建设年屠宰200万头生猪、5000万羽禽类的两个现代化屠宰加工厂，以及年加工10万吨猪血的血制品加工厂和年产量3万吨的低温肉制品加工厂。预计年销售收入50亿元，安排就业2000余人。

（张海涛）

党务

组织工作 2009年，中共宝坻区委制定出台《关于做好2009-2012年大规模培训干部工作实施意见》。举办各类培训班560余期，培训在职干部2.6万人次。对绩效综合考核办法修改完善，将9个副处级领导职位面向全市进行公开选拔。推进科级干部竞争上岗工作，竞争上岗科级领导干部107人。制定下发有关科级干部任免、考察的9个配套办法。对54个乡镇局领导班子充实调整，调整处级干部103人。举办各类人才专题培训班240余期，培训2.3万人次。招录公务员42人，招录选调生8人，招聘事业单位工作人员170人，选聘199名高校毕业生从事公益性岗位工作。完成733个村换届工作，对新任职的1400名村级主要干部进行任岗培训。分4期组织200名优秀村干部到先进地区培训。完成70名高校毕业生到村任职选聘工作。发展党员979名。新建9个乡镇党员服务中心，150个村、社区、非公企业“党员之家”。

（何素英　张海涛）

宣传工作 2009年，宝坻区分阶段开设“学习实践科学发展观 推动宝坻更好更快发展”、“关注大项目”、“亮剑冲刺 决战决胜”等30余个综合新闻专栏，播发各类新闻稿件3600多条，《宝坻报》累计发行164万份。先后举办全国京东大鼓艺术节、央视“名段欣赏走进评剧之乡宝坻”、第二届“新农民·新文化”展演以及书法美术摄影展等系列活动，打造全国第一个“电视评剧周”。戏剧文艺演出300余场次，各类文艺作品展60多次，获市级以上奖项30多个、全国性奖项16个。建成农家书屋、村文化室308家。完成638个村1100公里光缆铺设，新增农村有线电视用户5700家。在市级以上报刊和“两台”播发稿件768篇。在《人民日报》、《天津日报》、《今晚报》头版刊登新闻报道24篇；在天津电视台《天津新闻》节目播发稿件90篇。制作完成综合性对外宣传画册《京东明珠 魅力宝坻》和同名电视宣传片。参与策划央视《中华情·相约宝坻》大型文艺节目宣传工作。

（张海涛）

纪检工作 2009年，区纪委制定下发《宝坻区2009年效能建设工作安排意见》，督促88个单位，确定效能立项92个。3次组成检查和调研组，走访3个开发区、17个乡镇产业功能区和77家在建项目、87家投产企业，发现和解决影响企业发展的突出问题63个。对42个行政审批主体部门涉及的行政审批事项全面清理，取消行政审批事项51项，压缩审批时限57.5%。推出“立等可取”事项45项，“一审一核”事项比例提高到89.22%，项目现场审批率95%以上，网上申报审批率40%以上。对涉及的15项6375万元中央涉农资金及各项惠农补贴使用情况进行专项检查清理。各单位组织党员干部3000多人，到新中国第一大案基地和“廉政楷模——周恩来”革命传统教育基地参观学习。举办廉政教育培训班 9 批次,受教育 1.5 万人次。全区查找风险点 15 大类 2200 多个,建立完善相关预警防范措施 1300 多项。清理公务用车 689 部,审批公务用车 32 部。对 15 项 1115 万元政府采购项目进行监督,节约资金 94 万元。

(张海涛)

接待群众来访

统战工作 2009 年,宝坻区选送优秀党外领导干部到天津市社会主义学院学习深造。两次组织党外代表人士集体学习和培训。组织 12 名专家到大钟庄镇开展科技、医疗、法律“三下乡”义务咨询活动,为农民进行义诊和现场答疑,发放各类技术资料 3000 余份。会同民宗办、国保支队开展打击非法传教活动,制定相应措施,成功驱逐窜入宝坻区非法传教的河北省籍地下神甫李树昌。处置郝各庄镇侯家庄天主教堂圣堂和新开口镇洛水坨村地下神甫重大问题。组织干部群众观看文献纪录片《海峡春潮》,20 余万人次收看。

(张海涛)

政　务

信访工作 2009 年,宝坻区信访办受理群众来信来访 3139 件次。其中,来信 505 件(初信 467 件、复信 38 件),来访 1177 人次(初访 1154 人次、复访 23 人次),集体访 140 批 1457 人次。到市上访 142 人次(集体访 7 批 73 人次);市以上机关要查处结果的 105 件,办结率 100%;区领导批办(含接待日交办)、信访办自办案件 226 件,全部办结。开展党政领导干部大接访,区领导接待群众来访 159 人次,帮助群众解决实际困难和问题 46 件,各乡镇街、区直各部门主要领导接待群众 1500 多人次,为群众解决实际问题 151 件。区信访办协调建委、劳动和社会保障局等单位,多次深入工地,解决拖欠农民工工资 2000 多万元,未发生一起因拖欠农民工工资到市或进京上访。妥善化解退役军人、征地拆迁安置补偿、拖欠工资等群众集体访 30 批 516 人次。

(张海涛)

人事工作 2009 年,宝坻区招录公务员 32 人。区直和乡镇政府序列的 42 个科级职位在单位内部进行竞争上岗,提拔科级干部 72 名(其中竞争上岗 42 人),平职交流 18 名,免职 2 名。组织开展新任科级干部培训班,195 名正副科级干部参加培训。分两期对 1816 名科级以下公务员及事业单位科级领导干部进行培训。组织 67 名非公经济专业技术人员参加职称申报,占全区申报总数 28%。举办各类培训 1557 期,累计培训 2.75 万人次。组织开展事业单位工作人员公开招聘工作,招聘 165 人。接待各类求职人员 470 人次、招聘企业 66 家,为企业组织小型专场招聘会 30 余次。开展高校毕业生系列就业服务活动、重大项目人才服务月活动、秋季高校毕业生就业服务周等,促进高校毕业生就业。接收应届毕业生 300 人,为 54 名落实工作单位的毕业生办理改派手续,接收应届毕业生档案 402 卷,接收各类流动人员档案 49 卷,转出档案 258 卷,为流动人员接转干部身份 101 人。为区城市管理综合执法局招聘数字城管信息采集员和信息受理员 17 名,招募“三支一扶”人员 9 名。

(张海涛)

信息化建设 2009 年,宝坻区信访办根据信访工作任务需要,重新修建候访室,安装新座椅,增添两台液晶电脑。各乡镇、街信访接待室全部配备电脑，配齐信访专线电话，实现与区电子政务网互联互通，形成与市、区和乡镇街道上下贯通、方便快捷的信访网络系统。加强“宝坻人才网”日常维护与管理，对各种信息及时收集、整理、更新，使网站准确反映人才市场变化情况，为单位用人和个人择业提供便捷渠道。“宝坻人才网”发布招聘信息480条、求职信息491条。

（张海涛）

政　法

公安工作 2009年，公安宝坻分局完成国庆60周年安保工作。深化对“法轮功”等邪教组织的打击，破获散发、张贴反动宣传品等案件10起，打处10人，捣毁窝点3个，收缴计算机2台、反动宣传品9900份。完成分局43个科室所队门户网站和33个信息采集室标准化建设。移送刑事案件715件1074人，批捕694人，移诉率和批捕率分别达100%、99%。裁决行政案件593起，行政复议维持率100%。组织开展“打黑除恶”、“0901”系列专项打击和打击盗窃自行车违法犯罪等专项行动，分局侦破各类刑事案件1875起，打处犯罪嫌疑人1105名（逮捕649人、劳教41人、直诉415人），打掉犯罪团伙202个，抓获逃犯448名。命案发案11件破案10件，侦破率91%；“八类案件”发案193起破案163起，破案率84.46%；现案破案率46.9%。打掉涉黑犯罪集团1个，涉恶犯罪集团5个。查办传销案件27起，以组织领导传销罪逮捕（刑拘）31人，教育遣散3000余人。开展治爆缉枪工作，收缴枪支235支，爆炸物品14.5千克。发生交通事故5918起，其中重大交通事故106起，死亡115人，分别下降8.6%、8.7%。查破交通肇事逃逸案件169起，破案率71.3%。

（张海涛）

检察工作 2009年，宝坻区检察院受理审查批捕案件犯罪嫌疑人409件658人，依法批准和决定逮捕396件641人。受理移送审查起诉案件犯罪嫌疑人542件1043人，依法向区人民法院提起公诉532件1020人，移送上级院11人。受理渎职侵权类案件线索1件1人，立案1件1人。受理贪污受贿案件线索52件，决定初查32件，经初查立案13件15人，所立案件中贪污案5件，挪用公款案6件，受贿案2件，大要案8件，大要案比例61.54%。终结并移送起诉14件20人，比上年上升367%；通过办案为国家挽回经济损失114万余元。受理民事申诉案30件，审结30件。完成各类调研文章40篇，被市检察院等上级部门采用5篇。办公室编发信息223条，被市检察院采用178条，采用率80%。6篇文章被《检察日报》、《天津政法报》、《渤海早报》等采用。

（张海涛）

法院工作 2009年，宝坻区法院受理刑事、民事、行政、执行等各类案件8772件，审（执）结7440件，比上年分别上升9.8%和11.9%。受理各类刑事案件527件，与上年持平，审结505件，下降1.4%。受理各类民商事案件5014件，审结4660件，分别上升7.1%和8%。其中调解结案2586件，调解率55.4%。审理与经济发展密切相关的企业间购销、加工承揽、借款及金融纠纷、劳动争议等各类案件1819件，强化婚姻家庭、相邻关系、损害赔偿等传统民事案件审理，审结该类案件1600件。受理行政诉讼案件14件，审结14件。审查行政非诉执行案件70件、受理100件（含旧存32件），结案85件，结案率85%。受理各类执行案件3216件，结案2879件，结案率89.5%。完善涉诉信访工作，开展立案调解及诉前调解工作，调处各类矛盾纠纷141件。接待涉诉来访51人次，来信27件次，解答群众法律咨询290人次，信访量下降48.3%。组织干警参加各类业务培训843人次。

（张海涛）

司法行政 2009年3月，中央宣传部、国家司法部、全国普法办授予宝坻区依法治区领导小组办公室全国“五五”普法中期先进集体称号。开展以“预防未成年人犯罪”为主题的“法律进校园”宣传活动，组织法制报告15场，受教育1.4万人。举办以“学法、守法、用法，建设美好祖国”为主题的宝坻区“富达杯”青少年法律知识电视大赛。9万余人参与学习答题竞赛活动。各级调解组织调处各类矛盾纠纷2079件，调解成功2034件，成功率97.8%。海滨街道建立宝坻区首个社区矫正公益基地，累计接收社会服刑人员885人，解除社会服刑人员432人，在册人员453人。刑释解教人员帮教率100%，安置率96%，重新犯罪率2%以下。全区律师办理各类案件1099件。宝坻公证处办理各类公证1264件。法律援助中心办理各类案件144件，接待来电来访咨询1532件，增设法律援助联络点27个。

（张海涛）

人民团体

工会工作 2009年，宝坻区有700余家企业做出“少裁员、不裁员、不减薪”承诺，覆盖职工6.9万人，保持企业正常生产和职工队伍稳定。举办宝坻区首届职业技能大赛，历时5个月，近2000名选手参赛，300余名选手、300余件作品进入决赛。全区建立基层工会组织1485家，涵盖独立法人单位2532个，发展会员13.75万人，比上年净增基层工会组织43家，涵盖独立法人单位81个，会员5704人。完成1312家企业工资协议签订工作，覆盖职工8.5万人。举办4期计算机初级培训，培训职工155人次，50多人取得计算机初级证书。举办各类专业技能培训班120期，培训各类人员6800人。救助困难职工1088人次，发放救助款物计70万余元。筹集资金13.77万元，为253名困难职工、194名市级以上劳动模范投意外保险和医疗补充保险。

（张海涛）

共青团工作 2009年，共青团宝坻区委开展建国60周年主题教育活动、“感受科学发展、承载青春使命”主题团日活动、“青春见证发展”主题实践活动。以“践行科学发展观、高举旗帜跟党走、富民强区作贡献”为主题，开展纪念五四运动90周年系列活动、纪念少先队建队60周年教育活动。以“红领巾心向党，我为祖国献祝福”为主题，广泛开展知识竞赛和征文大赛活动。举办“华夏杯”青年礼仪风采大赛。开展“环境立区，青年先行”青年志愿者主题服务活动。促进青年就业创业，建立青年就业见习基地26个，为172名大中专毕业生提供就业实训岗位。扶持青年自主创业，团区委与邮政储蓄银行天津分行宝坻支行合作实施天津青年自主创业成长小额贷款项目，为840名青年争取创业成长小额贷款6147.5万元。建立牛家牌乡团委、新开口镇团委、宝平街道团委3个市级农村基层共青团工作示范点，为每个示范点争取扶持经费3000元。

（张海涛）

妇女工作 2009年，宝坻区妇联举办首届手工艺品制作大赛，展出手工编织、十字绣、葫芦烫画等作品450余件。举办月嫂培训、家政服务员培训2期，培训妇女70人，40人取得专业证书。组织开展企业用工专场招聘会，100多名应聘者与企业达成就业意向。组织开展宝坻区千名女带头人培训班，培训280人。举办“盛行·巨龙杯”三八巾帼健身大赛，370余名妇女参加比赛。开展喜迎建国60周年书画展。组织各界妇女代表开展“喜迎祖国六十华诞 畅谈宝坻发展变迁”各界妇女庆祝建国60周年活动。组织开展第二届“和谐宝坻 巾帼十杰”评选表彰活动。区妇联接待妇女上访16起，办结率100%。为319名单亲困难母亲免费体检，争取8500元对4人进行手术援助和医疗救助。开展“关爱女性健康，共建和谐宝坻”女性特病互助活动，7772名妇女参保。组织女村官培训班、健身培训班、知识讲座4期，培训妇女220人次。组织科级以上女干部培训1期，210人参加。

（张海涛）

农业

种植业 2009年，两个种植业项目被列入宝坻区政府督办重点工程。沼气国债项目，累计完成投资1950万元，建户用沼气池3000座、服务网点30个、养殖小区小型沼气及联户沼气工程4个，全部投入使用。农产品质量检测中心改扩建工程，总投资

“三辣”产品丰收在即

200万元，由区畜牧水产局负责承建。调整落实设施农业建设用地1633公顷，新建设施面积1395公顷，全区设施面积2405公顷。累计发展林下经济333公顷。全区经市级认证无公害产品19个，样品抽检合格率98.9%以上。落实各项惠农补贴政策，完成种粮直补面积8.6万公顷，发放补贴资金9400万元。完成良种补贴面积11.1万公顷，发放补贴资金1823万元。培训农村劳动力3.27万人，争取上级补贴资金376.3万元。粮食播种8.67万公顷，总产5.8亿公斤，冬小麦播种3.2万公顷，植树177.69万株，全区林木覆盖率22.4%。绿色城镇、园区、村庄工程植树44.6万株，占计划76.8%。完成新城四环及城区植树13.06万株，栽植花灌木0.75万株，建绿色隔离带8万平方米、地被植物17.6万平方米、花卉1万平方米，建绿86万平方米。

（张海涛）

养殖业 2009年，宝坻区生猪存栏41.91万头，蛋鸡存栏388.2万只，肉牛存栏5.06万头，肉羊存栏13.24万只，肉禽存栏123.8万只，奶牛存栏8736头。全区畜牧养殖小区296个，水产养殖面积3467公顷。对禽流感、口蹄疫、猪高致病性蓝耳病、猪瘟等重大动物疫病实行强制免疫，免疫密度100%。全面实行生鲜乳许可证、准运证、交接单制度，为17个小区（场）发放许可证和准运证。区重点工程之一的宝坻区动物疫病预防控制中心建设项目完成选址。承接的国债项目农产品质检站建设启动，基础设施建设完成。完成9个畜禽养殖小区标准化改造工程、2个畜牧业示范园区建设项目、1个水产养殖示范区项目建设。在黄庄洼1.33万公顷稻地发展稻田养殖200公顷。对5000头奶牛，4.6万头能繁母猪进行品种改良，新建规模1200头的种猪场1座。

（张海涛）

农业建设 2009年，宝坻区辣椒保鲜库项目建设全面竣工，万吨蔬菜深加工项目基建和设备安装调试基本完成，均申请验收。优质强筋专用小麦产业化开发，推广面积突破3333公顷。服务设施农业，完成工厂化育苗120万株，示范推广面积33公顷。增加各类农机具3524台套，补贴金额1635.49万元，带动农民投入资金4200余万元。农业综合开发工程改造面积4000公顷，新建排灌站10座、节制闸3座、生产桥73座、涵洞100座，修建机耕路16公里，开挖疏浚渠道51.64公里，埋设输水管道69.38公里，植树7.6万株，衬砌渠道7.9公里，新打机井171眼，架设输变电线路配套45.42公里，增容变压器21台，新建公示牌3座。2009年度市水务局批复宝坻区农村饮水安全及管网入户工程涉及363个行政村，受益27万人，其中农村饮水安全工程（中央扩大内需项目）207个行政村15.5万人，管网入户工程156个行政村11.5万人。里自沽灌区节水改造工程完成投资1.02亿元。农用桥闸涵拆建43座，投资1700万元。完成城区窝头河治理工程，投资223万元，长度2.15公里。完成箭杆河扬水站更新改造，工程总投资1880.58万元。

（张海涛）

工业交通业

工业 2009年，宝坻区工业企业实现总产值315亿元，比上年增长38.5%；实现工业增加值87.41亿元，增长38.2%；出口交货值59亿元，增长30.8%；实现税收8.3亿元，增长27.82%；工业固定资产投资完成73亿元，增长46%，新开发投资5000万元以上工业项目33个。全区年销售收入500万元以上规模企业352家，销售收入超亿元企业42家。全区监测在统企业开工率始终保持在99.18%以上，产销率96.69%以上。引进内资项目336个，投资协议额140亿元，到位109亿元，分别增长33.3%和46%。批准新设外资项目9个，增资项目16个，外资到位1亿美元，增长21.4%。在谈项目142个，计划固定资产投资512亿元，其中亿元以上项目47个，投资额470亿元。投入园区基础建设资金4.71亿元，新增园区开发面积431公顷，各级园区控制规划面积74.82平方公里，开发面积22.67平方公里。各级园区新签约项目81个，新开工建设项目49个，新投产企业30家，新增固定资产投入65亿元。各级各类园区入驻企业437家，实现销售收入115.3亿元，税收2.98亿元，分别增长44.16%和27.18%。示范区建设进展顺利，宝坻区获批区县示范工业园区4个，成为全市批准数量最多区县。4个示范区总规划面积59平方公里，起步区面积14.8平方公里。万元工业增加值综合能耗下降4.81%，万元工业增加值综合能耗0.4179吨标煤，远低于全市1.08吨标煤的平均水平。

（张海涛）

津蓟高速宝坻南入口

交通工作 2009年，宝坻区交通业完成工程产值4.35亿元，占年初计划145%，生产性固定资产投入完成700万元，固定资产1.5亿元。承建大的单项工程15项，总投资5.76亿元。完成216公里公路大中修（乡村公路大修150公里）和25座桥梁改造工程。全长29公里、投资6.8亿元的宝坻新城环路工程全线贯通。小修养护完成投资1700万元，占年初计划119%。绿化投资39.7万元，新植、移植树木1.39万株。客运及行管部门加大客运服务力度，拓展“最佳服务窗口”荣誉，完成春运、黄金周及日常旅客运输任务。安全发送客运班次16.5万班次，安全输送旅客275万人次，无一旅客滞留，无一安全事故发生。开展为期20天的客运市场秩序专项治理活动，查处扰乱客运秩序的出租车200余部。

（张海涛）

商贸服务业

外经外贸工作 2009年，宝坻区完成外贸出口3.48亿美元，比上年下降11.1%。组织各类培训班培训管理人员400余人次。新增进出口权企业51家，总数461家。引导4家企业参保出口信用险，210家企业加入电子商务平台，94家企业进行质量和环境管理体系认证。争取国家和市扶持资金，为外向型企业争取近300万元。在发展当地生产企业扩充进出口权基础上，寻求与上海、北京、浙江等省市的国际贸易公司合作机会，内引外联。实施“走出去”战略，组织20家企业走出去开拓市场，组织参加“津洽会”，210家企业参加广交会、厦洽会以及各种大型国际性商品展览会，接待客商480余人次。申报出国、出境团组18批30人次，加强对外交流。通过参加各类展会，开拓新型国际市场，促成外贸企业新增出口交货值近亿美元。

（张海涛）

商贸流通工作 2009年，宝坻区社会消费品零售额75.7亿元，比上年增长24%。服务业增加值68.56亿元，增长36%。商贸流通企业1.07万户（商贸企业9181户、餐饮业730户、社会服务业828户），比上年增加1968户。完成宝坻区商业网点布局规划、城区菜市场布局规划和

劝宝超市

加油站行业发展规划。市场建设服务中心，累计融资1.5亿元，争取政策补贴1000万元。煤炭市场、农产品批发交易市场、机动车市场投入使用，五金机电（旧货）市场提前启动。日用消费品以劝宝为龙头，新发展连锁店81家，总数589家。农业生产资料以劝宝农资配送中心为龙头，发展到186家。完成社区商业中心3个，便民连锁店提升15个、新建2个。供销社系统完成销售总额16.8亿元，增长15.85%。实现利润870万元，增长16%。上缴税金4353万元，增长40%。全区累计注册服务型总部型企业1392家，实现税收6.88亿元，其中新注册1126家，实现税收4.63亿元。注册资本54.8亿元的南环铁路公司完成在区注册。全区个体私营企业15923户（个体13000户、私营企业2923户），其中新注册私营企业1070户，新发展个体工商户5050户。

（张海涛）

商品市场建设 2009年，宝坻区加强商品市场建设。市场中心农产品批发交易市场项目，占地面积23.7万平方米，总投资1.5亿元。市场中心机动车交易市场项目，建筑面积1.2万平方米，总投资5000万元。供销社农副产品及农业生产资料配送中心项目，占地4.1万平方米，总投资4570万元。京东粮油储运贸易公司扩建项目，总投资1.85亿元，占地面积16.9万平方米。市场中心煤炭市场项目，占地3.1万平方米，投资3000万元。区商业系统实现营销总额17.27亿元，比上年增长19.08%。社会商品零售额8.1亿元，增长32.79%。实现增加值5125万元，增长17.81%。实现利润870万元，增长33.85%。上缴税金4656万元，增长49.47%。发展劝宝加盟店81家，新增营业面积7497平方米。投资330万元建立劝宝超市天馨家园店，建筑面积600平方米。在劝宝购物广场处绿色家园店原有基础上重新改造扩建，扩建后经营面积2万平方米。劝宝超市实现商品销售8亿元，增长23.75%。组建天津劝宝农业生产资料有限责任公司，公司注册资本1000万元，建筑面积2.2万平方米，总投资4570万元。投资500多万元，对劝宝购物广场1、2楼装修改造。

（张海涛）

商品质量监督 2009年，宝坻区组织商品促销、展销活动13次。对重点消费产品的质量、销售及售后服务监督检查，化解纠纷189件，为消费者挽回经济损失140多万元。打击非法屠宰销售行为，出动执法1600人次，查处生猪灌水行为12起，依法查扣涉嫌未经检疫肉品200余公斤。查处取缔私屠滥宰15户，罚没款5万元。

（张海涛）

开发区建设

开发区概况 宝坻经济开

津宝乐器

发区是国家批准的省(市)级开发区。2003年3月建立,总规划面积33平方公里,首期开发7.4平方公里,坐落高家庄镇北侧与牛道口镇中间地带。2006年6月经国家发改委审核合格,由“天津宝坻经济开发区天宝工业园”更名为“天津宝坻经济开发区”。2009年,宝坻经济开发区实现生产总值4.8亿元,比上年增长118%;销售收入18.8亿元,增长116%;完成固定资产投入16.2亿元,增长15%。实现纳税总额6093万元,增长23.2%。其中,国税4933万元,地税1160万元。引进内资20.3亿元,增长34%;引进外资合同额1.38亿美元,实际到位外资额3233万美元。园区入驻企业56家,固定资产投资额64.6亿元,其中当年新增固定资产投资额16.2亿元。新签入驻企业10家,其中超亿元企业5家,计划固定资产投资23亿元。56家企业中,建成30家,固定资产投入24.3亿元,纳税6046.1万元;在建18家,固定资产投资额15.8亿元;筹建8家,固定资产投资额24.5亿元;在谈8家,预计固定资产投资额6.5亿元。完成注册服务型企业55家,其中注册资本亿元企业2家、千万元以上5家、百万元以上15家、50万元以上11家、50万元以下22家,实现纳税46.9万元。

(张海涛)

项目开发 2009年,宝坻经济开发区新签约项目10个,计划固定资产投资23亿元。其中,动工1家,办理土地手续2家,筹建7家。新引进超亿元以上项目5个,其中美味佳(天津)食品有限公司投资1.2亿元,占地6.67万平方米,该公司主要生产食品调味品,完成立项并开始施工;天津天业东盛模板有限公司投资2亿元,占地13.3万平方米,该公司主要生产桥梁等建筑模板,办完营业执照进入“招拍挂”程序;大连实德投资有限公司总投资10亿元,其中一期投资5亿元,占地20万平方米,建设年产16万吨的塑钢型材基地,进入土地“招拍挂”程序;太平洋邓禄普纺织有限公司投资1亿美元,建设高档纺织、服装、鞋业加工基地,占地47.4万平方米;南海星光活性炭有限公司,投资1亿元,占地4万平方米。新增土地开发面积149公顷,新增基础设施投资3000万元,宝中道南道路油面铺设及侧台安装工程竣工,完成投资600万元。给水管网工程竣工,投资350万元。完成宝中道南2000余棵行道树种植。完成天中路、天祥路2万平方米道路绿化。完成天中路1.2万平方米便道工程。宝中道南天中路、天跃路、天祥路、天宝路、宝强道、宝康道路灯工程全部完工,总投资380万元。宝中道南高压供电工程完成设计。投资883万元,完成供暖管网工程。投资450万元,架设天然气管网9.1公里,建设天然气计量站1座。

(张海涛)

九园工业园建设 九园工业园区坐落宝坻区南部大白庄镇,2003年3月建立,总规划面积30平方公里,首期开发10平方公里。2009年,宝坻区九园工业园完成工业增加值3.32亿元,比上年增长36.3%;完成销售收入22.8亿元,增长49.8%;实现税收6366万元,增长56.82%;完成工业固定资产投资16.09亿元,增长7.2%;吸纳就业1013人,增长26.6%。新增投产企业9家,新增入驻项目27个,占地192公顷,协议总投资42.2亿元;新增在谈项目11个,累计储备项目28个,总投资45亿元。新增服务型总部型企业17家,注册资本55.8亿元,上缴税收3703.3万元。新增开发面积240公顷,基础设施投入4590万元。投资1290万元,

九园工业园管委会

完成北扩区四大街、六号路道路工程；投资1300万元，完成北扩区供水管网、供暖管网工程，六号路、七号路、四大街供电工程；投资2000万元的国际石材建材产业基地道路及排水工程竣工。

（张海涛）

城市建设与管理

城建工作 2009年，宝坻区建委承担重点工程15项，完成投资2.16亿元，新建改造道路面积25.2万平方米。完成各类建设工程招标96项，中标规模102万平方米，中标总价12.88亿元，审批新建商品房交付使用证7批次，涉及住宅78幢33.6万平方米，办理建设工程项目报建139项，核发施工许可证87份，开工面积116万平方米；办理图审备案40件、合同备案96份，安全措施资料备案85项。新增劳务分包企业5家，建筑企业年检合格率100%。新接、跨转工程183万平方米，竣工验收工程12项20万平方米，备案工程54项74万平方米，解决质量投诉19起，工程竣工验收合格率100%。解决农民工工资纠纷79起、涉及1900人次，清理拖欠工资1320万元。工程设计承揽工程50项17万平方米，设计费收入162万元。对岳园小区、三中、五小等建筑实施节能改造31万平方米。

（张海涛）

土地管理 2009年，市国土资源局宝坻分局绘制完成宝坻区土地利用总体规划电子版和数据汇总，启动区县级规划大纲编写工作。《宝坻区土地利用总体规划方案》编制工作接近尾声。结合第二次土地调查，落实3.07万公顷的建设用地总规模、7.63万公顷的耕地保有量和6.78万公顷的基本农田面积。调整规划面积296.87公顷，完成协议征地370公顷，上报审批建设用地470公顷。出让土地116宗235公顷，土地出让金11.86亿元。申报开发整理规模为12.66公顷的牛家牌乡土地开发整理项目。发现并制止违法用地行为23起，占地面积10公顷。查处违法用地86起，占地面积30公顷，其中拆除53起，建筑面积9072平方米，复耕土地6公顷。发放初始证86件，办理延期89件，集体土地抵押登记2件。第二次土地调查集体土地调查范围内立卷5188宗，核发集体土地所有权证书2664件。完成土地评估173宗，面积500公顷，量化土地资产24.8亿元。

（张海涛）

城乡体系规划 2009年，宝坻区规划局完成总体规划编制任务。组织有关乡镇街和责任单位，编制完成天津宝坻节能环保工业区、低碳产业工业区、塑料制品工业区、不锈钢制品工业区4个示范工业园区总体规划。编制完成宝坻新城供热系统规划、宝坻新城供水系统规划、宝坻区燃气系统规划和潮白河城区段水生态景观、革命渠两侧景观规划方案。编制完成天津宝坻节能环保工业区、低碳工业区、塑料制品工业区、不锈钢制品工业区4个示范工业园区控制性详细规划及城市设计。编制完成《宝坻区蓄滞洪区安全建设规划和宝坻区2009-2013年电网滚动规划》。编制完成高家庄、大口屯、郝各庄等14个乡镇的53个村庄规划。核发《选址意见书》55份，选址建设用地276万平方米；核发《建设用地规划许可证》81份，审批建设用地302万平方米；核发《建设工程规划许可证》203件，总建筑面积192.4万平方米（建筑工程183件、市政工程20件）；核发《建设工程规划许可证》部位证10件。为23个乡镇街的村庄核发《选址意见书》162件、《乡村规划许可证》83件。业务件办结率100%，准确率100%。

（张海涛）

房管工作 2009年，宝坻区房管局办理房地产权属登记2.37万件698.7万平方米。其中，办理房地产登记1.23万件323.9万平方米，房地产他项权登记6834件328.1万平方米，商品房备案登记4603件46.7万平方米。完成1.98万卷档案的电子和实体归档，提供利用1.37万卷次。为60户困难家庭办理廉租房补贴，办理房屋租赁登记备案2115件，比上年增长28.3%，鉴证面积26.08万平方米，完成计划指标的260%。开展危房查勘工作，查处危险房屋2370.77平方米。开展既有房屋安全普查工作，对3个街道办、21个乡镇、19个物业小区、217所学校既有房屋进行安全普查。完成幢表1.07万幢，户表5.42万户，建筑面积1062.53万平方米，全部拍照并录入市房管局房屋安全普查系统。加强对拆迁项目的指导监督检查，为3个项目办理拆迁延期手续。

（张海涛）

环境保护

生态区建设 2009年是宝坻区开展生态区建设的第二年。根据《宝坻区生态区建设规划》，制定《宝坻区生态区建设实施方案》，启动大口屯、马家店、林亭口、周良庄、新开口、八门城、高家庄7个镇环境优美镇创建工作。为5个镇争取中央农村环保专项资金800余万元，建设乡镇污水处理厂和垃圾转运站，其中周良庄镇和新开口镇垃圾转运站竣工投入使用。大口屯镇和新安镇污水处理厂完成全部土建工程。林亭口镇污水处理厂完成施工设计，计划2010年3月开工建设。

（张海涛）

环境监管 2009年，主要污染物化学需氧量减排项目宝坻区第二污水处理厂可削减化学需氧量(COD)253吨。555家企业完成排污申报，征收排污费340万元。第一次全国污染源普查工作全面完成，建立普查数据库。完成18家水污染源、17家大气污染源一户一档建立工作。完成有效环境监测数据7000个。严防甲型H1N1流感传播，对40家医疗机构废水、废物处理处置情况执法检查，对引滦水源水质保护工作执法检查，引滦水质达标率100%。9台212蒸吨10吨以上锅炉完成高效脱硫除尘治理，对城区小型燃煤设施进行检查，消除冒黑烟现象8次，对城区周边22处煤炭经营点、15处沙石料堆进行治理。二级良好及以上天数达标率88.6%。实施重点企业重点督察督办，出动执法人员6182人次，对化工、地毯、电镀、造纸、水泥、食品等重点行业专项检查，现场检查单位3182家次，查处违法企业65家。举办排污申报培训班7期，培训357个单位400余人次。

（张海涛）

污水处理厂建设 2009年，宝坻经济开发区污水处理厂投入运行。九园工业园区污水处理厂土建工程完工，进行仪器仪表安装。第二污水处理厂投入运行。周良新区污水处理厂进行土建施工。第一污水处理厂迁扩建完成选址等前期准备工作。

（张海涛）

经济管理

财政收支 2009年，宝坻区财政收入完成27.51亿元，比上年增长30.6%。其中，一般预算收入21.59亿元，增长27.3%；政府性基金收入5.92亿元，增长44%。财政支出完成27.44亿元，占调整预算的91.2%，比上年增长39.24%。其中，一般预算支出21.35亿元，增长28.9%，基金预算支出6.09亿元，增长49.4%。完成2008年度企业财务决算编制和汇总工作，31户国有企业，资产总额65.71亿元，负债总额22.29亿元，国有资产总量43.16亿元，实现主营业务收入3.3亿元。争取市财政转移支付资金15.1亿元，办理贷款12.04亿元。

（张海涛）

地税工作 2009年，地税宝坻分局完成税收收入10.09亿元，比上年增长30.67%，完成计划的102.35%。城建税、房产税、企业所得税等税种，比上年均有大幅度提高，城镇土地使用税完成8339.6万元，增长156.67%。对房地产开发企业、重点税源企业、限售股减持企业及个人所得税重点稽查，组织入库稽查收入1058.9万元，其中税款916.5万元、滞纳金21.72万元、罚款120.68万元。新建以信息系统和信息化管理为核心的现代化税收征管体系。

（张海涛）

国税工作 2009年，宝坻区国税局完成与区财政对口径税收10.37亿元，比上年增长38.9%。与市国税局对口径税收完成9.1亿元，比上年增长40.9%。办理免抵退税额2.74亿元，其中退税 1.43 亿元、免抵调库 1.31 亿元。加强重点税源监控管理，监控年纳税额 25 万元以上的 230 户重点税源企业，完成税收 5.9 亿元，占税收总量 75.3%，比上年增长 31.3%。开展纳税评估，累计评估企业 72 户，有问题 12 户，查补增值税 293.29 万元。加强增值税税源管理，1491 户增值税一般纳税人平均税负 4.32%，比上年提高 1.34%，相应增加当期税收收入 2 亿元。开展联合办证工作，与地税局联合办理开业、注销、变更登记证、非正常户数 2858 户。安排各项检查 237 户次，其中专项检查 75 户次，专案检查 15 户次，群众举报案件 9 件，滞补罚合计 2217 万元，移送公安机关案件 7 件。办理增值税免抵调库 1.31 亿元，比上年增长 21.2%；办理出口退税 1.43 亿元，增长 17.5%。

（张海涛）

工商管理 2009 年，宝坻区新增各类市场主体 4578 户。完成各类企业、个体工商户年检 1.26 万户。新认定“温馨”、“水王”、“劝宝”、“万宝”4 件商标为天津市著名商标。“环球”商标申报驰名商标上报国家工商总局。协助“华旗”商标入选市工商局驰名商标培育库。指导注册、转让“黄庄洼”大米等农产品商标 13 件。向企业发放《商标注册建议书》290 份，宣传引导申请商标注册 96 件。新增农民专业合作社 89 户。区消费者协会被中国消费者协会评为开展“消费与发展”主题活动先进单位。在打击传销百日执法行动中，开展三次大规模集中行动，出动执法 1600 余人次，取缔“红景天”等传销组织 7 个，清理传销人员居住点 272 处，教育、驱散、遣送传销人员 5500 人，刑事拘留骨干分子 31 人，批捕 21 人，解救被迫传销人员 42 人，收缴、销毁用于传销的物品 6 吨 30 余车。强化监管执法责任制，查办各类案件 598 起，罚没款 97.1 万元。工商宝坻分局信息中心被国家工商总局评为全国工商系统先进单位。

（张海涛）

物价管理 2009 年，宝坻区物价局对全区行政事业单位收费许可证及民办非企业单位登记审核证进行集中审验办理，发放行政事业性收费许可证 478 本（正副本），经营性收费登记审核证 41 本，注销收费许可证 23 本，涉及宝坻区取消或停收收费项目 14 项，提高收费标准 1 项（地下水资源管理费）。开展规范涉及企业生产、流通环节收费的清理整顿工作，涉及收费单位 12 个，收费项目 29 个，发放企业自查自纠情况登记表 30 余份。完成农产品成本调查 9 项，专题调查 5 项，上报各类报表 72 份，每月写出生猪、鸡蛋成本情况分析 5 份，农产品成本与收益情况分析 9 份。受理价格鉴证案件 901 件，鉴证总额 911.78 万元。其中，刑事案件 433 件，鉴定金额 329.01 万元；经济、行政案件 15 件，鉴定金额 144.79 万元；交通事故车物定损 453 件，鉴定金额 437.98 万元。

（张海涛）

食品药品监督 2009 年，宝坻区食品药品监督管理局开展药械专项检查 10 次，出动执法人员 560 人次，检查药品生产企业 12 户次，医疗器械生产企业 38 户次，药品经营企业 462 户次，医疗机构 150 户次，社区服务站 284 户次，完成药品抽验 470 批次，检验阳性率 5.1%，立案 51 起，没收违法药械 346 种，罚没款 20 万元。走访药品经营企业 130 家，药品生产企业 2 家，批发、连锁企业 4 家，当场解决各类问题 48 件，阶段性问题 25 件。审批核发《药品经营许可证》19 份、《医疗器械经营企业许可证》20 份。召开专题培训会议，完成 85 家零售企业换证工作。注重药品广告监测作用，指定专人对全区所有电视频道的药品广告实施 24 小时监测，发现违法违规广告 41 起，移送至工商局。开展药械安全知识宣传 7 次，发放宣传材料 6000 余份，接受群众咨询 410 余人次。

（张海涛）

质量技术监督 2009 年，宝坻区质量技术监督局质检业务收入 710 万元，比上年增长 5%。对 1500 余家企业进行摸底调查，帮助企业解决难题 300 余件。完成食品、糕点、饲料、建材、卫生巾、化妆品等 12 大类 100 余种产（商）品的定期、委托、监督检验，检验产品近 1400

批次，出具检验报告2000余份，检定计量器具1200余台。规范作业人员考核管理，打击特种设备违法违规违章生产使用行为；考核发证各类特种设备作业人员386人，其中司炉工99人、起重机械247人、压力容器40人；对700余家企业1400余台特种设备进行安全监察，下达《特种设备安全监察指令书》135份，依法取缔"土锅炉"、"土制设备"5台；验收、定期检验锅炉596台次，压力容器67台次，电梯164台次，起重机械1675台次，水质化验230个，安全阀校验420个，校验电梯限速器195个。

（张海涛）

审计工作 2009年，宝坻区审计局确定审计项目24个，计划延伸审计103个单位。审计查出违规行为金额4.8万元，管理不规范金额3.7万元，促进增收节支1.4万元。向区委、区政府和市审计局提交审计结果报告16篇，向被审计单位出具审计报告24篇，提出审计建议47条，上报审计信息、宣传稿件等118篇。完成上级机关和区领导交办的12个项目的审计任务。全年预算执行审计涉及部门和单位30个，审计资金47亿元，查出违规行为金额4.1万元，管理不规范金额2.6万元。对16位领导干部进行经济责任审计，其中任中审计9人，查出违纪金额1764万元，管理不规范金额1555万元，提出审计建议18条。安排设施农业补助资金、政府性贷款资金、绿化工程资金等效益审计和审计调查项目5项，涉及110多个部门单位。

（张海涛）

科　技

科技计划实施 2009年，宝坻区组织实施各级各类科技项目82项，获得市级以上科技部门支持经费920万元，贴息贷款400万元。组织实施区级科技计划项目59项，安排科技三项经费120万元。通过项目实施引进新品种62个，推广农业新技术73项，推广面积8369公顷。选派170名科技特派员到24个乡镇街、325个行政村、1005个农户和4家企业从事科技服务工作。配套建成糙甸设施园艺示范基地1个、经济组织合作社3个。组织申报科技部科技特派员项目1项、市级4项、区级15项。科技特派员"三辣"（五叶齐大葱、六瓣红大蒜、天鹰椒）产业创业链被国家科技部认定为全国第一批科技特派员创业链。3个产业链被市科委认定。申报国家星火项目1个。3个项目被市科委立项。

（张海涛）

科技宣传 2009年，宝坻区以"预防疾病、科学生活"为主题，开展科普宣传、科普咨询、科普讲座、科普报告。举办第23届科技活动周活动，展出宣传版面200多块，组织动员300余名科普志愿者开展科普宣传活动。举办科技讲座和科技报告会30多次。通过科技下乡、发布科技成果、专利项目、举办各类科技培训等，发放科技资料3300多份，赠发科技类书籍1300余册，接受咨询和参与群众3500余人次。完成"4·26"知识产权宣传工作，活动期间发放知识产权宣传明白纸2000份，宣传图版41块。津宝乐器等7家企业被列为天津市专利试点企业，泽宝水泥等3家被列为区级试点企业，10家试点企业专利申请基本完成年度计划。企业专利申请量132件，比上年增长30%。

（张海涛）

科技创新 2009年，宝坻区宝盈电脑机械有限公司、晨光化工有限公司和世星电子有限公司3家企业被认定为高新技术企业。区农机局承担的水稻生产关键环节机械化技术继承推广项目等9项科技成果取得市级科技成果鉴定。天农康嘉生态养殖有限公司承担的应用益生菌营养素实现生猪健康养殖技术和三农金科技发展有限公司承担的原子经济反应生产高效抗旱保水剂2项科技成果获天津市科技进步三等奖。泽宝水泥制品有限公司的"宝通牌"混凝土管道DN300－DN4000产品被首批认定为天津市自主创新产品。对获得科技成果、专利申请、新技术引进与推广的38家企业和5名先进个人发放奖励资金230.86万元。其中，科技成果奖励16万元，高新技术企业认定奖励5万元,科技型中小企业技术创新项目奖励135万元,国家新产品项目奖励30万元,区级新产品、新技术引进推广项目奖励8万元。

(张海涛)

科技平台建设 2009年,区科委完成宝坻区服装家纺特色产业基地建设项目建议书。为星洋电子科技公司、巨光电光源公司、津海天亿光电公司、鑫安天亿电子公司4家新光源照明企业申报国家、天津市创新基金项目。金钰生物科技公司与天津农学院合作研发的酶法提取微胶囊化辣椒素生产项目、晨辉饲料公司与天津农学院合作研发的枝角类水中浮游生物对鱼体沼色的研发项目、恒安食品公司与天津科技大学合作研发的二代奶茶现场售卖机项目进入产业化生产过程。在宝坻科技网建立拥有5万多个项目的科技成果项目库。

(张海涛)

地震科技工作 2009年,宝坻区地震办组织开展法律、法规咨询和宣传教育活动。完成顺驰小学示范校建设及中小学生防震减灾知识竞赛。上报信息6篇,2篇被市地震局采用,1篇被国家地震局转载。修改完善《宝坻区地震应急预案》、《宝坻区地震办公室地震应急预案》。"5·12"防灾减灾日、"7·28"地震纪念日组织系列宣传,累计发放宣传画册1500多份,知识问答手册1000多册,接待群众咨询42件,向24个乡镇街、27个社区居委会发放150份防灾减灾知识系列宣传挂图。

(张海涛)

地震知识宣传

教　育

教育设施建设 2009年,宝坻区完成9所学校加固工程。新建宝坻中专实训楼为五层框架结构,建筑面积3400平方米,投资680万元。宝坻四中体育场建设400米塑胶跑道、人造草皮足球场和相关体育设施,投资460万元。总投资240万元对宝坻四中、育英高中、大口屯高中、林亭口高中、大钟高中、李家深高中、华苑小学校内水暖设施维修改造,解决管道老化、漏水问题。总投资510万元,区财政投资170万元,完成中小学新增教学仪器配送工程。

(张海涛)

教学成果 2009年,宝坻区中考考生9723人,平均分399.3分,高出全市平均分8.6分,优秀率28%,及格率85.6%。高考实考考生7552人,本科二批以上上线4003人,比上年增加1058人。全区高中应届毕业生5593人,高考600分以上111人,一本上线1721人,比上年增加446人,上线率30.7%,高出全市10.3%;二本以上上线3640人,比上年增加956人,上线率65.1%,高出全市21.7%。

(张海涛)

宝坻一中

教育发展情况 2009年，宝坻区各类教育均衡发展。学段、城乡、区域、学校和学科之间的差距缩小。重视特殊教育，规范学前教育，巩固义务教育成果，提高普通高中教育教学质量。发展职业教育，加强职业教育实训基地建设，强化以就业为导向的办学指导思想。开展成人教育，全区24所成校达到市级示范校或市级一类校标准。提高音乐、美术等课程的教学质量，组织举办校园艺术节，举办师生书画展览和文艺演出。组织高中学生军训和劳动实践活动。落实各项卫生防疫措施，加强食堂食品卫生管理。

（张海涛）

文 化

群众文化活动 2009年，宝坻区文化局开展春节系列文化活动，包括新春音乐会、春节招待会文艺演出、焰火燃放、评剧贺岁演出。新增新春文化大集活动。京东大鼓艺术节胜利落幕。举办"宝坻之厦"评剧百年演唱会。第二届"新农民·新文化"展演连续在文化广场演出6场，800余名演员上演150多个节目，近两万名观众现场观看。与区教育局共同主办"祖国在我心中"征文演讲系列活动。协助区妇联、团区委开展"庆三八"专场文艺演出、宝坻区礼仪风采大赛等群众文化活动。举办"中华情"走进宝坻专场文艺演出。

（张海涛）

公共文化建设 2009年，宝坻区启动区文化中心建设项目。该中心包括博物馆、展览馆、美术馆、文化馆、图书馆、剧场及商务娱乐等配套设施。开展农家书屋、村文化室建设工作，765个行政村建成农家书屋340家，数量居全市各区县之首。区图书馆新增图书近8000册，征订报刊杂志300余种，征订音像资料300余件，图书借阅量突破10万册，读者接待量8万余人次。区新华书店发行教材、教辅用书2445万元。

（张海涛）

文化市场管理 2009年，宝坻区文化局出动执法人员1466人次，检查经营场所和单位1509家次，取缔无证经营音像、图书摊点31个，办结行政处罚案5件，收缴罚没款4.5万元，收缴违法音像制品3.2万盒（张）、违法出版物1292册、非法报纸9506份。取缔非法出版物《宝地生活》，对3家涉嫌印制非法出版物的医院下发《责令限期（停止）改正通知书》。

（张海涛）

文化遗产保护 2009年，宝坻区获得全国文化工作先进县、全国文物工作先进县称号。765个行政村文物普查工作全部完成，普查覆盖率100%。普查不可移动文物点192处，发现新文物点72处。开展非物质文化遗产申报工作，上报3项市级非物质文化遗产和4个天津市民间特色文化艺术之乡。编辑出版宝坻区非物质文化遗产丛书，出版《京东大鼓》一书，完成《宝坻民间故事》、《宝坻旧风俗》、《宝坻民歌》、《宝坻皮影》等书籍初稿。颁布宝坻区第一批非物质文化遗产名录，建成第一批宝坻区非物质文化遗产传承基地。《宝坻区旅游业发展规划》初步编制完成。军事旅游影视基地项目成功签约，选址在黄庄乡，占地67公顷，投资3亿元。"水上芭蕾"项目成功运行。完成《宝坻导游词》、《宝坻旅游指南》编印工作。编辑出版《国家级非物质遗产——评剧艺术》和《京东大鼓》。开通宝坻文化旅游信息网http://www.baodiwh.gov.cn。

（张海涛）

档案工作 2009年，宝坻区档案局完成25个建设项目1721卷档案审核验收工作。开展年检专题培训，完成88个立档单位年度归档目录审核、信息反馈工作。对103个立档单位档案工作开展情况实地检查，对91个立

重建后的广济寺

档单位检查评定，全部达到良好以上标准。对30个家庭建档示范户定期督促，引导发展270户家庭开展建档活动。接收64个立档单位档案2.38万卷1401件。其中土地承包和宅基地档案1.13万卷、建设项目档案538卷、印章250枚。接收复员军人档案246卷。年底馆藏档案18万卷，接待查档2400人次，提供档案利用3823卷。档案数据库总量146.8万条目，其中文件级137.5万条、案卷级9.3万条，文件级条目覆盖馆藏档案100%。完成100余万字的《宝坻县志》续志蓝本稿、送审稿及《天津区县年鉴》宝坻部分稿件。在《宝坻报》开辟“尘封档案”专栏，刊登宣传馆藏档案内容稿件17篇。

（张海涛）

广播电视 2009年，宝坻区广播电视局围绕学习实践科学发展观活动，推出《肩负新使命 建设新宝坻 实现新发展》、《践行科学发展观——永葆党的先进性》主题报道和相关特约评论。围绕庆祝新中国成立60周年活动，推出《峥嵘岁月》、《亲历》和《足迹》三部曲系列报道和《重点工程建设进行时》、《聚焦设施农业》、《大项目建设巡视》、《关注民心工程》、《创优环境兴宝坻 改进作风促发展》等一批重点报道。天津卫视《天津新闻》节目播发反映宝坻工作和发展的新闻90余条。策划录制《央视戏曲频道〈名段欣赏〉栏目走进评剧之乡宝坻》节目，《文化大院》节目录制播出常规节目24期、录制3场特别节目《福牛迎春》、《祝福祖国》、《歌唱祖国》。专题节目《今日宝坻》、《绿色田野》和《宝坻金盾》，逐步形成品牌栏目。电视专题片《“筑巢”的宝坻人——记宝坻老乡鸟巢设计项目经理、结构设计审核人任庆英》获天津市好新闻一等奖。电台报送的《大学生乡下当鸡官》被中国广播电视协会评为全国广播专题三等创优节目奖。发展有线电视1.7万个点位，开通1700个用户。

（张海涛）

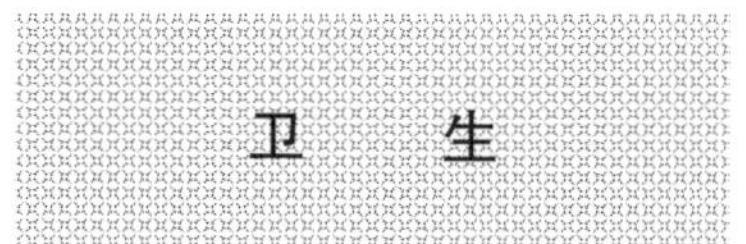

公共卫生服务体系建设 2009年，宝坻区卫生局投入110万元购置实验室装备，组织相关人员参加市级卫生应急培训5期，350人次参加区级传染病控制、食物中毒与信息管理等应急技能培训。报告法定传染病1506例，无甲类传染病报告，其中乙类346例，比上年下降47.5%，丙类1160例，下降28.8%。结核病、艾滋病等传染病得到有效控制。成立甲型H1N1流感防控工作领导小组，开展防控工作。免疫规划疫苗（9苗）接种16.1万人次，接种率99%。宝坻区被评为天津市免疫规划先进区县和天津市传染病防治先进区县。依法查处案件34起，查处黑窝点37户，监督覆盖率100%。

（张海涛）

广电局“走进军营”联欢会

医疗卫生服务体系建设 2009年，宝坻区医疗机构诊疗患者147.5万人次，治愈率68.21%，比上年提高2.8%；好转率30.23%，提高2.25%；病死率0.15%，下降0.02%。区人民医院北楼投入使用，天津医科大学宝坻临床学院揭牌。全区获市级科研成果10项，填补市内空白2项。区人民医院后勤保障楼开工建设。完成100所农村社区卫生服务站新建扩建工程。

（张海涛）

医疗队伍建设 2009年，宝坻区卫生局组织专业技术职务聘任，审批专业技术职务82人。组织公开招录卫生专业人才73人充实卫生队伍。加强继续教育工作，评选出涉及12个学科17

人为卫生系统学科带头人。评选出先进集体11个，先进科室28个，先进个人88人，先进乡医29人，先进社区卫生服务站30个。开展全科医师培训班1期，培训55人。组织继续教育培训8期，培训1320人次，选拔40人到上级医院进修。组织全区各医疗机构医技人员和卫校在校学生参加区工会开展的“密闭式静脉输液法和无菌技术操作”技能大赛，促进医疗临床技能不断提高。

（张海涛）

惠民工程有效落实 2009年，宝坻区免费开展18项社区公共卫生服务。为9万多名60岁以上老人免费健康查体，为每个家庭建立健康档案。为3.06万名高血压和4710名糖尿病患者确定家庭责任医生。加强孕产妇管理，管理率和住院分娩率均为100%，新生儿访视3131人，访视率96.4%。开展妇女病免费查体工作，检查1.5万人，查出疾病17种。

（张海涛）

体 育

群众体育 2009年，宝坻区举办“文体活动月”活动，组织迎春“农行杯”乒乓球比赛、宝坻区“中国象棋大赛”、“盛行·巨龙杯”庆三八巾帼健身比赛、名流车城中国象棋精英赛、“盛行·巨龙杯”乒乓球比赛、“联通杯”职工羽毛球比赛、“盛行·巨龙杯”篮球比赛。举办首个全国“全民健身日”活动，24个乡镇街的260名运动员分别参加2个组别6项比赛。组织“盛行·巨龙杯”领导干部健身4项比赛。

（张海涛）

全民健身活动 2009年，宝坻区有城乡晨晚练点30个，有规模腰鼓队、秧歌队、健身气功队、太极拳（剑）队等18个。累计投入2000余万元，安装农村健身路径384条，占全区总村数的50.2%，每条健身路径均配有篮球场、乒乓球台和5-8件健身器材。

（张海涛）

青少年体育 2009年，宝坻区开展全国亿万学生“阳光体育”活动，举办中小学生田径运动会。在全市青少年组武术套路锦标赛和“平胜精武杯”跆拳道锦标赛中，泉州武院20余名运动员分获武术套路2个第一名、2个第三名及跆拳道3个第一名、1个第二名、2个第三名。区“拳天下”武道馆运动员组队参加天津市拳击锦标赛，获1金2银2铜。举办农村社会体育指导员培训班，160余名体育骨干参加培训。召开宝坻区农民体协第一次全体会议，选举产生第一届农民体协组织机构。

（张海涛）

体育馆建设 2009年，宝坻体育馆建设工作启动。经过调研论证，按照超前规划、超前设计的原则，结合规划设计部门，形成初步设计方案。征地工作基本结束，定位、立项、勘探、设计等前期工作正在进行中，2010年动工兴建。

（张海涛）

人口和计划生育

计生工作 2009年，宝坻区出生6267人，其中一孩4787人，计划内二孩1369人，政策外生育111人，符合政策生育率98.23%。出生人流比0.19，出生人口性别比107.3:100。落实计划生育奖励优惠政策，兑现3415名非农户籍独生子女父母奖励费。落实“新农合”优惠规定，为

学生运动会

1.54万户独生子女家庭投意外伤害保险46万元。新建市级优秀站10个。配齐21个乡镇服务站技术人员,列入十项民心工程的262个村级服务室全部建成,累计建成村级服务室576个,占总任务的75%。为育龄妇女开展健康查体服务6.6万人次,服务面53.1%,避孕节育及时率99.2%,综合节育率90.14%。征收社会抚养费664万元,比上年增加313万元。提供优生咨询3630人次,高危人群指导662人次,全部建立高危妊娠综合管理档案,为政策内生育户提供优生监测1428人次,药物干预1393人次,出生缺陷一级干预面100%,孕前优生检测率68.5%。计划生育村民自治率98%。

(张海涛)

计划生育基础建设 2009年,宝坻区新创市级示范村34个、区级示范村48个,市、区两级示范村分别建成96个和150个。建成融健身、娱乐、休闲、知识于一体的户外综合阵地91个,建成计划生育公益广告宣传一条街20条。组织区直和驻区单位独生子女家庭新生育文化知识手抄报竞赛活动。征集作品1182件,展出优秀作品241件,实行计划生育政务、村务公开,严格执行二胎审批政策,审批正确率100%。信访查结率和及时率均达100%。

(张海涛)

计划生育优质服务 2009年,宝坻区开展“关爱女孩行动”、“婚育新风进万家”活动、“救助贫困母亲行动”和“生育关怀行动”等,发展项目户230多个,确定20个扶助户,设立滚动辅助基金10万元。加强B超管理,禁止利用B超鉴定胎儿性别和选择性别人工终止妊娠行为。规范实行计划生育政务、村务公开,严格执行二胎审批政策,提高审批质量,审批正确率100%。加强计划生育信访查处工作,信访查结率和及时率均达100%。建立流动人口“企业法人责任制”和零散流动人口“出租房主责任制”,与325家企业订立管理和服务合同,与1340个出租房主签订管理服务责任书。

(张海涛)

人民生活

劳动保障 2009年,宝坻区安置“4050”等十类就业困难人员992人,完成指标的248%;自谋职业及自主创业161人,完成指标的322%;培训向非农产业转移就业的农村劳动力3086人,完成指标的103%;转移农村富余劳动力1.58万人,完成指标的105%;新增就业1.22万人,完成指标的101%;开发公益性岗位187个,完成指标的124%。城镇职工基本养老保险覆盖4.60万人,完成指标的105%;新增农民工医疗工伤综合险1.17万人,完成指标的146%。举办免费招聘会54场,进场单位2119家,提供就业岗位39387个,达成就业意向1.82万人次。公益性岗位安置就业困难人员187人,为2435名灵活就业人员发放各类补贴资金546.40万元,为困难下岗失业人员发放解困资金140万元。受理劳动争议案件180件,审结176件,结案率98%。

(张海涛)

民政工作 2009年,宝坻区新增城乡低保户1702户4067人,累计5018户1.22万人,城乡低保率分别达2.41%和1.97%。再次调整低保标准,城镇低保由每人每月400元提高到430元,农村由200元提高到230元,累计发放低保金1370万元。以开展扶老、助残、救孤、济困、赈灾工作为重点,扩大五保供养面,新增五保157人,2277名五保对象应保尽保,发放五保养老金900多万元。妥善安置转业士官和城镇退役士兵,落实自谋职业补偿金和职业技能培训费183.6万元,促进就业创业。实施村务公开民主管理示范村创建活动,89.1%的村达到示范村标准,周良庄镇、新开口镇被命名为天津市村务公开民主管理示范镇,21个村被命名为天津市村务公开民主管理示范村。进行区养老服务中心规划运作,争取市资金支持232.2万元,建成7个老年日间照料服务中心、5个老年日间照料服务站和29个农村社区综合服务中心。发放各项优抚金3780万元。

(何素英 张海涛)

退休和福利工作 2009年，宝坻区城乡居民养老和医疗保险制度顺利启动。全面推行城乡居民基本养老保障和医疗保险制度。城乡居民基本养老保险参保3.34万人，城乡居民基本医疗保险参保51.22万人。按照城乡老年人生活保障每人每月60、70、80元的新标准，为约7.2万名农村老年人发放基本生活补助费6072万元。为机关事业单位465人办理退休手续，为113人办理抚恤金、丧葬费审批手续，为62人办理遗属困难补助手续。接收军转干部7人，其中副团职2人、营职以下5人。接收干部档案489卷，转出干部档案291卷，借查档案442卷，出具相关证明260件，接收各单位送交的归档材料2万多份。对4892名干部档案进行零散材料整理装订、计算机信息录入、形成干部名册、全面验收等系列工作。完成区直机关及乡镇街道1477卷工人档案审核入库工作。

（张海涛）

财政服务社会事业 2009年，宝坻区全面实施义务教育学校“图书配送工程”，为中小学校配送图书16.29万册。改善办学条件，完成华苑小学等国办校水暖改造工程，实施口东中学、大口屯二中等9所中学教学楼加固工程，改造四中体育场。新建宝坻中专实训楼。元旦、春节期间对困难群众实施生活救助，发放救助款物827万元，惠及6400户1.2万人。继续实行新型农村合作医疗制度，提高筹资标准，全区参合53.25万人，参合率99%。对100所农村社区卫生服务站进行改造，为10所乡镇卫生院配置医疗设备，实施政府采购36项，采购预算1213.3万元，资金节约率8.02%。对147项重点工程预算进行审核，原报预算12亿元，审核后预算8亿元，核减资金4亿元，核减率33.5%。组织实施家电下乡、汽车下乡和家电“以旧换新”活动，及时兑现财政补贴，累计发放补贴952.7万元。

（张海涛）

海滨街道

海滨街道于2006年4月建立，街道办事处设在大吴路6号。辖区位于宝坻区西北部鲍丘河南岸。东与霍各庄镇接壤，南与宝平、钰华街道搭界，西、北部均与高家庄镇毗邻。2009年，街域面积16.31平方公里，辖11个居委会、20个行政村，人口1.25万户3.51万人，其中非农业人口2.64万人、农业人口0.87万人。绝大多数为汉族，还有回、满、蒙古、藏、朝鲜、苗、壮、高山、土家等少数民族。驻防营村为满族聚居村。

辖区内的城关古镇具有1000多年历史，至今城池痕迹明显可见，呈正方形，四周有环城公路，中有十字大街，交点处有建于辽代的石经幢，为全城最高点。五代时于此置榷盐院，金设为县，旧镇为今城区一部分。

2009年，实现工农业总产值3.73亿元，其中工业总产值3.49亿元、农业总产值2408万元，国内生产总值增加值3.55亿元，其中第一产业增加值1407万元、第二产业增加值1.88亿元、第三产业增加值1.53亿元。农民人均纯收入1.06万元。

有耕地442.67公顷，占总面积27.14%。粮食作物以小麦、玉米、大豆为主，种植面积209.80公顷；经济作物以棉花、蔬菜为主，种植面积84.47公顷。粮食总产1341吨，棉花总产9吨，蔬菜总产2762吨，瓜类5吨。生猪饲养7463头，羊存栏433头，家禽存栏2.92万只，禽蛋总产239吨。养殖水面6.33公顷，总产40吨。

有工业企业115家，营业收入3.46亿元，利润总额2723万元，应缴增值税1001万元，实缴税金1219万元。规模以上企业4家，现价产值1.31亿元，应缴增值税242万元，实缴税金377万元。

有中小学校13所，其中宝坻一中为市级重点中学。文化馆、图书馆、工人俱乐部分别坐落南街和北城路。城内普遍建有社区服务站。计生率98.18%，一孩率84.24%，晚婚率30.88%，综合节育率90.36%。

（张殿成　何素英　张海涛）

宝平街道

宝平街道于2006年4月建立，街道办事处设在开元路1号。辖区位于宝坻区西北部，通唐公路以南，津围公路以西。东与钰华街道接壤，西与史各庄镇相连，南与马家店镇隔河相望，北与海滨街道毗邻。2009年，街域面积18.22平方公里，辖12个居委会、13个行政村，人口1.84万户5.40万人，其中非农业人口4.51万人、农业人口0.89万人。绝大多数为汉族，另有回、蒙古、藏、苗、壮、朝鲜、满、土家等少数民族。大马庄、岳家园为回族聚居村，占村内居住人口20%以上。岳家园村内建有穆斯林教堂一座。

2009年，实现工农业总产值24.92亿元，其中工业总产值24.70亿元、农业总产值2121万元。国内生产总值增加值12.00亿元，其中第一产业增加值1450万元、第二产业增加值7.50亿元、第三产业增加值4.35亿元。农民人均纯收入1.03万元。

有耕地746.67公顷，占辖区面积41%。粮食作物以小麦、玉米、大豆为主，种植面积621.67公顷，粮食总产3814吨。

有工业企业280家，营业收入24.08亿元，利润总额1.25亿元，应缴增值税5405万元，实缴税金8319万元。规模以上企业14家，现价产值16.38亿元，应缴增值税1292万元，实缴税金3754万元。

计生率97.56%，一孩率81.95%，晚婚率50.68%，综合节育率90.74%。

区四大机关和大多数政府部门、群众团体及宾馆、广播电视大厦、科技中心、职工活动中心、青少年活动中心、老年公寓、宝坻人民医院、宝坻中医院、宝坻剧院、宝坻气象台均设在辖区内。还设有文化广场、体育广场、游泳馆、射击馆及乒乓球训练基地。有中小学及专业性学校12所。烈士陵园被市委、市政府命名为天津市爱国主义教育基地。

（张殿成　何素英　张海涛）

钰华街道

钰华街道于2006年4月建立，街道办事处设在津围路东、窝头河南。辖区位于宝坻区西北部，潮白新河北岸。东与霍各庄镇接壤，西与宝平街道相连，南与马家店镇隔河相望，北与海滨街道毗邻。2009年，街域面积16.31平方公里，辖3个居委会、30个行政村，人口7643户2.39万人，其中非农业人口0.85万人、农业人口1.54万人。绝大多数为汉族，还有回、满、藏、朝鲜、蒙古、苗、壮等少数民族人口在此散居。

2009年，实现工农业总产值7.81亿元，其中农业总产值3267万元、工业总产值7.48亿元。国内生产总值增加值2.57亿元，其中第一产业增加值975万元、第二产业增加值1.24亿元、第三产业增加值1.24亿元。农民人均纯收入9238元。

有耕地833.33公顷，占总面积的51.07%。粮食作物以小麦、玉米、大豆为主，种植面积848.73公顷；经济作物以棉花、蔬菜为主，种植面积140.07公顷。粮食总产6471吨，棉花产量53吨，蔬菜产量6299吨，瓜类产量80吨。

有工业企业117家，营业收入7.41亿元，利润总额3850万元，应缴增值税2051万元，实缴税金2352万元。规模以上企业7家，现价产值3.03亿元，应缴增值税570万元，实缴税金708万元。

计生率97.54%，一孩率77.83%，晚婚率30.51%，综合节育率93.53%。

有火车站和公路客运站，津围路与通唐路在境内交汇，交通方便，客货两运繁忙。鲍丘河、窝头河、引滦入津明渠纵横交错，给农业生产和人民生活提供便利。

（张海涛）

霍各庄镇

霍各庄镇位于宝坻区东北部，镇政府驻地东霍各庄村。东、南与方家庄镇接壤，西与海滨街道、高家庄镇相连，南与钰华街道毗邻，北隔蓟运河与蓟县相望。2009年，镇域面积36平方公里。辖33个行政村，人口8121户2.63万人，其中农业人口2.37万人。大部为汉族，另有少数回、满、壮、蒙古等少数民族人口在此散居。

该镇因驻地而得名。1953年建霍各庄乡，1958年属城关人民公社，1961年改建霍各庄公社，1983年恢复霍各庄乡，2001年撤乡建镇。南邻鲍丘河，北倚蓟运河，引滦入津明渠穿境而过。镇内各村均位于津围公路和津蓟铁路两侧，京沈高速公路东西横跨镇境，津蓟高速公路纵贯全镇，并设有出入口。九园公路以镇内九王庄村为始端,向南延伸。镇域水源充沛,交通便利。

2009年,全镇工农业总产值8.85亿元,其中农业总产值1.55亿元、工业总产值7.30亿元。国内生产总值增加值5.11亿元,其中第一产业增加值7077万元、第二产业增加值2.13亿元、第三产业增加值2.28亿元。农民人均纯收入1.04万元。

该镇属区境高上地区,地势平坦,土质肥沃,有耕地2420公顷,占总面积的67.2%,人均耕地0.10公顷。粮食作物以小麦、玉米、高粱和豆类为主,播种面积2717.20公顷,总产2.20万吨。经济作物以棉花、蔬菜为主。棉花播种95.73公顷,总产108吨。建有以陈家口、白龙港百亩日光大棚为示范区的反季节蔬菜生产基地,并以露地订单蔬菜和设施性农业为特色。蔬菜种植465.47公顷,总产2.58万吨。以优质生猪、肉牛、羊、蛋鸡、肉鸡为主的养殖业发展迅速,生猪饲养4.30万头,肉牛存栏428头,羊存栏2282只,蛋鸡存栏3.93万只,肉鸡存栏9.41万只,禽蛋总产3164吨。

有工业企业102家,营业收入7.11亿元,利润总额3212万元,应缴增值税1604万元,实缴税金1833万元。规模以上企业6家,现价产值3.59亿元,应缴增值税220万元,实缴税金294万元。天亨洗涤剂用品有限公司等为骨干企业。沿津围公路两侧的水磨石业发展迅速,厂家300多个,成为镇内一大特色产业,有"水磨石之乡"之称。

计生率97.46%,一孩率75.72%,晚婚率48.32%,综合节育率85.88%。有初级中学1所、中心小学5所,有综合卫生院1所、社区医疗服务站10多个、敬老院1个。

(张海涛)

史各庄镇

史各庄镇位于宝坻区西部,镇政府坐落杨辛庄村。东与高家庄镇、宝平街道接壤,西与河北省香河县毗邻,南与新开口镇隔潮白新河相望,北与牛道口镇相连。2009年,镇域面积39平方公里,辖26个行政村,人口7722户2.53万人,其中农业人口2.37万人。大部为汉族,另有满、壮、回、蒙古等少数民族人口在此散居。

镇内通唐公路穿境而过,乡村公路纵横相连,交通方便。

该镇因原政府驻地史各庄而得名。1958年属赵各庄人民公社,1961年建史各庄人民公社,1983年改称史各庄乡,1996年迁至现址,2001年撤乡建镇。

2009年,全镇工农业总产值7.07亿元,其中工业总产值5.99亿元、农业总产值1.08亿元。国内生产总值增加值4.21亿元,其中第一产业增加值4031万元、第二产业增加值1.49亿元、第三产业增加值2.32亿元。农民人均纯收入1.03万元。

有耕地1987公顷,占镇域面积50.9%,人均耕地0.08公顷。粮食作物以小麦、玉米为主。播种面积3543.07公顷,总产1.87万吨。经济作物以棉花、蔬菜为主。棉花播种33.33公顷,总产19吨。蔬菜播种326.67公顷,总产8106吨。瓜类播种10公顷,总产195吨。生猪饲养2.12万头,肉牛存栏2235头,羊存栏2895只,家禽存栏21.82万只。

有工业企业199家,营业收入5.74亿元,利润总额3945万元,应缴增值税1953万元,实缴税金2377万元。规模以上企业5家,现价产值2.15亿元,应缴增值税558万元,实缴税金829万元。以地毯业最为知名,大部分村都有地毯加工厂。其中鑫海地毯有限公司年产值1.2亿元,成为华北地区规模最大的大型地毯企业。镇内建有占地18公顷的工业园区。

计生率97.02%,一孩率70.64%,晚婚率31.65%,综合节育率90.78%。有初级中学1所、中心小学5所,建有教学楼4栋,有综合卫生院1所。镇内建有"知青林"一片,位于窦家桥村北侧,占地6.7公顷。

(张海涛)

高家庄镇

高家庄镇位于宝坻区北部,镇政府坐落高家庄村。东与霍各庄镇接壤,西与史各庄、牛道口两镇相连,南与海滨街道毗邻,北隔泃河与蓟县相望。2009年,镇域面积48.4平方公里,辖46个行政村,人口1.14万户3.89万人,其中非农业人口0.30万人、农业人口3.59万人。大部为汉族,还有少数回、满、藏、朝鲜、蒙古等少数民族人口在此散居。

该镇地处鲍丘河与沟河之间，百里河由西向东曲流而过。宝平公路、宝三公路纵穿全境，通唐公路、双李公路、三赵公路、京沈高速公路东西跨越，乡村公路村村相连，交通十分便利。

该镇因驻地而得名。建国后属宝坻第一区，1958年属城关人民公社，1961年始建高家庄公社，1983年改建高家庄乡，2001年撤乡建镇。

2009年，全镇工农业总产值15.83亿元，其中农业总产值4.88亿元、工业总产值10.95亿元。国内生产总值增加值10.57亿元，其中第一产业增加值2.02亿元、第二产业增加值2.85亿元、第三产业增加值5.70亿元。农民人均纯收入1.03万元。

有耕地3406.67公顷，占镇域面积70%，人均耕地0.10公顷。粮食作物以小麦、玉米、高粱、豆类为主，播种面积3421.07公顷，总产2.01万吨。经济作物以棉花、蔬菜为主，棉花播种74.2公顷，总产112吨；蔬菜种植437.53公顷，总产1.31万吨。随着农业内部结构持续调整，逐步形成蛋鸡、肉鸭、肉牛、生猪四大养殖支柱产业。生猪饲养9.57万头，肉牛存栏2117头，家禽存栏19.39万只，其中蛋鸡5.1万只、肉鸡14.29万只，蛋类总产558吨。

有工业企业142家，营业收入10.80亿元，利润总额5188万元，应缴增值税4744万元，实缴税金5459万元。规模以上企业13家，现价产值4.52亿元，应缴增值税2179万元，实缴税金2611万元。服装生产成为主导行业。

计生率97.30%，一孩率75.28%，晚婚率24.65%，综合节育率91.66%。有中心小学6所、初级中学2所，综合卫生院2所。11个村成为市级小康村，12个村被评为市级文明村。

（张海涛）

牛道口镇

牛道口镇位于宝坻区西北部边缘，镇政府驻地牛道口村。东与高家庄镇接壤，西与河北省香河县、三河市为邻，南与史各庄镇相连，北隔沟河与蓟县相望。2009年，镇域面积72平方公里。辖23个行政村，人口1.40万户4.73万人，其中农业人口4.40万人。大部为汉族，还有少量回、满、蒙古等12个少数民族人口在此散居。镇内沟头村为全区最大、人口最多的村，有1368户4930人。

该镇因政府驻地而得名。1953年属焦山寺乡，1958年属赵各庄乡，1961年始建牛道口人民公社，1983年改称牛道口乡，2001年撤乡建镇。

该镇交通便利，京沈高速公路由西往东横跨全境，并设有出入口。宝平公路由南向北纵贯镇境，曹三公路、三赵公路境内交汇，乡村公路四通八达。

2009年，全镇工农业总产值11.69亿元，其中农业总产值2.22亿元、工业总产值9.47亿元。国内生产总值增加值11.72亿元，其中第一产业增加值1.12亿元、第二产业增加值4.14亿元、第三产业增加值6.46亿元。农民人均纯收入1.05万元。

有耕地4633.33公顷，占总面积的64.4%，人均耕地0.11公顷。镇域属区境高上地区，地处武河、沟河流域，土质肥沃，适宜多种作物生长。粮食作物以小麦、玉米为主。播种面积5956.53公顷，总产4.02万吨。经济作物以棉花、蔬菜、油料为主。棉花播种95.33公顷，总产135吨。蔬菜播种1338.73公顷，总产5.29万吨。油料播种161.33公顷，总产158吨。建有温室大棚137个，占地23.6公顷，素有“蔬菜之乡”之誉。镇内建有蔬菜批发交易市场，菜农可就地销售产品。

以农业龙头企业带动农、经、牧、渔业协调发展，先后投资近5000万元建起祥华有限公司和津顺家禽产销服务合作社、益农公司等龙头企业，带动种养业迅猛发展。建有养殖小区19个，生猪饲养7.30万头，存栏2.28万头，蛋鸡存栏5.6万只，肉牛存栏4120头，羊存栏1.18万只。有养殖水面13.33公顷，水产品产量190吨。

有工业企业238家，营业收入9.38亿元，利润总额5084万元，应缴增值税3747万元，实缴税金4223万元。规模以上企业21家，现价产值4.77亿元，应缴增值税2981万元，实缴税金3372万元。

计生率97.20%，一孩率82.98%，晚婚率0%，综合节育率79.28%。有国办高中1所、初级中学2所、中心小学11所,有综合卫生院2所。镇内建有全国林业英雄“马永顺纪念林”一片,占地5.7公顷。

(张海涛)

大口屯镇

大口屯镇位于宝坻区西南部,镇政府驻地大口屯。东与郝各庄、周良庄两镇接壤,西倚青龙湾河与武清区、河北省香河县毗邻,南与牛家牌乡相连,北与马家店、新开口两镇搭界。2009年,镇域面积88.2平方公里。辖58个行政村,人口1.67万户5.07万人,其中农业人口4.53万人、非农业0.54万人。大部为汉族,其次为回族,另有少量蒙古、壮、朝鲜等少数民族人口在此散居。

大口屯明朝建镇,因地处“萧太后运粮河”(今绣针河)的大口处而得名。1958年建大口屯人民公社,1983年改称大口屯乡,1987年撤乡建镇。

镇域属区境高上地区,交通便利。津围公路、津蓟铁路纵贯全镇并设站,大新公路、大黑公路、青龙湾左堤公路从镇内向外延伸,乡村公路纵横交汇。

该镇是天津市政府首批命名的明星小康乡镇之一,也是天津市重点发展的小城镇之一。镇内基础设施完善,社会服务机构齐全,建起占地10公顷的住宅小区。

2009年,全镇工农业总产值29.67亿元,其中农业总产值5.17亿元、工业总产值24.50亿元。国内生产总值增加值12.78亿元,其中第一产业增加值3.23亿元、第二产业增加值7.68亿元、第三产业增加值1.87亿元。农民人均纯收入1.03万元。

有耕地5333.33公顷,占镇域面积60.5%,人均耕地0.12公顷。青龙湾河、绣针河纵贯全镇,水资源充裕。粮食作物以小麦、玉米为主。播种面积8904.33公顷,总产6.39万吨。经济作物以棉花、蔬菜、油料、瓜类为主。棉花种植33.33公顷,总产50吨。蔬菜种植296.67公顷,总产9969吨。油料种植12公顷,总产45吨;瓜类种植9公顷,总产535吨。建有养殖小区25个,占地19.7公顷。生猪饲养11.48万头,肉牛存栏4228头,羊存栏6874只,蛋鸡存栏29.77万只,禽蛋总产5094吨,奶类产量693吨。

有工业企业340家,营业收入3.46亿元,利润总额23.44亿元,应缴增值税8788万元,实缴税金1.06亿元。规模以上企业20家,现价产值11.85亿元,应缴增值税3311万元,实缴税金4560万元。镇内建有占地66.7公顷的工业园区。胜利集团有限公司、天津晨光化工有限公司等成为骨干企业。

计生率98.77%,一孩率72.55%,晚婚率16.95%,综合节育率87.32%。有国办高中1所、初级中学3所、中心小学9所。建有影剧院、敬老院、文化站等福利设施,还有综合卫生院2所。镇内西南部有占地200公顷的青北森林公园一处,颇具原始森林风貌。园内设有多处养殖和服务场所,可供游人采实、野餐、垂钓等。

(何素英 张海涛)

马家店镇

马家店镇位于宝坻区南部潮白新河右侧,镇政府坐落马家店村。南与大口屯镇接壤,北倚潮白新河与城区相望,东与郝各庄镇毗邻,西与新开口镇相连。2009年,镇域面积50平方公里。辖22个行政村,人口7904户2.62万人,其中农业人口2.41万人。大部为汉族,还有少量壮、满、蒙古、侗、黎、瑶等少数民族人口在此散居。

镇域属区境高上地区,交通十分便利。津蓟铁路、津围公路穿境而过,乡间公路交织相连。

该镇因驻地而得名。建国初属大口屯区,1958年属大口屯人民公社,1961年建马家店人民公社,1983年改称马家店乡,2001年改建为镇。

2009年,全镇工农业总产值20.76亿元,其中工业总产值19.49亿元、农业总产值1.27亿元。国内生产总值增加值8.33亿元,其中第一产业增加值1.60亿元、第二产业增加值5.65亿元、第三产业增加值1.08亿元。农民人均纯收入1.03万元。

有耕地2780公顷,占总面积的56.7%,人均耕地0.12公顷。粮食作物以小麦、玉米、豆类为主,播种面积3153.33公顷,总产1.92万吨。经济作物以棉花、蔬菜为主。棉花种植279.93公顷，总产637吨。蔬菜种植333.33公顷，总产1.65万吨。大白菜、“叶三黄瓜”是该镇特产，产品除销往京津唐地区外，还出口日本。随着农业结构逐年调整，建有棉花生产加工、蔬菜生产加工、“三辣”和精品农业生产、优质苗木生产、果品生产、肉牛繁育及青贮饲料生产加工六大生产基地。生猪饲养5.80万头，肉牛存栏3086头，羊存栏9515头，家禽存栏18.74万只。有养殖水面30公顷，年产各种水产品260吨。

有工业企业184家，营业收入18.58亿元，利润总额5990万元，应缴增值税7727万元，实缴税金8756万元。规模以上企业25家，现价产值12.34亿元，应缴增值税4667万元，实缴税金5359万元。以服装、旅游制品、印刷、化纤、机械加工等为主导行业。天津金龙服装实业有限公司等为骨干企业。

计生率99.59%，一孩率73.17%，晚婚率15.98%，综合节育率93.10%。有初级中学1所、中心小学4所，建有综合卫生院1所。

（张海涛）

新开口镇

新开口镇位于宝坻区西部边缘，镇政府驻地新开口村。东与马家店镇接壤，西与河北省香河县毗邻，南与大口屯镇相连，北倚潮白新河与史各庄镇隔河相望。2009年，镇域面积41.8平方公里。辖22个行政村，人口7337户2.53万人，其中农业人口2.37万人。大部为汉族，还有少量蒙古、回、藏等少数民族人口在此散居。

该镇因驻地而得名。1958年属大口屯人民公社，1961年始建新开口公社，1983年改称新开口乡，2001年改建为镇。

该镇交通便利，东部紧靠津围公路，大新公路纵贯全镇，乡村公路相通。镇域属区境高上地区，地势高而平坦，北部靠潮白新河，一号渠、龙尾屯渠并行自潮白新河一直往南纵贯全镇。

2009年，全镇工农业总产值10.88亿元，其中农业总产值1.30亿元、工业总产值9.58亿元。国内生产总值增加值4.56亿元，其中第一产业增加值7720万元、第二产业增加值2.75亿元、第三产业增加值1.04亿元。农民人均纯收入1.02万元。

有耕地2380公顷，占镇域面积57%，人均耕地0.1公顷。粮食作物以小麦、玉米为主。播种面积4355.80公顷，总产2.93万吨。经济作物以棉花、蔬菜为主。棉花播种15.13公顷，总产138吨。蔬菜播种873.40公顷，总产4.36万吨。生猪饲养1.22万头，肉牛存栏5382头，羊存栏1872只，家禽存栏47.16万只，禽蛋总产882吨。依托占地2公顷的大牲畜交易市场，吸引山东、山西、河南、河北及内蒙古等地商贩前来交易。

有工业企业123家，营业收入9.43亿元，利润总额7765万元，应缴增值税3017万元，实缴税金3454万元。规模以上企业11家，现价产值5.43亿元，应缴增值税1261万元，实缴税金1504万元。形成面粉加工、服装、彩印、塑料、纺织五大主导产业。天津凯业有限公司等为骨干企业。注重小城镇建设，规划占地66.7公顷的商住小区初具规模，规划中的工业企业园区占地133.3公顷。

计生率98.52%，一孩率70.11%，晚婚率16.22%，综合节育率92.31%。有初级中学1所、中心小学4所，教学楼4栋，有综合卫生院1所。建成市级小康村6个。

（张海涛）

郝各庄镇

郝各庄镇位于宝坻区中部，镇政府坐落前郝各庄村。东与口东镇接壤，西与马家店、大口屯两镇毗邻，南与周良庄镇相连，北倚潮白新河与口东镇、钰华街道相望。2009年，镇域面积45平方公里。辖21个行政村。人口6493户1.96万人，其中农业人口1.83万人。大部为汉族，另有少量满、壮等少数民族人口在此散居。

该镇因驻地而得名。1953年建郝各庄乡，1958年属黑狼口人民公社，1961年建郝各庄公社，1983年改称郝各庄乡，2001年撤乡建镇。

该镇地处区境中心位置，津蓟高速公路、宝白公路、大黑公路及引滦入津明渠纵贯全镇，交通便利，水资源丰富。

2009年，全镇工农业总产值19.08亿元，其中农业总产值

2.50亿元、工业总产值16.58亿元。国内生产总值增加值4.80亿元,其中第一产业增加值1.63亿元、第二产业增加值2.27亿元、第三产业增加值8919万元。农民人均纯收入1.08万元。

有耕地2300公顷,占镇域面积52.8%,人均耕地0.13公顷。粮食作物以小麦、玉米、高粱及豆类为主,播种面积1452.13公顷,总产1.04万吨。经济作物以棉花、蔬菜为主。棉花播种525.60公顷,总产609吨。蔬菜播种889.67公顷,总产2.17万吨。实施以农业龙头企业带动种养业发展战略,建有以大五登村为中心的万亩棉花生产基地,以郝各庄为中心的“三辣”生产基地,以刘各庄为中心的无公害蔬菜生产基地,以岔沽、高台为中心的奶牛生产基地,形成产业集群。生猪饲养2.93万头,肉牛存栏1167头,羊存栏1195头,家禽存栏17.05万只,禽蛋总产2148吨。植树造林31.4公顷,植树6.45万株。

有工业企业82家,营业收入6.49亿元,利润总额4267万元,应缴增值税2324万元,实缴税金3219万元。规模以上企业16家,现价产值3.95亿元,应缴增值税881万元,实缴税金1617万元。形成建筑安装、机械加工、服装三大支柱产业。

计生率98.51%,一孩率75.25%,晚婚率20.61%,综合节育率90.29%。有初级中学2所、中心小学3所,建有教学楼3栋,还有综合卫生院1所。

(张海涛)

大白庄镇

大白庄镇位于宝坻区东南部,镇政府坐落大白庄村。东与黄庄乡隔潮白新河相望,西与尔王庄、牛家牌两乡接壤,南与大唐庄镇毗邻,北与周良庄镇相连。2009年,镇域面积82平方公里(不含国营里自沽农场)。辖20个行政村,人口5452户1.58万人,其中农业人口1.42万人。大部为汉族,另有少量蒙古、回、藏、壮、土家等少数民族人口在此散居。

该镇因驻地而得名。1953年始建大白庄乡,1958年建大白庄人民公社,1983年改称大白庄乡,1996年撤乡建镇。

镇内交通便捷,青龙湾左堤公路、宝白公路和津蓟高速公路呈“川”字形纵贯境内,九园公路横穿东西,乡村公路交织相连。该镇地处大洼地区,地势低平,海拔平均2米。西部有引滦入津明渠经过,中部有引青入潮东西横卧,东部有潮白新河,水资源丰富。

2009年,全镇工农业总产值6.63亿元,其中农业总产值2.14亿元、工业总产值4.49亿元。国内生产总值增加值3.72亿元,其中第一产业增加值1.29亿元、第二产业增加值1.88亿元、第三产业增加值5481万元。农民人均纯收入9911元。

有耕地2634.93公顷,占镇域面积32.1%,人均耕地0.18公顷。粮食作物主要以小麦、玉米、水稻为主,种植面积1852.40公顷,总产1.22万吨。经济作物以棉花、蔬菜类为主。棉花种植929.40公顷,总产1355吨;蔬菜种植46.67公顷,总产2413吨。渔业、畜牧业发展迅速。水产品养殖面积665.33公顷,总产8.45万吨,产品销往北京、河北及东北等地。依靠饲草资源,肉牛存栏338头,羊存栏1954只,生猪饲养1.43万头,家禽存栏11.76万只,禽蛋总产1252吨。

有工业企业90家,营业收入4.52亿元,利润总额2054万元,应缴增值税1241万元,实缴税金1556万元。规模以上企业5家,现价产值2.70亿元,应缴增值税229万元,实缴税金433万元。京津新城在该镇占地200公顷,吸引投资百万元以上的18家企业入驻。丰瑞旅游制品有限公司、恒润运动器材有限公司等成为骨干企业。恒润运动器材有限公司产品打入国际市场,具有一定竞争实力。

计生率98.70%,一孩率75.32%,晚婚率0%,综合节育率93.89%。有高级中学1所、初级中学1所、中心小学5所,有综合卫生院1所。

(张海涛)

大唐庄镇

大唐庄镇位于宝坻区南部边缘,镇政府驻地大唐庄村。东部、南部均与宁河县接壤,西部与尔王庄乡毗邻,北部与大白庄镇、黄庄乡相连。2009年,镇域面积59.9平方公里。辖18个行政村,人口3918户1.32万人,其中农业人口1.23万人。大部为汉族,另有少量满、壮、蒙古等少数民族人口在此散居。

大唐庄距205国道2公里,距津蓟高速公路2.5公里,距九园公路2公里,青龙湾左堤路贯穿全镇,乡村公路村村相通,交通便捷。

该镇以驻地而得名。1949年属大白庄区,1961年始建大唐庄人民公社,1983年改称大唐庄乡,1996年撤乡建镇。

2009年,全镇工农业总产值8.35亿元,其中农业总产值1.69亿元、工业总产值6.66亿元。国内生产总值增加值4.31亿元,其中第一产业增加值8643万元、第二产业增加值2.02亿元、第三产业增加值1.43亿元。农民人均纯收入1.00万元。

全镇耕地面积2173.33公顷,占总面积的36.27%,人均耕地0.17公顷。境内渠系配套,林网交错,有自然苇地333.3公顷。粮食作物以小麦、玉米、水稻为主,播种面积1977.60公顷,总产1.43万吨。经济作物以棉花、蔬菜、瓜类为主。棉花种植819.13公顷,总产1204吨。蔬菜种植86.53公顷,总产5074吨。瓜类种植35公顷,总产682吨。粮经比例4:6。建有占地20公顷的蔬菜大棚150个,主要种植芹菜、黄瓜、西红柿等新品种。建成占地20公顷的养殖小区15个。生猪饲养4.22万头,肉牛存栏2098头,羊存栏9463头,家禽存栏19.85万只,禽蛋总产1218吨。养殖水面366.67公顷,水产品总产4130吨。

有工业企业102家,营业收入6.48亿元,利润总额2887万元,应缴增值税1646万元,实缴税金1853万元。规模以上企业9家,现价产值3.20亿元,应缴增值税408万元,实缴税金458万元。以大唐布业有限公司规模最大,固定资产超亿元。形成以服装、制造、橡胶制品、针织品为主的四大产业。

计生率98.57%,一孩率77.86%,晚婚率5.98%,综合节育率92.28%。有初级中学1所、中心小学5所,建有教学楼6幢。还有综合卫生院、文化站、敬老院等文化福利设施。

(张海涛)

周良庄镇

周良庄镇位于宝坻区中南部,镇政府驻地周良庄村。南与里自沽农场、大白庄镇接壤,北与郝各庄镇毗邻,东隔潮白新河与黄庄乡、口东镇相望,西与大口屯镇、牛家牌乡相连。2009年,镇域面积50.5平方公里(含珠江温泉城面积)。辖26个行政村,人口3192户1.48万人,其中农业人口1.03万人。大部为汉族,另有少量满、壮、蒙古等少数民族人口在此散居。

该镇因驻地而得名。1958年属黑狼口人民公社,1961年始建周良庄公社,1983年改称周良庄乡,2001年撤乡建镇。

该镇地理位置优越,津蓟高速公路由南向北纵贯全镇,并在镇驻地设有出入口。宝白公路横跨全境,乡村公路交织相连,交通十分便利。

2009年,全镇工农业总产值5.00亿元,其中农业总产值7361万元、工业总产值4.26亿元。国内生产总值增加值2.60亿元,其中第一产业增加值8875万元、第二产业增加值7947万元、第三产业增加值9144万元。农民人均纯收入1.03万元。

镇域地势低洼,河渠密布,地上水资源和地下热水资源充沛。有耕地1333.33公顷,占镇域面积26%,人均耕地0.14公顷。经过农业综合开发,镇内土地地势平坦,土质肥沃。粮食作物以小麦、玉米、水稻为主,播种面积24.67公顷,总产187吨。经济作物以棉花为主。棉花播种33.33公顷,总产50吨。生猪饲养2.74万头,肉牛存栏240头,羊存栏456只,家禽存栏5.85万只,禽蛋总产498吨。有淡水养殖水面200公顷,水产品总产905吨。

有工业企业36家,营业收入4.23亿元,利润总额3041万元,应缴增值税867万元,实缴税金1675万元。规模以上企业8家,现价产值3.39亿元,应缴增值税551万元,实缴税金1324万元。天津振宇服装有限公司等成为骨干企业。

计生率98.44%,一孩率60.94%,晚婚率50.00%,综合节育率91.29%。辖区建有北京科技大学天津学院、天津财经大学珠江学院。有初级中学1所、中心小学3所,有综合卫生院1所。镇内有区招商引资建造

京津新城五星级大酒店

天津财经大学珠江学院

的京津新城一座，占地 7 平方公里，形成达到国家 4A 级标准的温泉休闲度假景区。

（张海涛）

王卜庄镇

王卜庄镇位于宝坻区中部，镇政府驻地王卜庄村。东与大钟庄镇接壤，西与口东镇相连，南与林亭口镇毗邻，北与方家庄、新安两镇搭界。2009 年，镇域面积 73 平方公里。辖 49 个行政村，人口 1.10 万户 3.31 万人，其中农业人口 3.06 万人。大部为汉族，另有少量蒙古、回、藏、苗、壮、维吾尔等少数民族人口在此散居。

该镇因驻地而得名。1953 年设王卜庄乡，1958 年成立王卜庄人民公社，1983 年改称王卜庄乡，1998 年撤乡建镇。

镇域属区境高上地区与大洼地区接合部。镇内九园公路、通唐公路纵横交汇，乡村公路交织相连，交通方便。箭杆河、窝头河、鲍丘河曲流过境，地上水资源充沛。

2009 年，全镇工农业总产值 9.49 亿元，其中农业总产值 1.33 亿元、工业总产值 8.16 亿元。国内生产总值增加值 8.64 亿元，其中第一产业增加值 2.25 亿元、第二产业增加值 3.92 亿元、第三产业增加值 2.47 亿元。农民人均纯收入 1.04 万元。

有耕地 4733.33 公顷，占镇域面积 64.8%，人均耕地 0.15 公顷。粮食作物以小麦、玉米、豆类为主，播种面积 7361.60 公顷，总产 4.20 万吨。经济作物以蔬菜为主。蔬菜种植 521.60 公顷，总产 2.31 万吨。全镇形成“东经西养”格局，东部地区以“五叶齐”大葱、天鹰椒、大蒜为特色种植，面积 2333 公顷，有“三辣”之乡美誉；西部地区多以猪、牛、羊、鸡等群体养殖为主，生猪饲养 5.52 万头，肉牛存栏 397 头，羊存栏 1363 只，蛋鸡存栏 2.12 万只，禽蛋总产 423 吨，奶类总产 9700 吨。

有工业企业 351 家，营业收入 8.36 亿元，利润总额 6700 万元，应缴增值税 2104 万元，实缴税金 2341 万元。规模以上企业 7 家，现价产值 8853 万元，应缴增值税 408 万元，实缴税金 458 万元。主要从事服装、制造、建材、军工、餐饮运输等行业。天津健生制药有限公司等成为骨干企业。

计生率 97.72%，一孩率 67.75%，晚婚率 32.10%，综合节育率 87.27%。有国办高中 1 所、初级中学 2 所、中心小学 7 所，综合卫生院 2 所。民间艺术和体育活动较为活跃，有“象棋之乡”的美称。

（张海涛）

方家庄镇

方家庄镇位于宝坻区东北部，镇政府驻地方家庄村。东与新安镇接壤，西与霍各庄镇相连，南与王卜庄、口东两镇毗邻，北隔蓟运河与蓟县相望。2009 年，镇域面积 45.6 平方公里。辖 42 个行政村，人口 9932 户 2.99

万人,其中农业人口2.76万人。大部为汉族,另有少量蒙古、壮、满等少数民族人口在此散居。

该镇因驻地而得名。1958年属王卜庄人民公社,1961年建方家庄公社,1983年改称方家庄乡,1996年撤乡建镇。

镇内交通便利,京沈高速公路与津蓟高速公路域内纵横交汇,通唐公路、宝新公路横跨镇境,九园公路纵贯南北,乡村公路四通八达。该镇是我国北方著名的“沙发之乡”,被列入天津市名街名镇。

2009年,全镇工农业总产值17.56亿元,其中农业总产值1.75亿元、工业总产值15.81亿元。国内生产总值增加值10.51亿元,其中第一产业增加值7348万元、第二产业增加值7.13亿元、第三产业增加值2.65亿元。农民人均纯收入1.03万元。

有耕地3080公顷,占镇域面积67.47%,人均耕地0.11公顷。粮食作物以小麦、玉米为主,种植面积3405.33公顷,总产2.01万吨。经济作物以棉花、蔬菜为主。棉花种植7.33公顷,总产9.5吨;蔬菜种植319.67公顷,总产1.02万吨。建有养殖小区11个。生猪饲养1.20万头,肉牛存栏628头,羊存栏1443只,蛋鸡存栏4.14万只,禽蛋总产480吨。有养殖水面6公顷,产水产品100吨。

有工业企业425家,营业收入15.74亿元,利润总额1.69亿元,应缴增值税2447万元,实缴税金2776万元。规模以上企业25家,现价产值8.03亿元,应缴增值税1267万元,实缴税金1467万元。商业、交通、餐饮等服务业300多家,从业人员近万人。工业企业主要有木制品、沙发家具制品、金属制品、服装、鞋业、纸制品等。其中沙发、家具制造业有20多年历史,产品远销北方各大、中、小城市,部分产品打入韩国、澳大利亚、蒙古、俄罗斯等国外市场。

计生率97.86%,一孩率70.46%,晚婚率21.23%,综合节育率93.63%。有初级中学2所、中心小学5所、中心幼儿园1所,有综合卫生院2所。还建有文化站、敬老院、文体活动中心和灯光健身广场、篮球场等设施。

(张海涛)

口东镇

口东镇位于宝坻区中心,镇政府坐落口东村。东与王卜庄、林亭口两镇接壤,西与钰华街道毗邻,南倚潮白新河与郝各庄、周良庄两镇隔河相望,北与方家庄镇相连。2009年,镇域面积71平方公里。辖31个行政村,人口8996户2.82万人,其中农业人口2.62万人。大部为汉族,还有蒙古、回、壮、满等少数民族人口在此散居。镇内老庄子村为宗教村。

该镇因镇政府驻地而得名。1958年属黑狼口人民公社,1961年始建口东人民公社,1983年改称口东乡,2001年撤乡建镇。

该镇交通便利,宝黑公路、林黑公路、津蓟高速公路纵贯全镇,乡村公路首尾相连。

2009年,全镇工农业总产值18.87亿元,其中工业总产值16.76亿元、农业总产值2.11亿元。国内生产总值增加值8.23亿元,其中第一产业增加值9750万元、第二产业增加值5.25亿元、第三产业增加值2.01亿元。农民人均纯收入1.02万元。

有耕地3166.67公顷,占镇域面积44%,人均耕地0.12公顷。粮食作物以小麦、玉米、豆类为主,播种面积4114.26公顷,总产3.18万吨。经济作物以棉花、蔬菜、油料、瓜类为主,棉花总产299吨,蔬菜总产2.54万吨,油料总产175吨、瓜类5100吨。经多年农业结构调整,粮经比例为6:4。建有养殖小区14个,生猪饲养4.97万头,肉牛存栏963头,羊存栏2344只,蛋鸡存栏39.58万只,禽蛋总产7152吨,奶类总产4510吨。还有甲鱼、观赏鱼等特色养殖。

有工业企业211家,营业收入16.39亿元,利润总额5429万元,应缴增值税3204万元,实缴税金4965万元。规模以上企业10家,现价产值13.37亿元,应缴增值税1722万元,实缴税金3316万元。其中固定资产百万元以上规模企业7家,形成服装、塑料制品、造纸、机床附件四大主导产业。天津凯兴服装股份有限公司等成为骨干企业。

计生率97.60%,一孩率64.00%,晚婚率9.71%,综合节育率84.59%。有初级中学2所,中心小学4所,综合卫生院2所,幼儿园4所。

(张海涛)

林亭口镇

林亭口镇位于宝坻区东南部，镇政府坐落林亭口村。东与大钟庄镇接壤，西与口东镇毗邻，南与黄庄乡、八门城镇相连，北与王卜庄镇搭界。2009年，镇域面积106.4平方公里。辖55个行政村，人口1.04万户3.06万人，其中农业人口2.82万人，大部为汉族，另有少量蒙古、朝鲜、苗、壮、布依等少数民族人口在此散居。

林亭口村历史悠久，明朝时即建有两公里长的龙形街。1949年成立林亭口区，1958年建林亭口人民公社，1960年先后划归汉沽区、宁河县管辖，1962年复归宝坻县，1983年改建林亭口乡，1987年设林亭口镇。

该镇交通十分便利，九园公路纵贯全镇，与宝芦公路、宝钟公路纵横交汇，乡村公路交织相连。

2009年，全镇工农业总产值16.02亿元，其中农业总产值3.27亿元、工业总产值12.75亿元。国内生产总值增加值10.20亿元，其中第一产业增加值2.30亿元、第二产业增加值3.80亿元、第三产业增加值4.10亿元。农民人均纯收入1.05万元。

有耕地5260公顷，占镇域面积48.9%，人均耕地0.18公顷。粮食作物以小麦、玉米、水稻为主，种植面积6196.93公顷，总产4.35万吨。经济作物以棉花为主，种植面积601.33公顷，总产722吨。养殖业形成猪、鸡、鸭、牛、羊大群体养殖格局。账房鄌村与宝迪公司联办的生猪繁育基地，形成公司加农户的发展模式。生猪存栏6.68万头，肉牛存栏375头，羊存栏2214只，家禽存栏1923只，禽蛋总产1149吨。

有工业企业91家，营业收入12.75亿元，利润总额5224万元，应缴增值税6724万元，实缴税金7220万元。规模以上企业15家，现价产值9.16亿元，应缴增值税5163万元，实缴税金5487万元。主要涉及服装制造、军工、建材、运输、餐饮等行业。天津通达集团等成为骨干企业。

小城镇建设发展迅速，规划产业功能区占地100公顷，建有教育区、商贸区、办公区和住宅区。先后建成占地8万平方米的“三辣”批发交易市场和占地100万平方米的企业功能园，有多家企业入驻。

计生率99.12%，一孩率72.25%，晚婚率22.6%，综合节育率87.07%。有中心小学9所、初级中学2所、国办高中1所，有综合医院1所，还建有电影院、敬老院等公共设施。林亭口自古就有民间花会、演评戏、唱皮影的历史，群众文化生活活跃。

（张海涛）

八门城镇

八门城镇位于宝坻区东南部，镇政府驻地八门城村。东与河北省玉田县隔蓟运河相望，西与林亭口镇、黄庄乡相连，南与宁河县毗邻，北与大钟庄镇接壤。2009年，镇域面积110.5平方公里。辖54个行政村，人口8471户2.71万人，其中农业人口2.55万人。大部为汉族，还有少量满、壮、朝鲜等少数民族人口在此散居。镇内汪家庄村仅有62口人，为全区最小的村。

该镇因驻地而得名。1953年建八门城乡，1958年属林亭口人民公社，1960年划归汉沽市，1961年划归宁河县，1962年复归宝坻县，1983年改称八门城乡，1996年撤乡建镇。

镇内交通便捷，宝芦公路由西向东横穿全境，八袁公路由南往北纵贯全镇，乡村公路交汇相连。地处大洼地区，低洼易涝，箭杆河在镇域东北部汇入蓟运河，蓟运河沿镇域东北侧蜿蜒南下。镇内河渠纵横，建有大型扬水站2座。

2009年，全镇工农业总产值11.08亿元，其中农业总产值2.79亿元、工业总产值8.29亿元。国内生产总值增加值7.58亿元，其中第一产业增加值1.74亿元、第二产业增加值2.33亿元、第三产业增加值3.51亿元。农民人均纯收入1.03万元。

有耕地7046.67公顷，占镇域面积63.7%，人均耕地0.27公顷。粮食作物以水稻、小麦、玉米、豆类为主，播种面积7433.47公顷，总产5.62万吨。经济作物以“三辣”和棉花为主。“三辣”种植105公顷，总产5019吨。棉花种植6.67公顷，总产10吨。生猪饲养8.60万头，肉牛存栏131头，羊存栏1294头，蛋鸡存栏

9.75万只,禽蛋总产2332吨,奶类总产3673吨。有养殖水面340公顷,水产品总产4375吨。

有工业企业89家，营业收入8.55亿元，利润总额7145万元,应缴增值税2623万元,实缴税金3608万元。规模以上企业11家,现价产值5.03亿元,应缴增值税1274万元，实缴税金2111万元。以服装、化工、纸业、五金为四大支柱产业。

计生率97.40%，一孩率71.35%,晚婚率98.58%,综合节育率87.15%。有初级中学2所、中心小学5所,有综合卫生院2所。还建有文化站、敬老院等文化福利设施。

（张海涛）

大钟庄镇

大钟庄镇位于宝坻区东部,镇政府驻地大钟庄村。南与八门城镇接壤，北与新安镇相连,西与林亭口、王卜庄两镇毗邻,东隔蓟运河与河北省玉田县相望。2009年，镇域面积100平方公里(不含国营大钟庄农场)。辖45个行政村，人口1.14万户3.44万人，其中农业人口3.14万人。大部为汉族,尚有少量蒙古、回、苗、壮等少数民族人口在此散居。

该镇因政府驻地而得名。1958年建大钟庄人民公社，1960年划归汉沽市,1961年划归宁河县,1962年复归宝坻县。1983年改称大钟庄乡,1995年撤乡建镇。

该镇地理位置优越,交通方便。京沈高速公路从镇北部通过,通唐公路跨越东西,林钟公路纵贯南北,乡村公路构成四通八达的交通网络。镇域海拔较低,素有“大洼”之称。境内渠网密布,地上水资源充沛,地下水资源蕴藏丰富。

2009年，全镇工农业总产值17.53亿元,其中农业总产值3.36亿元、工业总产值14.17亿元。国内生产总值增加值13.73亿元,其中第一产业增加值2.34亿元、第二产业增加值10.13亿元、第三产业增加值1.26亿元。农民人均纯收入1.03万元。

有耕地5866.67公顷,占镇域面积58.6%,人均耕地0.19公顷。粮食作物以小麦、玉米、水稻为主，种植面积9033.07公顷，总产5.70万吨。经济作物以棉花、蔬菜、瓜类为主。棉花种植149.67公顷,总产197吨。蔬菜种植862.47公顷，总产4.03万吨。瓜类种植119.13公顷,总产5845吨。生猪饲养9.35万头,肉牛存栏433头,羊存栏4444头，蛋鸡存栏56.3万只，禽蛋总产9022吨,奶类产量1350吨。有养殖水面25.53公顷，水产品总产452吨。有甲鱼、肉狗、肉鸭、奶牛等20多个特色养殖户。

有工业企业158家,营业收入13.81亿元,利润总额1.32亿元,应缴增值税7970万元,实缴税金9212万元。规模以上企业24家,现价产值7.59亿元,应缴增值税4727万元，实缴税金5612万元。建有大钟、华旗、环球三大企业集团，产品有服装、旅游制品、食品饮料、皮革、塑料、化纤棉、木制家具及包装箱等十几个品种。其中环球集团为亚洲最大的旅游帐篷生产厂家。

计生率98.25%，一孩率72.98%,晚婚率29.21%,综合节育率91.94%。有国办高级中学1所、初级中学2所、中心小学10所,有综合卫生院2所。

（张海涛）

新安镇

新安镇位于宝坻区东北部,镇政府驻地新安镇。东隔蓟运河与河北省玉田县相邻,西与方家庄镇接壤,南与王卜庄、大钟庄两镇相连,北与蓟县隔蓟运河相望。2009年,镇域面积57.6平方公里。辖46个行政村,人口1.01万户3.14万人，其中农业人口

明星小康村——大钟庄镇北王庄村

2.92万人。大部为汉族,另有少量蒙古、回、满、维吾尔等少数民族人口在此散居。

该镇因驻地而得名。1953年始建新安镇乡,1958年改建新安镇人民公社,1960年随大钟庄公社划入汉沽市,1961年划入宁河县,1962年复归宝坻县,1983年改称新安镇乡,1995年撤乡建镇。

该镇地处大钟庄洼北部,京沈高速公路由西向东横跨镇境,并设有出入口。宝新公路直达城区,新钟公路纵贯镇境,乡村公路互联相通,镇内交通便利。

2009年,全镇工农业总产值20.11亿元,其中农业总产值1.84亿元、工业总产值18.27亿元。国内生产总值增加值10.12亿元,其中第一产业增加值1.65亿元、第二产业增加值2.89亿元、第三产业增加值5.58亿元。农民人均纯收入1.04万元。

有耕地3780公顷,占镇域面积65.62%,人均耕地0.12公顷。粮食作物以小麦、玉米、豆类为主,种植面积4032.40公顷,总产2.84万吨。经济作物以棉花、蔬菜为主。棉花种植495.33公顷,总产743吨。蔬菜种植1117.87公顷,总产6.47万吨。油料种植22.40公顷,产量33.5吨。瓜类种植9.67公顷,产量340吨。生猪饲养2.53万头,肉牛存栏2529头,羊存栏1969头,蛋鸡存栏1.41万只,产蛋2030吨,奶类产量4720吨。有林地984.06公顷,当年植树4.38万株。

有工业企业293家,营业收入17.78亿元,利润总额9434万元,应缴增值税6502万元,实缴税金7334万元。规模以上企业12家,现价产值5.93亿元,应缴增值税2236万元,实缴税金2598万元。以体育器械、塑料包装、服装纺缝、彩色制帽、食品饮料为五大支柱产业。以专门生产体育健身器材著称的天津奥林股份有限公司,在国际市场上占有一席之地。天津三友、中奥、光宇三大制衣有限公司形成规模,"梅丝牌"矿泉水畅销国内市场。

计生率98.71%,一孩率77.10%,晚婚率29.79%,综合节育率903.59%。有国办农业职业中专1所、初级中学2所、中心小学6所,有综合卫生院2所。

(张海涛)

牛家牌乡

牛家牌乡位于宝坻区南部,乡政府驻地牛家牌村。东与大白庄镇接壤,西与武清区毗邻,南与尔王庄乡相连,北与大口屯、周良庄两镇搭界。2009年,乡域面积61.1平方公里。辖20个行政村,人口5617户1.72万人,其中农业人口1.61万人,大部为汉族,另有少量回、满、瑶、壮等少数民族人口在此散居。

该乡因政府驻地而得名。1958年属黑狼口人民公社,1961年始建牛家牌人民公社,1983年改称牛家牌乡。

该乡地处里自沽洼边缘,绣针河、青龙湾河与左堤公路并行贯穿境内,津蓟高速公路从东部纵穿全境,乡村公路纵横相连,交通方便。

2009年,全乡工农业总产值6.84亿元,其中农业总产值1.67亿元、工业总产值5.17亿元。国内生产总值增加值3.37亿元,其中第一产业增加值1.06亿元、第二产业增加值1980万元、第三产业增加值2.11亿元。农民人均纯收入1.00万元。

有耕地2686.67公顷,占乡域面积43.9%,人均耕地0.17公顷。粮食作物以小麦、玉米、水稻、高粱为主,播种面积2748.47公顷,总产2.07万吨。经济作物以棉花、蔬菜为主。棉花种植387.67公顷,总产577吨。蔬菜播种138.2公顷,总产7711吨。瓜类种植6.67公顷,总产401吨。生猪饲养3.44万头,肉牛存栏557头,羊存栏2174头,家禽存栏33.21万只,禽蛋总产量3593吨。有养殖水面653.33公顷,水产品总产6035吨。建有1300余公顷的京津唐地区最大人工森林旅游观光区,植树8.65万株。

有工业企业78家,营业收入5.15亿元,利润总额2916万元,应缴增值税1518万元,实缴税金1863万元。规模以上企业10家,现价产值3.95亿元,应缴增值税1274万元,实缴税金1592万元。其中大来服装有限公司等成为骨干企业,主导产业为服装、地毯和缝纫机零件。

计生率98.54%,一孩率76.64%,晚婚率17.60%,综合节育率91.99%。有初级中学1所、中心小学5所、中心幼儿园1

所，有综合卫生院1所。

（张海涛）

尔王庄乡

尔王庄乡位于宝坻区最南端，乡政府坐落尔王庄村。南与宁河县接壤，北与牛家牌乡、大白庄镇毗邻，西与武清区搭界，东与大唐庄镇相连。2009年，乡域面积68平方公里。辖26个行政村，人口4125户1.29万人，其中农业人口1.20万人。大部为汉族，还有满、藏等少数民族人口在此散居。该乡幅员辽阔，地广人稀，为全区人口密度较小的乡之一。

乡内交通便利，九园公路、津蓟高速公路穿境而过，乡村公路村村相通。乡域属大洼地区，青龙湾河、北京排污河流经境内，水利资源充裕。

2009年，全乡工农业总产值7.46亿元，其中工业总产值5.76亿元、农业总产值1.70亿元。国内生产总值增加值2.69亿元，其中第一产业增加值9852万元、第二产业增加值1.36亿元、第三产业增加值3426万元。农民人均纯收入1.00万元。

有耕地2880公顷，占总面积的42.31%，人均耕地0.24公顷。粮食作物以小麦、玉米为主，播种面积1327.07公顷，总产8676吨。经济作物以棉花、蔬菜为主。棉花种植1872.53公顷，总产2135吨。蔬菜播种28.47公顷，总产1167吨。生猪饲养1.67万只，羊存栏1746头，家禽存栏17万只，禽蛋总产1603吨，奶类产量305吨。扩大淡水养殖，养殖水面620公顷，产量5815吨。引进并推广名优品种彭泽鲫，远销韩国等国家和地区，成为出口创汇新的增长点。经多年农业结构调整，初步形成“东菜、西粮、南经、北渔”的粮、经、牧、渔、菜共同发展格局。

有工业企业47家，营业收入5.75亿元，利润总额1389万元，应缴增值税2772万元，实缴税金3577万元。规模以上企业1家，现价产值4.81亿元，应缴增值税2418万元，实缴税金3183万元。天津滨涛混凝土有限公司固定资产2100万元，成为骨干企业。

计生率98.57%，一孩率73.57%，晚婚率14.14%，综合节育率94.85%。有初级中学1所、中心小学5所，建有教学楼3幢。还有综合卫生院、文化站、敬老院等设施。

（张海涛）

黄庄乡

黄庄乡位于宝坻区东南部边缘，乡政府驻地黄庄村。东与八门城镇接壤，西与大白庄镇隔潮白新河相望，南与宁河县毗邻，北与林亭口镇搭界。2009年，乡域面积112平方公里。辖19个行政村，人口3599户1.14万人，其中农业人口1.07万人。人口中大部为汉族，还有少量回、满、蒙古、壮等少数民族人口在此散居。人口密度为每平方公里100.98人，是全区人口密度最小的乡。

该乡因驻地而得名。1953年建黄庄乡，1958年属林亭口人民公社，1960年划归汉沽市，后划归宁河县，1962年复归宝坻县，为黄庄人民公社，1983年改称黄庄乡。

该乡交通便利，九园公路由北向南纵贯全境，乡村公路纵横相连。

2009年，全乡工农业总产值11.07亿元，其中农业总产值1.82亿元、工业总产值9.25亿元。国内生产总值增加值4.39亿元，其中第一产业增加值1.48亿元、第二产业增加值1.72亿元、第三产业增加值1.19亿元。农民人均纯收入1.02万元。

有耕地4060公顷，占乡域面积36.2%，人均耕地0.38公顷。粮食作物以水稻、小麦、玉米为主，播种面积4031.20公顷，总

黄庄洼万亩荒改稻丰收在望

产3.26万吨。经济作物以棉花、蔬菜为主。棉花种植460.53公顷,产量1382吨;蔬菜种植6.67公顷,产量1000吨。生猪饲养2.50万头,肉牛存栏127头,羊存栏2477只,家禽存栏34.86万只,禽蛋总产115吨,奶类产量5865吨。有养殖水面230公顷,水产品总产2472吨。

有工业企业39家,营业收入8.41亿元,利润总额7292万元,应缴增值税1195万元,实缴税金1522万元。规模以上企业5家,现价产值7.81亿元,应缴增值税959万元,实缴税金1260万元。形成乳制品、纸制品、棉油、饲料、机加工、服装六大产业。津河乳品有限公司等为骨干企业。

计生率97.35%,一孩率72.57%,晚婚率31.82%,综合节育率94.69%。有国办职业中专学校1所、初级中学1所、中心小学4所,有综合卫生院1所。

(张海涛)

宁 河 县

概 述

宁河县位于天津市东北部，地处京津唐腹地。南北宽49公里，东西长52公里，县城芦台距北京市区180公里，距天津市区80公里，距唐山市区48公里。地理坐标为北纬39°09′06″~39°36′01″，东经117°18′54″~117°55′37″。境域北起还乡河、小新河汇流地带，邻河北省唐山市丰润区、玉田县；南至永定新河、潮白新河汇流地带，与天津市东丽区、塘沽区相邻，西南傍永定新河，东南倚京山铁路；东接河北省唐山市丰南区、丰润区和天津市汉沽区；西连天津市北辰区、宝坻区、武清区。2009年，县域面积1031平方公里，耕地面积3.87万公顷。辖芦台、宁河、丰台、潘庄、七里海、大北涧沽、岳龙、板桥、苗庄、造甲城、东棘坨11个镇，北淮淀、俵口与廉庄子3个乡。有283个行政村，28个街道居委会。全县总人口124620户379613人，其中农业人口82609户280878人。以汉族为主，还有回、满、壮、蒙古、朝鲜、侗、瑶、仫佬等23个少数民族。

2009年，完成地区生产总值130.77亿元，比上年增长20.2%；全社会固定资产投资160亿元，增长31.1%；财政收入20.04亿元，增长41.6%；实际利用外资1.35亿美元，增长27%；农民人均纯收入10312元，增长10.2%。

将“保增长、促发展、上水平”作为工作基调，帮助困难企业走出困境，推动重点项目加速建设。四批重大产业项目全部开工建设，累计投资183亿元。宁河原种猪场改造提升、斯蒂尔重型钢结构一期、久安集团高压配电柜、世纪新都购物广场等19个项目竣工；计划投资百亿元的玖龙纸业（天津）高档包装纸基地一期工程建成投产，二期工程在建；投资40亿元的天钢联合钢铁公司升级改造，投资21亿元的雨润集团食品工业园等项目全面启动。着力破解资金、用地、拆迁安置等瓶颈制约问题，谋划实施支撑长远发展的“五大工程、十大项目”（潮白新河清淤改造工程、桥北新区城区段“一河两岸”滨水景观带建设工程、芦汉路城区段拆迁改造工程、七里海西海津唐运河8公里沿岸景观带建设工程、津芦公路拓宽改造工程；赛丰购物广场改造提升项目、达亿天钢重组众冶技改项目、温州商会经济基地项目、大坨5000亩湿地公园项目、安徽宝迪农产品加工园区项目、宁河经济开发区标准厂房建设项目、海航集团航空服务基地项目、江苏雨润集团食品工业园项目、桥北新区1平方公里商业开发起步区项目、中国水城起步区会议中心项目）。津芦公路拓宽改造工程全线动工，芦汉公路城区段拆迁改造工程整体推进，潮白新河蓄水、津塘运河沿岸景观带建设等工程进展顺利。创新工作体制机制，搭建投融资、土地流转、土地整理、招商服务四大平台，重点工程建设融资渠道拓宽，重点项目建设用地得到有效供应，行政审批全面提速，服务环境不断优化。银政、银企、银农合作成效明显，累计融资20亿元。注册资金30亿元的兴宁建设投资集团成立运营。

农业持续增产增效。实现增加值19.5亿元，增长8.0%；固定资产投入8.9亿元，增长187.1%。种养计划全面落实，内部结构进一步优化。“三个一”(14个乡镇各发展3个千亩种植业设施园区)、“十个一”(10个乡镇各建设1个万亩综合农业园区)设施农业建设工程扎实推进，新建种植业设施园区46个，新增种植业设施面积1200公顷，累计2000公顷，齐心秀珍菇生产示范园区成为全市典型，运河湾设施农业园区被认定为市级示范园区。依托温氏集团肉鸡生猪养殖基地、天津腾龙公司肉鸡养殖基地、长毛兔养殖基地等项目实施，新建改建规模化养殖小区17个，累计181个，其中市级以上标准化小区73个，畜牧主导产品养殖入区率85%。农业产业化龙头企业辐射带动作用增强，农民专业合作社桥梁纽带作用明显，农业组织化程度不断提高。围绕发展高端精品农业，推进实施北方种业基地项目，天津鲤鲫鱼遗传育种中心竣工，七里海河蟹种苗场、百利蔬菜种苗服务中心投入生产，金湖种兔选育场建成。蓟运河险工险段治理、综合开发等年度工程完工。

工业支柱地位增强。实现增加值61.86亿元，增长21.6%；固定资产投入120.8亿元，增长6.5%，新上项目175个，其中超亿元项目33个。加快工业园区开发开放，产业集聚程度提高，金属制品、机械制造、食品加工、新型材料、高档包装纸五大支柱产业增加值占工业增加值比重80%。宁河现代产业区首期土地整理、配套管网等基础设施工程全面铺开，海航集团航空服务基地、津能投资集团供热设备产业园签约入区。经济开发区整体环境和项目吸纳能力明显提升，扩域工程扎实推进，标准化厂房建设顺利实施。京津合作重点项目中国水城会议中心主体工程处在施工阶段。潘庄(造甲)、大北涧沽、七里海、淮淀工业区建设进度加快，其他乡镇工业园区基础设施建设工程全面启动。宁河现代产业区、潘庄(造甲)工业区被确定为天津市区县示范工业区。工业企业技术创新、装备改造水平提高，芦阳化肥公司技改项目列入国家第一批中小企业发展专项资金扶持计划。

流通服务业加快发展。实现增加值49.41亿元，增长23.9%；社会消费品零售额47.53亿元，增长26.8%；固定资产投入30.3亿元，增长450.9%。服务业重点工程项目有序推进，宁河宾馆竣工开业，幸福商业步行街、幸福小区商务楼如期完工，茂川大厦、金鑫商厦加紧建设，金海湾酒店式公寓奠基，建成家乐超市丰台店和农副产品物流配送中心。生态旅游产业势头良好，七里海湿地生态保护与综合利用概念性规划编制完成，万亩苇田改造、东海环海生态路建设等生态修复工程竣工，天尊阁修缮如期完成，特色旅游村点建成，计划投资10亿元的七里海湿地生态园项目在上海签约。

规划引领作用增强。城乡规划进入实施阶段，土地利用总体规划修编进入尾声，公路网规划日趋成熟。基础设施建设工程相继实施。国道112线、津宁、唐承高速公路宁河段建设稳步推进，潮白新河左堤路建设完工，北疆电厂铁路疏解线、卫星公路东沿线工程加紧进行，大修乡村公路96.6公里。宁河新城建设步伐加快。桥北新区农民还迁项目区高标准建成，还迁工作基本结束；南小区平房改造还迁楼封顶，赵家园街“城中村”改造还迁楼主体施工，县污水处理厂一期工程进入调试阶段，雨污分流工程投入使用。

城乡环境大幅提升。以迎接新中国成立60周年为契机，深入开展“同在一方热土，共建美好家园”综合整治活动。投资2亿元，高水平实施老城区5条主干道环境治理，启动夜景灯光系统，增加特色景观节点，提升城市品位，营造宜居环境。“数字城管”平台建成启用。文明生态村、卫生村年度创建工作收到实效，苗庄镇争创为市级卫生镇。推进绿色宁河建设，新增造林面积6667公顷，城区新增绿地105.6公顷。

社会事业全面进步。加快公共服务资源均衡配置进程。各级各类教育统筹发展，教育教学水平提高，义务教育学校现代化建设和校舍安全工程进展顺利，第一幼儿园和艺术幼儿园投入使用，新增2所农村小学。科普工作深入开展，科技成果引进、试验、示范、推广成效明显。新型医疗卫生服务体系逐步完善,妇女儿童健康行动计划、公共卫生服务项目顺利实施,县医院创建为全国百姓放心示范医院,顺利通过卫生部“医疗质量万里行”检查,外科住院楼如期竣工。县医院、中医院二级甲等综合医院复审达标,大辛、俵口卫生院建成使用,新建改造10所村级标准化社区卫生服务站。甲型流感等传染病防控机制不断完善,工作形势稳定。

人口和计划生育工作扎实有效,出生人口性别比日趋合理,稳定低生育水平效果明显,出生人口素质进一步提高。丰台镇南埋珠村被确定为全市唯一的新家庭文化屋试点。群众性文体活动广泛开展,成功举办第二届七里海文化旅游节和第三届社区文化艺术节,乡镇文体中心建设启动,建成90个农家书屋和村文化室,新增全民健身路径100处,板桥镇和盆罐村分别被命名为市级民间文化艺术之乡、民间文化特色村。20项民心工程全面落实。

就业再就业工作取得实效,新增就业岗位6280个,天津市青年创业中心宁河分中心成立。社会保障体系逐步健全,“五险”参保16万人,城乡居民基本养老保障制度全面推行,城乡医疗保险完成市下达任务指标的106.7%,优抚、社会救济、老龄、慈善、社会福利和未成年人、残疾人工作取得新成绩。县养老服务中心落成。城区公交线开通,方便居民出行。

探索建立维护社会稳定长效机制,解决一批群众反映的突出问题。社会治安综合治理收到实效,突发公共事件应急处置机制逐步完善,食品药品放心工程深入实施,安全生产监管工作得到加强,治超、治限、治酒驾专项行动保持强势,防止了重大安全事故发生。民族、宗教、侨务以及物价、统计、审计等工作扎实深入,芦台清真寺迁址新建工程完工,县审计局被评为全国审计系统先进集体,县档案馆创建为国家二级综合档案馆。

(县政府办)

宁河县县级领导名录

中共宁河县委领导名录

职　务	姓 名	性别	出生年月	民族	文化程度	籍　贯
书　记	荣建勋	男	1955-10	汉	研究生	江苏丰县
副书记	李树起	男	1962-08	汉	研究生	天津市
副书记	刘建国	男	1954-10	汉	研究生	天津市
常委、县纪委书记	张炳江	男	1965-10	汉	研究生	天津市
常委、办公室主任	张春善	男	1962-10	汉	大　学	天津市
常　委	靳宁生	男	1956-05	汉	大　学	河北文安
常　委	李泽民	男	1961-01	汉	大　学	天津市
常委、组织部部长	王东升	男	1958-08	汉	大　学	天津市
常委、政法委书记	刘宝迎	男	1956-03	汉	大　专	天津市
常委、宣传部部长	崔红梅	女	1969-10	汉	研究生	天津市
常委、公安宁河分局局长	赵年伏	男	1965-07	汉	大　学	天津市
常委、统战部部长	廉桂峰	男	1964-03	汉	大　学	天津市
常委、县人武部政委	芮士成	男	1963-05	汉	大　学	江苏宜兴

宁河县人大常委会领导名录

职　务	姓 名	性别	出生年月	民族	文化程度	政治面目	籍　贯
主　任	王志刚	男	1955–09	汉	研究生	中共党员	天津市
副主任	张国权	男	1952–07	汉	大　学	中共党员	天津市
副主任	邢长顺	男	1951–01	汉	大　学	中共党员	河北文安
副主任	王凤岐	男	1950–06	汉	中　专	中共党员	山东高密
副主任	韩绍昌	男	1954–03	汉	大　学	中共党员	天津市
副主任(兼)	赵锦秀	女	1964–06	汉	大　学	无党派人士	天津市

宁河县政府领导名录

职　务	姓 名	性别	出生年月	民族	文化程度	政治面目	籍　贯
县　长	李树起	男	1962–08	汉	研究生	中共党员	天津市
常务副县长	靳宁生	男	1956–05	汉	大　学	中共党员	河北文安
副县长	李泽民	男	1961–01	汉	大　学	中共党员	天津市
副县长	杨　霞	女	1971–01	汉	大　学	无党派人士	天津市
副县长	李润得	男	1962–12	汉	研究生	中共党员	天津市
副县长	姜福元	男	1954–02	汉	大　学	中共党员	天津市
副县长	张金明	男	1965–01	汉	研究生	中共党员	天津市
县长助理(副县长级)	李军峰	男	1954–03	汉	大　学	中共党员	河北平山

政协宁河县委员会领导名录

职　务	姓 名	性别	出生年月	民族	文化程度	政治面目	籍　贯
主　席	孙会元	男	1952–05	汉	大　学	中共党员	天津市
副主席	李振亮	男	1957–05	汉	大　学	无党派人士	天津市
副主席	李志军	男	1954–10	汉	大　学	中共党员	河北乐亭
副主席	李敬霞	男	1956–08	汉	大　学	中共党员	天津市
副主席	董恩兴	男	1952–05	汉	大　学	中共党员	天津市
副主席(兼)	王　琢	男	1953–07	汉	大　学	中共党员	天津市
副主席(兼)	郑宗富	男	1953–02	汉	大　学	无党派人士	天津市
副主席(兼)	于东祥	男	1958–03	汉	大　学	无党派人士	天津市
副主席(兼)	崔玉君	女	1960–07	汉	大　专	无党派人士	天津市

（县委组织部提供）

大 事 记

1月

4－6日 政协宁河县九届三次会议召开。听取审议常委会工作报告和提案工作报告；政协委员列席县十三届人大五次会议，听取讨论政府工作报告。通过会议决议（草案）。

5－7日 宁河县十三届人大五次会议召开。听取审议县政府工作报告、县人大常委会工作报告、县人民法院工作报告、县人民检察院工作报告；审查批准县2008年国民经济和社会发展计划执行情况与2009年国民经济和社会发展草案的报告、县2008年预算执行情况和2009年预算草案的报告。

9日 宁河县召开首次选聘的大学生村官座谈会。县委书记荣建勋，县委副书记刘建国，县委常委、县委办公室主任张春善，县委常委、县委组织部部长王东升出席会议。

16日 中共宁河县委十届十一次常委（扩大）会议召开。审议关于开展“保增长、渡难关、上水平”活动工作方案。

18日 县委书记荣建勋、县长李树起深入七里海镇、北淮淀乡，指挥津芦公路综合治理第二批违章建筑拆除工作。

2月

5日 县长李树起到中国（京津）水城项目区，对项目区建设情况进行调研。

7日 市委常委、副市长崔津渡及市有关部门负责人到宁河县，就帮扶企业渡难关、完善和加强融资平台建设等工作进行调研。深入荣亨集团工业园考察。县委书记荣建勋主持会议，县长李树起汇报融资平台建设情况。

8－10日 宁河县第20届花灯展在芦台镇商业道中南段举行。累计展出花灯1200盏，吸引游人近10万人次。

10－11日 江苏雨润集团执行董事、副总裁李道先及集团有关负责人到宁河县，就农产品加工及物流项目考察洽谈。

24日 市城建集团总经理刘士善一行到宁河县，就赵家园街项目规划方案、框架补充协议等事宜进行洽谈。

3月

10日 宁河县2009年村级组织换届选举工作动员会议召开。县委书记荣建勋讲话。

12日 宁河县人民政府与江苏雨润食品产业集团有限公司产业项目签约仪式在天津水晶宫饭店举行。副市长李文喜出席仪式并讲话，县委书记荣建勋致辞，县长李树起与雨润集团董事局主席祝义才签署协议。该项目选址潘庄示范工业区，总占地40公顷，投资21亿元，分两期建设。其中一期占地20公顷，投资12亿元，施工周期计划一年半；二期占地20公顷，计划投资9亿元，建设内容初步拟定5000万只肉鸡加工，水产品加工。一期建设内容已落实，项目达产后预计年销售收入85亿元，利税3.84亿元。

13日 中国水城会议中心工程奠基仪式在清河农场举行。县领导荣建勋、李树起、王志刚、孙会元、刘建国，北京市经中实业开发总公司党委书记兼总经理肖宇航出席奠基仪式。中国水城（暂用名）项目地处天津市宁河县境内，北与宁河县相连，南与塘沽区毗邻，西与东丽区接壤，东与汉沽区相交，在天津滨海新区U型圈内，属北京市清河农场永久用地。清河农场总占地115平方公里，中国水城项目位于农场西区，占地面积33平方公里，建筑面积9.6万平方米。

19日 宁河县与中石化天津石油分公司联营协议签约仪式举行。县委书记荣建勋、中石化天津石油分公司总经理于忠国讲话，县领导李树起、刘建国、张春善、靳宁生，中石化天津石油分公司副总经理卢占发出席签约仪式。

26日 宁河县十三届人大六次会议召开，选举李若宽为宁河县人民法院院长。

4月

1日 市委常委、天津警备区司令员王小京，副司令员李德生及警备区有关部门负责人到宁河县，考察人武部办公楼、预备役防空兵训练基地及八号兵营建设情况。

10日 国家农业部水产苗种专项整治督查一组组长、农业部渔业局局长李建华及督查组成员到宁河县，督查换新水产良种场水产苗种整治情况。

15日 市长黄兴国，副市长熊建平、李文喜及市有关委局负责人到宁河县，就推动重点项目建设进行调研。考察鑫盛长毛兔养殖场、金湖长毛兔种兔场、桥北新区、妇女手工编织发展中心、玖龙纸业（天津）高档包装纸生产基地、津芦公路拓宽改造施工现场。

16日 茂川大厦开工奠基暨为天尊阁捐款仪式在宁河县茂川大厦项目现场举行。县委书记荣建勋宣布茂川大厦开工，县长李树起致辞，天津茂川房地产开发公司董事长张学忠讲话并向天尊阁捐款。茂川商务中心预计总投资2.2亿元，建筑主体22层，占地面积6007平方米，建筑面积43000平方米，计划年底完成主体框架，2010年上半年投入使用，为超5A级高级写字楼。

24–27日 县领导荣建勋、王志刚、孙会元、刘建国、张春善赴江苏雨润集团和宁波市镇海区考察。参观雨润集团总部及相关企业，镇海区第一、二、三产业重点企业，与镇海区主要领导交流座谈。

28日 宁河县人民政府与天津市公交集团合作发展区域公共交通协议书签字仪式举行。县长李树起与市公交集团总经理郭智签订合作协议。

5月

5日 县委书记荣建勋主持召开会议，研究造甲城镇造甲村苇田发包给七里海旅游服务公司相关问题，听取七里海管委会、造甲城镇负责人情况汇报。县领导李树起、刘建国、张炳江、张春善、王东升、刘宝迎、赵年伏、张金明出席。

11日 中共宁河县委常委会召开深入开展学习实践科学发展观活动“解放思想交流讨论”会议。县委常委联系经济形势和自身实际工作，围绕科学发展主题进行学习交流。

21日 市编办主任李功立在宁河县贵达假日会馆主持召开《天津市区县政府机构改革指导意见》征求意见座谈会。县委书记荣建勋、县长李树起及县编办负责人参加。

31日 宁河县第三幼儿园举行落成典礼。世界华侨华人社团联合总会秘书长任兴亮，宁河在京同乡联谊会会长郭景兴、秘书长董兰敏，2000年悉尼奥运会体操冠军邢傲伟，县领导荣建勋、刘建国、张春善、靳宁生、杨霞出席。

6月

1日 县领导荣建勋、李树起、王志刚、孙会元、刘建国、张春善、靳宁生、李润得、姜福元、张金明及县直有关单位负责人，考察雨润集团食品工业园施工现场、潘庄镇齐心设施农业园区、津芦公路拓宽改造工程、玖龙纸业、芦汉路治理工程、换新渔场、桥北新区。

6日 世纪欣都购物广场举行开业仪式。县领导荣建勋、李树起、王志刚、孙会元、张春善、张金明，世纪欣都购物广场董事长、总经理周福升及县直有关单位主要负责人出席。世纪欣都购物广场由温州实力派财团投资6000万元改造建设，是集购物、休闲于一体的现代购物广场，商场总面积2万平方米，为顾客提供全方位、个性化商贸服务。

9日 宁河县芦台镇桥北新区土地整理与开发建设项目协议签字仪式在贵达假日会馆举行。韩国BHS公司代表理事卞祥京、县长李树起分别致辞，县土地整理中心负责人与韩国BHS公司代表签订协议。

30日 宁河县召开纪念中国共产党成立88周年暨先进基层党组织、优秀共产党员命名表彰大会，表彰农村红旗党组织37个，先进基层党组织99个，优秀共产党员152名。县委书记荣建勋讲话，县长李树起主持会议。

7月

3日 宁河县第三届社区文化艺术节开幕式暨“金华之夏”戏曲演出活动在芦台大剧院举行。

5日 宁河县人民政府与中庆兆春国际投资管理（北京）有限公司建立农产品生产基地保障高校后勤物资供应项目签字仪式在贵达假日会馆举行。国家教育部高校后勤改革处处长朱宝铜、国家发改委宏观经济体制与管理研究所处长李振东，县领导荣建勋、李树起、刘建国、张春善、杨霞、姜福元、张金明出席。

9日 宁河县第三届社区艺术节广场舞展演暨“世界人口日”宣传活动在芦台大剧院前广场举行。县领导刘建国、崔红梅、杨霞及各主办单位负责人参加。

13日 市委理论学习中心组读书会暨“保增长、渡难关、上水平”活动现场交流推动会与会领导到宁河县考察。市委书记张高丽，市委副书记、市长黄兴国，市人大常委会主任刘胜玉，市政协主席邢元敏，市委副书记、滨海新区工委书记何立峰，以及市委、市政府有关副秘书长，各区县区县委书记、区县长参加活动。考察潘庄镇齐心食用菌种植示范园区、玖龙纸业（天津）高档包装纸生产基地、换新水产良种场和桥北新区还迁项目区。

18日 宁河县芦台镇赵家园街居民还迁楼奠基仪式在赵家园街还迁楼施工现场举行。建设还迁楼19幢12万平方米，安置还迁居民630户。

2009年7月26日，城区公交线开通。

26日 宁河县人民政府与天津市公交集团合作发展区域公共交通新车投放暨公交线开通仪式在桥北新区运河家园公交站举行。县长李树起、市公交集团总经理郭智致辞。

8月

1日 宁河县人民政府与海航集团有限公司战略合作框架协议签字仪式在贵达假日会馆举行。

8日 宁河县医院外科住院楼落成典礼举行。该住院楼位于芦台镇文化路20号，占地53000平方米，建筑面积27009平方米，总投资上亿元。它的建成，极大缓解了住院难状况，满足了群众日益增长的医疗需求。

12日 宁河县总工会、团县委、县妇联“金秋助学”活动启动仪式在富利大酒店举行。市总工会党组副书记、副主席邢铁龙，县委副书记刘建国讲话，县总工会主席刘克忠主持仪式。与会领导向受资助学生代表发放助学金，受资助学生代表、学生家长、捐款代表分别发言。

15-16日 县委书记荣建勋率宁河县党政代表团赴河北省廊坊市学习考察。考察廊坊经济技术开发区成果展厅、金凤农科园、安次区爱心家园、永波玻璃有限公司、福城养牛基地，听取相关情况介绍。县领导王志刚、孙会元、刘建国、靳宁生、姜福元

2009年8月8日，县医院外科住院楼竣工使用。

随同考察。

8月20日—9月24日 宁河县举办第二届七里海文化旅游节活动。推出“魅力大舞台”系列演唱会、评剧之乡评剧名段大家唱、“水乡神韵七里海”原创歌曲展播、宁河精品花会展演、妇女手工编织大赛等10多项文化活动。

28日 宁河县妇女手工编织业发展中心落成启用典礼暨第二届妇女手工编织制品征集大赛举行。市妇联主席朱丽萍出席典礼仪式并讲话。大赛征集作品320件，350人参与活动。

31日 中共宁河县委常委班子、县政府党组班子学习实践活动群众满意度测评会议召开。县委书记荣建勋主持并讲话。

9月

2—12日 应台湾中华农经发展协会邀请，县委副书记刘建国率宁河县农业考察团赴台湾进行农业经贸考察。

8日 “北京红星杯”天津普利司通女子排球队与德国威斯巴登俱乐部女子排球队对抗赛在宁河体育馆举行。

10日 宁河县庆祝2009年教师节暨表彰大会在芦台大剧院召开。

14日 宁河县召开“五大工程”、“十大项目”推动实施工作专题会议。听取牵头县级领导和牵头单位主要负责人各自承担的工程项目组织落实情况汇报，就下一步工作进行研究部署。县委书记荣建勋、县长李树起讲话。县委、县人大、县政府、县政协领导出席。

16—28日 应美国商务社会责任国际协会和加拿大中华总商会邀请，县委书记荣建勋率团赴美国、加拿大洽谈项目并举办招商会，副县长李润得随同前往。

10月

6日 天津永利宇轩机械项目签约仪式在贵达假日会馆举行。县委书记荣建勋出席仪式，天津渤海化工集团公司副总经理、天津碱厂厂长赖振国，天津纺织机械有限公司总经理肖国富，天津宇轩机电设备有限公司董事长王志卫签署协议。该项目落户潘庄工业园区，将以合作项目为平台，加强三方经济合作与技术交流，实现优势互补。

13日 县委书记荣建勋、县长李树起到新落成的芦台清真寺考察。该清真寺坐落芦台镇东北部，投资420万元，占地4148.2平方米，总建筑面积1900多平方米。

21日 县委书记荣建勋考察宁河宾馆建设情况。宁河宾馆位于芦台城区，总建筑面积4万平方米，营业面积1.2万平方米，主、分会场可容纳800人。

24日 宁河县养老服务中心举行落成典礼。县领导荣建勋、李树起、王志刚、孙会元、刘建国、李泽民和市民政局、市财政局、市慈善协会主要负责人出席仪式。该中心坐落曹庄子北侧，面积5400平方米，可容纳老人200名。

27日 天津雨润食品工业园奠基仪式在潘庄工业园区举行。副市长李文喜出席仪式，县委书记荣建勋、县长李树起参加活动，雨润集团执行董事、副总裁李道先致辞。雨润食品工业园建筑面积20万平方米，投资12亿元。

11月

2日 县委书记荣建勋、县委副书记刘建国到岳龙镇、丰台镇调研设施农业发展情况。

9日 宁河县人民政府与天津银行股份有限公司全面合作协议签字仪式在贵达假日会馆举行。县长李树起与天津银行行长袁福华签约。

10日 副市长王治平及市

迁址新建的芦台清真寺

有关部门负责人深入板桥镇赵学村检查第三批学习实践科学发展观活动进展情况。县领导荣建勋、李树起、王东升、李润得陪同。

20日 市委常委、天津警备区司令员王小京,警备区政委谢建华到宁河县考察县人民武装部新办公楼及防空兵训练基地建设情况。县领导荣建勋、靳宁生、芮士成陪同。

29日 宁河县档案馆创建国家二级综合档案馆暨新农村建设档案示范乡镇、村,通过国家档案局、市档案局专家联合评审组验收。县委书记荣建勋、县委副书记刘建国出席活动。

12月

2日 县领导荣建勋、刘建国、靳宁生、李泽民赴中新天津生态城学习考察。

3日 县委书记荣建勋到县体育局调研。听取全县体育发展情况汇报,对近年体育工作取得的成绩给予充分肯定,并提出希望。

9日 县委书记荣建勋考察潮白新河蓄水工程进展情况。

15日 县领导荣建勋、刘建国、崔红梅、廉桂峰、杨霞、李军峰考察天尊阁维修改造工程进展情况。

19日 金海湾酒店式公寓项目奠基仪式在宁河经济开发区举行。县领导荣建勋、李树起、靳宁生、李润得出席仪式。金海湾公寓项目拟投资1.14亿元,占地14835平方米,拟建公寓面积40040平方米,单位户型80–120平方米,共计380套,预计2011年5月投入使用。

25日 玖龙纸业二期工程建设开工仪式在玖龙纸业(天津)高档包装纸生产基地举行。县领导荣建勋、王志刚、孙会元、刘建国、王琢及县直有关部门负责人出席仪式。二期工程设计产能为140万吨,包括3台纸机,分别为1台年产45万吨的高档牛卡纸,1台年产35万吨的高强瓦楞纸造纸机和1台年产60万吨的涂布白版纸纸机,计划2011年一季度正式投产。

28日 中共宁河县委十届九次全体(扩大)会议召开。县委书记荣建勋讲话,县长李树起主持会议,县委副书记刘建国传达市委九届七次全会精神。审议通过《中共宁河县委2010年工作要点(草案)》,《中国共产党宁河县第十届委员会第九次全体(扩大)会议决议(草案)》。

(王士亮)

党务

组织工作 2009年,宁河县抓好领导班子、干部队伍、党员队伍和基层组织建设。开展学习实践科学发展观活动,首批学习实践活动取得明显成果。第二批参学单位查找突出问题234个,解决213个。各乡镇下功夫解决基层党建工作中存在的突出问题,整顿转化28个相对后进村领导班子,培育选树37个新典型。中央第四巡回检查组、市委巡回检查组对宁河的做法和成效给予高度评价。加大干部培训力度,举办处级领导干部任职、组织干部、妇女干部培训班,培训干部650余人次。调整干部143人,其中提拔61人。强化党员教育管理,党员为群众办实事、好事1.96万件。启动后备人才队伍建设“1233”工程。加大年轻干部选拔力度,15名35岁左右的青年干部走上领导岗位。改善干部队伍结构,提拔女干部16人、党外干部5人。完成村级组织换届选举,271个应换届村产生“两委”干部1315人,平均年龄45.8岁,具有大专以上学历359人;其中女干部277人,比上届增加205人。加强大学生“村官”教育管理。县委组织部坚持每月召开大学生“村官”工作交流会,开展“五个一”(记好一本民情日记、掌握一项实用技能、参与或领办一项致富项目、结成一个帮扶对子、撰写一篇调研报告)活动。张艳玲、付树军、丁建江等优秀大学生村官的带动作用逐步显现。宁河选聘“原

相关链接:

“1233”工程:培养选拔100名左右乡镇局正职后备干部、200名左右乡镇局副职后备干部和300名左右35岁以下优秀年轻干部,一并进入县级人才库。建立“3个一批”后备干部队伍源头储备机制,即:每年考录一批公务员,每年考录一批事业单位工作人员,每年考录一批大学生“村官”。

籍村官”、建立“保底机制”、开展“五个一”活动等特色做法，引起各级领导关注。8月26日，市委组织部副部长梁宝明带领新华社记者到县调研，编发《天津选拔部分大学生回原籍当“村官”》通讯，中共中央政治局委员、中央书记处书记、中央组织部部长李源潮在该通讯上作出重要批示。

（陈 兵）

宣传工作 2009年，宁河县以应对国际金融危机推动经济发展和“保增长、促发展、上水平”为主题，邀请市委党校及高校专家学者为处级以上领导干部做大型专题讲座4场，参加讲座1000余人次。组织承办天津市第七届社会科学普及周，在宁河讲座活动2场。制发《宁河县组织开展学习宣讲六个“为什么”活动方案》，成立宣讲团，深入基层宣讲30余场次，直接受众5500人。在市级以上理论刊物刊发调研文章10余篇。与县委党校联合组织政工人员培训122人次。在县电视、广播两台开办“深入学习实践科学发展观”、“保增长、促发展、上水平”等12个专栏，多角度报道工业园区开发、设施农业发展、绿色宁河建设、重大项目实施、城乡环境提升等方面进展情况。在市级以上新闻媒体刊发、播出反映宁河县贯彻落实科学发展观、社会主义新农村建设等新闻稿件（照片）920多篇。在中央电视台农业频道“乡土”、“乡村大世界”栏目分别播出《“野”味七里海》和《乡村大世界——走进宁河》专题片，对七里海、农业特产、民俗文化等进行展示。开展“宁河楷模人物”评选活动，评选出于方舟、武宏等14位宁河楷模人物，通过电视、广播两台开办“宁河楷模人物风采”专栏，广泛宣传楷模人物典型事迹。组织200人演唱队参加天津市庆祝新中国成立60周年群众歌咏展演活动，演唱曲目被列为汇演开场曲。在兴建宁河县电子阅览共享工程分中心基础上，14个乡镇建立基层中心，在140个村建立共享工程服务点。

（陈宝阳 王士亮）

精神文明建设 2009年，宁河县创建文明生态村10个，市级卫生村15个、卫生镇1个，县级卫生村30个。开展“五十佳”创建评优活动。经过对上报单位及个人考察测评，评选出十佳文明和谐机关、十佳文明和谐窗口、十佳文明和谐村街、十佳文明和谐学校、十佳道德模范。按照市精神文明建设工作总体要求，开展农村“五个一”（一个村民学校、一个综合服务站、一个文体活动站、一个宣传橱窗、一个村街花园）创建活动。大北涧沽镇独立村、芦台镇王北村、苗庄镇孟旧村被评为市级“五个一”活动先进村。开展世界观、人生观、价值观、社会公德、职业道德、家庭美德和个人品德宣传教育，发放《社会主义核心价值体系学习读本》7500余册，组织第七个公民道德宣传日、中华经典诗文诵读、“邮政杯”祖国在我心中知识竞赛等活动。在县电视台开办“公民道德大家谈”专栏，鞭挞不文明行为。发放《爱国歌曲100首》歌本及光盘200多套，组织县文化、教育部门文艺骨干到各单位指导开展大合唱150场。与天津电视台“四季风”栏目组联合举办“四季大舞台·金秋红歌会”爱国歌曲大家唱专场演出活动。开展网吧网络环境、荧屏声频、出版物市场和校园周边环境4项综合整治活动，成立由县文明办、政法委、关工委等34个部门组成的协调小组，深入城乡接合部、农贸市场、居民楼调查摸底，出动执法人员850人次，依法取缔“黑网吧”79家，查扣电脑主机389台。取缔无证照图书摊点18处、音像经营店3家，收缴盗版光盘19890盘、盗版图书3575册。组建网吧义务监督员队伍，聘请老干部、老军人、老专家、老教师、老模范和政协委员、人大代表担任网吧社会监督员，完善网吧社会监督机制。

（陈宝阳）

政 务

人事工作 2009年，宁河县加大人才引进力度，组织县医院、原种猪场等用人单位参加全市及全国性人才交流活动。组织用人单位参加各类招聘活动13场，引进人才220多人，为389名大中专毕业生办理就业、派遣手续。县人事局与县委组织部联合下发《关于做好2009年度考核工作意见》，对1718名国家公务员、10221名事业单位工作人员考核。抓好科级公务员竞争上岗工作，按照《关于竞争上岗工作的意见》要求，规范运作程序。开展多种形式的继续教育，培训210人次。与天津理工大学合作，完成2009年度教学计划和2010年新生招录工作。完成高、中级职称报评和初级职称认定工作。评审高、中级职称91人。完成九年制义务教育学校实施绩效工资工作。为机关、事业单位新工作人员、军转干部、复员军人、新聘专业技术人员、调入人员及考核培训合格技工等280人办理工资审批手续。为11240人办理晋升职务工资档次和工作津贴审批手续。

（刘云月 王士兴）

行政许可 2009年，宁河县行政许可服务中心受理行政许可事项、非行政许可审批事项12328件，办结12365件（含上年结转56件），现场审批12082件，现场审批率98%，按时和提前办结率100%。清理减少审批事项，压缩审批时限。清理后，进驻“中心”的职能部门取消行政审批事项20项，调整行政审批事项12项，同类合并36项，行政审批事项为16项。承接市级下放审批权限事项24项，行政审批事项由269项压缩至233项。平均承诺时限由15.4天压缩至7.1天，平均压缩54.3%。推出立等可取事项44项。强化集中审批和现场审批。25个部门全部向“中心”委派首席代表，现场审批率由87%提高到98%。联合审批主体部门对8个投资项目主动服务，简化办事程序，将投资项目审批阶段的备案和核准累计工作日，由37天、42天分别缩减到25天、31天。全年受理投资项目43项，办结34项，在办9项，项目总投资额47.83亿元，外资14万美元。2月18日，启动企业设立联合审批机制，年内受理审批事项515项，办结475项、尚未启动40项，总注册资本14.15亿元，外资30万美元。联合审批平均完成天数2.8天。“8890”家庭服务网络中心宁河执行部吸收加盟企业294家，受理市民求助事项2347件，办结率100%。

（何秀丽 王士兴）

信访工作 2009年，宁河县信访办受理群众来信来访2185件（次），比上年2671件（次）下降18.2%。畅通信访渠道，领导干部深入基层体察民情、受理群众来信来访，开通为民服务专线电话和县长电子信箱。落实各级责任制。试行《重大事项社会稳定风险评估实施办法》，制定《宁河县维护稳定基金的实施意见》。推进和规范村务公开、民主管理工作。县委、县政府下发《关于进一步加强农村集体经济承包合同管理的实施意见》，保护当事人合法权益。在改造老城区、建设新城区中，对于涉及拆迁征地、补偿等群众切身利益问题，各级各部门超前工作，为群众办实事解难题，未出现越级上访现象。年初，县委、县政府成立“信访积案化解年”工作领导小组，县委书记荣建勋任组长。制定活动实施方案。办结2件上级交办的信访积案；4件自查的信访积案全部办结。

（陈喜辉 王士兴）

政 法

公安工作 2009年，公安宁河分局做好新中国成立60周年大庆安全保卫工作，排查不稳定因素120项。破获刑事案件1619起，其中积案355起，外省市案件270起，打掉恶势力团伙10个。命案破案率100%。破获3起跨省市特大贩毒案件，抓获毒贩12人，收缴毒品866.7克，数量超过前五年收缴总和。依法受理、查处各类治安案件3183起，比上年下降21.29%，其中赌博案件88起；查处卖淫嫖娼案件22起；查处贩卖淫秽物品案件7起，收缴淫秽光盘、盗版光盘及书刊8900余张（册）；收缴各类枪支67支、管制刀具311把以及大量子弹、雷管、火药等违禁物品，打掉1个非法制造贩卖枪支团伙；联合工商、文化等部门，取缔“黑网吧”38家；破获盗窃机动车案件100余起，追缴各类赃车26辆，打掉3个盗车团伙；破获盗窃自行车案件187起。破获经济犯罪案件106起，追缴赃款600余万元。加强信访工作。为来访对象解决实际困难34件，化解矛盾纠纷13件；受理群众来信29件，办结28件；受理群众来访114人（次），办结

109件。

（关文宝　王士兴）

检察工作　2009年，宁河县检察院立案侦查贪污贿赂等职务犯罪案件17件17人，其中大案15件15人，大案率88%。立案侦查渎职侵权犯罪大案1件1人。通过办案，为国家和集体挽回经济损失190余万元。受理提请逮捕案件197件305人，经审查批准逮捕193件301人。受理移送起诉案件248件482人，经审查提起公诉238件465人。加强侦查和立案监督，严把批捕、起诉关，改变定性16件，追加犯罪嫌疑人1人，纠正适用法律不当14件，要求公安机关说明不立案理由3件9人，其中公安机关说明不立案理由3件9人，立案1件4人。强化审判监督，依法提出抗诉1件1人，对2人作出不捕决定。化解矛盾纠纷，受理群众举报35件50人，检察长接待36件，控告申诉24件29人，处理群众集体上访6件。受理民事行政申诉案件13件，立案5件，提请抗诉2件，经法院改判1件。制发检察建议2件，息诉1件，终止审查3件，不立案1件。对416人次社会服刑人员进行执法检查，向看守所提出口头建议16次，预警提示120人次，发出监外执行罪犯出所告知表30份。

（董　飚　王士兴）

审判工作　2009年，宁河县法院到14个乡镇和部分企业征求意见；邀请县人大常委会、县政协领导和执法监督员听取法院工作汇报，征询意见和建议。全年无违法违纪现象发生，实现“零点方案”目标。受理各类案件7948件，审结6878件。其中受理刑事案件367件，审结336件，判处犯罪分子507人。受理各类民商事案件5413件，审结4925件，比上年分别增长60.8%和78.7%。受理行政案件64件，审结64件。审查受理非诉行政执行案件23件。受理执行案件2088件，执结1501件，执结率71.89%。服务县重点工作，妥善处理多起涉及重点工程项目案件。严格审理再审案件和发回重审案件，受理25件，审结21件。接待群众来信来访1400人次，处理群众信访46件。

（孙凤晖　王士兴）

司法行政　2009年，宁河县司法局各级调解组织发挥调解作用，调解民间纠纷1051件，调解成功998件。配合公安宁河分局，调处治安案件320起；与县法院合作，受理案件36件，调解成功23件。加强安置帮教工作，690名刑释解教人员安置率、帮教率均达98%，重新犯罪率1.7%。416名社区矫正服刑人员接受矫正教育，重新犯罪率0.5%。强化公证规范管理，办理民事证件272件，经济证件163件，涉外证件197件。加强法律援助工作，受理援助案件80件，其中刑事案件26件、民事案件54件。

（吴顺成　王士兴）

人民团体

工会工作　2009年，宁河县总工会注重工会组织自身建设，加强新建企业工会干部培训。组织基层工会干部50余人赴北京、承德地区学习考察工会工作先进经验。积极组建新工会，组建2家设施农业工会联合会、2家农业养殖业工会联合会、1家餐饮业工会联合会。全年组建新工会65家，涵盖企业160家，发展会员6358人，分别完成市总工会建会和发展会员任务的144%和141%。基层工会组织总数878家，工会会员98971人。加强职工技能培训，科目包括计算机、电工、焊工、水产养殖技术，人员包括在岗职工、转岗待岗职工、下岗职工和农民工，累计培训15050人，技能上等级1710人，1280人实现再就业。帮助指导劳动者，监督用人单位依法订立、履行劳动合同。全县建立集体合同和协议企业913家，覆盖职工69566人，占建会企业85%。创立三级帮扶救助机制，筹措资金40余万元，256名困难职工得到救助。

（陈文键　王士兴）

共青团工作　2009年，共青团宁河县委抓好青年就业创业工作，与中核（天津）机械有限公司、天狮集团等6家大型知名企业签订人才培养和输出协议。天津市京达广告有限公司、金世神农种业有限公司等5家企业被团中央确定为首批共青团“青年就业创业见习基地”。组织开展青年志愿服务月活动，3月5日开展法制宣传和爱心义诊活动，各基层团委开展慰问部队官兵、敬老院老人和特困青年职工等活动。组织开展青少年祭扫烈士墓活动，2100名少先队员、共青团员参加悼念仪式。纪念“五四”誓师大会，1100名青少年进行庄严宣誓。举办“红星杯”质量安全有奖征文比赛，征集作品618篇，将90篇获奖作品和14篇优秀作品汇编成集。组织“爱心点亮梦想”捐助活动，团县委和县少工委为县青少年宫和造甲小学捐献价值8万元的乐器和数字电影播放设备。青联委员张全被共青团中央、水利部、农业部、财政部、国家林业局和全国青联联合授予第13届中国杰出青年农民荣誉称号。少先队员张雨晨赴京参加团中央、全国少工委学习胡锦涛贺信座谈会，并作典型发言。其事迹被中央电视台、中国青年报、中国少年报等全国十几家新闻媒体报道。

（刘广军　王士兴）

妇女工作　2009年，宁河县妇联配合县委组织部完成271个村党支部、村委会换届选举。加强非公企业妇女组织工作，健全完善妇联基层组织。组织培训女干部70余人、女带头人222人，累计取证210人，转移就业100人。8月28日，县妇女手工编织中心落成启用。建立覆盖全县的手工编织站点及龙头基地25个、再就业基地2个、福利性企业1家，年加工产值5000万元，从业人员近万人。组织开展“爱党爱国爱天津”系列活动及“共建和谐家园”活动。组织开展共享美好生活“镜头中的和谐生活”家庭摄影大赛和征文活动，收集摄影作品116幅，其中获二等奖1幅，优秀奖5幅，征文7篇。县妇联编辑出版《平等·和谐·发展论文集》。开展“阳光关爱”单亲困难母亲救助行动，“巾帼助学”等扶贫助困活动。全年募集资金25.5万元，280名单亲困难母亲获得生活救助款、生产救助金以及学生学习用品救助。“金秋助学”活动中，资助特困生100名。与县医院联合，为近300名单亲困难母亲免费体检。

（刘玉红　王士兴）

农　业

概况　2009年，宁河县优化农业结构，农业生产稳步提升。实现农业增加值19.5亿元，比上年增长11.6%；农业总产值39.9亿元，增长13.7%。农作物播种面积42573.34公顷。其中，粮食作物播种18266.67公顷，粮食总产14.3万吨；经济作物播种24306.67公顷。经济作物中，棉花播种13333.33公顷，总产1.56万吨；油料播种40公顷，总产80吨；蔬菜种植9800公顷，总产50.1万吨；西瓜种植1133.34公顷，总产6.8万吨。新建种植业设施园区46个，面积1200公顷。建成新型节能日光温室4444栋，占地面积806.67公顷；钢骨架蔬菜大棚1524个，占地200公顷。生猪饲养118.89万头，出栏75万头。淡水养殖72667公顷，水产品总产4万吨。家禽出栏1289.60万只，增长60.8%，禽蛋总产量1.3方吨。长毛兔养殖2.3万只。新建改建规模化养殖小区17个，累计181个，其中市级以上标准化小区73个，畜牧主导产品养殖入区率85%。实施绿色道路、绿色河道、绿色城镇、绿色村庄、绿色园区、农田林网和片林建设，造林483.42公顷，植树67万棵。

（杨长水　谷秋生）

龙头企业及产业化建设　2009年，宁河县具有规模和带动能力的农业产业化组织365个，固定资产总值7.25亿元，进入产业化组织从业人数6980人。通过各种合作联结方式，带动进入产业化体系农户5.86万户，占全县农户72%，其中通过订单带动3.45万户。全县各级龙头企业92家，其中市级以上17家，固定资产总值6.53亿元，销售收入14.6亿元。具有一定规模和带动能力的专业化农产品批发交易市场5个，其中县贸易开发区综合批发市场年农副产品交易额7亿元。具有一定规模和带动能力的中介组织165个，销售收入3.8亿元。

（刘志禾　谷秋生）

农民专业合作社发展　2009年，宁河县农民专业合作社健康发展。依托龙头企业、能人牵头,联合农户组建各类农民专业合作社385家,其中种植业193家(蔬菜96家)、林果业12家、畜牧业130家、渔业25家、农机业22家,其他3家。拥有入股社员7782名,其中农民成员7757名、团体社员25名,带动非成员农户27920户。合作社资产总额5.53亿元,其中固定资产9600万元。

(刘志未 谷秋生)

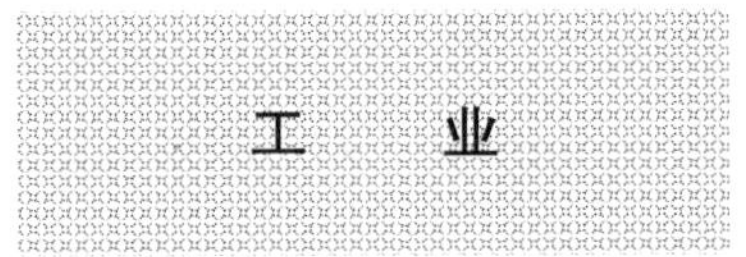

工业

概况 2009年,宁河县挖掘企业内部潜力,转变发展方式,工业经济保持良好发展态势。全县工业企业2771家,固定资产总值134.5亿元。完成工业总产值320亿元,比上年增长19.4%;实现利税20.2亿元,增长13.5%。工业总产值占工农业总产值88.9%。年销售收入超500万元的规模企业153家,其中销售收入超1000万元的110家,超5000万元的47家,超亿元的27家。形成金属制品、食品加工、机械制造、新型材料、高档包装纸五大主导行业。个体私营企业发展到11881家,民营工业企业发展到2696家,从业人员40098人,实现产值279.3亿元,占工业总产值87.2%,利税总额18.26亿元,增长28.92%。

(赵树山 谷秋生)

主导行业及产品 截至2009年,宁河县工业涉及26个行业1000余种产品,金属制品业规模以上企业14家,集烧结、炼铁、炼钢、轧钢于一体,拥有百万吨钢材生产能力,在全市区县排名第一,向钢材生产基地发展。机械制造行业规模企业41家,主要产品有石油机械铸件、制冷压缩机铸件、汽车火车机械铸件及燃气灶具等,成为特色行业。食品行业规模以上企业19家,主要产品有小站米、奶制品、酒与酒精、酱菜制品等。新型材料行业规模以上企业12家,主要产品为系列高密度聚乙烯外护管和直埋式保温管,成为新型材料生产基地。高档包装纸行业有玖龙纸业、星河纸业有限公司等企业,主要产品为黄板纸、高强度瓦楞原纸、普通瓦楞纸等,年生产能力近100万吨。天津芦阳化肥股份有限公司,年生产系列复合肥60万吨;天宁树脂有限公司、天骄固化材料有限公司等企业年产各种油墨树脂和助剂1.2万吨;马丁康华不锈钢有限公司,年产6大系列100多个品种的散热器60万片;久安集团有限公司生产高低压配电系列产品,年生产能力在全市同行业排名第一,全国排名第十三;北方畜产品有限公司加工生产的马鬃尾产品全部出口;以钢强五金有限公司为龙头的平垫圈生产企业135家,产品达140多种,年产量4万吨,出口量居全国第一。

(赵树山 谷秋生)

技术改造与自主创新 2009年,宁河县申报天津市郊区工业技术改造项目14个,列入市技改项目7个,列入国家技改项目1个,列入市专项扶持项目6个。天津芦阳化肥股份有限公司壳体固氮缓释复合肥料技术改造及建氨站,对原有2条各年产20万吨复合肥生产系统进行优化节能改造,年节约标准煤1.4万吨,获国家无偿支持专项资金140万元。申报天津市郊区工业科技创新项目18项,列入市科技创新项目3个。正方工业有限公司研发的由SMC新型绝缘材料生产的配电箱柜系列产品,有25项获得发明专利,是电力、铁路、石油系统自动化控制的更新换代产品,被国家有关部门批准在全国推广使用。

(赵树山 谷秋生)

开拓国际市场 2009年,北京红星集团公司宁河分公司开发中高档系列酒,生产能力达2万吨,全部投入国际市场,实现税收7000万元。天津斯迪欧钢结构有限公司与挪威NS公司合作,生产精制热镀锌钢结构产品,产品销往欧洲市场,年销售收入5000多万元。中得保温材料公司生产的高密度聚乙烯外护管,与俄罗斯签约,为输入我国的石油管道配套,订单超5000吨。石油机械出口企业荣亨集团股份有限公司,产品全部销往欧洲市场,成为出口创汇大户。宝溢工业制品有限公司为世界三大汽车公司福特、通用、克莱斯勒生产汽车配件,在加拿大建立产品销售公司,产品直接进入国际市场。永进缝制品有限公司采用美国迪士尼公司专利技术,成为美国BBC公司在中国唯一指定生产厂家,年生产玩具鞋系列产品600万双,产品全部出口欧美等国,创汇800万美元。北方畜产品有限公司是两头在外的外向型企业,原料从国外进口,生产的马鬃尾产品全部出口,成为全国最大的畜产品出口企业。

(赵树山 谷秋生)

重点乡镇工业 2009年,宁河县芦台、大北沽涧、七里海、潘庄、造甲5镇有工业企业1312家,占工业企业总数47.4%,工业产值占全县工业产值67.9%。大北涧沽、七里海、造甲、潘庄4镇工业园区享受政策资金支持,园区经济发展速度加快。在造甲、潘庄2个镇规划2个市级示范工业园区,后合并为潘庄工业园区。积极筹划七里海、大北涧沽、淮淀3个镇争创市级工业园区工作。

(赵树山 谷秋生)

商贸服务业

概况 2009年,宁河县有各级各类商贸市场41个,总占地面积近80万平方米,较大型集贸市场15个,摊群市场14个,日常固定市场34个,汽车交易市场1个。宁河贸易开发区是县内最大商品交易市场,占地近千亩,建有蔬菜、果品、水产品和肉类、小百货小食品、木材、农资建材、集市贸易、机动车交易8个专业市场,入区商户1600多家,功能完备、设施齐全,被农业部批准为全国定点市场。社会商品零售额完成44.9亿元,比上年增长19.8%。其中日用消费品、酒类、卷烟、食盐销售额分别达13788万元、5442万元、32861万元、721万元,增长9.8%、39.8%、15.1%和2.7%。各类外贸出口企业210家,产品出口美、欧、亚30多个国家和地区,出口商品涉及机械制造、金属加工、食品、服装及农产品,出口创汇额7678万美元。“津沽牌”小站米、“金芦牌”大米在国内20多个省市100多家超市畅销,还远销美国、新加坡及非洲等国家和地区,成为联合国采购机构供应商单位。

(张秀亮 谷秋生)

家电下乡 2009年,宁河县有63家商户登记备案,25家销售网点销售已中标的47家企业生产的家电产品。农民购买“家电下乡”产品7844件,销售金额1404.57万元,其中补贴备案产品5796件,补贴金额142.40万元。家电“以旧换新”产品销售975件,销售金额382.21万元,补贴金额30.30万元。

(张秀亮 谷秋生)

服务外贸企业 2009年,宁河县挖掘潜力,运用政策杠杆,培植外贸出口新增长点。帮助一批企业特别是民营企业获得对外贸易经营资格,参与国际市场竞争,初步形成市场多元化格局。发挥各项政策和促进措施集合效应,利用各种国际、国内节会、展览、博览等活动平台,组织企业参加“广交会”、东盟博览会等境内外大型商品交易会和展览会,推动贸易成交,开拓国际市场。

(张秀亮 谷秋生)

家乐超市 2009年,宁河家乐超市服务“三农”和社区建设,不断壮大发展规模,经济效益持续增长。投资300万元,提升重建丰台店;建设芦台老城区和社区便利店2个;投资5000万元,建成集货运代理于一体的大型物流配送中心,成为全县规模最大、功能最全、辐射能力最强的现代物流农产品专营集散中心。聘请商校教师对员工进行职业道德、专业技能、礼仪、法制、市场营销策略等内容的辅导培训,提升员工整体素质。职工劳动合同签订率100%。克服金融危机影响,年销售总额2.31亿元,比上年增长18.4%,实现利税935万元,增长11%。

(张 艳 谷秋生)

便民便农服务网络 2009年,宁河县加快网络整合和升级,商贸服务更加便民便农。家乐超市在玖龙纸业厂区和县城东方裕景居民社区附近各建1个便民超市,为日用消费品进社区提供成功范例。在宁河、丰台、大辛、岳龙直营店发展4个新型农民消费合作社示范点,入社社员1.2万人,向农民让利175万元，为拓宽便农服务领域走出新路。在县城社区及各乡镇建立废品回收站（亭）60个，净化城区环境。

（张 艳 谷秋生）

开发区建设

经济开发区 宁河经济开发区成立于1992年7月。至2009年，园区控制规划面积15.6平方公里。2009年，经济开发区实际利用外资1.3亿美元，比上年增长23.81%；内联引资348亿元，增长48.09%；工业总产值546.7亿元，增长5.13%；利润总额1.37亿元，增长0.74%；固定资产投入74.02亿元；财政收入2.4亿元，增长4.35%。新入区项目8个，协议投资总额40.17亿元，其中外资项目1个、内资项目7个。引进非生产性注册公司3个。新开工企业7家，新投产企业5家。在建项目12个，项目总投资109.91亿元；即将开工建设项目14个，总投资53.25亿元；储备在办项目7个，项目总投资2.13亿元；储备在谈项目13个，预计投资37.3亿元。安置就业930人。为区内多家企业协调贷款3000多万元。新入区重点项目有：天津市永拓机械有限公司机械加工项目，投资总额3200万元，占地0.73公顷；天津立业钢铁有限公司，投资5亿元，建设薄壁H型钢及高频焊接直缝钢管生产线，占地15.49公顷；宁河经济开发区标准厂房建设项目，总投资4.77亿元，对区内构成土地闲置的7家企业进行统一规划建设标准厂房，总占地面积83.67公顷，预计总建筑面积50.21万平方米；众冶公司与天钢合作技改项目，总投资30亿元，占地113.33公顷。

（闫 颖 谷秋生）

贸易开发区 宁河贸易开发区管委会成立于1992年，办公地点位于贸易开发区长发路23号。2009年，贸易开发区完善市场经营环境，提升载体功能，提高服务质量，全力招商引资。有2家注册公司落户。天津市顺佳成商贸有限公司，注册资金500万元，年税收500万元；天津君驰运输有限公司，注册资金30万元，年税收400万元。至年底，入区固定经营户1200余家，临时经营户1500余家。日人流量高峰3万余人次。年商品交易额突破20.6亿元，比上年增长21%，名列天津市商贸流通百强企业交易市场前20强。

（王作金 谷秋生）

宁河现代产业区 宁河现代产业区（造甲工业园区），位于县域西南部，距天津滨海国际机场13公里、天津港45公里、天津市区10公里。园区东邻津芦公路西支线，南靠京津高速二线，西有津榆公路（205国道），北依津芦公路。经多年发展，园区初具规模，起步区1平方公里项目排满，拟扩域至5平方公里。2009年，组建管委会领导班子，路桥建设工程即将竣工，对区内100万平方米土地垫土平整。架设临时供电线路2000米，建315千伏安变台2座，打机井1眼，具备使用条件。与海航集团、北京绿谷公司签订战略合作框架协议，温州商会经济基地项目草拟框架；与天津新华投资集团、陕气集团、深港投资促进中心等多家企业、机构接触，洽谈项目；与空港保税区、综合经济局、招商局达成合作共识。配套公建招商正在进行，与天津自来水集团、津能热电有限公司、天津燃气集团、中国联通宁河分公司、宁河电视网络有限公司等单位，就供水、污水处理、供热、天然气、网络通信、有线电视网络等配套设施建设洽谈，部分项目达成投资合作意向并签订合作协议，力争用市场化运作方式解决园区配套工程投资、建设、运营问题。

（李 强 谷秋生）

城市建设与管理

概况 2009年，宁河县建委办理招投标手续34项，审查各种合同139份，受理质量安全监督工程219项，总建筑面积88万平方米。新接工程59项，建筑面积32万平方米，竣工工程162项，竣工面积59万平方米，竣工验收合格率100%。无重大质量事故和重大安全事故。办理各类登记6570件52万平方米，完成计划指标的104%。二手房交易资金监管金额4.73亿元，资金监管率92%。发放房屋拆迁行政许可证4个，拆迁面积2.16万平方米，拆迁户数124户。做出房屋拆迁行政裁决41件。完成直管民用公房修缮0.24万平方米。办理房屋租赁登记备案197件10万平方米，完成计划的100%。审核发放19户廉租住房租房补贴，入户核查租房补贴续期手续34件。至年底，全县物业管理项目30个，物业管理面积累计183.69万建筑平方米。成立业主会5个，群众来信30件全部办结。

（张忠学　王　艳）

重点工程建设　2009年，宁河县建委完成桥北新区运河家园小区绿化及外网配套工程，园林绿化投资1.3亿元，小区外网配套投资0.9亿元。完成城南小区平房改造还迁楼主体建设项目，14栋楼房进入装修阶段。投资4326万元，完成城区污水管网铺设工程，铺设污水管道22公里。城区道路维修维护工程项目投资712万元，改造维修路面2.91万平方米，铺设排水管线974米。浩宇供热站建设项目投资5500万元，锅炉房主体建设、80米烟囱浇筑及3台80吨锅炉安装等工程完工。完成芦汉路综合整治，拆除建筑557.82平方米，封堵沿路商业网点23家，拆除广告牌匾200余块，完成绿化填土38万立方米，砌筑加固围墙2000延米，粉刷房屋5万平方米，绿化5000平方米，铺设排水、自来水管线3600米。

（张忠学　王　艳）

城区卫生　2009年，宁河县全面清理规范户外广告，治理城乡环境和重点地区环境，取得阶段性成果。主要道路路面清扫、垃圾清运、厕所清掏，均采取定员额、定责任、定标准、定报酬、定奖惩的“五定”管理模式，实行企业化管理、市场化运作，保持主要道路时时干净。组织4次大规模集中清整和专项治理活动，清除“城中村”、过境路、城乡接合部等脏乱点位和卫生死角，逐一签订长效管理协议，落实管理措施。开展义务清整活动，清理道路10条（次），治理城乡接合部6处，清理卫生死角12处，清理擅自悬挂、贴画各种宣传品1418处（幅），清理垃圾、杂草、杂物1200余吨，城区环境卫生管理水平提升。

（董增奎　王　艳）

芦台镇街景

地下水资源管理　2009年，宁河县水务局加大地下水资源管理力度，执行取水许可制度。发放取水许可证12件，许可水量61.34万立方米。完成新增取水建设项目水资源论证5件，论证率100%。完成废井回填5眼，完成688座入河排水、排污口登记。强化计量管理，用水户安装水表374块，计量率100%。加大地下水资源费征收力度，征收地下水资源费300万元。加强控沉管理，成立控沉工作领导小组，制定控沉工作计划，实行地面沉降水准点管理责任制，确保设施安全。封停冠达酒厂等10眼机井，压采地下水80万立方米。加强机井建设与管理，新打机井120眼，其中农用井80眼、农村生活用井21眼、企事业用井19眼。

（薄金慧　谷秋生）

环境保护

污染减排　2009年，宁河县确定化学需氧量（COD）削减支撑项目3个。芦台污水处理厂新建项目，厂区建设及设施安装全部完成，外管网工程3月20日开工建设，主管道建设基本完成，处于试运行阶段。冠达总公司废水治理工程结转化学需氧量削减800吨。泰达公司关停酒精生产线项目,结转削减化学需氧量102吨。确定二氧化硫(SO_2)削减支撑项目2个。冠达热电厂烟气治理结转项目,应结转削减二氧化硫110吨。完成集中供热公司3台40吨锅炉烟气脱硫治理项目。

(刘 鑫 王 艳)

生态县建设 2009年,县环保局制定《宁河生态县建设实施方案》及宁河生态县建设三年行动目标计划规划性文件。芦台桥北污水处理厂征地、立项、可研、环评、初审、设计等工作基本完成。实施盆罐村农村环境综合整治,年末完成验收投入使用。完成创建国家环境保护模范城市复查档案整理工作。完成28家"工业企业一户一档"档案规范整理工作,迎接国家"创模"复查。组织实施县城建成区噪声区划和安静居住小区创建和复测验收工作,区划面积为26.77平方公里。

(刘 鑫 王 艳)

环境项目审批 2009年,宁河县环保局审批重建项目10余个,协助市环保局预审项目8个。参与2个市批项目和宁河现代产业区1个市级规划环评项目审查工作。职权内审批项目83个,验收项目15个。按照国家环保部提出的"四个不批"新要求,驳回污染严重且不符合天津产业结构调整布局项目5个。帮助冠达实业总公司等10余家较大规模老企业完善环保手续。久安集团公司和世纪天鑫公司辐射固化材料项目整改报告,通过天津市环境工程评估中心专家审查。市、县两级联动,推动项目环评进度。做好核发进京机动车环保合格标志工作,发放环保标志1275个。

(刘 鑫 王 艳)

经济管理

财政收支 2009年,宁河县财政总收入20.04亿元,完成预算的118%,比上年增长41.6%;县级收入19.93亿元,完成预算的118%,增长42.1%。连续7年财政收入增幅在20%以上。县级收入中,上划中央收入4.29亿元,完成预算的75.7%,下降2.2%;上划市级收入1.28亿元,完成预算的80%,增长2%;地方收入14.36亿元,完成预算的149.4%,增长71.3%。全年可用财力17.58亿元,资金来源为:地方收入14.36亿元,市财政定额补助和税收超收返还3.22亿元。全年财政支出16.46亿元,收支相抵,结转1.12亿元。落实财政资金,累计投入各类社保资金8222万元。提高新型农村合作医疗财政补助标准,群众基本医疗需求得到保证;提高城镇低保、优抚对象和特困人员补助标准,确保农村老年人生活补助费政策落实。落实下岗职工再就业政策,扶持公益性岗位5727人次。

(兰宝来 孙雪涛)

税收工作 2009年,宁河县国税局完成税收收入4.43亿元,比上年增收2942万元,增长7.12%。对零负申报企业实行动态管理,增加税款80多万元。开展重点市场、重点路段街道、重点行业的个体漏征漏管清理工作。清理漏征漏管211户,查补税款、滞纳金、罚款13.7万元,月增定税额3.81万元。开展普通发票核查工作。补税款19998元,罚款11410元。加大涉税违法案件查处力度,查处"红星股份"等典型案件。推动行业和区域税收专项检查,安排专项检查77户,有问题的72户,查补合计327万元,查实率93.51%,入库率100%,处罚率18.06%。受理举报案件10件,查结6件,有问题4件,查补各项税收16万元。清缴稽查欠税28万元,追缴新欠18万元。全年立案查处涉税违法案件76件,查补合计1274万元。县地税局累计完成税收收入4.34亿元,比上年增收

相关链接:

"四个不批":指对于国家明令淘汰、禁止建设、不符合国家产业政策的项目,一律不批;对于环境污染严重,产品质量低劣,高能耗、高物耗、高水耗,污染物不能达标排放的项目,一律不批;对于环境质量不能满足环境功能区要求、没有总量指标的项目,一律不批;对于位于自然保护区核心区、缓冲区内的项目,一律不批。

5660万元，增长14.99%，完成任务指标的102.42%。对建筑业、交通运输业、餐饮业企业实行纳税评估，对个体户实行计算机定税管理。餐饮业税收定税额增长93.23%。提高税收收入预测准确性，实现网上共享。综合预测准确率96.72%，居全市地税系统第一位。为实行远程电子报税的954户企业和业务科（所）提供服务，开发建设宁河地税局域网站。

（马连富 孙雪涛）

工商行政管理 2009年，工商宁河分局登记注册各类内资企业542家，新增40家。注册资金494399万元，新增414427万元，增幅518%。企业总数3549户，注册资金133.56亿元。发展个体工商户1572户，比上年增加225户，注册资金10066万元，增加3283万元，占计划的114%，增幅分别为17%和48%。个体工商户总数8120户，注册资金31833万元。向企业发放《注册商标提示书》558份，帮助查询注册商标521次，帮助企业、个体工商户、农民专业合作社等68家企业设计商标图形、图样136份。帮助办理新注册商标28件，变更商标2件、续展商标4件，申报驰名商标1件，培育天津市著名商标企业4户。申报天津市著名商标1件，集体商标2件。以地理标志“七里海”成功申请证明商标，为天津市第四个农字号证明商标。商标注册数从40件跃升到100件。出动执法184人次，驱散遣返传销人员507人次，捣毁传销窝点14个，检查出租房125处、各类宾馆茶室等聚会场所69处。

（刘少忠 王 静）

物价管理 2009年，宁河县物价局出动检查405人次，检查366户次。畅通“12358”24小时价格利益诉求渠道。受理群众举报2件，已结案。发行商品标价签3.8万张。取消行政事业性收费项目23项，停止征收工业产品许可证管理费、土地登记费等7项行政事业性收费项目。对涉及企业的18项经营服务性收费实行减半收取。对行政事业性收费单位年检，审验收费许可证189个，其中行政事业性收费许可证150个、经营性收费许可证39个。按照市物价局通知精神，先后5次调整成品油价格。及时向社会公布2500余种国家基本药物零售指导价，对各级、各类非盈利医疗机构销售药品实行进销差率管理。开展涉及企业和群众利益的价格评估工作。受理涉案物品价格评估444件，金额244万元；受理交通事故车辆及车载货物定损案件1451件，金额757万元。

（王雅辉）

审计工作 2009年，宁河县审计局完成审计项目42个，查出违规金额212万元，已上缴。管理不规范金额71937万元。撰写审计信息、宣传简报78篇，被中国审计报、天津市审计局、宁河电视台等采用74篇次，被评为全国审计系统先进集体。完成7个预算执行单位审计。查出违规及管理不规范资金5678万元。查出固定资产管理不规范、核销资产、债务未履行报批手续、专项资金未及时拨付到位等不规范问题十大类，金额1860万元，依法作出审计处理。

（杨玉涛）

科 技

概况 2009年，宁河县科委争取市级科技项目任务5项，完成21项，获得无偿经费908.9万元、贴息贷款120万元。组织实施县级科技项目12项，其中科研项目3项、示范项目4项、星火计划项目1项、推广项目4项，自主创新和成果转化能力提高。

（李春花 王 艳）

农业新技术推广 2009年，宁河县科委完成农业技术推广项目10项。棉花高产栽培技术推广666.67公顷；杨树溃疡病综合防治技术推广333.33公顷，超计划200公顷；激光平地技术推广300公顷，超计划200公顷；蔬菜新品种栽培技术推广206.67公顷，超计划6.67公顷；蔬菜穴盘育苗技术推广280公顷，超计划13.33公顷；蔬菜种植新茬口技术推广146.67公顷，超计划13.33公顷；猪伪狂犬病灭活疫苗推广3万头份；泥鳅苗种繁育技术推广1.1亿尾，超计划0.1亿尾；棉花生产机械化综合技术推广15333.33公顷，超计划2000公顷；渠灌区大口径管道节水灌溉技术推广1666.67公顷。聘请80名科技特派员，领办实施县级以上科技项目25项，建立科技特派员工作站3个、示范基地96个，带动科技示范户3661户，推广面积73466.67公顷，引进推广新品种83个、新技术49项，培训农民6.9万人次。

（李春花 王 艳）

科技奖励 2009年，县科委制定《宁河县科学技术奖励办法实施细则》，组织2007－2008年度宁河县科学技术奖评审工作，评出重大成就奖1项，科技进步奖16项，85人次获奖。完成2008年度天津市科技进步考核工作，成为通过市科技进步考核的17个区县之一。国家科学技术奖励大会邀请宁河县作为全国科技进步示范先进县参会。

（李春花 王 艳）

科技活动周 2009年，宁河县科委开展以“科学发展在我身边”为主要内容的科普活动，组织县级重点活动9项，乡镇委办局组织活动63项。先后组织科普报告会、专业技术推动会、学术交流会和科普讲座48次，4800余人参加；组织各类培训班、座谈会49期次，6000余人受益；义诊服务、现场指导28次，服务对象6240人次；科技赶集、上街宣传、咨询服务22次，8800人次受益；举办竞赛4次，12376人参加；发放各类宣传品4.46万套。1200余人次科技人员参加活动。

（李春花 王 艳）

教 育

概况 2009年，宁河县教育局深入实施素质教育，协调发展各类教育，中小学生素质普遍提高。学生张雨晨被授予全国优秀少先队员荣誉称号。宁河县被评为天津市学校阳光体育活动先进区县。在天津市学校文艺展演集体项目比赛中，获一等奖3个，二等奖5个，三等奖3个。86人参加个人项目比赛，12人获一等奖，8人获二等奖，21人获三等奖。在天津市学生合唱节中获二等奖。县青少年宫艺术团赴香港参加世界华人青少年艺术节比赛，获金奖2个，银奖2个。6所学校通过评估验收，成为宁河县首批现代化标准建设学校。9所学校完成教学楼抗震加固工程。1名教师在全国班主任技能大赛中获一等奖；1名教师参加全国小学教师高效课堂大赛（天津市6人参赛）获二等奖；1名教师参加全国中学美术教师基本功大赛，获第二名。自2009年教师节开始，建立宁河县中小学教师宣誓制度。至2009年底，全县有中小学校110所，在校生45652人，其中高中8362人、初中13732人、小学23558人。国办幼儿园3所，中专、特殊教育学校各1所。教职员工4948人。高考二本以上上线1798人，比上年增加698人，上线率43.84%，增长近14个百分点。3名学生被清华大学录取，张程以700分的全市最高分考入工程力学钱学森班。

（王保胜 任春玲）

学校现代化建设 2009年2月，《宁河县关于〈天津市义务教育学校现代化建设标准（2008－2012年）〉的实施方案》出台，计划用4年时间分批次做好义务教育学校现代化建设标准申报和达标工作。2月27日，召开实施《天津市义务教育学校现代化建设标准》启动大会。9月11日，召开中小学校舍安全及功能提升工程推动会。10月12日和

2009年高考，芦台一中有3名学生考入清华大学，其中张程（右一）以700分的全市最高分考入工程力学钱学森班。

13日，市政府教育督导室评估组一行17人对宁河县申报的15所学校的办学条件部分进行验收。6所学校通过验收，进入下一阶段软件评估验收。

（王保胜 任春玲）

学前教育 宁河县乡镇中心幼儿园市级达标创建活动累计投资60余万元，购置大中型玩具20余件套，小型玩教具500余件，更换100余套幼儿桌椅。2009年9月25日，宁河县申报市级中心园的10所乡镇中心园（岳龙、大坨、大北、薄台、俵口、丰台、苗庄镇星光、板桥镇张子铺、东棘坨、廉庄）通过市教委专家组检查验收。开展国办园市级一级园达标创建活动。10月26日至27日，县第一幼儿园、第三幼儿园通过市级一级园检查验收。

（王保胜 任春玲）

实施绩效工资 2009年1月13日，天津市召开义务教育学校实施绩效工资工作会议。4月至5月，宁河县教育局对义务教育学校教师调查摸底，出台《宁河县义务教育学校绩效工资制度实施办法》、《宁河县义务教育学校教职工绩效考核工作实施意见》、《宁河县义务教育学校绩效工资中奖励性绩效工资分配办法的指导意见》。11月，全县义务教育学校在职和退休人员4754人拿到绩效工资。

（唐跃军 王保胜）

新课改实验 2009年10月21日，宁河县中学第一周期新课改实验工作总结会在芦台二中举行。会上，总结中学第一周期新课改实验工作，对第二周期课改实验工作提出要求。8所学校、28个学科组（年级组）、66位先进个人受到表彰。5所学校作经验介绍，教师代表作个人典型发言。县教改实验工作总结《转变观念，明确目标，扎实推进课程改革》在全市做经验交流，被收录《天津市教育学会综合教学专业委员会优秀论文集》（第四辑）。

（王保胜 任春玲）

职业成人教育 2009年，宁河县职业教育全面推动教学改革，各专业课程均推出校本教材。争取市级示范校建设资金200万元，筹借融资400万元，建设标准的汽车维修实训车间1处。完善就业网络，就业率98%。成人教育以电大和乡镇成校为阵地，通过自办、联办、协办等形式，完成一、二、三产业培训22930人次，为农村劳动力转移提供知识支撑。以天津市第三届社区教育展示周暨天津市全民终身学习活动周为契机，探索完善社区教育、终身教育体系，为区域经济发展做出贡献。

（王保胜 任春玲）

文化

概况 2009年，宁河县举办春节文艺晚会、花灯展、中外企业家文艺联谊会、戏剧专场演出、送电影、送春联下乡等10多项活动，组织文化馆、图书馆、新华书店、芦台大剧院开展送戏、送书、送电影“三下乡”活动，建立农家书屋120家，为每家书屋配送1500册图书和300盘音像制品。市、县投资100万元，建立100个村文化室。举办大田杯“祖国在我心中”青年农民读书征文演讲大赛。芦台大剧院推进电影进乡村、进校园、进社区、进军营、进工地、进敬老院、进企业、进广场、进农家的“九进”工程。放映优秀影片1600多场，观众80多万人次。芦台大剧院被评为全国农村电影放映先进集体。全年培训各类少年艺术人才1500人，300多人在市级、国家级各类比赛中获奖。

（张明河 王艳）

七里海文化旅游节 2009年，为扩大七里海在全市全国的影响，唱响七里海知名文化品牌，宁河县举办第二届七里海文化旅游节，重点推出“魅力大舞台”系列演唱会、评剧之乡评剧名段大家唱、“水乡神韵七里海”原创歌曲展播、宁河精品花会展演、妇女手工编织大赛、“好书伴我成长”中小学生有奖征文演讲、漫画创意比赛、纪念建国60周年暨七里海文化旅游节闭幕式等10多项群众喜闻乐见的文化活动，七里海文化品牌初步形成。

（张明河 王艳）

文艺创作 2009年，宁河县文化局组织创作的电视剧《大江东去》、《家经难念》、《游戏规则》等，在中央、天津、辽宁等多家电视台播出，小戏《留住晚霞》，小品《狗尖》、《大年三十》，歌舞《打工妹征婚》分获全国“群星奖”天津赛区金、银、铜奖，散文《血色黄昏》获全国孙犁散文大赛一等奖。多次组织专业作家和业余作者到外地采风，举办15次文艺创作研讨会。创作出具有县域特色的文学、美术、音乐、舞蹈、摄影等作品206部（件），部分作品在国家级舞台艺术精品工程评选中获得好成绩。文学刊物《七里海》连续4年出版发行。

（张明河　王　艳）

天尊阁修缮　天尊阁，坐落宁河县丰台镇境内，是天津地区唯一的明代建筑风格的三层木结构楼阁，高17.01米，建筑面积240平方米，占地6000平方米。1982年被确定为市级文物保护单位，2009年申报国家级文物保护单位。2009年，投资300万元对天尊阁整体修缮。5月开工，更换整座建筑群木结构，主体山墙拆除砌筑、地仗油饰、佛像彩塑、地面铺设，院落园林树草绿化。新建文昌宫、碑廊，安装避雷、消防、安全照明（夜景灯光）等设施，12月竣工。

（张明河　王　艳）

文化遗产保护　2009年，宁河县文化局在全国第三次文物普查工作中取得阶段性成果。在完成14个乡镇283个村田野普查任务基础上，完成112处不可移动文物数据汇总和整理工作，《宁河县文物图典》即将出版。开展非物质文化遗产普查。重点对民俗文化、民间文学、民间音乐、民间舞蹈（芦台罗汉会、江洼口“龙灯会”、潘庄“鹤翎会”）等70多个项目抢救整理，编制完成宁河县非物质文化遗产名录，县政府发布第一批非物质文化遗产项目，将出版《宁河县非物质文化遗产图典》。宁河县评剧、板桥陶艺被市政府命名为市级非物质文化遗产项目。

（张明河　王　艳）

档案工作　2009年，宁河县档案局国家二级综合档案馆争创成功，档案库房楼与办公楼“平改坡”工程竣工。1月29日，档案馆被县委宣传部批准为爱国主义教育基地。七里海湿地国家重要历史档案抢救保护项目获国家档案局批准立项。鉴定开放档案29个单位1189卷，存储政府信息2000余件。接收58个单位2836卷66盒1940件档案进馆。建设项目档案238卷、婚姻档案22275卷。其中，七里海档案1100件、《宁河文史资料》第八辑、《军统特务陈恭澍》等具有地方特色。整理重大活动照片档案1300余张，收集老照片900余张。全年提供利用档案资料8821卷册、7374人次。11月29日，国家档案局、天津市档案局（馆）评审组到县进行市、县国家综合档案馆测评验收，县档案馆以87.5分（二级馆满分90分）通过国家二级综合档案馆评审验收。年内，《宁河年鉴》创刊。该年鉴由宁河县人民政府主办，县档案局承办。5月22日启动，12月30日正式出版，全书设置类目23篇，分目111个，动态信息条目837个，文字总量46万余字，彩页28版，从政治、经济、文化、社会各个方面反映宁河新貌。

（王士亮）

卫　生

概况　2009年，宁河县卫生局做好疾病预防控制和卫生监督工作，医疗卫生服务体系逐步健全。县卫生系统在职职工1703人，其中专业技术人员1276人（副高级以上53人、中级292人、初级931人）；二级医院2个，一级医院19个，其中中心卫生院6个。妇幼保健所1个，疾病预防控制中心1个，卫生监督所1个，采供血机构1个，美容院1个，康复医院1个，保健站18个，村级社区卫生服务站158个。

（朱　琳　王　艳）

疾病防控　2009年，宁河县卫生局抓好甲型H1N1流感防治工作，接种甲流疫苗11996人次。全县法定传染病报告2029例，未发生甲类传染病及公共卫生事件。乙类传染病329例，丙类传染病1503例。各项妇儿疾病筛查全面开展，结核病人全监化疗率100%，常规疫苗接种率99%。至12月31日，全县乡镇1949年出生的老年人体检筛查工作基本完成，筛查43882人，筛查率92.7%。建立健康档案和家庭健康档案38943份，为低保、五保人员建立健康档案3162份，高血压和糖尿病筛查38945人，筛查率88.3%。复诊确诊高血压病人13836人，确诊糖尿病病人1922人。开展健康教育宣传，各社区卫生服务机构制作展牌50余块，印发健康处方、教育宣传单1万余张，进行相关主题宣传活动15次。

（朱 琳 王 艳）

医疗服务 2009年，宁河县卫生局开展医疗质量大检查活动，内容涉及各项规章制度、人员资质、执业范围、护理质量、病历质量、处方、报告单规范、门诊登记、医疗废物处理与登记、感染消毒、抗生素合理使用、精神和麻醉药品使用与管理、生物安全检查、大型设备存档等20余项。做好专业技术人员业务培训考核，举办各种培训班7期，培训350余人次；组织各医疗机构和学科带头人、中医药人员参加专业培训，举办培训班10期，培训350余人次。执业医师资格考试报考281人，办理执业医师注册36人，新注册执业护士396人，执业医、护人员变更16人次。

（朱 琳 王 艳）

卫生监督 2009年，宁河县卫生局加强公共场所卫生监督和食品卫生监督工作，确保食品卫生安全。达沃斯论坛期间，制定监督、应急预案，确保大型活动期间食品安全，全县未发生群体性食物中毒事件。制定《宁河县卫生行政执法责任制试行规定》、《罚没收缴物品处理管理制度》、《行政处罚案件审核审批制度》、《行政许可档案管理制度》、《卫生许可工作制度》、《重大案件集体讨论制度》、《卫生监督人员着装风纪管理规定》等规章制度。开展食品卫生专项执法活动。出动执法4000余人次，监督检查1万余户次，重点行业监督频率达300%。实施卫生行政处罚40件，罚款8.78万元。开展医疗执业资格和医疗执业行为经常性监督检查，覆盖率100%，违法案件查处率100%。建立非法行医监测哨点162处。

（朱 琳 王 艳）

体 育

概况 2009年，宁河县在天津市首届青少年阳光运动大会系列竞赛活动中，获甲组团体第一名，乙组团体第二名。向市级训练组织输送后备人才3名，举办县级农村体育竞赛4次，举办农村体育指导员培训班2次，100名农村体育指导员参加培训。完成天津市第12届运动会青少年组运动员注册工作。9月8日承办“红星杯”中德国际女子排球对抗赛，11月28日承办“农夫科技杯”天津与陕西男子篮球对抗赛。全年审批国家二级运动员18名。

（李云玲 王 艳）

健身展示 2009年8月8日，宁河县举办“庆首个全民健身日健身活动展示”活动。老年大学健身队、方舟公园健身队、宁园健身秧歌队、华翠社区健身队等10余支健身队伍参加健身展演，表演项目有市民广播操、太极刀、花毽、海派秧歌、健身气功、健身秧歌、太极扇、空竹、腰鼓、太极拳。群众在展示中享受到体育带来的健康和快乐。

（李云玲 王 艳）

阳光体育运动 2009年，宁河县被评为天津市学校阳光体育活动先进区县。在市级体育比赛中，获集体和个人金牌43枚、银牌38枚、铜牌42枚。初中男子篮球队代表天津赴韩国参加中、日、韩三国对抗赛获冠军。天津市中小学青春健身操大赛，7所学校8个代表队参加小学、初中、高中各组别比赛，均获一等奖。天津市中华少年团体竞技大赛，宁河县参加全部项目比赛，3支代表队包揽团体劲跑大赛全部组别冠军。团体跳绳大赛，苗庄中学代表队获冠军。集体长绳比赛1项获冠军，其他均进入前八名。“尤西姆杯”天津市中小学《国家学生体质健康标准》抽测赛，获全市团体总分第一名。天津市中小学第二届阳光体育长跑比赛（宝坻赛区），宁河代表队获团体总分第二名。

（王保胜 任春玲）

农村体育 2009年，宁河县

体育局开展“亿万农民健身活动”，对全国亿万农民健身活动先进单位进行业务指导，下发开展“农村文体活动月”通知。各乡镇开展健身秧歌、乒乓球、羽毛球、篮球等小型多样的体育活动。县农民体协在农村体育工作中发挥主导作用。农村体育设施安装工作历时10个月，下乡60余次，配建农村体育设施100处，安装器材800多件。

（李云玲 王 艳）

社区体育 2009年，宁河县体育局以全民健身站点为阵地，开展丰富多彩的群体活动。至年底，有全民健身活动站点287个，开展项目30多个，拥有各级各类社会体育指导员366人（国家级2人，一级13人），春荣、华翠、方舟、长青藤、县委公园等20多支社区健身队常年坚持活动，两个经天津市批准的健身气功辅导站有100多人常年练功，对创建和谐社会起到积极作用。

（李云玲 王 艳）

人口和计划生育

概况 2009年，宁河县成功创建全国计划生育优质服务先进单位。全县常住人口380493人，常住人口已婚育龄妇女78290人，流动人口18743人，流动人口已婚育龄妇女844人。出生人口3432人，人口出生率9.04‰，符合政策生育率96.24%，出生性别比107.75:100，圆满完成市、县确定的人口计划生育指标，人口发展态势良好，低生育水平持续稳定。

（杨 枫 赵成凤）

落实奖励优惠政策 2009年，宁河县人口计生委投入10万元，为3000多名独生子女办理意外伤害保险，为315名独生子女办理独生子女两全（大病、疾病及意外伤害）保险，为4名考上重点大学的贫困独生子女学生办理“幸福工程”扶助金（每人4000元）。组织计划生育“三下乡”服务队，开展为育龄群众健康查体活动，10万多名育龄群众接受检查，查出各类疾病3000多例，对病者给予治疗或转诊治疗。

（杨 枫 赵成凤）

服务体系建设 2009年，宁河县14个乡镇计划生育服务站全部配齐人员、设备，村级综合服务阵地建设进一步加强，全县技术服务平台结构布局更加合理，服务功能更加完善。在县乡（镇）计划生育服务站健全的基础上，县人口计生委把重点放在软件建设上，在健全制度、规范程序、加强监督、强化依法执业和人员培训上下功夫，提高计划生育技术服务机构规范化、标准化水平，宁河镇、岳龙镇、东棘坨镇3个计划生育服务站，经市人口计生委考核评估，被评为市级优秀计划生育服务站。

（杨 枫 赵成凤）

人 民 生 活

社会保险 2009年，宁河县社会保险参保16.3万人，其中养老保险参保24397人，失业保险参保30624人，工伤保险参保38186人，医疗保险参保40780人，生育保险参保30740人。养老金全部按时足额发放。国有、集体、外商投资中方职工、机关、事业单位合同制工人和自收自支事业单位、私营企业等625个单位参加社会养老保险统筹，参保职工23167人。退休职工13539人，实现新增养老保险参保单位38个，新增养老扩面3145人，农民工专户新参保单位29个，农民工扩面2900人。城镇职工、城镇居民、生育、公务员、大额救助支付医疗保险基金1672.54万元。审核城镇职工门诊、门特医疗保险140641人次，支付医疗保险基金1520.06万元。审核城镇居民医疗保险2447人次，支付城镇居民医疗保险基金40.34万元。审核工伤保险817人次，支付工伤保险基金367.98万元。审核生育保险1395人次，支付生育保险基金96.36万元。市社保基金管理中心宁河分中心为冠达集团等13个缴费单位进行降低费率操作，减征基金67.51万元。电子证书登记认证694户，网上申报审核376户，分别完成市下达指标的196.60%和106.50%。全县中小学校参保登记工作办理完毕。

（刘松山 赵成凤）

劳动保障 2009年，宁河县新增就业6280人，其中企业就业5922人、公益性岗位就业65人、灵活就业和自谋职业293人。鼓励企业吸纳各类困难人员333人。25家企业被市劳动和社会保障局批准为青年见习基地，其中17家基地吸纳高校毕业生336人见习。13家企业被认定为受金融危机影响的困难企业，争取资金补贴454.22万元，涉及职工3240名。县劳动和社会保障局举办238期培训班，培训6706人次，鉴定各类人员4029人次，取得职业资格证书3828人。“新农合”参合率100%，累计报销补偿100155人次，补偿金额3489.38万元。发放合作医疗证29万张。从上级主管部门争取扶持资金5600多万元。争取天津滨海职业技能培训鉴定基地大楼建设资金435万元。举办大型招聘会14场，吸纳进场用人单位480家（次），进场求职1.15万人次。二期网络求职登记5216人，发放就失业证588人。组织高校毕业生参加公益招聘，报名登记616人，招聘2008届、2009届高校毕业生144名。检查用人单位81个，涉及职工4839人，查处举报投诉29件，清退童工1名，追缴拖欠劳动者工资355.5万元。完成劳动保障书面审查810家。接待劳动争议求决202件，其中受理案件161件，不予受理41件，处理案件的涉案金额220多万元，时效内结案率95%。为35123名60周岁以上城乡居民发放生活补助金2008.2万元。

（董连军 赵成凤）

2009年10月24日，宁河县养老服务中心举行落成典礼。

社会救助 2009年，宁河县民政部门救助各类困难群众65832人，发放救助金2725万多元。开展低保扩面工作，享受城乡低保4331户9812人，发放低保金1608万元，低保人数比上年增加5069人。为1446名五保老人发放五保资金560万元。开展医疗救助和慈善救助，实施医疗救助156户，发放救助金65.6万元，实施慈善助学助孤45人次，发放救助金2.78万元。4月开始，实施农村特困救助，救助653人，发放救助金10万多元。节日慰问困难群众4111户6526人，发放慰问金206万元。

（李洪刚 赵成凤）

芦台镇

芦台镇位于宁河县东南部，北与苗庄镇交界，南与汉沽区接壤，西与大北涧沽镇、七里海镇相隔于蓟运河，西北邻唐山市芦台经济技术开发区、廉庄子乡，东与河北省汉沽农场、唐山市丰南区相邻，芦台火车站（二级客货站）坐落芦台镇城区东侧，镇政府坐落于新华道26号。县城芦台镇距天津港30公里，距天津滨海国际机场65公里，为县政府所在地，是宁河政治、经济、文化中心。2009年，镇域面积60.60平方公里，耕地面积775.53公顷。辖38个自然村、28个街道居委会、1个世纪花园，人口3.70万户11.13万人。

该镇曾名将台、海口镇、芦台军，记载始于唐代。产盐，至辽金时代最盛。元朝立芦台盐使司。明朝设芦台盐场。清通永镇总兵驻此。民国初年设芦台镇。1938年7月24日，国民政府将县治移此。1948年12月14日解放。1949年9月县政府迁至芦台至今。1961年设芦台公社。1984年设芦台镇。2010年9月，撤董庄乡、桥北镇建制，并入芦台镇。

2009年，财政收入12340.9万元，其中镇级收入6328.1万元，比上年增长37.8%。乡镇企业总产值104.49亿元。内联引资5.56亿元，增长61%。农民人均纯收入10534元，增加680元。

农业收入2742万元。粮食

播种701公顷，蔬菜播种72.67公顷，棉花播种89.33公顷，生猪饲养21.61万头，出栏14.30万头，肉鸡出栏90.50万只。造林120.60公顷13.63万株，秋冬造林落实地块359.53公顷，其中绿色道路10公顷、绿色城镇111.2公顷、绿色园区7.33公顷、农田林网18公顷、片林193.67公顷。

薄后村运河湾设施农业示范园区投入100多万元完成基础设施建设，被认定为天津市示范农业园区。王北村蔬菜种植园区规划占地46.67公顷，20公顷的基础设施完工。国家级天津市换新水产良种场鲤鲫鱼遗传育种中心项目建成使用，项目总投资600万元，完成科研楼、生产车间孵化环道、产卵池、繁育生产车间建设。投资900万元的天津市育种平台建设项目和投资1480万元的天津市水产良种种业基地建设项目启动。农夫猪场生态型畜牧业现代化生产综合开发项目总投资2591万元，投入550万元建成大型沼气池和污水处理池。占地9公顷、投资1750万元的北湖天津龙湖湾养殖场项目启动扩建。

投入1000万元的泽安超市二期，投入800万元的芦丰庄园综合开发项目等三产企业投入使用。新上投资500万元以上三产企业12家；新增个体工商户76家；新建改造中型店铺60家；天津重汽建新汽车销售4S店正常运转，新建3个木材市场，投资300万元，占地3500平方米。

桥北新区128栋居民楼建设全部完工，95%村民迁入新居。赵家园小区主体楼在建，南小区还迁楼主体工程完工。做好县城5条大道建设工程前期协调工作，拆迁工作完成。做好县污水处理厂、112快速路、雨污分流工程、董庄扬水站扩建、经济开发区扩区征地、玖龙纸业等建设工程协调配合工作，保证重点工程项目顺利实施。

完成13个村体育健身器材安装与转移工作。完成14个村文化书屋建立和验收工作，发放文化书籍21000余册。城乡妇女体检工作，实现35周岁以上妇女85%以上参检率；推动2010年城乡居民医疗保险工作。对县城周边地区进行集中卫生清整，动用机械设备20多辆。发放救济粮2吨、油120桶、棉衣160件，发放临时困难户生活补助2.97万元。对符合五保供养条件的117户，每季兑现1000元，发放资金46.80万元。全镇城镇低保户816户1686人，发放资金500万元左右；农村低保180户430人，发放资金84.34万元。

（王术勇）

县城芦台商业道街景

丰台镇

丰台镇位于宁河县北部，北与河北省丰润县接壤，南连板桥镇、宁河镇，西与河北省玉田县搭界，东邻岳龙镇。芦玉公路、丰李公路、梅丰公路穿境而过。蓟运河、还乡新河、小新河贯穿南北。滨海新区水源地坐落镇内。2009年，镇域面积84平方公里，耕地面积4632.2公顷。辖28个行政村，人口0.96万户2.58万人，其中农业人口0.77万户2.32万人。

该镇原名东丰台，约始于清光绪三十年。1948年，从河北省丰润县划归宁河县，属第八区。1951年改属第三区，设丰台乡。1953年分属第三区丰台镇和李老乡。1958年建红旗公社，驻丰台镇。1958年12月划归河北省玉田县，1960年复归宁河县。1961年建丰台公社。1984年建丰台镇。2001年9月区划调整，小李乡、后棘坨乡并入丰台镇。

域内天尊阁占地6000平方米，为供奉原始天尊、西天王母和紫薇大帝等神祇的道教场所，造型秀丽，历史悠久，传载道教文化久远，为市级重点文物保护单位。如今香客云集，每年重要节日，游客纷至，在带动镇旅游业同时，也加快经济繁荣发展。天津市非物质文化遗产丰台年画、丰台版画、丰台骨雕、丰台根雕、丰台古建筑雕塑、丰台农民画和丰台驴皮影雕闻名海内外。

2009年，实现财政收入1260万元，比上年增长42.2%，其中地方收入397万元，增长14.8%；工业固定资产投入1.2亿元，增长126.4%；内联引资6010万元，增长97.7%；农民人均纯收入10170元，增加1038元。

农业结构种植面积6031.53公顷，农业生产投入3685万元，粮食作物播种2752.2公顷，其中玉米2550公顷，棉花种植800公顷，蔬菜种植2476公顷。投资1300万元加强农田水利基本建设，铺设水泥路面2040平方米，新打机井22眼，铺设节水暗管2.50万米，辐射耕地333.33公顷，架设高低压线路5500米，维修闸涵15座。打造万亩循环农业园区116.67公顷。投入资金1970万元，建成东盛、前棘坨、丰顺设施农业园区各33.33公顷，扩大高稳园区规模至16.67公顷，建温室369个，大棚120个。新架变台3座，打机井6眼，铺设暗灌7000米。完成绿化造林351.53公顷，植树29.40万株。

加强文明生态村建设。南村投入179.25万元，修建高标准水泥路3.6公里；投资29.20万元，安装铁杆路灯240套和水泥杆灯80套；投资12.80万元，安装太阳能热水器160台；投资5万元，购置垃圾清运车1辆；投资3万余元，清除村内垃圾死角及杂土3500立方米；投资6.68万元购买树苗0.45万株，建成环村林、片林3.33公顷。南埋珠村投资229.90万元，完成街道硬化7.40公里；投资19.20万元，安装地下排水管道1000米；投资30.14万元，安装水泥杆灯332套；投资7.20万元，在村内主干街道两侧植树1800株；投资9.90万元，建成环村林0.3万株，片林3.33公顷，全村绿化率90%。投资260万元，建成李老小学教学楼。投资20万余元新建农家书屋8个，拥有图书1200册。“新农合”参合率98%。截至年底，全镇创建文明生态村8个。

（董　欣）

潘庄镇

潘庄镇位于宁河县西部，北与宝坻区接壤，南与造甲城镇相邻，西与北辰区搭界，东与俵口乡、唐山市芦台经济技术开发区（原芦台农场）、东棘坨镇相连。2009年，镇域面积114平方公里，耕地面积3625.27公顷。辖17个行政村，人口1.03万户2.99万人。

该镇古名监官庄，建于唐朝武德年间。北宋时为潘美之封地得名。清雍正九年（1731）称集镇。1939年成镇。1949年9月属第四区，设潘庄镇区公所。1953年改为第四区潘庄镇乡公所。1957年建潘庄乡。1958年设东风公社潘庄管理区。1961年建潘庄公社。1984年复建潘庄镇。2001年9月，大贾乡并入潘庄镇。

2009年，实现财政收入3844.80万元，比上年增长39.2%，其中地方收入2052.10万元，增长67.2%；工业固定资产投入9.50亿元，增长295%；内联引资9.30亿元，增长292%；农民人均纯收入10122元，增加737元。

占地100公顷的齐心村食用菌设施农业园区建温室310栋，一期试引进秀珍菇菌包300万包，实现利润300万元。占地86.67公顷的纪庄村设施农业园区建温室223栋。占地9.33公

潘庄食用菌现代产业基地

顷、投资680万元的天隆源肉鸡养殖小区,建鸡舍15栋,肉鸡存栏12万只。投资620万元的亚华现代化肉鸡养殖小区主体工程完成。占地53.33公顷的青龙湾河林下经济工程,投资120万元,完成部分基础设施建设,饲养柴鸡2000只,鸭雏4000只。全镇肉鸡出栏305万只,生猪出栏5万多头。植树造林295.6公顷,植树27.58万株。

投资1198万元完成工业园区管网和建桥工作,其中四经路排水管网投资740万元,新建四经桥1座,投资458万元。投资640万元,完成四、六经路绿化87008平方米。投资2700万元进行道路等建设。其中三纬路投入2200万元,一纬路维修投入200万元,河坡治理投入300万元。投资570万元,完成四经路10千伏线路地埋工程。投入200万元,新建泵站3座。投资2300万元进行土地征收及平整工作,征收土地20公顷,地上物补偿2000万元。总投资2亿余元的广恒达机械有限公司项目一期完成,进入二期;投资400万元的港通化工有限公司一期完工投入生产;投资21亿元的南京雨润集团肉制品加工项目一期加紧施工,被列为全县十大重点工程项目之首;投资7亿元的上海中技桩业管桩项目做好进场准备。

投资48万元对大龙湾村中街道硬化。投资50万元对扬水站进行修复,新安装900泵2台,建闸涵4座。投资800多万元,对潘庄、大贾、孙庄、老安淀、西塘坨进行自来水管网改造。投资100万元完成西塘坨村部分街道硬化。分别投资120万元和80万元,修建纪庄、老安淀村街道,投资118万元完成孙庄村与205国道连接路及村街道硬化工程。

有低保户326户、五保户215户、优抚对象175户,救济补助金发放到位。享受农村老年人补助金3003人,发放补助金65.20万元。1000人参加养老保险。城乡居民医疗保险参保22281人,缴费金额130多万元,参合率95.19%。

天津潘庄工业区,2006年被市政府批准为省市级开发区,位于天津市区东部15公里,规划面积1.50平方公里,现扩域控制性规划23平方公里,其中起步区3.86平方公里。园区发展目标为全国一流的特色食品加工基地。至2009年,园区基础设施投入1.20亿元,道路、供电、供水、排水、通讯等基础设施基本完善。有企业18家,固定资产投入6亿元。投资1亿元的宇轩机电设备有限公司进行二期工程。投资700万元的电动自行车生产基地项目投入生产。面积2平方公里的农产品工业园区建设启动,全国500强之一江苏雨润集团投资21亿元的肉制品加工项目进行主体车间厂房建设。投资7亿元的上海中技管桩项目办理施工手续。尚有630公顷土地待招商。

(兰立春)

七里海镇

七里海镇位于宁河县西南部,2001年9月,由南涧沽乡、任凤乡合并组成。北与大北涧沽镇相接,南与汉沽区、北京清河农场相邻,西与北淮淀乡、俵口乡搭界,东与芦台镇隔蓟运河相望。地处天津古海岸与湿地国家级自然保护区核心区,盛产远近闻名的七里海河蟹。2009年,镇域面积59.50平方公里,耕地面积2576.8公顷,辖15个行政村,人口0.76万户2.65万人。

2009年,实现财政收入4695.70万元,比上年增长18.1%,其中地方收入1863.50万元,增长24.5%;工业固定资产投入9.32亿元,增长15.89%;内联引资6.83亿元;农民人均纯收入10630元,增加930元。

七里海牡蛎礁

农业总投入5500万元。粮食作物播种1666.67公顷,经济作物播种866.67公顷。植树200公顷16.80万株,新栽植葡萄66.67公顷,总面积300公顷。生猪出栏4.01万头,肉鸡出栏44.20万只,奶牛存栏380头,特禽出栏20万只。农田水利基本建设投资300万元,动土50万立方米,新打机井4眼。改造中低产田133.34公顷。七里海河蟹种业基地产业项目计划总投资5000万元,七里海河蟹产品包装车间投资建设,育林33.33公顷,改造蟹池26.67公顷。

工业园区规划面积10.50平方公里,已开发3.20平方公里,累计投资30亿元。至年底,入区企业14家,其中内资企业13家、外资企业1家,投产12家。累计完成总产值76.30亿元,销售收入76.50亿元,增加值4.80亿元,上缴税收3348万元,利润2.12亿元,出口交货值223万美元,就业5981人。全镇企业1249家,其中投资500万元以上的规模企业6家。企业产值77.20亿元,利税2.42亿元。

修建乡村公路14.90万平方米,总投资1456万元。总投资700万元的齐小路(齐家埠至小坨),完成路基基础工程和部分路面建设。投资13万元,完成南涧中学教学楼顶维修、围墙修建、道路铺灰、内外墙粉刷工程。投资14万元完成冯庄小学附属、薄小幼儿园改造工程。投资150万元,完成七里海中学楼体加固。投资120万元完成兴东小学主体工程。投资1.50万元进行校园绿化美化,植树3000棵。成立乡镇、校两级教研网,大坨中心校被定为"十五"期间教科研基地,被授予"书香校园"称号。

城乡居民医疗保险参保24454人,享受老年补助2635人。计划生育率95.60%。投资100万元购置彩超、CR、大生化等大型医疗设备。妇女病普查2440人,60岁以上老人随访、管理率均为100%,七苗接种率95%,儿童访事率、筛查率、管理率均达90%以上,(早)孕产妇建卡建册率、访视率80%以上,疫情报告率100%,乡村社区"一体化"管理率100%,适龄儿童建卡、建证率98%。

6个村建立农家书屋和村文化室,藏书9000余册,配备文化器材6套。投入资金30万元,完善6个村体育路径。全镇优抚对象94人,发放优抚费68.08万元。享受低保235户627人,定期补助27人,五保67人,发放低保金88.76万元、五保金26.80万元。

镇团委依托北移民村新佳水产养殖基地,利用七里海养殖技术服务站,培训青年400余人次,吸引青年从事河蟹养殖103人。组织200名团员青年开展植树造林活动,植树1700余株。镇妇联开展"百户孝亲敬老模范家庭评选",评出模范家庭86户。全镇发展党员12名,组织村干部考察126人次。

(赵　彬)

岳龙镇

岳龙镇位于宁河县东北部,北与河北省丰润县接壤,南邻板桥镇,西与丰台镇相连,东临唐山市丰南区。丰李公路穿镇而过。2009年,镇域面积67.40平方公里,耕地面积3148.87公顷。辖21个自然村,人口0.50万户1.47万人。

1956年设岳龙乡。1958年属红旗公社,年底划归河北省玉田县。1961年建岳龙公社,划归宁河县。1984年建岳龙乡。1995年3月16日建岳龙镇。

2009年,实现财政收入801.90万元,比上年增长12.2%;其中地方收入385.70万元,增长53.1%。工业固定资产投入7230万元,增长21%;内联引资5970万元,增长70.57%;

岳龙镇万亩设施农业园区一角

农民人均纯收入10127元。

以农业种植为主，露地蔬菜、棉花为主要经济作物。万亩设施农业园区初具规模，打造岳龙蔬菜品牌。农作物播种4648.87公顷（含复种），其中粮食作物852公顷、经济作物2330.20公顷。经济作物中，棉花种植482.20公顷、露地蔬菜种植1834.67公顷。农业投入2000万元，农田水利基本建设投资810万元。改造中低产田173.33公顷，开挖土方73万立方米。新打机井13眼，修复机井21眼。架设高低压线路2.35万米。

打造以小闫为中心、以西大寨路为主轴的万亩设施农业园区和东魏甸133.33公顷高效农业综合园区规划建设。万亩设施园区合作社成立，涉及8个村队土地流转工作开始，项目实施方案基本确定。东魏甸133.33公顷高效农业综合园区水、电、路配套工程基本完成。注册成立天津岳龙华顺农业服务有限公司；完成投资1100万元的岳龙村蔬菜批发市场规划；完善6个设施农业园区，建温室1556栋、大棚250个，建设面积275.33公顷。小闫、东港、国仕3个养殖小区初具规模，为农民持续增收打下良好基础。植树436.70公顷352263株。其中绿色河道39.13公顷，片林工程256.40公顷，农田林网109.27公顷，绿色城镇、村庄、园区23.67公顷。

工业园区面积2平方公里，完成100公顷土地流转工作，投资50万元，完成起步区主路建设。投资1100万元的宁河县福东棉业有限公司和投资1000万元的田源棉业2个400型轧花项目入驻投产；投资1200万元的生物炭项目建成投产；投资3500万元的静发钢铁公司完成扩建生产线项目，年产量提高到60万吨，产值20亿元；投资3000万元的炬坤二期工程即将完工。

投资50万元改建和新建村级党员活动室4个；8个村建成农家书屋，藏书15000册；10个村安装健身器材；投资160多万元完成6个村自来水改造工程；12个村投资1100万元修建乡村公路、硬化街道37.50公里。投资735万元硬化农田道路近25公里。投资60万元完成小闫村沼气建设项目，通过市有关部门验收。投资40多万元治理卫生死角20处，清运垃圾400立方米，粉刷墙壁1万延米。“新农合”参合率95.7%。为农村困难户、残疾人和丧失劳动能力的困难户173户355人办理低保，办理五保109人。育龄妇女一胎率87%，生殖健康普及率98%。

（王福林　丁建江）

苗庄镇

苗庄镇位于宁河县东部，北与板桥镇相邻，南与芦台镇搭界，西靠蓟运河与宁河镇、廉庄子乡相连，东与河北省丰南市接壤。芦玉公路穿境而过，是连接宁河东北部的主要公路。2009年，镇域面积61平方公里，耕地面积2654.13公顷。辖30个行政村，人口0.59万户1.74万人。

1961年建苗庄公社。1984年建苗庄乡。1998年11月撤乡建镇。

2009年，实现财政收入1453万元，比上年增长38.8%，其中地方收入609万元，增长39.7%；工业固定资产投入6000万元；农民人均纯收入9859元，增加649元。

农业播种面积2703.93公顷。粮食作物播种660公顷，其中水稻233.33公顷、玉米400公顷、大豆20公顷、高粱6.67公顷；经济作物播种1620公顷，其中棉花1505.73公顷、瓜菜518.29公顷、果树15.07公顷、其他449.86公顷。粮食补贴涉及农户2631户，补贴面积1033.33公顷，补贴金额113.44万元。张凤、小茄、柳庄、麦穗、苗庄5个村队被确定为农业部万亩示范园区。完成孟旧村生态村创建验收工作，确定倒流村为生态村。完成孟旧村蔬菜园区一期工程建设，建成高标准温室130栋。

工业园区占地2平方公里，东至芦玉公路以东1000米，西至芦玉公路，南至柳茄路，北至大一支路，总投资180多万元。引进项目5个，其中3家建成投入生产，即：投资1500万元、占地0.53公顷的圣鑫达精密铸造有限公司；投资2420万元、占地2.67公顷的铁棱加材木业有限公司；投资1000万元，占地0.67公顷的苗庄铝合金门窗制作有限公司。天祥有限公司投资2600万元，扩大再生产。贵达宾馆投资2100万元。计划总投资500万元、占地0.33公顷的朗威润滑油有限公司在建。

投入200余万元，清理垃圾，治理污水坑塘，美化环境，完善基础设施建设，经市“创卫”专家组全面验收，一次合格。投资320万元，新修乡村公路3条5.12公里。投入20余万元对5个村300个农户户厕改造。对辖区60岁以上老年人建立健康档案2370册，筛查出高血压患者888人、糖尿病患者103人、脑卒中患者131人。开展城乡居民基本养老保险工作。出生人口180人，其中独生子女149人，10%育龄妇女参加县、镇两级计生知识考试。利用集日进行4次大规模计划生育集中宣传活动。育龄群众计生政策和婚育知识知晓率98%以上。

（韩　丽）

板桥镇

板桥镇地处宁河县东北部，北与丰台镇、岳龙镇为邻，南与苗庄镇接壤，西与宁河镇隔蓟运河相望，东与河北省丰南市相连。芦玉公路穿越全镇。2009年，镇域面积50平方公里，耕地面积1799.33公顷。辖19个行政村，人口0.35万户1.02万人。蓟运河和还乡河流经镇境，土地肥沃，是远近闻名的蔬菜之乡。

1965年，板桥人民公社更名红旗人民公社，时辖19个自然村。1967年恢复为板桥人民公社。1983年6月更名板桥乡。1998年10月，撤乡建镇。

2009年，实现财政收入1367.30万元，比上年增长11.5%；工业固定资产投入7669万元，增长46.7%；内联引资4345万元，增长33.3%；农民人均纯收入10472元，增长7%。

板桥镇赵学村林下白鹅养殖

农作物播种2692.67公顷（含复种），其中粮食作物826.67公顷、经济作物1866公顷。投入1890万元，开挖土方80万立方米，改造中低产田233.33公顷。肉鸡出栏122万只；生猪出栏2.90万头；长毛兔存栏5500只。

新建学郝铺村、齐家沽村两个林下肉鸡养殖小区，肉鸡养殖1.50万只。张子铺村千亩蔬菜园区建大棚415个；锦苑花卉专业合作社育苗50万株；大麦沽村蔬菜园区建大棚38个；盆罐千亩林业园区植片林和环村林133.33公顷，植树12万株；田庄坨千亩林业园区植片林和环村林93.33公顷；王赞铺村千亩林业园区植片林80公顷。林业总面积320.07公顷，植树28.80万株。

有企业44家，其中集体企业6家、合资企业1家、民营企业37家。资产500万元以上企业9家，全部为民营企业。资产500万元以下企业35家，涉及蔬菜加工、棉花加工、苇帘加工、陶艺、纸业、木业、服装、冶金、五金、保温材料等行业。

镇工业园区规划占地面积200.2公顷。园区划分为97.97公顷的绿色食品深加工区和102.23公顷的轻工业产业区。以蔬菜、水果、兔毛及其他农产品为资源招商引资，重点吸引绿色食品深加工、工艺品制作、轻纺、新兴建材等绿色节能环保项目入区。投资35万元建成工业园区桥梁和混凝土主路，计划启动园区农产品加工项目。新上投资150万元的程凯稀土永磁材料有限公司和投资10万元的永亮服装厂2个项目。佳岳兴精铸有限公司投资300万元扩建厂房并添置部分设备。余鑫棉业投资2000万元扩建厂房，新上400型轧花机1台。

在原有12个市级、17个县级卫生村基础上，王良、大麦沽两个标准型文明生态村验收一次性过关。盆罐村投资120万元对村环境综合整治，建立生活污水处理场和生活废弃物转运站。王赞铺村和张子铺村投资170万元，大修乡村公路4.10公里。城乡居民基本医疗保险参保9201人，参保率96.1%。改造农村贫困残疾人危房3户,发放救济金2400元、衣物70件、粮油6吨、轮椅9架。计划生育率96.87%。

赵学村位于镇境东部,人口65户243人,有耕地101公顷。该村曾是一个以传统种植业为主、资源贫乏的贫穷村。近年按照宁河县发展布局,村党支部带领群众发展设施农业,2009年人均收入1.70万元。千亩设施农业园区初具规模,二代节能温室全面发展,投资600多万元,建成采摘园、垂钓园、千米观光长廊,旅游观光农业蓬勃发展。"赵学"牌西红柿、糯玉米走俏津京等地,南瓜嫁接甜瓜试种成功,销售良好。该村成为宁河县农村瓜菜种植示范基地。

(李会娟)

造甲城镇

造甲城镇位于宁河县西南部,北与潘庄镇相连,南与东丽区为邻,西与北辰区搭界,东与北淮淀乡接壤。205国道、津芦南线、津塘二线高速公路、津芦南线西支线快速路穿境而过。2009年,镇域面积108平方公里,耕地面积2409.60公顷。辖8个行政村,人口2.55万人,其中非农业2028人。

1983年,造甲城人民公社更名造甲城乡。2000年12月撤乡建镇。

2009年,实现财政收入4194.20万元,比上年增长18.1%;固定资产投入6.20亿元,增长73%;内联引资5.16亿元,增长36%;农民人均纯收入10422元,增长12.7%。

设施农业建设。冯台村100公顷土地完成规划与流转。鑫丰园区建大棚155个,占地33.33公顷。造甲城村设施园区新建大棚23个,温室2个。水产养殖1000公顷,垂钓池塘133.33公顷。冯台村康富迪生猪养殖有限公司,总投资1200万元,生猪出栏1.50万头;田辛村喜岭蛋鸡养殖场,投资900万元,蛋鸡存栏7万只,产蛋900吨。全镇有肉鸡养殖小区2个、生猪养殖小区5个、奶牛养殖小区4个,养殖孔雀300只。投入2000万元,动土150万立方米,清淤主排渠8条,新挖干支渠25条,提高排蓄水能力。新建、维修泵站8座,涵21座,闸46座,斗门300座。植树2.23万株。举办种养技术培训班10期,培训1200余人次,建立完善各类农民专业合作社10家。

投资1500万元的高档自行车项目,投资2000万元的万丰环保设备二期工程和研发中心建设,水控设备和工业电炉续建项目等一批重点工业项目完成。投资2000万元的中辉燃料油仓储公司项目进行土建和设备安装;投资7000万元的顺远环保建筑有限公司项目落实建设条件;投资5000万元的世纪天鑫光固化油墨材料扩建项目正在进行;投资1.80亿元的乾坤特钢扩建项目正在运作。

宁河现代产业园区建设。制定造甲城工业区扩域规划建设方案及扩域开发征地实施方案。在原有3平方公里基础上,扩域至12.74平方公里,起步区3.07平方公里。园区被确定为市级乡镇示范工业园区。投入1200余万元完善基础设施和环境建设。投入760万元完成"四横、四纵"路网中的3条,全长7.5公里;投入300余万元,进行园区绿化亮化;投入150万元,改造完善园区排水管网。成立注册资金2000万元的诚信达投资建设有限公司,作为园区建设发展融资平台。

实施惠民工程。规划造甲、付台与津芦公路连接路建设,完成长3.20公里、投资180万元的付台村连接路建设。建立镇、村两级环境保洁队伍,清整垃圾点60处,清运垃圾300余吨。投入60多万元,对津芦公路两侧建筑粉刷、清除垃圾、植树种草。投入160万元完成付台村自来水管网改造。投入100万元,造甲城村新建水冲厕所10座。完成赵温、田辛土地流转、村民养老保险参保工作。投入150万元,对中学教学楼粉刷、加装彩钢顶,硬化广场4000平方米,植风景树300株。投入180万元,对大王台中心小学抗震加固。投入16万元,建活动板房12间480平方米,完成冯台、付台小学分流工作。城乡居民医疗保险参保率96%以上。成人乙肝疫苗接种8200人。全镇计划生育率94.62%,生殖健康检查率90%以上,建档率100%。

(岳玉迎)

宁河镇

宁河镇位于宁河县北部,为

老县城所在地。北与宝坻区接壤，南与廉庄子乡毗邻，西与东棘坨镇相连，东邻苗庄镇、板桥镇，东北与丰台镇、河北省玉田县相隔于蓟运河。蓟运河、西关引河、卫星河域内纵横交错。地下水资源丰富。有宝芦公路、任汉路、西关引河路、江艾路等一、二级道路4条，乡村公路26条。2009年，镇域面积83平方公里，耕地面积3812.20公顷。辖27个行政村，人口0.80万户2.18万人，其中农业人口1.99万人、非农业人口0.19万人。

该镇曾名“储粮城”，又称“备粮城”、“军粮城”，为军需运输的重要码头。唐卢龙军留守刘仁恭据幽州，筑“梁城”。1942年，为第一区宁河镇公所。1949年9月，宁河县委、县政府移至芦台镇。1950年为第二区宁河镇公所。1956年撤区并乡，为宁河乡。1958年设卫星公社宁河管理区。1959年改宁河公社，辖51个自然村。1984年设宁河镇。2001年9月，大辛乡并入宁河镇。

2009年，实现财政收入1873万元，比上年增长22.3%，其中地方收入512万元，增长11.1%；工业固定资产投入1.20亿元，增长100%；内联引资1亿元，增长37.7%；农民人均纯收入10107元。

农业生产投入3100万元，农作物播种3842.40公顷，其中粮食作物2001.60公顷、棉花1614.40公顷、蔬菜193.73公顷。建温室大棚60公顷、中棚23.33公顷、露地菜110.40公顷，植树45万株，绿化面积533.33公顷。农田水利基础设施建设投资170万元，修建农田路2900米，动土40万立方米，新打机井6眼，架设高压线路300米，架设变电站5座，改造中低产田153.33公顷，改造小月河村66.67公顷鱼池为基本农田。完成牛口村13.33公顷48座温室建设任务，总投资168万元，配套变台1座，机井1眼。完成大月河村33.33公顷104座温室建设，总投资364万元，配套变台1座，机井1眼。完成小月河村13.33公顷30座温室建设，总投资120万元，配套变台1座，机井1眼，冷库1座。

投资300万元成立田野科技有限公司，产值650万元。投资200万元成立润亚食品有限公司，投产后产值可达3000万元。投资3000万元筹建宏发塑料包装印刷制品有限公司，投产后产值可达5000万元。

投资260万元，大辛卫生院医务楼建成投入使用。投资127万元，完成谷庄、鲁庄、张辛、牛口、南沽5个村自来水管网改造。投资555万元，翻修涉及12个村的乡村公路，总里程近16公里。投资240万元，建成后帮村秸秆燃气项目。完成江洼口、洛波汀、后帮、清泥、岳庄、端庄6个村有线电视入户工程。

(赵彬彬)

东棘坨镇

东棘坨镇位于宁河县西北部，为县农业大镇。西、北与宝坻区搭界，南与唐山市芦台经济技术开发区相邻，西临潮白河，东与宁河镇、廉庄子乡搭界。域内有卫星河、潮白河、西关引河3条主要河流，塘承高速公路穿越镇境。2009年，镇域面积164.10平方公里，耕地面积6180.07公顷。辖42个行政村，人口0.85万户2.72万人。

1962年3月建东棘坨公社。1983年6月建东棘坨乡。2001年9月撤赵本乡、东棘坨乡建制，建东棘坨镇。

2009年，实现财政收入1744.10万元，其中国税1110.70万元、地税633.40万元；固定资产投入28800万元，比上年增长104%；内联引资12200万元，增长69%；农民人均纯收入10624元。

农业投入4950万元。艾林村投资520万元，建成占地66.67公顷的430个蔬菜大棚，成为全镇第一个种植保护地蔬菜村。全镇有20个养猪小区(场)形成规模，生猪饲养37万头，存栏12万头。有奶牛养殖小区8个，奶牛存栏1.30万头。有长毛兔养殖小区7个，存栏长毛兔2.10万只。有肉鸡养殖场10个，肉鸡出栏79.50万只。完成片林栽植86.67公顷。

工业园区建设，投资395万元完成公司注册以及1400米水泥路硬化绿化工程。在园区水电路配套基础上，抓好项目入区和招商引资工作，开辟以商招商，以产业链招商，以规划招商，以区位优势招商等新途径，谋划落实好工业项目，有4家企业入区经营。

投资260万元完成马辛段和胡晋村乡村公路6.50公里建设，投资130万元完成躲军淀5公里街道硬化工程，投资53万元完成史庄村自来水改造工程，投资50万元完成镇中学教学楼加固工程。躲军淀村通过市级文明生态村验收，艾林、姜庄、高庄、后大安4个村加紧创建市级文明生态村。

（廉　明）

大北涧沽镇

大北涧沽镇位于宁河县中部，西、北为唐山市芦台经济技术开发区所环抱，南依七里海镇，东与芦台镇接壤。2009年，镇域面积25平方公里，耕地面积1324.33公顷。辖11个行政村，人口0.38万户1.33万人，其中农业人口0.32万户1.23万人。

1961年6月建大北涧沽公社。1984年设大北涧沽乡。2001年9月撤乡建镇。

2009年，实现财政收入3447.40万元，其中地方收入1161万元；工业固定资产投入81673万元，比上年增长115%；内联引资55172万元，增长43%；农民人均纯收入10902元，增加916元。

粮食作物播种756.93公顷，其中水稻216.67公顷、玉米369.20公顷、大豆122.33公顷、高粱48.73公顷；经济作物种植555.19公顷，其中棉花444.80公顷、葡萄33.33公顷。生猪存栏1.57万头，出栏2.78万头；羊存栏550只，出栏310只；蛋鸡存栏4.50万只，出栏1.50万只；肉鸡存栏11万只，出栏13万只；鸭存栏1500只，出栏500只。水产养殖面积116.67公顷，其中鱼养殖46.67公顷，产398吨；虾养殖65公顷，产450吨；蟹养殖2公顷，产12吨；育苗650多公斤。广东温氏集团天津公司大北种鸡场二期工程，投资1000万元，建成育雏舍4栋，育成舍7栋3700平方米，产蛋房24栋1.50万平方米，孵化车间2000平方米。天津鑫三角水产养殖有限公司中华绒鳌蟹示范园区，投资660万元进行基础设施建设，养殖规模72公顷，产量1030吨，苗种培育4.50亿尾。

大北工业园区基础设施建设投入6650万元。投资2600万元完成长1500米、宽18米的四经路铺路工程和园区长2680米、宽8米的七经路拓宽工程；投资1600万元完成四经路和七经路排水设施以及通讯、电力设施等工程；投资700万元完成四经路、二经路、七经路长30米、宽25米、深3米的涵洞桥7座。园区1.60平方公里土地实现“七通一平”，承接能力增强。工业投入8.10亿元，其中投资额1亿元以上3家，5000万元以上2家，2000万元以上4家。总投资3亿元的久安集团扩建项目，投入资金1.8亿元，完成厂房建设与设备购置安装。中得保温二期扩建工程投资1.5亿元，完成厂房、基础设施建设以及自动化生产线安装调试。投资2000万元的金丰达金属制品公司投产。投资1亿余元的俊晨晴商贸有限公司，投资8000万元的意利达防腐保温工程公司，投资6500万元的德奇家具出口有限公司，投资4000万元的北方模板厂，投资2000万元的威力机械制造公司扩建项目在建。

11个村队建成农民健身广场与老年活动中心，配齐相关健身娱乐器材。中兴沽、大北、辛庄、独立和船沽5个村投资56万元新建村民文化书屋，配齐科教图书及其他文化器材。中兴沽、李庄、辛庄、官庄4个村出资10万元，为村民担负有线电视收视费。投资70万元，对中小学校维修改造。“新农合”参合率100%。辛庄村投资120万元创建为市级文明生态村。农民专业技能培训累积241人。

（李玉江）

俵口乡

俵口乡位于宁河县西南部，北靠唐山市芦台经济技术开发区（原芦台农场），南邻北淮淀乡，西与潘庄镇隔潮白河相望，东连七里海镇。属七里海核心区，潮白河、曾口河贯穿境内。1961年建俵口公社，1984年建俵口乡。2009年，乡域面积46平方公里，耕地面积1399.27公顷。辖8个行政村，人口1.96万人。

2009年，实现财政收入1287.40万元，比上年下降38.4%；工业固定资产投入1亿元，增长100%；内联引资4500万元，增长45.16%；三产投入2050万元，增长33.98%；农民人均纯收入10362元，增长

7.09%。

农业投入2830万元。投资1912万元、占地73.33公顷的津兴绿丰蔬菜园区一期、二期工程完成；投资1266万元、占地33.33公顷的津海蔬菜园区一期工程完成；投资500万元、占地33.33公顷的洛坨大棚葡萄园区工程完成。建温室230栋、大棚280座，完成设施农业173.33公顷。植树14.67万株，落实造林面积171.33公顷。

完成工业园区整体规划设计，投入372万元进行道路、绿化和公共服务设施建设。完成投资8000万元的正方二期箱式变电站房项目建设。引进投资1000万元的欣建散热器制造有限公司生产散热器项目，投资1000多万元的合众电缆桥架有限公司生产电缆架项目。电镀厂投资200万元完成技术改造。

投资220万元，完成1450平方米的洛里坨村小学建设；投资530万元，完成俵口五村自来水管网入户和水场建设；投资250万元，完成1500平方米的俵口卫生院建设；投资60万元，完成占地4000平方米的兴家坨村文化活动广场建设；投资1150万元，完成兴家坨村街道水泥硬化，两旁移栽花木2万株；投资1600万元的兴芦公路开工建设。农民素质工程教育培训2000多人次。投入100多万元在8个村建立农村文化书屋，藏书15000余册，兴坨、后辛、洛坨村建成村级活动广场，配备健身器材，满足群众文化健身需求。城乡居民养老保险、基本医疗保险参保率95.1%，新办理低保141户、五保18户，落实安居工程5户，发放补贴资金100余万元。种粮补贴、良种补贴、“家电下乡”、“汽车下乡”补贴政策全面落实。社会保障体系逐步完善。

发展生态旅游区，建设卫生村。投资800万元，完成环海路俵口段建设；投资300万元，建成3座鸟岛；投资120万元完成兴坨入海路建设。建沼气池400座，新设垃圾箱79个。兴坨、后辛两村创建为综合型文明生态村，兴家坨村被评为市级卫生村。

（王学静）

廉庄子乡

廉庄子乡位于宁河县中东部，北与宁河镇相连，南与唐山市芦台经济技术开发区相邻，西与东棘坨镇接壤，东与苗庄镇搭界。2009年，乡域面积45.72平方公里，耕地面积1746.33公顷。辖16个行政村，人口0.56万户1.65万人，其中农业人口0.46万户1.52万人，非农业人口0.10万户0.13万人。

1961年建廉庄子公社。1984年建廉庄子乡。

2009年，实现财政收入853万元，其中地方收入168.10万元；工业固定资产投入11100万元，比上年增长19.3%；农业投入1600万元；农民人均纯收入9818元，增加690元。

农作物播种1785.73公顷，其中水稻673.33公顷，玉米456公顷，大豆、高粱247.20公顷，棉花339.20公顷，蔬菜70公顷，植树50.50万株。农业投入1600万元，其中农田水利基本建设投资1230万元，修建闸涵6座，新打机井3眼，架变电站3座，新建泵点3个（600泵2个，500泵1个），平整土地240公顷，暗灌工程180公顷，建涵洞1个，扩建于怀村生产桥1座，朝阳村完成土方4000立方米。

规划设施农业园区213.33公顷，发展设施农业68公顷，其中杨拨村发展33.33公顷（建180栋中棚、80个温室），主要种植黄瓜、西红柿；任千户村规划100公顷，已发展33.33公顷，以种植西红柿为主；岳道口村发展食用菌5公顷，1.33公顷投入生产，建成18栋菇房，其中8个投入生产，产菇6万公斤，收入48万元。生猪出栏31582头，存栏18556头。肉鸡出栏36450只，存栏16450只。牛出栏2090头，其中奶牛80头、肉牛2010头。规划林地760公顷，发展生态片林600公顷，植树50.50万株。被评为县绿化造林先进单位，荣获一等奖。

规划占地200公顷、投资1200万元的工业园区建设。起步区占地1.07平方公里，园区控制性详细规划编制完成。完成投资180万元的2个涵洞、1座入区桥梁和主干路路基土方工程，架设1座投资2000万元的3.5千伏变电站。新发展私营企业3家，全乡私营企业58家，其中投资500万元以上3家，企业产值92500万元，利税总额8990万元，从业人员2800人。

投资30万元改扩建高标准

幼儿园1所，容纳幼儿500人。投资60万元修建村级公路3公里，其中高坨村1.5公里、岳道口1.5公里。投资56万元修建杨拨村入村公路桥1座。投资50万元，建朝阳村村委会办公室、医务室、超市，占地300平方米。投资130万元，完成7个村队自来水改造。投资140万元，在乡政府门前建绿地4000平方米，安装景观灯，栽植花草树木。为残疾贫困户、残疾孤寡、丧失劳动能力的困难户办理低保125户347人，办理五保55人，新换证、办证365人。解决低保残疾户危陋房屋3户10间。拨款8.04万元，为白内障患者做复明手术8例。为5名贫困学生发放助学金2万元。救济单亲困难母亲9人3600元。户厕改造278座。城乡社会医疗保险参保率95.3%。育龄妇女3423人，人口出生率10.13%，符合政策生育率96.53%，育龄妇女生殖健康查体2300人。特补扶助11户。

（王聪华　吴小倩）

北淮淀乡

北淮淀乡位于宁河县西南部，北连俵口乡，南临北京清河农场，西靠造甲城镇，东与七里海镇相接。津芦公路横穿乡境。境内水资源丰富，有潮白河、永定新河两条主要河道。为天津古海岸与湿地国家级保护区七里海的重要组成部分。2009年，乡域面积64平方公里，耕地面积1987.07公顷。辖3个行政村，人口0.59万户1.96万人。

1957年建北淮淀乡。1961年7月建北淮淀公社。1984年建北淮淀乡。

2009年，实现财政收入2035万元，比上年增长55.8%，其中地方收入1015.40万元，增长118%；工业固定资产投入6376万元，增长197%；内联引资4540万元，增长32.7%；第三产业投入3360万元，增长98.8%；农民人均纯收入9917元。

农业投入2410万元。农业种植面积1773.73公顷。造林56.67公顷，植树4.75万株。生猪出栏2.26万头，奶牛存栏600头，肉鸡出栏200万只以上。跨地承包养虾面积3333.33公顷。占地80公顷的南淮淀村设施农业园区建大棚94个、温室18栋。投资1200万元的招正特种养殖基地基本建成。占地146.67公顷的乐善庄村葡萄种植园落实苗木80万株。

工业园区占地6.52平方公里，投资560万元修建十号路，修建下水管道2000米、便道3000平方米，道路两侧绿化植树470棵，110千伏变电站申请立项。园区具备项目入区条件，3个项目在谈。新引进注册公司5家。

投资17万元对乐善小学绿化。投资1200万元、占地2万多平方米的北淮淀小学教学楼工程启动。妇女健康查体3345人，乙肝疫苗接种9060人。办理低保212户614人、五保61户，帮扶困难群众、低保、五保和优抚人员800余人次。投入10万元，改造5户残疾人危房。城乡居民医疗保险参保率96%。投资40万元，建成计划生育技术服务站。出生人口184人，人口自然增长率5.54‰。

（赵树军）

静 海 县

概 述

静海县位于天津市西南部，东经 116°42′06″~117°15′5″，北纬 38°34′59″~39°04′15″之间。东西宽 47.25 公里，南北长 54.4 公里；地形南高北低，西仰东下，平中略有缓坡，地面纵坡约为万分之一。南与大港区为邻，东北隔独流减河与西青区相望，其他方向为河北省市、县：西北与霸州市相连，西与文安县接壤，西南与大城县毗邻，南与青县、黄骅市交界。2009 年，县域面积 1414.9 平方公里，耕地面积 6.92 万公顷；全县人口 55.48 万人，其中农业人口 44.70 万人。辖静海、唐官屯、独流、王口、台头、子牙、陈官屯、中旺，大邱庄、蔡公庄、梁头、团泊、双塘、大丰堆、沿庄、西翟庄 16 个镇，良王庄、杨成庄 2 个乡。共 384 个行政村，17 个街道居民委员会。人口中汉族占主体，另有蒙古、回、藏、苗、彝、布依、朝鲜、满、白、瑶、土家、傣、黎、土、傈僳、达斡尔、锡伯、鄂温克 18 个少数民族。

静海县历史悠久，东周时期即有先民。西汉初年，置东平舒县。宋大观年间(1107-1110)，置靖海县。明洪武初年，改“靖”为“静”，称静海县。1948 年 12 月 20 日，静海县城解放，建立人民政权，隶属河北省天津地区。1973 年 8 月，改属天津市。

2009 年，完成生产总值 184.57 亿元，可比增长 25.3%。其中第一产业增加值 13.66 亿元，可比增长 6.93%，占生产总值 7.4%；第二产业增加值 127.8 亿元，可比增长 31.24%，占生产总值 69.2%，其中工业增加值 121.96 亿元，可比增长 31.97%，占生产总值 66%，比上年提高 1.5 个百分点；第三产业增加值 43.11 亿元，可比增长 15.32%，占生产总值 23.4%。财政收入 28.30 亿元，增长 31.6%，财政收入占生产总值 15.3%。

全县从业人员 32.05 万人，比上年增加 0.54 万人，其中第一产业 8.30 万人，第二产业 15.35 万人，第三产业 8.40 万人；新增城镇就业岗位 6396 个，比上年增加 972 个；安置下岗失业人员再就业 1513 人，其中“4050”人员 227 人。

全县养老保险参保单位 982 家，参保 29087 人，其中新扩面 740 人；失业保险参保单位 1050 家，参保 31968 人；基本医疗保险参保单位 1730 家，参保 69110 人。职工工伤参保单位 1699 家，参保 71034 人。

粮食播种面积 5.56 万公顷，比上年增加 1.51 万公顷，增长 37.2%；总产量 32.54 万吨，比上年增加 9.44 万吨；每公顷产 5850 公斤，比上年增加 150 公斤。

蔬菜设施农业占地面积 0.13 万公顷，比上年增长 14.2%，蔬菜温室和大中小棚 1.93 万个，增长 15.6%；其中温室 7915 个，增长 17.6%，大棚 7962 个，增长 9.7%。林海循环农业示范园区林地面积发展到 0.43 万公顷，已发展包括食用菌和养殖为主的林下经济 273 公顷，温室大棚设施 259 公顷。

实现农业增加值 13.66 亿元，可比增长 6.93%；农业总产值 28.34 亿元，增长 7.7%。其中，种植业产值13.76亿元，增长0.8%；畜牧业产值10.97亿元，增长17.0%；林业产值1.26亿元，增长17.4%；渔业产值2.35亿元，增长2.7%。生猪出栏30万头，增长22.0%；奶牛存栏2.23万头，增长8.3%；牛奶产量10.32万吨，增长1.4%；水产品产量2.34万吨，减少14.1%；年末农业机械总动力71.5万千瓦，增长1.6%；机电排灌面积5.88万公顷；化肥施用量（折纯量）30992吨，增长2.1%。

完成工业总产值931.8亿元，工业增加值121.96亿元，比上年分别增长21.8%和20.1%，分别完成计划的102.4%和103.1%。其中乡镇工业完成总产值787.4亿元，工业增加值87.3亿元，分别增长22.4%和24.3%。两个县级园区完成总产值118.5亿元，工业增加值21.7亿元，分别增长39.1%和25%。

420家规模企业累计完成总产值709.4亿元，增加值80.1亿元，分别增长21.3%和20.8%，完成市下达任务的102.1%和100.1%，占全县工业的76%和70.6%。

按行业分：12个重点行业除化工、纺织外，其他10个行业继续保持平稳增长态势。完成总产值734.6亿元，增长20.9%。增加值91.7亿元，增长20.3%。其中，钢铁行业完成503.8亿元，增长21.1%；金属制品行业完成93.8亿元，增长27.8%；有色金属行业完成46.5亿元，增长36.8%；交通运输设备制造业完成13.3亿元，增长39.6%。

按主要产品产量分：钢材1255万吨，增长26.1%，其中管材587万吨，增长22.3%；板材97万吨，增长19.2%；带钢254万吨，增长11.3%；型钢90万吨，增长11.7%；有色金属26万吨，减少10.7%；金属制品70万吨，增长20.3%。食品38万吨，增长15.6%；汽车配件3150万件，增长51.9%。

全县完成固定资产投资158.8亿元，增长42.9%。其中一产完成5.4亿元，增长38.6%；二产完成84.7亿元，增长30.3%；三产完成68.7亿元，增长62.7%。市考核口径完成投资155.9亿元，增长84.6%，完成考核任务100.6%，其中一产完成5.3亿元，增长87.8%；二产完成83.6亿元，增长62.3%；三产完成67亿元，增长122.2%。

按建设性质分：新建、扩建、技改、迁建和单纯购置分别完成88.5亿元、12.1亿元、47.4亿元、3.4亿元和7.4亿元，分别增长32.9%、2.5%、79.7%、133.3%和52.6%。

按构成分：建筑工程、安装工程、设备工器具购置和其他费用分别完成86亿元、5.7亿元、43.8亿元、23.3亿元，分别增长45.6%、19%、37.2%、52%。

开工工业项目446项，累计投资80.1亿元，增长31.3%，完成任务的114.4%。其中1000万元以上项目191项，完成投资70.1亿元，占全部投资87.5%。

56项工业重点建设项目投资28.6亿元，其中已开工54项，未开工2项。重点建设项目中，列入市重大建设项目40项，其中开工项目38项（投产5项，部分投产11项，在建22项），未开工项目2项；计划总投资261.8亿元，累计完成投资50.8亿元。

房地产开发完成投资11.8亿元，增长68.1%。商品房销售3771套44.9万平方米。

环境保护投资合计9.64亿元，其中环境基础设施建设投资4.96亿元，工业污染防治投资4.28亿元。环保投资指数5.7%，比上年下降0.5个百分点。空气质量达二级良好水平以上天数312天，占总天数87%。建成区绿化覆盖率39.71%。

公路通车里程1596公里，比上年增加17公里，其中干线公路447公里，增加7公里；公路货运周转量5545万吨公里，增长10.8%；公路客运周转量4406万人公里，下降21.4%。

邮政业务总量5030万元，邮电局所总数29处；邮路总长331公里；电话交换机总容量19.9万门，增长4.7%；年末固定电话用户15.15万户，增长1.3%；ADSL用户65747户，增长70.6%。

批零贸易业和住宿餐饮业完成增加值8亿元，占全县经济总量4.3%。社会消费品零售总额44.1亿元，增长20.0%，按行业分：批发业完成2.7亿元，零售业完成34.5亿元，住宿业完成0.3亿元，餐饮业完成6.6亿元。

全县外资实际到位6387万美元，下降47.7%。外贸直接出口5亿美元,下降28.6%。三资企业实现销售收入62亿元,下降14.3%,其中出口产品销售收入2.1亿美元,下降25.2%。

全县完成三级财政收入28.3亿元,增长31.6%;地方财政收入14.6亿元,增长60.1%。完成增值税11.6亿元,增长12.4%;营业税3.1亿元,增长30.3%;企业所得税2.2亿元,下降16.7%;个人所得税0.9亿元,增长18.0%。地方财政支出23.4亿元,增长37.2%。其中,农林水事务支出1.7亿元,增长13.0%;教育支出5.9亿元,增长29.0%;城乡社区服务支出3.0亿元,增长13.0%;医疗卫生事业支出1.5亿元,增长19.2%。

全县各项存款余额238.3亿元,比年初增加46.2亿元,其中居民储蓄余额149.0亿元,增加15.5亿元,人均储蓄2.7万元。

金融机构各项贷款余额99.4亿元,比年初增加18.8亿元,其中商业贷款增加2.1亿元,住房贷款增加3.9亿元,乡镇企业贷款增加4.2亿元。

各类保险公司承保金额171.4亿元,增长17.9%。各类保险公司保费收入3.8亿元,下降6.6%。其中,财险保费收入392万元,下降33.2%;人寿险保费收入29278万元,下降6.2%;运输工具险保费收入8341万元,下降1.8%。支付各类保险赔款9014万元,下降2.1%。其中,财产险448万元,增长43.6%;人寿险1381万元,下降55.8%;运输工具险6757万元,增长22.5%。

有小学98所,在校学生50040人;普通中学51所,在校学生36370人,其中普通高中在校学生11088人。高考600分以上学生83人,位居全市农村区县之首。

有专业技术人员1.16万人。财政科技拨款1628万元,占县级财政支出1.33%。民营科技企业技术开发经费3400万元,县科技发展基金127.05万元,新产品销售收入占产品销售收入35%,高新技术产业增加值8亿元,民营科技企业利税额800万元。全年专利申请265项,获市级科技成果登记9项。

有文化馆及乡镇文化站8个,图书馆2个,学校及乡村图书馆446个,藏书总量90万册。举办各类演出280次,观众50.4万人次;举办大型文艺晚会10场;书画作品在市级比赛中获奖33次。广播电台平均每日播出18小时,村通播率100%;有有线电视节目46套,用户5.05万户;数字电视节目137套,用户2.85万户;电视台制作节目1575小时,播出公共节目17824小时,电视覆盖率100%。384个行政村全部完成有线电视网络安装工程,243个行政村的有线电视接入户。

有卫生机构78所,其中县级医院3所,农村卫生院19所;有床位1331张,其中县级医院790张,农村卫生院256张;有卫生技术人员1796人,其中执业医生849人,注册护士438人。384个村全部参加新型农村合作医疗,覆盖人口41.1万人,占全县农业人口97.68%。

有晨、晚练站(点)28处,每天相对稳定参加活动3500人,各站(点)配置社会体育指导员558人。举行大型群众体育活动5次,参加活动7000人。认证社会体育指导员954人,230人参加指导员培训。发展二级运动员10人、二级裁判员14人。在市级及国家级各项比赛中,获金牌25块、银牌21块、铜牌11块。

全年出生人口8242人,出生率15.2‰;死亡人口2856人,死亡率5.3‰;人口自然增长率9.9‰。

县属单位职工人均工资40308元,比上年纯增4872元,增长13.7%。农民人均纯收入9968元,纯增945元,增长10.5%。农村居民人均生活消费支出4542元,增长10.2%,其中人均食品支出1698元,占生活消费支出37.4%。

城镇居民最低生活保障人数2430人,比上年增加152人;城镇居民最低生活保障户数950户,增加66户;农村居民最低生活保障人数9033人,增加3172人;农村居民最低生活保障户数3732户,增加1207户;农村五保供养户数2533户,增加197户;农村临时救济805人次。

(王敬模)

静海县县级领导名录

中共静海县委领导名录

职　务	姓 名	性别	出生年月	民族	文化程度	籍　贯
书　记	孙文魁	男	1962-06	汉	研究生	天津市
副书记	陶润立	男	1952-06	汉	研究生	天津静海
副书记	倪福江	男	1951-02	汉	大　学	天津静海
副书记兼组织部部长	刘建国	男	1953-11	回	研究生	天津静海
常　委	曹殿卿	男	1963-04	汉	研究生	天津静海
常　委	王亚明	男	1960-01	汉	大　学	山东章丘
常委、办公室主任	张希峰	男	1957-02	汉	大　学	天津静海
常委,公安静海分局党委书记、局长	李宝成	男	1952-07	汉	大　专	天津静海
常委、县人武部部长	李壮虎	男	1963-11	汉	大　专	河北安国
常委、县纪委书记	刘春波	男	1963-01	汉	大　学	天津静海
常委、宣传部部长	王洪茹	女	1964-08	汉	大　学	天津静海

注:倪福江 2009 年 7 月改任县政协主席。

静海县人大常委会领导名录

职　务	姓 名	性别	出生年月	民族	文化程度	政治面目	籍　贯
主　任	高凤阁	女	1952-03	汉	大　学	中共党员	河北河间
副主任	高中恒	男	1951-04	汉	研究生	中共党员	天津静海
副主任	魏宗靖	男	1949-11	汉	大　学	中共党员	天津静海
副主任	欧宝聚	男	1954-09	汉	大　学	中共党员	天津静海
副主任	李广琦	男	1953-01	汉	大　学	中共党员	天津静海
副主任	刘国英	女	1956-02	汉	大　学	无党派人士	天津静海

静海县政府领导名录

职　务	姓 名	性别	出生年月	民族	文化程度	政治面目	籍　贯
县　长	陶润立	男	1952-06	汉	研究生	中共党员	天津静海
常务副县长	曹殿卿	男	1963-04	汉	研究生	中共党员	天津静海
副县长	王亚明	男	1960-01	汉	大　学	中共党员	山东章丘
副县长	陈颜忠	男	1957-08	汉	大　学	中共党员	天津静海
副县长	张忠芬	女	1965-03	汉	大　学	无党派人士	天津静海
副县长	张绵生	男	1957-09	汉	大　学	中共党员	天津静海
副县长	刘家兴	男	1953-05	汉	大　学	中共党员	天津静海
县长助理（副县长级）	袁景生	男	1954-05	汉	大　学	中共党员	河北遵化
县长助理（副县长级）	张现民	男	1957-04	汉	大　学	中共党员	河北邯郸

政协静海县委员会领导名录

职　务	姓 名	性别	出生年月	民族	文化程度	政治面目	籍　贯
主　席	刘家安	男	1947-10	汉	大　专	中共党员	天津静海
主　席	倪福江	男	1951-02	汉	大　学	中共党员	天津静海
副主席	姚同田	男	1949-03	汉	大　学	中共党员	天津静海
副主席	卢凤华	男	1950-06	汉	大　学	中共党员	河北沧县
副主席	姚金明	男	1959-09	汉	研究生	中共党员	天津静海
副主席	张金丽	女	1967-05	汉	大　学	无党派人士	天津静海
副主席	黄淑芳	女	1963-07	汉	大　学	中共党员	天津静海
副主席	顾春瑞	男	1963-12	汉	大　学	中共党员	河北沧县
副主席	桑绍卿	男	1960-03	汉	大　学	无党派人士	天津静海
副主席	吕　超	男	1968-06	汉	大　学	无党派人士	天津静海
副主席	王玉佩	男	1958-10	汉	大　学	民革成员	天津市

注：刘家安 2009 年 7 月改任县政协顾问。

（县委组织部提供）

大 事 记

1月

5-7日 政协静海县十一届三次会议召开。市政协副主席俞海潮到会讲话。审议通过县政协常委会工作报告和提案工作报告。政协委员列席县十五届人大四次会议。

6-8日 静海县十五届人大四次会议召开,219名代表参加会议。听取审议县政府工作报告、关于2008年国民经济和社会发展计划执行情况与2009年国民经济和社会发展计划草案的报告、关于2008年财政预算执行情况和2009年财政预算草案的报告、县人大常委会工作报告、县人民法院工作报告、县人民检察院工作报告。

16日 静海县政府和天津冶金轧一集团举行合作项目协议签字仪式。副市长王治平、市政府副秘书长王志铭出席。

18日 静海经济开发区与天津市供销社再生资源公司、天津福建商会分别举行合作项目签字仪式。天津福建商会闽商工业基地坐落静海经济开发区北区,用地93.3万平方米;天津再生资源公司汽车交易中心占地66.7万平方米。

2月

5日 静海县政府与天津渤化集团公司举行轮胎橡胶产业区投资协议书签字仪式,常务副市长杨栋梁、副市长王治平出席。项目一期概算投资17亿元,占地66.7万平方米,主要产品为全钢工程型子午胎、农业子午胎等。

11日 静海县召开反腐倡廉建设工作会议,学习贯彻中央纪委三次全会精神,总结2008年党风廉政建设和反腐败工作,安排部署2009年反腐倡廉建设工作任务。

12-13日 县政府举办续修《静海县志》培训班,各单位主管领导参加开班仪式,主要撰稿人参加培训。

19日 静海县召开组织、宣传工作会议。总结2008年工作,对2009年组织、宣传工作进行安排部署。

20日 副市长李文喜率有关部门负责人一行到子牙环保产业园考察调研。

3月

7日 静海县召开市容环境整治推动会,明确各单位责任分工,围绕绿化、美化、净化要求,抓好综合整治工作的推动落实,促进城市建设良性循环。

12日 市政府在静海县召开全市林业建设现场推动会,总结2008年、部署2009年全市造林绿化工作。副市长李文喜出席。

21日 新华社天津分社与静海县签署信息服务协议。专供静海县的综合信息服务内容包括:时政信息、新农村建设、经济参考、产经信息、增值服务等。

23日 静海县政府召开打击非法传销领导小组会议,对集中打击非法传销活动安排部署。

26日 天津众品食业有限公司在静海经济开发区举行奠基仪式。该公司年加工生猪180万头,各类肉制品8万吨,销售收入32亿元。

27日 静海县委举办深入学习实践科学发展观活动专题报告会,邀请市委党校哲学研究所张建博士作专题报告。

30日 捷安特(天津)自行车有限公司、建泰橡胶(天津)有限公司在静海经济开发区举行落成典礼。捷安特(天津)自行车有限公司注册资金1200万美元,占地22.9万平方米;建泰橡胶(天津)有限公司注册资金4000万美元,占地60万平方米。

4月

9日 静海县委召开“扫黄打非”和净化社会文化环境工作会议,贯彻落实天津市2009年“扫黄打非”和净化社会文化环境工作会议精神。

22日 静海经济开发区与中联环保科技开发有限公司举行中联（天津）环保产业集控区项目协议签字仪式。该公司项目投资总额50亿元，建筑面积8万平方米。

27日 市委常委、副市长崔津渡率市有关部门负责人一行到子牙环保产业园考察快速路绿化林带建设工程。

30日 由天津市旅游局和静海县政府主办的团泊湖首届温泉文化生态旅游节开幕。主要活动内容有泡温泉、享美食、品民俗。

5月

6日 静海县林海循环经济区被中国绿色食品协会、中国绿色食品发展中心、中国科学院农业项目办公室、农业部农机化技术开发推广总站批准为国家级绿色农业示范区，成为天津市首家获此殊荣的单位。

8日 天津建鑫佳实业项目签约落户静海经济开发区。该项目总投资5亿元，建筑面积4万平方米，是集采矿、海运、冶炼、销售于一体的完整商务链条。

12-14日 全国部分县（市、区）人大工作联席会议第21次会议在静海县举行。其间，与会人员深入团泊新城、大邱庄、天津滨海新区等地参观考察。

26日 由日本北九州市市长北桥健治率领的政府代表团到静海县子牙循环经济产业园参观考察。

同日 由中央宣传部、国家水利部等4部委联合组织人民日报、新华社、中央人民广播电台、中央电视台等15家中央媒体记者组成的“节水中国行”采访报道团到静海县采访考察。

30日 市长黄兴国率市有关部门负责人考察子牙循环经济示范区高速路、林带绿化及汽车拆解项目选址。

6月

12日 静海县举办爱国主义教育动员会暨爱国主义教育基地命名仪式，大邱庄镇、宫家屯烈士陵园、良王庄烈士陵园、东机场驻静部队等10个单位为静海县首批爱国主义教育基地。

20日 经过3个月的层层选拔，静海县“春鹏杯”戏曲票友赛进行决赛，评选出十佳票友。

28日 天津首届团泊湖自行车邀请赛在素有“华北明珠”之称的静海县团泊湖举行，国内外360多名自行车运动员参加比赛。

30日 “爱党、爱国、爱家乡，静海七月红歌会”在静海一中报告厅举行，庆祝中国共产党成立88周年。

7月

8日 国家发改委会同中国工程院“循环经济专家座谈会暨循环经济专家行”、新华社等中央和地方媒体到子牙环保产业园参观考察。

10日 国家海河流域水污染防治专项规划实施情况考察组一行到静海县检查工作，并深入大邱庄污水处理厂、天宇科技园污水处理厂实地考察。

18日 政协静海县十一届四次会议召开，通过《关于刘家安、姚同田同志辞去政协职务请求的决议》，补选倪福江为政协静海县第十一届委员会主席，顾春瑞为副主席。

29-31日 市高级人民法院巡视组一行5人到静海县人民法院，对“廉政建设年”开展情况进行检查。

30日 中央巡回检查组在市委学习实践活动领导小组有关人士陪同下，到静海县检查学习实践科学发展观活动整改落实情况。

8月

7日 静海县举行选聘高校毕业生到村任职培训班结业式，40名大学生村官经过4天培训正式到村任职。

15日 天津医科大学静海临床学院正式成立。此为静海县医院继2004年率先成为天津市区县首家天津医科大学教学学院后，作为区县三级乙等医院再次晋升天津市首批医大临床学院。

20日 静海经济开发区与中美合资赫池电动汽车零部件有限公司举行落户静海签字仪式。该项目总投资6500万元，预计年产值4亿元。

同日 市政协副主席俞海潮带领市政协社会法制委员会成员到静海县，听取县领导及县政协委员对区县发展的意见和建议。县长陶润立参加。

26日 静海县召开招商引资人才聘任会议,聘请百名企业家担任县招商局副局长职务。

29日 静海县医院扩建工程奠基仪式举行。扩建工程总投资3.5亿元,总建筑面积5.9万平方米。

9月

7日 国家林业局局长贾治邦一行在副市长李文喜陪同下,到静海县检查林业工作。察看林海循环经济示范区王口镇西岳庄林下经济示范基地和子牙循环经济产业区林带建设。

20日 子牙循环经济产业基础设施建设暨入区企业开工仪式举行。市供销合作总社、TCL集团奥博环保发展有限公司负责人分别介绍项目建设情况。

22日 天津市原市长聂璧初、市老年基金会会长刘文藩和市有关部门负责人到西双塘村参观考察。

26日 由委内瑞拉北京商会主席聂均常等一行5人组成的南美华侨投资考察团,在中国原驻委内瑞拉大使王珍陪同下,到静海经济开发区及入区企业参观考察。

10月

11日 市委书记孙玉龙、市长马世林率领甘肃省敦煌市党政代表团到静海经济开发区和团泊新城参观考察。

17日 国家发改委和国家林业局有关负责人到静海县,就林业和林下经济发展进行检查调研。

19日 天津滨海自行车(电动车)产业园在静海县会议中心举行成立暨招商签字仪式。该产业园坐落静海经济开发区南区,占地面积4.4平方公里。

27日 静海县政府与法国翰吉斯国际市场管理有限公司举行津京国际农产品物流加工区项目战略合作框架协议签字仪式,副市长李文喜出席。该项目总投资46亿元,预计年交易额200亿元,安排就业2万人。

28日 天津市二轻集团名牌产品产业园飞鸽集团自行车产业基地项目落户静海开发区签约仪式,在县会议中心举行。项目总投资8亿元,投产后年纳税3900万元。

11月

10日 国家教育部学习实践科学发展观活动第一巡回指导组总督学顾问、教育部原副部长张天保一行,到静海县调研指导。

19日 中央巡回检查组副组长毛林坤一行在市委有关负责人陪同下到静海县,就第二批学习实践科学发展观活动开展情况进行检查指导。

26日 天津选区全国人大代表一行在市人大常委会有关负责人陪同下,到静海县团泊新城视察。

28日 中联(天津)环保产业集控区开工奠基仪式在静海经济开发区举行。该项目总投资50亿元,建筑面积120万平方米。

12月

1日 中国铸造协会理事长贾成炳带领协会专家,在天津铸造协会负责人陪同下到静海县考察。

4日 南开大学校长饶子和带领南大部分专家教授到子牙循环经济产业区,商谈南开大学中国再生资源研究中心相关事宜,并就加强与子牙循环经济产业区合作进行座谈。

9日 天津市原市长聂璧初、市人大常委会原主任吴振到子牙环保产业园检查指导工作。

14日 静海经济开发区和中国天津欧洲高级工业园项目落户静海签约仪式举行。工业园占地6平方公里,总投资10亿欧元。

31日 由独流镇地方志编修委员会编纂、吉林人民出版社出版的《独流镇志》正式发行。全书80万字,《静海县志》执行主编王敬模任该志主编。

(王敬模)

党 务

组织工作 2009年,静海县1275个党组织27000多名党员干部参加学习实践科学发展观活动。参加第一批学习的690余人次,举办专题报告会200多场次,形成调研报告524个,解决影响和制约科学发展的问题355个,解决党性党风党纪问题251个。各级领导班子和领导干部与4900余人次党员干部群众谈心谈话,召开座谈会377个,发放征求意见表(函)19000多份,意见建议2000多条,建立整改项目1300多个。完成1080项公开承诺事项和739项整改措施。制定12个政策文件,建立完善制度2275项。第二批学习实践活动在18个乡镇领导班子和84个系统单位开展,均获"好"和"较好"评价。全年举办乡镇局级领导干部进修班4期,培训165人次。邀请中央党校、市委党校专家教授,举办5期"创新、超越、发展"领导干部论坛,听讲5100多人次。举办各类培训班400多次,培训党员干部42000多人次。对92个单位612名领导干部考核,4384名干部群众参加评议,征求意见建议2845条,评定好班子83个,评定优秀等次领导干部127名。调整乡镇局级领导班子44个,提拔领导干部35名,交流干部43名。7月底全县村级组织换届选举,有130个村街书记、主任"一肩挑",占总数的35.2%;285个村街"两委"成员交叉任职,占总数的77.2%;339个村街妇女进班子,占总数的91.3%,大专以上文化程度271人,占村干部总数16.9%,村干部总数比上届减少342名,平均年龄下降2.7岁。

(袁守云)

宣传工作 2009年,静海县各级领导干部和理论工作者为基层讲党课150余场,2万多名党员受教育。在县"两台一报"开办"保增长保民生上水平"、"苦干三年、打造崭新静海"专栏15个,制作播出电视专题节目6套,播发稿件4500多篇。全年撰写评论员文章60多篇。制发光盘1000张,组织张贴、悬挂标语口号1200多幅,制作宣传展牌500多块。组织举办"静海七月红歌会",开展爱国歌曲歌咏活动100多场,爱国影片巡映1000多场。举办"辉煌60年形势报告会"和"祖国在我心中"书画摄影展。组织300人的歌咏方队参加全市国庆展演。启动10个乡镇文体活动中心、10个基层文化信息资源共享服务中心、224个农家书屋建设。有线电视农网用户和小区用户6722户,城区数字电视整转3084端。组织开展春节文化活动、静海文化艺术节、东方商业街文化大舞台、送文化下乡活动。

(袁守云)

纪检工作 2009年,静海县纪委对50个大项目监督检查,协调解决问题13个。对6个中央新增投资项目监督检查,协调解决问题4个。出动170余人次到田间地头监督检查,防止冒领财政补贴1600余万元。对55项建设工程招投标、收购企业评估、招录公务员、公开选拔领导干部、科级干部竞争上岗进行现场监督,指导相关单位健全完善制度规范15项。召开协调会30多次,协调解决建设用地、项目审批、环境整治等问题314个。查找作风方面存在的问题126个,制定完善制度86项,落实整改措施98条,组织40个重点部门推行服务承诺。组织观看警示教育专题片230场次,受教育干部18000余人。68个单位8000多名党员干部到天津市两个教育基地(周恩来邓颖超纪念馆、新中国反腐败第一大案展览馆)参观,接受正反典型教育。组织384个村街党支部书记、村主任全程旁听法院公开审判。县纪委受理来信来访113件次,初核34件,立案26件,结案26件(自办案件8件),处分党员26人,其中开除党籍14人,留党察看12人,追究刑事责任14人。县纪委与市广播电视局联合开办"政风行风直通车"节目,播出33期,受理群众反映问题279个,当场解答226个,跟踪督办解决53个,办结率100%。对46个部门147个科室、58个基层站开展明察暗访,制成光盘,全县曝光。组织40个重点部门推行服务承诺。组织127个单位科所站长开展"亮相五分钟"活动。村"两委"换届后,对3000余名新任村干部进行岗前廉政培训。印发12000册《村"两委"工作规程》。366个村街进行廉政勤政目标承若,383个村街的会计、公章、合同委托乡镇监管。376个村街选举产生村务监督小组和民主理财小组。

(袁守云)

统战工作 2009年,静海县委统战部组织台湾企业捷安特自行车和建大橡胶落成庆典,邀请参加“天津车展”的外商1000多人到静海。接待80多名台商、车友及台湾媒体记者参与的“京骑”活动。与县民族宗教办公室、公安、工商、质监、卫生防疫等部门,对清真食品经营企业、专业市场集中检查。检查企业4家,市场8处,对不符合清真食品生产和经营规定的1家企业和4处市场责令整改。帮扶企业100家,重点发展20家。协调有关乡镇和县直部门为天津利华包装集团落实8.53公顷建设用地。帮助天津泰斯特仪器有限公司等3家企业退税237.5万元。组织81家民营企业参加企业用工招聘,720人签订劳动协议。

(袁守云)

精神文明建设 2009年,静海县开展“静海精神”征集实践活动,发送征求意见函4400余份,在县“两台一报”开设专栏对各单位开展的“静海精神”征集实践活动进行宣传报道。县委宣传部收到“静海精神”征集函2800多封,县领导及退休老干部征集函115封,网络提交征集稿件280多封,将具有代表性的概述语210条刊登在《静海文汇报》上。在全县掀起以“静海精神”征集实践活动为契机,加压鼓劲,奋勇争先的新高潮。

(袁守云)

政　务

信访工作 2009年,静海县信访办受理群众来信来访1520件次11269人次,比上年件次上升19.8%,人次上升1%。其中来信369件次,上升8.8%;来访1151件次10900人次,件次上升23.8%,人次上升0.8%。来访中,进京访16件次176人次,件次、人次分别下降54.1%和32.8%,赴市访93件次459人次,件次、人次分别下降4.2%和39.2%。乡镇局协调督办信访案件31次,为群众协调解决实际问题76件,涉及资金180余万元。协调解决拖欠农民工工资1401人次639.23万元。

(袁守云)

人事工作 2009年,静海县人事局为9个县直部门和7个乡镇机关招录公务员25名。26个局级单位81名优秀人才通过竞争被提拔任正、副科级。举办各类培训班7期,培训公务员1638人次。其中,科级干部任职培训班2期,培训242人;新录用人员初任培训班1期,培训50人;公共危机管理知识骨干培训班1期,培训84人;公务员普通话培训1期,培训340人;公务员公文写作骨干培训班1期,培训109人;聘请市政府研究室2名副主任和天津日报社1名主任记者,举办公务员公文写作专题辅导讲座3场,培训813人次。完成1734名公务员公文写作与处理知识,公共危机管理知识统一考核,36名新录用公务员、4名晋升副处级领导干部的市人事局调训任务。推荐申报各级各类专业技术职称任职资格252人(不含教育系统)。其中,推荐正高级6人、副高级40人、中级56人,认定初级150人。为14个事业单位招聘工作人员164名。对接高校人才合作,实施“百千万”人才引进。为用人单位、用人企业引进各类人才546人;县人才交流服务中心日常服务用人企业110家,提供招聘岗位750个,接待求职2589人次,推介就业986人次;与有关部门举办人才招聘会8次,组织参加市级人才招聘专场6场,服务企业598家次,提供招聘岗位9710个次,到会应聘求职25810人次,达成聘用意向5365人次。网上注册用人企业430家,人才个人求职登记1125人,网络浏览量26.20万人次。

(袁守云)

项目建设行政审批提速 2009年,静海县行政许可服务中心对涉及全县减少调整的40项行政审批事项,对天津市推出的涉及静海县的49项“即时办结案”,对减少的行政审批要件,对审批事项承诺办结时限5天以上的,均缩减30%以上,对下放涉及全县的35项审批事项进行现场办理。在此基础上,推出32项“即时办结案”。全年有239个投资项目在联合审批网启动审批,投资总额中内资283.5亿元、外资5.1亿美元。办理审批业务24036件,提前办结率100%,其中即时办结件占72%,一周内办结件占98%。效能监察综合评估企业和群众满意率100%。

(袁守云)

政 法

公安工作 2009年，公安静海分局受理群众来信、来访445件次，其中需要办理的238件次，办结211件次，办结率90.7%，其中市局督办的6件全部办结。立刑事案件4377件，其中“八类案件”466件，破获刑事案件2055件，其中“八类案件”431件；打击处理893人，其中逮捕631人、直诉149人、劳教51人、转外62人。立经济案件88件，破案64件，打处57人，预审深挖破案200件，深挖犯罪嫌疑人61名；通过监所坦检获取线索32条，破获刑事案件11件；利用打击犯罪新机制侦破跨省市侵权系列案件15串261件，其中市级AB级督办侵权系列案件1串。先后破获2005年“10·28”抢劫杀人案、2007年“12·3”抢劫杀人案、2008年“12·26”强奸杀人案等6件命案积案，侦破命案积案在全市排名第一。打掉流氓恶势力犯罪团伙4个，打击处理团伙成员37人，破获各类刑事案件58件。查获卖淫嫖娼案件7件，收容教育4人、行政拘留10人；破获贩毒案件15件，抓获贩毒人员4名，查获吸毒人员21名，收缴冰毒14.25克；处理非正常死亡案件41件，死亡43人；收缴各类枪支、雷管600余枚，子弹1428发，炮弹3枚，管制刀具423件；取缔传销窝点505个，遣散传销人员9500余人，逮捕组织、领导传销人员39名，解救受害群众362人；办理犬证3504个，收缴、送检流浪犬2667条。

（袁守云）

检察工作 2009年，静海县检察院受理呈送批捕犯罪案件442件836人，经审查批捕425件606人，不捕17件30人，立案监督8件；受理移送审查起诉犯罪案件503件826人，经审查起诉481件801人，不诉5件6人；初查职务犯罪案件线索51件，立案侦查15件16人；其中贪污、贿赂、挪用公款案14件15人，玩忽职守案1件1人，13件作出有罪判决，为国家和集体挽回经济损失650万元；受理不服人民法院判决的民事行政申诉案件30件，立案20件，提出建议抗诉14件，19件息诉；受理群众来信来访321件次。

（袁守云）

审判工作 2009年，静海县法院依法审结各类经济纠纷案件2495件，发放《司法服务企业名片》5000余张，走访大中小企业200余家，开设各类法律讲座16场次。受理各类案件7855件，审（执）结各类案件7534件，法定审限结案率100%。审结各类刑事案件458件，比上年提高7.26%；判处罪犯801人，其中判处5年以上重刑犯199人。审结民商事案件4562件，提高18.86%，诉讼标的额6.1亿元。依法审结婚姻、赡养、抚养、继承等案件1036件，案件调撤率77.38%。依法对97名拒不履行法院判决的被执行人采取司法拘留措施，执结各类案件2389件，执结标的额3.4亿元。

（袁守云）

司法工作 2009年，静海县司法局组织“送法进基层”宣传咨询活动12次，发放宣传材料3000多份、宣传挂图500余张，摆放层牌30块，悬挂布标15条，解答群众咨询38人次。开展人民调解专项调解活动，18个乡镇建调解组织436个，调解员6435名，其中乡镇调委会18个，乡镇调解委员54名，乡镇调解员108名，村委会调委会384个，村调解委员1152名，村调解员5024名，居委会调委会34个，居调解委员和调解员97名。基层调解组织调解纠纷1230件。其中乡镇调委会调解纠纷207件，村调委会调解纠纷1022件。调解成功1177件。办理各类公证1523件，其中经济类公证86件、民事类公证1281件、涉台类公证12件、涉外类公证144件。接待当事人来电咨询及来访1549人次。县法律援助中心承办法律援助刑事案件1件，民事案件26件，接待信访咨询322人次，来电215人次，代书17份，义务法律宣传10次，当场解答法律咨询300余人次。

（袁守云）

人民团体

工会工作 2009年，静海县

新增工会组织172个，发展会员6707人。新签、续签集体合同139份，工资集体协议674份，覆盖职工45055人。召开首届职代会企业323家，落实职工提案982件。创建劳动关系和谐企业49家。新建乡镇困难职工帮扶中心6家，再就业服务联社3家，安置下岗失业人员302人。累计提供就业岗位3850个。各级工会组织通过多种形式筹措、发放慰问款238.38万元，走访慰问困难职工3498人次，组织职工互帮互济小分队为孤老、病残困难职工办好事、实事417件。县困难职工帮扶中心帮扶困难职工1022人次，发放帮扶金20.23万元。其中，生活帮扶961人次，岗位帮扶8人次，助学帮扶43人次。帮扶64名困难劳模申请免费查体和免费就医。

（袁守云）

共青团工作 2009年4月27日，共青团静海县委与县总工会联合召开"五一"、"五四"表彰大会，表彰以第13届"静海十大杰出青年"为代表的各界优秀青年。清明节期间，开展"弘扬民族精神，缅怀革命先烈"主题教育活动。授予11个青年集体静海县"青年文明号"称号，39名青年静海县"青年岗位能手"称号。团县委被团市委授予天津市"缴纳"抗震救灾特别团费先进团组织。举办歌唱祖国庆"六一"文艺演出、静海县第五届少年儿童书信文化节活动。团县委联合县体育局、县青年企业家协会共同举办由青年趣味运动会、足球友谊赛、大众篮球队队碰、青年台球精英赛、青少年摄影赛等组成的共享阳光运动、喜迎建国60周年——静海县"上上佳园杯"绚丽青春嘉年华系列活动。活动历时40多天，吸引2500人次青年参与。

（袁守云）

妇女工作 2009年，静海县妇联先后联合县妇幼保健院、天津现代女子医院，为2万余名妇女和153名贫困单亲母亲进行免费检查和医疗救助行动，对2位符合免费手术治疗条件的贫困单亲母亲进行救治，节省各项诊疗费600万元。至年底，5000多名妇女投保38.6万元，保额3亿元，及时为出险的投保人办理理赔手续，理赔金30多万元。县妇联等贷善款8万元，救助贫困学童59名、单亲特困母亲90名。协调相关部门为下岗女工解决资金20万元，为"巾帼示范基地"争取小额贷款15万元，扶持帮助基层和妇女创业发展。鼓励大学生参加"半边天家园"公益性岗位竞聘，3名女大学生被录用。为下岗女工提供就业岗位27个。接待群众来信来访80件138人次，结案率97%，分别比上年减少45件229人次。

（袁守云）

农 业

概况 2009年，静海县农作物播种面积7.43万公顷，比上年增加0.25万公顷。其中，粮食作物5.56万公顷，经济作物1.87万公顷，粮食总产3.3亿公斤，比上年增加1亿公斤。蔬菜0.58万公顷，总产3.4亿公斤，棉花0.93万公顷，总产0.29亿公斤。粮食补贴政策落实到位。完成良种补贴面积3.32万公顷，补贴资金507.14万元，其中小麦0.22万公顷，补贴资金32.99万元，涉及18个乡镇197个村4571户。玉米2.98万公顷，补贴资金446.59万元，涉及18个乡镇369个村52218户，棉花0.12万公顷，补贴金额27.56万元，涉及16个乡镇128个村1013户。

（袁守云）

农产品质量安全管理 2009年，静海县推行无害化依标生产，对20余个品种推行标准化栽培技术，在15个乡镇8000公顷无害瓜菜生产基地推行田间档案管理制度。至年底，全县无害瓜菜基地面积8290.6公顷，涉及16个乡镇146个自然村。申报无公害产品认证面积333.33公顷，涉及10个品种。全年检测蔬菜样品1500个，涉及10个乡镇38个村，检测合格率98%以上。

（袁守云）

示范新品种引进和新技术试验示范推广 2009年，静海县引进西甜瓜金橄榄，甜九和津引薯2号、食用菌武香1号等农作物新品种42个，覆盖率60%以上。新品种、新技术试验、示范33项次，甘薯新品种配套栽培，林地反季节木耳种植，石灰氮土壤消毒防疫等技术13项。园区玉米示范品种400余个、黄瓜品种示范200个，修建冷棚11个、温室大棚3栋、网室0.13公顷。良种场合作项目6个，生产试验193个品种，育优种1200公斤。

(袁守云)

农村科技培训 2009年，静海县举办新品种、新技术农村会计培训班55期，培训3000人次，发放技术资料17000份。全年培训1275人，成立56人的高水平师资队伍，编印20多种8000册的地方配套教材，农民中专学历证书教育招生627人。

(袁守云)

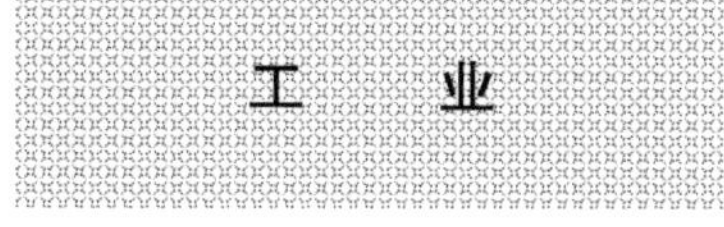

工业

概况 2009年，静海县有工业企业4175家，其中500万元以上规模企业420家；实现总产值931.8亿元，比上年增长21.8%；工业增加值121.96亿元，增长20.1%，分别完成计划的102.4%和103.1%；完成工业固定资产投入80.1亿元，增长31.3%，完成计划的114.4%；规模企业万元增加值能耗下降5.3%。产销率99.2%。

(袁守云)

工业项目建设 2009年，静海县完成工业固定资产投资项目446项(新上273项、技改173项)，总投资80.1亿元，占计划的114.4%。投入1000万元以上项目191个，投资70.1亿元，占全部投入的87.5%；投资亿元以上项目56个，投资28.6亿元，占全部投资的35.7%；56个项目中开工54个(投产11个、部分投产14个)。投资项目中，新产品项目占35%。至年底，1000万元以上储备项目42个。

(袁守云)

示范工业园区建设 2009年，静海县组织完成大邱庄、静海镇北环、唐官屯物流3个示范工业区报批工作，经市政府批准，3个示范园区总规划面积42.3平方公里，起步区面积9.6平方公里。入区企业5年免税，年内为3个示范园区协调落实贷款贴息4500万元。

(袁守云)

规模企业和重点行业作用明显 2009年，静海县441家规模以上企业完成总产值709.4亿元，占全县工业的76%。全国500强企业友发集团的焊接钢管市场占有率达10%以上，12个重点行业完成产值734.6亿元、工业增加值91.7亿元，分别占工业总量的78.8%和80.9%。年内实施涉及6个行业的56个重点建设项目，其中装备制造业占46.6%、轻工食品业占16.1%、钢铁业占14.3%。

(袁守云)

商贸旅游服务业

概况 2009年，静海县新批外商投资企业18家，增资项目5个，完成资金到位7000万美元，合同外资额1亿美元，比上年增长42.1%。实现外贸进出口11亿美元，下降13.79%，其中出口5亿美元，下降9.8%。实现社会消费品零售额43亿元，比上年纯增6.3亿元，增长19%。第三产业增加值41.8亿元，增长24.4%。固定资产投入70亿元，增长32.2%。全县个体私营企业1.4万户，其中私营企业4850家。注册资金总额340亿元，年内新增注册资本110亿元，私营企业户均注册资金470万元。

(袁守云)

商贸经济繁荣 2009年，静海县参与天津市第二届汽车文化节。8月28日至30日，在县城东方商业街停车场举办有30家汽车生产、经销商参加的汽车文化节各区县巡展第一站活动。推进社区商业和菜市场建设。投资310万元对联荣市场进行改造，新建的大邱庄镇津美菜市场、台头镇西瓜批发市场已营业。完善农产品流通体系。建立配送中心2个、日用消费品连锁店20个(社区连锁店5个、自营店5个、加盟店10个)。新建农资连锁店10个，改造提升20个。有68家商户通过家电下乡销售网点备案审核，销售1万套,发放补贴200万元。61家商户通过家电以旧换新网备案审核,销售以旧换新家电600台套,销售额200多万元。

(袁守云)

旅游村点建设 2009年,静海县组织参加全国百城旅游宣传周启动仪式、京津旅游宣传周活动、中国天津第16届投资贸易洽谈会、中国天津旅游产业节、浙江义乌旅游产品展销会。做好2008年天津市认定的3个旅游特色村跟踪服务,加强对姜家场林地经济、西双塘生态农业示范园、水上农庄3个特色点的培育和建设,在景区(点)设立中英文对照的全景图、景点说明牌、引导标识牌、景物介绍牌等。设置公共信息图形符号,开展多种形式的教育培训活动。全年培训各类人员240人,仁爱团泊湖·国际休闲博览园被评为国家4A级景区。

(袁守云)

开发区建设

概况 2009年,静海经济开发区完成国内生产总值18亿元,比上年增长35%;实现税收2.85亿元,增长36%;完成固定资产投入37亿元,增长47%。签约54个项目,协议引资550亿元。

(袁守云)

招商引资 2009年,静海经济开发区签约项目54个,实现协议引资额550亿元,其中超大型产业化集体项目8个,包括投资50亿元的台湾奎恩文化商贸产业园、投资20亿元的天津汽车交易中心、投资280亿元的天津滨海汽车零部件产业基地、投资50亿元的中联环保电镀产业园等项目。全年开工项目48个,开工面积100万平方米,完成固定资产投资37亿元,列入市级的29个项目全部开工建设。

(袁守云)

园区建设 2009年,静海经济开发区和子牙环保产业园完成产值115亿元,增加值19.5亿元,比上年分别增长35%和21.8%;全县实施的56个项目中44个落户两大园区,年内投资38.8亿元,占工业总投资的48.4%。静海经济开发区探索新的园区开发建设模式,推进水、电、路、气等基础设施市场化经营,与市级园区、专业公司、民营企业开展合作,把园区作为资源开发经营,实现由政府投资建园区向运用市场机制经营园区转变。拓展土地4平方公里,盘活土地75.67公顷,完成基础设施投资2.12亿元。

(袁守云)

城市建设与管理

县城基础设施建设 2009年,静海县投入2.47亿元,完成县城道路改造和1座泵站建设;改造道路4.65万平方米,铺设便道7.88万平方米、雨水管道6123.9米、污水管道1.11万米。完成绿化面积55.42万平方米、县城绿化养管面积74.48万平方米;恢复工农大街热力管道2500米。

(袁守云)

小城镇建设 2009年,静海县完成小城镇建设总投资24.32亿元。投资2.88亿元,用于公建项目如给排水、通讯、绿化等设施14.56万平方米;投资4.49亿元,完成工业项目42.8万平方米;基础设施建设投资3.38亿元。为新农村建设向市争取补助资金201万元。通过对农村的整治,孙家场、韩家口等部分村庄达到道路硬化、街道亮化、绿化美化、饮水安全化、垃圾污水无害化、能源清洁化的"六化"标准。

(袁守云)

市容环境建设 2009年,静海县拆除旧牌匾5900平方米;安装新牌匾7500平方米;粉刷防盗门窗1200平方米;墙体砸砖抹灰粉饰16.9万平方米,其中外檐涂料16.7万平方米,铝塑板装饰2100平方米;隐蔽外露线9416米;空调室外移机、加罩2254台;安装夜景灯光轮廓外线2100米;清洗墙体47520平方米;粉饰围墙300延米,新建围墙350延米;拆除车间41间;拆除围墙1200延米;拆除自行车棚2200平方米;拆除广告牌49块1927平方米。迎国庆60周年，组织3000余人对城区道路两侧乱贴乱画、乱吊乱挂集中整理。拆除各类违章牌匾300余块、信息牌200余块、门窗内外各类违章贴字3500余处、墙体立面各类贴画200余张，清除道路两侧各类吊挂物700余个，临时灯线、晾晒绳索500余条。

（袁守云）

房地产管理 2009年，静海县完成各类产权登记2.43万件374万平方米，比上年分别增长70.9%和24.7%；他项权登记4352件135.5万平方米，分别增长57.9%和10.3%，抵押金额30.4亿元，增长25.6%。至年底，商品房备案登记4569件52.5万平方米，分别增长135.2%和128.3%；二手房交易3747套40万平方米，分别增长310%和207%。房产测量完成1270件84.4万平方米，分别增长42%和34%。房屋安全签定89件13.8万平方米，分别增长21.9%和15.7%。

（袁守云）

环境保护

生态县建设 2009年，静海县环境保护局开展生态县建设宣传，发放各类宣传材料6400份、宣传挂图3600张，出示展牌16块，登记稿件8篇，播出专题节目2次。开展生态环境保护监察。检查企业1350厂次，查出环境违法行为202个，处置企业50家，收缴罚款105万元。建成四党口中、东村污水处理厂，创建县级绿色学校6所、县级绿色幼儿园2所、县级绿色社区4个，市级安静居住小区1个。长张屯村、东禅房村、西双塘村列入国家级生态村。

（袁守云）

子牙地区烧线污染治理 2009年，静海县环境保护局查处违法烧线行为60起，处罚60起。组织大型宣传活动3次，散发宣传材料5000余份，悬挂宣传条幅20余幅。134户拆解业安装铜米机。组织20多人的综合执法队伍，24小时在岗巡查，至年底，查处废物非法转移75个货柜，查处违法烧线行为8起。

（袁守云）

环境监督与管理 2009年，静海县环境保护局批准新上项目135个，拒批“五不批”项目17个。安装排污口规范化和污染源自动监控在线监测设备48台套。开展保护群众健康整治违法排污企业专项行动，解决群众信访158件，办理人大议案和政协提案4件。完成排污企业申报登记602家、环境统计201家。整理污染源档案38家114册。上报常规监测数据2288个、服务性监测数据12151个、监督管理性监测数据558个。

（袁守云）

经济管理

财政工作 2009年，静海县财政收入预算25.80亿元，实际完成财政收入28.30亿元，占预算的109.7%，超收2.50亿元，比上年增长31.6%，增幅在全市名列前茅。财政收入高于国民经济增幅11.4个百分点，占国民生产总值比重16.8%，提高1.4个百分点。财政支出预算18.73亿元，实际支出23.40亿元，增长37.2%。全年组织33个政府采购项目，实际采购规模843.5万元，节约资金205.4万元，平均节约率19.6%。送审项目30个，送审资金12.18亿元，审定资金10.79亿元，审减资金1.39亿元，审减率11.41%。

（袁守云）

税收管理 2009年，静海县完成税收14.62亿元，比上年增收3.30亿元，增长29.1%，分别完成市局和县政府下达计划的109.40%和108.55%。办理税务登记1069户，注销587户，跨区迁入、迁出122户。检查发票4258份，对44户违规保管、开具发票的企业罚款19.8万元。审批减免税企业114户，减免退税602.52万元。汇算清缴2412户，比上年增加489户，入库税款8853.3万元，比上年减收144万元。对44户疑点较大企业进行核查，调增应纳税所得额2537万元，补缴所得税296万元。加大案件侦破力度，配合征管部门和案件检查，对236起697份票据进行协查，涉及税款650万元，协查回复率100%。审结案件115件。滞补罚款2586.5万元。

（袁守云）

工商管理 2009年，工商静海分局抽调60名干部参加联合打击传销活动18次，出动执法人员3120人次，执法车辆540余台次，捣毁非法传销窝点641个，取缔传销场所147个。分局科所联合规范检查有照网吧31户，摸排无证无照网吧135户，取缔无证无照网吧86户，没收电脑主机72台。集中取缔无照经营433户。全县实有注册商标2200件，其中驰名商标2件、著名商标27件，建立5个驰名商标后备库和5个著名商标后备库。受理消费者投诉194件，查实办结群众举报356件，挽回经济损失31.34万元；建立406个基层消费者投诉站和联络站，覆盖386个行政村；推选67家文明个体经营户；组织30家生产、经营和销售企业公开承诺诚信文明。查处各类违法违章案件158件，罚没款55.4万元。

（袁守云）

物价管理 2009年，静海县物价局先后开展对教育、卫生、工商、土地、畜牧动植物检疫、电力、成品油价格等专项检查，出动价格检查人员554人次，检查涉价、收费单位251户次，查处价格违法案件5件、价格违法金额140.95万元，实现经济制裁金额153.05万元，其中退还多收价款132.55万元，罚款20.5万元。受理各种价格举报（咨询）21件，立案4件，结案4件。办理各类价格签证案件895件，标的金额1033万元；受理车损评估案件594件，评估金额560万元。

（袁守云）

质量监督 2009年，静海县质量技术监督局抽检食品730批次，实物质量合格685批次，合格率93.84%。至年底，出动执法人员3200人次，检查企业1000余家，查办各类案件113件，端掉制假售假窝点16个，查获假冒伪劣产品100余万元，受理群众和消费者投诉、市质监局移交案件36起，为消费者挽回经济损失2000余万元。

（袁守云）

药品监督管理 2009年，天津市食品药品监督管理局静海县分局受理各类审批事项43项，办结43项。其中药品经营企业开办17项，药品企业项目变更15项，医疗器械经营企业开办10项，医疗器械经营企业项目变更1项，医疗器械生产企业备案1项，医疗机构制剂品种注册审核20项。至年底，对各种违法违规行为立案16起，办结16起，物品货值2494元，罚没款1.53万元。完成药品日常抽样234批次。其中化学药制剂56批次，抗生素47批次，中成药39批次，中药饮片51批次，完成计划的77.2%。药品专项抽样41批次，检出假药1批次、劣药6批次。

（袁守云）

审计工作 2009年，静海县审计局完成审计及调查项目172个，审计查出并纠正损失浪费资金12万元，促进增收节支127万元，建立完善单位内部规章45项，发现大案要案线索1件，组建内部审计机构82个，配备内部审计人员169人。举办内部审计培训班1期，培训内审人员169名。至年底，审计和调查34个一级单位，管理不规范金额6.20亿元，应调账处理金额261万元，归还原渠道资金206万元，应上缴财政金额8751万元，已上缴财政资金8749万元。查出100万元以上违章单位1个。提出加强和改进管理建议58条。促进财政增收节支8955万元，向市、县领导部门提交审计报告、审计信息78篇，被市审计局和县有关部门采批137篇次。

（袁守云）

科　技

概况 2009年，静海县实施市、县两级农业科技计划项目35项，引进作物新品种41个，引进新技术38项，筛选、推广新品种15个，开发新产品5个，制定实施新技术规范14项，建立试验、示范基地42处，示范面积333.33公顷，示范推广面积2533.33公顷，新增经济效益6800万元。

（袁守云）

农业科技攻关助推重点产业发展 2009年，静海县在枣树业上实施枣树毁灭性害虫“绿盲蝽”的防治技术研究。建立13个示范基地，示范面积134公顷。生猪产业上，实施无公害生猪生产技术应用与推广。建立10个生猪科学养殖示范基地，出栏无公害生猪31万头，农户增加经济效益2480万元，2000多人掌握安全猪肉生产技术。奶牛养殖上，实施奶牛健康饲料与精细养殖技术研究与发展、奶牛乳房炎综合防治技术推广、牛结核ELISA诊断试剂盒的应用，每头牛犊饲养成本降低154.4元，后备牛饲养总成本降低315.6元；开发奶牛夏季专用精料1种，高产奶牛专用增奶混合饲料1种，高产奶牛专用增奶浓缩饲料1种；每头奶牛年均产奶量提高960.8公斤；年均一级奶产量增加873.5公斤；年增效益1397.6元。蔬菜产业进行蔬菜安全生产技术集成与示范、彩色尖椒优质新品种的选育技术研究及生产示范。蔬菜安全生产技术集成示范面积133.33公顷，推广1466.67公顷；引进安全蔬菜新品种9个、应用蔬菜安全生产技术8项。大宗作物上，实施大豆优质新品种引进示范、玉米优质新品种引进示范、专用型甘薯新品种引进与示范、小麦新品种引进。推广大豆中黄39、科丰14、中黄13、玉米金海5号、东单13号、宽成12、嘉丰10等优质品种。

（袁守云）

科技特派员促进科技成果推广 2009年，静海县派出科技特派员100名，辐射18个乡镇，建立示范基地35个，带动科技示范户98户，示范推广面积800公顷，推广新技术32项、新品种35个，实施科技项目18个。

（袁守云）

教　育

改善办学条件 2009年，静海县投资1.2亿元，对47所学校进行新建扩建和加固维修。其中，新建扩建5所学校，规划设计8所学校，加固维修提升功能34所学校。投资3500万元，推动35所学校现代化达标建设。修缮学校80所，改扩建标准化运动场43个，农村学校新建水冲式厕所39座，新建围墙2700延米。

（袁守云）

推进素质教育 2009年，静海县围绕庆祝建国60周年开展10项主题教育活动。组织安排1.8万名中学生参加劳动实践和军事训练。开展“阳光体育”运动，举办县中小学田径运动会，4个项目8人次打破县纪录。举办学生艺术节与合唱节，演出文艺节目2万个，30个节目参加全市展演并获奖，2个节目代表天津市参加全国展演并获市优秀组织单位称号。

（袁守云）

教育质量 2009年，静海县学前一年、二年入园率100%，学前三年入园率94%。小学“四率”100%。初中入学率、巩固率、毕业合格率98%以上。高考600分以上学生83人，10名静海籍学生考入清华、北大和香港大学，本科上线2856人，上线率78%。中小学生在全国数学、物理、化学奥林匹克竞赛和学科竞赛中有4303人获奖，其中一等奖364人，获奖人数和奖级位居全市前列。

（袁守云）

文　化

文化设施建设 2009年，静海县投资750万元，建成7个乡镇文体活动中心；投资560万元，在224个行政村建成农家书屋，为每个农家书屋配备1500册图书，价值2万多元。投资100多万元，改善文化馆、图书馆、书画院、评剧团等文化服务单位环境和设施。

（袁守云）

群众文化活动 2009年，静海县组织迎新春文艺晚会，春联、剪纸大展示，书画摄影展，焰火晚会，民间花会。组织静海文化艺术节。举办演出60场，放映数字电影200多场，戏曲、歌曲、卡拉OK大家唱活动79场，吸引观众30万人次。承办天津市“华美杯”第三届文化系统书画作品展，静海县入展作品17件。举办静海县庆祝新中国成立60周年“祖国在我心中”书画摄影作品展和静海“百业杯”青少年书画展，200多位书画摄影艺术家和爱好者参加展览。组织参加全国第三届“枫叶杯”青少年书法绘画艺术大赛，静海县参赛的36件作品全部获奖。组织开展文化下乡活动，送戏、送综艺节目200场，送电影下乡9018场，吸引观众50万人次。

（袁守云）

文化产业 2009年，静海县组织参加中国（天津）演艺交易博览会。组建天津市唯一的农村数字电影院线有限公司，放映电影9018场。引进2个文化项目，招商引资1100万元。

（袁守云）

卫 生

概况 2009年，静海县医疗单位完成诊疗1633001人次，其中门诊1558890人次，急诊69553人次，出院45200人次。住院病例治疗有效率99.7%。

（袁守云）

预防保健 2009年，静海县报告法定传染病4001例，报告发病率638.65/10万。各种疫苗接种率97.55%以上。控制甲型H1N1流感流行。接种甲型H1N1流感疫苗19318人。

（袁守云）

卫生监督 2009年，静海县对9个小型集中式供水站水质进行抽样快速检测，检测16项144项次。对123家企业进行现场监督检查，从业人员职业病健康体检9191人次。对30所医疗机构的43台医用诊断X线机监督检查，对132名放射执业人员进行职业病健康体检和日常监测。组织卫生监督所开展各类专项行动18次，出动监督员2780人次。

（袁守云）

妇幼保健 2009年，静海县产前筛查4822人。在职女职工普查9405人次。免费妇女病普查34687人。开展新生儿先天性代谢性疾病筛查，进行采足跟血筛查8985人。开展新生儿听力筛查，筛查8542人。进行儿童先天性心脏病、儿童髋关节发育不良、儿童先天性白内障筛查，筛查率分别为90%、95%、95%。全年做计划生育手术13526例。

（袁守云）

体 育

县第七届全民运动会 2009年10月10日举行。60个代表团和25支9000多人的表演队伍参加开幕式。3200多名运动员参加8个大项54个小项比赛。市体育局、市农民体育协会、17个区县体育局和河北省有关区县体育局领导及市体育界有关人士出席开幕式。

（袁守云）

“环团泊湖”自行车赛 2009年6月28日，静海县与天津市体育局联合举办“捷安特杯”天津首届环团泊湖自行车邀请赛。赛事分5个组别进行，邀请6个国家10个省市27支代表队400名自行车运动员参赛，还组织500名群众参加的大众健身骑车赛。

（袁守云）

全民健身运动 2009年春节期间，静海县各乡镇、村、街开展健身大拜年、健身秧歌展示活动，13个乡镇160支队伍6000余人参加。举办太极拳、拔河、篮球、健身秧歌、中国象棋、乒乓球、趣味比赛、游泳8个项目9个级别比赛。3月组织参加在北辰区举办的天津市农民“五子棋”比赛，获个人1个第四名、1个第六名和团体第四名。5月组队参加在塘沽区举办的天津市农民乒乓球比赛，获团体第四名和个人1个第三名、1个第四名。10月组队参加天津市手扑球比赛，获团体第五名。

（袁守云）

人口和计划生育

计划生育宣传教育 2009年，静海县人口计生委在静海电视台“电视承诺”和电台“走进直播间”节目中，向全县群众宣传并承诺兑现国家和市、县计划生育优惠政策。开展关爱女孩行动，倡导“男女平等”“生男生女一样好”的生育观念。组织开展宣传咨询活动96场，发放宣传材料6万余份，赠送计划生育宣传品2万余份，书写墙体标语1000多条，县电视台录播计划生育专题节目63期。

（袁守云）

计划生育基层工作培训 2009年，静海县人口计生委组成政策法规和业务知识宣讲队，对新上任的支部书记、村主任，407名村级转业干部和147名乡镇计生办工作人员分9期进行培训。培训法律法规、生殖健康、服务阵地、统计管理、避孕节育、宣传教育、奖励政策、流动人口管理服务等内容。下发信息采集和出生人口清理清查工作实施方案，对34个人口较多的村现场指导，提高统计数据的准确率。

（袁守云）

计划生育奖励政策 2009年，静海县按照国家有关政策，将计划生育家庭奖扶标准在原有基础上提高20%，每人每年720元。对14周岁以下领证独生子女父母每年奖励120元。对退二胎指标家庭一次性奖励2000元。向243户独生子女伤病残意外死亡家庭发放特别扶助金52.32万元。筹集资金18万元，为6022个计划生育家庭上意外伤害保险。独生子女户比其他户多享受0.4人份土地补偿款。

（袁守云）

人民生活

劳动保障 2009年，静海县开展"春风行动"、民营企业招聘周、高校毕业生招聘服务月活动6次，专场招聘会68场，进场用人单位420家，入场18000余人次，发布用工信息560条，通过职介达成就业意向4260余人。建立6个周边省市劳务输入基地，新增捷安特等公司劳务派遣150人，为其他企业引进外来劳动力528人。全县有公益性公司13家，安置"4050"人员2378人。为"4050"人员落实公益性岗位工资补贴703万元、社会保险补贴738万元。认定困难企业9家，享受补贴711人，补贴资金159.9万元，为困难企业降低保险费34.65万元。全县养老保险参保企业959家，参保27780人，其中新扩面608人，缴费总额15399万元。全县享受养老保险离退休人员16876人，享受金额18326万元。全县失业保险参保单位1025家，参保31636人，缴费总额1551万元。738名职工享受保险待遇，发放失业保险金385万元。全县医疗保险参保单位1676户，参保67585人，单位缴费8612万元。工伤保险参保企业1646家，参保68113人，企业缴费702万元。生育保险参保1183户36888人，单位缴费528万元。全年劳动仲裁受理各种案件946件，为农民工追回拖欠工资及工伤赔付款2494.49万元。全县"新农合"基金支出3650.02万元，其中住院医疗费11194.26万元，补偿医疗费3368.28万元，补偿2956人次。特殊病、体检和其他医疗费1309.67万元，补偿281.74万元，补偿2956人次。

（袁守云）

民政工作 2009年，静海县有城镇低保对象770户1987人，发放保障金615.8万元；特困对象182户441人，发放救助金22.4万元；农村低保对象2913户7025人，发放保障金1212.3万元；农村特困对象819户2008人，发放保障金51.66万元；五保对象2536人，发放五保供养资金1233.3万元。春荒期间下拨给困难灾民61.44万元粮油，审批临时救济10万元，救助灾民3572户10700人；春节慰问敬老院、困难户和为城乡低保户、特困户、五保户一次性补助266万元，3809户1.1万人受益。下拨27.93万元，资助9310名五保、低保对象参加新型农村合作医疗；审批医疗救助资金100.84万元，救助389名城乡低保、五保对象。为233户困难家庭发放20万元家庭服务补贴。为3052名优抚对象发放定期抚恤、定期定量补助1405万元，发放特殊津贴345万元；对新审批的368名参战、44名参试退伍军人落实相关待遇。完成210名退役士兵安置工作，安置率100%。春节期间慰问8家驻静部队，慰问款物6万元，慰问困难优抚对象和三级残疾军人165户，款物7.71万元。全年救助102户困难群众、63名困难学生和39名孤儿，发放善款59.8万元。

（袁守云）

人民生活水平提高 2009

年,静海县县属单位职工人均工资 40308 元,比上年纯增 4872 元,增长 13.7%。农民人均纯收入 9968 元,纯增 945 元,增长 10.5%。农村居民人均生活消费支出 4542 元,增长 10.2%,其中人均食品支出 1698 元,占生活消费支出 37.4%。

(袁守云)

静海镇

静海镇位于静海县境中部偏北,为静海县人民政府驻地。东连大丰堆镇和杨成庄乡,西邻梁头镇,北界独流镇和良王庄乡,南靠双塘镇。2009 年,镇域面积 80.2 平方公里,辖 34 个居委会、37 个行政村(33 个自然村)。总人口 3.89 万户 10.93 万人,其中非农业人口 2.61 万户 7.11 万人。人口密度为每平方公里 1363 人,是全县人口密度最高的镇。

该镇因驻地静海而得名。历史上,这里称涡口寨,亦称涡子口、涡子寨。西汉至东晋十六国时属东平舒县。南北朝时属平舒县。隋、唐二朝属鲁城县。五代十国时先后属宁州和永安县。北宋时先属乾宁县,大观二年(1108)首次在涡口寨置县治,时称靖海县。嗣后,县治一度去销复置。明朝洪武初年,改"靖"为"静",称静海县。静海从此定名,沿用至今。

1946 年,这里置县城镇,属静海县第一区。1948 年 12 月,设静海市,属河北省冀中行署八专署静海县。1949 年 12 月,改名城厢区。1958 年 8 月,改建红旗人民公社。1961 年 5 月,改建城关公社。1965 年 3 月,置静海镇。上述区、公社、镇的驻地均在静海。2001 年 8 月调整区划,将城关乡、徐庄子乡和府君庙乡的西五里村、北五里村、魏家庄、付家村并入静海镇。

2009 年,实现地区生产总值 15.4 亿元,财政收入 1.59 亿元,固定资产投入 8.1 亿元,农民人均纯收入 10573 元。

农业有常用耕地 2728.7 公顷,农业人口人均占有 0.07 公顷,是全县人均耕地最少的乡镇。粮食播种 1837.92 公顷,总产 9644 吨;棉花种植 634.38 公顷,总产 692 吨;蔬菜种植 221.64 公顷,总产 10669 吨。造林 95.78 公顷,采伐木材 578 立方米。有奶牛 1380 头,产奶 6420 吨。淡水养殖面积 143.87 公顷,水产品总产 989 吨。农、林、牧、渔总产值 11153 万元。发放粮食、粮种补贴 405 万元。

至年底,北环工业区在规划建设中,瀚吉斯工业区开始建设。全镇规模以上工业企业 38 家,从业人员 4325 人。全年营业收入 373601 万元,利润总额 1607 万元。

有民营商业企业、个体工商户共 6500 家,从业人员 16550 人,三产增加值 51614 万元。

加强城镇建设,配合县政府完成县城东移的基础设施建设和县经济开发区、子牙快速路、十里长街、京沧高速前毕庄出口景观工程、静文路义渡口段改造工作。

发展社会事业,新建农家书屋 6 个,藏书 15000 册;新建体育活动场所 8 个,配备体育器材 80 件套;为社区放映电影 120 场次,观众 3 万人次。第五小学教学楼在新学期开学前投入使用。新型农村合作医疗村街参保率 100%,参保人数占全部人口数 99.89%。

(王 卉)

独流镇

独流镇位于静海县最北部。北依西青区,东接良王庄乡,西靠台头镇,南与静海镇为邻。2009 年,镇域面积 64.4 平方公里,辖 28 个行政村街(19 个自然村)。有居民 1.29 万户 3.63 万人,其中非农业 0.21 万户 0.36 万人。镇政府位于兴业大街西侧,南距县城 10 公里。

该镇因南运河、子牙河、大清河在此汇成一条河流而得名。宋代,曾在此处设独流东寨、独流北寨。明永乐年间移民至此,渐成集镇。地处水陆交通要冲,地理位置非常重要。清咸丰年间,太平天国北伐军曾在这里和清军激战 100 天。光绪二十六年(1900),义和团首领张德成曾在此设"天下第一坛",是义和团运动的重要活动地区。清朝中期,在此设独流地练。1923 年,置独流镇,属静海县第五区。1948 年 12 月,设独流市。1949 年 12 月,改设独流区。1950 年 8 月,改设静海县第三区。1958 年 8 月建东风公社。以上区、市、社、镇均驻地独流。1961 年 5 月建独流公社。1965年3月复置独流镇。2001年8月调整区划,将北肖楼乡和府君庙乡的王家营、苟家营、刘家营、冯家村4村并入独流镇。

2009年,实现地区生产总值7.24亿元,比上年增长15.9%;财政收入完成0.58亿元;农民人均纯收入10100元,比上年纯增924元;工业固定资产投入0.93亿元。

全镇耕地面积4109.59公顷,每一农业人口平均占有0.13公顷。主产玉米、棉花和蔬菜。粮食播种2716.62公顷,产量15631吨;棉花播种334.3公顷,产量410吨。蔬菜种植1711.52公顷,产量122286吨。李家湾子村千亩设施农业示范基地一期工程150个二代节能温室大棚建成投入使用。民主、团结、李家湾子、王庄子等街村相继成立5家由农民法人经营的蔬菜种植、粮食种植、农机服务等专业合作社。全年栽植树木384.86公顷32.5万株。有果园112.72公顷,产水果2215吨。肉类总产4028吨,蛋类总产2214吨,牛奶总产8674吨。实现农、林、牧业总产值29450万元。

该镇以莲花工业集中区和王家营村工业聚集区为依托,引进招商项目10个,协议资金1.16亿元,到位6160万元。以规模以上企业为重点,引导其改进工艺,引进先进生产设备,开发新产品,全年完成技改项目15个。至年底,24个规模以上企业实现总产值80496万元,营业收入74663万元,利润3178万元。

投资320万元,完成全长2公里的老龙湾撤退路大修,镇区新开路、兴业大街两条主干道路面修整以及全长5公里涉及李家湾子、北刘村等2个村街的村级道路修建工程。至年底,镇敬老院楼主体工程竣工;镇文体活动中心完成规划选址、勘测设计、立项申报等工作。计划投资1000余万元的集中供水工程完成项目选址。

有国办中学1所,镇属中学2所。有育英等5所镇属小学和八堡、十一堡2所村办小学。有独流、北肖楼2所卫生院。居民参加合作医疗29978人,占全部人口的95.03%。

(王 卉)

唐官屯镇

唐官屯镇位于静海县最南部。东邻蔡公庄镇,西界河北省青县流河镇,南靠青县马厂镇和陈缺屯乡,北连西翟庄镇和陈官屯镇。2009年,镇域面积113.1平方公里。辖43个行政村街(40个自然村),是全县行政村最多的乡镇。总人口1.70万户4.67万人,其中非农业0.39万户0.63万人。镇政府位于大张屯村南部的京福公路北侧,北距县城26公里。

唐官屯得名始于明朝。明永乐年间,唐世义率移民来此垦官田,初称唐世义屯,后简称唐官屯。辖域位于天津市和静海县的南端,是水陆交通要冲,地理位置非常重要。清朝时,设唐官屯地练,属静海县南路。1923年置唐官屯镇,属静海县第三区。1946年6月“青(县)沧(州)战役”后,属冀中区。1947年,设唐官屯市,属静海县。1949年12月,改设唐官屯区。1950年8月,改为六区,驻地唐官屯。1957年8月,改设唐官屯乡。1958年8月,建钢龙人民公社。1961年5月,改为唐官屯公社。1965年3月,改置唐官屯镇。上述公社和乡镇驻地均在唐官屯。2001年8月调整区划,将原大张屯乡和大郝庄乡并入该镇。此后,唐官屯镇驻地移至原大张屯乡驻地。

2009年,完成地区生产总值5.87亿元,财政收入0.52亿元;农民人均纯收入9769元;全社会固定资产投入2.60亿元。

该镇有耕地5908.09公顷,农业人口人均占有0.15公顷。粮食种植6628.51公顷,产量41552吨;棉花种植200.1公顷,产量330吨。有果园1547.71公顷,产水果2131吨。新植树木72.6万株,年末实有林地4176.09公顷。有奶牛养殖场1个、各类养殖小区18个。肉类总产5675吨,蛋类总产1163吨,牛奶总产2330吨。实现农、林、牧总产值18499万元。

完成招商引资项目8个,协议引进资金3.60亿元,实际到位1.04亿元。有规模以上工业企业19家,固定资产10231万元,从业人员2030人。实现工业总产值51307万元,营业收入54089万元,利润-392万元。

镇政府累计投入1200万元修补乡村公路14公里,改造烧窑盆、大户等5座危桥。累计投资800万元,用于各级活动场所的配备升级及东部地区16个村有线电视进村工程。

累计投入600万元用于教育教学条件改善。有唐官屯、大张屯、大郝庄3所卫生院。居民参加合作医疗36718人,占全部人口的96.46%。

(王 卉)

王口镇

王口镇位于静海县西部,子牙河两岸。北至台头镇,西界河北省文安县滩里乡和德归乡,南连子牙镇,东邻梁头镇。2009年,镇域面积78平方公里。辖24个行政村街(21个自然村)。人口1.04万户3.35万人,其中非农业0.13万户0.23万人。镇政府位于大瓦头村的静文(安)公路北侧,东距县城15公里。

该镇因镇内王口得名。元朝时称文定乡,属顺天府。清初改称王家口,1946年置王口保公所,1947年设王口市,均属大城县。1948年12月改属静海县。1949年12月设王口区,1950年8月设四区,驻地王口。1957年8月建王口乡,1958年8月建旭升公社,1961年改名王口公社,驻地均在王口。1983年7月置王口乡,1988年改置王口镇至今,驻地均在大瓦头。

2009年,完成地区生产总值4.40亿元,固定资产投入1.25亿元,财政收入0.11亿元,农民人均纯收入9950元。

有耕地4589.89公顷,农业人口人均占有0.15公顷。粮食播种3404.63公顷,产量18592吨;棉花播种724.16公顷,产量760吨。投入5225万元,发展林下经济196.77公顷,其中林地食用菌53.36公顷、林地散养畜禽143.41公顷,形成集参观、休闲、采摘为一体的示范园区。为破解小农生产和现代大农业发展的矛盾,先后组建23个农业专业合作社,其中大瓦头农机、广成冬枣、盈利芦笋、秋食用菌、国良菌类种植、凯泰花卉和江林畜牧养殖几个专业合作社,带动农业规模化生产,形成"合作组织+基地+农户"的产业化运作模式。投资1080万元,对静文公路以南、子牙河以西1333.33公顷耕地进行中低产田改造,新打深机井25眼,修建涵洞13个,铺设防渗暗管32公里,架设高压线路10公里,变台25个,道路整修20公里,植树5万株。

王口素有"炒货之乡"之称,至2009年底有大、中型各类炒货企业252家,从业人员8000余人,产品涉及10大系列30多个品种。

协议引资预计8200万元,实际到位4300万元。新上项目11个,完成投入4050万元;技改项目7个,完成投入1950万元。

境内有1所国办中学,1所镇属的王口中学和8所小学。先后投入300余万元,用于改善教学条件、美化校园环境。有卫生院1所。居民参加合作医疗29776人,占全部人口的99.05%。全年合作医疗报销700人次,报销金额186.87万元。有18户纳入低保范畴,28户纳入特困救助范畴。调整五保供养标准,分散供养标准由每人每年2500元提高至每人每年4000元。

(王 卉)

子牙镇

子牙镇位于静海县西南部。东邻梁头镇,西界河北省文安县德归乡和大城县旺村乡,南连沿庄镇,北接王口镇。2009年,镇域面积60.1平方公里。辖16个行政村。人口0.92万户2.85万人,其中非农业0.14万户0.20万人。镇政府驻王二庄,东北距县城19公里。

因原驻地东子牙得名。清朝设子牙地练,属静海县西路。1946年置子牙大乡。1948年12月属静海县第四区。1949年建子牙区。1950年8月改称五区,驻东子牙。1957年8月置子牙乡。1958年8月建卫星公社,驻地东子牙。1961年5月改名子牙公社。1974年公社驻地迁至王二庄。1983年7月复置子牙乡。1989年6月置子牙镇至今。

2009年,实现地区生产总值3.38亿元,全社会固定资产投入1.31亿元,财政收入0.14亿元,农民人均纯收入10748元。

全镇耕地面积3526.56公顷,人均耕地0.13公顷。粮食播种2625.71公顷,总产16353吨。该镇是全县棉花种植面积最大的镇,棉花播种1886.68公顷,总产2460吨。有果园98.65公顷,产水果1911吨。投资100万元,对镇域西部1333.33公顷农业开发项目进行配套设施建设，维修机井3眼、涵洞2座。投资152万元，在子牙村133.33公顷国家级农业开发区内打深机井4眼，架高压线1.7公里，铺机耕路2公里，铺暗管6000米，开挖渠道6000米。投资120万元，完成常家村、宗宝村、大黄庄133.33公顷节水工程建设。养殖业以向市场供应肉类、禽蛋为主。肉类总产460吨，禽蛋总产55吨。农、林、牧业实现总产值9423万元。

工业依托子牙循环经济产业园区，延伸拆解链条，逐步形成以循环经济为主线，以精细深加工为导向，以最终产品为目标的大循环产业。预计完成工业固定资产投入7000万元。协议引资预计1.5亿元，实际到位6000万元。完成工业生产总值1.58亿元，比上年增长26%。引进项目5个，全部落户园区。

投资350万元修建水泥路5条，总长8.5公里。投资1200余万元，铺设上水管道24万米，下水管道1000米，解决8个村安全饮水问题。投资30万元，新建东高庄、西高庄2个健身广场。

投资135万元，完成王二庄小学和镇办中学现代化建设。有卫生院1所。居民参加合作医疗24268人，占全部人口的100%。

（王 卉）

沿庄镇

沿庄镇位于静海县西南部。西界河北省大城县旺村乡，北接子牙镇和梁头镇，南界河北省青县流河镇与大城县南赵扶镇，东邻陈官屯镇。2009年，镇域面积98.7平方公里。辖24个行政村。人口1.11万户3.31万人，其中非农业0.12万户0.19万人。镇政府驻东滩头北侧，东北距县城18公里。

清朝和民国时期，辖域西部地区属大城县，东部地区属静海县。1948年后属静海县十一区。1950年属五区。1957年8月建沿庄乡。1958年8月设沿庄管理区，属卫星公社。1961年5月属子牙公社。1974年3月建沿庄公社。1983年7月17日复置沿庄乡。2001年8月改为沿庄镇。2001年8月调整区划，东滩头乡并入沿庄镇。

2009年，完成地区生产总值3.94亿元，财政收入0.22亿元，全社会固定资产投入1.60亿元，农民人均纯收入10000元。

全镇耕地面积6359.64公顷，农业人口人均占有0.2公顷。主要农作物有小麦、玉米、大豆。粮食播种5370.35公顷，总产35750吨；棉花种植797.47公顷，总产838吨；蔬菜种植209.97公顷，总产7940吨。水果种植以枣、桃、苹果、葡萄为主，产果品1244吨。有林地3871.6公顷，当年造林1161.45公顷。发放粮食补贴646.4万元、农机补贴118万元、林业补贴1520万元。养殖业较发达，新建肉鸡养殖小区1个。至年底，有市、县级养殖小区9个。肉类产量4064吨，蛋类产量513吨。全镇农、林、牧业总产值16454万元。

有规模以上工业企业13家，从业人员2938人，实现总产值52265万元，营业收入61813万元，利润总额269万元。招商引资到位资金5000万元，比上年增长14%。

新修大修乡村公路18.8公里，改造桥梁4座。完善农村安全饮水工程，24个村全部实现集中供水。

投入260万元，用于学校教学设备购置、校舍维修、校园绿化、教师培训，教育环境有所改善，教学水平得到提高。13个村文化书屋和5个村健身场所建设完成；东禅房村农民活动中心竣工投入使用。

有沿庄和东滩头两所卫生院。居民参加合作医疗28265人，占总人口95%。新增养老保险参保1321人，农民养老保险参保4000余人。为47人申办五保供养，为830名特困、低保和五保人员办理医疗保险。至年底，享受特困、低保、五保待遇人员1000人，为困难家庭发放政策优抚金280万元，政府帮扶困难户款物合计30余万元。

（王 卉）

台头镇

台头镇位于静海县西北隅。北界河北省霸州市辛章镇，西界河北省文安县滩里乡，南邻王口镇和梁头镇，东连独流镇。2009年，镇域面积56.6平方公里。辖18个行政村（12个自然村）。有居民0.81万户2.45万人，其中非农业738户1214人。镇政府驻台头村，东南距县城16公里。

该镇因驻地台头得名。清朝和民国时期均属大城县。1948年12月，建台(头)黄(岔)市，改属静海县。1949年12月，设台黄区。1950年8月，属静海县四区。1957年8月，建台头乡。1958年8月，置台头管理区，属旭升公社。1983年7月，建台头乡。1989年6月，置台头镇。2001年8月，调整区划，将二堡乡并入台头镇。

2009年，完成地区生产总值3.55亿元，财政收入0.11亿元，工业固定资产投入0.50亿元，农民人均纯收入9600元。

全镇有耕地3790.83公顷，农业人口人均占有0.16公顷。粮食播种3203.67公顷，产量20728吨；棉花种植440.35公顷，总产553吨。新植树木333.5公顷，森林覆盖率43.5%。新发展食用菌种植面积20公顷，建菌棒厂2家，生产能力100万棒。至年底，林下立体循环农业面积103.39公顷，其中食用菌53.36公顷、林下养殖50.03公顷。

西瓜、西甜瓜是该镇特色农产品。引进西甜瓜新品种5个，试种成功并进行推广。果用瓜种植335.9公顷，产量17949吨。完成台头西瓜地理标志申报工作，投资175万元改扩建西瓜蔬菜市场。成立民生西瓜合作社，西瓜生产更加专业化。

有专业合作社17家，其中西瓜蔬菜种植业6家、林地经济5家、养殖业3家、林果种植业1家、林木管理1家、农机1家。农、林、牧、渔总产值16837万元。

以三堡工业园区为载体，签订协议项目11个，总投资1.32亿元。其中，投产项目5个，在建项目3个，储备准备建设项目3个。在建项目百润科技有限公司一期建设完成并投产，6个月完成税收500余万元。

投资230万元，完成和平围堤路、台头中心街、三堡路、四堡路5.5公里翻修工作。投资100万元，完成10个村集中供水一期工程，建水厂1座。投资58万元，铺下水管道1582米。投资140万元，完成三堡村生态村创建工作。其中，硬化村内道路3公里，安装路灯40套，完成饮水管网入户8.4公里，安装太阳能热水器60户，环村林建设植树5000株，清理柴草200余堆，清运垃圾2000立方米。投资29万元，完成坝台、新力、胜利3个村有线电视入户工程。

新建10个农家书屋；申报大六分村为天津市民间文化特色村；完成镇文化活动中心选址等初步筹备工作。对3所小学房屋加固；台头中学重新装修教学楼，装备电教设施，至此全镇学校均为楼房。

有台头、二堡2所卫生院。居民参加合作医疗21553人，占全部人口的96.65%。全年报销医药费650人次220万元(不包括网络报销)。落实农村低保户24户、五保户8户，取消低保户3户、五保户5户，申报医疗救助25户，解决医疗救助款4万余元。

——（王 卉）

大邱庄镇

大邱庄镇位于静海县东南部。东接团泊镇，西连西翟庄镇，南至蔡公庄镇，北邻大丰堆镇。2009年，镇域面积40.5平方公里，是全县面积最小的乡镇。辖7个行政村街(4个自然村)。人口0.59万户1.78万人，其中非农业0.12万户0.27万人。镇政府驻大邱庄，西北距县城18公里。

大邱庄于明朝永乐二年(1404)建村，因多为“邱”姓移民，故起名邱家庄，后改称大邱庄。该镇历史上一直隶属蔡公庄，1993年11月18日撤村建镇。建镇之初，下辖万全、尧舜、津美、津海4街。2003年9月25日，将原蔡公庄镇所辖的大屯、满井子、王虎庄3村划归大邱庄镇。

2009年，完成地区生产总值54.85亿元，社会固定资产投入15亿元。钢材产量1208万吨，比上年增长26.5%。财政收入42.36亿元，农民人均纯收入11580元。

有耕地1427.38公顷，农业人口人均占有0.09公顷。粮食播种753.11公顷，总产3896吨；棉花播种733.7公顷，总产893吨。有林地764.52公顷，当年造林35.35公顷。总产猪肉188吨，禽肉1275吨。农、林、牧业总产值实现3883万元，增加值2169万元。粮食补贴777.26公顷，粮补金额85万元。

有规模以上工业企业97家，从业人员19813人。实现总产值442.07亿元，营业收入448.03亿元，利润5.75亿元。开工建设86个项目，其中工业项目50个，累计投资13亿元。已投产45个，在建的5个。

清源污水处理厂运行良好，处理污水238万吨。年内投资800万元，实施百亿道雨季应急排水工程，解决雨季企业内涝问题；投资500万元，采取微生物方法，对镇区生活污水进行治理，达到国家二级排放标准，解决镇区生活污水黑臭问题；投资165万元，对文化广场南侧臭水沟彻底治理。建立环境巡查制度，定期检查排污企业，有效控制新污染源产生。

有小学6所，九年一贯制学校2所，义务教育初中校1所，幼儿园9所。人口平均受教育程度9年。有镇卫生院1所、尧舜医院1所。居民全部参加合作医疗。

（王　卉）

团泊镇

团泊镇位于静海县东部。北隔独流减河和西青区王稳庄镇、大港区中塘镇交界，东依大港油田生活基地，西邻蔡公庄镇，南靠大港区小王庄镇。2009年，镇域面积61平方公里。辖15个行政村。人口0.53万户1.65万人，其中非农业654户1315人。镇政府驻团泊村南侧，西距县城20公里。

因驻地团泊得名。清朝属静海县东路大泊地练。1945年置团泊保公所。1948年12月属天津县马圈区。1949年划归静海县。1950年8月属静海县八区。1957年8月属赵连庄乡。1958年8月建团泊洼公社，驻地洋闸。1961年5月改建团泊公社。1983年7月置团泊乡。1999年12月改为团泊镇。2001年8月调整区划，将胡连庄乡并入团泊镇。

2009年，完成地区生产总值2.01亿元，财政收入0.56亿元，固定资产投入2.40亿元，农民人均纯收入9874元。

全镇耕地面积1845.59公顷，人均耕地0.12公顷。粮食种植998.7公顷，总产4943吨；棉花种植941.87公顷，总产956吨。对农民粮食补贴102.3万元，粮种补贴54690元。果园329.03公顷，产水果363吨，其中产枣350吨。肉类产量4805吨，蛋类产量100吨，牛奶产量1185吨。水产养殖业发达。养殖面积1286.51公顷，水产品总产13275吨。形成南美白对虾养殖区、商品鱼养殖区和鱼虾套养养殖区的区域布局，品种增加到鲫鱼、鲤鱼、鲢鱼、鳙鱼、草鱼、南美白对虾等10余个，水产品产值16667万元。全镇农、林、牧、渔总产值25945万元。

工业主导产业为金属丝绳、金属制品和金属轧延业，有此类企业80余家。全镇规模以上企业17家，从业人员2928人，实现总产值193688万元，营业收入175924万元，利润总额927万元。

投资480万元，新修团泊示范镇镇区、孟家房子、邢家堼、吴家堡等村乡村公路8公里。

有团泊和胡连庄2所镇属中学，有团泊、吴家堡、胡连庄、五美城4所小学。投资100余万元对团泊中学、吴家堡小学、五美城中心小学进行改造。有团泊、胡连庄2所卫生院。居民合作医疗参合率100%。全年为村民报销医药费111万元，门诊报销金额6.7万元。至年底，居民养老保险参保875人，参保比例20.1%。全镇享有定期定量补助的优抚对象102户、农村低保户78户、农村特困户26户、农村五保户32户、城镇低保和特困户9户，其他社会救济对象130户，发放各类定量补助和救济款物总价值55万元。

（王　卉）

大丰堆镇

大丰堆镇位于静海县中部偏东。北至杨成庄乡，西邻双塘镇，南接西翟庄镇，东连团泊镇。2009年，镇域面积70.6平方公里。辖20个行政村。人口0.65万户1.91万人，其中非农业906户1472人。乡政府驻大丰堆北侧，西北距县城9公里。

因驻地大丰堆得名。清朝属静海县南路高家庄地练。1946年置大丰堆乡，属一区。1948年12月属砖垛区。1950年8月属二区。1956年属八区。1957年8月建大丰堆乡。1958年8月属红旗公社。1961年5月建大丰堆公社。1983年7月置大丰堆乡。2001年3月16日改为大丰堆镇。

2009年,完成地区生产总值1.46亿元,财政收入0.68亿元,全社会固定资产投入2.23亿元,农民人均纯收入10429元。

全镇耕地面积2177.82公顷,农业人口人均占有0.13公顷。主产小麦、玉米、大豆等。粮食播种1605.8公顷,总产9029吨;棉花种植541.67公顷,总产718吨。新增造林绿化面积248.12公顷35万株,森林覆盖率30%;尝试林下种植3.34公顷。新建肉鸡养殖示范基地1处。全镇肉类总产5097吨,蛋类总产80吨。水产养殖业较发达。有淡水养殖面积333.72公顷,水产品总产2190吨。全镇农、林、牧、渔业总产值11972万元,增加值5685万元。

新上工业项目12个,涉及机械配件、无缝钢管等产品,均已投产。投资9650万元,完成技改项目10个。完成工业总产值46600万元,比上年增长29.5%;销售收入45亿元,增长35.5%;利润总额1亿元,增长23.2%。招商引资新上12个项目,引进固定资产投资13940万元全部到位。

调整第三产业发展格局,以新建静王路、镇工业园区为主要地区,发展与钢铁产业相配套的商贸物流等现代服务业,改造提升餐饮、百货等传统服务业,实现服务业快速发展。三产增加值1.1亿元,比上年增长19.6%。

投资1100余万元,建集中供水厂2座,铺设上水管道23676米,解决20个村安全饮水问题。投资618.14万元,修建道路9条,总长14819米;投资150万元,改建齐庄子、大丰堆、前树危桥3座,改善交通运输条件。

投资1800万元,兴建大丰堆小学和镇中学,11所中小学校舍全部楼房化。有卫生院1所。卫生院工作继续向社区医疗保健方向转型。为2281名60岁以上老人进行义务健康检查并建立档案,实行跟踪;为1558名30岁以上妇女进行义务检查;先后深入基层30人次,对婴幼儿进行手足口病检查;建成高小王、后明两个社区卫生服务站。居民参加合作医疗15637人,占全镇人口的98.15%。

(王 卉)

蔡公庄镇

蔡公庄镇位于静海县东南部。北接大邱庄镇和团泊镇,西连西翟庄镇和唐官屯镇,南至中旺镇,东邻团泊镇。2009年,镇域面积75.4平方公里。辖18个行政村。人口0.75万户2.25万人,其中非农业813户1316人。镇政府驻蔡公庄,西北距县城21公里。

因驻地蔡公庄得名。清朝属土河地练。1945年置蔡公庄保公所,属静海县二区土河大乡。1948年12月属天津县湾头区。1949年划归静海县。1950年8月设八区,驻蔡公庄。1957年8月建蔡公庄乡。1958年8月设蔡公庄管理区,属团泊洼公社。1983年7月复置蔡公庄乡。1995年12月25日,蔡公庄乡改为镇。

2009年,完成地区生产总值3.05亿元,财政收入0.51亿元,固定资产投入4.30亿元,农民人均纯收入10330元。

全镇耕地面积2905.25公顷,农业人口人均占有0.14公顷。主要种植玉米、棉花、大豆、薯类等作物和蔬菜。总产粮食10751吨,棉花1220吨,蔬菜2682吨。完成6个农业专业合作社注册登记,至年底有合作社7个。果园396.87公顷,水果以枣、苹果、梨和葡萄为主,果类总产3049吨。新植树木246.79公顷30万株,森林覆盖率33%。肉类总产2303吨,蛋类产量163吨。农、林、牧业总产值8701万元,增加值3951万元。

工业以黑色金属轧延、金属制造、乐器制造为主。有规模以上企业32家,从业人员3567人。实现总产值19.10亿元,营业收入18.38亿元,利润总额4300万元。

投入4000余万元用于新农村建设。对镇域做整体规划,确定5个中心村;四党口中村、四党口东村联合建成天津市唯一一座秸秆沼气站。新建住宅楼10栋,累计42栋,建筑面积16万平方米。新建、维修乡村公路15.2公里,对部分村胡同、街道进行硬化。

有国办中学1所,镇属中学2所。小学9所,其中镇属小学6所、村办小学3所。有卫生院1所。新建8个村农家书屋和朱家房子村卫生服务站。居民合作医疗参合率100%。

（王　卉）

西翟庄镇

西翟庄镇位于静海县东南部。北接大丰堆镇，西连陈官屯镇，南至唐官屯镇，东邻蔡公庄镇和大邱庄镇。2009年，镇域面积85.4平方公里。辖18个行政村。人口0.71万户2.03万人，其中非农业911户1367人。镇政府驻西翟庄南侧，西北距县城20公里。

因驻地西翟庄得名。清朝属静海县东路顺民屯地练。1946年置西翟庄保公所，属二区土河大乡。1948年12月属天津县湾头区。1949年划归静海县。1950年8月属八区。1957年8月建西翟庄乡。1958年8月设西翟庄管理区，属钢龙公社。1961年5月建西翟庄公社。1983年复置西翟庄乡。2001年8月改为西翟庄镇。

2009年，完成地区生产总值2.28亿元，财政收入0.24亿元，固定资产投入1.57亿元，农民人均纯收入9937元。

有耕地3370.08公顷，农业人口人均占有0.18公顷。粮食播种2524.66公顷，总产10991吨。棉花种植1012.24公顷，总产1495吨。小枣产业为该镇特色产业。新嫁接新品种小枣20公顷，接穗33000个。小枣产量3000吨。养殖业发达。新建肉鸡养殖小区1个，新建肉鸡大棚27个，肉鸡饲养400万只。肉类总产2643吨，牛奶产量4400吨。全镇农、林、牧业总产值9520万元。

有规模以上工业企业11家，从业人员1086人，完成总产值15.99亿元，营业收入14.65亿元，利润总额269万元。协议引进内资1.30亿元，实际到位6600万元。建成、在建、协议项目13个，均在千万元以上，其中超5000万元项目2个。

以镇区和顺民屯中心路为重点，大修、改造公路5公里。新建小区住宅1.6万平方米。镇供水站建成，解决10个村集中供水问题；尚码头供水站在建。

西翟庄镇中学和尚码头学校分别投资70万元、100万元，用于操场整修、旱厕改造、教学设备及体育器材购置。建成镇中心幼儿园和镇文化活动中心，完成东尚码头、安庄子等7个村文体活动场所建设。

（王　卉）

双塘镇

双塘镇位于静海县中部。北接静海镇，西连梁头镇，南邻陈官屯镇，东至大丰堆镇。2009年，镇域面积44.1平方公里。辖10个行政村。人口0.50万户1.39万人，其中非农业805户1246人。镇政府驻东双塘村，北距县城7公里。

因驻地双塘得名。清朝置东双塘地练，属静海县南路。1946年置东双塘保公所，属静海县一区。1948年12月属七区。1950年8月改属一区。1957年8月属八里庄乡。1958年8月置东双塘管理区，属红旗公社。1961年5月建东双塘公社。1983年7月置东双塘乡。2000年12月改为双塘镇。

2009年，完成地区生产总值5亿元，财政收入0.23亿元，固定资产投入2.74亿元，农民人均纯收入9790元。

全镇耕地面积2191.3公顷，农业人口人均占有0.17公顷。主要种植小麦、玉米、棉花、大豆等农作物。粮食播种2066.3公顷，总产13441吨。发放粮食补贴230万元。投资3814万元，建设西双塘设施循环农业及原生态林圃示范区，投资870万元建温室大棚3个。新建天津鲜美蔬菜种植专业合作社、西双塘农机专业合作社、西双塘农业旅游专业合作社。畜牧养殖业发达。生猪、奶牛、肉鸡饲养量分别为16808头、6230头、286.29万只。全镇农、林、牧业总产值15966万元。

园区经济成为引领全镇经济发展龙头。五金制品工业园区建设，投入2100万元，修路4.5公里，铺设污水管网6公里，打机井3眼，建燃气供应站、污水处理站各1座，架设高压线路9.5公里，基本实现水、电、路等“五通一平”建设标准。新引进项目19个，协议引资28亿元，实际到位2.1亿元。至年底，园区企业总数50家。西双塘循环经济示范园区建设，至年底完成项目规划、设计等前期工作；与天津枫林湾投资发展有限公司、天津华纳国际投资开发有限公司等7家单位签署开发建设协议，协议引资41.9亿元，涉及国家级老年养生乐园、循环农业植物园、生态休闲度假村、高级娱乐场所等，生态民俗旅游度假村项目开工建设。

新农村建设投入700万元，完成静双路地上物拆迁、补偿及土方运输，修建村内公路3公里；静陈路、崔杨路完成地上物清理并开始土方工程。投资1400万元的镇区“古式一条街”年内竣工，沿街绿化、美化等配套工程在进行中。投资1100万元，完成西双塘村集中供热工程；建筑面积9600平方米的东双塘村村民住宅楼主体工程完成；八里庄村、增福堂村住宅楼建设处在前期准备阶段。

全镇计划生育率98.1%，孕检率99%，长效节育率91.9%，堕胎率为零。参加新型农村合作医疗11450人，参加农民个人养老保险810人。镇文化体育活动中心，占地3300平方米，年底动工建设。

（王　卉）

陈官屯镇

陈官屯镇位于静海县中南部。北接双塘镇，西连沿庄镇，南至唐官屯镇，东邻西翟庄镇。2009年，镇域面积92.5平方公里。辖24个行政村（22个自然村）。有居民1.07万户3.14万人，其中非农业0.13万户0.20万人。镇政府驻陈官屯村，北距县城12.5公里。

因驻地陈官屯故名。清朝置陈官屯地练，属静海县南路。1949年12月置陈官屯区。1952年10月改称九区，1957年8月建陈官屯乡，均驻地陈官屯。1958年8月建陈官屯管理区，属钢龙公社。1961年5月建陈官屯公社。1983年7月复置陈官屯乡。1988年8月置陈官屯镇至今。

2009年，完成地区生产总值3.96亿元，财政收入0.27亿元，工业固定资产投入0.75亿元，农民人均纯收入9700元。

有耕地4686.32公顷，农业人口人均占有0.16公顷。粮食播种4769.92公顷，产量25345吨；棉花种植479.24公顷，产量476吨；蔬菜种植800.4公顷，产量39674吨。新建五代温室20公顷，至年底设施农业园总面积66.7公顷，所种蔬菜品种从单一的黄瓜发展到10多个品种。西钓台村蔬菜专业种植合作社的产、销、资金、技术等服务功能得到发挥。新植树木533.6公顷48万株，采伐木材107立方米。肉类产量4154吨；蛋类产量619吨；牛奶产量10320吨。农、林、牧业总产值19284万元。

规模以上工业企业6家，从业人员822人。实现现价产值59790万元，营业收入61129万元，利润1876万元。招商引资新上项目10个，技改项目9个，总投入7450万元，吸引内资实际到位5400万元。

投入740万元，对三街、张官屯等6个村街8公里路面进行硬化；对吕官屯南运河桥、北长屯争光渠桥等5座桥梁大修；对5个村上下水进行改造。投资130余万元，完成西钓台村生活污水处理工程。

投资280万元，对中小学教学楼进行加固，改善办学条件。成立陈官屯镇书画协会；新建8个村民健身广场。有1所卫生院。居民参加合作医疗26910人，占全部人口的95%。

（王　卉）

梁头镇

梁头镇位于静海县西部。北连独流镇和台头镇，西接王口镇和子牙镇，东邻静海镇和双塘镇，南至沿庄镇。2009年，镇域面积96.7平方公里。辖22个行政村。有居民0.83万户2.41万人，其中非农业0.11万户0.19万人。人口密度为每平方公里249人，是全县人口密度最小的乡镇。镇政府驻梁头南侧，东距县城5.5公里。

因驻地梁头得名。清朝置梁头地练。1946年置梁头保公所。1948年12月设静海县四区，驻梁头。1957年8月建梁头乡。1958年8月设梁头管理区，属红旗公社。1961年5月建梁头公社。1983年7月复置梁头乡。1997年3月10日改为梁头镇。

2009年，完成地区生产总值4.33亿元，财政收入0.25亿元，固定资产投入1.70亿元，农民人均纯收入9989元。

全镇耕地面积5463.53顷，农业人口人均占有0.25公顷，是全县人均耕地最多的乡镇。粮食作物以大豆、玉米为主，总产粮食22908吨。无公害蔬菜种植266.8公顷，总产11700吨。果用瓜种植156.41公顷，总产

4300吨。该镇是静海县主要产棉区。棉花种植1546.11公顷，总产1738吨。果园650.12公顷，产水果608吨。肉类产量1758吨，牛奶产量4550吨。农、林、牧业总产值16863万元，增加值7951万元。

工业以有色金属轧延、黑色金属轧延、金属制造和针织为主导产业。四大产业在全镇经济中占85%。规模以上企业13家，从业人员930人。实现总产值34148万元，营业收入37617万元，利润总额247万元。招商引资完成投资项目18个，固定资产投入1.2亿元，比上年增长37.8%；招商引资5300万元，增长56.8%。台湾客商投资1.5亿元的天津旭峰运动器材项目年内开工建设。

新修梁南路5.16公里，修南柳木、孙庄子、东河头环村路9公里。东河头村创建为生态村。至年底南柳木、罗塘2个集中供水场建成，上水改造进村工程在全镇进行。

有梁头和王庄子2所镇属中学。有11所小学，其中镇属小学4所、村办小学7所。成人教育网络不断健全，培训农村各类人才4000余人次。有1所卫生院。居民参加合作医疗19944人，占全镇人口95.47%。居民参加农民养老保险1904人，占全部人口7.9%。

（王　卉）

中旺镇

中旺镇位于静海县东南隅。西界河北省青县陈缺屯乡，南至青县金牛镇和黄骅市齐家务乡，东邻大港区小王庄镇，北隔马厂减河靠唐官屯镇和蔡公庄镇。2009年，镇域面积118.4平方公里，是静海县面积最大的镇。辖29个行政村。人口1.21万户3.47万人，其中非农业0.15万户0.23万人。镇政府驻中旺，西北距县城38.5公里。

该镇因驻地中旺得名。清朝置中旺地练，属静海县东路。1945年5月属津南县。1949年3月划归静海县。1950年8月设七区，驻中旺。1957年8月建中旺乡。1958年8月设中旺管理区，属团泊洼公社。1961年5月改设中旺公社。1983年7月置中旺乡。1988年3月置中旺镇。2001年8月调整区划，将大庄子乡并入中旺镇。

2009年，完成地区生产总值5.35亿元，财政收入0.18亿元，固定资产投入2.64亿元，农民人均纯收入9960元。

全镇耕地面积1427.38公顷，农业人口人均占有0.18公顷。主产粮食、水果。粮食播种6910.65公顷，产量41181吨。水果以枣为主，有果园693.21公顷，产水果935吨，其中产枣680吨。有林地3272.37公顷，当年造林140.4公顷。粮食补贴769.6万元，良种补贴71.2万元，农机具补贴60余万元。投资40万元对北小屯和十槐村2个扬水站大修；投资260万元完成曾家河、蔡庄子、清河3个村233.45公顷节水工程。

天津滨港铸造工业区起步区基础设施建设和土地平整工作完成。招商引资协议额2.60亿元，实现工业固定资产投入2.07亿元，新上项目6个，其中投资5000万元以上的4个。宝嘉钢结构、南洋联合家化、景盛工贸、兴旺崇正建材4个项目开工建设。

投资300万元，对罗庄子、团瓢、李高庄、谢高庄等村8公里乡村公路大修，解决村民出行难问题。投入300余万元，新建市场路、文昌家园路、洱河桥等镇区基础设施，配合有关部门完成港中快速路建设工程，改善通往滨海新区交通条件。投入100万元，对镇中心街集中改造治理，安装路灯80余盏。投资1000万元完成中旺大酒店建设。投资4000万元完成文昌家园住宅小区项目，业主顺利入住。先后投入818万元，完成王官庄、赵齐庄、团瓢、蔡庄子等15个村低压改造工程；投入2695万元完成南旺11万伏变电站出线和中旺3.5万伏变电站改扩建工程。

筹措资金500余万元，对镇中学、大庄子中学、大庄子小学3所学校校舍进行改造和加固维修。投资10万元，对小中旺、蔡庄子2个村社区卫生服务站维修扩建，对5000名60岁以上老人进行健康普查并建立健康档案。镇、村两级投入130余万元，改扩建、维修配套村级活动场所18个，为29个村全部配备远程教育设备。投资30余万元，建成班高庄、曾家河等15个村农家书屋。投资35万元，建成赵齐庄、小齐庄等7个村文化广场。举办中旺籍书画名人作品展。

新型农村合作医疗参合率97.26%，为2900余人次报销，报销药费累计520万元。扶贫帮困和低保供养工作实现动态管理，完成全部低保户、特困户、五保户医疗救助卡制卡工作，发放低保资金17.6万元，救济款物7万余元，做到老有所养，病有所医。

（王　卉）

良王庄乡

良王庄乡位于静海县东北部。北隔独流减河与西青区辛口镇和张家窝镇交界，西连独流镇，南接静海镇，东邻杨成庄乡。2009年，乡域面积53.3平方公里。辖18个行政村。人口0.68万户1.86万人，其中非农业966户1501人。乡政府驻良王庄南侧，西南距县城12公里。

因驻地良王庄得名。清朝置良王庄地练，属静海县北路。1946年置良王庄大乡。1948年12月属静海县六区。1949年12月设良王庄区。1950年8月属三区。1957年8月置良王庄乡。1958年建良王庄管理区，属东风公社。1961年5月建良王庄公社。1983年12月复置良王庄乡。2001年8月调整区划，将府君庙乡的王家院、李家院、府君庙、十一堡、普提洼、白杨树6个村并入良王庄乡。

2009年，完成地区生产总值3.46亿元，财政收入0.17亿元，全社会固定资产投入1.10亿元，农民人均纯收入9870元。

全乡耕地面积2502.92公顷，农业人口人均占有0.15公顷。主要粮食作物有小麦、玉米、大豆。粮食播种1493.75公顷，总产8517吨；棉花种植566.88公顷，总产626吨。建新型节能温室大棚83个40.02公顷。蔬菜种植1019.51公顷，产量56245吨。有果园451.89公顷，产果品3016吨。以沿路、沿线、环村林和田间片林为重点，植树84.64公顷14万株，成活率91%。肉类产量1019吨，蛋类产量463吨，牛奶产量5980吨。有淡水养殖面积150.74公顷，水产品总产976吨。全乡农、林、牧、渔业总产值15383万元。

有规模以上工业企业9家，从业人员614人，实现总产值15104万元，营业收入15760万元，利润312万元。协议吸引内资1.05亿元，实际利用5765万元。

建筑面积3200平方米的明德学校教学楼投入使用。有良王庄和府君庙2所镇办中学，有四小屯等4所镇属小学以及白杨树等6所村办小学。有良王庄和府君庙2所卫生院。居民参加合作医疗16176人，占全部人口的97.51%。

（王　卉）

杨成庄乡

杨成庄乡位于静海县东部。北隔独流减河与西青区精武镇交界，东邻团泊镇，南接大丰堆镇，西连静海镇和良王庄乡。2009年，乡域面积68.9平方公里。辖13个行政村。人口0.83万户2.40万人，其中非农业0.12万户0.21万人。乡政府驻杨成庄西侧，西距县城12公里。

因驻地杨成庄得名。清朝属静海县东路双窑地练。1945年属一区砖垛大乡。1948年12月属天津县砖垛区。1949年划归静海县。1950年8月属二区。1957年8月属管铺头乡。1958年8月属团泊洼公社。1961年5月建管铺头公社。1983年7月置管铺头乡。1984年6月28日更名杨成庄乡至今。

2009年，完成地区生产总值4.06亿元，财政收入0.60亿元，固定资产投入16020亿元，农民人均纯收入9910元。

全乡耕地面积844.42公顷，人均耕地0.13公顷。主要农作物有小麦、玉米、棉花。粮食作物播种2713.36公顷，产量15906吨；棉花播种858.83公顷，总产1084吨。发放粮食补贴298万元、粮种补贴22万元。新植树木22.21公顷31084株，年末林地面积1385.96公顷。养殖业发达。新建蓄发肉鸡孵化场1个，年孵化400万只，实现全乡肉鸡自产自销。肉类总产5245吨，蛋类总产1262吨，牛奶总产22100吨。有淡水养殖面积162.48公顷，水产品总产2534吨。全乡农、林、牧、渔业总产值20339万元，增加值8910万元。

有规模以上工业企业27家，从业人员1509人，实现总产值77285万元，营业收入85189万元，利润总额1952万元。乡北洋工业园投资200余万元用于基础设施建设，新入驻企业4家，累计36家，完成税收2760万元，占全乡税收的46%。引进项目8个，到位资金8700万元，总投资1.1亿元的泰斯特仪器项目落户北洋工业园。

新修董庄窠村进村柏油路2.5公里。投资3000万元的瑞祥家园商品楼二期工程竣工交付使用；瑞祥家园商品楼三期、乡政府所在地一条街的改造工程，年内启动。

协调争取资金408万元，加固维修5所学校，完成2所学校现代化达标建设。有杨成庄1所镇属中学，有管铺头、董庄窠、双窑、杨成庄4所镇属小学及砖垛、阎家冢、梅厂、宫家屯4所村办小学。有卫生院1所。居民全部参加合作医疗；养老保险参保比率18.6%。

该镇管铺头村建有全县唯一一座天主教堂。

（王　卉）

蓟　　县

概　述

蓟县位于天津市最北部,是天津市唯一的山区县，被誉为“天津市后花园”。地理坐标为北纬39°45′~40°15′,东经117°05′~117°47′,地势北高南低,属暖温带半湿润大陆性季风型气候,四季分明。2009年，县域面积1590.2平方公里，耕地面积5.394万公顷,辖渔阳、上仓、邦均、下营、马伸桥、别山、罗庄子、出头岭、五百户、侯家营、下窝头、桑梓、尤古庄、杨津庄、下仓、官庄、洇溜、东施古、白涧、西龙虎峪20个镇,穿芳峪、礼明庄、东二营、东赵各庄、许家台、孙各庄满族6个乡、文昌街1个街道办事处,共949个行政村。年末户籍人口83.55万,有汉、满、蒙古、回、壮等民族。县城位于县境中部、府君山脚下,是全县政治、经济、文化中心。

蓟县是天津市历史文化名城，有县级以上文物保护单位37处、国家重点文物保护单位2处,被联合国专家组评为“千年古县”。蓟县是华北地区重要的旅游度假休闲胜地，名胜古迹、旅游景点众多,有国家重点文物保护单位独乐寺、千像寺石刻造像群,国家首批5A级景区盘山,列入世界文化遗产的4A级景区黄崖关长城等。蓟县是全国首批生态环境建设示范县和全国环保模范城区，生态环境得天独厚,林木覆盖率42.6%,山区达70%,是京津的“绿色屏障”。

2009年，实现生产总值176.3亿元,比上年增长26%;三级财政收入23.3亿元，增长21.5%，其中县级收入13.6亿元,增长41.3%;全社会固定资产投资150.5亿元,增长49.8%;城镇居民人均可支配收入16406元,增长17%;农村居民人均纯收入9965元,增长10.4%。单位生产总值能耗下降5.2%，二氧化硫排放量、化学需氧量分别下降35.1%和1.1%。减排工作提前完成“十一五”目标任务。

广泛开展“保增长、渡难关、上水平”活动,制定促进经济发展和优化环境两个10项措施,精简审批事项116项,压缩审批时限30%以上,取消行政事业性收费23项。成立35个工作组,深入企业和重点项目,解决实际问题145件,协调资金15.4亿元,促进企业走出困境、企稳回升。

狠抓大项目好项目,为经济增长提供有力支撑。四批市级区县重大项目和新推出的“四个十”重点项目(加快产业发展十个重点项目、加快落地开工十个重点节点项目、加快基础设施建设十个重点项目、提升人民生活质量十个重点项目)进展顺利。开工重点项目150个,完成投资93.5亿元。签约亿元以上项目15个,投资规模440亿元。利用内资70亿元、外资8000万美元,分别增长66.7%和32.7%。

积极创新投融资机制,为经济建设提供资金保障。组建广成投资集团，资产规模超过50亿元,融资规模突破20亿元。成立金融服务办公室,新建中小企业担保服务中心，引入典当行、拍卖行。哈尔滨银行进驻,发放支农贷款1.1亿元。银政合作深入开展,金融环境不断优化。深化与非银行金融机构合作，引入大通资本、西部控股等大型投资集团，融资渠道进一步拓宽。

发挥旅游龙头作用，现代服务业加快提升。盘龙谷文化城建设全面推进，恒大金碧一期加快建设，超五星级酒店和6个中心（健康中心、娱乐中心、饮食中心、商业中心、会议中心、运动中心）基本建成；盘山体育公园、国际文化教育产业学院、北少林寺等项目开工建设；与社保基金会、平安保险公司达成共建老年文化产业园战略合作。大盘山地区投资规模突破600亿元。乡村旅游进一步规范，市级旅游特色村发展到81个。成功举办渔阳金秋旅游节、金融高层论坛、长城国际马拉松大赛、首届梨园情旅游文化节等活动。接待游客731万人次，综合收入29.5亿元，分别增长15.4%和26.1%。商贸流通更加活跃，社会消费品零售额57.6亿元，增长20%。房地产业快速回升，商品房销售面积增长两倍以上。服务业增加值增长29.5%，拉动全县经济增长15.5个百分点。

抓好工业园区建设，加快培育特色工业。天津专用汽车产业园、上仓酒业及绿色食品加工区纳入市级示范工业园区，总体规划、产业规划通过审定，起步区基础设施全面开工。扫地王一期、庞大汽贸一期、澳宏制冷剂项目如期竣工，新津酒、一阳磁性材料、金鹏PVC型材等项目签约或开工。实施技改扩建项目280个，完成投资22亿元。规模以上工业增加值增长30%以上。

扩大设施农业规模，现代农业体系加快形成。上仓、侯家营两个现代农业园列入市级示范园。津蓟高速公路设施农业带、仓桑路设施瓜菜带、环湖设施食用菌和酒用鲜食葡萄带建设加快。新发展设施农业1666.67公顷，总面积达7333.33公顷。加大农业招商力度，引进怡欣源、翠屏湖生态园等项目。中智示范农场南美风情园、世纪丰优质种猪产业园基本建成。新建、扩建标准化养殖小区17个，畜牧业实现恢复性增长。无公害蔬菜二次认证2866.67公顷，新认证农产品商标22个。规模以上龙头企业达101家，专业合作组织171家。

县城总体设计实现提升。县城和4个中心镇控制性详规、大盘山总体规划、下营特色小镇规划加快编制，旅游全方位策划全面展开，于桥水库保护发展规划形成初步方案，10个乡镇总体规划得到完善，果香峪、西井峪历史文化名村保护规划编制完成。编制各类规划27项，统筹城乡的规划体系逐步形成。

基础设施建设全面加快。完成京秦高速、塘承高速前期准备工作。开通津蓟高速上仓、田家峪出口。盘山大道开工建设，盘山南路西段竣工。商贸东街通车，五十八间路工程启动。拓宽改造京哈路、天台山路、淋平路、一线穿路等7条公路，完成下仓铁路道口立交工程。大修乡村公路280公里，创历史最高水平。蓟县客运枢纽站建成。新建、改建市政管网33公里。兴建电力设施12项，八里铺220千伏输变电工程投入运行。蓟州体育馆开工建设，地质博物馆、州河公园对外开放。新增城区绿化139万平方米，绿地率42.8%，国家园林县城创建成果更加巩固。

城乡环境得到改观。实施城乡环境三年整治规划，加强城区、景区、农村环境治理，环卫作业水平明显提高，城市管理和综合执法工作在全市考核中名列前茅。彻底治理58家白灰窑，非法采矿采砂得到遏制，超限超载治理成效明显。新增造林1333.33公顷，全县林木覆盖率45.9%。新增并网供热面积65万平方米。污染减排任务全面完成，生态环境更加优化。

新农村建设扎实推进。官庄、许家台新农村一期工程基本建成，玉石庄村试点工程开工，渔阳镇滨河新区还迁楼一期交付使用。创建市级文明生态村22个，邦均镇小孙各庄成为全市亮点。新建户用沼气池2450座，完成287个村饮水安全工程。整合乡镇内设机构，下放干部管理权限改革加快推进。

十项民心工程圆满完成，提升人民生活质量10个重点项目加快推进。新增城乡就业9800人，城镇登记失业率控制在3.5%以内，零就业家庭保持动态为零，城乡居民收入稳步增加。启动基本养老和基本医疗保险制度，城镇职工五项社会保险新增参保3万人。完善老年人生活补助制度，近11万老年人领取生活费补贴。提高优抚对象抚恤补助和城乡低保、特困救助标准，近1.5万人受益。落实库区移民后期扶持政策和粮煤补贴政策。蓟县光荣院改扩建一期工程主体竣工。

社会事业全面进步。科技工作首次通过全国科技进步考核；科技创新10个重点项目如期完成；蓟县纳入科技特派员工作全国试点县，出头岭、罗庄子成为国家级示范镇；知识产权培训工作受到科技部表彰。完成3.1万平方米中小学校舍安全加固工程；二中示范校正式启用，四中历史名校工程竣工；义务教育学校教师绩效工资落实到位。人民医院西院、妇女儿童保健中心投入使用，基层卫生院医疗条件不断改善；妇女儿童健康行动计划全面启动，18项农村公共卫生服务得到提升。低生育水平持续稳定。深入开展国庆60周年系列文化活动。县评剧团升格为天津评剧院三团。新华书店改制基本完成。全民健身活动中心主体竣工。广播电视、史志、档案等工作取得新进步。

（县地志办）

蓟县县级领导名录

中共蓟县县委领导名录

职　务	姓 名	性别	出生年月	民族	文化程度	籍　贯
书　记	慈树成	男	1950-06	汉	大　学	天津武清
书　记	张　杰	男	1956-05	汉	研究生	天津河西
副书记	张　杰	男	1956-05	汉	研究生	天津河西
副书记	肖　松	男	1969-06	汉	大　学	天津河西
副书记	庞晓光	男	1957-04	汉	研究生	天津蓟县
常　委	卢金生	男	1957-06	汉	研究生	天津蓟县
常委、县纪委书记	李志山	男	1956-02	汉	研究生	天津蓟县
常委、办公室主任	倪景泉	男	1956-10	汉	大　学	天津蓟县
常　委	王庆利	男	1957-05	汉	研究生	天津蓟县
常委、政法委书记	乔金生	男	1958-05	汉	大　学	天津蓟县
常委、组织部部长	刘小芃	男	1965-03	汉	研究生	天津津南
常委，公安蓟县分局党委书记、局长	左　林	男	1961-07	汉	大　学	河北文安
常委、县人武部政委	宋称意	男	1965-07	汉	研究生	内蒙古丰镇
常委、宣传部部长	孙向军	女	1966-09	汉	大　学	天津蓟县

注：2009年5月，张杰任中共蓟县县委书记（正局级），慈树成不再担任中共蓟县县委书记、常委、委员职务；肖松任中共蓟县县委委员、常委、副书记。

蓟县人大常委会领导名录

职　务	姓 名	性别	出生年月	民族	文化程度	政治面目	籍　贯
主　任	张景阳	男	1947-09	汉	大　学	中共党员	天津蓟县
副主任	吴海瑞	男	1949-11	汉	大　学	中共党员	天津蓟县
副主任	张广友	男	1953-02	汉	大　学	中共党员	天津蓟县
副主任	王金鹏	男	1951-11	汉	大　专	中共党员	天津蓟县
副主任	靳德军	男	1954-02	汉	大　学	中共党员	天津蓟县
副主任	王俊茹	女	1963-04	汉	大　学	无党派人士	天津蓟县

蓟县政府领导名录

职　务	姓 名	性别	出生年月	民族	文化程度	政治面目	籍　贯
县　长	张　杰	男	1956-05	汉	研究生	中共党员	天津河西
县　长	肖　松	男	1969-6	汉	大　学	中共党员	天津河西
常务副县长	卢金生	男	1957-06	汉	研究生	中共党员	天津蓟县
副县长	王庆利	男	1957-05	汉	研究生	中共党员	天津蓟县
副县长	刘素侠	女	1966-09	汉	大　学	无党派人士	天津蓟县
副县长	郭春富	男	1955-06	汉	大　学	中共党员	天津蓟县
副县长	胡晓光	男	1952-11	汉	大　专	中共党员	天津蓟县
副县长	汪清生	男	1965-06	汉	大　学	中共党员	河北玉田

注：张杰任县长至2009年5月，肖松于2009年7月被补选为蓟县县长。

政协蓟县委员会领导名录

职　务	姓 名	性别	出生年月	民族	文化程度	政治面目	籍　贯
主　席	罗翠华	女	1950-01	汉	大　学	中共党员	天津蓟县
副主席	夏福厚	男	1950-03	汉	大　专	中共党员	天津蓟县
副主席	宪树堂	男	1951-12	汉	大　专	中共党员	天津蓟县
副主席	张　力	男	1955-08	汉	硕士研究生	中共党员	天津蓟县
副主席	宋　泽	男	1950-07	汉	大　学	中共党员	山西闻喜
副主席	张桂婷	女	1963-04	汉	大　学	无党派人士	天津蓟县
副主席	王　友	男	1965-10	汉	大　学	无党派人士	天津蓟县
副主席	尹学芸	女	1964-03	汉	高　中	无党派人士	天津蓟县
副主席	李春生	男	1963-07	满	大　专	无党派人士	天津蓟县

（县委组织部提供）

大 事 记

1月

4-6日 政协蓟县十一届三次会议召开。听取审议常委会工作报告和提案工作报告,政协委员列席县十五届人大四次会议。表彰优秀提案。

5-7日 蓟县十五届人大四次会议召开。听取审议县政府工作报告,审议批准县2008年国民经济和社会发展计划执行情况与2009年国民经济与社会发展计划的报告、县2008年预算执行情况与2009年预算的报告,通过相关决议。

8日 县林业局召开纪念改革发展30年暨《蓟县林业》书刊、《绿染渔阳》画册首发座谈会。

9日 蓟县召开表彰大会,向"感动蓟县道德模范"和提名奖获得者颁奖。"感动蓟县道德模范"是:李锁、李雪松、李德全、刘文良、李云华、李艳华、刘彦昕、王晓华、张荣、王洪涛。"感动蓟县道德模范"提名奖获得者是:李春生、田淑华、郭士合、蒙加付、杨秀坤、付桂敏、朱加争、张艳平、胡长林、刘国强。

13日 市委副书记、市政协主席邢元敏会见北京荣宝斋总经理马五一,就蓟县人民政府与北京荣宝斋关于建设文化产业园区项目进行交谈。副市长李文喜,县委书记慈树成,县委副书记、县长张杰参加会见。

15日 天津北方人力资源管理顾问有限公司蓟县分公司成立。

16日 市委常委、市委组织部部长史莲喜带领有关部门负责人到蓟县,就党风廉政建设开展情况进行调研并召开座谈会。县委书记慈树成汇报党风廉政建设工作,县委副书记、县长张杰出席会议。

22日 市委副书记、市长黄兴国在县委书记慈树成,县委副书记、县长张杰陪同下,到驻蓟某部慰问官兵。

1月23日-2月1日 第六届独乐寺庙会举行。以民俗、民风、民情为主线,以丰富多彩的活动内容展现古渔阳独特的文化特色。除盛大的开幕式活动外,还举办民间花会调演、武术表演、戏剧曲艺表演、传统民俗展示、地方风味小吃展卖等一系列特色活动,营造了欢乐祥和喜庆的节日气氛。

2月

6日 蓟县召开"保增长、渡难关、上水平"动员大会。县委书记慈树成讲话,县长张杰对"保增长、渡难关、上水平"活动作出安排部署。

15日 津蓟高速延长线山区段绿化试点工程启动。

17日 市政协副主席何荣林深入"保增长、渡难关、上水平"活动联系点挂月集团开展帮扶活动。

本月 文昌街道办事处双柏里社区荣获全国综合减灾示范社区称号,成为天津市县级地区唯一获此殊荣社区。

3月

4日 江西省南丰县党政代表团到蓟县考察新农村建设和银政合作情况。

9日 蓟县人民政府与德国古罗马城墙主题公园有限责任公司、德国卡尔皇室啤酒厂、中国新汇鑫投资控股有限公司,举行天津古罗马城墙主题公园建设项目、盘山啤酒厂项目合作意向书签字仪式。副市长任学锋出席仪式并讲话。

11日 陕西省镇坪县党政代表团到蓟县,考察重点项目建设、新农村建设和农村银政合作情况。

18日 天津广成城乡建设投资有限公司成立。县委书记慈树成,国家开发银行天津分行副行长宋海泉出席并为公司揭牌。该集团注册资本35亿元,年内资产规模达50亿元。

20日 市人大常委会副主任左明带领有关部门负责人到

蓟县，就重大项目建设情况进行调研并召开座谈会，考察盘龙谷文化城建设现场和官庄镇社会主义新农村建设展厅。

24 日 蓟县召开深入学习实践科学发展观活动动员大会。县委书记慈树成作动员讲话，市委检查组组长张立出席会议。蓟县学习实践活动分两批进行，第一批为县级机关、县直各部委办局、县直属企事业单位，2009 年 3 月开始至 2009 年 8 月基本完成；第二批为乡镇街道、村、社区、中小学校等，2009 年 9 月开始至 2010 年 2 月基本完成。

25 日 投资近千万元、占地 1.73 公顷、拥有店面门市 112 间、零售摊点 130 个的邦均蔬菜市场正式开业。

4 月

3 日 中共蓟县县委、县人大常委会、县政府、县政协和驻蓟部队某部在盘山烈士陵园集中开展主题祭扫活动，缅怀革命先烈。

4 月 17 日–5 月 6 日 以“看梨花、赏梨园、品梨情”为主题的首届天津渔阳“梨园情”旅游文化节举行。与央视七套“乡村大世界”栏目，在蓟州影剧院举办“梨园情”大型文艺演出。

19 日 蓟县首家民营企业集团公司天津利安建工集团有限公司正式成立。公司注册资金 5180 万元，是集建筑、投资、销售、国际贸易于一体的集团化公司，已取得房屋建筑工程施工总承包国家一级资质。

25 日 德国亲王史蒂夫、德国古罗马城墙主题公园有限公司总裁莱特迈尔到蓟县考察，并召开座谈会。

5 月

10–14 日 原中顾委秘书长、黑龙江省委原第一书记李力安，宁夏回族自治区原党委书记黄璜，广西壮族自治区原党委书记赵富林，湖北省委原书记贾志杰到蓟县参观考察。

16 日 第十届中国·天津黄崖关长城国际马拉松旅游活动在黄崖关长城举行。市人大常委会副主任李亚力宣布活动开始，副市长任学锋为大赛鸣枪，县委书记张杰、国际马拉松联合会常务理事大卫致辞。经过激烈角逐，美国选手查斯替恩沃克夺得全程马拉松比赛冠军。

19 日 市委常委、市纪委书记臧献甫到蓟县调研新农村建设情况。

21 日 市委常委、市委教育工委书记苟利军，副市长李文喜到蓟县，察看盘龙谷文化产业园区建设工地和专用汽车产业园，召开座谈会，就推进示范产业园区规划建设、增强经济实力、推进三个层面联动协调发展听取意见，研究具体措施。

25 日 蓟县重点工程天津渔阳国际物流园区开工奠基。该园区是渔阳镇与山西洋洋集团合作开发的县级重点工程。总投资 3.1 亿元，工程占地 13.33 公顷，建筑面积 11 万平方米，主要建设以商贸、仓储、配送、物流信息于一体的综合物流园区。

26 日、27 日 市委副书记、市长黄兴国到蓟县调研。考察盘龙谷文化城施工现场、专用汽车产业园区、常州村高翠莲农家院，参观国家地质公园中上元古界地质剖面和州河公园。县委书记张杰，县委副书记、代县长肖松陪同。

本月 市委决定，张杰任中共蓟县县委书记（正局级），慈树成不再担任中共蓟县县委书记、常委、委员职务；肖松任中共蓟县县委委员、常委、副书记。

6 月

3 日 市人大常委会副主任左明到蓟县，就《森林法》贯彻执行情况进行调研并召开座谈会。

天津蓟县国家地质公园

同日 中共蓟县县委、县人大常委会、县政府、县政协机关开展“助医、助学、助老、助困”慈善捐赠活动，募集捐款258171元。

4-6日 京津冀第二届检务合作论坛在蓟县举办。

17日 中央学习实践活动巡回检查组组长虞云耀一行到蓟县，检查指导深入学习实践科学发展观活动。市委常委、市委组织部部长史莲喜陪同。

18日 由天津日报报业集团和蓟县人民政府联合主办，县委宣传部、县建委等部门协办的“把家安在京津后花园”论坛暨蓟县名盘品鉴会举行。

23日 天津市蓟县与内蒙古自治区丰镇市正式结为友好县市。

28日 市委农工委书记、市农委主任张国庆到蓟县检查设施农业发展情况。

7月

2日 市委常委、天津警备区司令员王小京，警备区政委谢建华到蓟县勘察防汛地形并召开座谈会。

3-4日 蓟县十五届人大五次会议召开，补选肖松为蓟县人民政府县长。

14日 市委理论学习中心组读书会暨“保增长、渡难关、上水平”活动现场交流推动会在蓟县召开。市委副书记、市长黄兴国，市政协主席邢元敏，市委副书记、滨海新区工委书记何立峰，在县委书记张杰，县委副书记、县长肖松陪同下，深入设施农业基地、天津专用汽车示范产业园、蓟县二中示范校、客运站和体育馆建设现场，听取情况介绍，了解经济社会发展、生态环境建设和改善民计民生情况。

17日 天津市农村平安建设工作推动会议在蓟县召开。

27日《天津日报》第一版以“快马加鞭为民生”为题，报道蓟县重点民生项目建设进展情况。

27-28日 蓟县镇域经济发展学习现场交流座谈会参观学习活动，先后在静海、西青、武清、北辰等区县举行。8月3日，县委、县政府召开加快镇域经济发展座谈会。

27-29日 2009年天津国际少年儿童文化艺术节大型活动之一中外儿童登长城活动在黄崖关长城举行，2000多名中外儿童参加活动。

30日 台湾农业参访团到蓟县考察农业发展情况并召开座谈会。

8月

12日 全国政协常委、政协港澳台侨委员会主任、海峡两岸关系协会会长陈云林到蓟县参观考察。市政协副主席王文华，县委书记张杰、县长肖松、县政协主席罗翠华陪同。

28日 副市长任学锋，市政协副主席陈质枫，市政协副主席、市委统战部部长刘长喜一行到蓟县孙各庄满族乡调研。

9月

5日 香港广播电视有限公司董事长邵逸夫的夫人邵方逸华、香港特区行政长官曾荫权的夫人曾鲍笑薇，在市政协副主席王文华、市政协原副主席曹秀荣陪同下到蓟县参观考察。

20日 中国前外交官联谊会会长吉佩定到蓟县考察。县委书记张杰、县长肖松会见吉佩定一行。

22日 蓟州美术馆正式开馆，庆祝建国60周年书画精品展开展。

23日 市人大常委会主任刘胜玉，副主任左明、李亚力、李润兰，副市长张俊芳到蓟县，对贯彻实施《义务教育法》情况进行执法检查。深入城关镇中学、蓟县第三小学察看校舍改造情况，并召开座谈会。张俊芳介绍全市中小学校校舍安全工程情况。县长肖松、县人大常委会主任张景阳陪同。

25日 蓟县举行第17届金秋旅游节重点企业座谈会。县委书记张杰出席并讲话，县委副书记、县长肖松主持座谈会。县委常委、常务副县长卢金生，副县长刘素侠、胡晓光、汪清生出席座谈会。认真听取企业家的意见和建议，加深双方友好合作，进一步推介蓟县。

26-29日 蓟县万事兴房地产开发集团参加在天津举行的第六届PECC国际贸易投资暨国际生态城市建设博览会，以“印象蓟州”为主题，代表蓟县集中展示新农村建设成就。28日，县委书记张杰、县长肖松到蓟县展位参观并检查指导工作。

9月26日－10月8日 第十届中国天津渔阳金秋旅游节举行。市人大常委会副主任李亚力出席开幕式。县委书记张杰、市旅游局局长佘清文致辞。其间，举行投资项目恳谈会暨项目签约仪式，30余家企业和6家商会参加，7家企业与蓟县签订投资协议，签约金额238亿元，6家商会及市政府驻广州办事处、上海办事处与蓟县签订委托招商协议。

27日 市委书记张高丽和市委常委、市委组织部部长史莲喜，市委常委、市委秘书长段春华到蓟县调研基层党组织建设情况。

同日 天津渔阳金秋金融高层论坛暨区域经济发展与金融服务座谈会在蓟县召开。市委书记张高丽会见与会来宾。全国政协原副主席李贵鲜，全国社保基金理事会理事长戴相龙出席论坛。市委常委、常务副市长杨栋梁，市委常委、副市长崔津渡，市政协副主席何荣林和中国人民银行等金融机构主要领导，县委书记张杰、县长肖松参加活动。

30日 蓟县重点工程盘山体育公园盘山大道项目开工。县委书记张杰出席开工仪式，县长肖松宣布项目开工。

10月

1－8日 “十一”黄金周（含中秋节）期间，蓟县接待中外游客108.2万人次，旅游直接收入6301.2万元。中央电视台《新闻联播》节目及有关媒体对蓟县旅游成就进行连续报道。

2日 副市长李文喜到蓟县检查森林防火工作。县委书记张杰、县长肖松陪同。

10日 盘山管理局举行大财神像揭幕仪式。市旅游局局长佘清文和县委书记张杰、县长肖松出席仪式。

12日 首届“中国移动杯”蓟县我最喜爱的旅游村魅力农家院评选颁奖活动在毛家峪长寿度假村举行。穿芳峪乡毛家峪村、下营镇常州村等6个村被评为蓟县我最喜爱的旅游村；常州村林泉别墅农家院、郭家沟村许翠双农家院等6户被评为蓟县魅力农家院。

14日 京东四区市县联谊会在蓟县召开。就沟河流域治理、旅游资源整合和建立相互间交通对接等座谈。县委书记张杰、县长肖松和平谷区、三河市、兴隆县主要领导出席会议。

18日 国际文化产业教育园暨天津体育学院运动与文化艺术学院举行一期工程奠基典礼仪式。该工程位于蓟县许家台乡境内，规划面积66.67公顷，总投资10亿元，其中一期投资3亿元，占地33.33公顷，建筑面积16.4万平方米，主要建设音乐学院、设计学院、舞蹈学院、大讲堂、综合教学楼等。

21日 中共蓟县县委召开八届十次全体扩大会议。审议通过《中共蓟县县委关于贯彻落实中共中央关于加强和改进新形势下党的建设若干重大问题的决定的意见》、《中国共产党蓟县第八届委员会第十次全体会议决议》。县委书记张杰主持会议并讲话，县委委员、县委候补委员出席会议。

23日 埃塞俄比亚代表团到蓟县考察科技特派员工作，察看科技特派员UNDP项目示范点罗庄子镇二十里铺村和出头岭镇中峪村。副县长胡晓光陪同。

同日 渔阳镇张庄菜市场改造工程竣工。该工程投资150余万元，建设3000多平方米的购物大厅，设置蔬菜、水果、生食、熟食、水产5个销售区，可容纳200个商户，解决300人就业问题。

27日 天津市拍卖总行蓟县分行举行开业庆典仪式。县委书记张杰、市一商集团总经理李建怀，县委常委、县委办公室主任倪景泉，副县长刘素侠，一商集团副总经理裴洪钰，市拍卖总行董事长、总经理翟瑞林出席仪式并剪彩。

同日 民盟天津市委员会到蓟县九百户中小学捐赠教学用品并举行捐赠仪式，捐赠360套桌椅，669册图书，60台电脑以及电脑桌、讲桌等教学用品。市政协副主席、民盟天津市主委俞海潮，县委常委、副县长王庆利出席仪式并讲话。

30日 万事兴集团被市供热办公室评为2008－2009年度天津市稳定优质供热先进集体。

31日 天津挂月集团举行洞藏酒封洞仪式，优质挂月白酒

1000坛封存到溶洞中，一年后开洞。县委常委、常务副县长卢金生为封洞石揭幕并讲话。

11月

3日 市佛教慈善功德基金会向孙各庄满族乡中学捐赠5万元和1000套学生服装。

5日 蓟县政府召开上仓工业园区建设现场推动会议。县委常委、常务副县长卢金生出席并讲话。

11日 蓟县与德国ISOMAX公司签订建立新型墙体材料生产基地项目合作协议，与德国国际企业家商会签订蓟县下营镇魅力小镇保护性开发项目合作意向书。县长肖松出席签约仪式。

16日 “蓟州国际滑雪杯”蓟县第七届导游大赛决赛举行。57名在职导游员、爱好者参加比赛。10名导游员进入决赛。

17日 县委书记张杰会见到蓟县考察的辽宁省桓仁满族自治县县委书记孙旭东一行。

同日 国家民委原常务副主任、中国西部促进会会长赵延年和西部发展控股总裁李兴春到蓟县调研并召开座谈会。县委书记张杰出席座谈会并讲话，县长肖松介绍蓟县整体规划。

19日 天津警备区原副司令员杨钧少将带领天津春晖京剧社到蓟县慰问演出，县委副书记庞晓光出席活动。

21日 蓟县人民政府与天津天一建设集团有限公司举行天一酒店项目签约仪式。县委书记张杰、天一建设集团有限公司董事长郭中朝出席。县长肖松、天一建设集团有限公司总经理李岚珍讲话。该项目位于蓟县县城，建筑面积3万平方米，由天津国融丰业房地产开发有限公司投资建设。

同日 蓟县人民政府与天津怡欣园农业发展有限公司举行现代农业发展项目签字仪式。县委书记张杰、怡欣园农业发展有限公司董事长徐佳怡出席并讲话。县长肖松出席签字仪式。县委常委、常务副县长卢金生主持仪式。副县长郭春富与徐佳怡在协议书上签字。该公司计划1至2年内投资4亿元，在蓟县建立占地666.67公顷的蔬菜综合种植区。

22日 市委常委、市委宣传部部长肖怀远到蓟县，就农村文化建设情况进行调研。察看上仓镇程家庄村和邦均镇小孙各庄村农家书屋建设情况，马伸桥镇穆马庄村傅恒墓和福康安墓，参观蓟州地质博物馆，就新华书店改制工作与有关人员座谈。县委书记张杰，县委副书记、县长肖松陪同。县委常委、副县长王庆利就新华书店转企改制及有关工作进行汇报。

24日 天津市2009年文明生态村创建工作现场推动会在蓟县召开。副市长李文喜，县委书记张杰、县长肖松及市有关部门、农业区县负责人出席会议。市领导一行察看东施古镇嘴巴庄、邦均镇小孙各庄文明生态村建设和东施古镇猪、沼、菜三位一体设施园建设情况。

25日 蓟县穿芳峪乡毛家峪村党支部书记李锁作为全国优秀复员退伍军人代表参加全国优秀复员退伍军人表彰大会并受到表彰。

同日 蓟县启动蓟平高速公路山区段绿化带工程。该工程是2009-2010年市政府确定的三条重点高速绿化带工程之一，建设任务170.67公顷，建设长度7000米。

同日 天津市林业局森林公安局蓟县派出所荣获全国“绿盾三号行动”先进集体称号。

26日 蓟县盘山、玉龙两大滑雪场正式向游客开放。

27日 蓟县教育局被市政府授予天津市民族团结进步模范集体荣誉称号。

30日 蓟县政府与大通资本投资集团举行合作项目签字仪式。县长肖松、大通资本投资集团董事长乔万通出席并讲话。县委常委、常务副县长卢金生主持仪式。大通资本是一家运作规范、实力强大的专业化投资机构，在金融服务、基金募集、投资运作、资金管理等方面经验丰富，与国内多个城市的相关企业开展合作，得到广泛认同。

12月

2日 蓟州国际滑雪中心开业。该中心位于罗庄子镇洪水庄村西，总投资1亿余元，是天津市设计规模最大、设备最先进的滑雪场所，一期工程已竣工，雪具大厅建筑面积4600平方米，雪道7.6万平方米，可同时容纳

4000人滑雪。县长肖松、县人大常委会主任张景阳、县政协主席罗翠华出席开业仪式并为滑雪中心剪彩。

8日 蓟县一中男子篮球队蝉联2009-2010全国高中篮球联赛天津赛区冠军。

10日 蓟县残疾人联合会携手天津眼科医院举行"送温暖,献真情"捐赠活动。县政协主席罗翠华出席捐赠仪式。

14日 官庄镇玉石庄示范小城镇建设奠基及开工典礼仪式举行。规划占地面积16.17万平方米,建筑面积8.1万平方米,总投资2.6亿元。

15日 市委巡回指导组到蓟县检查村级学习实践科学发展观活动开展情况。县委书记张杰陪同检查并提出要求。

19-26日 第二届盘山冰雪旅游节暨盘山魅力之冬首届滑雪大赛在盘山滑雪场举行。大赛分初赛和复赛两个阶段,其间还推出戏冰雪、赏冬景、观名胜等一系列丰富多彩的特色活动。

30日 中共蓟县县委召开八届十一次全会,审议通过《中共蓟县县委2010年工作要点》。县委书记张杰讲话。

同日 蓟县知识产权局被评为全国知识产权培训工作先进集体。

本月 渔阳镇志愿服务分会被授予2009年度全国志愿服务工作先进集体荣誉称号;文昌街道办事处白塔寺志愿服务站被授予2009年度全国优秀志愿者组织荣誉称号;蓟县户院行业联防被授予2009年度全国志愿服务品牌项目荣誉称号。

（刘　春）

党　务

学习实践科学发展观活动 2009年,中共蓟县县委开展深入学习实践科学发展观活动。成立领导小组和县派指导检查组,各学习实践活动单位成立领导小组,形成上下联动工作格局。组织专项督查30多次,编发简报78期,播出电视专题节目135期,总结宣传先进典型50多个。举办处级干部科学发展集中培训班,开办"科学发展大讲堂",聘请高层人士专题讲座,到先进地区参观考察、开展县级党员领导干部下基层调研、先进村党支部事迹巡回报告会、千名机关干部下基层宣讲等活动。把学习实践活动与"保增长、渡难关、上水平"活动紧密结合。学习实践活动的经验和做法得到中央巡回检查组和市委的肯定,中央和市级新闻单位先后5次予以报道。

（县委组织部）

组织工作 2009年,蓟县县委组织部做好整合乡镇内设机构变更管理体制工作。对1652名乡镇工作人员和国有集体资产、债权债务进行核准确认和登记,完成人事关系转移、资产和债权债务划转工作。组织乡镇局领导班子和领导干部年度专题民主生活会,县委组成12个督导组指导督促。举办新提任乡镇局级副职领导干部培训班1期,培训50人,领导干部学习实践科学发展观专题培训班2期,培训628人,先后邀请中央党校、市委党校和高校的教授25人到蓟讲学,组织到先进地区考察学访818人次,撰写调研报告和讲课稿1125篇。对135名乡镇局级领导干部进行调整,推进后备人才库工程建设。开通"12380"网上举报热线,受理核查群众举报23件,承办上级转办件6件。发展农村党员370名,选派300名县直优秀机关干部到村帮扶指导工作。

（县委组织部）

宣传工作 2009年,蓟县县委宣传部在领导干部中开展以"读一本理论专著、写一篇调查报告、讲一次党课"为内容的"三个一"活动,在党员干部中开展"千名支部书记讲党课活动",举办各类理论培训班、读书班320期。编发《深入学习实践科学发展观,推动中等旅游城市建设再上新水平》宣讲提纲,各级党员干部下基层宣讲1500多场,受教育群众24万人次;组织举办专题报告会、辅导班400余期,培训党员干部3万人次。向市委推荐优秀退伍军人、山村致富带头人李锁,战斗英雄董来扶以及烈士王佑臣、杨秀峰夫妇的优秀事迹,并当选"感动天津人物——海河骄子"。李锁作为天津市先进典型参加60周年国庆大典。全年在市主要媒体刊播稿件300余篇。县委宣传部撰写的《全面落实科学发展观,推进文化产业发展》一文荣获天津市2009年度优秀思想政治工作研究成果二等奖。

（李鹏岳）

纪检监察工作 2009年，县纪委监察局实施《关于在行政机关开展行政效能监察工作的实施意见》和《蓟县行政审批监督管理暂行规定（试行）》。组织157家企业对50个行政许可、行政执法和公共服务部门进行评议。选树典型218个，收看警示教育片110场次，参观教育基地485人次，3个单位被评为市级廉政文化创建示范单位。处理违纪违法案件22件，给予党纪政纪处分23人。在征收征用土地和房屋搬迁中，督促有关部门严格征迁政策、补偿标准、运作程序、补偿发放"四公开"，确保政策落实到位、补偿发放到位。加强惠农政策落实情况专项检查，强农惠农资金1.78亿元全部拨付到位。探索在村党支部领导下村民决策、村民委员会组织实施、村民参与监督保证村级事务民主决策新机制，被《中国纪检监察报》刊发推广。蓟县纪检监察、党风廉政建设探索的经验在国家级报刊推广5次。

（李海啸）

精神文明建设 2009年，蓟县广泛开展"送温暖、献爱心"、"破除丧葬陋习、树立文明新风"、志愿者服务等教育活动，"十佳文明县民"评选活动取得良好效果。开展文明城镇、文明村"五个一"创建活动，组织开展科技、文化、法律、卫生、环保、体育"六进社区"和科技、法律、文化、卫生"四下乡"活动，开展"十星级农家旅店"、"十星级文明户"等群众性创建活动。

（李鹏岳）

政 务

土地管理 2009年，天津市国土资源局蓟县国土分局按照市政府在蓟县开展土地管理试点工作要求，逐步健全土地管理共同责任体系，土地开源节流机制，集体建设用地规范化流转机制，群众合法权益维护机制，土地执法监管机制，土地督察工作机制。依法办理用地许可91宗，出让国有土地21宗，发放土地使用证103本。制止非法占地1.647公顷，拆除非法占地建筑4595平方米。

（仇浩文）

行政审批工作 2009年，蓟县行政许可中心受理各类申请17179件，办结17145件，提前办结率100%，相对人满意率100%。组织专题培训讲座7次，培训专职工作人员75人次。50个行政审批主体减少审批事项116项，压缩审批时限2982天，减少申请要件60件，推出立等可取事项59项，行政许可中心现场审批率95%以上。采取登门服务、现场办公、专题协商等措施，318个企业通过行政许可中心联审窗口进行设立，审批时限平均2个工作日。各审批主体成立审批服务科，县环保、质监、建委、林业、工商等部门的审批科整体进驻行政许可中心。建立《行政效能综合考评办法》等十几项制度，形成制度管人、管事、管权的长效机制。对投资项目实行行政许可中心"一门登记、一网审批、全程监察"。

（刘凤林）

信访工作 2009年，蓟县建立领导定期接待群众制度和政府与人大代表、政协委员直接联系制度以及信访案件"一周清"制度，开通专线电话。健全信访问题排查调处机制，完善领导信访工作责任制、信访工作考核制和信访案件督办制度，形成大信访工作格局。接待信访877件，其中领导干部接访187件，当场答复289件，其余全部按期办结。加大矛盾纠纷排查力度，化解矛盾纠纷600余件，化解信访积案20件。

（申广虎）

人事工作 2009年，蓟县人事局举办人才交流会、高校毕业生就业服务月等，提供应聘岗位2500多个，达成工作意向1200余人次。先后与县外企业签订毕业生定向培养协议。组织有关企业参加天津市高校毕业生洽谈会，为有关企业组织招聘专场10多场次，引进紧缺人才30多人。人事代理1200多人，确定到蓟县从事"三支一扶"（支教、支医、支农、扶贫）高校毕业生12人。接收全日制各类毕业生612人。建立高校毕业生就业见习基地13家。招录公务员6名，为事业单位招聘工作人员286名。任免科级干部297人。组织28名新录用公务员参加初任培训，举办公共危机管理知识培训班。为225人上报高、中级专业技术职务。

（苏荣有）

政 法

公安工作 2009年，公安蓟县分局投入警力2万余人次、车辆5000余辆次，完成156批次专项警卫任务。做好国庆安保工作，对重点人摸查、排查，取得集访零进京、个访无影响效果。加强反恐处突机动队建设，完成多次集结备勤任务。加强进京查控工作，出动警力1968人次，检查人员99265人次，检查车辆29938辆次，抓获违法犯罪嫌疑人15名。开展严打整治斗争，命案侦破率100%、大要案即发即破。加强治安管理、爆炸物品安全管理，开展“扫黄打非”行动，办理治安案件4239起，行政拘留673人。组织开展交通安全集中整治行动，未发生群死群伤交通事故；加强消防监督检查，未发生重特大火灾事故。在全市公安业务比武中，两名民警分别荣立个人二等功和三等功，两名民警荣获个人嘉奖。周士江被评为全国公安机关排查化解矛盾纠纷先进个人，分局治安科被评为全国治爆缉枪专项行动先进集体，交警支队被评为全国公安机关专项治理先进集体，国保支队被评为公安部国保系统战略支撑点。

（张守恒）

检察工作 2009年，蓟县检察院依法打击刑事犯罪，受理审查逮捕案件347件647人，批准和决定逮捕615人，比上年增长11.2%；受理审查起诉案件612件1123人，提起公诉1028人，增长25.5%，审查批捕和审查起诉案件数均创历史新高。慎用逮捕措施，依法决定不起诉1件1人；对轻微刑事案件，适用快速办理机制72件99人；对71件254人未成年犯罪实行教育、感化、挽救方针。查办和预防职务犯罪，立案查处贪污贿赂犯罪案件18件21人，立案查处渎职侵权犯罪案件2件2人，挽回经济损失3000余万元。加强立案监督和侦查监督，向公安机关发出检察意见书35份，要求说明不立案理由7件8人，监督公安机关立案7件8人；对事实不清、证据不足或涉嫌犯罪但无逮捕必要的，依法决定不批准逮捕18件25人。加强刑事审判监督，依法改变定性6件，追加漏罪7起，追诉漏犯2人；对罪行轻微的，建议公安机关撤案17件28人。加强民事审判和行政诉讼监督，受理各类民事行政申诉案件43件，立案审查22件，提请和建议提请抗诉9件，上级法院发回重审3件，经再审改变原判决2件，调解处理27件。

（汪海涛 颜景生）

法院工作 2009年，蓟县法院受理各类案件10567件，审结10424件，结案率98.6%，涉案标的额4.9亿元，比上年上升32.7%。贯彻宽严相济刑事政策，调解268件，调解率95.8%，未引发矛盾激化或信访。受理刑事案件617件，审结608件，结案率98.5%，判处人犯907人。对县重点项目开展法律服务，依法审理金融、合伙、买卖、债务、租赁、房地产等纠纷，依法审理涉及民计民生方面的案件。受理民商事案件7252件，审结7175件，结案率98.9%，涉案标的额3.08亿元。加大群体性行政案件协调力度，受理行政案件27件，审结25件，审查执结非诉执行案件99件，结案率98.4%。开展集中清理执行积案活动，执结756件有财产案件，执行标的额2215万元，上级挂牌督办案件全部执结。自动履行639件，占全部结案的24.5%。执结各类案件2608件，执行标的额2.89亿元，上升106.4%，执行工作走在全国法院系统前列。设立青少年维权岗，规范少年审判和青少年维权工作。

（李 颖）

司法行政 2009年，蓟县司法局开展“提高村民法律素质，促进农村改革发展”主题宣传活动，组建普法宣讲团，组织法制宣传报告会230场次，受教育学生155118人次。开展防范和打击非法集资宣传教育活动。基层法律服务所担任法律顾问92家，代理诉讼事务181件，解答法律咨询3824人次，避免和挽回经济损失340万元。6月9日，全国首家县级人民调解委员会蓟县人民调解委员会成立。做好安置帮教排查工作。接收刑释解教人员204名。推进社区矫正工作，接收社区矫正对象2064人，解除社区矫正对象1293人。蓟县公证处办理各类公证911件。监督村委会换届选举工作。举办各类宣传咨询活动70余场次，解答法律咨询3万余人次，当场受理法律援助申请19件。办理法律援助案件71件，挽回或避免经济损失297万元。与县工商联联合制定律师服务民营企业"三项制度、四项承诺"，为律师和企业搭建法律服务平台。

(吴志彬)

人民团体

工会工作 2009年，蓟县总工会开展职工技术攻关和技术创新活动。开展劳动竞赛的企事业单位626家，参赛职工3.6万人，参加技能比赛职工1.24万人，提出合理化建议9110件，创经济效益370多万元。评选2008年度天津市劳动模范17名、模范集体1个；天津市"五一"劳动奖章先进个人33名、先进集体4个、先进单位2个；县级"五一"劳动奖章先进个人57名、先进集体8个、先进单位5个。全县建立职代会制度的企事业单位513家，召开职代会企事业单位498家。3家企业被授予劳动关系和谐2A级企业，26家单位被授予劳动关系和谐A级企业。新建基层工会组织45家，涵盖法人单位103个，新增会员2617人。投资300万元、建筑面积1200平方米的蓟县困难职工帮扶中心竣工投入使用，"中心"荣获市级"五一"劳动奖章先进集体称号。帮助指导26个乡镇、1个街道、1个开发区建立困难职工帮扶站。建立行业工会4个，涵盖企业320家，发展会员6256人。天津港集团公司工会向帮扶中心捐赠27万元，并签订对104名困难学生一帮三年协议。

(张聪颖)

共青团工作 2009年，共青团蓟县县委开展"我与祖国共奋进，我与蓟县同发展"主题系列活动，召开纪念五四运动90周年暨表彰大会，举办"青春蓟县行"青少年摄影大赛，开展"祖国在我心中"爱国主义影片巡回展播10余场次。以小额贷款为载体，为12名创业青年发放小额贷款95万元；举办农村青年人才学历进修班3期，培训236人。把3月定为青年志愿者服务月，"3·15"期间，开展"青年文明号与顾客共铸诚信"、"青年文明号服务展示"、"青年文明号助万家"等活动。打造12355"青少年维权热线"，深化未成年人零犯罪社区和"青少年维权岗"创建工作，举办法制教育讲座50多场次，受教育2万人次。发起"爱心奉献，情暖渔阳"救助贫困孩子活动，发放助学金13.4万元，资助贫困生50人，市有关企业团委捐献资金65万元，援建希望小学2所。

(段建挺)

妇女工作 2009年，蓟县妇联举办培训班25期，培训妇女1576人。为农村妇女提供89万元创业基金，帮助282名生活相对贫困的农村妇女发展生产，为53名妇女发放小额贴息贷款313万元。创建巾帼示范村320

相关链接：

"三项制度"，指民营企业内部法律风险防范制度、民营企业和律师事务所联谊制度、律师为民营企业优惠的法律服务制度。"四项承诺"，指民营企业在生产经营过程中，遇到涉法问题需要解答的，律师将免费为企业提供法律咨询；企业和员工发生劳资纠纷时，律师要做好双方法律解释和疏导工作，争取纠纷在企业内部化解；企业与职工或企业与外界出现矛盾时，县司法局除指派律师参与调处外，必要时抽调公证处、司法所、律师事务所、人民调解组织等机关人员，协助律师和企业解决出现的矛盾纠纷；律师诉讼代理或担任常年法律顾问，律师和企业可以协商收费，但应给予必要的优惠。

个、示范户1300个、示范岗15个，建立巾帼示范基地25个。召开庆祝“三八”节总结暨表彰大会，表彰100名“三八”红旗手、20个“三八”红旗集体、50个“和谐家庭”标兵户。开展“和谐家庭”、“平安家庭”创建活动。组织巾帼文明队100余支，14支巾帼文明健身队、7名家庭志愿者、7个巾帼合唱团、7个巾帼宣讲团被市妇联授旗。参与市妇联举办的“我爱祖国、我爱母亲”主题征文活动，6篇作品获奖。建立28个“半边天家园”试点。为100名单亲困难母亲发放救助金5万元，为30名有生产能力的单亲困难母亲发放发展基金9万元，为295名单亲困难母亲免费查体。“母亲节”期间，举办单亲母亲家园成立暨“一帮一结对子”活动启动仪式。

（仇桂英）

工商联工作 2009年，蓟县工商联深入民企调研，撰写调研报告4篇。组织会员中的人大代表、政协委员撰写议案、提案51件。对30多家会员企业调查摸底，完成市工商联布置的《民营企业参与光彩事业统计调查表》上报工作。新发展会员8家，56家非公企业中的1040名党员参加学习实践活动。13家民营企业成为首批青年就业见习基地，82家民营企业提供就业岗位1100个。组织20家会员企业参加《企业家高效能沟通技巧与商务礼仪》培训，组织21家会员企业负责人参加清华大学“名家讲坛”培训活动。

（张 永）

农 业

概况 2009年，蓟县实现农业增加值19.25亿元，一产固定资产投入15.5亿元，农民人均纯收入9965元。粮食作物播种7.598万公顷，总产48.5万吨；蔬菜播种0.613万公顷，总产34.9万吨；肉类产量8万吨，禽蛋产量4.7万吨，水产品产量2.55万吨。全县共完成设施农业建设1666.67公顷，总面积7333.33公顷。新发展农民专业合作组织63家，专业合作组织总数182家。资产超千万元的农业龙头企业达44家。引进怡欣源农业有限公司。天津三宝公司投入3240万元，新发展设施农业93.33公顷。农口各部门争取国家和市级扶持资金4.2亿元，改善农村生产和生活条件。农民素质提高工程培训2.1万人，引进推广优良品种30多个。县农机局举办4场次新型农业机械展示会，提升农机作业水平。在重点村5次宣传设施农业建设扶持政策。培训沼气生产工120人，组建15支沼气专业施工队，建设23个村级沼气服务站，促进农村清洁能源建设。

（戴小波）

农业重点项目建设 2009年，蓟县投资在500万元以上的重点项目24个，总投资7亿元，完成投资7.6亿元，完工项目8个。蓟县苗木花卉基地建设项目在邦均镇和东二营乡新发展苗木1200公顷，总规模2000公顷，修基地产业路11公里，建成停车场及苗木销售市场3.45万平方米，新发展苗木花卉413.33公顷。上仓和侯家营两个现代农业示范园建设项目列入市级示范园。上仓现代农业示范园建成棚室304公顷，硬化道路38万平方米，栽植绿化苗木3万株。侯家营现代农业示范园建成棚室283.7公顷，硬化道路25.9万平方米，建成市场2.7万平方米。市农口委局对口帮扶的20个村建设项目全部完成。新发展设施农业212公顷，修建街道2.38万平方米。

（戴小波）

文明生态村建设 2009年，蓟县创建任务为19个综合型文

蓟县苗木花卉基地

明生态村、1个镇村结合创建村和2个污水处理村，启动单项创建村55个。完成投资9136万元。开展镇村环境综合治理，清理渣土、砖石3.5万立方米，拆除违规建筑3280平方米。硬化主干街道155.5公里，里巷硬化45公里，修建地下排水暗沟60公里，新建垃圾池、购置垃圾箱423个，安装路灯981盏，修建体育文化休闲广场10450平方米，修建沼气池2450座，粉刷墙面49980平方米，2个污水处理单项村建设工程主体完工。投资1.78亿元，完成346个村饮水安全及管网入户改造工程，铺设输水管道3230公里，安装恒压变频设备267台套、水表71034块，建管理房6700平方米，累计完成761个村。

（戴小波）

林业工作 2009年，蓟县林业局造林绿化1333.33公顷。蓟平高速公路平原段绿化36.67公顷，栽植苗木8.5万株。采用大规格速生杨为主，对津蓟高速公路绿化带补植苗木5.2万株。京津风沙源治理工程，栽植各种苗木125万株，成活率、当年保存率达到国家标准。在50个村实施村庄绿化或建环村林133.33公顷。40万人参加义务植树，栽植各类苗木140万株。对3个乡镇名木古树进行管护。加强森林防火工作，实现连续19年无重大森林火灾目标。投资300万元建成林火自动监控系统，新建视频监控点10个，总数15个，视频有效监控范围提高到45%。查处野生动物案件16起，林业派出所获全国“绿盾三号行动”先进集体称号。引进果树优良品种10个，建设高标准果树生产示范园170公顷。完成板栗芽变新品种选育等5个项目。国营苗圃完成收入450万元，实现利润50万元，完成园林绿化养护工程85万平方米，育苗13.33公顷，栽植、定植苗木20万株。力臣阳光公司收购各种果品112吨，代储果品1400吨，代储收入12万元。

（付志鸿）

畜牧工作 2009年，蓟县畜牧局防控重大动物疫情。逐户对各类动物进行免疫，免疫密度100%。组成10个督查小组，深入26个乡镇、40个基层兽医站，督查指导防疫工作。加强畜产品质量安全监管。抽检饲料生产企业31家、经营企业81家、动物养殖场30家，抽检饲料260份。对3000头奶牛进行两次结核病检疫。两个公路动物卫生监督检查站24小时值班，严防病害畜产品进入京津市场。查处屠宰加工病死猪3起22头；查处病害肉1吨、病害猪皮2300张、未经检疫屠宰生猪5起23头。

（张宝兴）

水务工作 2009年，蓟县水务局完成500万元以上水利工程8项，累计投资2.87亿元。投资1.78亿元，铺设塑料输水管道3857公里，安装恒压变频设备341台套，安装水表8.83万块，建蓄水池97座，解决348个村26.5万人饮水安全问题。投资1000万元，铺设、改造城区PE供水管网6.96公里，提高城区供水范围和供水稳定性。投资2244万元，铺设低压塑料管道330.6公里，新打机井83眼，更新水泵57台套，新建小水窖50座，新建谷坊坝30条，水平梯田10公顷，新增节水灌溉面积1420公顷，改善灌溉面积713.33公顷。投资5000万元，新建城区污水管网20公里，改善城区水环境。投资2032万元，对嘴头排水站维修改造。投资1500万元，治理河道1389米，提高城区防洪能力。投资1391万元，修建青甸洼程子口和侯家营铺户庄等撤退路9条18.4公里，提高汛期撤退能力。投资550万元，完成浆砌石挡土墙400米，翻建2座水闸，新建浆砌石护坡150米，完成灌浆5公里，提高防洪渡汛能力。汛期平均降雨量462毫米，没有发生大的汛情险情。

（陈卫东）

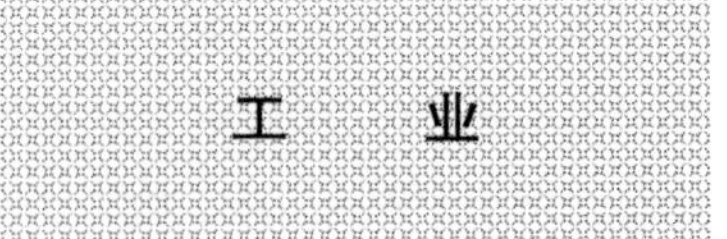

工 业

概况 2009年，蓟县完成工业总产值200亿元，销售收入188亿元，利润14.1亿元，工业增加值50亿元，万元生产总值综合能耗下降5.2%。工业系统规模企业129家，资产总额37.3亿元，增加0.6亿元。规模企业完成产值51亿元，销售收入48亿元，工业增加值12.5亿元。受金融危机影响的民营工业企业相继恢复生产,部分规模企业增长势头强劲。民营工业完成总产值193亿元、销售收入181亿元、利税17.2亿元,拉动全县工业经济增长5个百分点。

(赵庆录)

示范工业园区建设 2009年6月2日,蓟县政府决定筹建上仓酒业及绿色食品加工区和专用汽车产业园。6月28日,完成两个园区总体规划和产业规划;7月3日,通过市中小企业局、经信委、财政局等部门初审;8月18日,通过市政府常务会议审批,上仓酒业及绿色食品加工区和专用汽车产业园被市政府列为区县工业示范区。上仓酒业及绿色食品加工区规划面积10.6平方公里,起步区面积3.6平方公里;天津专用汽车产业园规划面积10平方公里,起步区面积3平方公里。两个园区起步区的水、电、路、通讯等基础设施建设全面展开。

(赵庆录)

工业重大项目建设 2009年,蓟县政府成立重点项目工作组,对落地重点项目实行"保姆式"服务。通过有关部门和项目建设单位不懈努力,扫地王、庞大汽车4S店等一批新建、技改和扩建项目建成投产。工业开工项目400个,其中382个建成投产。完成固定资产投资35亿元,比上年增长94.44%,完成年度投资任务。

(赵庆录)

企业改造 2009年,蓟县工经委组织实施280个技改扩建项目,完成固定资产投资22亿元,投达产后新增收入24亿元、利润2.3亿元。启动挂月集团、建华页岩、鑫泰物业3个企业燃煤锅炉改造和盘山啤酒能量系统优化等11个节能改造项目,全部投入使用后,年节约标煤5.67万吨,为完成万元生产总值综合能耗下降任务奠定基础。

(赵庆录)

争取上级资金支持 2009年,蓟县工经委争取各类资金5491.7万元。为挂月集团燃煤锅炉改造工程、建华页岩制品有限公司燃煤工业窑炉改造工程、鑫泰物业有限公司燃煤锅炉改造工程和盘山啤酒厂能量系统优化4个项目争取国家财政奖励资金1144万元,为双合盛、嵩山挂车等5个项目争取天津节能奖励资金150万元全部到位。通过市经信委和中小企业局,为双合盛食品综合技术改造、燕南包装技术改造2个项目争取中央预算内资金290万元;为金海星塑料、富山物流设备制造、渔阳酒业等4家企业争取市技术改造贷款贴息资金278万元;为天新机床、鹏程液压支架等3家企业争取科技创新专项资金55万元;为盘山啤酒、振兴机械等5家企业争取市工业专项扶持资金100万元全部到位。为振兴机械葡萄秧埋藤机生产线争取中小企业发展专项资金100万元。为上仓酒业及绿色食品加工区和专用汽车产业园争取3000万元基础设施建设贴息资金。完成培训10232人,兑现市财政补贴资金274.7万元。

(赵庆录)

商贸服务业

对外经贸工作 2009年,蓟县商委整合行政审批事项,成立审批科,批准加工贸易合同31笔,批准加工能力证明26家,新批企业3家,后期审批19项,年检合格企业29家,接待各类业务咨询110多件次。做好外向型企业服务,帮助绿食公司、凯方食品厂等企业争取资金近百万元;帮助11家企业加大投资,提高产能,增强出口能力。筹资搭建销售平台,23家企业利用在线广交会、阿里巴巴等网站,宣传企业和产品。帮助服装、机械等企业发展自主品牌产品,2家企业在国外注册成立公司。

(高 伟)

商贸重点项目建设 2009年,以侯家营蔬菜批发市场为重点的蓟县农产品物流配送中心项目完成一期工程,以开发区为重点的汽车集散中心、庞大汽车物流等部分企业入驻;渔阳小商品物流集散中心投资3.1亿元,建设大型综合物流集散中心;以邦均中原四季苗木花卉市场为重点的苗木花卉交易中心投资1310万元,完成停车场建设和水、电、路等配套设施建设。上仓农副产品市场项目投入资金340

万元。出头岭食用菌市场土地手续办复，拆迁工作完成。邦均、迎宾路和张庄3个菜市场竣工投入使用。

（高 伟）

商贸设施与社区商业建设 2009年，蓟县商委以鼓楼广场为中心，以城区商业街主网络为依托，规范发展城区商贸服务业。以经营电动自行车为主的四正街、以餐饮休闲娱乐为主的商贸街形成；对文昌街、武定街、中昌路、食品一条街4条特色街进行前期规划。夏都旅游温泉城项目投资7800万元，生态园、餐厅、游泳馆开始设备安装和内部设施建设；盘山金碧一期工程商业设施项目投资3.6亿元，六大中心全部封顶；天津国际会议休闲中心四星级酒店项目投资8000万元，完成主体工程；渔阳旅游文化中心项目进行规划和招商。年内，县商委对建成的10个社区商业中心实行动态监管，官庄新农村商业社区中心完成主体工程，硬件设施完善。着力建设上仓、别山、穿芳峪3个乡镇商业区，上仓镇推荐上报国家级优秀社区。促进早点快餐、美容美发、人像摄影、洗浴休闲、洗染行业、家政服务向农村延伸，开展电话预约、上门服务。

（高 伟）

城乡消费市场繁荣活跃 2009年，蓟县商委推进“三进工程”（农业生产资料连锁经营进乡镇、日用消费品连锁经营进农村、农副产品进市场），提高商品集中配送率。确定4家市级农副产品进市场龙头企业，投资1710万元在京津等地建立专卖店、加盟店、直销店、店中店、菜市场专区116个，与210余个机关、企事业单位建立直供关系。健全粮油、液化气、煤炭等八大经营体系，全年销售额21.1亿元。培植发展总代理、总经销以及连锁经营、专卖店、加盟店等新兴业态，一批知名品牌落户蓟县。指导商家促销，举办9次商务会展活动。做好“家电下乡”和家电“以旧换新”工作。全年销售家电20552台，销售额4749.46万元，补贴金额486.4万元。其中，家电下乡产品销售17437台，销售金额3481.47万元，补贴14746台，补贴金额389.25万元；以旧换新产品销售3115台，回收旧家电2115台，销售额1267.99万元，补贴金额97.19万元。

（高 伟）

蓟县鼓楼广场

流通行业管理 2009年，蓟县商委加强生猪屠宰销售管理工作，组织有关部门对屠宰企业突击检查，对肉品销售、猪肉加工等环节联合执法，确保生猪产品质量；严格典当、拍卖业、直销企业管理。做好再生资源回收经营者备案登记。完成煤炭经营企业资格县级初审、成品油经营企业资格审查。组织开展占路集贸市场整治，解决12个市场占路问题。开展食品、药品、农资市场、成品油安全专项整治，打击商业欺诈和非法传销行为，查处各类制假售假案件。各部门查处违法违规行为160余起，涉案金额236万余元。严格鸡蛋储备管理，储备户蛋鸡存栏67.5万只，实物储备3430箱。

（高 伟）

旅游业

概况 2009年，蓟县旅游全方位策划、下营旅游特色小镇规划、大盘山地区总体规划全面展开，八仙山国家级示范型保护区生态旅游规划、“两镇三村”（下营镇、渔阳镇、毛家峪村、常州村、郭家沟村）旅游发展规划基本完成。全年编制旅游策划规划15项，加强标准化建设，A级景区、星级酒店全部通过年度复核，黄崖关长城、蓟州文庙、独乐寺被评定为中华传统文化教育基地。强化人员素质,举办导游、上岗资格、农家院业主等各类培训班80期,培训4000余人,举办首届旅游管理人员培训班、蓟县第七届导游大赛,促进服务水平提高。7条景区道路、10个景区环境得到提升,卫生状况、绿化水平、广告牌匾、交通秩序、景区管理明显改观。归并审批服务职能,燕蓟旅游公司成立,由经营性部门整合而成的盘山五大公司正常运行。完成旅行社及门市部年审监察和换证工作;景区电瓶车安全管理成效显著,旅游投诉受理工作得到游客和有关部门认可。2009年,蓟县接待中外游客731.4万人次,旅游直接收入5.9亿元,综合收入29.5亿元。其中景区景点接待游客143.5万人次,收入6502.4万元;农家院接待游客108.2万人次,收入1.2亿元。旅游固定资产投入4.1亿元,各项经济指标再创历史新高。

(李红光)

旅游开发建设 2009年,盘山景区提升全面推进。投资1.28亿元,启动生态停车场、盘山文化园等工程,完成上方寺设施配套、云罩寺罗汉殿恢复等项目。蓟州滑雪中心一期项目如期竣工,累计投资5520万元,正式对外开放。实施黄崖山庄宾馆改造、八仙山网络监测等项目。渔阳宾馆、世纪宾馆、四方台宾馆等旅游饭店改造力度加大,全年投资1200万元,改善接待条件。

(李红光)

旅游营销 2009年,蓟县旅委围绕首届“梨园情”旅游文化节、国庆60周年、渔阳金秋旅游节、冬季旅游宣传4个主题,投入营销资金1500万元,开拓旅游市场。组织重点景区、旅游饭店在北京新闻大厦举办推介会,与央视7套“乡村大世界”栏目再度合作,将首届“梨园情”旅游文化节制作成“五一”特别节目播出;推进盘山等景区景点与国内知名网站合作。盘山景区在央视一套“朝闻天下”栏目作宣传广告3个月;重点景区、旅游饭店在《北京晚报》等报刊和100多座写字楼的广告营销继续深入。央视2套“为您服务”栏目制作播出《美食走四方——蓟县专题节目》;天津电视台新闻部播发2期蓟县红色旅游宣传片;天津人民广播电台报道首届“梨园情”旅游文化节;新浪、优酷、百度等网络媒体发布蓟县旅游精彩视频片段。举办首届盘山滑雪旅游节、第六届独乐寺庙会、第十届长城国际马拉松等旅游主题活动;加强区域合作,融入京津冀五区县互动游;编印《蓟县旅游指南》、《蓟县旅游交通图》等宣传资料,改版《寻梦蓟州》风光片。

(李红光)

发展乡村旅游 2009年,蓟县旅委推进农家院旅游向全景式乡村旅游转变。投资1.3亿元,统一建筑色调8万平方米,新建休闲会所9700平方米,建设休闲广场、停车场5.5万平方米,市级旅游特色村发展到81个,重点打造的安梨园对外开放,东山、寺沟、旱店子3个典型新村加快建设,大平安、常州2个典型老村完成景观提升设计。乡村旅游标准化建设,实施“星级评定、挂牌管理”,市级乡村旅游经营户达740户;手续健全的农家院718户,办证率75%。举办烹饪、服务等培训班;开展“移动杯”我最喜爱的旅游村、魅力农家院评选活动,下营镇、渔阳镇、毛家峪村、常州村、郭家沟村争创中国特色景观旅游名镇(村)。

(李红光)

森林旅游业 2009年,九龙山国家森林公园做好景区宣传促销工作,建立信息网络营销体系,开拓北京、唐山、廊坊等地市场,举办第五届杜鹃花节,扩大景区知名度和影响力。九龙山和梨木台景区接待游客17.6万人次,实现旅游综合收入567万元,比上年分别增长4.1%和3.1%,实现平稳快速发展。

(方国光)

开发区建设

概况 蓟县经济开发区位于蓟县县城南部、津围公路与京哈公路交口处,面积16.51平方公里,1992年6月建立。2009年,完成工业总产值27亿元,比上年增长26%;实现工业增加值9亿元,增长27%;实现利润1.4亿元;实现税收1亿元,增长

蓟县经济开发区

11%；内资到位额10亿元，增长61%；固定资产投资15亿元，增长81%，超额完成各项经济指标。

（邵云鹏）

示范园区建设 2009年，园区总体规划、产业发展规划获得县政府批准；天津专用汽车产业园投资有限公司注册成立；3平方公里起步区基础设施建设全面展开。8月18日，市政府第34次常务会议通过天津专用汽车产业园为天津市市级示范工业园区。

（邵云鹏）

基础设施建设 2009年，蓟县开发区完成7条道路建设，共计20.8万平方米；铺设给水、排水、中水、通讯、燃气等各类管线90公里；完成绿化2.6万平方米，初步实现“一年出形象”目标。

（邵云鹏）

招商引资 2009年，蓟县开发区围绕装备制造业、专用汽车产业，引进大项目、好项目。签约落地的有金鹏管材、北京一阳永磁性材料机配件、意大利金属护栏，以及天津滨海日成胶粘制品和建丰液压油缸5个项目，总投资25.87亿元；重点在谈4个项目，总投资8亿元，项目引进呈现良好势头。

（邵云鹏）

企业经营 2009年，蓟县开发区管委会帮助区内7家困难企业争取政府扶持资金750万元；帮助4家企业获得科技创新扶持资金85万元；协调中行、信用联社及时向企业发放贷款2200万元，有效缓解金融危机冲击。下半年，开发区20家规模企业完成工业总产值6.8亿元，比上半年增长152%，虎豹、双合盛等食品企业，意乐等外资企业产值实现翻番。

（邵云鹏）

城乡建设与管理

概况 2009年，蓟县开复工工程54个，建筑面积244万平方米，比上年增长51.6%。其中，新开工程23个，建筑面积69.8万平方米；跨转工程31个，建筑面积174.2万平方米；竣工工程16个，建筑面积53万平方米。

（纪 平）

确保重大项目工程进度 2009年，蓟县建委落实重大项目包保责任制。推进盘龙谷文化城、盘山金碧二期、文化产业园区、北少林寺等重点项目建设进度，协调大盘山地区、两个工业园区和城区基础设施建设。做好重点工程协调工作，保证县重点工程按时开工，按计划竣工。全年基础设施项目完成投资12.4亿元，房地产项目完成投资28.6亿元，分别增长11%和16.3%。

（纪 平）

强化安全质量管理 2009年，蓟县建委召开安全、质量工作会议6次，完善安全生产责任制等质量监管制度，强化建设三方主体责任。组织冬期、雨期和节假期等安全专项检查6次，开展拉网式安全大检查5次；组织质量专项检查8次；下达安全隐患整改通知书1000份，停工通知书200份，经济处罚8份，查处安全事故隐患3800余项；处理较大质量问题14起，纠正一般性质量问题2769项，累计清退不合格钢材240吨、砂子200立方米、水泥180吨，控制质量事故发生。以迎庆建国60周年为契机，督促施工项目防扬尘、防噪音，规范施工现场，工地环境得到有效治理。

（纪 平）

市政工程设施养护 2009年，蓟县建委投资6366万元，完成县城5条路段人行道彩砖和排水管道铺设工程，铺设彩砖3.5万平方米，铺设排水管道4.08万米。投资5621万元完成县城11条道路排水管道铺设工程，铺设雨水主管道1.38万米、支管道4386米；铺设污水主管道1.55万米、支管道1082米。投资745万元维修彩砖人行道6335米，修复侧石4243米，维修、砌筑树穴660米，清淘收水井3265座，新做检查井70座，井盖、井箅子破损或丢失更换率100%。

（纪 平）

交通工作 2009年，蓟县交通局完成363.5公里县级以上公路养护，完成路面维修12.1万平方米，维修率3.29%，完成公路绿化工程，完成渔阳金秋旅游节道路保障任务；依法取缔京哈、津围、宝平等干线路两侧砂石料场点。全年处理各类违法违章2490件。筹建3个临时治理超载车辆站点，检测超限超载车辆10049辆次，卸载9512辆次，卸货41840吨。完成道路工程总量4亿多元。盘山南路工程基本完成；县开发区道路工程按时完工；县开发区汽车产业园道路工程进行基础建设；上仓工业园区道路工程进行路基工程。完成3项城区路工程建设，完成7项市交通局路桥工程建设，实现工程质量全优目标。推进津宁高速路、112国道高速立交桥、天津外环辅道等外埠工程项目建设。乡村公路建设创历史最好水平，完成乡路172条280公里，改造桥梁8座，小修油面挖补3.72万平方米，完成工程量1.49亿元。创建文明达标路4条32公里。

（张爱军）

蓟州新客运站竣工 蓟州新客运站位于津蓟高速公路蓟县出口北侧，占地面积6公顷，建筑面积1.5万平方米。主体四层，局部五层。设计“大鹏展翅”造型，达到部颁一级标准；实行智能化管理，全部工作流程均由电脑控制完成。日发送旅客1万人次；设置小型超市、餐厅、旅馆等服务，打造“车进站、人到家”的温馨氛围。

（张爱军）

环境保护

污染减排 2009年，蓟县环境保护局加快城区燃煤锅炉改燃并网工作进度，完成7个供热站燃煤锅炉脱硫设施改造和并网工作，新增并网供热面积65万平方米；督促蓟县污水处理厂加快二号系统建设并通过市级环保验收；强化国华和大唐两个电厂监管，确保污染物稳定达标排放。全年实现非电力行业二氧化硫减排10.04吨，电力行业二氧化硫减排6280.36吨；化学需氧量减排119.9吨。

（李华玉）

环境综合整治 2009年，蓟县环保局开展多次执法行动，对30家石料厂采取断路、拆除设备、断电等措施，防止“死灰复燃”；对58家白灰窑采取摧毁生产设备措施强制关闭。削减燃煤量5.4万吨，削减粉尘排放量3240吨，遏制粉尘污染加剧趋势。

（李华玉）

重点行业企业治理 2009年，蓟县环保局督促加快专项治理资金项目建设进度，盘山啤酒厂二氧化碳回收及污水处理改造项目竣工投入运行，城区污水处理厂中控平台投入使用；督促18家造纸厂完善污水处理设施，3家企业实现零排放；强化食品加工行业整治力度，5家企业安装高效污水处理设施，10家签订购置设备协议。

（李华玉）

引滦水源保护工作 2009年，蓟县环保局加强引滦沿线巡查检查，增加监测频次和点位，实施加密监测，深入查找水质富营养化成因。配合市环境科学院做好于桥水库周边3万群众移民规划，初步完成规划编制；为穿芳峪乡争取100万元沼气池项目建设资金到位，美国专家参观于桥水库中美合作治理工程项目并给予高度评价。

（李华玉）

巩固“创模”成果 2009年，蓟县环保局做好各类档案资料编辑、汇总、整理工作。督促有关责任部门继续以“蓝天”、“碧水”、“安静”、“污染防治”等六大环保工程为载体，推进环境建设和污染治理，确保顺利通过国家环保部复查验收。

（李华玉）

经济管理

财政工作 2009年，蓟县完成三级财政收入23.3亿元，其中，县级财政收入13.6亿元，财政部门组织收入7.18亿元，占县级财政收入54.7%。全县财政支出19.9亿元。争取各类专项发展资金6.94亿元。安排园区贷款贴息、工业技改贴息和专项扶持资金3382万元；为7家企业提供融资担保1750万元，落实家电、汽车、摩托车下乡财政补贴1340万元；投入资金785万元，对候家营蔬菜批发市场、蓟县农产品物流配送中心等给予专项扶持；安排资金6381万元，支持京津风沙源治理等工程建设。安排资金2.66亿元，支持新农村建设，落实粮食直补、综合直补和良种补贴政策，实施农民素质提升和低收入农户增收工程。投入1.03亿元，启动城乡居民基本养老和医疗保险制度，提高城乡低保、特困救助、农村老年人生活费补助及重点优抚对象抚恤标准。推进政府采购工作，实施政府招标采购35次，实现采购金额2990万元。

（高向军）

地税工作 2009年，蓟县地税局实现税收收入69764.5万元，完成县级收入43015.2万元。加强建筑安装和房地产税收管理，进行乡镇及农村税收清理，规范教育系统个人所得税代扣。将所有纳税户全部纳入平台管理，清理未登记户160户，补征税款4.77万元。完善房地信息，入库税款2551.8万元，查补城建税、教育费附加196万元。将全部个体户纳入微机定税，增加税收230万元。组织519户各类型纳税人纳税情况自查，查补税款787.15万元。开展行业税收专项检查和日常税务稽查，查补入库税款、滞纳金及罚款886.66万元。开展运输发票专案协查工作，补税281085元，滞纳金51469元，罚款140743元。

（盛佳宝）

工商管理 2009年，工商蓟县分局检查学校内109户食杂店，对55户无照经营食杂店立案查处。规范食品经营户建立销售台账和索证索票制度。开展节日市场专项整治，查获假冒白酒891箱、冒牌卷烟122条，查扣过期和“三无”（无生产日期、无生产许可证、无生产厂家名称）食品120公斤。指导规范116户家具和室内装饰装修材料经营者建立索证索票和进货台账制度，完成率100%。走访43户家电“以旧换新”销售网点、42户回收网点，对回收的55台旧家电交易行为进行监管。查扣冒牌“天农”牌“树宁”农药58瓶，现场封存84瓶。对1家农技综合服务站生产、销售假冒“嘉吉”牌磷酸二铵化肥案立案处理。遣散传销人员4283人，解救被骗参与传销人员38人，查扣传销商品538（瓶）盒。查处侵犯注册商标专用权案23件，罚没款14.66万元，没收侵权商品货值8.9万元。拆除56户小灰窑，对65户石料加工企业予以处理。

（裴 枫）

物价管理 2009年，蓟县物价局加强价格监管。重大节日期间，加强粮、油、肉、蛋、菜等20多种重点商品价格监测。召开污水处理费调价听证会，提高污水处理费标准。落实国家取消和停止征收100项行政事业性收费项目政策，取消92项，停止征收8项。对500万元以上重点项目上门跟踪服务，协调好水、电、暖以及配套收费的优惠政策，对涉及企业的39项经营服务性收费全部减半收取。制定服务企业7项承诺，开展涉农收费专项检查。8次调整成品油价格，落实电价调整政策，做好价格评估鉴证工作。

（郝连存）

安全生产监督 2009年，蓟县安全生产监督管理局强化各级安全生产主体责任，签订安全生产目标责任书。抓好春节烟花爆竹安全监管，对21家制砖企业进行安全评价，开展两次危险化学品企业百日安全大检查，对390余家B、C类危化品企业全面检查，排查治理安全隐患879处。抓好重点时期安全监管，督促65个单位签订《防硫化氢中毒和窒息承诺书》。组成联合执法组，出动执法1400余人次、车辆380余部次，查扣非法流动罐车17辆，取缔非法加油点23处，拆除加油机73台、储油罐15个。对7家重点消防单位和83家商业门市进行消防安全检查，查出隐患215处，责令当场整改30处，下达限期整改指令书8份。

（胡申全）

质量技术监督 2009年，蓟县质量技术监督局开展食品安全专项整治和家具、装饰材料质量安全专项整治活动，做好农业服务标准化、计量惠民、节能降耗、质量检测、认证认可等基础工作。与182家企业建立服务联系卡，80余家企业得到有效服务。培训特种设备人员2000余人次，确保特种设备安全运行。对盘山景区客运索道每月定期监察一次，对旅游风景区96台观光车开展专项安全执法检查。加大食品、建材和家具、涂料等装饰装修材料有害物质监督抽查力度，完成30种203批次产品定检任务，对4家4批次不合格产品企业逐一回访。开展食品添加剂专项整治、家具和室内装饰装修材料10类产品专项整治、农资产品专项整治活动。计量检定所检定校准计量器具8292台件，定量包装计量检验951批次；修理站完成计量器具检修17737件；质检所完成各类检验任务2000余批次，为企业培训实验员100余人。

（刘 超）

食品药品监督 2009年，蓟县食品药品监督管理局规范药械市场。检查一级以上医疗机构34家，社区卫生服务站点188个，乡村卫生所913个，个体诊所23个，厂矿学校保健室35个。没收违法所得4529元，罚款18378元。加强药品抽验工作，监督抽验135个单位490批次药品，检出不合格药品22批次。确定已通过GSP认证的12家药品批发企业为农村药品定点配送企业。248家农村药品零售企业、24个乡镇卫生院和957家社区服务站点及下设诊所全部实现直接配送。做好基本药物质量监督管理，做好甲型H1N1流感防控工作。对新申请开办的药店严格审查开办条件，督促10家新审批药店进行企业认证，对33家5年期、25家一年期企业进行GSP跟踪认证，67家企业全部通过GSP认证。开展时令性、季节性食品和农村日常消费食品专项整治。检查食品生产企业115家、食品销售企业725家、餐饮服务企业830家，未发现销售和使用不合格绵白糖现象。

（孙宝章）

科 技

概况 2009年，蓟县科技工作取得显著成效。科技进步考核连续第二年获得市级通过，并首次通过全国科技进步考核；科技特派员行动获得联合国开发计划署和国家科技部高度评价；科普惠农兴村工作获得全国科协表彰；知识产权工作被国家知识产权局评为全国知识产权培训工作先进集体。

（张进京）

推进科技特派员工作 2009年，蓟县科委选聘科技特派员162名，建立300个联系对接点，实现科技需求对接。建设示范基地20个，实施科技项目45个，推广新技术30项，引进新品种20个，示范面积200余公顷，辐射带动5600余农户，开展科技培训2万余人次。蓟县科技特派员工作被联合国开发计划署和国家科技部列为全国30个试点县之一，出头岭镇、罗庄子镇被列为国家级示范乡镇，94名科技特派员被列入科技部科技特派员人才信息库。8个科技惠农创业项目获得科技部政策性资金支持，联合国开发计划署驻华代表马和励先生、联合国UNDP项目调研组、埃塞俄比亚考察团先后考察，对蓟县科技特派员工作给予高度评价。

（张进京）

完成重点科技项目 2009年，县科委落实蓟县科技创新10个重点项目，完成35个子项目、中止结题项目4个。实现项目总投资3亿元，引进优良品种62个，建立各类示范、推广面积1万公顷，开发技术、新产品19

项，取得科技成果20项，获得专利授权9项，培训农民19.5万人次。实施设施甜瓜新品种、新技术示范与推广等25个农业科技成果转化与示范推广项目。市级农业科技项目保温型日光温室综合技术示范建设大棚400栋，并推广到北京、河北、辽宁等省市及天津市周边区县。

（张进京）

落实科技创新扶持政策 2009年，蓟县科委确定20项县级中小企业创新资金科技项目并给予政策性资金支持，其中10个项目资金落实到位。争取国家和市级政策性资金支持，16个项目被市级以上科技计划立项，获得880万元扶持资金，其中3个项目被国家科技部立项，获得无偿资助170万元，解决了企业科技创新资金难题。

（张进京）

科普工作 2009年，蓟县科委举办第23届科技活动周。以“科学发展在我身边”为主题，开展科普一条街宣传、实用技术培训、青少年科技创新大赛、百名科技特派员农业田野之行科技培训、系列科普专题讲座、科技下乡等活动。科普惠农兴村工作成果显著，罗庄子优质梨科普示范基地被评为全国科普惠农先进单位。组织青少年科技创新作品参加天津市第24届青少年科技创新大赛，13件作品获奖。燕山中学科技创新作品“太阳能旅行箱”被推荐代表天津市青少年科技作品参加第24届全国青少年科技创新大赛。

（张进京）

知识产权工作 2009年，蓟县科委举办知识产权宣传周和知识产权培训6期，培训867人次。建立专利试点企业，天津华夏文化艺术研究院、长城过滤设备有限公司2家企业被列为市级专利试点单位，确立县级试点企业2家。对2008年度27件专利申请给予资助。加强科技项目中的专利管理，全年专利申请量100件。

（张进京）

教　育

概况 自2009年1月1日起，蓟县义务教育学校实施绩效工资制度。2009年，列为市、县重点工程的蓟县二中示范校建设工程竣工投入使用。四中“历史名校”建设工程全部完成；中专教学楼工程主体封顶。18所学校楼房校舍和2所学校平房校舍40523平方米纳入中小学校舍加固范围，完成13所。加强师生安全教育，组织4次大规模校舍安全检查，6月开展安全活动月活动，组织安全教育和逃生疏散演练。组织制定《学校安全危机防范工作方案》，《学校精细化管理成功案例2》征集案例526篇，评选出县级优秀案例120篇。县教育局先后被评为全国精神文明建设工作先进单位、第二届全国亿万学生阳光体育冬季长跑优秀组织单位、市级精神文明建设文明单位、天津市民族团结进步模范集体。《天津教育报》以“让红色文化薪火相传——蓟县革命老区爱国主义教育活动纪实”为题，在头版头条连续报道蓟县深入开展爱国主义教育的做法。

（曹明远）

学前教育 2009年，蓟县教育局开展以排查化解交通、饮食等安全隐患为重点的安全专项督察。以3所国办幼儿园为基地，组织乡镇中心园和国办园所开展3场联动教研观摩研讨活动。对国办园园长、乡镇中心园园长脱产式培训45课时。组织骨干教师参加天津市首届幼儿园教师“新秀杯”教育教学技能大赛，3人获市级一等奖，花园新村幼儿园承办天津市学前教育“双百”（市区与农村100名幼儿园长与100名幼儿教师）城乡合作助教行动计划活动。

（曹明远）

新课程改革 2009年，蓟县教育局深化新课程改革。在全市初中课程改革总结推动大会上，蓟县以“实施精细化管理，大力推进初中课改实验”为题作典型发言。加强高效课堂建设，组织教育学会会员校开展课堂教学评选活动，选出3名教师参加市级大赛，2节电教课参加市级评选。

（曹明远）

高中阶段教育 2009年，蓟

县教育局启动优质高中招生计划面向初中学校定向分配改革，实施《蓟县优质高中招生定向分配试验方案》，将蓟县一中作为实验校，拿出60个计划生指标面向55所初中校分配。城关四中、上仓中学首次招收科技特长生。

（曹明远）

职业成人教育 2009年，蓟县教育局注重提高职教学生的专业技能和实践创新能力。在天津市职业技能大赛中，蓟县中专计算机和汽车维修专业的12名学生，5人获一等奖、4人获二等奖、3人获三等奖，获奖率100%。加强成人教育，做好涉农服务，举办培训班12期，推广农业新技术9项、新品种18个，发放科技资料6000余份，提供技术咨询5829人次。拓展成校功能，启动社区教育试验示范项目。完成70个村成校建设，上仓镇成校被评为全国农村成人教育先进学校。

（曹明远）

特殊教育 2009年，在第三届全国残疾儿童艺术作品展上，蓟县育才学校报送的28件书画作品全部获奖，其中麦秆画《江雪》获全国书画大赛金奖，《牧牛图》系列6幅作品获银奖，牙签画《繁花》获铜奖。在天津市第六届残疾人运动会上，育才学校代表队获得7金6银2铜。刘敬宇、周媛媛被市残联选为参加全国残疾人运动会种子选手。

（曹明远）

文 化

概况 2009年，蓟县广泛开展庆祝建国60周年系列文艺活动。县文化局建农家书屋166家，为166个村文化室配发文化器材。举办元宵节灯谜有奖竞猜，参加“天津市好书伴我成长”读书系列活动，10名选手获得一等奖，县文化局荣获优秀组织奖；通过全国公共图书馆第四次评估。青少年宫开设舞蹈、美术、声乐等培训班和文化课辅导班；参加文化部举办的第四届“闪闪红星”青少年艺术人才选拔活动；投资70万元的蓟州美术馆9月22日正式开馆，并举办天津市书画精品展。燕蓟旅游开发有限公司前期工程完成，完成公司注册和“大独乐寺”、“八仙山”两大系列商标注册，组建旅游观光车队，组织旅游纪念品、礼品、土特产品设计开发。

（张 颖）

群众文化活动 2009年，县文化局举行蓟县军警民春节联欢会、蓟县第六届独乐寺庙会、元宵节花会调演、评剧票友大赛、“天一绿海”杯蓟县旅游摄影大赛、府君山广场和鼓楼广场系列文化活动。参加天津市第二届“南开杯”新广场舞大赛，荣获最佳组织奖、最佳风采奖、最佳活力奖。

（张 颖）

国庆演出 2009年国庆期间，蓟县文化局组织“和谐蓟州、盛世中国”专场文艺演出；在天津市庆祝新中国成立60周年群众文化汇演中，蓟县选送的舞蹈《士兵与枪》、《生死相依》、《吉祥颂》获得最佳表演奖和优秀表演奖，县文化馆获得最佳组织奖；舞蹈《生死相依》在全国第15届“群星奖”天津地区选拔赛中荣获银奖。与天津电视台公共频道联合主办“四季大舞台金秋红歌演唱会”爱国歌曲大家唱蓟县专场。

（张 颖）

文化产业发展 2009年，蓟县文物保管所接待游客10.5万人次，旅游综合收入260万元；新华书店实现销售收入2198万元，一般图书销售277万元；影剧院综合收入151万元，其中电影、戏剧、歌舞466场次，收入90万元；文化发展中心下属九鼎工艺美术品厂生产成品2980件，销售2600多件，销售收入97万余元；评剧团演出240场，收入73万元。

（张 颖）

文化遗产保护 2009年，蓟县完成独乐寺、白塔寺青砖铺设、更换仿古木门，完成第三次全国文物普查野外调查工作，确定文物点588处。投资40万元恢复乾隆行宫内部主体格局及附属建筑修缮。建立蓟县非物质文化遗产档案和数据库，编纂《蓟县非物质文化遗产名录体系项目汇编》，邦均子火烧和一品烧饼制作工艺、独乐寺庙会习俗、皮影雕刻技艺被批准为天津市非物质文化遗产保护项目，北少林武术第六代传人商宝良入选天津市非物质文化遗产项目代表性传承人。邦均镇被评为天津市民间文化艺术（花会）之乡，下营镇郭家沟村、渔阳镇公乐亭村被评为天津市民间文化特色村。

（张 颖）

文化市场监管 2009年，蓟县文化局重点开展校园及周边文化市场环境、网吧治理及盗版音像制品专项整治。出动检查2500余人次，检查文化经营场所1141家次，立案查处1家，收缴非法图书11430册，取缔无证电子游戏室5家，行政处罚违规经营网吧20余家次。

（张 颖）

卫 生

概况 2009年，蓟县卫生局强化医政管理，成立医疗质量控制管理委员会和13个专业质控组，强化医疗质量管理与检查，有效降低医疗事故发生。狠抓首诊负责制、危重症抢救治疗、疑难病例讨论等医疗核心制度落实，成立4个督导组定期深入基层单位开展督查活动。投资1300万元，完成出头岭医院新建、蓟县妇女儿童保健中心、县医院病房楼、中医院门诊综合楼装修改造和下营、孙各庄等基层医院附属配套工程；投资660万元完成29所基层卫生院病床单位配套、设备配备和9所乡镇医院、卫生院取暖锅炉更新改造；投资410万元完成定点医疗机构结算网络化建设工程，实现“新农合”与城乡医保报销结算系统对接。

（安建国）

疾病控制 2009年，蓟县加强疾病控制工作。及时启动甲型流感防控应急预案。强化以学生、五类高危人群为重点的重点人群监测。协调教育部门，落实学生晨、午检和疫情分析日报告制度。实行高危人群监控包片负责制，监测发热学生18899人，医疗机构监测发热病人8732人，居家医学隔离观察发热学生5868人和流感样病例2511例，控制疫情大面积流行和聚集性暴发。设立医院发热门诊和流感专门诊室，建立甲型流感医疗救治专区，成功抢救危重病人3例，5例确诊病人全部治愈。接种疫苗59270人次，完成免疫规划任务。投资330万元，建成PCR网络实验室，被确定为市级流感病毒检测网络实验室。

蓟县人民医院

（安建国）

公共卫生服务 2009年，蓟县卫生局完成60岁以上老年人筛查100674人，筛查率和建档率均达92.81%；高血压、糖尿病、脑卒中系统管理率85%以上，顺利通过市级各部门年终复核。

（安建国）

妇幼卫生 2009年，蓟县卫生局开展农村适龄妇女乳腺癌普查项目试点工作，启动12项免费检查项目，直接受益12.9万人次；孕产妇系统管理、儿童保健手册使用、妇女病普查等项工作，跨入全市农口区县先进行列。

（安建国）

体 育

概况 2009年，蓟县完成全民健身路径工程。为200个行政村新安装健身器材200套，为别山镇陈辛庄和穿芳峪乡春发中小学争取4万元体育器材。全县

府君山公园晨练扇子舞

拥有体育总会、农民体协、武术协会、太极协会、太极柔力球协会、飞镖协会、游泳协会以及其他体育协会、俱乐部20多个。举办正月文体系列活动、广场文体展示活动、“全民健身日”纪念活动、“三八”妇女健康杯体育比赛、职工趣味运动会、老年人健身大会以及各类单项体育活动。参加天津市农民五子棋和手扑球比赛,承办中国华牌推广论坛及大师表演赛。先后获得天津市首届民营企业职工运动会先进单位、全国第六届农民运动会优秀组织单位、参加全国第六届农民运动会先进单位和全国全民健身先进单位等荣誉。

(白忠民)

业余体育训练　2009年,蓟县体育局调整项目布局。布局田径、篮球、乒乓球、武术、柔道、跆拳道6个项目。加强后备人才培养。各项目人才储备372名。在市青少年各类比赛中夺得第一名16项次,第二名21项次,第三名18项次,第四至八名36项次,并获得天津市中小学田径运动会团体总分第一名。

(白忠民)

体育基础设施建设　2009年,蓟县加强体育设施建设。全民健身服务中心建设规模8684平方米,总投资1800万元,年底基本完工;投入600万元,进行游泳中心改造。现有场馆充分利用,综合训练房、办公楼以及新建健身场地对外出租,实现双赢。

(白忠民)

人口和计划生育

概况　2009年,蓟县人口835514人,已婚育龄妇女154539人、领取独生子女证10423人,落实节育措施143476人,综合节育率92.84%。

(屈雪丽)

计划生育基层基础工作　2009年,蓟县人口和计划生育委员会开展人口出生、避孕节育措施落实、社会抚养费征收等专项清理清查工作,建设全员人口信息数据库。在全市率先完成户籍人口基本信息、已婚育龄妇女和流动人口信息调查登记工作。创建计划生育村民自治合格村894个、示范社区4个。

(屈雪丽)

计划生育依法行政　2009年,蓟县人口计生委加强干部培训教育。加强社会抚养费征收管理,各乡镇上缴财政专户率100%。严把城镇居民二孩生育报批关,全年政策内二孩审批668人。

(屈雪丽)

优质服务创新项目建设　2009年,蓟县人口计生委推动乡镇服务站运转,市级优秀站发展到11个。开展生殖健康优质服务工作,生殖健康查体服务77570人次。开展计生药械市场专项整治,联合检查20余次,查处违规经营避孕药具单位2户。与县有关部门联合开展孕前优生促进工作,建立出生缺陷信息监测网络,培训师资56名,培训目标人群13000余人次,规范出生缺陷I级干预服务流程,强化婚前和孕产期保健等措施。孕前优生促进项目顺利通过市人口计生委专家组验收评定。

(屈雪丽)

流动人口管理服务　2009年,蓟县人口计生委增设流动人口管理科,开展《流动人口计划生育工作条例》宣传培训、流动人口清理清查工作,开展为流动人口“送温暖活动”及大型宣传慰问活动26次,提供免费查体3200余人次。军地共建计划生育

“三联机制”(信息联通、管理联接、服务联动)成果巩固扩大,经验在全国推广。

(屈雪丽)

人民生活

民政工作 2009年,蓟县民政局深化社会救助体系建设,城乡低保、特困救助对象9967人,占全县人口1.2%。农村低保标准由每人每月200元提高到230元,特困救助标准由每户每月60元提高到65元;城镇低保标准由每人每月400元提高到430元,特困救助标准由每人每月120元提高130元。投入城乡低保、特困救助及农村五保资金2678万元。开展“助医、助学、助老、助困”系列主题捐赠活动,接收捐款993.6万元;开展慈善救助活动,对300余名孤儿、特困户、老年人、困难学生进行救助,对2所中小学校进行资助。投入救灾、救济、救助资金3055万余元。在6个乡镇建立老年人日间照料服务中心,在2个村建立老年人日间照料服务站。开展政府购买养老服务试点,为46户困难老年人提供入户综合养老服务。全县社会办养老机构4所。享受抚恤补助重点优抚对象3918人,为3503名重点优抚对象发放冬季供暖补贴73.75万元。接收2008年冬季退役士兵281名。48名退役士兵实行自谋职业,发放就业补助金、生活补助费135.07万元。对52名转业士官进行就业安置,帮助86名退役士兵找到就业岗位。福利企业15家,安置就业1317人,其中残疾职工444人。

(杨卫国)

就业工作 2009年,蓟县新增就业9800人,比上年增长130.4%;城镇登记失业率控制在3.35%,低于全市平均水平。为下岗失业人员发放自谋职业补助费等358.8万元,扶持自主创业、自谋职业、灵活就业702人。对公益性岗位从业人员、灵活就业人员给予岗位补贴492.9万元、社会保险补贴596万元。举办下岗失业人员、大中专毕业生、农民工招聘专场和民营企业招聘周活动15次,组织进场招聘单位764个(次),提供就业岗位10680个(次),进场求职12570人次,达成就业意向3585人。认定困难企业8家,给予岗位补贴、降低社会保险费等政策支持153万元;为11家企业与大龄职工订立无固定期限劳动合同,给予社保补贴150余万元,稳定职工就业1600余人。新建公益性公司4家,累计11家。认定安置困难群体就业538人,完成安置任务的179%,其中零就业家庭人员439人。建立青年就业见习基地13家,落实见习岗位345个。组织10余家重点企业送岗位进校园,两次公开选聘大学生从事公益工作,安置大学生就业948人。

(李佐成)

社会保险与社会保障 2009年,蓟县劳动和社会保障局推进各类企业参保,城镇职工养老保险参保4.92万人,完成市政府考核任务的102%,扩面征缴基金完成任务的107%;城镇职工医疗保险参保5.45万人,新增扩面8601人;失业、工伤、生育保险参保分别达到3.83万人、4.82万人和4.43万人。审批退休2325人。对因病丧失劳动能力和特岗工种人员,办理病退、特岗退休485人。调整养老保险待遇,企业退休人员月人均增加养老金150元,增长12.8%。城镇职工医疗保险最高支付限额由4.4万元提高到5.5万元,门诊特殊病范围增加到12项,减轻参保患者就医负担。为2316人发放失业保险金1169.9万元,保障失业职工基本生活。

(李佐成)

城乡居民养老和医疗保险工作 2009年,蓟县推进“两险”工作。城乡养老保险参保10243人,完成老年人生活补助标准调整和社会化发放工作,近11万老年人领取生活补助7449万元。城乡居民医疗保险参保63.9万人,完成参保97%,位居全市区县前列。新型农村合作医疗工作,不断提高资金使用率,扩大受益面。住院报销、门诊核销22.7万人次,累计报销、核销金额8214.89万元,其中住院报销8.7万人次,报销金额6562.2万元。

(李佐成)

文昌街道

文昌街道位于蓟县县城,东到凤凰山,西至吉华化工有限公司,北抵府君山,南达蓟县火车站。2009年,街域面积19.43平方公里,辖26个居民委员会,居民3.43万户9.19万人。

2009年,在社区党员中开展"想群众,办实事,树形象,做贡献"主题系列活动和争做爱心型社区"服务员"、文化型社区"宣传员"、整洁型社区"清洁员"、稳定型社区"治安员"活动,20个社区党支部为居民解决实际问题120余件。

开展绿化美化家园、创造优美环境活动,开展红歌进社区、红歌演唱会活动,开展社区卫生大清整活动,铲除小广告1万余条,清扫街道80余条、楼道200余个,清运垃圾6吨。开展群众性文化体育活动6场次,开展以秧歌和健身操为主的健身活动5场次,参与居民400余人。围绕"保增长、渡难关、上水平"活动,深入20个社区进行广泛宣传。

开展社区大接访活动,做好迎接建国60周年社区稳定工作。加强5个人口密度大、人员流动多的小区重点防范。参加打击盗窃自行车"百日专项行动"和禁毒宣传教育工作。

完成年度兵役登记、上站体检和新兵征集工作,为部队输送合格兵员33名。完成20个居委会财务审计和资产登记工作。组建2家企业工会,慰问困难职工5人。完善人口与计划生育工作新机制,出生486人,为社区流动人口育龄妇女查体1300余人次,安排计划生育困难家庭就业380人,13户优先享受低保待遇。

(赵新宇)

渔阳镇

渔阳镇位于蓟县中心,南临洇溜镇,北靠罗庄子镇,西接官庄镇,东与穿芳峪乡接壤。2009年,镇域面积65.76平方公里,耕地面积1017.06公顷。辖70个行政村,人口4.62万户13.80万人,其中农业人口1.63万户5.24万人。

1949年新中国成立后,属第一区。1956年撤区并乡,成立城关乡。1958年建立城关公社,设9个管理区。1981年将东关等10个村划出,单独成立城关镇,其他村改为城关乡。1995年,城关乡和城关镇合并为城关镇。1986年将洪水庄乡的桃花园、西井峪等6个村划入城关镇。2001年撤乡并镇,逯庄子乡并入城关镇。2008年7月,改为渔阳镇。

2009年,完成国内生产总值14.75亿元,其中第一产业0.72亿元,第二产业3.72亿元,第三产业10.31亿元;工业总产值11.43亿元,工业销售收入11.43亿元,工业利润总额1.18亿元,固定资产投资5.48亿元,吸引内地投资6.91亿元,引进外资352万美元,农民人均纯收入10755元。

项目总投资15.8亿元。投资4500万元的亚美住宅楼二期工程和投资4000万元的佳城公寓二期商贸楼主体竣工并基本完成预售;总投资7亿元的荣宝斋文化创作产业园项目与投资商达成合作意向;投资3.1亿元的渔阳物流园区项目,完成沿街商贸楼规划提升,园区内商铺、配套公寓楼工程全面开工;投资2.2亿元的渔阳旅游文化中心项目用地手续完成;桃花寺行宫恢复重建项目进行主体施工,投资1亿元的光大通海商住楼建设项目完成规划设计;投资360万元的张庄菜市场改造工程和投资145万元的迎宾路菜市场、投资4500万元的滨河新区还迁楼一期工程竣工使用,投资近1000万元启动果东神秘谷景区,运营正常。

先后与镇村银行、联社银行、中行等多家金融机构达成信贷支持协议,到位信贷资金6100万元,解决重点企业发展资金不足问题。

投资近1500万元,改善环城路、邦喜公路两侧脏乱差状况,对"城中村"街道实施硬化。其中投资1378万元,完成12个村17.22万平方米街道硬化任务;集贸市场得到初步治理,城区村60名保洁员作用明显,街道垃圾实现日产日清。

完成东七园、穆庄子2.2万平方米还迁楼分配工作。完成城乡居民基本医疗保险征缴任务。投资1710万元实施农村安全饮水工程,解决25个村2.05万人饮水安全问题。

建立班子成员每天接待信

访和每周五信访例会制度,组建信访接待办公室,形成大接访调整框架。抓好"两会"、国庆 60 周年和防控涉军访稳控工作,实现零进京非正常访。

2009 年，该镇获国家级文明乡镇、国家级志愿者协会先进集体、全国旅游名镇等荣誉称号。

（刘玉国）

上仓镇

上仓镇位于蓟县中南部,州河两岸。东至礼明庄乡,南至杨津庄镇,西至东施古镇,北至东赵各庄乡。2009 年,镇域面积 47 平方公里，耕地面积 2998.13 公顷。辖 41 个行政村，人口 1.16 万户 3.71 万人，其中农业人口 0.87 万户 3.24 万人。

1949 年新中国成立后,先后属第五、第六区。1956 年撤区并乡,合并为上仓乡。1958 年成立上仓公社。1960 年,上仓公社划归河北省玉田县。1962 年复归蓟县,改为上仓公社。1983 年改为上仓乡。1994 年改为上仓镇。2001 年撤乡并镇,将东塔镇并入。

2009 年，完成国内生产总值 8.77 亿元，其中第一产业 1.45 亿元,第二产业 3.78 亿元,第三产业 3.54 亿元；工业总产值 11.86 亿元，工业销售收入 10.78 亿元，工业利润总额 0.86 亿元,固定资产投资 4.13 亿元,招商引资 3.10 亿元，农民人均纯收入 10256 元。

制定整体部署、三区联动、协调发展战略。东部打造 10.6 平方公里工业区；中部打造 10 平方公里国家级重点镇示范区；西部打造 10 平方公里设施农业产业区。

成立上仓工业园区投资有限公司,与县银政办、广成融资公司对接,形成融资平台,提供资金支持。引入西部控股大型投资集团,融资规模 20 多亿元。

新建设施农业 186.67 公顷，其中温室 40 公顷、晾棚 146.67 公顷。温室每公顷平均收益 60 万元，晾棚每公顷平均收益 13.50 万元。土地租赁收益每公顷平均 13875 元。农民工资性收入 3000 多万元。

园区规划区 10.6 平方公里,起步区 3.5 平方公里。鑫达山水泥制品有限公司增资 3500 万元,扩建二期生产线。钢窗厂增资 600 万元扩大生产规模。"银山水泥"投资 1000 万元新建水泥生产线。11 条 13 公里长的工业园区主干路路胎工程基本完成,铺设管网 26 公里,动土方 80 万立方米。

投资 1200 万元，完成上仓产地市场建设征地、拆迁、道路硬化、场内照明设施和 3000 平方米交易棚建设。富农路宽 900 米路段建设完成,800 米路段路基建设完成。4800 米排污明渠改造正在进行。

分镇区、园区、村庄 3 个层面综合整治。抓好公路两侧商户综合整治。投资 50 万元搞好设施农业核心区环境卫生,铺垫乡村公路两侧路肩，栽植绿化树木。

投资 460 万元,新建乡村水泥路 23 公里。栽植绿化树木 6000 多棵。建沼气池 250 座。9 个村完成自来水改造工程,铺设管道 4 万余米,全镇实现自来水户户通。程家庄投资 1200 万元,新建农民住宅楼 1 万平方米。

投资 150 万元建成 1000 平方米镇文化体育中心，投资 70 万元建成上仓社区综合服务中心。新建农民书屋 6 座、农民文体广场 15 个。适龄妇女免费体检 7300 多人。投资 15 万元维修校舍。

工业园区起步区征地 9 月实施，涉及 9 个村 2084 户 7937 人。征地 267 公顷,拆迁 200 多户,征地拆迁中无越级访发生。

2009 年，该镇被评为国家级群众体育工作先进乡镇、市级村务公开民主管理示范镇。上仓现代农业示范园区被确定为天津市 13 个现代农业示范园之一,上仓工业园区被确定为天津市重点建设园区。

（段爱国）

邦均镇

邦均镇位于蓟县西部，盘山南麓。东邻洇溜镇,北邻官庄镇,西邻白涧镇，南邻东二营乡。2009 年,镇域面积 34.73 平方公里,耕地面积 1844.4 公顷。辖 43 个行政村，人口 1.03 万户 3.38 万人，其中农业人口 0.79 万户 3.01 万人。

1949 年新中国成立后,属第三区。1953 年成立邦均乡。1958 年成立邦均公社，设 11 个管理区。1961年邦均公社只保留邦均管理区的22个村。1983年改为邦均乡。1990年改为邦均镇。2001年撤乡并镇，李庄子乡并入邦均镇。

2009年，完成国内生产总值12.60亿元，其中第一产业0.84亿元，第二产业3.41亿元，第三产业8.35亿元；工业总产值10.89亿元，工业销售收入10.64亿元，工业利润总额1.12亿元，固定资产投资4.37亿元，农民人均纯收入10667元。

推进重点项目建设。实施蓟县苗木花卉基地项目，整修基地道路3300米。陕西重汽天津天挂车辆改装扩建项目，总投资4.5亿元，完成投资8000万元。投资700万元，完成市场路西段1500米拓宽改造和东段3万立方米路基填方工程。实施天津雀巢天然矿泉水有限公司二期工程项目，总投资1.3亿元。加快镇工业园区建设，陕西重汽、嵩山挂车、保时捷汽车物流、大众汽贸等11家相关汽车企业进驻园区。东兵马生态文明示范村项目，投资160万元，硬化街道3公里、安装地下排水管道3公里、建户用沼气池32座，完成900平方米健身广场建设和绿化美化工程。

拓宽农民增收渠道。建成投资300万元的康乐园食品厂、投资260万元的大东微滤膜科技有限公司、投资600万元的美国特福莱汽车美容连锁店。投资1039万元，建成建筑面积10350平方米的邦均农贸市场。投资500万元，完善旧机动车交易、服装、水泥建材、大牲畜、苗木花卉等市场。投资400万元，建成占地6.67公顷的温室花卉暖棚70个。以天津中园四季苗木花卉批发市场为核心，形成占地1333.33公顷、“东花卉、西苗木”的产业格局，日吸引全国各地经销商2000人次以上。投资150万元，完成西头百户生猪养殖场扩建项目，年可出栏生猪6000头以上。

（赵卫东）

下营镇

下营镇位于蓟县最北部，东邻河北省遵化市，南临罗庄子镇，西与北京市平谷区接壤，北与河北省兴隆县相连。2009年，镇域面积143.64平方公里，耕地面积734.26公顷。辖35个行政村，人口0.68万户2.05万人，其中农业人口0.57万户1.87万人。

天津雀巢天然矿泉水有限公司

1949年新中国成立后，属第八区。1953年建8个乡。1956年撤区并乡，合并为2个乡。1958年成立下营公社，设8个管理区。1983年改为下营乡。1990年改为下营镇。2001年撤乡并镇，小港乡并入下营镇。

2009年，完成国内生产总值3.49亿元，其中第一产业0.27亿元，第二产业1.55亿元，第三产业1.67亿元；工业总产值3.76亿元，工业销售收入3.52亿元，工业利润总额0.14亿元，固定资产投资1.69亿元，吸引投资1.47亿元，农民人均纯收入9252元。

配合天津市建筑设计院、市规划院和澳大利亚宝泽金融集团进行养生休闲魅力小镇规划。配合宝泽金融集团完成86.67公顷山场建设酒庄项目的山场租用工作。

豪美生态农业项目到位资金3300万元，平整土地2万平方米，架设围栏800米，建鹿舍920平方米，散养区1万平方米，引进梅花鹿150头。1.5万平方米的温室大棚基本完成。斯巴鲁磷酸铁锂电池新型项目投资2100万元，完成主体基础建设。

引进资金1100万元，对团山子村梨园整体包装，修建鹅卵石景区观光路1898米，设立咏梨花诗句石刻20组，整修河道1000米，修建河桥2座。4月17日举办首届天津渔阳“梨园情”

旅游文化节,开展游园、摄影大赛、古树认养等系列活动。龙泉山景区整体转让。东山、寺沟2个特色旅游村投资150万元,粉刷墙壁,修建停车场,绿化街道,栽植花卉苗木,完成景观桥、旅游中心、水冲厕建设。九山顶景区投资90万元,完成鸣泉湖、水上游乐场等旅游项目建设。投资1700万元改扩建农家院旅游户近160户。

投资18万元,完成八仙路3.5公里道路绿化美化和其他3条道路治理,打造景观小品。投资30万元整治主干街道。投资600万元进行农田水利设施建设,完成谷坊坝500条、经济林66.67公顷。投资300万元新修7.5公里乡村公路。在20个村修建体育健身广场2.2万平方米,安装健身器械150件套。投资70万元,建设优质饲料粮基地26.67公顷,修水泥路2000米。开通"村易通"网站,建成全市首个试点乡镇。

(李金山)

马伸桥镇

马伸桥镇位于蓟县东北部,于桥水库北岸。东邻出头岭镇,南临于桥水库,西与穿芳峪乡接壤,北与孙各庄满族乡、河北省遵化市石门镇相连。2009年,镇域面积43平方公里,耕地面积1352.73公顷。辖42个行政村,人口1.24万户3.74万人,其中农业人口1万余户3.38万人。

1949年新中国成立后,属第二区。1953年分属二区、十二区,建7个乡。1956年撤区并乡,成立马伸桥乡。1958年成立马伸桥公社,设10个管理区。1983年改为马伸桥乡。1994年改为马伸桥镇。2001年撤乡并镇,宋家营乡并入马伸桥镇。

2009年,完成国内生产总值6.82亿元,其中第一产业0.72亿元,第二产业3.67亿元,第三产业2.43亿元;工业总产值7.13亿元,工业销售收入6.61亿元,工业利润总额0.49亿元,招商引资6000万元,农民人均纯收入9308元。

镇总体规划(2008-2020年)得到批复。对优势资源整体策划,统筹推进设施农业、工业园区用地整体规划以及公路管网、给排水、绿化等基础设施规划。

争取信用贷款283万元,新发展日光温室大棚23个;规划占地66.67公顷的淋河优质蓝莓基地,投资350万元,完成一期工程建设。农业技术培训、农林病虫害防治、农民素质教育取得新进展。

投资1500万元的混凝土搅拌站项目签约。完成天台山路拓宽改造工程征地拆迁任务。完成威斯汀果汁配套的澳洲青苹果基地选址、栽苗工作,总面积53.33公顷。

建立环境整治队伍和专项资金。开展联合执法行动12次,拆除违章广告牌匾178块,制止违章建设27处,强制拆除违章建筑6处,关停洗砂场5处。

推进新农村建设。投资1400余万元,硬化村级道路、里巷,自来水管网入户38个村,铺设饮水管道333公里;农村低压电网改造16公里;完成40公顷土地整理任务,打井4眼,架设线路300米,整修田间路2500米,铺设田间输水管道1200米;新建健身广场10个,安装路灯360盏,栽种绿化苗木1.6万株。完成北关小城镇项目选址和规划设计,完成集贸市场商贸棚厅建设征地补偿工作。

投资200余万元,保护性修缮清朝乾隆年间军机大臣傅恒、福康安的皇家陵寝,傅恒、福康安陵寝遗址和龙山抗日暴动纪念地列为县级文物保护地。

城乡居民医疗保险参保26815人。举办技能培训班3期,培训515人。计划生育率94.9%,育龄妇女普查率100%。

(林雪森)

别山镇

别山镇位于蓟县中心,东与五百户镇、河北省玉田县搭界,南与杨津庄镇相连,西与泅溜镇、礼明庄乡接壤,北靠县城。2009年,镇域面积83平方公里,耕地面积3244.66公顷。辖64个行政村,人口1.51万户4.78万人,其中农业人口1.27万户4.38万人。

1949年新中国成立后,属第六区。1953年,建别山乡。1958年后属泅溜公社管辖,设2个管理区。1959年,大官场等4个乡并入别山公社。1960年,窦家楼等36个村划归河北省玉田县。1962年复归蓟县,成立别山公社。1983年改为别山乡。1994年改为别山镇。2001年撤乡并镇，翠屏山乡并入别山镇。

2009年，完成国内生产总值8.92亿元，其中第一产业0.87亿元，第二产业4.03亿元，第三产业4.02亿元；工业总产值7.17亿元，工业销售收入6.93亿元，工业利润总额0.99亿元，固定资产投资2.23亿元，吸引内地投资3亿元，农民人均纯收入10425元。

组成服务工作组，帮助企业自筹资金770万元，帮扶神农奶牛养殖场扩大养殖规模，年存栏量500头，被评为市级养殖示范小区、市级无公害牛奶生产基地、县级农业现代精品工程。5个镇办企业通过帮扶运行良好。

第一产业完成投资5643万元，第二、三产业和社会事业完成投资16692万元。累计投资120万元，完成工业园区总体规划，3家企业入驻，“七通一平”全面实施。

推进于桥水库水源地保护和开发。“翠屏山澜”项目一期工程进入实施阶段，累计投资450万元，完成30平方公里地形测绘；完成项目策划、概念性规划和总体规划。

邀请天津大学城市规划设计院对镇总体规划重新修编，完成编制审查、专家论证、社会公示并上报县政府审批。

完成34个村电网改造工程，建塔基186座，2个变电站供电。投资7500万元完成别山商业中心建设，该商业中心被市政府确定为市级商业中心。新修乡村公路11条，总长23公里，硬化村内街道40550平方米。投资160万元新建6座桥涵，人工造林773.33公顷，义务植树9万株，幼林抚育933.33公顷。

开展集中治理12次，村庄环境卫生整治10次，拆除违章广告牌匾635块，清理边沟2.80万米，清除垃圾1.05万立方米，新增垃圾池21座，拆除违章建筑39处，主要道路建垃圾池137座。对6个矿区24家矿点断道、设置路障，依法捣毁3家小白灰窑。

投资230万元建成镇文体中心主楼和健身广场，新建村级文化体育中心10个、农家书屋8个，配备图书208套。基本医疗保险参保率92%，养老保险参保1100人，6054名60岁以上老年人生活费补助足额发放。

（李小雷）

罗庄子镇

罗庄子镇位于蓟县北部，北与下营镇接壤，东与穿芳峪乡相连，南接渔阳镇，西连北京市平谷区金海湖镇。2009年，镇域面积99平方公里，耕地面积565.86公顷。辖25个行政村，人口0.42万户1.36万人，其中农业人口0.38万户1.26万人。

1949年新中国成立后，属第八区。1953年建3个乡。1956年撤区并乡，属杨庄乡。1958年人民公社化后，设3个管理区。1961合并为罗庄子公社。1983年改为罗庄子乡。2001年撤乡并镇，洪水庄乡并入罗庄子镇。

2009年，完成国内生产总值2.25亿元，其中第一产业0.37亿元，第二产业1.08亿元，第三产业0.80亿元；工业总产值3.42亿元，工业销售收入3.42亿元，工业利润总额0.21亿元，固定资产投资1.84亿元，农民人均纯收入9000元。

发挥山青水秀、自然环境美的资源优势和交通便利、周边景点众多的区位优势，确定果品强镇、旅游富镇、和谐立镇的工作思路，形成以开发促发展、以发展促增收的良好局面。

蓟州国际滑雪中心项目占地46.67公顷，总投资2.1亿元，已投入6210万元。投入610万元提升红色堡垒早店子村整体水平。发展乡土山野特色农家院20户，发展休闲观光采摘园35个。投入210万元完成津围路至蓟州溶洞旅游景观路拓宽工程，水泥硬化路面由5米拓宽至8米。

促进税源型企业发展。宏泰化工有限公司是全市唯一一家生产民用炸药企业，投资3500万元建成年生产能力1.2万吨的乳化炸药生产线1条，实现税收500余万元。

实施万亩果品基地工程。投入500万元，建山坡水窖200个、山间工作路2万米，引进果树优良品种12个，推广果树管理实用新技术14项；完成果树劣改优10万株。注册“环秀湖”牌果品商标，成立果品公司。发展花果峪脆枣、罗庄子爱宕梨、王庄大桃等果品特色村，优质果园面积达2000公顷，果品产量

1.4万吨。

推进新农村建设。投入300万元硬化乡村公路3.66公里、村内街道1.2万平方米。投资300万元对7个村实施管网入户工程,配套饮水管道3万米,建山坡水窖40个、防渗渠道3000米;拆除违章建筑5处700平方米,清整、倒运垃圾3000多立方米。

城乡居民医疗保险参保9875人,参保率96.7%;领取养老补助金1749人。为32人发放独生子女奖励补助金,落实义务教育阶段“两免一补”政策,卫生院免费为1500名适龄妇女体检,免费为135名孕妇孕期检查。新建农村书屋5个,新增各类图书8000册。投资12.5万元,新建文化体育广场5个,面积6400平方米。

(董子忠)

出头岭镇

出头岭镇位于蓟县东部,于桥水库东北侧。东邻河北省遵化市平安城镇,南与西龙虎峪镇接壤,西与马伸桥镇隔淋河相望,北与河北省遵化市石门镇相连。2009年,镇域面积58.2平方公里,耕地面积1846.8公顷。辖36个行政村,人口1.18万户3.74万人,其中农业人口1.03万户3.47万人。

1949年新中国成立后,属河北省遵化县第四区。1953年建2个乡。1956年撤区并乡,成立出头岭乡。1958年后属遵化县五星公社,设出头岭管理区。1961年改为出头岭公社。1979年划归蓟县。1983年改为出头岭乡。2001年撤乡并镇,官场乡并入出头岭镇。

2009年,完成国内生产总值4.57亿元,其中第一产业0.79亿元,第二产业2.90亿元,第三产业0.88亿元;工业总产值8.29亿元,工业销售收入7.57亿元,工业利润总额0.88亿元,固定资产投资1.63亿元,招商引资5870万元,农民人均纯收入8918元。

投资1600余万元,完成温室大棚及蔬菜晾棚建设86.67公顷,食用菌大棚、蔬菜晾棚总数1500个,占地200余公顷。新发展25户晾棚香瓜,投资10万元建成特种家禽养殖小区,存栏孔雀、山鸡等5000余只。扩大红樱南瓜、韭菜、生姜、蚂蚱等种植养殖规模。

官场衬衣有限公司实现产值2650万元、利税270万元,2000套自主品牌服装试销成功。全镇服装加工企业40家,吸纳就业3200多人。西梁各庄小型液压机械制造企业发展到38家,产品畅销各地。新上规模以上企业2家。投资150万元的金坤家具制造厂和投资1000余万元的宏远铁粉厂投产。

新建临街商贸设施1.5万平方米,个体工商户发展到43家,总数1694户,从业人员6500多人。第三产业增加值2.3亿元。县重点项目食用菌专业批发市场完成规划、选址、立项、土地预审、勘探和设计工作。

推进新农村建设。投资180万元,完成11个村自来水管网入户,3.6万群众喝上放心水。投资235万元,修建街道3.92万平方米。投资130万元,完成11个村文化广场和农家书屋建设。投资100万元,建沼气池312座。

镇村环境综合治理,清运3条乡村公路两侧垃圾,规范广告牌匾。依法取缔淋河砂石料加工点。推进景观大道建设,拆除临建和破旧门脸房20多间,新建透视墙300多米,栽植绿化苗木2000株。

协调哈尔滨银行为760户群众发放小额支农贷款1730余万元;为14名妇女争取小额贴息贷款82万元。成立库区移民迁建村中第一个信用共同体试点,首批确定42户高标准信用户,为每户提供信贷资金3万元。

举办农民素质培训65期、其他形式培训36次,农民受训率52.3%。发放各类优抚款、困难补贴264.3万元。城乡居民医疗保险和养老保险参保24793人、678人,医疗保险参保率90.5%。发放老年补贴29万余元。投资800万元新建的镇卫生院分院投入使用。

(孙宏伟)

五百户镇

五百户镇位于蓟县东南部,于桥水库南岸。东接西龙虎峪镇,西接别山镇,南至燕山山脉,北邻翠屏湖。2009年,镇域面积43.12平方公里,耕地面积734.13公顷。辖42个行政村,人口0.85万户2.57万人，其中农业人口0.73万户2.39万人。

1949年新中国成立后，属第二区。1953年属十二区，建4个乡。1956年撤区并乡，合并为2个乡。1958年后属马伸桥公社管辖，设2个管理区。1960年魏庄子等27个村划归河北省玉田县。1962年复归蓟县，2个管理区合并为五百户公社。1983年改为五百户乡。2001年撤乡并镇，九百户乡并入五百户镇。

2009年，完成国内生产总值2.54亿元，其中第一产业0.45亿元，第二产业1.59亿元，第三产业0.50亿元；工业总产值3.81亿元，工业销售收入3.31亿元，工业利润总额0.34亿元，固定资产投资1.04亿元，吸引外地资金5180万元，农民人均纯收入8933元。

新发展鲜食葡萄17.87公顷，总数达30公顷；新发展酒用葡萄13.33公顷，总数达680公顷。投资500万元，建成食用菌基地17.33公顷。建成肉鸡、蛋鸡、肉牛养殖场3个，拉动全镇肉鸡存栏3.4万只、肉牛存栏2100头、蛋鸡存栏6万只。基本形成优质葡萄、干鲜果品、畜禽养殖等农业主导产业。

吸引外地资金5180万元。投资3.5亿元的王朝庄园项目完成征地和围栏建设，京铁鑫城改扩建项目全面完成。投资1.5亿元的翠屏湖农业生态观光园完成公司注册。

粮煤补贴、老年人扶助、库区移民扶持等支农惠农政策全面落实。完成10个村管网配套3.6万米，维修、新建水池7座，铺设管道2500米，饮水条件明显改善。新修乡村公路4.8公里，完成村级主干道硬化20公里，新建沼气池150座。创建生态村4个，大丰沟村成为县级文明生态村，养老保险工作圆满完成。

完成重点工程征地工作。电力塔基征地涉及37个村，建设220千伏塔基41个、35千伏塔基65个。220千伏电网竣工通电，35千伏电网工程进展顺利。别九路征地，土地和地上附着物补偿金完成发放。

以环湖南路两侧和贾庄子、魏各庄、官撞3个生态村为重点，开展环境大整治活动，清运垃圾2575立方米，清扫路面24990米，清理水库南路两侧乱堆乱放1266立方米，累计用工4577人次。落实3个集贸市场卫生长效管理机制，拆除违章建筑1532平方米，环卫工作申报为全市先进单位。

7个村建立村级图书室，7个村建起文体娱乐健身场所。中考升学率49%，重点高中上线率26.1%；华岩寺中学代表全县接受市政府现代化教育试点验收。32名贫困残疾人纳入低保，18名残疾人顺利就业；慰问低保户、五保户35户81人次；计划生育率94.1%。

把维护库区稳定作为政治任务，认真执行属地管理、分片包干责任制，排查不稳定因素，接待群众信访和上访，有效化解社会矛盾。全年接待信访48件，解决纠纷230起。国庆节期间未发生越级上访事件。

完成村级“两委”班子换届选举。一大批有技术、懂经济、能带领群众致富的能人被选进班子。选举产生村级“两委”干部90人，年龄结构更加合理，文化层次明显提升，为新农村建设提供组织保障。

（周德全）

侯家营镇

侯家营镇位于蓟县西南部，东与下窝头镇、东施古镇相邻，北与尤古庄镇接壤，西部和南部分别与河北省三河市、天津市宝坻区隔河相望。2009年，镇域面积55.72平方公里，耕地面积3517.33公顷。辖43个行政村，人口1.08万户3.92万人，其中农业人口0.92万户3.60万人。

1949年新中国成立后，属第四区。1953年建4个乡。1958年后属尤古庄公社管辖，设2个管理区。1961年2个管理区合并，建立侯家营公社。1983年改为侯家营乡。2001年撤乡并镇，三岔口乡并入侯家营镇。

2009年，完成国内生产总值12.45亿元，其中第一产业3.30亿元，第二产业5.41亿元，第三产业3.74亿元；工业总产值8.52亿元，工业销售收入7.17亿元，工业利润总额0.76亿元，固定资产投资3.35亿元，农民人均纯收入10431元。

投资1575万元的1666.67公顷中低产田改造工程通过市级验收。以现代农业示范园区建设为重点，完成设施农业建设

175.73公顷。完成农产品物流园一期、设施农业示范园、循环农业园建设。投资900万元完成正大永义绿色生猪养殖标准化样板工程,存栏6000头,年出栏肥猪1.2万头;扩大大潘庄肉牛养殖园区养殖规模,抓好养殖产品安全工作。

投资2000万元进行天津市燕南包装股份合作公司、晓川过滤设备有限公司、长城起重设备公司、九驰肉牛屠宰有限公司扩建。投资2000余万元建成广捷通食品有限公司。

新农村建设成绩显著。投资350万元完成19个村自来水入户工程,铺设地下主管道7万米,安装自来水表1300块。投资483万元对8个村主街道路水泥硬化16公里。投资800万元完成一线穿路东段建设。实施清洁能源建设工程,建户用沼气池300座。肖河庄村创建示范型文明生态村,侯三八、宗家庄村创建达标型文明生态村,铺户庄等3个村创建启动型文明生态村。清理宝平公路两侧砂石料堆放点及摊点垃圾。

按时发放老年人基本生活补助。计划生育工作在全县达标考核中排名第三;加强综治信访工作,落实各项优抚政策,保障弱势群体权益。

(王巨月)

下窝头镇

下窝头镇位于蓟县南部,州河西岸。东至州河与杨津庄镇相望,南至泃河与宝坻区相望,西与侯家营镇、东施古镇相连,北与上仓镇接壤。2009年,镇域面积44.5平方公里,耕地面积2937.73公顷。辖29个行政村,人口0.86万户3万余人,其中农业人口0.73万户2.74万人。

1949年新中国成立后,属第五区。1953年建4个乡。1956年撤区并乡。1958年后属上仓公社,设3个管理区。1962年,17个村划归河北省玉田县。1963年复归蓟县,将3个管理区合并为下窝头公社。1983年改为下窝头乡。2001年撤乡并镇,白塔子乡并入下窝头镇。

2009年,完成国内生产总值6.42亿元,其中第一产业1.26亿元,第二产业3.03亿元,第三产业2.13亿元;工业总产值6.01亿元,工业销售收入5.65亿元,工业利润总额0.39亿元,固定资产投入1.63亿元,招商引资5330万元,农民人均纯收入10123元。

种植业以设施农业为重点,向规模化产业化发展。新增设施农业产值1000多万元,每公顷纯收入15万元以上。新建设施农业30公顷。巩固水稻、棉花、花生等经济作物种植面积。推进畜牧养殖业发展。完成河北屯村养牛场建设项目,投资90万元,占地2000平方米,建牛舍1200平方米,存栏能力110头;加强对11个生猪、蛋鸡养殖小区管理,生猪存栏2.4万头,出栏3.9万头,禽蛋产量1100吨。

发展乡镇企业和个体私营经济。深入企业调研,协助企业签订650万件服装加工合同,新增个体工商户130多个,落实6个投资项目,其中500万元以上项目2个。

完成4.3公里一线穿道路拓宽和6.3公里程白路翻修工程。筹资115万元,完成13个村自来水管道安装,铺设管道6.53万米,新打饮水井6眼,配套13眼。完成1座危桥翻建。投资100余万元,完成15个村有线电视入户。投资110万元,完成2个村3900米水泥路硬化。

完成津蓟高速路两侧可视范围内墙体粉刷2.5万平方米。整治镇政府所在地市容环境,拆除违章建筑3000余平方米。组建政和大街清洁队,对政和大街及建业路垃圾废物全面清理。加强村容村貌整治,维护主干道路干净整洁。

制定防洪、防地质灾害预案,层层签订安全责任书,全年无重大安全事故发生。建立育龄妇女数据库,计划生育率94.7%。做好优抚、低保、救灾工作,向国家输送优秀兵员12名。组织医疗保险保费收缴工作,19805人参加医疗保险。

(王宝立)

桑梓镇

桑梓镇位于蓟县西南部,泃河东岸。西邻河北省三河市,东与尤古庄镇相邻,南部和北部分别与侯家营镇、白涧镇接壤。2009年,镇域面积60平方公里,耕地面积4705.93公顷。辖44个行政村,人口1.17万户4.07万人,其中农业人口0.99万户

3.78万人。

1949年新中国成立后，属第四区。1953年属十一区，建3个乡。1956年撤区并乡，合称桑梓乡。1958年后属尤古庄公社，设2个管理区。1961年，2个管理区合并为桑梓公社。1983年改为桑梓乡。2001年撤乡并镇，刘家顶乡并入桑梓镇。

2009年，完成国内生产总值11.66亿元，其中第一产业1.55亿元，第二产业1.69亿元，第三产业8.42亿元；工业总产值3.11亿元，工业销售收入2.72亿元，工业利润总额0.28亿元，固定资产投资2.21亿元，招商引资1.87亿元，农民人均纯收入10253元。

发挥传统瓜菜种植优势，成立西瓜生产合作社，注册桑梓西瓜品牌，举办第八届桑梓名优西瓜采摘节，扩大桑梓西瓜知名度。设施农业产业路建成通车，设施农业面积466.67公顷。形成“投资少，见效快，一季瓜一季菜，一年收入一万块”的桑梓春秋凉棚发展模式，达到“户增一亩瓜，人均增千元”的好效益。

新农村建设投入资金1720万元，用于道路铺设、硬化、绿化、亮化及户用沼气等基础设施建设。576人接受实用技术培训。铺设管网10.31万米，14个村1.2万人实现安全饮水。投资32万元，完成8个村文化书屋建设。

免除义务教育费用，农村医疗保险参合率93%，加大土地执法力度和耕地保护，稳定低生育水平。实行安全隐患排查报告单制度，国庆期间未发生一起越级上访案件和安全生产事故。

（钱立军）

尤古庄镇

尤古庄镇位于蓟县西南部，东、西、南、北分别与东施古镇、桑梓镇、侯家营镇、东二营乡接壤。2009年，镇域面积49.93平方公里，耕地面积3554.93公顷。辖44个行政村，人口0.75万户2.73万人，其中农业人口0.64万户2.53万人。

1949年新中国成立后，分属第三、四区。1953年建4个乡。1956年撤区并乡，合并为2个乡。1958年后成立尤古庄公社，设2个管理区。1983年改为尤古庄乡。1996年改为尤古庄镇。

2009年，完成国内生产总值6.76亿元，其中第一产业1.47亿元，第二产业2.03亿元，第三产业3.26亿元；工业总产值3.94亿元，工业销售收入3.68亿元，工业利润总额0.25亿元，固定资产投资2.20亿元，农民人均纯收入10091元。

生猪存栏3.2万头，出栏5.1万头；肉牛存栏7700头，出栏12160头；蛋鸡存栏14.18万只。新建扩建养殖小区2个，总数15个，畜牧业产值占农业总产值70%以上。投资1140万元，完成土地流转72公顷，建成蔬菜大棚40.33公顷。新增蔬菜面积106.67公顷，总面积306.67公顷，每公顷平均效益3万元以上。累计栽植木材用树10.6万株，苗木花卉种植面积200公顷。

引进北京古船油脂有限公司油脂加工项目，投资560万元的天津华隆畅管业有限公司投产，完成工业园区详细规划、园区法人注册。成立镇工业园区建设管理委员会，负责园区建设工作具体实施。

列入县级督办的重点项目世纪丰优质种猪繁育园区项目，完成投资4000余万元，19栋猪舍及配套设施、办公楼、实验室和配套生活设施全部完工。

新农村建设，新建具有示范带头作用的示范村4个、具有导向作用的标准村6个、启动村6个。投资420万元新修乡村公路15公里；投资200万元硬化村主干街道7.2公里；投资6万元栽植绿化苗木3.2万株；投资4万元建垃圾池（箱）80个；投资40万元建户用沼气池110座；投资300万元打深井12眼，完成15个村自来水入户工程；投资10万元建成农家书屋2个；投资20万元新建文体广场5处。

（王继宗）

杨津庄镇

杨津庄镇位于蓟县南部，州河东岸。东邻河北省玉田县，西至下窝头镇，南接下仓镇，北至上仓镇。2009年，镇域面积71.03平方公里，耕地面积4570.46公顷。辖52个行政村，人口1.10万户3.69万人，其中农业人口0.94万户3.39万人。

1949年新中国成立后，北

部属第六区，南部属第七区。1953年属第十区，建4个乡。1956年撤区并乡，合并为杨津庄乡。1958年后属下仓公社管辖，设2个管理区。1960年杨津庄等18个村划归河北省玉田县。1962年复归蓟县，改为杨津庄公社。1983年改为杨津庄乡。2001年撤乡并镇，大埑上乡并入杨津庄镇。

2009年，完成国内生产总值6.35亿元，其中第一产业2.13亿元，第二产业1.50亿元，第三产业2.72亿元；工业总产值3.21亿元，工业销售收入2.33亿元，工业利润总额0.22亿元，固定资产投资1.64亿元，吸引内资1.54亿元，农民人均纯收入10138元。

投资460万元，发展设施农业46.67公顷，新发展各类无公害顺季蔬菜133.33公顷，全镇瓜菜总面积493.33公顷。千亩蓟州牌鲜食玉米基地建设，投资130万元，建成以大漫河村为主的66.67公顷鲜食玉米基地。该产品注册“蓟州”牌鲜食玉米绿色食品商标，产品打入京津唐地区各大超市。

程康野猪养殖园区有长白山纯种野猪20头，二元、三元猪550头，推广野猪与散养母猪杂交技术。投资880万元扩建3个甲鱼养殖小区，新建温室大棚26个、冷棚52个，全镇甲鱼养殖占地66.67公顷，年产商品甲鱼9万公斤。蛋鸡孵化园区投资180万元，建成种蛋鸡和孵化养殖园区，年孵化能力600万只。王家浅鑫鑫蛋鸡养殖园区年产种蛋300万枚。

新建安诺建材制品有限公司、吉尚三星电子分厂、恒润达轻型建材有限公司3家企业。完成金华、佳星、京祥3个服装厂规模扩建和设备更新，新进设备300台套，新增就业600人。巩固万全纸箱制品有限公司等4家规模以上企业。

民营经济逐渐向工业、建筑业、商业、运输业等10多种行业渗透，新发展私营企业5家，发展个体工商户60户，总数1230户。

拆除津围公路两侧杨津庄路段、电管站门前房屋6间。拆除违章广告2个。清理违章摊位2处，清运垃圾50立方米。重点村村容村貌整治，投资50万元，硬化路面2000米，新建沼气池20座。

（王志国）

下仓镇

下仓镇位于蓟县东南部、蓟运河北岸。南临天津市宝坻区，东邻河北省玉田县，北与杨津庄镇相邻，西与下窝头镇隔河相望。2009年，镇域面积85.29平方公里，耕地面积555.67公顷。辖67个行政村，人口1.46万户4.75万人，其中农业人口1.27万户4.31万人。

1949年新中国成立后，属第七区。1953年建6个乡。1956年撤区并乡，合并为2个乡。1958年人民公社化后，设7个管理区。1960年下仓公社的38个村划归河北省玉田县。1962年复归蓟县，改为下仓公社。1983年改为下仓乡。1995年改为下仓镇。2001年撤乡并镇，蒙圈乡并入下仓镇。

2009年，完成国内生产总值8.69亿元，其中第一产业1.15亿元，第二产业2.68亿元，第三产业4.86亿元；工业总产值4.97亿元，工业销售收入4.79亿元，工业利润总额0.45亿元，固定资产投资2.35亿元，吸引外地资金1.56亿元，农民人均纯收入10168元。

粮食播种7448.67公顷，总产42090吨。蔬菜播种390.67公顷，总产22136吨。建温室大棚14.2公顷，建成晾棚17.95公顷。生猪饲养9.34万头，规模养殖户260户，2个生态养猪示范园建成。投资1575万元，开发中低产田1666.67公顷，新打机井及配套139台套，安装变压器7台套，架设高低压线路15.25公里。

工业企业完成投资1.6亿元，其中500万元以上新建、扩建项目9个。建华页岩砖制品有限公司投资1200万元实施节能改造工程，年节煤1.1万吨。

加快新农村建设。16个村累计投资80万元，新建健身广场16处，安装健身器材160台套。丰富村投资239.4万元，硬化道路，建户用沼气池和健身广场，安装路灯，实现自来水户户通。开展环境综合治理，对30多家小塑料生产企业关停整顿。整治域内3条公路沿线环境。投资14万元，平整3个集贸市场3000余平方米。乡村公路建设一期工程46公里，投资900万元实施城镇化改造，完成31个村饮水安全及管网入户工程。

受理群众来访239件，排查不稳定因素65件，成立综治工作中心，受理各类民事纠纷253件。抓获犯罪分子13人，维护铁路沿线治安稳定，13个村通过平安村审批。

发放优抚款300万元，认定带病返乡军人31名，新批低保户14人，投资7万元为3户优抚对象落实安居工程。32106人参加农村合作医疗。投资17万元，建村级农家书屋9间，购置图书12万册。投资50余万元，建村级健身广场10个，组织8支花会队巡演。出生人口442人，计划生育率98%以上。

（王建忠）

官庄镇

官庄镇位于蓟县西北部，盘山脚下。南临邦均镇，东邻渔阳镇，北与北京市平谷区相邻，西与许家台乡毗邻。2009年，镇域面积84.22平方公里，耕地面积1681.8公顷。辖34个行政村，人口0.94万户3.35万人，其中农业人口0.82万户3.13万人。

1949年新中国成立后，属第三区。1953年属第九区，辖6个乡。1956年撤区并乡，合并为3个乡。1958年属城关公社，设2个管理区。1961年公社规模缩小，2个管理区合并为官庄公社。1983年改为官庄乡。1990年改为官庄镇。

2009年，完成国内生产总值5.15亿元，其中第一产业0.22亿元，第二产业2.30亿元，第三产业2.63亿元；工业总产值2.69亿元，工业销售收入2.24亿元，工业利润总额0.22亿元，固定资产投资3.79亿元，吸引投资10.35亿元，农民人均纯收入10309元。

中智示范农场完成优质果品生产示范园和优质种苗繁育基地建设，完成盘山大道、官庄新农村路、蓟平高速路辅路土地、燃气西通工程。完成蓟平高速路两侧绿化美化工程，栽植树木3.5万株，粉刷墙面1万余平方米。

依托盘山风景名胜区，推进旅游产业带动型新农村建设。一期工程竣工，总建筑面积4.57万平方米。完成1100平方米村民服务中心和八方桥等配套设施建设。二期进场施工，总建筑面积3.20万平方米的18栋还迁楼封顶。天津市“九镇三村”试点的玉石庄新农村建设项目，完成投资6280万元，征地补偿款全部到位，村民住宅拆迁完毕。

投资60万元完善营房、砖瓦窑、联合村旅游接待中心建设，举办培训班4期，培训发证人员540人。旅游专业村发展到12个，农家院挂牌208家，农家旅游综合收入7000余万元。

依法关停22家石料厂，成立综合执法队，非法开采得到有效遏制。成立70人环卫队伍，整治各村环境，绿化美化道路，拆除100余处违章建筑。

投资200万元的塔院小学、官庄中学宿舍楼建成使用，基本医疗保险参保率97%。完成7个村6.9万米自来水管网入户、7个村电网改造、4个村保水工程和20.67公顷节水灌溉工程。新建5个村农民书屋和农村文化室，联合村等8个村新建体育健身小区。

（白旭成）

洇溜镇

洇溜镇位于蓟县中部，州河西岸。东邻别山镇，南邻东赵各庄乡，北邻渔阳镇，西邻邦均镇。2009年，镇域面积28.28平方公里，耕地面积1511.73公顷。辖33个行政村，人口0.73万户2.50万人，其中农业人口0.62万户2.31万人。

1949年新中国成立后，先后属第三、第九区。1953年属第十区，辖3个乡。1956年撤区并乡，合并为3个乡。1958年成立洇溜公社，设10个管理区。1961年公社规模缩小，洇溜公社只保留2个管理区33个村。1983年改为洇溜乡。1996年改为洇溜镇。

2009年，完成国内生产总值4.55亿元，其中第一产业2.00亿元，第二产业0.87亿元，第三产业1.68亿元；工业总产值2.79亿元，工业销售收入2.61亿元，工业利润总额0.29亿元，固定资产投资2.20亿元，吸引投资2亿元，农民人均纯收入10707元。

设施农业建成4个百亩以上园区，新建设施农业129.53公顷，累计投资1150万元。

民营企业达52家，注册资金5880万元，总资产1.66亿元，完成固定资产投资6280万元。彩钢板、钢结构生产企业发展到11家，日产彩钢板1.8万平方米，日产钢结构100吨以上，实现产值6000万元，销售收入5500万元，创利税650万元。

新农村建设稳步推进。总投资600万元的3500平方米商贸续建工程竣工使用。村庄间柏油路和水泥路贯通。5个村铺设主干水泥路6公里，修整里巷街道4.9公里、地下排水管道3公里，安装路灯60盏，“户户通”村庄达19个，安装自来水3895户15.2万米，建沼气池557座。落实低保、五保等惠民政策，优抚及低保补助按时足额发放，农村医疗保险参保率92.8%。

对重点点位及33个村内环境治理，成立专项整治领导小组，加大执法力度，取缔马路大集，保障镇区道路畅通。

110万伏蓟昌线、220万伏电网改造和大秦铁路扩容项目完成。高压电网改造项目涉及6个村，大秦铁路扩建涉及2个村400余户，解决工程征地、建设、补偿。建成5个村农家书屋和文化室。5所学校装备工程完工投入使用；翻建龙湾中心小学平房9间，敦庄子中小学建标准厕所4间、教室12间。镇卫生院免费为60岁以上老人体检。

（周 军）

东施古镇

东施古镇位于蓟县西南部，东邻上仓镇，南临青甸洼，西与尤古庄镇接壤，北与东二营镇相连。2009年，镇域面积20.2平方公里，耕地面积1276.66公顷。辖17个行政村，人口0.46万户1.68万人，其中农业人口0.39万户1.56万人。

1949年新中国成立后，先后属第四、第五区。1953年建3个乡。1956年撤区并乡，属八营乡。1958年属上仓公社，设2个管理区。1961合并为东施古公社。1983年改为东施古乡。2001年改为东施古镇。

2009年，完成国内生产总值3.30亿元，其中第一产业0.68亿元，第二产业0.87亿元，第三产业1.75亿元；工业总产值1.21亿元，工业销售收入0.93亿元，工业利润总额0.13亿元，固定资产投资1.50亿元，招商引资5000万元，农民人均纯收入10071元。

设施农业完成土地流转46.67公顷，在建项目30公顷，西蔡庄村建乐亭式暖棚，韩家筏村建钢架凉棚，刘加军养殖场投资100万元建10个温室猪舍，增加生猪存栏500头，年纯收益70万元。万事兴金猪养殖园投资500万元新建养殖场，年存栏母猪400头，出栏仔猪2500头，创利润60万元。

北方金恒化工厂新建2条产品生产线，完成投资800万元。鑫泉金属制品有限公司引进资金800万元。兴旺刀剪厂投入资金300万元，新建厂房9000平方米，新增设备18台套。荣富水泥制管厂投入200万元，年产预应力顶管500节。万顺电机厂投资100万元，新建厂房500平方米。

第三产业实现增加值9720万元。韩家筏村在津蓟高速出口处投资100万元，扩建商贸小区1500平方米，从事物流项目；嘴巴庄村投资150万元，建10户2000平方米商贸设施。

郭福庄等4个村投资260万元修水泥路4500米。嘴巴庄等3个示范型文明生态村修建沼气池300座，整修边沟1.2万米，绿化美化道路1.5万米，装路灯340盏。

（陈化云）

白涧镇

白涧镇位于蓟县西部，东邻邦均镇，东北邻官庄镇，西邻河北省三河市，南邻尤古庄镇。2009年，镇域面积43.31平方公里，耕地面积1084公顷。辖19个行政村，人口0.61万户2.01万人，其中农业人口0.51万户1.83万人。

1949年新中国成立后，属第三区。1953年建3个乡。1956年撤区并乡，合并为白涧乡。1958年属邦均公社，设2个管理区。1961年，3个管理区合并为白涧公社。1983年改为白涧乡。2001年改为白涧镇。

2009年，完成国内生产总值4.02亿元，其中第一产业0.17亿元，第二产业1.37亿元，第三产业2.48亿元；工业总产值4.15亿元，工业销售收入3.75亿元，工业利润总额0.41

亿元,固定资产投资1.60亿元,利用外地资金1.30亿元,农民人均纯收入10340元。

第一产业建设柿子、苗木花卉和养殖业三大基地。新发展柿子20公顷、苗木20公顷,年销苗木1138万株。万顺山生猪养殖中心完成市级示范园区一期改扩建项目,投入资金380万元,完成猪舍扩建、200立方米沼气池和办公区建设,生猪一次性存栏由3000头增至8000头,年出栏由6000头增至16000头。

第二产业新建逸爽食品有限公司,一期投资750万元,建厂房3300平方米、仓库800平方米,完成生产设备安装。美通设备制造有限公司引进资金1920万元,新建生产车间600平方米,购买设备,扩建基础设施。投资380万元进行国威建材实验设备更新项目。少彬金昊建材有限公司引进资金300万元,完成设备改造。福华建材有限公司投入资金900万元,新增生产线1条。

第三产业达1028家,从业人员3983人,其中交通运输业790家,从业人员2750人,完成运输总收入3.55亿元。

开展大接访活动,制定应急预案,落实包保责任制和应急处置方案,国庆60周年安保,对进京人员严格把关,无上访事件发生。

对被关停业主思想进行疏导,打击盗采,拆除设备,封堵关闭矿区,开展夜间行动40多次。拆除19座小灰窑。清运道路两侧垃圾,19个行政村有15个完成自来水管网入户,15个村实现村内水泥路面硬化。

(赵连营)

西龙虎峪镇

西龙虎峪镇位于蓟县东南部,于桥水库东南侧。东邻河北省遵化市、玉田县,西邻五百户镇,南邻河北省玉田县,北邻出头岭镇。2009年,镇域面积45平方公里,耕地面积1255.73公顷。辖16个行政村,人口0.84万户2.69万人,其中农业人口0.76万户2.53万人。

1949年新中国成立后,属河北省遵化县第四区。1953年建5个乡。1956年撤区并乡,合并为2个乡。1958年属遵化县五星公社,设2个管理区。1961年合并为西龙虎峪公社。1979年划归蓟县。1983年改为西龙虎峪乡。2001年改为西龙虎峪镇。

2009年,完成国内生产总值2.66亿元,其中第一产业0.42亿元,第二产业0.54亿元,第三产业1.70亿元;工业总产值1.25亿元,工业销售收入1.03亿元,工业利润总额0.10亿元,固定资产投资1.63亿元,招商引资5020万元,农民人均纯收入8897元。

扩大酒用葡萄基地,发展葡萄产业园区。新发展23.33公顷,栽植优质白葡萄贵人香22万株,每公顷平均增收7.5万元。发展林下经济产业。推广林地食用菌33.33公顷,配套水电设施,每公顷平均增收12万元。发展林下散养鸡鸭1万只,建育雏舍、鸡棚1500平方米,购置护栏网1.44万米。发展优质核桃园33.33公顷,栽植核桃苗2.5万株。完成设施农业40公顷。新建2000头养猪场2个,新增奶牛300多头。

发展小型家庭作坊式加工企业。小服装厂、小地毯厂、小孵鸭厂达41家,新增个体私营企业2家,总数9家;发展个体工商户21户,从业人员1000人。

有养车户308户,大型运输车340辆,新购进大型运输车辆38部,总数378辆,运输收入3170万元。建商贸楼6800平方米。

新农村建设,创具有导向作用的示范村2个、质量过硬的达标村3个、创变化幅度较大的启动村2个。投资224万元,硬化村庄道路7.3公里;投资61万元,新建户用沼气池184座;完成6个村自来水入户工程,解决3358户安全饮水问题;整修边沟6000米,修建蓄水池6座,打中井4眼,铺设塑料管道1040米,架设铁管道1040米,修建垃圾池25座,栽植绿化树木1.5万株。南漳泗河村被评为市级综合创建村。

环境综合整治,拆除镇政府及周边地区违章建筑11处,规范违章摊位18个,规范广告、灯箱、牌匾127个。集贸市场综合治理,4个集市均有专人清理卫生运输垃圾,实现退路进场进厅。村容村貌整治,各村均成立垃圾清运队,建垃圾池。

开展文明乡镇创建活动,免除农村义务教育阶段费用。新型农村医疗保险参合率90%。加大土地执法力度和耕地保护。安全稳定工作实行隐患排查报告单制度,国庆期间未发生越级上访案件和安全生产事故。

(程爱东)

穿芳峪乡

穿芳峪乡位于蓟县东北部,东至马伸桥镇,西至渔阳镇,南至于桥水库北岸,北至下营镇。2009年,乡域面积48.02平方公里,耕地面积524.87公顷。辖26个行政村,人口0.47万户1.58万人,其中农业人口0.41万户1.48万人。

1949年新中国成立后,属第二区。1953年设5个乡。1956年撤区并乡,并入穿芳峪、马伸桥2个乡。1958年属马伸桥公社,下设2个管理区。1961年合并为穿芳峪公社。1983年改为穿芳峪乡。

2009年,完成国内生产总值4.32亿元,其中第一产业0.66亿元,第二产业1.92亿元,第三产业1.74亿元;工业总产值5.25亿元,工业销售收入4.73亿元,工业利润总额0.35亿元,固定资产投资2.63亿元,农民人均纯收入9260元。

投入资金1370万元,发展农家院旅游户9户,农家院改造升级19户,新增床位719张。山地体育运动公园、毛家峪垂钓园改造如期完工。接待中外游客35万人次,旅游综合收入4500万元。

联合包装有限有公司投资1000万元,引进电脑数控瓦楞纸生产线。新引进项目2个,签约资金5300万元。邦喜路工商一条街新发展个体工商户16户,发展私营企业2家。全乡工业增加值1.92亿元,从业人员3000余人。

新打机井6眼,铺设管道4000米,建100立方米蓄水池4座,新修田间作业路3000米。新建各类果品采摘园73.33公顷,总面积166.67公顷。实施果树劣改优工程,完成核桃嫁接3万株,大枣嫁接7000株。新增养鸡专业户12户,新增存栏12万只,存栏总量37.3万只;推广生猪生态床养殖技术,建生态型猪舍2000平方米,生猪存栏2.3万头。3个养殖合作社和富民养殖协会拉动320个养殖专业户进入产业化经营体系。

完成里巷街道硬化8000米,铺沙石路2万米,沿路栽植花草、树木7万株,安装路灯200盏。开展4次集中整治活动,创建2个环境卫生示范村。完成4个库区村坑塘治理5.2公顷;启动大巨各庄村沼气池项目,建成户用沼气池62座。完成人工造林66.67公顷,栽植各类树木5万余株。

投入资金330余万元,完成5个村自来水管网入户。争取专项资金220余万元,完成8个村里巷街道硬化5300米,打机井4眼,铺设地下管道1200米,架设低压线路1000米。争取资金150余万元,栽植优质核桃3500株。发放粮食直补、良种补贴、家电汽车下乡等政策性资金100余万元。农民医疗保险参保率97.6%。为2000多名老年人发放补助金154万元,为140户450人发放最低生活保障金54.6万元,为112名五保对象发放五保供养金44.6万元,为100名优抚对象发放优抚金99万元。

高中上线率60%,中小学在校生巩固率98%。举办农民素质提高专题培训12期,受训1600多人次。乡卫生院配置生化仪等医疗设备,开展妇幼保健等工作。计划生育率94%。新建村级图书室4个、农民体育健身广场5个。

(张永刚)

礼明庄乡

礼明庄乡位于蓟县县城南侧,东与别山镇相连,西至州河与东赵各庄乡相望,南与上仓镇接壤,北与蓟县开发区相邻。2009年,乡域面积38平方公里,耕地面积2217.47公顷。辖37个行政村,人口0.82万户2.53万人,其中农业人口0.68万户2.32万人。

1949年新中国成立后,先后属第六、第九区。1953年属第十区,建4个乡。1956年撤区并乡,合并为2个乡。1958年后属泗溜公社,设4个管理区。1960年,孟家楼等32个村划归河北省玉田县。1962年复归蓟县。1971年改称孟家楼公社。1983年改为礼明庄乡。

2009年,完成国内生产总值3.87亿元,其中第一产业1.21亿元,第二产业1.11亿元,第三产业1.55亿元；工业总产值1.90亿元，工业销售收入1.64亿元，工业利润总额0.17亿元，农民人均纯收入9843元。

配合县开发区征地工作，承担开发区3平方公里起步区及汽车产业园10平方公里规划区征地工作，经过乡、村两级不懈努力，3平方公里起步区66.67公顷土地地上附着物及青苗补偿款发放完毕，具备进场条件。10平方公里133.33公顷土地完成清点清登及计价核价工作。

运作建丰液压机械有限公司扩建项目。2.67公顷项目用地前期手续基本完成。投资242万元的自来水管网入户工程，完成10个村2182户，建井房10座，安装变频控制柜10台，铺设管道9.86万米。投资300万元，新修乡村公路12公里。投资400万元，完成20公顷的八沟葡萄基地建设工程。投资800万元，完成天津市建丰液压机械有限公司自动化砌块成形机生产线项目，年增工业产值1000万元、利润120万元，实现出口值300万元；投资320万元，完成天津同愉缝制品厂服装生产线及车间改扩建项目，完成天津渔阳矿粉厂生产线扩建项目；投资120万元，完成天津市中谷毛纺厂新建项目。

（刘 辉）

东二营乡

东二营乡位于蓟县西部，北临邦均镇，南靠尤古庄镇，西至宝平公路，东临东赵各庄乡。2009年，乡域面积28.38平方公里，耕地面积2030.87公顷。辖31个行政村，人口0.53万户1.87万人，其中农业人口0.46万户1.73万人。

1949年新中国成立后，属第三区。1953年建3个乡。1956年撤区并乡，合称东二营乡。1958年属邦均公社，设3个管理区。1961年，3个管理区合并为东二营公社。1983年改为东二营乡。

2009年，完成国内生产总值6.48亿元，其中第一产业0.88亿元，第二产业0.73亿元，第三产业4.87亿元；工业总产值2.57亿元，工业销售收入2.37亿元，工业利润总额0.21亿元，固定资产投资1.51亿元，吸引外地资金5050万元，农民人均纯收入10222元。

蔬菜播种135.33公顷，总产7565吨。苗木花卉种植533.33公顷。投资1.2亿元完成苗木花卉基地新建及改造533.33公顷。以西二营苗木花卉经济带为中心，辐射6个基地，增加名优新品种120多个。投资1600万元发展规模型苗木53.33公顷；投资100万元新建小律庄草坪基地13.33公顷。

发展私营企业2家，总数32家，个体工商户50户，总数831户，从业人员5500余人。

投资550万元，大修乡村公路8.7公里，投资120万元，完成乡村公路两侧光缆入地工程。

新农村建设，创具有导向作用的示范村7个、质量过硬的达标村9个、变化幅度较大的启动村15个。人畜安全饮水管网改造完成8个村，铺设自来水管道3.6万米，建井房8座，安装变频水泵8台套，受益4600余人。投资500万元，铺水泥路1.6万米，修建排水沟2万米，修建沼气池220座，安装高标准路灯140盏、太阳能路灯20盏，安装太阳能热水器400台，栽植绿化树木5万株，村庄绿化覆盖率60%，墙面粉刷1.2万平方米；购置垃圾桶50个，建垃圾处理场3处，实现垃圾日产日清。

拆除违章建筑、私搭乱建25户，清理广告牌30余个，清除垃圾80吨，清理堆积物18户。31个村拆除违章建筑、私搭乱建100余户，清理垃圾300余吨。投资30余万元，修整铺垫大街道路5万余米。投资10万元，粉刷苗木花卉核心区乡村公路两侧围墙立面1万平方米。

稳定低生育水平。完成中学校舍加固工程，累计2000多人通过绿色证书、职业技术等培训。改善医疗设施条件，做好甲型流感防控工作。为农民报销医药费200余万元，城乡居民医疗保险参保率96%。投资35万元建成10座农家书屋，投资50万元建成10个村文化健身广场。

（王海兴）

东赵各庄乡

东赵各庄乡位于蓟县中部，州河西岸。西与东二营乡、邦均镇相邻，北与洇溜镇相邻，南与上仓镇相邻。2009年，乡域面积29.43平方公里，耕地面积

1920.8公顷。辖31个行政村，人口0.64万户2.21万人，其中农业人口0.55万户2.05万人。

1949年新中国成立后，属第九区。1953年属第十区，建4个乡。1956年撤区并乡，合并为2个乡。1958年设2个管理区。1960年划归河北省玉田县。1962年复归蓟县，2个管理区合并为东赵各庄公社。1983年改为东赵各庄乡。

2009年，完成国内生产总值5.53亿元，其中第一产业1.32亿元，第二产业2.48亿元，第三产业1.73亿元；工业总产值5.99亿元，工业销售收入5.56亿元，工业利润总额0.54亿元，固定资产投资1.91亿元，利用外资120万美元，利用外地资金1.68亿元，农民人均纯收入10080元。

津蓟高速公路设施农业带建设。投资2000万元，建设200公顷设施农业，完成186.67公顷。全乡建大棚4900个，其中日光温室大棚1400个，占地133.33公顷；晾棚3500个，占地333.33公顷。

对振东建筑有限公司改造升级，增加注册资本2400万元，总量达3000万元，将原有建筑三级执照升为二级，扩大经营规模和范围。

农业基础设施投入。投资49.6万元，硬化后牛宫村示范区2条道路2000米；投资17.36万元，硬化北宋庄育龄妇女创业示范区700米；投资42.16万元，硬化设施农业基地1700米。

公路桥梁维修改造。投资117万元改造宽18米、长1000米的兴武镇商贸街；投资32.5万元翻修1000米的服装厂路；投资39万元改造长1500米的苏安路；投资18.2万元大修东赵中小至蓟宝路700米；投资60万元翻修改造南辛庄桥。加快商业设施建设。投资150万元，完成兴武镇商贸一条街基础设施工程。

环境治理工作。对津蓟高速公路东赵段两侧、4条主要乡村公路两侧、乡政府和学校周边及兴武镇和东赵2个集贸市场乱丢垃圾、欺街占道经营现象进行整治，全乡卫生面貌明显改观。做好乡村植树造林、绿化环境工作。

（王海鹏）

许家台乡

许家台乡位于蓟县西北部，东邻邦均镇，西、南邻白涧镇，北邻北京市平谷区。2009年，乡域面积42.05平方公里，耕地面积415.53公顷。辖15个行政村，人口0.33万户1.13万人，其中农业人口0.29万户1.05万人。

1949年新中国成立后，属第三区。1953年属第九区，建许家台乡。1958年属邦均公社，设2个管理区。1961年2个管理区合并为许家台公社。1983年改为许家台乡。

2009年，完成国内生产总值3.82亿元，其中第一产业0.10亿元，第二产业1.35亿元，第三产业2.37亿元；工业总产值1.70亿元，工业销售收入1.70亿元，工业利润总额0.17亿元，固定资产投资3.18亿元，农民人均纯收入10441元。

明确新农村建设的基本思路：依托重点项目，实施以宅基地换房，建设新镇区；发挥地产、地热、旅游等资源优势，加快资源整合；国际文化产业园、盘龙谷二期、滨海盘山体育公园、盘山大道和盘山南路等项目陆续开工。

加强新农村建设。新镇区建筑面积60万平方米，完成44幢5.5万平方米住宅楼建设。圈征土地680.33公顷，主要是盘龙谷、蓟平高速出口、宝平公路拓宽改造、新农村社区起步区、公益墓地、盘山南路、国际文化产业教育园、盘山大道、休育公园、水源地及加压站等，涉及许家台、瀑水等12个村。

畅通信访渠道，全年信访量28件，办结26件。城乡居民基本医疗保险参保8587人、基本养老保险参保400人。慰问特困户80余户，发放扶贫优抚资金10余万元。优化卫生医疗条件，健全突发事件应急反应机制。

为保证撤村建居、转工转居工作顺利进行，依托乡劳动保障服务中心和隆源公司，开展劳动技能培训。成立保安、保洁、林果、物业服务、建筑安装等系列服务公司，开办保安、保洁等各类培训10余次，培训600余人，上岗200余人。

（韩志强）

孙各庄满族乡

孙各庄满族乡位于蓟县东

北部，东邻河北省遵化市，南与马伸桥镇接壤，北侧、西侧与下营镇相邻，是天津市唯一的满族乡。2009年，乡域面积26平方公里，耕地面积400.47公顷。辖13个行政村，人口0.23万户0.72万人，其中农业人口0.19万户0.66万人，满族人口占全乡人口37%。

1949年新中国成立后，属第二区。1953年设4个乡。1956年撤区并乡，属孙各庄乡。1958年属马伸桥公社，下设2个管理区。1961年建孙各庄公社。1983年改为孙各庄乡。1985年建立孙各庄满族乡。

2009年，完成国内生产总值1亿元，其中第一产业0.11亿元，第二产业0.07亿元，第三产业0.82亿元；工业总产值462万元，工业销售收入451万元，工业利润总额120万元，固定资产投资1.06亿元，招商引资5000万元，农民人均纯收入8978元。

按照“林果立乡、科技兴乡、旅游富民、民族强乡”的发展定位，聘请专家修编全乡整体规划及特色农业发展、特色旅游发展、小城镇建设等详细规划，13个村结合自身特点制定发展规划。

投资240万元，新打机井2眼，机井水电配套5眼，架设铁管道1000米，新修防渗渠道1500米，小管节流灌溉5处。融资600万元，新建吉安龙泰果品购销公司，提高干鲜果品知名度和价格。投资投劳400万元，发展核桃26.67公顷，开发缓坡发展板栗20公顷，老果园改造33.33公顷。

投资150万元，建成枀山村拦水坝；投资145万元，完成2个村自来水入户，175户936人受益。投资58万元，硬化3个村街道1.2万平方米；投资26万元，新建5个村文体场所5处4100平方米，新修垃圾池20座、垃圾填埋场2处，安装垃圾箱100个，建沼气池156座，栽植环村绿化树木1.6万株，美化街道1.6万平方米。投资25万元，安装路灯260盏。

华联服装厂投资500万元，购置80余台套新设备，产品通过欧盟产品认证，订单成倍增长。采取帮扶措施，挖掘企业内部潜力，工业总值、销售收入、工业利润实现增长。新增个体工商户38户，个体私营企业蓬勃发展。

投资10万元与蓟县摄影家协会联合举办“今日满族乡摄影”大赛，征集作品300余幅。新建精品采摘园40处、篱笆墙2000米，新建星级农家院28家，新增床位400张，接待游客近2万人次，旅游综合收入突破500万元。

天台山路拓宽改造工程，涉及4个村2.76公里，征占土地9.968公顷。市委、市政府多位领导亲临调研，给予1000万元资金支持。乡党委、政府成立工程指挥部，群众积极配合施工，仅用53天即全面竣工，11月19日剪彩通车。

帮助残疾人等弱势群体，乡残疾人素质基地代表天津市接受中国残联验收。计划生育工作实现育龄妇女健康查体常规化和档案化。城乡居民新医保参保率98%，老年意外伤害保险完成任务的230%，位居全县第二位。

（王志永）

统 计 资 料

2009年滨海新区主要经济社会指标及占全市比重

项　目	单　位	绝对数	2009比2008年增长(%)	占全市比重(%)
常住人口	万人	230.17	13.5	18.7
户籍人口	万人	118.57	2.0	12.1
#非农业人口	万人	92.24	2.8	15.4
从业人员劳动报酬总额	亿元	346.61	24.4	39.1
从业人员人均劳动报酬	元	51754	12.5	高7871元
地区生产总值	亿元	3810.67	23.5	50.7
第一产业	亿元	7.43	5.5	5.8
第二产业	亿元	2569.87	24.7	64.4
#工　业	亿元	2385.54	25.0	65.9
第三产业	亿元	1233.37	20.8	36.2
工业总产值	亿元	8223.99	11.6	61.4
全社会固定资产投资额	亿元	2502.66	49.2	50.0
#基础设施投资额	亿元	960.04	107.9	59.7
市重点项目投资额	亿元	1413.19	123.2	84.7
财政收入	亿元	739.01	16.0	40.8
财政支出	亿元	442.52	125.7	30.2
社会消费品零售总额	亿元	451.24	31.8	18.6
外贸出口总额	亿美元	197.14	-31.8	65.7
直接利用外资合同数	个	315	-12.3	52.9
直接利用外资合同额	亿美元	104.94	5.7	75.8
实际直接利用外资额	亿美元	57.64	22.1	63.9
内联资金到位项目数	个	453	-16.0	18.7
外地在津投资实际到位额	亿元	306.49	60.0	24.7
医院、卫生院	个	76	5.6	17.4
医院、卫生院床位数	张	5322	3.9	12.7
各类学校数	个	221	-1.8	12.8
高等学校在校学生数	万人	5.77	22.0	14.2

注：本表统计数据(除人口数据)均包含滨海高新区的数据，增长速度为可比口径。

(天津市统计局提供)

2009年各区县主要经济指标

区 县	外贸出口总 额（亿美元）	2009比2008年增长(%)	实际直接利用外资额（万美元）	2009比2008年增长(%)	实际利用内资额（万元）	2009比2008年增长(%)
和平区	10.21	-31.1	26176	44.6	489002	41.6
河东区	1.95	-12.9	8428	19.7	512222	38.7
河西区	9.50	-32.0	35236	340.2	777705	25.4
南开区	5.37	-26.8	6821	-61.8	755649	24.1
河北区	1.48	-25.8	10828	24.3	749172	24.4
红桥区	0.26	-37.3	1129	-86.5	275650	33.2
塘沽区	17.42	-47.4	23385	36.0	713617	25.9
汉沽区	0.79	-15.2	3204	19.9	140000	40.0
大港区	4.88	-25.7	21008	20.9	587771	25.0
东丽区	16.14	-56.8	45701	21.9	941058	29.1
西青区	17.06	-9.9	49097	20.7	763471	166.0
津南区	8.84	-21.4	26220	18.9	1268386	26.7
北辰区	22.05	-26.9	49228	31.3	387950	33.8
武清区	13.39	-6.1	33013	17.6	928364	25.7
宝坻区	3.48	-11.1	10017	21.6	882503	25.6
宁河县	0.70	-34.4	12292	21.9	147300	24.8
静海县	5.10	-26.8	4939	-58.9	330000	103.7
蓟 县	0.30	-36.4	6508	16.7	488474	59.6

注：此表数据除实际利用内资额均为在地统计口径。

（天津市统计局提供）

2009 年按地区分人口状况

地　区	年末常住人口（万人）	户籍人口				人口自然增长率（‰）
		年末人口（万人）	年平均人口（万人）	人口密度（人/平方公里）	年末户数（万户）	
总　计	1228.16	979.84	974.36	831	341.90	2.60
市辖区	1042.70	802.90	798.38	1085	284.65	
和平区	35.77	39.52	39.28	39515	13.28	-1.38
河东区	85.32	71.27	71.17	17984	26.65	1.20
河西区	88.29	77.97	77.53	20512	27.38	0.68
南开区	101.15	84.41	83.70	21896	29.39	1.08
河北区	73.88	63.40	63.42	21404	23.73	0.77
红桥区	58.50	54.98	55.18	25860	20.78	0.70
塘沽区	104.06	53.67	52.91	686	19.03	1.53
汉沽区	21.17	17.40	17.36	425	6.59	0.43
大港区	63.49	38.86	38.58	373	14.12	5.50
东丽区	79.59	34.50	34.16	721	13.35	3.50
西青区	54.72	35.35	34.98	624	12.65	
津南区	54.30	41.17	40.83	1061	14.63	4.94
北辰区	54.77	36.37	35.87	769	13.68	2.26
武清区	91.41	84.42	84.04	536	26.88	3.30
宝坻区	76.28	67.05	66.84	444	21.46	1.47
天津铁厂		2.58	2.55		1.05	
市辖县	185.46	176.94	175.98	406	57.25	
宁河县	39.27	37.91	37.77	293	12.44	3.56
静海县	61.78	55.48	55.01	376	19.11	3.40
蓟　县	84.41	83.55	83.20	526	25.70	2.16

注：1.常住人口数据为人口抽样调查推算数据。2.人口自然增长率为人口抽样调查数据。

（天津市统计局提供）

2009年天津在全国的地位

指　标	单　位	天　津	占全国比重(%)
年末常住人口	万人	1228.16	0.9
社会从业人员	万人	677.13	0.9
地区生产总值	亿元	7521.85	2.2
第一产业	亿元	128.85	0.4
第二产业	亿元	3987.84	2.5
#工　业	亿元	3622.11	2.7
第三产业	亿元	3405.16	2.4
人均生产总值	元	62574	高37386元
城市居民人均可支配收入	元	21402	高4227元
农村居民人均纯收入	元	10675	高5522元
地方一般预算财政收入	亿元	821.99	2.5
金融机构本外币存款余额	亿元	13887.11	2.3
金融机构本外币贷款余额	亿元	11152.19	2.6
保费收入	亿元	151.29	1.4
主要工业产品产量			
天然原油	万吨	2296.96	12.1
原　盐	万吨	225.70	3.9
天然气	亿立方米	14.30	1.7
乙　烯	万吨	18.91	1.8
生　铁	万吨	1763.40	3.2
粗　钢	万吨	2124.20	3.7
汽　车	万辆	60.24	4.4
自行车	万辆	1906.18	36.0
移动电话机	万台	8558.70	13.8
房间空气调节器	万台	375.40	4.6
集成电路	亿块	6.16	1.5
全社会固定资产投资额	亿元	5006.32	2.2
#房地产开发投资额	亿元	735.20	2.0
沿海主要港口货物吞吐量	万吨	38111	8.0
社会货物运输量	万吨	43554	1.6
邮电业务总量	亿元	386.67	1.4
社会消费品零售总额	亿元	2430.83	1.8
外贸出口总额	亿美元	299.85	2.5
实际直接利用外资额	亿美元	90.20	10.0
高等学校在校学生数	万人	40.60	1.9
技术市场成交额	亿元	82.96	2.7
专利申请授权量	项	7216	1.2
医院、卫生院床位	万张	4.19	1.0
报纸出版数	亿份	9.58	2.2

（天津市统计局提供）

附 录

为民服务热线

滨海新区

塘沽区

单 位		电 话
城管为民服务中心		961001
区委督查室		66896067
区委组织部		66896083
区政府督办室		25892652
区发改委		66896204
区经贸委		66896243
区监察局		25856404
区财政局		66897237
区劳动和社会保障局	66305615	66300626
区规划局		66897271
区建委		66897287
区农委	66896309	66896316
区土地局	66897492	66897533
区国税局	66898088	66898119
区地税局		25861504
区工商局		25893782
海洋高新区管委会	25212243	25211930
临港工业区管委会		65265017
中心商务区管委会		25388138
区卫生监督所		25892577
电力公司		95598
区司法局		12348
区旅游局		66896397
区教育局	66897209	66897229
区卫生局		66897036
区供热管理处		66897043
区煤气公司		66269301
区公交公司		25862000
区自来水公司		4006518822
区民政局	66897039	25833500
区环保局		25866601
区环卫局		66306028
区邮电局		25894800
新村街道办事处		66313564
新港街道办事处		65770607
杭州道街道办事处		25862500
解放路街道办事处		25861187
三槐路街道办事处		25716703
大沽街道办事处		65260861
营口道派出所		65300609
解放路派出所		65300605
向阳派出所		65300635
杭州道派出所		65300666
开发区派出所		65300687
北塘派出所		65300505
新港派出所		65300537
三槐路派出所		65300670
新河派出所		65300650
胡家园派出所		65300551
大沽派出所		65300683
大梁子派出所		65300568
新洋治安派出所		65300516
公交治安派出所		65300782
临港治安派出所		65300592

北塘边防治安派出所	25252810
东沽边防治安派出所	65266193
高沙岭边防治安派出所	25319466
滨海新村派出所	25808332
石油新村派出所	66916851
建工新村派出所	66906513

汉沽区

单　位	电　话
区政府办公室	25694719
区行政许可服务中心	25668571
区政府法制办	25695494
区纠正行业不正之风办公室	25694502
区监督举报中心	25694534
区建设管理委员会	25695263
区外经贸委	25693260
区市容委	67194726
区妇联	25693765
区法院	25692135
区检察院	67112000
区政府街道办	25695397
区国税局	25696032
区人口和计划生育委员会	25662905
区环保局	25694165
区民政局	25693298
区人事局	25667000
区物价局	25684589
区劳动和社会保障局	25692062
区质量技术监督局	25697771
市食品药品监督管理局汉沽分局	25696002
工商汉沽分局	25692795
区司法局	25668111
区交通运输管理局	67114770
区房管局	67113076
区供热管理处	25686423
天津滨海供水有限公司、区水务局	25695880
区电力公司	95598
公交汉沽分公司	25693898
区残联	25696739
区卫生局	25695440
区有限电视公司	25684681　25660799
区旅游局	25694127
寨上派出所	25695649
汉沽派出所	25693849
河西派出所	25694602
营城派出所	25695794
大神堂派出所	67193664
杨家泊派出所	67257804
大田派出所	25696425
后沽派出所	67273631
茶淀派出所	25694091
滨海治安派出所	67161925

大港区

单　位	电　话
区信访办	25991727
港益供热有限公司	25982454
区房管局	25992817
区供电局	63215644
区城管局	63224444
区环保局	63100718
工商大港分局	63101896
物价举报电话	12358
区广电局	63388158
中国联通大港分公司	63396444
区邮政局	63220000
区交通支队	63220820　63221951
区技术监督局	25991089　25985248
区消费者协会	12315
区教育局	25990665
区卫生局	25991012
区纪检委	63378590
大港供水站	63109201
法律服务热线	12348
区法院	63366011
区检察院举报中心	63222000
区民政局	63109909
区劳动局	63109010　63222631

区人口计生委		63227210
区妇联		63221640
大港报社		63229745
区地税局		63222937
区档案局		63220205
中塘镇政府	63278123	63278135
太平镇政府	63157781	63157780
小王庄镇政府	63129101	89977991
胜利街道办事处		63311018
迎宾街道办事处		25985467
海滨街道办事处		63957413
港西街道办事处		63199111
古林街道办事处	63213875	63213881

天津经济技术开发区

单　位	电　话
泰达呼叫服务中心	25201111
管委会查号台	25201114
投资服务中心总服务台	25203000
投资促进局	25201906
经济发展局工商分局	25201908
贸易发展局	25202247
财政局	25201218
建设发展局	25201539
发展计划局	25202147
科技发展局	25201311
劳动人事局	25201235
文化教育卫生局	25201469
城市管理局	25202749
公用事业局	25201487
安全生产监督管理局	25201209
环境保护局	25201003
国家税务局	25202330
地方税务局	25201084
滨海新区工会	25203939
泰达公证处	25203325
交通运输管理处	25325703
社保开发区分中心	66370790
再就业热线	25202284
法律援助咨询及受理专线	25329148
消费者协会	25320315
社区服务志愿者协会	66299221
泰达图书馆档案馆	25203122
泰达青年宫	25280250
泰达国际心血管病医院	65209999
泰达医院	65202000
泰达国际养老院	25326619

天津港保税区

单　位	电　话
办公室	25763844
机关党委	84906057
企业党委	84906290
综合经济局	84906025
科技发展局	84906376
劳动人事局	84906031
财政局	84906059
经济发展局	84906415
贸易发展局	84906418
物流发展局	84906419
投资促进局	84906375
工商局	84906382
企业服务局	84906257
规划建设局	84906165
社会发展局	84906312
城市管理局	84906263
安全监督和环保局	84906263
空港物流区管理局	84888188
空港建设办	84906193
审计局	84906398
北京联络处	010-65150876
天津联络处	23255778
上海联络处	021-63174811
驻美国代表处	001-864-420-9401
香港联络处	00852-61089794
空港建设办	24896610
航空产业支持中心	84906322
保税区工会	84906626

海港事务办公室	25767261
投资服务中心	25763775

天津滨海高新技术产业开发区

单 位	电 话
审批办(中心)	昼:83715768 83713076
	夜:13920854675
社保中心	昼:83715670 83717220
	夜:83715665
劳人局	昼:83715926 83716232
	夜:13803006655
科技局	昼:83715996 夜:15922219929
城管局	昼:83716245 83715900
	夜:13920209618
消防支队	昼:83717820 夜:13820680789
财政局	昼:83715916 夜:13820889492
规划处	昼:83718235 83715950
	夜:13820689166 13388058968
建环局	昼:83718231
	夜:13702105998
投资服务局	昼:23708176-616
	夜:15922138717
经发局	昼:83715778 83718239
	夜:13502122925
质监局	昼:83715695
	夜:13920977881
工商局	昼:83715931(内资)5935(外资)
	夜:13920470118 13920896050
社会发展局	昼:83715776 夜:13602059555
安监局	昼:83715990
	夜:13802078908
国税局	昼:13332023280
	夜:13902098726
地税局	昼:15022448932
	夜:15022448932

中 心 城 区

和平区

单 位	电 话
区建设管理委员会	23317886
区信访办	23196567
区供热办	23118519
公安和平分局	23398244
区劳动和社会保障局	27302977
区民政局	23140566
区物价局	27216673
区质监局	23040145
区房管局	23399569
区综合执法局	27113411
区人事局	23196606
区教育局	27126723
区档案局	27111659
区行政许可服务中心	27256318
区人才交流中心	27210515
区市民服务中心	27287601
区有线电视台	23122066
劝业场街道办事处	27110208
体育馆街道办事处	23391602
南市街道办事处	27220637
小白楼街道办事处	23306170
新兴街道办事处	23358620
南营门街道办事处	27810963

河西区

单 位	电 话
河西燃气营业所	88293576
自来水集团第五营销分公司	28341958
排水五所	28012506
城南供电分公司	28246208
天津热电公司	23024548
天津热力公司	23010538
公安河西分局	23394890
交警河西支队	28115853
规划和国土资源处	23288238

区经贸委	23278761
区教育局	28302310
区市容委	23278511
区建委	23278801
区有线电视台	28266591
区供热办公室	28266633
区房管局	28377778
区市政局	23393879
区环保局	28013698
区环卫局	28385615
工商河西分局	28368678
区民政局	28336917
区物价局	23278805
区园林局	23913036
区卫生局	23278736
区文化局	23278815
区技术监督局	28022515
大营门街道办事处	23240777
桃园街道办事处	23278308
马场街道办事处	23350679
尖山街道办事处	28304252
越秀路街道办事处	28273030
挂甲寺街道办事处	28230473
天塔街道办事处	23018231
友谊路街道办事处	28351683
陈塘庄街道办事处	28199117
柳林街道办事处	28196526
东海街道办事处	28387662
下瓦房街道办事处	23261040
梅江街道办事处	88388767

河东区

单位	电话（专线电话/夜间值班电话）
区建委	24387895/24130043
区市容委	24210317
区经贸委	24313896/24133285
区科委	24311659/24312164
区发展计划委	24212788
区信访办	24210375
区人防办	24223273/24304582
区法制办	24301733
区综合开发办	24304613
区房管局	24307778/24307778
区审计局	24160423/24160423
区民政局	24121245/24382350
区司法局	24314382/24310295
区物价局	24160414/24160414
区文化局	24125574/24126402
区环卫局	24328920/24328920
区卫生局	24125976/24310354 81499739
区教育局	24127718/24127718
区体育局	24148382/24380389
区市政园林局	24148639 24125723/24389836 24125945
区劳动保障局	60891273/60891255
区财政局	24313930/24310347
工商河东分局	24137308/24138011
区环保局	24160439/24160439
区技术监督局	24020618/24020604
公安河东分局	24329680 24329679/24329680 24329679
区国税局	24314379/24314379
地税河东分局	/24127234
区残联	24123975/24123975
区规划处	24020230/24020224
区交警支队	24335600/24335600
区综合执法局	24342959/24342959
区消防支队	58991866-838/58991866-838
大王庄街道办事处	24250238/24250196
上杭路街道办事处	24660012/24660012
东新街道办事处	24672110/24673081
富民路街道办事处	84330106/84330106
鲁山道街道办事处	24681487/24681487 24680008
大直沽街道办事处	24314320/24310577
常州道街道办事处	24342020/24342020
中山门街道办事处	84330119/84330122
向阳楼街道办事处	24340814/24340814
春华街道办事处	24414218/24414218
唐家口街道办事处	24491798/24493937

二号桥街道办事处	84371639/84371629

南开区

单 位	值班电话(昼/夜)
区经贸委	27638411/27638200
区市容委	27380586/27451895
区建委	27382828/27380687
区开发公司	27385561/27382831
区环保局	27366533/27034198
区卫生局	27429936
区技术监督局	27023112/27023112
区市政局	27453380/4006222118
区排水队	27464872
区环卫局	27686523/27622441
区房管局	27497778/27020156
区园林局	27457301/27457244
区民政局	27693402
区综合执法局	27561237/27374437
公安南开分局	27355957
区有线台	96596
区新闻中心	87893445/27370541
南开网络	96596
工商南开分局	12315
区劳动局	27381338/27386142
区教育局	27459970/27459979
区文化局	27631800
区电信管理局	12300
服装街管委会	27355740/27355910
排水二所	27022206-07/27022215
交管南开支队	27369994
消防南开支队	27629988-8000
南开规划处	27652140
津西供电	95598
南开煤气所	23007566
华苑煤气所	23011145/23011222
区煤建公司	23667998
区供热办	27423717/23004564
区配套办	27473872/27424921
区节水办	27420299
区人防办	27378996
区招商办	27586676
区防汛指挥部	27613646
区卫生防疫站	27617139/27618179
区法院	27350562
区行政许可中心	27280086/27280003
区残联	27457062
南开科技园	87891011
凯兴公司	27034016
区信访办	27585252/27585256
自来水六站	27366947
区动物卫生监督所	28267966
区消费者协会	27560315
区旧楼改造整修办	27022093
区物业办	27228591/27228580
华苑街道办事处	23730051-201-101
嘉陵道街道办事处	27612944/27686437
万兴街道办事处	27457171/27457162
兴南街道办事处	27223408
体育中心街道办事处	23919100
向阳路街道办事处	27632996/27632276
学府街道办事处	27497590/23050667
水上公园街道办事处	23627844
广开街道办事处	27458001/27458010
长虹街道办事处	60220922/60221878
鼓楼街道办事处	27272699/27273412
王顶堤街道办事处	23366851/23364480

河北区

单 位	电话
区个体劳协	24214364
区纪检办公室	26296146
区法院	26243688
区司法局	26292206
区检察院	26360381-8509
公安河北分局	26462567
交警河北支队	24030901
消防河北支队	26365813
区市政局	26293188

区安全生产监督局	26296209
区质量技术监督局	26011936
区人力社保局	26242826
区档案局	26296352
区教育局	26288180
区民政局	24554034
区审计局	26296166
区文化旅游局	26296133
区卫生局	26278946
区商务委	26472317
燃气集团河北营业所	26026036
区卫生防病站	26473043
自来水五站	26321256
排水三所	26022328
自来水河北营业所	24574501
供水服务部	23149999
供电局河北所	26435717
城东供电所	95598
路灯管理所	24406110
天津站区管理办公室	60536067
区节水办公室	26242315
区市容园林委	26211050
区信访办公室	26296121
区建委	26242308
司法专线	12348
区残联	26292133
规划分局	26355688
海河意式风情区管理委员会	24451446
区消费者协会	26220315
区有线电视台	26263984
区国税局	24462938
区地税局	24467055
区供热办公室	26472352
区房管局	26293614
区环卫局	26236401
区环保局	26298001
工商河北分局	26321318
区综合执法局	26435403
新开河街道办事处	26636314
铁东路街道办事处	26727033
光复道街道办事处	24464604
江都路街道办事处	24550679
月牙河街道办事处	26154114
鸿顺里街道办事处	26236188
望海楼街道办事处	26246615
宁园街道办事处	26464064
王串场街道办事处	26472000
建昌道街道办事处	26154315

红桥区

单　位	昼	夜
区建委	86516850	86516863
区供热办	86513760	86513761
区市容委	86516775(昼夜)	
区经贸委	86516160	
区人口计生委	86516071	
区信访办	86516116	
区法制办	86516090	
大胡同管委会	27352640	27273035
区园林局	86516900(昼夜)	
区房管局	27599005(昼夜)	
区环保局监察支队	86516702	86516700
	(夜间及节假日昼夜)	
区市政局	86570705	86510712
工商红桥分局	26372357(昼夜)	
区民政局	86516216	
区卫生局	86516271	
区卫生监督所	27339988(昼夜)	
区环卫局	27326501(昼夜)	
区教育局	26372001 (昼夜)	
区文化局	86516158	
区劳动局	86516650(昼夜)	
区物价局	86516300	86513295
区质监局	27730155	
公安红桥分局	27323400(昼夜)	
区监察局	86516348	
区司法局	27252298(昼夜)	
区档案局	86516357	
区房产总公司	26067778(昼夜)	

区开发总公司	86516800	市房信集团供热(负责红桥)	23395935
大胡同集团	27281466 27281476	社保基金管理红桥分中心	86520332
区残联	26560598 26546153	双环邨街道办事处	26654462(昼夜)
区规划处	27729991 27729990	咸阳北街道办事处	86513831 86516246
交警红桥支队	27716993(昼夜)	丁字沽街道办事处	86513508 86516137
区执法大队	26568901 86516783	西于庄街道办事处	86513600(昼夜)
红桥有线台	26372059	西沽街道办事处	86513560 86513580
煤气营业所	27030138	三条石街道办事处	87738917 87736022
供水三站	27323304	芥园街道办事处	27580466
市津安热电红桥管理处	27043355	邵公庄街道办事处	27326896 27320181
市房管局供热(负责红桥)	23110364	铃铛阁街道办事处	87727239

环 城 四 区

东丽区

单 位	电 话
区委办公室	84375861
区纪检委	84375996
区政府热线	24390795
区法院	84371280
区检察院	24390172
区委党校	24390635
区委老干部局	84375194
区武装部	84638010
区工会	84376793
团区委	24390958
区妇联	84375882
区工商联	84375985
区发改委	84375020
区国资委	84376641
区农经委	84376595
区工业经委	84375485
区商务委	84375270
区建委	24391128
区市容委	24391415
区科委(科协)	84375334
区计生委	84375131
区法制办	84375667
区信访办	84375162
区人防办(地震办)	84376854
区合作交流办	24982759
区金融服务办公室	84375032
区服务滨海办公室	24902841
区行政许可服务中心	24980599
区人口服务管理中心	24981725-8003
区农业推广中心	84375677
公安东丽分局	24960407
区公路分局	24862022
区水务局	24983323
区畜牧局	84375825
区财政局	84375562
区执法局	84375014
区民政局	84375391
区教育局	24391205
区文化广播电视局	24390913
区旅游局	24880668
区供销社	24392378
区残联	84375907
东丽开发区管委会	24990531
东丽宾馆	84808988
今日东丽报社	84374338
空港物流管委会	25763929
东方财信	24993818
滨丽公司	84370811
城投公司	84375121
重机工业园	24362388

军粮城工业园	84366031
华明工业园	58552779
华明示范镇	58552822
排水处	24355596
区供电局	24950408
区电话局	24390611
区煤气站	24390801
区供热专线	24393734
交警东丽支队	24998220
消防东丽支队	24967900
工商举报电话	84371168
区路障队	84933916
区邮电局市场部	84373099
区宽带网络公司	24978899
区有线电视网络公司	24390717
张贵庄街道办事处	84371570
丰年村街道办事处	84931343
无瑕街道办事处	24360652
万新街道办事处	24375278
新立街道办事处	24993464
华明街道办事处	58552777
金钟街道办事处	26791434
军粮城街道办事处	84968504
么六桥回族乡政府	84893387

西青区

单　位	电　话
区政府值班室	27392411
区文化局	27392240
公安西青分局值班室	27392592
区信访办	27940057
区物价举报中心	12358
区检察院举报中心	27932000
区法院诉讼服务中心	27949116-624
区食品药品监管局	27944591
区邮电局	27391102
西青通信分公司	23710611
杨柳青电话局	27391003
李七庄电话局	23380211
公路局西青分局	27392479
西青供电局	23917456
杨柳青供电所	27945990
杨柳火车站(货场)	27391171
杨柳青汽车站	27391381
杨柳青发电厂	84505467
杨柳青水厂	27392324
西青煤气站	27391560
西青医院(总机)	27391697
西青中医医院	60541506
永红医院	23980706
空军464医院(总机)	23380395
空军水上村医院	23341082
271医院(总机)	84665114
李七庄街道办事处	23384094
西营门街道办事处	27982005
杨柳青镇政府	27392205
张家窝镇政府	87983344
中北镇政府	27392844
辛口镇政府	27991933
大寺镇政府	23971295
王稳庄镇政府	23990146
精武镇政府	23982026

津南区

单　位	电　话
区政府值班室	28391894
区天然气站	28390819
区电力公司电力服务热线	95598
区自来水公司	88913333
区防汛办	28392232
区供热办	28514192
区地震办	28390728
区供电分公司	28390853
天津广播电视网络有限公司	
津南分公司办公室	28543228
值班室	28521234

北辰区

单 位	电 话
区劳动和社会保障局	
劳动保障监察	26391044
职业技能培训	26819160
劳动争议仲裁	26391575
职业介绍服务中心	26812543
人力资源服务中心	26812542
区行政许可服务中心	86814791
服务热线	88908890
区民政局	26391153
社会救济科	26393615
婚姻登记	26390673
区市容委	26392012
市容管理	26822866
环境卫生管理监察	26392019
区综合执法局	26390809
区物价局	26391644
价格管理	26394171
区房管局	26391171
区供热办	26837121
区拆迁办	26397654
交易大厅	26826841
工商北辰分局	26913936
区消费者协会	86810315
食品药品监督管理北辰分局	
市场监督	26916773
区环境保护局	86819110
污染防治	26392018
交警北辰支队	86888005
事故科	86888013
区农业经济委员会	26390184
区商业委员会	26391107
区发改委	26391119
区建委	26390350
区国土资源局	26817329
公安北辰分局	26390505
区卫生局	26390197
区教育局	26390666
考试中心	26824737
果园新村街道办事处	26390724
集贤里街道办事处	26391421
普东街道办事处	26737145
瑞景街道办事处	26686792
天穆镇政府	26630968
北仓镇政府	26390250
双街镇政府	26970950
双口镇政府	86835765
青光镇政府	26951957
宜兴埠镇政府	26301250
小淀镇政府	26990461
大张庄镇政府	86853725
西堤头镇政府	86849973

远 郊 区 县

武清区

单 位	电 话
区政府	82138801
区商委	82138856
区外经贸委	82138851
区计委	82138827
区信息化办	82138836
区人事局	82138819
区档案局	29341016
区行政审批办	82132233
武清开发区	82115688
武清海关	84202618
区建委	29341494
区人防办	29341534
区市容委	29342048
区综合执法局	59622006
区房管局	29341968
区规划局	82100610

区国土局	82111566
区交通局	82191919
区供电公司	82110918
区环保局	22173009
区邮电局	29320005
区农业局	29341331
区林业局	29581328
区水务局	29341218
区畜牧局	29341273
区农机局	29341874
区气象局	82163868
区审计局	29341893
区财政局	22173300
区国资委	82107776
区国税局	82191300
区地税局	82120032
区统计局	29332847
区物价局	29341060
价格举报电话	12358
区质监局	29341346
区工商局	29341565
区粮食局	82107201
区烟草局	82111173
区公安局	82167101
区检察院	29341542
区法院	29341071
区司法局	82112083
区劳动局	29342320
区民政局	29341871
区科委	59610216
区广电局	82117218
区卫生局	22106606
区食药监局	82129709
区文化局	29342567
区教育局	82171820
区体育局	29342215
区工经委	59623801
区安监局	82125008
区广电网络公司	29330107
区社保中心	29334603
区消防队	29342093
区人才市场	82122053
区行政许可服务中心	82132233
区建委建筑管理站	82132273
区建委建筑工程质量监督科	29343783
区房管局产权市场管理科	29345107
区国土局地籍管理科	82115211
区交通局公路运输管理所	82175840
区供电公司客户服务中心	29329791
区邮电局雍阳东道邮电支局	29382877
区林业局林政科	29582253
区国税局征收大厅	82191370
区地税局征收大厅	82120017
区质监局质检所	29330842
区工商局机关服务大厅	29347710
区公安局服务办证大厅	82167187
区司法局公证处	82112941
区劳动局劳动力市场	59618750
区新农合服务管理中心	82100011
区民政局婚姻登记科	29345598
家庭服务网络中心武清执行部	8890

宝坻区

单　位	电　话
区政府办	29242220　29241328
区城管办	29236314
区城建委	29241440
区商委	29243851
区教委	29241233
区民政局	29241835
区交通局	29241641
区国税局	29241159
区地税局	29242644
区司法局	29241517
区档案局	29241986
区法院	29241195
区检察院	29262809
区审计局	29241493
区邮政局	29225038

单位	电话
区劳动局	29241428
区粮食局	29241381
区农业局	29241049
区畜牧水产局	29241837
区林业局	82622920
区水务局	29241095
区财政局	29241196
区统计局	29242875
区供电局	29241017 29241722
区电信局	82680000
区环保局	29241587
区环卫局	29241830
区房管局	82661347
公安宝坻分局	29241551
区物价局	29243026
工商宝坻分局	29241430 29243129
区技术监督局	59218900
区广播电视局	29241916

宁河县

单位	电话
县政府办公室	69591458
县行政许可服务中心	69598890
县政府信息公开查阅中心	69579003
公安宁河分局	69591252
芦台派出所	69591457
工商宁河分局	69591358
县交通局	69591971 69592034
县市容环境卫生管理委员会	69592446
县环保局	69591471
县物价局	69591028
县劳动和社会保障局	69591514
市社保中心宁河分中心医疗保险科	69585353
宁河供电有限公司	69570016 69591977
县城关供电营业所	69589098
县广播电视局	69591347
县有线电视台	69592341
市广电网络公司宁河分公司	69580925
县城乡建设委员会	69591556
县民政局	69591418
县畜牧水产局	69591426
县信访办公室	69591876
县水务局	69591037
县卫生局	69591817
县新型农村合作医疗办公室	69119255
县规划局	69591555
芦台镇政府	69591741
县技术监督局	69591631
县法律服务专线	9148
县集中供热工程公司(维修队)	69599679
市燃气集团第三销售公司宁河分公司	69118777
天津华燊燃气有限公司	69569976
县供水站	69592270
县救护站	69591917
县消费者投诉热线	12315
县房地产开发公司	69593447
县安驰物业管理中心	69591654
县光明小区物业	69584630
县幸福小区物业	69118810
县华翠小区物业	69564083
中国移动天津有限公司宁河分公司	69563300
中国联通(集团)有限公司宁河分公司	69160001
北方电信有限公司宁河分公司	59310001

静海县

单位	电话
县政府办公室	68612776
县信访办公室	68612696
县防范办公室	68611373
法律服务协调指挥中心	9148
县政府为民服务专线	68612060
县监察局举报中心	68613713
县政府纠风办公室	68611140
县打假办公室	28914042
公安静海分局	28942821
县人民检察院举报中心	28932000
县消费者协会	28940315
县环保局	28942397

县建设工程质量监督站	28941152
县供电有限公司	28942193
县规划土地管理局	28945141
县开发区办公室	68609512
团泊风景区	68581011

蓟　县

单　位	电　话
县政府办公室	29142355
县人口计生委	29141674
县信访办	29142419
县发改委	29142419
县农经委	29142112
县商委	29142419
县建委	29142691
县科委	29142419
县法制办	29141608
县统计局	29141662
县农业局	29142129
县林业局	29142189
县水务局	29142617
县畜牧局	29141726
县财政局	29142212
县国税局	29142720
县地税局	29141203
工商蓟县分局	82862510
县审计局	29142945
县开发区	29899599
县工业总公司	29142118
县交通局	29142737
县供电局	29142529
县环保局	82869001
县技术监督局	29142406
县文化广播电视局	29142045
县教育局	29142619
县卫生局	82829001
县药检分局	29145622
县人保局	82862113
县民政局	29142206
公安蓟县分局	82863044
县司法局	82862385
县地矿局	29141819
县规划局	29146846
县房管局	29140364
县老干部局	29142050
县旅委	29142566
盘山管理局	29826000
长城管理局	22718106
县工经委	29826000
县安监局	29142040
县市容委	29143475
县体育局	82862115
农发银行	29120330
农业银行	29142595
建设银行	29142184
工商银行	29141875
中国银行	29143126
信用联社	29138643
渔阳宾馆	29142814
县委党校	82861625
县法院	82853001
县检察院	82826001
县人民武装部	29142921
县总工会	82828300

索　　引

索 引

说 明

1.本索引采用条目主题分析索引方法,主题词首按汉语拼音音序排列。
2.主题词后的数字表示该题材所在的页码。
3.本年鉴的特载、重要文献、天津概况、各区县大事记、统计资料、附录部分不作索引。

A

B

C

D

F

G

H

K

L

M

N

P

Q

R

S

T

Y

Z

图书在版编目(CIP)数据

天津区县年鉴. 2010 / 天津市地方志编修委员会办公室编著. -- 天津 : 天津社会科学院出版社, 2010.12
ISBN 978-7-80688-617-5

Ⅰ. ①天… Ⅱ. ①天… Ⅲ. ①天津市-2010-年鉴 Ⅳ. ①Z522.1

中国版本图书馆 CIP 数据核字(2010)第 213834 号

编著：天津市地方志编修委员会办公室
责任编辑：唐旗 赵荣
地址：天津市和平区大沽路 138 号金融广场大厦 A 座 10 层
邮编：300040
电话 / 传真：(022)23031912 23031920

出版发行：天津社会科学院出版社
出版人：项新
地址：天津市南开区迎水道 7 号
邮编：300191
电话 / 传真：(022)23366354
(022)23075303
网址：www.tssap.com
印刷：天津市汇源印刷有限公司
彩照设计制作：天津今日华夏文化发展有限公司

开本：889×1194 毫米 1/16
印张：52.5
字数：1008 千字
版次：2010 年 12 月第 1 版 2010 年 12 月第 1 次印刷
印数：1~3000 册
定价：260.00 元